Tabea Scharrer | Birgit Glorius | J. Olaf Kleist
Marcel Berlinghoff [Hrsg.]

Flucht- und Flüchtlingsforschung

Handbuch für Wissenschaft und Studium

Mit Beiträgen von

Samia Aden | Vasiliki Apatzidou | Birgit Behrensen | Marcel Berlinghoff | Nadine Biehler | Veronika Bilger | Hanno Brankamp | Helen Breit | Miriam Bürer | Frank Caestecker | David Chiavacci | Christina Clark-Kazak | Norbert Cyrus | Deepra Dandekar | Corinna A. Di Stefano | Daniel Diekmann | Marco Dohle | Heike Drotbohm | Franck Düvell | Eva Ecker | Marcus Engler | Benjamin Etzold | Astrid M. Fellner | Valentin Feneberg | Karim Fereidooni | Annett Fleischer | Heidrun Friese | Christiane Fröhlich | Joanna Jadwiga Fröhlich | Martin Geiger | Lea Gelardi | Birgit Glorius | Danielle Gluns | Simon Goebel | Lidwina Gundacker | Leila Hadj Abdou | Niklas Harder | Sebastian Harnisch | Kaya Haßlinger | Zine-Eddine Hathat | Antonia Heinrich | Jens H. Hellmann | Sophie Hinger | Jannes Jacobsen | Rose Jaji | Ivan Josipovic | Pawel Kaczmarczyk | Ole Kelm | J. Olaf Kleist | Anne Koch | Martin Koch | Irena Kogan | Judith Kohlenberger | Stefan Kordel | Annette Korntheuer | Yuliya Kosyakova | Ulrike Krause | René Kreichauf | Martin Kroh | Tony Kushner | Laura Lambert | Annika Lems | Katharina Lenner | Carolin Leutloff-Grandits | Derek Lutterbeck | Mona Massumi | Jana Mayer | Laura K. McAdam-Otto | Amrei Meier | Agathe Menetrier | Antje Missbach | Alexander-Kenneth Nagel | Klaus Neumann | Tim Neumann | Dennis Odukoya | Claudia Olivier-Mensah | Jochen Oltmer | Marta Pachocka | Jannis Panagiotidis | Bernd Parusel | Charlton Payne | Simone Pfeifer | Katharina Potinius | Patrice G. Poutrus | Ludger Pries | Franziska Reiffen | Sieglinde Rosenberger | Markus Rudolf | Marlene Rummel | Philipp Sandermann | Hannes Schammann | Tabea Scharrer | Paul Scheibelhofer | Albert Scherr | Karin Scherschel | David Schiefer | Dana Schmalz | Caroline Schmitt | Anett Schmitz | Gerald Schneider | Hanne Schneider | Benjamin Schraven | Nadine Segadlo | Dagmar Soennecken | Martin Sökefeld | Moritz Sommer | Sebastian Sons | David Spenger | Susanne Spindler | Elias Steinhilper | Laura Stielike | Andreas Streinzer | Magdalena Suerbaum | Dietrich Thränhardt | Jelena Tošić | Rano Turaeva | Yasemin Uçan | Hella von Unger | Judith Vey | Dominik Wach | Christian Walburg | Florian Weber | Natalie Welfens | Laura Wenzel | Manuela Westphal | Anne-Kathrin Will | Marek Winkel | Sabrina Zajak | Franzisca Zanker | Natascha Zaun

© Titelbild: Birgit Glorius

Die Deutsche Nationalbibliothek verzeichnet diese Publikation in
der Deutschen Nationalbibliografie; detaillierte bibliografische
Daten sind im Internet über http://dnb.d-nb.de abrufbar.

ISBN 978-3-8487-7785-3 (Print)
ISBN 978-3-7489-2190-5 (ePDF)

Onlineversion
Nomos eLibrary

1. Auflage 2023
© Nomos Verlagsgesellschaft, Baden-Baden 2023. Gesamtverantwortung für Druck und
Herstellung bei der Nomos Verlagsgesellschaft mbH & Co. KG. Alle Rechte, auch die des Nach-
drucks von Auszügen, der fotomechanischen Wiedergabe und der Übersetzung, vorbehalten.
Gedruckt auf alterungsbeständigem Papier.

Inhaltsverzeichnis

Abbildungsverzeichnis 13

Tabellenverzeichnis 14

Abkürzungsverzeichnis 15

Editorial 21
Tabea Scharrer, Birgit Glorius, J. Olaf Kleist und Marcel Berlinghoff

I. Forschungsansätze

I.1 Interdisziplinäre und disziplinäre Zugänge

I.1.1 Refugee and Forced Migration Studies: Flucht- und Flüchtlingsforschung im internationalen Kontext 33
Christina Clark-Kazak

I.1.2 Migrationsforschung 43
Dietrich Thränhardt

I.1.3 Friedens- und Konfliktforschung 53
Ulrike Krause und Nadine Segadlo

I.1.4 Geschichtswissenschaft 61
Patrice G. Poutrus

I.1.5 Soziologie 69
Lea Gelardi und Karin Scherschel

I.1.6 Ethnologie 77
Annika Lems und Tabea Scharrer

I.1.7 Politikwissenschaft 87
Ivan Josipovic und Sieglinde Rosenberger

I.1.8 Geographie 97
Benjamin Etzold und Birgit Glorius

I.1.9 Psychologie 107
David Schiefer und Jens H. Hellmann

I.1.10 Literaturwissenschaft 117
Charlton Payne

I.1.11	Soziale Arbeit	127
	Albert Scherr und Helen Breit	
I.1.12	Kommunikationswissenschaft	137
	Ole Kelm, Marco Dohle und Tim Neumann	

I.2 Forschungsmethoden und Forschungsethik

I.2.1	Qualitative Forschung	147
	Birgit Behrensen und Manuela Westphal	
I.2.2	Partizipative Forschung	153
	Dennis Odukoya und Hella von Unger	
I.2.3	Multilokale Forschung	159
	Samia Aden	
I.2.4	Digitale ethnografische Methoden	165
	Simone Pfeifer	
I.2.5	Mehrsprachigkeit und Übersetzung	171
	Yasemin Uçan	
I.2.6	Quantitative Forschung	177
	Niklas Harder und Lidwina Gundacker	
I.2.7	Operationalisierung von ‚Flucht' in Sekundärdaten	183
	Jannes Jacobsen und Martin Kroh	
I.2.8	Big Data	189
	Laura Stielike	
I.2.9	Mixed Methods	195
	Joanna J. Fröhlich	
I.2.10	Forschungsethik	201
	Ulrike Krause	
I.2.11	Eurozentrismus	209
	Franzisca Zanker	
I.2.12	Wissenstransfer	215
	Danielle Gluns	

II. Begriffe und Themen

II.1	Agency	223
	David Spenger und Stefan Kordel	

II.2	Recht auf Asyl	229
	Klaus Neumann	
II.3	Asyl-Migrations-Nexus und ‚Mixed Migration'	235
	Amrei Meier	
II.4	Binnenvertriebene	241
	Anne Koch	
II.5	Bootsflüchtlinge	247
	Marcel Berlinghoff	
II.6	Camp/Lager	253
	René Kreichauf	
II.7	Deservingness	259
	Jelena Tošić und Andreas Streinzer	
II.8	Diaspora	265
	Jannis Panagiotidis	
II.9	Emotionen und Erinnerung	271
	Deepra Dandekar	
II.10	‚Flüchtling' – historische Perspektive	277
	Jochen Oltmer	
II.11	‚Flüchtling' – rechtliche Perspektive	283
	Dana Schmalz	
II.12	‚Flüchtling' – sprachliche Perspektive	291
	Marlene Rummel	
II.13	Gastfreundschaft	297
	Heidrun Friese	
II.14	Gender	303
	Leila Hadj Abdou und Paul Scheibelhofer	
II.15	Gewaltmigration	309
	Benjamin Etzold	
II.16	Grenzen und Grenzregime	315
	Astrid M. Fellner und Florian Weber	
II.17	Integration	321
	Sophie Hinger	
II.18	Im-/Mobilität	327
	Annika Lems	

II.19	Klimaflüchtlinge	333
	Christiane Fröhlich	
II.20	Religion	339
	Alexander-Kenneth Nagel	
II.21	Resilienz	345
	Ulrike Krause	
II.22	Schleusen und Menschenschmuggel	351
	Veronika Bilger	
II.23	Transnationalität	357
	Ludger Pries	
II.24	Traumatisierung	363
	Anne-Kathrin Will	
II.25	Vulnerabilität	369
	Anett Schmitz	

III. Gegenstand der Flucht- und Flüchtlingsforschung

III.1 Akteure und Institutionen

III.1.1	Internationales Flüchtlingsregime	379
	Marcus Engler	
III.1.2	Internationale Organisationen	389
	Martin Geiger und Martin Koch	
III.1.3	Bundesländer und innerstaatliche Regionen	399
	Danielle Gluns und Hannes Schammann	
III.1.4	Kommunen	409
	Birgit Glorius	
III.1.5	Zivilgesellschaft	417
	Elias Steinhilper, Moritz Sommer und Sabrina Zajak	

III.2 Gruppen und Kategorisierungen

III.2.1	Frauen in Fluchtsituationen	427
	Magdalena Suerbaum	
III.2.2	Männer* und Männlichkeiten	437
	Susanne Spindler	

III.2.3	Unbegleitete minderjährige Geflüchtete
Laura K. McAdam-Otto	445
III.2.4	LGBT*-Geflüchtete
Agathe Menetrier	453
III.2.5	Intersektionen von Flucht und Behinderung
Annette Korntheuer	461
III.2.6	Familie und Familialität
Philipp Sandermann, Laura Wenzel und Marek Winkel	471

III.3 Regulierung von Schutz und Mobilität

III.3.1	Asylpolitik
Jana Mayer und Gerald Schneider	481
III.3.2	Resettlement
Natalie Welfens	489
III.3.3	Rückkehr
Claudia Olivier-Mensah und Valentin Feneberg	497
III.3.4	Abschiebung
Sieglinde Rosenberger	505
III.3.5	Externalisierung
Laura Lambert	513
III.3.6	Fluchtursachenvermeidung
Benjamin Schraven und Antonia Heinrich	521
III.3.7	Verantwortungsteilung
Natascha Zaun	529
III.3.8	Sichere Herkunftsstaaten
Valentin Feneberg	539
III.3.9	Internationale Abkommen
Nadine Biehler	547
III.3.10	Irregularität
Norbert Cyrus	555
III.3.11	Seenotrettung
Klaus Neumann	563
III.3.12	Flucht und Diplomatie
Sebastian Harnisch und Katharina Potinius	573

III.3.13	Gewalt .... *Albert Scherr*	581

III.4 Strukturen und Praxis der Aufnahme

III.4.1	Aufnahmeverfahren .... *Caroline Schmitt*	591
III.4.2	Arbeitsmarkt .... *Yuliya Kosyakova und Irena Kogan*	599
III.4.3	Schule und schulische Bildung .... *Mona Massumi*	607
III.4.4	Residenzbevölkerung .... *Miriam Bürer und Hanne Schneider*	615
III.4.5	Diskriminierung und Rassismus .... *Daniel Diekmann und Karim Fereidooni*	623
III.4.6	Sprache .... *Birgit Glorius*	633
III.4.7	Gesundheit .... *Judith Kohlenberger*	643
III.4.8	Unterbringung und Wohnen .... *Judith Vey*	653
III.4.9	Flucht und Kriminalität .... *Christian Walburg*	661
III.4.10	Mediendiskurse .... *Simon Goebel*	671

IV. Regionen

IV.1 Afrika

IV.1.1	Afrikanische Flüchtlings- und Migrationspolitik – ein Überblick .... *Markus Rudolf*	683
IV.1.2	Nordafrika .... *Zine-Eddine Hathat*	689
IV.1.3	Ostafrika .... *Hanno Brankamp*	695

IV.1.4	Westafrika	701
	Laura Lambert und Franzisca Zanker	
IV.1.5	Südliches Afrika	707
	Rose Jaji	

IV.2 Naher und Mittlerer Osten

IV.2.1	Naher Osten (Westasien)	717
	Katharina Lenner	
IV.2.2	Arabische Halbinsel	723
	Sebastian Sons	
IV.2.3	Afghanistan	729
	Martin Sökefeld	

IV.3 Asien und Ozeanien

IV.3.1	Südasien	737
	Martin Sökefeld	
IV.3.2	Zentralasien	743
	Rano Turaeva	
IV.3.3	Ostasien	749
	David Chiavacci	
IV.3.4	Südostasien	755
	Antje Missbach	
IV.3.5	Australien und Ozeanien	761
	Klaus Neumann	

IV.4 Amerikas

IV.4.1	Südamerika	769
	Franziska Reiffen und Heike Drotbohm	
IV.4.2	Karibische Inseln	775
	Corinna A. Di Stefano und Annett Fleischer	
IV.4.3	Zentralamerika	781
	Heike Drotbohm	
IV.4.4	Nordamerika (Kanada und USA)	787
	Dagmar Soennecken	

IV.5 Europa

IV.5.1	Südeuropa .... *Vasiliki Apatzidou und Derek Lutterbeck*	795
IV.5.2	Südosteuropa .... *Carolin Leutloff-Grandits*	803
IV.5.3	Osteuropa .... *Franck Düvell und Kaya Haßlinger*	809
IV.5.4	Ost-Mitteleuropa – Fallbeispiel Polen .... *Dominik Wach, Paweł Kaczmarczyk und Marta Pachocka*	815
IV.5.5	West-Mitteleuropa .... *Frank Caestecker und Eva Ecker*	825
IV.5.6	Nordeuropa .... *Bernd Parusel*	833
IV.5.7	Vereinigtes Königreich und Irland .... *Tony Kushner*	839

Autor*innenverzeichnis 847

Sachregister 861

Personenregister 877

Abbildungsverzeichnis

Abbildung I.1.6.1: Thematischer Fokus der ethnologischen Projekte 2011–2018 in der Datenbank von Flucht-Forschung-Transfer 80

Abbildung II.20.1: Religionszugehörigkeit der Asylerstantragsteller in % 340

Abbildung III.4.7.1: Gesundheitsrisiken vor, während und nach der Fluchterfahrung 645

Abbildung IV.1.4.1: Asylsuchende, anerkannte Flüchtlinge und Binnenvertriebene in Westafrika (1961–2020) 702

Abbildung IV.1.5.1: Mitgliedsstaaten der *Southern African Development Community* (SADC) 708

Abbildung IV.5.4.1: Anzahl von Asylanträgen (Erst- und Folgeanträge) in Polen, 2011–2020 819

Abbildung IV.5.4.2: Hauptgruppen von Asylantragstellenden, nach Staatsangehörigkeit, 2011–2020 820

Tabellenverzeichnis

Tabelle I.2.7.1: Sekundärdaten zu Geflüchteten und die Operationalisierung Geflüchteter 186

Tabelle IV.5.6.1: Bevölkerung der nordischen Länder: Gesamtbevölkerung, im Ausland geborene Bevölkerung und Anzahl erstmals Asylsuchender in den Jahren 2011–2020 834

Abkürzungsverzeichnis

AFAP	aktive Flüchtlingsaufnahmepolitiken
AEUV	Vertrag über die Arbeitsweise der Europäischen Union
AMF	Asylum and Migration Fond (Asyl- und Migrationsfonds, EU)
ANC	African National Congress (Afrikanischer Nationalkongress)
AnkER-Zentrum	Ankunfts-, Entscheidungs- und Rückführungszentrum
APRRN	Asia Pacific Refugee Rights Network
ASEAN	Association of Southeast Asian Nations (Verband Südostasiatischer Nationen)
AsylbLG	Asylbewerberleistungsgesetz
AsylG	Asylgesetz
AsylVfG	Asylverfahrensgesetz
AU	Afrikanische Union
AufenthG	Aufenthaltsgesetz
BAFI	Bundesamt für die Anerkennung ausländischer Flüchtlinge
BAMF	Bundesamt für Migration und Flüchtlinge
BFA	Bundesamt für Fremdenwesen und Asyl, Österreich
BMZ	Bundesministerium für Wirtschaftliche Zusammenarbeit
B-UMF	Bundesfachverband unbegleitete minderjährige Flüchtlinge
BVerfGE	Bundesverfassungsgericht
CAT	Convention against Torture and Other Cruel, Inhuman or Degrading Treatment or Punishment (Konvention gegen Folter)
CARICOM	Caribbean Community (Karibische Gemeinschaft)
CBSA	Canada Border Services Agency (Grenzagentur Kanada)
CERF	Central Emergency Response Fund (Nothilfefonds der Vereinten Nationen)
CMC	Caribbean Migration Consultations
COI	Country of origin information
CRRF	UNHCR-Comprehensive Refugee Response Framework (UNHCR-Rahmenplan für die Flüchtlingshilfe)
DACH	Deutschland, Österreich und Schweiz
DDR	Deutsche Demokratische Republik
DP	Displaced Person
EAC	East African Community (Ostafrikanische Gemeinschaft)
EAEU	Eurasian Economic Union (Eurasische Wirtschaftsunion)
EASO	European Asylum Support Office (Europäisches Unterstützungsbüro für Asylfragen seit 2022 EUAA)
EASY	Erstverteilung von Asylbegehrenden
ECOSOC	Economic and Social Council (Wirtschafts- und Sozialrat der Vereinten Nationen)

ECOWAS	Economic Community of West African States (Wirtschaftsgemeinschaft der westafrikanischen Staaten)
ECPR	European Consortium for Political Research (Europäisches Konsortium für politikwissenschaftliche Forschung)
ECRE	European Council on Refugees and Exiles (Europäischer Rat für Flüchtlinge und Exilanten)
EG	Europäische Gemeinschaft
EMRK	Europäische Menschenrechtskonvention
EOIR	Executive Office of Immigration Review
ERRIN	European Return and Reintegration Network (Europäisches Rückkehr- und Reintegrationsnetzwerk)
ESIF	European Structural and Investment Funds (Europäischer Struktur- und Investitionsfonds)
ESF	European Social Fund (Europäischer Sozialfonds)
ESS	European Social Survey (Europäische Sozialerhebung)
EU	Europäische Union
EUAA	European Union Agency for Asylum (Asylagentur der Europäischen Union)
EUTF for Africa	EU Emergency Trust Fund for stability and addressing root causes of irregular migration and displaced persons in Africa (EU Nothilfefonds für Stabilität und zur Bekämpfung der Ursachen von irregulärer Migration und Vertreibung in Afrika)
FAO	Food and Agriculture Organization of the United Nations (Ernährungs- und Landwirtschaftsorganisation der Vereinten Nationen)
Frontex	Europäische Agentur für die Grenz- und Küstenwache (franz. Akronym *frontières extérieures* ‚Außengrenzen')
GAMM	Gesamtansatz für Migration und Mobilität
GCM	Global Compact for Safe, Orderly and Regular Migration (Globaler Pakt für sichere, geordnete und reguläre Migration)
GCR	Global Compact on Refugees (Globaler Pakt für Flüchtlinge)
GEAS	Gemeinsames Europäisches Asylsystem
GER	Gemeinsamer Europäischer Referenzrahmen für Sprachen
GFK	Genfer Flüchtlingskonvention (Abkommen über die Rechtsstellung der Flüchtlinge)
GG	Grundgesetz
GIZ	Gesellschaft für Internationale Zusammenarbeit GmbH
GUS	Gemeinschaft Unabhängiger Staaten
IAB	Institut für Arbeitsmarkt- und Berufsforschung
IACHR	Inter-American Commission on Human Rights (Interamerikanische Kommission für Menschenrechte)
IASFM	International Association for the Study of Forced Migration (Internationale Vereinigung zur Erforschung von Zwangsmigration)
ICCPR	International Covenant on Civil and Political Rights (Internationaler Pakt über bürgerliche und politische Rechte / Zivilpakt)

ICMPD	International Centre for Migration Policy Development (Internationales Zentrum zur Entwicklung von Migrationspolitik)
IDP	Internally Displaced Person (Binnenvertriebene*r)
IFSW	International Federation of Social Workers (Internationaler Verband der Sozialarbeiter)
IGAD	Intergovernmental Authority on Development (Zwischenstaatliche Entwicklungsbehörde)
ILO	International Labour Organization (Internationale Arbeitsorganisation)
IOM	International Organization for Migration (Internationale Organisation für Migration)
IPCC	Intergovernmental Panel on Climate Change (Zwischenstaatlicher Ausschuss für Klimaänderungen (Weltklimarat)
IRAP	International Research and Advisory Panel (Internationales Forschungs- und Beratungsgremium)
IRB	Immigration and Refugee Board (Einwanderungs- und Flüchtlingsamt)
IRCC	Immigration, Refugees and Citizenship Canada (Einwanderung, Flüchtlinge und Staatsbürgerschaft Kanada)
IRO	International Refugee Organisation (Internationale Flüchtlingsorganisation)
KRK	Kinderrechtskonvention (Convention on the Rights of the Child)
LFS	Labour Force Survey (Arbeitskräfteerhebung)
LGBTIQ*	Lesbisch, Gay, Bisexuell, Trans*, Inter* Sexuell, Queer
MENA	Middle East and North Africa (Mittlerer Osten und Nordafrika)
MERCOSUR	Mercado Común del Sur (Gemeinsamer Markt des Südens)
NaDiRa	Nationaler Diskriminierungs- und Rassismusmonitor
NGO/NRO	Non-governmental Organisation / Nichtregierungsorganisation
OAU	Organisation of African Unity (Organisation für Afrikanische Einheit)
OECD	Organisation for Economic Co-operation and Development (Organisation für wirtschaftliche Zusammenarbeit und Entwicklung)
OECS	Organization of Eastern Caribbean States (Organisation Ostkaribischer Staaten)
OHCHR	Office of the High Commissioner for Human Rights (Büro des Hohen Flüchtlingskommissars der Vereinten Nationen)
OFPRA	l'Office français de protection des réfugiés et apatrides (Französisches Büro zum Schutz von Flüchtlingen und Staatenlosen)
PICMME	Provisional Intergovernmental Committee for the Movement of Migrants from Europe (Provisorisches Zwischenstaatliches Komitee für die Auswanderung aus Europa)
PiS	Prawo i Sprawiedliwość (Partei Recht und Gerechtigkeit)
PKS	Polizeiliche Kriminalstatistik
PLO	Palestine Liberation Organization (Palästinensische Befreiungsorganisation)
PRIM	Projekt Rückkehrinteressierte Migrant*innen
PTBS/PTSD	Posttraumatische Belastungsstörung / post-traumatic stress disorder

Abkürzungsverzeichnis

REAG/GARP	Reintegration and Emigration Programme for Asylum-Seekers in Germany/Government Assisted Repatriation Programme (Reintegrations- und Emigrationsprogramm für Asylsuchende in Deutschland/Staatlich unterstütztes Rückkehrprogramm)
RIC	Reception and Identification Centre (Aufnahme- und Identifikationszentrum)
RSD	Refugee Status Determination (Bestimmung des Flüchtlingsstatus)
SADC	Southern African Development Community (Entwicklungsgemeinschaft des südlichen Afrika)
SAP	Strukturanpassungsprogramm
SDGs	Sustainable Development Goals (Ziele für nachhaltige Entwicklung)
SEM	Staatssekretariat für Migration, Schweiz
SGB	Sozialgesetzbuch
SIEV	Suspected Illegal Entry Vessel (Verdacht auf unregelmäßige Einfahrt)
SOEP	Sozioökonomisches Panel
SOGI	Sexual Orientation and Gender Identity (Sexuelle Orientierung und geschlechtliche Identität)
SOLAS	International Convention for the Safety of Life at Sea (Internationales Übereinkommen zum Schutz des menschlichen Lebens auf See, kurz Schiffssicherheitsvertrag)
SPRAR	Sistema di protezione per richiedenti asilo e rifugiati (System zur Aufnahme und Integration von Flüchtlingen, Italien)
STCA	Canada-U.S. Safe Third Country Agreement
SVR	Sachverständigenrat für Integration und Migration
TCO	Transnational Criminal Organisation (transnationale kriminelle Organisationen)
TPND	The Territory of Papua and New Guinea (Territorium Papua und Neuguinea)
UDHR	Universal Declaration of Human Rights (Allgemeine Erklärung der Menschenrechte)
UdSSR	Union der Sozialistischen Sowjetrepubliken
UK/VK	United Kingdom (Vereinigtes Königreich)
UMF	unbegleitete minderjährige Flüchtlinge
UN/VN	United Nations (Vereinte Nationen)
UN-BRK	UN-Behindertenrechtskonvention
UN DESA	United Nations Department of Economic and Social Affairs (Abteilung der UN für Wirtschaftliche und Soziale Angelegenheiten)
UNDP	United Nations Development Programme (Entwicklungsprogramm der Vereinten Nationen)
UNHCR	United Nations High Commissioner for Refugees (Hoher Flüchtlingskommissar der Vereinten Nationen)
UNICEF	United Nations International Children's Emergency Fund (Kinderhilfswerk der Vereinten Nationen)
UNKRA	United Nations Korean Reconstruction Agency (UN-Wiederaufbauprogramm für Korea)

UN OCHA	United Nations Office for the Coordination of Humanitarian Affairs (Amt der Vereinten Nationen für die Koordinierung humanitärer Angelegenheiten)
UNRRA	United Nations Relief and Rehabilitation Administration (Nothilfe- und Wiederaufbauverwaltung der Vereinten Nationen)
UNRWA	United Nations Relief and Works Agency for Palestine Refugees in the Near East (Hilfswerk der Vereinten Nationen für Palästina-Flüchtlinge im Nahen Osten)
USCIS	U.S. Citizenship and Immigration Service
USMCA	United States-Mexico-Canada Agreement (Vereinigte Staaten-Mexiko-Kanada-Vereinbarung)
USRAP	U.S. Refugee Admissions Program (U.S. Flüchtlingsaufnahmeprogramm)
WFP	World Food Programme (Welternährungsprogramm der Vereinten Nationen)
WRC	Women's Refugee Commission (Flüchtlingskommission der Frauen)
ZIRF	Zentralstelle für Informationsvermittlung zur Rückkehrförderung

Editorial

Tabea Scharrer, Birgit Glorius, J. Olaf Kleist und Marcel Berlinghoff

1. Einführung in das Handbuch

Flucht, Vertreibungen und Zuflucht durchziehen die Weltgeschichte, prägen Gesellschaften und beeinflussen Politiken – und sind damit zentrale und doch oft peripher behandelte Gegenstände der sozial- und geisteswissenschaftlichen Forschung und Wissenschaft. Lange Zeit ein Nischenthema, findet die Flucht- und Flüchtlingsforschung in den letzten Jahren im deutschsprachigen Raum verstärkt Beachtung und institutionelle Ausprägung, ähnlich zu bereits Jahrzehnte zurückreichenden Entwicklungen in der englischsprachigen Wissenschaftslandschaft. Dabei reichen die deutschsprachigen Forschungstraditionen mindestens bis in die 1920er Jahre zurück. Insbesondere seit den 1950er Jahren haben Themen wie Exil in der Zeit des Nationalsozialismus, Beschäftigungen mit Heimatvertriebenen, politischem Asyl und internationaler Flucht in der deutschsprachigen Forschung zu einem gewissen empirischen, aber auch konzeptionellen Korpus geführt. Das rasante Wachstum einer differenzierten und vielfältigen Forschung im internationalen Wissenschaftsbereich, mit wissenschaftlichen Strukturen und Institutionen auf diesem Gebiet, hat seit den 1980er Jahren ein eigenständiges Forschungsfeld der *Refugee and Forced Migration Studies* begründet. Vor dem Hintergrund dieser Forschungstraditionen und der internationalen Debatten erlebte die Flucht- und Flüchtlingsforschung im Zuge der Ankunft Geflüchteter um 2015 in Deutschland einen regelrechten *Boom*. Neue Ansätze sind entstanden, bestehende haben sich gewandelt und Impulse wurden gegeben für eine Etablierung des Forschungsfeldes in der deutschsprachigen Region. Diese Linien aufzugreifen, zu reflektieren und für zukünftige Flucht- und Flüchtlingsforschung aufzubereiten, ist die Aufgabe des vorliegenden Handbuchs.

Wir sehen dieses Handbuch daher als wichtige Wegmarke in der Entwicklung der Flucht- und Flüchtlingsforschung, von der aus verschiedene Perspektiven auf das Forschungsfeld eingenommen werden können. Die Beiträge ermöglichen in ihrer Vielfalt einen Einblick in die zentralen Aspekte seines Gegenstands und einen Einstieg in die wissenschaftliche Beschäftigung damit. Zugleich bieten sie einen Ausblick auf die weitere Entwicklung und Desiderate, mögen also auch Anstoß sein, um neue Pfade, Fragen und Ideen zu verfolgen. In ihrer Gesamtheit bieten die Beiträge einen Überblick über das sich in den letzten Jahren stark ausdifferenzierende und spezialisierende Forschungsfeld und binden es damit – wortwörtlich zwischen zwei Buchdeckeln – zusammen. Für die Flucht- und Flüchtlingsforschung bilden das Handbuch und seine diversen Beiträge mithin *eine* der möglichen Versionen und Sichtweisen auf Inhalte und Grenzen des Forschungsfeldes ab.

Das Handbuch hat damit zugleich mehrere Adressat*innen. Es richtet sich sowohl an Forschende und Lehrende, die mit der Flucht- und Flüchtlingsforschung bereits gut vertraut sind, um konzise Zusammenfassungen zentraler Themen zu finden, als auch zugleich an jene, die einen präzisen und umfassenden Einstieg in das Forschungs- und Themenfeld suchen. Insofern ist das Handbuch sehr gut für Studierende und für die akademische Lehre geeignet, aber auch für alle Interessierten aus der Praxis, die eine fundierte Einordnung des Themas Flucht und Geflüchtete suchen. Es ist von Expert*innen für (zukünftige) Expert*innen geschrieben und ist – wenn auch nicht handlich – tatsächlich als ein Buch gedacht, das Forschende und Praktiker*innen in dem Bereich griffbereit haben sollten, um besser durch dieses Forschungsfeld navigieren zu können.

Um den Gebrauch zu erleichtern und den Nutzen zu mehren, hält das Handbuch kleine Hilfsmittel bereit, mit denen sich der Inhalt erschließen lässt und die zur Vertiefung in die Themen der Beiträge einladen. Hierzu gehören auf der Ebene der einzelnen Beiträge mit einem Pfeil (→) markierte Querverweise, die direkt auf weitere thematisch relevante Einträge innerhalb des Handbuchs verweisen. Dem Weiterlesen und vertiefenden Erschließen der jeweiligen Themenfelder dienen die von den Autor*innen ausgewählten Lesehinweise, die in den Literaturverzeichnissen **fett markiert** hervorgehoben sind. Um gezielt und beitragsübergreifend Themen zu erschließen, die nicht mit eigenen Einträgen vertreten sind, enthält das Handbuch einen umfassenden Index, in dem sowohl die von den Autor*innen gesetzten Schlüsselbegriffe als auch weitere zentrale Begriffe verzeichnet sind. Ein Personenregister und ein Abkürzungsverzeichnis bieten ergänzende Zugriffsmöglichkeiten auf die im Handbuch versammelten Themen.

Wir hoffen mit dem Handbuch Wissenschaftler*innen und Praktiker*innen im sich rapide entwickelnden und erweiternden Feld Orientierung zu geben, aber auch eine Möglichkeit zu bieten, sich umzuschauen und die vielen und wichtigen über den eigenen Schwerpunkt hinausgehenden Forschungsleistungen und -ergebnisse zu erkennen. Das Handbuch ist jedoch keineswegs das letzte Wort, sondern angesichts einer sich fortlaufend entwickelnden und ausdifferenzierenden Flucht- und Flüchtlingsforschung der Versuch, diese für den gegenwärtigen Moment abzubilden und dadurch Reflexion zu ermöglichen.

1.1 Zeitliche Dimension des Handbuchs

Eine vertiefte wissenschaftliche Beschäftigung mit Flucht und Geflüchteten findet insbesondere seit der ersten Hälfte des 20. Jahrhunderts – dem „Jahrhundert der Flüchtlinge" – statt; häufig ausgelöst durch jeweils aktuelle (Massen)Fluchtereignisse. Die Flucht- und Flüchtlingsforschung ist daher stets den akut auftretenden Veränderungen ihres Gegenstands unterworfen. Die meisten Beiträge dieses Handbuchs sind beispielsweise vor dem russischen Angriff auf die Ukraine im Februar 2022 verfasst, der umfangreiche Fluchtbewegungen innerhalb Europas ausgelöst hat. Da die Beiträge auf ein allgemeines Verständnis der behandelten Phänomene und Begrifflichkeiten fokussieren, sind sie jedoch unabhängig von aktuellen Ereignissen relevant. Wir haben uns damit im Sinne des Handbuchs gegen Tagesaktualität und für eine nachhaltige Nutzbarkeit entschieden. Gleichwohl spiegeln die Beiträge den gegenwärtigen Forschungsstand wider und bieten über die ausgewählten Literaturhinweise die Möglichkeit, auch in relevante Forschungsdiskussionen der jeweiligen Themen tiefer einzusteigen.

1.2 Zur Bedeutung von Begriffen der Flucht- und Flüchtlingsforschung

Die Einordnung und Definition von zentralen Begriffen, die in einem Forschungsfeld verwendet werden, ist ein inhärenter Bestandteil des wissenschaftlichen Arbeitens. Begriffe sind selten eindeutig, sondern werden in unterschiedlichen Fachdisziplinen unterschiedlich verstanden und eingesetzt. Die Verwendung von Begriffen im Kontext nicht nur der wissenschaftlichen, sondern auch der politischen und gesellschaftlichen Debatte ist immer als Teil von diskursiven Systemen zu verstehen. Gerade in politisch und gesellschaftlich umstrittenen Themenfeldern, zu denen Flucht und die Aufnahme von Geflüchteten zweifelsohne gehören, lässt sich häufig eine stille Transformation von Begriffsbedeutungen beobachten, die den Meinungsbildungs-, den politischen und auch den Forschungsprozess beeinflussen. An dieser Stelle ist es Aufgabe der Wissenschaft und damit auch des vorliegenden Handbuchs, entsprechende Transformationen, Umdeutungen oder variable bis widersprüchliche Begriffsverwendungen explizit zu machen und zu kontextualisieren. Nur auf diese Weise kann eine aufgeklärte Auseinandersetzung mit den Inhalten gelingen, die durch entsprechende Begrifflichkeiten benannt werden. Zugleich muss konstatiert werden, dass das Verständnis von relevanten Begriffen und ihre Verwendung hochdynamisch sind. Daher sind die hier vorliegenden Begriffsklärungen stets als vorläufig zu bezeichnen, und sie werden konsequenterweise von den Autor*innen der einzelnen Beiträge in ihrem historischen Entstehungszusammenhang kontextualisiert.

Diese Überlegungen gelten auch und zuvorderst für die Betitelung des Forschungsfeldes, für das sich im Deutschen der Begriff ‚Flucht- und Flüchtlingsforschung' etabliert hat. Sowohl der Begriff der ‚Flucht' als auch der Begriff des ‚Flüchtlings' sind nicht nur in ihrer Begrifflichkeit hoch umstritten, sondern auch hinsichtlich der Forschungsgegenstände, die durch sie bezeichnet werden. Mehrere Einträge in diesem Handbuch erläutern, wie aus unterschiedlichen disziplinären und gesellschaftlichen Blickwinkeln der Prozess der ‚Flucht' sowie der Begriff des ‚Flüchtlings' als Subjekt jeweils variierende Phänomene und Lebensumstände benennen und einschließen, und auf diese Weise spezifische Perspektiven auf das Phänomen etablieren. Die Betitelung ‚Flucht- und Flüchtlingsforschung. Handbuch für Wissenschaft und Studium' ist damit auch als Akt der Stabilisierung eines sich herausbildenden Forschungsfeldes in der deutschsprachigen Forschungslandschaft zu verstehen. Gleichwohl soll mit der Publikation dieses Handbuchs der Begriffsdiskurs nicht zementiert werden. Daher wurde es den Autor*innen der einzelnen Einträge freigestellt, mit welchen Begrifflichkeiten sie Gegenstände und Subjekte der Fluchtforschung bezeichnen. Die auf diese Weise entstandene Heterogenität in der Verwendung zentraler Begriffe ist als Zeichen für die Multi- und Transdisziplinarität sowie Transnationalität der Flucht- und Flüchtlingsforschung zu sehen, die – auch in ihrer Relevanz – methodisch, ethisch und politisch herausfordernd ist und eines fortlaufenden Diskurses bedarf.

2. Überblick über die Struktur des Handbuchs

Dieses wissenschaftliche Handbuch soll das Feld in seiner Breite abdecken und zugleich den Forschungsstand kritisch reflektiert wiedergeben, um so einen Einblick in das Feld und sein Thema zu erlauben. Hierfür ist der Band in vier Sektionen unterteilt: I. Forschungsansätze, II. Begriffe und Themen, III. Gegenstand und IV. Regionen.

Teil I blickt auf die Flucht- und Flüchtlingsforschung als ein Forschungsfeld mit eigener Geschichte, eingebettet in eine weite Wissenschaftslandschaft und gekennzeichnet durch spezifische ethische und methodische Herausforderungen. Die Beiträge stellen jeweils historische, theoretische und konzeptionelle Zugänge und zentrale akademische Auseinandersetzungen zu diesen Forschungsbezügen dar. Berücksichtigt werden die verschiedenen disziplinären Zugänge und ihr jeweils spezifischer Blick auf den Forschungsgegenstand. Zudem widmet sich dieser erste Teil des Handbuchs den schwierigen methodischen und forschungsethischen Fragen, mit denen Forscher*innen der Flucht- und Flüchtlingsforschung konfrontiert sind.

Die Flucht- und Flüchtlingsforschung ist ein eigenständiges Forschungsfeld, ihr Gegenstand aber zugleich ein Querschnittsthema, das in verschiedenen Disziplinen und in angrenzenden Forschungsfeldern sowohl von relevanter Bedeutung ist als auch spezifische Betrachtungen erfährt. Daher widmen sich die Beiträge des **Abschnitts I.1** den in Erkenntnisinteresse, Perspektiven, Theorien, Methoden und Konzepten unterschiedlichen disziplinären Zugängen sowie den eng an die Fluchtforschung angrenzenden interdisziplinären Forschungsfeldern. Das erste Kapitel erläutert die historische Verortung der internationalen Flucht- und Flüchtlingsforschung. Wissenschaftliche Untersuchungen zu Flucht und Flüchtlingen haben eine über hundertjährige Tradition. Sie sind dabei immer eng an politische und gesellschaftliche Entwicklungen gebunden und darin national und regional spezifisch. Zugleich hat sich eine internationale Forschungsgemeinschaft herausgebildet, die zwar von nationalen Forschungslandschaften geprägt ist, aber durch internationale Debatten und auch Institutionen verbunden ist. Aus diesen (trans-)nationalen Kontexten und Entwicklungen ist die Flucht- und Flüchtlingsforschung zu verstehen, weshalb sie den Ausgangspunkt für dieses Handbuch bilden. Die weiteren Kapitel stellen verschiedene disziplinäre Zugänge sowie angrenzende Forschungsfelder dar. Die verschiedenen Disziplinen bieten ganz eigene Sichtweisen auf Flucht und Geflüchtete, die als Gegenstand oft periphere Positionen im Fachgebiet einnehmen, aber wichtige Fragestellungen ermöglichen. Die Beiträge beschreiben die historische Entwicklung der Auseinandersetzung der jeweiligen Disziplin bzw. des Forschungsfeldes mit Flucht und Geflüchteten mit Bezug auf die wichtigsten Wissenschaftler*innen und ggf. institutionellen Querverbindungen. Sie erläutern den spezifischen Stellenwert sowie die Theoretisierung und Konzeptualisierung des Gegenstands in dem thematischen Kontext, die wichtigsten methodischen Annäherungen, sowie die wichtigsten Forschungsperspektiven.

Methoden und Ethik der Forschung erfordern in der Flucht- und Flüchtlingsforschung eine besondere Reflexivität angesichts eines oft schwierigen Zugangs zu Quellen, Daten und Betroffenen. Darüber hinaus handelt es sich hierbei häufig um sensible Daten, die besondere methodische und ethische Aufmerksamkeit erfordern. Zugleich hilft die Wahl der Forschungsmethoden dabei, ansonsten verborgene Aspekte aufzudecken, die gerade auch in Anbetracht der politischen Relevanz des Themas wichtig sind. Die Einträge in **Abschnitt I.2** reflektieren zum einen die besonderen Herausforderungen der jeweiligen Methoden für die Flucht- und Flüchtlingsforschung und stellen zum anderen Ansätze und Konventionen und/oder mögliche Vorgehensweisen für die Flucht- und Flüchtlingsforschung vor, mit diesen Herausforderungen umzugehen und (disziplinär-)spezifische Erkenntnisse aus den methodischen Ansätzen zu gewinnen. Dabei speisen sich ethische Herausforderungen insbesondere aus zwei miteinander verbundenen Problemfeldern – dem politischen Interesse einer anwendungsorientierten Forschung und der häufig unsicheren Position von Menschen in Fluchtsituationen, Asylbewerber*innen und rechtlich anerkannten Flüchtlingen. Beide Aspekte müssen bei der Planung, Durchführung,

Auswertung und Veröffentlichung von Forschungen zu Flucht beachtet werden. Dabei werden auch Konsequenzen der Sortierung durch den Forschungsverlauf, sowie forschungsethische Fragen im Begründungs-, Durchführungs- und Verwertungszusammenhang angesprochen.

Teil II des Handbuchs bildet eine Übersicht von Begriffen und Themen ab, die eine besondere Relevanz für die Forschung zu Flucht und Geflüchteten haben, und die auch in der politischen und gesellschaftlichen Auseinandersetzung mit der Thematik zentral sind. Ziel dieses Buchteils ist es, die Begriffe, ihre Entstehung und Verwendung möglichst umfassend zu beleuchten und auch zentrale Debatten zur Begriffsverwendung abzubilden. Die Autor*innen bieten zu den ausgewählten Begriffen eine grundsätzliche Begriffsklärung, zeigen die Begriffsgenese auf, erläutern die Begriffsverwendung in unterschiedlichen disziplinären Zusammenhängen und geben schließlich einen Überblick über relevante Forschungsergebnisse zu Flucht und Geflüchteten, die mit dem erläuterten Begriff zusammenhängen.

Gleich von mehreren Seiten nähern sich verschiedene Autor*innen den beiden zentralen Begriffen der Flucht und des Flüchtlings, die politisch wie methodisch umstritten sind, sich aber trotz aller im Zeitverlauf aufkommenden und wieder verschwindenden Synonyme behaupten. So wird der Flüchtlingsbegriff aus disziplinären Blickwinkeln (historisch, rechtlich, sprachlich) wie auch aus empirischen Perspektiven diskutiert, die in Komposita wie etwa dem des Klimaflüchtlings zum Vorschein kommen oder aber in expliziter sprachlicher Abgrenzung als (Binnen)Vertriebene Verwendung finden. Unterschiedliche Formen und Konzeptualisierungen als unfreiwillige, gewaltvolle und klandestine menschliche (Im)Mobilität, als Zwangs-/Gewaltmigration, aber auch als *mixed flows,* umkreisen und überschneiden sich und grenzen sich vom Begriff der Flucht ab. Die Beiträge dienen zugleich dazu, unterschiedliche Ebenen von und Perspektiven auf Flucht offenzulegen und miteinander in Austausch zu bringen. Darüber hinaus findet sich im diskursiven Umfeld von Flucht und Geflüchteten eine Vielzahl spezifischer Begrifflichkeiten, die sich sowohl aus der Empirie als auch aus der Forschung ergeben, sich wandeln und neu verstanden werden. So werden Begriffe im Kontext des (Nicht)Ankommens in den Blick genommen, die für ein Verständnis der Aushandlung von Zugehörigkeit und Nichtzugehörigkeit hoch relevant sind. Dies gilt nicht minder für Begriffe zur Beschreibung von Geflüchteten, die diese sowohl als Subjekte ernst nehmen als ihnen auch von außen zugeschrieben werden, und die dabei in den gesellschaftlichen, politischen und wissenschaftlichen Debatten von besonderer Relevanz sind. Durch die dezidierte, wenngleich im Rahmen dieses Handbuchs niemals vollständige Begriffsbetrachtung hoffen wir ein gutes Fundament für die reflektierte Auseinandersetzung mit den folgenden Beiträgen zu schaffen, in denen diese und weitere uneindeutige Begriffe Verwendung finden.

Nachdem die Teile I und II des Handbuchs den theoretisch-konzeptionellen Rahmen gesetzt und sich dem Feld vorwiegend von akademischer Seite genähert haben, bieten die Teile III und IV des Handbuchs thematische, empirisch gesättigte Abhandlungen relevanter Themen. **Teil III** gewährt einen Überblick über den facettenreichen Forschungsgegenstand der Flucht- und Flüchtlingsforschung. Die Teilbereiche widmen sich zunächst Akteur*innen und Institutionen im Bereich der Flüchtlingspolitik und -aufnahme und thematisieren anschließend Kategorisierungen und wichtige Gruppenbegriffe im Fluchtdiskurs. Danach werden wesentliche Politikansätze und politische Handlungsmuster zur Regulierung von Schutz und Mobilität Schutzsuchender vorgestellt und schließlich zentrale Begriffe versammelt, die im Kontext der Aufnahme von Geflüchteten wissenschaftlich, politisch und praktisch eine Rolle spielen.

Die Beiträge in **Abschnitt III.1** untersuchen aus unterschiedlichen Perspektiven die institutionalisierten Akteur*innen der inter-, trans-, supra- und subnationalen Fluchtregime. Sie widmen sich dabei dem Zusammenspiel von Akteur*innen unterschiedlicher institutioneller Ebenen und umfassen internationale Organisationen ebenso wie substaatliche Institutionen, wie Kommunen oder Zivilgesellschaft. Mit in den Blick genommen werden dabei Geschichte, Auftrag, Selbstverständnis und Probleme, mit denen sich diese Akteur*innen und Institutionen in ihren (wechselnden) Rollen in Bezug auf Flucht und Geflüchtete entwickeln und verhalten.

Abschnitt III.2 greift Kategorisierungen auf, mit denen in Bezug auf Flucht und die Aufnahme von Geflüchteten vielfach nach bestimmten Gruppen unterschieden wird und die teilweise in unterschiedlichen Verfahren für die Betroffenen resultieren. Diese Verfahren entstammen meist staatlichen und suprastaatlichen Gesetzen und Vereinbarungen, andere sind durch die tägliche Praxis oder durch die Übertragung von allgemeinen Verfahrensstandards auf die Gruppe der Geflüchteten entstanden. So werden zum Beispiel unbegleitete Minderjährige in Deutschland nicht in Erstaufnahmeeinrichtungen eingewiesen, sondern von Einrichtungen der Jugendhilfe betreut. Besonderes Augenmerk liegt auch auf dem Schutz von queeren Geflüchteten, die in vielen Bundesländern in separaten Aufnahmeeinrichtungen untergebracht werden. Manchmal werden auch geflüchtete Frauen, bzw. Frauen mit Kindern oder Familien, besonders behandelt. Neben der Differenzierung auf Grundlage von Gesetzen und Verfahrensstandards werden unter bestimmte Kategorien gefasste Gruppen von Geflüchteten aber auch im öffentlichen Diskurs differenziert betrachtet. So werden z. B. allein reisende männliche Geflüchtete, vor allem aus den Maghreb-Staaten, als Sexualstraftäter und Kleinkriminelle stereotypisiert. Geflüchtete Frauen aus arabischen Staaten werden im öffentlichen Diskurs stark kulturalisierend betrachtet und ihre Integrationsfähigkeit aufgrund des islamischen Glaubens und ihrer Herkunft aus patriarchalen Strukturen angezweifelt. Zugleich wird ihre besondere Schutzbedürftigkeit hervorgehoben oder auch in Frage gestellt. Die verschiedenen Einträge in diesem Abschnitt rekonstruieren die Entstehung und Bedeutungsaufladung der so gebildeten Gruppen und Kategorien und führen eine kritische Debatte über die Ursachen und Folgen der gruppenspezifischen Betrachtung und Behandlung.

Das Reagieren auf Flucht ist als eine Vielzahl teils loser, teils eng verbundener politischer Strategien und Maßnahmen auf verschiedenen Ebenen zu beschreiben. Diese Politikansätze und Regulierungsmuster im Kontext von Flucht und Geflüchteten werden in **Abschnitt III.3** gesammelt vorgestellt und in Bezug zueinander gesetzt. Dabei behandeln die Autor*innen in erster Linie Politik auf internationaler Ebene und den Übergang zu nationalstaatlichen Zuständigkeiten. Dies umfasst die Asylpolitik mit ihren Nebenfeldern ebenso wie die Seenotrettung, Externalisierung und die Rolle und den Einsatz von Diplomatie im Kontext von Flucht und Geflüchteten. Nicht außen vor bleiben zudem Beiträge, die sich mit der Abwehr und der Weiterschiebung von Verantwortlichkeit auseinandersetzen, wie Verantwortungsteilung, Abschiebung oder Rückkehrpolitiken. Dabei rücken die Beiträge auch die Umsetzung, Reichweite, Wirksamkeit und Folgen der Maßnahmen sowie gegenläufige Strategien und Handlungen von institutionellen und individuellen Akteur*innen in den Blick. Der Fokus liegt hierbei auf Deutschland und Westeuropa.

Die Strukturen und Praktiken der Aufnahme und Integration von Geflüchteten sind zentrale Gegenstände der (insbesondere auch politikberatenden) Flüchtlingsforschung und werden in **Abschnitt III.4** mit Fokus auf den deutschsprachigen Raum vorgestellt. Die dabei verwendeten Begriffe sind kaum trennscharf zu betrachten. Zwar wird in Gesetzen und Verordnungen versucht, die unmittelbare Aufnahme, Verteilung und Unterbringung von Geflüchteten während des Asylverfahrens als ‚Aufnahme' zu definieren, während nachgeordnete Aufenthaltsetappen dann stärker im Bereich der ‚Integration' verortet werden, doch in der Praxis bestehen fließende Übergänge und Parallelen zwischen ‚Aufnahme' und ‚Integration'. Die Beiträge in diesem Abschnitt reflektieren anhand von Schlüsselbegriffen unterschiedliche Etappen und Aktionsfelder, die nach der Ankunft von Geflüchteten (in Deutschland, bzw. in Österreich und der Schweiz) eine Rolle spielen und wirkmächtig werden. Die Beiträge zeichnen die Entwicklungen in dem jeweiligen Begriffsfeld anhand von empirischen Daten nach, weisen auf Forschungsansätze und -ergebnisse hin und entwickeln Fragen für weiterführende Forschung.

Teil IV des Handbuchs weitet die empirische Perspektive in geographischer Hinsicht und bietet einen Überblick über wichtige Entwicklungen in den verschiedenen Weltregionen. Damit lenkt insbesondere diese Sektion den Blick auf Fluchtkontexte, Migrationsregime und die Aufnahme von Geflüchteten außerhalb des deutschsprachigen Raumes. Für die einzelnen Regionen stehen dabei sowohl die Fluchtgeschichte und das Fluchtgeschehen innerhalb dieser Gebiete, wie auch die rechtlichen Rahmenbedingungen für (Flucht-)Migration und die Aufnahme von Geflüchteten im Mittelpunkt der Betrachtung. Der Fokus liegt dabei nicht so sehr auf aktuellen Geschehnissen, sondern eher auf einer historischen, rechtlichen und politischen Einbettung, um aktuelles Fluchtgeschehen verstehen zu können.

Die regionale Betrachtung wurde so gewählt, dass historisch in sich gewachsene und verflochtene Gebiete beschrieben werden, deren Verflechtung häufig auch Ausdruck in regionalen Organisationen und ähnlichen rechtlichen Rahmenbedingungen von und Herangehensweisen an Migration und Flucht gefunden hat. In den Beiträgen wird deutlich, dass innerhalb dieser Regionen komplexe Formen der Mobilität historisch über lange Zeiträume gewachsen sind und Fluchtrouten oft schon zuvor existierenden Routen der Arbeits-, Handels- oder familienorientierten Migration folgen. Je nach rechtlichen Rahmenbedingungen werden diese im Falle von Flucht als solche kategorisiert, oder eben auch nicht. Diese Verknüpfung von Migrationsrouten und -strukturen sowie die dadurch gewachsenen sozialen Strukturen entlang von Migrationskorridoren führen dazu, dass häufig nicht eindeutig zwischen Fluchtmigration und anderen Formen der Migration unterschieden werden kann.

Die Regionen sind jedoch nicht nur durch inhärente Ähnlichkeiten geprägt, sondern es lassen sich auch Gemeinsamkeiten zwischen verschiedenen Regionen erkennen. In einigen Regionen, wie Zentralasien und Zentralamerika, führen Verbindungen von nicht-staatlichen Gewaltakteur*innen mit dem Staat zu diffuser Gewalt als Fluchtgrund. Zudem gab es Versuche außerhalb Europas, regional angepasste Flüchtlingsgesetzgebungen (wie die AU-Konvention auf dem afrikanischen Kontinent oder die Cartagena-Konvention in Südamerika) zu implementieren, die häufig deutlich über die Definitionen der Genfer Flüchtlingskonvention (GFK) hinausgehen. Gleichzeitig wird erkennbar, dass in den letzten Jahren in all den beschriebenen Regionen ähnliche Entwicklungen der Einschränkung von Migrations- und Fluchtmöglichkeiten stattgefunden haben – in Form von Externalisierungspolitiken der Mobilitätskontrolle, durch Kasernierung und Inhaftierung von irregulären Migrant*innen sowie

27

den Ausbau von Grenzbefestigungen. Damit verbunden sind Versuche, Geflüchtete entweder schon an der Grenze abzuweisen bzw. zurückzuschieben, sie nach kurzer Zeit abzuschieben bzw. es ihnen möglichst schwer zu machen, im Ankunftsland Fuß zu fassen. Jedoch gibt es in den meisten Regionen auch Gegenbewegungen gegen diese Verschärfung von Flucht- und Migrationspolitiken und Solidarisierungsbewegungen.

3. Arbeitsprozess bei der Erstellung dieses Handbuchs und Danksagung

Nach der inhaltlichen Konzeption des Handbuches durch die Herausgeber*innen konnten für fast alle der angedachten Beiträge Autor*innen gefunden werden. Dabei wurde darauf geachtet, möglichst vielfältige Zugänge zuzulassen und Autor*innen unterschiedlicher Erfahrungsstufen, Herkünfte, Disziplinen und regionaler Ausrichtung in den Entstehungsprozess dieses Handbuchs einzubinden. Allerdings war es für bestimmte Themen schwierig bis unmöglich, geeignete Autor*innen zu gewinnen, was auf die Notwendigkeit der Ausweitung von Forschung hinweist. In Bereichen, wo es nicht möglich war, deutschsprachige Autor*innen zu gewinnen, wurden die Beiträge zum Teil von internationalen Kolleg*innen verfasst und durch die Herausgeber*innen ins Deutsche übertragen. Nachdem die Akquise der meisten Autor*innen im Winter 2020/21 abgeschlossen war, erstellten die Autor*innen eine erste Fassung ihres Beitrags. Diese Entwürfe wurden in einer Reihe von sehr konstruktiven, digitalen Autor*innen-Workshops diskutiert. Auf der Basis dieser Rückmeldungen erstellten die Autor*innen eine zweite Fassung und reichten diese bis Ende 2021 bei den Herausgeber*innen ein. Diese führten anschließend ein internes Review durch und übermittelten ihre Anmerkungen an die Autor*innen, welche bis zum Frühjahr 2022 eine dritte Fassung erstellten. Nach weiteren, kleineren Überarbeitungs- und Redaktionsrunden wurden die Beiträge schließlich bis zum Herbst 2022 zu einer Druckfassung verarbeitet. Damit steht seit dem Frühjahr 2023 das erste deutschsprachige Handbuch der Flucht- und Flüchtlingsforschung den interessierten Leser*innen, Wissenschaftler*innen und Praktiker*innen zur Verfügung.

All den Autor*innen möchten wir hiermit danken, für ihre eigenen Beiträge, aber auch für die konstruktive Diskussion der anderen Beiträge während der Workshops zu den einzelnen Unterabschnitten des Handbuches. Dies gilt insbesondere für alle Autor*innen in prekären Lebenssituationen, die von der Covid-19-Pandemie, während derer dieses Handbuch entstanden ist, oft noch verstärkt wurden. Unser Dank geht zudem an den Nomos Verlag, ohne dessen Herantreten an uns mit der Idee eines Handbuches dieses gar nicht zustande gekommen wäre. Begleitet wurde der Prozess der Herausgabe auf Seiten des Verlages von Alexander Hutzel, Anja Pollich, Eva Lang und Marcella Höfer, bei denen wir uns ebenfalls für die immer freundliche und gut strukturierte Zusammenarbeit bedanken möchten. Ein Dank geht ebenso an Antonia Horlacher, die bei der Durchsicht der Literaturverzeichnisse behilflich war, sowie an Stephan Schurig, der eine Kartenabbildung für das Handbuch erstellte.

I. Forschungsansätze

I.1 Interdisziplinäre und disziplinäre Zugänge

I.1.1

Refugee and Forced Migration Studies: Flucht- und Flüchtlingsforschung im internationalen Kontext

Christina Clark-Kazak[1]

Abstract Dieses Kapitel zeichnet die Entwicklung der *Refugee and Forced Migration Studies*, ihre Institutionalisierung als internationales, interdisziplinäres Studienfach, sowie ihre jüngste Wandlung in *(Forced) Migration Studies* nach. Es stellt die wichtigsten Entwicklungen, Prozesse und Institutionen dar, die sich mit der Forschung und Lehre zu erzwungener Migration beschäftigen. Dabei werden auch zentrale Debatten zusammengefasst, vor allem bezüglich der Produktion von Wissen, der politischen Ausrichtung von Flucht- und Flüchtlingsforschung sowie der Beziehung zur Migrationsforschung im weiteren Sinne. Das Kapitel bietet sowohl einen historischen Überblick über die Geschichte der *Refugee and Forced Migration Studies* als auch eine kritische Reflexion über Spannungen und Defizite. Es schließt mit einer Einschätzung der Zukunftsaussichten und neuen Richtungen in diesem Bereich.

Schlüsselbegriffe: Flucht- und Flüchtlingsforschung, Zwangsmigration, Methodologie, Ethik, Wissensproduktion

1. Einführung

Dieses Kapitel stellt die Entwicklung der *Refugee and Forced Migration Studies* als internationales und interdisziplinäres Forschungsfeld dar. Es beschreibt zunächst den historischen Kontext der Entstehung des Fachs, einschließlich der wichtigsten Institutionen, Zeitschriften und Ausbildungsprogramme. Das Kapitel erläutert die anfängliche Eurozentriertheit des Forschungsfeldes sowie seine enge Beziehung zu Politik und Praxis. Der zweite Abschnitt beleuchtet die wichtigsten Kritiken und Debatten in diesem Forschungsfeld und fokussiert dabei auf Fragen zu Definitionen und Bezeichnungen, das Verhältnis der Flüchtlingsforschung zur (Zwangs-)Migrationsforschung, die Rolle akademischer Disziplinen, methodologische Herausforderungen und Debatten, Machtverhältnisse bei der Wissensproduktion, die Chancen und Herausforderungen der praktischen Ausrichtung des Bereichs und ethische Überlegungen. Diese Debatten verdeutlichen einen *critical turn* innerhalb des Fachgebiets: Forscher*innen setzen sich verstärkt mit den Machtverhältnissen in der Wissensproduktion und dem „dual imperative" (Jacobsen/Landau 2003) akademischer Integrität als auch praktischer Konsequenzen auseinander. Der letzte Abschnitt enthält Überlegungen zu aktuellen Forschungslücken und möglichen zukünftigen Richtungen der *Refugee and Forced Migration Studies*.

---

[1] Übersetzt von J. Olaf Kleist und Tabea Scharrer.

2. „Refugee Studies" im historischen Kontext

Forscher*innen haben sich schon lange vor der Herausbildung der *Refugee Studies* in so unterschiedlichen Disziplinen wie Geschichte, Anthropologie und Recht mit Vertriebenen befasst (Skran/Daughtry 2007). Wie Black (2001) feststellt, ist es im Gegensatz zur Geschichte einer Organisation wie dem UNHCR schwierig, ein Anfangsdatum für ein akademisches Forschungsgebiet festzulegen. In diesem Abschnitt wird der historische Kontext für die Herausbildung der *Refugee Studies* skizziert, beginnend im Europa des frühen 20. Jahrhunderts. Der schon angesprochene (→) Eurozentrismus war von Anbeginn in der Forschung verwurzelt (Chimni 1998), ebenso wie die Orientierung auf politische Anwendbarkeit.

2.1 Konzentration auf europäische ‚Probleme' zu Beginn des 20. Jahrhunderts

Die meisten frühen Forschungsarbeiten über Vertriebene konzentrierten sich auf die Beschreibung der Situation in Europa, insbesondere im Zusammenhang mit den beiden Weltkriegen. Viele Forscher*innen betrachteten Vertreibung als ein ‚Problem', das kategorisiert und gelöst werden musste (Chimni 2009; Skran/Daughtry 2007). So dokumentierte Sir John Hope Simpson akribisch eine groß angelegte Untersuchung mit dem Titel *The Refugee Problem* (1938a, 1938b, 1939). Black (2001) merkte dazu an, dass in einer Sonderausgabe über Flüchtlinge der *Annals of the American Academy of Political and Social Science* von 1939 fast die Hälfte der 22 Artikel der Erforschung ‚möglicher Auswege' aus dem ‚Flüchtlingsproblem' gewidmet war. Die erste Forschungseinrichtung zum Thema Flucht wurde 1950 in Europa als „Association for the Study of the World Refugee Problem" (Hervorhebung der Autorin) gegründet.

Die meisten Forscher*innen des frühen 20. Jahrhunderts konzentrierten sich, wie Simpson, ausschließlich auf Flüchtlingsbewegungen aus europäischen Ländern (1938a), schlossen dabei aber auch das Osmanische Reich und Russland bzw. die Sowjetunion ein. Einige Untersuchungen konzentrierten sich auf diejenigen, die Unterstützung vom Völkerbund erhielten (auch in außereuropäischen Ländern), der Bezugspunkt war jedoch die internationale Zusammenarbeit nach dem Ersten Weltkrieg. Wie Skran und Daughtry (2007) betonen, wurde jüdischen Flüchtlingen trotz des Fokus auf Europa in der ersten Hälfte des zwanzigsten Jahrhunderts nur wenig Aufmerksamkeit geschenkt. Eine Ausnahme stellten Arbeiten jüdischer Wissenschaftler*innen wie Hannah Arendt dar.

2.2 Das Abkommen von 1951, die Entkolonialisierung und der Kalte Krieg

Das „Abkommen über die Rechtsstellung der Flüchtlinge" (Genfer Flüchtlingskonvention, GFK) der Vereinten Nationen von 1951 verfestigte diesen geografischen Fokus auf Europa. Der Begriff „Flüchtling" wurde zu einer rechtlichen Kategorie, um die sich ein Großteil der akademischen Arbeit – insbesondere im Bereich des internationalen Rechts – gruppierte. In der unmittelbaren Nachkriegszeit konzentrierten sich die meisten Forschungsarbeiten auf Vertreibungen in Europa nach dem Zweiten Weltkrieg oder auf Flüchtlinge aus kommunistischen Ländern (Skran/Daughtry 2007).

In den 1960er und 1970er Jahren führten die Entkolonialisierung und postkoloniale Konflikte, einschließlich der Stellvertreterkriege des Kalten Krieges, zu großen Vertreibungen (Malkki 1995; → Afrika – Überblick; → Südasien). Mit dem Protokoll von 1967 wurden die geografischen und zeitlichen Grenzen der Flüchtlingskonvention von 1951 aufgehoben. In diesem politischen und rechtlichen Kontext begannen auch die *Refugee Studies*, sich international auszurichten (Skran/Daughtry 2007). Wie die frühe Forschung auf diesem Gebiet war jedoch auch diese Nachkriegsforschung eher deskriptiv und „entpolitisiert" (Chimni 1998: 350) und basierte auf einem starken Rechtspositivismus (Chimni 1998).

2.3 1980/90er Jahre: Institutionalisierung der *Refugee Studies*

In den 1980er Jahren begann die Institutionalisierung der *Refugee Studies* in akademischen Programmen, Zentren und Publikationen (Skran/Daughtry 2007). Das ‚Wachstum' des Forschungsfeldes in den 1980er und 90er Jahren wurde von vielen Wissenschaftler*innen kommentiert (Black 2001; Chimni 2009) und einige beginnen ihre historische Analyse an diesem Punkt (Bloch 2020).

Chimni (2009: 14) sieht die Ausweitung der Flüchtlingsstudien als Folge der wachsenden Zahl von Flüchtlingen und der zunehmenden Süd-Nord-Ströme. Die Gründung des *Refugee Documentation Project* 1981 an der York University in Toronto, Kanada (1988 in das *Centre for Refugee Studies* umgewandelt), war beispielsweise eine Reaktion auf die Neuansiedlung von Flüchtlingen aus (→) Südostasien, auch durch das innovative *Private Sponsorship Program* (Adelman/McGrath 2007). Im folgenden Jahr, 1982, wurde das *Refugee Studies Programme* in Oxford von Barbara Harrell-Bond gegründet (im Jahr 2000 in das *Refugee Studies Centre* umgewandelt), die sich mit den Bedingungen in Flüchtlingslagern befasste.

In den Jahren 1989–1990 wurde das *International Research and Advisory Panel* (IRAP) gegründet und jährliche Konferenzen an der Universität Oxford abgehalten. Die fünfte IRAP-Konferenz, die 1996 an der Moi-Universität in Kenia stattfand, leitete die Umwandlung des IRAP in die *International Association for the Study of Forced Migration* (IASFM) ein, die nach wie vor die wichtigste internationale Vereinigung auf diesem Gebiet ist. In dieser Zeit wurden auch mehrere Fachzeitschriften gegründet, darunter *Refuge: Canada's Journal on Refugees* (1981), *Refugee Watch: A South Asian Journal on Forced Migration* (1988), das *Journal of Refugee Studies* (1988) und *Refugee Survey Quarterly* (1994). In den 1990er Jahren kam es zu einer gewissen Diversifizierung der Zentren für Flüchtlingsstudien im globalen Süden, unter anderem in Kenia (*Centre for Refugee Studies*, Moi University), Uganda (*Refugee Law Project*, Makerere University), Tansania (*Centre for the Study of Forced Migration*, University of Dar es Salaam), Indien (*Mahanirban Calcutta Research Group*) und Südafrika (*African Centre for Migration and Society*, Wits University).

Mit dieser Institutionalisierung gingen auch kritische Reflexionen über die Daseinsberechtigung der *Refugee Studies* einher. Als ein akademisches Feld mit politischer und praktischer Relevanz wurden die Stärken und Schwächen eines interdisziplinären Ansatzes ohne feststehende Methodik und einer Tendenz, eher empirisch als theoretisch orientiert zu sein, diskutiert (Chimni 2009). Die Gründung des *Journal of Refugee Studies* (JRS) ist ein Beispiel für und eine Reaktion auf diese Debatte. Ihr erster Chefredakteur, Roger Zetter (1988: 2), formulierte die Ziele der Zeitschrift wie folgt: a) Konsolidierung und Zusammenführung „disparater disziplinärer und akademischer Untersuchungen"; b) Bereicherung der Theorie in einem Bereich, der historisch gesehen empirisch und rechtlich orientiert war; c) Entwicklung flüchtlingsspezifischer Methoden; und d) Bereitstellung einer unabhängigen Informations- und Analysequelle als Ergänzung der umfangreichen grauen Literatur, die von UN-Agenturen, Regierungen und Nichtregierungsorganisationen produziert wird.

2.4 21. Jahrhundert: (Forced) Migration Studies

Seit Mitte der 1990er Jahre fand eine – durchaus umstrittene – Verschiebung zu *(Forced) Migration Studies* statt. Dieser Perspektivwechsel stand vor allem in Zusammenhang damit, dass Migrationsströme zunehmend als gemischt beschrieben wurden (→ Mixed Migration), mit der wachsenden Zahl von Vertriebenen, die nicht unter die GFK fallen (wie (→) Binnenvertriebene und Vertriebene aufgrund von Umweltfaktoren), sowie der Kritik an der künstlichen Trennung von erzwungener und freiwilliger Migration. Dies hat sich in akademischen Programmen und Fachzeitschriften niedergeschlagen. In der Politik wird jedoch nach wie vor zwischen erzwungener und freiwilliger Migration unterschieden, wie die Trennung des Themas Migration 2018 in zwei *Global Compacts* zeigt – einen für Flüchtlinge und einen für Migration.

In den letzten Jahren hat die Entwicklung einer kritischen Flucht- und Flüchtlingsforschung (Espiritu 2006; Espiritu/Duong 2018) den defizitären Ansatz der (Zwangs)Migrationsforschung in Frage gestellt. Durch die Betonung einer feministischen Flüchtlingsepistemologie (Espiritu/Duong 2018) hebt die kritische Flüchtlingsforschung kreative Methoden und Sinngebung von Menschen mit gelebten Erfahrungen der Zwangsmigration hervor. Insbesondere veränderte sich so die Darstellung von Flüchtlingen, weg von einer Betrachtung als „Problem" oder als „zu konsumierendes Spektakel" (Espiritu/Duong 2018: 588), dahin sie als Akteur*innen mit Handlungsmacht in den Mittelpunkt der Wissensproduktion zu stellen.

3. Zentrale Debatten

Der folgende Abschnitt beleuchtet einige wichtige Debatten, die im Laufe der Geschichte der *Refugee and Forced Migration Studies* über zentrale theoretische und epistemologische Fragen geführt wurden.

3.1 Bezeichnung und Definition: Wer ist ein Flüchtling? Was ist ‚erzwungene' Migration?

Eine zentrale Frage in der Flüchtlingspolitik, -praxis und -forschung ist, wer als Flüchtling kategorisiert wird (Zetter 2007). In der Vergangenheit wurden diese Diskussionen von politischen und rechtlichen Perspektiven (→ ‚Flüchtling' – rechtlich) dominiert, aber in den letzten Jahren stellten Wissenschaftler*innen die politischen und normativen Grundlagen der analytischen Kategorien in Frage (Malkki 1995). So argumentieren beispielsweise Adelman und McGrath (2007), dass es keine grundlegende Definition von ‚Flüchtling' gibt. Jede Flüchtlingsdefinition ist ein Produkt der Geschichte und der sozialen und politischen Umstände.

Vor der Konvention von 1951 war die vorherrschende Definition eines Flüchtlings die des *Institut du droit international* – Personen, die den diplomatischen Schutz ihrer Heimatregierung verloren hatten, ohne eine andere Staatsangehörigkeit zu erwerben (Annuaire 1936, zitiert in Skran/Dauhtry 2007). Diese Definition ähnelte somit der heutigen Bedeutung von Staatenlosigkeit. Seit der Ratifizierung des Übereinkommens von 1951 und der Protokolle von 1967 dominiert die darin festgehaltene juristische Definition sowohl die Politik als auch die Wissenschaft – eine Person, die eine internationale Grenze überquert hat und die begründete Furcht vor Verfolgung aus Gründen der Rasse, Religion, Nationalität, Zugehörigkeit zu einer bestimmten sozialen Gruppe oder wegen ihrer politischen Überzeugung hat.

Der Rückgriff von Wissenschaftler*innen auf rechtliche Kategorien ist aus vielen Gründen kritisiert worden. Erstens empirisch – viele Länder, darunter auch wichtige Aufnahmestaaten, haben die Konvention von 1951 oder das Protokoll von 1967 nicht ratifiziert, sodass die Definition in diesen Ländern rechtlich nicht anwendbar ist. Zweitens entbehrt die rechtliche Kategorie einer tieferen wissenschaftlichen Bedeutung oder Erklärungskraft (Black 2001; Malkki 1995). Drittens spielten bei Entstehung und Anwendung der rechtlichen Flüchtlingsdefinition politische Interessen eine große Rolle. Adelman und McGrath (2007) argumentieren, dass die Konventionsdefinition ursprünglich den Interessen des Westens im Kampf gegen den Kommunismus diente, da Flüchtlinge als aus politischen Gründen verfolgte Personen definiert wurden (Chimni 2009). In den letzten Jahren wurde die Unterscheidung zwischen Flüchtlingen und Migrant*innen dagegen als eine Strategie der Extraterritorialisierung genutzt (Long 2013; Crawley/Skleparis 2018; → Externalisierung). Eine unkritische Verwendung des Begriffs in der wissenschaftlichen Literatur kann dagegen zur Naturalisierung der Flüchtlingskategorie führen und zu einer Politik beitragen, die denjenigen, „who do not qualify for the label" deutlich anders behandelt als diejenigen, die in einem spezifischen Kontext in die Kategorie hineinpassen (Black 2001: 63; siehe auch Chimni 2009; Scalettaris 2007). Schließlich trifft die Definition „Flüchtling" auf viele Menschen, die sich in einer vergleichbaren Situation befinden, nicht zu, wie z. B. (→) Binnenvertriebene oder Menschen, die aufgrund von Umweltfaktoren geflohen sind.

3.2 (Kritische) *Refugee Studies* und/oder *(Forced) Migration Studies*

In Anerkennung der Begrenztheit der rechtlichen „Flüchtlings"-Definition gab es seit Mitte der 1990er Jahre eine Verschiebung von *Refugee Studies* zu einer umfassenderen *Forced Migration Studies*. Dieser Perspektivwechsel ist jedoch nicht einheitlich. Hathaway (2007) schlägt beispielsweise vor, dass sich die *Refugee Studies* weiterhin auf Flüchtlinge konzentrieren sollten, unter nur loser Verbindung zur *(Forced) Migration Studies*. Chimni (2009) argumentiert, dass die Verschiebung von *Refugee Studies* zu *Forced Migration Studies* nur verschleiert, dass beide dem gleichen Zweck dienen – der Legitimierung von Politik, die Flüchtlinge aus dem Süden davon abhält in den Norden weiter zu migrieren. In der Tat argumentieren einige (Scalettaris 2007; Malkki 1995), dass die Flüchtlingsforschung politische und rechtliche Kategorien wie die des ‚Flüchtlings' kritisieren und in Frage stellen kann, um diese somit zu verändern, statt den Namen des Untersuchungsfeldes auszutauschen. Dies ist eines der Ziele der *critical refugee studies* (Espiritu 2017).

Angesichts von Phänomenen wie (→) Im-/Mobilität (Van Hear 2012) oder gemischten Migrationsströmen (Long 2013) wird im Zusammenhang mit den in Abschnitt 3.1 diskutieren Definitionsfragen immer stärker betont, dass Flüchtlingsbewegungen im größeren Kontext der Migrationsforschung betrachtet werden sollten. Wie Scalettaris (2007) argumentiert, wird in der Wissenschaft heute zunehmend anerkannt, dass es unmöglich ist, den Begriff ‚Zwangsmigration' so auf die reale Welt anzuwenden, dass man eine gesonderte Klasse von Migrant*innen abgrenzen kann. Eine eindeutige Unterscheidung zwischen erzwungener und nicht erzwungener Migration wird der Art und Weise, wie Migrationsprozesse tatsächlich ablaufen, nicht gerecht. Forscher*innen betonen auch die Realitäten der Immobilität und Liminalität in Flüchtlingslagern (Hyndman/Giles 2011), hinter geschlossenen Grenzen (FitzGerald 2019), in Haftanstalten (Mountz 2020) oder in langwierigen irregulären Situationen (Brun 2015).

3.3 Politikrelevant oder politikgesteuert?

Die Entwicklung der *Refugee and Forced Migration Studies* wurde immer auch von dem jeweiligen politischen Umfeld geprägt. Auch heute besteht die Gefahr, dass die Fragen und Ergebnisse der Flüchtlingsforschung von der Politik bestimmt werden (Van Hear 2012; Scalettaris 2007). Bradley (2007) konnte zeigen, wie Forschungsagenden der *Refugee and Forced Migration Studies* sowohl direkt als auch indirekt durch die Politik der Geber geprägt wurden. Wissenschaftler*innen wie Bakewell (2008) argumentieren, dass das Denken in anwendungsorientierten Kategorien die Möglichkeiten der Wissensproduktion einschränken. In ihrem viel zitierten Artikel über den ‚doppelten Imperativ' der Zwangsmigrationsforschung weisen Jacobsen und Landau (2003) darauf hin, dass es der politikorientierten Forschung an methodischer Strenge mangeln kann.

Andere machen auf die Gefahr der Übernahme aufmerksam. So argumentiert Chimni (2009), dass ‚Wahrheit' nicht unbedingt im Gegensatz zu Macht steht, sondern dazu beitragen kann, Wissen, Expert*innen und eine ‚Disziplin' zu produzieren und damit hegemoniale Praktiken zu legitimieren. Ähnlich argumentiert Scalettaris (2007) – die *Refugee Studies* sollten vom Flüchtlingsregime analytisch unabhängig werden und stattdessen diesen politischen Rahmen als Studienobjekt einbeziehen. Van Hear (2012) vertritt hingegen die Ansicht, dass diese politische Relevanz auch eine Chance für die Wissenschaft ist, Einfluss auf das praktische und politische Denken zu nehmen.

3.4 Chancen und Herausforderungen der Interdisziplinarität

Die meisten Wissenschaftler*innen sind sich einig, dass die *Refugee and Forced Migration Studies* von Natur aus interdisziplinär sind und sich auf Recht, Politik, Anthropologie, Soziologie, Demografie, Wirtschaft, Geografie, Geschichte und Psychologie sowie auf interdisziplinäre Bereiche wie Sozialarbeit, internationale Entwicklungsforschung, Konfliktforschung oder Menschenrechte stützten (Skran/Doughtry 2007; Black 2001; Malkki 1995; Adelman/McGrath 2007). Diese Interdisziplinarität ist vorteilhaft und notwendig angesichts des Spektrums von verschiedenen strukturellen und lokalen Faktoren, die Beachtung finden müssen (Bloch 2020).

Dieser interdisziplinäre Charakter birgt jedoch auch Herausforderungen. Erstens dominierten einige Disziplinen den konzeptionellen Rahmen sowie die politische Anwendung. So hat beispielsweise das internationale Recht das Feld maßgeblich geprägt (Malkki 1995; Chimni 2009). Zweitens führt der fehlende Fokus – das Fehlen einer *Disziplin* und eines disziplinären Rahmens – zu einem uneinheitlichen Ansatz und dazu, dass die Gesamtheit der Forschung im Bereich der *Refugee Studies* in vielerlei Hinsicht weniger als die Summe ihrer Teile ist (Black 2001). Drittens besteht ohne die Verankerung der für die Disziplinen kennzeichnenden methodischen und konzeptionellen Ansätze die Gefahr, dass wichtige theoretische Ideen unkritisch, oft *ad hoc*, aus anderen wissenschaftlichen Bereichen importiert werden und somit dem Feld Grundlagen für die Analyse fehlen (Malkki 1995). Ebenso wurde bis vor kurzem den besonderen methodischen Ansätzen innerhalb der Flüchtlingsforschung wenig Aufmerksamkeit geschenkt.

3.5 Methodik, Wissensproduktion und Ethik

Mit der zunehmenden Institutionalisierung und Diversifizierung der *Refugee and Forced Migration Studies* haben sich Wissenschaftler*innen auf die methodologischen Lücken konzentriert. Eine solche Schwäche ist der „sedentary analytical bias" (Malkki 1995: 508), also der Fehler von Sesshaftigkeit als Norm auszugehen, der einen Großteil der Literatur zu *Forced Migration* durchdringt. Ebenso besteht die Tendenz, sich auf diejenigen zu konzentrieren, die sich im Prozess der Migration befinden, und nicht auf diejenigen, die sich im Moment nicht bewegen können (Malkki 1995), die zurückbleiben oder sich in erzwungener Immobilität befinden.

Hinzu kommen anhaltende Diskussionen über das Ausmaß und die Auswirkungen von Machtungleichheiten bei der Wissensproduktion. Viele Wissenschaftler*innen haben darauf hingewiesen, dass die meisten Forschungszentren, Projekte und Zeitschriften zu Flucht und Zwangsmigration im globalen Norden angesiedelt sind, während die meisten Vertreibungen im globalen Süden stattfinden (Chimni 1998, 2009; Bradley 2007; Hyndman 2010; Van Hear 2012; Landau 2012; Shivakoti/Milner 2022). Nur wenige Forscher*innen haben selbst Erfahrungen mit erzwungener Migration gemacht, profitieren aber finanziell und beruflich von ihrer Arbeit mit Menschen in Vertreibungssituationen. Als Reaktion darauf haben sich einige für die (Ko-)Produktion von Wissen innerhalb von Forschungshierarchien ausgesprochen (Espiritu 2017). Neue methodologische Diskussionen heben Möglichkeiten wie partizipative Ansätze (Doná 2007; → partizipative Forschung), dekolonisierende Epistemologien (Banerjee/Samadar 2019), kunstbasierte oder visuelle Methoden (Lenette 2019) und narrative Ansätze hervor, um die ‚Stimmen' der Vertriebenen zu stärken (Eastmond 2007; Cabot 2016). In den meisten Fällen liegen Autor*innenschaft und Urheberrecht jedoch weiterhin in den Händen von Forscher*innen mit wenig direkter Fluchterfahrung.

Als Reaktion auf diese Machtasymmetrien und unter Einbeziehung weiterer ethischer Überlegungen (z. B. Block et al. 2013; Krause 2017; FMR 2019) wurden kürzlich Richtlinien für die Forschung im Bereich der Zwangsmigration (Clark-Kazak 2017) und ein internationaler Ethikkodex entwickelt

(IASFM 2018). Dies sind Ausgangspunkte für eine weitere kritische Reflexion über Macht und Privilegien in den *Refugee and Forced Migration Studies*.

4. Fazit: Lücken und nächste Schritte

In einer neueren Analyse der Flüchtlingsforschung schlägt Alice Bloch (2020) drei Bereiche für weitere Untersuchungen vor: a) zu möglichen dauerhaften Lösungen, hinausgehend über die drei vom UNHCR vorgeschlagenen – Repatriierung, Resettlement (Neuansiedlung) oder lokale Integration; b) über Grenzen und Grenzpraktiken, insbesondere im Zusammenhang mit erzwungener Immobilität; und c) zu generationenübergreifenden Auswirkungen von erzwungener Migration. Zu dieser Liste könnte ‚umweltbedingte Vertreibung' als zentrale Herausforderung des 21. Jahrhunderts hinzugefügt werden – nicht nur wegen des voraussichtlichen Ausmaßes des Problems, sondern auch, weil z. B. (→) Klimaflüchtlinge derzeit nicht unter die gesetzliche Definition von ‚Flüchtling' fallen, was auch methodisch eine Herausforderung darstellt. Zusätzlich zu diesen empirischen Lücken gibt es eine Bewegung innerhalb des Feldes, diejenigen mit gelebten Erfahrungen mit erzwungener Migration aktiver in den Mittelpunkt zu stellen, nicht nur als Zeug*innen, sondern als Forscher*innen und Aktivist*innen in ihrem eigenen Recht. Diese erkenntnistheoretischen und ethischen Diskussionen werden in den *Refugee and Forced Migration Studies* wahrscheinlich weiter an Interesse gewinnen.

Literaturverzeichnis

Adelman, Howard/McGrath, Susan (2007): To date or to marry: that is the question. In: Journal of Refugee Studies 20 (3), 376–380.
Bakewell, Oliver (2008): Research beyond the categories: The importance of policy irrelevant research into forced migration. In: Journal of Refugee Studies 21 (4), 432–453.
Banerjee, Paula/ Samaddar, Ranabir (2019): Why critical forced migration studies has to be critical by nature. In: Bloch, Alice/ Donà, Giorgia (Hrsg.): Forced migration: Current issues and debates. Abingdon-on-Thames: Routledge, 44–59.
Black, Richard (2001): Fifty years of refugee studies: From theory to policy. In: International Migration Review 35 (1), 57–78.
Bloch, Alice (2020): Reflections and directions for research in refugee studies. In: Ethnic and Racial Studies 43 (3), 436–459.
Block, Karen/Riggs, Elisha/Haslam, Nick (Hrsg.) (2013): Values and vulnerabilities: The ethics of research with refugees and asylum seekers. Toowong: Australian Academic Press.
Bradley, Megan (2007): Refugee research agendas: the influence of donors and North-South partnerships. In: Refugee Survey Quarterly 26 (3), 119–135.
Brun, Cathrine (2015): Active waiting and changing hopes: Toward a time perspective on protracted displacement. In: Social Analysis 59 (1), 19–37.
Cabot, Heath (2016): "Refugee voices": Tragedy, ghosts, and the anthropology of not knowing. In: Journal of Contemporary Ethnography 45 (6), 645–672.
Chimni, B.S. (1998): The geopolitics of refugee studies: A view from the South. In: Journal of Refugee Studies 11 (4), 350–374.

Chimni, B.S. (2009): The birth of a 'discipline': From refugee to forced migration studies. In: Journal of Refugee Studies 22 (1), 11–29.
Clark-Kazak, Christina (2017): Ethical considerations: Research with people in situations of forced migration. In: Refuge: Canada's Journal on Refugees 33 (2), 11–17.
Crawley, Heaven/Skleparis, Dimitris (2018): Refugees, migrants, neither, both: Categorical fetishism and the politics of bounding in Europe's 'migration crisis'. In: Journal of Ethnic and Migration Studies 44 (1), 48–64.
Doná, Giorgia (2007): The microphysics of participation in refugee research. In: Journal of Refugee Studies 20 (2), 210–229.
Eastmond, Marita (2007): Stories as lived experience: Narratives in forced migration research. In: Journal of Refugee Studies 20 (2), 248–264.
Espiritu, Yến Lê (2006): Toward a critical refugee study: The Vietnamese refugee subject in US scholarship. In: Journal of Vietnamese Studies 1 (1–2), 410–433.
Espiritu, Yến Lê (2017): Critical refugee studies and Native Pacific studies: A transpacific critique. In: American Quarterly 69 (3), 483–490.
Espiritu, Yến Lê/Duong, Lan (2018): Feminist refugee epistemology: Reading displacement in Vietnamese and Syrian refugee art. In: Signs: Journal of Women in Culture and Society 43 (3), 587–615.
FitzGerald, David (2019): Refuge beyond reach: How rich democracies repel asylum seekers. Oxford: Oxford University Press.
Forced Migration Review [FMR] (2019): The Ethics Issue, 61. www.fmreview.org/ethics, 7.9.2022.
Hathaway, James C. (2007): Forced Migration Studies: Could We Agree Just to 'Date'? In: Journal of Refugee Studies 20 (3), 349–369.
Hyndman, Jennifer (2010): Introduction: the feminist politics of refugee migration. In: Gender, Place & Culture 17 (4), 453–459.
Hyndman, Jennifer/Giles, Wenona (2011): Waiting for what? The feminization of asylum in protracted situations. In: Gender, Place & Culture 18 (3), 361–379.
Hyndman, Jennifer/Giles, Wenona (2016): Refugees in extended exile: Living on the edge. London: Routledge.
IASFM (2018): Code of ethics: Critical reflections on research ethics in situations of forced migration. iasfm.org/wp-content/uploads/2018/11/IASFM-Research-Code-of-Ethics-2018.pdf, 7.9.2022.
Jacobsen, Karen/Landau, Loren (2003): The dual imperative in refugee research: some methodological and ethical considerations in social science research on forced migration. In: Disasters 27 (3), 185–206.
Krause, Ulrike (2017): Researching forced migration: critical reflections on research ethics during fieldwork. In: Refugee Studies Centre Working Paper Series 123.
Landau, Loren (2012): Communities of knowledge or tyrannies of partnership: Reflections on North-South research networks and the dual imperative. In: Journal of Refugee Studies 25 (4), 555–570.
Lenette, Caroline (2019): Arts-based methods in refugee research: Creating sanctuary. Singapore: Springer.
Long, Katy (2013): When refugees stopped being migrants: Movement, labour and humanitarian protection. In: Migration Studies 1 (1), 4–26.
Malkki, Liisa (1995): Refugees and exile: From "refugee studies" to the national order of things. In: Annual Review of Anthropology 24 (1), 495–523.
Mountz, Alison (2020): The death of asylum: Hidden geographies of the enforcement archipelago. Minneapolis: University of Minnesota Press.
Scalettaris, Giulia (2007). Refugee studies and the international refugee regime: A reflection on a desirable separation. In: Refugee Survey Quarterly 26 (3), 36–50.
Shivakoti, Richa/Milner, James (2022): Beyond the partnership debate: Localizing knowledge production in refugee and forced migration studies. In: Journal of Refugee Studies 35 (2), 805–826.
Simpson, John Hope (1938a): Refugees: preliminary report of a survey. Oxford: Oxford University Press.

Simpson, John Hope (1938b): The refugee problem. In: International Affairs 17 (5), 607–628.

Simpson, John Hope (1939): Refugees: A review of the situation since September 1938 (Vol. 1). London: Royal Institute of International Affairs.

Skran, Claudena/Daughtry, Carla (2007): The study of refugees before "Refugee Studies". In: Refugee Survey Quarterly 26 (3), 15–35.

Van Hear, Nicholas (2012): Forcing the issue: Migration crises and the uneasy dialogue between refugee research and policy. In: Journal of Refugee Studies 25 (1), 2–24.

Zetter, Roger (1988): Refugees and refugee studies: A label and an agenda. In: Journal of Refugee Studies 1 (1), 1–6.

Zetter, Roger (2007): More labels, fewer refugees: Remaking the refugee label in an era of globalization. In: Journal of Refugee Studies 20 (2), 172–192.

I.1.2
Migrationsforschung

Dietrich Thränhardt

Abstract Die vielfachen Fluchterfahrungen in Deutschland seit 1945 haben zu ereignisbezogener Fluchtforschung geführt, die insbesondere in Arbeiten zu Vertriebenen nach dem Zweiten Weltkrieg, DDR-Flüchtlingen und Asylsuchenden resultierten. In allen Phasen zeigten sich Ambivalenzen zwischen Aufnahmebereitschaft und Abwehrtendenzen. Während bei den deutschen Fluchtbewegungen das Ziel Integration klar war, führten Asylrecht und Asylverfahren zu Forschungsperspektiven, die sich von denen der Arbeits-, Bildungs- und Familienmigration unterschieden. Flüchtlinge in die allgemeine Migrationsforschung mit ihren konzeptionellen Weiterentwicklungen einzubeziehen, bleibt eine Herausforderung.

Schlüsselbegriffe: Asyl, Flüchtlinge, Vertriebene, Integration, Migrationshintergrund, BAMF

1. Einleitung

Flucht und Flüchtlinge werden in der heutigen Migrationsforschung weitgehend getrennt von anderen Einwanderergruppen behandelt, getragen von der Forderung, Asylrecht und Einwanderung nicht zu vermischen (SVR 2017). Angesichts immer neuer politischer Rahmenbedingungen und Flüchtlingsgruppen war auch die Forschungsgeschichte wenig kontinuierlich. Forschung reagierte immer auf spezifische Problemlagen, vermittelt durch Forschungsförderung oder humanitäre Impulse. Dieser Beitrag zeigt die enge Verbindung von Migrationsforschung mit Konjunkturen der politischen Debatte, was sich nicht nur an der terminologischen Entwicklung widerspiegelt, sondern insbesondere auch an der Auswahl der Themen und Subjekte der Forschung.

2. Das Subjekt der Forschung. Sichtweisen und (Dis)Kontinuitäten 1945–2022

Die Migrationsforschung in Deutschland hat sich nach 1945 zunächst mit den vertriebenen Deutschen aus dem Osten beschäftigt, anschließend mit den DDR-Flüchtlingen und später mit Asylsuchenden, insbesondere nach den Fluchtwellen um 1980, 1992 und 2015. Die ältere Literatur zu den Flüchtlingen mit deutscher Staatsangehörigkeit nahm eine harmonisierend-integrative Perspektive ein. Erst in den letzten Jahrzehnten sind historische Arbeiten erschienen, die die Annahme einer raschen Integration in die Aufnahmegesellschaft kritisch hinterfragen (Jähner 2021; Kossert 2008). Die neuere Literatur zu Asylsuchenden ist dagegen eher problematisierend und beschäftigt sich mit deutschen und europäischen Verteilungs- und Integrationsproblemen und Abwehrhaltungen (Wolken 1988; Münch 1992).

Es fehlt an historisch übergreifenden Perspektiven, obwohl sich sowohl in allen drei Fluchtbewegungen selbst als auch in der Aufnahme vergleichbare administrative und politische Prozesse abspielten.

Schon in der definierenden Terminologie zeigen sich starke Diskontinuitäten, die auch den Sprachgebrach in der Forschung bestimmten. Waren die zwölf Millionen Menschen aus den ehemaligen deutschen Ostgebieten, der Tschechoslowakei, Polen, Rumänien, Ungarn und Jugoslawien zunächst meist als *Flüchtlinge* bezeichnet worden, so wurden sie mit dem Vertriebenen- und Flüchtlingsgesetz 1953 als *Vertriebene* definiert, im Unterschied zu den *Sowjetzonenflüchtlingen*, die aus der Sowjetischen Zone bzw. der DDR kamen. Sie wurden später als *Übersiedler* bezeichnet, in der DDR als *Republikflüchtlinge*, soweit sie ohne Erlaubnis ausreisten. In Deutschland verbliebene ehemalige Zwangsarbeiter wurden nach 1945 als *DPs* oder *Displaced Persons* bezeichnet, in der Gesetzessprache seit 1951 als *heimatlose Ausländer*. Nach 1957 eingereiste Deutsche aus den Vertreibungsgebieten hießen *Aussiedler*, nach 1992 *Spätaussiedler*. In der Sowjetischen Zone bzw. DDR sprach man nach 1945 von *Umsiedlern*; besondere Maßnahmen zu ihrer Integration wurden 1953 beendet, ebenso wie öffentliche Erörterungen oder Analysen. Seit der Wiedervereinigung wird der Begriff Flüchtling fast nur noch für *Asylsuchende* und *Asylberechtigte* verwendet. Die früher weitverbreitete abwertende Bezeichnung *Asylanten* wird zunehmend vermieden. Seit 2015 ist vielfach von *Geflüchteten* statt von Flüchtlingen die Rede, eine Partizipbildung analog zu den Gender-Begriffen. Die deutsche Fassung der 2022 aktivierten *EU-Richtlinie 2001/55/EG für die Gewährung vorübergehenden Schutzes* spricht von ukrainischen *Vertriebenen*, der Begriff hat sich aber in der Öffentlichkeit nicht durchgesetzt. In der französischen und englischen Version der Richtlinie ist entsprechend von *déplacées* bzw. *displaced* die Rede, in der niederländischen von *ontheemden* (→ ‚Flüchtling' – historisch; → ‚Flüchtling' – sprachlich).

2.1 Vertriebenen - und DDR-Flüchtlingsforschung

In den Nachkriegsjahren entstanden zunächst Beschreibungen der schwierigen Situation der zwölf Millionen Vertriebenen, die in Wohnungen der Einheimischen einquartiert worden waren oder in Lagern lebten und gesellschaftlich randständig waren. Mit dem Wirtschaftsaufschwung seit 1950 und dem so genannten ‚Lastenausgleich' kam die Beschreibung von Integrationsprozessen, *Mischehen* zwischen Einheimischen und Flüchtlingen und wirtschaftlichen Problemen hinzu, insbesondere Umsiedlungen aus Dörfern in Städte und aus Lagern in Neubau-Wohnungen, etwa Eddings Buch „*Die Flüchtlinge als Belastung und Antrieb der westdeutschen Wirtschaft*" (1952). Den zusammenfassenden Abschluss dieser Forschungsaktivitäten bildete das dreibändige Werk *Die Vertriebenen in Westdeutschland* (Lemberg/Edding 1959) mit Kapiteln zu den verschiedenen Herkunftsgruppen, zu Flüchtlingsorganisationen und sozialen, wirtschaftlichen und religiösen Entwicklungen. Der ältere Titel: „*Die Entstehung eines neuen Volkes aus Binnendeutschen und Ostvertriebenen: Untersuchungen zum Strukturwandel von Land und Leuten unter dem Einfluss des Vertriebenen-Zustroms*" (Lemberg/Krecker 1950) gibt die integrative Tendenz dieser Forschungen wieder. Die Terminologie dieser Forschungen war meist volkskundlich, es gab aber durchaus auch empirische Analysen. Nach 1959 endete die wissenschaftliche Beschäftigung mit den Vertriebenen für Jahrzehnte. Der Problemdruck war zurückgegangen, der Arbeitsmarkt saugte die Arbeitsfähigen auf und die Aufmerksamkeit richtete sich auf die Flucht aus der DDR, ehe 1961 der Bau der Berliner Mauer die Fluchtmöglichkeiten weitgehend abschnitt.

Erst Jahrzehnte später beschäftigten sich Historiker und auch Publizisten wieder mit der Nachkriegszeit, nun aber distanziert und mit neuen Begrifflichkeiten. „*Wolfszeit*" (Jähner 2021) dokumentierte das tägliche Mit- oder Nebeneinander zwischen Flüchtlingen und Einheimischen, mit rassistischen Ausgrenzungen, Abwehrreaktionen und Beispielen völliger Verelendung. Insgesamt entsteht ein weniger harmonisches Bild der „schockierenden Begegnung der Deutschen mit sich selbst" (ebd. 90). In „*Kalte Heimat*" beschrieb Kossert (2008) die schwierige Integration der Vertriebenen mit Zwangseinweisung in die Häuser, Diskriminierung, Verelendung, Abwehr durch die Einheimischen, aber auch von Hilfen, neuen Verbindungen und eigenen Gruppenbildungen neben den Einheimischen, die sich später intergenerational auflösten.

Forschungen zu den Herkunftsregionen der Vertriebenen folgten dieser Konjunktur. 1953–56 hatte das Bundesministerium für Vertriebene eine achtbändige „*Dokumentation zur Vertreibung der Deutschen aus Ost-Mitteleuropa*" (Schieder 2005) mit Augenzeugenberichten herausgegeben, der lange nichts folgte. Erst mit der Öffnung der Archive in den 1990er Jahren erarbeiteten tschechische, polnische und amerikanische Forscher anhand der Akten Einzelstudien, während deutsche Historiker das Thema seit dem „Historiker-Streit" 1986 mieden. 2012 veröffentlichte der irische Historiker Ray M. Douglas eine fundierte Gesamtdarstellung, er konstatierte eine „Weigerung, sich mit den Vertreibungen und ihrer Bedeutung […] für die heutige Welt auseinanderzusetzen" (Douglas 2012: 15). Douglas arbeitete ausschließlich mit nichtdeutschen Quellen, vor allem Rot-Kreuz-Berichten und britischen, amerikanischen, tschechischen und polnischen Akten. Er zeichnet ein Bild von massenhaftem Leid und Sterben, vor allem auch von Kindern, aufgrund einer systematisch angelegten Politik. Die einschlägigen Kapitel in dem Buch des polnischen Historikers Jan Piskorski (2013) zeigen ein entsprechendes Bild.

Nach Gründung der beiden deutschen Staaten 1949 gingen die Ost-West-Fluchtbewegungen auf andere Weise weiter. Flüchtlinge aus der DDR wurden seit 1950 in *Notaufnahmeverfahren* auf die Ernsthaftigkeit ihrer Fluchtgründe geprüft. Politisch Verfolgte sollten Integrationshilfen bekommen, Wirtschaftsflüchtlinge nicht. Volker Ackermann (1993) analysierte die Problematik solcher Befragungen angesichts der Kenntnis der Flüchtlinge über die Konsequenzen ihrer Antworten – ein Problem, dass sich später bei Asylsuchenden erneut stellte. Auch die DDR-Flüchtlinge waren mit Abwehr konfrontiert, wie die Untersuchung von Charlotte Oesterreich (2008) nachzeichnet. Der bis in die 70er Jahren verbreitete Ausdruck ‚Mau-Mau-Siedlung' für Einfach-Wohnungs-Anlagen für Ostvertriebene, DDR-Flüchtlinge und Wohnungslose bezog sich auf die Internierung kenianischer Aufständischer in britischen *detention camps*. Die damals gängigen rassistischen Stereotype wurden auf Menschen in den Schlichtwohnungen übertragen (ebd.).

Nach dem Bau der Mauer galt Fluchthilfe als moralische Aufgabe, wie Marion Detjen (2005) beschreibt. Die Bundesregierung bemühte sich nun, DDR-Bürger freizukaufen. In Bezug auf die Aussiedler beschreibt Jannis Panagiotidis (2019) Veränderungen in der Aufnahmebereitschaft in umgekehrter Richtung. Solange es schwierig war, aus dem Ostblock auszureisen, passte sich die Bundesrepublik an die Ausreisedefinitionen der Ostblockstaaten an. Als die Grenzen sich öffneten, schränkte Deutschland den Zugang 1990–2005 schrittweise immer mehr ein. Panagiotidis widerlegt die in der Öffentlichkeit und auch in der Literatur verbreitete Ansicht, jeder Volksdeutsche aus dem kommunistischen Machtbereich habe kommen können. Auch hier gab es ein Prüfverfahren. Hauptkriterium war die „Hinwendung zum deutschen Volkstum"; erneut stellte sich das Problem der Objektivierung. Panagiotidis wählt den methodisch interessanten Weg, die Ablehnungen zu analysieren, und zwar im Vergleich mit der Aufnahmepolitik Israels, das seine Kriterien im Unterschied zu Deutschland immer mehr lockerte. Im Vergleich mit Israel charakterisiert Panagiotidis Deutschland als einen *ethnic welfare state* mit umfangreichen Sozialleistungen, aber Hürden bei der Anerkennung von Berufsabschlüssen (Panagiotidis 2019).

Nichtdeutsche wurden sowohl in der Öffentlichkeit als auch in der Literatur separiert von den Deutschen behandelt. Die meisten Zwangs- und Fremdarbeiter kehrten nach 1945 in ihre Herkunftsländer zurück oder wanderten in die USA, nach Kanada oder nach Israel aus. Sie wurden 1945 von den westlichen Alliierten als *Displaced Persons* bezeichnet und von ihnen betreut. Für die Minderheit, die in Deutschland verblieb, wurde Deutschland verantwortlich, der Gesetzgeber definierte sie 1951 als „Heimatlose Ausländer". 1985 widmete Wolfgang Jacobmeyer den „vergessenen DPs" eine Monographie und analysierte, wie sich um ihre Sondersituation in den Medien ein massives Negativbild herausbildete, ohne dass die historischen Zusammenhänge reflektiert wurden. Natascha Wodin (2017) hat in ihrem Roman *„Sie kam aus Mariupol"* diese Situation autobiographisch geschildert.

2.2 Asyl und Fluchtforschung im Kontext von Anwerbung und „Konkurrenz um die besten Köpfe"

Ende der 1960er Jahre wurde Arbeitsmigration zum Hauptthema in Öffentlichkeit und Forschung. Die Debatte drehte sich in den 1970er und 1980er Jahren zunächst um Rückkehr oder Bleiben und um ökonomische und soziale Themen, insbesondere um Wohnungsprobleme, Bildung für die Kinder und *Unterschichtung*. In den 1990er Jahren beschäftigten sich, dem *cultural turn* folgend, viele Migrationsforscher zunehmend mit kulturellen Unterschieden, etwa im VW-Stiftungs-Programm „Das Fremde und das Eigene" 1992–99. In den Multikulturalismus-Debatten wurde die Unterschiedlichkeit von Kulturen betont und legitimiert. Statt aller ‚*Gastarbeiter*' oder ‚Italiener' wurden seit der zweiten Ölpreiskrise und dem Familiennachzug aus der Türkei zunehmend nur mehr die türkischen Einwanderer analysiert und problematisiert. Heitmeyer et al. (1997) schrieben türkischen Jugendlichen generell *„verlockenden Fundamentalismus"* zu. Zunehmend wurde der Islam ins Visier genommen, während christliche Migrantengruppen kaum beachtet wurden.

Bundeskanzler Kohl hatte 1982–98 an der Aussage festgehalten, Deutschland sei *kein Einwanderungsland*. Im *Manifest der 60* (Bade 1994) widersprachen Migrationsforscher dieser „Erkenntnisverweigerung" und argumentierten für eine gezielte Einwanderungspolitik. Die Asylpolitik sparten sie aus, obwohl dieses Thema 1982, 1987 und vor allem 1991–93 im Zentrum der politischen Auseinandersetzungen gestanden hatte und 1993 das Grundgesetz deswegen geändert worden war. Der erste Höhepunkt mit mehr als 100.000 Asylanträgen 1980 hatte zudem deutlich im Zusammenhang mit der Einführung der Visumspflicht für Türken im gleichen Jahr gestanden, was Asyl zum einzigen einfachen Zugang machte. Die „Süssmuth-Kommission" (Unabhängige Kommission Zuwanderung 2001) entwickelte ein Zuwanderungskonzept, um die *besten Köpfe* über ein Punktesystem aus der ganzen Welt nach Deutschland zu holen. Die Logik der internationalen Konkurrenz um hochqualifizierte

Einwanderung bestimmte in den folgenden Jahren einen großen Teil der Migrations- und Integrationsliteratur. Das Asylsystem stand in solchen Konzeptionen unverbunden als humanitäre Aufgabe daneben. Die Süssmuth-Kommission wollte es aufrechterhalten, aber effektivieren und insbesondere die Entscheidungen beschleunigen.

Die neuentstehende Flüchtlingsforschung bezog sich dagegen auf das Asylrecht nach dem Grundgesetz und seine Bedrohung. *Maßnahmenfülle und Qualitätsverlust* konstatierte Simone Wolken (1988) in den Gesetzesnovellen, die ab 1980 in kurzen Abständen aufeinander folgten, um die Asylzahlen zu reduzieren. Nach dem Regierungswechsel 1982 folgte nach einer Phase der *Dethematisierung* die Infragestellung des *Asylrechts* an sich. Ursula Münch analysierte 1992 die Widersprüchlichkeiten und Ineffektivitäten der gesetzlichen und administrativen Einschränkungsmaßnahmen, beispielsweise die desintegrativen Wirkungen der Arbeitsverbote. Den Asylrechtler Reinhard Marx (1988) zitierend, konstatierte sie *Unzuständigkeitsdenken in der Asylfrage* und mangelnde Kooperation zwischen Bund, Ländern und Kommunen mit kontraproduktiven Folgen. Ferner verwies sie auf die *Wechselwirkung zwischen „Missbrauchs"-Diskussion und der Einstellung der Bevölkerung*, aufgrund häufiger Politiker-Aussagen über „*Asylschnorrer*" und „*Wirtschafts- oder Scheinasylanten*" (→ Mediendiskurse).

Münchs Buch erschien kurz vor der Zuspitzung der Asylkrise und dem Asylkompromiss 1992/93 mit der Grundgesetzänderung zur Einschränkung des Asylrechts. Flüchtlinge wurden nun ausgeschlossen, wenn sie bereits in anderen Ländern Asyl gefunden hatten oder aus sicheren Herkunftsstaaten kamen. Die damit verbundenen zwischenstaatlichen Probleme beschäftigen Gerichte und die Politik bis heute, vor allem im Schengen-Raum (Bendel 2017) (→ ‚Flüchtling' – rechtlich). Natascha Zaun (2016) analysierte, wie Deutschland und andere Länder mit Asylverwaltungstradition *(„strong regulators")* maßgeblich EU-Richtlinien erarbeiteten und durchsetzten und EU-Länder mit schwachen Asylverwaltungen sich wenig an den Beratungen beteiligten. Nach EU-Recht wurden damit die Erstaufnahmestaaten verantwortlich. Ergebnis war dann die europäische Asyl-Koordinationskrise seit 2015, weil die *weak regulators* sich überfordert fühlten, sich nicht an die EU-Regeln hielten und die Flüchtlinge weiterhin nach Norden weiterwanderten, wie das schon seit Jahrzehnten Tradition war (Efionayi-Mäder et al. 2001).

2.3 Der Asyl-Migrations-Nexus in der deutschen Flucht- und Migrationsforschung

Obwohl der Nexus zwischen dem Anstieg der Asylzahlen und der allgemeinen Migrationspolitik seit 1980 offensichtlich war, entwickelte die Fluchtforschung sich weitgehend unabhängig von der übrigen Migrations- und Integrationsforschung. Sie bezog sich insbesondere auf die normativen rechtlichen Grundlagen im Grundgesetz und in der Genfer Flüchtlingskonvention, und mehr und mehr auch auf EU-Recht und die europäische Menschenrechtskonvention. Parallel zur steigenden Zahl der Klagen an den Verwaltungsgerichten entstand ein wachsender Korpus rechtswissenschaftlicher Asylliteratur, die sich mehr und mehr auf EU-Recht bezog. Auch sozialwissenschaftliche Forschungsnetzwerke differenzierten sich aus. Neue Zeitschriften wurden gegründet, gestützt auf eine rapide gewachsene öffentliche Finanzierung der Flüchtlingsforschung und das aktive Interesse vieler jüngerer Forscherinnen und Forscher seit 2015.

Starke inhaltliche Überlappungen bzw. Brücken zwischen den Forschungen zu Migration und Flucht entstanden insbesondere im Kontext der kritischen Migrations- und Grenzregimeforschung, die bewusst Fluchtmigration unter Migration subsummiert, um staatliche Zuschreibungen zu hinterfragen und die Legitimität von Grenzübertritten unabhängig von der Kategorisierung herauszustellen (→ Mixed Migration; → Grenzen). So entwickelte sich beispielsweise die Forderung seitens der Forschung, Migrationswege zu öffnen, damit Asylanträge für viele Gruppen nicht die einzige Möglichkeit wären, um nach Deutschland zu gelangen. Besonders drängend war das Problem für Menschen aus Albanien, Bosnien-Herzegowina, Kosovo, Montenegro, Nordmazedonien und Serbien. Aus diesen Ländern wurden seit dem Auseinanderbrechen Jugoslawiens viele Asylanträge gestellt und ganz überwiegend abgelehnt. Als politische Reaktion auf die starke Frequentierung der sog. „Balkanroute" seit 2014 wurde die *Westbalkanregelung* entwickelt, die Zuwanderungsmöglichkeiten aus den Westbalkanstaaten nach Deutschland zum Zweck der Arbeitsaufnahme ermöglichte. Sie erwies sich als zielführend, wenn auch in der Abwicklung überbürokratisiert, so das Evaluierungsergebnis des Instituts für Arbeitsmarkt- und Berufsforschung (Brücker et al. 2020). Nachdem Handwerkskammerpräsident Wollseifer im Februar 2015 mit dem Ausspruch *Flüchtling ist kein Beruf* ein großes Echo gefunden hatte, widmete sich die Forschung stärker den Erwerbs- und Berufsperspektiven von Geflüchteten, vor allem das Institut für Arbeitsmarkt- und Berufsforschung (→ Arbeitsmarkt).

2.4 Integration und Migrationshintergrund

Die Süssmuth-Kommission trat für eine aktive Rolle des Staates bei der Integration ein, insbesondere für Integrationskurse. Deutschland schloss sich damit dem Integrationsparadigma an, das sich aus den Niederlanden auf ganz Europa verbreitete (Michalowski 2007). Fragen nach den Gründen für mangelnde (→) Integration und entsprechende Maßnahmen beherrschten in der Folge die öffentliche und die wissenschaftliche Debatte, wieder getragen von staatlichen Programmen und Aufträgen. Große Hoffnungen richteten sich auf das BAMF als zentrale Asyl- und Migrationsbehörde (Bade 2017), allerdings wurden diese Hoffnungen seit 2014 enttäuscht (Thränhardt 2020).

Im Jahr 2005 führte das Statistische Bundesamt die Kategorie *Migrationshintergrund* ein. Darunter subsumiert wurden Ausländer, Menschen mit einem im Ausland geborenen Elternteil und selbst im Ausland Geborene. In der Folge nutzten viele Wissenschaftler* diese pauschalen Daten insbesondere aus dem Mikrozensus. Damit entstand in der Forschung eine duale Kategorisierung zwischen Menschen mit und ohne Migrationshintergrund, in der die Spezifika der unterschiedlichen Gruppen verschwanden, vor allem die großen Unterschiede innerhalb der Einwanderungs- und Flüchtlingsbevölkerung. Konstatiert wurde immer wieder, dass Menschen mit Migrationshintergrund in Schule, Wirtschaft und Politik schlechter abschnitten als Menschen ohne Migrationshintergrund.

Asylforscher*innen waren von derartigen Diskussionen weit entfernt. Stattdessen kritisierten sie den Ausschluss vieler Asylbewerber*innen aus den Integrationskursen und die langen Wartezeiten auf Asylentscheidungen, also staatlich organisierte Nichtintegration, zudem die Funktionsdefizite des Bundesamtes (Thränhardt 2021). Schon die Süssmuth-Kommission hatte dazu Verbesserungen angemahnt. In den Mainstream der Integrationsdiskussion drang solche Kritik nicht ein.

Diskrepant war auch die Tatsache, dass auf dem Höhepunkt der Flüchtlingswelle 2015 der ‚postmigrantische' Diskurs konzipiert und breit rezipiert wurde (Foroutan 2016; Yildiz/Hill 2015). Die „postmigrantische Perspektive", die ihre Wurzeln im aktivistischen Kulturmilieu hat, propagiert eine gegenhegemoniale Betrachtungsperspektive auf Migration und die kritische Dekonstruktion von Differenzkategorien wie Herkunft, Ethnizität oder Staatsangehörigkeit. Auch wenn die Autor*innen die Vorsilbe „post" nicht als Abschluss verstanden wissen wollten, blendeten ihre Arbeiten das Fluchtgeschehen weitgehend aus. Als Flucht 2015–2020 zum Hauptthema der Politik wurde, erfasste die Politisierung auch die Flucht- und Migrationsforschung. Zugleich differenzierte sie sich thematisch aus und gewann Ressourcen.

3. Fazit

Dieser Beitrag reflektierte aus einer historischen Perspektive die Entwicklung von Flucht als Forschungsfeld innerhalb der deutschen Migrationsforschung. Dabei wurde die enge Symbiose von Themensetzungen und terminologischen Entscheidungen seitens der Forschung mit politischen Themensetzungen und der öffentlichen Rezeption von Migration und Flucht verdeutlicht.

Die Aktivitäten deutschsprachiger Migrations- und Fluchtforschung würde an Konsistenz, Zusammenhang und Problematisierungsfähigkeit gewinnen, wenn es gelänge, die verschiedenen Bereiche und Fragestellungen kritisch zusammenzuführen. Bis heute ist die Forschung diskontinuierlich, ereignisbezogen und von Problemdruck abhängig. Wenn 2015 vielfach berichtet worden ist, dass ältere Menschen mit eigener Fluchtgeschichte durch die Ankunft von Geflüchteten besonders bewegt waren, so ist umso unverständlicher, warum die deutsche Forschung nicht fähig ist, lange Zusammenhänge zu erfassen. Die Fluchterfahrung der Ukrainer*innen 2022, die größte europäische Flüchtlingskrise seit 1947, mit einer noch breiteren Aktivierung der Zivilgesellschaft als 2015, ist eine neue Herausforderung auch für die Forschung.

Literaturverzeichnis

Ackermann, Volker (1993): Der „echte" Flüchtling. Deutsche Vertriebene und Flüchtlinge aus der DDR 1945–1961. Osnabrück: Rasch.
Bade, Klaus J. (1994): Das Manifest der 60. Deutschland und die Einwanderung. München: Beck.
Bade, Klaus J. (2017): Migration-Flucht-Integration: Kritische Politikbegleitung von der ‚Gastarbeiterfrage' bis zur ‚Flüchtlingskrise'. Karlsruhe: Von Loeper.
Bendel, Petra (2017): EU-Flüchtlingspolitik in der Krise. Blockaden, Entscheidungen, Lösungen. Bonn: FES.
Brücker, Herbert/Falkenhain, Mariella/Fendel, Tanja/Promberger, Markus/Raab, Miriam (2020): Erwerbsmigration über die Westbalkanregelung. Hohe Nachfrage und gute Arbeitsmarktintegration, IAB-Kurzbericht 16. Nürnberg: IAB.
Detjen, Marion (2005): Ein Loch in der Mauer. Die Geschichte der Fluchthilfe im geteilten Deutschland 1961–1989. München: Siedler.
Douglas, Ray M. (2015): ‚Ordnungsgemäße Überführung': Die Vertreibung der Deutschen nach dem Zweiten Weltkrieg. München: Beck.

Edding, Friedrich (1952): Die Flüchtlinge als Belastung und Antrieb der westdeutschen Wirtschaft. Kiel: Institut für Weltwirtschaft.
Efionayi-Mäder, Denise/Chimienti, Milena/Dahinden, Janine/Piguet, Etienne (2001): Asyldestion Europa. Eine Geografie der Asylbewegungen. Zürich: Seismo.
Foroutan, Naika (2016): Postmigrantische Gesellschaften. In: Brinkmann, Heinz Ullrich/Sauer, Martina (Hrsg.): Einwanderungsgesellschaft Deutschland. Entwicklung und Stand der Integration. Wiesbaden: Springer VS, 227–254.
Heitmeyer, Wilhelm/Schröder, Helmut/Müller, Joachim (1997): Verlockender Fundamentalismus. Türkische Jugendliche in Deutschland. Frankfurt: Suhrkamp.
Jacobmeyer, Wolfgang (1985): Vom Zwangsarbeiter zum heimatlosen Ausländer. Die Displaced Persons in Westdeutschland 1945–1951. Göttingen: Vandenhoeck.
Jähner, Harald (2021): Wolfszeit. Deutschland und die Deutschen 1945–1955. Berlin: Rowohlt.
Kossert, Andreas (2008): Kalte Heimat: Die Geschichte der deutschen Vertriebenen nach 1945. München: Pantheon.
Lemberg, Eugen/Edding, Friedrich (Hrsg.) (1959): Die Vertriebenen in Westdeutschland. Kiel: Hirt.
Lemberg, Eugen/Krecker, Lothar (Hrsg.) (1950): Die Entstehung eines neuen Volkes aus Binnendeutschen und Ostvertriebenen: Untersuchungen zum Strukturwandel von Land und Leuten unter dem Einfluss des Vertriebenen-Zustroms. Marburg: Ellwert.
Marx, Reinhard (1988): Die Definition politischer Verfolgung in der Bundesrepublik Deutschland. In: Thränhardt, Dietrich/Wolken, Simone (Hrsg.): Flucht und Asyl. Informationen, Analysen, Erfahrungen aus der Schweiz und der Bundesrepublik Deutschland. Freiburg: Lambertus, 148–158.
Michalowski, Ines (2007): Integration als Staatsprogramm. Deutschland, Frankreich und die Niederlande im Vergleich. Berlin: Lit.
Münch, Ursula (1992): Asylpolitik in der Bundesrepublik Deutschland. Opladen: Leske + Budrich.
Oesterreich, Charlotte (2008): Die Situation in den Flüchtlingseinrichtungen für DDR-Zuwanderer in den 1950er und 1960er Jahren. „Die aus der Mau-Mau-Siedlung". Hamburg: Verlag Dr. Kovač.
Panagiotidis, Jannis (2019): The Unchosen Ones. Diaspora, Nation, and Migration in Israel and Germany. Bloomington: Indiana University Press.
Piskorski, Jan P. (2013): Die Verjagten. Flucht und Vertreibung im Europa des 20. Jahrhunderts., München: Siedler.
Schieder, Theodor (2005, 1953–56) (Hrsg.): Dokumentation zur Vertreibung der Deutschen aus Ost-Mitteleuropa. München: dtv.
SVR (2017): Chancen in der Krise: Zur Zukunft der Flüchtlingspolitik in Deutschland und Europa. Berlin: Sachverständigenrat deutscher Stiftungen für Integration und Migration.
Thränhardt, Dietrich (2020): Die Asylkrise 2015 als Verwaltungsproblem. In: Aus Politik und Zeitgeschichte 70 (30–32), 20. Juli 2020, 37–44.
Thränhardt, Dietrich (2021): Germany's Asylum System. Hurdles and Reforms in a Welcoming Country. In: De Freitas, Claudia/Kulesa, Agnieszka/Parusel, Bernd/Thränhardt, Dietrich (Hrsg.): Asylum Challenges, Debates and Reforms. How German, Poland, Portugal and Sweden Have Developed Their Asylum Systems since 2015. Gütersloh: Bertelsmann, 10–57.
Unabhängige Kommission Zuwanderung (2001): Zuwanderung gestalten. Integration fördern. Bericht der Unabhängigen Kommission „Zuwanderung". Berlin: BMI.
Wodin, Natascha (2017): Sie kam aus Mariupol. Reinbek: Rowohlt.
Wolken, Simone (1988): Das Grundrecht auf Asyl als Gegenstand der Innen- und Rechtspolitik in der Bundesrepublik Deutschland. Frankfurt: Lang.
Yildiz, Erol/Hill, Marc (Hrsg.) (2015): Nach der Migration. Postmigrantische Perspektiven jenseits der Parallelgesellschaft. Bielefeld: transcript.

Zaun, Natascha (2016): EU Asylum Policies. The Power of Strong Regulating States, Houndsmill: Palgrave Macmillan.

Zuwanderung 2001: Zuwanderung gestalten, Integration fördern. Bericht der Unabhängigen Kommission „Zuwanderung". Berlin: Bundesministerium des Innern.

I.1.3
Friedens- und Konfliktforschung

Ulrike Krause und Nadine Segadlo

Abstract Das interdisziplinäre Feld der Friedens- und Konfliktforschung widmet sich der Analyse der vielschichtigen Ursachen und Auswirkungen von Konflikt, Gewalt und Frieden. Da Flucht häufig aus gewaltsamen Konflikten resultiert und Rückkehr von Geflüchteten an Herkunftsorte erst nach der Beilegung von Konflikten und der Wiederherstellung von Frieden möglich ist, ergeben sich Anknüpfungspunkte mit der Fluchtforschung. Dieses Kapitel adressiert zunächst Schwerpunkte, Parallelitäten wie auch Zusammenhänge der Friedens- und Konfliktforschung sowie der Fluchtforschung. Anschließend skizziert es Forschungsdebatten zu Verbindungen von Konflikt und Flucht sowie Flucht und Frieden.

Schlüsselbegriffe: Friedens- und Konfliktforschung, Konflikt, konfliktbedingte Flucht, Gewalt, Frieden

1. Einleitung

Gewalt und gewaltsame Konflikte zählen zu den wesentlichen Motiven von Menschen, ihre Herkunftsorte zu verlassen und anderenorts Schutz zu suchen (→ Gewaltmigration). Dabei verhindern langwierige Konflikte häufig ihre (→) Rückkehr, die erst möglich ist, wenn Frieden wieder hergestellt ist. Konflikt, Frieden und Flucht sind folglich eng miteinander verwoben. In diesem Kapitel beleuchten wir überblickshaft die Zusammenhänge. Der erste Teil fasst Schwerpunktbereiche der Friedens- und Konfliktforschung sowie der Fluchtforschung zusammen und zeigt, dass diese interdisziplinären Forschungsfelder primär parallel zueinanderstehen, aber gleichwohl inhaltlich verbunden sind. Diese inhaltlichen Verbindungen werden im zweiten Teil betrachtet: Zunächst konfliktbedingte Flucht sowie anhaltende Gewaltgefahren und im Folgenden die (bisher unzureichend erforschten) Bezüge zu Frieden.

2. Analytische Schwerpunkte

Friedens- und Konfliktforschung wie auch Fluchtforschung stellen komplexe inter- und multidisziplinäre Forschungsfelder dar. Es gibt weder *die (eine)* Friedens- und Konfliktforschung noch *die (eine)* Fluchtforschung. Wissenschaftler*innen beschäftigen sich vielmehr aus verschiedenen Disziplinen wie (→) Soziologie, (→) Politikwissenschaft, (→) Geschichtswissenschaft und Rechtswissenschaft oder auch der (→) Psychologie – um nur einige Beispiele zu nennen – jeweils mit spezifischen Fragen zu Konflikt und Frieden oder Flucht.

Studien in der Friedens- und Konfliktforschung setzen sich gemeinhin mit unterschiedlich gearteten Spannungen, konfliktbedingten Gewaltgefahren, (Un-)Sicherheiten und deren Bearbeitung auseinander. So gehen Analysen etwa auf Prozesse, Strukturen, Akteur*innen und Transformationen in Konflikten sowie Frieden ein. Sowohl Ursachen, Auswirkungen und diverse Formen von Konflikten (z. B. inner- und zwischenstaatliche, politische und gewaltsame) als auch Mittel und Wege der Erreichung von Frieden sind folglich zentrale Gegenstände der Forschung. Weitere wichtige Bereiche stellen Postkonflikt, *Transitional Justice* und die Bewahrung von Frieden dar (Webel/Galtung 2007; Imbusch/Zoll 2010; Richmond/Visoka 2020).

Studien in der Fluchtforschung sind ebenso vielfältig, wie nicht zuletzt dieses Handbuch zeigt. Hier liegen Schwerpunkte auf Analysen menschlicher (→) Im-/Mobilität aufgrund diverser Gefahren – und so auch gewaltsamer Konflikte. Studien gehen etwa auf Motive von Flucht sowie Erfahrungen und Handlungen von Geflüchteten ein. Zudem werden soziale, politische, wirtschaftliche, rechtliche und weitere Prozesse und Strukturen zur Aufnahme oder auch Abwehr von Geflüchteten durch diverse Akteur*innen (z. B. Staaten, internationale Organisationen, etc.) beleuchtet. Dies betrifft sowohl Bewegungen von Menschen in Staaten und über Grenzen hinaus als auch Formen und Auswirkungen von Immobilitäten (Betts/Loescher 2011; Fiddian-Qasmiyeh et al. 2014; Costello et al. 2021; Hynes 2021).

Die strukturelle Trennung der Bereiche spiegelt sich auch im institutionalisierten Flüchtlingsschutz in Aufnahmeregionen einerseits und in der Konfliktbearbeitung, Friedensförderung, -stiftung und -erhaltung (engl. *peacebuilding, peacemaking, peacekeeping*) in konfliktgeprägten Herkunftsregionen andererseits wider. Beides wird in der Praxis – wie auch in der Wissenschaft – häufig weitgehend losgelöst voneinander behandelt, wenngleich Verbindungen bestehen. So sind Forschung und Praxis bezogen auf Konflikt und Frieden von einer regionalen und zeitlichen Zentriertheit auf (Post-)Konflikt gezeichnet, während sich Fluchtforschung und Flüchtlingsschutz als exilorientiert beschreiben lassen. Diese Exilorientierung ist charakteristisch im globalen Flüchtlingsschutzregime (Loescher et al. 2012; Gottwald 2014; Krause 2016), da als Flüchtlinge determinierte Menschen erst mit Eintritt in ein Aufnahmeland Schutz erhalten. Erst dann sind die dortigen Regierungen für sie zuständig. Konfliktgefahren als Fluchtmotive sind lediglich für Verfahren zum Erhalt des Flüchtlingsstatus relevant, werden aber im humanitären Schutz kaum berücksichtigt.

Somit stehen beide Forschungsfelder primär parallel zueinander und werden in Studien selten direkt miteinander verknüpft (Ausnahmen u. a. Golubović 2021; Milner 2009; Krause 2021). Dennoch existieren inhaltliche Überschneidungen, die wir im Folgenden überblickshaft beleuchten.

3. Konflikt und Flucht

Gewaltsame Konflikte unterschiedlichster Ausprägung haben weltweit Einfluss auf Fluchtbewegungen. Dabei besteht keine singuläre Kausalität von Ursache (Konflikt) und Auswirkung (Flucht). Vielmehr handelt es sich um äußerst komplexe Phänomene mit diversen Einflussfaktoren und Zusammenhängen. Dies wird etwa daran deutlich, dass gewaltsame Konflikte nicht nur Flucht hervorrufen, sondern auch unmöglich machen können. Denn in Konflikten können Unsicherheiten sowie finanzielle, soziale, infrastrukturelle und andere Einschränkungen derart wirken, dass sie zu ‚unfreiwilliger Immobilität' der in Konfliktgebieten lebenden Menschen führen (Lubkemann 2008).

3.1 Konfliktbedingte Flucht

Konfliktbedingte Flucht beschreibt allgemein einen Prozess, in dem Gewaltgefahren sowie soziale, politische, ökonomische, ökologische und andere Konfliktfolgen die Menschen so stark beeinträchtigen, dass sie die konfliktgeprägten Regionen verlassen und anderenorts Schutz und Lebensgrundlagen suchen (Muggah 2000; Lischer 2007; Czaika/Kis-Katos 2009; Adhikari 2013; Krause 2016). Dieses Verständnis markiert den Nexus von Konflikt und Flucht. Aufnahmesituationen von Geflüchteten stellen also Postkonflikträume dar, da sie zeitlich und regional außerhalb von Konfliktgebieten liegen, allerdings wird diese Verbindung in Studien aufgrund der Parallelität beider Forschungsfelder selten explizit gemacht (Ausnahme vgl. Purdeková 2015).

Die Prozesshaftigkeit von konfliktbedingter Flucht zeigt sich auch daran, dass anhaltende oder wiederaufflammende Gewalt in Konflikten mit ihren komplexen Auswirkungen zu plötzlich einsetzenden, wiederkehrenden und langwährenden Fluchtbewegungen führen kann (u. a. Zolberg et al. 1989; Lischer 2007). Konfliktbedingte Fluchtbewegungen treten meist regional konzentriert auf, da Menschen überwiegend in benachbarte oder naheliegende Länder und Regionen fliehen. Zudem bedingt die Dauer von Konflikten strukturell die Dauer von Aufnahmesituationen Geflüchteter, da langwierige gewaltsame Konflikte auch kurz- oder mittelfristig ihre Rückkehr an Herkunftsorte verhindern (u. a. DeRouen/Barutciski 2007; Loescher/Milner 2005). In der Folge entstehen zunehmend sogenannte Langzeitsituationen (engl. *protracted situations*), in denen Geflüchtete jahrelang im Exil verbleiben (Milner 2014). Für die Menschen bedeuten diese meist restriktive Lebensverhältnisse in Aufnahmesituationen und anhaltende Ungewissheit über ihre Zukunft (Horst/Grabska 2015).

Dieses Problem hängt mit einem zentralen Element des globalen Flüchtlingsschutzregimes zusammen: den drei dauerhaften Lösungen für als Flüchtlinge kategorisierte Menschen, nämlich die freiwillige (→) Rückkehr ins Herkunftsland, Umsiedlung (→ Resettlement) in einen sicheren Drittstaat und lokale (→) Integration im Aufnahmeland mit Perspektive auf ein dauerhaftes Bleiberecht. Politische Entscheidungstragende bevorzugen weitestgehend die freiwillige Rückkehr als dauerhafte Lösung. Sie ist allerdings erst dann umsetzbar, wenn gewaltsame Konflikte beigelegt sowie Frieden und Sicherheit (wieder) erreicht wurden.

3.2 Anhaltende Gewaltgefahren

Flucht offenbart nicht nur eine Folge, sondern kann auch als Teil von gewaltsamen Konflikten verstanden werden. Dies zeigt sich etwa anhand von konfliktbedingten und militarisierten Gewaltgefahren für Geflüchtete in Aufnahmesituationen (→ Gewalt), insbesondere in Lagern. Geflüchtete können in Aufnahmelagern zur Zielscheibe militärischer Angriffe werden. Zudem nutzen Konfliktparteien diese mitunter zur Zwangsrekrutierung oder als kurzfristigen Rückzugs- und Erholungsort für Kämpfende, aber in manchen Fällen auch als Militärbasen zur Planung weiterer Kampfhandlungen

(Milner 2005; Achvarina/Reich 2006; Muggah 2006). Dies reflektiert Gefahren der Militarisierung von humanitären Räumen, die eigentlich dem Schutz von Geflüchteten dienen sollen.

Zudem belegen Studien in der Friedens- und Konfliktforschung und der Fluchtforschung, dass das Ende oder Verlassen von Konflikten nicht auch ein Ende von Gewaltgefahren bedeutet (für einen Überblick, vgl. Krause 2018). Mitunter werden anhaltende Gefahren in Konflikten, auf der Flucht und in Aufnahmesituationen verknüpft und als Kontinuum konzeptualisiert (u. a. Ferris 1990; Nagai et al. 2008; Krause 2021). Genderspezifische Gewalt wird mittlerweile zunehmend erforscht und Studien belegen, dass Jungen und (→) Männer von Gewalt und Zwangsrekrutierung durch Konfliktparteien sowie Mädchen und (→) Frauen von sexualisierter Gewalt betroffen sein können (u. a. Buckley-Zistel/Krause 2017). Letzteres kann, muss aber nicht, mit konfliktbedingten Gefahren verwoben sein.

Damit einhergehend adressieren vereinzelte Studien die Perspektive der Verbreitung oder Verlagerung von gewaltsamen Konflikten durch Flucht und/oder Geflüchtete (u. a. Salehyan/Gleditsch 2006; Lischer 2008). Analysen verweisen darauf, dass die Aufnahme von Geflüchteten Instabilität und Spannungen hervorrufen kann, etwa durch Verbreitung von Waffen und Kämpfenden, Veränderungen sozialer Gefüge oder auch knappe Ressourcen (u. a. Mogire 2004; Salehyan 2007; Rüegger 2019). In solchen Debatten finden sich teils Bezüge zu sogenannten ‚Refugee Warriors'. Unter dem Konzept wird gemeinhin die Art und Weise gefasst, wie Geflüchtete Gruppen bilden oder sich in Gruppen engagieren, um gegen das an gewaltsamen Konflikten beteiligte Regime im Herkunftsland vorzugehen (Zolberg et al. 1989; Adelman 1998; McConnachie 2012; Perera 2013).

Diese Perspektiven auf Konflikte *durch* Flucht bedürfen allerdings kritischer Reflexionen (vgl. Lischer 2000; Leenders 2009), da sie – wenn auch unbeabsichtigt – geflüchtete Menschen, die eigentlich vor Konfliktgefahren fliehen und anderenorts Schutz suchen, als Sicherheitsrisiken für Aufnahmeländer, -regionen und -gesellschaften darstellen können. Im Fall der Rahmung als *‚Refugee Warriors'* werden Geflüchtete teils als (Mit-)Verantwortliche für anhaltende konfliktive Spannungen und erschwerte Friedensbemühungen herangezogen (Loescher et al. 2007; Milner 2009; 2011). Dies kann von politischen Akteur*innen missbraucht werden, um Flucht und Geflüchtete zu versicherheitlichen und entsprechende Abschottungspraktiken zu initiieren oder intensivieren, anstatt den Schutz der Menschen sicherzustellen.

Tendenzen der Versicherheitlichung werden in der Fluchtforschung bereits diskutiert (u. a. Massari 2021; Hammerstad 2014). Dies ist inhaltlich relevant und illustriert darüber hinaus strukturelle Verbindungen der Forschungsfelder, da die Theorie der Versicherheitlichung aus der Friedens- und Konfliktforschung stammt. Der Fokus dieser Theorie gemäß der ‚Kopenhagener Schule' liegt auf Sprechakten: Politische Eliten oder andere Entscheidungstragende stellen ein Phänomen als Sicherheitsrisiko oder -problem dar und wenn dies anerkannt wird, legitimieren sie so die Anwendung außergewöhnlicher Mittel, um auf das ‚Problem' zu reagieren (u. a. Buzan et al. 1998).

4. Frieden und Flucht

Im Kontrast zum Konflikt-Flucht-Nexus werden Verbindungen von Frieden und Flucht in der Forschung bisher deutlich seltener behandelt (für einen Überblick, vgl. Krause/Segadlo 2021). Wenn Frieden im Kontext konfliktbedingter Flucht thematisiert wird, dann häufig als notwendige Bedingung für die Rückkehr Geflüchteter in Herkunftsregionen als dauerhafte Lösung. Dies ist verknüpft mit Diskussionen um formale Friedensprozesse, -verhandlungen und -abkommen sowie die (fehlende) Berücksichtigung Geflüchteter hierbei. Zuweilen geht letzteres mit Forderungen für institutionelle Verquickungen von Flüchtlingsschutz und Friedensförderung einher (u. a. Milner 2011; Loescher et al. 2007; Hayes et al. 2016).

Korrespondierend mit der zuvor erwähnten Versicherheitlichung und möglichen Verbreitung von Konflikten durch Flucht werden Geflüchtete mitunter als destabilisierend oder behindernd für friedensbildende Maßnahmen gerahmt. Besonders in Langzeitsituationen sehen Aufnahmeländer sie zum Teil als Unruhestifter*innen und Sicherheitsrisiken an (Crisp 2000: 62–63) oder schreiben ihnen ein gewisses Gefährdungspotential für Frieden und Friedensförderung zu (Milner 2009: 15). In solchen Debatten finden sich auch Bezüge zu ‚Refugee Warriors', deren Präsenz mitunter als Indikator für die Behinderung von Friedensprozessen gilt (Gerdes 2006).

Im Gegensatz dazu heben manche Studien das Potenzial der durch Geflüchtete im Exil erworbenen Kenntnisse und Fähigkeiten für Frieden und Friedensförderung hervor und unterstreichen die Notwendigkeit ihrer Partizipation in Friedensverhandlungen (Loescher et al. 2007: 498; Milner 2011). Einige Studien setzen sich mit ‚Friedensbildung' (engl. *peace education*) als Programme humanitärer Akteur*innen für Geflüchtete auseinander (Janmyr 2015; Sommers 2001). Dabei schwingt jedoch bisweilen mit, dass Geflüchtete erst durch diese Programme etwas über Frieden und Friedensfertigkeiten beigebracht werde und sie folglich erlernen müssten, friedlich zu sein (Sagy 2008).

Wie Geflüchtete selbst zu Frieden beitragen, ist in der Forschung bislang kaum behandelt. Nur vereinzelte Studien gehen darauf ein, wie Geflüchtete selbst zur Lösung ihrer Situation beitragen (Bradley et al. 2019), welche Rolle Frieden flüchtlingsrechtlich spielt (Janmyr 2015) oder wie sich hoch ausgebildete Rückkehrende für friedliche Umgebungen engagieren (Coffie 2014). Karbo (2016) adressiert traditionelle Friedenspraktiken in afrikanischen Ländern und verweist unter anderem auf die friedensfördernden Rollen von Ältesten in der Beilegung von lokalen Spannungen. Zudem widmen sich Studien dem Einfluss von (→) Diaspora auf Frieden (vgl. Smith/Stares 2007; Pirkkalainnen/Abdile 2009; Féron/Lefort 2019), verbinden dies indes selten explizit mit Flucht und Geflüchteten (Ausnahme vgl. Endale 2019).

5. Fazit

Der Überblick über die Zusammenhänge zwischen der Friedens- und Konfliktforschung und der Fluchtforschung in diesem Kapitel zeigt, dass Studien in den Feldern zwar überwiegend getrennt voneinander bleiben, jedoch inhaltlich verknüpfte Phänomene behandeln. So gilt Flucht insgesamt weithin als Folge, aber mitunter auch als Element von gewaltsamen Konflikten. Jedoch werden Konflikt und Frieden kaum in Fluchtstudien sowie Flucht kaum in Konfliktstudien theoretisiert. Im Kontrast zu dem umfangreichen Korpus an empirischen Analysen zum Nexus von Konflikt und Flucht bleibt Frieden bisher unzureichend erforscht. Wenn Frieden Teil der Debatte ist, dann vor allem im Zusammenhang mit der Rückkehr in Herkunftsregionen oder der Friedenserziehung durch humanitäre Organisationen. Mitunter wird Geflüchteten in diesem Kontext sogar eine gewisse

Gefährdung für Friedensprozesse zugeschrieben. Hingegen setzen sich nur wenige Studien mit den Rollen von Frieden für Geflüchtete sowie den Rollen von Geflüchteten für Frieden auseinander – ein Feld, das weiterer Forschung bedarf.

Literaturverzeichnis

Achvarina, Vera/Reich, Simon F. (2006): No Place to Hide: Refugees, Displaced Persons, and the Recruitment of Child Soldiers. In: International Security 31 (1), 127–164.
Adelman, Howard (1998): Why Refugee Warriors are Threats. In: Journal of Conflict Studies 18(1), https://journals.lib.unb.ca/index.php/JCS/article/view/11672,03.10.2022.
Adhikari, Prakash (2013): Conflict-Induced Displacement, Understanding the Causes of Flight. In: American Journal of Political Science 57 (1), 82–89.
Betts, Alexander/Loescher, Gil (Hrsg.) (2011): Refugees in International Relations. Oxford: Oxford University Press.
Bonacker, Thorsten/Imbusch, Peter (2010): Zentrale Begriffe der Friedens- und Konfliktforschung: Konflikt, Gewalt, Krieg, Frieden. In: Imbusch, Peter & Zoll, Ralf (Hrsg.) Friedens- und Konfliktforschung. Eine Einführung. Wiesbaden: VS Verlag für Sozialwissenschaften, 67–142.
Bradley, Megan/Milner, James/Peruniak, Blair (Hrsg.) (2019): Refugees' Roles in Resolving Displacement and Building Peace: Beyond Beneficiaries. Washington DC: Georgetown University Press.
Buckley-Zistel/Krause, Ulrike (Hrsg.) (2017): Gender, Violence, Refugees. New York, Oxford: Berghahn Books.
Buzan, Barry/Wæver, Ole/De Wilde, Jaap (1998): Security: A new Framework for Analysis, Boulder, CO: Lynne Rienner.
Coffie, Amanda (2014): Filling in the Gap: Refugee Returnees Deploy Higher Education Skills to Peacebuilding. In: Refugee Survey Quarterly 33 (4), 114–141.
Costello, Cathryn/Foster, Michelle/McAdam, Jane (Hrsg.) (2021): The Oxford Handbook of International Refugee Law. Oxford: Oxford University Press.
Crisp, Jeff (2000): Forms and Sources of Violence in Kenya's Refugee Camps. In: Refugee Survey Quarterly 19 (1), 54–70.
Czaika, Mathias/Kis-Katos, Krisztina (2009): Civil Conflict and Displacement: Village-Level Determinants of Forced Migration in Aceh. In: Journal of Peace Research 46 (3), 399–418.
DeRouen, Karl/Barutciski, Michael (2007): The Link between Protracted Refugee Situations and Civil War in Africa: Encouraging a New Direction for Research. In: Civil Wars 9 (2), 214–225.
Endale, Etsegent (2019): Beyond Resettlement: The Role of Ethiopian Refugee Diaspora in Homeland Peacebuilding, Kennesaw: Kennesaw State University.
Féron, Élise/Lefort, Bruno (2019): Diasporas and Conflicts – Understanding the Nexus. In: Diaspora Studies 12 (1), 34–51.
Ferris, Elizabeth G. (1990): Refugee Women and Violence. Geneva: World Council of Churches.
Fiddian-Qasmiyeh, Elena/Loescher, Gil/Long, Katy/Sigona, Nando (Hrsg.) (2014): The Oxford Handbook of Refugee and Forced Migration Studies. Oxford: Oxford University Press.
Gerdes, Felix (2006): Forced Migration and Armed Conflict: An Analytical Framework and a Case Study of Refugee-Warriors in Guinea. Arbeitspapier Nr. 1/2006 der Forschungsstelle Kriege, Rüstung und Entwicklung. Universität Hamburg.
Golubović, Jelena (2021): Beyond Agency as Good: Complicity and Displacement after the Siege of Sarajevo. In: Journal of Refugee Studies 35 (3), 1344–1363.
Gottwald, Martin (2014): Burden Sharing and Refugee Protection. In: Fiddian-Qasmiyeh, Elena/Loescher, Gil/Long, Katy/Sigona, Nando (Hrsg.) The Oxford Handbook of Refugee and Forced Migration Studies. Oxford: Oxford University Press, 525–539.

Hammerstad, Anne (2014): The Securitization of Forced Migration. In: Fiddian-Qasmiyeh, Elena/Loescher, Gil/Long, Katy/Sigona, Nando (Hrsg.): The Oxford Handbook of Refugee and Forced Migration Studies. Oxford: Oxford University Press, 265–278.

Hayes, Sherrill/Lundy, Brandon D./Carter Hallward, Maia (Hrsg.) (2016): Journal of Peacebuilding & Development. Issue 3: Addressing Contemporary Migrant and Refugee Challenges: Peacebuilding and Conflict Prevention Perspectives.

Horst, Cindy/Grabska, Katarzyna (2015): Flight and Exile: Uncertainty in the Context of Conflict-induced Displacement. In: Social Analysis 59 (1), 1–18.

Hynes, Patricia (2021): Introducing Forced Migration. London: Routledge.

Imbusch, Peter/Zoll, Ralf (Hrsg.) (2010): Friedens- und Konfliktforschung. Eine Einführung. Wiesbaden: VS Verlag für Sozialwissenschaften.

Janmyr, Maya (2015): Refugees and Peace. In: Bailliet, C. M./Larsen, K. M. (Hrsg.): Promoting Peace through International Law. Oxford: Oxford University Press, 252–273.

Karbo, Tony (2016): Traditional Approaches to Peace in Africa. Examining the Efficacy of Strategies for Peace in a Refugee Context. In: Maphosa, Sylvester B./Keasley, Alphonse (Hrsg.): Peace Education for Violence Prevention in Fragile African Societies. What's Going to Make a Difference?, Pretoria: Africa Institute of South Africa, 134–161.

Krause, Ulrike (2016): Konflikt-Flucht-Nexus: Globales Ausmaß, genderbezogene Auswirkungen und politische Relevanz. In: S&F Sicherheit und Frieden 34 (1), 46–51.

Krause, Ulrike (2018): Gewalterfahrungen von Geflüchteten. Osnabrück: Institut für Migrationsforschung und Interkulturelle Studien (IMIS) der Universität Osnabrück/Bonn: Internationales Konversionszentrum Bonn (BICC).

Krause, Ulrike (2021): Difficult Life in a Refugee Camp. Violence, Gender, and Coping in Uganda. Cambridge: Cambridge University Press.

Krause, Ulrike/Segadlo, Nadine (2021): Conflict, Displacement … and Peace? A Critical Review of Research Debates. In: Refugee Survey Quarterly 40 (3), 271–292.

Leenders, Reinoud (2009): Refugee Warriors or War Refugees? Iraqi Refugees' Predicament in Syria, Jordan and Lebanon. In: Mediterranean Politics 14 (3), 343–363.

Lischer, Sarah K. (2000): Refugee involvement in political violence: quantitative evidence from 1987–1998. In: New Issues in Refugee Research, Working Paper 26.

Lischer, Sarah K. (2007): Causes and Consequences of Conflict-Induced Displacement. In: Civil Wars 9 (2), 142–155.

Lischer, Sarah K. (2008): Security and Displacement in Iraq: Responding to the Forced Migration Crisis. In: International Security 33 (2), 95–119.

Loescher, Gil/Betts, Alexander/Milner, James (2012): UNHCR: The Politics and Practice of Refugee Protection. London, New York: Routledge Global Institutions.

Loescher, Gil/Milner, James (2005): Towards solutions for protracted refugee situations. In: The Adelphi Papers 45 (375), 67–84.

Loescher, Gil/Milner, James/Newman, Edward/Troeller, Gary (2007): Protracted refugee situations and the regional dynamics of peacebuilding. In: Conflict, Security & Development 7 (3), 491–501.

Lubkemann, Stephen C. (2008): Involuntary Immobility: On a Theoretical Invisibility in Forced Migration Studies. In: Journal of Refugee Studies 21 (4), 454–475.

Massari, Alice (2021): Visual Securitization: Humanitarian Representations and Migration Governance. Cham: Springer.

McConnachie, Kirsten (2012): Rethinking the 'Refugee Warrior': The Karen National Union and Refugee Protection on the Thai–Burma Border. In: Journal of Human Rights Practice 4 (1), 30–56.

Milner, James (2005): The Militarization and Demilitarization of Refugee Camps in Guinea. In: Florquin, Nicolas/Berman, Eric G. (Hrsg.): Armed and Aimless. Armed Groups, Guns, and Human Security in the ECOWAS Region. Geneva: Small Arms Survey, 144–179.

Milner, James (2009): Refugees and the Regional Dynamics of Peacebuilding. In: Refugee Survey Quarterly 28 (1), 13–30.
Milner, James (2011): Refugees and the Peacebuilding Process. In: New Issues in Refugee Research No. 224.
Milner, James (2014): Protracted Refugee Situations. In: Fiddian-Qasmiyeh, Elena/Loescher, Gil/Long, Katy/Sigona, Nando (Hrsg.): The Oxford Handbook of Refugee and Forced Migration Studies. Oxford: Oxford University Press, 151–162.
Mogire, Edward (2004): A Preliminary Exploration of the Linkages between Refugees and Small Arms. Bonn.
Muggah, Robert (2000): Through the Developmentalist's Looking Glass: Conflict-Induced Displacement and Involuntary Resettlement in Colombia. In: Journal of Refugee Studies 13 (2), 133–164.
Muggah, Robert (2006): Protection Failures: Outward and Inward Militarization of Refugee Settlements and IDP Camps in Uganda. In: Muggah, Robert (Hrsg.): No Refuge: The Crisis of Refugee Militarization in Africa. London, New York: Zed Books in association with BICC and Small Arms Survey, 89–136.
Nagai, Mari/Karunakara, Unni/Rowley, Elizabeth/Burnham, Gilbert (2008): Violence against Refugees, Non-refugees and Host Populations in southern Sudan and northern Uganda. In: Glob Public Health 3 (3), 249–270.
Perera, Suda (2013): Alternative Agency: Rwandan Refugee Warriors in Exclusionary States. In: Conflict, Security & Development 13 (5), 569–588.
Pirkkalainen, Päivi/Abdile, Mahdi (2009): The Diaspora – Conflict – Peace – Nexus: A literature review. In: Diaspeace Working Paper, Nr. 1.
Purdeková, Andrea (2015): Making Ubumwe. Power, State and Camps in Rwanda's Unity-Building Project. New York, Oxford: Berghahn.
Richmond, Oliver P. (2008): Reclaiming Peace in International Relations. In: Millennium 36 (3), 439–470.
Richmond, Oliver/Visoka, Gëzim (Hrsg.) (2020): The Palgrave Encyclopedia of Peace and Conflict Studies. London.
Rüegger, Seraina (2019): Refugees, ethnic power relations, and civil conflict in the country of asylum. In: Journal of Peace Research 56 (1), 42–57.
Sagy, Tehila (2008): Treating Peace as Knowledge: UNHCR's Peace Education as a Controlling Process. In: Journal of Refugee Studies 21 (3), 360–379.
Salehyan, Idean (2007): Transnational rebels: Neighbouring states as sanctuary for rebel groups. In: World Politics 59 (2), 217–242.
Salehyan, Idean/Gleditsch, Kristian Skrede (2006): Refugees and the Spread of Civil War. In: International Organization 60 (2), 335–366.
Smith, Hazel/Stares, Paul (Hrsg.) (2007): Diasporas in Conflict: Peace-makers or Peace-wreckers? Tokyo: United Nations University Press.
Sommers, Marc (2001): Peace education and refugee youth. In: Crisp, Jeff/Talbot, Christopher/Cipollone, Daiana B. (Hrsg.): Learning for a future: refugee education in developing countries. Geneva: UNHCR, 162–216.
Webel, Charles/Galtung, Johan (Hrsg.) (2007): Handbook of Peace and Conflict Studies. London, New York: Routledge.
Zolberg, Aristide R./Suhrke, Astri/Aguayo, Sergio (1989): Escape from Violence. Conflict and the Refugee Crisis in the Developing World. New York/Oxford: Oxford University Press.

I.1.4
Geschichtswissenschaft

Patrice G. Poutrus

Abstract In diesem Beitrag wird eine Positionsbestimmung der historischen Fluchtforschung vorgenommen und ihr minoritärer Stellenwert in der deutschsprachigen Geschichtswissenschaft erläutert. Anschließend werden die dennoch umfangreichen Wissensbestände und Erkenntnispotentiale einer historischen Fluchtforschung umrissen. Schließlich und darauf aufbauend wird skizziert, wie die historische Fluchtforschung trotz ihrer thematischen und strukturellen Randständigkeit im homogenen Kanon der deutschen Nationalgeschichte einen wichtigen Beitrag sowohl zu einer ausdifferenzierten Gesellschaftsgeschichte, wie auch zu einer historischen Fundierung der gegenwartsbezogenen Flucht- und Flüchtlingsforschung beitragen kann.

Schlüsselbegriffe: Geschichte, Flucht, Vertreibung, Asyl, Nationalstaat

1. Einleitung

In der zweiten Hälfte des 20. Jahrhunderts hat sich die deutschsprachige Geschichtswissenschaft von einer politisch-historischen Legitimationsdisziplin allmählich und unter fortwährenden Konflikten zu einer erklärenden Geistes- bzw. Kulturwissenschaft entwickelt. Es geht inzwischen nicht mehr vordergründig darum, dem entstehenden bzw. vorhandenen Nationalstaat eine historische Rechtfertigung zu liefern, sondern die aus nationalstaatlicher Ordnung entstehenden Verhältnisse und Entwicklungen plausibel und kritisch-distanziert zu erklären (Raphael 2003). Dabei ging und geht es immer auch um Krisen, Konflikte und Kriegsfolgen. Also jene Entwicklungen in der deutschen, europäischen und globalen Geschichte, die seit Jahrhunderten Menschen dazu zwangen, ihre ursprünglichen Lebensorte aufzugeben und in anderen Regionen, Ländern oder auch auf anderen Kontinenten Zuflucht zu suchen. Den Pionieren einer so noch nicht benannten historischen Fluchtforschung ging es darum, Ursachen, Entwicklungen und Wirkungen von Fluchtbewegungen verständlich zu machen (Kulischer 1948) und auch aufgrund dieses Wissens in gesellschaftliche Debatten zu Flucht und Asyl aktiv zu intervenieren (Bade 1994). In diesem Sinne kann das Wissen der historischen Fluchtforschung als eine Ressource zu einem fundierteren Verständnis gegenwärtiger Entwicklungen betrachtet werden und dies sowohl für die Fluchtforschung insgesamt als auch für eine interessierte Öffentlichkeit zur Verfügung stellen.

2. Historische Fluchtforschung

Die Fluchtforschung in der deutschen Geschichtswissenschaft steht vor einem ähnlich bemerkenswerten Paradox wie die historische Migrationsforschung: dieser Zweig historischer Forschungen ist weder durch einschlägige Professuren noch durch dauerhafte Förderstrukturen und haushaltsbasierte Forschungseinrichtungen hinreichend etabliert. Eigenständige Journale wie die Zeitschrift für Migrationsforschung (ZMF) und vor allem die interdisziplinäre Zeitschrift für Flucht- und Flüchtlingsforschung (Z'Flucht) haben erst vor kurzer Zeit ihren Platz in der stark ausdifferenzierten wissenschaftlichen Medienlandschaft gefunden. Ausweis für den umfangreichen Wissensertrag der historischen Migrationsforschung sind inzwischen zahlreiche Überblicksdarstellungen und Handbücher (Hoerder 2010; Hahn 2012; Borgolte 2014), in denen Flucht gleichwohl nicht als selbständiges Untersuchungsfeld dargestellt wird, sondern als eine spezifische Form innerhalb des Paradigmas ‚Migration' Berücksichtigung findet (Vgl. Harzig u. a. 2009). Wie aber im Weiteren gezeigt werden kann, ist das von internationalen und deutschen Historiker:innen hervorgebrachte Wissen zu Fluchtursachen, Fluchtbewegungen und Fluchtschicksalen in der deutschen, europäischen und auch außereuropäischen Geschichte umfangreicher und vielfältiger, als es die benannten institutionellen Umstände erwarten lassen, und berechtigen durchaus von einer historischen Fluchtforschung zu sprechen.

Migration wird demnach in einem weiten Verständnis als eine räumliche Bewegung von Menschen betrachtet, die sich sowohl über Grenzen von Staaten hinweg als auch innerhalb politisch-territorialer, sozialer oder kultureller Räume vollzieht. Dabei ist es das Ziel dieser Menschen in Bewegung, durch die Veränderung des temporären oder dauerhaften Aufenthaltsortes die eigene Lebenssituation deutlich zu verbessern, was insbesondere auf die Arbeitsmigration im 19. und 20. Jahrhundert zutraf und diese nicht zuletzt deshalb immer wieder in den Fokus der historischen Migrationsforschung rückte (vgl. Oltmer 2016). Im Unterschied dazu, und nicht selten in Reaktion auf politische und mediale Aufmerksamkeitskonjunkturen der Gegenwart, hat sich in der historischen Fluchtforschung die Vorstellung etabliert, dass Fluchtbewegungen, aber auch Deportationen und Vertreibungen, ausgelöst bzw. verursacht werden, weil staatlich und/oder nicht staatliche Akteure durch den Einsatz von gezielter bis massenhafter (→) Gewalt oder auch deren Androhung die Lebensbedingungen, körperliche Unversehrtheit, Rechte, kulturellen wie politischen Freiheiten von Individuen oder Kollektiven so massiv zu gefährden bzw. zerstören, dass sich die Betroffenen zum Verlassen ihres bisherigen Lebensmittelpunktes gezwungen sehen (vgl. von Bressensdorf 2019). Die Motive für die Ausübung oder Androhung von Gewalt, vor der die betroffenen Menschen durch Flucht ausweichen, reichen von religiösen, politischen, ethnonationalen bis hin zu rassistischen Vorstellungen über einheitliche Zugehörigkeit zu einem Gemeinwesen, von der die betroffenen Menschen vermeintlich oder tatsächlich abweichen (Ther 2017).

Aus der zentralen Bedeutung von meist staatlicher Gewalt für das historische Verständnis von Flucht (→ ‚Flüchtling' – historisch) erklärt sich, warum sie immer dann zu einem eigenständigen bzw. bedeutsamen Gegenstand historischer Forschung in der deutschen Geschichtswissenschaft wird, wenn die Etablierung neuzeitlicher bzw. nationalstaatlicher Ordnungen in den deutschen Staaten bzw. in Deutschland untersucht wird. Neben anderen frühneuzeitlichen Fluchtbewegungen, wie dem Zug der Salzburger Protestanten nach Preußen im frühen 18. Jahrhundert, gilt in der Öffentlichkeit und auch in der Geschichtswissenschaft die Flucht der protestantischen Hugenotten aus dem katholischen Königreich Frankreich als beispielhaft für die Bedeutung von staatlichem Handeln, das die Fluchtbewegung auslöste, als auch für die Gewährung von Zuflucht in den Staaten des Alten Reiches (Lachenicht 2010). Die jüngeren Ergebnisse der historischen Fluchtforschung lassen sich jedoch nicht einfach in das idealisierende Schema eines totalen Verfolgungsdrucks und einer erfolgreichen Integration der sogenannten Religionsflüchtlinge einfügen. Vielmehr waren die Motive der politischen Akteure auch in dieser vornationalen Periode deutscher Staatlichkeit bei Ausweisung und Aufnahme komplex. Die Wirkungen auf die davon betroffenen Menschen besaßen in diesem Prozess durchaus

Entscheidungsspielräume und ihre Aufnahme in den regionalen und lokalen Gesellschaften verlief keineswegs konfliktfrei (Schuka 2016).

Damit hat die historische Forschung zu Flucht im Kontext neuzeitlicher Staatenbildung in Europa Erklärungsangebote vorgelegt, die anschlussfähig an die anderen Wissensbestände der historischen Fluchtforschung sind: die deutsche Exilforschung (Vgl. Krohn u. a. 2012), die Forschung zu Flucht und Vertreibung der Deutschen aus Mittel- und Osteuropa (Schwartz 2004; Kossert 2008), die Forschung zur Flucht aus der SBZ/DDR (Wolff 2019) und schließlich die sich seit 2005 ausdifferenzierende Forschung zu Flucht und Asyl in Deutschland (Poutrus 2019). Zugleich aber gilt die historische Fluchtforschung in der deutschen Geschichtswissenschaft unverändert als Thema für wenige Spezialist*innen und keineswegs als ein eigenständiges Untersuchungsfeld.

3. Flucht in der deutschsprachigen Geschichtswissenschaft

Überdeutlich wird die nachweisbare Tendenz, Flucht aus der Geschichte auszuklammern, wenn man den Stellenwert dieses Themas in neueren Gesamtdarstellungen zur Deutschen Nationalgeschichte (Herbert 2014), zur Geschichte der „Bonner Republik" (Wiersching 2006) oder zur Geschichte der DDR (Schröder 2013) betrachtet. In diesen überwiegend politikgeschichtlichen Werken werden die durch Flucht hervorgerufenen gesellschaftlichen Veränderungen zwar nicht geleugnet, aber letztlich doch nur am Rande behandelt. Erwähnung findet das Thema lediglich dann, wenn sich Flucht und Asyl in der Geschichte der Bundesrepublik zum zentralen innenpolitischen Konfliktfeld entwickelten, wie etwa bei der Änderung des Asylrechts 1993. Es blieb Vertreter*innen der historischen Fluchtforschung selbst überlassen, den elementaren Zusammenhang zwischen Fluchtgeschichte und der politisch-sozialen Entwicklung in der deutschen Nachkriegsgeschichte herzustellen (Oltmer 2017). Offenbar kann die sich ohne Zweifel entwickelnde Fluchtforschung in der Geschichtswissenschaft nicht ohne weiteres in eine Erfolgs-, Aufstiegs- oder Liberalisierungsgeschichte der Bundesrepublik integriert werden, auch wenn solche Versuche bereits unternommen wurden (Plumper 2019).

Diese reduzierte Perspektive auf die deutsche Geschichte ist unverändert verwunderlich, da bestimmte Fluchtgeschichten durchaus in den Rahmen einer nationalen Meistererzählung integriert worden sind – wie etwa der „Komplex Vertreibung" (Ther 2011). Die damit verbundene soziale und kulturelle Öffnung von weitgehend geschlossenen ländlichen Milieus, die konfessionelle Durchmischung von bis dahin homogenen Gemeinden und die hohe Mobilität der Vertriebenen auf dem Arbeitsmarkt werden in ihrer Bedeutung für die deutsche Nachkriegsgesellschaft durchaus anerkannt. Dass die ‚Vertriebenen' als politisch-gesellschaftliche Akteur*innen und als politisches Thema ernstgenommen (Röger 2011; Esch 2012), andere Gruppen von Geflüchteten jedoch nur selten als historische Akteur*innen (Gatrell 2016) wahrgenommen werden, verweist darauf, wie eng die Thematisierung durch die Geschichtsschreibung mit der öffentlichen Anerkennung von historischen Fluchtbewegungen zusammenhängt.

Zugleich aber hat die für die politische Neuere Geschichte und insbesondere für die Zeitgeschichte typische Nähe von gesellschaftlichen Konfliktlagen und neuen Forschungsansätzen der historischen Fluchtforschung wiederholt den Verdacht einer aktivistischen Gesinnungsgeschichte eingehandelt (Luft 2018). Diese Kritik beruht implizit und zuweilen auch explizit auf der vorwissenschaftlichen

Annahme, dass Migration und gerade auch Fluchtbewegungen historische Ausnahmeerscheinungen seien, der Normalität von Sesshaftigkeit und kultureller bzw. ethnischer Homogenität in Deutschland oder auch Europa zumindest widersprechen (Beer 2016) und folgt damit der eher gegenwartsbezogenen Vorstellung, dass Flucht im besten Fall nationalstaatlich reguliert werden sollte (Vgl. Lahusen/Schneider 2017). Diese Sichtweise wird jedoch in der sozialwissenschaftlichen Migrationsforschung schon seit längerer Zeit als methodologischer Nationalismus kritisiert (Canan 2015), der die vorhandenen nationalstaatlichen Strukturen nicht erklärt bzw. interpretiert, sondern diese als unbedingten Rahmen für Fluchtbewegungen annimmt. Im Gegensatz zu dieser eingeschränkten Perspektive bietet die Migrationsgeschichte, und insbesondere die historische Fluchtforschung, die Chance zu einer spezifischen Erklärung von allgemeinen historischen Entwicklungen in modernen Staaten und Gesellschaften in Europa und darüber hinaus (Bade 2000; Harzig 2006; Gatrell 2013). Gerade dazu haben Kultur- und Sozialwissenschaften in der Migrationsforschung empirische wie theoretische Ressourcen erschlossen, an welche die historische Fluchtforschung mit ihren eigenen Perspektiven anknüpfen kann.

4. Nation und Staat in der historischen Fluchtforschung

Noch bedeutsamer scheint jedoch, dass durch die Beschäftigung mit Migration und Flucht die anhaltende Debatte um Transnationalität und Globalisierung in der Geschichtswissenschaft an deren Orte und Akteure sowie die gesellschaftliche Praxis zurückgebunden wird (Baumeister/Sturm-Martin 2007), was wiederum eine produktive Verbindung zu geisteswissenschaftlichen Nachbardisziplinen ermöglicht. Allerdings kann die Chance zur interdisziplinären Arbeit für die Migrationsgeschichte und insbesondere die historische Fluchtforschung nicht voraussetzungslos in Anspruch genommen werden. Auch in der Geschichtswissenschaft ist es erforderlich, vom Konstrukt des modernen Nationalstaates als Ausdruck einer ethnisch wie kulturell homogenen Gesellschaft methodisch wie theoretisch Distanz zu gewinnen (Bade 2004; Harzig 2006). Anders ausgedrückt: Eine interdisziplinäre moderne Gesellschaftsgeschichte ist ohne die Berücksichtigung der vielfältigen sozialen, politischen und wirtschaftlichen Phänomene nicht denkbar, die Flucht auslösen bzw. von ihr ausgelöst werden und sie begleiten (Schwartz 2013; Gatrell 2019).

In diesem Zusammenhang seien besonders die richtungsweisenden Arbeiten des französischen Historikers und Braudel-Schülers Gérard Noiriel hervorgehoben. Dieser hat in den 1980er- und 1990er-Jahren anhand der Geschichte des politischen Asyls die Grundzüge einer „Sozialgeschichte des Politischen" entworfen (Noiriel 1994). Noiriel belegte eindrücklich, wie Einwanderung und insbesondere Flucht den französischen Nationalstaat dazu zwang, Kategorien und Kriterien für Zugehörigkeit und Nichtzugehörigkeit sowie dementsprechend eine Vielzahl von Regulierungsmechanismen zu entwickeln, die sowohl auf Einwanderer und Geflüchtete wie auf Einheimische und deren Handlungsoptionen einwirkten (Noiriel 1996). Ähnlich wie für Frankreich lässt sich diese „Nationalisierung des Nationalstaates" für Großbritannien und Deutschland nachweisen (Fahrmeir 2000; Reinecke 2010). Indem Noiriel und andere den Prozess der Nationsbildung und die nationalstaatlichen Kontrollmechanismen aus der Perspektive der historischen Migrations- und Fluchtforschung beschreiben – also von den Grenzen her –, gelingt es ihnen auch, eine sozial- und politikgeschichtliche Verbindung mit der inzwischen klassischen konstruktivistischen Nationalismusforschung herzustellen (Anderson 1998) und haben damit die institutionelle Randständigkeit der historischen Fluchtforschung zumindest inhaltlich überwunden.

5. Ausblick

Im Sinne einer historischen Fluchtforschung, die dazu beitragen kann, essentialistische Konstruktionen von homogener Sprache, Kultur und Bevölkerung durch historische Aufklärung zu überwinden, erscheint es deshalb eher problematisch, die Geschichte von Flucht und Vertreibung von der Antike bis in die Gegenwart zu erzählen und somit zu mythologisieren (Kossert 2020). Statt eine Kontinuität vorauszusetzen oder auch herzuleiten, wäre es plausibler, weil ergebnisoffen, Formen des historischen Wandels von Flucht und Vertreibung nachzugehen, auch wenn sich daraus kein geschlossenes, sinnstiftendes Narrativ entwickeln lässt. Es wäre aus einer solchen Perspektive also zu fragen – und dies sind Fragen, welche für die Migrationsgeschichte insgesamt von Bedeutung sind: Welche gesellschaftlichen und vor allem machtpolitischen Verhältnisse zwangen Menschen ihren ursprünglichen Lebensort zu verlassen (vgl. Lucassen/Lucassen 2014)? Welche Rolle kam dabei dem sich entfaltenden neuzeitlichen Staat zu und dem sich ebenfalls verändernden Verhältnis zum Untertan bzw. zum Staatsbürger (vgl. Oltmer 2016)? Wie bzw. wodurch konnten Menschen auf der Flucht bzw. am Ort der Zuflucht ihrem Verlangen nach unmittelbarem und institutionalisiertem Schutz vor Verfolgung Nachdruck verleihen (vgl. Severin-Barboutie/Tietze 2018)? Wodurch bzw. ab welchem Zeitpunkt wird die Flucht zur Sesshaftigkeit am Zufluchtsort bzw. Einwanderung in das Zufluchtsland und damit doch zu einem Migrationsphänomen (vgl. Pries 2016)?

Dieser Fragekatalog steht nicht grundsätzlich im Gegensatz zur bisherigen Ordnung der Wissensbestände der historischen Fluchtforschung, die sich weitestgehend an den Fluchtgründen ausrichtet: staatliche Verfolgung religiöser Minderheiten, politischer Opponenten und ethnischer Minderheiten. Gleichwohl würde eine so gelagerte Hinwendung zur Komplexität von Fluchtgeschichten auch ermöglichen, die Segmentierung der Wissensbestände in der historischen Fluchtforschung zu überwinden. Wichtiger ist aber, dass die Bedeutung des gesellschaftlichen Phänomens und politischen Themas Flucht und Vertreibung sich nicht mit einem scheinbaren Abschluss der Nationsbildungsprozesse in Europa erschöpft hat, sondern sich – so hat der sogenannte ‚Sommer der Migrationen' 2015 überdeutlich demonstriert (vgl. Ahonen 2018) – in immer stärker werdendem Maße bis in die Gegenwart reicht. Jenseits von dieser ungebrochenen Aktualität bieten die Themenfelder der historischen Fluchtforschung die Chance zu einer spezifischen Erklärung von allgemeinen Entwicklungen in neuzeitlichen Staaten und Gesellschaften und damit nicht zuletzt zentrale Beiträge zur nicht-historischen Flucht- und Flüchtlingsforschung. Mit der Beantwortung der weiter oben angeführten Fragen kann die historische Fluchtforschung Beispiele und Erklärungen für politische, soziale und kulturelle Reaktionen auf radikale Veränderungen der menschlichen Lebenswelt erreichen und somit würde eine so ausgelegte historische Fluchtforschung als wesentlicher Bestandteil einer modernen Gesellschaftsgeschichte gelten können und Geschichte kritisch in der Gegenwart von Vertreibung und Zuflucht verorten.

Literaturverzeichnis

Ahonen, Pertti (2018): Europe and refugees: 1938 and 2015–16. In: Patterns of Prejudice 1 (2–3), 135–148.
Anderson, Benedict (1998): Die Erfindung der Nation: zur Karriere eines folgenreichen Konzepts. Berlin: Campus.
Bade Klaus J. (1994): Ausländer, Aussiedler, Asyl: eine Bestandsaufnahme. München: C.H. Beck.
Bade, Klaus J. (2000): Europa in Bewegung: Migration vom späten 18. Jahrhundert bis zur Gegenwart. München: C.H. Beck.
Bade, Klaus J. (2004): Sozialhistorische Migrationsforschung. Göttingen: V&R Unipress.
Baumeister, Martin/Sturm-Martin, Imke (2007) (Hg.): Themenschwerpunkt Stadt und Migration. Informationen zur modernen Stadtgeschichte 2/2007.
Beer, Mathias (2016): Die „Flüchtlingsfrage" in Deutschland nach 1945 und heute. Ein Vergleich. In: Zeitgeschichte-online, April 2016, URL: https://zeitgeschichte-online.de/themen/die-fluechtlingsfrage-deutschland-nach-1945-und-heute, 24.06.2022.
Borgolte, Michael (2014) (Hg.): Migrationen im Mittelalter. Ein Handbuch. Berlin/New York: De Gruyter.
Bresselau von Bressensdorf, Agnes (Hg.) (2019): Über Grenzen: Migration und Flucht in globaler Perspektive seit 1945. Göttingen: Vandenhoeck & Ruprecht.
Canan, Coskun (2015): Methodologischer Nationalismus in der Migrationsforschung. In: Identitätsstatus von Einheimischen mit Migrationshintergrund, Wiesbaden: Springer, 39–45.
Esch, Michael/Poutrus, Patrice G. (2005): Zeitgeschichte und Migrationsforschung. Eine Einführung. In: Zeithistorische Forschungen 2 (3), 338–344.
Esch, Michael (2012): Zum Verhältnis zwischen individueller Erinnerung, öffentlichem Gedächtnis und Historiographie: Der Komplex „Vertreibung". In: Sozial.Geschichte Online 7/2012, 72–92.
Gatrell, Peter (2013): The making of the modern refugee. Oxford [u. a.]: Oxford University Press.
Gatrell, Peter (2016): Flüchtlingen ihren Platz zuweisen: eine neue Geschichte des internationalen Asylregimes 1945–1960. In: Mittelweg 36 (1), 33–61.
Hahn, Sylvia (2012): Historische Migrationsforschung. Frankfurt a. M./New York: Campus.
Harzig, Christiane (2006): Migration und Erinnerung: Reflexionen über Wanderungserfahrungen in Europa und Nordamerika. Göttingen: Vandenhoeck & Ruprecht.
Harzig, Christiane/Hoerder, Dirk/Gabaccia, Donna R. (2009): What is migration history? Cambridge: Polity Press.
Herbert, Ulrich (2014): Geschichte Deutschlands im 20. Jahrhundert. München: C.H. Beck.
Hoerder, Dirk (2010): Geschichte der deutschen Migration vom Mittelalter bis heute. München: C.H. Beck.
Kulischer, Eugene M. (1948): Europe on the Move: War and Population Changes, 1917–1947. New York: Columbia University Press.
Kossert, Andreas (2008): Kalte Heimat: die Geschichte der deutschen Vertriebenen nach 1945. München: Siedler.
Kossert, Andreas (2020): Flucht: eine Menschheitsgeschichte. München: Siedler.
Krohn, Claus-Dieter/Erwin Rotermund und Lutz Winckler (Hg.) (2012): Exilforschungen im historischen Prozess. München: edition text & kritik.
Lachenicht, Susanne (2010): Hugenotten in Europa und Nordamerika: Migration und Integration in der Frühen Neuzeit. Frankfurt a.M.: Campus.
Lahusen, Christian/Schneider, Stephanie (2017): Asyl verwalten: zur bürokratischen Bearbeitung eines gesellschaftlichen Problems. Bielefeld: transcript.
Lucassen, Jan/Lucassen, Leo (2014) (Hg.): Globalising Migration History. The Eurasian Experience (16th–21st Centuries). Leiden [u.a.]: Brill.

Luft, Stefan (2018): Humanitarismus allein wird kaum reichen. In politischer Mission: Der Historiker Philipp Ther will aus seiner Geschichte von Flucht und Migration Lehren für die Gegenwart ziehen. In: Frankfurter Allgemeine Zeitung vom 6. Januar 2018, 10.

Noiriel, Gérard (1994): Die Tyrannei des Nationalen. Sozialgeschichte des Asylrechts in Europa. Lüneburg: zu Klampen.

Noiriel, Gérard (1996): The French melting pot. Immigration, citizenship, and national identity. Minneapolis: University of Minnesota Press.

Noiriel, Gérard (1999): Der Staatsbürger. In: Frevert, Ute/Haupt, Heinz-Gerhard (Hg.). Der Mensch des 19. Jahrhunderts. Frankfurt a.M.: Campus, 201–227.

Oltmer, Jochen (2016): Handbuch Staat und Migration in Deutschland seit dem 17. Jahrhundert. Berlin: de Gruyter.

Oltmer, Jochen (2017): Flucht, Vertreibung, Asyl: Gewaltmigration und Aufnahme von Schutzsuchenden im 20. und frühen 21. Jahrhundert. In: Oppelland, Torsten (Hg.): Das Recht auf Asyl im Spannungsfeld von Menschenrechtsschutz und Migrationsdynamik. Berlin: Berliner Wissenschaftsverlag, 75–111.

Plumper, Jan (2019): Das neue Wir. Warum Migration dazugehört: Eine andere Geschichte der Deutschen. Frankfurt a.M.: S. Fischer.

Poutrus, Patrice G. (2019): Umkämpftes Asyl. Vom Nachkriegsdeutschland bis zur Gegenwart. Berlin: Chr. Links.

Pries, Ludger (2016): Migration und Ankommen. Die Chancen der Fluchtbewegung. Frankfurt/Main: Campus.

Lutz, Raphael (2003): Geschichtswissenschaft im Zeitalter der Extreme. Theorien, Methoden, Tendenzen von 1900 bis zur Gegenwart. München: C.H. Beck.

Röger, Maren (2011): Flucht, Vertreibung und Umsiedlung. Mediale Erinnerungen und Debatten in Deutschland und Polen seit 1989. Marburg: Herder Institut.

Schröder, Klaus (2013): Der SED-Staat: Geschichte und Strukturen der DDR 1949 – 1990. Köln [u. a.]: Böhlau.

Schunka, Alexander (2016): Konfession, Staat und Migration in der Frühen Neuzeit. In: Oltmer, Jochen (Hg.): Handbuch Staat und Migration in Deutschland. Berlin und New York: de Gruyter, 117–170.

Schwartz, Michael (2004): Vertriebene und „Umsiedlerpolitik": Integrationskonflikte in den deutschen Nachkriegs-Gesellschaften und die Assimilationsstrategien in der SBZ/DDR 1945–1961. München: de Gruyter.

Schwartz, Michael (2013): Ethnische „Säuberungen" in der Moderne: globale Wechselwirkungen nationalistischer und rassistischer Gewaltpolitik im 19. und 20. Jahrhundert. München: de Gruyter.

Severin-Barboutie, Bettina/Tieze, Nikola (2018) (Hg.): Flucht als Handlungszusammenhang. Editorial. Zeithistorische Forschungen/Studies in: Contemporary History, Online-Ausgabe 15 (3), https://zeithistorische-forschungen.de/3-2018/5611, 24.06.2022.

Ther, Philipp (2011): Die dunkle Seite der Nationalstaaten: „ethnische Säuberungen" im modernen Europa. Göttingen [u. a.]: Vandenhoeck & Ruprecht.

Ther, Philipp (2017): Die Außenseiter: Flucht, Flüchtlinge und Integration im modernen Europa. Berlin: Suhrkamp.

Wirsching, Andreas (2006): Der Abschied vom Provisorium. Geschichte der Bundesrepublik Deutschland 1982–1990. München: DVA.

Wolff, Frank (2019): Die Mauergesellschaft: Kalter Krieg, Menschenrechte und die deutsch-deutsche Migration 1961–1989. Berlin: Suhrkamp.

I.1.5
Soziologie

Lea Gelardi und Karin Scherschel

Abstract Soziologische Perspektiven sind in der Forschung zu Flucht nicht mehr wegzudenken und haben in den letzten Jahren an Bedeutung gewonnen. Dieses Kapitel fragt: Welchen Mehrwert bringt eine soziologische Perspektive für ein Verständnis der vielfältigen Dimensionen von Fluchtprozessen? Was kennzeichnet soziologische Fluchtforschung und (wie) unterscheidet sie sich von soziologischer Migrationsforschung? Die soziologische Auseinandersetzung mit Flucht ist vergleichsweise jung, zugleich lässt sie sich soziologisch schwer von Migration abgrenzen.

Im Folgenden werden in einem ersten Schritt fachspezifische Gründe der erst spät einsetzenden soziologischen Auseinandersetzung mit dem Thema Flucht beleuchtet (1). Im Anschluss werden Debatten skizziert, die um eine angemessene Definition der im Feld verwendeten Begriffe wie Flüchtling und Zwangsmigration geführt werden (2). In einem dritten Schritt werden Überlegungen zum Beitrag der soziologischen Forschung zur Fluchtforschung vorgestellt und anschließend wird eine Synopse zentraler Forschungsfelder vorgeschlagen und skizziert (3). Im Fazit sind schließlich soziologische Kerngedanken zu Flucht zusammengefasst (4).

Schlüsselbegriffe: soziologische Fluchtforschung, Zwangsmigration, Agency, Flüchtling, methodologischer Nationalismus.

1. Die späte soziologische Entdeckung der Fluchtmigration

Die Soziologie entdeckt, dies gilt für die deutsche, aber auch für die internationale Soziologie, das Thema Flucht spät. Die Analyse der Asyl- und Fluchtmigration ist, betrachtet man ihre Anfänge, im Gegensatz zu der Arbeitsmigration und von vereinzelten Studien abgesehen (Skran/Daughtry 2007), zunächst wenig soziologisch orientiert. Während mit der *Chicago School of Sociology* in den 1920er Jahren im US-amerikanischen Kontext ein produktives Forschungsfeld zu Migration entstand, das sich mit Fragen der (Des-)Integration und den städtischen Entwicklungen in Chicago befasste (Scherschel 2020), lässt sich keine vergleichbare Entwicklung für die soziologische Analyse von Fluchtprozessen ausmachen.

In den letzten Jahrzehnten hat sich ein eigenständiges, aber disziplinär betrachtet recht heterogenes Feld der internationalen Forschung zu Flucht entwickelt (Kleist 2015), wobei soziologische Ansätze auch immer mit vertreten und durchaus prägend waren. Erst zu Beginn des neuen Jahrtausends plädiert Stephen Castles (2003) jedoch für die Etablierung einer *„Sociology of Forced Migration and Social Transformation"* – also zu einem sehr späten Zeitpunkt, geht man von der Bedeutsamkeit der Flucht- und Asylmigrationen im 20. Jahrhundert aus.

Obwohl die Geschichte Deutschlands nach 1945 von Fluchtbewegungen und Diskussionen um Asyl geprägt war (Poutrus 2019), trat die deutschsprachige Soziologie, im Vergleich zu anderen Disziplinen wie die Rechtswissenschaft, die (→) Politikwissenschaft und die (→) Geschichtswissenschaft kaum mit eigenen Forschungen zu Flucht in Erscheinung. Erst im Zuge der sog. europäischen *Flüchtlingskrise* nach 2014 änderte sich dies (Scherr/Scherschel 2019: 21–23).

Treibel (1999: 158) machte noch Ende der 1990er Jahre organisatorische und forschungspraktische Gründe für den Mangel soziologischer Untersuchungen zu Flucht geltend. Zu den besonderen Herausforderungen zählen u. a. die Spontaneität von Fluchtprozessen und der erschwerte Feldzugang. Wissenschaftler*innen werden oftmals als Teil des Kontrollregimes wahrgenommen. Asyl- und Fluchtmigration wurden zudem primär als Menschenrechtsthema behandelt. Diese erhalten in der Soziologie als Forschungsgegenstand aber nur geringe Beachtung, weshalb auch theoretische Reflektionen zur Kontingenz und Normativität des Flüchtlingsbegriffs ausblieben. Schließlich ist die unzureichende Auseinandersetzung mit Asyl- und Fluchtmigration auch eine Folge des erst in den 2000er Jahren im Horizont des zunehmenden Bedeutungszuwachses der Transnationalismusforschung verstärkt zum Thema gemachten methodologischen Nationalismus (Wimmer/Glick-Schiller 2003: 578). Die gesellschaftliche Einheit, die zumeist als Diagnosefolie für Migrationsprozesse genutzt wird, ist der Nationalstaat. Grenzüberschreitende Prozesse und Lebenssituationen, die sich nationalstaatlichen Ordnungsvorstellungen entziehen, und die sich nicht unter das Schema ‚Migration/Integration' subsummieren ließen, kommen dadurch lange nicht in den Blick.

2. Flüchtlinge, Zwangsmigration: soziologische Diskussionen über Begriffe, Reflektion und Selbstverortung

Soziologische Debatten über Fluchtprozesse sind durch einen Streit um die angemessenen Begrifflichkeiten geprägt. Einerseits geht es um eine methodologische Herausforderung: Soziologische Analysen der Asyl- und Fluchtmigration können nicht politisch definierte und institutionalisierte Kategorien (z. B. Flüchtling, Geduldete, Personen mit und ohne Bleibeperspektive etc.) der administrativen Regulierung von Asyl unhinterfragt übernehmen, sondern sie müssen diese vielmehr selbst zum Gegenstand ihrer Rekonstruktion machen (Scherr 2021; Scherr/Scherschel 2019). Auch eigene Fachkategorien und theoretische Vorannahmen müssen reflektiert werden, insbesondere die, die als methodologischer Nationalismus oder Eurozentrismus diskutiert werden. Andererseits entzieht sich die Komplexität des Phänomens einer trennscharfen Zuordnung, *einem* disziplinären Zugriff und *einer* soziologischen Perspektive. Ersteres zeigt sich insbesondere in den Debatten um die typologische Einordnung von Migrationen als freiwillig oder unfreiwillig und in der Debatte um den *migration-asylum nexus* und die in diesen Diskursen thematisierte Frage nach der Trennschärfe von Flucht- und Migrationsforschung im Allgemeinen.

Blickt man in die von Thomas Faist und Kolleg*innen herausgegebene zweite aktuelle Auflage der Einführung „Soziologie der Migration" (Faist et al. 2020: 61), wird Castles (2003) Forderung nach einer Soziologie der Zwangsmigration attestiert, dass sich diese – zumindest bislang – nicht durchsetzen konnte. In der Einführung werden Fluchtdynamiken als migrationssoziologisches Thema unter verschiedenen Perspektiven (z. B. Fluchtursachen, Klimaflüchtlinge etc.) und nicht als eigenständiger Themen- und Forschungsbereich behandelt. Mithin befassen sich soziologisch ausgewiesene Wissenschaftler*innen mit sehr unterschiedlichen Themen und Herangehensweisen, sodass nicht *die* soziologische Perspektive auf Flucht erkennbar ist.

Schon die Definition des Gegenstands sowie ihre Selbstbezeichnung sind in der Fluchtforschung umstritten: Handelt es sich um eine (soziologische) ‚Fluchtforschung', ‚Flüchtlingsforschung' oder ‚Zwangsmigrationsforschung'?[1] Die Gegenüberstellung von Flucht bzw. Flüchtlingen und Migration bzw. Migrant*innen oder Migration und Zwangsmigration wird an einen Dualismus von „unfreiwillig" (Jászi 1939), „erzwungen" (Petersen 1958), „reaktiv" (Richmond 1988) und deren begriffliche Gegenüber geknüpft. Bedeutsamer konzeptioneller Ausgangspunkt der Etablierung einer soziologischen Flucht- und Zwangsmigrationsforschung, und durch Anthony Giddens Strukturationstheorie inspiriert, sind Richmonds Überlegungen (1988) zu (→) *agency*, sozialen Ungleichheiten und Machtverhältnissen. Migrationsentscheidungen seien weder völlig frei noch stünden sie unter totalem Zwang. Er lehnt eine Gegenüberstellung binärer Kategorien von (Un-)Freiwilligkeit ab und plädiert dafür von unterschiedlichen „Freiheitsgraden" sowie reaktiven und proaktiven Formen zu sprechen.[2]

Ähnlich verhielte es sich mit Gegenüberstellungen von Migration als reine Kosten-Nutzen-Abwägung versus Migration als spontane Krisenreaktion. Die meisten Migrationen seien *zwischen* den jeweiligen Extrempolen zu verorten. Jeweilige Migrationsdynamiken gilt es als differenziert zu betrachten, es kann von einem komplexen Zusammenspiel „wirtschaftlicher, sozialer und politischer Faktoren" ausgegangen werden (Richmond 1988: 12). Ein zentraler Kritikpunkt ist, dass Flucht – wie allgemein soziales Handeln – als Folge einer „komplexen Verschränkung von strukturellen Zwängen mit individuellen und kollektiven Entscheidungs- und Handlungsmöglichkeiten" (Scherr/Scherschel 2019: 39) betrachtet werden kann. Da Migrationsbewegungen Zwänge als auch Wahlmöglichkeiten beinhalten, verliert die Unterscheidung freiwillig vs. unfreiwillig an Tragfähigkeit (Scherr/Scherschel 2019: 40). Die Konnotation unfreiwillig oder Zwangsmigration kann dazu führen, die individuelle *agency* der Betroffenen nicht ausreichend in Betracht zu ziehen (Gibney 2013: 116).

Nichtsdestotrotz sind Migrationssituationen mit unterschiedlich starken Zwängen und Handlungsmöglichkeiten verbunden, beispielsweise im Falle gewaltvoller Vertreibung (Scherr/Scherschel 2019: 41). Mobilität beinhaltet ein Kontinuum an Zwängen (FitzGerald/Arar 2018: 393). Die Bedeutung von *agency* ernst zu nehmen, sollte nicht dazu führen, den Blick für restriktive Entscheidungseinschränkungen und ungleiche Machtverhältnisse zu verlieren. *Zwangsmigration* kann den Forschungsgegenstand auch erweitern, indem der Begriff für weitere Gruppen und Lebensbedingungen geöffnet wird, immer dann wenn „grundlegende Menschenrechte […] nicht gewährleistet sind." (Scherr/Scherschel 2019: 42). Dadurch kommen auch Vertreibungen und (Zwangs-)Umsiedlungen als Folge von z. B. Entwicklungsprojekten oder Umweltveränderungen in den analytischen Fokus (FitzGerald/Arar 2018). Die (Wieder-)Herstellung von und der Zugang zu Grundrechten kann demnach als zentral für die

---

1 Der Verwendung des Begriffs ‚*Flüchtlingsforschung*' wird beispielsweise vorgeworfen eine zu enge Beobachtungskategorie zu verwenden, der Begriff sei nicht nur negativ konnotiert, sondern auch eine politische und keine wissenschaftliche Kategorie. Der Verwendung des Begriffes Zwang(smigration) wird wiederum entgegengehalten, dass er nicht eindeutig sei und zudem sei die Unterscheidung zwischen *freiwilliger* und *unfreiwillig*er Bewegung nicht tragfähig (Berlinghoff et al. 2019: 4). Im englischsprachigen Forschungsraum hält die Diskussion über das Selbstverständnis *refugee studies* oder *forced migration studies* seit den 1990er Jahren an (Berlinghoff et al. 2019: 4).
2 Auch wenn Richmond mit seiner Argumentation binäre Konzepte von Zwang und Freiwilligkeit versucht aufzubrechen, orientiert er seine Flüchtlingsdefinition ebenfalls an der verbreiteten Dichotomie Flüchtlinge von anderen *Migrant*innentypen* zu unterscheiden, weshalb auch seine Ausführungen von „reaktiven" (Flüchtlingen) gegenüber „proaktiven" (Migrant*innen) die Gefahr bergen, Flüchtlingen weniger Handlungsfähigkeit zuzuschreiben.

Unterscheidung von Migrant*innen und Flüchtlingen (Kleist 2015: 135) und von Migrationsforschung und Flüchtlings- bzw. Fluchtforschung gesehen werden. *Unfreiwillig* kann zudem als Appell gelesen werden, gesellschaftlich Verantwortung für Schutz und Aufnahme zu tragen (Scherr/Scherschel 2019: 38–39).

3. Der Beitrag soziologischer Forschung zu Fluchtforschung

Es existiert kein genuin soziologisches Feld der Fluchtforschung. Die Fokussierung auf ein Forschungsthema markiert bereits, dass der Komplexität von Flucht nicht mit einem einzigen disziplinären Zugriff Rechnung getragen werden kann. Dennoch können sowohl Beiträge, die soziologische Forschungen zur Erklärung des Gegenstandes liefern (3.1), als auch Themenfelder soziologischer Forschung, die sich mit Fluchtphänomenen befassen, benannt werden (3.2).

3.1 Der Beitrag soziologischer Perspektiven zur Erklärung von Fluchtphänomenen

Der Beitrag der Soziologie für ein Verständnis von Fluchtprozessen ist ein vierfacher: (1) *Klassische soziologische Theoreme und methodologische Reflexionen* liefern Analysefolien, um Fluchtprozesse zu analysieren. (2) *Spezielle Soziologien* können dazu genutzt werden, um die gesellschaftspolitischen Rahmenbedingungen zur Analyse von Fluchtprozessen zu verstehen. (3) *Soziologische Beiträge zu Flucht* liefern zuweilen explizitere gegenstandsbezogene Erklärungsansätze zum Phänomen. (4) *Soziologische Forschungsmethoden* geben Fluchtforscher*innen Instrumente an die Hand, um Fluchtphänomene empirisch zu erfassen.

3.1.1 Klassische soziologische Theoreme und methodologische Reflexionen

Die Analysen von Erving Goffman zu *Totalen Institutionen* sind grundlegend, um die Unterbringungssituationen von Geflüchteten in Lagern zu analysieren und die Mechanismen des totalitären Zugriffs auf Individuen und des Verlustes der sozialen Identität zu verstehen (z. B. Inhetveen 2010, Pieper 2013). Die Unterscheidung in verschiedene Kapitalsorten von Pierre Bourdieu wird in der Migrationsforschung genutzt, um den Zusammenhang von Mobilität, sozialen Netzwerken und den ökonomischen, sozialen, politischen und symbolischen Ressourcen (und ihrer Konvertierbarkeit) von Individuen, besser zu erfassen – ein Aspekt, der auch bei Fluchtprozessen von immenser Bedeutung ist. Häufige Referenz sind zudem die Analysen von Robert Putnam, wenn es um die Frage sozialer Netzwerke in der (Flucht-)Migration geht. Norbert Elias und John L. Scotsons Studie „Etablierte und Außenseiter", die soziale Figurationen in einer englischen Industriestadt untersucht, bietet wertvolle soziologische Hinweise, um Machtdynamiken im Kontext von Mehr- und Minderheitenbegegnungen, die auch in der Fluchtmigration eine erhebliche Rolle spielen, zu analysieren. Auch die jeweiligen Überlegungen zum Fremden der (migrations-)soziologischen Klassiker von Georg Simmel, Alfred Schütz sowie Robert Ezra Park liefern Einsichten in für Fluchtdynamiken konstitutive Prozesse des Fremdseins und ihrer Relationalität. Anthony Giddens Überlegungen zur Strukturationstheorie lieferten Anregungen für Anthony H. Richmonds Reflexionskategorien zur Infragestellung der Unterscheidung in freiwillige und unfreiwillige Migration. Methodologische Reflexionen, wie sie in den Analysen zum methodologischen Nationalismus von Andreas Wimmer und Nina Glick Schiller vorgenommen wurden, haben es wiederum ermöglicht, den Blick für transnationale Fluchtdynamiken zu öffnen und ein Containerdenken zu überwinden. Sozialkonstruktivistische Perspektiven in der Tradition von Peter L. Berger und Thomas Luckmann eignen sich im Besonderen, um *labeling*-Prozesse oder das *doing* in den Blick zu nehmen. Rogers Brubakers Ausführungen zu „Ethnizität ohne Gruppen" und zu sozialen Schließungsprozessen, die bereits in Max Webers grundlegenden Ausführungen zu ethnischen Gemeinschaftsbeziehungen zu finden sind, sind wiederum unverzichtbar, um soziale Konstruktionsprozesse in der Migration zu verstehen.

3.1.2 Spezielle soziologische Forschungsgebiete

Erklärungsansätze zu nationalen als auch internationalen Dynamiken, die einer Migrationssoziologie zugeschrieben werden, können auch genutzt werden, um Fluchtprozesse zu analysieren. David S. Fitz-Gerald und Rawan Arar (2018) schlagen beispielsweise eine Bezugnahme von Ansätzen der Soziologie internationaler Migrationen und der der *refugee studies* vor. Ziel sind synergetische Effekte, indem Fragen von Mobilität mit Fragen des Zwanges sowie des Schutzes verbunden werden. Ebenso können spezielle Soziologien und soziologische Forschungsfelder, die nicht explizit oder ausschließlich das Thema Flucht behandeln, herangezogen werden, um die verschiedenen Facetten von Fluchtprozessen näher zu erschließen. Studien zu kommunalen Handlungsspielräumen bei der Integration von Geflüchteten rekurrieren u. a. auf Analysen zu Kommunen, wie Michael Bommes (2018) sie vorgelegt hat. Zur Analyse der (europäischen) Asylverwaltung können Perspektiven aus der Politischen Soziologie, der Organisations- und der Europasoziologie herangezogen werden (z. B. Lahusen/Schneider 2017; Schittenhelm 2019). Rechtssoziologische Analysen befassen sich wiederum mit dem komplexen System der Aufenthaltsrechte und Fragen nach den Veränderungen von Staatsbürgerschaft (Morris 2002). Zur Analyse der globalen Triebkräfte liefern systemtheoretische Ansätze wie der zur Bedeutung von *Global Cities* und ökonomischen Zusammenhängen in der Migration von Saskia Sassen (1991) sowie von Douglas S. Massey et al. (1993) Inspirationen. Weiterhin können wiederum soziologische Gegenwartsdiagnosen und Studien zu transnationalen Migrationen herangezogen werden (Lessenich 2016, Faist 2021, Mau 2021), um die Dynamiken der Flucht gesellschaftstheoretisch zu fassen.

3.1.3 Soziologische Beiträge zu Flucht

Anders verhält es sich wiederum mit Perspektiven, die es sich zum erklärten Ziel setzen, Flucht im Sinne einer speziellen Soziologie zum Gegenstand der Soziologie zu machen. Dazu zählen u. a. die Beiträge von Stephen Castles (2003) zu einer *Sociology of forced migration* oder die Überlegungen zu Grundlagen einer *Soziologie der Zwangsmigration* von Albert Scherr und Karin Scherschel (2019). Auch die soziologischen Analysen von Zygmunt Bauman (2005) zu *Wasted lives* stellen die Situation von Flüchtenden in das Zentrum ihrer Überlegungen, wenn auch nicht ausschließlich.

3.1.4 Soziologische Forschungsmethoden

Verfahren der qualitativen und quantitativen Sozialforschung sind stark soziologisch geprägt. Sie ermöglichen es, Fluchtprozesse empirisch zu erforschen. Einschlägige Sammelbände zeigen, dass die Methoden der empirischen Sozialforschung sowohl die quantitativen als auch die qualitativen Dimensionen der Flucht ermitteln helfen. Blickt man auf Lebenslagen von Fluchtmigrant*innen in der Aufnahmegesellschaft, dann liegt für das Feld der Arbeitsmarktforschung eine Reihe an Datensätzen des SOEP/BAMF-FZ/IAB vor, die die Arbeitsmarktintegration, die Erwartungen und die Ankunftssituationen von Geflüchteten systematisch im Zeitverlauf erhoben haben. Diese Methoden lassen sich sowohl nutzen, um die progressive Arbeitsmarktintegration von Geflüchteten im Zeitverlauf als auch Einsichten in Fluchtbiographien zu gewinnen (exempl.: Behrensen/Westphal 2019; Maehler/Brinkmann 2016).

3.2 Forschungsthemen soziologischer Fluchtforschung: Annäherung an eine Systematisierung

Instruktive Vorschläge zur Systematisierung des soziologischen Feldes nach Forschungsthemen legen sowohl Stephen Castles (2003), Finn Stepputat und Nina Nyberg Sørensen (2014) als auch David FitzGerald und Rawan Arar (2018) vor. Greift man diese auf und erweitert sie mit bedeutsamen Aspekten, lässt sich eine thematische Synopse generieren.

So können vier Bereiche identifiziert werden, denen sich eine soziologische Fluchtforschung insbesondere widmet: 1. Soziale Ungleichheit entlang Dimensionen wie Gender, Klasse und Ethnizität, etwa intersektionale Grenzziehungen bzw. Ausgrenzungen und Diskriminierungen von Geflüchteten einschließlich spezifischer Fluchterfahrungen; 2. Kategorisierungen und Labels von Asyl und (Menschen)Rechten, etwa Zu-/Einordnungen und Status(zuschreibungen) durch Asylregime und Governance von Flüchtlingen inklusive Institutionen, Politiken und Rechte der Regulierung und (Il-)Legitimierung von Flucht; 3. Ursachen und Dynamiken von Fluchtbewegungen, etwa (sich überlagernde) Fluchtursachen (→ Fluchtursachenvermeidung) und Treiber von Flucht sowie deren Kontextbedingungen wie Netzwerke, Infrastrukturen, Humanitarismus, Ökonomie, Umwelt und Klima sowie Grenzregime; 4. Dynamiken des Ankommens/Bleibens, der Identität und Zugehörigkeit, etwa Staatsbürgerschaft, (Des-)Integration und (sektorale) Teilhabe, (→) Mediendiskurse und Meinungen/Einstellungen über Flüchtlinge, zivilgesellschaftliches Engagement (→ Zivilgesellschaft) sowie Transnationalität und Diasporas von Geflüchteten.

Es handelt sich bei den genannten Themen nicht um genuin soziologische. Allerdings gelten diese in den soziologischen Debatten um Flucht als zentral. Es sei darauf hingewiesen, dass keine eindeutige Abgrenzung der Themenbereiche möglich ist und dass einige Themen auch in anderen Überpunkten eingeordnet werden könnten. Die Grenzen zwischen den Themenbereichen sind fließend und Überlappungen möglich.

4. Fazit

Von einer etablierten deutschen oder deutschsprachigen soziologischen Flucht- oder Zwangsmigrationsforschung kann nicht gesprochen werden, auch wenn der Korpus an soziologischen Studien, die sich mit dem Thema befassen, wächst. Dies lässt sich auch zum gegenwärtigen Zeitpunkt für die internationale Forschung festhalten (FitzGerald/Arar 2018). Sowohl bei der Analyse innerstaatlicher als auch inter- und transnationaler Migrationen ist der Blick (weiterhin) weitgehend auf Arbeitsmigration und Arbeitsmigrant*innen gerichtet (Schwenken 2018).

Die aufgeführten soziologischen Theorien, Methoden oder Themen- und Forschungsfelder sind keineswegs immer alle explizit oder ausschließlich an Fluchtprozessen orientiert, sie können aber dazu genutzt werden, um diese besser zu verstehen und sich dem Gegenstand anzunähern. Die Soziologie wird herangezogen, um z. B. mikro-, meso- und makrosoziologische Ebenen zur Systematisierung von Fluchtprozessen auszumachen oder aber ihre Ursachen, Verläufe und Ankünfte in den Aufnahmegesellschaften zu erfassen. Diese Reihe an soziologischen Beiträgen ließe sich beliebig fortsetzen. Sie zeigt einerseits, dass soziologisches Denken ein enormes Potenzial hat, um sich mit Fluchtdynamiken und ihren sozialen Konsequenzen zu befassen, sie zeigt zugleich, dass die Soziologie weit davon entfernt ist, Flucht als einen eigenständigen Gegenstand in ihrem breiten Fundus an Perspektiven zu konstituieren. Sie zeigt zudem, dass die Soziologie und ihre Analyseinstrumente in einem spezifischen historischen Kontext situiert sind, nämlich dem in einer US-amerikanischen oder westeuropäischen Gesellschaft gewachsenen Wissenschaftsverständnis, das seine eurozentristischen und androzentrischen Prägungen erst allmählich einer kritischen Reflexion unterzieht.

Literaturverzeichnis

Bauman, Zygmunt (2005): Verworfenes Leben. Die Ausgegrenzten der Moderne. Hamburg: Hamburger Edition.
Behrensen, Birgit/Westphal, Manuela (Hrsg.) (2019): Fluchtmigrationsforschung im Aufbruch. Methodologische und methodische Reflexionen. Wiesbaden: Springer VS. https://doi.org/10.1007/978-3-658-26775-9, 27.10.2021.
Berlinghoff, Marcel, Kleist, J. Olaf/Krause, Ulrike/ Oltmer, Jochen (2019): Editorial zur Umbenennung in Z'Flucht: Zeitschrift für Flucht- und Flüchtlingsforschung. In: Z'Flucht: Zeitschrift für Flucht- und Flüchtlingsforschung 3 (1), 3–7.
Bommes, Michael (2018): Die Rolle der Kommunen in der bundesdeutschen Migrations- und Integrationspolitik. In: Gesemann, Frank/Roth, Roland (Hrsg.): Handbuch lokale Integrationspolitik. Wiesbaden: Springer VS, 99–123. https://doi.org/10.1007/978-3-658-13409-9, 27.10.2021.
Brubaker, Rogers/Cooper, Frederick (2000): Beyond "identity". In: Theory and Society 29, (1), 1–47.
Castles, Stephen (2003): Towards a Sociology of Forced Migration and Social Transformation. In: Sociology 37 (1), 13–34.
Dahlvik, Julia (2018): Inside Asylum Bureaucracy: Organizing Refugee Status Determination in Austria. In: IMISCOE Research Series. https://doi.org/10.1007/978-3-319-63306-0.
Faist, Thomas (2020): Soziologie der Migration. Eine systematische Einführung. In: Sozialwissenschaftliche Einführungen 2. Berlin: De Gruyter Oldenbourg. https://doi.org/10.1515/9783110680638.
Faist, Thomas (2021): Die transnationalisierte soziale Frage: Migration und soziale Ungleichheiten. Zeitschrift für Migrationsforschung 1 (1), 9–33. https://doi.org/10.48439/zmf.v1i1.95.
FitzGerald, David S./Arar, Rawan (2018): The Sociology of Refugee Migration. In: Annual Review of Sociology 44 (1), 387–406.
Gibney, Matthew J. (2013): Is Deportation a Form of Forced Migration? In: Refugee Survey Quarterly 32 (2), 116–129.

Inhetveen, Katharina (2010): Die politische Ordnung des Flüchtlingslagers. Akteure – Macht – Organisation. Eine Ethnographie im südlichen Afrika. Bielefeld: transcript.

Jászi, Oszkár (1939): Political refugees. In: The ANNALS of the American Academy of Political and Social Science 203 (1), 83–93.

Kleist, Olaf J. (2015): Über Flucht forschen. Herausforderungen der Flüchtlingsforschung. In: Peripherie 35 (2), 150–169.

Lahusen, Christian/Stephanie (Hrsg.) (2017): Asyl verwalten. Zur bürokratischen Bearbeitung eines gesellschaftlichen Problems. Bielefeld: transcript.

Lessenich, Stephan (2016): Neben uns die Sintflut. Die Externalisierungsgesellschaft und ihr Preis. Berlin: Hanser Berlin.

Maehler, Débora B./Brinkmann, Heinz U. (Hrsg.) (2016): Methoden der Migrationsforschung. Wiesbaden: Springer VS. https://doi.org/10.1007/978-3-658-10394-1_3.

Massey, Douglas S./Arango, Joaquin/Hugo, Graeme/Kouaouci, Ali/Pellegrino, Adela/Taylor, J. Edward (1993): Theories of international migration: A review and appraisal. In: Population and Development Review 19 (3), 431–466.

Mau, Steffen (2021): Sortiermaschinen. Die Neuerfindung der Grenzen im 21. Jahrhundert. C.H. Beck.

Petersen, William (1958): A general typology of migration. In: American Sociological Review 23 (3), 256–66.

Pieper, Tobias (2013): Die Gegenwart der Lager. Zur Mikrophysik der Herrschaft in der deutschen Flüchtlingspolitik. Münster: Westfälisches Dampfboot.

Poutrus, Patrice G. (2019): Umkämpftes Asyl. Vom Nachkriegsdeutschland bis in die Gegenwart. Berlin: CH. Links Verlag.

Richmond, Anthony H. (1988): Sociological Theories of International Migration: The Case of Refugees. In: Current Sociology 36 (2), 7–25.

Sassen, Saskia (1991): The global city. New York: Princeton University Press.

Scherr, Albert (2021): Probleme und Perspektiven der Flucht- und Flüchtlingsforschung. In: Zeitschrift für Migrationsforschung 1 (2), 97–120. https://doi.org/10.48439/zmf.vli2.111, 27.10.2021.

Scherr, Albert/Scherschel, Karin (2019): Wer ist ein Flüchtling? Grundlagen einer Soziologie der Zwangsmigration. Göttingen: V&R Verlag.

Scherschel, Karin (2020): Ethnizität und Rassismus. In: Rosa, Hartmut/Oberthür, Jörg/Bohmann, Ulf/Gregor, Joris A./Lorenz, Stephan/Scherschel, Karin/Schulz, Peter/Schwab, Janos/Sevignani, Sebastian (Hrsg.): Gesellschaftstheorie. München: UVK-Verlag, 125–152.

Schittenhelm, Karin (2019): Implementing and Rethinking the European Union's Asylum Legislation: The Asylum Procedures Directive. In: International Migration 57 (1), 229–244. https://doi.org/10.1111/imig.12533.

Schwenken, Helen (2018): Globale Migration zur Einführung. Hamburg: Junius.

Skran, Claudena/Daughtry, Carla N. (2007): The Study of Refugees before „Refugee Studies". In: Refugee Survey Quarterly 26 (3), 15–35.

Stepputat, Finn/Nyberg Sørensen, Ninna (2014): Sociology and Forced Migration. In: Fiddian-Qasmiyeh, Elena/Loescher, Gil/Long, Katy/Sigona, Nando (Hrsg.): The Oxford Handbook of Refugee & Forced Migration Studies. Oxford: Oxford University Press, 86–98.

Treibel, Annette (1999): Migration in modernen Gesellschaften. Weinheim und München: Juventa.

Wimmer, Andreas/Glick Schiller, Nina (2003): Methodological Nationalism, the Social Sciences, and the Study of Migration: An Essay in Historical Epistemology. In: The International Migration Review 37 (3), 576–610.

I.1.6

Ethnologie

Annika Lems und Tabea Scharrer

Abstract Dieses Kapitel zeigt zunächst, welche Rolle die Ethnologie in der Entwicklung der Flucht- und Flüchtlingsforschung spielte. Stellte sie in der Anfangsphase einen Grundpfeiler bei der Etablierung des Forschungsfeldes dar, sind inzwischen andere Disziplinen stärker geworden. Auch im deutschsprachigen Raum, auf den wir im zweiten Schritt gesondert eingehen werden, spielt die Ethnologie bisher keine zentrale Rolle in der Fluchtforschung. Im dritten Teil des Kapitels werden wichtige Themenbereiche der ethnologischen Fluchtforschung vorgestellt. Im vierten und letzten Teil widmen wir uns zwei Debatten, die in der Sozial- und Kulturanthropologie immer wieder aufkommen – der Sinnhaftigkeit der Abgrenzung der Fluchtforschung von anderen Forschungsfeldern und der Rolle angewandter Ethnologie.

Schlüsselbegriffe: Sozial- und Kulturanthropologie, Ethnologie, teilnehmende Beobachtung, lebensweltliche Ansätze

1. Einstieg

Flucht hat das soziokulturelle Zusammenleben des 20. Jahrhunderts so stark geprägt, dass Hannah Arendt (1971: vii) von einem Zeitalter spricht, das durch Heimatlosigkeit und Entwurzelung charakterisiert ist. Ethnolog*innen waren unter den ersten, die sich durch wegbereitende Studien mit den Lebenswelten von Menschen, die Vertreibung oder Zwangsaussiedlung erlebt hatten, beschäftigten (Colson 1971; Sayigh 1979; Loizos 1981; Harrell-Bond 1986).

Die Ethnologie – bzw. Sozial- oder Kulturanthropologie – beschäftigt sich mit dem sozialen und kulturellen Zusammenleben von Menschen. Durch die Teilnahme am Alltagsleben (teilnehmende Beobachtung) produzieren Ethnolog*innen detaillierte Beschreibungen von sozialen, politischen und ökonomischen Strukturen und Beziehungen, Lebensweisen und lebensweltlichen Vorstellungen (Ethnografien). Während sich die Ethnologie in den Anfangsjahren fast ausschließlich mit außer-europäischen Kontexten beschäftigte, hat sich der Fokus auf das ‚Exotische' und ‚Fremde' insbesondere nach einer postkolonialen Wende in den 1980er Jahren grundlegend verändert. Die Disziplin interessiert sich heute für menschliches Zusammenleben in all seiner Diversität, Komplexität und globalen Vernetzung, wobei nach wie vor häufig eine vergleichende Perspektive eingenommen wird.

Der wohl wichtigste Beitrag der Ethnologie zur Fluchtforschung ist, dass sie die Perspektive derjenigen, die ihrem gewohnten soziokulturellen Umfeld entrissen werden, in den Mittelpunkt stellt (Colson 2003). Die teilnehmende Beobachtung setzt vertrauensvolle und über einen längeren Zeitraum gepflegte Beziehungen zwischen Forscher*in und Erforschten voraus und behandelt alltägliche soziale Interaktionen als Basis sozialwissenschaftlicher Wissensproduktion. Hinzu kommt der Anspruch, Phänomene aus der Perspektive der Forschungsteilnehmer*innen zu verstehen und im Kontext gesellschaftlicher Strukturen und Machtverhältnisse kritisch zu beleuchten (Chatty 2014). Wie wir in diesem Beitrag aufzeigen werden, haben diese ethnologischen Diskurse einen bleibenden Eindruck auf die Flucht- und Flüchtlingsforschung hinterlassen.

2. Historischer Abriss

Durch die Arbeit mit indigenen Gruppen außerhalb Europas, die von massiven gesellschaftlichen Umwälzungsprozessen betroffen waren, kamen Ethnolog*innen schon früh in direkten Kontakt mit Menschen, deren Alltag von Zwangsumsiedlung, Enteignung oder Vertreibung bestimmt war (z. B. Colson 1971). Lange Zeit hinterfragten Ethnolog*innen die zugrundeliegenden politischen Dynamiken nicht explizit, sondern sahen es eher als ihre Aufgabe, das kulturelle Erbe der betroffenen ethnischen Gruppen zu retten. Dies änderte sich jedoch in den 1980er Jahren, als die Disziplin sich kritisch mit Prozessen der Exotisierung und *othering* (,Fremd-Machung') auseinandersetzte. Im Zuge dieser Krise der Sozialanthropologie wurden postkoloniale Machtverhältnisse und strukturelle Bedingungen globaler Ungleichheiten ins Zentrum der Forschung gerückt. Dies führte dazu, dass Ethnolog*innen anfingen, auch Flucht als bedeutendes eigenständiges Phänomen wahrzunehmen (Harrell-Bond/Voutira 1992; Malkki 1995; Das 1996).

1986 publizierte Barbara Harrell-Bond eine ethnologische Studie, die bahnbrechend für die Etablierung der Fluchtforschung war. Anhand der Erfahrungen von ugandischen Geflüchteten in Flüchtlingslagern im Sudan kritisierte sie humanitäre Hilfsprogramme für die damalige Zeit provokativ: Sie argumentierte, dass humanitäre Projekte oft Teil des Problems werden, das sie zu lösen erhoffen und zu Abhängigkeitsverhältnissen führen, statt Geflüchteten dabei behilflich zu sein, eigenmächtig zu agieren. Die Forschung reflektierte Harrell-Bonds Überzeugung, dass Wissenschaftler*innen nicht nur über Geflüchtete forschen sollten, sondern dass diese Forschung Geflüchtete in ihrem Kampf um Selbstermächtigung unterstützen sollte. Ihr Versuch durch Forschung Einfluss auf politische Entscheidungsprozesse zu nehmen, führte 1982 zur Begründung des *Refugee Studies Programme*, dem Vorläufer des heutigen *Refugee Studies Centre,* an der Universität Oxford – dem Ausgangspunkt und Aushängeschild der internationalen Fluchtforschung. Harrell-Bond entwickelte dafür ein Unterrichtsprogramm, das stark von anthropologischen Ansätzen geprägt war. Zugleich war sie davon überzeugt, dass sich Flucht nur im Zusammenspiel unterschiedlicher disziplinärer Blickwinkel erfassen ließe.

Das verstärkte Interesse an Flucht und Migration formte einen Wendepunkt in der Ethnologie, denn die Erforschung mobiler Gruppen ermöglichte es Ethnolog*innen, sich von klassischen Ethnografien zu entfernen, die Menschen in ,natürliche', ihnen zugehörige geografische oder nationale Territorien eingeschrieben hatten. Liisa Malkkis (1995) Forschung mit burundischen Hutu-Geflüchteten in Tansania spielte dabei eine zentrale Rolle. Indem sie die unterschiedlichen Wege aufzeigte, wie Geflüchtete aktiv mit ihrer Situation umgingen und ein Gefühl der Zugehörigkeit erzeugten, stellte sie die Idee in Frage, dass es eine natürliche Verbindung zwischen Orten, Menschen und deren Identität gäbe. Zudem kritisierte sie die Repräsentation der Figur des Flüchtlings als Anomalität innerhalb einer ,nationalen Ordnung der Dinge' (Malkki 1995) und zeigte auf, dass dies zur Behandlung von Geflüchteten als scheinbar ahistorische und apolitische Opfer geführt hat (Malkki 1996). Statt Geflüchtete als

Problemfälle zu stilisieren, begannen Fluchtforscher*innen sie nun als sozial, kulturell, politisch und historisch handelnde Akteur*innen wahrzunehmen (→ Agency).

3. Flucht in der deutschsprachigen Ethnologie

Im deutschsprachigen Raum entwickelte sich die ethnologische Flucht- und Flüchtlingsforschung etwas später (z. B. Zitelmann 1991). Im Fokus der Forschung standen zunächst kollektive Identifizierungen in Konfliktsituationen, daher gab es kaum Bezüge zu den anglophonen (→) *Refugee and Forced Migration Studies*, sondern eher zu ethnologischer Theorie. Auch in den späteren 1990er Jahren gab es trotz der durch den Jugoslawienkrieg ausgelösten Vertreibungen innerhalb Europas nur wenige ethnologische Forschungen zum Thema Flucht. Etwas stärker ausgeprägt war das Feld der (→) Migrationsforschung, wobei der Fokus zumeist auf Deutschland und auf Auseinandersetzungen mit dem Konzept von Kultur lag (Schiffauer 1983; Çağlar 1990; Yalçın-Heckmann 1995). Bereits in dieser Zeit wurden Themen diskutiert, die später in der Fluchtforschung eine Rolle spielen sollten – (→) Transnationalität, (→) Diaspora, Grenzziehungen, Fremdheit, *belonging* sowie Interkulturalität (z. B. Binder 2004). Ein weiterer Fokus lag auf feministischer Anthropologie, die als Gegengewicht zum bisherigen Fokus auf (→) Männern die Situation von (→) Frauen in der Migration beleuchtete (z. B. Strasser 2001).

Erst seit Mitte der 2000er kann von einer Etablierung des Feldes der Fluchtforschung in der deutschsprachigen Ethnologie gesprochen werden, gleichzeitig kam es zu einer stärkeren Ausdifferenzierung. Dabei ist auffällig, dass es nur wenig Rückbezüge auf schon bestehende Fluchtforschung aus dem deutschsprachigen Raum gab (Tosic et al. 2009). Die Etablierung des Forschungsfeldes kam zum einen durch vermehrte Forschung mit und über Geflüchtete zustande, in Deutschland (Weißköppel 2006; Schlee/Schlee 2012), wie auch außerhalb Europas (Treiber 2005; Lems 2018). Dabei wird auch das Zusammenspiel von Flucht und anderen Formen der Migration untersucht (Scharrer 2019). Zum anderen entwickelte sich in diesem Zeitraum die kritische Grenzregimeforschung, an deren Etablierung, zum Beispiel im Rahmen von kritnet (Netzwerk Kritische Migrations- und Grenzregimeforschung), viele Ethnolog*innen mitwirkten. Mit Fokus auf Europa werden dabei Kontrollpraktiken (Klepp 2012), Taktiken der Migration (Hess/Kasparek 2010) oder die Konstituierung Europas durch und an Grenzen untersucht (u. a. Regina Römhild in Transit Migration Forschungsgruppe 2007). Darüber hinaus wurden mehr Forschungen zu Prozessen der Flucht und Vertreibung durchgeführt, im Rahmen von Konfliktforschung (Rudolf 2013; → Friedens- und Konfliktforschung), *forced return* (Drotbohm 2011; → Rückkehr) oder Erinnerungen an Flucht (Palmberger 2016; → Emotionen). Ab Mitte der 2010er Jahre kam es noch einmal zu einer deutlichen Zunahme von Forschung über Flucht und Geflüchtete, vor allem durch Ethnolog*innen, die zuvor schon zu Migration gearbeitet hatten.

In der Erhebung von Flucht-Forschung-Transfer (https://flucht-forschung-transfer.de) können etwa ein Zehntel (66) der insgesamt 648 zwischen 2011 und 2018 verzeichneten Projekte als im weiteren Sinne ethnologische Projekte eingeordnet werden. Dabei fällt auf, dass fast zwei Drittel dieser Projekte auf Europa und dabei zumeist auf Deutschland fokussierten (darunter auch viele

Projekte der europäischen Ethnologie).[1] Diese geographische Ausrichtung spiegelt sich auch in den Forschungsschwerpunkten wider, die vor allem Aspekte der Aufnahme sowie Migrationsrouten und -prozesse in den Mittelpunkt rückten. Nur wenig vertreten sind dagegen Themen, die am Anfang der deutschsprachigen ethnologischen Forschung eine wichtige Rolle spielten, wie die Diaspora- und Konfliktforschung (vgl. Abb. I.1.6.1).

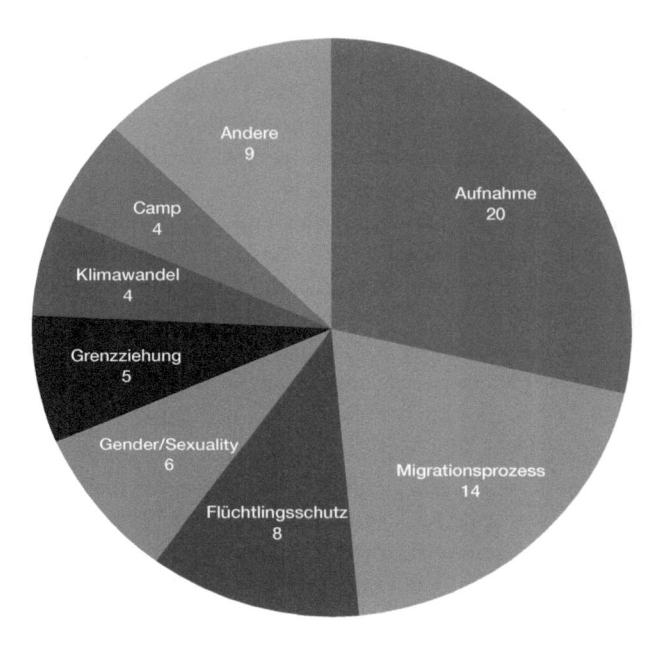

Abbildung I.1.6.1: Thematischer Fokus der ethnologischen Projekte 2011–2018 in der Datenbank von Flucht-Forschung-Transfer, Quelle: https://flucht-forschung-transfer.de

Abschließend lässt sich konstatieren, dass sich das Feld der deutschsprachigen ethnologischen Fluchtforschung erst seit Mitte der 2000er Jahre langsam etablierte und nur wenig institutionalisiert ist. Die Aufteilung in der deutschsprachigen Region in europäische (Kultur-)Anthropologie und außer-europäische (Sozial- und Kultur-)Anthropologie führte nicht nur zu unterschiedlichen Ansätzen in der Fluchtforschung, sondern durch ein größeres öffentliches Interesse an Forschung zu Europa auch zu einer stärkeren Einbindung der europäischen Ethnologie in größere Forschungsverbünde zum Thema Flucht. Seit Mitte der 2010er Jahre kam es zu einer deutlichen Vergrößerung und stärkeren Vernetzung des Forschungsfeldes. Allerdings muss sich erst zeigen, wie nachhaltig diese zunächst von hektischer Betriebsamkeit gekennzeichnete Entwicklung ist.

---

1 Neben den 39 auf Europa fokussierten Projekten sind 16 Projekte mit Schwerpunkt auf Afrika, 7 zu Asien, 5 zum Nahen Osten und 2 zu Südamerika aufgeführt.

4. Themen

4.1 Repräsentation von Geflüchteten

Ein zentrales Thema ist die kritische Auseinandersetzung mit der Repräsentation von Geflüchteten. Ethnologische Fluchtforscher*innen sehen es als wichtige Aufgabe, gegen das dominante Bild von Vertriebenen als leidende Opfer zu schreiben (Harrell-Bond/Voutira 1992). Solche klischeehaften Darstellungen von Flucht führen oft zur Entmündigung und Entmenschlichung von Geflüchteten, während die unterschiedlichen individuellen Erfahrungen in den Hintergrund gedrängt werden (Tošić et al. 2009: 118). Ethnologische Forschungen haben zum einen die Diskrepanz zwischen Selbst- und Fremdwahrnehmung thematisiert, und sich zum anderen damit beschäftigt, inwiefern wir zu neuen Konzeptualisierungen von Flucht gelangen können, wenn die gelebten Erfahrungen konkreter Individuen ins Zentrum der Wissensproduktion gerückt werden.

4.2 Flüchtlingslager

Die Figur des Flüchtlings als „hilflos und sprachlos" wurde insbesondere durch Flüchtlingslager (→ Camp/Lager) geprägt (Malkki 1996: 388). Ausgehend von Malkkis Forschung haben sich mehrere Forschungsstränge etabliert, unter anderem zu Flüchtlingslagern als Ausnahmeräumen (basierend auf Überlegungen des Philosophen Agamben 1998), als Räume der gleichzeitigen Fürsorge und Kontrolle, und als quasi-urbane Räume. Michel Agier (2002) argumentiert, dass trotz der besonderen Form humanitärer Kontrolle, die sozialen Beziehungen der heterogenen Bevölkerung in großen und dicht besiedelten Flüchtlingslagern eine Art City-Camp (oder Stadt-Lager) entstehen lassen, eine im potentiellen verbleibende Form der Urbanität. Bram Jansen (2016) hingegen fasste diese Urbanität nicht als unvollendet auf, sondern als eine besondere Form des ‚humanitären Urbanismus', gekennzeichnet von der Gleichzeitigkeit von Unsicherheit und Fluidität, von Kontrolle und Autonomie.

4.3 Humanitarismus

Ausgehend von der ethnografischen Erforschung internationaler humanitärer Organisationen und Programme (Harrell-Bond 1985) haben sich Ethnolog*innen in den letzten fünfzehn Jahren mit den Ambivalenzen westlicher Hilfsprogramme für Geflüchtete auseinandergesetzt. Didier Fassin (2005) zeigte auf, dass die europäische Asylpolitik auf ambivalenten moralischen Ideen von Schutzwürdigkeit beruht, wodurch Asyl zu einem prekären Konstrukt geworden ist, das zwischen Mitgefühl und Repression hin- und herpendelt. Ausgehend davon gab es zahlreiche ethnologische Forschungsarbeiten, die sich kritisch mit den Auswirkungen humanitärer Ideen wie Unschuld, (→) Vulnerabilität und Schutzbedürftigkeit beschäftigten (z. B. Ticktin 2011; Cabot 2019).

4.4 Grenzen

Ein weiteres zentrales Thema der ethnologischen Forschungen zum Thema Flucht stellen (→) Grenzen und Infrastrukturen der Kontrolle von Mobilität dar. Seit den 1980er Jahren wurden Grenzen dabei sowohl als konkrete Orte des Austauschs und Konflikts als auch als Labor der Entstehung von Politik untersucht. Sie wurden aber auch auf metaphorischer Ebene im Sinne der sozialen Grenzziehung zwischen nationalstaatlichen (oder auch ethnischen) Gruppen thematisiert (Alvarez 1995). Wie oben gezeigt, spielt dieses Thema insbesondere in der deutschsprachigen Ethnologie eine große Rolle (z. B. Hess/Kasparek 2010). Dass Grenzziehung nicht nur an der eigentlichen geographischen Grenze stattfindet, zeigt zum Beispiel ethnologische Forschung zu Asylprozessen, bei denen sich menschenrechtlich und nationalstaatlich gefasste Interessen gegenüberstehen (Gill/Good 2019). In den letzten Jahren kamen Forschungen zu biometrischen Technologien hinzu, die die Entwicklung und Anwendung dieser Technologien wie auch die Interaktion von Geflüchteten mit diesen Technologien einschließen (Grünenberg et al. 2020).

4.5 Transnationalismus

Auch wenn Exil und Entwurzelung wichtige Themen sind, finden viele ethnologische Debatten über Flucht eher unter Theorieansätzen der Transnationalismus- (→ Transnationalität), Diaspora- oder Mobilitätsforschung statt (Sökefeld 2008; Strasser 2012; Pfaff-Czarnecka 2012). Hierbei prägen insbesondere die Arbeiten der Ethnologin Nina Glick Schiller die Konzeptualisierung von Migration und Mobilität als zentrale Phänomene einer von transnationaler Vernetzung geprägten Welt. Statt Migrant*innen als von kultureller Entwurzelung gezeichnet zu stilisieren, nahm sie grenzüberschreitende Zugehörigkeiten ins Blickfeld, welche es ihnen ermöglichen die Herausforderungen der Globalisierung gekonnt zu navigieren (Glick Schiller/Fouron 2001).

5. Debatten

Die ethnologische Fluchtforschung ist von einer Reihe theoretischer Debatten geleitet, die sich mit konzeptuellen, epistemologischen und methodologischen Fragen auseinandersetzen. Im Folgenden gehen wir auf zwei dieser Debatten näher ein.

5.1 De-exceptionalising Displacement

Während die Figur des Flüchtlings rechtlich relativ klar umrissen scheint, verkompliziert sich dieses Bild aus einem ethnologischen Blickwinkel. Die oft reproduzierte Aufteilung zwischen der Flucht- und Migrationsforschung, wonach Migration als eine ökonomische Form des freiwilligen Auswanderns definiert wird und Flucht als eine politische und unfreiwillige, lässt sich für Ethnolog*innen nur schwer aufrechterhalten (→ Mixed Migration). In den Erfahrungen von Geflüchteten verschwimmen die Formen der Migration. Schon in den 1990er Jahren thematisierten Ethnolog*innen diese Diskrepanz und initiierten Debatten über die sozialen und politischen Prozesse, wodurch Menschen als ‚Flüchtling' etikettiert werden (Van Hear 1998). Sie zeigten auf, dass die Menschen, mit denen sich die Fluchtforschung beschäftigt, nur schwer konzeptuell einordnen lassen, da sie zwischen verschiedenen Formen der Mobilität hin- und herwechseln. Zudem beinhaltet fast jede Form der Migration sowohl eine Art des Zwangs wie auch Wahlmöglichkeiten (Van Hear 1998: 42).

Mit der zugespitzten Politisierung von Flucht seit Mitte der 2010er Jahre flammte diese Debatte erneut auf. Dies hat dazu geführt, dass immer mehr Ethnolog*innen sich für eine radikale Neuorientierung der Fluchtforschung aussprechen. Sie argumentieren, dass der Fokus auf der vermeintlichen Außergewöhnlichkeit der Grenzerfahrungen von Geflüchteten zur Konzeptualisierung des Flüchtlings als Krisenfigur geführt hat. Zeitgenössische Debatten in der Ethnologie rufen daher verstärkt zur Ent-Migrantisierung (*de-migranticisation*) von Migrations- und Fluchtforschung auf (Dahinden 2016), mit dem Ziel das Augenmerk weniger auf physische Prozesse der Dislokation und stärker auf einen existenziellen Zustand der Entwurzelung zu legen, der sinnbildlich ist für die prekären Lebensverhältnisse, die der späte Kapitalismus hervorbringt (Cabot/Ramsay 2022).

5.2 Angewandte Ethnologie

Eine zweite große Debatte betrifft die Ausrichtung ethnologischer Forschung auf als gesellschaftlich relevant erachtete Themen. Während Rufe nach größerem ‚Impact' die gesamte Forschungslandschaft und damit auch die Ethnologie beeinflussen, wollen Ethnolog*innen selbst stärker ‚public' oder ‚engaged' (Besteman 2013) auftreten, um ihr Wissen für wichtige Fragen nutzbar zu machen und um der gesellschaftlichen Polarisierung (Klocke-Daffa 2019) und populistischen Herabsetzung von Expertenwissen entgegenzuwirken (Andersson 2018). Gleichzeitig gibt es Warnungen, sich nicht von politikrelevanten Fragestellungen und Konzepten vereinnahmen zu lassen. Diese Spannung erwächst zum einen aus sehr unterschiedlichen methodischen und theoretischen Herangehensweisen zwischen den phänomenologisch und gesamtgesellschaftlich orientierten Ansätzen der Ethnologie und den oft kurzfristig ausgerichteten und enger gefassten Policy-Fragestellungen (Cabot 2019: 263). Zum anderen existieren unterschiedliche Vorstellungen über den möglichen Beitrag der Ethnologie – dies betrifft unter anderem den in der Ethnologie umstrittenen Kulturbegriff (Treiber 2019) oder exotisierende Vorstellungen über die Disziplin (Andersson 2018). Missverständnisse entstehen auch durch die Verwendung ethnographischer Forschungsmethoden ohne Verbindung zu anthropologischer Theorie (Klocke-Daffa 2019). Ein Fokus auf policy-relevante Forschung birgt zudem die Gefahr, dass auch Projektfinanzierung und Stellenausschreibungen immer stärker darauf ausgerichtet werden. Dies könnte als nicht-relevant erachtete Themen und Gruppen aus der Forschung verschwinden lassen, wie zum Beispiel in urbanen Räumen im globalen Süden lebende Geflüchtete (Bakewell 2008). Vorschläge mit diesen Dilemmata aktiv umzugehen, weisen in zwei Richtungen. Einerseits sollten Ethnolog*innen selbst die Konditionen bestimmen, unter denen ihre Forschung für policy-relevante Fragen genutzt wird (Andersson 2018; Klocke-Daffa 2019). Andererseits wird eine Notwendigkeit zu einer aktiven Reflektion über die eigene Forschungsposition und die Veränderung des Feldes durch policy-relevante Fragestellungen eingefordert (Cabot 2019).

Literaturverzeichnis

Agamben, Giorgio (1998): Homo Sacer. Stanford University Press.
Agier, Michel (2002): Between War and City: Towards an Urban Anthropology of Refugee Camps. In: Ethnography 3 (3), 317–341.
Alvarez, Robert R. Jr. (1995): The Mexican-US Border: The Making of an Anthropology of Borderlands. In: Annual Review of Anthropology 24, 447–70.
Andersson, Ruben (2018): The Price of Impact. Reflections on Academic Outreach Amid the 'Refugee Crisis'. In: Social Anthropology 26 (2), 222–37.
Arendt, Hannah (1971 [1951]): The Origins of Totalitarianism. New York: Meridian Books.
Bakewell, Oliver (2008): Research Beyond the Categories: The Importance of Policy Irrelevant Research Into Forced Migration. In: Journal of Refugee Studies 21 (4), 432–53.
Besteman, Catherine (2013): Three reflections on public anthropology. In: Anthropology Today 29 (6), 3–6.
Binder, Susanne (2004): Interkulturelles Lernen aus ethnologischer Perspektive. Konzepte, Ansichten und Praxisbeispiele aus Österreich und den Niederlanden. Münster, Wien: LIT Verlag.
Cabot, Heath (2019): The Business of Anthropology and the European Refugee Regime. In: American Ethnologist 46 (3), 261–75.
Cabot, Heath/Ramsay, Georgina (2022): Deexceptionalizing Displacement: An Introduction. In: Humanity 12(3), 286–299.
Çağlar, Ayşe (1990): Das Kultur-Konzept als Zwangsjacke in Studien zur Arbeitsmigration. In: Zeitschrift für Türkeistudien 3 (1), 93–105.
Chatty, Dawn (2014): Anthropology and forced migration. In: Fiddian-Qasmiyeh, Elena/Loescher, Gil/Long, Katy/Sigona, Nando (Hrsg.): The Oxford Handbook of Refugee and Forced Migration Studies. Oxford: Oxford University Press, 74–85.
Colson, Elizabeth (1971): The Social Consequences of Resettlement: The Impact of the Kariba Resettlement upon the Gwembe Tonga. Manchester: University of Manchester Press.
Colson, Elizabeth (2003): Forced Migration and the Anthropological Response. In: Journal of Refugee Studies 16 (1), 1–18.
Dahinden, Janine (2016): A Plea for the 'De-Migranticization' of Research on Migration and Integration. In: Ethnic and Racial Studies 39 (13), 2207–2225.
Das, Veena (1996): Dislocation and Rehabilitation: Defining a Field. In: Economic and Political Weekly 31 (24), 1509–1514.
Drotbohm, Heike (2011): On the durability and the decomposition of citizenship: The social logics of forced return migration in Cape Verde. In: Citizenship Studies 15 (3–4), 381–396.
Fassin, Didier (2005): Compassion and Repression: The Moral Economy of Immigration Policies in France. In: Cultural Anthropology 20 (3), 362–387.
Gill, Nick/Good, Anthony (Hrsg.) (2019): Asylum Determination in Europe: Ethnographic Perspectives. Cham: Palgrave Macmillan.
Glick Schiller, Nina/Fouron, Georges Eugene (2001): Georges woke up laughing: Long-distance nationalism and the search for home. Durham: Duke University Press.
Grünenberg, Kristina/Møhl, Perle/Olwig, Karen Fog/Simonsen, Anja (2022): Issue Introduction: Identities and Identity. Biometric Technologies, Borders and Migration. In: Ethnos 87 (2), 211–222.
Harrell-Bond, Barbara (1985): Humanitarianism in a Straitjacket. In: African Affairs 84 (334), 3–13.
Harrell-Bond, Barbara (1986): Imposing Aid: Emergency Assistance to Refugees. Oxford: Oxford University Press.
Harrell-Bond, Barbara/Voutira, Efthia (1992): Anthropology and the Study of Refugees. In: Anthropology Today 8 (4), 6–10.
Hess, Sabine/Kasparek, Bernd, (Hrsg.) (2010): Grenzregime. Diskurse, Praktiken, Institutionen in Europa. Berlin: Assoziation A.

Jansen, Bram J. (2016): The protracted refugee camp and the consolidation of a 'humanitarian urbanism'. In: International Journal of Urban and Regional Research. https://www.ijurr.org/spotlight-on/the-urban-refugee-crisis-reflections-on-cities-citizenship-and-the-displaced/the-protracted-refugee-camp-and-the-consolidation-of-a-humanitarian-urbanism/, 13.01.2023.

Klepp, Silja (2012): Flüchtlingsschutz auf dem Mittelmeer. Eine Ethnographie der Seegrenze zwischen Afrika und Europa. In: Zeitschrift für Ethnologie 137 (2), 207–232.

Klocke-Daffa, Sabine (2019): Angewandte Ethnologie – Zwischen anwendungsorientierter Wissenschaft und wissenschaftsorientierter Praxis. In: Klocke-Daffa, Sabine (Hrsg.): Angewandte Ethnologie: Perspektiven einer anwendungsorientierten Wissenschaft. Springer-Verlag, 3–76.

Lems, Annika (2018): Being-Here: Placemaking in a World of Movement. New York, London: Berghahn.

Loizos, Peter (1981): The Heart Grown Bitter: A Chronicle of Cypriot War Refugees. Cambridge: Cambridge University Press.

Malkki, Liisa H. (1995): Purity and Exile: Violence, Memory, and National Cosmology among Hutu Refugees in Tanzania. Chicago: University of Chicago Press.

Malkki, Liisa H. (1996): Speechless Emissaries: Refugees, Humanitarianism, and Dehistoricization. In: Cultural Anthropology 11 (3), 377–404.

Palmberger, Monika (2016): How Generations Remember: Conflicting Histories and Shared Memories in Post-War Bosnia and Herzegovina, London: Palgrave Macmillan.

Pfaff-Czarnecka, Joanna (2012): Zugehörigkeit in der mobilen Welt: Politik der Verortung. Göttingen: Wallstein.

Rudolf, Markus (2013): Integrating conflict – Assessing a thirty years war. Conflict and conflict management in the Lower Casamance, Senegal (Doctoral dissertation). Halle: Max Planck Institute for Social Anthropology.

Sayigh, Rosemary (1979): Palestinians: From Peasants to Revolutionaries. London: Zed.

Scharrer, Tabea (2019): Reinventing Retail – 'Somali' Shopping Centres in Kenya. In: Carrier, Neil/Scharrer, Tabea (Hrsg.): Mobile Urbanity. Somali Presence in Urban East Africa. New York, Oxford: Berghahn, 157–178.

Schiffauer, Werner (1983): Die Gewalt der Ehre. Suhrkamp Verlag.

Schlee, Günther/Schlee, Isir (2012): Ghanaische und Somali-Migranten in Europa – ein Vergleich zweier Diasporen. In: Zeitschrift für Ethnologie 137 (1), 1–22.

Sökefeld, Martin (2008): Struggling for Recognition: The Alevi Movement in Germany and in Transnational Space. London: Berghahn.

Strasser, Sabine (2001): Krise oder Kritik? Zur Ambivalenz von weiblicher Besessenheit als translokale Strategie. In: Davis-Sulikowski, Ulrike/Diemberger, Hildegard/Gingrich, Andre/Helbling, Jürg (Hrsg.): Körper, Religion, Macht. Frankfurt/Main, New York: Campus, 199–219.

Strasser, Sabine (2012): Bewegte Zugehörigkeiten: Nationale Spannungen, transnationale Praktiken und transversale Politik. Wien: Turia & Kant.

Ticktin, Miriam (2011): Casualties of Care: Immigration and the Politics of Humanitarianism in France. Berkeley: University of California Press.

Tošic, Jelena/Kroner, Gudrun/Binder, Susanne (2009): Anthropologische Flüchtlingsforschung. In: Six-Hohenbalken, Maria/Tošić, Jelena (Hrsg.): Anthropologie der Migration: Theoretische Grundlagen und interdisziplinäre Aspekte. Wien: Facultas, 110–125.

Transit Migration Forschungsgruppe (2007): Turbulente Ränder. Neue Perspektiven auf Migration an den Grenzen Europas. Bielefeld: transcript.

Treiber, Magnus (2005): Der Traum vom guten Leben. Die eritreische warsay-Generation im Asmara der zweiten Nachkriegszeit. Münster: LIT.

Treiber, Magnus (2019): Ethnologie und Flüchtlingsarbeit – soft skills, hard facts und das Ding mit der Kultur. In: Klocke-Daffa, Sabine (Hrsg.): Angewandte Ethnologie: Perspektiven einer anwendungsorientierten Wissenschaft. Wiesbaden: Springer VS, 365–377.

Van Hear, Nicholas (1998): New Diasporas: The Mass Exodus, Dispersal and Regrouping of Migrant Communities. Seattle: University of Washington Press.

Weißköppel, Cordula (2006): Gemischte Gefühle – Prekäre Dynamiken in der Forschung mit politischen Flüchtlingen. In: Ethnoscripts, Institut für Ethnologie, Universität Hamburg. Themenheft: Soziale Beziehungen im Feld.

Yalçin-Heckmann, Lale (1995): The predicament of mixing 'culture' and 'religion'. Turkish and Muslim commitments in post-migration Germany. In: Baumann, Gerd/Sunier, Thijl (Hrsg.): Post-migration ethnicity. De-essentializing cohesion, commitments, and comparison. Amsterdam: Het Spinhuis, 78–98.

Zitelmann, Thomas (1991): Refugee Aid, Moral Communities and Resource Sharing: A Prelude to Civil War in Somalia. In: Sociologus 41 (2), 118–138.

I.1.7
Politikwissenschaft

Ivan Josipovic und Sieglinde Rosenberger

Abstract Das vorliegende Kapitel gibt einen Überblick über die politikwissenschaftliche Forschung zu Flucht und Asyl. Fragestellungen, Debatten, Perspektiven und Ansätze werden auf der Grundlage zentraler Publikationen, einschlägiger Handbücher und Forschungsprojekte nachgezeichnet. Vier prominente Themenbereiche der politikwissenschaftlichen Fluchtforschung werden genauer erläutert: Inner- und zwischenstaatliche Aushandlungsprozesse zur Verantwortung über Geflüchtete, Abhängigkeits-, Kontroll- und Schutzverhältnisse zwischen Staaten und Geflüchteten sowie innerstaatliche Regelungen und Konflikte im Zuge der Durchsetzung von Asylpolitik. Ehe wir uns aber diesen politikwissenschaftlichen Debatten widmen, skizzieren wir im nächsten Kapitel die institutionelle und organisatorische Verankerung der politikwissenschaftlichen Flucht- und Flüchtlingsforschung. Dazu evaluieren wir auf der Basis von Konferenzbeiträgen der drei politikwissenschaftlichen Organisationen der DACH-Region (Deutschland, Österreich, Schweiz) den thematischen Stellenwert von Flucht und Asyl innerhalb der Disziplin.

Schlüsselbegriffe: Asylpolitik, Flucht, Solidarität und *burden-sharing*, GEAS, liberales Paradoxon

1. Einleitung

Vertreibung, Flucht, Asyl und Menschenrechte als Angelegenheiten von und zwischen Staaten sind seit Hannah Arendt wesentliche Themen der politischen Theorie und Philosophie. Eine dezidiert politikwissenschaftlich ausgerichtete empirische Forschung zu Flucht und Asyl nimmt jedoch erst mit politischen Entwicklungen ab den 1990er Jahren, wie dem Fall des Eisernen Vorhangs und den Jugoslawien Kriegen, Konturen an; sie gewinnt im Zuge der entstehenden europäischen Flüchtlingspolitik und grundlegender Änderungen in nationalen Asylregimen an Stellenwert. Die Fluchtmigration der Jahre 2014 bis 2016 und die in den meisten europäischen Ländern damit einhergehende hohe politische und gesellschaftliche Bedeutung von Flucht und Asyl führen zuletzt zu intensiven Aktivitäten der politikwissenschaftlichen Fluchtforschung.

2. Institutionelles Setting politikwissenschaftlicher Fluchtforschung

In institutioneller und organisatorischer Hinsicht findet die politikwissenschaftliche Fluchtforschung hauptsächlich in multi- bzw. interdisziplinären Einrichtungen, Netzwerken und Forschungsprojekten statt und erst in zweiter Linie innerhalb des disziplinären Settings. Paradigmatisch hierfür sind europäische Projekte im Rahmen der EU-Förderschiene Horizon 2020. So dürfte die Zunahme an politikwissenschaftlich orientierten Forschungen auch mit den von der EU zwischen 2014 und 2020 mit mehr als drei Milliarden Euro finanzierten Projekten zu „Migration, Asyl und Integration" zusammenhängen (EU Kommission, o.J.).[1]

Die europäischen Forschungseinrichtungen zu erzwungener Migration verfolgen multidisziplinäre Ansätze und vielfältige epistemologische Ausrichtungen. Auf der einen Seite finden sich Einrichtungen der politikwissenschaftlichen Grundlagenforschung, die sowohl Maßnahmen-orientierte als auch kritisch bis aktivistisch ausgerichtete Zugänge verfolgen. Zu dieser Gruppe gehören unter anderem das *Migration Policy Center* am European University Institute in Florenz, das *Institute for European Studies* an der Vrije Universiteit Brussel, das *Oxford Refugee Studies Centre*, das *European Forum Migration Studies* in Bamberg, das *Institut für Migrationsforschung und interkulturelle Studien* in Osnabrück und das *NCCR On the move* in Neuchâtel. Demgegenüber verfolgen Einrichtungen wie das *International Centre for Migration Policy Development* (ICMPD) und die *International Organization for Migration* (IOM) eine Forschungsagenda, die sich explizit an politische Entscheidungsträger*innen richtet und zu einer evidenzbasierten Politik beitragen will bzw. dazu beauftragt ist. Ähnliche politikbezogene Ziele verfolgt auch das aktivistisch-wissenschaftliche NGO-Netzwerk *European Council on Refugees and Exiles* (ECRE), wenn auch mit dem normativen Anspruch, Menschenreche zu verteidigen und zum Wohl von Geflüchteten beizutragen. Daneben operieren zwischen Grundlagenforschung und Policy-Intervention auch hybride Plattformen, wie das *Immigration Policy Lab ETH Zürich-Stanford*. Forscher*innen dieser Institutionen wenden auch politikwissenschaftliche Perspektiven an. Wie die Erhebung von Olaf Kleist (2018) zeigt, ist die Politikwissenschaft nach der Soziologie die in nationalen und internationalen Forschungsprojekten am stärksten vertretene Disziplin. Es überrascht daher nicht, dass zahlreiche Politikwissenschafter*innen am Netzwerk Fluchtforschung, das multidisziplinär die kritische Auseinandersetzung zu Flucht und Flüchtlingsschutz forciert, beteiligt sind.

Trotz des hohen Stellenwerts von Politikwissenschafter*innen in der Flucht- und Flüchtlingsforschung sind die Themen Flucht und Asyl innerhalb der Disziplin nur randständig vertreten und kommen meist nur implizit in Forschungen zur Migrationspolitik vor. Diese Einschätzung resultiert aus unserer Erhebung von 730 Beiträgen, die an den sog. Dreiländertagungen der drei politikwissenschaftlichen Organisationen der DACH-Region zwischen 2008 und 2019 vorgetragen wurden. Rund 2 % der Präsentationen auf den insgesamt vier Konferenzen trugen im Titel eine Referenz zu Flüchtlingen oder Asyl und ca. 8 % der Beiträge wiesen im Titel einen Bezug zu Migration und Migrant*innen auf. Europaweit ist das Bild sehr ähnlich: Von den 1800 Beiträgen auf der Konferenz 2020 des European Consortium for Political Research (ECPR), enthielten 2,8 % der Titel einen Flüchtlings- und Asylbezug und 8,3 % eine Migrationsreferenz. Angesichts dieser numerischen Befunde ist es nicht überraschend, dass die Forschungscommunity der ECPR bislang weder eine *Standing Group* noch ein Netzwerk zu erzwungener Migration organisierte.

Im Folgenden werden die politikwissenschaftlichen Problem- und Fragestellungen, insbesondere innerhalb des oben skizzierten europäischen institutionellen Settings, identifiziert und zusammengefasst.

---

1 Zu den politikwissenschaftlich orientierten Projekten zählen unter anderem: CEASEVAL, ADMIGOV, TRAFIG, RESPOND, FOCUS, RESOMA ASILE.

3. Staatliche Verantwortung gegenüber Geflüchteten

Ein zentraler Strang politikwissenschaftlicher Flucht- und Flüchtlingsforschung beschäftigt sich mit der normativen Herleitung und der praktischen Verantwortung von liberal demokratischen Staaten gegenüber Geflüchteten. Im Zentrum dieser Debatten steht erstens das Verhältnis zwischen dem Staat und dem schutzbedürftigen Individuum und zweitens das Verhältnis zwischen Staaten untereinander und in Hinblick auf Schutzgewährung, Grenzpolitik und Rückführung von Schutzsuchenden (→ Flüchtlingsregime). Die aktuell prominentesten Vertreter dieser anglosächsisch geprägten Debatte im Bereich der Internationalen Beziehungen sowie der Politischen Theorie sind Joseph Carens und David Miller. Carens' (2013) Kosmopolitismus lehnt jegliche Form der Einwanderungskontrolle sowie territoriale und institutionelle Ausgrenzung mit dem Hinweis auf das liberaldemokratische Prinzip der Bewegungsfreit ab. Geflüchtete haben in dieser einwanderungsethischen Konzeption (ebenso wie andere Migrant*innen) einen Anspruch auf Anerkennung und Mitgliedschaft in den Institutionen, die an den jeweiligen Ort ihres gewünschten Lebensmittelpunkts gekoppelt sind. Millers (2017) kritischer Realismus betont hingegen das Prinzip nationaler Selbstbestimmung, dem trotz der implizierten Abstufung von Rechten von Migrant*innen, eine Schranke durch das *non-refoulement* Gebot eingezogen wird. Staaten haben unter bestimmten Bedingungen die politische und moralische Pflicht, schutzsuchende Fremde nicht von ihrem Territorium zurückzuweisen.

Im Unterschied zu Carens stellt sich bei Miller jedoch die Frage nach den sozio-ökonomischen und kulturellen Bedingungen der Unterbringung und (→) Integration. Geflüchtete haben aus dieser Sicht kein Recht, sich ihr Zielland auszusuchen, sondern sollten nach Kriterien der Einwanderungsgesellschaften verteilt werden. Millers Zugang ist damit insbesondere anschlussfähig an aktuelle Debatten zum internationalen und europäischen *burden-sharing*, also der Frage nach der gerechten Verteilung Geflüchteter und den daraus entstehenden sozio-ökonomischen Kosten. In dem Zusammenhang ist auf die *public-good* Perspektive zu verweisen, die Menschenrechte und Flüchtlingsschutz als internationales öffentliches Gut ansieht (vgl. Thielemann/Armstrong 2013). In dieser Perspektive müssten ökonomisch besser gestellte Staaten jene, die stärker von Fluchtzuwanderung betroffen sind, unterstützen, um auf diese Weise eine effektive Bereitstellung des öffentlichen Guts zu gewährleisten (→ Verantwortungsteilung). Weiters wird die Gewährleistung von Flüchtlingsschutz auch als Legitimationsquelle von Staaten bzw. der Staatgemeinschaft betrachtet (vgl. Owen 2016). Aus dieser Perspektive sind Regierungen qua ihrer Mitgliedschaft im internationalen Staatensystem dazu verpflichtet, Geflüchtete aufzunehmen und zu schützen. Versagt ein Staat darin, die eigenen Bürger*innen zu schützen oder setzt diese bestimmten Formen der politischen Verfolgung aus, so bedeutet dies, dass andere Staaten mittels Schutzgewährung diesen Legitimationsverlust des internationalen Staatensystems reparieren müssen.

Neben solchen normativen Zugängen zu Aspekten staatlicher Verantwortung, widmet sich die Politikwissenschaft empirischen Fragestellungen nach den institutionellen Bedingungen der Flüchtlingsaufnahme. Ausgehend vom Konzept des liberalen Paradoxons nimmt James F. Hollifield (2004) das Institutionengefüge liberaler Demokratien in den Blick, um Diskrepanzen zwischen restriktiven (diskursiven) Ansprüchen nationaler Politik und den relativ liberalen Ergebnissen staatlichen Handelns zu verstehen. Sein Argument lautet, dass die Zuwanderungspolitik von liberalen Demokratien auf zwei Logiken basiert: Einerseits auf jener der Souveränität und der Priorisierung der eigenen Bürger*innen und andererseits auf jener der liberalen Ethik und der universellen Menschenrechte. Welche Akteur*innen nach welcher Logik handeln, ob es sich dabei um innenpolitische Interessen und Konflikte handelt oder ob die staatlichen Entscheidungsträger*innen mit äußeren Verpflichtungen konfrontiert sind, wird empirisch von Fall zu Fall unterschiedlich diskutiert.

Die Übernahme von Verantwortung bei der Aufnahme und Integration von Geflüchteten wird von Forscher*innen als Resultat von externen Faktoren begriffen. Dazu zählen internationale Normen (vgl. Soysal 1994) und (→) inter- und supranationale Organisationen (vgl. Sassen 1996), also Faktoren *von oben,* sowie der ökonomische Druck und die Nachfrage nach billigen Arbeitskräften in einer globalisierten Wirtschaft (Hollifield 2004) als Faktoren *von unten*. Andere AutorInnen verweisen auf innerstaatliche Konstellationen und konflikthafte politische Prozesse. So betonen Joppke (1998) und Boswell (2007) das Spannungsverhältnis zwischen ideologisch geprägter Tagespolitik von Regierungen auf der einen Seite und dem Prinzip der Rechtsstaatlichkeit sowie der Rolle von Höchstgerichten als Verfechter verfassungsmäßig verbürgter Grundrechte auf der anderen Seite.

Das liberale Paradoxon betrifft aber nicht nur die Ausrichtung der Migrations- und Asylpolitik, sondern auch die Sollbruchstellen zwischen verschiedenen Formen der Legitimation politischen Handelns. Denn Asylpolitik ist dem internationalen Rahmenwerk der Menschenrechte verpflichtet, die Akteur*innen in Parlamenten und Regierungen erhalten aber ihre unmittelbare Legitimation über nationalstaatliche Wahlgänge. Das liberale Paradoxon steckt in diesem Dilemma zwischen den Anforderungen der repräsentativen Politik und liberalen Grundrechten (*representative politics – liberal rights dilemma*). Wie Regierungen und Parlamente mit dieser Ambivalenz umgehen, zeigen u. a. Forschungen zur Politisierung von Asyl und Flucht und zu Designs von politischen Maßnahmen (vgl. Rosenberger 2019).

4. Flüchtlingspolitik ist Europapolitik

Mit Beginn des Gemeinsamen Europäischen Asylsystems (GEAS) in den späten 1990er Jahren beschäftigen sich Politikwissenschafter*innen mit der Kompetenzverteilung zwischen Institutionen und Staaten, mit gesellschaftlichen Einstellungen und politischer Willensbildung sowie mit Steuerungsmaßnahmen im Bereich von Asyl (vgl. Trauner/Ripoll Servent 2018). Zunächst galt das Forschungsinteresse der Frage, weshalb Nationalstaaten Asylpolitik überhaupt vergemeinschaften. Virginie Guiraudon (2000) prägte den Begriff „venue shopping" um das Verhalten von Regierungen, die Europäische Integration voranzutreiben, zu analysieren. Guiraudon argumentierte, dass Regierungen von Mitgliedstaaten ihre restriktiven Eigeninteressen in den politischen Arenen der EU besser durchsetzen könnten als im nationalstaatlichen Gefüge, denn die intergouvernementale Ebene schottete sie vor medialer Kontrolle, NGOs und nationalen Höchstgerichten ab.

Seitdem die Kompetenzverschiebung zur supranationalen Ebene weitgehend abgeschlossen ist, gilt das Interesse dem *Wie* europäischer Zusammenarbeit und weniger dem *Warum* europäischer Integration. Die Forschungen konzentrieren sich auf die Harmonisierung asylpolitischer Regime sowie auf das Zusammenspiel der Institutionen. Während manche Autor*innen die Wahrung und den Ausbau von Grund- und Menschenrechten der Zusammenarbeit zwischen EU Kommission und Europäischem Gerichtshof zuschreiben (vgl. Kaunert/Léonard 2012), betonen andere, dass sich die

EU Kommission und das EU Parlament als supranationale Organe in der Rechtsetzung mittlerweile dem restriktiven und am Grenzschutz orientierten Politikansatz der Mitgliedstaaten angenähert haben (vgl. Lahav/Ludtke 2013). Die jüngste Forderung nach besseren Analysen zu Interessen und ideologischen Grundpositionen europäischer Institutionen ist mit dem Anliegen der Öffnung institutioneller *blackboxes* verbunden (vgl. Bonjour et al. 2018). Des Weiteren rücken EU Agenturen und neue Akteur*innen und innerhalb und außerhalb der EU ins Zentrum der Aufmerksamkeit. Dazu gehören private Unternehmen, aber auch Drittstaaten im Kontext der (→) Externalisierung der Grenz- und der Rückkehrpolitik über den Abschluss von Rücknahmeabkommen (→ Rückkehr).

In den letzten Jahren galt ein Forschungsinteresse verstärkt dem Scheitern des GEAS im Zuge der politischen Krise von 2015/2016. *Burden sharing* wurde zu einer Angelegenheit der Solidarität bzw. viel mehr zu einem Deutungskampf über Solidarität stilisiert. Allerdings sind verpflichtete Verteilungsquoten zugunsten eines vagen flexiblen Solidaritätsbegriffs, der Grenzschutzzusammenarbeit sowie die sog. Abschiebepatenschaften beinhaltet, vorerst gescheitert. Die vielfältigen Probleme des GEAS generierten politikwissenschaftliche Debatten über Ursachen und Lösungsentwürfe. Die bereits erwähnte *public good* Perspektive auf Flüchtlingsschutz (vgl. Bauböck 2018; Thielemann 2018), hilft zwischenstaatliche Dynamiken des Trittbrettfahrens, der Verschiebung von Verantwortung aber auch der disproportionalen Übernahme von Verantwortung zu verstehen. Diese Perspektive macht die Schwächen der Kooperation nach dem Dublin Prinzip deutlich. Politikwissenschafter*innen fordern vielmehr eine europäische Zentralisierung der Flüchtlingsallokation und finanzielle Solidaritätsbeiträge (vgl. Hatton 2015).

5. Asyl als Politikfeld

Die Maßnahmen des Politikfeldes Asyl betreffen mehrere sektorale Politikbereiche. Hierzu zählen insbesondere die Migrations- und Grenzpolitik sowie die Integrationspolitik. Im Forschungsbereich der Migrationspolitik (*immigration policies*) widmen sich politikwissenschaftliche Arbeiten den *Policy*-Entwicklungen im Zusammenhang mit Maßnahmen des Grenzmanagements, der Durchführung von Asylverfahren, der Erstunterbringung sowie der Rückkehrpolitik. Petra Bendel (2018) kritisiert in diesem Zusammenhang die Verschiebungen von Maßnahmen der Schutzpolitik hin zu Maßnahmen der Abschottungspolitik und der Externalisierung des Grenzschutzes. Darunter fällt nicht nur die zunehmende Befestigung der EU-Außengrenzen sondern auch die Einbindung von Herkunfts- und Transitstaaten in Kontrollaktivitäten, sowie in die Abwicklung von Asylverfahren und die Rücknahme von abgelehnten Asylwerber*innen. Im Bereich der Integrationspolitik (*immigrant policies*) werden Themen wie Teilhabe, Staatsbürgerschaft und Zugang zu Bildung (→ Schule) und (→) Arbeitsmarkt behandelt. Das Erkenntnisinteresse gilt zunehmend dem Verhältnis dieser zwei Felder, nämlich der Migrations- und der Integrationspolitik (vgl. Schmid 2020).

Zahlreiche Studien behandeln das in die Asylpolitik eingelagerte Spannungsverhältnis zwischen staatlicher Sicherheit und Souveränität auf der einen Seite und Freiheit und Menschenrechte auf der anderen (vgl. Bendel/Servent 2018). Ausgehend von Debatten zum liberalen Paradoxon entstand in der *Policy*-Forschung das Konzept des sog. *control gaps* (vgl. Czaika/de Haas 2013). Dieses Konzept thematisiert die Diskrepanz zwischen restriktiven politischen Maßnahmen und der weiterhin steigenden Zuwanderung. Vor diesem empirischen Hintergrund gilt das politikwissenschaftliche Interesse am Politikfeld Asyl zunehmend der Implementation und den Effekten der Maßnahmen. Dabei existieren einerseits quantitative Ansätze, die auf der Makroebene die *Policy*-Variable isolieren und Rückschlüsse auf deren Effekte auf Zuwanderungsbewegungen vornehmen (vgl. Brekke et al. 2017). Zum anderen betrachten qualitative Forschungen Umsetzungspraktiken auf der untersten hierarchischen Stufe der Exekutive (und Judikative), deren professionellen Habitus sowie handlungsanleitende Normen. Die Implementierungsforschung diskutiert mit dem Begriff *street-level-bureaucrats* den Einfluss auf die Umsetzung der Asylpolitik durch ebendiese Akteure (vgl. Ellermann 2006). In einer verstehenden Forschungstradition sind zudem Konzepte wie Versicherheitlichung (vgl. Bourbeau 2011) und *campization* (vgl. Kreichauf 2018) aufschlussreich, um Regierungstechniken gegenüber Asylwerber*innen kritisch zu beleuchten. Eine wichtige Referenzfigur für kritische Ansätze zu Lagern und extraterritorialen Zonen in Grenzgebieten ist der politische Philosoph Giorgio Agamben. Seine Arbeiten beziehen sich auf die Schaffung rechtsfreier Räume und die Reduktion des politischen und rechtlichen Subjekts auf das „nackte Leben" (vgl. Agamben, 2002).

Neben methodologischen und konzeptionellen Innovationen rückt die subnationale politische Ebene in den inhaltlichen Fokus. Der Begriff *local turn* der Migrations- und Flüchtlingspolitik bringt diese Verlagerung auf den Punkt. In dieser Forschungslinie wird die verantwortungsvolle Rolle von Städten, Gemeinden und anderen subnationalen Entitäten untersucht, nämlich weg von der Sichtweise des passiven Integrationsmanagements hin und zu politischen Funktionen bei der Aufnahme, Unterstützung oder Abschiebung von Geflüchteten (vgl. Schamann et al. 2019).

6. Parteienwettbewerb, Zivilgesellschaft und Protest

Flucht und Asyl haben sich als Teil des Migrationskomplexes sowohl auf der nationalen als auch der europäischen Ebene als höchst konflikthafte Themen entwickelt. Sie strukturieren den Parteienwettbewerb und stellen Hauptthemen der populistisch-radikalen Parteien dar, mit denen diese bei Wahlen wiederholt erfolgreich sind (vgl. Grande et al. 2019). Die politikwissenschaftliche Forschung zeigt, wie populistisch-radikale Parteien sowohl in Opposition als auch in Regierungen durch ihre negativ konnotierte Politisierung die Mainstream Parteien und deren Politik in Richtung Restriktionen und Abschottung beeinflussen (vgl. Akkerman 2012; Hadj-Abdou/ Ruedin 2021).

Neben dem Parteienwettbewerb, in dem Flucht und Asyl heiß umkämpfte Themen darstellen, widmet sich der politikwissenschaftliche Mainstream den Einstellungen der Bevölkerungen zu Migration und Asyl. Teile der europäischen Gesellschaften zeigen sich skeptisch und zunehmend gespalten in der Haltung gegenüber Zuwanderung und Geflüchteten (vgl. Castelli Gattinara/Morales 2017). Dennoch war im Jahr 2015 in einigen europäischen Ländern, so in Deutschland und in Österreich, bei Teilen der Bevölkerung eine Willkommenskultur gegenüber Geflüchteten zu beobachten.

Protest und Protestgruppen richten sich gegen verschiedene Aspekte der Asylregime. Ein Forschungsprojekt zur DACH-Region untersuchte die Manifestationen von und Bedingungen für das Aufkommen unterschiedlicher Protesttypen: Solidaritätsproteste als anlassbezogene Formen des Widerstands gegen Abschiebungen, die auf sozialen Kontakten basieren; Flüchtlingsaktivismus wenn Geflüchtete mit solidarischen Mitmenschen und NGOs um Rechte kämpfen; sowie Proteste gegen die Aufnahme und Unterbringung von Geflüchteten, bei denen Zivilgesellschaft und politische Parteien ein Bündnis eingehen (vgl. Rosenberger et al. 2018).

Die (→) Zivilgesellschaft ist aber keine homogene Größe. Teile treten für eine restriktive, ausgrenzende, flüchtlingsabwehrende Politik ein. Für diese zeigt die politikwissenschaftliche Forschung eine enge Verbindung zwischen zivilgesellschaftlichen Initiativen und politischen Parteiapparaten bzw. einzelnen Politiker*innen (vgl. Rucht 2018). Die rechtsradikale, abgrenzende Zivilgesellschaft wird teils auch in Forschungen mit rechtsradikalen/rechtspopulistischen Parteien behandelt (vgl. Caiani et al. 2012). Die Perspektiven auf die pro-migrantische Zivilgesellschaft hingegen betreffen Themen wie die Unterstützung bei der Aufnahme von Geflüchteten (Willkommensgruppen), lokale Gruppen und Kommunen, die Plätze anbieten (*safe harbours*), aber auch Initiativen, die sich für sichere Routen nach Europa (*safe passages*) einsetzen und über diese Formen eine Änderung der Asylpolitik, zumindest eine Änderung der Interpretation, erwirken wollen. Forschungen zu unterstützenden Initiativen verstehen sich primär als Kritik an den gegenwärtigen Migrations- und Asylregimen, die Schutzberechtigten keinen legalen Zutritt zu Rechten ermöglichen würden (vgl. Schwiertz/Schwenken 2020).

7. Zusammenfassung

Die Politikwissenschaft bietet der Flucht- und Asylforschung vielfältige Perspektiven. Sie analysiert Machtverhältnisse zwischen Staaten und schutzbedürftigen Individuen sowie das Regieren (*governance*) von Asyl und die innenpolitischen Willensbildungsprozesse vor dem Hintergrund gesellschaftlicher und staatlicher Transformationen.

Während die Politikwissenschaft innerhalb der Fluchtforschung sehr präsent ist, stellen umgekehrt die Themen Flucht und Asyl innerhalb der Politikwissenschaft eher eine sektorale, Politikfeld bezogene Spezialisierung einzelner Wissenschafter*innen im weiteren Bereich der Migrationspolitik dar. Angesichts der ausgeprägten politischen Salienz und der beträchtlichen finanziellen Förderung erfuhren diese Themen seit 2015 einen deutlichen Aufmerksamkeitszuwachs.

Der Kritik an politikwissenschaftlichen Beiträgen der Fluchtforschung, wonach diese in ihrem erkenntnistheoretischen Zugang dezidert politikorientiert seien (Scherr 2021: 12), ist differenziert zu begegnen. Tatsächlich arbeitet die Disziplin weiterhin mit politisch-rechtlichen Kategorien, bezieht ihre Daten aus offiziellen staatlichen Quellen und begreift sich teils als politikberatend in Hinblick auf Herausforderungen wie Lasten- und Verantwortungsteilung, Aufnahme, Unterbringung und Asylverfahren. Auf der anderen Seite greifen Forscher*innen aber auch verstärkt auf Daten zivilgesellschaftlicher und pro-migrantischer Initiativen (z. B. zu Grenzmonitoring) zurück und identifizieren sich mit deren Forderungen und Anliegen. In diesem aktivistischen Forschungsverständnis spiegelt sich eine Verknüpfung von politischer Kritik und wissenschaftlicher Forschung wider, die sich in der Formulierung von Annahmen und in der Verwendung von Begriffen der Aktivist*innen niederschlägt.

Gleichzeitig können sich scheinbar wertneutrale Zugänge, die eine Systemperspektive einnehmen und im Zuge von Politikfeldanalysen oder vergleichenden Analysen ihre Forschungsgegenstände eng entlang von politisch formulierten Problemen definieren, der normativen Kraft bestimmter Grundannahmen oder Arbeitskonzepte nicht entziehen (z. B. inwiefern irregulär reisende Migrant*innen im Schengen Raum auch als legitime Asylsuchende begriffen werden). Wenn es Wissenschafter*innen in diesem Zusammenhang gelingt, Sensibilität dafür aufzubringen, dass ihre Denkkategorien, Konzepte und Datenquellen normativ geladen sind, muss dies nicht in einer Reproduktion staatlicher Macht- und Kontrollverhältnisse münden. Im Gegenteil, politikwissenschaftliche Forschung leistet dann einen potentiell wertvollen Beitrag, indem sie in öffentliche und politische Alltagsdiskurse interveniert und Widersprüche, Wert- und Zielkonflikte sowie Verteilungsprobleme in politischen Systemen aufzeigt.

Aus ethischen und epistemologischen Erwägungen erscheint es wichtig, das Bewusstsein politikwissenschaftlicher Migrationsforscher*innen für Forschungstraditionen von Flucht und Asyl zu schärfen und somit den Lebensrealitäten Geflüchteter sowie den Grundwerten liberaldemokratischen Regierens gerecht zu werden.

Literaturverzeichnis

Agamben, Giorgio (2002): Homo sacer. Die souveräne Macht und das nackte Leben. Suhrkamp Verlag.
Akkerman, Tjitske (2012): Comparing Radical Right Parties in Government: Immigration and Integration Policies in Nine Countries (1960–2010). In: West European Politics 35(3), 511–529.
Arendt, Hannah (1991): Elemente und Ursprünge totaler Herrschaft. Piper Verlag.
Bauböck, Rainer (2018): Refugee Protection and Burden-Sharing in the European Union. In: Journal of Common Market Studies, 56(1), 141–156.
Bendel, Petra/Ripoll Servent, Ariadna (2018): Asylum and refugee protection. In: Trauner, Florian/Ripoll Servent Ariadna (Hrsg.): The Routledge Handbook of Justice and Home Affairs Research. Routledge.
Bendel, Petra (2018): Contemporary politics of international protection to prevention. In: Weinar Agneszka, Bonjour Saskia, Zhyznomirska Lyubov (Hg.): Handbook of the Politics of Migration in Europe. London: Taylor & Francis, 293–303.
Bonjour, Saskia/ Ripoll Servent, Ariadna/ Thielemann, Eiko (2018): Beyond venue shopping and liberal constraint: A new research agenda for EU migration policies and politics. In: Journal of European Public Policy, 25(3), 409–421.
Bourbeau, Philippe (2011): The Securitization of Migration: A Study of Movement and Order. Taylor & Francis.
Boswell, Christina (2007): Theorizing Migration Policy: Is There a Third Way? In: International Migration Review 41 (1), 75–100.
Brekke, Jan P./Røed, Marianne/Schøne, Pal (2017): Reduction or deflection? The effect of asylum policy on interconnected asylum flows. In: Migration Studies, 5(1), 65–96.
Caiani, Manuela/della Porta, Donatella/Wagemann, Claudius (Hrsg.) (2012): Mobilizing on the extreme right. Germany, Italy, and the United States. Oxford: Oxford University Press.
Carens, Joseph (2013): The Ethics of Immigration. Oxford: Oxford University Press.
Castelli Gattinara, Pietro/Morales, Laura (2017): The politicization and securitization of migration in Western Europe: public opinion, political parties and the immigration issue. In: Bourbeau, Phillippe (Hrsg.): Handbook on Migration and Security. Edward Elgar Publishing, 273–295.
Czaika, Mathias/de Haas, Hein (2013): The Effectiveness of Immigration Policies. In: Population and Development Review, 39(3), 487–508.

Ellermann, Antje (2006): Street-level democracy: How immigration bureaucrats manage public opposition. In: West European Politics, 29(2), 293–309.

Europäische Kommission (o.J.): Heading 3: Security and citizenship. A list of the programmes funded under heading 3 of the 2014–2020 long-term budget, with reference amounts and legal bases. https://ec.europa.eu/info/strategy/eu-budget/long-term-eu-budget/2014-2020/funding-programmes/heading-3-security-and-citizenship_en

FitzGerald, David S. (2019): Refuge beyond Reach: How Rich Democracies Repel Asylum Seekers. Oxford University Press.

Grande Edgar/Schwarzbözl, Tobias/ Fatke, Matthias (2019): Politicizing immigration in Western Europe. In: Journal of European Public Policy 26(10), 1444–1463.

Guiraudon, Virigine (2000): European Integration and Migration Policy: Vertical Policy-making as Venue Shopping. In: Journal of Common Market Studies, 38(2), 251–271.

Hadj Abdou, Leila/Ruedin, Didier (2021): The Austrian People's Party: an anti-immigrant right party? In: Journal of Ethnic and Migration Studies. https://doi.org/10.1080/1369183X.2020.1853904

Hatton, Timothy J. (2015): Asylum Policy in the EU: The Case for Deeper Integration. In: CESifo Economic Studies, 61(3–4), 605–637.

Hollifield, James F. (2004): The Emerging Migration State. In: International Migration Review, 38(3), 885–912.

Joppke, Christian (1998): Why Liberal States Accept Unwanted Immigration. In: World Politics 50(2), 266–293.

Kaunert, Christian/Léonard, Sarah (2012): The development of the EU asylum policy: Venue-shopping in perspective. In: Journal of European Public Policy, 19(9), 1396–1413.

Kleist, Olaf (2018): Flucht- und Flüchtlingsforschung in Deutschland: Akteure, Themen und Strukturen. In: Flucht: Forschung und Transfer – State of Research Papier 01, 1–53.

Kreichauf, Rene (2018). From forced migration to forced arrival: The campization of refugee accommodation in European cities. In: Comparative Migration Studies, 6(1), 7.

Lahav, Gallya/Luedtke, Adam (2013): Immigration Policy. In: Bretherton/Mannin (Hrsg.): The Europeanization of European Politics. Palgrave Macmillan US, 109–122.

Miller, David (2017): Fremde in unserer Mitte. Politische Philosophie der Einwanderung. Suhrkamp Verlag.

Owen, David (2016): In loco civitatis: On the normative basis of the institution of refugeehood and responsibilities for refugees. In: Fine, Sarah/ Ypi, Lea (Hrsg.): Migration in Political Theory: The Ethics of Movement and Membership. Oxford University Press, 269–289.

Rosenberger, Sieglinde (2018): Political Protest in Asylum and Deportation. An Introduction. In: Rosenberger, Sieglinde/Stern, Verena/ Merhaut, Nina (Hrsg.): Protest Movements in Asylum and Deportation. Springer Open, 3–25.

Rosenberger, Sieglinde (2019): Navigating the Representative-Politics–Liberal-Rights Dilemma: Social Policy Designs for Nonremoved Migrants. In: Journal of Immigrant & Refugee Studies, 17(1), 11–26.

Rucht, Dieter (2018): Mobilization against refugees and asylum seekers in Germany: A social movement perspective. In: Rosenberger, Sieglinde/Stern, Verena/ Merhaut, Nina (Hrsg.): Protest Movements in Asylum and Deportation. Springer Open, 225–245.

Schammann, Hannes (2019): Migrationspolitik im Mehrebenensystem. In Bogumil, Jörg/ Kuhlmann, Sabine/ Proeller, Isabella (Hrsg.): Verwaltungshandeln in der Flüchtlingskrise. Nomos, 27–42.

Scherr, Albert (2021): Probleme und Perspektiven der Flucht- und Flüchtlingsforschung. In: Zeitschrift für Migrationsforschung, 1(2), 1–25.

Schmid, Samuel D. (2020): The architecture of national boundary regimes: Mapping immigration and citizenship policies in 23 democracies 1980–2010. In: Comparative Migration Studies, 8(1), 25.

Schwiertz, Helge/Schwenken, Helen (2020): Mobilizing for safe passages and escape aid: challenging the 'asylum paradox' between active and activist citizenship, humanitarianism and solidarity. In: Citizenship Studies 24(4), 493–511.

Soysal, Yasemin N. (1994): Limits of Citizenship: Migrants and Postnational Membership in Europe. London, UK: University of Chicago Press.

Sassen, Saskia (1996): Beyond Sovereignty: Immigration Policy Making Today. In: Social Justice 23(3), 9–20.

Thielemann, Eiko (2018): Why Refugee Burden-Sharing Initiatives Fail: Public Goods, Free-Riding and Symbolic Solidarity in the EU. In: Journal of Common Market Studies, 56(1), 63–82.

Thielemann, Eiko, & Armstrong, Carolyn (2013): Understanding European asylum cooperation under the Schengen/Dublin system: A public goods framework. European Security, 22(2), 148–164.

Trauner, Florian/ Ripoll Servent, Ariadna (2018): Introducing the State of the Art and Avenues for Further Research. In: Trauner, Florian/ Ripoll Servent Ariadna (Hrsg.): The Routledge Handbook of Justice and Home Affairs Research. Routledge, 3–16.

I.1.8
Geographie

Benjamin Etzold und Birgit Glorius

Abstract Mit ihrem konzeptionellen Fokus auf Raum und Räumlichkeit, ihrem Methodenschatz und ihrer regionalen Expertise leistet die Humangeographie einen wichtigen Beitrag zur Erforschung von Flucht und Vertreibung. Innerhalb der breit gefächerten Geographie wird das Thema Flucht insbesondere in der geographischen Migrationsforschung, Entwicklungsforschung und Stadtforschung diskutiert. Thematische Schwerpunkte liegen bei der Untersuchung von (Im)Mobilität im Kontext von Flucht und territorialen Grenzen, bei Prozessen des Ankommens und *place-making* sowie an der Schnittstelle von Fluchtmigration und sozialräumlicher Transformation. Eine Stärke humangeographischer Fluchtforschung ist, dass die ‚Räume der Flucht' nicht als selbstverständlich oder gegeben betrachtet werden. Vielmehr wird anerkannt, dass Territorien, Grenzen und Orte durch menschliche Handlungen (re)produziert werden.

Schlüsselbegriffe: Geographische Migrationsforschung, Humangeographie, Lokalität, Netzwerke, Skalarität, Territorialität

1. Einleitung

In der wissenschaftlichen Auseinandersetzung mit Flucht, Vertreibung und Asyl überwiegen Arbeiten und Konzepte aus der (→) Soziologie, den (→) Politikwissenschaften und Rechtswissenschaften sowie den Erziehungs- und Kulturwissenschaften. Doch auch die Humangeographie hat ihren Platz in der Forschungslandschaft, wie ein aktueller Überblick über die Entwicklung der Flucht- und Flüchtlingsforschung in Deutschland (Kleist et al. 2019) und ein jüngst herausgegebener Sammelband zu den „Geographies of Asylum in Europe" (Glorius/Doomernik 2020) exemplarisch zeigen. Wie in anderen Disziplinen erlebte das Themenfeld Flucht auch in der deutschsprachigen Geographie mit dem starken Anstieg der Flüchtlingszahlen in Deutschland seit 2014 einen Boom an Forschungsaktivitäten. Zahlreiche Projekte[1] befassten sich mit den Hintergründen und Ursachen von Fluchtbewegungen, den Erfahrungen und den Wegen der Flucht angesichts restriktiver Grenzregime (→ Grenzen) und immer weiter ausdifferenzierten Asylsystemen, der gesellschaftlichen und ökonomischen (→) Integration von Geflüchteten, und wie all diese Aspekte an konkreten Ankunftsorten ausgehandelt werden (Pott/Schmiz 2018; Etzold 2021).

Bereits vor den 2010er Jahren wurde das Thema immer wieder von Geograph*innen in Deutschland in vereinzelten Publikationen behandelt (Bohle 2007; Hillmann 2007; Etzold 2009; Krüger 2009); allerdings ist die internationale geographische Forschung nicht nur weitaus umfassender, sondern

---

1 In der Datenbank des vom BMBF geförderten Projektes „Flucht- und Flüchtlingsforschung: Vernetzung und Transfer" sind 60 Forschungsprojekte mit Beteiligung der Geographie für den Zeitraum 2011–2018 verzeichnet https://ffvt.net/de/map.

setzt auch viel früher an (Collyer 2014; Ehrkamp 2016). Die Arbeiten ordnen sich im breiteren Spektrum der geographischen Migrationsforschung ein, welche mobile Praktiken und ihre Folgen in den Mittelpunkt stellt, sowie im Bereich der geographischen Entwicklungsforschung, welche Fragen von Ungleichheit und Entwicklung in Ländern des Globalen Südens thematisiert. Mit ihrem Methodenschatz, ihrer regionalen Expertise sowie ihrem konzeptionellen Fokus auf Raum und Räumlichkeit leistet die Geographie einen wichtigen Beitrag zur Erforschung von Flucht, Vertreibung und Asyl. Wir erläutern im Folgenden zunächst den spezifischen konzeptionellen und methodischen Zugriff der Humangeographie und widmen uns dann den thematischen Schwerpunkten geographischer Flucht- und Flüchtlingsforschung.

2. Geographien der Flucht – der räumliche Blick auf Flucht

In der sozialwissenschaftlichen Flucht- und Flüchtlingsforschung erscheint der Raum – durch den sich Schutzsuchende bewegen, den Staaten durch Grenzziehungen ordnen und z. B. durch Überwachungspraktiken kontrollieren, und in dem sich Geflüchtete „vor Ort" integrieren – als gegeben. Der Raum wird so gesehen als eine „leere Bühne" betrachtet, auf der sich das menschliche und politische Drama der Flucht abspielt. Die Humangeographie nimmt demgegenüber einen sozialkonstruktivistischen Blick auf den Raum ein und betont die Tatsache, dass Räume, Raumrelationen, aber auch Grenzen und Zugangsformen durch menschliche Handlungen (re)produziert werden. Damit verändert sich der Blick auf den zentralen Gegenstand der Fluchtforschung, der erzwungenen (Im)Mobilität von Menschen (Etzold 2021).

Humangeographische Fluchtforschung arbeitet zum einen mit Ansätzen aus der Mobilitätsforschung, um die Bewegung von Geflüchteten durch den Raum und die Konsequenzen dieser Bewegungen zu untersuchen, und orientiert sich dabei insbesondere an Handlungs- und Netzwerktheorien (Etzold 2021). Zudem werden kritische raumtheoretische Perspektiven genutzt, um die Bedingtheit des Raums auszuleuchten. Von Interesse sind nicht nur räumliche Bewegungen und sie rahmende Strukturen wie Grenzregime, sondern auch konkrete Orte. Damit rücken spezifische Lokalitäten als Orte des Asyls ebenso in den Fokus wie das *place-making* von Geflüchteten im Kontext unterschiedlicher Aufnahmeprozesse, die Rolle urbaner Infrastrukturen als Rahmenbedingungen für Ankunft, Begegnung und Integration (Glorius/Doomernik 2020) sowie lokale Aushandlungen von Asyl und des Bleibens (Hinger et al. 2017).

Die Vielfalt und das Ineinandergreifen verschiedener raumbezogener Perspektiven und sozial-räumlichen Relationen der humangeographischen Fluchtforschung kann mit vier Kernbegriffen (TPSN Ansatz nach Jessop et al. 2008) zum Ausdruck gebracht werden, die in der ein oder anderen Weise in Forschungsansätzen Berücksichtigung finden: demnach konzentriert sich humangeographische Fluchtforschung auf die sozial-räumlichen Relationen von *Territorialität* (T für *territories*), auf die Ausgestaltung von konkreten Orten (Lokalität, bzw. P für *places*), auf die unterschiedlichen Betrachtungsebenen, die im Kontext von Flucht relevant werden (S für *scales*), sowie auf soziale Netzwerke (N für *networks*), die den Fluchtprozess konturieren (Etzold 2021).

Aus methodischer Perspektive werden (→) quantitative, (→) qualitative und (→) partizipative Ansätze, Fernerkundungsmethoden und (→) ‚Big Data' zur Beobachtung von Gewaltkonflikten und

Fluchtbewegungen genutzt (Sterly et al. 2019), statistische Daten werden zu den Herkunfts- und Aufnahmeländern und -orten sowie zu grenzüberschreitenden Bewegungen analysiert und in Karten dargestellt, und die entsprechenden kartographischen Repräsentationen werden wiederum kritisch reflektiert (van Houtum/Bueno Lacy 2020).

3. Thematische Schwerpunkte geographischer Flucht- und Flüchtlingsforschung

Im Folgenden werden ausgewählte Themen vorgestellt, die in der jüngeren geographischen Flucht- und Flüchtlingsforschung von Relevanz sind. Diese beziehen sich vielfach auf die (Im)Mobilität im Kontext von Flucht, auf den Prozess des Ankommens und der Begegnung, sowie auf die Schnittstelle zwischen (Flucht)Migration und sozialer sowie urbaner Transformation.

3.1 Mobilität und Immobilität

Menschen fliehen insbesondere im Kontext von Gewaltkonflikten, von denen viele ihre grundlegende Ursache in kolonialen Grenzziehungen und im politischen Kampf um die Kontrolle von Ressourcen und Macht im Raum haben. Oder sie fliehen, da sie persönlich verfolgt werden bzw. nicht (mehr) auf die Unterstützung und den Schutz des Territorialstaates, dem sie qua Geburt oder Staatsbürgerschaft angehören, bauen können. Der Zugang zu anderen Territorien wird ihnen allerdings kontinuierlich und systematisch erschwert – durch (→) Grenzen, Visaregime und andere Formen der Mobilitätskontrolle, die oftmals wiederum mit Gewalterfahrungen einhergehen (→ Gewaltmigration). Geograph*innen haben in den letzten Jahren intensiv zu Mobilitätsstrategien und -erfahrungen sowie zu der Unterstützung und Ausgrenzung von Schutzsuchenden und anderen Migrant*innen auf ihren „Reisen" (BenEzer/Zetter 2015) geforscht. Zudem wurde vielfach thematisiert, wie Fluchtbewegungen, insbesondere nach Europa, immer wieder unterbrochen werden, sich verlagern und wie Fliehende durch Grenzsicherungspraktiken und (→) Asylpolitiken zur Immobilität gezwungen werden (Etzold 2019; Klepp 2011; Ehrkamp 2016; Schapendonk et al. 2018).

Sukzessive wurde auch die Rolle von Netzwerken für die grenzüberschreitende Mobilität von Schutzsuchenden besser verstanden. Neue Studien zeigten beispielsweise, dass die Richtung der Flucht oftmals durch bestehende Beziehungen in andere Länder bestimmt wird, und dass in vielen Fällen die für eine Flucht notwendigen Ressourcen erst durch transnationale Netzwerke, insbesondere der eigenen Familien, zur Verfügung gestellt werden (Christ et al. 2021). Des Weiteren hat umfassende Forschung belegt, dass die transnationalen Netzwerke der ‚Migrationsindustrie' Fluchtmobilität im Kontext restriktiver Grenz- und Migrationsregime erst ermöglichen (Etzold 2019) (→ Schleusen). Geographische Forschung zeigte, dass Geflüchtete vielfältige Möglichkeiten, Wege und Netzwerke nutzen, um Grenzen zu überwinden und in anderen Ländern Schutz zu finden und zu leben. Sowohl durch ihre grenzüberschreitenden Handlungen als auch ihre transnationalen Netzwerke fordern sie die ‚territoriale Ordnung der Welt' heraus – eine sozial-räumliche Konstruktion, die von den meisten

Menschen als selbstverständlich betrachtet und durch vielfältige Kategorisierungs-, Ordnungs-, Kontroll- und Abgrenzungspraktiken stetig reproduziert wird (Collyer/King 2015).

Geographische Fluchtforschung nimmt somit überwiegend eine kritische raumtheoretische Perspektive ein, die Prozesse der Flucht und ihrer Steuerung durch Mobilitätsregime beleuchtet. Dabei werden z. B. geopolitische Bezüge herausgearbeitet und die Einhegung, Lenkung und grundsätzlich die (Im)Mobilisierung von Flüchtenden als hegemoniale Praxis angesprochen (Klepp 2011). Diese wiederum wird auf unterschiedlichen skalaren Ebenen untersucht, und nicht nur auf der Ebene des Nationalstaats und staatlicher Grenzen. So zeigt Forschung zu Flüchtlingscamps deutlich, dass (→) *Camps* nicht nur notfallmäßige und temporäre Unterbringungsformen für Asylsuchende sind, sondern vielmehr räumliche Ausdrucksform von staatlicher Gewalt. Kreichauf (2018) nutzt beispielsweise „campization" als Konzept, um den Einfluss von Gesetzen und Politikwechseln auf sozialräumliche Konfigurationen der Unterbringung Schutzsuchender in Europa zu erklären. Neben sozialräumlichen Exklusionsmechanismen durch physische Einhegungen findet der Begriff der (→) *Grenze* oder *Grenzziehung* (‚bordering'), aber auch in Bezug auf die soziale Welt Anwendung, etwa bei der Untersuchung des Zugangs zu Wohnen oder Arbeit (→ Arbeitsmarkt), oder in Bezug auf Ausgrenzungsprozesse durch implizite soziale Normen und rassistische und diskriminierende Praktiken (Glorius 2021).

3.2 Ankommen, Place-Making und Begegnung

Aktuelle humangeographische Forschung fokussiert auf die Phase des Ankommens, und zwar zum einen aus der Perspektive der Geflüchteten, zum anderen aus der Perspektive der aufnehmenden Lokalität und ihrer Bewohner*innen (Hinger et al. 2017; Schmiz/Räuchle 2019; Glorius/Doomernik 2020). Auf Grundlage eines (sozial)räumlich differenzierenden Blicks wird nicht nur das Ankommen in großen Agglomerationen, sondern auch in Klein- und Mittelstädten und in ländlichen Regionen (z. B. Mehl et al. 2023) untersucht. In der Tradition des *local turn* betrachten humangeographische Arbeiten lokale Ankunftsregime durch die verschiedenen übergeordneten räumlichen und politischen Handlungsebenen hindurch. So unternehmen beispielsweise Glorius et al. (2019) eine Analyse der Konvergenzen und Divergenzen in der lokalen Steuerung von Asyl in einem Vergleich von Lokalitäten in drei Ländern. Van Liempt und Miellet (2021) untersuchen die Effekte von räumlichen Verteilungspraktiken auf die Prozesse des Ankommens von Geflüchteten in den Niederlanden.

Ankommen wird vielfach aus der Perspektive der Geflüchteten untersucht. Dabei spielt nicht nur ihre individuelle Handlungsmacht (→ Agency) eine Rolle, sondern auch ihre persönlichen Erfahrungen und Zukunftsperspektiven, woraus sich individuelle Prioritäten der räumlichen Standortwahl ableiten lassen (Weidinger et al. 2017). Damit knüpft die geographische Fluchtforschung an die allgemeine Mobilitätsforschung an und unternimmt einen wichtigen Schritt, Geflüchtete zu ‚entmigrantisieren' (Dahinden 2016) ohne ihre spezifischen, fluchtbedingten Bedürfnisse und Vulnerabilitäten sowie strukturellen Restriktionen zu ignorieren.

Ein weiterer Forschungsschwerpunkt ist die Untersuchung der Aufnahmegesellschaft als wichtiger Determinante für Bleibe- oder Weiterwanderungsentscheidungen von Geflüchteten. Glorius et al. (2020a) verbinden sozialpsychologische und soziologische Ansätze, die Ankunfts- und Annäherungsprozesse im Sozialen erklären, mit der geographischen Tradition einer raum-zeitlichen Einbettung und lokalen Konkretisierung von Forschung. Dabei arbeiten sie beispielsweise die starke Bedeutung von kollektiven „Kompetenzen" und Handlungsorientierungen in Bezug auf die Integration Geflüchteter heraus, die unter anderem auch durch lokal gebundene Erfahrungen mit (Zu)Wanderung verbunden sind. In Verbindung mit lokalen Infrastrukturen der Aufnahme sowie lokal spezifischen Politikansätzen und *Governance*-Praktiken bilden Glorius et al. (2021) in einem *Modell lokaler Rezeptivität* die Faktoren ab, die Aufnahmeprozesse von Geflüchteten determinieren.

An der Schnittstelle von Humangeographie und Raumsoziologie werden zudem Prozesse und Praktiken der alltäglichen Begegnung und ihr Effekt auf die sozialräumliche Integration von Geflüchteten untersucht. Dabei werden Konzepte der Sozialkapitaltheorie mit Konzepten der raumbezogenen Identitätsentwicklung verbunden und zudem der Begegnungsprozess als solcher in den Blick genommen. Glorius et al. (2020b) untersuchen beispielsweise die Begegnungen und Sozialkontakte von Geflüchteten im Sozialraum der Nachbarschaft und des Wohnquartiers in kleineren Städten in Deutschland. Huizinga und van Hoven (2018) nehmen die *Geographien der Begegnung* (*geographies of encounter*) zwischen syrischen Geflüchteten und Einheimischen in den Niederlanden in den Blick. Radford (2016) zeigt am Beispiel kleinerer Städte in Australien Praktiken zur Überwindung des alltäglichen Andersseins (*everyday otherness*).

Viele Studien zur Ankunft und Aufnahme von Geflüchteten arbeiten auch mit vergleichenden Konzepten auf nationaler oder internationaler Ebene. So hat z. B. das Projekt „Zukunft für Geflüchtete in ländlichen Regionen Deutschlands" insgesamt 32 kleinstädtische und ländliche Standorte in Deutschland in Bezug auf ihre Integrationsstrukturen, -erfahrungen und -erfolge untersucht, um daraus Faktoren für die gelingende Integration von Geflüchteten in ländlichen Regionen herauszuarbeiten (Mehl et al. 2023). Glorius und Schondelmayer (2018) betrachten Aufnahmeregime in einem interregional vergleichenden Setting und arbeiten zentrale Unterschiede in der Haltung zur Aufnahme von Asylsuchenden in Bezug auf den jeweiligen sozial-räumlichen Kontext heraus. Kreichauf (2020) analysiert in einem international vergleichenden Setting die Variationen von Raumproduktionen, die mit Fluchtmigration und der Herausbildung nationaler und lokaler Asylregime verbunden sind, und berücksichtigt dabei die Perspektive der Migrant*innen wie auch der aufnehmenden Kommunen.

3.3 Flucht und sozialräumliche Transformationsprozesse

Auch in der humangeographischen Urbanitätsforschung ist das Thema Flucht und Asyl stark verankert (Kreichauf/Glorius 2021). So wird die Position Geflüchteter im städtischen Transformationsprozess untersucht, beispielsweise im Kontext der Kapitalisierung von städtischen Wohnimmobilien oder der Privatisierung von städtischen Infrastrukturen und den Konsequenzen für marginalisierte Gruppen in der Stadt (Darling 2016). Umgekehrt wird auch die Wirkung von Resettlement auf die Revitalisierung von Städten untersucht. Dabei stehen in jüngerer Zeit insbesondere kleinere, periphere oder durch ökonomische Restrukturierungsprozesse betroffene Städte im Mittelpunkt (z. B. USA: Bose 2021; Pottie-Sherman 2018; Australien: Radford 2016; Europa: Hillmann/Pang 2020), die sowohl in der Stadtforschung als auch in der Migrationsforschung lange Zeit wenig beachtet wurden.

Der bereits in dieser Forschungslinie aufscheinende transformative Effekt von Migration auf Stadtentwicklung wird zudem auch in einer stärker sozialwissenschaftlichen Perspektive abgebildet, die den Urbanitätsbegriff in die Tradition von Lefebvres (2009) Forderung des „Rechts auf Stadt" stellt (Holm/Gebhardt 2011). Arbeiten in diesem Kontext diskutieren die Frage, ob nicht die faktische Anwesenheit einer Person auf einem kommunalem Territorium und die Tatsache, dass die Kommune soziale Fürsorgepflichten ohne Berücksichtigung des Aufenthaltstitels ausübt, Kommunen zu der Vergabe von Aufenthaltstiteln auf der Basis des *jus domicili* befähigen sollte (Gomes/Doomernik 2019). Zudem werden als Konsequenz des *local turn* Fragen zur Handlungsmacht von Städten bei der Aufnahme von Geflüchteten diskutiert, wie es z. B. Städtenetzwerke wie „Städte sicherer Häfen" oder „cities of refuge" (Potsdamer Erklärung 2019; https://citiesofrefuge.eu/) fordern.

4. Fazit

Mithilfe bewährter Konzepte und Analysekategorien der Humangeographie kann das gesellschaftliche Phänomen Flucht und Vertreibung angemessen analysiert und reflektiert werden. Entscheidend für diesen räumlichen Blick ist, dass der Faktor ‚Raum' hinsichtlich der Mobilität von Menschen im Kontext von Gewalt nicht als selbstverständlich betrachtet wird. Vielmehr rücken die Produktion von Raum sowie die Auswirkungen dieser Produktionsprozesse in den Vordergrund. Zudem wird sichtbar, wie auch fliehende und schutzsuchende Menschen bestehende Orte, Territorien, Netzwerke und skalare Ordnungen erleben, nutzen und stetig verändern.

Zukünftige Aufgaben der humangeographischen Fluchtforschung liegen in der weiteren Verknüpfung von Flucht- und (Im)Mobilitätsforschung und damit der weiteren „Ent-refugee-isierung" der Fluchtforschung, denn immer noch wird in der öffentlichen Debatte von Flucht zu wenig die Bedeutung von Mobilitätsfaktoren, die aus der allgemeinen Migrationsforschung bekannt sind, wie etwa Immobilität, *bordering*, Infrastrukturen, soziale Netzwerke und Transnationalität, zur Kenntnis genommen. In Bezug auf Prozesse des Ankommens bestehen weitere Aufgaben in der stärkeren Integration von postmigrantischen und Rassismus-kritischen Konzepten, um Prozesse des *place-making* und der sozialen Transformation, aber auch der Ausgrenzung und Segregation als sozialräumliche Effekte zu verdeutlichen. Beides kann zu einer Entstigmatisierung von Flucht, Ankommen und Weiterleben beitragen.

Literaturverzeichnis

BenEzer, Gadi/Zetter, Roger (2015): Searching for Directions. Conceptual and Methodological Challenges in Researching Refugee Journeys. In: Journal of Refugee Studies 28 (3), 297–318.

Bohle, Hans-Georg (2007): Geographies of Violence and Vulnerability. An Actor-Oriented Analysis of the Civil War in Sri Lanka. In: Erdkunde 61 (2), 129–146.

Bose, Pablo S. (2021): Refugees and the transforming landscapes of small cities in the US. In: Urban Geography 42 (7), 958–978.

Carter, Thomas S./Osborne, John (2009): Housing and Neighbourhood Challenges of Refugee Resettlement in Declining Inner-City Neighbourhoods: A Winnipeg Case Study. In: Journal of Immigrant & Refugee Studies 7 (3), 308–327.

Christ, Simone/Etzold, Benjamin/Güzelant, Gizem/Puers, Mara/Steffens, David/Themann, Philipp/Thiem, Maarit (2021): Figurations of Displacement in and beyond Germany. Empirical findings and reflections on mobility and translocal connections of refugees living in Germany (TRAFIG Working Paper), Bonn. https://doi.org/10.5281/zenodo.5841892.

Collyer, Michael (2014): Geographies of Forced Migration, in: Fiddian-Qasmiyeh, Elena/Loescher, Gil/Long, Katy/Sigona, Nando (Hrsg.): The Oxford Handbook of Refugee and Forced Migration Studies. Oxford: Oxford University Press, 112–123.

Collyer, Michael/King, Russell (2015): Producing transnational space. International migration and the extra-territorial reach of state power. In: Progress in Human Geography 39 (2), 185–204.

Dahinden, Janine (2016): A plea for the 'de-migranticization' of research on migration and integration. In: Ethnic and Racial Studies 39 (13), 2207–2225.

Darling, Jonathan (2016): Asylum in austere times: instability, privatization and experimentation within the UK asylum dispersal system. In: Journal of Refugee Studies 29 (4), 483–505.

Ehrkamp, Patricia (2016): Geographies of migration I. Refugees. In: Progress in Human Geography 41 (6), 813–822.

Etzold, Benjamin (2009): Illegalisierte Migration in der Flüssigen Moderne. Migration aus Afrika und die europäische Grenzsicherungspolitik (Entwicklungsforschung: Beiträge zu interdisziplinären Studien in Ländern des Südens), Berlin: WVB Verlag.

Etzold, Benjamin (2019): Auf der Flucht. (Im)Mobilisierung und (Im)Mobilität von Schutzsuchenden. Flucht: Forschung und Transfer (State-of-Research Papier 04), Osnabrück/Bonn: IMIS/BICC. https://flucht-forschung-transfer.de/mobilisierung-und-immobilisierung-von-fluechtlingen/. 01.3.2022

Etzold, Benjamin (2021): Flucht und Vertreibung, in: Schneider-Sliwa, Silva/Braun, Boris/Helbrecht, Ilse/Wehrhahn, Rainer (Hrsg.): Humangeographie (Das Geographische Seminar, Braunschweig: Westermann, 141–148.

Glorius, Birgit (2021): Nach dem Lager Begegnung, Inklusions- und Exklusionsmechanismen an ländlichen Wohnstandorten in Deutschland. In: Devlin, Julia/Evers, Tanja/Goebel, Simon (Hrsg.): Praktiken der (Im-)Mobilisierung, Lager, Sammelunterkünfte und Ankerzentren im Kontext von Asylregimen. Bielefeld: transcript, 443–463.

Glorius, Birgit/Schondelmayer, Anne-Christin (2018): Perspektiven auf Fluchtmigration in Ost und West – ein regionaler Blick auf kommunale Integrationspraxis. In: Zeitschrift für Vergleichende Politikwissenschaften 12 (1), 75–92.

Glorius, Birgit/Oesch, Lucas/Nienaber, Birte/Doomernik, Jeroen (2019): Refugee Reception within a common European asylum system: looking at convergences and divergences through a local-to-local comparison. In: Erdkunde 73 (1), 19–29.

Glorius, Birgit/Doomernik, Jeroen (Hrsg.) (2020): Geographies of Asylum in Europe and the Role of European Localities. IMISCOE Research Series. Cham: Springer.

Glorius, Birgit/Bürer, Miriam/Schneider, Hanne (2020a): Zukunft für Geflüchtete in ländlichen Regionen Deutschlands? Einblicke in Fallbeispiele aus dem Freistaat Sachsen. In: Immerfall, Stefan/Pugliese, Rossella (Hrsg.): Integration vor Ort. Die Praxis der Asylpolitik im deutsch-italienischen Vergleich (Reihe Schriften der Villa Vigoni). Stuttgart: Franz Steiner Verlag, 219–233.

Glorius, Birgit/Kordel, Stefan/Weidinger, Tobias/Bürer, Miriam/Schneider, Hanne/Spenger, David (2020b): Is Social Contact With the Resident Population a Prerequisite of Well-Being and Place Attachment? The Case of Refugees in Rural Regions of Germany. In: Frontiers in Sociology 5, https://doi.org/10.3389/fsoc.2020.578495.

Glorius, Birgit/Bürer, Miriam/Schneider, Hanne (2021): Integration of Refugees in rural areas and the role of the receiving society: conceptual review and analytical framework. In: Erdkunde 75 (1), 51–60.

Gomes, Vincenzo/Doomernik, Jeroen (2019): 'Report containing the detailed models for a sustainable CEAS'. CEASEVAL research on the common european asylum system 40. https://www.tu-chemnitz.de/phil/iesg/professuren/geographie/Publikationen/CEASEVAL/40_GomesDoomernik_SustainableCEAS.pdf, 19.9.2022.

Hillmann, Felicitas (2007): Migration als räumliche Definitionsmacht? Beiträge zu einer neuen Geographie der Migration in Europa (Erdkundliches Wissen. Band 141), Stuttgart: Franz Steiner Verlag.
Hillmann, Felicitas/Pang, Ching L. (2020): Migration-led regeneration: on how cities become more unequal with mixed population flows. In: Cosmopolitan Civil Societies 12 (1). https://doi.org/10.5130/ccs.v12.i1.7297.
Hinger, Sophie/Schäfer, Philipp/Pott, Andreas (2017): The Local Production of Asylum. In: Journal of Refugee Studies 29 (4), 440–463.
Holm, Andrej/Gebhardt, Dirk (2011): Initiativen für ein Recht auf Stadt. Theorie und Praxis städtischer Aneignung. Hamburg: VSA Verlag.
Huizinga, Rick P./van Hoven, Bettina (2018): Everyday geographies of belonging: Syrian refugee experiences in the Northern Netherlands. In: Geoforum 96, 309–317.
Jessop, Bob/Brenner, Neil/Jones, Martin (2008): Theorizing sociospatial relations. In: Environment and Planning D: Society and Space 26 (3), 389–401.
Kleist, J. Olaf/Engler, Marcus/Etzold, Benjamin/Mielke, Katja/Oltmer, Jochen/Pott, Andreas/Wirkus Lars (2019): Flucht- und Flüchtlingsforschung in Deutschland: Eine Bestandsaufnahme: Abschlussbericht. Flucht: Forschung und Transfer. Osnabrück, Bonn. abgerufen von Institut für Migrationsforschung und Interkulturelle Studien (IMIS); Bonn International Center for Conversion (BICC) website: https://flucht-forschung-transfer.de/wp-content/uploads/2015/06/FFT-Abschlussbericht-WEB.pdf. 10.3.2022.
Klepp, Silja (2011): Europa zwischen Grenzkontrolle und Flüchtlingsschutz. Eine Ethnographie der Seegrenze auf dem Mittelmeer. Bielefeld: transcript.
Kreichauf, René (2018): From forced migration to forced arrival: the campization of refugee accommodation in European cities. In: Comparative Migration Studies 7, https://doi.org/10.1186/s40878-017-0069-8.
Kreichauf, René (2020): Forced Migration Spaces: The Spatial Negotiation of Asylum in European and U.S. Cities. PhD-Thesis. Cosmopolis Centre for Urban Research, Vrije Universiteit Brussel.
Kreichauf, René/Glorius, Birgit (2021): Introduction: displacement, asylum and the city – theoretical approaches and empirical findings. In: Urban Geography 42 (7), 869–893.
Krüger, Fred (2009): Unsicherheit, Vertreibung, Flucht. Migration und Gewalt im subsaharischen Afrika. In: Geographie und Schule 31 (177), 25–32.
Lefebvre, Henri (2009): Le droit à la ville. Paris: Anthropos.
Mehl, Peter/Fick, Johanna/Glorius, Birgit/Kordel, Stefan/Schammann, Hannes (Hrsg.) (2023): Geflüchtete in ländlichen Regionen Deutschlands. Wiesbaden: Springer Fachmedien.
Potsdamer Erklärung der „Städte sicherer Häfen". 2019. Verfügbar unter https://www.potsdam.de/potsdamer-erklaerung-der-staedte-sicherer-haefen, 19.9.2022.
Pott, Andreas/Schmiz, Antonie (2018): Migration und Flucht als Forschungsthemen der Geographie. Standort, 42(1), 3–9. https://doi.org/10.1007/s00548-018-0517-1.
Pottie-Sherman, Y. (2018): Austerity urbanism and the promise of immigrant- and refugee-centered urban revitalization in the U. S. Rust Belt. In: Urban Geography 39 (3), 438–457.
Radford (2016): 'Everyday otherness' – intercultural refugee encounters and everyday multiculturalism in a South Australian rural town. In: Journal of Ethnic and Migration Studies 42 (13), 2128–2145.
Sabchev, Timohir/Baumgärtel, Moritz (2020): The path of least resistance? EU cities and locally organised resettlement. In: Forced Migration Review 63, 38–40.
Schapendonk, Joris/van Liempt, Ilse/Schwarz, Inga/Steel, Griet (2018): Re-routing migration geographies. Migrants, trajectories and mobility regime. In: Geoforum 116 (Nov.), 211–216.
Schmiz, Antonie/Räuchle, Charlotte 2019: Introduction to the special issue: comparing local refugee regimes. In: Erdkunde 73 (1), 3–7.
Sterly, Harald/Etzold, Benjamin/Wirkus, Lars/Sakdapolrak, Patrick/Schewe, Jacob/Schleussner, Carl-Friedrich/Hennig Benjamin (2019): Assessing Refugees' Onward Mobility with Mobile Phone Data – A Case Study of (Syrian) Refugees in Turkey, in: Salah, Albert Ali/ Salah, Albert Ali/Pentland, Alex/Lepri, Bruno/Letouzé, Emmanuel (Hrsg.): Guide to Mobile Data Analytics in Refugee Scen-

arios. The 'Data for Refugees Challenge' Study, 251–263. https://doi.org/10.1007/978-3-030-12554-7_13.

van Houtum, Henk/Bueno Lacy, Rodrigo (2020): The migration map trap. On the invasion arrows in the cartography of migration. In: Mobilities 15 (2), 196–219.

van Liempt, Ilse/Miellet, Sara (2021): Being far away from what you need: the impact of dispersal on resettled refugees' homemaking and place attachment in small to medium-sized towns in the Netherlands. In: Journal of Ethnic and Migration Studies 47(11), 2377–2395.

Weidinger, Tobias/Kordel, Stefan/Pohle, Perdita (2017): Bleiben oder Gehen? Einflussfaktoren auf die Wohnstandortmobilität anerkannter Flüchtlinge in ländlichen Räumen am Beispiel des Bayerischen Waldes. In: Europa Regional 24 (3–4), 46–61.

I.1.9
Psychologie

David Schiefer und Jens H. Hellmann[*]

Abstract Nach einer kurzen Vorstellung des grundlegenden Ansatzes der Psychologie sowie ihrer Teildisziplinen und Methoden nimmt dieses Kapitel zunächst eine psychologische Bestimmung des Flüchtlingsbegriffs vor. Im weiteren Verlauf werden Ansätze und zentrale Erkenntnisse der psychologischen Flucht- und Flüchtlingsforschung erörtert und in die ihr zugrundeliegende psychologische Akkulturations- und Intergruppenforschung sowie die klinische Forschung eingeordnet. Das Kapitel schließt mit einer Diskussion von Potenzialen, aber auch Desideraten und Herausforderungen der psychologischen Fluchtforschung.

Schlüsselbegriffe: Akkulturation, psychische Gesundheit, Individualperspektive, Intergruppenbeziehungen

1. Einleitung: Grundlegender Ansatz der wissenschaftlichen Psychologie

Die Psychologie versteht sich als die Wissenschaft vom Erleben und Verhalten von Personen (s. Myers 2014). Sie ist (anders als oft angenommen) nicht ausschließlich eine klinische Disziplin, in der es exklusiv um psychische Störungen geht. Sie besteht vielmehr aus Teildisziplinen, die sich z. B. mit der menschlichen Persönlichkeit (Differenzielle oder Persönlichkeitspsychologie), der Entwicklung von Menschen über die Lebensspanne (Entwicklungspsychologie) sowie mit allgemeinen Aspekten von Wahrnehmung, Emotionen und Denkprozessen (Allgemeine Psychologie) befassen. Neben der Betrachtung des Individuums beschäftigt sich zudem v. a. die Sozialpsychologie mit der Frage, inwieweit Erleben und Verhalten von Personen mit Gruppenzugehörigkeiten und Interaktionsmechanismen zwischen und innerhalb von Gruppen in Verbindung stehen (Spears/Tausch 2014). Viele Teildisziplinen sind für die Fluchtforschung relevant. Explizit zu Geflüchteten geforscht wurde und wird v. a. in der klinischen Psychologie, die sich u. a. mit Traumatisierungen befasst, sowie der Sozialpsychologie, die z. B. Beziehungen zwischen Geflüchteten und der Bevölkerung in Aufnahmeländern untersucht.

Die Psychologie verwendet vielfältige Forschungsmethoden. Neben Befragungen (z. B. zu Einstellungen) führt sie auch sog. Experimentalstudien durch, bei denen psychologische Phänomene in methodisch kontrollierten Situationen untersucht werden (z. B. Hager/Veit 2019). Experimentelle Feldstudien (z. B. Hellmann et al. 2020) sind seltener. Die Mehrheit der Studien ist quantitativ ausgerichtet, allerdings werden auch qualitative Methoden eingesetzt (z. B. Muir/Gannon 2016).

---

[*] Geteilte Erstautorenschaft.

2. Wer ist ein*e Geflüchtete*r: Eine psychologische Begriffsbestimmung

Der Begriff *Flüchtling* oder *Geflüchtete*r* wird in Politik, Öffentlichkeit und Wissenschaft unterschiedlich verwendet und z.T. kontrovers diskutiert (→ ‚Flüchtling' – historisch; → ‚Flüchtling' – sprachlich). Auch in der Psychologie wird der Begriff, dessen verschiedene Abwandlungen wie Kriegsflüchtling versus Wirtschaftsflüchtling und damit verbundene Zuschreibungen vereinzelt besprochen (z. B. Kotzur et al. 2017; Wagner 2017; s. auch Kirkwood/Goodman 2018). Echterhoff et al. (2020) haben kürzlich einen psychologischen Ansatz vorgeschlagen, der das subjektive Erleben von Geflüchteten und Mitgliedern aufnehmender Gesellschaften in den Mittelpunkt stellt. Als entscheidendes Kriterium für die Unterscheidung zwischen Geflüchteten und anderen Migrant*innen verstehen sie das Ausmaß, in dem eine Person ihre Migration als erzwungen wahrnimmt (*Forcedness*), sowie das Ausmaß, in dem sie vor und während der Migration ihre körperliche und psychische Unversehrtheit als bedroht erlebt hat (*Perils*). Beide Konzepte, *Forcedness* und *Perils*, werden dabei als Dimensionen und nicht als dichotome Kategorien verstanden, d.h. jemand kann sich selbst – unabhängig von objektiven Gegebenheiten und rechtlichen Zuordnungen – mehr oder weniger stark als zur Migration gezwungen wahrnehmen. Diese psychologische Definition nimmt – anders als andere Definitionen – also keine (z. B. rechtliche) Kategorisierung vor und knüpft den Begriff nicht an bestimmte Lebensumstände (z. B. gewaltsame Konflikte).

3. Ansätze und Perspektiven der psychologischen Fluchtforschung

Psychologische Studien zu den Lebenslagen von Geflüchteten gibt es mindestens seit den Fluchtbewegungen im Zuge des Zweiten Weltkrieges (z. B. Pfister-Ammende 1949; Zwingmann/Pfister-Ammende 1973; Nicassio 1983; Liebkind 1996; Ward et al. 2001). Im Vergleich zu anderen Themen war *Flucht* als besondere Form von Migration jedoch lange Zeit eher ein Randthema der psychologischen Forschung. Die in der Psychologie prominente Akkulturationsforschung (s. dazu Abschnitt 3.2) hat z. B. eher andere Zuwanderergruppen in den Blick genommen. Studien zu psychischen Auswirkungen belastender und traumatischer Erfahrungen im Kontext von Flucht sowie zu entsprechenden Interventionsmaßnahmen sind wiederum seit Längerem vergleichsweise häufig zu finden (z. B. Kinzie/Fleck 1987; Carlson/Rosser-Hogan 1991; Stammel et al. 2017; Böttche et al. 2021). In diesem Themenfeld überschneidet sich die Forschung der klinischen Psychologie mitunter mit der medizinisch-psychiatrischen Forschung. Insgesamt ist das Thema Flucht im Zuge der stark gestiegenen Anzahl an Schutzsuchenden in den Jahren 2015/16 – zumindest in der europäischen und deutschsprachigen Psychologie – deutlich prominenter geworden. Mittlerweile existieren neben klinischen z. B. auch sozialpsychologische Einzelpublikationen und Sonderausgaben in Fachzeitschriften (s. Echterhoff et al. 2019) oder Sammelbände (z. B. Rohmann/Stürmer 2018).

3.1 (Westliche) Ankunftskontexte stehen im Zentrum der Betrachtung

Die psychologische Fluchtforschung setzt in der Regel in der Phase an, in der Geflüchtete Ankunftsländer erreicht haben, und untersucht entweder retrospektiv die individuellen Auswirkungen und Bewältigungsformen von Fluchterfahrungen (bzw. jene, die zur Flucht geführt haben) oder die Frage, wie die Herausforderungen des Ankommens in der aufnehmenden Gesellschaft erlebt und bewältigt werden (Echterhoff et al. 2020). Als Folgen (erzwungener) Migration werden dabei vor allem drei Aspekte in den Blick genommen: Zugang zu bzw. Teilhabe an relevanten gesellschaftlichen Lebensbereichen im Aufnahmeland (Arbeit, Bildung, Gesundheitsversorgung etc.), Veränderungen in Einstellungen, Werten, Identitäten und Verhaltensweisen sowie psychische Gesundheit. Zum anderen beleuchtet die Psychologie aber auch Formen und Ursachen von (unterstützenden oder ablehnenden) Reaktionen von Mitgliedern der aufnehmenden Gesellschaft gegenüber Geflüchteten. Entsprechende Studien haben ihre theoretische Basis in der langen Tradition der sozialpsychologischen Intergruppenforschung (z. B. Tajfel 1981). Ein großer Anteil der Forschungsarbeiten bezieht sich dabei auf westliche Ankunftskontexte (→ Eurozentrismus) (vgl. Scharpf et al. 2021), wobei durchaus auch Studien existieren, die auf nicht-westliche Länder fokussieren (z. B. Woltin et al. 2018; Yitmen/Verkuyten 2018; Wildschut et al. 2019; Hellmann et al. 2022; Cuijpers et al. 2022). Insbesondere psychologische Integrationsmodelle werden jedoch eher für reichere, westliche Aufnahmeländer beschrieben (vgl. Echterhoff et al. 2020).

3.2 Fluchtforschung als Teil der psychologischen Akkulturationsforschung

Mit Blick auf den Ankunftskontext kann die Psychologie auf etablierte Modelle zurückgreifen, die darstellen, welche Auswirkungen Migration auf zugewanderte Menschen und die aufnehmende Gesellschaft hat (und wovon das abhängt). Besonders prominent ist das Konzept der Akkulturation. Darunter wird ein Prozess der Veränderung verstanden, der stattfindet, wenn Menschen unterschiedlicher Herkunft aufeinandertreffen (Zick 2010). Im Kontext von Migration betrifft dieser Veränderungsprozess sowohl zugewanderte Menschen (Veränderungen in Verhaltensweisen, Einstellungen, sozialen Beziehungen, Identitäten, etc.) als auch die Angehörigen der aufnehmenden Gesellschaft (z. B. Akkulturationserwartungen und Abwehrmechanismen). Beide Seiten werden als Teil des Akkulturationsprozesses miteinander ins Verhältnis gesetzt und aus der wechselseitigen Dynamik werden potenzielle Konsens- und Konfliktkonstellationen abgeleitet, sowohl auf der individuellen als auch auf der Gruppenebene. Mittlerweile existieren mehrere theoretische Modelle, die beschreiben, wie individuelle und kontextuelle Merkmale vor (im Herkunftsland) und nach (im Aufnahmeland) der Migration den Akkulturationsprozess bestimmen und wie diese in Wechselwirkung stehen (u. a. Berry 1997; Bourhis et al. 1997; Navas et al. 2005; Ward/Geeraerd 2016). Die prominentesten dieser „Megamodelle" (Zick 2010: 98) sind auf der Individualebene angesiedelt und gehen von einem Stress-Bewältigungs-Paradigma aus (zsf. Kuo 2014). Demnach erleben Personen im Zuge der Migration und des Ankommens im Aufnahmeland bestimmte Herausforderungen (Stressoren), die sie bewältigen müssen, um handlungsfähig und psychisch wie physisch unversehrt zu bleiben. Die möglichen Resultate dieses Bewältigungsprozesses lassen sich auf einem Kontinuum mit den beiden Polen

Stress und Adaptierung (Englisch *adjustment* oder *adaptation*, Ward et al. 2001) einordnen.[1] Wie gut dieser Prozess gelingt, hängt wiederum von individuellen Faktoren (z. B. Bewältigungsstrategien) und kontextuellen Rahmenbedingungen (z. B. Haltung der Bevölkerung) ab.[2] Zum Verständnis dieser Faktoren und Rahmenbedingungen greifen psychologische Studien wiederum auf Erkenntnisse aus der psychologischen Grundlagenforschung zurück, etwa zu der Frage, welche Strategien Menschen allgemein im Umgang mit Stressoren entwickeln, wovon das abhängt (z. B. sind Bewältigungsstrategien auch kulturspezifisch) und welche Konsequenzen das z. B. auf Wohlbefinden hat (vgl. dazu Ward et al. 2001).

Die psychologische Forschung geht grundsätzlich davon aus, dass Geflüchtete im Ankunftsland ähnliche Adaptationsprozesse durchlaufen wie andere Zuwanderergruppen (Phillimore 2011). Die beschriebenen Akkulturationsmodelle lassen sich jedoch nicht eins zu eins auf Flucht als spezifische Form der Migration übertragen. So wird angenommen, dass Geflüchtete im Vergleich zu anderen Zuwanderungsgruppen im Ankunftsland massivere bzw. zusätzliche Herausforderungen erleben, da z. B. ihr Aufenthaltsstatus unsicher ist und sie im Zuge der Unterbringungspraxis sozial isoliert sind (Phillimore 2011). Ebenso wird angenommen, dass sie in der Regel mit weniger Ressourcen ausgestattet sind, um die Herausforderungen im Ankunftsland zu bewältigen, da sie nicht freiwillig migriert sind und sich nicht auf das Ankunftsland vorbereiten konnten (Hahn et al. 2019). Studien zu Geflüchteten thematisieren zudem stärker als jene zu anderen Zuwanderergruppen die (potenziell) traumatisierenden Erlebnisse vor und während der Migration (z. B. Gewalterfahrungen) als zusätzliche Stressoren und legen ihren Schwerpunkt dadurch stärker auf (beeinträchtigte) psychische Gesundheit (Henkelmann et al. 2020; Ryan et al. 2008; für eine komplexere Einführung s. Morina/Nickerson 2018) sowie therapeutische Interventionen (z. B. Stammel et al. 2017) (→ Gesundheit). Ihr theoretischer Bezug liegt entsprechend stärker auf Stress-Gesundheits-Modellen als auf Akkulturationsmodellen. Auch in dem bereits angesprochenen Ansatz von Echterhoff et al. (2020) ist der Umgang mit Stressoren im aufnehmenden Land ein Ausgangspunkt. Die subjektive Erzwungenheit von Migration und die belastenden Erfahrungen interagieren dann mit den bereits erwähnten individuellen und kontextuellen Determinanten des Akkulturations- und Integrationsprozesses auf verschiedene Weise. Als ein entscheidender Mechanismus wird hier das Erleben von Kontrollverlust hervorgehoben, das wiederum dazu führt, dass insbesondere neue Herausforderungen (Stressoren) im Aufnahmeland als weniger gut zu bewältigen erlebt werden (vgl. Hahn et al. 2019). Echterhoff et al. (2020) argumentieren zudem, dass Erfahrungen vor und während der Flucht mehr als bei anderen Migrationsformen für die Betroffenen eine Bedrohung psychischer Grundbedürfnisse (z. B. nach Kontrolle und Vorhersagbarkeit von Ereignissen) darstellen und dass ein wesentlicher Teil des Anpassungsprozesses darin besteht, diese wieder zu decken (vgl. dazu auch Ryan et al. 2008).

Neben der Perspektive der Geflüchteten selbst nehmen psychologische Studien zunehmend auch die aufnehmende Bevölkerung in den Blick. Echterhoff et al. (2020) beziehen ihren Ansatz der wahrgenommenen *Forcedness* und *Perils* auch auf Mitglieder der aufnehmenden Bevölkerung, die

---

1 Diese Betonung von Stress im Kontext von Migration und Akkulturation ist aber nicht unumstritten. Andere Ansätze verstehen Akkulturation z. B. eher als einen Lernprozess im Zuge neuer Lebensumstände oder stellen eher (interkulturelle) Kommunikationsprozesse und soziale Netzwerke ins Zentrum (vgl. Zick 2010).
2 Insgesamt nimmt die Psychologie Einflussgrößen auf gesellschaftlicher Ebene weitaus weniger differenziert in den Blick als andere Disziplinen, etwa die (→) Soziologie, (→) Politikwissenschaft oder (→) Geschichtswissenschaft.

ebenfalls Urteile darüber fällen, inwieweit jemand ‚tatsächlich' zur Flucht gezwungen war. Dies wirkt sich wiederum auf ihre Offenheit gegenüber Geflüchteten aus (Kotzur et al. 2017). Andere Studien erklären Einstellungen gegenüber Geflüchteten mit *klassischen* sozialpsychologischen Intergruppenphänomenen, etwa Stereotypen und Vorurteilen (Kotzur et al. 2019), sozialer Dominanzorientierung und rechtsgerichtetem Autoritarismus (zusammenfassend Cowling et al. 2019) oder mit Bedrohungswahrnehmungen (zusammenfassend Landmann et al. 2019).

4. Fazit: Potenziale und Herausforderungen der psychologischen Fluchtforschung

Die Psychologie steuert zur Fluchtforschung eine *Innenperspektive* bei, die den Fokus auf das Erleben und Verhalten des Individuums legt; eine Perspektive, die in manch anderen Disziplinen weniger im Blick steht. Sie bezieht sich gegenwärtig jedoch noch vorwiegend auf das Thema Integration sowie Gesundheit in Aufnahmekontexten. Psychologische Erkenntnisse bieten dabei Ansätze für Interventionen. So gilt als insgesamt gut belegt, dass (positive) Kontakterlebnisse zwischen Mitgliedern verschiedener Gruppen gegenseitige Vorurteile abbauen können (z. B. Pettigrew/Tropp 2006; Kotzur et al. 2019). Hier können Interventionsmaßnahmen ansetzen. Da Kontakt auch negative Auswirkungen haben kann (Paluck 2016; Kotzur/Wagner 2020), helfen psychologische Erkenntnisse, Maßnahmen entsprechend effizient zu gestalten (Echterhoff et al. 2020). Psychologische Studien belegen zudem die große Bedeutung psychosozialer und psychotherapeutischer Unterstützung für Geflüchtete (z. B. Stammel et al. 2017; Hinton & Patel 2018; Böttche et al. 2021). Allerdings wird Geflüchteten, die z. B. aufgrund vorheriger Traumatisierungen entsprechenden Bedarf haben, nicht immer angemessene Hilfe zuteil. Dies liegt v. a. an einer nicht ausreichenden Angebotsstruktur sowie an rechtlichen Zugangsbarrieren (vgl. Schiefer 2017). Es liegt aber auch an mangelnder zielgruppenspezifischer Kompetenz von Therapeut*innen und z.T. an Faktoren, die mit deren mangelnder Behandlungsbereitschaft einhergehen (Schlechter et al. 2021b), sowie einer z.T. geringeren Offenheit von Geflüchteten selbst gegenüber psychotherapeutischen Interventionen (Schlechter et al. 2021a). Verschiedene Modelle der Behandlung Geflüchteter wie community-basierte gestufte Behandlungsmodelle, wurden daher vorgeschlagen (s. Hecker & Neuner 2019). Andere Maßnahmen, etwa Selbstwirksamkeitstrainings, können Geflüchteten gezielt bestimmte Ressourcen zurückgeben, die vor und während der Flucht verloren gegangen sind (van Heemstra et al. 2019; Wildschut et al. 2019). Dies erleichtert wiederum den Zugang zu wichtigen Lebensbereichen, etwa dem Arbeitsmarkt (s. Echterhoff et al. 2020). Auch zur Verbesserung von Intergruppenbeziehungen liefert die Psychologie Ansätze, etwa in Form von psychologisch ausgerichteten Gruppendiskussionen, die z. B. stereotype Zuschreibungen an Geflüchtete unter Mitgliedern der aufnehmenden Gesellschaft bearbeiten (vgl. Hölblinger/Hametner 2017; für einen Überblick zu Hilfeleistungen im Kontext der Integration von Geflüchteten s. Echterhoff et al. 2022).

Neben den Potenzialen zeigen sich in der psychologischen Fluchtforschung aber auch methodische Schwächen und inhaltliche Kontroversen. Eine Problematik empirischer Studien ist z. B., dass häufig geeignete Vergleichsgruppen fehlen. Nur über entsprechende Vergleiche (z. B. mit anderen Zuwanderungsgruppen) lassen sich jedoch spezifische Konsequenzen von unfreiwilliger und erzwungener (*forced*) Migration bestimmen. Psychologische Beiträge zu Flucht- und Flüchtlingsforschung sollten also die spezifischen Aspekte von Flucht berücksichtigen und die – teilweise seit Jahrzehnten – bereits bestehenden Forschungsansätze nicht unreflektiert auf diese Gruppe übertragen (vgl. Echterhoff et al. 2020).

Ein klares Desiderat ist zudem der Fokus auf westliche Ankunftskontexte. Da ein Großteil der Menschen, die weltweit ihre Heimat verlassen müssen, innerhalb der Landesgrenzen oder in Nachbarländer fliehen (UNHCR 2022), bildet die Psychologie so bisher nicht alle Lebensrealitäten von geflüchteten Menschen gleichermaßen gut ab. Mit diesem Fokus auf westliche Ankunftskontexte verknüpft ist die Tendenz, Fluchtmigration als eine abgeschlossene Wanderungsbewegung vom Herkunftsland in das westliche Aufnahmeland zu betrachten und daher die Lebensbedingungen im Ankunftsland ins Zentrum zu rücken. Diese als „methodologischer Nationalismus" kritisierte Verengung (Wimmer/Glick-Schiller 2002), blendet soziale und andere Bezüge in die Herkunfts- und Transitländer sowie Weiter-, Rück- oder zirkuläre Wanderungsbewegungen tendenziell aus (→ Forschungsethik). Diese Kritik betrifft aber nicht nur die Psychologie.

Ein inhaltliches Spannungsfeld betrifft zudem die Bedeutung von psychischen Belastungen vor, während und nach der Flucht für die Lebenslage der Betroffenen. Empirische Studien belegen zwar überwiegend, dass Geflüchtete psychisch stärker belastet sind als andere Gruppen, Befunde zu Prävalenzen von psychischen Erkrankungen zeigen aber eine enorm große Spannbreite (Henkelmann et al. 2020). Dies birgt die Gefahr, die Bedeutung psychischer Belastungen einerseits zu unterschätzen und andererseits durch eine zu starke Thematisierung eine Wahrnehmung von Geflüchteten als ‚schwache', ‚verletzliche' und – gerade hinsichtlich Aktivitäten, die eine Integration fördern würden – ‚passive' Personen zu reproduzieren.. Manche Arbeiten legen daher bewusst den Schwerpunkt auf Ressourcen und Resilienz bei der Bewältigung von Erfahrungen im Kontext von Flucht (z. B. James et al. 2019; Ryan et al. 2008).

Dieser Beitrag hat einen Einblick in ausgewählte Konzepte und Befunde der psychologischen Flucht- und Flüchtlingsforschung gewährt. Mit ihrer Betonung auf individuelles Erleben und Verhalten und ihrer Expertise in Bereichen wie psychische Gesundheit, Stressbewältigung und Intergruppenbeziehungen setzt sie wichtige Akzente im Verständnis der Lebenssituation von Menschen im Kontext von Flucht. Ihre Aufgabe für die Zukunft besteht u. a. darin, Arbeiten auf nicht-westliche Ankunftskontexte zu erweitern, die Auswirkungen psychischer Belastungen im Kontext von Flucht zu spezifizieren und Interventionen zu entwickeln, die die gesellschaftliche Teilhabe Geflüchteter erleichtern. Psychologische Erkenntnisse sollten zudem noch stärker als bisher für konkrete Anwendungsbereiche nutzbar gemacht und für die interessierte Öffentlichkeit und für politische Entscheidungsträger*innen aufbereitet werden.

Literaturverzeichnis

Berry, John W. (1997): Immigration, acculturation, and adaptation. In: Applied Psychology 46 (1), 5–34.

Böttche, Maria/Kampisiou, Christina/Stammel, Nadine/El-Haj-Mohamad, Rayan/Heeke, Carina/Burchert, Sebastian/Heim, Eva/Wagner, Birgit/Renneberg, Babette/Böttcher, Johanna/Glaesmer, Heide/Gouzoulis-Mayfrank, Euphrosyne/Zielasek, Jürgen/Konnopka, Alexander/Murray, Laura/Knaevelsrud, Christine (2021): From formative research to cultural adaptation of a face-to-face and internet-based cognitive-behavioural intervention for Arabic-speaking refugees in Germany. Clinical Psychology in Europe, 3, 1–14. https://doi.org/10.32872/cpe.4623

Bourhis, Richard Y./ Moise, Léna C./Perreault, Stéphane/Senecal, Sacha (1997): Towards an interactive acculturation model: A social psychological approach. In: International Journal of Psychology 32 (6), 369–386.

Carlson, Eve B./Rosser-Hogan, Rhonda (1991): Trauma experiences, posttraumatic stress, dissociation, and depression in Cambodian refugees. In: The American Journal of Psychiatry 148 (11), 1548–1551.

Cowling, Misha M./Anderson, Joel R./Ferguson, Rose (2019): Prejudice-relevant correlates of attitudes towards refugees: A meta-analysis. In: Journal of Refugee Studies 32 (3), 502–524.

Cuijpers, Pim/Heim, Eva/ Abi Ramia, Jinane/ Burchert, Sebastian/ Carswell, Kenneth/ Cornelisz, Ilja/ Knaevelsrud, Christine/ Noun, Philip/ van Klaveren, Chris/ van't Hof, Edith/ Zoghbi, Edwina/ van Ommeren , Mark/ El Chammay, Rabih (2022): Effects of a WHO-guided digital health intervention for depression in Syrian refugees in Lebanon: A randomized controlled trial. PLoS medicine 19 (6), 1–15.

Echterhoff, Gerald/Hellmann, Jens H./Back, Mitja D./Esses, Victoria M./Wagner, U. (2019): The social psychology of forced migration and refugee integration. In: European Journal of Social Psychology 49 (7), 1337–1343.

Echterhoff, Gerald/Becker, Julia C./Knausenberger, Judith/ Hellmann, Jens H. (2022): Helping in the context of refugee immigration. In: Current Opinion in Psychology 44, 106–111.

Echterhoff, Gerald/Hellmann, Jens H./Back, Mitja D./Kärtner, Joscha/Morina, Nexhmedin/Hertel, Guido (2020): Psychological antecedents of Refugee Integration (PARI). In: Perspectives on Psychological Science 15 (4), 856–879.

Hager, Anselm/Veit, Susanne (2019): Attitudes toward asylum seekers: Evidence from Germany. Public Opinion Quarterly 83 (2), 412–422.

Hahn, Elisabeth/Richter, David/Schupp, Jürgen/Back, Mitja D. (2019): Predictors of refugee adjustment: The importance of cognitive skills and personality. In: Collabra: Psychology 5 (1), 1–14.

Hecker, Tobias/Neuner, Frank (2019): Mental health enables integration: Re-thinking treatment approaches for refugees. In: Krämer, Alexander/Fischer, Florian (Hrsg.): Refugee migration and health: Challenges for Germany and Europe. Cham: Springer, 63–72.

Hellmann, Jens H./Forthmann, Boris/Knausenberger, Judith/Hellmann, Deborah F./Rees, Jonas H./ Gansel, Eva/Back, Mitja D./Echterhoff, Gerald (2020): Support for refugee integration in West and East Germany: Results from two lost letter studies. In: Social Psychology 51 (2), 106–115.

Hellmann, Jens H./Übergünne-Otte, Lena/Heimlich, Steven/Kalyegira, Juma/Echterhoff, Gerald/Memon, Amina/Knausenberger, Judith/Schlechter, Pascal (2022): Ugandan and British individuals' views of refugees in their countries: An exploratory mixed-methods comparison. In: Journal of Community and Applied Social Psychology 32 (1), 42–56.

Henkelmann, Jens R./de Best, Sanne/Deckers, Carla/ Jensen, Katarina/ Shahab, Mona/ Elzinga, Bernet/ Molendijk, Marc (2020): Anxiety, depression and post-traumatic stress disorder in refugees resettling in high-income countries: Systematic review and meta-analysis. In: British Journal of Psychology Open 6 (4).

Hinton, Devon E./Patel, Anushka (2018): Culturally sensitive CBT for Refugees: Key dimensions. In: Morina, Nexhmedin/Nickerson, Angela (Hrsg.): Mental health of refugee and conflict-affected populations. Cham: Springer, 201–219.

Hölblinger, Julia/Hametner, Katharina (2017): Zur alltäglichen Konstruktion des patriarchalen männlichen Geflüchteten. In: Psychologie & Gesellschaftskritik 41 (1), 7–28.

James, Poppy/Iyer, Aarti/ Webb, Thomas L. (2019): The impact of post-migration stressors on refugees' emotional distress and health: A longitudinal analysis. In: European Journal of Social Psychology 49 (7), 1359–1367.

Kinzie, J. David, & Fleck, Jenelle (1987): Psychotherapy with severely traumatized refugees. In: American Journal of Psychotherapy 41(1), 82–94.

Kirkwood, Steve/Goodman, Simon (2018): Discursive psychological research on refugees. In: Gibson, Stephen (Hrsg.): Discourse, Peace, and Conflict. Cham: Springer, 169–185.

Kotzur, Patrick F./Forsbach, Nina/Wagner, Ulrich (2017): Choose your words wisely: Stereotypes, emotions, and action tendencies toward fled people as function of the group label. In: Social Psychology 48 (4), 226–241.

Kotzur, Patrick F./Schäfer, Sarina J./ Wagner, Ulrich (2019): Meeting a nice asylum seeker: Intergroup contact changes stereotype content perceptions and associated emotional prejudices, and encourages solidarity-based collective action intentions. In: British Journal of Social Psychology 58 (3), 668–690.

Kotzur, Patrick F./Wagner, Ulrich (2021): The dynamic relationship between contact opportunities, positive and negative intergroup contact, and prejudice: A longitudinal investigation. In: Journal of Personality and Social Psychology 120 (2), 418–442.

Kuo, Ben C. H. (2014): Coping, acculturation, and psychological adaptation among migrants: A theoretical and empirical review and synthesis of the literature. In: Health Psychology and Behavioral Medicine 2 (1), 16–33.

Landmann, Helen/Gaschler, Roman/Rohmann, Anette (2019): What is threatening about refugees? Identifying different types of threat and their association with emotional responses and attitudes towards refugee migration. In: European Journal of Social Psychology 49 (7), 1401–1420.

Liebkind, Karmela (1996): Acculturation and stress: Vietnamese refugees in Finland. In: Journal of Cross-Cultural Psychology 27 (2), 161–180.

Morina, Nexhmedin/Nickerson, Angela (Hrsg.) (2018): Mental health of refugee and conflict-affected populations: Theory, research and clinical practice. Cham: Springer.

Muir, Jessica/Gannon, Kenneth (2016): Belongings beyond borders: Reflections of young refugees on their relationships with location. In: Journal of Community & Applied Social Psychology 26 (4), 279–290.

Myers, David G. (2014): Psychologie. Cham: Springer.

Navas, Marisol/García, María C./Sánchez, Juan/Rojas, Antonio J./Pumares, Pablo/Fernández, Juan S. (2005): Relative Acculturation Extended Model (RAEM): New contributions with regard to the study of acculturation. In: International Journal of Intercultural Relations 29 (1), 21–37.

Nicassio, Perry M. (1983): Psychosocial correlates of alienation: Study of a sample of Indochinese refugees. In: Journal of Cross-Cultural Psychology 14 (3), 337–351.

Paluck, Elizabeth L. (2016): How to overcome prejudice: A brief conversation can have a lasting effect on prejudice. In: Science 353 (6282), 147.

Pettigrew, Thomas F./Tropp, Linda R. (2006): A meta-analytic test of intergroup contact theory. In: Journal of Personality and Social Psychology 90 (5), 751–783.

Pfister-Ammende, Maria (1949): Psychotherapie in der Flüchtlingsbetreuung. In: Psyche – Zeitschrift für Psychoanalyse 3 (8), 636–640.

Phillimore, Jenny (2011): Refugees, acculturation strategies, stress and integration. In: Journal of Social Policy 40 (3), 575–593.

Rohmann, Anette/Stürmer, Stefan (2018): Die Flüchtlingsdebatte in Deutschland: Sozialpsychologische Perspektiven. Berlin: Peter Lang.

Ryan, Dermot/Dooley, Barbara/Benson, Ciarán (2008): Theoretical perspectives on post-migration adaptation and psychological well-being among refugees: Towards a resource-based model. In: Journal of Refugee Studies 21(1), 1–18.

Scharpf, Florian/Kaltenbach, Elisa/Nickerson, Angela/Hecker, Tobias (2021): A systematic review of socio-ecological factors contributing to risk and protection of the mental health of refugee children and adolescents. In: Clinical Psychology Review 83, 101930.

Schiefer, David (2017): Wie gelingt Integration? Asylsuchende über ihre Lebenslagen und Teilhabeperspektiven in Deutschland. Eine Studie des SVR-Forschungsbereichs und der Robert Bosch Stiftung, Berlin: SVR-Forschungsbereich.

Schlechter, Pascal/Kamp, Svea/Wanninger, Katharina/Knausenberger, Judith/Wagner, Ullrich/Wilkinson, Paul/Nohr, Laura/Hellmann, Jens H. (2021a): Help-seeking attitudes and distress disclosure among Syrian refugees in Germany. In: The Counseling Psychologist 49 (3), 330–352.

Schlechter, Pascal/Hellmann, Jens H./Wingbermühle, Pia/Morina, Nexhmedin (2021b): Which psychological characteristics influence therapists' readiness to work with refugees? In: Clinical Psychology & Psychotherapy 28 (2), 334–344.

Spears, Russell/Tausch, Nicole (2014): Vorurteile und Intergruppenbeziehungen. In: Jonas, Klaus/Stroebe, Wolfgang/Hewstone, Miles (Hrsg.): Sozialpsychologie. Berlin/Heidelberg: Springer, 507–564.

Stammel, Nadine/Knaevelsrud, Christine/Schock, Katrin/Walther, Lena C./Wenk-Ansohn, Mechthild/Böttche, Maria (2017): Multidisciplinary treatment for traumatized refugees in a naturalistic setting: symptom courses and predictors. In: European Journal of Psychotraumatology 8, H. sup2, 1377552, 1–13.

Tajfel, Henry (1981): Human groups and social categories. Cambridge: Cambridge University Press.

UNHCR (2022): Refugee facts. www.unrefugees.org/refugee-facts/what-is-a-refugee/, 14.09.2022.

Van Heemstra, Henriette E./Scholte, Willem F./Haagen, Joris F. G./Boelen, Paul A. (2019): 7ROSES, a transdiagnostic intervention for promoting self-efficacy in traumatized refugees: a first quantitative evaluation. In: European Journal of Psychotraumatology 10 (1), 1673062, 1–12.

Wagner, Ulrich (2017): Geflüchtete und wir – sozialpsychologische Perspektiven. In: Ghaderi, Cinur/Eppenstein, Thomas (Hrsg): Flüchtlinge: Multiperspektivische Zugänge, Wiesbaden: Springer VS, 169–181.

Ward, Colleen/Bochner, Stephen/Furnham, Adrian (2001): The psychology of culture shock. Hove: Routledge.

Ward, Colleen/Geeraert, Nicolas (2016): Advancing acculturation theory and research: The acculturation process in its ecological context. In: Current Opinion in Psychology 8, 98–104.

Wildschut, Tim/Sedikides, Constantine/Alowidy, Dalal (2019): Hanin: Nostalgia among Syrian refugees. In: European Journal of Social Psychology 49 (7), 1368–1384.

Wimmer, Andreas/Glick-Schiller, Nina (2002): Methodological nationalism and beyond: nation-state building, migration and the social sciences. In: Global Networks 2 (4), 301–334.

Woltin, Karl-A./Sassenberg, Kai/Albayrak, Nihan (2018): Regulatory focus, coping strategies and symptoms of anxiety and depression: A comparison between Syrian refugees in Turkey and Germany In: PloS one 13 (10), e0206522.

Yitmen, Senay/Verkuyten, Maykel (2018): Positive and negative behavioural intentions towards refugees in Turkey: The roles of national identification, threat, and humanitarian concern. In: Journal of Community and Applied Social Psychology 28 (4), 230–243.

Zick, Andreas (2010): Psychologie der Akkulturation: Neufassung eines Forschungsbereiches. Wiesbaden: VS Verlag für Sozialwissenschaften.

Zwingmann, Charles/Pfister-Ammende, Maria (1973): Uprooting and after, Berlin, Heidelberg: Springer.

I.1.10
Literaturwissenschaft

Charlton Payne

Abstract Der Artikel beschreibt die Entstehung der Flüchtlingsliteratur als Forschungsgebiet innerhalb der Literaturwissenschaften des 20. und 21. Jahrhunderts. Ausgehend von den ersten Impulsen, die von den Schriftstellern und Wissenschaftlern ausgingen, die unter dem nationalsozialistischen Regime ins Exil gezwungen wurden, beschreibt der Artikel die Internationalisierung der Literaturwissenschaft und die Fokussierung auf Verbindungen zwischen Biografie, Politik und literarischem Schaffen, die die wissenschaftliche Beschäftigung mit Literatur von und über Flüchtlinge(n) im Laufe des zwanzigsten Jahrhunderts prägten. Der Artikel geht dann auf die interdisziplinären Ansätze der letzten Jahre ein, z. B. zu Menschenrechten und Pässen, und endet mit der Frage, ob sich spezifische Merkmale einer Flüchtlingsliteratur identifizieren lassen.

Schlüsselbegriffe: Fluchtliteratur, Passgeschichten, Exilliteratur, Migrationsliteratur

1. Einleitung

Flucht- und Flüchtlingsforschung ist, wie der Gegenstand, dem sie sich widmet, ebenso ein ‚Grenzgänger' in der Literaturwissenschaft. Wie die Flüchtenden kämpfen, um die territorialen (→) Grenzen von Staaten zu überwinden, hat sich die wissenschaftliche Behandlung von Flucht und Flüchtlingen in den Literaturwissenschaften zu einer die Grenzen überwindenden, interdisziplinären Forschung zu angrenzenden Forschungsfeldern in diesem Bereich entwickelt.

Früher wurden literarische Texte zu Flucht und Flüchtlingen als entweder Exil- oder Migrationsliteratur behandelt. Die Forschungsgebiete, die sich diesen Texten widmen, bilden zwei Hauptsäulen innerhalb der transnationalen Literaturwissenschaft und haben viele einflussreiche Studien hervorgebracht. Literatur über und von Flüchtlingen geschrieben, verbindet diese beiden Hauptgebiete miteinander. Insbesondere die fachliche Praxis und die Institutionen der internationalen Literaturwissenschaft sind tiefgreifend von dem Einfluss der Forscher*innen mit Flüchtlingsvergangenheit geformt worden. Mit der stetig wachsenden Zahl und Häufigkeit von Menschen auf der Flucht, ist die Migration zu einem der Hauptmerkmale unserer globalisierten Gesellschaft geworden, die eine beeindruckende Anzahl an Narrativen produziert hat, die über die unzähligen, unterschiedlichen Erfahrungen berichten.

Forschung zu Flucht und Exil wurde ebenfalls durch die Forschung zu Migrationsliteratur bereichert. Wenn ‚Migration' als der Begriff für die Bewegungen von Menschen von einem Ort zu einem anderen Ort begriffen werden kann, dann sind Fliehen, vertrieben worden sein, umgesiedelt werden und Asylsuche alles Kriterien für eine erzwungene Migration. In diesem Sinn sind literarische Repräsentationen von Flucht und Flüchtlingen als ein Teil der Migrationsliteratur zu verstehen. Nach einer kurzen Erläuterung der Kriterien einer Literaturwissenschaft der Flüchtlingsliteratur, wie sie sich historisch und konzeptuell als Knotenpunkt zwischen Exilliteratur und Migrationsliteratur bildete, werde ich danach auf Besonderheiten der Flüchtlingsliteratur und deren Forschungsdiskussionen näher eingehen, die sich im Rahmen der literaturwissenschaftlichen Flucht- und Flüchtlingsliteratur entwickelt haben.

2. Flucht als Exilliteratur

Exilliteratur als ein spezielles Forschungsgebiet innerhalb der Literaturwissenschaften wurde hauptsächlich von jüdischen oder verfolgten Linksgerichteten etabliert, die zu Flüchtlingen des faschistischen Deutschlands bzw. Österreichs der 1930er und 1940er Jahre wurden. Wie viele der damals zeitgenössischen Schriftsteller*innen flohen auch die Wissenschaftler*innen aus Deutschland und anderen von den Nazis okkupierten Ländern, und waren gezwungen fortan aus dem Exil zu schreiben und zu forschen. Die internationale Literaturwissenschaft der zweiten Hälfte des 20. Jahrhunderts ist daher stark von den Flüchtlingen des Nationalsozialismus geprägt.

2.1 Flüchtlinge gegen Faschismus

Exilliteraturforschung im deutschsprachigen Raum entstand als Antwort geflüchteter Wissenschaftler*innen auf ihre politische Verfolgung durch die Nazis. Walter A. Berendsohn wird weithin als ihr Begründer verstanden. Nachdem ihm seine professionelle Zugehörigkeit zur Universität und seine deutsche Staatsbürgerschaft aufgrund seiner jüdischen Abstammung aberkannt worden sind, floh Berendsohn zunächst nach Dänemark und schließlich nach Schweden. Schon 1930, als die politische Verfolgung bereits im Gang war, begann Berendsohn mit der Arbeit, einen Kanon von Schriftsteller*innen zu begründen, die er als grundlegend für die ‚humanistische Front' gegen den Faschismus und dessen inhärente Barbarei begriff. Dieses waren hauptsächlich zeitgenössische Schriftsteller*innen, deren Bücher verboten oder verbrannt worden sind und die selbst von den Nazis verurteilt, verfolgt, ermordet oder dadurch dazu gezwungen worden sind, ins Exil zu gehen. Berendsohns politisch und ethisch motivierte Kanonisierung dieser speziellen Exilliteratur in Bezug auf die Weiterführung eines Humanismusbegriffs, der bis zur deutschen Aufklärungsliteratur des 18. Jahrhunderts zurückgeht, definierte die Rahmenbedingungen einer daraus entstandenen Forschungsdebatte, deren Einfluss noch heute spürbar ist.

Natürlich war Berendsohn letztlich nicht allein für die Entstehung eines solchen Kanons verantwortlich: Viele der zeitgenössischen Autor*innen hatten ihre Arbeiten bereits vorher gegen den Faschismus positioniert und behielten das auch im Exil bei. Dennoch hatte die Erforschung der Exilliteratur, wie sie Berendsohn anregte, auch in späteren Jahren noch einen enormen Anreiz: indem eine dezidierte Haltung gegen den Faschismus eingenommen wurde und die Untersuchung literarischer Texte in ihren historischen, sozialen und ideologischen Kontexten stattfand, bot die Forschung der Exilliteratur Studierenden in den 1960er Jahren einen inspirierenden Gegenentwurf zu einer konservativen Philologie, die sich vor politischen Debatten innerhalb der Literatur zugunsten einer werkimmanenten Interpretation drückte.

2.2 Internationalisierung der Literatur und Literaturwissenschaft

Während die geflüchteten Schriftsteller*innen und Forscher*innen ihrer Arbeit im Exil weiter nachgingen, wurde die deutsche Philologie internationalisiert. Eine Auslandsgermanistik entstand, die sich aus der Wechselwirkung der deutschen Forscher*innen und dem Kontakt der Institutionen formte, für die diese im Ausland arbeiteten. Viele von ihnen entschieden sich, in dem Land, das sie aufnahm, zu bleiben und hinterließen in den Institutionen eine über Generationen andauernde Gegenwärtigkeit. Diese Wissenschaftler*innen der deutschen Literatur wurden wiederum von den Arbeiten ihrer Kolleg*innen anderer Fachdisziplinen beeinflusst. Im Lauf der Jahre kamen immer mehr Forschungsbeiträge zur deutschen Philologie aus dem Ausland; es formten sich internationale Forschungsnetzwerke und nicht nur die Forschungsperspektiven wurden interdisziplinärer, sondern auch deren Lehrer*innen und Student*innen begannen sich über nationale Grenzen hinweg zu bewegen und in ihren Bewegungen weltoffener zu werden. Diese Entwicklung innerhalb der Forschung spiegelte die Internationalisierung der deutschen Literatur von Schriftsteller*innen aus dem Exil wider, die ebenfalls stattfand, als die Autor*innen die Gesellschaft, in der sie lebten, reflektierten und ein einheimisches Gespür für ihr Schaffen bekamen und dieses ihnen neue Perspektiven auf die örtlichen Traditionen, unter denen sie bisher geschrieben haben, ermöglichte. Los Angeles zum Beispiel wurde ein schöpferischer Ort, an dem der deutsche Modernismus von den dort im Exil lebenden Schriftsteller*innen und Künstler*innen neu bewertet wurde (Bahr 2007).

Der Einfluss von Flüchtlingen, die vor dem Nationalsozialismus geflohen sind, auf die internationale Literaturwissenschaft ist mittlerweile weit größer als die Forschungsdisziplin der deutschsprachigen Literatur. Erich Auerbach zum Beispiel floh in den 1930er Jahren von Deutschland nach Istanbul, wo er während seines elfjährigen Exils seine einflussreiche Studie „Mimesis" schrieb, bevor er sich schließlich in den USA niederließ, wo er einer der herausragenden Forscher der vergleichenden Literaturwissenschaften wurde. Die Flüchtlinge aus Deutschland und Österreich beeinflussten außerdem das literarische Schaffen der zeitgenössischen Schriftsteller*innen ebenso wie das späterer Generationen in ihrem Exilland, in dem sie der Produktion und Erforschung von Exilliteratur eine ihr innewohnende, vergleichende Perspektive eröffneten (Stern 1986). Die amerikanische Schriftstellerin Susan Sonntag, um nur ein Beispiel des Einflusses von Flüchtlingen auf die folgende Produktion amerikanischer Literatur zu nennen, betonte die Bedeutung von Thomas Mann und Hermann Broch auf ihr eigenes Schaffen und ihre literarische Entwicklung.

2.3 Exil zwischen Metapher und Wirklichkeit

Ähnlich wie das Leben der geflüchteten Wissenschaftler*innen im Exil Einfluss auf die Entwicklung der deutschen Philologie hatte, entwickelte sich das Narrativ des Exils weit über den unmittelbaren Kontext seiner Autor*innen hinaus, die aufgrund der Nazi-Diktatur im Exil lebten oder den Bezug der Texte auf das Leben im Exil richteten. Die Autor*innen und Forscher*innen der Exilliteratur der Nazi-Jahre betonten selbst, dass die Tradition des Exils weit länger in die Geschichte zu Ovid im Römischen Reich oder Heinrich Heine im 19. Jahrhundert in Frankreich zurückreichte. Im 19. und 20. Jahrhundert sind immer mehr Schriftsteller*innen auf der ganzen Welt aufgrund von politischer Verfolgung oder

Zensur gezwungen worden, ins Exil zu gehen. Dieser internationale Textkorpus von Exilanten-Literatur geriet im Verlauf des 20. Jahrhunderts verstärkt in den Fokus der Forscher*innen. In einem vielzitierten Essay über Vladimir Nabokov von 1969 schrieb der herausragende Literaturkritiker George Steiner, dessen Familie kurz zuvor wegen der Invasion der Nazis aus Paris floh: „A great writer driven from language to language by social upheaval and war is an apt symbol for the age of the refugee." (Steiner 1976: 11) Für Steiner verkörperte der mehrsprachige Exilant, Nabokov, mit seinem ironischen und unnahbaren Sinn für Exzentrik, die literarische Antwort auf die Umbrüche des 20. Jahrhunderts und dabei insbesondere die, die dazu führten, dass die Flüchtlinge zu einzigartigen Figuren politischer Teilhabe und literarischer Kreativität wurden. Einige Wissenschafler*innen verstanden das Konzept des Exils als grundlegend für einen literarischen Ideenreichtum, mehr noch als die Quelle narrativer Vorstellungskraft und Phantasie an sich (Seidel 1986). Ein wichtiges Gegenargument wurde allerdings von dem differenzierten Literaturkritiker Edward Said gemacht, der einerseits die ‚contrapuntal'[1] (kontrapunktische) Perspektive des Exils auf die Gesellschaft feierte, während er gleichzeitig auf die zutiefst überwältigenden, unmenschlichen Effekte von Massenvertreibungen hinwies. Saids Betonung der Geschichte von Massenvertreibungen hinterfragt die schnelle Identifizierung des Exils und damit auch die unmenschlichen Umstände von Flucht mit einem vermeintlichen ‚Humanismus'. Er warnt davor, eine durch Worte verliehene Würde mit einer Würde des Zustands selbst zu verwechslen (vgl. Stonebridge 2018). Nichtsdestotrotz erkennt er ein Potenzial in der schriftstellerischen Subjektivität des Exil-Zustandes, das dazu in der Lage sei, akzeptierte Praktiken und vermeintlich einstimmige Vorannahmen zu Ort und Zugehörigkeit, zu hinterfragen.

3. Flucht als Migrationsliteratur

Beachtenswert ist, dass Walter A. Berendsohn den Begriff der ‚Emigrantenliteratur' vorgeschlagen hat, um auf die Literatur von jenen Schriftsteller*innen zu verweisen, die vor den Nazis fliehen mussten und weiterhin auf Deutsch aus dem Exil geschrieben haben. Dennoch wurde auf diese Schriftsteller*innen als ‚Exilanten' verwiesen und ihr Werke wurden als ‚Exilliteratur' zusammengefasst. Wie bereits erwähnt, wurde die Bezeichnung ‚exile' auch aus komparatistischer Sicht benutzt, um auf Schriftsteller*innen und deren Kontexte zu verweisen, die aufgrund der einen oder anderen Art der Vertreibung außerhalb des deutschen – oder ihres Herkunfts- und Sprachraums lagen. Natürlich waren geflüchtete Schriftsteller*innen auf der ganzen Welt lange vor dem Nationalsozialismus auf der Flucht und schrieben aus dem Exil. Allein die Russische Revolution, brachte eine Vielzahl an Exilliteraten hervor. Der Zusammenbruch von Imperien und der Zugewinn an Gebieten aus unabhängigen Staaten ist dabei eine der Hauptursachen für die Vertreibung. Das postkoloniale Zeitalter hat zu der Zahl an Menschen auf der Flucht nur noch beigetragen. Eine Vielzahl an Migrant*innen, nicht alle zur Migration gezwungen, siedelte zum Beispiel von der Türkei, aus Italien oder aus Griechenland in der Nachkriegszeit nach Deutschland, um dort zu arbeiten. Ihre Erfahrungen spiegelten sich zunehmend in literarischen Texten dieser Zeit.

---

1 „Most people are principally aware of one culture, one setting, one home; exiles are aware of at least two, and this plurality of vision gives rise to an awareness of simultaneous dimensions, an awareness that – to borrow a phrase from music – is *contrapuntal*" (Said 2000: 186).

3.1 Sprachthematik in der Flüchtlings- und Fluchtliteratur

Haben ihre Erfahrungen und Texte, trotz ihrer sehr verschiedenen Lebens- und Kulturhintergründe, irgendetwas gemein mit denen der Geflüchteten des Nationalsozialismus? Ein gemeinsames Element, das im Rahmen der Forschung gefunden werden konnte, ist die Erfahrung des Schreibens in einem fremden Kontext: ‚Fremdsein in der Sprache', was sowohl Grund für die literarische Produktion als auch zum Thema der literarischen Texte selbst wird (Weitin 2012). Exilierte sowie Migrierte, geschweige denn geflüchtete Schriftsteller*innen sehen sich oft mit der Herausforderung der Kommunikation in einer Sprache konfrontiert, die nicht die Mehrheitssprache der Gesellschaft ist, in der sie lebten. Als ‚minoritär' wird auch ein Schreiben in einer Sprache verstanden, die nicht die Muttersprache des Schreibenden ist. Tatsächlich beschreibt das Konzept ‚Fremdsein in der Sprache' ein Pendeln zwischen zwei oder mehreren Sprachen- und Kulturen, das diejenigen, die ‚ausgestoßen' wurden oder aus anderen Gründen ein Leben zwischen unterschiedlichen Ländern und Kulturen verhandeln, betrifft.

3.2 Einfluss der Fluchtthematik auf Migrationsliteratur

Flucht per Definition ist eine Form der Migration, sehr oft handelt es sich um Zwangsmigration bzw. erzwungene Migration. Der Fachbereich, der sich auf Migrationsliteratur innerhalb der internationalen Literaturwissenschaft konzentriert, hat seine Aufmerksamkeit auf die literarische Repräsentation der Erfahrung der Migration an sich, die diasporische Situation verstreut auf der ganzen Welt zu leben, und den unterlegenen Status der Migrant*innen im Einwanderungsland, konzentriert (Mayer 2005). Es macht Sinn, die Erkenntnisse auf die Analyse von Fluchtliteratur anzuwenden. Denn Flucht stellt eine Überschreitung von nicht nur nationalstaatlichen, sondern auch kulturellen Grenzen dar. Postkoloniale Studien lehren, dass sich kulturelle Differenzen als asymmetrisch verteilte Machtverhältnisse in Zusammenhang mit Migration übersetzen lassen; die Forschung zu Fluchtliteratur muss die Machtstrukturen, in denen die Flüchtlinge auf Fluchtwegen so wie in ihrem Ankunftsland eingebunden sind, sogar nachdem ihnen Asyl gewährt wurde, nachweisen. Dennoch markiert gleichzeitig das Schreiben über eine Fluchterfahrung, wie das des Autors Sherko Fatah, eine Wende, die die Vorurteile im Diskurs der Migrationsliteratur hinterfragt: während es besonders in den 1990er Jahren eine Tendenz gab, im Migranten „eine avantgardistische Verkörperung einer neuen Art von Subjektivität" zu sehen, das in den literarischen Werken selbst poetologisch dargestellt wurde, lenken literarische Fluchtgeschichten „den Blick weg von [deren] eigene[r] Gestalt und hin auf konkrete politische und gesellschaftliche Probleme" (Bay 2017: 35).

4. ‚Flucht und Vertreibung' als Thema der Literatur der (Zwangs-)Migration

Eine besondere Unterkategorie der Literatur von und über Flüchtlinge(n) untersucht die Geschichten von ca. 12 Millionen ethnischen Deutschen, die nach dem Ende des Zweiten Weltkriegs dazu gezwungen wurden, aus ehemals deutschen Gebieten zu fliehen, oder aus ihrem Zuhause in anderen Ländern vertrieben wurden und sich dann in Deutschland angesiedelt haben (→ Geschichtswissenschaft).

Im Gegensatz zur Exil- und Migrationsliteratur beschäftigt sich dieser Literaturkorpus nicht mit dem Problem des Schreibens in einer Fremd- oder Minderheitensprache, denn diese Flüchtlinge und Vertriebenen stellen, zumindest sprachlich gesehen, eher eine Binnenmigration als eine Übersiedlung in ein fremdsprachiges Ausland dar. Diese Gruppe bildet ein bedeutendes Element der deutschen Nachkriegsgesellschaft, sowohl in Ost- als auch in Westdeutschland. Die Geschichten dieser Flüchtlinge und Vertriebenen sind relativ zeitnah in literarischen Texten abgebildet worden. Einer der vielleicht bekanntesten Protagonisten der deutschen Nachkriegsliteratur, Oskar Matzerath aus Günter Grass' Roman *Die Blechtrommel* (1959), wird in der Schilderung seiner Flucht aus Danzig als allegorische ‚Figur des Ostflüchtlings' beschrieben. Seine Geschichte überschneidet sich im Modus des Grotesken mit der der Opfer des Holocausts insofern, als eine naheliegende Vereinheitlichung von Opferrolle und Leid verhindert wird. Grass' Darstellung der Figur des Ostflüchtlings weist auf eine Bewältigungsdebatte hin, wie solche Flüchtlinge in Anbetracht der verheerenden Vernichtung von Leben durch das Nazi-Deutschland am geeignetsten repräsentiert werden könnten. Ein anderes Beispiel, diesmal aus der DDR, ist die narrativ komplexe *coming-of-age*-Geschichte im Roman *Kindheitsmuster* (1976) von Christa Wolf: Festgehalten in dem Moment, als das Teenagermädchen einen Wendepunkt erlebt, als sie auf der Flucht vor der Roten Armee während einer Begegnung mit Überlebenden der Konzentrationslager versteht, dass die Deutschen für die Grausamkeiten des Krieges verantwortlich waren. Wolf verflechtet diesen persönlichen Moment der Erkenntnis mit dem Gedenken an die Befreiung vom Faschismus in der DDR und unterstreicht gleichzeitig die Verschiedenheit privater und öffentlicher Erzählungen.

4.1 Ethik und Tabu

Die Frage nach Erinnerung, Gedenken und der Ethik ihrer Darstellung, die Wolf und Grass, neben anderen, stellen, hat einen Großteil der Forschung in diesem Bereich beschäftigt. Das Thema wird oft mit nationalistischem und rechtem Revisionismus und dem Verdacht in Verbindung gebracht, dass die Auseinandersetzung mit dem Leid der Deutschen während und am Ende des Krieges einer Relativierung des Holocaust und der deutschen Verantwortung gleichkommt. Seit den 1990er Jahren haben die Literatur und die Forschung einen differenzierteren Blick auf diesen Textkorpus geworfen. In der umfassendsten Studie bis heute meint Louis Ferdinand Helbig, die Mehrheit der Texte habe eine Ähnlichkeit mit Exilliteratur in der Behandlung ihrer Erfahrung von

> Zwang, unter dem die Flucht und die Wegnahme der Heimat von statten ging; das physische und psychische Leiden, daß mit dem Heimatverlust verbunden war; das Opfertum der Betroffenen, das noch weitgehend auf Anerkennung wartet. (Helbig 1989: 55)

Er betrachtet die Literatur der Vertreibung als vor allem Erinnerungsarbeit und infolgedessen als ein Kapitel der Vergangenheitsbewältigung der deutschen Nachkriegszeit. In letzter Zeit widerlegt Nivens (2014) ausführliche Studie von 140 Titeln der DDR-Literatur, inkl. Unterhaltungs- und Jugendliteratur, die bis heute noch in der Debatte vorherrschende Behauptung, ‚Flucht und Vertreibung' der Deutschen stelle ein Tabuthema im Nachkriegsdeutschland dar. Konsistent blieb in der DDR Literatur zudem die Darstellung der historischen Ursachen als eine Katastrophe, für die die Deutschen selbst verantwortlich gewesen seien. Überdies haben mit dem wachsenden Interesse des Themas seit 1989 Autor*innen der zweiten und dritten Generation zunehmend die Erinnerungen und Traumata aus einer stärker transnationalen und generationalen Perspektive betrachtet (Eigler 2018).

5. Besonderheiten von Flucht- und Flüchtlingsliteratur

Mit dem Anstieg der Zahlen der Flüchtlinge seit dem Zweiten Weltkrieg, ist auch die Zahl der publizierten literarischen Reflektionen darüber gewachsen. Diese erweitern die Bandbreite der diskutierten Themen, der überschrittenen Ländergrenzen und der abgedeckten Perspektiven, die in literarischen Texten geschildert werden. Die Internationalisierung von Literatur, die auf Deutsch geschrieben wird (neben anderen Sprachen), begann mit Exilliteratur, entwickelte sich über Migrationsliteratur hinaus und erweiterte die Beschreibungen von Flucht und Flüchtlingen seit den 1990er Jahren.

5.1 Menschenrechte und Fluchtliteratur

Aber das wachsende Interesse an Flüchtlingsliteratur in jüngster Zeit hat auch zu einer Bestandsaufnahme älterer, kanonischer Texte mit dem Ziel geführt, die historische Dimension dieses Phänomens zu verstehen. Denn obwohl der Erste Weltkrieg einen Wendepunkt in der Geschichte der Vertreibung darstellt, können die Voraussetzungen der Flüchtlinge auf die Gleichsetzung (oder vielmehr die Verwechslung) von nationaler Souveränität mit den in der Französischen Revolution erklärten Menschenrechten im Völkerrecht zurückgeführt werden. Flüchtlinge der Französischen Revolution sind die Protagonisten der Geschichten von z. B. Goethes Novelle *Unterhaltungen deutscher Ausgewanderten* (1795) und des Versepos *Hermann und Dorothea* (1797) (vgl. Payne 2009). Heinrich von Kleists Novelle *Die Verlobung in St. Domingo* (1811) erkundet, wie Vorstellungen von Gastfreundschaft und Recht die Fluchtgeschichte eines Schweizer Soldaten während des Sklavenaufstandes prägen (Payne 2010). Angesichts der Bedeutung von Fragen der Souveränität, der Rechte und der Gastfreundschaft hat sich die Beschäftigung mit Literatur von und über Flüchtlinge auf Erkenntnisse aus dem Bereich Recht und Literatur gestützt, die sich insbesondere mit dem Verhältnis zwischen Menschenrechten und Erzählen beschäftigen (Cha 2016). Tragödie und Drama haben sich als produktive literarische Genres erwiesen, wenn es um die Reflektion des (Nicht-) Platzes von Flüchtlingen in der Gesellschaft geht. Bemühungen, Flüchtlinge während der europäischen Flüchtlingskrise 2015 auf die Bühne zu bringen, um die Zuschauer hinsichtlich der Notlage der Flüchtlinge zu sensibilisieren, und Entscheidungen, die hinter verschlossenen Türen der Politik getroffen wurden und deren nicht verhandelbare Vorschriften, an die Öffentlichkeit zu bringen, verweisen auf die lange Geschichte des europäischen Theaters als flüchtiger Verhandlungsraum über politisches Asyl, bestimmt durch das Kommen und Gehen verschiedener Protagonisten (vgl. Menke 2018).

5.2 Passgeschichten

In den letzten Jahren hat sich das Genre der Passgeschichte als prominenter Teil der Fluchtliteratur herauskristallisiert. Passgeschichten lenken die Aufmerksamkeit auf die Bedeutsamkeit der Bewegung eines Protagonisten, welche die Erzählung bestimmt (Gulddal 2015). Die Möglichkeit eines Flüchtlings, eine (→) Grenze zu überqueren, basiert maßgeblich auf dem Besitz und dem Gebrauch eines gültigen Ausweises. Passgeschichten heben die ausweglose Situation der bürokratisch regulierten Grenzkontrollen hervor, die die Fluchtgeschichten bestimmen, und sie legen die Instabilität eines Systems offen, das etabliert wurde, um die Identitäten und Bewegungen von Menschen festzuschreiben und überprüfbar zu machen (Payne: 2018a).

6. Fazit

Seit es Exilliteratur und -forschung gibt, wurde eine Internationalisierung der deutschen Literaturwissenschaft angeregt, an der man erkennen kann, wie die Forschung zu Literatur von und über Flüchtlinge(n) sich über disziplinäre Grenzen hinaus entwickelt hat und Inspirationen aus anderen Bereichen erhält und sich damit stetig ausdifferenziert und so dem Gegenstand selbst Rechnung trägt. Indem sich die Forschung weigert, von disziplinären Grenzen bestimmt zu sein, fordern die Forscher*innen dazu heraus, über das Ziehen von Grenzen nachzudenken. Irgendetwas scheint mit literarischen Konventionen zu passieren, wenn es um Flüchtlinge und deren Geschichten geht. Es ist in der Tat möglich, die Entwicklung einer Theorie- und Praxis der literarischen Verfremdung zu der persönlichen und sozialen Vertreibung des Russischen Formalisten Viktor Shklovsky zurückzuverfolgen, der selbst ein Flüchtling der bolschewistischen Revolution war (Payne 2018b). Shklovskys Theorie der literarischen Verfremdung als Störung von Wahrnehmungsgewohnheiten scheint ein Vorläufer von Saids Beobachtung zu sein, der literarische Ausdruck des Exils sei kontrapunktisch. In diesem Sinne hat Stonebridge in Bezug auf Hanna Arendt vorgeschlagen, dass es einen bestimmten ‚refugee style' (‚Flüchtlingsstil') geben könnte, der durch die instabile Dopplung von Erzählstimmen und Referenzen zum Ausdruck gebracht wird und dadurch die geltenden Konventionen und Kategorien moderner Regierungen hinterfragt (2011). In Zukunft wird sich die Literaturwissenschaft mit der Frage weiterhin beschäftigen, ob es zusätzliche bestimmende Kriterien von Flüchtlingsliteratur gibt oder ob sich Flüchtlingsliteratur auch weiterhin einer genauen Einordnung entziehen wird.

Literaturverzeichnis

Bahr, Erhard (2007): Weimar on the Pacific: German Exile Culture in Los Angeles and the Crisis of Modernism. Berkeley and Los Angeles: UC Press.
Bay, Hansjörg (2017): Migration, postheroisch. Zu Sherko Fatahs *Das dunkle Schiff*. In: Hardtke, Thomas/Kleine, Johannes/Payne, Charlton (Hrsg.): Niemandsbuchten und Schutzbefohlene. Flucht-Räume und Flüchtlingsfiguren in der deutschsprachigen Gegenwartsliteratur. Göttingen: V&R unipress, 23–37.
Berendsohn, Walter A. (1946): Die humanistische Front: Einführung in die deutsche Emigranten-Literatur. Zürich: Europa.

Bronfen, Elisabeth (1993): Exil in der Literatur: Zwischen Metapher und Realität. In: Arcadia 28 (2), 167–183.
Cha, Kyung-Ho (Hrsg.) (2016): Menschenrechte erzählen. Menschenrecht und Menschenwürde in der Literatur. Mitteilungen des Deutschen Germanistenverbandes 63 (4).
Eigler, Friederike (2014): Heimat, Space, Narrative: Toward a Transnational Approach to Flight and Expulsion. Rochester: Camden House.
Gulddal Jesper (2015): The novel and the passport: Towards a literary history of movement control. In: Comparative Literature 67, 131–144.
Hardtke, Thomas/Kleine, Johannes/Payne, Charlton (Hrsg.) (2017): Niemandsbuchten und Schutzbefohlene: Flucht-Räume und Flüchtlingsfiguren in der deutschsprachigen Gegenwartsliteratur. Göttingen: V&R unipress.
Helbig, Louis Ferdinand (1989): Der ungeheure Verlust. Flucht und Vertreibung in der deutschsprachigen Belletristik der Nachkriegszeit. 2. Auflage. Wiesbaden: Otto Harrassowitz.
Mayer, Ruth (2005): Diaspora. Eine kritische Begriffsbestimmung. Bielefeld: Transcript.
Menke, Bettina/Vogel, Juliane (Hrsg.) (2018): Flucht und Szene: Perspektiven und Formen eines Theaters der Fliehenden. Berlin: Theater der Zeit.
Niven, Bill (2014): Representations of Flight and Expulsion in East German Prose Works. Rochester: Camden House.
Payne, Charlton (2009): Epic World Citizenship in Goethe's Hermann und Dorothea. In: *Goethe Yearbook* 16, 11–28.
Payne, Charlton (2010): The Limits of Hospitality in Kleist's Verlobung in St. Domingo. In: Geulen, Eva/Kraft, Stephan (Hrsg.): Grenzen im Raum – Grenzen in der Literatur. Sonderheft der Zeitschrift für deutsche Philologie 129, 239–251.
Payne, Charlton (2018a): Displaced Papers. Keeping Records of Persons on the Move. In: Bachmann-Medick, Doris/Kugele, Jens (Hrsg.): Migration. Changing Concepts, Critical Approaches. Berlin: De Gruyter, 101–119.
Payne, Charlton (2018b): Style and Index. Viktor Shklovsky's Defamiliarization of Identity in the Age of Statelessness. In: Bischoff, Doerte/Rürup, Miriam (Hrsg.): Exilforschung 36, 210–221.
Said, Edward (2000): Reflections on Exile. In: Reflections on Exile and Other Essays. Cambridge: Harvard UP, 173–186.
Seidel, Michael (1986): Exile and the Narrative Imagination. New Haven: Yale UP.
Spies, Bernhard (1996): Exilliteratur – ein abgeschlossenes Kapitel? Überlegungen zu Stand und Perspektiven der literaturwissenschaftlichen Exilforschung. Exilforschung 14, 11–30.
Steiner, George (1976): Extraterritorial: Papers on Literature and the Language Revolution. New York: Atheneum.
Stern, Guy (1986): Komparatistik und Exilforschung. Die deutschen Flüchtlinge und die amerikanischen Gegenwartsliteratur. In: Pfanner, Helmet F. (Hrsg.): Kulturelle Wechselbeziehungen im Exil – Exile across Culture, Bonn: Bouvies, 365–383.
Stonebridge, Lindsey (2011): We Refugees. Hannah Arendt and the Perplexities of Human Rights. In: Dies: The Judicial Imagination. Writing After Nuremberg. Edinburgh: Edinburgh UP, 101–118.
Stonebridge, Lindsey (2018): Placeless People: Writings, Rights, and Refugees. Oxford: Oxford UP.
Weitin, Thomas (2012): Exil und Migration: Minoritäres Schreiben auf Deutsch im 20 Jahrhundert – von Kafka zu Zaimoglu. In: Weimarer Beiträge 58(2), 195–224.

I.1.11
Soziale Arbeit

Albert Scherr und Helen Breit

Abstract Soziale Arbeit ist ein zentraler Bestandteil der wohlfahrtsstaatlichen Leistungen, die auf die Versorgung von Geflüchteten nach ihrer Ankunft sowie die Unterstützung ihrer gesellschaftlichen Integrationsprozesse ausgerichtet sind. Zugleich ist Soziale Arbeit aber auch in eine Politik der Migrationssteuerung involviert, die auf die Begrenzung der Integrationsmöglichkeiten derjenigen zielt, denen kein Anspruch auf Aufnahme und Schutz zugesprochen wird. Im Folgenden wird ein Überblick über die Etablierung des Arbeitsfeldes sowie die Fachdiskussion zu den Erfordernissen, Möglichkeiten und Dilemmata der Sozialen Arbeit mit Geflüchteten gegeben.

Schlüsselbegriffe: Soziale Arbeit, Flüchtlingssozialarbeit, Inklusion, Exklusion, Dilemmata, Paradoxien, Ethik

1. Einleitung

Die Institutionen und Berufe der Sozialen Arbeit sind Bestandteil eines wohlfahrtsstaatlichen Arrangements, das Einzelne und Familien dazu befähigen soll, ihre Lebensführung (insbesondere durch schulische und berufliche Qualifizierung, Erwerbsarbeit und Rechtskonformität) an den Bedingungen der modernen Gesellschaft auszurichten. Zudem zielt das wohlfahrtsstaatliche Arrangement darauf, auch für diejenigen Bürger*innen Mindeststandards eines soziokulturellen Existenzminimums zu gewährleisten, die an diesen Bedingungen scheitern. Etwas präziser gefasst kann Soziale Arbeit vor diesem Hintergrund als öffentlich organisierte, rechtlich regulierte und verberuflichte personenbezogene Dienstleistungsarbeit verstanden werden, die auf Inklusionsermöglichung, Exklusionsvermeidung und Exklusionsverwaltung zielt (Bommes/Scherr 2012; Olk et al. 2003). Soziale Arbeit stellt damit eine solche Ergänzung der administrativen und finanziellen Leistungen des Sozialstaats dar, die durch eigene Methoden der Hilfe auf Probleme der Lebensführung von Einzelnen, Familien und Gruppen sowie auf Formen des abweichenden Verhaltens reagiert und dabei mandatiert ist, zu einer eigenverantwortlichen, rechtskonformen und von sozialstaatlichen Leistungen unabhängigen Lebensführung zu befähigen und zu motivieren. Dies geschieht in der Form vielfältiger ausdifferenzierter Arbeitsfelder sowie in Bezug auf biografische Phasen und sozialstrukturelle Lebenslagen, die mit einem besonderen Bedarf an Hilfeleistungen einhergehen.

Dass die Migrationssozialarbeit sich zu einem eigenständigen Teilbereich der Sozialen Arbeit entwickelt hat, ist dem entsprechend eine Reaktion darauf, dass für neu Zugewanderte ein besonderer Bedarf bei der Unterstützung ihrer Bemühungen angenommen wird, sich an den Bedingungen der Aufnahmegesellschaft auszurichten. Die Ausdifferenzierung der Migrationssozialarbeit vollzog sich durch Programme der sog. interkulturellen Öffnung der für alle Gesellschaftsmitglieder zugänglichen Regelstrukturen der Sozialen Arbeit und die fachliche Spezialisierung von Mitarbeiter*innen in diesen sowie durch die Etablierung der spezialisierten Angebote der sog. Migrationsdienste für Jugendliche und Erwachsene; dies ist mit der Etablierung eines arbeitsfeldbezogenen wissenschaftlichen Fachdiskurses einhergegangen (Polat 2017).[1] Die Soziale Arbeit mit Geflüchteten, also mit solchen Migrant*innen, die anstreben, als Flüchtlinge anerkannt zu werden, stellt auf den ersten Blick betrachtet nichts anderes dar als ein spezialisiertes Arbeitsfeld innerhalb der Migrationssozialarbeit, das einen spezifischen Bedarf an Unterstützungsleistungen berücksichtigen muss, der Geflüchtete typischerweise von anderen Teilgruppen von Zugewanderten unterscheidet. Dies betrifft insbesondere ihre Betreuung und Beratung in sog. Erstaufnahmeeinrichtungen und Gemeinschaftsunterkünften, den Bedarf an rechtlicher Unterstützung in Bezug auf Asylverfahren und das Aufenthaltsrecht, ggf. das Erfordernis der Bearbeitung fluchtbedingter psychischer Belastungen sowie die Unterbringung, Betreuung und Beratung unbegleiteter Minderjähriger in Einrichtungen der stationären Jugendhilfe (→ Aufnahmeverfahren; → unbegleitete Minderjährige).

Im Folgenden wird ein Einblick in den fachwissenschaftlichen Diskurs zu den besonderen Herausforderungen und den Dilemmata gegeben, die spezifisch für die Soziale Arbeit mit Geflüchteten sind.

2. Die Etablierung der Sozialen Arbeit mit Geflüchteten als eigenständiges Arbeitsfeld

Die Soziale Arbeit mit Flüchtlingen hat sich seit den 1990er Jahren zu einem bedeutsamen Arbeitsfeld für die Fachkräfte und Organisation der Sozialen Arbeit entwickelt, nicht zuletzt für die Wohlfahrtsverbände, die kommunalen sozialen Dienste sowie die mit der Betreuung unbegleiteter Minderjähriger befasste stationäre Jugendhilfe. Die wissenschaftliche Forschung und Theoriebildung entwickelte sich demgegenüber erst deutlich später, was sich auch in der Vernachlässigung der Thematik in den älteren Standardwerken der Sozialen Arbeit zeigt (etwa: Otto/Thiersch 2011; Thole 2010). Die wenigen einschlägigen Buchpublikationen aus den frühen 2000er Jahren waren kaum dazu geeignet, Impulse für eine weitergehende fachwissenschaftliche Diskussion zu geben (Fritz/Groner 2004).

Allein zur Sozialen Arbeit mit unbegleiteten Minderjährigen hatte sich außerhalb der Hochschulen, getragen von den Wohlfahrtsverbänden und dem 1998 gegründeten Bundesverband Unbegleitete Minderjährige (B-UMF), ein eigenständiger praxisnaher Fachdiskurs entwickelt, der zentral auch auf die anwaltschaftliche Interessenvertretung für diese Adressat*innengruppe ausgerichtet war und zu Expertisen und Stellungnahmen führte, die auch in der politischen Diskussion Beachtung fanden.[2] Dies führte bereits 1998 auch zur Publikation eines einschlägigen Handbuchs zur „Sozialen Arbeit mit Kinderflüchtlingen" (Woge e.V./Institut für Soziale Arbeit 1999). Rückblickend ist also festzustellen, dass nicht nur im politischen Diskurs, sondern auch in der Sozialen Arbeit unterschätzt worden war, welche gesellschaftliche Bedeutung Formen der Zwangs- und Fluchtmigration unter den Bedingungen von Globalisierung und weltgesellschaftlicher Ungleichheiten im „Zeitalter der Migration" (Castles et al. 2013) auch in Europa zukommt. Dies hat sich Mitte der 2010er Jahre dann im Kontext der

---

1 Einschlägig dafür ist z. B. Zeitschrift ‚Migration und Soziale Arbeit'.
2 S. dazu die Selbstdarstellung und das Publikationsverzeichnis unter https://b-umf.de/

Zunahme der Zahl der nach Deutschland einreisenden Flüchtlinge und der damit verbundenen veränderten politischen Thematisierung von Flucht grundlegend geändert:

Die steigende Zahl Geflüchteter in Deutschland führte zu einer wachsenden Nachfrage nach Leistungen der Sozialen Arbeit in allen Bereichen, in denen eine wohlfahrtsstaatliche Zuständigkeit für deren Versorgung nach der Einreise gegeben ist, nicht zuletzt in sog. Erstaufnahmeeinrichtungen und Gemeinschaftsunterkünften für Familien und Erwachsene sowie im Bereich der vorläufigen Inobhutnahme und anschließenden Unterbringung unbegleiteter Minderjähriger in Einrichtungen der stationären Jugendhilfe. Zudem wurde in Zusammenhang mit der Einführung der vorläufigen Inobhutnahme (§ 42a SGB VIII) 2015 die Zuständigkeit für Verfahren der Altersfestsetzung bei unbegleiteten Minderjährigen an die Jugendämter verwiesen und von diesen übernommen (González Méndez de Vigo/Wiesinger 2019). Der Ausbau der Sozialen Arbeit mit Geflüchteten erfolgte außerdem im Rahmen des Ausbaus unterschiedlicher Integrationsmaßnahmen auf kommunaler Ebene sowie im Rahmen der 2015 erfolgten Öffnung der Jugendmigrationsdienste für Geflüchtete. Darüber hinaus ist festzustellen, dass der Anstieg der Zahl der in Deutschland anwesenden Geflüchteten zur Folge hatte, dass Geflüchtete damit auch zu einer quantitativ bedeutsamen Adressat*innengruppen in allen anderen Arbeitsfeldern der Sozialen Arbeit, wie etwa den Hilfen zur Erziehung, der Beratung für Arbeitslose und der Jugendarbeit, wurden. Die Wohlfahrtsverbände haben darüber hinaus eigenständige Beratungsangebote für Geflüchtete aufgebaut, die nicht zuletzt mit der Verfahrensberatung in Fragen der Aufenthaltssicherung befasst sind.

Diese Inanspruchnahme Sozialer Arbeit als Mittel wohlfahrtsstaatlicher Flüchtlingspolitik hatte damit einerseits einen Zuwachs an Personalstellen sowie Finanzmitteln für die Träger der Sozialen Arbeit zur Folge. Dabei handelte es sich um einen Prozess, in dem institutionelle Strukturen und professionelle Praktiken zunächst vielfach ohne eine spezifische wissenschaftliche Fundierung und ohne die Möglichkeiten des Rückgriffs auf ein spezifisches fachpraktisches Erfahrungswissen erfolgten mussten.

Diese Situation hat jedoch andererseits auch zeitnah zur Entwicklung eines umfangreichen wissenschaftlichen Fachdiskurses geführt, der in einschlägigen Monographien und Sammelbänden dokumentiert ist, die seit Mitte der 2010er Jahre entstanden sind (etwa Bröse et al. 2017; Filsinger 2017; Hartwig et al. 2018; Kunz/Ottersbach 2017; Prasad 2017; Scherr/Yüksel 2016; Scherr/Breit 2021), sowie zu zahlreichen Beiträgen in allen einschlägigen Fachzeitschriften und den Publikationen der Wohlfahrtsverbände. Dieser Diskurs umfasst nicht nur Überlegungen zu erforderlichen organisatorischen Rahmenbedingungen und Qualifikationen für eine fachlich verantwortbare Soziale Arbeit mit Geflüchteten, sondern auch eine kritische Thematisierung von Widersprüchen zwischen menschenrechtlichen und professionsethischen Prinzipien einerseits, den durch das Flüchtlingsrecht und eine Politik der Migrationskontrolle gegebenen Rahmenbedingungen andererseits (s. u.). Ermöglicht wurde diese schnelle Etablierung eines Fachdiskurses dadurch, dass an Universitäten und Hochschulen für angewandte Wissenschaften sowie außeruniversitären Einrichtungen (z. B. Deutsches Jugendinstitut, Deutscher Verein für öffentliche und private Fürsorge, Institut für Sozialarbeit und Sozialpädagogik Frankfurt) eine auf die Soziale Arbeit bezogene Forschung und Theoriebildung etabliert ist, für die auch eine gute Vernetzung mit den Organisationsstrukturen der Praxis Sozialer Arbeit kennzeichnend ist.

Als Ergebnis der skizzierten Entwicklungen ist festzustellen, dass die Soziale Arbeit mit Geflüchteten inzwischen als ein anerkanntes eigenständiges Arbeitsfeld der Sozialen Arbeit etabliert ist, das in den institutionellen Strukturen der Organisationen Sozialer Arbeit, in der Aus- und Fortbildung sowie im wissenschaftlichen Diskurs verankert ist. Allerdings gibt es Anzeichen dafür, dass der mit der (vorübergehend?) sinkenden Zahl neu ankommender Geflüchteter einhergehende Abbau von Personalstellen, Projekten und Einrichtungen auf all diesen Ebenen nicht zu einer stabilen institutionellen Strukturbildung und Absicherung von (Erfahrungs-)wissen geführt hat. Mit einiger Plausibilität ist zu erwarten, dass dies auch zu einer rückläufigen Konjunktur der Thematik in den Studiengängen und der Forschung führen wird, sofern die Flüchtlingszahlen nicht erneut ansteigen werden.[3]

3. Möglichkeiten, Grenzen und Dilemmata der Sozialen Arbeit mit Geflüchteten

Kennzeichnend für das Selbstverständnis Sozialer Arbeit, wie es in professionsethischen Deklarationen und Diskursen zum Ausdruck kommt, ist der universalistisch gefasste Anspruch, Hilfe für Hilfsbedürftige zu leisten. Dies wird etwa deutlich im Global Social Work Statement of Ethical Principles der International Federation of Social Workers, in dem ein diskriminierungsfreies Engagement für Menschenrechte und soziale Gerechtigkeit gefordert wird (IFSW 2018: 1), oder in der im deutschen Sprachraum einflussreichen Charakterisierung der Sozialen Arbeit als einer Menschenrechtsprofession (Staub-Bernasconi 2019; Prasad 2017).[4] Damit korrespondiert im europäischen und im nationalen deutschen Recht der Grundsatz, dass das „Grundrecht auf Gewährleistung eines menschenwürdigen Existenzminimums" (BVerfGE 125, 175) als ein „Menschenrecht" zu betrachten ist, das „deutschen und ausländischen Staatsangehörigen, die sich in der Bundesrepublik Deutschland aufhalten, gleichermaßen zu[steht]" (Bundesverfassungsgericht 2012). Auf der Ebene der einfachen Gesetzgebung entspricht dieser Auffassung, dass minderjährige Geflüchtete und mit Einschränkungen auch Volljährige bis zum 21. Lebensjahr in einem zentralen Leistungsbereich der Sozialen Arbeit, der Kinder- und Jugendhilfe (SGB VIII), in Folge der 2010 erfolgten Ratifizierung der UN-Kinderrechtskonventionen unabhängig von ihrem aufenthaltsrechtlichen Status mit deutschen Staatsangehörigen gleichgestellt sind.[5]

Gleichwohl ist in die Strukturen des nationalen Wohlfahrtsstaates eine Bindung von Leistungsansprüchen an Kriterien der Staatsangehörigkeit eingeschrieben. Dies ist für die Soziale Arbeit ebenso folgenreich wie die selektiven Festlegungen des Aufenthalts-, Asyl- und Flüchtlingsrechts mit ihren Folgen für den Aufenthaltsstatus sowie für an die Duldung und unterschiedliche Aufenthaltstitel gekoppelte Einschränkungen von Rechten. Das betrifft erstens Einschränkungen der gesellschaftlichen Teilhabe, zweitens die Problematik erzwungener Ausreisen sowie drittens Abwehrmaßnahmen an den europäischen Außengrenzen:

(1) Einschränkung gesellschaftlicher Teilhabemöglichkeiten betreffen in Abhängigkeit vom Aufenthaltsstatus u. a. den Anspruch auf Sozialleistungen, den Zugang zu Sprachkursen und den Arbeits-

---

3 Dieser Text wurde vor dem Beginn des Krieges gegen die Ukraine und der dadurch bedingten Fluchtmigration verfasst.
4 Zur Kritik der Selbstbeschreibung als Menschenrechtsprofession s. Scherr 2020.
5 Deutschland hatte die Kinderrechtskonvention zwar bereits 1992 ratifiziert, jedoch unter dem Vorbehalt eines Vorrangs des Ausländerrechts. 2010 wurde dieser Vorbehalt dann zurückgenommen.

marktzugang. Im Bereich der Sozialen Arbeit zeigen sich damit die Auswirkungen davon, dass Soziale Arbeit historisch und systematisch mit den Strukturen des nationalen Wohlfahrtsstaates verschränkt ist (Bommes/Scherr 2012). Denn innerhalb des nationalen Wohlfahrtsstaates und seiner Grenzen konstituieren die komplexen Regelungen des Ausländer- und Flüchtlingsrechts unterschiedliche Kategorien, die einen differenzierten, hierarchisch abgestuften Zugang zu sozialen Leistungen und Hilfen zur Folge haben (Scherschel 2015; Scherschel 2016). Dies wird unter anderem an den massiven Einschränkungen der Leistungsansprüche deutlich, denen Geflüchtete aus den sogenannten sicheren Herkunftsstaaten unterliegen: Wenn sie nach dem 31.8.2015 eingereist sind, waren sie bislang – Änderungen durch das Ende 2022 beschlossene Chancen-Aufenthaltsrecht konnten hier nicht berücksichtigt werden – u. a. von Integrationskursen ebenso ausgeschlossen wie vom Zugang zum legalen Arbeitsmarkt. Dagegen sind unbegleitete minderjährige Geflüchtete (solange sie die Volljährigkeit bzw. das 21. Lebensjahr nicht erreicht haben) relativ privilegiert, weil ihnen Leistungen der Kinder- und Jugendhilfe uneingeschränkt zur Verfügung stehen und sie in der Regel bis zum Erreichen der Volljährigkeit vor Abschiebungen geschützt sind.

(2) Erzwungene Ausreisen (sog. freiwillige Ausreise und (→) Abschiebungen; Scherr 2019) abgelehnter Asylbewerber sind für die Soziale Arbeit deshalb von spezifischer Bedeutung, weil sie dadurch die Bindung Sozialer Arbeit an die Strukturen des nationalen Wohlfahrtsstaates in zugespitzter Weise deutlich machen. Denn durch erzwungene Ausreisen werden Adressat*innen der Zuständigkeit Sozialer Arbeit auch dann entzogen, wenn sie aus der fachlichen Sicht der Sozialen Arbeit auf Hilfeleistungen angewiesen sind sowie im Herkunftsland Lebensbedingungen unterliegen, die mit gravierenden Benachteiligungen und Risiken einhergehen und dort zugleich auch keinerlei Unterstützung durch Soziale Arbeit erhalten. Dies hat seitens der Sozialen Arbeit zu einer massiven Kritik an Abschiebungen geführt, die mit der Forderung einhergeht, dass Soziale Arbeit nicht an der Durchsetzung von Abschiebungen mitwirken soll (Leinenbach/DBSH 2017). Diesbezügliche Handlungsmöglichkeiten sind jedoch auf die rechtliche Beratung Geflüchteter, Verweigerung der Weitergabe von Informationen sowie Versuche individueller Sozialarbeiter*innen begrenzt, Abschiebungen durch die Nutzung von Handlungsspielräumen – auch in einer Grauzone zwischen legalem und nicht legalem Handeln sowie in der informellen Zusammenarbeit mit zivilgesellschaftlichen Initiativen – zu erschweren (Flüchtlingsrat Berlin 2017; Muy 2017).

(3) Deutlich werden die Einschränkungen ihrer Möglichkeiten, denen Soziale Arbeit unterliegt, zudem auch darin, dass die deutsche und europäische Flüchtlingspolitik seit 2016 zentral darauf ausgerichtet ist, die Zahl der Flüchtenden, denen es gelingt, nach Europa und Deutschland einzureisen, durch Exterritorialisierung (→ Externalisierung) von Grenzen und Abwehrmaßnahmen an den Außengrenzen zu verringern. Auch dadurch werden der Sozialen Arbeit wirkungsmächtig die Grenzen ihrer Reichweite aufgezeigt. Denn diejenigen, die davon abgeschreckt werden, sich auf den Weg nach Europa zu begeben, oder daran gehindert werden, das europäische Territorium zu betreten, sind damit auch der Unterstützung durch Soziale Arbeit entzogen.

Die Begrenzungen, die Sozialer Arbeit durch nationalstaatliche Gesetzgebung und Politik auferlegt sind, kann sie nicht außer Kraft setzen. Deshalb kann eine Selbstdeklaration zur Menschenrechtsprofession zwar moralische Ansprüche artikulieren, aber muss praktisch weitgehend folgenlos bleiben – zumal die juristisch kodifizierten Menschenrechte nur begrenzt für die Nationalstaaten bindende Rechtsansprüche von Geflüchteten vorsehen (Scherr 2020). Ihrem universalistischen Selbstanspruch kann die Soziale Arbeit mit Geflüchteten, die (noch) keinen verfestigten legalen Aufenthaltsstatus erreicht haben, deshalb nicht umfassend gerecht werden. Positionspapiere von Zusammenschlüssen Sozialarbeitender, von Gewerkschaften und Berufsverbänden verdeutlichen, dass Organisationen der Sozialen Arbeit sich der o.g. Verstrickungen bewusst sind und versuchen, eine eigenständige Position in diesem Konfliktfeld einzunehmen sowie Verbesserungen der Rahmenbedingungen anzustreben.[6] Soziale Arbeit ist demnach hier, wie auch in anderen Arbeitsfeldern, in einem unauflösbaren Spannungsverhältnis zwischen fachlich, insbesondere professionsethisch begründbaren Ansprüchen und dem ihr politisch und rechtlich zugewiesenen Mandat situiert. In der professionstheoretischen Auseinandersetzung ist diesbezüglich als zentraler Grundsatz die Forderung formuliert worden, dass die Soziale Arbeit „ihre unabweislichen hoheitsstaatlichen Verwaltungs- und Herrschaftsaufgaben aktiv und beherzt, staatskritisch, organisationskritisch und selbstkritisch angehen und gestalten" sollte (Schütze 1996: 247).

4. Soziale Arbeit unter Bedingungen eines ungesicherten Aufenthaltsstatus

Wie oben bereits angedeutet, besteht im Unterschied zu anderen Arbeitsbereichen der Sozialen Arbeit – auch der Migrationssozialarbeit mit Arbeitsmigrant*innen aus der EU und Drittstaaten – eine spezifische Problematik der Sozialen Arbeit mit Geflüchteten darin, dass ein erheblicher Teil ihrer Adressat*innen über keinen gesicherten Aufenthaltsstatus verfügt, einen solchen noch nicht erreicht hat oder aber bei darauf ausgerichteten Bemühungen abschließend gescheitert ist. Dies hat zum einen zur Konsequenz, dass ein erheblicher Teil der Anstrengungen Sozialer Arbeit darauf ausgerichtet ist, Geflüchtete durch Beratung in asyl- und aufenthaltsrechtlichen Verfahren zu unterstützen sowie mit ihnen Optionen zu entwickeln, wie eine Verfestigung des Aufenthaltsstatus auf der Grundlage der rechtlichen Bestimmungen des Aufenthaltsgesetzes zur Aufenthaltsgewährung „für qualifizierte Geduldete zum Zweck der Beschäftigung" (§ 19d), „bei gut integrierten Jugendlichen" (§ 25a) und „bei nachhaltiger Integration (§ 25b)", sowie „in Härtefällen" (§ 23a) erreicht werden kann. Zum anderen bedingt dies eine für die Betroffenen und die Soziale Arbeit folgenreiche paradoxe Situation: Geflüchtete ohne gesicherten Aufenthaltsstatus, für die eine Rückkehr ins Herkunftsland oder eine Weiterreise in ein anderes potenzielles Aufnahmeland keine akzeptable Option ist, stehen unter dem Druck, Integrationsleistungen im Interesse der Aufenthaltssicherung zu erbringen, ohne deren Erfolgsaussichten verlässlich abschätzen zu können. Fachkräfte und Geflüchtete selbst verweisen darauf, dass betroffene Geflüchtete in der Regel die komplexen rechtlichen Konditionierungen nicht durchschauen und auch nicht einschätzen können, wie die zuständigen Behörden die diesbezüglich gegebenen Ermessensspielräume, z. B. die der Bewilligung bzw. des Entzuges einer Arbeitserlaubnis, auslegen werden. Dies stellt nicht nur eine erhebliche psychische Belastung für Geflüchtete dar, worauf in einschlägigen Studien wiederkehrend hingewiesen worden ist (Dähnke et al. 2018; ICMPD 2019; Lechner/Huber 2017), sondern erschwert zugleich auch für die Soziale Arbeit den Aufbau eines

---

6 S. z. B. Autor*innengruppe (2017) sowie die Veröffentlichungen des Bundesfachverbands Unbegleitete Minderjährige Flüchtlinge, des Deutschen Berufsverbands für Soziale Arbeit e.V. (DBSH) oder des Arbeitskreises Kritische Sozialarbeit München.

tragfähigen Arbeitsbündnisses. Denn Arbeitsbündnisse basieren in der Sozialen Arbeit auf einer Verständigung darüber, was mögliche Schritte innerhalb eines Hilfeprozesses sind, durch die eine Lösung von Problemen der Adressat*innen erreicht werden kann. Dies setzt ersichtlich auch auf der Seite der Sozialen Arbeit eine verlässliche Einschätzung von Erfolgsaussichten voraus. In einer Situation, in der aber sowohl die betroffenen Flüchtlinge selbst auch als Sozialarbeiter*innen diesbezüglich mit einer nicht auflösbaren Unsicherheit konfrontiert sind, kann ein für den Hilfeprozess tragfähiges Arbeitsbündnis nur auf der prekären Grundlage eines strategischen Zweckoptimismus entstehen. Dies hat in der Fachdiskussion zu einer Diskussion zu den spezifischen Schwierigkeiten und Anforderungen an eine Soziale Arbeit mit solchen Geflüchteten geführt, bei denen die Etablierung eines solchen Arbeitsbündnisses misslingt (Scherr/Breit 2021). In Verbindung damit sind auch Forderungen nach Verbesserungen der Möglichkeiten der Aufenthaltssicherung für diejenigen Geflüchteten formuliert worden, für die unter den gegebenen rechtlichen Bedingungen keine Möglichkeiten der Aufenthaltssicherung erreichbar sind, die aber gleichwohl im Aufnahmeland verbleiben werden, da Abschiebungen de facto nicht durchgesetzt werden können.

5. Schluss

Die Soziale Arbeit mit Geflüchteten ist mit einer in verschiedener Hinsicht (u. a. Ausmaß fluchtbedingter psychischer Belastungen, aufenthaltsrechtliche Situation, formelle Qualifikationen, Alter, Familienstand und familiale Situation) heterogenen Adressat*innengruppe befasst. Im Fall von Geflüchteten, die in einem Zeitraum von ein bis zwei Jahren eine Anerkennung als aufenthaltsberechtigte Flüchtlinge erreichen, besteht ihre Aufgabe zentral in einer Unterstützung von Integrationsprozessen mittels der auch bei anderen Migrant*innen gängigen Methoden der Migrationssozialarbeit; dies ggf. in Verbindung mit einer besonderen Berücksichtigung fluchtbedingter psychischer Belastungen und fluchtspezifischer biografischer Verläufe und familialer Konstellationen. Letzteres ist insbesondere im Fall unbegleiteter Minderjähriger bedeutsam. Darüber hinaus ist für Soziale Arbeit mit Geflüchteten in Fällen, die durch einen prekären Aufenthaltsstatus gekennzeichnet sind, die Situierung in einem Spannungsverhältnis zwischen Erfordernissen der Integration und einer Politik der Migrationskontrolle folgenreich, durch die soziale Integration verhindert werden soll, die auch darauf abzielt, zivilgesellschaftliche Solidarisierung und einhergehende Widerstände gegen Durchsetzung von Abschiebungen zu verhindern (Scherr 2017).

Auch darin zeigt sich, dass Soziale Arbeit mit Geflüchteten in einer Weise durch politische und rechtliche Vorgaben überformt ist, die zu professionspolitischen Positionsbestimmungen herausfordern, wobei jedoch gilt, dass die Konfliktfähigkeit Sozialer Arbeit durch die Abhängigkeit der Organisationen Sozialer Arbeit von staatlichen Mittelzuweisungen beeinträchtigt ist.

Literaturverzeichnis

Autor/innengruppe (2017): Positionspapier: Soziale Arbeit mit Geflüchteten in Gemeinschaftsunterkünften – Professionelle Standards und sozialpolitische Basis. www.fluechtlingssozialarbeit.de/, 15.03.2021.

Bommes, Michael/Scherr, Albert (2012): Soziologie der Sozialen Arbeit. 2.Aufl. Weinheim: Beltz Juventa.

Bröse, Johanna/Faas, Stefan/Stauber, Barbara (Hrsg.) (2017): Flucht: Herausforderungen für die Soziale Arbeit. Wiesbaden: Springer.

Bundesverfassungsgericht (2012): BVerfG, Urteil des Ersten Senats vom 18. Juli 2012. 1 BvL 10/10 -, Rn. 1–114. www.bverfg.de/e/ls20120718_1bvl001010.html, 15.03.2021.

Castles, Stephen/de Haas, Hein/Miller, Marc J. (2013): The Age of Migration: International Population Movements in the Modern World. Palgrave Macmillan.

Dähnke, Iris/Linke, Irina/Spreckelsen, Birte (2018): Geflüchtete Männer in Deutschland. Eine qualitative Erhebung der Bedarfe, Herausforderungen und Ressourcen junger Geflüchteter Männer. Hg. v. Bundesforum Männer. Berlin. movemen.org/de/wp-content/uploads/sites/2/2018/10/Langfassung_FINAL.pdf, 03.10.2022.

Flüchtlingsrat Berlin (2017): Handlungsoptionen im Fall von Abschiebungen aus Sammelunterkünften. Eine Handreichung für Sozialarbeiter_innen und Betreuer_innen. Berlin.

Fritz, Florian/Groner, Frank (2004): Wartesaal Deutschland: Ein Handbuch für die Soziale Arbeit mit Flüchtlingen. Oldenbourg: de Gruyter.

González Méndez de Vigo, Nerea/Wiesinger, Irmela (2019): Alterseinschätzung – Rechtlicher Rahmen, fachliche Standards und Hinweise für die Praxis. Berlin: b-umf.

Hartwig, Luise/Mennen, Gerald/Schrapper, Christian (Hrsg.) (2018): Handbuch Soziale Arbeit mit geflüchteten Kindern und Familien. Weinheim: Beltz Juventa.

Heiner, Maja (2010): Soziale Arbeit als Beruf: München und Basel: Verlag Ernst Reinhardt.

IFSW (2018): Global Social Work Statement of Ethical Principles. https://www.ifsw.org/global-social-work-statement-of-ethical-principles/, 29.09.2022.

ICMPD (2019): Lebensperspektiven minderjähriger und junger erwachsener Asyl- und subsidiär Schutzberechtigter (PERSPEKT). International Centre for Migration Policy Development. https://www.researchgate.net/publication/338391807_Lebensperspektiven_minderjahriger_und_junger_erwachsener_Asyl-und_subsidiar_Schutzberechtigter_PERSPEKT, 03.10.20212

International Federation of Social Workers (2018): Global Social Work Statement of Ethical Principles. www.ifsw.org/global-social-work-statement-of-ethical-principles/, 15.03.2021.

Kunz, Thomas/Ottersbach, Markus (Hrsg.) (2017): Migration und Soziale Arbeit Sonderheft 2017: Flucht und Asyl als Herausforderung und Chance der Sozialen Arbeit. Weinheim: Beltz Juventa.

Lechner, Claudia/Huber, Anna (2017): Ankommen nach der Flucht. Die Sicht begleiteter und unbegleiteter junger Geflüchteter auf ihre Lebenslagen in Deutschland. München: Deutsches Jugendinstitut. https://www.dji.de/veroeffentlichungen/literatursuche/detailansicht/literatur/25854-ankommen-nach-der-flucht.html, **03.10.2022.**

Leinenbach, Michael/DBSH (2017): Kann Soziale Arbeit im Rahmen von Abschiebungen stattfinden? www.dbsh.de/sozialpolitik/handlungsfelder/migration-und-flucht/archiv-2017.html, 15.03.2021.

Muy, Sebastian (2017): Abschiebungen und Soziale Arbeit. In: Hinterland Magazin 9, 57–61.

Olk, Thomas/Otto, Hans-Uwe (Hrsg.) (2003): Soziale Arbeit als Dienstleistung. Grundlegungen, Entwürfe und Modelle. München: Luchterhand Verlag.

Oevermann, Ulrich (2009): Die Problematik der Strukturlogik des Arbeitsbündnisses und der Dynamik von Übertragung und Gegenübertragung in einer professionalisierten Praxis von Sozialarbeit. In: Becker-Lenz, Roland/Busse, Stefan/Ehlert, Gudrun/Müller, Silke (Hrsg.): Professionalität in der Sozialen Arbeit. Standpunkte, Kontroversen, Perspektiven. Wiesbaden: VS Verlag für Sozialwissenschaften, 113–142.

Otto, Hans-Uwe/Thiersch, Hans (2011): Handbuch Sozialarbeit/Sozialpädagogik. Neuwied: Luchterhand.

Polat, Ayça (Hrsg.) (2017): Migration und Soziale Arbeit. Stuttgart: Kohlhammer.

Prasad, Nivedita (Hrsg.) (2017): Soziale Arbeit mit Geflüchteten. Rassismuskritisch, professionell, menschenrechtsorientiert. Stuttgart: UTB.

Scherr, Albert (2017): Die Abschwächung moralischer Empörung. Eine Analyse politischer Reaktionen auf zivilgesellschaftliche Proteste gegen Abschiebungen. In: Zeitschrift für Flüchtlingsforschung 1, 88–105.

Scherr, Albert (2019): Wie Abschiebungen begründet und durchgesetzt, aber auch kritisiert und erschwert werden können. In: Binner, Kristina/Scherschel, Karin (Hrsg.): Fluchtmigration und Gesellschaft. Weinheim: Beltz Juventa, 106–125.

Scherr, Albert (2020): Menschenrechte – ein kontroverses Diskursfeld. In: Sozial Extra 6, 328–332.

Scherr, Albert/Breit, Helen (2021): Gescheiterte junge Flüchtlinge? Abschlussbericht des Forschungsprojekts zu Problemlagen und zum Unterstützungsbedarf junger männlicher Geflüchteter in Baden-Württemberg. Freiburg: Pädagogische Hochschule Freiburg. phfr.bsz-bw.de/frontdoor/index/index/docId/880, 17.03.2021.

Scherr, Albert/Yüksel, Gökcen (Hrsg.) (2016): Flucht, Sozialstaat und Soziale Arbeit. Sonderheft 13. Lahnstein: Neue Praxis.

Scherschel, Karin (2015): Zwischen universellen Menschenrechten und nationalstaatlicher Kontrolle: Flucht und Asyl aus ungleichheitssoziologischer Perspektive. In: Zeitschrift für soziale Probleme und soziale Kontrolle: Flucht und Deportation 26 (2), 123–136.

Scherschel, Karin (2016): Aktivierende Arbeitsmarktpolitik im Asyl- und Fluchtkontext und die Rolle Sozialer Arbeit. In: Scherr, Albert/Yüksel, Gökcen (Hrsg.) (2016): Flucht, Sozialstaat und Soziale Arbeit. Sonderheft 13. Lahnstein: Neue Praxis, 96–105.

Schütze, Fritz (1996): Organisationszwänge und hoheitsstaatliche Rahmenbedingungen im Sozialwesen. Ihre Auswirkungen auf die Paradoxien des professionellen Handelns. In: Combe, Arno/Helsper, Werner (Hrsg.): Pädagogische Professionalität. Untersuchungen zum Typus pädagogischen Handelns. Frankfurt a.M.: Suhrkamp, 183–275.

Schütze, Fritz (2021): Professionalität und Professionalisierung in pädagogischen Handlungsfeldern: Soziale Arbeit.

Staub-Bernasconi, Silvia (2019): Menschenwürde – Menschenrechte – Soziale Arbeit. Opladen: Verlag Babara Budrich.

Thole, Werner (Hrsg.) (2010): Grundriss Soziale Arbeit. Wiesbaden: Springer VS.

Woge e.V./Institut für Soziale Arbeit e.V. (Hrsg.) (1999): Handbuch der Sozialen Arbeit mit Kinderflüchtlingen. Münster: Votum.

I.1.12

Kommunikationswissenschaft

Ole Kelm, Marco Dohle und Tim Neumann

Abstract Im Zentrum der kommunikationswissenschaftlichen Forschung zu Flucht und Flüchtlingen stehen die Fragen, wie über Flucht und Flüchtlinge berichtet wird und welche Folgen diese Berichterstattung hat. Darüber hinaus wird unter anderem untersucht, welche Möglichkeiten Flüchtlinge haben, sich öffentlich Gehör zu verschaffen, und welche Rolle (Online-)Medien und Soziale Netzwerkseiten für Menschen vor, während und nach der Flucht spielen. In diesem Beitrag wird der Stand der Forschung zu diesen Feldern zusammengefasst. Dabei werden auch die dominanten theoretischen Ansätze (z. B. *Agenda Setting* und *Framing*) und methodischen Vorgehensweisen (z. B. Inhaltsanalysen und Befragungen) dargestellt.

Schlüsselbegriffe: Journalismus, Medieninhalte, Mediennutzung, Medienwirkungen, Soziale Netzwerkseiten

1. Einleitung

Vieles von dem, was Menschen über Flucht und Flüchtlinge wissen und zu wissen glauben, haben sie aus den Medien erfahren (→ Mediendiskurse). In Zeitungen und Zeitschriften, im Radio und im Fernsehen präsentieren Journalist*innen etwa Zahlen über Asylbewerber*innen, erläutern Fluchtmotive und bewerten asylpolitische Entscheidungen. Das Internet hat weitere Zugänge und Kommunikationsmöglichkeiten geschaffen. So können sich Menschen unter anderem auf Sozialen Netzwerkseiten nicht nur informieren, sondern auch eigene Erfahrungen und Ansichten verbreiten. Diese Informationen können tiefe Einblicke in das Leben während der Flucht bieten, aber auch zu feindlichen Einstellungen gegenüber Flüchtlingen beitragen. Die Fragen, wer welche Inhalte medial verbreitet und welche Reichweite und Folgen diese Verbreitung hat, stehen im Zentrum der kommunikationswissenschaftlichen Forschung.

Die Kommunikationswissenschaft beschäftigt sich primär mit öffentlicher und medial vermittelter Kommunikation. Sie ist eine Sozialwissenschaft mit interdisziplinären Bezügen, etwa zur (→) Soziologie, (→) Politikwissenschaft oder (→) Psychologie. Zentrale Teilgebiete des Fachs sind die Kommunikator*innen-, die Inhalts-, die Nutzungs- und die Wirkungsforschung (Beck 2020). Diese Teilgebiete gliedern auch diesen Beitrag über die kommunikationswissenschaftliche Forschung zu Flucht und Flüchtlingen. Dabei wird jeweils nachgezeichnet, auf Basis welcher Ansätze und Methoden in der Forschung vorgegangen wird. Der Fokus liegt dabei größtenteils auf Studien aus Deutschland.

2. Forschung zu Kommunikator*innen

Die *Kommunikator*innenforschung* befasst sich vorrangig mit professionellen Akteur*innen öffentlicher Kommunikation – insbesondere mit Journalist*innen. Untersucht werden unter anderem Strukturen der Berufsfelder oder Handlungsroutinen und Rollenselbstverständnisse der Akteur*innen. So zeigen Bennett et al. (2013) etwa anhand von Interviews, dass journalistische Strukturen und Routinen beeinflussen, wie Journalist*innen über Flucht und Flüchtlinge berichten. Zudem analysieren einige wenige Studien anhand von Befragungen die ethnische Vielfalt im Journalismus (Pöttker et al. 2017). Diese Studien basieren auf der grundsätzlichen Frage, welche Möglichkeiten Migrant*innen und Flüchtlinge haben, sich als Journalist*innen oder Medienmacher*innen zu betätigen und öffentlich zu äußern. Antworten auf diese Frage können wichtige Impulse für den Journalismus geben, auch weil viele Medienhäuser selbst Vorbehalte haben, die Herkunft ihrer Mitarbeiter*innen zu erfassen, oder nicht die Notwendigkeit sehen, dies zu tun (Neue deutsche Medienmacher*innen 2021).

Einige der ersten Untersuchungen zur ethnischen Diversität im deutschen Journalismus haben Geißler und Pöttker (2009) vorgelegt. Ihren Ergebnissen zufolge hatte Anfang der 2000er-Jahre höchstens drei Prozent der Journalist*innen einen Migrationshintergrund. Schätzungen zufolge ist dieser Anteil in den vergangenen Jahren kaum gestiegen (Neue deutsche Medienmacher*innen 2021). Im englischsprachigen Raum hat (ethnische) Diversität dagegen einen größeren Stellenwert – vor allem im öffentlich-rechtlichen Rundfunk: So stieg etwa der Anteil ethnischer Minderheiten an allen Beschäftigten der BBC im Jahr 2018 auf über 15 Prozent (Mohr/Schiller 2020).

3. Forschung zu Medieninhalten

In der *Inhaltsforschung* steht im Mittelpunkt, wie über Flucht und Flüchtlinge berichtet wird. Dabei wird in vielen Studien nicht unterschieden zwischen der Berichterstattung über Flucht und Flüchtlinge und der über Migration und andere Migrant*innengruppen. Das Spektrum der methodischen Zugänge ist breit, es reicht von Diskursanalysen ausgewählter Medienberichte bis hin zu automatisierten Analysen großer Datenmengen. Neben journalistischen Angeboten wird vermehrt die etwa über Soziale Netzwerkseiten stattfindende öffentliche Online-Kommunikation erforscht (Heidenreich et al. 2019). Im Kern der Inhaltsforschung zum Thema stehen allerdings standardisierte, manuelle Inhaltsanalysen journalistischer Berichterstattung (Eberl et. al. 2018; Kelm et al. 2021) (→ qualitative Forschung). Tageszeitungen werden häufig untersucht, Fernseh- und Radiosendungen seltener, online vermittelte Inhalte in zunehmendem Maße. Es liegen Studien zur Berichterstattung in zahlreichen Ländern vor, vereinzelt auch internationale Vergleiche (Berry et al. 2015; Fengler/Kreutler 2020).

Die Berichterstattung deutscher Medien über Migration und Migrant*innen wird seit mehreren Jahrzehnten untersucht – als Startpunkt der systematischen Forschung wird häufig die Studie von Delgado (1972) angeführt. Spezifische Studien zur Berichterstattung über Asyl und Asylbewerber*innen folgten später (Hömberg/Schlemmer 1994). Die Analysen zeigen ein in vielerlei Hinsicht recht konstantes Bild (Überblicke: Eberl et al. 2018; Kelm et al. 2021): Über Flüchtlinge bzw. allgemeiner über Migrant*innen wird eher wenig berichtet, im Kontext spezifischer Ereignisse kann es indes zu starken Anstiegen der medialen Aufmerksamkeit kommen. Finden sich bewertende Aussagen über

Migrant*innen, dann überwiegt die Nennung negativer gegenüber positiven Eigenschaften. So werden Migrant*innen und Flüchtlinge häufig mit Themen wie (→) Kriminalität und teilweise auch mit Terrorismus in Verbindung gebracht, die mit Zuwanderung verbundenen Chancen dagegen seltener betont. Allerdings sind Geschlecht, Herkunft, Zuwanderungsmotive und Religionszugehörigkeit von Bedeutung: Muslimischen Migrant*innen und Flüchtlingen werden zum Beispiel eher negative Eigenschaften zugeschrieben als anderen Gruppen. Zu beachten sind auch zum Teil erhebliche Unterschiede zwischen einzelnen Medien: Öffentlich-rechtliche Sender und linksliberale Zeitungen befassen sich beispielsweise intensiver als andere mit Fluchtursachen. In der Berichterstattung kommen vorrangig Vertreter*innen des politisch-institutionellen Bereichs zu Wort, Flüchtlinge selbst dagegen nur selten. Im Langzeitvergleich sind jedoch Veränderungen erkennbar. Zum Beispiel sind in journalistischen Inhalten mittlerweile neutralere Bezeichnungen wie ‚Flüchtlinge' oder ‚Asylbewerber*innen' die Regel (Berry et al. 2015). Mit negativen Zuschreibungen verbundene Bezeichnungen wie ‚Asylant*in' finden sich dagegen selten (→ ‚Flüchtling' – sprachlich). Die visuelle Darstellung von Migrant*innen ist zudem etwas vielschichtiger und weniger stereotyp (Lünenborg/Maier 2017) als in früheren Zeiten.

Die starken Fluchtbewegungen in den Jahren 2015 und 2016 haben zu einer großen Anzahl an Inhaltsanalysen geführt. Diese Studien sind in vielerlei Hinsicht bemerkenswert: Erstens zeigt sich, dass auch die Forschung zur Berichterstattung über Flucht und Flüchtlinge zu Kontroversen führen kann. Sie entzündeten sich primär an einer Studie von Haller (2017), in der dieser unter anderem beanstandete, die deutschen Medien hätten einseitig die vermeintlich politisch dominante Position einer Willkommenskultur verbreitet. Andere Analysen offenbarten dagegen, dass zwar zumindest im Jahr 2015 Flüchtlinge bzw. Zuwander*innen positiv dargestellt wurden, *Zuwanderung* aber 2015 und auch danach vorrangig als Problem oder sogar Gefahr für Deutschland betrachtet wurde (Maurer et al. 2019; Kelm et al. 2021). Zweitens unterschied sich die Berichterstattung im internationalen Vergleich: In einigen europäischen Ländern wurde 2015 und 2016 zum Beispiel erkennbar negativer als in Deutschland über Flucht und Flüchtlinge berichtet (Fengler/Kreutler 2020). Drittens verdeutlichen die Untersuchungen die Bedeutung von Schlüsselereignissen. Diese führen nicht nur zu einer massiven Berichterstattung, sondern auch dazu, dass sich die mediale Perspektive auf ein Thema ändert. Besonders prägend war die ‚Kölner Silvesternacht' 2015/2016, in deren Folge Flüchtlinge deutlich häufiger mit Kriminalität in Verbindung gebracht wurden (Arendt et al. 2017).

Schlüsselereignisse sind eine theoretische Grundlage der Forschung zu Medieninhalten über Flucht und Migration, *Stereotype* eine andere. Unter Rückgriff auf die *Nachrichtenwerttheorie* werden außerdem Nachrichtenfaktoren ermittelt, die Ereignissen oder Themen zugesprochen werden und die mitbestimmen, wie intensiv und mit welchem Fokus über diese Ereignisse und Themen berichtet wird. Prägende Nachrichtenfaktoren in der Berichterstattung über Flucht und Flüchtlinge sind etwa Schaden und Kontroverse (Ruhrmann 2017). Häufig werden zudem *Framing*-Analysen vorgenommen. *Frames* sind Deutungsmuster in der Berichterstattung. Die Forschung ermittelt demnach, aus welcher Perspektive über Ereignisse, Themen oder Personengruppen berichtet wird. Analysen in einer Reihe von Ländern zeigen, dass zwar regelmäßig das Leid von Flüchtlingen oder humanitäre Aspekte den Rahmen der fluchtbezogenen Berichterstattung bilden. Häufiger werden aber aufgrund von Zuwanderung vermutete negative Konsequenzen für Sicherheit, Wirtschaft, Verwaltung, Gesellschaft und die politische Situation im Einwanderungsland betont (Eberl et al. 2018).

4. Forschung zur Mediennutzung

Die *Nutzungsforschung* untersucht, wer aus welchen Gründen welche Medienangebote nutzt. Methodisch dominieren dabei standardisierte Befragungen und qualitative Interviews. Im vorliegenden Kontext wird unter anderem untersucht, welche Medienangebote zur Information über das Thema Flucht und Flüchtlinge rezipiert werden (Arlt/Wolling 2017). Der Fokus dieses Kapitels liegt aber auf der Mediennutzung von Menschen vor, während und nach ihrer Flucht.

Als Vorläufer dieser Forschung können die Untersuchungen zur Mediennutzung von Ausländer*innen gelten, die bereits seit den 1960er-Jahren durchgeführt werden (Überblick: Müller 2005). Mittlerweile liegt hierzu eine Reihe von Studien vor, in denen zudem zwischen Migrant*innen unterschiedlicher Herkunftsländer und Einwanderungshistorien differenziert wird (Tonassi et al. 2020). Spezifische Studien zur Mediennutzung von Flüchtlingen rückten erst durch die starken Fluchtbewegungen in den Jahren 2015 und 2016 in den Fokus der Forschung (Ranger 2019).

Die Studien zur Mediennutzung von Flüchtlingen kommen zu weitgehend einheitlichen Resultaten: In allen Fluchtphasen nutzen Flüchtlinge das Internet. Über Soziale Netzwerkseiten und Messenger tauschen sie sich vor und während der Flucht mit anderen Flüchtlingen aus – etwa um sich über Routen zu informieren. Auch zu Schleuser*innen (→ Schleusen) nehmen Flüchtlinge online Kontakt auf. Nach der Flucht dient die Internetnutzung vor allem dazu, die Verbindung zum Herkunftsland zu halten, Menschen auf der Flucht mit Hinweisen zu versorgen und mit Freund*innen, Arbeitskolleg*innen oder Mitschüler*innen im Zielland zu kommunizieren (Emmer et al. 2016; Fiedler 2016). Dabei spielen internetfähige Mobiltelefone eine wesentliche Rolle, wie etwa Emmer et al. (2016: 9) pointiert feststellen: „Mobiltelefone sind zu zentralen Werkzeugen der Schutzsuchenden geworden, WLAN-Hotspots so notwendig wie Wasserstellen."

Im Vergleich zum Internet spielen traditionelle Medien für Flüchtlinge eine eher untergeordnete Rolle. Vor der Flucht schauen sie nationale, aber auch internationale Fernsehsender. Dies dient unter anderem der Information über die politische Situation im Herkunftsland. Während der Flucht sind traditionelle Medien wegen der widrigen Umstände kaum nutzbar (Emmer et al. 2020). Aufgrund der Sprachbarriere können Flüchtlinge viele Medienangebote im Zielland häufig nicht nutzen (Fiedler 2016) (→ Sprache). Dafür rezipieren viele Flüchtlinge nach der Flucht auch mehrsprachige Medienangebote oder Ethnomedien, also Medienangebote, die sich inhaltlich primär an ethnische Minderheiten richten und oft in deren Sprachen produziert sind (Ranger 2019).

Die Mediennutzung von Flüchtlingen lässt sich anhand verschiedener theoretischer Ansätze erklären. Nach dem *Uses-and-Gratifications*-Ansatz wollen Menschen mit ihrer Mediennutzung spezifische Bedürfnisse befriedigen. Medienangebote sorgen etwa dafür, dass Menschen auf der Flucht vor Krieg und Verfolgung ihr großes Informationsbedürfnis stillen und zum Beispiel die Entwicklungen im Herkunftsland verfolgen können (Emmer et al. 2020). Wenn sich Flüchtlinge über potenzielle Zielländer informieren, ist es gemäß dem *Selective-Exposure*-Ansatz wahrscheinlich, dass sie Informationen bevorzugen, die zu ihrem Bild vom Zielland passen. So haben viele Flüchtlinge ein zu positives Bild von Deutschland und den dortigen Sozialleistungen. Dieses Bild wird von der individuellen Mediennutzung beeinflusst (Emmer et al. 2020; Fiedler 2016).

5. Forschung zu Medienwirkungen

Die *Wirkungsforschung* untersucht unter anderem, welchen Einfluss Medieninhalte über Flucht und Flüchtlinge auf Emotionen, Einstellungen und Verhalten der Rezipient*innen haben. Der Einfluss von Medien auf Migrant*innen oder Flüchtlinge selbst wird nur selten betrachtet (Emmer et al. 2020). Stattdessen stehen für gewöhnlich die Effekte auf alle Bürger*innen im Fokus. Methodisch werden meist Befragungen mit Experimentaldesign durchgeführt (Schemer 2012) sowie Zeitreihenanalysen, in denen Inhaltsanalyse- mit Befragungsdaten verknüpft werden (Boomgaarden/Vliegenthart 2009).

Von der Wirkungsforschung abzugrenzen ist die Rezeptionsforschung. Letztere fokussiert stärker individuelle Verarbeitungsprozesse während der Mediennutzung und die Bewertung von Medieninhalten. Studien zeigen beispielsweise, dass Personen mit eindeutigen Haltungen zu Flucht und Flüchtlingen die Berichterstattung über das Thema tendenziell als gegen ihre eigene Meinung verzerrt wahrnehmen (*Hostile-Media*-Effekt; Merten/Dohle 2019) oder dass das Vertrauen in deutsche Medien bei Flüchtlingen höher ist als bei Menschen, die schon länger in Deutschland leben (Tonassi et al. 2020).

In der Wirkungsforschung wird im themenspezifischen Kontext vor allem untersucht, (1) welcher Einfluss von einer regelmäßigen Berichterstattung über Flucht und Flüchtlinge ausgeht, (2) welche Folgen unterschiedliche Deutungsmuster und Wertungen in der Berichterstattung haben und (3) welche Wirkungen eine aufgrund von Schlüsselereignissen veränderte Berichterstattung nach sich zieht (Eberl et al. 2018).

(1) Dem *Agenda-Setting*-Effekt zufolge beeinflusst die Häufigkeit der Berichterstattung über Flucht und Flüchtlinge, für wie wichtig Bürger*innen das Thema im Vergleich zu anderen Themen halten. Das kann wiederum Folgen haben: So kann die bloße massenmediale Thematisierung von Flucht und Flüchtlingen beispielsweise negative Einstellungen gegenüber Migration nach sich ziehen (Boomgaarden/Vliegenthart 2009), Euroskeptizismus begünstigen (Harteveld et al. 2018) und die Wahrscheinlichkeit erhöhen, migrationskritische Parteien zu wählen (Burscher et al. 2015). Einige Studien belegen aber auch, dass Berichte über Migrant*innen – im Gegensatz zu Berichten über Zuwanderung allgemein – zu positiven Einstellungen gegenüber Migrant*innen führen (Boomgaarden/Vliegenthart 2009).

(2) Bestimmte Deutungsmuster in Medieninhalten können sogenannte *Framing*-Effekte nach sich ziehen. Die in Medieninhalten häufig hervorgehobenen wirtschaftlichen, kulturellen oder sicherheitspolitischen Konsequenzen von Migration haben dabei unterschiedliche Effekte auf die Rezipient*innen (Igartua/Cheng 2009; Schemer 2012; Schmuck/Matthes, 2017; van Gorp 2005): So führt etwa die Betonung wirtschaftlicher Vorteile zu einer stärkeren Befürwortung von Migration, die Verknüpfung von Migration mit Kriminalität dagegen zu einer stärkeren Ablehnung. Darüber hinaus ist es zum Beispiel relevant, ob Flüchtlinge eher als ‚Opfer' oder ‚Eindringlinge' beschrieben werden. Für die Stärke der Effekte ist unter anderem die Herkunft der thematisierten Migrant*innen, die Informiertheit der Rezipient*innen und die Aufbereitung des Medieninhaltes von Bedeutung. *Framing*-Effekte sind beispielsweise geringer, wenn Rezipient*innen gut über das Thema informiert sind, und sie sind stärker, wenn Medieninhalte visuelle Elemente beinhalten.

(3) *Schlüsselereignisse* können dazu führen, dass Journalist*innen ihre Berichterstattung anpassen, was wiederum weitergehende Folgen haben kann. Beispielsweise wird der Anstieg rechtsextremer Gewalt

gegen Flüchtlinge in den 1990er-Jahren auch auf die intensive mediale Thematisierung von Gewalt gegen Flüchtlinge zurückgeführt (Brosius/Esser 1995; Koopmanns/Olzak 2004).

6. Fazit

In diesem Überblick konnten nicht alle kommunikationswissenschaftlichen Perspektiven auf Flucht und Flüchtlinge behandelt werden. Die Berichterstattung von Ethnomedien wurde etwa ebenso nicht behandelt wie fiktionale Medieninhalte. Stattdessen wurden die zentralen Forschungsbereiche vorgestellt.

Die kommunikationswissenschaftliche Forschung zu Flucht und Flüchtlingen konzentriert sich vor allem auf die Inhalte der Berichterstattung und auf deren Effekte auf die Rezipient*innen. Seit den starken Fluchtbewegungen in den Jahren 2015 und 2016 rückte auch verstärkt die Mediennutzung von Flüchtlingen in den Fokus. Dagegen wird, zumindest in Deutschland, kaum untersucht, wie viele Migrant*innen an der öffentlichen Diskussion als Kommunikator*innen beteiligt sind.

Darüber hinaus gibt es weitere Forschungslücken (Eberl et al. 2018; Lecheler et al. 2019). Es gibt nur wenige ländervergleichende Studien – sie wären beispielsweise hilfreich, um herauszufinden, inwieweit und mit welchen Wirkungen Flucht und Flüchtlinge in unterschiedlichen Ländern als nationales Problem oder als internationale Herausforderung dargestellt werden. Zudem fokussieren die meisten Studien westliche Länder. Daher ist auch weitgehend unklar, wie Flüchtlinge in der Berichterstattung ihrer Herkunftsländer thematisiert werden und welche Folgen dies hat. In Analysen wird häufig nicht zwischen Menschen mit unterschiedlichen Migrationsgeschichten unterschieden, auch wenn sich abzeichnet, dass über Flüchtlinge aus Kriegsgebieten anders berichtet wird als über Menschen, die wirtschaftlicher Perspektivlosigkeit entkommen wollen.

Verstärkt in den Blick genommen werden sollte der Einfluss (audio-)visueller Elemente in der themenbezogenen Berichterstattung. Gleiches gilt für die Dynamiken in Sozialen Netzwerkdiensten – mit Blick auf problematische (beispielsweise Verbreitung von Desinformationen) und vielversprechende Entwicklungen (beispielsweise Möglichkeiten für Flüchtlinge zur Meinungsäußerung). Viele Studien im Forschungsfeld beziehen sich auf die in dem Überblick genannten theoretischen Ansätze. Noch stärker sollte in Zukunft unter Rückgriff auf theoretische Konzepte geprüft werden, inwiefern die Erstellung und Rezeption von Medieninhalten über Flucht und Flüchtlinge gesellschaftliche Polarisierung oder Integration begünstigt.

Literaturverzeichnis

Arendt, Florian/Brosius, Hans-Bernd/Hauck, Patricia (2017): Die Auswirkung des Schlüsselereignisses „Silvesternacht in Köln" auf die Kriminalitätsberichterstattung. In: Publizistik 62 (2), 135–152.

Arlt, Dorothee/Wolling, Jens (2017): Die Flüchtlingsdebatte in den Medien aus der Perspektive der Bevölkerung: Veränderungen von Nutzungsmustern, Erwartungen, Bewertungen und Einstellungen zwischen 2016 und 2017. In: Media Perspektiven (6), 325–337.

Beck, Klaus (2020): Kommunikationswissenschaft. 6. Aufl. Konstanz: UVK.

Bennett, Samuel/ter Wal, Jessika/Lipiński, Artur/Fabiszak, Małgorzata/ Krzyżanowski, Michał (2013): The Representation of Third-Country Nationals in European News Discourse: Journalistic Perceptions and Practices. In: Journalism Practice 7 (3), 248–265.

Berry, Mike/Garcia-Blanco, Inaki/Moore, Kerry (2016): Press Coverage of the Refugee and Migrant Crisis in the EU: A Content Analysis of Five European Countries. www.unhcr.org/56bb369c9.html, 21.12.2022.

Boomgaarden, Hajo G./Vliegenthart, Rens (2009): How News Content Influences Anti-Immigration Attitudes: Germany, 1993–2005. In: European Journal of Political Research 48 (4), 516–542.

Brosius, Hans-Bernd/Esser, Frank (1995): Eskalation durch Berichterstattung? Massenmedien und fremdenfeindliche Gewalt. Wiesbaden: Westdeutscher Verlag.

Burscher, Björn/van Spanje, Joost/de Vreese, Claes H. (2015): Owning the Issues of Crime and Immigration: The Relation between Immigration and Crime News and Anti-Immigrant Voting in 11 Countries. In: Electoral Studies 38, 59–69.

Delgado, Jesus M. (1972): Die „Gastarbeiter" in der Presse. Eine inhaltsanalytische Studie. Opladen: Leske.

Eberl, Jakob-Moritz/Meltzer, Christine E./Heidenreich, Tobias/Herrero, Beatrice/Theorin, Nora/Lind, Fabienne/Berganza, Rosa/Boomgaarden, Hajo G./Schemer, Christian/Strömbäck, Jesper (2018): The European Media Discourse on Immigration and Its Effects: A Literature Review. In: Annals of the International Communication Association 42 (3), 207–223.

Emmer, Martin/Kunst, Marlene/Richter, Carola (2020): Information Seeking and Communication during Forced Migration: An Empirical Analysis of Refugees' Digital Media Use and Its Effects on Their Perceptions of Germany as Their Target Country. In: Global Media and Communication 16 (2), 167–186.

Emmer, Martin/Richter, Carola/Kunst, Marlene (2016): Flucht 2.0. Mediennutzung durch Flüchtlinge vor, während und nach der Flucht. www.polsoz.fu-berlin.de/kommwiss/arbeitsstellen/internationale_kommunikation/Media/Flucht-2_0.pdf, 21.12.2022.

Fengler, Susanne/Kreutler, Marcus (2020): Stumme Migranten, laute Politik, gespaltene Medien. Die Berichterstattung über Flucht und Migration in 17 Ländern. Frankfurt am Main: Otto Brenner Stiftung.

Fiedler, Anke (2016): Information to go: Kommunikation im Prozess der Migration am Beispiel syrischer und irakischer Flüchtlinge auf ihrem Weg nach Deutschland. In: Global Media Journal – German Edition 6 (1), 1–25.

Geißler, Rainer/Pöttker, Horst (Hrsg.) (2009): Massenmedien und die Integration ethnischer Minderheiten in Deutschland. Band 2: Forschungsbefunde. Bielefeld: transcript.

Haller, Michael (2017): Die „Flüchtlingskrise" in den Medien. Tagesaktueller Journalismus zwischen Meinung und Information. Frankfurt am Main: Otto Brenner Stiftung.

Harteveld, Eelco/Schaper, Joep/de Lange, Sarah L./van der Brug, Wouter (2018): Blaming Brussels? The Impact of (News about) the Refugee Crisis on Attitudes towards the EU and National Politics. In: Journal of Common Market Studies 56 (1), 157–177.

Heidenreich, Tobias/Eberl, Jakob-Moritz/Lind, Fabienne/Boomgaarden, Hajo G. (2019): Political Migration Discourses on Social Media: A Comparative Perspective on Visibility and Sentiment across

Political Facebook Accounts in Europe. In: Journal of Ethnic and Migration Studies 46 (7), 1261–1280.

Hömberg, Walter/Schlemmer, Sabine (1994): Fremde als Objekt: Asylberichterstattung in deutschen Tageszeitungen. In: Communicatio Socialis 27 (4), 317–338.

Igartua, Juan-José/Cheng, Lifen (2009): Moderating Effect of Group Cue While Processing News on Immigration: Is the Framing Effect a Heuristic Process? In: Journal of Communication 59 (4), 726–749.

Kelm, Ole/Dohle, Marco/Bormann, Marike (2021): Die Berichterstattung in Deutschland über Flucht, Medien und Integration. In: Brüggen, Niels/Dohle, Marco/Kelm, Ole/Müller, Eric (Hrsg.): Flucht als Krise? Flucht, Migration, Integration in den Medien und die themenbezogene Aneignung durch Heranwachsende. München: kopaed, 29–164.

Koopmans, Ruud/Olzak, Susan (2004): Discursive Opportunities and the Evolution of Right-Wing-Violence in Germany. In: American Journal of Sociology 110 (1), 198–230.

Lecheler, Sophie/Matthes, Jörg/Boomgaarden, Hajo G. (2019): Setting the Agenda for Research on Media and Migration: State-of-the-Art and Directions for Future Research. In: Mass Communication and Society 22 (6), 691–707.

Lünenborg, Margreth/Maier, Tanja (2017): Wir und die Anderen? Eine Analyse der Bildberichterstattung deutschsprachiger Printmedien zu den Themen Flucht, Migration und Integration. Gütersloh: Verlag Bertelsmann Stiftung.

Maurer, Marcus/Jost, Pablo/Haßler, Jörg/Kruschinski, Simon (2019): Auf den Spuren der Lügenpresse. Zur Richtigkeit und Ausgewogenheit der Medienberichterstattung in der „Flüchtlingskrise". In: Publizistik 64 (1), 15–35.

Merten, Milena/Dohle, Marco (2019): Wie beurteilen unterschiedliche Meinungslager die Medienberichterstattung zur „Flüchtlingskrise"? Ergebnisse einer Untersuchung zu Hostile-Media-Wahrnehmungen. In: Studies in Communication and Media 8 (2), 272–285.

Mohr, Inge/Schiller, Dietmar (2020): Diversity und Public Value – gesellschaftliche Vielfalt als Mehrwert für alle. Strategie und Best Practice des öffentlich-rechtlichen Rundfunks im In- und Ausland. In: Media Perspektiven (1), 2–15.

Müller, Daniel (2005): Die Mediennutzung der ethnischen Minderheiten. In: Geißler, Rainer/Pöttker, Horst (Hrsg): Massenmedien und die Integration ethnischer Minderheiten in Deutschland. Bielefeld: transcript, 360–387.

Neue deutsche Medienmacher*innen (2021): Wie deutsche Medien mehr Vielfalt schaffen. Handbuch für professionellen Journalismus im Einwanderungsland. Eingeschränkt erhältlich über info@neuemedienmacher.de.

Pöttker, Horst/Kiesewetter, Christina/Lofink, Juliana (Hrsg.) (2017): Migranten als Journalisten? Eine Studie zu Berufsperspektiven in der Einwanderungsgesellschaft. Wiesbaden: VS Verlag für Sozialwissenschaften.

Ranger, Nadine (2019): Medien als Mittler der Integration. Wie Geflüchtete sich informieren, womit sie sich medial unterhalten und welche Folgen dies hat. Bamberg: University of Bamberg Press.

Ruhrmann, Georg (2017): Diskriminierung in den Medien. In: Scherr, Albert/El-Mafaalani, Aladin/Yüksel, Gökçen (Hrsg.): Handbuch Diskriminierung. Wiesbaden: Springer, 367–385.

Schemer, Christian (2012): The Influence of News Media on Stereotypic Attitudes Toward Immigrants in a Political Campaign. In: Journal of Communication 62 (5), 739–757.

Schmuck, Desirée/Matthes, Jörg (2017): Effects of Economic and Symbolic Threat Appeals in Right-Wing Populist Advertising on Anti-Immigrant Attitudes: The Impact of Textual and Visual Appeals, Political Communication 34 (4), 607–626.

Tonassi, Timo/Wittlif, Alex/Schemer, Christian (2020): Mediennutzung und Medienvertrauen von Migranten. Untersuchung auf Basis des SVR-Integrationsbarometers 2018. In: Media Perspektiven (12), 626–635.

van Gorp, Baldwin (2005): Where is the Frame? Victims and Intruders in the Belgian Press Coverage of the Asylum Issue. In: European Journal of Communication 20 (4), 484–507.

I.2 Forschungsmethoden und Forschungsethik

I.2.1
Qualitative Forschung

Birgit Behrensen und Manuela Westphal

Abstract Durch Perspektiven auf Verortungen, Vorgehen, Verantwortungen und – anstelle eines Fazits – Visionen ergründen die Autorinnen Herausforderungen für die qualitative Flucht- und Flüchtlingsforschung. Unter „Verortungen" beschreiben sie die konstitutiven Forschungsstränge. Unter „Vorgehen" werden zentrale Phasen qualitativer Forschungsprozesse erläutert. Mit Blick auf „Verantwortungen" folgt eine Auseinandersetzung zu politisch-rechtlichen und diskursiven Kontexten, wobei Macht und Ungleichheit, eine subjektorientierte Haltung sowie partizipative Techniken im Mittelpunkt stehen. Zuletzt werden unter „Visionen" Potentiale einer solidarischen Zusammenarbeit überlegt.

Schlüsselbegriffe: Qualitative Sozialforschung, Flüchtlingsforschung, Ungleichheit, Forschungsethik, Solidarität.

1. Einleitung

Qualitative Forschung hat sich als Sammelbegriff für Verfahren der empirischen Sozialforschung etabliert, die durch Analyse einzelner Fälle oder Sequenzen hervorgebracht in Texten, Gesprächen, Bildern oder Beobachtungen zu wissenschaftlichen Erkenntnissen über soziale Sachverhalte beitragen. Sie teilen das Paradigma, dass lebensweltliche Phänomene nicht erklärt, sondern verstanden werden können. Das methodologische Feld ist groß und umfasst ethnomethodologische Verfahren, phänomenologische Zugänge, interpretative Verfahren, Methoden der rekonstruktiven Sozialforschung, hermeneutisch orientierte Verfahren, Grounded Theory sowie Methoden zur theoretischen Generalisierung wie qualitative Inhaltsanalyse oder Dokumentenanalyse.

Im Folgenden werden Herausforderungen für qualitatives Forschen in der Flucht- und Flüchtlingsforschung über vier Perspektiven entwickelt, die sich als Fragen von Verortungen, Vorgehen, Verantwortungen und Visionen stellen.

2. Verortungen

Qualitative Zugänge haben eine große Relevanz in der Flucht- und Flüchtlingsforschung (Behrensen/Westphal 2019; Donà et al. 2019). Erklären lässt sich dies sowohl mit den wissenschaftspolitischen Themenstellungen als auch mit den politischen, professionellen und theoretischen Perspektiven der beteiligten Forschenden (Bach et al. 2021).

Einen ersten konstitutiven Strang liefern Studien über fluchtbedingte Erfahrungen und ihre Bearbeitung. Sie verdeutlichen die Heterogenität und Komplexität von geografischen Herkunfts- und

Ankunftskontexten, von historischen und sozioökonomischen Bedingungen, von Fluchthintergründen und -wegen sowie von persönlichen und familiären Dimensionen. Durch internationale Fallvergleiche rücken zudem auch Verbindungen zur historisch älteren Exilforschung in den Blick (Bahl/Becker 2020).

Einen weiteren konstitutiven Strang bilden Studien zur Lebenssituation Geflüchteter, vor allem in Phasen ungewisser Bleibeperspektiven. Bearbeitet werden Fragen des reglementierten Wohnens, der eingeschränkten Bildungs- und Arbeitsmarktzugänge sowie der Gesundheitsversorgung (Täubig 2009). Viele dieser – oftmals explorativen – Studien entstehen in Zusammenarbeit mit der politischen und sozialen Flüchtlingsarbeit und somit mit einer solidarischen Orientierung, mit dem Ziel, Erfahrungen, Sichtweisen und Forderungen von Geflüchteten Nachdruck zu verleihen. Forschung wird meist als Flüchtlingsforschung aufgefasst, beinhaltet aber zugleich eine auf Strukturen ausgerichtete Ungleichheitsforschung. In den vergangenen Jahren haben sich in diesem Feld poststrukturalistische und postkoloniale Theoriekonzepte hinzugesellt, die diskurs- und machtanalytische Methoden bevorzugen (Kaufmann et al. 2019).

Im Zuge der Institutionalisierung haben sich sukzessive zwei weitere Stränge etabliert. Einerseits werden das Verhältnis zur flüchtlingspolitischen Praxis kritisch reflektiert und Grundlagenforschung angestrebt (Kleist 2019). Andererseits entstehen Beiträge zum Ausbau systematischen Monitorings von Zuwanderung und Integration (Keita/Trübswetter 2020).

3. Vorgehen

Das Forschungsdesign besteht in der qualitativen Forschung ausgehend vom Forschungsinteresse aus den – oftmals zirkulär verbundenen – Phasen der Generierung der Forschungsfrage, des Feldzugangs, der Erhebung, der Datenaufbereitung inklusive Transkription, der Auswertung inklusive Interpretation sowie der Veröffentlichung und Diskussion der Ergebnisse.

Mit Blick auf den Feldzugang ist auf die Bedeutung der Vertrauensbildung hinzuweisen. Hierzu gehört die transparente Darlegung von Zielen und Arbeitsweisen im Kontakt mit allen an der Forschung Beteiligten (Gatekeeper, Netzwerke, Teilnehmende, Forschende, Fördernde, Finanzierende, Begutachtende). Um Hierarchien abzuschwächen, sind Möglichkeiten und Grenzen der Forschung offenzulegen. Dies ist zielführender als Akteure durch Anreize wie Gutscheine oder Bezahlung zu gewinnen. Vielversprechend sind Ansätze der Praxisforschung, die im Sozialraum gemeinsame Interessen, Mitwirkung und Selbstbestimmung generieren können (Alisch/May 2017).

Hinsichtlich der Erhebung sind Überlegungen anzustellen, wo im Kontinuum zwischen offenen und strukturierten Verfahren angesetzt werden soll. Je offener das Herangehen ist, umso mehr Gestaltungsraum wird den Befragten gegeben, aber umso aufwendiger wird zugleich die Datenauswertung. Alternativ kann ein auf Gruppen gerichtetes Erhebungsverfahren sinnvoll sein, um selbstläufige Interaktionen zu fördern. Darüber hinaus ist über heterogene Kommunikationswege nachzudenken.

Beobachtungsverfahren stellen eine besondere Herausforderung dar. Verdeckte Beobachtungen sind nicht nur datenschutzrechtlich, sondern auch forschungsethisch bedenklich, weil sie Forschenden sehr viel Macht geben und Vertrauen zerstören. Offene Beobachtungen mit gerichtetem Fokus lassen sich gegenüber einer Untersuchungsgruppe gut beschreiben. Der Verzicht auf einen spezifischen Fokus ist dagegen eine Chance für neue Erkenntnisse, bedarf allerdings eines gewachsenen Vertrauensverhältnisses. Teilnehmende Beobachtungen sind einfacher zu steuern als beobachtende Teilnahme, verschärfen aber die Distanz zwischen Forschenden und Beforschten.

Zunehmend bieten sich auch Analysen internetbasierter Materialien an (→ Digitale Methoden). Chats, Diskussionsforen oder Blogbeiträge liefern neben Texten Bilder, Filme, Symbole und Tonbeiträge, die zu wichtigen Erkenntnissen führen können.

Techniken zum Festhalten von Kommunikation oder Beobachtung reichen von Protokollen bis zu Ton- und Videoaufnahmen, von einfachen bis komplexen Transkriptionen. Auch hier ist es sinnvoll, über die Folgen der gewählten Methode für die Forschungsbeziehungen nachzudenken.

Für die Auswertung steht Forschenden ein zunehmend differenzierter Methodenkanon zur Verfügung, den es für das Untersuchungsziel sorgfältig abzuwägen gilt. Mit inhaltsanalytischen Verfahren lässt sich Material entlang gewählter Systematiken sortieren und regelgeleitet aufschlüsseln. Mit rekonstruktiven Methoden können individuelle und kollektive Relevanzstrukturen herausgearbeitet werden. Latente Bedeutungsstrukturen lassen sich sowohl mit hermeneutischen als auch mit interpretativen Verfahren erkennen. Explorative Vorgehen sind sinnvoll, um noch wenig erforschte Phänomene sichtbar zu machen.

Trotz aller Leitlinien bleiben Kreativität und Intuition wesentlich für das Gelingen qualitativer Studien. Da Forschung durch die Persönlichkeit und Erfahrung der Forschenden geprägt ist, sind Erkenntnisse stets intersubjektiv abzugleichen. Hierzu zählt die Diskussion der Ergebnisse mit den Forschungsteilnehmenden.

4. Verantwortungen

Qualitative Forschung orientiert sich an Gütekriterien wie Transparenz, Intersubjektivität und Reflexion der Ergebnisreichweite. Gegenstandsangemessenheit von Fragestellungen, Methoden und Fällen sollte ein weiteres Kriterium sein, was fortgesetzte Justierung und flexible methodische Adaption beinhaltet (Strübing et al. 2018: 86f.). Diese Gütekriterien gilt es für die Fluchtforschung weiter zu denken, weil diese in einem Erfahrungsraum stattfindet, der durch Gewalt geprägt ist (Krause 2017). Politisch-rechtliche Zugriffe auf Flucht und damit einhergehende diskursive Konstruktionen rahmen die Forschung und verweisen die Beteiligten auf unterschiedlich machtvolle Positionen und ungleiche Handlungsmöglichkeiten. Wird hier methodisch und methodologisch keine Verantwortung übernommen, kann Forschung gefährdet sein.

Eine Antwort auf soziale Ungleichheiten und Machtasymmetrien ist die konsequente Selbstreflexion verbunden mit einer subjektorientierten Haltung. Kategorienreflexion, Begriffskritik und Verbalisierung eigener Positionalität im Sinne postkolonialer Perspektiven bilden nur den Anfang einer schmerzhaften Bewusstwerdung der ungleichen Verteilung von Lebenschancen. Ergänzend kann die kritische Analyse vermeintlich universaler, scheinbar neutraler und zugleich disziplinär gewordener Wissensbestände zur Überwindung epistemischer Machtverhältnisse beitragen (Castro Varela/Dhawan 2015).

Weitergehende Strategien sind sowohl eine reflektierte Haltung des aktiven Verlernens von Wissen und Privilegien als auch die prinzipielle Offenheit für methodische und theoretische Neujustierungen auf allen Ebenen des Forschungsprozesses. Kommunikative Ungleichheiten durch eine erst- oder mehrsprachige Interviewführung greift zu kurz (→ Mehrsprachigkeit). Im besten Fall findet die Reflexion des Forschungsprozesses mit allen beteiligten Akteuren statt, wie es sich schon früh in der feministischen Forschungspraxis bewährt hat (Hagemann-White et al. 1997).

Darüber hinaus bedarf ein Forschungskontext, in dem globale Ungleichheiten und strukturelle Machtverhältnisse konstitutiv für Lebenserfahrungen sind, besonderer Verantwortlichkeit und Sensibilität für vielfältige Verletzlichkeiten bei Zugang, Erhebung, Auswertung und Veröffentlichung (Mackenzie et al. 2007). Hier sind Schutzvorkehrungen vor und bei Kontaktaufnahme, während und nach der Erhebung sowie für die Veröffentlichung zu treffen, um potentielle Retraumatisierungen und Risiken zu vermeiden.

Narrativ angelegte Studien verweisen auf die Bedeutung von Vertrauensaufbau und traumasensibler Gesprächsführung, zum Beispiel durch mehrmalige Interviewtreffen (Motzek-Öz 2019). Jedoch ist abzuwägen, ob es in der extrem fremdbestimmten Lebenssituation verantwortbar ist, Erinnerungen über offene Erzählimpulse zu initiieren. Die mögliche Ähnlichkeit mit Befragungen im Asylverfahren oder die Hoffnung auf soziale, rechtliche oder therapeutische Hilfe durch Forschende legen andere Erhebungsformen als narrative Interviews nahe. Präferiert werden von diesem Standpunkt aus eher ethnografisch orientierte Forschungsansätze, die das Verstehen sozialer Praktiken und Differenzherstellung zum Ziel haben (Westphal et al. 2019).

Darüber gewinnt die Beachtung von Forschungsethik eine zunehmende Bedeutung. Hierzu zählt es, sensible Erhebungs- und Datenschutzkonzepte zu erstellen. Dazu gehört auch eine explizite Betonung der Freiwilligkeit und Selbstbestimmung. Um die anspruchsvollen forschungsethischen Grundsätze (Korntheuer et al. 2021) praktisch umzusetzen, werden aktuell insbesondere (→) partizipative Forschungsansätze diskutiert und weiterentwickelt.

5. Visionen

Qualitative Forschung ist ein kreatives Handwerk im stetigen Wandel. Digitale Technologien und forschungsethische Überlegungen führen zu neuen Herausforderungen. Vielfach haben sich in der Flucht- und Flüchtlingsforschung Arbeitsweisen bewährt, die das Vorgehen nachdrücklich von dem unterscheiden, was vielleicht im Kontext von Asylantragsverfahren, Polizeiverhören oder Bespitzelungen erlebt wurde. Wegweisend ist eine solidarische Zusammenarbeit in allen Phasen des Forschungsprozesses (Motzek-Öz et al. 2021). Dies ist äußerst zeit- und arbeitsintensiv und sprengt den Rahmen üblicher Forschung. Für die qualitative Flucht- und Flüchtlingsforschung ergeben sich damit aber Potentiale sowohl für den Ausbau des kreativen Forschungsprozesses als auch – utopisch weitergedacht – für den Abbau von Folgen sozialer Ungleichheit.

Literaturverzeichnis

Alisch, Monika/May, Michael (Hrsg.) (2017): Methoden der Praxisforschung im Sozialraum. Beiträge zur Sozialraumforschung. Opladen: Budrich.

Bach, Miriam/Schröder, Joachim/Westphal, Manuela (2021): „Flüchtlingsforschung" ein (ent)politisiertes Wissenschaftsgebiet? In: Bach, Miriam/Narawitz, Lena/ Schroeder, Joachim/Thielen, Mark/ Thönneßen, Niklas (Hrsg.), FluchtMigrationsForschung im Widerstreit. Über Ausschlüsse durch Integration. Waxmann, Münster, 157–174.

Bahl, Eva/Becker, Johannes (Hrsg.): Global Processes of Flight and Migration. The Explanatory Power of Case Studies. Göttingen: Göttingen University Press, 9–21.

Behrensen, Birgit/Westphal, Manuela (Hrsg.) (2019): Fluchtmigrationsforschung im Aufbruch. Methodologische und methodische Reflexionen. Wiesbaden: Springer VS.

Castro Varela, María do Mar/Dhawan, Nikita (Hrsg.) (2015): Postkoloniale Theorie. Eine kritische Einführung (Überarb. Aufl.). Bielefeld: transcript Verlag.

Donà, Giorgia/Cigden, Esin/Lounasmaa, Aura (2019). Qualitative Research in Refugee Studies. In: Atkinson, Paul/Delamont, Sara/Cernat, Alexandru/Sakshaug, Joseph W./Williams, Richard A. (Hrsg.): SAGE Research Methods Foundations. https://www.doi.org/10.4135/9781526421036849022.

Hagemann-White, Carol/Kavemann, Barbara/Ohl, Dagmar (1997): Parteilichkeit und Solidarität. Praxiserfahrungen und Streitfragen zur Gewalt im Geschlechterverhältnis. Bielefeld: Kleine.

Kaufmann, Margrit E./Otto, Laura/Nimführ, Sarah/Schütte, Dominik (Hrsg.) (2019): Forschen und Arbeiten im Kontext von Flucht. Reflexionslücken, Repräsentations- und Ethikfragen. Wiesbaden: Springer VS.

Keita, Sekou/Trübswetter, Parvati (2020): IAB-BAMF-SOEP Befragung von Geflüchteten verknüpft mit administrativen Daten des IAB (IAB-BAMF-SOEP-ADIAB) – Version 7518 v1.

Kleist, J. Olaf (2019): Flucht- und Flüchtlingsforschung in Deutschland. Die Etablierung eines Forschungsfeldes. In: Behrensen, Birgit/Westphal, Manuela (Hrsg.): Fluchtmigrationsforschung im Aufbruch. Methodologische und methodische Reflexionen. Wiesbaden: Springer VS, 11–24.

Krause, Ulrike (2017): Researching forced migration: critical reflections on research ethics during fieldwork. Working Paper Series 123. Oxford: Refugee Studies Centre.

Korntheuer, Annette/Afeworki Abay, Robel/Westphal, Manuela (2021): Forschen in den Feldern von Flucht und Behinderung. Eine komparative Analyse von forschungsethischen Herausforderungen und notwendigen forschungspraktischen Rahmenbedingungen. In: Franz, Julia/Unterkofler, Ursula (Hrsg.): Erkennen, Abwägen, Entscheiden. Forschungsethik in der Sozialen Arbeit. Opladen: Budrich, 229–242.

Mackenzie, Catriona/Mc Dowell, Christopher/Pittoway, Eileen (2007): Beyond 'Do No Harm`. The Challenges of Constructing Ethical Relationships in Refugee Research. In: Journal of Refugee Studies 20 (2), 299–319.

Motzek-Öz, Sina (2019): Traumasensible Gestaltung von Interviews zwischen Viktimisierung und Forschungsethik. In: Behrensen, Birgit/Westphal, Manuela (Hrsg.): Fluchtmigrationsforschung im Aufbruch. Methodologische und methodische Reflexionen. Wiesbaden: Springer VS, 167–183.

Motzek-Öz, Sina/Aden, Samia/Westphal, Manuela (2021): Forschen als solidarische Praxis? In: sozialmagazin – Die Zeitschrift für Soziale Arbeit 46 (8), 66–72.

Strübing, Jörg/Hirschauer, Stefan/Ayaß, Ruth/Krähnke, Uwe/Scheffer, Thomas (2018): Gütekriterien qualitativer Sozialforschung. Ein Diskussionsanstoß. In: Zeitschrift für Soziologie 47 (2), 83–100.

Täubig, Vicky (2009): Totale Institution Asyl. Empirische Befunde zu alltäglichen Lebensführungen in der organisierten Desintegration. Weinheim und München: Juventa.

Westphal, Manuela/Motzek-Öz, Sina/Aden, Samia (2019): Transnational Doing family im Kontext von Fluchtmigration. Konturen eines Forschungsansatzes. In: Behrensen, Birgit/Westphal, Manuela (Hrsg.): Fluchtmigrationsforschung im Aufbruch. Methodologische und methodische Reflexionen. Wiesbaden: Springer VS, 251–272.

I.2.2
Partizipative Forschung

Dennis Odukoya und Hella von Unger

Abstract Partizipative Forschung mit Geflüchteten zielt nicht nur darauf ab, Wissen zu generieren und soziale Wirklichkeit zu verstehen, sondern möchte auch für die beteiligten Communities einen praktischen Mehrwert generieren. Personen mit Fluchterfahrung werden als Partner*innen und Co-Forschende möglichst gleichberechtigt am Forschungsprozess beteiligt. Partizipative Forschung mit Geflüchteten hat besondere Potentiale, geht aber auch mit Herausforderungen einher.

Schlüsselbegriffe: Partizipation, Community, Partizipative Methoden, Forschungsethik

1. Einleitung

Wie lässt sich die Situation von geflüchteten[1] Personen, (→)Familien und Gemeinschaften erforschen, ohne *helicopter research* Vorschub zu leisten, bei der Wissenschaftler*innen von außen kommen, Daten ‚abgreifen' und anschließend auf Nimmerwiedersehen verschwinden? Wie lässt sich stattdessen eine Forschung realisieren, von der auch Geflüchtete etwas haben? Und wie können wir vermeiden, als Forschende – allen guten Intentionen zum Trotz – Geflüchtete als ‚andere' zu konstruieren und Ungleichheit/en zu reproduzieren?

Eine Antwort auf diese Fragen bieten Ansätze der partizipativen Forschung, die Menschen mit Fluchterfahrung als Partner*innen und Co-Forschende beteiligen. Partizipative Ansätze eignen sich insbesondere, um wissenschaftliche Erkenntnisinteressen mit Anliegen von geflüchteten Personen zu verknüpfen und Wissen zu generieren, das dabei hilft, diesen Anliegen Gehör zu verschaffen und auf eine Verbesserung der Lebensumstände hinzuwirken. Allerdings ist dieses Unterfangen von Herausforderungen begleitet. Ein zentrales Dilemma besteht in den eingeschränkten bzw. ungleichen Voraussetzungen für Teilhabe: die strukturelle Benachteiligung von Menschen nach der Flucht, die den Ausgangspunkt für Forderungen nach einer stärkeren Teilhabe auch an der Forschung bildet, schafft gleichzeitig schlechte Voraussetzungen für eine gleichberechtigte Beteiligung am Forschungsgeschehen.

---

1 Menschen, die über Ländergrenzen hinweg geflüchtet sind, werden in diesem Beitrag als ‚Geflüchtete' bezeichnet, unabhängig von ihrem rechtlichen Aufenthaltsstatus. Der Beitrag bezieht sich insb. auf die Situation nach Deutschland geflüchteter Menschen.

2. Definition: Was ist partizipative Forschung?

Der Begriff *partizipative Forschung* bezeichnet einen „Forschungsstil" (Bergold/Thomas 2012: Absatz 2), dessen konkrete Ausprägung je nach Kontext variiert. Im Kern geht es darum, sowohl Planung als auch Durchführung des Forschungsprozesses gemeinsam mit jenen Menschen zu gestalten, deren „soziale Welt und sinnhaftes Handeln als lebensweltlich situierte Lebens- und Arbeitspraxis untersucht wird" (ebd.: Absatz 1). Forschungsfragen und Erkenntnisinteresse richten sich nicht allein an der Perspektive der Wissenschaft aus, sondern berücksichtigen Perspektiven der Praxis gleichermaßen (ebd.) bzw. wählen gezielt Anliegen der beteiligten Communities als Ausgangspunkt (Israel et al. 2018). Weltweit gibt es verschiedene Traditionen und Ausrichtungen partizipativer Forschung.

Im Unterschied zu den in den 1970er Jahren gebräuchlichen Begriffen der *Aktions- oder Handlungsforschung* hebt der an international gängige Ansätze (wie bspw. *Participatory Action Research* oder *Community-Based Participatory Research*) angelehnte Begriff der partizipativen Forschung das Moment der Teilhabe an Forschung stärker hervor (Unger 2014). Teilhabe spielt in der partizipativen Forschung eine zweifache Rolle: Partner*innen aus den Untersuchungsfeldern werden zum einen möglichst gleichberechtigt an den Forschungsprozessen *beteiligt*. Tatsächliche Partizipation beinhaltet Mitbestimmungsrechte und Einflussmöglichkeiten bereits während der Konzeptions- und Planungsphase (von Unger 2014). Die Beteiligung am Forschungsprozess dient zum anderen dem übergeordneten Ziel, die *gesellschaftliche Teilhabe* der benachteiligten Gruppen zu fördern. Partizipative Forschung ist damit ein explizit wertebasiertes Unterfangen, das mit normativen Setzungen wie dem Streben nach sozialer Gerechtigkeit, der Verwirklichung von Menschenrechten, der Förderung von Demokratie und dem Abbau sozialer Ungleichheit einhergeht (Israel et al. 2018; Reason/Bradbury 2008; von Unger 2014).

3. Partizipative Forschung zu Fluchtmigration

Im Kontext von Forschung zu Fluchtmigration sind partizipative Ansätze besonders geeignet – gleichzeitig sind die damit verbundenen Herausforderungen besonders ausgeprägt. In den Aufnahmegesellschaften sind die Rechte geflüchteter Personen in der Regel eingeschränkt und die Lebenslagen oft prekär. Es bestehen strukturelle Benachteiligungen in Bezug auf Bildung, Arbeit und Gesundheitsversorgung. Politische Diskurse sind häufig polarisiert und medial vermittelte, aber auch wissenschaftliche, Repräsentationen nicht selten negativ konnotiert. In diesem Kontext eröffnet partizipative Forschung eine Möglichkeit, die Perspektiven, Kompetenzen und Wissensbestände von geflüchteten Personen selbst in den Forschungsprozess einfließen zu lassen. So können bereits bei der Problemdefinition *Veranderungsprozesse* vermieden werden, die gesellschaftliche und auch akademische Diskurse über Migrant*innen prägen. Erkenntnistheoretisch werden verschiedene Standpunkte auf soziale Wirklichkeit systematisch verschränkt und in der Definition der zu erforschenden Situation berücksichtigt.

Ansätze der partizipativen Fluchtforschung unterscheiden sich nicht nur im Hinblick auf den Grad der Beteiligung, sondern auch im Anspruch an die Veränderung der bestehenden Situation. Giorgia Doná (2007: 216) differenziert in diesem Zusammenhang Formen der programmatischen Beteiligung (*programmatic participation*) im Unterschied zur transformativen Beteiligung (*transformative participation*). Erstere legt einen Schwerpunkt auf *pragmatische* Verbesserungen der Lebensbedingungen (es werden z. B. Vorschläge zur angemesseneren Versorgung in einer Gemeinschaftsunterkunft gemacht). Formen der *transformativen* Beteiligung legen demgegenüber einen größeren Schwerpunkt auf Prozesse des Empowerments und Visionen von grundlegendem sozialen Wandel und Gerechtigkeit (es werden z. B. Vorschläge zur Abschaffung von Gemeinschaftsunterkünften entwickelt).

4. Methoden und Schulungen: Wie genau?

Im Rahmen partizipativer Forschung können verschiedene Methoden zur Anwendung kommen, wobei die Übergänge zum ‚konventionellen' Repertoire qualitativer und quantitativer Forschung fließend sind (Bergold/Thomas 2012; Afeworki Abay/Kenan 2019). Vielfältige Beispiele illustrieren den Einsatz von leitfadengestützten Interviews, Fokusgruppen oder teilnehmender Beobachtung (vgl. Gottlieb et al. 2017; de Schrijver et al. 2018). Narrative Ansätze zur partizipativen Reflexion von Migrationsgeschichten arbeiten mit *story boards* (Szenenbücher, ähnlich Comic-Zeichnungen) (Hugman et al. 2011) sowie digitalen Formaten (Darcy 2008; de Jager et al. 2017). Um die Beteiligung von Co-Forschenden möglichst niedrigschwellig zu gestalten, empfehlen sich kunstbasierte Methoden, die einen kreativen Zugang und Ausdruck ermöglichen, nicht so stark an die Verwendung einer Sprache gebunden sind und gleichsam zum ‚Ausprobieren' einladen. Durch Methoden wie *Photo-* bzw. *Video-Voice* werden anhand von Fotografien bzw. Videosequenzen Themen besprechbar, die im Alltag relevant sind (von Unger 2014). Auch kartierende Verfahren, wie *Community-Mapping*[2], oder künstlerische Methoden wie *Body-Mapping*[3] ermöglichen einen vergleichsweise leichten Einstieg in die Forschung und schließen unmittelbar an subjektive Sichtweisen und alltagsweltliche Erfahrungen an (Gangarova/Unger 2020). Ein Aufdrängen methodischer Präferenzen durch die akademischen Partner*innen ist dabei unbedingt zu vermeiden (Ozkul 2020).

Die methodischen Herangehensweisen erfordern eine Schulung und Begleitung der Co-Forschenden. Sowohl die Auswahl der Methoden als auch deren Vermittlung orientieren sich daran, welche Ressourcen, Kompetenzen, Interessen und Erfahrungen die Partner*innen mitbringen (von Unger 2014). Dies betrifft auch die Phase der Auswertung (Nind 2011). Publikationen richten sich oft an verschiedene Zielgruppen und beinhalten alternative Publikationsformate, bspw. für die mediale Selbstdarstellung und politische Arbeit der beteiligten Communities. Fragen von (Co-)Autor*innenschaft werden gemeinschaftlich ausgehandelt.

---

2 Selbsterstellte, maßstabsunabhängige Karten mit Orten, die für die Community wichtig sind (bspw. Anlaufstellen, Informationsangebote etc.)
3 Selbsterstellte Bilder des eigenen Körpers, in denen z. B. physischer Schmerz, Emotionen, Erinnerungen etc. visuell verortet werden können.

5. Fazit: Stärken und Herausforderungen einer partizipativen Vorgehensweise

Zentrale Herausforderungen ergeben sich durch die besondere Situation und strukturelle Benachteiligung von Menschen nach der Flucht, die Teilhabe allgemein und auch an Forschung beeinträchtigen. Partizipative Forschungsprozesse sind zudem vergleichsweise ressourcen- und zeitintensiv. So können der Aufbau von Projektstrukturen[4], die Identifikation gemeinsamer Ziele und die Vorbereitung des methodischen Vorgehens längere Zeiträume in Anspruch nehmen. Die erforderliche Flexibilität kann bei drittmittelfinanzierter Forschung eine besondere Herausforderung darstellen, wo die Förderlogik in der Regel eine Vorab-Festlegung von Zielen und Methoden verlangt. Gleichzeitig ist eine solche Förderung notwendig, um finanzielle Aufwandsentschädigungen für Co-Forschende sicherzustellen.

In mehrsprachigen Kontexten können Übersetzung und Sprachmittlung zusätzliche Ressourcen fordern. Unter Umständen lassen sich hier bereits vorhandene Ressourcen, bspw. Mehrsprachigkeit von Co-Forschenden gewinnbringend einsetzen. Darüber hinaus fordert eine intersektionale Perspektive den Abbau möglicher Barrieren für die Beteiligung der Partner*innen (bspw. im Hinblick auf Beeinträchtigungen von Gehör, Sehvermögen etc.) (Otten 2018).

Eine Herausforderung für die akademischen Partner*innen besteht darin, Entscheidungsmacht ab- und somit Kontrolle über die Forschung aufzugeben. Daraus können sich strukturell bedingte Unsicherheiten im Hinblick auf das eigene ‚System' ergeben. Laien als Co-Forschende scheinen die Professionalität und Unabhängigkeit der Forschung zu gefährden. Können zentrale Bestandteile eines Forschungsdesigns, wie Forschungsfragen oder Methodenwahl, nicht zu Beginn klar definiert bzw. festgeschrieben werden, konfligiert dies u.U. mit der Beantragung von Forschungsgeldern und der Erstellung von Qualifikationsarbeiten. Im Hinblick auf letztere müssen zudem Fragen der Nutzung gemeinsam generierter Daten geklärt werden. Und auch der Anspruch der Eigenständigkeit stellt, angesichts des kooperativen Charakters partizipativer Forschung, eine mögliche Herausforderung dar.

Schließlich ergeben sich im Kontext von Flucht spezifische forschungsethische Herausforderungen (→ Forschungsethik). Im vergleichsweise langen Zeitraum partizipativer Forschung können sich immer wieder Konstellationen und Situationen ergeben, die eine Intervention erfordern, moderiert oder bearbeitet werden müssen. Ungleiche Machtverhältnisse zwischen den Partner*innen (bspw. im Zusammenhang mit Rassismen (vgl. Muhammad et al. 2018), aber auch im Hinblick auf bestehende Machtstrukturen innerhalb der Communities, mit denen eine Zusammenarbeit erfolgt) sowie divergierende Einflussmöglichkeiten, Anforderungen und Systemzwänge, denen die Partner*innen jeweils ausgesetzt sind, müssen fortlaufend kritisch reflektiert werden (Flicker et al. 2007; Ozkul 2020; Wallerstein 1999). Co-Forschende werden durch die Arbeit mit anderen Geflüchteten möglicherweise mit Vulnerabilitäten konfrontiert, die sie selbst, als Insider in besonderem Maße, betroffen machen kann. Um derartigen Herausforderungen zu begegnen, empfiehlt es sich, im Verlauf der Forschung Räume für Reflexion und ggf. auch Supervision zu schaffen.

Aus forschungsethischer Sicht sollte schließlich auch darauf geachtet werden, dass Co-Forschende keine unrealistischen Erwartungen mit der Forschung verknüpfen – beispielsweise im Hinblick auf

---

[4] Idealerweise wird an bereits bestehende Community-Strukturen angeknüpft. Jedoch ist auch dann der Aufbau von konkreten *Projekt*strukturen und Zusammenhängen nötig.

das eigene Asylverfahren (Mackenzie et al. 2007), oder gar eine unmittelbare Transformation struktureller Zusammenhänge. Davon unbenommen vermag partizipative Forschung wie kaum ein anderer Forschungsstil, Ressourcen zu mobilisieren, Gelegenheiten zur (kollektiven) Selbstermächtigung zu schaffen und neues, lösungsorientiertes Wissen zu generieren.

Literaturverzeichnis

Afeworki Abay, Robel/Kenan, Engin (2019): Partizipative Forschung. Machbarkeit und Grenzen – Eine Reflexion am Beispiel der MiBeH-Studie. In: Behrensen, Birgit/Westphal, Manuela (Hrsg.): Fluchtmigrationsforschung im Aufbruch. Methodologische und methodische Reflexionen. Wiesbaden: Springer VS, 379–396.

Bergold, Jarg/Thomas, Stefan (2012): Partizipative Forschungsmethoden. Ein methodischer Ansatz in Bewegung. In: Forum Qualitative Sozialforschung 13 (1), Art. 30.

Darcy, Alexandra (2008): Digital storytelling as transformative practice. Critical analysis and creative expression in the representation of migration in Ireland. In: Journal of Media Practice 9 (2), 101–112.

de Jager, Adele/Fogarty, Andrea/Tewson, Anna/Lenette, Caroline/Boydell, Katherine M. (2017): Digital Storytelling in Research. A Systematic Review. In: The Qualitative Report 22 (10), 2548–2582.

de Schrijver, Lotte/Vander Beken, Tom/Krahé, Barbara/Keygnaert, Ines (2018): Prevalence of Sexual Violence in Migrants, Applicants for International Protection, and Refugees in Europe. A Critical Interpretive Synthesis of the Evidence. In: International Journal of Environmental Research and Public Health 15 (9), E1979.

Doná, Giorgia (2007): The Microphysics of Participation in Refugee Research. In: Journal of Refugee Studies 20 (2), 210–229.

Flicker, Sarah/Savan, Beth/McGrath, Mary/Kolenda, Brian/Mildenberger, Matto (2007): 'If you could change one thing…' What community-based researchers wish they could have done differently. In: *Community Development Journal* 43 (2), 239–253.

Gangarova, Tanja/von Unger, Hella (2020): Community Mapping als Methode. Erfahrungen aus der partizipativen Zusammenarbeit mit Migrant*innen. In: Hartung, Susanne/ Wihofszky, Petra/Wright, Michael T. (Hrsg.): Partizipative Forschung. Ein Forschungsansatz für Gesundheit und seine Methoden, Springer VS, 143–177.

Gottlieb, Nora/Weinstein, Tomer/Mink, Jonah/Ghebrezghiabher, Habtom M./Sultan, Zebib/Reichlin, Rachel (2017): Applying a community-based participatory research approach to improve access to healthcare for Eritrean asylum-seekers in Israel. A pilot study. In: Israel Journal of Health Policy Research 6 (1), 61.

Hugman, Richard/Bartolomei, Linda/Pittaway, Eileen (2011): Human agency and the meaning of informed consent. Reflections on research with refugees. In: Journal of Refugee Studies 24 (4), 655–571.

Israel, Barbara/Schulz, Amy/Parker, Edith/Becker, Adam/Allen, Alex/Guzman, Ricardo/Lichtenstein, Richard (2018): Critical issues in developing and following community-based participatory research principles. In: Wallerstein, Nina/Duran, Bonnie/Oetzel, John/Minkler, Meredith (Hrsg.): Community-based participatory research for health, San Francisco, CA: Jossey-Bass, 31–46.

Mackenzie, Catriona/McDowell, Christopher/Pittaway, Eileen (2007): Beyond 'Do No Harm'. The Challenge of constructing Ethical Relationships in Refugee Research. In: Journal of Refugee Studies 20 (2), 299–319.

Muhammad, Michael/Garzon, Catalina/Reyes, Angela/the West Oakland Environmental Indicators Project (2018): Understanding contemporary racism, power, and privilege and their impacts on

CBPR. In: John Oetzel & Meredith Minkler (Hrsg.): Community-based participatory research for health: Advancing social and health equity, San Francisco: John Wiley & Sons, 47–59.

Nind, Melanie (2011): Participatory data analysis: a step too far? In: Qualitative Research 11 (4), 349–363.

Otten, Matthias (2019): Partizipative Forschung zur Teilhabe von geflüchteten Menschen mit Behinderung. In: Klomann, Verena/Frieters-Reermann, Norbert/Genenger-Stricker, Marianne/Sylla, Nadine (Hrsg.): Forschung im Kontext von Bildung und Migration, Wiesbaden: Springer VS, 181–194.

Ozkul, Derya (2020): Participatory Research: Still a One-Sided Research Agenda? Migration Letters 17 (2), 229–237.

Reason, Peter/Bradbury, Hilary (2008): Introduction. In: Reason, Peter/Bradbury, Hilary (Hrsg.): The Sage Handbook of Action Research, Los Angeles CA u. a.: Sage, 1–10.

von Unger, Hella (2014): Partizipative Forschung. Einführung in die Forschungspraxis. Wiesbaden: Springer VS.

Wallerstein, Nina (1999): Power between evaluator and community. Research relationships within New Mexico's healthier communities. In: Social Science and Medicine 49, 39–53.

I.2.3

Multilokale Forschung

Samia Aden

Abstract Der „Methodologische Nationalismus" (Wimmer/Glick Schiller 2002) und der damit einhergehende Essentialismus stellen auch für die Flucht- und Flüchtlingsforschung zentrale Herausforderungen dar. Die Art und Weise von Forschungszugängen, die Wahl von Konzepten, Kategorien und Forschungsstrategien können insofern folgenreich sein, als dass sie Individuen in Fluchtmigrationskontexten als defizitäre „Andere" erst hervorbringen und Defizitzuschreibungen (re)produzieren. In der sozial- und kulturwissenschaftlichen Forschung stellen multilokale Ansätze *eine* Möglichkeit oder vielmehr einen Versuch dar, den methodologischen Nationalismus zu überwinden. Der Beitrag stellt den multilokalen Forschungsansatz (*multi-sited research*), seine Zielsetzungen, methodologisch-methodischen Bezüge und Entwicklungen vor und diskutiert, welche Herausforderungen in Flucht- und Asylkontexten damit einhergehen können.

Schlüsselbegriffe: Multi-sited research, Multilokale Fluchtforschung, Transnationale Forschungsmethoden

1. Was ist multilokale Forschung?

Multilokale Forschung ist kein einheitliches Erhebungsverfahren, sondern ein mehr-örtiger und grenzüberschreitender Forschungsstil. Mit multilokal angelegter Forschung sollen im Allgemeinen Praktiken, Aktivitäten und Bindungen von Personen, Gemeinschaften oder Organisationen erfasst werden, die *an mehreren Orten* stattfinden.

Im Fluchtmigrationskontext werden im Besonderen transnationale Praktiken untersucht, welche sich über nationale Grenzen hinweg aufspannen (→ Transnationalität). Eine multilokale ‚Flucht- und Flüchtlingsforschung' kann sowohl trans-staatliche (grenzüberschreitende) als auch trans-lokale[1] (an mehreren Orten) stattfindende Forschungspraktiken umfassen, die auf vielfältige Methoden der Sozialforschung zurückgreifen (Faist et al. 2014). Mit dem Begriff werden „Lokalitäten" nicht getrennt, sondern in Beziehung zueinander, ihre jeweiligen Austauschprozesse und Verflechtungen betrachtet. Insgesamt geht es vor allem darum, sowohl methodologisch als auch forschungspraktisch grenzüberschreitend zu denken und zu handeln. Multilokale Verfahren (*multi-sited research*) haben darüber hinaus zum Ziel, westlich-eurozentrische Lesarten und Deutungsmuster, wie durch dichotome Konstruktionen von „Hier und Dort", „Peripherie und Zentrum" und essentialistische Kategorisierungen hervorgebracht, aufzubrechen. Im Kontext von Flucht und Asyl finden sich bislang insbesondere internationale Studien, die sich anhand multidisziplinärer Zugänge einem multilokalen Forschungsde-

---

1 Je nach theoretischem Ansatz wird der Begriff translokal zum Teil synonym zu transnational verwendet und auch nicht immer trennscharf zu Multilokalität abgegrenzt. Dies liegt an der Breite der Debatten und ihrer jeweiligen disziplinären Ausdifferenzierungen.

sign bedienen, etwa in den *border, mobility, cultural* oder den *transnational migration and refugee studies*, und decken dabei vielfältige Themenfelder und Fragestellungen ab.

Erstmals methodisch konzeptualisiert wurde die multilokale Forschungsmethode mit dem Ansatz der *multi-sited ethnography* von Marcus (1995). Viele multilokal angelegte Forschungen mit Fluchtmigrationsbezug beziehen sich hierauf, passen diese an und entwickeln sie weiter (z. B. *ethnographische Grenzregimeanalyse* oder *simultaneous matched sampling method*). Um grenzüberschreitende Phänomene, Verbindungen und Wechselseitigkeiten zu erfassen, schlägt Marcus (1995) sieben Strategien vor: *Follow the people, follow the thing, follow the metaphor, follow the plot, story, or allegory, follow the life or biography, follow the conflict* und *the strategically situated (single-site) ethnography*. Die Forschungssubjekte, Theorien und das Forschungsfeld werden anhand der Strategien erst im Forschungsprozess durch die genannten Modi des Aufspürens und Verfolgens (*tracking and tracing*) konstruiert. Die Praktiken der (Feld-)Konstruktionen können getrennt voneinander oder in Kombination von Beobachtungen, Gesprächen, Dokument- und/oder Diskursanalysen durchgeführt werden. Als Forschungssubjekte werden neben physisch mobilen (Fluchtmigrierenden) auch immobile Personen z. B. in sogenannten Herkunftsregionen einbezogen. Und auch Forschende selbst müssen nicht (ständig) mobil oder an allen Forschungsorten physisch präsent sein, sie können ihre Daten mithilfe eines transnationalen Forschungsteams erheben und analysieren.

2. Methodologische Verortungen multilokaler ‚Flucht- und Flüchtlingsforschung'

Auch ihren epistemologischen Ursprung hat die *multi-sited research* in der Ethnologie. Ein wesentlicher Paradigmenwechsel für die Entwicklung multilokaler Ansätze bildete zum einen die selbstreflexive Wende der *Writing Culture*-Debatte der 1980er Jahre. Konstitutiv hierfür ist die Annahme, dass über die Praxis des Schreibens über „Kultur" diese erst hergestellt und als solche festgeschrieben wird (hierzu Said 1987). Ebenso äußerten vermehrt Vertreter*innen vormals kolonialisierter Länder die Kritik, sie auf ihre Traditionen zu reduzieren und damit als rückständig zu konstruieren. Diese Kritiken führten zur epistemologischen und politischen „Krise der Repräsentation" und stellten klassische ethnographische Verfahren der Beobachtung und Beschreibungen von „Kultur" an abgegrenzten Orten durch westliche Wissenschaftler*innen infrage (Clifford/Marcus 1986). Zum anderen kam es im Kontext zunehmender Globalisierungsdebatten Anfang der 1990er Jahre zu einer paradigmatischen Wende durch den sogenannten *spatial turn*. Kritisch diskutiert wurde die Betrachtung eingegrenzter Orte und Lokalitäten als starre, naturgegebene Einheiten und dichotome Konstruktionen von Sesshaftigkeit und Mobilität. Raum wurde stattdessen in einem *konstruktivistischen Verständnis* als Ergebnis sozialer Praktiken und Interaktionen sowie zeitlich und räumlich als dynamisch betrachtet (Massey 2005, nach Falzon 2009: 4). Demzufolge sind auch Forschungsfelder und -subjekte nicht mehr allein an einem Ort lokalisierbar und als deterritorialisiert zu betrachten (Appandurai 1996; Gupta/Ferguson 1997).

2.1 Migrations- und Fluchtforschung

Ein für die sozialwissenschaftliche Migrations- und Fluchtforschung zentrales Konzept begründeten die Anthropologinnen Basch, Glick Schiller und Szanton Blanc (1993) am Beispiel ihrer Erkenntnisse zu „Migrant*innen" in den USA. Das Transnationalismus-Konzept zeigt, wie „Migrant*innen" durch ihre diversen Praxen und mithilfe von Mobilität und modernen Kommunikationsmöglichkeiten zwei oder mehrere Nationalstaaten verbinden und transnationale soziale Felder hervorbringen (Basch et.al. 1993; → Transnationalität). Diese Perspektive hat seit den 2000er Jahren weit über die Migrationsforschung hinausgehend zum sogenannten *transnational turn* geführt. Dominierende Annahmen über lineare und abgeschlossene Migrationsprozesse sowie Assimilations- und Integrationsvorstellungen von einem nationalen Container in den nächsten wurden damit herausgefordert. Containermodelle von Kultur, Ethnie und Lokalität sind von Wimmer und Glick Schiller (2002) schließlich als *methodologischer Nationalismus* der sozialwissenschaftlichen Forschung kritisiert worden, der den Nationalstaat als naturgemäße Einheit und als Rahmen für die Auswahl von Personengruppen, Forschungszugängen sowie Erhebungs- und Auswertungsstrategien setzt. Die Wirkmächtigkeit des Nationalstaats wird dabei nicht infrage gestellt, sondern bleibt strukturierendes Element transnationaler Prozesse und Dynamiken. Jedoch ist zu beobachten, dass transnational orientierte Studien oft einem nach Herkunftskontexten konzipiertem „ethnic group research design" (Glick Schiller 2008: 2) verhaftet bleiben.

2.2 Kritische Grenzregimeforschung

Anknüpfend an die Kritik einer ethnisch fokussierten Zielgruppenforschung, gewinnt die kritische Migrations- und Grenzregimeforschung mit ihrem Ansatz der *ethnographischen Grenzregimeanalyse* (Transit Migration Forschungsgruppe 2007) an Bedeutung. Im Anschluss an die englischsprachigen *border studies* rücken mit dem Regimeansatz die „Dimensionen des Politischen" (Hess et al. 2018: 262) in den Fokus. Statt auf politisch konstruierte Kategorien und Differenzierungen wie „Migrant*innen", „Flüchtlinge", Hochqualifizierte usw. zurückzugreifen, werden Bewegungen der Migration und Praktiken des Regierens und Kontrollierens zum Gegenstand der Forschung. Migration wird nicht nur als Ergebnis von (→) Grenzen verstanden, sondern mit dem Konzept der *Autonomie der Migration* vor dem Hintergrund des Rechts auf Migration und Flucht als „zentrale erkenntnistheoretische und politische Maxime" (Kasparek/Hess 2010: 13). Damit werden die Handlungsmacht und Kämpfe derjenigen in den Blick genommen, die Grenzen mit ihren Praktiken unterlaufen und transformieren (→ Agency). Im Zentrum stehen Staat und Grenzen aus der Perspektive der Migration. Die Forschungspraxis ist sowohl transnational und multilokal als auch solidarisch-dialogisch und aktivistisch intervenierend angelegt.

3. Herausforderungen

Zunächst ist festzuhalten, dass Geflüchtete oft durch das Aufenthalts- und Asylrecht immobilisiert werden (→ Im-/Mobilität). Das geographisch-räumliche Verfolgen (*following the people*) wird daher (zunächst) eingeschränkt. In diesen Fällen ist das Zurückverfolgen (*following back*) bisheriger Stationen, Kontakte und Netzwerke zu empfehlen (Aden 2019). Allerdings kann das Forschen im Hinblick auf instabile politische Kontexte in Staaten, aus denen Menschen flüchten, nur unter widrigen Umständen erfolgen (ebd.). Mitunter bieten sich dann forschungspraktische und theoretisch geleitete Entscheidungen an, die Untersuchungen an Knotenpunkten, wie EU-Außengrenzen oder Nachbarländern begründen (z. B. Transit Migration Forschungsgruppe 2007). Im Umgang mit flüchtenden und „undokumentierten" Personen wird, analog zu anderen Forschungszugängen, ein besonderer Bedarf an forschungsethischer Sensibilität deutlich (→ Forschungsethik): Erkenntnisse zu illegalisierten Praktiken und unterstützenden Netzwerken sollten derart anonymisiert und verändert werden, dass sie keine negativen Folgen für ihre Interviewpartner*innen haben bzw. von staatlichen Behörden missbraucht werden können (→ Irregularität). Hierfür ist ein vertieftes Verständnis der jeweiligen politischen Kontexte grundlegend. Das Misstrauen gegenüber den Forschenden und psychische Belastungen der Teilnehmenden erfordern neben Zeit für die Vertrauensbildung auch sozial-emotionale Fähigkeiten, wie Sensibilität und Empathie. Zudem kann sich die Rolle von Forschenden durch die Anwesenheit an mehreren Orten komplexer gestalten, zum Beispiel aufgrund der Nutzung vielfacher, persönlicher (transnationaler) Kontakte, Beziehungen und Freundschaften. Das Involviert-Sein in Forschungsfeldern zu Flucht und Asyl, wie Weißköppel (2005) reflektiert, führt unter Umständen zu Erwartungen und dem „zunehmenden Handlungsdruck, auch Akteurin zur Verteidigung von Menschenrechten zu werden" (ebd.: 63).

Die Umsetzung eines multilokalen Designs ist in Bezug auf (→) Mehrsprachigkeit, organisatorische Ansprüche, zeitliche und finanzielle Ressourcen voraussetzungsreich und steht ökonomischen Sachzwängen sowie politischen Forderungen nach Integration(sforschung) häufig entgegen. Sich gegen ein solches Forschungsdesign zu entscheiden, kann zudem persönlich, mit familiären Verpflichtungen, Care-Tätigkeiten, gesundheitlichen/körperlichen Bedingungen und/oder beruflichen Aufgaben begründet sein. Dem kann durch die Kombination aus mehreren kürzeren und einzelnen längeren Forschungsaufenthalten begegnet werden (Falzon 2009). Jedoch ist mit kürzeren Aufenthalten die Kritik an fehlender Tiefe und Dichte der Datenerhebung verbunden. Horst (2009) schlägt die Ausbildung lokaler Assistent*innen zur Datenerhebung und -auswertung vor und betont hierbei die Potentiale einer „shared knowledge production" (ebd.: 128). Die Zusammenarbeit zwischen westlichen Wissenschaftler*innen (von denen meist die Finanzierung ausgeht) und Mitarbeiter*innen z. B. im Globalen Süden bringt ähnliche Herausforderungen wie die partizipative Forschung mit sich (→ Partizipative Forschung), wie z. B. die Notwendigkeit, ungleiche Positionalitäten in globalen, postkolonialen Machtverhältnissen zu reflektieren. Eine gemeinsame Datenerhebung und -analyse entspricht nicht immer den Ansprüchen einer gemeinsamen (dekolonialen) Wissensproduktion, sondern kann dazu beitragen, Mitarbeitende auf die Rolle von *native informants* zu reduzieren.

4. Fazit

Methodische und methodologische Diskussionen zu multilokalen Ansätzen, wie der *multi-sited ethnography*, im Asyl- und Fluchtkontext sind insgesamt, vor allem im deutschsprachigen Raum, noch selten. In transnationalen Studien sind sie trotz der Herausforderungen „aktuell eines der beliebtesten methodologischen Instrumente, um die Konstruktion des Forschungsfeldes zu de-nationalisieren" (Amelina/Faist 2012: 1715, übersetzt durch die Autorin). Ob und inwiefern sie tatsächlich dazu beitragen, Dualismen von „Wir" und den „Anderen" oder „Peripherie und Zentrum" aufzubrechen, bleibt eine offene Frage. Bisherige Erfahrungen und Debatten zu forschungspraktischen und -ethischen Herausforderungen multilokaler Ansätze spiegeln die eingeschränkten sowie widerspenstigen Handlungsräume und Dilemmata von Menschen im Kontext von Flucht und Asyl genauso wider, wie die von Forschenden in diesem Feld.

Literaturverzeichnis

Aden, Samia (2019): Multi-sited ethnography als Zugang zu transnationalen Sozialisationsprozessen unter Flucht- und Asylbedingungen. In: Behrensen, Birgit/Westphal, Manuela (Hrsg.): Fluchtmigrationsforschung im Aufbruch. Methodologische und methodische Reflexionen. Wiesbaden: Springer VS, 225–250.
Amelina, Anna/Faist, Thomas (2012): De-naturalizing the national in research methodologies. In: Key concepts of transnational studies in migration. Ethnic and Racial Studies 35 (10), 1707–1724.
Appadurai, Arjun (1996): Global ethnoscapes. In: Fox, Richard G. (Hrsg.): Recapturing anthropology. Santa Fe: School of American Research advanced seminar series, 48–65.
Basch, Linda/Glick Schiller, Nina/ Szanton Blanc, Christina (1993): Nations unbound. Transnational projects, postcolonial predicaments, and deterritorialized nation-states. London: Routledge.
Clifford, James/Marcus, George E. (Hrsg.) (1986): Writing culture. The poetics and politics of ethnography. Berkeley: University of California Press.
Faist, Thomas/Fauser, Magrit/Reisenauer, Evelin (2014): Das Transnationale in der Migration. Eine Einführung. Weinheim: Beltz Juventa.
Falzon, Mark-Anthony (2009): Introduction: Multi-sited ethnography. Theory, praxis and locality in contemporary research. In: Falzon, Mark-Anthony (Hrsg.): Multi-sited ethnography. Theory, praxis and locality in contemporary research. Ashgate: Farnham, 1–24.
Glick Schiller, Nina (2008): Beyond methodological ethnicity. Local and transnational pathways of immigrant incorporation. Willy Brandt Series of Working Papers in International Migration and Ethnic Relations 2/08: Malmö.
Gupta, A./Ferguson, J. (Hrsg.) (1997): Anthropological locations. Berkley: University of California Press.
Hess, Sabine/Kasparek, Bern/Schwertl, Maria (2018): Regime ist nicht Regime ist nicht Regime. Zum theoriepolitischen Einsatz der ethnografischen (Grenz-)Regimeanalyse. In: Pott, Andreas/Rass, Christoph/Wolff, Frank (Hrsg.): Was ist ein Migrationsregime? What is a Migration Regime? Wiesbaden: Springer VS, 257–283.
Horst, Cindy (2009): Expanding sites. The question of ‚depth' explored. In: Falzon, Mark-Anthony (Hrsg.): Multi-sited ethnography. Theory, praxis and locality in contemporary research. Farnham: Ahgate, 119–134.
Kasparek, Bernd/Hess, Sabine (2010): Einleitung. Perspektiven kritischer Migrations- und Grenzregimeforschung. In: Hess, Sabine (Hrsg.): Grenzregime. Diskurse, Praktiken, Institutionen in Europa. Berlin: Assoziation A, 7–22.
Marcus, George E. (1995). Ethnography in/of the World System: The Emergence of Multi-sited ethnography. Annual Review of Anthropology, 24 (1), 95–117.
Massey, Doreen (2005). For Space. London: Sage.
Said, Edward W. (1978): Orientalism. New York: Pantheon.

Transit Migration Forschungsgruppe (2007): Turbulente Ränder. Neue Perspektiven auf Migration an den Grenzen Europas. Bielefeld: Transcript Verlag.

Weißköppel, Cordula (2005): Kreuz und quer. Zur Theorie und Praxis der multi-sited-ethnography. Zeitschrift für Ethnologie 130 (1), 45–68.

Wimmer, Andreas/Glick Schiller, Nina (2002): Methodological nationalism and the study of migration. European Journal of Sociology 43 (2), 217–240.

I.2.4
Digitale ethnografische Methoden
Simone Pfeifer

Abstract In der Fluchtforschung wurde die Bedeutung von Smartphones, sozialen Medien und Messenger-Diensten für die unterschiedlichen Stationen der Flucht und für transnationale Familienverbindungen herausgestellt. Zunehmend reflektieren Forscher*innen auch über die methodische Nutzung dieses digitalen Raumes. Digitale ethnografische Methoden eignen sich in besonderem Maße, um auf die spezielle Situation von Menschen mit Fluchterfahrung einzugehen und ethisch sensible Perspektiven zu entwickeln. Dieser Beitrag führt anhand von ausgewählten Beispielen in digitale ethnografische Methoden zur Erforschung von Flucht und Migration ein. Digitale, mobile und partizipative Ansätze werden in der Ethnografie meist in Kombination miteinander genutzt und verdeutlichen, dass der „digitale Raum" nicht losgelöst, sondern als integraler Bestandteil des Alltags von Geflüchteten erforscht werden muss.
Schlüsselbegriffe: Medienethnografie, Digitale Ethnografie, Fluchtforschung, Smartphones, mobile Methoden, partizipative Ansätze.

1. Ethnografische Forschung mit und über digitale Medien

In den letzten Jahren wurde die Bedeutung von Smartphones, sozialen Medien und Messenger-Diensten für die Flucht- und Migrationsforschung auf vielfältige Weise herausgestellt und in interdisziplinären Forschungskontexten medienethnografisch untersucht. Digitale Medien sind ausschlaggebend für die Entscheidung zum Aufbruch (Dekker et al. 2018), essenziell für Informationen über Routen und Wege (Zijlstra/van Liempt 2017) und ermöglichen die Gestaltung von Zugehörigkeit, transnationalen Familienverbindungen und gleichzeitig von Integration an einem neuen Ort (Gillespie et al. 2018; Pfeifer 2020). Zunehmend werden digitale Medien nicht nur als Gegenstand erforscht, sondern auch methodisch für die Forschung genutzt, auch für Themen, die nicht unmittelbar mit digitalen Medien zusammenhängen. Der vorliegende Beitrag führt in digitale ethnografische Forschungsansätze ein und stellt beispielhaft mobile und (→) partizipative Forschungsmethoden unter Berücksichtigung der besonderen Herausforderungen der Fluchtforschung vor.

Unter digitalen ethnografischen Forschungsansätzen wird hier eine intensive Feldforschungsphase mit teilnehmender Beobachtung verstanden (→ Ethnologie), die digitale Medien und Medienpraktiken als Teil alltäglicher Lebenserfahrung untersucht oder (häufig gleichzeitig) diese digitalen Medien und Medienpraktiken für die Forschung einsetzt (vgl. Bender/Zillinger 2015; Pink et al. 2016). Medien als Gegenstand der Forschung und digitale Methoden sind meist eng miteinander verbunden; die praktische und theoretische Auseinandersetzung bedingen sich gegenseitig. Digital ethnografisch forschen ist also nicht nur ‚reine' Methode, sondern ein Ansatz, der auch andere Formen der Wissensproduktion einbezieht. Digitale Ethnografie erlaubt es, ethisch sensibel Zugang zu häufig privaten Medienpraktiken in volatilen Konstellationen und Kontexten der Flucht zu erlangen.

Der Beitrag führt zunächst in medienethnografische Perspektiven der digitalen Migrationsforschung ein, die sowohl ethnologische wie (→) medien- und kommunikationswissenschaftliche Ansätze verbindet. Anhand ausgewählter Beispiele werden im zweiten Teil unterschiedliche methodische Vorgehen skizziert. Neben mobilen und retrospektiven ethnografischen Methoden liegt der Fokus hier auf partizipativen Forschungsstrategien. Die methodischen und ethischen Herausforderungen an die Medienpraktiken der Forscher*innen, die Transparenz der Forschung, aber auch Datensicherheit und Überwachung werden im abschließenden Fazit kritisch angesprochen.

2. Digital, mobil, partizipativ: Smartphones, Soziale Medien und Messenger-Dienste in der ethnografischen Fluchtforschung

Zahlreiche Arbeiten zu Smartphones und sozialen Medien im Bereich Flucht sind aus dem jungen Feld der digitalen Migrations- und Diasporastudien heraus entstanden. Hier wird insbesondere die Rolle der Verbreitung von Informations- und Kommunikationstechnologien im Rahmen von Migrationsbewegungen untersucht (Leurs/Smets 2018). Kern dieser Ansätze ist eine nicht-medienzentrierte (*non-media-centric*) empirische Perspektive, die mit, durch und über Medientechniken forscht (Pink et al. 2016) und Menschen auf der Flucht als ‚connected refugees' aus ihrem alltäglichen, lokalen Kontext heraus betrachtet (z. B. Smets 2018). Gleichzeitig wird analysiert, wie neue Technologien zur Überwachung von Social-Media-Daten und Grenz-Kontrollen eingesetzt werden (Witteborn 2020).

Bisher gibt es kaum Arbeiten, die auf die spezifischen ethischen und methodischen Herausforderungen fokussieren, die mit der Forschung zu digitalen Medienpraktiken von Menschen mit Fluchterfahrung einhergehen. Gerade bei volatilen, mobilen Personengruppen ist der sensible Umgang mit digitalen Forschungsmaterialien bedeutsam, um die teilweise intimen und für die Beteiligten potenziell gefährlichen Informationen zu schützen. Hier können drei grundsätzliche Forschungsperspektiven unterschieden werden (Kaufmann 2020), die in ethnografisch orientierten Arbeiten meist in Kombination miteinander eingesetzt werden und im Folgenden anhand von Beispielen noch eingehender beschrieben werden: 1) retrospektive Methoden, in denen beispielsweise anhand von persönlichen Bildern, Videos, Audioaufnahmen oder schriftlicher Kommunikation Gespräche geführt werden, um individuelle und kollektive Erfahrungen zu thematisieren. 2) Durch partizipative Methoden werden gemeinsam mit den Forschungsteilnehmer*innen Materialien erstellt, Erlebnisse und Erfahrungen rekonstruiert und Wissen darüber ko-produziert. 3) Forschungsteilnehmer*innen werden durch teilnehmende Beobachtung in digitalen Räumen, beispielsweise auf Facebook und in WhatsApp-Gruppen, ko-präsent begleitet, und es werden online- und offline Räume in Verbindung miteinander untersucht (Pfeifer 2017).

Unabhängig von der Forschungsperspektive müssen Forscher*innen die Gefahr der digitalen Überwachung von Menschen auf der Flucht durch Einrichtungen aus den Herkunftsländern, Grenzüberwachungen oder Behörden in den Ländern des Transits und der Aufnahme im Blick behalten. Beispielsweise können Einwanderungsbehörden in vielen europäischen Ländern auf Mobiltelefondaten und Social-Media-Profile zugreifen, um die Identität der Geflüchteten zu verifizieren oder eine Sicherheitsüberprüfung durchzuführen (Witteborn 2020). Dies kann zum einen in der Nutzung anonymer Social-Media-Profile und dem häufigen Löschen spezifischer Inhalte resultieren, mit Auswirkungen auf die Forschung. Zum anderen können für die Forschung gespeicherte persönliche Daten, Gesprächsaufnahmen, Fotografien oder Bildschirmaufnahmen und die damit gesammelten Metadaten für staatliche Einrichtungen von Interesse sein und damit potenziell gegen Forschungsteilnehmer*innen verwendet werden. Bei der Speicherung und Nachnutzung von digitalen Forschungsdaten muss deshalb durch die Forscher*innen große Sorgfalt und schützende Kontrolle ausgeübt werden, um potenziell negative Auswirkungen für Forschungsteilnehmer*innen zu verhindern (→ Forschungsethik). Wenn es nicht unabdingbar für beispielsweise die Nachvollziehbarkeit der Forschung ist, sollte auf die unnötige Speicherung von Materialien und Daten verzichtet werden.

2.1 Mobile Methoden und retrospektive Ethnografie: WhatsApp-days und device tours

Mobile Methoden wurden in der Fluchtforschung vor allem eingesetzt, um Zugang zu Erfahrungen von Migrant*innen auf ihren Wegen und Routen beispielsweise nach Europa zu erhalten, die ansonsten für Forscher*innen kaum zugänglich sind. Durch die *trajectory ethnography* (Zijlstra/van Liempt 2017) kombinieren Autor*innen Interviews mit Forschungsteilnehmer*innen mit digitalen Kontakten über Smartphones, um auch langfristig mit den mobilen Personengruppen in Kontakt zu bleiben und mehr über die weiteren Wege, Stationen und Aufenthalte der Gesprächspartner*innen zu erfahren. Für Gillespie et al. (2018) bot WhatsApp die Möglichkeit auch mit Frauen ins Gespräch zu kommen, die nicht in physischer Präsenz an der Studie teilnehmen konnten.

Die Kommunikationswissenschaftlerin Kaufmann (2018) nutzte sogenannte ‚WhatsApp Tage', um einen Einblick in die alltäglichen mobilen Medienpraktiken syrischer Migrant*innen in Wien durch Chat-Gespräche zu erlangen. Dabei führte Kaufmann über einen vereinbarten Tag verteilt Chat-Gespräche über die momentane Smartphone-Nutzung der Teilnehmer*innen. An die Tagebuch-Methode angelehnt erlaubte dies, multimediale Antworten auf die Fragen der Forscherin zu bekommen, Informationen aus Gesprächen und Interviews zu komplementieren und gleichzeitig mehrere Teilnehmer*innen zu begleiten.

Auch die Medienethnologin Mollerup (2020) nutzte das Smartphone als Ankerpunkt in ihren Interviews. In ihrer retrospektiven Arbeit mit syrischen Geflüchteten entlang der dänisch-schwedischen Grenze nutzte sie *device tours*, um einen Zugang zu Navigation und Formen der Wissensproduktion entlang der illegalisierten Routen nach Europa zu bekommen (→ Irregularität). Gesprächspartner*innen präsentierten ältere Konversationen, Bilder oder Karten, anhand derer zentrale Erlebnisse besprochen wurden, in denen digitale Praktiken eine zentrale Rolle spielten. Mobiltelefone wurden häufig in den Gesprächen durch Körpersprache mit einbezogen und waren emotional aufgeladen. Sie boten darüber hinaus die Möglichkeit, vergessene Details und durch Telefonanrufe während des Interviews zusätzlich Informationen einzuholen. Durch späteren digitalen Austausch mit Gesprächspartner*innen konnten weitere wertvolle Informationen gesammelt werden, die über digitale Praktiken hinausgingen.

2.2 Partizipative digitale Forschung und die Koproduktion von Wissen: digitale Tagebücher und digital storytelling

Auch die Ethnologin Palmberger (2021) hat digitale Tagebücher an die medienethnografische Forschung im Fluchtkontext angepasst. Im Gegensatz zu den ‚WhatsApp Tagen' wurden die Teilnehmer*innen dazu eingeladen, zu ihren transnationalen sozialen Medienpraktiken, der *Media of Care*, wie Palmberger dies nennt, Bildschirmaufnahmen, Texte, Fotos, Sprachnachrichten, Videos oder Karten während eines festgelegten Zeitraums festzuhalten. In einer nachgeordneten Sitzung wurde gemeinsam über dieses digitale Tagebuch gesprochen. So können Forschungspartner*innen in die Forschung einbezogen und die Deutungshoheit geteilt werden. Dieses methodische Vorgehen erlaubt einen ethisch sensiblen Zugang zu privaten Kommunikationsumgebungen und die Materialien dienen als alternative Formen der Wissensproduktion und Ausgangspunkt für gemeinsame Reflektionen.

Einen partizipativen Ansatz verfolgte auch der Medienwissenschaftler Leurs (2017) in seiner Forschung mit jungen, digital vernetzten Migrant*innen in den Niederlanden. Die Teilnehmer*innen der Forschung wurden dazu eingeladen, die eigenen Smartphone-Geräte als persönliche ‚Taschenarchive' zu erforschen und damit als Forschungspartner*innen aufzutreten. Wichtige Fotografien, Videos oder Audio-Dokumente vor der Flucht, während der Reise und nach der Ankunft in den Niederlanden sollten ausgewählt und kommentiert werden, und wurden dann innerhalb der Gruppe diskutiert. Zudem wurden einige Forschungsteilnehmer*innen zu Filmemacher*innen, die mit den gesammelten Materialien Videoportraits erstellten. Mit dem Zugriff auf die eigenen Bild- und Audioarchive der Forschungsteilnehmer*innen unterscheidet sich Leurs' Ansatz von der herkömmlichen partizipativen Video-Produktion im Kontext von Flucht (vgl. López-Bech/Zúñiga 2017), da er auf Materialien zurückgreift, die nicht für den Zweck der Forschung produziert wurden.

3. Herausforderungen der digitalen ethnografischen Methoden in der Fluchtforschung

Methodische Reflektionen sind nur selten Teil der Publikation, daher bleiben viele Fragen offen: mit welchen Forschungsprofilen traten die Forscher*innen in den Sozialen Medien und Messenger-Diensten auf, welche Materalien und Daten haben sie wie gespeichert und wer hatte langfristig Zugang dazu? Welche Form von informierter Zustimmung kann in diesen Kontexten eingeholt werden, ohne die Persönlichkeitsrechte oder die Sicherheit der Teilnehmer*innen zu gefährden? Wie kann die Anonymität auch von nicht in die Forschung involvierten Personen gewährleistet werden?

Die Reflektion eigener Forschungspraktiken und der eigenen Positionalität wurde gerade im Feld der kritischen Migrationsforschung (vgl. Bojadžijev/Karakayalı 2007) diskutiert und ist angesichts der erhöhten Versicherheitlichung (Leurs 2017: 680) und der Überwachung von Social-Media-Daten von Menschen auf der Flucht (Witteborn 2020) von großer Bedeutung. Dies macht einen ethisch sensiblen Umgang mit Kommunikation notwendig, um mögliche (Re-)Traumatisierung zu verhindern. Zudem kann dies Auswirkungen auf die Transparenz der Forschung gegenüber Universitäten, Medienberichterstattung, Behörden und Sicherheitsapparaten haben (vgl. Moors 2019).

Viele der vorgestellten Studien haben aus diesen Gründen einen partizipativen Forschungsansatz gewählt, um Wissen gemeinsam zu produzieren und Teilnehmer*innen als Forschungspartner*innen (allerdings meist nicht als Ko-Autor*innen) in die Projekte mit einzubeziehen.

Literaturverzeichnis

Bender, Cora/Zillinger, Martin (2015): Medienethnographie. Praxis und Methode. In: Cora Bender/Zillinger, Martin (Hrsg.): Handbuch der Medienethnographie. Berlin: Dietrich Reimer Verlag, XI–LII.

Bojadžijev, Manuela/Karakayalı, Serhat (2007): Autonomie der Migration. 10 Thesen zu einer Methode. In: Turbulente Ränder. Neue Perspektiven auf Migration an den Grenzen Europas. Bielefeld: Transcript Verlag, 203–209.

Dekker, Rianne/ Engbersen, Godfried/Klaver, Jeanine/ Vonk, Hanna (2018): Smart Refugees. How Syrian Asylum Migrants Use Social Media Information in Migration Decision-Making. In: Social Media + Society. https://doi.org/10.1177/2056305118764439.

Gillespie, Marie/Osseiran, Souad/Cheesman, Margie (2018): Syrian Refugees and the Digital Passage to Europe: Smartphone Infrastructures and Affordances. In: Social Media + Society. https://doi.org/10.1177/2056305118764440.

Kaufmann, Katja (2020): Mobile Methods. Doing Migration Research with the Help of Smartphones. In: Semts, Kevin/Leurs, Koen/Georgiou, Myria/Witteborn, Saskia/Gajjala, Radhika (Hrsg.): The SAGE Handbook of Media and Migration, 167–179.

Kaufmann, Katja (2018): Navigating a New Life. Syrian Refugees and their Smartphones in Vienna. In: Information, Communication & Society 21 (6), 882–898.

Leurs, Koen (2017): Communication Rights from the Margins. Politicising Young Refugees' Smartphone Pocket Archives. In: International Communication Gazette 79 (6–7), 674–698.

Leurs, Koen/Smets, Kevin (2018): Five Questions for Digital Migration Studies. Learning From Digital Connectivity and Forced Migration In(to) Europe. In: Social Media + Society. https://doi.org/10.1177/2056305118764425.

López-Bech, Laura/Zúñiga, Rodolfo (2017): Digital Storytelling. Putting Young Asylum Seekers at the Heart of the Story. In: Intercultural Education 28 (2), 224–228.

Mollerup, Nina Grønlykke (2020): Perilous Navigation. Knowledge Making with and without Digital Practices during Irregularized Migration to Öresund. In: Social Analysis 64 (3), 95–112.

Moors, Annelies (2019): The Trouble with Transparency. Reconnecting Ethics, Integrity, Epistemology, and Power. In: Ethnography 20 (2), 149–169.

Palmberger, Monika (2021): Digitale Medien und Methoden. Monika Palmberger über digitale Tagebücher als ‚Media of Care' und Narrative der Flucht. zfmedienwissenschaft.de/online/open-media-studies-blog/digitale-medien-und-methoden-digitale-tagebuecher, 10.06.2021.

Pfeifer, Simone (2017): Medienpraktiken der Nähe und Distanz. Soziale Beziehungen und Facebook-Praktiken zwischen Berlin und Dakar. In: Navigationen: Zeitschrift für Medien- und Kulturwissenschaften 17 (1), 55–75.

Pfeifer, Simone (2020): Social Media im transnationalen Alltag. Zur medialen Ausgestaltung sozialer Beziehungen zwischen Deutschland und Senegal. Bielefeld: Transcript Verlag.

Pink, Sarah/Horst, Heather/Postill, John/Hjorth, Larissa/Lewis, Tanja/ Tacchi, Jo (2016): Digital Ethnography. Principles and Practice. Los Angeles et al.: Sage Publications.

Smets, Kevin (2018): The Way Syrian Refugees in Turkey Use Media. Understanding "connected refugees" through a Non-media-centric and Local Approach. In: Communications 43 (1), 113–123.

Witteborn, Saskia (2021): Data Privacy and Displacement: A Cultural Approach. In: Journal of Refugee Studies 34 (2), 2291–2307.
Zijlstra, Judith/van Liempt, Ilse (2017): Smart(phone) Travelling. Understanding the Use and Impact of Mobile Technology on Irregular Migration Journeys. In: International Journal of Migration and Border Studies 3 (2/3), 174–191.

I.2.5
Mehrsprachigkeit und Übersetzung

Yasemin Uçan

Abstract In der qualitativen Fluchtmigrationsforschung stellen mehrsprachige Forschungsdesigns einen immer beliebteren Zugang dar. Für den deutschsprachigen Raum finden sich verschiedene Sammelwerke, die vielfältige theoretische sowie forschungspraktische Reflexionen zum mehrsprachigen Forschen versammeln (vgl. Kruse et al. 2012, Bettmann/Roslon 2013; Treiber et al. 2020). Der vorliegende Beitrag gibt einen Überblick zu unterschiedlichen Vorgehensweisen in der mehrsprachigen qualitativen Interviewforschung und legt dar, wie Verstehens- und Übersetzungsprozesse darin reflektiert werden.

Schlüsselbegriffe: Qualitative Forschung, Mehrsprachigkeit, Übersetzung, Methodenreflexion

1. Mehrsprachigkeit in der qualitativen Datenerhebung

Unterschiedliche Zugänge mehrsprachigen Forschens gehen mit forschungspraktischen und epistemologischen Folgen einher, die im Folgenden vorgestellt werden sollen.

1.1 Interviews in den Erstsprachen der Interviewpartner*innen

Interviews in den Erstsprachen der Interviewpartner*innen sind in Deutschland überwiegend für (→) Sprachen mit einer längeren Migrationsgeschichte, wie z. B. Polnisch, Spanisch, Türkisch, etabliert. Zum einen können Forschende (Migrations-)Sprachen erlernen. Nicht vollumfängliche Sprachkenntnisse können dabei eine Herausforderung für die Interviewführung darstellen, doch erscheint das Erzeugen von Narrationen durch Nachfragen gerade in diesen Fällen als plausibel und kann somit auch zu einem methodischen Vorteil werden (Schittenhelm 2017). Zum anderen forschen (migrationsbedingt) mehrsprachig aufgewachsene Forschende innerhalb der gleichen Sprachgemeinschaft. Vorteile bestehen dabei aufgrund der Sprachkenntnisse, eines gemeinsamen Erfahrungsraums sowie der Kenntnisse über kommunikative Gepflogenheiten; gleichzeitig scheint die der (Fluchtmigrations-)Forschung inhärente Ungleichheit zwischen Forschenden und Interviewpartner*innen z.T. aufgebrochen zu werden.

Dieses Argument wird jedoch auch kritisch reflektiert: Gutiérrez Rodríguez (2006) thematisierte in Interviews mit spanischsprachigen Arbeiterinnen aus Südamerika ihre eigenen Rassismuserfahrungen in Deutschland, wurde von diesen jedoch auf den Unterschied hingewiesen, als Indigena bereits *vor* der Migration von Rassismus und Marginalisierung betroffen gewesen zu sein. Uçan (2019) zeigt für Interviews mit türkischsprachigen Interviewpartner*innen der kurdischen Sprachgemeinschaft, dass trotz einer gemeinsamen Sprache und Migrationsbiografie Dominanzverhältnisse im Interview reproduziert werden (können). Palenga-Möllenbeck (2009) hebt zudem Milieuunterschiede zwischen ihr (als Akademikerin) und ihren Interviewpartner*innen (als Arbeiter*innen) hervor, die sich trotz der gemeinsamen Sprache in Distanz manifestieren. Ungleichheiten zwischen Forschenden und Interviewpartner*innen bestehen also trotz einer gemeinsamen Zugehörigkeit zu einer Sprachgemeinschaft weiterhin aufgrund (sozialer) Positionen sowie Mehrfachzugehörigkeiten.

1.2 Dolmetschgestützte Interviews

Dolmetschgestützte Interviews stellen eine weitere Möglichkeit des mehrsprachigen Forschens dar. Als Konsens im Rahmen methodologischer Überlegungen gilt, dass Übersetzende nicht als ‚neutrale' Vermittler*innen handeln, da sie mit ihrer Standortgebundenheit und Subjektivität aktiv am Forschungs- und Erkenntnisprozess beteiligt sind (Temple/Edwards 2002).

Im Rahmen der Fluchtmigrationsforschung stellen Situationen, in denen Übersetzende Einfluss auf die Interviews nehmen, somit eine wichtige Reflexionsebene dar: Übersetzungen enthalten bereits Bewertungen seitens der Übersetzenden oder Übersetzende erweitern das Gesagte durch zusätzliche Erklärungen (z. B. zum Herkunftskontext) und leisten somit einen Beitrag zur Interpretation (Nowak/Hornberg 2020; Rumpel/Tempes 2019). Eine Herausforderung besteht darin, den Redefluss der Interviewpartner*innen nicht zu unterbrechen, aber gleichzeitig die Möglichkeit des Übersetzens sicherzustellen. Dies kann dazu führen, dass Übersetzende Aussagen zusammenfassen und somit das Erzählte in der Situation interpretieren (Rumpel/Tempes 2019). Der Einsatz von Übersetzenden wird daher für Interviewformen, in denen Erzählungen möglichst ohne Unterbrechungen stattfinden sollen (z. B. in biografisch-narrativen Interviews) als ungeeignet dargelegt (Lauterbach 2014).

Ein weiteres relevantes Thema stellt Vertrauen dar: Vertrauen seitens (geflüchteter) Interviewpartner*innen kann gegenüber den Forschenden durch den Einbezug von Übersetzenden aufgebaut werden (Nowak/Hornberg 2020; Lechner/Huber 2017); bei sensiblen Themen, wie z. B. Substanzkonsum, kann aber auch gegenüber den Übersetzenden Misstrauen entstehen (Rumpel/Tempes 2019). In der Studie von Berg et al. (2019) lehnten Geflüchtete die Unterstützung von Übersetzenden explizit ab, u. a. aufgrund negativer Erfahrungen im Asylverfahren.

Dolmetschergestützte Interviews können jedoch trotz der Hürden gut gelingen, v. a. wenn das Rollenverständnis sowie Erwartungen vorab geklärt werden (vgl. Hollweg 2020; Nowak/Hornberg 2020).

1.3 Interviews in einer gemeinsamen Verkehrssprache

Eine weitere Möglichkeit stellen *Interviews in einer gemeinsamen Verkehrssprache* dar, die sowohl für Forschende als auch für Interviewte nicht die Erstsprache ist. Dies bringt eigene Herausforderungen mit sich, z. B. in Bezug auf das Verständnis von regional- oder kontextspezifischen Konnotationen von Ausdrücken in Fremdsprachen. Zudem können Restriktionen reproduziert werden: Sprachen, die mit europäischer Kolonialisierung in Verbindung stehen, z. B. Französisch im nordafrikanischen Raum, können mit postkolonialen Erfahrungen verbunden sein (Gutiérrez Rodríguez 2006). Weiterhin setzen Sprachkenntnisse wie Englisch eine Bildungsbiografie voraus, die nicht selbstverständlich gegeben ist (Enzenhofer/Resch 2011) und zu einer selektiven Auswahl führen kann. Eine gemeinsame Verkehrssprache kann jedoch auch von Vorteil sein, da die Dreieckssituation mit Dolmetscher*innen aus dem Asylverfahren nicht reproduziert und die Rolle als aktive*r Sprecher*in unterstrichen wird (Fritsche 2016).

1.4 Translingualität in Interviews

Neben diesem Entweder-oder-Prinzip können auch translinguale Praktiken (Otheguy et al. 2015) in qualitativen Interviews genutzt werden (Uçan 2020). Lechner und Huber (2017) berichten von jungen Geflüchteten, die zunächst eine Unterstützung durch Dolmetschende wünschten, während des Gesprächs jedoch neben der ‚Herkunftssprache' ebenfalls Deutsch sprachen. Translinguale Praktiken können sich auch dann andeuten, wenn Interviewpartner*innen vermeintlich einsprachig agieren (Uçan 2020). Hervorzuheben im Kontext von Fluchtmigration ist die Vielfältigkeit und Komplexität des sprachlichen Repertoires, also der Gesamtheit der zur Verfügung stehenden sprachlichen Ausdrucksmittel; unterschiedliche Herkunfts- und Transitkontexte mit verschiedenen (Minderheiten-)Sprachen stehen der Annahme entgegen, für jeden Menschen gebe es *eine* dominante Sprache (Busch 2010). Dieser sprachlichen Hybridität sollte im Rahmen qualitativer Interviews mit Offenheit begegnet werden.

2. Übersetzung und Auswertung mehrsprachiger qualitativer Interviews

Nach der Erhebung sehen sich Forschende mit der Übersetzung qualitativer Interviews konfrontiert: Hier finden sich vermehrt Arbeiten, in denen theoretische Perspektiven und Erkenntnisse aus den Translationswissenschaften sowie postkolonialen Studien eingebunden werden.

Übersetzungen können dabei nicht ‚nebenbei' geschehen, sondern bedürfen einer Reihe von Fertigkeiten, die unter *translatorischen Kompetenzen* zusammenzufassen sind (vgl. Enzenhofer/Resch 2011). Semantische Lücken, also das Fehlen eines Ausdrucks in einer weiteren Sprache, oder kontextspezifische Konnotationen von Ausdrücken stellen z. B. Herausforderungen dar, die zusätzliche Erklärungen notwendig machen. Es wird daher empfohlen, Interviews zunächst originalsprachlich zu transkribieren, statt beim Hören simultan zu übersetzen (ebd.; Schittenhelm 2017); hinzuweisen ist allerdings auf eine fehlende Passung gängiger Transkriptionssysteme für nichtlateinische Schriftsysteme (Hollweg 2020). Ferner ist auf die Bedeutung nonverbaler Signale in Interviews hinzuweisen: Mimik und Gestik können Hinweise auf das Wohlbefinden der Interviewpartner*innen geben, die bei einer bloßen Transkription von verbalisierten Inhalten verlorengehen (Berg et al. 2019).

Bei Grenzen eigener Sprachkenntnisse können zudem weitere Übersetzende zur Hilfe herangezogen werden, die selbst Teil der Interpretation der Interviews und somit zu *key informants* (Temple/Edwards 2002) werden. Dabei kann es auch zu unterschiedlichen und widerstreitenden Interpretationen kommen (ebd.), bei denen die eigene Positionierung eine Rolle spielt. Die Interaktion zwischen den Forschenden, Interviewteilnehmer*innen und den *key informants* kann als *triple subjectivity* bezeichnet werden (ebd.).

Eine weitere wichtige Frage im Übersetzungsprozess stellt das Verhältnis von Original und Übersetzung dar. Mit einem Paradigmenwechsel in den Translationswissenschaften in den 1980er Jahren fand eine Abkehr von der Annahme, bei Übersetzungen handle es sich um eine „einfache Nachbildung", statt (Prunč 2012: 313). Das Übersetzen ist somit eingebunden in den subjektiven, soziokulturellen und ideologischen Kontext der Textproduktion und -rezeption (ebd.).

Mit einer *postkolonialen Perspektive* wird zudem die Rolle der Übersetzung als Werkzeug der Repräsentation im Zuge europäischer Kolonialisierung hervorgehoben (Gutiérrez Rodríguez 2006). Texte aus nicht-europäischen Sprachen wurden einseitig in europäische Sprachen übersetzt und durch die Übersetzung von Literatur, Rechtsprechung und Verwaltung das Bild ‚der (unterlegenen) Anderen' etabliert (Bassnett/Trivedi 2002; Prunč 2012). Die Idee einer „unschuldigen" Übersetzung wird daher von postkolonialen Theoretiker*innen mit Blick auf koloniale Verflechtungen zurückgewiesen (Bassnett/Trivedi 2002: 2).

Ausgehend von den hier dargelegten Erkenntnissen ist im Rahmen der mehrsprachigen Fluchtmigrationsforschung davon abzusehen, *eine* richtige und stimmige Übersetzung darzulegen; stattdessen sollten unterschiedliche Ausgangspositionen, Unübersetzbarkeiten sowie Unsicherheiten im Forschungsprozess offengelegt werden.

3. Ausblick

Insgesamt zeigt sich eine große Bandbreite an mehrsprachigen qualitativen Forschungssettings, die zu einer Weiterentwicklung und Reflexion der einzelnen Zugänge führt. In der Methodenreflexion wird allerdings v. a. die Perspektive der Forschenden thematisiert; die Perspektive von Übersetzenden auf die Zusammenarbeit ist dagegen kaum vertreten. Für ehrenamtliche Übersetzende in der Flüchtlingshilfe halten Treiber und Kazzazi (2020) in einer Interviewstudie erlebte Konflikte (z. B. mit tabuisierten Themen) und Strategien fest. Potenzielle Konflikte auf Seiten der Übersetzenden sind somit auch in der Fluchtmigrationsforschung anzunehmen, die in der Methodenreflexion Berücksichtigung finden sollten. Zuletzt ist der Umgang mit unterschiedlichen Schriftsystemen als noch weitgehend unreflektiert im Rahmen der (→) qualitativen Fluchtmigrationsforschung festzuhalten.

Literaturverzeichnis

Bassnett, Susan/Trivedi, Harish (2002): Introduction: of Colonies, Cannibals and Ernaculars. In: Dies. (Hrsg.): Postcolonial Translation. Theory and practice. London: Routledge, 1–18.
Berg, Jana/Grüttner, Michael/Schröder, Stefanie (2019): Entwicklung und Anwendung eines Sensibilisierungskonzeptes für qualitative Interviews mit Geflüchteten – Erfahrungen im Projekt WeGe. In: Behrensen, Birgit/Westphal, Manuela (Hrsg.): Fluchtmigrationsforschung im Aufbruch. Methodologische und methodische Reflexionen. Wiesbaden: Springer VS, 275–300.
Busch, Brigitta (2010): ...und Ihre Sprache? Über die Schwierigkeiten, eine scheinbar einfache Frage zu beantworten. In: Stichproben. Wiener Zeitschrift für kritische Afrikastudien 10 (19), 9–33.

Enzenhofer, Edith/Resch, Katharina (2011): Übersetzungsprozesse und deren Qualitätssicherung in der qualitativen Sozialforschung. In: Forum Qualitative Sozialforschung/Forum: Qualitative Social Research 12 (2), Art. 10.

Fritsche, Andrea (2016): Kultur(en) und Sprache(n) der Asylwirklichkeit – Herausforderungen empirischer Forschung im Kontext von Unsicherheit, Verrechtlichung, Interkulturalität und Mehrsprachigkeit. In: Österreichische Zeitschrift für Soziologie 41 (S2), 165–190.

Gutiérrez Rodríguez, Encarnación (2006): Positionalität übersetzen. Über postkoloniale Verschränkungen und transversales Verstehen. https://transversal.at/transversal/0606/gutierrez-rodriguez/de, 1.2.2021.

Hollweg, Carolyn (2020): Translationsprozesse als Forschungsgegenstand und -prämisse. Ein forschungspraktischer Zugang zu gedolmetschten Hilfeplangesprächen. In: Treiber, Angela/Kazzazi, Kirsten/Jaciuk, Marina (Hrsg.): Migration Übersetzen. Alltags- und Forschungspraktiken des Dolmetschens im Rahmen von Flucht und Migration. Wiesbaden: Springer VS, 155–181.

Kruse, Jan/Bethmann, Stephanie/Niermann, Debora/Schmieder, Christian (Hrsg.) (2012): Qualitative Interviewforschung in und mit fremden Sprachen. Eine Einführung in Theorie und Praxis. Weinheim: Beltz Juventa.

Lauterbach, Gwendolin (2014): Dolmetscher/inneneinsatz in der qualitativen Sozialforschung. Zu Anforderungen und Auswirkungen in gedolmetschten Interviews. In: Forum Qualitative Sozialforschung/Forum: Qualitative Social Research 15 (2), Art. 5.

Lechner, Claudia/Huber, Anna (2017): Ankommen nach der Flucht. Die Sicht begleiteter und unbegleiteter junger Geflüchteter auf ihre Lebenslagen in Deutschland. München: Deutsches Jugend Institut.

Nowak, Anna/Hornberg, Claudia (2020): Die dreifache Subjektivität – Reflexionen zum Einsatz von Sprachmittler_innen in der qualitativen Sozialforschung. In: Treiber, Angela/Kazzazi, Kirsten/Jaciuk, Marina (Hrsg.): Migration Übersetzen. Alltags- und Forschungspraktiken des Dolmetschens im Rahmen von Flucht und Migration. Wiesbaden: Springer VS, 45–69.

Otheguy, Ricardo/García, Ofelia/Wallis, Reid (2015): Clarifying Translanguaging and Deconstructing Named Languages: A Perspective from Linguistics. In Applied Linguistics Review 6 (3), 281–307.

Palenga-Möllenbeck, Ewa (2009): Die unsichtbaren ÜbersetzerInnen in der transnationalen Forschung: Übersetzung als Methode. In: Lutz, Helma (Hrsg.): Gender Mobil? Geschlecht und Migration in transnationalen Räumen. Münster: Westfälisches Dampfboot, 158–173.

Prunč, Erich (2012): Entwicklungslinien der Translationswissenschaft: Von den Asymmetrien der Sprachen zu den Asymmetrien der Macht. Berlin: Frank & Timme.

Roslon, Michael/Bettmann, Richard (Hrsg.) (2013): Going the Distance. Impulse für die interkulturelle Qualitative Sozialforschung. Wiesbaden: Springer VS.

Rumpel, Andrea/Tempes, Jana (2019): Einbindung von Übersetzenden im Kontext der Flucht_Migrationsforschung. In: Kaufmann, Margrit E./Otto, Lisa/Nimführ, Sarah/ Schütte, Dominik (Hrsg.): Forschen und Arbeiten im Kontext von Flucht. Wiesbaden: Springer VS, 193–213.

Schittenhelm, Karin (2017): Mehrsprachigkeit als methodische Herausforderung in transnationalen Forschungskontexten. In: Zeitschrift für Qualitative Forschung 18 (1), 101–115.

Temple, Bogusia/Edwards, Rosalind (2002): Interpreters/Translators and Cross-Language Research: Reflexivity and Border Crossings. In: International Journal of Qualitative Methods 1 (2), 1–12.

Treiber, Angela/Kazzazi, Kirsten (2020): Migration Übersetzen. Erwartungen – Konzeption – Strategien. In: Treiber, Angela/Kazzazi, Kirsten/Jaciuk, Marina (Hrsg.): Migration Übersetzen. Alltags- und Forschungspraktiken des Dolmetschens im Rahmen von Flucht und Migration. Wiesbaden: Springer VS, 89–120.

Treiber, Angela/Kazzazi, Kirsten/Jaciuk, Marina (Hrsg.) (2020): Migration Übersetzen. Alltags- und Forschungspraktiken des Dolmetschens im Rahmen von Flucht und Migration. Wiesbaden: Springer VS.

Uçan, Yasemin (2019): Sprachen und Sprechen in der qualitativen Migrations- und Fluchtforschung. In: Behrensen, Birgit/Westphal, Manuela (Hrsg.): Fluchtmigrationsforschung im Aufbruch. Methodologische und methodische Reflexionen. Wiesbaden: Springer VS, 115–139.

Uçan, Yasemin (2020): Potenziale translingualer Interviewführung am Beispiel erziehungswissenschaftlicher Migrationsforschung. In: Treiber, Angela/Kazzazi, Kirsten/Jaciuk, Marina (Hrsg.): Migration Übersetzen. Alltags- und Forschungspraktiken des Dolmetschens im Rahmen von Flucht und Migration. Wiesbaden: Springer VS, 71–87.

I.2.6

Quantitative Forschung

Niklas Harder und Lidwina Gundacker

Abstract Die quantitative Geflüchtetenforschung will, wie andere Forschungsbereiche, die auf statistischen Methoden basieren, durch die Analyse von Stichproben Verallgemeinerungen auf eine bestimmte Grundgesamtheit erarbeiten. In der Geflüchtetenforschung stellen sich dabei in der Definition der Grundgesamtheit, der Stichprobenziehung und Datenerhebung im Feld spezifische Probleme. Dieser Beitrag beleuchtet diese Herausforderungen und bietet damit einerseits eine Hilfestellung für geplante Datenerhebungen und andererseits ein Gerüst zur Einordnung und Bewertung bestehender quantitativer Geflüchtetenforschung.

Schlüsselbegriffe: Datenerhebung, Stichprobenziehung, Migration, Geflüchtete

1. Einleitung

Quantitative Forschung verfolgt meistens das Ziel, durch die Analyse von Stichproben Verallgemeinerungen auf eine bestimmte Grundgesamtheit zu ermöglichen. Das können erstens Kennzahlen einer definierten Grundgesamtheit sein (z. B. bzgl. sozio-demographischer Merkmale oder Bildungshintergründen). Zweitens können Zusammenhänge wie beispielsweise zwischen Arbeitsmarktpolitik und Beschäftigung für die untersuchte Grundgesamtheit identifiziert werden (Kosyakova/Brücker 2021). Die Güte der Verallgemeinerung hängt dabei von der Güte der Stichprobe und der Güte der Datenerhebung ab. Dieser Beitrag diskutiert diese Herausforderungen in der quantitativen Geflüchtetenforschung. Er zeigt die verschiedenen Entscheidungen, die während der Datengenerierung getroffen werden müssen und von Dritten nachvollzogen werden sollten, um die Güte der Verallgemeinerung beurteilen zu können.

2. Definition der Grundgesamtheit

Um eine Personengruppe zu beforschen und entsprechende Daten zu erheben, müssen die Forschenden zunächst definieren, über wen sie eine Aussage treffen möchten. Diese sogenannte Grundgesamtheit bildet die Gruppe der Personen, auf die sich Verallgemeinerungen aus der quantitativen Forschung beziehen (Schnell et al. 2018). Grundgesamtheiten lassen sich anhand verschiedener Kriterien eingrenzen. *Geflüchtetenforschung* zu betreiben, stellt die erste, noch nicht formalisierte, Eingrenzung dar. Soll sich quantitative Forschung auf Geflüchtete beziehen, muss also zunächst definiert werden, welche Bedingungen erfüllt sein müssen, damit eine Person als *Geflüchtete*r* betrachtet und im Feld identifiziert wird. Jacobsen und Kroh (→ Operationalisierung) unterscheiden zwischen Abgrenzungen aufgrund rechtlicher Normen und Abgrenzungen anhand von Lebensbedingungen und Einreisemotiven. Diese Definitionen leiten die Geflüchteteneigenschaft unterschiedlich ab und beziehen sich daher auf leicht unterschiedliche Gruppen. Nicht alle geflüchteten Migrant*innen haben notwendigerweise auch einen entsprechenden Aufenthaltstitel. Ein undokumentierter Aufenthalt im Aufnahmeland ist ebenso möglich wie ein Aufenthalt aufgrund eines Rechtsstatus, der typischerweise nicht mit Geflüchteten assoziiert wird (z. B. Blaue Karte der EU oder Familiennachzug). Gleichzeitig war Flucht nicht für alle mit entsprechendem Aufenthaltstitel notwendigerweise das zentrale Migrationsmotiv. Während die juristisch definierte Grundgesamtheit anhand von Registerdaten beschrieben werden kann, lassen sich Migrationsmotive erst durch Befragungen erfassen. Hierfür muss eine Stichprobe gezogen werden und der Feldzugang sichergestellt sein. Häufig wird die Grundgesamtheit zusätzlich noch anhand anderer Merkmale wie z. B. dem Fluchtzeitpunkt oder dem Zeitpunkt der Einreise eingegrenzt (Kuehne et al. 2019). Etwas seltener werden weitere Kriterien wie bestimmte Altersgruppen, Geschlecht oder das Betroffensein von bestimmten Regelungen als Abgrenzungsmerkmale gewählt.

3. Ziehung einer Stichprobe

Eine präzise abgegrenzte Grundgesamtheit ist die Grundlage für die Stichprobenziehung. Als *Goldstandard* gilt hier die komplette Erfassung der Grundgesamtheit oder eine, in der alle Mitglieder der Grundgesamtheit die gleiche Auswahlwahrscheinlichkeit haben (Schnell et al. 2018). So kann sichergestellt werden, dass bestimmte Personen nicht systematisch über- oder unterrepräsentiert sind. Im Optimalfall ist die Zufallsauswahl also eine annähernd perfekte Abbildung der Gesamtpopulation, beispielsweise bzgl. der Alters- oder Genderverteilung. Um gleiche Auswahlwahrscheinlichkeiten garantieren zu können, muss eine vollständige Liste aller Mitglieder der Grundgesamtheit vorliegen, die auch Kontaktdaten enthält (Schnell et al. 2018). So kann nach Zufallsprinzip eine festgelegte Anzahl an Personen gezogen und für die Befragung kontaktiert werden. Die IAB-BAMF-SOEP-Befragung von Geflüchteten greift für die Stichprobenziehung beispielsweise auf das sog. Ausländerzentralregister (AZR) zurück, das Personendaten der in Deutschland lebenden Ausländer*innen und Informationen zu ihrem Aufenthaltsstatus enthält (Kuehne et al. 2019). Der Zugriff auf solche Daten ist für Forschende im Fluchtkontext allerdings häufig nicht gegeben (für eine ausführlichere Diskussion siehe Jacobsen/Landau 2003). Zudem sind in Registerdaten *per definitionem* nur registrierte Personen enthalten und darum für Forschungsvorhaben, die irregulär aufhältige Personen miteinschließen, nicht geeignet. In Deutschland kommt hinzu, dass Registerabgänge weniger gut dokumentiert sind als Registerzugänge. Der Vergleich mit Zensusdaten zeigt, dass dies zu erheblichen Ungenauigkeiten führen kann (Canan/Eberle 2018).

Wenn kein Zugriff auf ein Kontaktdatenregister besteht, aber die Zusammensetzung der Grundgesamtheit hinsichtlich wesentlicher Merkmale (z. B. Alter, Gender) bekannt ist, können andere Verfahren der Stichprobenziehung (wie beispielsweise Random-Walk-Techniken oder webbasierte Befragungen) angewendet werden. Es wird eine Stichprobe angestrebt, bei der für jedes Mitglied der Grundgesamtheit die Wahrscheinlichkeit größer null ist, Teil der Stichprobe zu werden (Schnell et al. 2018: 247). Anschließend kann die erhobene Stichprobe mithilfe der Informationen zur Zusammensetzung der Grundgesamtheit hinsichtlich von Merkmalen, die mit der Auswahlwahrscheinlichkeit zusammenhängen (z. B. Alter, Gender), durch Gewichtungen entsprechend angepasst werden. Außerdem kann in der Stichprobenziehung der Anteil einer Gruppe absichtlich erhöht und durch Gewichtung wieder korrigiert werden, um die statistische Aussagekraft der Analysen zu dieser Gruppe zu erhöhen oder Analysen erst zu ermöglichen (sog. *Oversampling*) (Valliant 2018).

Sind solche Stichprobenziehungen zu teuer oder liegen – wie häufig in der Geflüchtetenforschung – die notwendigen Daten nicht vor, wird auch auf sogenannte *Convenience Samples* zurückgegriffen (Schnell et al. 2018). Hier werden Personen mehr oder weniger willkürlich für die Stichprobe ausgewählt, zum Beispiel durch die Interviewer*innen und den Ort, an dem Interviews geführt werden. Da keine systematische Stichprobenziehung stattfand, kann weder garantiert werden, dass alle Personen der Grundgesamtheit eine Chance hatten, Teil der Stichprobe zu werden, noch kann nachvollzogen werden, welche Personen mit welcher Auswahlwahrscheinlichkeit Teil der Stichprobe wurden. Ergebnisse auf Grundlage von „Convenience Samples" eignen sich also nicht als Grundlage für verallgemeinernde Aussagen über die Gesamtpopulation.

Eine Alternative zu Stichproben sind Vollerhebungen. Hier werden Daten von allen Befragten der Grundgesamtheit erhoben. Vollerhebungen kommen in den meisten Fällen nur dann vor, wenn es sich um eine sehr kleine Grundgesamtheit oder um einen administrativen Datensatz handelt, der die Grundgesamtheit schlicht durch die Erfassung der Personen definiert. Werden vom Bundesamt für Migration und Flüchtlinge (BAMF) z. B. Daten zu den Staatsangehörigkeiten der subsidiär Schutzberechtigten veröffentlicht, so basieren die Ergebnisse aus der Gesamtheit aller subsidiär Schutzberechtigten.

Eine weitere Möglichkeit ist es, keine eigene Stichprobe zu ziehen, sondern die jeweilige Zielgruppe in einer bereits erhobenen Stichprobe zu identifizieren (Marbach et al. 2018; Solheim/La Parra-Casado 2019). Wenn sich die Zielgruppe des Forschungsvorhabens in bereits existierenden Daten (für Beispiele → Operationalisierung) mit ausreichender Beobachtungszahl wiederfinden lässt und davon auszugehen ist, dass die Zusammensetzung der Zielgruppe in den Daten keiner systematischen Verzerrung unterliegt, dann können die Daten auch als Zufallsstichprobe der eigenen Zielgruppe verwendet werden.

4. Datenerhebung

Die Daten einer identifizierten Stichprobe können auf unterschiedliche Weise erhoben werden (sog. Feldzugang). Klassische Wege sind persönliche Befragungen (*Computer Assisted Personal Interview* – CAPI), Befragungen per Telefon (*Computer Assisted Telefon Interview* – CATI) oder Online-Befragungen (*Computer Assisted Web Interview* – CAWI). In den letzten Jahren wurden neuartige Erhebungsarten über Messenger Dienste oder Smartphone-Anwendungen entwickelt und angewendet (Jacobsen/Kühne 2021). Die Auswahl des Erhebungsinstruments hängt dabei von der Fragestellung ab, die beispielsweise ein unterschiedliches Maß an Vertraulichkeit erfordern kann. Auch die Art der vorliegenden Kontaktinformationen (Adresse, Telefonnummer, E-Mail) sowie das Forschungsbudget wirken sich auf die Entscheidung aus.

Gerade im Fluchtkontext stellt der Feldzugang in der Regel eine Herausforderung dar. Einerseits kann es sich bei Geflüchteten um eine überdurchschnittlich mobile Gruppe handeln, deren Kontaktinformationen sich schnell ändern können. Andererseits können unsichere Aufenthaltsstatus, fehlende Sprachkenntnisse oder Misstrauen die Teilnahmebereitschaft senken (Shedlin et al. 2011).

Bei allen Arten der Datenerhebung müssen in der Fluchtforschung die Herausforderungen mehrsprachiger und internationaler Kontexte berücksichtigt werden (→ Mehrsprachigkeit; Jacobsen 2018). Außerdem muss sichergestellt werden, dass Eigenschaften wie z. B. der Bildungsstand über Herkunftsländer hinweg vergleichbar erhoben werden und die gestellten Fragen von den Befragten annähernd gleich verstanden werden (Jacobsen/Fuchs 2020; Liebau et al. 2020). Weiter muss beachtet werden, dass vor einer Befragung *informed consent* eingeholt wird, dass also die Befragten ihrer Befragung zustimmen und dabei verstehen, wem sie welche Angaben zu welchem Zweck machen. Gerade wenn eine Studie unter Beteiligung öffentlicher Akteure durchgeführt wird, kann dies Misstrauen erwecken oder zu dem Missverständnis führen, dass die Befragungsteilnahme administrativen Zwecken (z. B. innerhalb des Asylverfahrens) dient (Shedlin et al. 2011). Daraus können sowohl falsche Erwartungen seitens der Befragten als auch Falschangaben entstehen. Es stellt sich auch die Frage nach einer angemessenen Aufwandsentschädigung der Befragten für ihre Teilnahme. Hier ist derzeit kein Konsens zu beobachten; neben der variierenden Akzeptanz für Geldzahlungen an die Interviewten, die als beleidigend empfunden werden können, sollten mögliche ökonomische Fehlanreize bedacht werden.

5. Fazit

Die Betrachtung der drei Bereiche hat gezeigt, dass quantitative Geflüchtetenforschung mit großen Herausforderungen einhergeht und Forscher*innen viele Entscheidungen treffen müssen, die den Ansprüchen des Forschungsvorhabens einerseits und den forschungspraktischen Gegebenheiten andererseits gerecht werden. Um Daten und Forschungsergebnisse im Fluchtkontext richtig nutzen und verstehen zu können, ist es notwendig, diese Entscheidungen nachvollziehen zu können. Erst wenn transparent ist, wie die Forscher*innen mit den unterschiedlichen Herausforderungen umgegangen sind, kann die Verallgemeinerbarkeit ihrer Ergebnisse bewertet werden. Da es für viele der beschriebenen Fragen keine Musterlösungen gibt, muss immer der Kontext der jeweiligen Studie beachtet werden.

Literaturverzeichnis

Canan, Coşkun/Eberle, Jan (2018): Ausländerstatistik. Ergebnisse des Ausländerzentralregisters. Qualitätsbericht. Wiesbaden.

Jacobsen, Jannes (2018): Language Barriers during the Fieldwork of the IAB-BAMF-SOEP Survey of Refugees in Germany. In: Behr, Dorothée (Hrsg.): Surveying the Migrant Population. Consideration of Linguistic and Cultural Issues. Köln, 75–84.

Jacobsen, Jannes/Fuchs, Lukas Marian (2020): Can We Compare Conceptions of Democracy in Cross-Linguistic and Cross-National Research? Evidence from a Random Sample of Refugees in Germany. In: Social Indicators Research 151 (2), 669–690.

Jacobsen, Jannes/Kühne, Simon (2021): Using a Mobile App When Surveying Highly Mobile Populations: Panel Attrition, Consent, and Interviewer Effects in a Survey of Refugees. In: Social Science Computer Review 39. (4), 721–743.

Jacobsen, Karen/Landau, Loren B. (2003): The Dual Imperative in Refugee Research: Some Methodological and Ethical Considerations in Social Science Research on Forced Migration. In: Disasters 27 (3), 185–206.

Kosyakova, Yuliya/Brücker, Herbert (2021): Does Free Movement of Workers Boost Immigrant Employment? New Evidence from Germany. In: Migration Studies. https://doi.org/10.1093/migration/mnab047.

Kuehne, Simon/Jacobsen, Jannes/Kroh, Martin (2019): Sampling in Times of High Immigration: The Survey Process of the IAB-BAMF-SOEP Survey of Refugees. In: Survey Methods: Insights from the Field. https://doi.org/10.13094/SMIF-2019-00005.

Liebau, Elisabeth/Ortmanns, Verena/Pagel, Lisa/Schikora, Felicitas/Schneider, Silke L. (2020): Documentation of ISCED Generation Based on the CAMCES Tool in the IAB-SOEP Migration Samples M1/M2 and IAB-BAMF-SOEP Survey of Refugees M3/M4 until 2017. In: SOEP Survey Papers Series D – Variable Description and Coding 907, 1–58. https://www.diw.de/documents/publikationen/73/diw_01.c.805071.de/diw_ssp0907.pdf, (07.09.2021).

Marbach, Moritz/Hainmueller, Jens/Hangartner, Dominik (2018): The long-term Impact of Employment Bans on the Economic Integration of Refugees. In: Science Advances 4 (9), eaap9519. https://doi.org/10.1126/sciadv.aap9519.

Schnell, Rainer/Hill, Paul B./Esser, Elke (2018): Methoden der empirischen Sozialforschung. Berlin: De Gruyter Oldenbourg.

Shedlin, Michele G./Decena, Carlos U./Mangadu, Thenral/Martinez, Angela (2011): Research Participant Recruitment in Hispanic Communities: Lessons Learned. In: Journal of Immigrant and Minority Health 13 (2), 352–360.

Solheim, Erling F./La Parra-Casado, Daniel (2019): Identifying Refugees and Other Migran Groups in European Large-scale Surveys. An Explorative Analysis of Integration Outcomes by Age Upon Arrival, Reasons for Migration and Country-of-birth Groups Using the European Union Labour Force Survey 2014 Ad Hoc Module. In: Journal of Refugee Studies 32 (1), i183–i193.

Valliant, Richard (2018): Practical Tools for Designing and Weighting Survey Samples. Cham: Springer.

I.2.7
Operationalisierung von ‚Flucht' in Sekundärdaten

Jannes Jacobsen und Martin Kroh

Abstract Dieses Kapitel befasst sich mit der Operationalisierung des Konzepts ‚Flucht' bzw. der Zuschreibung ‚Geflüchteter' in Befragungs- und Registerdaten. Wir diskutieren die zwei gängigsten Varianten: die Operationalisierung entlang rechtlicher Normen sowie die Operationalisierung entlang einer lebensweltlichen Konzeptionalisierung. Des Weiteren stellen wir ausgewählte Forschungsdaten vor, in denen die vorgestellten Operationalisierungen vorgenommen werden können, und diskutieren Hürden für international vergleichende Analysen.

Schlüsselbegriffe: Befragungsdaten, Registerdaten, Sekundärdaten, Operationalisierung

1. Einleitung

Je nach Forschungstradition wird der Fluchtbegriff unterschiedlich definiert. In der quantitativ-empirischen Fluchtforschung, die oftmals die Perspektive westlicher Aufnahmeländer einnimmt, finden zwei Definitionen besonders häufig Anwendung. Der erste Ansatz orientiert sich an rechtlichen Normen (in Deutschland bspw. GG, AsylG und AufenthG). Der zweite, lebensweltlich orientierte Ansatz nutzt die Selbsteinschätzung von Lebensbedingungen und umfasst damit Personen, die angeben aufgrund von Flucht oder Vertreibung ihr Land verlassen zu haben (für eine Diskussion der Konzepte vgl. FitzGerald/Arar 2018). Diese beiden Definitionen werden einerseits im Rahmen der Fragebogenkonstruktion für die Identifikation der Zielpopulation in Primärdatenerhebungen genutzt sowie andererseits bei der Operationalisierung der Zielpopulation auf Basis vorhandener Angaben in Sekundärdatenanalysen.

Beiden Definitionen ist gemein, dass sie sich nur auf Personen beziehen, die im Zuge ihrer Flucht nationale Grenzen überschreiten. Insbesondere im globalen Süden, wo Personen auf der Flucht häufig nicht die Grenzen ihres Herkunftslands erreichen, aber dennoch von ihrem Heimatort vertrieben werden – sogenannte Binnenvertriebene – geht diese Definition an der Lebensrealität von Vertriebenen vorbei (UNHCR 2020).

2. Geflüchtete nach dem rechtlich normativen Ansatz

Entlang des Deutschen Grundgesetzes (GG), Asylgesetzes (AsylG) und Aufenthaltsgesetzes (AufenthG) haben sich in der quantitativ-empirischen Forschung in Deutschland zwei Formen des rechtlich normativen Verständnisses von Geflüchteten etabliert. Die erste orientiert sich an einer formell juristischen Definition und umfasst jene Personen, denen entweder nach dem Abkommen über die Rechtsstellung der Flüchtlinge (Genfer Flüchtlingskonvention) oder des Art. 16a GG und

AsylG § 3 eine Eigenschaft als „Flüchtling" zugesprochen wird. Menschen, die zu solchen Personen mittels des Familiennachzugs zuziehen, werden meist ebenfalls als Geflüchtete definiert. Zweitens ist es in den Sozial- und Verhaltenswissenschaften gängig alle Personen, die bei Einreise ein Asylverfahren durchlaufen, als Geflüchtete zu bezeichnen. Hierzu gehören im Unterschied zu einer formell juristischen Definition also auch Personen, die daraufhin eine Duldung oder subsidiären Schutz erhalten, oder Personen, die später den Aufenthaltsstatus wechseln, ausreisen oder abgeschoben werden. Diese Definition ist nicht kongruent mit einer juristischen Perspektive, gilt aber dennoch als rechtlich normativ, da sie sich an Rechtsnormen orientiert.

Operationalisierungen des rechtlich normativen Ansatzes sind international nur eingeschränkt vergleichbar (vgl. Hamlin 2014: 24), da die rechtlichen Grundlagen für die Erteilung eines Aufenthaltsstatus uneinheitlich sind – insbesondere im Vergleich zu jenen Staaten, die vorrangig ein sogenanntes *Resettlement* anbieten und nur in geringem Maße selbst Asylverfahren abwickeln (vgl. Korntheuer et al. 2017, die Deutschland und Kanada vergleichen). Im Rahmen von *Resettlement*-Programmen werden in der Regel Personen umgesiedelt, die bereits vom UNHCR auf Basis der Genfer Flüchtlingskonvention einen formellen Fluchtstatus erhalten haben. Insbesondere in Staaten, die vor allem mittels *Resettlement* verfolgten Personen Schutz bieten (→ Nordamerika; → Australien), hat sich eine Definition und somit Operationalisierung entlang der Genfer Flüchtlingskonvention durchgesetzt. Personen mit subsidiärem Schutz, einem Abschiebeverbot oder Asylbewerber*innen werden in der sozial- und verhaltenswissenschaftlichen Forschung dieser Länder in der Regel nicht als Geflüchtete operationalisiert, sondern bilden jeweils eigene Kategorien (zumal es das Konstrukt des subsidiären Schutzes in diesen Ländern häufig nicht gibt). Datensätze für international vergleichende Analysen müssen daher auf die zugrundeliegende Population geprüft werden, um sicherzustellen, ob die Definitionen der Grundgesamtheit vergleichbar sind oder aber ob sich Geflüchtete nach dem gleichen Konzept operationalisieren lassen.

2.1 Operationalisierung Geflüchteter nach dem rechtlich normativen Ansatz in Sekundärdaten

Bei der (Sekundär)Nutzung von Forschungsdaten kann unter anderem zwischen Befragungs- und Registerdaten unterschieden werden. Befragungen können sich auf die Gruppe der Geflüchteten beschränken oder aber können Geflüchtete als Teil einer größeren Population wie etwa der Gesamtbevölkerung erfassen. Registerdaten sind prozessuale Informationen oftmals der Melde- oder Ausländerbehörden.

Prominente Forschungsdaten im deutschsprachigen Raum basierend auf Befragungen, die eine rechtlich-normative Operationalisierung erlauben, sind die deutschen Studien *Sozio-oekonomisches Panel* (SOEP, Goebel et al. 2019), *Refugees in the German Educational System* (ReGes, Will et al. 2019) sowie die Studie *Integrationsmaßnahmen und Arbeitsmarkterfolg von Flüchtlingen und Subsidiär Schutzberechtigten* in Österreich (FIMAS). International stehen unter anderem die Datensätze *Building a New Life* (BNLA) aus Australien (Rioseco et al. 2017) und das *Survey of New Refugees* aus Großbritannien (Home Office 2010) zur Verfügung.

Das SOEP ist eine seit 1984 jährlich laufende Haushaltsbefragung in Deutschland. Anhand der Sondererhebung IAB-SOEP (seit 2011) und IAB-BAMF-SOEP (seit 2016) haben eine Vielzahl Geflüchteter Eingang in die Studie gefunden (vgl. Jacobsen et al. 2021). Das SOEP erfragt sowohl den Aufenthaltsstatus bei der Einreise nach Deutschland sowie den aktuellen Aufenthaltstitel. ReGes ist eine seit 2016 laufende Panelbefragung von geflüchteten Kindern (4–9 Jahre) sowie deren Eltern. Unbegleitete minderjährige Geflüchtete sind nicht Teil der Studie. FIMAS ist eine seit 2016 laufende Erhebung von in Österreich lebenden asyl- und subsidiär schutzberechtigten Personen aus Syrien, Afghanistan, Russland und Irak, die seit 2006 nach Österreich eingewandert sind.

Building a New Life in Australia (BNLA) ist eine seit 2014 laufende Studie zur Erfassung der Geflüchteten in Australien. Die Grundgesamtheit sind ‚Ausländer', die seit 2013 einen Fluchtstatus zugewiesen bekommen haben. Der von 2005–2007 laufende Survey of New Refugees (SNR) aus Großbritannien ist eine Studie zu erwachsenen Personen, die während der Projektlaufzeit einen Asylstatus zugewiesen bekommen.

In vielen Ländern liegen keine Befragungsdaten mit einer hinreichenden Fallzahl an Geflüchteten vor oder aber Befragungsdaten zur Gesamtbevölkerung erlauben nicht, Geflüchtete unter den Teilnehmenden zu identifizieren. Häufig können jedoch Registerdaten, also Meldedaten oder Daten der amtlichen Statistik als Basis für Flucht- und Flüchtlingsforschung genutzt werden. Prominente Beispiele sind die *Longitudinal Immigration Database* (IMDB) in Kanada und die amtlichen Meldedaten in Schweden (für eine beispielhafte Nutzung vgl. Bevelander/Pendakur 2013). In Deutschland ist dies das Ausländerzentralregister (AZR) des Bundesamtes für Migration und Flüchtlinge (BAMF).

Das AZR umfasst alle Personen, die sich länger als drei Monate in Deutschland aufhalten und keinen deutschen Pass haben (vgl. Babka von Gostomski et al. 2008). Ebenso sind der Einreisegrund sowie der Aufenthaltsstatus dokumentiert. Somit können insbesondere kürzlich zugewanderte Migrant*innen identifiziert werden. Sobald eine Person eingebürgert ist, wird ihr Eintrag aus dem AZR gelöscht.

International liegen eine weitere Vielzahl an Registerdaten, die jeweils eine rechtlich normative Operationalisierung ermöglichen, für die Fluchtforschung vor: Kanada (Statistics Canada 2019), Dänemark (vgl. Schultz-Nielsen 2017), Finnland (vgl. Sarvimäki 2017), Norwegen (vgl. Bratsberg et al. 2017) Schweden (vgl. Bevelander 2016) und Schweiz (vgl. Hainmueller et al. 2016).

3. Operationalisierung Geflüchteter nach dem lebensweltlichen Ansatz

Der lebensweltliche Ansatz ist über Länder hinweg grundsätzlich vergleichbar, da dieser Definition keine rechtliche und somit volatile Konstruktion zugrunde liegt. In der Regel werden Personen nach ihrer Motivation zur Einreise befragt (bspw. Vertreibung, Flucht vor Unterdrückung oder Arbeitssuche). Diese Motivationen können von Forschenden dann Post-hoc kategorisiert und Studienteilnehmende als Geflüchtete operationalisiert werden. Einige größere Studien ohne unmittelbaren Bezug zur Fluchtforschung lassen es zu, Geflüchtete nach dem lebensweltlichen Ansatz zu identifizieren. In Deutschland fragt beispielsweise das SOEP seit 2015 Menschen mit einer Einwanderungsgeschichte nicht nur nach dem derzeitigen Aufenthaltsstatus, sondern auch nach ihrem subjektiven Einwanderungsgrund. Ähnliche Fragen werden im Mikrozensus (DeSTATIS 2020) für Deutschland und im Europäischen Labour Force Survey (EU-LFS) für einen internationalen Vergleich gestellt. Somit können anhand dieser Studien Geflüchtete nach dem lebensweltlichen Ansatz identifiziert werden.

Der Mikrozensus ist eine 1-Prozent Stichprobe der deutschen Bevölkerung und Teil der amtlichen Statistik. Personen ohne deutschen Pass, die am Mikrozensus teilnehmen, werden nach ihrem Zuwanderungsgrund gefragt und ob sie beispielsweise nach Deutschland geflohen sind. Ein Teil des Mikrozensus wird für den *Europäischen Labor Force Survey* (EU-LFS) zur Verfügung gestellt. Der EU-LFS ist eine von der Internationalen Arbeitsorganisation (ILO) initiiertes Projekt zur globalen statistischen Erfassung der Erwerbsbevölkerung. Analog zum Mikrozensus können hier Geflüchtete nach dem lebensweltlichen Ansatz operationalisiert werden.

Tabelle I.4.8.1 fasst alle in Abschnitt 2. und 3. beschriebenen Befragungen zusammen und verweist auf das zugrundeliegende Konzept, anhand dessen Studienteilnehmende als Geflüchtete operationalisiert werden können. Der Zugang zu den vorgestellten Datensätzen ist unterschiedlich geregelt. Die Befragungsdaten aus dem deutschsprachigen Raum (SOEP, ReGes, Mikrozensus, FIMAS) sind als *scientific usefile* (SUF) erhältlich. Der Zugang zu Registerdaten erfolgt in der Regel über die übergeordnete Behörde, seit 2021 kann das AZR für die wissenschaftliche Forschung genutzt werden.

Tabelle I.2.7.1: Sekundärdaten zu Geflüchteten und die Operationalisierung Geflüchteter, Quelle: Eigene Darstellung.

		Operationalisierung	Fragebogen Item / rechtliche Abgrenzung	Zuzugszeitraum
Deutschland				
	SOEP	Rechtlich-normativ und lebensweltlich	Welcher der folgenden Gründe war bei Ihnen der Hauptgrund nach Deutschland zu ziehen / Zuweisung Asylstatus nach deutschem/europäischem Recht & aktueller Aufenthaltstitel	Ab 1950
	RegEs	Rechtlich-normativ (alle Personen, die ein Asylverfahren durchlaufen haben)		Ab 2014
Mikrozensus (2019)		Lebensweltlich	Was war das (Haupt-)Motiv für Ihren Zuzug nach Deutschland?	1950 – laufend
	FIMAS	Rechtlich-normativ	Asylberechtigte und subsidiär Schutzberechtigte	2006–2016
BNLA (Australien)		Rechtlich-normativ	Zuweisung Asylstatus nach australischem Recht	2013–2018
SNR (Großbritannien)		Rechtlich-normativ	Zuweisung Asylstatus nach britischem Recht	2005–2007
Labour Force Survey		Lebensweltlich	Was war das (Haupt-)Motiv für Ihren Zuzug nach Deutschland?	Ab 1950

Der Überblick zeigt, dass aufgrund unterschiedlicher Definitionen von Geflüchteten sowie zur Verfügung stehender Operationalisierungen unterschiedliche Datenquellen nicht ohne weiteres gemeinsam für Analysen genutzt werden oder direkt verglichen werden können.

4. Fazit

In Deutschland sowie international gibt es ein breites Angebot an Sekundärdaten für die Flucht- und Flüchtlingsforschung. Aufgrund der uneinheitlichen Definitionen von Geflüchteten unterscheiden sie sich jedoch zum Teil erheblich in der Möglichkeit Geflüchtete zu operationalisieren. Zwei Vorgehensweisen zur Operationalisierung sind gängig: Erstens die rechtlich normative und zweitens die lebensweltliche Operationalisierung entlang subjektiver Kriterien wie der Einwanderungsmotivation. Analysen müssen somit immer auf die in den Daten vorliegende Grundgesamtheit und somit hinsichtlich möglicher Operationalisierungen von Geflüchteten geprüft werden.

Literaturverzeichnis

Babka von Gostomski, Christian/Pupeter, Monika (2008): Zufallsbefragung von Ausländern auf Basis des Ausländerzentralregisters: Erfahrungen bei der Repräsentativbefragung „Ausgewählte Migrantengruppen in Deutschland 2006/2007" (RAM). In: Methoden, Daten, Analysen 2 (2), 149–177.

Bevelander, Pieter (2016): Integration Refugees into Labor Markets. In: IZA World of Labor 2020 269v2. https://doi.org/10.15185/izawol.269.v2.

Bevelander, Pieter/Pendakur, Ravi (2013): The Labour Market Integration of Refugee and Family Reunion Immigrants: a Comparison of Outcomes in Canada and Sweden. In: Journal of Ethnic and Migration Studies 40 (5), 689–709.

Bratsberg, Bernt/Raaum, Oddbjørn/Røed, Knut (2017): Immigrant Labor Market Integration across Admission Classes. In: Nordic Economic Policy Review 2017, 17–54.

DeSTATIS (2020): Was ist der Mikrozensus? www.destatis.de/DE/Themen/Gesellschaft-Umwelt/Bevoelkerung/Haushalte-Familien/Methoden/mikrozensus.html, 18.11.2021.

FitzGerald, David Scott/Arar, Rawan (2018): The Sociology of Refugee Migration. In: Annual Review of Sociology 44, 387–406.

Goebel, Jan/Grabka, Markus M./Liebig, Stefan/Kroh, Martin/Richter, David/Schröder, Carsten/Schupp, Jürgen (2019): The German Socio-Economic Panel (SOEP). In: Jahrbücher für Nationalökonomie und Statistik 239 (2), 345–360.

Hainmueller, Jens/Hangartner, Dominik/Lawerence, Duncan (2016): When Lives are Put on Hold: Lengthy Asylum Processes Decrease Employment among Refugees. In: Science Advances 2 (8). https://doi.org/10.1126/sciadv.1600432.

Hamlin, Rebecca (2014): Let Me Be a Refugee: Administrative Justice and the Politics of Asylum in the United States, Canada, and Australia, Oxford: Oxford University Press.

Home Office, UK Border Agency, Analysis, Research and Knowledge Management (2010): Survey of New Refugees, 2005–2009, https://doi.org/10.5255/UKDA-SN-6556-1.

Jacobsen, Jannes/Krieger, Magdalena/Schikora, Felicitas/Schupp, Jürgen (2021): Growing Potentials for Migration Research using the German Socio-Economic Panel Study. In: Jahrbücher für Nationalökonomie und Statistik. https://doi.org/10.1515/jbnst-2021-0001.

Korntheuer, Annette/Maehler, Débora B./Pritchard, Paul (2017): The Canadian and German Context for Refugee Integration. In: Korntheuer, Annette/Paul Pritchard/Débora B. Maehler (Hrsg.): Context of Refugee Integration in Canada and Germany. Köln: GESIS, 11–18.

Rioseco, Pilar/De Maio, John/Hoang, Cuc (2017): The Building a New Life in Australia (BNLA) Dataset: A Longitudinal Study of Humanitarian Migrants in Australia. In: The Australian Economic Review 50 (3), 356–362.

Sarvimäki, Matti (2017): Labor Market Integration of Refugees in Finland. In: Nordic Economic Policy Review 2017, 91–114.

Schultz-Nielsen, Marie Louise (2017): Labour Market Integration of Refugees in Denmark. In: Nordic Economic Policy Review 2017, 55–90.

Statistics Canada (2019): Longitudinal Immigration Database (IMDB) Technical Report, 2018. www150.statcan.gc.ca/n1/en/pub/11-633-x/11-633-x2019005-eng.pdf?st=Xwd3MhJJ, 18.11.2021.

UNHCR (2020): Global Trends: Forced Displacement in 2019. www.unhcr.org/5ee200e37.pdf, 18.11.2021.

Will, Gisela/Balaban, Ebru/Dröscher, Anike/Homuth, Christoph/Welker, Jörg (2018): Integration von Geflüchteten in Deutschland: Erste Ergebnisse aus der ReGes-Studie. In: LIfBi Working Paper 76, 1–37, www.neps-data.de/Portals/0/Working%20Papers/WP_LXXVI.pdf, 18.11.2021.

Ⅰ.2.8

Big Data

Laura Stielike

Abstract Der Beitrag beschäftigt sich mit dem Einsatz von Big Data – (digitalen) Massendaten – in der Erforschung von Flucht und (Zwangs-)Migration. Zunächst werden zentrale Datensorten, Methoden und Themen der bisherigen Big Data gestützten Erforschung fluchtbezogener Phänomene vorgestellt. Anschließend wird die Herausbildung des Feldes mit seinen zentralen Akteuren beschrieben. Schließlich werden die Risiken und Chancen einer Big Data gestützten Analyse von Flucht und Migration diskutiert.
Schlüsselbegriffe: Big Data, Social-Media-Daten, Mobilfunkbewegungsdaten, Datenschutz, Bias

1. Einleitung

Big Data ist zu einem wichtigen Schlagwort in Wissenschaft, Wirtschaft und Politik geworden. Es existiert keine einheitliche Big-Data-Definition, aber im Kern werden darunter Daten gefasst, die sich durch hohe Volumen, Geschwindigkeit und Vielfalt von Informationen auszeichnen, spezifische Technologien und Methoden zur Nutzbarmachung erfordern und aus der Verwandlung dieser Informationen Wert erzielen (De Mauro et al. 2015). Big Data gestützte Analysen können dabei helfen, Ereignisse vorauszusagen, indem sie Muster in Massendaten erkennen. Sie können jedoch nicht erklären, warum etwas geschieht, da sie nach Korrelationen und nicht nach Kausalitäten suchen (Cukier/Mayer-Schönberger 2013).

Die Erforschung von Flucht und Zwangsmigration mittels Big Data findet im Feld einer sich erst seit kurzem herausbildenden Big Data gestützten (→) Migrationsforschung statt (Sîrbu et al. 2020; Stielike 2022). Hier werden u. a. Social-Media-Daten, Mobilfunkbewegungsdaten, Internetsuchanfragen und Satellitendaten analysiert, um Erkenntnisse über Phänomene menschlicher Mobilität zu gewinnen.

2. Big Data basierte Fluchtforschung: Daten, Methoden, Themen

Ein Großteil der bisherigen Big-Data-Studien zum Themenfeld Flucht lässt sich hinsichtlich der genutzten Daten in drei Gruppen einteilen: Mobilfunkdaten, Social-Media-Daten sowie die Kombination verschiedener Datensorten.

Studien, die Mobilfunkdaten analysieren, werten Verbindungsdatensätze (*Call Detail Records*) aus, also Informationen, die Telekommunikationsunternehmen zu Abrechnungszwecken speichern. Dies sind u. a. Zeitpunkt und Dauer der Kommunikation, Nummern der Gesprächsteilnehmenden sowie die jeweilige Mobilfunkantenne, mit der sich die SIM-Karte des Telefons verbindet, wodurch auf den

Standort der Gesprächsteilnehmenden geschlossen werden kann. Mithilfe dieses Ansatzes konnte z. B. nachvollzogen werden, dass nach dem Erdbeben in Haiti 2010 20 Prozent der Bewohner*innen aus der Hauptstadt Port-au-Prince in andere Regionen des Landes flohen. Ein schnelles Tracking von Bevölkerungsbewegungen in Krisensituationen kann zudem Nothilfemaßnahmen erleichtern (Bengtsson et al. 2011).

Ein Schwerpunkt von Studien, die Social-Media-Daten analysieren, liegt auf Interessen oder Stimmungen (*Sentiment Analysis*) von Social-Media-Nutzer*innen (→ Digitale Methoden). Um z. B. „kulturelle Assimilation" in Deutschland zu untersuchen, identifizierten Forschende mittels der Marketing-Programmierschnittstelle (*Application Programming Interface*) von Facebook die häufigsten Interessen deutscher Facebook-Nutzer*innen. Darauf aufbauend berechneten sie eine Assimilationspunktzahl (*assimilation score*) für verschiedene Migrant*innengruppen (Dubois et al. 2018).

Auf der Kombination verschiedener Datensorten basiert z. B. eine Studie zur Segregation syrischer Geflüchteter in der Türkei. Eine positive Stimmung gegenüber Geflüchteten auf Twitter korrelierte damit, dass syrische Geflüchtete Einheimische häufiger per Mobiltelefon kontaktierten (Marquez et al. 2019). Eine Vielzahl von Datensorten zum Nexus Konflikt und Klimawandel wird im „Project Jetson" des UNHCR Innovation Service kombiniert, um mittels *Machine-Learning* Fluchtbewegungen in Somalia (→ Ostafrika) vorherzusagen.[1] Der *Push Factor Index* des European Asylum Support Office (EASO) stützt sich ebenfalls auf eine Kombination verschiedener Datensorten, um Fluchtbewegungen nach Europa vorherzusagen.[2]

3. Herausbildung des Feldes und zentrale Akteure

Das Feld der Big Data gestützten Migrationsforschung hat sich erst in den letzten Jahren herausgebildet. Die Dynamik wird nicht nur technologisch und innerwissenschaftlich, sondern auch von politischen Ereignissen und Akteuren vorangetrieben. Internationale Organisationen und Regierungen sprechen sich zunehmend für die Nutzung von Big Data aus, z. B. um Fortschritte bei den migrationsbezogenen Zielen für nachhaltige Entwicklung der Vereinten Nationen trotz mangelhafter Migrationsstatistiken messen zu können (United Nations Expert Group Meeting 2017) oder um als Reaktion auf die sogenannte Flüchtlingskrise in Europa eine „evidenzbasierte" Migrationspolitik zu ermöglichen (United Nations 2018: 8).

Zentrale Akteure im Feld der Big Data gestützten Migrationsforschung sind Regierungen, internationale Organisationen, Wissenschaftler*innen, Technik- und Telekommunikationsfirmen sowie NGOs. So organisierte z. B. die deutsche Regierung im Rahmen ihrer EU-Ratspräsidentschaft 2020 die Initiative „Migration 4.0", um die Digitalisierung im Migrationsbereich zu intensivieren (z. B. Big Data gestützte Vorhersageinstrumente und digitale Gesichts- und Stimmerkennung für Asylprozesse) (Bundesministerium des Inneren, für Bau und Heimat 2020).

---

[1] https://medium.com/unhcr-innovation-service/is-it-possible-to-predict-forced-displacement-58960afe0ba1 (01.07.2021)
[2] https://easo.europa.eu/sites/default/files/ch08-using-big-data-to-estimate-migration.pdf (01.07.2021)

Viele internationale Organisationen haben in den letzten Jahren Zentren und Initiativen etabliert, welche die Nutzung von Big Data in der Wissensproduktion über Migration vorantreiben, z. B. UN Global Pulse in Kooperation mit dem UNHCR, das Global Migration Data Analysis Centre der IOM oder auch das Knowledge Centre on Migration and Demography der Europäischen Kommission. Letztere beide riefen im Jahr 2018 die Big Data for Migration Alliance ins Leben, die Kooperationen zwischen Daten bereitstellenden Unternehmen, Migrationsforschenden und staatlichen Institutionen fördert (*Data Collaboratives*).[3]

Die Grenzen zwischen Wissenschaft, internationalen Organisationen und Wirtschaft sind im Feld der Big Data gestützten Migrationsforschung fließend. Wissenschaftler*innen an Hochschulen erstellen Expertisen für internationale Organisationen, Angestellte internationaler Organisationen agieren als Co-Autor*innen akademischer Publikationen und Mitarbeitende von Technologie- und Telekommunikationsunternehmen erleichtern den Zugang zu Big-Data-Quellen, die Eigentum privater Firmen sind, indem sie ebenfalls als Co-Autor*innen auftreten.

Ein weiterer Datenzugang für Wissenschaftler*innen sind *Data Challenges*. Hier stellen Unternehmen Daten zur Verfügung, die von Wissenschaftler*innen in Hinblick auf vorgegebene Themen analysiert werden. Auch NGOs wie Flowminder, die mobilfunkdatenbasierte Studien zu Mobilität in humanitären Krisen durchführt, sind auf die Bereitstellung von Daten durch Unternehmen angewiesen.[4]

4. Risiken und Chancen

Zu den Risiken einer Big Data gestützten Erforschung von (Zwangs-)Migration gehören mangelnder Datenschutz, (→) forschungsethische Probleme, geringe Repräsentativität und Bias, fehlende Reflexivität sowie die Nähe zur Politik. So beruht die Bereitstellung und Nutzung von Daten im Rahmen der *Data Challenges* bisher auf Selbstverpflichtungen statt auf staatlichen Datenschutz-Regularien (Taylor 2016). Auch die rechtliche Zulässigkeit von *Webscraping*, dem automatischen Auslesen von Webseiten, ist umstritten (Golla/von Schönfeld 2019). Forschungsethisch problematisch sind Big-Data-Analysen, die Routen oder Mobilitätsstrategien von Geflüchteten offenlegen, die nur im Verborgenen funktionieren (Taylor 2017). Auch *function creep*, die schleichende Funktionsausweitung einer Technologie, stellt ein forschungsethisches Problem dar. So können Big-Data-Analysen zunächst zur Verbesserung humanitärer Interventionen oder von Integrationsmaßnahmen genutzt werden, aber später der Überwachung von Geflüchteten oder der Verhinderung von Mobilität dienen (Taylor 2016; Salah et al. 2019).

Geringe Repräsentativität und Bias sind weitere zentrale Risiken. Die Nutzungsraten von Social Media und Mobiltelefonie variieren stark zwischen Regionen, Geschlechtern, Altersgruppen und sozialen Milieus. Daher sind z. B. flüchtende (→) Frauen und Kinder oft unterrepräsentiert (Salah et al. 2019). Social Media werden auch manipulativ eingesetzt, um Stimmungen in Online-Diskussionen zu Flucht und Migration zu beeinflussen, was Analysen verzerren kann (ebd.). Auch Algorithmen tragen einen

---

3 https://knowledge4policy.ec.europa.eu/migration-demography/big-data-alternative-data-sources-migration_en#launch; https://data4migration.org/; https://datacollaboratives.org/explorer.html (01.07.2021)
4 https://www.flowminder.org/ (01.07.2021)

Bias in sich, wenn z. B. Gesichtserkennungsprogramme mit zu wenig diversen Massendaten trainiert wurden, so dass sie schwarze Frauen schlechter erkennen als weiße Frauen (Buolamwini/Gebru 2018).

Die Vogelperspektive von Big-Data-Analysen, fehlendes Kontextwissen und der mangelnde Kontakt zu den Beforschten (Taylor 2016) bergen das Risiko, eurozentrische Sichtweisen zu reproduzieren. Männliche Dominanz sowie die starke Abhängigkeit von privaten Unternehmen beeinflussen, welche Forschungsfragen überhaupt formuliert werden (boyd/Crawford 2012; Dalton et al. 2016). Zudem nehmen Big-Data-Analysen umstrittene Konzepte – wie Assimilation – unreflektiert auf und restabilisieren damit überkommene Kategorien, was Bemühungen einer „reflexiven Migrationsforschung" (Nieswand/Drotbohm 2014) entgegenwirkt.

Schließlich könnte die starke Verschränkung zwischen Big Data basierter Migrationsforschung und politischen Institutionen darin münden, die zentrale Herausforderung der Migrationspolitik allein in mangelnden Daten zu sehen, anstatt die konflikthafte Beziehung zwischen Mobilitätspraktiken und Versuchen diese zu steuern als hochpolitische Frage zu begreifen (Stielike 2022).

Neue Chancen für die Flucht- und Migrationsforschung versprechen Big-Data-Studien, die nicht Nationalität, Staatsbürgerschaft oder Herkunftsländer zum Ausgangspunkt machen, sondern den Fokus auf diverse Mobilitäten in Zeit und Raum legen. Diese Perspektivverschiebung könnte helfen, methodologischen Nationalismus, ethnisierende Zuschreibungen und Annahmen von Unidirektionalität und Abgeschlossenheit zu reflektieren (Stielike 2022). Auch der Einsatz von Big Data zur Produktion von ‚Gegenwissen' durch Initiativen wie Forensic Oceanography[5] oder Algorithmic Justice League[6] birgt Potential für ein Nachdenken über Flucht und Migration jenseits hegemonialer Diskurse.

5. Fazit

Big Data gestützte Analysen von Flucht greifen auf vielfältige Datensorten und Methoden zurück und beleuchten äußerst diverse Themen. Zudem bestehen in der sich herausbildenden Big Data basierten Migrationsforschung starke Verschränkungen zwischen Regierungen, internationalen Organisationen, Wissenschaftler*innen, Firmen und NGOs. Zentrale Risiken von fluchtbezogenen Big-Data-Analysen sind mangelnder Datenschutz, Bias sowie die Restabilisierung überkommener migrationsbezogener Konzepte. Chancen liegen in der Infragestellung zentraler Annahmen „herkömmlicher" Flucht- und Migrationsforschung sowie in der Nutzung von Big Data zur Produktion von „Gegenwissen" zu hegemonialen Diskursen über Flucht und Migration.

---

5 https://forensic-architecture.org/category/forensic-oceanography (01.07.2021)
6 https://www.ajl.org/ (01.07.2021)

Literaturverzeichnis

Bengtsson, Linus/Lu, Xin/Thorson, Anna/Garfield, Richard/von Schreeb, Johan (2011): Improved Response to Disasters and Outbreaks by Tracking Population Movements with Mobile Phone Network Data. A Post-Earthquake Geospatial Study in Haiti. In: PLoS Medicine 8 (8), e1001083.

boyd, danah/Crawford, Kate (2012): CRITICAL QUESTIONS FOR BIG DATA. Provocations for a cultural, technological and scholarly phenomenon. In: Information, Communication & Society 15 (5), 662–679.

Bundesministerium des Inneren, für Bau und Heimat (2020): Virtual Meeting „Migration 4.0" related to the German Presidency 2020. https://migrationnetwork.un.org/migration-digitalization, 15.3.2021.

Buolamwini, Joy/Gebru, Timnit (2018): Gender Shades. Intersectional Accuracy Disparities in Commercial Gender Classifications. In: Proceedings of Machine Learning Research: Conference on Fairness, Accountability and Transparency 81, 1–15.

Cukier, Kenneth/Mayer-Schönberger, Viktor (2013): The Rise of Big Data. How It's Changing the Way We Think About the World. In: Foreign Affairs 92 (3), 28–40.

Dalton, Craig M/Taylor, Linnet/Thatcher, Jim (2016): Critical Data Studies: A Dialog on Data and Space. In: Big Data & Society 3 (1), https://doi.org/10.1177/2053951716648346.

De Mauro, Andrea/Greco, Marco/Grimaldi, Michele (2015): What is big data? A consensual definition and a review of key research topics. Proceedings of the 4th International Conference on Integrated Information, Madrid, Spain, 97–104. https://doi.org/10.1063/1.4907823.

Dubois, Antoine/Zagheni, Emilio/Garimella, Kiran/Weber, Ingmar (2018): Studying Migrant Assimilation Through Facebook Interests. In: Staab, Steffen/Koltsova, Olessia/Ignatov, Dmitry I. (Hrsg.): Social Informatics, Bd. 11186. Cham: Springer, 51–60. https://doi.org/10.1007/978-3-030-01159-8_5.

Golla, Sebastian/von Schönfeld, Max (2019): Kratzen und Schürfen im Datenmilieu – Web Scraping in sozialen Netzwerken zu wissenschaftlichen Forschungszwecken. In: Kommunikation & Recht 22 (1), 15–21.

Marquez, Neal/Garimella, Kiran/Toomet, Ott/Weber, Ingmar G./Zagheni, Emilio (2019): Segregation and Sentiment. Estimating Refugee Segregation and Its Effects Using Digital Trace Data. In: Salah, Albert Ali/Pentland, Alex/Lepri, Bruno/Letouzé, Emmanuel (Hrsg.): Guide to Mobile Data Analytics in Refugee Scenarios. Cham: Springer International Publishing, 265–282. https://doi.org/10.1007/978-3-030-12554-7_14.

Nieswand, Boris/Drotbohm, Heike (2014): Einleitung. Die reflexive Wende in der Migrationsforschung. In: Nieswand, Boris/Drotbohm, Heike (Hrsg.): Kultur, Gesellschaft, Migration: Die reflexive Wende in der Migrationsforschung. Wiesbaden: Springer VS, 1–37.

Salah, Albert Ali/Altuncu, M. Tarık/Balcisoy, Selim/Frydenlund, Erika/Mamei, Marco/Akyol, Mehmet Ali et al. (2019): Policy Implications of the D4R Challenge. In: Salah, Albert Ali/Pentland, Alex/Lepri, Bruno/Letouzé, Emmanuel (Hrsg.): Guide to Mobile Data Analytics in Refugee Scenarios. Cham: Springer International Publishing, 477–495. https://doi.org/10.1007/978-3-030-12554-7_25.

Sîrbu, Alina/Andrienko, Gennady/Andrienko, Natalia/Boldrini, Chiara/Conti, Marco/Giannotti, Fosca/Guidotti, Riccardo/Bertoli, Simone/Kim, Jisu/Muntean, Cristina Ioana/Pappalardo, Luca/Passarella, Andrea/Pedreschi, Dino/Pollacci, Laura/Pratesi, Francesca/Sharma, Rajesh (2020): Human Migration. The Big Data Perspective. In: International Journal of Data Science and Analytics 11 (4), 341–360. https://doi.org/10.1007/s41060-020-00213-5.

Stielike, Laura (2022): Migration Multiple? Big Data, Knowledge Practices and the Governability of Migration. In: Sandberg, Marie/Rossi, Luca/Galis, Vasilis/Jørgensen, Martin Bak (Hrsg.):

Research Methodologies and Ethical Challenges in Digital Migration Studies: Caring for (Big) Data Basingstoke: Palgrave Macmillan, 113–138.

Stielike, Laura (2022): Producing Migration Knowledge: From Big Data to Evidence-Based Policy? In: Ehlers, Sarah/Esselborn, Stefan (Hrsg.): Evidence in Action between Science and Society. Constructing, Validating and Contesting Knowledge. London: Routledge, 185–200.

Taylor, Linnet (2016): No Place to Hide? The Ethics and Analytics of Tracking Mobility Using Mobile Phone Data. In: Environment and Planning D: Society and Space 34 (2), 319–336. https://doi.org/10.1177/0263775815608851.

Taylor, Linnet (2017): What Is Data Justice? The Case for Connecting Digital Rights and Freedoms Globally. In: Big Data & Society 4 (2), 1–14. https://doi.org/10.1177/2053951717736335.

United Nations (2018): Global Compact for Safe, Orderly and Regular Migration.

United Nations Expert Group Meeting (2017): Improving Migration Data in the Context of the 2030 Agenda. Recommendations, New York Headquarters, 20–22 June 2017. https://migrationdataportal.org/sdgs#0, 4.9.2018.

I.2.9
Mixed Methods

Joanna J. Fröhlich

Abstract Mixed Methods Forschung nutzt qualitative und quantitative Methoden, um Forschungsfragen, die nicht nur innerhalb einer der beiden Methodenstränge beantwortet werden können, zu adressieren. Dieser Zugang eröffnet dadurch Forschungs- und Erkenntnispotenziale jenseits methodischer Grenzen, birgt aber auch spezifische eigene Herausforderungen. Dieser Beitrag umreißt zunächst einen definitorischen Minimalkonsens von Mixed Methods Forschung. Anhand empirischer Beispiele zeigt er danach auf, wie Mixed Methods in der Migrations- und Fluchtforschung genutzt werden, welche Fragen damit beantwortet werden und welche spezifischen Potenziale und Herausforderungen die Verschränkung verschiedener Methoden in diesem Forschungsbereich bietet.

Schlüsselbegriffe: Mixed Methods, Methodenplurale Forschung, Mexican Migration Project

1. Einleitung

Neben den in den vorausgegangenen Kapiteln beschriebenen qualitativen und quantitativen Methoden sieht man in der Migrationsforschung in den letzten Jahren eine Zunahme sogenannter Mixed Methods Studien. Während unter Methodenpluralität oder -kombination ganz generell die Nutzung verschiedener Datenerhebungs- oder Auswertungsmethoden in der Forschung verstanden wird (Burzan 2016), spricht man erst dann von Mixed Methods, wenn Studien Elemente aus den qualitativen und den quantitativen Forschungsmethoden nutzen. Die Mixed Methods Forschung ist von einer starken Interdisziplinarität und Internationalität geprägt. Daher ist es eine Herausforderung eine Definition zu finden, die allen Disziplinen, Forschungsströmungen und Terminologien gerecht wird (für vertiefende Lektüren auf Deutsch: Burzan 2016; Kelle 2007; Kuckartz 2014; und auf Englisch: Creswell/Plano Clark 2011; Small 2011; Teddlie/Tashakkori 2008).

Ein Minimalkonsens methodenpluraler Forschung beruht auf einer Synopsis verschiedener von Mixed Methods Forscher*innen genutzten Definitionen (Johnson et al. 2007) und wurde im „Journal of Mixed Methods Research" veröffentlicht, dem ersten Journal, welches sich seit 2007 explizit mit den Grundlagen von Mixed Methods beschäftigt. Aus diesem Artikel geht hervor, dass die meisten der internationalen Forscher*innen Mixed Methods als Kombination von mindestens einem qualitativen und einem quantitativen Forschungszugang (in der Datenerhebung, den Auswertungsmethoden und/ oder anderen epistemologischen Grundlagen) beschreiben (Leech/Onwuegbuzie 2009 geben eine detaillierte Beschreibung der Mixed Methods Forschungsdesigns und Phasen der Forschung). Im deutschsprachigen Raum ist vor allem die Definition von Udo Kuckartz (2014) verbreitet, die es als zwingend notwendig ansieht, dass qualitative und quantitative Daten vorliegen, die wiederum zusammengeführt werden müssen. Sie geht somit über die internationale Definition hinaus, in der

Daten nicht zwangsläufig beiden Paradigmen entspringen und zusammengeführt werden müssen. Viele Studien nutzen Mixed Methods allerdings ohne dies explizit zu erwähnen (siehe z. B. Carling 2021).

2. Mixed Methods in der Migrations- und Fluchtforschung

Migrations- und Fluchtforschung impliziert in den unterschiedlichen Disziplinen, wie etwa Geografie, Soziologie, Ökonomie, Gesundheitswissenschaften, Rechtswissenschaften und Psychologie, unterschiedliche Foki und jeweils spezifische Herangehensweisen. Zudem wird Flucht häufig im Kontext der Entwicklungszusammenarbeit adressiert, wobei nach Instrumentarien der Prognose, Steuerung oder Unterstützung von Flucht und Flüchtlingen gesucht und/oder Hilfeprogramme evaluiert werden. Dieser Bereich der Migrationsforschung wird ganz besonders von Herausforderungen der Datenerhebung (insbesondere für quantitative Methoden) erschwert (→ Qualitative Forschung; → Quantitative Forschung, und → Operationalisierung). Allerdings ermöglicht es gerade die Zusammenführung von qualitativen *und* quantitativen Daten in der Flucht- und Flüchtlingsforschung, methodische Forschungslücken zu schließen und Wissen zu komplementieren. Weitere Nutzen von Mixed Methods, die auch für die Fluchtforschung relevant sein können, haben Creswell und Plano Clark (2011), basierend auf Bryman (2006) und Greene et al. (1989), in ihrem Lehrbuch zu Mixed Methods Forschung zusammengefasst: größere Validität, Komplementarität, Entwicklung (von Methoden, Samplingstrategien und Messinstrumenten), Aufdeckung von Paradoxen und Widersprüchen, Ausweitung der Perspektive, Vollständigkeit, Erklärung, Kontextualisierung, Illustration, Bestätigung, oder auch die Komplexität der Perspektiven.

2.1 Mixed Methods in der Migrationsforschung: Das Mexican Migration Project

Das „Mexican Migration Project" des Sozialanthropologen Jorge Durand und des Soziologen Douglas S. Massey kann als die bekannteste und komplexeste Mixed Methods Studie zu Migration bezeichnet werden. Das bis heute laufende Projekt startete im Jahre 1982 und stellt eine vielseitige, komplexe und langzeitliche Beschreibung der Migration bzw. Zirkulation zwischen Mexico und den USA dar. Die Auswahl des Forschungs-Designs beschreibt Massey als komplementären qualitativen und quantitativen Ansatz, in dem die Schwächen des jeweiligen Ansatzes zu Stärken gemacht werden, weil Daten mit größerer Reliabilität und internen Validität, als dies in getrennten qualitativen oder quantitativen Forschungsprojekten möglich wäre, erzeugt werden (Massey 1987). Ein viel diskutiertes Ergebnis der Studie ist, dass die zunehmende Abschottung der USA gegenüber Mexiko und die Militarisierung der Grenze nicht – wie politisch intendiert – zu weniger Migrant*innen in den USA (in absoluten Zahlen), sondern zur Abnahme der Zirkulation zwischen den Ländern und damit zur Zunahme der Aufenthaltsdauer von Mexikaner*innen in den USA führte (Massey et al. 2016; → Nordamerika).

2.2 Mixed Methods in der Flucht- und Flüchtlingsforschung

In der Flucht- und Flüchtlingsforschung werden Mixed Methods Studien in den verschiedenen Disziplinen unterschiedlich häufig eingesetzt. Während in den Bereichen Gesundheitswissenschaften/ Public Health, Psychologie und Medizin zahlreiche Mixed Methods Publikationen etwa zu psychischer Gesundheit (Weine 2014) oder Wohn(verhältniss)en von Geflüchteten (Ziersch/Due 2018) existieren und zeigen, dass Geflüchtete häufig mit großen psychischen und gesundheitlichen Belastungen konfrontiert sind, finden sich in anderen Disziplinen eher vereinzelte Studien, wie etwa in den International Studies (Betts et al. 2021) oder Erziehungswissenschaften (Grüttner et al. 2021).

Ein Beispiel für die Verwendung von Mixed Methods im Kontext der Flucht- und Flüchtlingsforschung in Deutschland ist das Projekt „Zukunft für Geflüchtete in ländlichen Regionen" (2018–2021), welches methodenplural am Nexus zwischen Integration und ländlicher Regionalentwicklung forschte. Um die Perspektiven von Geflüchteten, Ortsansässigen, sowie relevanten Akteur*innen auf verschiedenen Ebenen (privat, zivilgesellschaftlich, politisch, etc.) in einem Projekt abzudecken und ein komplexes Bild der Integration von Geflüchteten in ländlichen Regionen zu zeichnen, wurde ein vielschichtiger Mixed Methods Ansatz entwickelt. Er umfasste unter anderem eine Repräsentativerhebung zu den Einstellungen der lokalen Bevölkerung und ihrer Haltung zur Flüchtlingsaufnahme, Leitfadeninterviews mit lokalen Integrationsakteur*innen sowie visuell gestützte und partizipativ orientierte biographische Interviews mit Geflüchteten (vgl. Mehl et al. 2023). Der Einsatz des Mixed Methods Designs ermöglichte es, multiple Perspektiven auf den Forschungsgegenstand zu verschränken und auf diese Weise die Herausforderungen der Flüchtlingsaufnahme in ländlichen Regionen sowie ihre Nachhaltigkeit und die Potenziale für lokale und regionale Entwicklungsprozesse in ihrer Vielschichtigkeit zu erfassen. Eines der zentralen Ergebnisse ist die Ausdifferenzierung von Bleibebedingungen (aus der Perspektive der Geflüchteten) und Haltefaktoren (aus der Perspektive der lokalen Akteur*innen) vor dem Hintergrund der Bedürfnisse, Erfahrungen und Zukunftsvorstellungen der Geflüchteten, unterschiedlicher kollektiver Haltungen der lokalen Bevölkerung, des politischen Klimas vor Ort und der (auch diskursiven) Einbettung der Flüchtlingsaufnahme in andere lokale Transformationsprozesse durch maßgebliche lokale Akteur*innen (ebd.).

Potenzial für Mixed Methods Studien bietet die zunehmende Berücksichtigung von Migrierten in Surveys, wie etwa dem Sozio-Ökonomischen Panel in Deutschland, die explizit umfangreiche Daten zu Migrierten und Geflüchteten (→ Operationalisierung) sammeln und zur Verfügung stellen. Diese können komplementär zu qualitativen Daten genutzt werden. Darüber hinaus können verschachtelte Mixed Methods Forschungsdesigns, wie etwa im Projekt „Transnationale Mobilität und soziale Positionierungen in der Europäischen Union" (2016–2021), genutzt werden, um mit vorab definierten Untergruppen der Befragten des Migrationssurveys qualitative Interviews zu führen und diese Interviews mit den Survey Daten durch *record-linkage* direkt zu verknüpfen (für weitere Details zum Studiendesign siehe Fröhlich et al. 2021 und Sienkiewicz et al. 2017). Das ermöglichte in dem zuvor genannten Projekt, dass „objektive" soziale Positionen von Migrierten (gemessen im SOEP Survey, u. a. mit den Erikson-Goldthorpe-Portocarero-Klassen (Erikson et al. 1979)) mit subjektiv wahrgenommenen sozialen Positionen, die im qualitativen Interview erfragt wurden, gemeinsam betrachtet und analysiert werden konnten. So kann das komplexe und manchmal auch gegensätzliche Zusammenspiel zwischen sozialen Positionen und Selbstpositionierungen, bei Nieswand (2012) als transnationale Statusparadoxien beschrieben, von transnationalen Migrant*innen und (trans-)nationalen Sozialstrukturen detailliert erfasst und erforscht werden (siehe auch Faist et al. 2021, Stock/Fröhlich 2021, Tucci et al. 2021).

3. Fazit: Grenzen und Potenziale

Mixed Methods Ansätze sind noch nicht in allen Bereichen der Flucht- und Flüchtlingsforschung stark etabliert. Dies liegt auch an den zahlreichen Herausforderungen der Mixed Methods Forschung, die häufig große Ressourcen voraussetzt, nicht nur finanzieller Natur. Ebenso spielen die hohen Ansprüche von Mixed Methods an Forschende eine Rolle, da sie umfangreiche Methoden- und Forschungskenntnisse voraussetzen. Zudem müssen methodische und paradigmatische Grenzen überwunden und die mannigfaltigen Ergebnisse zusammengeführt werden. Dabei zeigen Studien, wie das bereits beschriebene Projekt „Zukunft für Geflüchtete in ländlichen Räumen", den Mehrwert von Mixed Methods in der Flucht- und Flüchtlingsforschung, da durch den multiplen Methodeneinsatz nicht nur Schwächen einzelner Erhebungsmethoden korrigiert und die Ergebnisse der Teilerhebungen durch Triangulation validiert werden können, sondern dass durch Mixed Methods Ansätze die Realität vor Ort, nämlich das Aufeinandertreffen verschiedener (häufig auch hierarchisch ausdifferenzierter) Perspektiven und die Mechanismen von Meinungsbildung und Aushandlung, abgebildet werden kann.

Literaturverzeichnis

Betts, Alexander/Omata, Naohiko/Sterck, Oliver (2021): Transnational Blindness: International Institutions and Refugees' Cross-border Activities. In: Review of International Studies. https://doi.org/10.1017/S0260210521000164.

Bryman, Alan (2006): Integrating Quantitative and Qualitative Research: How Is It Done? In: Qualitative Research 6 (1), 105–107.

Burzan, Nicole (2016): Methodenplurale Forschung. Chancen und Probleme von Mixed Methods. Weinheim und Basel: Beltz Juventa.

Carling, Jørgen (2021): How I've used Mixed Methods (or not) over 20 Years of doing Migration Research. jorgencarling.files.wordpress.com/2021/08/carling-2021-how-ive-used-mixed-methods-1.pdf, 31.05.2022.

Creswell, John W./Plano Clark, Vicki L. (2011): Designing and Conducting Mixed Methods Research. Thousand Oaks, CA: Sage.

Erikson, Robert/Goldthorpe, John H./Portocarero, Lucienne (1979): Intergenerational Class Mobility in Three Western European Societies: England, France and Sweden. In: The British Journal of Sociology, 30 (4), 415–441.

Faist, Thomas/Fröhlich, Joanna J./Stock, Inka/Tucci, Ingrid (2021): Introduction: Migration and Unequal Positions in a Transnational Perspective. In: Social Inclusion, 9 (1), 85–90.

Fröhlich, Joanna J./Stock, Inka/Tucci, Ingrid/Waldendorf, Anica (2021): Complementary Material on the Methodology of the Project "Transnational Social Positions in the European Union" and the Project-related Contributions in the Thematic Issue "Migration and Unequal Social Positions in a Transnational Perspective". www.cogitatiopress.com/socialinclusion/article/downloadSuppFile/3584/1530, 31.05.2022.

Greene, Jennifer C./Caracelli, Valerie J./Graham, Wendy F. (1989): Towards a Conceptual Framework for Mixed-Method Evaluation Designs. In: Educational Evaluation and Policy Analysis 11 (3), 255–274.

Grüttner, Michael/Schröder, Stefanie/Berg, Jana (2021): University Applicants from Refugee Backgrounds and the Intention to Drop Out from Pre-Study Programs: A Mixed-Methods Study. In: Social Inclusion 9 (3), 130–141.

Johnson, R. Burke/Onwuegbuzie, Anthony J./Turner, Lisa A. (2007): Towards a Definition of Mixed Methods Research. In: Journal of Mixed Methods Research 1 (2), 112–133.

Kelle, Udo (2007): Die Integration qualitativer und quantitativer Methoden in der empirischen Sozialforschung. Theoretische Grundlagen und methodologische Konzepte. Wiesbaden: VS-Verlag.

Kuckartz, Udo (2014): Mixed methods: Methodologie, Forschungsdesigns und Analyseverfahren. Wiesbaden: Springer VS.

Leech, Nancy L./Onwuegbuzie, Anthony J. (2009): A Typology of Mixed Methods Research Designs. In: Quality & Quantity 43, 265–275.

Massey, Douglas S. (1987): The Ethnosurvey in Theory and Practice. In: The International Migration Review 21 (4), 1498–1522.

Massey, Douglas S./Pren, Karen A./Durand, Jorge (2016): Why Border Enforcement Backfired. In: American Journal of Sociology 121 (5), 1557–1600.

Mehl, Peter/Fick, Johanna/Glorius, Birgit/Kordel, Stefan/Schammann, Hannes (Hrsg.) (2023): Geflüchtete in ländlichen Regionen Deutschlands. Wiesbaden: Springer Fachmedien.

Nieswand, Boris (2012): Theorising Transnational Migration: The Status Paradox of Migration. London: Routledge.

Sienkiewicz, Joanna J./Tucci, Ingrid/Faist, Thomas/Barglowski, Karolina (2017): Contrast Groups Based on Spatial Mobility and Social Position for Use in the Qualitative Sample: Technical Report of the "Transnational Mobility and Social Positions in the European Union" (TransMob) Project (152). Bielefeld: COMCAD Working Paper Series. www.uni-bielefeld.de/fakultaeten/soziologie/fakultaet/arbeitsbereiche/ab6/ag_faist/downloads/WP_152.pdf, 31.05.2022.

Small, Mario L. (2011): How to Conduct a Mixed Methods Study: Recent Trends in a Rapidly Growing Literature. In: Annual Review of Sociology 37, 57–86.

Stock, Inka/Fröhlich, Joanna J. (2021): Migrants' Social Positioning Strategies in Transnational Social Spaces. In: Social Inclusion, 9 (1), 91–103.

Tashakkori, Abbas/Creswell, John W. (2007): Editorial: Exploring the Nature of Research Questions in Mixed Methods Research. In: Journal of Mixed Methods Research 1 (3), 207–2011.

Teddlie, Charles/Tashakkori, Abbas (2008): Foundations of Mixed Methods Research: Integrating Quantitative and Qualitatitve Approaches in the Social and Behavioural Sciences. Thousand Oaks, CA: Sage.

Tucci, Ingrid/Fröhlich, Joanna J./Stock, Inka (2021): Exploring the Nexus Between Migration and Social Positions Using a Mixed Methods Approach. In: Social Inclusion, 9 (1), 114–129.

Weine, Stevan M./Durrani, Aqsa/Polutnik, Chloe (2014): Using Mixed Methods to build Knowledge of Refugee Mental Health. In: Intervention: Journal of Mental Health and Psychosocial Support in Conflict Affected Areas 12 (4), 61–77.

Ziersch, Anna/Due, Clemence (2018): A Mixed Methods Systematic Review of Studies Examining the Relationship Between Housing and Health for People from Refugee and Asylum Seeking Backgrounds. In: Social science & medicine 1982 (213), 199–219.

I.2.10
Forschungsethik

Ulrike Krause

Abstract Forschung über Flucht und mit Geflüchteten berührt vielfältige Herausforderungen, die die betroffenen Menschen erleben. Umso wichtiger ist es, dass Wissenschaftler*innen ihr Vorgehen forschungsethisch reflektieren und die Sicherheit und das Wohl von Teilnehmenden gewährleisten. Dieses Kapitel beschäftigt sich zunächst mit den primär disziplinär verorteten forschungsethischen Debatten, Richtlinien und Prüfverfahren und stellt konkrete Entwicklungen in der Fluchtforschung dar. Der zweite Teil des Kapitels geht auf informierte und freiwillige Teilnahme, Vertrauensbildung, *Do No Harm* und die Rollen von Geflüchteten in der Forschung als bedeutsame forschungsethische Bereiche ein. Es zeigt sich, dass für forschungsethisches Vorgehen die Einhaltung von Regeln guter wissenschaftlicher Praxis nicht genügt, sondern Forschende je nach Personengruppen, Kontexten und Forschungsfragen diverse Reflexionen vornehmen müssen.

Schlüsselbegriffe: Forschungsethik, *Do No Harm*, informierte und freiwillige Teilnahme, Geflüchtete in der Forschung

1. Einleitung

Jedwede Forschung mit Menschen bedarf forschungsethischer Reflexionen. Dies gilt entsprechend auch für Forschung zu Flucht. Aufgrund der häufig prekären Situationen und gefahrengeprägten Erfahrungen, die viele Geflüchtete vor, während und nach ihrer Flucht machen, verdeutlicht sich die Relevanz forschungsethischer Reflexionen in der Fluchtforschung. Wenn Studien mit Geflüchteten durchgeführt werden, müssen Forschende die Sicherheit und das Wohlergehen der Teilnehmenden gewährleisten. Hierfür genügt es meist nicht, lediglich die Regeln guter wissenschaftlicher Praxis einzuhalten. Vielmehr müssen Wissenschaftler*innen die lokalen Verhältnisse, in denen sie forschen, berücksichtigen und passende Ansätze zur Arbeit mit den jeweiligen Personen auswählen und/oder entwickeln.

Dieser Beitrag geht auf forschungsethische Reflexionen in der Forschung mit Geflüchteten überblickshaft ein. Er erläutert im ersten Teil Forschungsethik, Ethikrichtlinien und -prüfungen, die generell disziplinär verortet sind, aber auch in der Fluchtforschung existieren. Im zweiten Teil liegt der Fokus auf zentralen forschungsethischen Fragen über informierte und freiwillige Teilnahme, Vertrauensbildung, *Do No Harm* und die Rollen von Geflüchteten in der Forschung. Insgesamt zeigt sich, dass es nicht ‚den einen Weg' für forschungsethisches Vorgehen in der Fluchtforschung gibt, sondern stets Abwägungen je nach Personen, Kontexten und Forschungsfragen notwendig sind.

2. Hintergrund und Rahmung von Forschungsethik

Forschungsethische Reflexionen und Standardsetzungen für wissenschaftliche Studien sind weder neu noch auf die aktuelle Zeit oder die Fluchtforschung begrenzt. In medizinischen Bereichen sind sie seit langem zentraler Bestandteil wissenschaftlicher Arbeiten (u. a. Emanuel et al. 2008), allen voran aufgrund höchst problematischer Praktiken beispielsweise während des Nationalsozialismus. Auch in sozialwissenschaftlichen Disziplinen wie der (→) Soziologie, (→) Politikwissenschaft, Anthropologie (→ Ethnologie) oder (→) Geographie haben forschungsethische Debatten in den letzten Jahrzehnten in variierender Intensität zugenommen (u. a. von Unger et al. 2014; Nortjé et al. 2019; Wilson/Darling 2020). In wissenschaftlichen Vereinigungen und universitären Instituten wurden mitunter Ethikrichtlinien entwickelt, die Normen und Regeln für die Forschungsvorhaben in den jeweiligen Disziplinen vorgeben (z. B. APSA 2012; AAA 2015; DGS 2017).

Darüber hinaus müssen Forschungsprojekte je nach disziplinären, universitären und/oder nationalen Regelungen teilweise Ethikbegutachtungen durchlaufen, in denen die Einhaltung von Ethikstandards überprüft wird. Diese Begutachtungen wurden zuerst für medizinische Studien durchgeführt, wo sie noch heute weitverbreitet sind. Auch sozialwissenschaftliche Forschungsvorhaben müssen Prüfungen durchlaufen, wobei dies weltweit nicht im gleichen Maße gilt: Während Ethikprüfungen im angelsächsischen Raum die Regel sind, wird ihre Anwendung etwa in Deutschland je nach Universität unterschiedlich gehandhabt. Insbesondere Sozialwissenschaftler*innen diskutieren diese Prüfungen mitunter höchst kontrovers und beklagen etwa die Verhängung von Zensur (Dingwall 2006; Schrag 2011; Krause/Williams 2021).

Auch in der Fluchtforschung nehmen forschungsethische Debatten seit Jahren zu (u. a. Bakewell 2007; Voutira/Doná 2007; Temple/Moran 2011; Block et al. 2013; McGrath/Young 2019; Grabska/Clark-Kazak 2022). Dies ist von großer Bedeutung, da sich Forschende nicht selten mit den gefahrengeprägten Fluchterfahrungen, den restriktiven Asylpolitiken und schwierigen Aufnahmebedingungen oder etwa den Bewältigungsstrategien von Geflüchteten auseinandersetzen. Aufgrund von möglicherweise traumatisierenden Erlebnissen, die zur Flucht von Menschen beitragen, aber auch ihre Fluchtbewegungen und ihr Leben an Aufnahmeorten prägen können, müssen Forschende sensibel vorgehen. Zur Etablierung von forschungsethischen Standards haben die International Association for the Study of Forced Migration (IASFM 2018) als internationaler Dachverband von Fluchtforschenden und etwa auch kanadische Vereinigungen (Clark-Kazak et al. 2017) Ethikrichtlinien entwickelt.

Doch was bedeutet Forschungsethik generell? Trotz disziplinärer Unterschiede existieren Überschneidungen in Debatten über Forschungsethik, denn sie betreffen gemeinhin die Art und Weise, wie Forschungen durchgeführt werden, und somit das Vorgehen und die Handlungen von Wissenschaftler*innen. Vor diesem Hintergrund kann Forschungsethik sowohl als Verhaltenskodex für Forschende als auch als normgeleitete Überprüfung von Forschungsprozessen erfasst werden. Forschungsethische Normen und Regeln helfen Wissenschaftler*innen dabei, ihre Arbeiten kontinuierlich zu reflektieren. Dies bezieht sich unter anderem, aber nicht ausschließlich auf Abwägungen der Wahl und Nutzung von Methoden zur Datenerhebung mit ihren möglichen Auswirkungen, die Art und Weise des Aufbaus von vertrauensvollen Beziehungen mit Teilnehmenden sowie Wege zur Vermeidung von möglichen Unannehmlichkeiten oder gar Risiken für Teilnehmende und Forschende (vgl. Krause 2017).

Trotz des Verständnisses als Verhaltenskodex gibt Forschungsethik keine ‚*one fits all solution*' vor. Da Forschungsfragen, Methoden der Datenerhebung und -analyse und allen voran die Personen und Kontexte, mit und in denen geforscht wird, stark variieren können, bedarf es je nach konkreter Schwerpunktsetzung spezifischer forschungsethischer Reflexionen in einzelnen Vorhaben. Dies gilt insbesondere für Studien in der Fluchtforschung aufgrund der zumeist schwierigen Verhältnisse für die von Flucht betroffenen Menschen.

3. Forschungsethische Reflexion: Informierte freiwillige Teilnahme, Vertrauen, *Do No Harm* und Rollen von Geflüchteten in der Forschung

Bei aller Vielfalt der zu berücksichtigenden Normen kommt einigen Aspekten besondere forschungsethische Bedeutung bei der Arbeit mit Geflüchteten zu. Sei es bei Interviews, Diskussionen, Umfragen oder anderen Methoden, die auf persönlicher Interaktion beruhen – zentral sind die Sicherstellung von *Do No Harm*, freiwilliger und informierter Teilnahme sowie Vertrauensbildung. Damit hängen diverse weitere Fragen wie die Rollen von Geflüchteten in Forschungsprozessen zusammen.

Für die Erhebung von Daten ist nicht nur ein durchdachtes *Sampling* bedeutsam, sondern auch die Art und Weise der Involvierung von Teilnehmenden. Geflüchtete und andere Menschen haben stets das Recht, selbst zu entscheiden, ob sie an Forschungen teilnehmen möchten oder nicht. Um dies sicherzustellen, haben sich die Freiwilligkeit der Teilnahme und das informierte Einverständnis als Grundregeln etabliert. Das informierte Einverständnis bzw. *informed consent* wird häufig schriftlich auf standardisierten Formularen mit der Unterschrift von Teilnehmenden eingeholt. Dies dient auch der strukturellen Absicherung von Forschungsprojekten und -institutionen, doch informiertes Einverständnis ist mehr als ein formaler Akt. Denn Teilnehmende müssen (1) Informationen über die Forschung erhalten, um (2) angemessen zu verstehen, worum es geht und wozu sie zustimmen, und folglich (3) in der Lage und frei sein, sich für oder gegen die Teilnahme zu entscheiden. Hier zeigt sich die inhärente Verbindung von freiwilliger und informierter Teilnahme. Die Aufklärung von potenziellen Teilnehmenden betrifft nicht nur die Ziele der Forschung, sondern auch die Nutzung der erhobenen Daten und die Rechte der Menschen, damit sie Vor- und Nachteile abwägen und ihre Entscheidung über eine Teilnahme treffen können (Ellis et al. 2007). Zur Aufklärung über Rechte hat Clark-Kazak eine Übersicht entwickelt, die Teilnehmenden überreicht werden kann und mittlerweile in 23 Sprachen verfügbar ist (Stand: Juni 2022).[1]

Obwohl freiwillige und informierte Teilnahme weitreichend als Standard anerkannt ist, offenbart es „keine Garantie, dass die Forschung auf ethische und moralische Weise stattfindet" (übers., de Laine 2000: 8). So können etwa Sprachbarrieren hinderlich sein, Menschen können sich zur Teilnahme verpflichtet fühlen, oder auch diverse, möglicherweise nicht verbalisierte Erwartungen, Hoffnungen und Wünsche mit ihrer Teilnahme an Forschungen verknüpfen (Hugman et al. 2011a; Clark-Kazak 2013; Kabranian-Melkonian 2015). Um dies zu berücksichtigen und eine tatsächlich informierte und freiwillige Teilnahme zu gewährleisten, schlagen Mackenzie et al. (2007) ein relationales Vorgehen

---

[1] Die Übersicht ist online verfügbar: https://carfms.org/new-resource-your-rights-in-research/.

vor. Hierbei werden Einverständnisse nicht einmalig standardisiert eingeholt, sondern beruhen auf einem Prozess fortlaufender Aushandlungen, in denen Bedingungen der Teilnahme immer wieder diskutiert werden. Damit behalten Teilnehmende eine gewisse Kontrolle über das Verfahren, die Art der Involvierung und die Erhebung der Daten bei.

Damit geht das für Gespräche notwendige Vertrauen einher. Häufig werden Daten mit Geflüchteten in Aufnahmekontexten erhoben, die meist restriktive und ungewisse Verhältnisse für die Menschen bedeuten. Sorgen über Asylverfahren, Bleibemöglichkeiten, Zugang zu Schutzleistungen und Rechten oder etwa auch Erfahrungen aus gefährlichen Regimen, aus denen sie geflohen sind, können Misstrauen gegenüber fremden Personen wie Forschenden intensivieren. Während sich Forschende selbst wahrscheinlich als ‚neutral' in einem solchen Umfeld betrachten, kann die Wahrnehmung der geflüchteten Menschen stark davon abweichen. Umso wichtiger ist es, dass sich Wissenschaftler*innen die Zeit nehmen, um ihre Rolle und Arbeit zu erklären und Vertrauen aufzubauen. Dafür ist auch bedeutsam, die Privatsphäre der Menschen zu achten und, wie Malkki (1995: 51) schreibt, „manche Steine nicht umzudrehen", d.h. manche Fragen nicht zu stellen, die möglicherweise zu persönlich sind oder schmerzliche Erinnerungen betreffen. Welche Tragweite und Unannehmlichkeiten unsensibles Vorgehen haben kann, belegen Pittaway und Bartolomei (2013) anhand diverser Rückmeldungen von Geflüchteten.

Solche Unannehmlichkeiten wie auch weiterführende Risiken gilt es zu unterbinden, was sich spätestens mit *Do No Harm* als Leitprinzip in der Forschung – auch über Flucht hinaus – etabliert hat. Heute lassen sich viele Studien finden, die auf *Do No Harm* als goldene Regel hinweisen. Einige Forschende kritisieren aber, dass *Do No Harm* als Leitprinzip unzureichend definiert und operationalisiert ist (Hugman et al. 2011b; Pittaway/Bartolomei 2013; Darling 2014; Krause 2017). Um darüber hinauszugehen, schlägt Krause (2017) vor, das von Anderson (1999) ursprünglich für Entwicklungsprojekte entwickelte *Do No Harm*-Konzept auch für Forschungsprojekte zu nutzen. Das Konzept zielt auf die systematische Überprüfung der Projekte zur Vermeidung von Schäden ab. Hierfür konzentriert es sich auf mögliche Wirkungen und die Identifizierung von sogenannten trennenden und verbindenden Faktoren, d.h. Faktoren, die Probleme verursachen oder unterbinden können. Eine solche systematische Überprüfung kann Wissenschaftler*innen helfen, ihr Vorgehen mit den potenziellen Folgen vor, während und nach der Forschung detailliert durchzugehen und so möglichst sensibel zu konzeptualisieren. Diese Überprüfung kann – und sollte – auch mit Geflüchteten durchgeführt werden, denn sie kennen ihre Umfelder am besten und können Aufschluss über mögliche Wirkungen geben. Ein bedeutender Teil dessen ist die Selbstreflexion von Forschenden, also die eigene Positionalität, das notwendige *Know-how* für die Forschung und die Hierarchien, die mit der Entscheidung über Forschungsprojekte und ihre Durchführung einhergehen, zu durchdenken.

Letzteres ist eng verknüpft mit Fragen darüber, welche Rollen Geflüchteten in Forschungen eigentlich zukommen können oder sollten. Aufbauend auf Kritiken an Forschung *über* Geflüchtete, in der sie zu ‚Datenressourcen' und ‚unsichtbaren' Akteur*innen werden (Harrell-Bond/Voutira 2007; Marmo 2013; McGrath/Young 2019), argumentieren diverse Studien für partizipative Ansätze in der Fluchtforschung (und darüber hinaus). Ihre Ausgestaltung und die Zusammenarbeit mit Geflüchteten kann höchst unterschiedlich sein (u. a. von Unger 2014; Aden et al. 2019; Pincock/Bakunzi 2021). Partizipative Ansätze können bis hin zu einer transdisziplinären Arbeit mit Geflüchteten als *peer researchers* gehen, in der die gemeinsame Planung, Durchführung und Auswertung von Forschungen zentral ist. Verstärkt werden die Forderungen nach partizipativen Ansätzen durch de- und postkoloniale Debatten sowie das globale Ungleichgewicht der Wissensproduktion durch Forschende in Ländern im Globalen Norden über Geflüchtete in Ländern im Globalen Süden, das sich in den letzten Jahrzehnten verfestigt hat (Shivakoti/Milner 2022; Shuayb/Brun 2021; Taha 2022). Obwohl partizipative Forschung die Möglichkeit bietet, Geflüchtete intensiv und gleichgestellt in Forschungsarbeiten zu involvieren, bedeutet sie allerdings nicht, dass diese Vorgänge automatisch ‚ethischer' sind als andere (Krause/von Denkowski 2020). Vielmehr muss immer forschungsethisch reflektiert werden, wie je nach involvierten Personen, Themen, Kontexten, etc. die Kooperationen ausgestaltet werden können. Dies braucht Vertrauen, Zeit und nicht zuletzt entsprechende Forschungsförderungen.

4. Fazit

Forschungsethische Debatten sind zentraler Bestandteil der Fluchtforschung und nehmen seit etwa zwei Jahrzehnten sukzessive zu. Dies belegt nicht zuletzt die Veröffentlichung einschlägiger Bände zum Thema (u. a. Bakewell 2007; Voutira/Doná 2007; Temple/Moran 2011; Block et al. 2013; McGrath/Young 2019; Grabska/Clark-Kazak 2022) sowie die jüngste Schaffung von Ethikrichtlinien in zentralen Dachverbänden von Fluchtforschenden (IASFM 2018; Clark-Kazak et al. 2017). Während in diesem Beitrag die freiwillige und informierte Teilnahme, Vertrauensbildung, *Do No Harm* und Arbeit mit Geflüchteten als zentrale forschungsethische Bereiche diskutiert wurden, sind selbstverständlich darüber hinaus viele weitere Aspekte forschungsethisch relevant: Fragen über den Umgang mit Daten, Vertraulichkeit und Anonymisierung (Gerver 2013), Reziprozitäten und Kompensation für Teilnahme (Clark-Kazak 2013) sowie überforschte Gruppen und Kontexte (Sukarieh/Tannock 2013; Omata 2021) sind nur einige Bespiele, die auch forschungsethischer Reflexionen bedürfen.

Literaturverzeichnis

Aden, Samia/Schmitt, Caroline/Uçan, Yasemin/Wagner, Constantin/Wienforth, Jan (2019): Partizipative Fluchtmigrationsforschung. Eine Suchbewegung. Z'Flucht. Zeitschrift für Flucht- und Flüchtlingsforschung 3 (2), 302–319.
American Anthropological Association (AAA) (2012): Principles of professional responsibility. Arlington: American Anthropological Association (AAA), http://ethics.americananthro.org/category/statement/, 03.10.2022.
American Political Science Association (APSA) (2012): A guide to professional ethics in political science. Washington, D.C.: American Political Science Association, http://www.apsanet.org/RESOURCES/For-Faculty/Ethics, 08.04.2020.
Anderson, Mary B. (1999): Do No Harm: How Aid can support Peace – or War, Boulder. CO: Lynne Rienner Publications.
Bakewell, Oliver (2007): Editorial Introduction: Researching refugees: lessons from the past, current challenges and future directions. In: Refugee Survey Quarterly 26 (3), 6–14.
Block, Karen/Riggs, Elisha/Haslam, Nick (Hrsg.) (2013): Values and Vulnerabilities. The Ethics of Research with Refugees and Asylum Seekers. Toowong: Australian Academic Press.
Clark-Kazak, Christina R. (2013): Research as 'Social Work' in Kampala? Managing Expectations, Compensation and Relationships in Research with Unassisted, Urban Refugees from the Democrat-

ic Republic of Congo. In: Thomson, Susan/Ansoms, An/Murison, Jude (Hrsg.): Emotional and Ethical Challenges for Field Research in Africa: The Story Behind the Findings. London: Palgrave Macmillan, 96–106.
Clark-Kazak, Christina R./Canadian Council for Refugees/Canadian Association for Refugees and Forced Migration Studies/York University's Centre for Refugee Studies (2017): Ethical Considerations: Research with People in Situations of Forced Migration. In: Refuge, Canada's Journal on Refugees 33 (2), 11–17.
Darling, Jonathan (2014): Emotions, Encounters and Expectations: The Uncertain Ethics of 'The Field'. In: Journal of Human Rights Practice 6 (2), 201–212.
de Laine, Marlene (2000): Fieldwork, Participation and Practice: Ethics and Dilemmas in Qualitative Research, London: Sage.
Deutsche Gesellschaft für Soziologie (DGS) (2017): Satzung der Ethik-Kommission der Deutschen Gesellschaft für Soziologie (DGS) und des Berufsverbandes Deutscher Soziologinnen und Soziologen (BDS). Essen: Deutsche Gesellschaft für Soziologie (DGS). https://soziologie.de/dgs/ethik/ethik-kodex, 08.04.2020.
Dingwall, Robert (2006): Confronting the Anti-Democrats: The Unethical Nature of Ethical Regulation in Social Science. In: Medical Sociology Online 1 (1), 51–58.
Ellis, B. Heidi/Kia-Keating, Maryam/Yusuf, Siraad Aden/Lincoln, Alisa/Nur, Abdirahman (2007): Ethical Research in Refugee Communities and the Use of Community Participatory Methods. In: Transcultural Psychiatry 44 (3), 459–481.
Emanuel, Ezekiel J./Grady, Christine/Crouch, Robert A./Lie, Reidar K./Miller, Franklin G./Wendler, David (Hrsg.) (2008): The Oxford Textbook of Clinical Research Ethics. Oxford: Oxford University Press.
Gerver, Mollie (2013): Exceptions to Blanket Anonymity for the Publication of Interviews with Refugees: African Refugees in Israel as a Case Study. In: Research Ethics 9 (3), 121–139.
Grabska, Katarzyna/Clark-Kazak, Christina R. (Hrsg.) (2022): Documenting Displacement: Questioning Methodological Boundaries in Forced Migration Research. Montreal, Kingston, London, Chicago: McGill-Queen's University Press.
Harrell-Bond, Barbara E./Voutira, Eftihia (2007): In Search of 'Invisible' Actors: Barriers to Access in Refugee Research. In: Journal of Refugee Studies 20 (2), 281–298.
Hugman, Richard/Bartolomei, Linda/Pittaway, Eileen (2011a): Human Agency and the Meaning of Informed Consent: Reflections on Research with Refugees. In: Journal of Refugee Studies 24 (4), 655–671.
Hugman, Richard/Pittaway, Eileen/Bartolomei, Linda (2011b): When 'Do No Harm' Is Not Enough: The Ethics of Research with Refugees and Other Vulnerable Groups. In: British Journal of Social Work 41 (7), 1271–1287.
International Association for the Study of Forced Migration (IASFM) (2018): Code of ethics: Critical reflections on research ethics in situations of forced migration. http://iasfm.org/wp-content/uploads/2018/11/IASFM-Research-Code-of-Ethics-2018.pdf, 5.8.2020.
Kabranian-Melkonian, Seta (2015): Ethical Concerns With Refugee Research. In: Journal of Human Behavior in the Social Environment 25 (7), 714–722.
Krause, Ulrike (2017): Researching Forced Migration. Critical Reflections on Research Ethics during Fieldwork. RSC Working Paper Series, No. 123. Oxford: Refugee Studies Centre.
Krause, Ulrike/von Denkowski, Cordula (2020): Transfer of Knowledge for and with Whom? Ethical Reflections on Participatory Research with Displaced People. In: Gonser, Monika/Zimmer, Karin/Mühlhauser, Nichola/Gluns, Danielle (Hrsg.): Wissensmobilisierung und Transfer in der Fluchtforschung: Kommunikation, Beratung und gemeinsames Forschungshandeln. Münster: Waxmann Verlag, 137–149.
Krause, Ulrike/Williams, Timothy (2021): Flexible Ethikgremien. Impulse zur Institutionalisierung ethisch verantwortlicher Feldforschung in der Konflikt- und Fluchtforschung. In: Soziale Probleme 32 (1), 97–113.

Mackenzie, Catriona/McDowell, Christopher/Pittaway, Eileen (2007): Beyond 'Do No Harm': The Challenge of Constructing Ethical Relationships in Refugee Research. Journal of Refugee Studies 20 (2), 299–319.

Malkki, Liisa H. (1995): Purity and Exile: Violence, Memory, and National Cosmology among Hutu Refugees in Tanzania. Chicago, London: The University of Chicago Press.

Marmo, Marinella (2013): The Ethical Implications of the Researcher's Dominant Position in Cross-Cultural Refugee Research. In: Block, Karen/Riggs, Elisha/Haslam, Nick (Hrsg.): Values and Vulnerabilities. The Ethics of Research with Refugees and Asylum Seekers. Toowong: Australian Academic Press, 85–102.

McGrath, Susan/Young, Julie E. E. (Hrsg.) (2019): Mobilizing Global Knowledge: Refugee Research in an Age of Displacement. Calgary, AB: University of Calgary Press.

Nortjé, Nico/Visagie, Retha/Wessels, J. S. (Hrsg.) (2019): Social Science Research Ethics in Africa. Cham: Springer.

Omata, Naohiko (2021): 'Over-researched' and 'Under-researched' refugee groups: Exploring the phenomena, causes and consequences. In: Journal of Human Rights Practice 12 (3), 681–695.

Pincock, Kate/Bakunzi, William (2021): Power, Participation, and 'peer researchers': Addressing Gaps in Refugee Research Ethics Guidance. In: Journal of Refugee Studies 34 (2), 2333–2348.

Pittaway, Eileen/Bartolomei, Linda (2013): Doing Ethical Research: 'Whose Problem is it Anyway?'. In: Block, Karen/Riggs, Elisha/Haslam, Nick (Hrsg.): Values and Vulnerabilities. The Ethics of Research with Refugees and Asylum Seekers. Toowong: Australian Academic Press, 151–170.

Schrag, Zachary M. (2011): The Case against Ethics Review in the Social Sciences. In: Research Ethics 7 (4), 120–131.

Shivakoti, Richa/Milner, James (2022): Beyond the partnership debate: Localizing knowledge production in refugee and forced migration studies. In: Journal of Refugee Studies 35 (2), 805–826.

Shuayb, Maha/Brun, Cathrine (2021): Carving Out Space for Equitable Collaborative Research in Protracted Displacement. In: Journal of Refugee Studies 34 (3), 2539–2553.

Sukarieh, Mayssoun/Tannock, Stuart (2013): On the Problem of Over-researched Communities: The Case of the Shatila Palestinian Refugee Camp in Lebanon. In: Sociology 47 (3), 494–508.

Taha, Dina (2022): Critical Reflexivity and Decolonizing Narrative: Reflections from the Field. In: Grabska, Katarzyna/Clark-Kazak, Christina R. (Hrsg.): Documenting Displacement: Questioning Methodological Boundaries in Forced Migration Research. Montreal, Kingston, London, Chicago: McGill-Queen's University Press, 56–80.

Temple, Bogusia/Moran, Rhetta (Hrsg.) (2011): Doing Research with Refugees: Issues and Guidelines. Bristol: The Policy Press.

von Unger, Hella (2014): Partizipative Forschung: Einführung in die Forschungspraxis. Wiesbaden: Springer.

von Unger, Hella/Narimani, Petra/M´Bayo, Rosaline (Hrsg.) (2014): Forschungsethik in der qualitativen Forschung, Wiesbaden: Springer.

Voutira, Eftihia/Doná, Giorgia (2007): Refugee Research Methodologies: Consolidation and Transformation of a Field. In: Journal of Refugee Studies 20 (2), 163–171.

Wilson, Helen F./Darling, Jonathan (Hrsg.) (2020): Research Ethics for Human Geography: A Handbook for Students. Los Angeles: Sage Publications.

I.2.11
Eurozentrismus

Franzisca Zanker

Abstract Die eurozentrische Dominanz empirischer und theoretischer Perspektiven hat unter anderem in der Fluchtforschung eine hegemoniale Wissensproduktion geschaffen, die jegliche Form von abweichenden Interpretationsrahmen oder diskursiven Praktiken erschwert oder gar aktiv verdrängt. Dieser Beitrag widmet sich den Ursachen der auf den Globalen Norden zentrierten Wissenschaftslandschaft sowie Lösungsansätzen, diesem Ungleichgewicht aktiv gegenzusteuern. Dazu zählt die empirische Erweiterung von Fluchtforschung in den Globalen Süden, der Umgang mit nicht-eurozentrierten theoretischen und methodischen Ansätzen, sowie Kooperationen mit Wissenschaftler*innen aus dem Süden um Wissensasymmetrien entgegenzuwirken.

Schlüsselbegriffe: Wissensproduktion, Eurozentrismus, Dekolonisieren, Forschungspraxis

1. Einleitung

Die große Mehrheit aller Geflüchteten, etwa 83 %, befindet sich im Globalen Süden[1], die meisten unmittelbar in der eigenen Herkunftsregion (UNHCR 2022). Zählt man die (→) Binnenvertriebenen mit, die in offiziellen Flüchtlingszahlen des UNHCR nicht mitgerechnet sind, ist der Anteil noch größer. Gleichwohl ist ein Großteil der wissenschaftlichen Bearbeitung von Flucht dem Globalen Norden gewidmet. Auch in Deutschland ist dies der Fall: 77 % aller Forschungsprojekte, die zwischen 2011 und 2017 begonnen wurden, hatten einen Fokus auf Westeuropa (Kleist et al. 2019). Dabei ist zu betonen, dass selbst die Projekte, die zum Globalen Süden forschen, dies oftmals mit primärem Bezug auf den Globalen Norden tun (siehe z. B. → Externalisierung). Daher ist der Eurozentrismus in der Fluchtforschung Teil eines *Nord-Bias*, also einer empirischen Ungleichgewichtung, die auch andere Regionen wie Nordamerika, Australien und Europa umfasst. Die wenigsten Forschenden analysieren Süd-Süd Fluchtbewegungen und die daraus entstehenden regionalen und lokalen Herausforderungen. Die auf den Globalen Norden zentrierte Wissenschaftslandschaft hat, neben anderen, drei wesentliche Ursachen: Ein politisches Interesse an einer anwendungsorientierten Forschung, Forschungsungleichheiten in der Wissenschaftspraxis, die von Wissenschaftler*innen aus dem Norden geleitet wird, sowie eine Dominanz von eurozentrischen Methoden und Theorien. Dieser Eurozentrismus in der Fluchtforschung wird im Folgenden näher ausgeführt, bevor sich der Beitrag Vorschlägen zur Überwindung dieses Ungleichgewichts widmet.

---

1 Die Begrifflichkeiten Globaler Süden und Globaler Norden sind umstritten, da es u. a. nicht nur zwischen den beiden Weltregionen, sondern auch innerhalb dieser regionalen Zuschreibungen große Heterogenität gibt. Trotzdem werden die Begrifflichkeiten benutzt, auch aufgrund von Mangel an besseren Alternativen.

2. Ursachen von Eurozentrismus in der Fluchtforschung

Eurozentrische Fluchtforschung umfasst insofern einen *empirischen* Nord-*bias*, dass ein Großteil der Fallstudien und Forschung sich geographisch dem Westen bzw. Globalen Norden widmet. Zudem wird die Wissensproduktion von Forschenden aus diesem Kontext dominiert, weshalb eine Dominanz eurozentrischer Denkweisen in der Theorieentwicklung besteht (Zanker 2022). Dabei bezieht sich Eurozentrismus nicht nur auf Europa, sondern auch auf die USA, Kanada oder Australien. Im Folgenden werden die Ursachen dieser drei Komponenten eurozentrischer Fluchtforschung kurz erläutert.

Die gegenwärtige Fluchtforschung leidet, erstens, ganz besonders unter dem Druck, anwendungsorientierte Forschung zu betreiben und Lösungen zu erarbeiten, die in erster Linie die Interessen von (Geber*innen-)Organisationen widerspiegeln. Dazu gehören sowohl nationale Institutionen wie das Bundesamt für Migration und Flüchtlinge oder internationale Organisation wie die Internationale Organisation für Migration oder auch die EU, die Fluchtforschung finanzieren. Forschungsprojekte werden durch Drittmittelgelder finanziert, die klar von geopolitischen Interessen der Geber*innen geprägt sind (Bakewell 2008). Das resultiert in einer eurozentrischen Materialsammlung, die sich v. a. damit beschäftigt, wie Fluchtschutz in Europa und anderen westlichen Regionen (besonders USA, Kanada oder Australien) implementiert, verhindert und weiterentwickelt werden kann. So kritisieren manche Forscher*innen, dass Migrations- und Fluchtforschung viel zu oft den politischen Interessen Europas (und Nordamerikas) folgt, sowie die Aufnahme und Integration von Geflüchteten und anderen Migrant*innen *in Europa* fokussiert, obwohl das nicht der Realität der meisten Vertriebenen entspricht (Fiddian-Qasmiyeh 2020). Bakewell (2008) spricht von einem „dualen Imperativ" der Fluchtforscher*innen, die einerseits versuchen „politisch relevant" zu sein und andererseits stringent und unabhängig akademisch zu forschen. Dabei wird politisch-relevant zumeist als spezifische Zielsetzung für Organisationen wie UNHCR oder IOM interpretiert. So werden nur formelle, oftmals politisch konstruierte Kategorien untersucht – also beispielsweise Geflüchtete in UNO-Flüchtlingscamps – anstatt aus dieser eingeschränkten Perspektive häufig unsichtbare und für politische Entscheidungsträger*innen vermeintlich irrelevante Gruppen, wie z. B. selbst-organisierte Geflüchtete aus Angola in Sambia, in den Fokus zu nehmen (ibid). So bleibt der politische *Status quo* der politisch gesetzten Referenzpunkte in der Forschung – und über Ergebnisberichte auch bei den Geldgeber*innen – erhalten, der von deren Interessen und Machtungleichheiten geprägt ist.

Zweitens ist die globale Forschungslandschaft weiterhin von einer Wissensasymmetrie gekennzeichnet. So wird Forschung aus, über, und vor allem von Autor*innen des Globalen Südens in den wichtigen – bzw. weit zitierten und gelesenen – Fachzeitschriften meist wenig wahrgenommen. Die Asymmetrie zwischen Forscher*innen aus dem Globalen Norden und Süden beinhaltet u. a. Unterschiede hinsichtlich der Berechtigungen für und Höhe der Beantragung von Fördermitteln, dem Zugang zu Fachbibliotheken, und strukturelle Nachteile bei der Autor*innenschaft (Zanker 2022).

Diese strukturellen Ungleichheiten resultieren, drittens, in einer Dominanz von Theorien und Methoden aus dem Globalen Norden. Das bedeutet, dass Europa (und die USA) in den empirischen und theoretischen Mittelpunkt rückt, was bedeutet, dass nur bestimmte historische Momente und Machtverhältnisse widergespiegelt werden, die geopolitische Fragen und Epistemologie aus anderen Weltregionen ausblenden (Boatcă 2018). Ein Beispiel dafür ist die eurozentrische Sichtweise auf die Entwicklung der Genfer Flüchtlingskonvention (Abuya et al. 2021). Insgesamt fokussiert sich die

Fluchtforschung auf Europa als Nullpunkt und auf nordzentrierte institutionelle Rahmenbedingungen, politische Prioritäten, Begrifflichkeiten sowie Konzeptionen von Identität. Aus dieser Perspektive erfolgt die Erforschung aller anderen Fälle als die des *itinerant other* bzw. die/der Andere/n, also als grundsätzlich abweichend (Fiddian-Qasmiyeh/Fiori 2020; Grosfoguel et al. 2015). Die eurozentrische Dominanz in methodischen und theoretischen Ansätzen hat daher eine hegemoniale Wissensproduktion geschaffen, die jegliche Form von abweichenden Interpretationsrahmen oder diskursiven Praktiken erschwert oder gar aktiv verdrängt (Mbembe 2016).

Die Fluchtforschung tendiert daher dazu, eine nordzentrierte, maßgeblich europäischen Denkweisen folgende, sozialwissenschaftliche Weltanschauung zu reproduzieren, was sich, mit Anlehnung an den prominenten postkolonialen Denker Franz Fanon, auf die Erfahrung der „Anderen" (sprich: Migrant*innen) in der „Zone des Seins" (Sprich: im Globalen Norden) stützt (Grosfoguel et al. 2015). Dabei ist die gegenwärtige Zone des Nichtseins (*Zone of non-being*) nicht zwingend geographisch angelegt, sondern basiert auf rassifizierten und ethnischen Hierarchisierungen von Personen, hier Geflüchtete und andere Migrant*innen (ibid). Da globale und lokale Machtstrukturen immer noch von rassistischen, sexistischen, sowie kolonialen Ideologien geprägt sind (Ndlovu-Gatsheni 2013), ist konstant zu hinterfragen, welche Auswirkungen diese Denkkonzepte auf die heutige Erforschung von Flucht haben.

3. Eurozentrische Wissensproduktion neu denken

Der empirische, methodische und theoretische Eurozentrismus bzw. Nordzentrismus bedeutet, dass bestimmte Sichtweisen auf Fluchtsituationen wenig reflektiert und untererforscht bleiben, solange dem nicht aktiv entgegengesteuert wird. In den letzten Jahren wurden vor allem die Sozial- und Geisteswissenschaften von Studierenden sowie kritische Forscher*innen aufgefordert, ihre Fächer, Vorlesungen und Forschungen zu dekolonisieren, also den Eurozentrismus wahrzunehmen und ihn möglichst aufzulösen.

Um dem Eurozentrismus in der Fluchtforschung aktiv entgegenzusteuern ist die empirische Erweiterung über anwendungsorientierte Fragestellungen hinaus zentral. Diese sollte um nicht-eurozentrierte theoretische und methodische Ansätze ergänzt werden, um Wissensasymmetrien entgegenzuwirken. Wie kann das gelingen?

Eine häufig diskutierte Frage im Rahmen der Dekolonialisierungsdebatten lautet, ob es notwendig sei, bestimmte Regionen als globale Mittelpunkte der Forschung neu zu zentrieren (*re-centre*), oder ob alternativ die bestehenden Konstellationen als relationales Projekt zu sehen seien. Dabei werden dann auch eurozentrische Ideen aus der Perspektive des Südens begutachtet werden müssen (Mbembe 2016; Boatcă 2018). Fiddian-Qasmiyeh (2020) plädiert für eine Untersuchung der Bedeutung „klassischer" Konzepte im Globalen Süden sowie Süd-zentrierter Forschung, wie z. B. die zur Süd-Süd Migration. Zu ersterem gibt es bereits einige Arbeiten über die Rolle von Ländern wie Indonesien, Libyen oder Niger als Transitstaaten (Missbach/Phillips 2020). Zudem gibt es theoretische Weiterentwicklungen von Migrationskonzepten wie zum Beispiel hinsichtlich neuer „devianter Zielländer" (Jaji 2020), im Falle von europäischen Immigrant*innen nach Simbabwe. In ausgewählten Studien zur Süd-Süd Migration werden u. a. Fluchtbewegungen aus Haiti nach Lateinamerika (Marcelin et al. 2020), oder langfristige Folgen der Binnenvertreibung in der Demokratischen Republik Kongo (Jacobs et al. 2019) beleuchtet.

Bei einer empirischen Erweiterung ist es essentiell, dass Wissenschaftler*innen dabei kontinuierlich die geopolitische Relevanz ihres Themenfeldes reflektieren und tradierte Vorannahmen nicht unreflektiert reproduzieren. Dabei gilt es „beyond the categories" (Bakewell 2008) zu forschen, also nicht nur zu Kategorien, die von politischen Entscheidungsträger*innen vorgegeben sind. Doch selbst bei solchen Herangehensweisen muss klar sein, dass die Gefahr besteht, dass auch Forschungsergebnisse aus dem Süd-Süd-Kontext genutzt werden, um politische Interessen des Nordens zu verfolgen.

Um die eurozentrische Dominanz in der Wissensproduktion zu ändern, geht es laut Walter Mignolo zudem nicht nur um den Inhalt, sondern auch um die *Bedingungen* des Gespräches (Fiddian-Qasmiyeh 2020). Um zu vermeiden, dass durch eine hegemoniale eurozentrische Wissensproduktion Weltansichten, Sprachen oder Epistemologien ausgeschlossen werden, muss Wissensproduktion an sich neu gedacht und ausgeführt werden (Grosfoguel et al. 2015; Fiddian-Qasmiyeh 2020).

Inwiefern all das eine komplette Abwendung von eurozentrischen Denkmustern bedeutet, oder aber eine gegenseitige konstitutive Beziehung, ist umstritten. Allerdings ist klar geworden, dass wissenschaftliche Freiräume geschaffen werden müssen – bei neuen Forschungsprojekten, Tagungen oder Publikationen, die explizit neue Interpretationen und Denkmuster zulassen. Hierbei ist in der Fluchtforschung ganz besonders die partizipative Forschung mit Geflüchteten notwendig.

Epistemische Diversität gibt es schon lange, wie z. B. das klassische Werk von Gloria Anzaldúa (1987), die aktuelle mexikanische Migrationsbewegungen in ontologische und epistemologische Verbindungen zur indigenen Tradition der ‚langen Spaziergänge' gesetzt hat, zeigt. Diese wahrzunehmen und zu fördern bedeutet, dass Fluchtforscher*innen sich mit Forschung aus dem globalen Süden auseinandersetzen, sie zitieren und benutzen müssen. Dazu zählt auch die direkte Zusammenarbeit und Kollaboration mit Wissenschaftler*innen aus dem Globalen Süden. Es gilt bei der Reflexion und letztlich Überwindung von Eurozentrismus in der Fluchtforschung also kritisch zu hinterfragen, wann, wo und von wem Wissen produziert wird, und darum, anderes Wissen zu bestätigen und hervorzuheben, um letztendlich eine diversere und vielschichtigere Fluchtforschung zu etablieren.

Literaturverzeichnis

Abuya, Edwin/Krause, Ulrike/Mayblin, Lucy (2021): The neglected colonial legacy of the 1951 refugee convention. In: International Migration 59 (4), 265–267.

Anzaldúa, Gloria (1987): Borderlands: The New Mestiza. San Francisco: Aunt Lute Books.

Bakewell, Oliver (2008): Research Beyond the Categories: The Importance of Policy Irrelevant Research into Forced Migration. In: Journal of Refugee Studies 21 (November), 432–453.

Boatcă, Manuela (2018): Caribbean Europe: Out of Sight, Out of Mind? In: Hans-Jürgen Burchardt, Bernd Reiter (Hrsg.): Constructing the Pluriverse: The Geopolitics of Knowledge. Durham: Duke University Press, 197–218.

Fiddian-Qasmiyeh, Elena (2020): Introduction: Recentering the South in Studies of Migration. In: Migration and Society 3 (1), 1–18.

Fiddian-Qasmiyeh, Elena/Fiori, Juliano (2020): Migration, Humanitarianism, and the Politics of Knowledge: An Interview with Juliano Fiori. In: Migration and Society 3 (1), 180–189.

Grosfoguel, Ramon/Oso, Laura/Christou, Anastasia (2015): "Racism", Intersectionality and Migration Studies: Framing Some Theoretical Reflections. In: Identities 22 (6), 635–652.

Jacobs, Carolien/Ruhamya Mugenzi, Joachim/Lubala Kubiha, Stanislas /Assumani, Innocent (2019): Towards Becoming a Property Owner in the City: From Being Displaced to Becoming a Citizen in Urban DR Congo. In: Land Use Policy 85 (June), 350–356.

Jaji, Rose (2020): Deviant Destinations: Zimbabwe and North to South Migration. Lanham: Rowman & Littlefield.

Kleist, Olaf J./Engler, Marcus/Etzold, Benjamin/Mielke, Katja/Oltmer, Jochen/Pott, Andreas/Schetter, Conrad/Wirkus, Lars (2019): Abschlussbericht – Flucht- und Flüchtlingsforschung in Deutschland: Eine Bestandsaufnahme – Flucht: Forschung und Transfer. Osnabrück und Bonn: IMIS/BICC. https://flucht-forschung-transfer.de/abschlussbericht-flucht-und-flu%cc%88chtlingsforschung-in-deutschland-eine-bestandsaufnahme/, 5.8.22.

Marcelin, Louis Herns/Cela, Toni/Hermantin, Catherine/Estinvil, Dabouze/Fortin, Olriche/Rigaud Dubuisson, Pierre (2020): Post-Earthquake Haitian Migration to Latin America. MIDEQ Working Paper. MIDEQ South-South Migration Hub. https://www.mideq.org/en/resources-index-page/post-earthquake-haitian-migration-latin-america/, 5.8.22.

Mbembe, Achille (2016): Decolonizing the University: New Directions. In: Arts and Humanities in Higher Education 15 (1), 29–45.

Missbach, Antje/Phillips, Melissa (2020): Introduction: Reconceptualizing Transit States in an Era of Outsourcing, Offshoring, and Obfuscation. In: Migration and Society 3 (1), 19–33.

Ndlovu-Gatsheni, Sabelo J (2013): The Entrapment of Africa within the Global Colonial Matrices of Power: Eurocentrism, Coloniality, and Deimperialization in the Twenty-First Century. In: Journal of Developing Societies 29 (4), 331–353.

UNHCR (2022): Global Trends: Forced Displacement in 2021. Geneva: United Nations High Commissioner for Refugees.

Zanker, Franzisca (2022): African perspectives on migration: Re-centering Southern Africa,. In: Migration Studies, 10 (2), 282–337.

I.2.12
Wissenstransfer

Danielle Gluns

Abstract Die Fluchtforschung steht in Verbindung mit den politischen und gesellschaftlichen Zusammenhängen, die sie erforscht. Dies gilt insbesondere für den Transferbereich, in dem die Zusammenarbeit mit nicht wissenschaftlichen Akteur*innen besonders eng ist. Daraus leitet sich die Notwendigkeit einer ethischen Reflexion des eigenen Handelns in allen Phasen des Forschungs- und Transferprozesses ab. Dieser Beitrag systematisiert verschiedene Transferaktivitäten und diskutiert die grundlegenden ethischen Fragen, die damit einhergehen.

Schlüsselbegriffe: Transfer, Ethik, Wissenschaftskommunikation, Politikberatung

1. Einleitung

Viele Wissenschaftler*innen in der Fluchtforschung versuchen, ‚praxisrelevante' Erkenntnisse zu produzieren oder mit ihrer Forschung auf die gesellschaftliche und politische Praxis einzuwirken. Damit sind sie – auch wenn sie diesen Begriff nicht immer verwenden – im Transfer aktiv. Aufgrund der engen Verbindung zwischen gesellschaftlichen Phänomenen und forschendem Handeln im Transferbereich ist gerade hierbei eine ethische (Selbst-)Reflexion unerlässlich (vgl. Kleist 2019).

Eine einheitliche Begriffsdefinition des Transfers gibt es bislang nicht. Gonser und Zimmer (2020: 17) schlagen ein breites, multidirektionales Begriffsverständnis vor. Transfer umfasst demnach erstens Aktivitäten, bei denen wissenschaftliche Erkenntnisse für Praxisakteur*innen[1] aufbereitet und diesen zur Verfügung gestellt werden (z. B. Wissenschaftskommunikation). Zweitens fallen darunter konsultative Aktivitäten, bei denen Praxisakteur*innen wissenschaftliches Wissen direkt für eine bestimmte Fragestellung einholen (z. B. Politikberatung). Hierbei wird Wissen stärker kontextualisiert. Der dritte Transferbereich beinhaltet kooperatives Handeln und Forschen. Bei diesen Aktivitäten sind nicht wissenschaftliche Akteur*innen direkt als Partner*innen an der Wissensproduktion beteiligt, wofür auch die Begriffe der partizipativen oder transdisziplinären Forschung verwendet werden (→ Partizipative Forschung).

2. Die Rolle der Wissenschaft im Transfer

Den verschiedenen Transferaktivitäten liegen unterschiedliche Annahmen über die Rolle der Wissenschaft zugrunde: Wissenschaftskommunikation oder Politikberatung folgen eher einem rationalen,

---

1 Unter Praxisakteur*innen werden in diesem Beitrag alle nicht wissenschaftlichen Akteur*innen verstanden, darunter Vertreter*innen von Politik, Verwaltung, Zivilgesellschaft, Wirtschaft sowie die Öffentlichkeit.

problemlösenden Ansatz der *Policy*-Forschung (→ Politikwissenschaft), der davon ausgeht, dass wissenschaftliches Wissen einen Beitrag zu besseren Entscheidungen und *Policies* leisten kann (*„speaking truth to power"*, Wildavsky 2017 [1987]). Dies spiegelt sich auch in Begrifflichkeiten wie *evidence-based policy* (Boswell/Smith 2017) wider, die die Erwartung formulieren, dass sich Politik auf wissenschaftliche Erkenntnisse stützen sollte.

Allerdings folgen die Systeme unterschiedlichen Logiken, aus denen sich verschiedene Anforderungen an das Forschungshandeln ergeben: Das Wissenschaftssystem beinhaltet Qualitätskriterien für die Produktion wissenschaftlichen Wissens, die nicht notwendigerweise denen entsprechen, die das politische System oder Akteur*innen aus der Praxis anlegen, um Wissen als ‚relevant' zu kategorisieren (Gonser/Zimmer 2020). Daher wird befürchtet, dass eine stark an der (politischen) Praxis und ihren Fragestellungen ausgerichtete Forschung weniger zum wissenschaftlichen Fortschritt beitrage. Auch komme sie ihrer Aufgabe, Politik und Praxis kritisch zu hinterfragen, nicht immer nach (Stierl 2020).

Partizipative oder transdisziplinäre Ansätze sollen hingegen auch dazu beitragen, bestehende Machtstrukturen zu hinterfragen oder zu verändern (→ Partizipative Forschung). Dennoch ist diese idealtypische Unterscheidung in problemlösende und kritische Ansätze im Transfer nicht immer trennscharf. So können auch kooperative Ansätze eher die Form eines ‚gemeinsamen Problemlösens' annehmen. Zudem ist mit allen Transferaktivitäten i.d.R. die Hoffnung verbunden, Einfluss auf gesellschaftliche Phänomene nehmen zu können.

3. Ethische Anforderungen an die Transferarbeit im Bereich Flucht

Aufgrund dieses Versuchs einer aktiven Einflussnahme sind transferorientierte Wissenschaftler*innen aufgefordert, die Voraussetzungen und Konsequenzen ihres Vorgehens zu reflektieren. Dazu zählt zunächst die ethische Reflexion des gesamten Forschungsprozesses, von den Forschungsfragen, über die Methodologie, den Umgang mit Daten hin zur Kommunikation von Erkenntnissen (→ Forschungsethik).

Darüber hinaus ist die Flucht- und Flüchtlingsforschung durch Besonderheiten geprägt, die es im Transfer zu berücksichtigen gilt. Aus dem Verständnis von Flucht als erzwungener Migration wird in der Regel ein besonderer Schutzbedarf der flüchtenden Personen und damit eine besondere Verantwortung der Forschung abgeleitet (Scherr 2021). Diese Verantwortung wird zum Teil auch in dem Sinne interpretiert, dass die Forschung zur Lösung humanitärer Probleme beitragen sollte (*„dual imperative"*, Jacobsen/Landau 2003; siehe auch Hugman et al. 2011). Damit wäre der Fluchtforschung ein Auftrag zur Transferarbeit im Sinne der Produktion gesellschaftlich und politisch relevanter Erkenntnisse bis hin zu einer aktiven Einflussnahme gewissermaßen inhärent.

Allerdings ist die Nachfrage nach wissenschaftlichem Wissen in der Politik wie auch in öffentlichen Debatten nicht immer gegeben. Dies ist einerseits darauf zurückzuführen, dass auch in der Wissenschaft oft umstritten ist, was als ‚Wissen' anerkannt ist. Andererseits gibt es Stimmen, die sich generell gegen die Nutzung von ‚Expert*innenwissen' in der Politik aussprechen (Boswell 2019). Darüber hinaus beeinflussen auch andere Arten des Wissens die Politik in jeder Phase des *policy-making*. Diese widerstreitenden Wissensbestände werden durch die Politik dazu genutzt, ihre je eigenen legitimierenden Narrative zu konstruieren (Baldwin-Edwards et al. 2019).

Dementsprechend haben auch transferorientierte Wissenschaftler*innen nur eine geringe Kontrolle darüber, ob und wie ihre Ergebnisse aufgegriffen werden. Sie können aber zumindest durch eine klare Kommunikation ihrer Erkenntnisse dazu beitragen, Fehlinterpretationen und möglichem Schaden vorzubeugen. Beispielsweise können durch die Formulierung von Handlungsempfehlungen in *Policy Briefs* komplexe wissenschaftliche Erkenntnisse in die Sprache der Politik übersetzt werden. Allerdings stellt sich dabei die Frage der normativen Positionierung der Forschenden, die transparent kommuniziert werden muss. Alternativ können Empfehlungen auch aus einer wissenschaftlich-abwägenden Position heraus formuliert werden, sodass alternative Schlussfolgerungen und ihre jeweiligen normativen Setzungen aufgezeigt werden und die Entscheidung zwischen ihnen den Politiker*innen überlassen wird.

Zudem darf auch eine *policy*-orientierte Forschung Definitionen oder Fragestellungen aus der Politik nicht unhinterfragt übernehmen. So wird im politisch-rechtlichen Kontext z. B. klar zwischen dem Status als ‚Arbeitsmigrant*in' und dem humanitären ‚Flüchtlingsstatus' unterschieden (Kleist 2019). Wenn eine auf Transfer ausgerichtete Forschung diese politischen Konzepte unreflektiert übernimmt, läuft sie Gefahr, damit auch normative Setzungen zu übernehmen und Kategorisierungen zu verfestigen (Bakewell 2008).

Diese Gefahr besteht insbesondere in Kontexten, in denen ein Machtgefälle zwischen der Politik und der Wissenschaft besteht. Besonders virulent ist dies im Fall von Ressortforschungseinrichtungen und ressortnahen Einrichtungen[2] sowie der „politiknah institutionalisierten Forschung"[3] (Scherr 2021: 110). In derart engen Abhängigkeitsverhältnissen kann das Offenlegen von normativen oder strukturellen Bedingungen der Wissensproduktion ein Weg sein, zumindest Transparenz herzustellen. Auch bei der Auftragsforschung müssen sich Wissenschaftler*innen die Frage stellen, ob die Forschungsfrage und vorgesehene Methodologie ethisch vertretbar sind. Am Ende eines solchen Reflexionsprozesses kann auch die Entscheidung stehen, dass der Auftrag abgelehnt wird. Demgegenüber sind Thinktanks[4] oder Stiftungen[5] in der Wahl ihrer Themen und Vorgehensweisen weitgehend frei – wenn auch nicht unbedingt unabhängig.

Allerdings ist auch für autonome Forschungseinrichtungen und Wissenschaftler*innen an Hochschulen eine völlige Unabhängigkeit unrealistisch (Stierl 2020). Diskurse, Kapital und Machtbeziehungen führen zu einem permanenten wechselseitigen Einfluss zwischen Politik, Wissenschaft und Zivilgesellschaft (Boswell/Smith 2017). Nur, wenn diese Einflüsse anerkannt werden, können sie hinterfragt und in ihren Auswirkungen reflektiert werden.

Neben der eigenen kritischen Reflexion des Forschungsprozesses kann ein transdisziplinäres oder partizipatives Vorgehen (→ Partizipative Forschung) helfen, alternative Fragen oder Definitionen zu

---

2 Ein Beispiel ist das Forschungszentrum des Bundesamts für Migration und Flüchtlinge (BAMF), dessen Aufgaben im Aufenthaltsgesetz festgelegt sind. International verfügen z. B. auch das Home Office im Vereinigten Königreich und die Europäische Kommission über eigene Forschungseinrichtungen.
3 Beispielsweise führen Frontex und das European Migration Network (EMN) praxisorientierte Analysen durch.
4 Dazu gehören u. a. das Migration Policy Institute in Washington, DC und die Migration Policy Group in Brüssel.
5 So wurde u. a. der Sachverständigenrat für Integration und Migration (SVR) ursprünglich auf Stiftungsinitiative gegründet. Seit 2021 wird der SVR vollständig durch die Bundesregierung finanziert, bleibt dabei aber weisungsunabhängig.

entwickeln. Darüber hinaus kann eine stärkere Rückbindung an die allgemeine Gesellschaftstheorie dazu beitragen, kritische Reflexion anzuregen (Scherr 2021). Etablierte internationale Einrichtungen wie das *Refugee Studies Centre* der Universität Oxford[6] zeigen, dass eine hohe wissenschaftliche Qualität und praxisrelevante Transferarbeit sich nicht ausschließen. Während es derartige Institutionen mit dezidiertem Transferauftrag in der deutschen Fluchtforschung eher selten gibt, wurden auch hierzulande in den letzten Jahren Plattformen für den wissenschaftlichen Austausch in der Fluchtforschung aufgebaut (Kleist 2019). Sie tragen dazu bei, die Weiterentwicklung wissenschaftlicher Wissensbestände zu fördern und verfolgen gleichzeitig das Ziel eines Austauschs zwischen Wissenschaft und Praxis.[7]

4. Fazit

Transferorientierte Wissenschaftler*innen haben den Anspruch, soziale und politische Phänomene zu beeinflussen. Allerdings kann auch eine transferorientierte Forschung nicht vollständig bestimmen, ob und wie ihre Ergebnisse von der Politik und anderen Akteur*innen aufgegriffen werden. Auch wenn folglich von einem „naiven Aufklärungsoptimismus" (Scherr 2021: 108) Abstand genommen werden muss, bedeutet das nicht, dass das Ziel einer politischen oder praktischen Relevanz der Forschung aufgegeben werden sollte. Schließlich würde die Politik auch ohne wissenschaftliches Wissen Entscheidungen treffen und damit das Leben der Menschen beeinflussen. Daher ist es wünschenswert, dass diese Entscheidungen auf der bestmöglichen Wissensgrundlage getroffen werden.

Gerade in der Fluchtforschung sind dabei die ethischen Anforderungen an transferorientierte Wissenschaft hoch, da sie Auswirkungen auf besonders schutzbedürftige Personen haben kann und soll. Daher müssen Wissenschaftler*innen neben den allgemeinen Regeln guter wissenschaftlicher Praxis in besonderem Maße ihre eigenen Wissensgrundlagen, Begrifflichkeiten und normativen Haltungen reflektieren und transparent kommunizieren. Sie müssen sich bewusst machen, inwiefern ihr Erkenntnisinteresse durch den gesellschaftlichen und politischen Kontext geprägt ist und in welchen Machtbeziehungen sie sich befinden. Das gilt gleichermaßen für ‚problemlösende' wie ‚kritische' Ansätze. Zudem müssen transferorientierte Forscher*innen analysieren, wie der gesellschaftliche oder politische Kontext beschaffen ist, auf den sie einwirken wollen. Dazu gehört auch, die Grenzen der eigenen Erkenntnisse zu benennen, um Fehlinterpretationen oder unzulässigen Schlussfolgerungen vorzubeugen.

Diese Reflexion sollte institutionell noch stärker unterstützt werden. So könnten beratende Gremien zur Reflexion anregen und den Austausch über gute Praktiken fördern (Krause/Williams 2021). Diese Gremien müssten auch den Besonderheiten der Transferarbeit – insbesondere der engen Verflechtung mit der Praxis – Rechnung tragen und zu Fragen wie dem Umgang mit asymmetrischen Machtbeziehungen, Bewahrung von Unabhängigkeit, der Herstellung von Transparenz in Kontexten unterschiedlicher (auch sprachlicher) Wissensbestände usw. beraten. Neben beratenden Gremien würde auch

---

6 Das Refugee Studies Centre verfolgt explizit auch das Ziel, „meaningful impact beyond the academic community" zu erzielen (https://www.rsc.ox.ac.uk/policy, letzter Zugriff 22.10.2021).
7 Neben breiten wissenschaftlichen Netzwerken wie dem Netzwerk Fluchtforschung oder dem Rat für Migration gehören hierzu auch Netzwerke mit einer expliziten normativen Positionierung, wie kritnet – Netzwerk kritische Migrations- und Grenzregimeforschung.

eine Professionalisierung des Transfers im Sinne einer verstärkten Integration in die Ausbildung von Wissenschaftler*innen dazu beitragen, ethische Kompetenzen aufzubauen und entsprechende Wissensbestände weiterzuentwickeln.

Literaturverzeichnis

Bakewell, Oliver (2008): Research Beyond the Categories: The Importance of Policy Irrelevant Research into Forced Migration. In: Journal of Refugee Studies 21 (4), 432–453.

Baldwin-Edwards, Martin/Blitz, Brad K./Crawley, Heaven (2019): The politics of evidence-based policy in Europe's 'migration crisis'. In: Journal of Ethnic and Migration Studies 45 (12), 2139–2155.

Boswell, Christina (2019): Research, 'Experts', and the Politics of Migration. In: Ruhs, Martin/Tamas, Kristof/Palme, Joakim (Hrsg.): Bridging the gaps. Oxford: Oxford University Press, 21–33.

Boswell, Christina/Smith, Katherine (2017): Rethinking policy 'impact': four models of research-policy relations. In: Palgrave Communications 3 (1). 10.1057/s41599-017-0042-z.

Gonser, Monika/Zimmer, Karin (2020): Wissensmobilisierung und Transfer in der Fluchtforschung: Begriffsbestimmung und Bestandsaufnahme. In: Gonser, Monika/Zimmer, Karin/Mühlhäußer, Nicola/Gluns, Danielle (Hrsg.): Wissensmobilisierung und Transfer in der Fluchtforschung: Kommunikation, Beratung und gemeinsames Forschungshandeln. Münster: Waxmann, 13–32.

Hugman, Richard/Pittaway, Eileen/Bartolomei, Linda (2011): When 'Do No Harm' Is Not Enough: The Ethics of Research with Refugees and Other Vulnerable Groups. In: The British Journal of Social Work 41 (7), 1271–1287.

Jacobsen, Karen/Landau, Loren B. (2003): The dual imperative in refugee research: some methodological and ethical considerations in social science research on forced migration. In: Disasters 27 (3), 185–206.

Kleist, J. O. (2019): Flucht- und Flüchtlingsforschung in Deutschland: Die Etablierung eines Forschungsfeldes. In: Behrensen, Birgit/Westphal, Manuela (Hrsg.): Fluchtmigrationsforschung im Aufbruch. Wiesbaden: Springer Fachmedien Wiesbaden, 11–24.

Krause, Ulrike/Williams, Timothy (2021): Flexible Ethikgremien. Impulse zur Institutionalisierung ethisch verantwortlicher Feldforschung in der Konflikt- und Fluchtforschung. In: Soziale Probleme 32 (1), 97–113.

Scherr, Albert (2021): Probleme und Perspektiven der Flucht- und Flüchtlingsforschung. In: Zeitschrift für Migrationsforschung 1 (2), 97–121.

Stierl, Maurice (2020): Do no harm? The impact of policy on migration scholarship. In: Environment and Planning C: Politics and Space 4 (1), 1–20.

Wildavsky, Aaron B. (2017 [1987]): Speaking Truth to Power. The Art and Craft of Policy Analysis. New York: Routledge.

II. Begriffe und Themen

II.1
Agency

David Spenger und Stefan Kordel

Abstract Der Beitrag thematisiert die Handlungsmacht (Agency) von Geflüchteten, die vor dem Hintergrund biographischer Erfahrungen, aber auch hinsichtlich Integrationsdebatten für die Flüchtlings- und Fluchtforschung von besonderer Relevanz ist. Zunächst werden sozialtheoretische Debatten zu Agency skizziert, die am Dualismus Individuum-Struktur ansetzen, und neuere Konzepte einer relationalen Sichtweise auf Agency vorgestellt. Anschließend werden Forschungsarbeiten zu Geflüchteten, die mit Agency-Konzepten gerahmt sind und sich auf verschiedene Zeitpunkte des Fluchtprozesses beziehen, diskutiert.

Schlüsselbegriffe: Handlungsmacht, Relationalität, Individuum-Struktur-Debatte

1. Einführung

Fluchtbiographien sind in hohem Maße durch Brüche und Neuanfänge gekennzeichnet. Subjekte sind während des Migrationsprozesses immer wieder gefordert, sich in neuen Strukturen zu verorten. Dabei sehen sich Geflüchtete mit unterschiedlichen Migrationsregimen, nationalen Ordnungspolitiken und lokalen Konstellationen konfrontiert, die diese Verortung beeinflussen, also erleichtern oder schwieriger machen. Gleichzeitig werden Geflüchtete häufig als hilfebedürftig, defizitär und schließlich passive Akteur*innen verstanden (→ Vulnerabilität). Die Frage nach der Handlungsmacht ist demnach zentral für das Verständnis des Migrationsprozesses und von Fluchtbiographien und ist nicht zuletzt aus integrationspolitischer/-praktischer Sicht relevant (→ Integration).

In den Sozialwissenschaften besteht seit längerem ein Interesse an der Handlungsmacht von Individuen innerhalb gesellschaftlicher Strukturen (Giddens 1976; Bourdieu 1990; Sewell 1992; Raithelhuber 2012). Der Versuch der Integration von Handlungs- und Strukturtheorien wird mit dem Begriff Handlungsmacht (Agency) verbunden, um den sich eine Vielzahl an sozialwissenschaftlichen Debatten drehen. In diesem breiten Spektrum finden sich sowohl Versuche, die Handlungs(ohn)macht in gesellschaftstheoretischer Perspektive zu betrachten, als auch Ansätze, die die Erlangung von Handlungsmacht, also Handlungsbefähigung, auf subjektbezogener Ebene fokussieren (Raithelhuber/Schröer 2015).

2. Agency in sozialtheoretischen Debatten

Die Frage um das Verhältnis von „gesellschaftlicher Bestimmtheit und individueller Selbstbestimmungsfähigkeit" (Scherr 2013: 232) prägt die Geschichte der Sozialwissenschaften. Die determinierende Kraft von Strukturen auf das Handeln von Individuen wurde unter anderem bereits von

Émile Durkheim (1938) herausgestellt, der sozialen Fakten wie Gesetzen, Religion oder Bildung eigene Wirkkräfte zuspricht, die unabhängig von Individuen und deren Handeln existieren (O'Reilly 2012; Raithelhuber 2012). In seinem Verständnis erhalten Individuen durch die Annahme dieser im Kollektivbewusstsein eingeschriebenen objektivierten Strukturen Handlungsmacht (Mick 2012). Die individualistische Perspektive hingegen wird von einer Vielzahl an Zugängen geprägt und ausdifferenziert, deren gemeinsamer Ausgangspunkt das mehr oder weniger autonome Denken und Handeln von Subjekten bildet (vgl. z. B. Stones 2007; O'Reilly 2012).

Der Dualismus von Individuum und Struktur wurde in der Vergangenheit oft kritisiert. Unter anderem versuchte Anthony Giddens diesen aufzulösen, indem er eine *„duality of structure"* postulierte, innerhalb dieser die soziale Struktur sowohl Medium als auch Ergebnis von sozialen Praktiken darstellt und Akteur*innen (*agents*) und Strukturen sich gegenseitig bedingen. Daher schränken Strukturen individuelles Handeln nicht nur ein, sondern ermöglichen es (Giddens 1976: 161).

Auch Pierre Bourdieu betont das Wechselspiel aus Akteur*in und Struktur für die Produktion und Reproduktion sozialer Wirklichkeit. Für die sozialtheoretische Herleitung von Agency fruchtbar gemacht werden kann dabei zunächst Habitus, „ein System von strukturierten und strukturierenden Dispositionen" (Bourdieu/Wacquant 1996: 154), das Wahrnehmungs-, Denk,- und Handlungsschemata umfasst, die in sozialen Praktiken ihren Ausdruck finden (Lippuner 2005). Indem im Habitus sowohl vergangene Erfahrungen, als auch daraus abgeleitete Erwartungen an die Zukunft eingeschrieben sind (O'Reilly 2012), ist es das „inkorporierte Produkt von historischer Praxis" (Bourdieu 1990: 52). Der Feld-Begriff beschreibt als „Konfiguration von objektiven Relationen zwischen Positionen" (Bourdieu/ Wacquant 1996: 127) die Umstände, in denen ein*e Akteur*in agiert. Jedes Feld beinhaltet eine eigene kulturelle Logik, eigene Machtstrukturen, Machtkonflikte und formale Kontrollstrukturen (O'Reilly 2012). Schließlich stellen Ressourcen für Bourdieu ein zentrales Element der (Re-)Produktion sozialer Wirklichkeit dar, die er als ökonomisches, soziales, kulturelles und symbolisches Kapital beschreibt (ebd.).

Im Anschluss an Giddens und Bourdieu entwickelte William H. Sewell (1992) den Agency-Begriff weiter, um soziale Transformationen in der wechselseitigen Beziehung zwischen Regeln und Gewohnheiten theoretisch zu erfassen. Die inhärente Handlungsmacht von Individuen (Agency) kann dabei neue Regelwerke hervorbringen (Sewell 1992: 20). Ein bedeutender Versuch, den Konflikt zwischen Individuum und Struktur aufzuheben, stellt der von Sherry Ortner (1984) weiterentwickelte Ansatz der *practice theory* dar, welcher die Beziehungen zwischen menschlichem Handeln und globalen Einheiten – von ihr als System bezeichnet – in den Blick nimmt.

Die bisherigen Ansätze werden von Mustafa Emirbayer und Ann Mische (1998) in ihrem Ansatz des *relational pragmatics* als verkürzt kritisiert. Von Mead (1934) inspiriert, fassen die Autor*innen Handlungen von Akteur*innen als aus einer Vermittlung zwischen Vergangenheit, Gegenwart und Zukunft gespeist auf: Erstens stellen erlernte und routinisierte Praktiken gemeinsam mit temporär stabilen Identitätskonstrukten den Bezugsrahmen dar (*iterativity*) (Emirbayer/Mische 1998). Zweitens richten Akteur*innen ihre gegenwärtigen Handlungen an in die Zukunft projizierten Wünschen, Ängsten und Hoffnungen aus und generieren Handlungsalternativen (*projectivity*). Drittens werden Handlungsoptionen im Austausch mit anderen oder durch Selbstreflexion in einem kommunikativen Prozess ausgehandelt (*practical evaluation*). Unterschieden werden kann zwischen einem „stillschweigenden Manövrieren" (*tacit maneuvring*) als einer Auswahl aus einem individuellen Repertoire an Praktiken und einem „intentionalen Entscheiden" (*deliberative decision making*), als ein bewusstes Reflektieren der Frage, wie am besten auf situative Eventualitäten im Zusammenhang mit größeren Zielen und Projektionen reagiert werden kann.

In all den vorgestellten Konzeptualisierungen wird Agency als individuelle Handlungsmacht verstanden. In der jüngeren Vergangenheit werden unter anderem von Raithelhuber (2012) „anti-individualistische" Auffassungen vorgebracht, die Agency als *soziale* Agency begreifen und damit intersubjektive Zuschreibungen von Verantwortlichkeiten in den Blick rücken.

3. Agency im Flucht- und Flüchtlingskontext

Im Flucht- und Flüchtlingskontext ist Agency immer dann relevant, wenn es darum geht, zu verstehen, wie Subjekte bestimmte strukturelle Beschränkungen durch Handeln überwinden. Agency als individuelles, reflektiertes Handeln ist dabei geformt durch vorherige Ereignisse und Erfahrungen. Nimmt man verschiedene Zeitpunkte der *migration trajectories* in den Blick, stellt die Entscheidung zu bleiben oder weiter zu wandern stets einen Schlüsselmoment dar. So nimmt Triandafyllidou (2017) im Rahmen einer Fallstudie zu Geflüchteten in Griechenland eine zeitliche Perspektive ein und fokussiert die Zeit vor der Flucht, den Zeitpunkt, wenn sich das Vorhaben in Handlung verwandelt, das Ankommen an einem Ort und die Zukunft. Während Forschungsarbeiten oftmals strukturelle Ursachen von Fluchtmigration betrachten (→ Gewaltmigration), bietet der Einbezug von Agency-Konzepten die Möglichkeit, das Mobilwerden aus einer subjektbezogenen Perspektive zu beleuchten. Das *aspiration/capability*-Modell von Carling und Schewel (2017) unterstreicht, dass für die Vorstellung und Realisierung der Flucht individuelle und strukturelle Kontexte zusammenspielen. Während erstere sozioökonomische Ressourcen umfassen, beziehen sich letztere auf Migrationspolitiken und Regulierungen, die mögliche Wanderungsmodi aufgrund festgelegter Voraussetzungen vordefinieren (Carling/Schewel 2017).

Häufig wird Fluchtmigration in Teilen von Wissenschaft und Politik als Zusammenspiel von push-Faktoren, wie Verfolgung und Bedrohung, und pull-Faktoren des Zielgebietes verstanden. Geflüchtete werden darin als passive Rezipient*innen von Strukturen begriffen. Die Agency-Forschung hingegen stellt klar, dass bei der Entscheidung zu migrieren oder andere bei der Flucht zu unterstützen, Handlungsmacht praktiziert wird (Bakewell et al. 2011). In Bezug auf irreguläre Migration zeigt Triandafyllidou (2017), dass Migration erst durch die Mobilisierung von Ressourcen in Interaktion mit Mittler*innen realisiert wird. Doch wie wird Agency unter spezifischen strukturellen Bedingungen umgesetzt? Dorothee Geiger (2016) stellt in Bezug auf Geduldete in Deutschland dar, in welchem Ausmaß diese innerhalb der massiven Beschränkungen aufgrund ihres Aufenthaltsstatus Handlungsfähigkeit besitzen, erhalten oder wiedererlangen. Neben dem Ausmaß der strukturellen Beschränkungen sind dabei die zeitlich-relationalen individuellen Handlungsdispositionen ausschlaggebend, ebenso wie der Aufbau von Strategien und Ressourcen. Insbesondere Kinder und unbegleitete minderjährige Flüchtlinge wurden lange Zeit ausschließlich als passiv und vulnerabel betrachtet. Roy Huijsmans (2011) hingegen stellt in einer Metastudie heraus, dass sie in Bildungsinstitutionen, wie Schulen, Handlungsressourcen akkumulieren und damit ihre individuelle Agency entscheidend fördern.

Dem Erreichen eines sicheren Staates oder Ortes folgt oftmals eine Zeit des Stillstands, häufig in einer Unterkunft, die von NGOs oder staatlichen Institutionen bereitgestellt wird. Dort erfahren Geflüchtete Barrieren und Grenzen. Alexandria Innes (2016) zufolge haben Migrant*innen Agency in diesem Kontext vor allem dann, wenn sie in der Lage sind, trotz dieser Barrieren Handlungen zu realisieren. Agency kann somit dabei helfen, alltägliche Schwierigkeiten, wie den Zugang zu Gesundheitsleistungen in einer Unterkunft, zu lösen. Der Zugang zu bestimmten Infrastrukturen ist maßgeblich davon bestimmt, inwiefern Individuen in der Lage sind, das Repertoire an erlernten Praktiken an neue Rahmenbedingungen anzupassen und zu erweitern. Diese Akkumulation von Agency wird unter anderem vom Erlernen der Sprache des Verweilortes und dem Erwerb lokalen Wissens, zum Beispiel zum Wohnungsmarkt bestimmt, kann aber unter bestimmten Erfahrungen der Exklusion auch wieder verloren gehen. Sie stellt insbesondere für die Entscheidung darüber, was einen guten Ort zum Leben ausmacht, eine wichtige Voraussetzung dar (Kordel/Weidinger 2019). Wandern Geflüchtete weiter (*onward mobility*), kann lokal gebundenes Orientierungswissen zunächst nur eingeschränkt an anderen Orten in Wert gesetzt werden. Andere, lokale, strukturelle Gegebenheiten erfordern daher oft eine Neuaushandlung von Agency. Erfahrungen von Mobilität und Migration von Geflüchteten und die damit verbundene Notwendigkeit, sich immer wieder in neuen Strukturen zurechtfinden zu müssen, können andererseits individuelle Handlungsressourcen stimulieren.

4. Fazit

Die Frage nach der (Wieder-)Erlangung von Agency bei Geflüchteten erfordert einen analytischen Zugang, der Geflüchtete als aktive Akteur*innen begreift, die in der Lage sind, ihr eigenes Lebensumfeld (mit) zu gestalten. Relational bewertete Erfahrungen von Agency sind dabei zentral, sowohl bewusstes „Anders-Handeln" als auch das unbewusste Zurückgreifen auf Praktiken aus dem erlernten Repertoire müssen betrachtet werden. In der Analyse empirischen Datenmaterials können Ausprägungen von Agency, je nach Fragestellungen, demzufolge in drei Dimensionen erfasst werden: (1) sich bewusst werden über die eigene Handlungsmacht und darüber reflektieren, (2) Handlungsmacht in Alltagspraktiken umsetzen und realisieren und (3) lokales Wissen und die lokale Ausgestaltung von Praktiken an andere Personen weitergeben.

Die transformative Funktion von Agency für Gesellschaft und Raum stellen O'Reilly (2012) und Woods (2016) heraus. Zum einen kann individuelle Agency Geographien internationaler Migration auf lokalem Maßstab mitbestimmten (→ Migrationsregime), zum anderen sind Agency-Konzepte dazu geeignet, das Potential von Migrant*innen zu identifizieren, inwiefern sie zur Entwicklung von Regionen beitragen können.

Literaturverzeichnis

Bakewell, Oliver/de Haas, Hein/Kubal, Agnieszka (2011): Migration Systems, Pioneers and the Role of Agency. Norface Migration, Discussion Paper No. 2011-23.
Bourdieu, Pierre (1990): The Logic of Practice. Cambridge: Polity.
Bourdieu, Pierre/Wacquant, Loic (1996): Reflexive Anthropologie. Frankfurt a.M.: Suhrkamp.

Carling, Jørgen/Schewel, Kerilyn (2017): Revisiting Aspiration and Ability in International Migration. In: Journal of Ethnic and Migration Studies 44 (6), 945–963.

Durkheim, Émile (1938): The Rules of Sociological Method. Chicago: University of Chicago Press.

Emirbayer, Mustafa/Mische, Ann (1998): What is Agency? In: American Journal of Sociology 103 (4), 962–1023.

Geiger, Dorothee (2016): Handlungsfähigkeit von geduldeten Flüchtlingen. Eine empirische Studie auf der Grundlage des Agency-Konzeptes. Wiesbaden: Springer VS.

Giddens, Anthony (1976): New Rules of Sociological Method: A Positive Critique of Interpretative Sociologies. London: Hutchinson.

Huijsmans, Roy (2011): Child Migration and the Questions of Agency. In: Development and Change 42 (5), 1307–1321.

Innes, Alexandria (2016): In Search of Security: Migrant Agency, Narrative, and Performativity. In: Geopolitics 21 (2), 263–283.

Kordel, Stefan/Weidinger, Tobias (2019): Onward (Im)Mobilities: Conceptual Reflections and Empirical Findings from Lifestyle Migration Research and Refugee Studies. In: Die Erde – Journal of the Geographical Society of Berlin 150 (1), 1–16.

Lippuner, Roland (2005): Reflexive Sozialgeographie. Bourdieus Theorie der Praxis als Grundlage für sozial- und kulturgeographisches Arbeiten nach dem cultural turn. In: Geographische Zeitschrift 93 (3), 135–147.

Mead, George H. (1934): Mind, Self, and Society: From the Standpoint of a Social Behaviorist. Chicago: University of Chicago Press.

Mick, Carola (2012): Das Agency-Paradigma. In: Bauer, Ulrich/Bittlingmayer, Uwe H./Scherr, Albert (Hrsg.): Handbuch Bildungs- und Erziehungssoziologie. Bildung und Gesellschaft. Wiesbaden: Springer VS, 527–541.

O'Reilly, Karen (2012): International Migration and Social Theory. Basingstoke: Palgrave Macmillan.

Ortner, Sherry B. (1984): Theory in Anthropology since the Sixties. In: Comparative Studies in Society and History 26 (1), 126–166.

Raithelhuber, Eberhard (2012): Ein relationales Verständnis von Agency. Sozialtheoretische Überlegungen und Konsequenzen für empirische Analysen. In: Bethmann, Stephanie/Helfferich, Cornelia/Hoffmann, Heiko/Niermann, Debora (Hrsg.): Agency: Die Analyse von Handlungsfähigkeit und Handlungsmacht in qualitativer Sozialforschung und Gesellschaftstheorie. Weinheim: Beltz Juventa, 122–154.

Raithelhuber, Eberhard/Schröer, Wolfgang (2015): Agency. In: Otto, Hans-Uwe/Thiersch, Hans (Hrsg.): Handbuch Soziale Arbeit. München: Ernst Reinhardt, 49–58.

Scherr, Albert (2013): Agency – ein Theorie- und Forschungsprogramm für die Soziale Arbeit? In: Graßhoff, Gunther (Hrsg.): Adressaten, Nutzer, Agency. Wiesbaden: Springer VS, 229–241.

Sewell, William H. Jr. (1992): A Theory of Structure: Duality, Agency and Transformation. In: American Journal of Sociology 98 (1), 1–29.

Stones, Rob (2007): Structure and Agency. The Wiley-Blackwell Encyclopedia of Sociology. https://doi.org/10.1002/9781405165518.wbeoss293.

Triandafyllidou, Anna (2017): Beyond Irregular Migration Governance: Zooming in on Migrants' Agency. In: European Journal of Migration and Law 19 (1), 1–11.

Woods, Michael (2016): International Migration, Agency and Regional Development in Rural Europe. In: Documents d'Anàlisi Geogràfica 62 (3), 569–593.

II.2
Recht auf Asyl

Klaus Neumann

Abstract Während Staaten das Recht haben, Asyl zu gewähren, gibt es kein völkerrechtlich abgesichertes Individualrecht auf Asyl. Dieses Kapitel thematisiert die Spannungen zwischen menschenrechtlichem Anspruch und nationalstaatlicher Souveränität sowie zwischen humanitärem Flüchtlingsschutz und Asyl.

Schlüsselbegriffe: Asyl, Nicht-Auslieferung, Schutz, *non-refoulement*, Völkerrecht, Nationalstaat

1. Einleitung

Der Ursprung des Asyl-Begriffs liegt im antiken Griechenland, wo „asylon" (ἀσυλον) einen Ort (wie zum Beispiel einen Tempel) bezeichnete, von dem Schutzflehende nicht entfernt werden durften (Alexandri/Tzirvitzi 2019). Einen ähnlichen ortsabhängigen und zumeist religiös fundierten Schutz gab es auch in anderen vormodernen Gesellschaften, einschließlich europäischer Gesellschaften im Mittelalter und in der Frühen Neuzeit (z. B. Henssler 1954; Lambert 2017). Hier war anders als in der Moderne die Asylgewährung nicht von einer Nicht-Zugehörigkeit zu einem Gemeinwesen abhängig.

Im modernen Völkerrecht ist der Asyl-Begriff nicht verbindlich und eindeutig definiert (Goodwin-Gill/McAdam 2021: 400). Er bezieht sich vor allem auf das Recht von Nationalstaaten, Ausländer*innen, die auf ihrem Territorium Schutz gesucht haben, nicht an ihren Heimatstaat auszuliefern, und das daraus abgeleitete Privileg, Bedingungen festzulegen, unter denen Zuflucht gewährt wird; der Begriff kann aber auch davon abweichend das Recht oder Privileg von Personen bezeichnen, den Schutz von Staaten, deren Staatsbürgerschaft sie nicht besitzen, in Anspruch zu nehmen (Morgenstern 1949; Kirchheimer 1959; Weis 1966; Grahl-Madsen 1980).

Anders als in vormodernen Gesellschaften ist die moderne Gewährung von Asyl davon abhängig, dass den Asylsuchenden bestimmte Eigenschaften (zum Beispiel politisch verfolgt zu sein) zugeschrieben werden. Während das Recht von Nationalstaaten, Asyl zu gewähren, Bestandteil des geltenden Völkerrechts ist, gibt es keinen völkerrechtlich verbrieften Individualanspruch auf Asyl.

2. Das Recht von Nationalstaaten, Asyl zu gewähren

Die Begründer des modernen Völkerrechts – Hugo Grotius, Emer de Vattel,, Samuel Pufendorf, Christian Wolff und andere – gestanden übereinstimmend Staaten das Recht der Asylgewährung zu und legten die Grundlagen für die „Entkonfessionalisierung" (Noiriel 1994: 13) des Asylrechts. Das Recht Asyl zu gewähren wurde sogar Ausdruck der Souveränität des Nationalstaats. Ein derart verkürztes Recht auf Asyl fand im 20. Jahrhundert Eingang in einen Text, der eigentlich zum Ziel hatte, die Menschenrechte vor staatlicher Willkür zu schützen. In der Allgemeinen Erklärung der Menschenrechte (UDHR) von 1948 heißt es in Artikel 14 (1): „Jeder hat das Recht, in anderen Ländern vor Verfolgung Asyl zu suchen und zu genießen." (Vereinte Nationen 1948) Otto Kimminich (1962: 81) bemerkte dazu treffend, dass das Recht Asyl zu suchen nichts anderes bedeute, „als das Recht, sich auf die Flucht zu begeben".

Staaten können Asyl sowohl auf ihrem Territorium als auch in diplomatischen Vertretungen außerhalb ihres Territoriums gewähren (Behrens 2014). Ein jüngeres bekanntes Beispiel ist das diplomatische Asyl für den Australier Julian Assange von 2012 bis 2019 in der ecuadorianischen Botschaft in London (den Heijer 2013). Extraterritoriales oder diplomatisches Asyl ist besonders in Lateinamerika vielfach genutzt worden (Wilde 2022).

3. Der Individualanspruch auf Asyl im Völkerrecht

Nur ein Jahr bevor die UN-Vollversammlung die UDHR im Dezember 1948 ohne Gegenstimmen verabschiedete, hatten sich die Delegationen in der Kommission für Menschenrechte auf einen Textentwurf geeinigt, der ein expansives Recht auf Asyl beinhaltete: „Everyone shall have the right to seek and be granted asylum from persecution. This right will not be accorded to criminals nor to those whose acts are contrary to the principles and aims of the United Nations." (Vereinte Nationen 1947) Das insbesondere von der französischen Delegation favorisierte individuelle Recht auf Asyl wurde bei den weiteren Beratungen mit der Begründung kassiert, es bedeute einen unzumutbaren Eingriff in die Souveränität der Nationalstaaten. Doch hieß die Verabschiedung der UDHR nicht, dass damit der Kampf um ein individuelles Recht auf Asyl aufgegeben wurde. Zahlreiche namhafte Völkerrechtler lehnten die Formulierung des Artikels 14 als ungenügend ab; Hersch Lauterpacht (1950: 422) etwa bezeichnete die Aufnahme des Asyl-Artikels in die UDHR als „artificial to the point of flippancy".

In den 1950er und 1960er Jahren war die UN-Kommission für Menschenrechte bestrebt, die bürgerlichen und politischen Rechte der UDHR in einem bindenden internationalen Vertrag, dem sogenannten Zivilpakt (ICCPR), zu kodifizieren. Sie entschied, den Artikel 14 UDHR nicht in den ICCPR aufzunehmen; damit trug sie den Vorbehalten der Mehrheit der UN-Mitgliedsstaaten, die im individuellen Recht auf Asyl eine Beschneidung nationaler Hoheitsrechte und eine Gefährdung ihrer Sicherheitsinteressen sahen, Rechnung. Stattdessen verständigte sich die Kommission auf eine weitere Resolution der UN-Vollversammlung, die Erklärung über territoriales Asyl von 1967 (Vereinte Nationen 1967), als ersten Schritt zu einem völkerrechtlich verbindlichen Abkommen (Taylor/Neumann 2018). Deren Formulierung ging insofern über den Artikel 14 UDHR hinaus, als dass sich die Staatengemeinschaft für die Gewährung von Asyl verantwortlich erklärte. Artikel 2 bestimmt u. a.: „[D]ie Lage der [asylsuchenden] Personen [ist] Gegenstand der Sorge der internationalen Gemeinschaft. Hat ein Staat Schwierigkeiten, Asyl zu gewähren oder seine Asylgewährung fortzusetzen, so erwägen die Staaten im Geiste internationaler Solidarität jeder für sich oder gemeinsam oder mit Hilfe der Vereinten Nationen geeignete Maßnahmen, um die Bürde jenes Staates zu erleichtern."

Die Hoffnung, dass dieser Erklärung eine Asyl-Konvention folgen würde, die ein Recht auf Asyl festschreibt, erfüllte sich nicht. Eine zur Ausarbeitung einer solchen Konvention in Genf Anfang 1977 abgehaltene Konferenz, an der 92 Staaten teilnahmen, endete ergebnislos, und damit war der Versuch, ein Recht auf Asyl im Völkerrecht zu verankern, bis auf weiteres gescheitert (Taylor/Neumann 2020).

Zwar gibt es auf regionaler Ebene Vereinbarungen (wie z. B. die Amerikanische Konvention über Menschenrechte von 1969), die ein expansiveres Recht auf Asyl postulieren als die UN-Erklärung von 1967, doch haben diese Vereinbarungen nicht zur völkerrechtlichen Anerkennung eines subjektiven Rechts auf Asylgewährung geführt.

4. Das subjektive Recht auf Asylgewährung auf nationaler Ebene

Unabhängig von der Entwicklung des Völkerrechts haben seit dem Ende des 18. Jahrhunderts verschiedene nationale Verfassungen und Gesetze ein subjektives Recht auf Asyl festgeschrieben. Vorreiter war hier Frankreich. Artikel 120 der Verfassung von 1793 bestimmt: „[Das französische Volk] gewährt Ausländern, die um der Sache der Freiheit willen aus ihrem Vaterland vertrieben wurden, Zuflucht. Sie verweigern sie den Tyrannen." Wie viele andere Verfassungen enthielt die der DDR von 1949 ein Auslieferungs- und Ausweisungsverbot für Ausländer, die „wegen ihres Kampfes für die in dieser Verfassung niedergelegten Grundsätze im Ausland verfolgt werden". Das Grundgesetz der Bundesrepublik Deutschland bestimmte bis 1993 in Artikel 16 Absatz 2: „Politisch Verfolgte genießen Asylrecht."

Allerdings ging die zwar uneindeutige, aber von ihrer Intention her liberale Formulierung im Grundgesetz nicht zuletzt aufgrund ihrer gesetzgeberischen Ausgestaltung oft mit einer restriktiven Asylpraxis einher; Anfang der 1990er Jahre ermöglichte politischer Druck dann eine Einschränkung des Rechts auf Asyl per Verfassungsänderung (Poutros 2019). Der Widerspruch zwischen Verfassungsnorm und Asylpraxis, der nicht zuletzt dem Fehlen einer völkerrechtlichen Anerkennung des subjektiven Rechts auf Asylgewährung geschuldet ist, ist auch in anderen Ländern (wie zum Beispiel Italien) zu beobachten, die ein vergleichsweise expansives Recht auf Asyl in ihrer Verfassung verankert haben (siehe auch Gibney 2014).

In Deutschland spielt das im Grundgesetz verbriefte Recht auf Asyl heute bei der Gewährung von Schutz für Asylsuchende nur eine marginale Rolle. 2021 lag die Schutzquote in Deutschland bei 43,2 %, doch die Quote derjenigen, die als Asylberechtigte oder Familienangehörige von Asylberechtigten nach Artikel 16a Grundgesetz anerkannt wurden, bei nur 0,8 % (BAMF 2022: 11).

5. Flüchtlingsschutz

Auch wenn im allgemeinen Sprachgebrauch im Zusammenhang von grenzüberschreitender Flucht weiterhin von Asyl, Asylrecht, Asylsuchenden usw. die Rede ist, spielt ein Recht auf Asyl, wie es im Entwurf der UDHR vom Dezember 1947 formuliert war, im internationalen Kontext beim Schutz von Geflüchteten kaum eine Rolle. Stattdessen kommen vor allem die Bestimmungen der Genfer Flüchtlingskonvention (GFK) von 1951 und ihres Protokolls von 1967 zum Tragen (→ ‚Flüchtling' – rechtlich), obwohl es bei der Entstehung dieser Konvention nicht so sehr um das Recht Geflüchteter auf Schutz (und somit um ein Menschenrecht) gegangen war, als vielmehr um ein Regime, mit dessen Hilfe zwischen Flüchtlingen und Nicht-Flüchtlingen unterschieden werden konnte und das das (→) Resettlement ersterer (damals vor allem von europäischen sogenannten Displaced Persons in die klassischen Einwanderungsländer) rechtlich absichern konnte.

Eine besondere Bedeutung kommt hier dem Grundsatz der Nichtzurückweisung (*non-refoulement*), der in Artikel 33 der GFK, aber auch in Artikel 3 der UN-Antifolterkonvention festgeschrieben ist, zu (Goodwin-Gill/McAdam 2021; Hathaway 2021). Dieser Grundsatz verbietet die Rückführung von Schutzsuchenden in Staaten, in denen ihnen Verfolgung droht. Der Terminus Asyl findet in den Artikeln der GFK keine Erwähnung, die stattdessen den Begriff Schutz verwendet, dessen genaue Definition aber ebenfalls umstritten ist (Goodwin-Gill 1989; Fortin 2001; Hathaway/Storey 2016).

6. Ausblick

Die Idee, dass Menschen ein universales Recht auf Zuflucht, auch außerhalb ihres Heimatlandes, haben (und dass Staaten – aber auch die Vereinten Nationen – dementsprechend verpflichtet sind, eine solche Zuflucht zu gewähren), sollte eigentlich spätestens mit dem Scheitern der Genfer Konferenz von 1977 zu Grabe getragen worden sein. Dennoch hat sich die Idee als beharrlich erwiesen. So erneuert die UN-Vollversammlung seit vielen Jahren jährlich die Forderung, die Institution des Asyls zu respektieren (z. B. Vereinte Nationen 2022). Für die Langlebigkeit der Idee eines subjektiven Anspruchs auf Asyl gibt es wenigstens fünf Gründe:

Erstens ist ungeachtet der Tatsache, dass es bislang keine Asylkonvention gibt, in den letzten Jahrzehnten eine gewohnheitsrechtliche Aufwertung des Individualanspruchs auf Asyl zu beobachten (Worster 2014).

Zweitens hat das Prinzip internationaler Solidarität, das in den 1950er und 1960er Jahren als Ausweg konzipiert wurde, um ein Recht auf Asyl mit dem staatlichen Souveränitätsanspruch in Einklang zu bringen, dann aber weitgehend in Vergessenheit geriet, seit Anfang des 21. Jahrhunderts neue Beachtung erfahren (Okafor 2021).

Drittens knüpfen sowohl die City of Santuary-Bewegung als auch das Kirchenasyl an die vormoderne Tradition des Asyls an (Behrman 2018). Nicht der Nationalstaat, sondern kommunale Verwaltungen bzw. die Kirchen garantieren den Schutz der Zufluchtsuchenden. Deren Schutzberechtigung speist sich einzig aus ihrem Schutzbedürfnis (und nicht, wie in staatlich organisierten Asylverfahren, aus ihrer Klassifizierung als Flüchtlinge).

In den späten 1940er und 1950er Jahren forderten Völkerrechtler wie Lauterpacht (1950) oder Manuel García-Mora (1956) wie selbstverständlich einen völkerrechtlich abgesicherten subjektiven Anspruch auf Asyl. Später galten derartige Forderungen als radikal und nicht mehr zeitgemäß. Doch inzwischen gibt es – *viertens* – vermehrt Jurist*innen, die die Natürlichkeit einer auf der Souveränität von Nationalstaaten basierenden internationalen Ordnung in Frage stellen – nicht zuletzt deshalb, weil eben diese Ordnung auch für Flucht und Vertreibung verantwortlich ist (z. B. Price 2009).

Dass die Gewährung von Schutz nicht als ein Akt der Gnade begriffen werden sollte, der dem Mitgefühl für leidende oder besonders vulnerable Geflüchtete zu verdanken ist, wird – *fünftens*

– von irregularisierten Migrant*innen selbst immer wieder betont. Sie fordern nicht nur bereits völkerrechtlich verbriefte Rechte ein, sondern auch solche, die erst noch durchgesetzt werden müssen, einschließlich des Rechts auf Asyl. Diese Forderungen werden zunehmend von zivilgesellschaftlichen Akteuren (zum Beispiel in der → Seenotrettung) unterstützt, die Grenzregime (→ Grenzen) und andere Auswirkungen nationalstaatlicher Hoheitsansprüche kritisieren, die für die Verletzungen der Menschenrechte von Migrant*innen verantwortlich sind (Sciurba/Furri 2017).

Literaturverzeichnis

Alexandri, Eleni/Tzirvitzi, Sterviani (2019): *Hiketeia* and *asylia* in ancient Greek mythical and political thought. In: Vergentis 1 (9), 171–200.

Behrens, Paul (2014): The law of diplomatic asylum – a contextual approach. In: Michigan Journal of International Law 35 (2), 319–367.

Behrman, Simon (2018): Law and Asylum: Space, Subject, Resistance. London: Routledge.

Bundesamt für Migration und Flüchtlinge (2022): Aktuelle Zahlen. Ausgabe: Februar 2022. https://www.bamf.de/SharedDocs/Anlagen/DE/Statistik/AsylinZahlen/aktuelle-zahlen-februar-2022.pdf?__blob=publicationFile&v=3, 31.05.2022.

den Heijer, Maarten (2013): Diplomatic asylum and the Assange case. In: Leiden Journal of International Law 26 (2), 399–425.

Fortin, Antonio (2001): The meaning of 'protection' in the refugee definition. In: International Journal of Refugee Law 12 (4), 548–576.

García-Mora, Manuel R. (1956): International Law and Asylum as a Human Right. Washington, D.C.: Public Affairs Press.

Gibney, Matthew J. (2004): The Ethics and Politics of Asylum: Liberal Democracy and the Response to Refugees. Cambridge: Cambridge University Press.

Goodwin-Gill, Guy S. (1989): The language of protection. In: International Journal of Refugee Law 1 (1), 6–19.

Goodwin-Gill, Guy S./McAdam, Jane (with Emma Dunlop) (2021): The Refugee in International Law. Oxford: Oxford University Press.

Grahl-Madsen, Atle (1980): Territorial Asylum. Stockholm: Almqvist & Wiksell International.

Hathaway, James. C. (2021): The Rights of Refugees under International Law. Cambridge: Cambridge University Press.

Hathaway, James C./Storey, Hugo (2016): What is the meaning of state protection in refugee law? A debate. In: International Journal of Refugee Law 28 (3), 480–492.

Henssler, Ortwin (1954): Formen des Asylrechts und ihre Verbreitung bei den Germanen. Frankfurt am Main: Vittorio Klostermann.

Kimminich, Otto (1962): Der internationale Rechtsstatus des Flüchtlings. Köln: Carl Heymanns Verlag.

Kirchheimer, Otto (1959): Asylum. In: American Political Science Review 53 (4), 985–1016.

Lambert, Tom (2017): Hospitality, protection and refuge in early English law. In: Journal of Refugee Studies 30 (2), 243–260.

Lauterpacht, Hersch (1950): International Law and Human Rights. London: Stevens & Sons.

Morgenstern, Felice (1949): The right of asylum. In: British Yearbook of International Law 26, 327–357.

Noiriel, Gérard (1994): Die Tyrannei des Nationalen: Sozialgeschichte des Asylrechts in Europa. Übersetzt von Jutta Lossos und Rolf Johannes. Springe: zu Klampen.

Okafor, Obiora Chinedu (2021): The future of international solidarity in global refugee protection. In: Human Rights Review 22 (1), 1–22.

Poutros, Patrice G. (2019): Umkämpftes Asyl. Vom Nachkriegsdeutschland bis in die Gegenwart. Berlin: Ch. Links Verlag.

Price, Matthew E. (2009): Rethinking Asylum: History, Purpose, and Limits. Cambridge: Cambridge University Press.

Sciurba, Alessandra/Furri, Filippo (2017): Human rights beyond humanitarianism: The radical challenge to the right to asylum in the Mediterranean zone. In: Antipode 50 (3), 763–782.

Taylor, Savitri/Neumann, Klaus (2020): Australia and the abortive Convention on Territorial Asylum: A case study of a cul de sac in international refugee and human rights law. In: International Journal of Refugee Law 32 (1), 86–112.

Taylor, Savitri/Neumann, Klaus (2018): Australia and the 1967 Declaration on Territorial Asylum: A case study of the making of international refugee and human rights law. In: International Journal of Refugee Law 30 (1), 8–30.

Vereinte Nationen – ECOSOC (1947): Draft International Declaration on Human Rights. 16. Dezember. UN Dokument E/CN.4/77 ANNEX A.

Vereinte Nationen – Vollversammlung (1948): Allgemeine Erklärung der Menschenrechte. 10. Dezember. UN Dokument A/RES/217 A (III).

Vereinte Nationen – Vollversammlung (1967): Erklärung über territoriales Asyl. 14. Dezember. UN Dokument A/RES/2312 (XXII).

Vereinte Nationen – Vollversammlung (2022): Resolution adopted by the General Assembly on 16 December 2021. 6. Januar. UN Document A/RES/76/143.

Weis, Paul (1966): Territorial asylum. In: Indian Journal of International Law 6, 173–194.

Wilde, Ralph (2022): Diplomatic asylum and extra-territorial non-refoulement: The foundational and enduring contribution of Latin America to extraterritorial human rights obligations. In: Gibney, Mark/Türkelli, Gamze Erdem/Krajewski, Markus/Vandenhole, Wouter (Hrsg.): The Routledge Handbook on Extraterritorial Human Rights Obligations. London: Routledge, 196–210.

Worster, William Thomas (2014): The contemporary international law status of the right to receive asylum. In: International Journal of Refugee Law 26 (4), 47–499.

II.3

Asyl-Migrations-Nexus und ‚Mixed Migration'

Amrei Meier

Abstract Im politischen Umgang mit Wanderungsbewegungen wird oft zwischen freiwilliger und erzwungener Migration unterschieden. Dabei wird davon ausgegangen, dass jede Migrationsbewegung klar einer Kategorie zugeordnet werden kann. In der Realität sind beide Formen jedoch häufig nur schwer klar voneinander abzugrenzen: Migrationsbewegungen können in unterschiedlicher Form gemischt sein. Der Beitrag beleuchtet die Entstehung und Verwendung der Begriffe *mixed migration* und *Asyl-Migrations-Nexus*, die Konzeptualisierung von *mixed migration* sowie die damit einhergehenden Debatten und Herausforderungen.

Schlüsselbegriffe: gemischte Migrationsbewegungen, Flucht, Migration, UNHCR, Asyl- und Migrationspolitik

1. Einleitung

Grenzüberschreitende Migration nimmt weltweit zu. Dies schließt sowohl Flüchtlinge und Vertriebene mit ein, als auch Migrant*innen, die aus anderen Gründen als zur Schutzsuche ihre Heimat verlassen. Für viele Zielländer gehört der Umgang mit diesen Migrationsbewegungen zu den großen politischen Herausforderungen. Besondere Probleme bereitet den Regierungen dabei die Vermischung von Flucht und Migration: So lassen sich sowohl die Beweggründe für eine Migrationsentscheidung als auch die Migrationsrouten von Flüchtlingen und Migrant*innen häufig nur schwer voneinander trennen. Gleichzeitig ist die Unterscheidung wichtig: So haben sich die Unterzeichnerstaaten der Genfer Flüchtlingskonvention (GFK) von 1951 zur Aufnahme und zum Schutz von Flüchtlingen verpflichtet, während die Aufnahme von Menschen, die aus anderen Gründen migrieren, eine souveräne Entscheidung des Nationalstaats darstellt (Angenendt et al. 2017: 12). Dies macht das Spannungsfeld zwischen Asyl- und Migrationspolitik einerseits und der Komplexität von Migrationsbewegungen andererseits deutlich: Während die Politik Migrant*innen nach Migrationsmotiven kategorisiert und dementsprechend Rechte zuspricht, ist diese klare Unterscheidung zwischen freiwilliger und unfreiwilliger Migration in der Realität häufig weitaus weniger eindeutig.

Der Beitrag beleuchtet die in diesem Kontext entstandenen Begriffe *mixed migration* und *Asyl-Migrations-Nexus*, die verschiedenen Erscheinungsformen von gemischter Migration sowie die damit verbundenen wissenschaftlichen Debatten.

2. Das Kontinuum zwischen freiwilliger und unfreiwilliger Migration

Während in der Analyse von Migrationsbewegungen auf politischer und rechtlicher Ebene zwischen „freiwilliger" und „unfreiwilliger" oder „erzwungener" Migration unterschieden wird, ist die Einordnung von Migrant*innen in eine der beiden Kategorien in der Praxis oft schwierig: Auch „freiwillige" Migration kann Aspekte von Zwang beinhalten, zum Beispiel wenn sich der Person keine Alternativen zur Migration bieten. Ebenso kann für „unfreiwillige" Migrant*innen auch der Wunsch nach besseren Lebensbedingungen oder wirtschaftlichen Entwicklungsmöglichkeiten eine Rolle spielen (van Hear 2011: 2f.).

Diese fehlende Trennschärfe zwischen verschiedenen Migrationsformen wurde bereits seit Beginn der 1990er Jahre in der Forschung thematisiert. So geht Richmond (1994) statt von einer klaren Einteilung in freiwillige und erzwungene Migration von einem Kontinuum zwischen „proaktiver" und „reaktiver" Migration aus. Während die Entscheidung zu ersterer auf Grundlage aller relevanten Informationen erfolgt und zum Ziel hat, den eigenen Nettonutzen zu steigern, ist der Grad der Freiwilligkeit in letzterer stark eingeschränkt. Der Großteil aller Migrant*innen lässt sich irgendwo zwischen diesen beiden Polen verorten. Auch van Hear (1998: 41–47) weist die sich gegenseitig ausschließende Kategorisierung in freiwillige und unfreiwillige Migration als unbefriedigend und irreführend zurück. Stattdessen stellt er fest, dass fast jede Form von Migration zu verschiedenen Zeitpunkten Aspekte von Zwang und Wahlmöglichkeiten enthält, was die Trennlinie zwischen freiwilliger und unfreiwilliger Migration verschwimmen lässt. Auch spätere Autor*innen greifen diese Problematik auf und weisen darauf hin, dass die Beweggründe für Migration sich häufig nicht auf einen Aspekt zurückführen lassen, sondern im Gegenteil vielschichtig und in diesem Sinne gemischt sind. Eine strikte Trennung in Flüchtlinge und Migrant*innen berücksichtige dabei weder, dass Menschen aus unterschiedlichen Gründen zusammen migrieren, noch, dass Menschen in mehrere Kategorien passen können oder ihr Status sich im Migrationsverlauf mehrfach ändern kann (vgl. u. a. Gupte/Mehta 2007; Koser/Martin 2011; Zetter 2015). Carling (2002) schließlich verweist in seinem *aspiration-capability*-Modell, in dem er zwischen dem Wunsch zu migrieren und den tatsächlichen Möglichkeiten dazu unterscheidet, auf das weite Spektrum zwischen freiwilliger und unfreiwilliger (→) Im-/Mobilität als einen weiteren Aspekt. Auch diese Unterscheidung ist dabei nicht trennscharf und beinhaltet das Zusammenspiel von Strukturen wie (restriktiven) Migrationsregimen und individueller Handlungsmacht (→ Agency).

3. Der Asyl-Migrations-Nexus als politisches Konzept

Unter den Stichworten *mixed migration* sowie *Asyl-Migrations-Nexus* wurde die Vermischung von freiwilliger und unfreiwilliger Migration in den 2000er Jahren auch auf politischer Ebene aufgegriffen. Ausschlaggebend dafür waren vor allem die im Jahr 2000 vom Büro des Hohen Kommissars für Flüchtlinge der Vereinten Nationen (UNHCR) initiierten Globalen Konsultationen zum internationalen Flüchtlingsschutz, basierend auf der Einschätzung, der internationale Flüchtlingsschutz befände sich in einer Krise. Ein großer Teil dieser Krise bestand laut UNHCR in der wachsenden Wahrnehmung westlicher Länder, das Asylsystem würde im großen Maße von „Wirtschaftsmigrant*innen" missbraucht (van Hear 2011: 6–7) (→ Deservingness). Die Beschäftigung mit sogenannten gemischten

Migrationsbewegungen sollte diese Bedenken adressieren und wurde als „Asyl-Migrations-Nexus" in verschiedenen Positionspapieren des UNHCR und anderen multilateralen Organisationen aufgegriffen.

Nur wenige Jahre später begann der UNHCR jedoch, sich wieder vom Nexus-Begriff zu distanzieren: Zum einen war die Organisation der Ansicht, der Diskurs vom Nexus würde einen zu starken Fokus auf Süd-Nord-Migration legen, obwohl ein Großteil der weltweiten Migration zwischen und innerhalb der Länder des Globalen Südens stattfände. Zum anderen kritisierte der UNHCR, der Begriff „Asyl" sei sowohl in der Politik als auch in der Öffentlichkeit und in den Medien negativ geprägt, insbesondere in den reicheren Weltregionen. Schließlich kam der UNHCR zu dem Schluss, der Diskurs vom Nexus sei insgesamt zu tief verwoben mit der Agenda der Zielländer des Globalen Nordens und deren Fokus auf der Eindämmung (irregulärer) Migration, und stünde damit im Widerspruch zum Mandat der Organisation (Crisp 2008: 2).

Während der Begriff des Asyl-Migrations-Nexus so wieder in den Hintergrund rückte, blieb der praktische Umgang mit gemischten Wanderungen weiterhin relevant. In der Folge wurden nicht nur *mixed migration*-Abteilungen innerhalb verschiedener multilateraler Organisationen geschaffen, sondern auch neue regionale Institutionen gegründet, in denen verschiedene internationale Organisationen und humanitäre Akteur*innen zusammenarbeiten. Trotz dieser weitgehenden Anerkennung gemischter Migrationsbewegungen als Realität und zentrale Frage globaler Migrationsgovernance, fehlt für den Umgang damit bislang ein umfassendes und rechtlich verbindliches Rahmenwerk. Vielmehr zeigt sich ein gegenläufiger Trend: Die im Jahr 2018 angenommenen Globalen Pakte für Flüchtlinge sowie für eine sichere, geordnete und reguläre Migration adressieren Flucht und Migration getrennt voneinander und nehmen auf diese Weise die Unterscheidung zwischen erzwungener und freiwilliger Migration wieder auf (Kortendiek 2020: 4f.).

4. Konzeptualisierung von *mixed migration* und damit verbundene Debatten

Während die Ursprünge des politischen Konzepts des Asyl-Migrations-Nexus sich zurückverfolgen lassen, liefert weder die Forschung noch die Praxis eine gemeinsame Definition von *mixed migration*. Insgesamt lassen sich jedoch zwei Ansätze erkennen, in deren Sinne Wanderungsbewegungen gemischt sein können: die vielseitigen Beweggründe, die einer Migrationsentscheidung zugrunde liegen, und die Heterogenität von Gruppen, die zusammen migrieren oder zusammen in Zielländern ankommen und leben (Sharpe 2018: 119).

Aus diesem Verständnis heraus ergeben sich unmittelbar Diskussionen über die Schwierigkeiten in der Unterscheidung von Flüchtlingen und Migrant*innen, die Bildung und den Nutzen von Kategorien, und die damit einhergehenden rechtlichen Konsequenzen. Verschiedene Autor*innen problematisieren die Kategorisierung von Flüchtlingen und Migrant*innen insgesamt, da die Unterscheidung die Komplexität von Migrationsbewegungen ignoriere, dabei aber gleichzeitig weitreichende Konsequenzen für die Betroffenen habe (vgl. z. B. Crawley/Skleparis 2018; Gupte/Mehta 2007; Pijnenburg/Rijken 2020; Sajjad 2018). Andere Wissenschaftler*innen betonen dagegen die Bedeutung klarer Kategorien, weisen gleichzeitig aber darauf hin, dass Staaten auch Migrant*innen gegenüber rechtliche Verpflichtungen haben, unabhängig von deren Beweggründen für Migration. Sie plädieren daher dafür, Migrationsbewegungen aus einer menschenrechtlichen Perspektive heraus zu betrachten (Elliott 2018; Oberoi 2018) und weisen auf weitere relevante Rechtsgebiete wie das transnationale Strafrecht oder das Seerecht hin (Sharpe 2018).

Einen Schritt weiter geht die Frage, ob die Flüchtlingsdefinition der GFK noch immer geeignet ist, die Komplexität der aktuellen Migrationsprozesse zu erfassen. Während verschiedene Autor*innen sich einig sind, dass die Definition zu kurz greife (vgl. Müller 2010: 53–60), werden auch die aus der Kritik entstandenen umfassenderen Definitionen nur als bedingt geeignet angesehen, die Verkürzungen zu überwinden. Verschiedene Autor*innen versuchen daher, der Thematik mit ganz neuen Konzepten zu begegnen. Ihre Ansätze von *distress migration* (Collinson 1999), *survival migration* (Betts 2013) oder *crisis migration* (Martin u.a. 2013) fassen mögliche Fluchtgründe dabei möglichst weit, um so die engen Definitionen des Flüchtlingsrechts zu dehnen.

Diese in der Forschung geführten Debatten sind dabei immer auch für die Praxis relevant: Letztendlich ist es die Migrations- und (→) Asylpolitik der Zielländer, die der Differenzierung von gemischter Migration Bedeutung verleiht. Gleichzeitig lässt eine solche Kategorisierung trotz ihrer weitreichenden Konsequenzen für die Betroffenen die Realität von Migrant*innen außer Acht, deren Migrationsentscheidungen häufig multiple Motive zugrunde liegen (vgl. z. B. Kuhnt 2019). Die von Staaten praktizierte Einteilung von Ankommenden in „freiwillige" und „unfreiwillige" Migrant*innen trotz dieser fehlenden Trennschärfe der Kategorien macht dabei das Spannungsfeld zwischen Migrationsbewegungen und dem Umgang damit deutlich.

5. Fazit

Die Vermischung von Migrationsbewegungen und -motiven stellt Staaten, multilaterale Organisationen und humanitäre Akteur*innen vor große Herausforderungen. Die Realität gemischter Wanderungen, die sowohl von der Forschung als auch von der Praxis weithin anerkannt wird, steht dabei dem politischen und rechtlichen Bedürfnis nach Kategorisierung von Migration gegenüber. Die Systematisierung von Migration ist dabei ein wichtiger Bestandteil eines Migrationsregimes (→ Flüchtlingsregime) und Teil des Versuchs, Migration zu steuern und Zugang zu Aufenthalt und Schutz zu regeln, auch wenn die existierenden Kategorien nicht die Komplexität der Migrationsprozesse darstellen können und der Realität vieler Migrant*innen nicht gerecht werden. Während die Forschung neue Ansätze für die Konzeptualisierung gemischter Wanderungen entwickelt, bleibt für die Migrations- und Flüchtlingspolitik eine klare Differenzierung in freiwillige und unfreiwillige Migration weiterhin relevant.

Literaturverzeichnis

Angenendt, Steffen/Kipp, David/Meier, Amrei (2017): Gemischte Wanderungen. Herausforderungen und Optionen einer Dauerbaustelle der deutschen und europäischen Asyl- und Migrationspolitik. www.bertelsmann-stiftung.de/fileadmin/files/Projekte/Migration_fair_gestalten/IB_Studie_Gemischte_Wanderungen_2017.pdf, 26.01.2021.

Betts, Alexander (2013): Survival Migration: Failed Governance and the Crisis of Displacement. Ithaca: Cornell University Press.

Carling, Jørgen (2002): Migration in the age of unvoluntary immobility: theoretical reflections and Cape Verdean experiences. In: Journal of Ethnic and Migration Studies, H. 28, 5–42.

Collinson, Sarah (1999): Globalisation and the Dynamics of International Migration: Implications for the Refugee Regime. www.unhcr.org/research/working/3ae6a0c60/globalization-dynamics-international-migration-implications-refugee-regime.html, 27.01.2021.

Crawley, Heaven/Skleparis, Dimitris (2018): Refugees, migrants, neither, both: categorical fetishism and the politics of bounding in Europe's 'migration crisis'. In: Journal of Ethnic and Migration Studies, H. 44, 48–64.

Crisp, Jeff (2008): Beyond the nexus: UNHCR's evolving perspective on refugee protection and international migration, www.unhcr.org/research/working/4818749a2/beyond-nexus-unhcrs-evolving-perspective-refugee-protection-international.html?query=, 26.01.2021.

Elliott, Sarah (2018): Call Me by My Name. In: Anti-Trafficking Review, H. 11, 133–136.

Gupte, Jaideep/Mehta, Lyla (2007): Disjunctures in Labelling Refugees and Oustees. In: Moncrieffe, Joy/Eyben, Rosalind (Hrsg.): The Power of Labelling: How People Are Categorised and Why It Matters, London: Earthscan, S. 64–79.

Kortendiek, Nele (2020): How to govern mixed migration in Europe: transnational expert networks and knowledge creation in international organizations. onlinelibrary.wiley.com/doi/pdf/10.1111/glob.12293, 26.01.2021.

Koser, Khalid/Martin, Susan (2011): The Migration-Displacement Nexus: Patterns, Processes and Policies. In: Koser, Khalid/Martin, Susan (Hrsg.): The Migration-Displacement Nexus: Patterns, Processes and Policies), Oxford: Berghahn Books, S. 1–13.

Kuhnt, Jana (2019): Literature Review: Drivers of Migration, www.die-gdi.de/uploads/media/DP_9.2019.pdf, 07.10.2021.

Martin, Susan/Weerasinghe, Sanjula/Taylor, Abbie (2013): Crisis Migration. In: Brown Journal of World Affairs, H. 20, S. 123–138.

Müller, Doreen (2010): Flucht und Asyl in europäischen Migrationsregimen. Metamorphosen einer umkämpften Kategorie am Beispiel der EU, Deutschlands und Polens, Göttingen: Universitätsverlag.

Oberoi, Pia (2018): Words Matter. But Rights Matter More. In: Anti-Trafficking Review, H. 11, S. 129–132.

Pijnenburg, Annick/Rijken, Conny (2020): Moving beyond refugees and migrants: reconceptualising the rights of people on the move. In: Interventions. International Journal of Postcolonial Studies. www.tandfonline.com/doi/pdf/10.1080/1369801X.2020.1854107?needAccess=true, 26.01.2021.

Richmond, Anthony H. (1994): Global Apartheid: Refugees, Racism and the New World Order, Oxford: Oxford University Press.

Sajjad, Tazreena (2018): What's in a name? 'Refugees', 'migrants' and the politics of labelling. In: Race&Class, H. 60, S. 40–62.

Sharpe, Marina (2018): Mixed Up: International Law and the Meaning(s) of "Mixed Migration". In: Refugee Survey Quarterly, H. 37, S. 116–138.

van Hear, Nicholas (1998): New diasporas: the mass exodus, dispersal and regrouping of migrant communities, London: Routledge/University College London Press.
van Hear, Nicholas (2011): Mixed Migration: Policy Challenges. In: The Migration Observatory. migrationobservatory.ox.ac.uk/wp-content/uploads/2016/04/PolicyPrimer-Mixed_Migration.pdf, 25.01.2021.
Zetter, Roger (2015): Protection in Crisis: Forced Migration in a Global Era, www.migrationpolicy.org/sites/default/files/publications/TCM-Protection-Zetter.pdf, 29.01.2021.

II.4

Binnenvertriebene

Anne Koch

Abstract Binnenvertriebene (im Englischen *Internally Displaced Persons/IDPs*) machen heute das Gros aller weltweit auf der Flucht befindlichen Menschen aus, werden aber erst seit den 1980er Jahren als eigenständige Gruppe mit spezifischen Merkmalen verstanden und statistisch erfasst. Das *United States Committee for Refugees* begann 1985 mit einer punktuellen Erhebung erster Zahlen zu Binnenvertreibung. 1988 befasste sich die UN-Generalversammlung mit der Frage, wie humanitäre Hilfe für Binnenvertriebene effektiv zur Verfügung gestellt werden kann. Die 1998 veröffentlichten Leitlinien der Vereinten Nationen betreffend Binnenvertreibungen (VN-Leitlinien) konsolidierten die politische und völkerrechtliche Debatte um Rechte und Schutzverantwortung und stellen bis heute einen zentralen Bezugspunkt dar. Sie definieren Binnenvertriebene als „Personen oder Personengruppen, die gezwungen oder genötigt wurden, aus ihren Heimstätten oder dem Ort ihres gewöhnlichen Aufenthalts zu fliehen oder diese zu verlassen, insbesondere in Folge oder zur Vermeidung der Auswirkungen eines bewaffneten Konflikts, von Situationen allgemeiner Gewalt, Menschenrechtsverletzungen und natürlichen oder vom Menschen verursachten Katastrophen, und die keine international anerkannte Staatsgrenze überschritten haben".

Schlüsselbegriffe: langandauernde Vertreibung, Völkerrecht, *category of concern*, nationale Schutzverantwortung, policy-orientierte Forschung, Humanitarian-Development-Peace Nexus, Menschenrechte, Entwicklungszusammenarbeit, Fluchtursachen

1. Einleitung

Im Verlauf der vergangenen drei Jahrzehnte hat sich die Auseinandersetzung mit dem Phänomen Binnenvertreibung als ein klar umrissenes Unterfeld der Flucht- und Flüchtlingsforschung herausgebildet. Dominiert wird die Forschung zu Binnenvertreibung von politikwissenschaftlichen bzw. policy-orientierten Ansätzen einerseits und völkerrechtlichen Reflektionen andererseits.

2. Ein Forschungsfeld mit ausgeprägtem Praxisbezug

Von Beginn an wurde die wissenschaftliche Debatte um Binnenvertriebene von Praktiker*innen vorangetrieben. Beispielhaft hierfür sind die Beiträge des ersten VN Sonderbeauftragten für Binnenvertriebene, Francis Deng. Er skizzierte die mit Binnenvertreibung einhergehenden politischen und rechtlichen Herausforderungen (Deng 1993; Cohen/Deng 1998a; 1998b) und mahnte dringenden internationalen Handlungsbedarf an: „Today's crisis of internal displacement is no less acute than the refugee crisis that confronted Europe after World War II" (Cohen/Deng 1998a: 12). Die Nähe zwischen akademischer Auseinandersetzung und operativer Arbeit prägt das Forschungsfeld Binnenvertreibung bis heute (vgl. Zeender/Yarnell 2020).

3. Abgrenzung zwischen Binnenvertriebenen und grenzüberschreitenden Flüchtlingen

Parallel zu der gestiegenen internationalen Aufmerksamkeit für das Phänomen Binnenvertreibung wurde in den 1990er Jahren die Abgrenzung zwischen Binnenvertriebenen und Flüchtlingen diskutiert – verbunden mit der Frage, ob das globale Flüchtlingsschutzregime auf Binnenvertriebene ausgeweitet werden sollte (Lee 1996) oder nicht (Barutciski 1998). Mooney (2005) begründete wegweisend, dass Binnenvertriebene eine Gruppe mit spezifischem Unterstützungsbedarf – im humanitären Umfeld also eine eigene *category of concern* – darstellen, da sie im Zuge ihrer Vertreibung oft auch den Zugang zu Einkommensmöglichkeiten, staatlicher Grundversorgung und gesellschaftlicher Teilhabe verlieren. In den 2000er Jahren kam es zu einer Debatte um den Stellenwert von Binnenvertriebenen in der damals im englischsprachigen Raum schon fest etablierten Flüchtlingsforschung. Hathaway (2007) warb für eine klare Abgrenzung zwischen dem Feld der *refugee studies* einerseits und dem Feld der *forced migration studies* andererseits, da bei einer Subsummierung des ersten unter das zweite der Fokus auf die besonderen Schutzbedürfnisse grenzüberschreitender Flüchtlinge verloren zu gehen drohe. Kritiker*innen wandten ein, dass eine solche Abgrenzung die beiden Phänomenen zugrundeliegenden gemeinsamen Ursachen ignorieren, einen artifiziellen Gegensatz zwischen dem Schutz individueller Rechte und kollektiven Unterstützungsmaßnahmen konstruieren und damit letztlich den praktischen Herausforderungen globaler Fluchtbewegungen nicht gerecht werden würde (DeWind 2007; Cohen 2007).

Inzwischen hat sich ein breiteres Verständnis von *Forced Migration Studies* durchgesetzt, im Rahmen dessen die Parallelen und Unterschiede in den Fluchtursachen, Lebensbedingungen und Unterstützungsbedarfen von grenzüberschreitenden Flüchtlingen und Binnenvertriebenen sowohl separat als auch vergleichend untersucht werden können. Dennoch bleiben Binnenvertriebene in der theoretischen Auseinandersetzung und empirischen Forschung zu Fluchtbewegungen – gerade in der deutschsprachigen Literatur – deutlich unterrepräsentiert. Dieses Ungleichgewicht kann zumindest in Teilen darauf zurückgeführt werden, dass Binnenvertreibung wohlhabende Staaten im globalen Norden, die den akademischen Diskurs maßgeblich prägen, kaum betrifft.

3.1 Ursachen von Binnenvertreibung

Obwohl die in den VN-Leitlinien enthaltene Definition eine große Bandbreite möglicher Vertreibungsgründe umfasst, konzentrierten sich die frühen akademischen Debatten um Binnenvertreibung weitgehend auf konfliktinduzierte Vertreibung. Neben Diskussionen über die Abgrenzung zwischen Binnenvertreibung und staatlich organisierter Umsiedelung setzt sich die Forschung inzwischen aber auch mit Binnenvertreibung infolge von Naturkatastrophen und schleichenden Umweltveränderungen, großen Infrastrukturprojekten und organisierter Kriminalität auseinander (Cohen/Bradley 2010;

Adeola 2017; Cantor 2014). Diese zunehmende Auffächerung unterschiedlicher Vertreibungsursachen geht Hand in Hand mit einer entsprechenden Ausweitung der Datensammlung zu Binnenvertreibung.

3.2 Rechtlicher Status, nationale Schutzverantwortung und institutionelle Zuständigkeiten

Die Tatsache, dass Binnenvertriebene bei ihrer Flucht keine internationale Grenze überschreiten, gilt als zentrales Unterscheidungskriterium gegenüber Flüchtlingen. Ungeachtet ihres individuellen Fluchtgrunds haben Binnenvertriebene kein Anrecht auf internationalen Schutz. Die deutsche Begriffswahl ‚Binnenvertriebene' (statt Binnenflüchtlinge) ist Ausdruck des Versuchs, diese rechtliche Unterscheidung auch sprachlich abzubilden. Die in den VN-Leitlinien ausgeführten Rechte sind keine Sonderrechte, sondern gründen darauf, dass die Betroffenen Bürger*innen oder Einwohner*innen eines Staates sind. Gleichzeitig gehen erzwungene Ortswechsel faktisch oft mit Einschränkungen bei der Ausübung grundlegender Rechte und gesellschaftlicher Partizipation einher. Da es sich bei Binnenvertreibung per Definition um eine innere Angelegenheit souveräner Staaten handelt, erfordert die Beteiligung internationaler Akteure die Zustimmung der jeweiligen Regierung (Koch 2020: 6).

Anders als bei grenzüberschreitenden Flüchtlingen, die unter die Zuständigkeit von UNHCR fallen, hat keine internationale Organisation ein klares und exklusives Mandat für die Unterstützung von Binnenvertriebenen (McNamara 2005). Hieraus erwächst die Frage institutioneller Zuständigkeiten sowie ein Wettbewerb zwischen (→) internationalen Organisationen wie UNHCR und IOM (Bradley 2017; Crisp 2009).

4. Rechtliche Entwicklungen auf globaler, regionaler und nationaler Ebene

Obwohl es sich bei den VN-Leitlinien um rechtlich nicht bindende Grundsätze (*soft law*) handelt, wurde ihnen schon früh erhebliche Relevanz hinsichtlich internationaler Standardsetzung zugesprochen (Cohen 2004). Neuere Forschungsergebnisse deuten auf ihre besondere Wirksamkeit in regionalen Kontexten (Cardona-Fox 2019) und in der Anwendung in nationaler Gesetzgebung (MacGuire 2018) hin. Während Orchard (2018) die Gesamtheit dieser Entwicklungen als ein informelles internationales Schutzregime für Binnenvertriebene beschreibt, spricht Cantor (2018: 217) von der Konsolidierung eines eigenständigen Rechtsgebiets zu Binnenvertreibung. Cardona-Fox (2020: 620) fasst die politische und rechtliche Bedeutung der Normen, die sich in den vergangenen drei Jahrzehnten zum Schutz von Binnenvertriebenen herausgebildet haben, folgendermaßen zusammen: „the norms to protect internally displaced persons (IDPs) have pushed and redefined traditional concepts of national sovereignty in ways that other forms of migration have not".

5. Thematische Schwerpunkte der aktuellen Forschung

Die verfügbaren Daten zu Binnenvertreibung deuten auf eine zunehmende Dauer einzelner Vertreibungssituationen hin. Vor diesem Hintergrund hat sich in den vergangenen Jahren ein Konsens darüber herausgebildet, dass die Unterstützung der Betroffenen nicht allein humanitärer Nothilfe bedarf, sondern für die Schaffung langfristiger Perspektiven die frühe Einbindung entwicklungspolitischer Akteure erforderlich ist (Kälin/Chapuisat 2017). Dies knüpft an die Literatur zum sogenannten Humanitarian-Development-Peace-Nexus an und wirft unter anderem Fragen zur Finanzierung kollaborativer und längerfristiger Unterstützungsangebote auf (Al-Mahaidi 2020; Nguya/Siddiqui 2020). Langandauernde Binnenvertreibung stellt ein zunehmend urbanes Phänomen dar und hat weitreichende Auswirkungen auf aufnehmende Gemeinden. Die aktuelle Forschung betont die (→) *Agency* von Binnenvertriebenen, plädiert für ihre aktive Einbindung in sie betreffende Entscheidungen und Lösungsstrategien (Jacobs et al. 2020) und diskutiert ihre Rolle in *Transitional Justice*-Prozessen (Rimmer 2010).

Die Tatsache, dass Binnenvertriebene sich weiterhin im Territorium ihres eigenen Landes befinden, führt zu einigen spezifischen Herausforderungen. So beschäftigt sich die policy-orientierte Forschung zu Binnenvertreibung mit der Frage, wie der politische Wille staatlicher Entscheidungsträger, Binnenvertriebene zu unterstützen, gestärkt werden kann – obwohl staatliche Akteure gerade in Konfliktszenarien mitverantwortlich für die ursprüngliche Vertreibung gewesen sein können (Aquino Barbosa Magalhães et al. 2020). Um Binnenvertriebene und ihre Unterstützungsbedarfe sichtbar zu machen, sind verstärkte Bemühungen in der Datensammlung unerlässlich. Gleichzeitig können Daten zu Binnenvertreibung aber auch manipuliert und politisch instrumentalisiert werden: So präsentieren betroffene Regierungen sinkende Zahlen, um die eigene Handlungsfähigkeit zu demonstrieren oder das Abflauen eines inneren Konfliktes zu belegen; hohe Zahlen dagegen dienen dazu, territoriale Ansprüche aufrechtzuerhalten oder Unterstützungsbedarf zu signalisieren (Cardona-Fox 2020). Eine weitere Debatte betrifft die zukünftige Ausgestaltung des internationalen Austauschs und der Zusammenarbeit zur Vermeidung und Minderung von Binnenvertreibung (Hudson/Ní Ghráinne 2020). Schließlich argumentieren Cantor und Apollo (2020) weiterhin für das Alleinstellungsmerkmal von Binnenvertriebenen und greifen damit die Debatte um die konzeptionelle Unterscheidung zwischen unterschiedlichen Varianten menschlicher Mobilität wieder auf.

6. Fazit

Das Thema Binnenvertreibung hat sich im Verlauf der vergangenen drei Jahrzehnte als ein Teilbereich der politikwissenschaftlichen und völkerrechtlichen Flucht- und Flüchtlingsforschung etabliert. Die Praxisnähe, die das Forschungsfeld von Beginn an geprägt hat, besteht unvermindert weiter. Sie geht allerdings mit dem Risiko einher, politische Kategorien und Konzepte unhinterfragt zu übernehmen. Zudem bleiben die Erkenntnisgewinne dieser Art von Forschung meist so partikular, dass es schwierig ist, Querverbindungen zu anderen Politikfeldern zu schaffen und die politikwissenschaftliche Debatte als Ganze zu befruchten. In diesem Sinne wäre die Entwicklung einer kritischen Forschungsagenda, die die im politischen Diskurs etablierten Kategorien hinterfragt, zu begrüßen.

Literaturverzeichnis

Adeola, Romola (2017): The Legal Protection of Development-Induced Displaced Persons in Africa. In: African Journal of Legal Studies 10 (1), 91–104.

Al-Mahaidi, Ala (2020): Financing Opportunities for Durable Solutions to Internal Displacement: Building on Current Thinking and Practice. In: Refugee Survey Quarterly 39, 481–493.

Aquino Barbosa Magalhães, Lígia de/Perez Vazquez, Brenda/Lizcano Rodríguez, Andrés/Bullock, Noah/Solano Granados, María José (2020): Incentivising Political Will for the Response to Internal Displacement: The Role of NGOs in Latin America. In: Refugee Survey Quarterly 39, 444–465.

Barutciski, Michael (1998): Tensions between the refugee concept and the IDP debate. In: Forced Migration Review (3), 11–14.

Bradley, Megan (2017): The International Organization for Migration (IOM): Gaining Power in the Forced Migration Regime. In: Refuge 33 (1), 97–106.

Cantor, David James (2014): The New Wave: Forced Displacement Caused by Organized Crime in Central America and Mexico. In: Refugee Survey Quarterly 33 (3), S34–68.

Cantor, David James (2018): 'The IDP in International Law'? Developments, Debates, Prospects. In: International Journal of Refugee Law 30 (2), 191–217.

Cantor, David James/Apollo, Jacob Ochieng (2020): Internal Displacement, Internal Migration, and Refugee Flows: Connecting the Dots. In: Refugee Survey Quarterly (39), 647–664.

Cardona-Fox, Gabriel (2019): Exile Within Borders. A Global Look at Commitment to the International Regime to Protect Internally Displaced Persons. Boston: BRILL (International Refugee Law Ser).

Cardona-Fox, Gabriel (2020): The Politics of IDP Data. In: Refugee Survey Quarterly 39, 620–633.

Cohen, Roberta (2004): The Guiding Principles on Internal Displacement: An Innovation in International Standard Setting. In: Global Governance: A Review of Multilateralism and International Organizations 10 (4), 459–480.

Cohen, Roberta (2007): Response to Hathaway. In: Journal of Refugee Studies 20 (3), 370–376.

Cohen, Roberta/Bradley, Megan (2010): Disasters and Displacement: Gaps in Protection. In: Journal of International Humanitarian Legal Studies (1), 95–142.

Cohen, Roberta/Deng, Francis M. (1998a): Exodus within Borders. The Uprooted Who Never Left Home. In: Foreign Affairs 77, 12–16.

Cohen, Roberta/Deng, Francis M. (1998b): Masses in Flight. The Global Crisis of Internal Displacement. Washington D.C.: Brookings Institution Press.

Crisp, Jeff (2009): Refugee, persons of concern, and people on the move: The broadening boundaries of UNHCR. In: Refuge 26 (1), 73–76.

Deng, Francis M. (1993): Protecting the dispossessed: A challenge for the international community. Washington D.C.

DeWind, Josh (2007): Response to Hathaway. In: Journal of Refugee Studies 20 (3), 381–385.

Hathaway, James C. (2007): Forced Migration Studies: Could We Agree Just to 'Date'? In: Journal of Refugee Studies 20 (3), 349–369.

Hudson, Ben/Ní Ghráinne, Bríd (2020): Enhancing State-to-State Dialogue on Internal Displacement: Current Global Fora and Future Prospects. In: Refugee Survey Quarterly 39, 425–443.

Jacobs, Carolien/Kuhiba, Stanislas Lubala/Katembera, Rachel Sifa (2020): The Upward Spiral Towards Local Integration of IDPs: Agency and Economics in the Democratic Republic of the Congo. In: Refugee Survey Quarterly 39, 537–543.

Kälin, Walter/Chapuisat, Hannah Entwisle (2017): Breaking the impasse: Reducing protracted internal displacement as a collective outcome. Hg. v. UN Office for the Coordination of Humanitarian Affairs (OCHA).

Koch, Anne (2020): Auf der Flucht im eigenen Land. Politische und institutionelle Herausforderungen. SWP-Studie 4, März 2020, Berlin.

Lee, Luke T. (1996): Internally displaced persons and refugees: Toward a legal synthesis? In: Journal of Refugee Studies 9 (1), 27–42.

MacGuire, Daniel (2018): The relationship between national normative frameworks on internal displacement and the reduction of displacement. In: International Journal of Refugee Law 30 (2), 269–286.

McNamara, Dennis (2005): The mandate of the Emergency Relief Coordinator and the role of OCHA's Interagency Internal Displacement Division. In: Refugee Survey Quarterly 24 (3), 61–70.

Mooney, Erin (2005): The Concept of Internal Displacement and the Case for Internally Displaced Persons as a Category of Concern. In: Refugee Survey Quarterly 24 (3), 9–26.

Nguya, Gloria/Siddiqui, Nadia (2020): Triple Nexus Implementation and Implications for Durable Solutions for Internal Displacement: On Paper and in Practice. In: Refugee Survey Quarterly 39, 466–480.

Orchard, Phil (2018): Protecting the internally displaced: Rhetoric and reality. Oxon: Routledge.

Rimmer, Susan Harris (2010): Reconceiving refugees and internally displaced persons (IDPs) as transitional justice actors. In: Contemporary Readings in Law and Justice 2 (2), 163–180.

Weiss, Thomas G./Korn, David A. (2006): Internal displacement: conceptualization and its consequences. New York: Routledge.

Zeender, Greta/Yarnell, Mark (Hg.) (2020): Improving Attention to Internal Displacement Globally. Refugee Survey Quarterly 39 (4).

II.5
Bootsflüchtlinge

Marcel Berlinghoff

Abstract Dieser Beitrag widmet sich der Gruppe der Bootsflüchtlinge bzw. *Boat People* als eigenständige Kategorie der Flucht- und Migrationsforschung. Hierzu wird zunächst auf das *Resettlement* der indochinesischen *Boat People* eingegangen, deren Aufnahme im bundesdeutschen Fall sowohl rechtlich als auch diskursiv folgenreich war und sich in der Etablierung einer eigenen Schutzkategorie niederschlug. In einem zweiten Schritt wird die Frage diskutiert, inwiefern sich Bootsflüchtlinge/*Boat People* als eigene Kategorie der Flucht- und Migrationsforschung eignet. Hieran schließen sich drittens die Frage nach der Handlungsmacht von *Boat People* sowie viertens die Fragen nach der ikonischen Kraft des Begriffs, der damit verbundenen Bilder und wie sie in der politischen Debatte mobilisiert werden, an.

Schlüsselbegriffe: Boat People, Agency, Resettlement, Legitimität, Kategorisierung

1. Einleitung

Der Begriff des Bootsflüchtlings evoziert Bilder von verzweifelten Menschen in überfüllten Schiffen und Booten, die nicht nur der gegenwärtigen Bildberichterstattung über die mediterranen Flucht- und Migrationsrouten entstammen, sondern häufig auf die visuelle Repräsentation der *Boat People* verweisen, die Ende der 1970er und Anfang der 1980er Jahre die Sozialistische Republik Vietnam über das Südchinesische Meer verließen (→ ‚Südostasien'; → ‚Seenotrettung'). Die lebensgefährliche Flucht über das Meer wurde zu einer Ikone des internationalen Fluchtregimes und hatte im Fall der ‚Vietnam-Flüchtlinge' eines der größten *Resettlement*-Programme des UNHCR zur Folge. In der Bundesrepublik führte das medial vermittelte Schicksal der *Boat People* zu einer der damaligen Migrationspolitik diametral entgegengesetzten Aufnahmepolitik, die von einer breiten ‚Willkommenskultur' begleitet war und bis heute als positives Beispiel gelungener Flüchtlingsaufnahme gilt (Bösch 2017; Kleinschmidt 2016). International war der Umgang mit dieser Gruppe im Kontext von Kaltem Krieg, Dekolonisierung und Humanitarisierung der Außenpolitik divers (Robinson 1998; Taylor et al. 2021).

Galten die indochinesischen *Boat People* lange als Prototyp des Bootsflüchtlings, wurde die Bezeichnung zu Beginn des 21. Jahrhunderts auf neue Gruppen erweitert: etwa auf Flüchtlinge[1] und Migrant*innen, die aus Nordafrika und der Türkei die Überfahrt Richtung EU über das Mittelmeer bzw. den Atlantik antreten, oder irreguläre Einwanderer, die vor Australien abgefangen und interniert werden. In der internationalen englischsprachigen Forschung hat sich eine Debatte darüber entwickelt, ob *Boat People* als eigenständige Kategorie der Migrationsforschung gefasst werden sollten, die unter-

---

1 Der in diesem historisch argumentierenden Beitrag verwendete breite Flüchtlingsbegriff beschränkt sich nicht auf nach internationalem Recht anerkannte Flüchtlinge (→ ‚Flüchtling' – rechtlich) sondern umfasst auch zeitgenössisch so bezeichnete Gruppen (→ ‚Flüchtling' – historisch).

schiedliche zeitliche und geografische Kontexte einschließt, wie z. B. auch albanische Flüchtlinge nach Italien Anfang der 1990er oder die Migration per Schiff von osteuropäischen Emigrant*innen nach dem Zweiten Weltkrieg nach Kanada (Gammeltoft-Hansen 2011; Gatrell 2016; Glynn 2016; Mannik 2016). Die ebenfalls ikonische Flucht insbesondere von Juden und Jüdinnen aus NS-Deutschland auf der *St. Louis* 1939 oder die Nachkriegsemigration nach Palästina auf der *Exodus* 1947 werden dagegen in der Forschung nicht unter dem Begriff Bootsflüchtlinge gefasst.

2. Ein ikonisches Vorbild: *Boat People* aus Vietnam

Ende der 1970er und Anfang der 1980er Jahre erschütterte das Schicksal vietnamesischer Bootsflüchtlinge im Südchinesischen Meer die bundesdeutsche Öffentlichkeit (Bösch 2017; Kleinschmidt 2016). Die Bilder von überfüllten Booten und Schiffen voll augenscheinlich verzweifelter Menschen lösten Mitleid aus und eine Reihe von öffentlichen und privaten Appellen drängte die Politik zur Hilfe. Dabei war das (→) *Resettlement* indochinesischer Bootsflüchtlinge in ein komplexes Geflecht von Interessen auf politischer, medialer und gesellschaftlicher Ebene eingebunden. Auf der einen Seite CDU-Landespolitiker, die sich entgegen ihrer migrationspolitischen Positionen für eine großzügige Aufnahme vietnamesischer Bootsflüchtlinge stark machten (Stöber 1990) und sich dabei auf die breite Hilfsbereitschaft einer ansonsten gegenüber der Flüchtlingsaufnahme mehrheitlich skeptischen Öffentlichkeit stützten. Auf der anderen Seite eine sozial-liberale Bundesregierung, die, inmitten einer Verschärfung der Asylpolitik, der Aufnahme einer größeren Gruppe asiatischer Flüchtlinge zurückhaltend gegenüberstand.

Als Mitte 1979 rund 350.000 vietnamesische Flüchtlinge Schutz in der Region suchten, riefen die von der Flüchtlingskrise besonders betroffenen Staaten (→) Südostasiens die internationale Gemeinschaft um Unterstützung an (Chetty 2001; Robinson 1998). Da einzelne Staaten den Flüchtlingen die Landung an der Küste verwehrten und sie zurück aufs Meer schickten, wurde eine überregionale Lösung gesucht (‚Orderly Departure Programme'), u. a. durch die Verdoppelung der Aufnahmekontingente von Drittstaaten (Kumin 2008; UNHCR 2000).

In der Bundesrepublik war die Aufnahme ‚vietnamesischer' Bootsflüchtlinge einerseits Spielball des Parteienstreits, andererseits von einer Welle der Hilfsbereitschaft geprägt: Eine Spendenaktion der Wochenzeitung Die Zeit brachte 1979/80 2,5 Mio. DM zusammen. Die Aktion „Familien helfen Flüchtlingsfamilien" der baden-württembergischen CDU führte nach Aussage des süd-badischen Regierungspräsidenten dazu, dass sich die Leute um die Vietnamesen „geradezu reißen" (Spaich 1982: 52) würden. Den größten Widerhall fand der von den Medien aufmerksam begleitete Einsatz des aus Spendengeldern finanzierten Lazarettschiffs *Cap Anamur*, der gleichsam zum Symbol wurde (Neudeck 1980; Bösch 2017).

Die in der Bundesrepublik Aufgenommenen erhielten umfangreiche Integrationshilfen: insbesondere einen vergleichsweise sicheren Aufenthaltsstatus, der die sofortige Arbeitserlaubnis beinhaltete sowie Sprachkurse. Die positive Einstellung gegenüber den Geflüchteten, ihr Ruf als zurückhaltend und fleißig, und die offenbar hohe Bildungsaspiration führten dazu, dass die *Boat People* schon bald als gut integrierte Gruppe galten. Die trotz aller Differenzen insgesamt politisch gewollte und zivilgesellschaftlich unterstützte offene Aufnahme der indochinesischen *Boat People* ist also ein bemerkenswertes Beispiel früher „Willkommenskultur", die eine erfolgreiche Integrationspolitik ermöglichte.

3. *Boat People* als eigenständige Kategorie der Migrationsforschung?

In der englischsprachigen Forschungsdiskussion ist aus der Beschäftigung mit Flucht und Migration über das Meer eine Diskussion über *Boat People* als eigenständige Kategorie entstanden: Lässt sich Migration per Boot und Schiff zeitübergreifend als *Boat People Migration* untersuchen?

Laut Glynn, der die Entwicklung politischer Diskussionen und Migrationspolitiken der 1990er und 2000er Jahre in Italien und Australien vergleicht, verdichte sich im Begriff der *Boat People* die tendenzielle nicht-Unterscheidbarkeit von legitimen Flüchtlingen (*forced migrants*) und als illegitim angesehenen Migrant*innen (*economic migrants*) – es sei daher wichtig zu verstehen, wie politische Debatten über Bootsflüchtlinge staatliche Politik und Einwanderungsdiskurse prägen (Glynn 2016: 6). Dies ist allerdings keineswegs eine neue Diskussion, die nur auf *Boat People* zutreffen würde. Vielmehr wird die Legitimität der Migrationsmotive von Flüchtenden seit jeher in Frage gestellt (→ Mixed Migration), unabhängig von ihren Transportmitteln (Gatrell 2015). Als übergreifende Kategorie erscheint das Label *Boat People* daher nicht weiterführend.

Gleichwohl ist der Verweis auf die Besonderheit der untersuchten Gruppe in der öffentlichen Wahrnehmung wichtig. Dabei ist die geographische Kontextualisierung dieser überwiegend historiographischen Debatte bedeutsam, wird sie doch vor allem in Ländern geführt, in denen maritime Flucht- und Migrationsbewegungen Eingang in die Erinnerungskultur gefunden haben (etwa Großbritannien, Australien und Kanada). Zugleich bestimmen hier – wie auch in anderen aktuell mit maritimen Fluchtbewegungen konfrontierten Ländern – akute Fragen der (→) Seenotrettung oder der Migrationsabwehr (→ Externalisierung) die Diskussion. Entsprechend geht diese Debatte auch von den dort vorherrschenden negativen Bildern von Bootsflüchtlingen aus: Nach Pugh (2004) werden *Boat People* als geradezu apokalyptische Bedrohung, als staatenlose Wanderer konstruiert, gegen die sicherheitspolitisch vorgegangen werden müsse. Dieser Diskurs löse ihre Notlage von den Menschenrechtsverletzungen, Konflikten und globalen ökonomischen Ungleichheiten, vor denen sie fliehen, ab, wodurch ihre Bedürftigkeit (→ Deservingness) ausgeblendet werde. Sprache und Bilder würden sie entmenschlichen und Analogien zu Naturkatastrophen hervorrufen (Gatrell 2015; Mannik 2016).

Zudem konstatiert Chimni (1998) eine Verschiebung der Wahrnehmung von Flüchtlingen seit den 1980er Jahren. Seitdem würden Flüchtlinge aus dem Globalen Süden diskursiv als von europäischen Flüchtlingen grundsätzlich verschieden wahrgenommen: im Gegensatz zu Letzteren träten sie vermeintlich in (unkontrollierbaren) Massen auf und migrierten vorrangig aus ökonomischen Gründen, was eine Gefahr für die nationale und wirtschaftliche Sicherheit der Zielländer darstelle (*myth of difference*). *Boat People*, so folgt Mannik (2016) mit Bezug auf Chimni, seien die bedrohlichste dieser Repräsentationen, da sie unkontrolliert, unkontrollierbar und willentlich illegal reisten. Dabei stelle die clandestine Reise über das Meer „the most physically and emotionally devastating form of forced migration" (Mannik 2016: 15) dar.

Die Implikationen der Repräsentationen von *Boat People* als Avantgarde der Notleidenden, die alles auf eine Karte setzen um der Gefahr, Perspektivlosigkeit oder Unterdrückung zu entkommen, sind hilfreich, um die in den *refugee studies* verbreitete positivistische Sicht auf Flüchtlinge (gemäß den Definitionen der Genfer Konvention) normativ zu erweitern. Entsprechend sieht Gatrell (2016) das Potenzial einer maritimen Perspektive darin, Flucht- und Flüchtlingsgeschichte historisch zu untersuchen: Das „thinking through oceans" (Gatrell 2016: 175) ermögliche es, die Rolle von Nationalstaaten in dieser Geschichte sowohl anzuerkennen als auch in Frage zu stellen. Zudem ließe sich so auf den Netzwerkcharakter von Fluchtmigration verweisen. Die Verbindung von Ozeanen sowohl mit Abenteuern und Chancen als auch mit Zwängen und Risiken erlaube eine kulturhistorische Annäherung an zeitgenössische Fluchtgeschichte(n).

Bringt die historische Ausweitung der Perspektive auf *Boat People* über den indochinesischen Fall hinweg also doch Vorteile? Liegt ein Erkenntnisgewinn darin, estnische Migrant*innen der Nachkriegszeit, kubanische Flüchtlinge des Kalten Krieges und Bootsflüchtlinge, die seit über zwei Jahrzehnten über das Mittelmeer nach Europa kommen, übergreifend als *Boat People* zu analysieren? Tatsächlich finden sich eine Reihe von Gemeinsamkeiten, insbesondere, was die persönliche Erfahrung der Migrierenden selbst, die Willkommens- und Abwehrdiskurse in den Ziel- und Transitländern, sowie die Erinnerung an diese Flucht- und Migrationsgeschichten angeht. Auch für flüchtlingsrechtliche Perspektiven erscheint eine Kategorie „boat migrant" (Gammeltoft-Hansen 2011) sinnvoll. Dem steht jedoch das gewichtige Argument des historischen Kontexts entgegen, der Bedingungen, Formen und Folgen der Migration prägt. So erscheinen die *Boat People* der 1970er und 1980er Jahre (analog zu den kubanischen oder osteuropäischen Flüchtlingen) in der zeitgenössischen Debatte ebenso wie in der öffentlichen Erinnerung als legitimierte, da überwiegend politisch motivierte, Flüchtlinge. Ihre Aufnahme als Menschen, die der ‚kommunistischen Unterdrückung' zu entkommen suchten, ist vor dem Hintergrund des Kalten Krieges zu sehen, der um 1979 eine erneute Hochphase erlebte.

Seit Mitte der 1990er Jahre gelten Bootsflüchtlinge hingegen überwiegend als illegitime Migrant*innen, welche versuchen, das Einreiserecht der Zielstaaten zu brechen. Dem Flüchtenden gelten aber in der Regel eher die Sympathien als dem Eindringling – es sei denn, dieser vermag sich Legitimität zu verschaffen. Dies kann durch das Evozieren machtvoller Bilder geschehen. Wie bedeutend dies für die Kontextualisierung der Aufnahme ist, wird im folgenden Abschnitt über die *Agency* von *Boat People* und ihren Unterstützer*innen gezeigt.

4. Einschreibungen in machtvolle Narrative – Zuschreibung oder Agency?

Auf den ersten, vom kollektiven Bildgedächtnis geprägten Blick erscheint die Frage nach der (→) Agency von *Boat People* unsinnig, stehen doch die Aufnahmen von überfüllten, den Naturgewalten ausgelieferten Schiffen für ihr Ausgeliefertsein und ihre Handlungsohnmacht. Generell, darauf weist Gatrell (2016) hin, wird *Refugee Agency* in der Flucht-Geschichtsschreibung wenig beachtet, stattdessen finde sich ihre Beschreibung als „flotsam and jetsam", Treib- und Strandgut (Gatrell 2016: 175). Der drohenden Gefahr weichend, könnten Flüchtlinge, so die verbreitete Vorstellung, keine Handlungsmacht entfalten. Tatsächlich aber ist *Agency* immer Bestandteil der Fluchterfahrung von *Boat People* (Mannik 2016). Schließlich riskiere sonst niemand sein Leben in seeuntüchtigen Booten. Ihr Argument verweist auf die prinzipielle Wahlfreiheit und Handlungsmacht, die mit der Vorbereitung und Durchführung der Flucht über das Meer verbunden ist. Zwischen diesen Phasen begrenzter aber vorhandener Handlungsmacht liegen jedoch auch Abschnitte des Migrationsprozesses, in denen Bootsflüchtlinge staatlichen Institutionen, Internationalen Organisationen oder Schleusern (→ Schleusen) sowie letztlich den Naturgewalten auf dem Meer ausgeliefert sind (Mannik 2016).

Auch durch ihre Einschreibung in ein machtvolles und vor allem visuell transportiertes moralisches Narrativ kommt *Boat People* eine Form der Handlungsmacht zu. Entgegen der von Bedrohungsszenarien geprägten Wahrnehmung, von der die englischsprachige Forschung berichtet, lösten die medial publizierten Bilder der *Boat People* im skizzierten bundesdeutschen Beispiel eine Welle der Hilfsbereitschaft aus. Lisa-Katharina Weimar (2021) weist auf die Bedeutung der visuellen Repräsentationen von Flüchtlingen hin, die deren Aufnahme erleichtern oder verhindern können. Demnach unterschieden sich die Bildformeln der ‚Geretteten' und ‚Aufgenommenen' deutlich von Repräsentationen anderer Migrant*innen der Zeit. Die *moral power* (Bonjour 2011) dieser Bilder ist nicht zu unterschätzen und kann auch heute von Medien und Unterstützer*innen aufgegriffen und wirksam gemacht werden (Orchard 2014). Zumindest im westdeutschen Kontext werden so Erinnerungen an die hilfsbereite und geglückte Aufnahme von eigentlich als fremd wahrgenommenen Flüchtlingen evoziert (Friese 2017).

5. Fazit

Die Frage nach der Vergleichbarkeit und dem analytischen Wert einer eigenen Kategorie *Boat People* ist noch offen. So sind in den Diskussionen der Aufnahmestaaten, der internationalen Rechtsdiskussion, der medialen und insbesondere visuellen Repräsentationen sowie der individuellen Erfahrungen und Erinnerungen von (ehemaligen) Bootsflüchtlingen Gemeinsamkeiten vorhanden, die den Vergleich lohnenswert erscheinen lassen. Gleichwohl dürfen dabei weder die unterschiedlichen historischen Kontexte aus dem Blick geraten, noch dass sich die Repräsentation von Bootsflüchtlingen seit den 1970er Jahren fundamental geändert hat: Standen diese zuvor für heroische oder viktimisierte *Emigrant*innen*, so wurden sie zunehmend als irreguläre *Immigrant*innen* gesehen. Das humanitäre Dilemma, dass Hilfe und (→) Seenotrettung ungesehen des politischen Kontextes der Flucht als unabdingbar erscheint, existierte aber in beiden Fällen. Dies gilt schließlich auch für die *Agency* von Bootsflüchtlingen, die im Migrationsprozess zwar phasenweise beschränkt ist, insgesamt aber einer genaueren Untersuchung bedarf. Die Handlungsmacht, die sich aus den diskursiven und visuellen Repräsentationen von Bootsflüchtlingen für sie selbst und ihre Unterstützer*innen ergibt, ist ebenfalls noch Desiderat.

Literaturverzeichnis

Bösch, Frank (2017): Engagement für Flüchtlinge. Die Aufnahme vietnamesischer „Boat People" in der Bundesrepublik. In: Zeithistorische Forschungen 14, 13–40.

Bonjour, Saskia (2011): The Power and Morals of Policy Makers: Reassessing the Control Gap Debate. In: International Migration Review 45, 89–122.

Bundesregierung (1979): Programm der Bundesregierung für Kontingentflüchtlinge vom 29.8.1979. In: Bulletin der Bundesregierung vom 31.8.1979 (Nr. 100), 935.

Chetty, A. Lakshmana (2001): Resolution of the Problem of Boat People: The Case for a Global Initiative. In: ISIL Year Book of International Humanitarian and Refugee Law 1 (8), 144–163.

Chimni, Bhupinder S. (1998): The Geopolitics of Refugee Studies: A View from the South. In: Journal of Refugee Studies 11 (4), 350–374.

Friese, Heidrun (2017): Flüchtlinge: Opfer – Bedrohung – Helden. Zur politischen Imagination des Fremden. Bielefeld: Transcript.

Gammeltoft-Hansen, Thomas (2011): Access to Asylum. International Refugee Law and the Globalisation of Migration Control. Cambridge: Cambridge University Press

Gatrell, Peter (2015): The Making of the Modern Refugee. Oxford: Oxford University Press.

Gatrell, Peter (2016): Refugees – What's Wrong with History? In: Journal of Refugee Studies 30, 170–189.

Glynn, Irial (2016): Asylum Policy, Boat People and Political Discourse. Boats, Votes and Asylum in Australia and Italy. London: Palgrave Macmillan.

Kleinschmidt, Julia (2016): Eine humanitäre Ausnahmeleistung. Die Aufnahme der Boatpeople als migrationspolitische Zäsur. In: Bengü Kocatürk-Schuster u. a. (Hrsg.). UnSichtbar. Vietnamesisch-Deutsche Wirklichkeiten. Köln: edition DOMiD, 50–59.

Kumin, Judith (2008): Orderly Departure from Vietnam: Cold War Anomaly or Humanitarian Innovation. In: Refugee Survey Quarterly 27, 104–117.

Mannik, Lynda (2016) (Hrsg.): Migration by Boat. Discourses of Trauma, Exclusion and Survival. New York: Berghahn.

Meret, Susi/Jørgensen, Martin Bak (2014): From Lampedusa to Hamburg: Time to Open the Gates. In: ROAR 10.7.2014, URL: https://roarmag.org/essays/lampedusa-hamburg-europe-refugees/, 15.3.2021.

Neudeck, Rupert (1980) (Hrsg.): Wie helfen wir Asien? oder "Ein Schiff für Vietnam". Reinbek: Rowohlt.

Orchard, Phil (2014): A Right to Flee. Refugees, States and the Construction of International Cooperation. Cambridge: Cambridge University Press.

Pugh, Micheal (2004): Drowning not Waving: Boat People and Humanitarism at Sea. In: Journal of Refugee Studies 17, 50–69.

Robinson, W. Courtland (1998): Terms of refuge. The Indochinese Exodus & the International Response. London: Zed Books.

Spaich, Herbert (1982): Demontage eines Grundrechts – Eine Dokumentation. In: Ders. (Hrsg.), Asyl bei den Deutschen. Beiträge zu einem gefährdeten Grundrecht. Reinbek: Rowohlt, 40–75.

Stöber, Margit (1990): Politisch Verfolgte genießen Asylrecht. Positionen und Konzeptionen von CDU/CSU zu Artikel 16 Absatz 2 Satz 2 Grundgesetz 1978 bis 1989. Berlin: VWB.

Taylor, Becky/Akoka, Karen/Berlinghoff, Marcel/Havkin, Shira (2021) (Hrsg.): When Boat People Were Resettled, 1975–1983. A Comparative History of European and Israeli Responses to the South-East Asian Refugee Crisis. Cham: Palgrave Macmillan.

UNHCR (2000): The State of the World's Refugees. Fifty Years of Humanitarian Action. Oxford: Oxford University Press.

Weimar, Lisa-Katharina (2021): Bundesdeutsche Presseberichterstattung um Flucht und Asyl. Selbstverständnis und visuelle Inszenierung von den späten 1950er bis zu den frühen 1990er Jahren. Wiesbaden: Springer VS.

Wiestner, Rainer (1984): Die Rechtsstellung der Kontingentflüchtlinge in der Bundesrepublik Deutschland. Dissertation Universität Würzburg.

II.6
Camp/Lager

René Kreichauf

Abstract Dieser Beitrag erläutert die Entstehung, Begrifflichkeiten und den Forschungsstand in Bezug auf das Flüchtlingslager. Dabei werden verschiedene theoretische Herangehensweisen zur wissenschaftlichen Untersuchung vorgestellt. Der Beitrag verdeutlicht insgesamt, dass Flüchtlingslager sowohl als Orte der Ausgrenzung, Kontrolle und Regulierung, als auch als Räume des Politischen und des Widerstands konzeptualisiert und zunehmend in aktuelle Forschungsdebatten zu Grenzregimen, Wohnungspolitiken und Stadtentwicklungsprozesse eingebunden werden.

Schlüsselbegriffe: Flüchtlingslager, Camps, Unterbringung, Sozialraum, (Nicht-)Wohnen, permanente Temporalität, Grenzräume

1. Einleitung

Flüchtlingslager spiegeln die Beständigkeit von Flucht und Vertreibung wider. Sie werden als temporäre, oftmals räumlich und rechtlich abgetrennte und erzwungene Unterbringungsstätte von staatlichen Akteur*innen, (internationalen) NGOs und/oder privaten Akteur*innen geplant, errichtet und betrieben. Sie dienen dem Schutz, der Versorgung, aber auch der Kontrolle, Verwaltung und Eingrenzung von Geflüchteten. Oft entwickeln sie sich im Laufe der Zeit zu permanenten Orten, in denen Geflüchtete jahrelang leben (müssen).

Dieser Beitrag gibt einen Überblick über die Entstehung, Begrifflichkeiten und theoretische Einordnungen des Flüchtlingslagers. Bei dieser Betrachtung werden die unterschiedlichen Analogien dieser sozialräumlichen Figur verdeutlicht. Der Beitrag zeigt ferner, dass Lager zunehmend durch Verstetigungs- und Urbanisierungsprozesse gekennzeichnet sind, die sich insbesondere in deren Ausdifferenzierung und Einbindung in Grenzregime und neoliberale Stadtpolitiken sowie dazugehörigen Forschungsdebatten abzeichnen.

2. Genealogie

Lager (*campus*, *castra*) haben ihren Ursprung in der Antike und im Militär. Als dezidierte Orte der Konzentration und Verwaltung von verdrängten und als ethnisch „anders" markierten Menschen wurden sie zunächst in europäischen Kolonien erprobt, bevor sie in Europa im 20. Jahrhundert flächendeckend unter totalitären Regimen eingeführt wurden (Davies/Isakjee 2019). In diesem „Jahrhundert der Lager" (Bauman 1989) entwickelte sich das Lager zur modernen Institution, die in verschiedenen Formen – aber zumeist mit rassistischen und kolonialen Ideologien begründet – zur Ausgrenzung, Disziplinierung (*Kriegsgefangenenlager*), Zwangsarbeit und Ausbeutung (*Arbeitslager*,

GULags, Konzentrationslager) bis hin zur systematischen Ermordung (*NS-Vernichtungslager*) von Verfolgten, insbesondere Jüdinnen*Juden und „Ausländer*innen aus Feindstaaten", entstand (McConnachie 2016). Zwischen, während und nach den Weltkriegen stellten *Vertriebenenlager* Orte der zwangsweisen Massenunterbringung, der Rück- oder Ausreise in andere Länder oder der Verteilung in die Nachkriegsgesellschaften dar.

Seit der zweiten Hälfte des 20. Jahrhunderts haben „Dekolonisationsprozesse" zu Kriegen, Konflikten und Vertreibungen und dadurch zur Anlage großer Flüchtlingslager in Form von ganzen Zelt- und Containerstädten im „Globalen Süden" und zur Fluchtmigration nach Europa geführt. Auf diesen Anstieg wird in Europa seit den 1980er Jahren mit dem Ausbau massenhafter und konzentrierter Formen der Unterbringung als wesentlicher Bestandteil restriktiver Asylgesetzgebungen reagiert. Geflüchtete *en route* errichten aber auch immer wieder *informelle Lager* und Behausungen. Diese entstehen oft in Grenzregionen (z. B. Calais in Frankreich, Idomeni in Griechenland), aber auch in Städten (Maximilian Park in Brüssel, Aubervilliers in Paris). Sie verdeutlichen nicht nur die fragmentierte Mobilität und (→) Vulnerabilität von Geflüchteten, sondern auch deren Widerstände gegen restriktive und gewaltvolle Grenzpraktiken und staatliche Ausgrenzung. Flüchtlingslager sind heute demnach sehr vielfältige Orte, die sich als Verräumlichungen von Versorgung und Kontrolle auf einem breiten Spektrum zwischen Formalität und Informalität, Geschlossenheit und Offenheit, Kontrolle und Selbstverwaltung, (→) Im-/Mobilität sowie Unbeständigkeit und Dauerhaftigkeit bewegen (vgl. Grbac 2013; Martin et al. 2020).

3. Begriffliche Bestimmungen

In Deutschland haben die Institutionalisierung dieser Orte sowie vor allem politische Deutungshoheiten zu einer Verschiebung der Begrifflichkeiten geführt. Während bis in die 1980er Jahre in Gesetzen und Debatten noch der Begriff des Sammel*lagers* dominierte, wird heute politisch, administrativ und juristisch allgemein von der zugewiesenen *Unterbringung* Geflüchteter gesprochen oder die aus dem Asylrecht stammenden Begriffe (Erstaufnahmeeinrichtung, Gemeinschaftsunterkunft etc.) genutzt. Diese diskursive Abgrenzung erfolgt, weil der Lagerbegriff die „Inhumanität in den Unterkünften übertrieben symbolisch darstellen" würde und „kein adäquater Begriff für eine Institution eines demokratischen Rechtsstaats" sei (Pieper 2013: 527). Damit wird die politische Absicht verfolgt, menschenunwürdige Zustände, die mit dem Begriff Lager konnotiert sind, entweder außerhalb Europas und in nicht-demokratischen Staaten oder in informellen Camps zu verorten. Dagegen nutzen antirassistische Flüchtlingsbewegungen (z. B. *NoLager*-Netzwerke) „Lager" bewusst als politischen Kampfbegriff, um menschenrechtliche Skandale in Deutschland deutlich zu machen.

Diese Spannungsverhältnisse werden auch in der Wissenschaft deutlich: Die angewandte Fluchtforschung orientiert sich an administrativen Begriffen, zum Beispiel um allgemein die Organisation der Unterbringung und deren Varianz in Deutschland zu analysieren (z. B. Aumüller et al. 2015). In der aktivistischen Migrationsforschung wird dagegen oft der Lagerbegriff verwendet, um die historische Kontinuität der Lagerunterbringung, deren vorherrschende Funktion der Festsetzung, Ausgrenzung, Verwaltung und Abschreckung von vermeintlichen „Asylbetrüger*innen" sowie die funktionalen Bezüge zu Lagern außerhalb Deutschlands zu verdeutlichen (vgl. Göler 2021; Schwarte 2015). Unter

Einbeziehung der Erfahrungen von Geflüchteten, die häufig selbst von Lagern oder *Camps* sprechen, nicht freiwillig und selbstbestimmt, sondern zwangsweise und stark reglementiert mehrere Monate bis Jahre in diesen Räumen leben, sprechen diese Forscher*innen von einem *Lagerzustand*.

4. Konzeptionelle Verortungen

In der Fluchtforschung werden meist zwei theoretische Herangehensweisen zur Untersuchung des Lagers erkennbar. Zum einen wird das Lager aus einer sozialtheoretischen und machtsoziologischen Lesart heraus verstanden – in den frühen deutschen Forschungen als soziale Einrichtung zumeist mit Bezug auf Goffmans (1961) *totale Institution* (siehe z. B. Täubig 2009) und in den Camp Studies durch Anwendung von Agambens (2004) Ideen der *Biopolitik* und des *Ausnahmeraums*. Diese Zugänge definieren das Lager als einen Raum, dessen interne Logik auf die Ausgrenzung, Disziplinarisierung, Kontrolle und Entrechtung zielt und der allumfassend durch eine Obrigkeit strukturiert wird. Flüchtlingslager werden so in zahlreichen Werken als Instrument und *Ort der einschließenden Ausgrenzung* (Agamben 2004), in der der Souverän die Macht hat, Geflüchtete von Rechten aus- und in rechtsleere Räume einzuschließen, verstanden. Zwar zählen Agambens Abstraktionen mittlerweile auch in deutschen Arbeiten zu den am häufigsten hinzugezogenen Theorien für die Untersuchung der Funktionen von und Machtstrukturen in Flüchtlingslagern. Deren Erklärungspotenzial wird allerdings kontrovers diskutiert, bspw. hinsichtlich der einseitigen Darstellung von Geflüchteten als handlungsunfähige und homogene Hilfsempfänger*innen und/oder Opfer staatlicher Gewalt sowie von Flüchtlingslagern als starre, unpolitische und rechtsfreie Räume (McConnachie 2016).

Die zweite wichtige Herangehensweise macht daher die gelebten Erfahrungen von Geflüchteten, soziale Mikrostrukturen sowie die tatsächlichen Machtverhältnisse und Verhandlungen zum Gegenstand der Untersuchung. Forscher*innen wie Ramadan (2013) und Sanyal (2012) untersuchen das Lager als Raum der Identitäts- und Gemeinschaftsbildung, der (→) Agency, sozialer Beziehungen, Widerstände sowie von Aneignungsprozessen. Das Lager wird in dieser Literatur und teilweise mit Bezug auf Massey (2005) als Raum verstanden, der durch die Praktiken, Aushandlungen und sozialen Beziehungen unterschiedlicher Akteur*innen konstruiert wird. Auch in Bezug auf Flüchtlingslager in Deutschland zeigen Forscher*innen um Arouna (2019) sowie Hartmann (2020), dass Geflüchtete auf die Gestaltung der Räume Einfluss nehmen, sich den institutionell vorgegebenen Strukturen der Unterbringung widersetzen und ihre Handlungsmacht, Rechte und Bedürfnisse geltend machen. Dadurch werden die vielseitigen Alltagspraktiken und räumlichen Wissensbestände Geflüchteter sowie deren Aneignungs- und Gestaltungsprozesse um und in Lagern, die eng mit deren Herkunft, Fluchterfahrungen und unsicheren Aufenthaltsbedingungen verbunden sind, deutlich.

5. Entwicklungstendenzen und Forschungsperspektiven

In den genannten theoretischen Verortungen spielt häufig die Tendenz zur zeiträumlichen Verstetigung als ein grundlegendes Merkmal von Lagern eine zentrale Rolle. Temporär geplant und errichtet stehen sie zwischen „konzeptioneller Vorläufigkeit und der tatsächlich gelebten Permanenz"

(Hartmann 2020: 83). Viele Geflüchtete verbringen mehrere Monate und Jahre in Lagerzuständen – bspw. wegen anhaltender und neuer Krisen, ungeregelter Aufenthaltsfragen oder angespannter Wohnungsmärkte in europäischen Städten (→ Wohnen). Diese „regimes of permanent termporariness" (Picker/Pasquetti 2015) spiegeln sich im „Globalen Süden" in der Urbanisierung von Flüchtlingslagern wider. Forscher*innen um Katz (2018) sowie Agier (2011) untersuchen daher die typologischen Beziehungen zwischen dem Raum des Flüchtlingslagers und dem städtischen Raum und zeigen, dass Flüchtlingslager urbane Strukturen annehmen oder Teil von Städten werden können (→ Ethnologie).

In vielen europäischen Städten etabliert sich das Lager im Zuge von Campization-Prozessen (Kreichauf 2018) – also dem Durchdringen der Logiken des Lagers in städtische Strukturen und Politiken – als permanente, hybride sowie prekäre und urbane Wohnform (Dalal 2020) oder als dauerhaftes Nicht-Wohnen (Werner 2020), die die Flucht- und Verdrängungserfahrungen von Geflüchteten verlängern und ausweiten. Die Unterbringung Geflüchteter wird dabei einerseits als Teil internalisierter Grenzräume konzeptualisiert (z. B. Hamann/El-Kayed 2018), die bspw. Mobilität, Teilhabe und den Zugang zum regulären Wohnungsmarkt über das Lager hinaus steuern. Andererseits wird die Lagerunterbringung von Geflüchteten auch im Kontext allgemeiner Wohn- und Stadtentwicklungspolitiken verhandelt und theoretisiert. Hier wird deutlich, dass die Räume und Praktiken der Unterbringung eine perfekte Arena für neoliberale Experimente in der Wohnungsbau- und Sozialpolitik und für die Regulierung marginalisierter Gruppen in Städten darstellt (Darling 2016). So zeigen Bhagat (2019) und Soederberg (2018) anhand von Paris bzw. Berlin, dass es eine Überschneidung zwischen den bereits existierenden Krisen von Obdachlosigkeit, Wohnraummangel und Armut mit der Rassifizierung und Ausgrenzung Geflüchteter gibt. Sie erläutern, dass neoliberale Stadtpolitiken zu Einsparungen im Unterbringungs- und sozialen Bereich und in Folge zu einer weiteren Marginalisierung und Verschlechterung der Wohnversorgung Geflüchteter (und anderer rassifizierter Gruppen) geführt haben.

Durch die vorgestellten Werke wird insgesamt deutlich, dass die Untersuchung des Lagers den gesellschaftspolitischen Umgang mit Geflüchteten, dessen Ziele und Auswirkungen sowie die Praktiken von Geflüchteten um Teilhabe und Agency darstellen kann. Dabei sollten sowohl Analysen zu Macht und Herrschaft, die umfangreiche Einbettung solcher Räume in globale, nationale und lokale Apparate der Grenz- und Migrationskontrolle, sowie vor allem aber auch die Erfahrungen, Kämpfe und sozialen Beziehungen von Geflüchteten bei der Analyse berücksichtig und miteinander kombiniert werden. Weiterhin sollten Flüchtlingslager und -unterbringungen nicht isoliert, sondern in Relation zu ihren sozialräumlichen Verflechtungen und Beziehungen, städtischen Gefügen und lokalspezifischen Aushandlungen betrachtet werden. Dadurch offenbart sich die mehrdeutige, poröse und paradoxe Natur des Lagers, und gleichermaßen wird dessen Konzeptualisierung als sozialer und politischer Raum ermöglicht, der sich als Ergebnis von Migration konstituiert, und in dem Rechte, Bedürfnisse und Verpflichtungen durch alltägliche Interaktionen aktiviert werden. Ferner wird so aber auch erkennbar, dass Lager zu einer dauerhaften Realität von vielen, meistens besonders vulnerablen Geflüchteten werden können.

Literaturverzeichnis

Agamben, Giorgio (2004): Ausnahmezustand. Frankfurt a.M.: Suhrkamp.
Agier, Michel (2011): Managing the Undesirables: Refugee Camps and Humanitarian Government. Cambridge: Polity Press.
Arouna, Mariam/Breckner, Ingrid/Ibis, Umut/Schroeder, Joachim/Sylla, Cornelia (2019): Fluchtort Stadt: Explorationen in städtische Lebenslagen und Praktiken der Ortsaneignung von Geflüchteten. Wiesbaden: Springer VS.
Aumüller, Jutta/Daphi, Priska/Biesenkamp, Celine (2015): Die Aufnahme von Flüchtlingen in den Bundesländern und Kommunen. Behördliche Praxis und zivilgesellschaftliches Engagement. Stuttgart: Robert Bosch Stiftung.
Bauman, Zygmunt (1989): Modernity and the Holocaust. Cambridge: Polity Press.
Bhagat, Ali (2019): Displacement in "actually existing" racial neoliberalism: refugee governance in Paris. In: Urban Geography, https://doi.org/10.1080/02723638.2019.1659689.
Dalal, Ayham (2020): The refugee camp as urban housing. In: Housing Studies, https://doi.org/10.1080/02673037.2020.1782850.
Darling, Jonathan (2016): Privatising asylum: Neoliberalisation, depoliticisation and the governance of forced migration. In: Transactions of the Institute of British Geographers 41 (3), 230–243.
Davies, Thom/Isakjee, Arshad (2019): Ruins of Empire: Refugees, race and the postcolonial geographies of European migrant camps. In: Geoforum 102, 214–217.
Goffman, Erving (1961): Asylums: Essays on the social situation of mental patients and other inmates. New York: Anchor Books.
Göler, Daniel (2021): Das Lager als Nicht-Ort. In: Devlin, Julia/Evers, Tanja/Goebel, Simon (Hrsg.): Praktiken der (Im-)Mobilisierung. Bielefeld: transcript Verlag, 281–300.
Grbac, Peter (2013): Civitas, polis, and urbs – Reimagining the refugee camp as the city. In: Refugee Studies Centre, Working Paper Series 96.
Hamann, Ulrike/El-Kayed, Nihad (2018): Refugees' Access to Housing and Residency in German Cities: Internal Border Regimes and Their Local Variations. In: Social Inclusion 6 (1), 135–146.
Hartmann, Melanie (2020): Zwischen An- und Ent-Ordnung. Sammelunterkünfte für Geflüchtete als Räume des Politischen. Wiesbaden: Springer VS.
Katz, Irit/Martin, Diana/Minca, Claudio (2018): Camps Revisited: Multifaceted Spatialities of a Modern Political Technology. London: Rowman & Littlefield.
Kreichauf, René (2018): From forced migration to forced arrival: the campization of refugee accommodation in European cities. In: Comparative Migration Studies 6 (7), 1–22.
Martin, Diana/Minca, Claudio/Katz, Irit (2020): Rethinking the camp: On spatial technologies of power and resistance. In. Progress in Human Geography 44 (4), 743–768.
Massey, Doreen (2005): For space. London: Sage.
McConnachie, Kirsten (2016): Camps of containment: A genealogy of the refugee camp. In: Humanity: An International Journal of Human Rights, Humanitarianism, and Development 7 (3), 397–412.
Picker, Giovanni/Pasquetti, Silvia (2015): Durable camps: the state, the urban, the everyday. In: City 19 (5), 681–688.
Pieper, Tobias (2013): Die Gegenwart der Lager. Zur Mikrophysik der Herrschaft in der deutschen Flüchtlingspolitik. Münster: Westfälisches Dampfboot.
Ramadan, Adam (2013): Spatialising the refugee camp. In: Transactions of the Institute of British Geographers 38 (1), 65–77.
Sanyal, Romola (2012): Refugees and the City: An urban discussion. In: Geography Compass 6 (11), 633–644.
Schwarte, Ludger (2015): Auszug aus dem Lager. Bielefeld: transcript-Verlag.

Soederberg, Susanne (2018): Governing Global Displacement in Austerity Urbanism: The Case of Berlin's Refugee Housing Crisis. In: Development and Change 50 (4), 923–947.

Werner, Franziska (2020): (Nicht-)Wohnen von Geflüchteten. In: Eckardt, Frank/Meier, Sabine (Hrsg.): Handbuch Wohnsoziologie. Wiesbaden: Springer, 1–30.

II.7
Deservingness

Jelena Tošić und Andreas Streinzer

Abstract *Deservingness* als Konzept deutet auf die Frage hin, warum wer was ‚verdient', wer also einen bestimmten rechtlichen Status und dazugehörigen Zugang zu Ressourcen und Hilfestellungen erhalten sollte. Diese normative Frage wird oft in moralisierenden Debatten verhandelt. In jüngster Zeit nehmen solche Debatten in Bezug auf Flucht und Migration zu, eine Begleiterscheinung von Exklusion und intersektionalen Herrschaftsformen der Gegenwart. Im Beitrag erarbeiten wir einen Begriff, mit dem sich solche Debatten analysieren lassen und streifen dabei mehrere aktuelle Kontroversen um die Unterscheidung zwischen *deserving* und *undeserving* Geflüchteten.
Schlüsselbegriffe: Deservingness, Moralisierung, Ungleichheit, Common Sense

1. Einführung

Der Begriff *Deservingness* (auf Deutsch am ehesten ‚Verdienstbarkeit' oder ‚Würdigkeit') wurde von Forscher*innen im Kontext der sogenannten ‚Flüchtlingskrise' vermehrt aufgenommen, um die vorherrschende Unterscheidung zwischen ‚wahren' (daher *deserving*) Geflüchteten auf der einen Seite und *undeserving*, also diesen Status zu Unrecht beanspruchenden, auf der anderen, kritisch in den Blick zu nehmen. Diese alltägliche diskursive Praxis der Moralisierung von Flucht und Migration wird quer durch das politische Spektrum verwendet (zum Teil auch von den Flüchtenden selbst) und ist eine gegenwärtig prominente Manifestation von Debatten zu *Deservingness* – der *Moralisierung von Ungleichheit und Verteilung* im Allgemeinen. Flucht spielt eine wesentliche Rolle in diesen Debatten im gegenwärtigen Zusammentreffen (in Europa und darüber hinaus) von Neo-Nationalismus, Gender Konservativismus und Produktivismus[1] (Streinzer/Tošić 2022). So ist es kein Zufall, dass beispielsweise gerade die moralisierte Figur des jungen, männlichen und unproduktiven (Schein)Flüchtlings (→ Männer) als das *undeserving* Subjekt *par excellence* in gegenwärtigen rechtspopulistischen Diskursen (und darüber hinaus) in Erscheinung tritt. Dieser Beitrag geht zuerst auf die Begriffsgeschichte von *Deservingness* ein, widmet sich dann dem Kontext Flucht und Migration und schließt mit einem kurzen Ausblick.

2. Die Begriffsgeschichte und -landschaft

Prägend für das westliche Verständnis von *Deservingness* ist besonders der Umgang (sozial)staatlicher Systeme mit Armut. Einen historischen Ursprung der heutigen Bedeutung können wir mit Karl Po-

---
[1] Welcher impliziert, dass nur jene Individuen ‚deserving' seien, welche keine Sozialleistungen empfangen (möchten).

lanyi (1944) in der Einführung der *Poor Laws* in England Anfang des 19. Jahrhunderts verorten. Ihres Landes beraubt, suchten ehemalige Bauern Lohnarbeit in kapitalistischen Industriebetrieben. Viele fanden keine Möglichkeit zu solcher Lohnarbeit und stürzten in Armut. Unterstützung erhielt nur, wer unter härtesten Bedingungen in einem *workhouse* arbeitete (Polanyi 1944: 86–87), eine Ankündigung der auch heute noch umstrittenen ‚Arbeitswilligkeit' als Kriterium für Wohlfahrtsleistungen. Die sozialen Folgen waren katastrophal, die Unterscheidung blieb folgenreich. Die Vorstellung, dass eine moralische Bewertung des Lebenswandels oder Charakters entscheidend für die Legitimität von Hilfsleistungen an von Armut Betroffenen sei, taucht seitdem immer wieder auf und ist Teil heutigen Alltagsbewusstseins über die Legitimität von Unterstützung.

In europäischen und amerikanischen Sozialsystemen wurden im letzten halben Jahrhundert zunehmend Kriterien eingeführt, um *Wohlfahrt* selektiver zu gestalten. Die zunehmende Konditionalität staatlicher Umverteilung drückt sich in Kriterien wie der Einschätzung von Verantwortlichkeit, ‚Arbeitswilligkeit' oder ‚Integrationswilligkeit' aus. Eine Begleiterscheinung dieses Umbaus von Sozialstaaten sind Debatten über *Deservingness* von Leistungs-Empfänger*innen. In der Literatur finden sich zahlreiche Beispiele, dass diese Debatten, und die zugehörige Kürzung von Leistungen, besonders über ohnehin armutsgefährdete Gruppen geführt werden: alleinerziehende Mütter (Gordon 1994), Langzeitarbeitslose (Howe 1990) oder ‚persons of colour' und rassifizierte Personen (Jones 2014). Die moralisierenden Unterstellungen, nicht *deserving* zu sein, begleiten also vor allem Prozesse von Exklusion, in denen sich gesellschaftliche Herrschaftsstrukturen manifestieren.

Der Begriff des *Deservingness* eröffnet produktive konzeptuelle Vergleiche und Vertiefungen. Während der Begriff der sozialen und politischen Rechte die Institutionalisierung und rechtliche Verankerung von Zugang zu sozialen Leistungen oder dem Aufenthaltsstatus von Menschen auf der Flucht erfasst, eröffnet der Begriff des *Deservingness* den Blick auf den moralisierenden Gehalt dazugehöriger Aushandlungen und Debatten (siehe auch Cabot 2014 zu „Europäischen Moral-Geographien"). Darüber hinaus macht der Vergleich des Rechte- und *Deservingness*-Begriffs die Bedeutung der unterschiedlichen Einbettung in den Alltag bzw. in die soziale Praxis ersichtlich. *Deservingness*-Argumente scheinen durch ihren affektiven und vergleichenden Charakter leicht zur Verfügung zu stehen, ohne sie gründlich untermauern zu müssen. In dem Sinne können Argumente „wieso jemand etwas mehr oder weniger verdient als jemand anderer" als „alltägliches moralisches Register" (Willen/Cook 2016; eigene Übersetzung) gedacht werden. Diese ‚Verfügbarkeit' von *Deservingness*-Argumenten kann ebenso im Sinne des Gramscischen *„common sense"* sinnvoll konzipiert werden. Letzterer wurde in kultur- und sozialanthropologischen Analysen von Populismus aufgegriffen, um hinter das „als-selbstverständlich-Geltende" zu schauen und dadurch Grundannahmen quer durch Ideologien sowie ihre Wirksamkeit sichtbar zu machen (z. B. Crehan 2011; Streinzer/Tošić 2022).

Der konzeptuelle Vergleich mit dem Begriff des Humanitarismus (Fassin 2012; → Ethnologie), welcher insbesondere im Kontext von Flucht relevant ist (z. B. Malkki 1996; Ticktin 2011), ermöglicht eine Reihe neuer Einsichten. Der Fokus auf *Deservingness* trägt zur differenzierten Erfassung humanitärer Diskurse und Politiken bei, indem zum Beispiel die normative Vorstellung davon, wie ein Flüchtling zu sein hat, um Mitgefühl und daher Hilfe zu ‚verdienen', erfasst wird. Darüber hinaus, und im Unterschied zum Humanitarismuskontext, ermöglicht das Nachdenken über *Deservingness* die Analyse der Dynamik von „Mitgefühl und Repression" (Fassin 2020: X) in Bezug auf Menschen, die sich in einer Situation der Bedürftigkeit befinden. Zudem können Analysen von *Deservingness*-Debatten auch darüber Aufschluss geben, wie Zugang und Verteilung im Falle von Privilegierten problematisiert werden, etwa in Hinblick auf Debatten über Vermögensungleichheit.

3. Deservingness im Kontext von Flucht und Migration

Zuletzt wurde der Begriff *Deservingness* in den Analysen der sogenannten „Flüchtlingskrise" aufgegriffen, um die moralisierende Logik und Politik der Grenzziehung zu und innerhalb migrierender Populationen kritisch zu fassen. So wurde die diskursive Kluft zwischen „deserving refugees" and „undeserving migrants" zur hegemonialen Achse, entlang derer die Legitimität des Anspruchs auf Hilfestellung und Status in Gesellschaften debattiert und verhandelt wird. Durch dieses vorherrschende „diskursive Framing" (Yarris/Castaneda 2015; → Mediendiskurse) wird das verschwommene Kriterium der Freiwilligkeit von Migration, sowie die dazugehörige Unterscheidung zwischen „politischer" und „ökonomischer" Migration (z. B. Holmes/Castaneda 2016: 17) als die Norm postuliert, an der Un/Deservingness „gemessen" wird. Zudem problematisiert die Freiwilligkeitsnorm die Flucht als solche, da sie stets eine Hinterfragung der Unfreiwilligkeit der Mobilität legitimiert und daher die Unterstellung von *Undeservingness* von Personen bzw. Gruppen impliziert. Wie Holmes und Castaneda (2016) am Fallbeispiel der Repräsentation der ‚Flüchtlingskrise' in Deutschland zeigen, hat die diskursive Praxis der „Analyse moralischer Würdigkeit" („parsing moral deservingness", Holmes/Castaneda 2016: 16) die klare Unterscheidung zwischen den Kategorien „deserving refugee" und „undeserving migrant" etabliert. Dieses Fallbeispiel der öffentlich ausgerufenen, aber umstrittenen, „Willkommenskultur" und ihrer Manifestation als „ambivalente Gastfreundschaft" (ebd.; siehe auch → Gastfreundschaft) zeigt zwei Aspekte von *Deservingness*-Analysen auf: Einerseits die Bedeutung des historisch-politischen Kontexts für die Analyse solcher Diskurse und Praktiken; andererseits deren kontextübergreifende Muster und diskursive Figuren. So wurde über das Fallbeispiel Deutschland hinaus im Zuge der ‚Flüchtlingskrise' vor allem die Figur der ‚syrischen Flüchtlinge', allen voran Familien, als *deserving* etabliert, während z. B. Menschen aus Afghanistan als *undeserving* gelten, da sie als freiwillige Wirtschaftsmigrant*innen repräsentiert werden. Die EU-weit gängige Abschiebepraxis nach Afghanistan (für den Kontext Deutschland siehe Steinhilper 2021) zeigt, dass *Deservingness-Framings* nicht (bloß) Repräsentationen strukturieren, sondern mit dem tatsächlichen Zugang zu Asyl in Verbindung stehen.

Wie eingangs erwähnt, wird die Vorstellung des ‚Scheinflüchtlings', dessen Mobilität als ‚eigentlich' freiwillig impliziert wird, intersektional essentialisiert. Dies erfolgt dadurch, dass diese moralisierte Figur entlang von (→) Gender, Alter, (→) Religion sowie einer produktivistischen Sichtweise diskursiv gerahmt wird. So erfuhr das in populistischen Diskursen, wie auch zum Teil in der Sozialwissenschaft[2], etablierte Stereotyp des gefährlichen, jungen, männlichen, muslimischen, ‚radikalen' und nicht ‚integrationswilligen' Migranten durch die ‚Flüchtlingskrise' einen neuen Impetus. Auch jene Menschen, die ihrer Herkunft nach (z. B. aus Syrien) als *deserving* gelten würden, wurden in sehr unterschiedlichen europäischen Kontexten – von der „Kölner Silvesternacht" bis hin zur sogenannten „Balkan Route" – auf ähnliche Weise konstruiert. Trotz der kontextspezifischen komplexen

---

2 Für eine kritische Reflexion von Interpretationen der „Kölner Silvesternacht" siehe Schielke 2018.

und ambivalenten Repräsentationen der Flüchtenden wurde so die Figur des jungen ‚muslimischen' Mannes zur dominanten *common sense*-Projektionsfläche sexualisierter und kulturalisierter Gewaltbereitschaft, ‚Rückständigkeit' oder ‚Radikalität' (siehe z. B. Schielke 2018; Hromadzic 2020; Rexhepi 2018; → Kriminalität). Diese negativen Kulturalisierungen übersetzen sich machtvoll in die Frage von *Deservingness*, wenn sie zur Unterstellung verwendet werden, dass Personen Schutz oder Unterstützung eigentlich nicht verdienten. Ebenso wie soziale oder produktivistische Rahmungen können auch Abweichungen vom Stereotyp der geflüchteten Person, als „bare humanity" im Sinne von Malkkis Analysen, zur Anfechtung von *Deservingness* verwendet werden. Ein aktuelles Beispiel ist das eines rechtspopulistischen Politikers in Österreich, der auf sozialen Medien ein Foto der damaligen Innenministerin unter jungen männlichen Flüchtlingen, einer davon mit einem Handy in der Hand, als „Suchbild: Finde das neueste iPhone" postete (Streinzer/Tošić 2022: 8). Das Handy fungiert hier als Marker von ‚Nicht-Bedürftigkeit' des (männlichen) *undeserving* Subjekts, welches als – obwohl digital versiert, informiert, vernetzt, arbeitsfähig (auch wenn nicht Arbeitsmigrant) jedoch trotzdem nicht-produktiv – portraitiert und moralisiert wird, als nicht schutzbedürftig, da ressourcenreich.

Über den rezenten ‚Flüchtlingskrisen'-Kontext hinaus wurden *Deservingness*-Debatten und Politiken im Schnittfeld von Migration und Gesundheitsversorgung (→ Gesundheit) erforscht, da Geflüchtete und Migrant*innen, nach älteren, chronisch kranken oder Menschen mit besonderen Bedürfnissen, in der Regel am unteren Ende der *Deservingness*-Hierarchien ‚bedürftiger' Personen verortet werden (van Oorschot 2006). Willen und Cook (2016) zeigen, wie *Deservingness* im Rahmen medizinischer Versorgung von Flüchtlingen/Migrant*innen entlang von Kriterien wie rechtlicher Status, „Migrationsmotive" oder „moralischer Charakter" (ebd. 103–106) eingeschätzt wird und welche politischen Konsequenzen sich daraus ergeben.

4. Ausblick

Deservingness stellt eine konzeptuelle Linse dar, um gegenwärtige Debatten und Politiken von Anerkennung und Umverteilung in den Blick zu nehmen. In diesem Sinne kann diese Perspektive auch zur „Entmigrantisierung" (Dahinden 2016) der Erforschung von Flucht beitragen. Sie öffnet den Blick darauf, wie Debatten und Politiken zu Flucht und Migration in Prozessen und Dynamiken von Ungleichheit eingebettet sind bzw. diese (mit)strukturieren. Damit sind Flucht und Migration mehr als ein sozio-politisches ‚Problem', welches es zu erforschen und zu ‚lösen' gelte. Über die Auseinandersetzung mit der Moralisierung von Ungleichheit kann darüber hinaus gezeigt werden, wie die Kategorisierungen „Migrant*in" oder „Geflüchtete" als Teil von Ausschlussmechanismen und -politiken entstehen. Eine kritische Hinterfragung der Kategorien von Migrant*innen und Geflüchteten könnte also auf weitere Achsen von Ungleichheit intersektional erweitert werden und mit anderen Formen von *Deservingness* verglichen werden, um die Forschung darauf auszurichten, wie historisch gewachsene gesellschaftliche Regime von Ungleichheit entstehen und fortbestehen, und wie Menschen diese „navigieren" (Vigh 2009).

Literaturverzeichnis

Cabot, Heath (2014): On the Doorstep of Europe. Asylum and Citizenship in Greece. Philadelphia: University of Pennsylvania Press.

Crehan, Kate (2011): Gramsci's Concept of Common Sense: A Useful Concept for Anthropologists? In: Journal of Modern Italian Studies 16 (2), 273–287.

Dahinden, Janine (2016): A plea for the 'de-migranticization' of research on migration and integration. In: Ethnic and Racial Studies 39 (13), 2207–2225.

Fassin, Didier (2012): Humanitarian Reason: A Moral History of the Present Times. Berkeley: University of California Press.

Gordon, Linda (1994): Pitied but Not Entitled: Single Mothers and History of Welfare, 1890–1935. Harvard: Harvard University Press.

Holmes, Seth M./Castaneda, Heide (2016): Representing the "European Refugee Crisis" in Germany and Beyond: Deservingness and Difference, Life and Death. In: American Ethnologist 43 (1), 12–24.

Howe, Leo (1990): Being Unemployed in Northern Ireland: An Ethnographic Study. Cambridge: Cambridge University Press.

Hromadzic, Azra (2020): Notes from the Field. »Migrant Crisis« in Bihac, Bosnia and Herzegovina. In: movements 5 (1).

Jones, Anika Y. (2014): From Welfare Queens to Day-Care Queens. In: Anthropology Now 6 (3), 37–44.

Malkki, Liisa (1996): Speechless Emissaries: Refugees, Humanitarianism, and Dehistoricization. In: Cultural Anthropology 11 (3), 377–404.

Polanyi, Karl (1944): The Great Transformation: The Political and Economic Origins of Our Time. Boston, MA: Beacon Press.

Rexhepi, Piro (2018): Arab others at European borders: racializing religion and refugees along the Balkan Route. In: Ethnic and Racial Studies 41 (12), 2215–2234.

Schielke, Samuli (2018): Es geht nicht um Hass. https://magazin.zenith.me/de/gesellschaft/sexuelle-gewalt-susanne-schröter-silvesternacht-ägypten, 18.07.2018.

Steinhilper, Elias (2021): Migrant Protest. Interactive Dynamics in Precarious Mobilizations. Amsterdam: Amsterdam University Press.

Streinzer, Andreas/Tosic, Jelena (2022): Introduction. Deservingness – Reassessing the Moral Dimensions of Inequality. In Tosic, Jelena/Streinzer, Andreas (Hrsg.): Ethnographies of Deservingness. Unpacking Ideologies of Distribution and Inequality. EASA Series. Berghahn: London and New York.

Ticktin, Miriam I. (2011): Casualties of care. Immigration and the politics of Humanitarianism in France. Berkeley: University of California Press.

Van Oorschot, Wim (2006): Making the Difference in Social Europe: Deservingness Perceptions among Citizens of European Welfare States. In: Journal of European Social Policy 16 (1), 23–42.

Vigh, Henrik (2009): Motion squared: A second look at the concept of social navigation. In: Anthropological Theory 9 (4), 419–438.

Willen, Sarah/Cook, Jennifer (2016): Health-Related Deservingness. In: Thomas, Felicity (Hrsg.): Handbook of Migration and Health. Cheltenham: Edward Elgar, 95–118.

Yarris, Kristin/Castaneda, Heide (2015): Discourses of Displacement and Deservingness. Interrogating Distinction between "Economic" and "Forced" Migration (Introduction). In: International Migration 53 (3), 64–69.

II.8
Diaspora
Jannis Panagiotidis

Abstract Diaspora ist eines der wichtigsten Konzepte der aktuellen Migrationsforschung und ist auch für die Erforschung von Fluchtmigrationen relevant. Dieser Beitrag legt die Ursprünge des Konzepts in der jüdischen Geschichte, zentrale Definitionen und Typologien und einige empirische Implikationen für die Flucht- und Flüchtlingsforschung dar. Konzeptuell von Interesse sind die Ursprünge, Formen und Funktionen von Diasporen, ihr Verhältnis zu Nation und Transnationalismus, sowie das Spannungsverhältnis zwischen der Betonung von Hybridität und Fluidität einerseits, dem essentialistischen Potenzial grenz- und epochenüberschreitender Diasporakonstrukte andererseits. Empirisch interessieren hier zum einen Fragen von Politik, sowohl von Nationalstaaten gegenüber „ihren" Diasporen als auch umgekehrt. Zum anderen geht es um den Zusammenhang von Diaspora und Migration, sowohl in Form ko-ethnischer Migration in die „Heimat" wie auch entlang transnationaler diasporischer Netzwerke.

Schlüsselbegriffe: Diaspora, Nation, Transnationalismus, Politik, Migration

1. Einleitung

Diaspora ist eines der wichtigsten Konzepte der aktuellen Migrationsforschung und auch für die Erforschung von Fluchtmigrationen relevant. Die Verbindung zu Flucht und Zwangsmigration ergibt sich schon aus dem Ursprung des Begriffs in der jüdischen Geschichte zur Beschreibung der ‚Zerstreuung' (die eigentliche Bedeutung des griechischen Wortes διασπορά) des jüdischen Volkes. Diaspora ist demnach ein Zustand des „Exils" (Hebräisch: *galut*), der Heimatlosigkeit, ein dauerhafter Flüchtlingsstatus, verbunden mit dem Wunsch, in die ursprüngliche Heimat zurückzukehren (→ Rückkehr).

Jenseits dieser Ausgangsbedeutung hat das Diasporakonzept eine weite Verbreitung innerhalb der Sozial- und Geisteswissenschaften erfahren und dabei eine Bedeutungserweiterung durchlaufen. Ziel dieses Beitrags ist es, einige grundsätzliche Charakteristika des Konzepts herauszuarbeiten, die sich in den Debatten der letzten Jahrzehnte herausgebildet haben, und ihre Implikationen für die Flucht- und Flüchtlingsforschung zu diskutieren.

2. Definitionen und Typologien von Diaspora

Grundlegende Kriterien zur Definition einer Diaspora formulierte William Safran (1991): erzwungene Zerstreuung, ausgehend von einem Ursprungszentrum; ein anhaltender Bezug auf diese eigentliche „Heimat", einschließlich eines (oft eschatologischen) Rückkehrwunsches, und damit einhergehende dauerhafte Entfremdung von den Aufnahmegesellschaften. Neben den ‚klassischen' Diasporen der Juden[1] (an deren Beispiel er seine Kriterien maßgeblich entwickelte) und Armenier führte er auch neuzeitliche Beispiele an wie polnische Politemigranten im 19. Jahrhundert, Arbeitsmigranten in Westeuropa – letztere allesamt keine Zwangsmigranten, aber doch mit einem „diasporischen Bewusstsein" ausgestattet – sowie weitere mehr oder weniger klar typologisierte Gruppen wie die „Metadiaspora" der „Gypsies" oder die „partielle" Diaspora der Palästinenser.

Robin Cohen führte diese Ausdifferenzierung noch weiter. Bei ihm gibt es neben der klassischen jüdischen Diaspora noch *victim diasporas*, *labour and imperial diasporas*, *trade and business diasporas*, *cultural diasporas* (Cohen 1997), sowie *deterritorialized diasporas* (Cohen 2008). Rogers Brubaker (2000) führte weiterhin das Konzept der *accidental diasporas* ein, also ethnische Gruppen, die durch neue Grenzziehungen „zufällig" von ihrem „Mutterland" abgeschnitten werden und sich in der Folge in einem (grenznahen) Diasporazustand befinden (→ Grenzen). Sowohl die Ursachen und Entstehungsgeschichten wie auch die Funktionsweisen und Charakteristika von Diasporen können sich demnach maßgeblich unterscheiden.

Relativiert sich hier schon die Bedeutung der *erzwungenen* Zerstreuung für die Entstehung einer Diaspora, so haben andere Theoretiker auch die Relevanz von Heimatbezug und Rückkehrmythos in Frage gestellt. Diesen Punkt greift etwa James Clifford (1994) auf: für ihn hat eine Diaspora nicht notwendigerweise nur *ein* Zentrum, sondern kann auch als ein Netzwerk mit multiplen Zentren begriffen werden, wie er ebenfalls an historischen Beispielen aus der jüdischen Diaspora wie auch am *Black Atlantic* von Paul Gilroy (1993) darlegt.

Im von Clifford verwendeten Netzwerkbegriff werden auch die Querverbindungen zum Transnationalismusparadigma deutlich, das etwa zur selben Zeit Einzug in die Sozialwissenschaften hielt (vgl. Glick Schiller et al. 1992). Zwar können nicht alle transnationalen sozialen Formationen als diasporisch bezeichnet werden, aber die Diaspora als grenzüberschreitende soziale Formation ist *a priori* transnational (→ Transnationalität). Das Diasporakonzept bricht also den nationalstaatlichen Fokus auf (vgl. Gilroy 1994) und fordert somit auch den von Wimmer und Glick Schiller (2002) kritisierten „methodologischen Nationalismus" heraus.

Gleichzeitig wohnt dem Konzept die Gefahr inne, die Reifizierung des Nationalstaats durch einen ethnozentrischen und essenzialisierenden Blick auf die Diaspora als grenz- und epochenüberschreitendem Phänomen zu ersetzen (vgl. Brubaker 2005). Grundsätzlich besteht hier aber ein Spannungsverhältnis zwischen Ansätzen, die die Bewahrung von Grenzen (*boundaries*) gegenüber der umgebenden Gesellschaft und Kultur betonen (vgl. Armstrong 1976), und solchen, die die Hybridität und Fluidität diasporischer Identitäten betonen (etwa Hall 1990). Gilroy (1994) bietet als Lösungsansatz unter Rekurs auf den Schriftsteller Leroi Jones die Formel des „changing same" an. Es gibt demnach keine Essenz der Diaspora, aber die Iteration des Gleichen:

„The same is retained without being reified" (Gilroy 1994: 212).

Rogers Brubaker (2005: 12) wiederum bietet eine praxeologische Definition von Diaspora als „idiom, stance, claim" und „category of practice": „It does not so much *describe* the world as seek to *remake*

---

[1] Grammatikalisch maskuline Kollektivsingulare wie „die Juden" umfassen in diesem Beitrag alle biologischen und sozialen Geschlechter.

it." Diaspora *ist* demnach nicht, sondern wird gemacht, bzw. dient – ganz ähnlich der Nation – zur Mobilisierung von Menschen im Namen einer bestimmten Zugehörigkeit.

3. Diaspora und Politik

Der praxeologische Zugriff bringt die politische Dimension von Diaspora in scharfen Fokus (Sheffer 2003). Diese wiederum verweist auf die vielfältigen Wechselwirkungen zwischen Diaspora und Nationalstaat. Forscher wie Gabriel Sheffer und insbesondere Rogers Brubaker haben den „triadischen Nexus" (Brubaker 1995) zwischen Diasporagruppen, dem Nationalstaat, in dem sie leben, und ihrem externen ko-ethnischen ‚Heimatland' in der Forschung etabliert. Vor allem historische Beispiele zeigen uns, dass es Nationalstaaten selber sind, die durch aktives Einwirken auf Emigranten bzw. ko-ethnische Gruppen jenseits ihrer Staatsgrenzen eine Diaspora erst erzeugen und damit gleichzeitig ihre eigene national(staatlich)e Identität stärken (z. B. Manz 2014). Auch in der Gegenwart versuchen Auswanderungsländer Emigranten durch politische Maßnahmen an sich zu binden, u. a. um den Fluss von Remittances zu kanalisieren. Ein bemerkenswertes Beispiel ist Eritrea, das seit seiner Unabhängigkeit über diplomatische Vertretungen massiv Einfluss auf seine Diaspora nimmt und eine „Diaspora-Steuer" erhebt (Hirt 2020).

Umgekehrt können aber auch Staaten das Produkt des Engagements einer sich mobilisierenden Diaspora sein. Historische Beispiele sind etwa Griechenland und Israel, die als Staaten zuerst von Diaspora-Aktivisten in Wien und Odessa ‚gedacht' wurden. Beide Staaten unterhalten umgekehrt nach wie vor enge Beziehungen zu ‚ihren' Diasporen, die sie auch als politisches Asset auf der internationalen Bühne sehen (Sheffer 2003). Auch das bereits erwähnte Eritrea wurde in seinem Unabhängigkeitskampf von Diasporagemeinschaften unterstützt (Hirt 2020). Beispiele bisher erfolgloser diasporischer Staatsbildungsprojekte sind die Aktivitäten der kurdischen und tamilischen Diasporen (Baser/Swain 2010). Hier ist es gerade der Einsatz für einen eigenen Staat, der die ethnonationale Identität der in der Diaspora lebenden Menschen stärkt.

Im Kontext von Fluchtmigration versuchen aktuell Autoren wie Robin Cohen und Nicholas van Hear (2020) zudem politisch-diasporische Ansätze jenseits des Nationalstaats zu konzeptualisieren. Ihre utopische Vision einer überstaatlichen „transnational polity" von Geflüchteten namens *Refugia* kann man als Versuch sehen, die oben skizzierten dezentralen Diasporakonzepte in einen politischen Kontext zu übersetzen und so eine – dezidiert von den Autoren so benannte – „radikale Lösung" für das globale Phänomen von Flucht und Vertreibung anzudenken.

4. Diaspora und Migration

Ein konkretes Beispiel für die Verbindungen zwischen Staat und Diaspora sind die Migrationen von Angehörigen von Diasporagruppen in ihre ko-ethnischen ‚Heimatländer' – wenn der von Safran beschriebene allgemeine Rückkehrwunsch Wirklichkeit wird. Verschiedene Staaten bieten ‚ihren' Diasporen diese Möglichkeit. In Emigrantennationen wie Italien beinhaltet dies oft die Wiederherstellung der Staatsbürgerschaft der Vorfahren (Tintori 2009). Andere Staaten bieten ihre Staatsbürgerschaft vermittelt über ethnische und/oder ethnoreligiöse Zugehörigkeit an (Joppke 2005; Dumbrava 2014). Das bekannteste Beispiel ist Israel, dessen Rückkehrgesetz von 1950 „jedem Juden" in der Welt die Möglichkeit gibt, Israeli zu werden. Auch die Bundesrepublik Deutschland gab (und gibt zum Teil bis heute) „deutschen Volkszugehörigen" aus Osteuropa die Möglichkeit, nach Deutschland einzureisen und die Staatsbürgerschaft zu erwerben (Panagiotidis 2019). Dabei verläuft die Begegnung zwischen Diaspora und Heimatland bei solchen ko-ethnischen Migrationen häufig sehr ambivalent, und Diasporaangehörige werden selten unmittelbar als vollwertige Mitglieder der Nation akzeptiert (vgl. Tsuda 2009).

Ko-ethnische Diasporamigrationen waren historisch oft auch Flucht- und Zwangsmigrationen. Ein Beispiel ist der griechisch-türkische Bevölkerungsaustausch von 1923 (Hirschon 2006). Hier wurden orthodoxe Christen aus der Türkei und Muslime aus Griechenland unter Zwang in ihre jeweiligen ‚Heimatländer' umgesiedelt bzw. waren bereits vorher dorthin geflohen. Die Ansiedlung der griechischen Flüchtlinge in Nordgriechenland generierte ihrerseits Migrationen von slawophonen Bewohnern der Region nach Bulgarien (vgl. Michailidis 2003). Die Flucht bzw. Vertreibung von Diasporagruppen wurde hier zum Motor weiterer erzwungener Diasporamigrationen.

Diasporische Verbindungen und Netzwerke können schließlich auch unabhängig von staatlichen Akteuren im Kontext von Flucht bzw. Fluchtfolgemigration relevant sein. Als historisches Beispiel habe ich hierzu den Fall der Deutschen aus der Gottschee-Region in Slowenien untersucht (Panagiotidis 2020). Durch kontinuierliche Migrationen nach Nordamerika hatten diese vor dem Ersten Weltkrieg und in der Zwischenkriegszeit dichte transnationale Netzwerke gebildet (→ Transnationalität). Die in der Gottschee verbliebenen Deutschen wurden 1941 von NS-Deutschland innerhalb Sloweniens umgesiedelt und flohen 1945 nach Österreich. Dort verbrachten sie mehrere Jahre als staatenlose Flüchtlinge, die als ethnische Deutsche zudem keinen Anspruch auf internationale Unterstützung hatten. Im Laufe der 1950er Jahre gelang schließlich den meisten von ihnen durch das Zusammenwirken transatlantischer familiärer Netzwerke und einer aktiven Diaspora-Organisation die Auswanderung und Ansiedlung in den USA, wo sie dann auch bald Staatsbürger wurden. In Umkehrung des Paradigmas der Diaspora als andauernder Heimatlosigkeit waren es in diesem Fall gerade die diasporischen Verbindungen, die die Verfestigung eines solchen Zustands verhinderten und den Gottscheern eine neue Beheimatung ermöglichten.

5. Fazit

Diaspora hat sich in den letzten Jahrzehnten zu einem Konzept entwickelt, das eine Vielzahl von Konstellationen transnationaler Zerstreuung beschreibt. Von Bedeutung sind dabei sowohl Bezüge auf eine gemeinsame Herkunft und ggf. ein bestimmtes ursprüngliches ‚Heimatland' wie auch die netzwerkartigen Verbindungen zwischen Angehörigen der Diaspora. Diaspora ist weiterhin eine Kategorie der politischen Praxis, die im Spannungsverhältnis zwischen ‚Heimatland', Aufenthaltsstaat und der Diaspora-Gruppe selbst ausgehandelt wird. Diaspora ist schließlich auch wichtig für Fragen von Migration, sowohl in Richtung des ‚Heimatlandes' (ko-ethnische Migration) als auch entlang transnationaler Netzwerke. Gerade letzterer Aspekt macht sie für die Beschäftigung mit Flucht- und Fluchtfolgemigrationen relevant.

Literaturverzeichnis

Armstrong, John (1976): Mobilized and Proletarian Diasporas. In: American Political Science Review 70 (2), 393-408.
Baser, Bahar/Swain, Ashok (2010): Stateless Diaspora Groups and Their Repertoires of Nationalist Activism in Host Countries. In: Journal of International Relations 8 (1), 37-60.
Brubaker, Rogers (1995): National Minorities, Nationalizing States, and External National Homelands in the New Europe. In: Daedalus 124 (2), 107-132.
Brubaker, Rogers (2000): Accidental Diasporas and External "Homelands" in Central and Eastern Europe: Past and Present. Institut für Höhere Studien, Wien, Reihe Politikwissenschaft, Bd. 71.
Brubaker, Rogers (2005): The ‚Diaspora' Diaspora. In: Ethnic and Racial Studies 28 (1), 1-19.
Clifford, James (1994): Diasporas. In: Cultural Anthropology 9 (3), 302-338.
Cohen, Robin (1997): Global Diasporas: An Introduction. London: UCL Press.
Cohen, Robin (2008): Global Diasporas: An Introduction. London: Routledge.
Cohen, Robin/Van Hear, Nicholas (2020): Refugia: Radical Solutions to Mass Displacement. London: Routledge.
Dumbrava, Costica (2014): Nationality, Citizenship and Ethno-cultural Belonging: Preferential Membership Policies in Europe. Basingstoke: Palgrave Macmillan.
Gilroy, Paul (1993): The Black Atlantic. Double Consciousness and Modernity. Cambridge, MA: Harvard University Press.
Gilroy, Paul (1994): Diaspora. In: Paragraph 17 (1), 207-212.
Glick Schiller, Nina/Basch, Linda/Szanton Blanc, Cristina (1992): Transnationalism: A New Analytic Framework for Understanding Migration. In: Glick Schiller, Nina/Basch, Linda/Szanton Blanc, Cristina (Hrsg.): Towards a Transnational Perspective on Migration: Race, Class, Ethnicity, and Nationalism Reconsidered. New York: New York Academy of Sciences, 1-24.
Hall, Stuart (1990): Cultural Identity and Diaspora. In: Rutherford, Jonathan (Hrsg.): Identity: Community, Culture, Difference. London: Lawrence & Wishart, 222-237.
Hirschon, Renée (Hrsg.) (2006): Crossing the Aegean: An Appraisal of the 1923 Compulsory Population Exchange between Greece and Turkey. New York: Berghahn.
Hirt, Nicole (2020): Der lange Arm des Regimes – Eritrea und seine Diaspora. www.bpb.de/gesellschaft/migration/laenderprofile/Ostafrika/304246/eritrea (10.06.2021).
Joppke, Christian (2005): Selecting by Origin. Ethnic Migration in the Liberal State. Cambridge, MA: Harvard University Press.
Manz, Stefan (2014): Constructing a German Diaspora: The „Greater German Empire", 1871-1914. London: Routledge.
Michailidis, Iakovos D. (2003): Μετακινήσεις Σλαβοφώνων Πληθυσμών (1912–1930): Ο Πόλεμος των Στατιστικών [Movements of Slavophone Populations, 1912-1930: The War of Statistics]. Athens: Kritiki.
Panagiotidis, Jannis (2019): The Unchosen Ones: Diaspora, Nation, and Migration in Israel and Germany. Bloomington: Indiana University Press.
Panagiotidis, Jannis (2020): Multiply Entangled: The Gottschee Germans between Slovenia, Austria, Germany, and North America. In: Molnar, Christopher A./Zakić, Mirna (Hrsg.): German-Balkan Entangled Histories in the Twentieth Century. Pittsburgh: Pittsburgh University Press, 137-157.
Safran, William (1991): Diasporas in Modern Societies: Myths of Homeland and Return. In: Diaspora 1 (1), 83-99.
Sheffer, Gabriel (2003): Diaspora Politics: At Home Abroad. Cambridge: Cambridge University Press.
Tintori, Guido (2009): Fardelli d'Italia? Conseguenze nazionali e transnazionali delle politiche di cittadinanza italiane. Rom: Carocci.

Tsuda, Takeyuki (Hrsg.) (2009): Diasporic Homecomings: Ethnic Return Migration in Comparative Perspective. Stanford: Stanford University Press.

Wimmer, Andreas/Glick Schiller, Nina (2002): Methodological Nationalism and Beyond: Nation-State Building, Migration and the Social Sciences. In: Global Networks. A Journal of Transnational Affairs 2 (4), 301-334.

II.9
Emotionen und Erinnerung

Deepra Dandekar

Abstract Dieser Beitrag analysiert mit Flucht- und Migrationserfahrungen verbundene Emotionen und Erinnerungen als Zugang zu einem besseren Verständnis von Migration, ganz gleich, ob diese aus direktem Zwang oder weniger greifbaren Faktoren resultiert. Emotionen und Erinnerungen stehen in komplexer Wechselwirkung zur Migrationserfahrung und spiegeln diese gleichsam. Methodologisch verortet im sozialwissenschaftlichen *Emotional Turn* („emotionale Wende"), stellt dieser Beitrag auch die transformativen Kontexte dar, in welchen bestimmte Migrationsemotionen generiert, ja oft geradezu forciert werden. Migrationsemotionen bilden somit ein dynamisches Feld der Identitäts- und Wissensproduktion.

Schlüsselbegriffe: Emotionen, Erinnerung, Gemeinschaft, Migration, Vertreibung

1. Einleitung

Migration ist auf mehreren Ebenen mit Emotionen verbunden, welche ihrerseits wieder mit abstrakten und wandelbaren Vorstellungen von Heimat, Familie, Gemeinschaft und Geografie verzahnt sind. Auch wenn die Erinnerung an spezifische Aspekte der Migration mit der Zeit verblasst, ist dies weniger der Fall mit den durch Migration hervorgerufenen Emotionen. Als Teil einer dynamischen Transformation spielen Migrationsemotionen durch die Vermittlung von Wissen über Identifikation und Zugehörigkeit eine erzieherische Rolle für die nachfolgende Generation. Es ist somit nicht immer möglich, zu spezifizieren, ob Individuen „sich wie Migranten fühlen" oder ob „ihnen das Gefühl gegeben wird, Migranten zu sein". Affektive Erinnerungen und Migrationsemotionen spiegeln somit Erfahrungen von Vertreibung, beinhalten aber, wie jedes Spiegelbild, Inversionen und Verzerrungen.

2. Der *Emotional Turn* in der Migrationsforschung

Trotz umfangreicher Forschungsliteratur zu Migration und Vertreibung hat der *Emotional Turn*, also die Untersuchung von Emotionen als analytischer Ansatz, in der Migrationsforschung bisher nur wenig stattgefunden. Dabei werden Emotionen nicht nur psychologisch, sondern auch historisch und sozial-anthropologisch gefasst. Boddice (2018) trennt Emotion von Affekt und definiert Emotionen als biokulturelle Größe, die auf den Wandel von Werten und Moralvorstellungen einwirkt. Emotionen spielen demnach eine agentielle Rolle in der Produktion von Kultur. Nach Boddice werden Emotionen von der sozialen Welt produziert und transformiert und sind verbunden mit kollektiven und performativen Zurschaustellungen der Selbsteinschätzung von Zugehörigkeit und Status (siehe auch Taylor 1985; Chakrabarti 1992). Ein wichtiger Beitrag zur Migrationsgeschichte Deutschlands in emotionsgeschichtlicher Perspektive ist Plamper (2019), welcher die deutsche Nachkriegsgesellschaft, ihre Moralvorstellungen und Politik, als stark von der Erinnerung an Migration beeinflusst sieht. Plamper ist dabei um einen Gegenentwurf zum Narrativ einer homogenen deutschen Gesellschaft bemüht, indem er die graduelle Aufnahme von Migrant*innen, Geflüchteten, aber auch Einwanderern in eine erneuerte deutsche Identität nach 1945 betont. Einen weiteren bedeutenden Beitrag leisten Boccagni und Baldassar (2015), die Migrationsemotionen als Reflektionen der physischen Dislokation aus diversen, interdisziplinären Perspektiven beleuchten. Laut ihnen sind Migrationsemotionen durch einen kulturellen, sozialen und ethnischen „Kern" („body") charakterisiert, welcher Gefühle über das „In-Bewegung-Sein" beständig durch die Neuordnung von Zuständen der Ent- und Verkörperung herstellt. Ähnlich argumentiert auch der Ansatz der „emotionalen Gemeinschaften" (Rosenwein 2006), welche fortwährend Identitäten und Grenzen verhandeln gegenüber dem, was als außerhalb der Gemeinschaft stehend betrachtet wird.

3. Vertreibung und Neuansiedlung als emotionale Reisen

Während Gesellschaften, welche sich wie die USA oder Kanada als Einwanderergesellschaften verstehen, Migration als Teil des Aufbaus einer nationalen Gemeinschaft memoralisieren, beinhalten Narrative der Ankunft auch schmerzliche Erinnerungen an Vertreibung aus der alten Heimat, Ablehnung, Feindseligkeit, und die ambivalente Akzeptanz durch aufnehmende Gesellschaften. Erinnerungen an Vertreibung durch Konflikte und gewaltsame Auseinandersetzungen sind typischerweise mit Zorn, Furcht und Hass verbunden. Forschung zur indisch-pakistanischen Teilung im Jahr 1947 (→ Südasien), zum Beispiel, betont Gefühle von Wut, Schuld und Scham als Resultat von Gewalterfahrungen (Butalia 2000). Virdee (2013) und Dandekar (2019) zeigen anhand mündlicher Erzählungen von Frauen im Punjab nach 1947, wie diese verdrängte, genderspezifische Gefühle von Zorn und Fassungslosigkeit artikulieren. Emotionen wie Wut oder sich verraten zu fühlen finden sich häufig in Darstellungen von Vertreibung, wie Trebinčevićs (2014) Beschreibung seiner Flucht in die USA nach dem bosnischen Genozid als Rückkehr nach Bosnien um das Grab seines serbischen Peinigers zu zertreten. In ähnlicher Weise schildert Mounk (2014), ein Politikwissenschaftler mit jüdischem Hintergrund, seine Abneigung gegen die moderne deutsche Gesellschaft vor dem Hintergrund der Verfolgung seiner Familie während des Holocausts.

Erinnerungen an Flucht sind häufig verbunden mit Erfahrungen der Ablehnung, Feindseligkeit und ambivalenter Akzeptanz in der aufnehmenden Gesellschaft. Im Kontext der indisch-pakistanischen Teilung beschreibt Kothari (2007) Emotionen des Nicht-Dazu-Gehörens unter Sindhis im westlichen Indien, obwohl Sindh vor der Teilung eng mit der Region verbunden war. Die ambivalente Position des Islams und muslimischer Migrant*innen in westlichen Gesellschaften bietet viele Beispiele für Emotionen der Migration. Amir-Moazami (2013) diskutiert, wie das Kopftuch Gefühle des Abscheus und Ekels in Europa hervorruft. Bowen (2010) beschreibt die emotional ambivalente Position muslimischer Migrant*innen in Frankreich im geschichtlichen Kontext des französischen Kolonialismus in den Herkunftsländern.

Die aufnehmenden Staaten sind dabei keine emotional neutralen Vermittler zwischen Geflüchteten und lokaler Bevölkerung. Tazreiter (2015) beleuchtet, wie der australische Staat durch die Erzeugung von Furcht und Sorge vor „illegalen maritimen Ankömmlingen" den Umgang mit in Booten eintreffenden Asylbewerber*innen emotional auflädt (→ Australien). Die ablehnende Aufnahme von, insbesondere muslimischen, Migrant*innen ist in der Forschung immer wieder kritisiert worden, insbesondere durch Wissenschaftler*innen, die den Beitrag von Migrant*innen zum Wohlstand der Aufnahmegesellschaften hervorheben (Çağlar/Glick Schiller 2018; George/Chaze 2015). Diese Prozesse der Aufnahme haben zudem emotionale Auswirkungen auf Migrant*innen, indem sie ihnen ein ‚bestimmtes Gefühl' vermitteln, welches die Wut, die diese ablehnende Aufnahme hervorruft, mit den Erfahrungen der gewaltsamen Vertreibung verbindet – das sich nicht neu ansiedeln dürfen wird symbolisch für die Vertreibung.

3.1 Gefühle der Entortung und Neu-Verortung

Boccagni und Baldassar (2015) postulieren eine vielschichtige Wechselwirkung zwischen Gefühlen der Entwurzelung und des Deplatziert-Seins auf der einen und der Neuansiedlung auf der anderen Seite. Solche Gefühle, die die Umwälzungen der Migration widerspiegeln, konstituieren ethnische Gruppen als emotionale Gemeinschaften durch Erfahrungen des Dazwischen-Seins. Svašek (2008) hebt die Bedeutung von Empathie als einer starken Emotion hervor, welche an Orten der Zusammenkunft generiert wird, an denen Migrationsemotionen und -erinnerungen kommuniziert werden, die zum Wiedererkennen des Selbst in der Erzählung des Anderen führen. Auch wenn Gefühle des Ausgeschlossen-Seins nicht nur Migrant*innen betreffen, charakterisieren Emotionen von Heimatlosigkeit und Dazwischen-Sein das Selbst von Migrant*innen und Vertriebenen. Migrationserfahrungen sind grundlegend mit der Neudefinition des Selbst verbunden, ein meist schmerzhafter Prozess. Kokanović und Božić-Vrbačić (2015) zeigen daher, gestützt auf Butler (2005), wie Narrative der Heimatlosigkeit mit Narrativen der Depression verwoben sind und wie sich aus der Verbindung von Migration und Depression eine erneuerte Erfahrung des Selbst als Subjekt entwickelt. Die Situation von Migrant*innen ist eine besondere, da sie sich an den moralischen und sozialen Maßstäben der Mehrheitsgesellschaft messen. Sich selbst als deplatziert zu erfahren ist somit ein schmerzvolles Wissen über das Selbst.

3.2 Gemeinschafts- und Wissensbildung

Migrationsemotionen sind ein wesentlicher Bestandteil der Bildung von Gemeinschaften und regionalen Netzwerken, durch die (trans)nationalen Beziehungen von Migrant*innen zu ihren Familien in alten und neuen Heimaten. Beispiele finden sich in Thums (2003) Studie zu Polen in Breslau nach dem 2. Weltkrieg, deren Ansiedlung in der ehemals mehrheitlich deutschen Stadt zu einem spezifischen Verständnis polnischer Identität geführt hat. Oder auch in Kuah-Pearces (2011) Forschung zu den Beziehungen Singapurer Chinesen zu den Dörfern ihrer Vorfahren in China, die aufzeigt, wie die Migrationsemotion der Nostalgie geographische Transformationen und Restrukturierungen in den weit entfernten Heimatdörfern auslöst. In anderen Fällen spielen Schuldgefühle eine wichtige Rolle in durch Migration etablierten Beziehungen. Baldassar (2015) beschreibt Schuld als eine motivierende Emotion in den Beziehungen italienischer Familien in Australien zu alternden Eltern in

Italien. Schuldgefühle helfen in diesem Fall, Familienbeziehungen zu verbessern und Ungleichheit zu verringern, aber auch, den Migrant*innen eine Rückkehrpflicht aufzuerlegen. Baak (2015; 2016; vgl. auch Vermont 2015) zeigt geschlechterspezifische Schuldgefühle auf, die unter Dinkafrauen in Australien bei Geldüberweisungen in den Südsudan eine Rolle spielen. Dabei analysiert sie, wie die im Dinka als *cieng* bezeichnete relationale Ontologie Migrantinnen dazu verpflichtet, ihre Verwandten im Südsudan finanziell zu unterstützen, und dabei Scham und Hilflosigkeit, aber auch Gefühle der Zugehörigkeit produziert. Gallo (2015) schließlich beschreibt Ironie als emotional aufgeladene Haltung, mit der Malayali Migrant*innen aus Südindien Kontrollverlust, die schmerzliche Entfremdung von Heimat und Familienbande und die paradoxen Gefühle von Heimat und Zugehörigkeit ausdrücken können. Kontextualisiert in Familiengeschichten transzendiert Gallos Analyse damit den dominanten Topos der Nostalgie.

Die bisher diskutierten Beispiele verwenden Emotionen, um einen Zugang zu Erfahrungen der Entortung und Entfremdung unter Migrant*innen der ersten Generation zu erlangen. In der zweiten Generation (wie auch bei Migrant*innen der ersten Generation, welche als Kinder migrierten) liegt der Fall etwas anders. Zusätzlich zu „geerbten" Gefühlen, durch die die Bindungen der ersten Generation erneuert werden, findet sich auch Widerstand gegen dominante kulturelle Muster von Gruppenidentitäten. Ein Beispiel bietet der Fall von Nadia (Wikan 2002), einer 18-jährigen Norwegerin, deren Eltern in den 1970ern aus Marokko nach Norwegen gekommen waren. Nadia beschuldigte ihre Eltern, sie in Marokko zwangsverheiraten zu wollen, widerrief jedoch später ihren Vorwurf, wobei sie diesen auf der einen Seite als Besessenheit durch böse Geister interpretierte und andererseits den Wunsch, ihren Vater vor Strafverfolgung zu schützen, als Grund für ihren Sinneswandel angab. Ihr Fall zeigt, wie Migrationsemotionen über Generationen hinweg Gefühle des Dazwischen-Seins produzieren können, auch gegen den Widerstand, der von neuen Identifikationen herrührt.

4. Fazit

Emotionen bieten einen Zugang zum Verständnis von Erfahrungen der Migration und Flucht und den damit verbundenen Erinnerungen. Sozial konstruiert durch diese Erfahrungen und Erinnerungen sind Migrationsemotionen selbst biokulturelle Verkörperungen von Deplatzierung, Vertreibung, Migration, Niederlassung, Akzeptanz, Absorbierung und Widerstand, die sich nicht auf eine einzelne, spezifische Emotion reduzieren lassen. Sie schaffen, erneuern und erinnern an emotionale Gemeinschaften, welche Migrant*innen mit Wissen über das Selbst, gemeinschaftliche Identität und Zugehörigkeit sowie Herkunft versehen.

Literaturverzeichnis

Amir-Moazami, Schirin (2013): The Secular Embodiments of Face-Veil Controversies across Europe. In: Göle, N. (Hrsg.), Islam and Public Controversy in Europe, Surrey: Ashgate Publishing Limited, 83–98.
Baak, Melanie (2015): Transnational Families, Remittances, cieng and Obligation of Dinka women in Australia. In: Emotion, Space and Society 16, 123–129.

Baak, Melanie (2016): Negotiating Belongings: Stories of Forced Migration of Dinka Women from South Sudan. Rotterdam: Sense Publishers.

Baldassar, Loretta (2015): Guilty Feelings and the Guilt Trip: Emotions and Motivation in Migration and Transnational Caregiving. In: Emotion, Space and Society 16, 81–89.

Boccagni, Paolo/Baldassar, Loretta (2015): Emotions on the Move: Mapping the Emergent Field of Emotion and Migration. In: Emotion, Space and Society 16, 73–80.

Boddice, Rob (2018): A History of Emotions. Manchester: Manchester University Press.

Bowen, John R. (2010): Can Islam be French? Pluralism and Pragmatism in a Secularist State. Princeton and Oxford: Princeton University Press.

Butalia, Urvashi (2000): The Other Side of Silence: Voices from the Partition of India. Durham: Duke University Press.

Butler, Judith (2005): Giving an Account of Oneself. New York: Fordham University Press.

Çağlar, Ayşe/Glick Schiller, Nina (2018): Migrants and City-Making: Dispossession, Displacement, and Urban Regeneration. Durham: Duke University Press.

Chakrabarti, Arindam (1992): Individual and Collective Pride. In: American Philosophical Quarterly 29 (1), 35–43.

Dandekar, Deepra (2019): Zeba Rizvi's Memory-emotions of Partition: Silence and Secularism-pyar. In: Contemporary South Asia 27 (3), 392–406.

Gallo, Ester (2015): The Irony of Kinship Migration and the Control of Emotions among Malayalis. In: Emotion, Space and Society 16, 108–115.

George, Usha/Chaze, Ferzana (2015): Punjabis/Sikhs in Canada. In: Rajan, S. Irudaya/Varghese, V. J./Nanda, Aswini Kumar (Hrsg.): Migration, Mobility and Multiple Affiliations: Punjabis in a Transnational World, Cambridge: Cambridge University Press, 91–104.

Kokanović, Renata/Božić-Vrbačić, Senka (2015): Being Marked as Different: The Emotional Politics of Experiences of Depression and Migrant Belongings. In: Emotion, Space and Society 16, 130–137.

Kothari, Rita (2007): The Burden of Refuge: The Sindhi Hindus of Gujarat. Hyderabad: Orient Longman.

Kuah-Pearce, Khun Eng (2011): Rebuilding the Ancestral Village: Singaporeans in China. Hong Kong: Hong Kong University Press.

Mounk, Yascha (2014): Stranger in My Own Country: A Jewish Family in Modern Germany. New York: Farrar, Straus and Giruox.

Plamper, Jan (2019): Das neue Wir: Warum Migration dazugehört: Eine andere Geschichte der Deutschen. Berlin: S. Fischer Verlag.

Rosenwein, Barbara H. (2006): Emotional Communities in the Early Middle Ages. Ithaca: Cornell University Press.

Svašek, Maruška (2008): Who Cares? Families and Feelings in Movement. In: Journal of Intercultural Studies 29 (3), 213–230.

Taylor, Gabriele (1985): Pride, Shame, and Guilt: Emotions of Self-assessment. Oxford: Clarendon Press.

Tazreiter, Claudia (2015): Lifeboat Politics in the Pacific: Affect and the Ripples and Shimmers of a Migrant Saturated Future. In: Emotions, Space and Society 16, 99–107.

Thum, Gregor (2003): Die fremde Stadt: Breslau nach 1945. Berlin: Siedler.

Trebinčević, Kenan/Shapiro, Susan (2014): The Bosnia List: A Memoir of War, Exile, and Return. New York: Penguin Books.

Vermot, Cécile (2015): Guilt: A Gendered Bond within the Transnational Family. In: Emotion, Space and Society 16, 138–146.

Virdee, Pippa (2013): Remembering Partition: Women, Oral Histories and the Partition of 1947. In: Oral History 41 (2), 49–62.

Wikan, Unni (2002): Citizenship on Trial: Nadia's Case. In: Shweder, Richard A./Minow, Martha/Markus, Hazel Rose (Hg.): Engaging Cultural Differences: The Multicultural Challenge in Liberal Democracies, New York: Russell Sage Foundation, 128–143.

II.10
‚Flüchtling' – historische Perspektive

Jochen Oltmer

Abstract Den Begriff des Flüchtlings gibt es in der deutschen Sprache seit rund 400 Jahren. Im 17., 18. und 19. Jahrhundert wurde er recht selten verwendet. Erst im 20. Jahrhundert gewann das Wort erheblich an Gewicht. Meist war der Begriff positiv konnotiert. Eine gewisse Distanzierung und ein Bedeutungsverlust lassen sich schließlich im 21. Jahrhundert ausmachen.

Schlüsselbegriffe: Flüchtling, Migration, Réfugié, Refugee, Figur

1. Einleitung

Der Begriff des Flüchtlings kann auf das 17. Jahrhundert zurückgeführt werden, als sich das (Hoch-)Deutsche als Amts- und Gerichtssprache durchsetzte. Wie hat sich seither seine Verwendung gewandelt, welche Vorstellungen verbanden sich mit den so bezeichneten Menschen? Dieses Kapitel unternimmt den Versuch, Einsichten über die Hintergründe, Bedingungen und Folgen fluchtbezogener Bezeichnungspraktiken zu gewinnen und die Bedeutung zu klären, die deutschsprachige Gesellschaften dem Begriff zumaßen und zuwiesen. Wissenschaftliche Literatur, die sich jenseits eines engeren sprachwissenschaftlichen Interesses (Eppert 1963) (→ ‚Flüchtling' – sprachlich) dieser Fragestellung in einer jahrhunderteübergreifenden Perspektive widmet, findet sich nicht. Aus diesem Grund stützt sich der folgende Umriss auf Recherchen in digitalen Textarchiven, Enzyklopädien und Bibliothekskatalogen. Erst für die zweite Hälfte des 20. Jahrhunderts liegen einige wenige Publikationen vor, die Einblicke in die damalige Begriffsverwendung gewähren.

2. Die Formierung eines neuen Wissensfeldes im 17. und 18. Jahrhundert

Die erste Nennung des Wortes Flüchtling findet sich in einer Leichenpredigt des Jahres 1622. Dem biblischen Gleichnis folgend ist hier der Flüchtling der verlorene Sohn, der vom Vater wiederaufgenommen wird (Neomenius 1622). Einen eindeutigeren Bezug auf die Suche nach Schutz vor Verfolgung bieten weitere Begriffsverwendungen des 17. Jahrhunderts. Sie verweisen auf die Vorstellung von dem Aufstieg des antiken Roms durch die Aufnahme von politisch oder religiös Verfolgten in großer Zahl. Auch Homers Ilias wird als eine Geschichte von Verfolgung und Schutzsuche verstanden (Sandrart 1679). Weitere, wenngleich ebenfalls seltene Bezüge, lassen sich ausmachen: So gebrauchen z. B. zwei Wörterbücher des Jahres 1700 den Begriff Flüchtling synonym zu ‚Ausreißer' (Veneroni 1700: 267; Pomey 1700: 442), womit auch der Ausbruch aus einem Gefängnis oder das Ausweichen vor Strafverfolgung gemeint sein konnte (Meyer 1666: 345). Als ‚Ausreißer' gelten zudem andere, für die der Begriff Flüchtling ebenfalls genutzt wird: Deserteure oder im Angesicht einer militärischen Niederlage Fliehende (Marcel 1696: 91). Mithin bietet sich in der Phase der Formierung des neuen Wissensfeldes um den Begriff im 17. Jahrhundert trotz letztlich geringer Präsenz bereits eine große Spannweite der Verwendung, die sich in den kommenden Jahrhunderten kaum mehr erweiterte: Als Flüchtlinge gelten aus politischen und weltanschaulichen Gründen Verfolgte, sie fliehen vor Gewalt, weichen aus aufgrund einer militärischen Niederlage, vor Strafverfolgung oder aus einer Strafanstalt.

Vermehrt tritt der Begriff in den zwei Jahrzehnten vor und nach 1700 auf. Gemeint waren mit den „frantzösischen Flüchtlingen" protestantische Hugenotten, die vor allem nach 1685 zu Zehntausenden Frankreich verließen und in konfessionsgleichen Ländern in Europa (aber auch in Übersee) Aufnahme suchten. Flüchtlinge wurden sie allerdings in deutschen Territorien, wo sie einen Gegenstand intensiver politischer, medialer und öffentlicher Aushandlungen bildeten, selten genannt. Die weitaus überwiegend herangezogene Bezeichnung des Kollektivs ist *„réfugiés"*. Die in der zeitgenössischen Literatur produzierte Figur des *réfugié* verweist auf die Opfer einer ungerechten, als illegitim verstandenen Herrschaft, die sie wegen ihres bedingungslosen Eintretens für ihren Glauben verfolgte, unterdrückte und zu einer Flucht unter Entbehrungen nötigte. Die *réfugiés* sahen sich aufgrund ihres Schicksals selbst als herausgehoben an, wurden überwiegend auch von anderen (und insbesondere von den Obrigkeiten) als Elite verstanden und deshalb privilegiert. Dies, so das Narrativ weiter, ermöglichte schließlich eine gelungene Einwanderung nützlicher und treuer Untertanen (Schunka 2019: 9–10).

Das Wort *réfugié* war über Jahrzehnte derart eng mit den französischen Calvinisten verbunden, dass im deutschsprachigen Raum in aller Regel Hugenotten gemeint waren, wenn von *réfugiés* gesprochen wurde. Das ist keine Besonderheit im Deutschen: Auch der Begriff des *refugee* bezog sich zunächst ausschließlich auf sie, wie der entsprechende Eintrag in der ersten Ausgabe der Encyclopaedia Britannica von 1771 deutlich macht. Erst nach Jahrzehnten löste sich der Begriff der *refugees* von dem Bezug auf die Hugenotten. So hielt denn die 4. Auflage der Encyclopaedia Britannica von 1810 den Wandel der Begriffsverwendung fest: „a term at first applied to the French Protestants, who, by the revocation of the edict of Nantz, were constrained to fly from persecution, and take refuge in foreign countries. Since that time, however, it has been extended to all such as leave their country in times of distress" (Encyclopaedia Britannica 1810: 684–685).

Für den deutschsprachigen Raum lässt sich eine solche Ablösung von dem Bezug auf die Hugenotten und seine Verallgemeinerung mit dem Bezug auf alle Verfolgten allerdings nicht ausmachen, wie ein Blick in Enzyklopädien vom 18. bis zum frühen 20. Jahrhundert zeigt. So kennt denn auch das Zedlersche Universallexikon (1731–1754) zwar den *réfugié*, nicht aber den Flüchtling.

3. Eine Gesellschaft ohne Flüchtlinge: Das 19. Jahrhundert

Im 19. Jahrhundert findet eine Verengung des Begriffs Flucht auf den Bereich des Militärischen und der Strafverfolgung statt, ‚Flüchtlinge' gibt es weiterhin nicht: Pierers Universallexikon (1842–1846) bezieht die Flucht auf das Desertieren, das „regellose Davonlaufen geschlagener Truppen" und die „Flucht eines Verbrechers" (Pierer 1842, Bd. 3: 472–473). Der Brockhaus in der 14. Auflage von 1908 (Bd. 6: 823) weist den Begriff Flucht drei Feldern zu: dem strafrechtlichen (der flüchtige Straftäter), dem völkerrechtlichen (der ausgewichene Kriegsgefangene) und dem staatsrechtlichen (der Deserteur).

Dass dieser Eindruck vom geringen Stellenwert des Begriffs Flüchtling in den gesellschaftlichen Debatten im deutschsprachigen Raum nicht täuscht, bestätigt eine Recherche in Bibliothekskatalogen. Das Titelstichwort „Flüchtlinge" findet sich im 19. Jahrhundert selten, Publikationen beziehen sich auf einzelne räumliche Bewegungen im Umfeld der Revolutionen von 1830 und 1848, meist sind sie in der Schweiz als Ankunftsland erschienen. Einige belletristische Titel (gelegentlich auch Dramen und Opern) lassen sich ausmachen, immer bezieht sich die Figur des Flüchtlings auf die Flucht aus „totalen Institutionen", deren zentrales Kennzeichen der „bürgerliche Tod" ihrer Insassen war (Goffman 1973: 26), dem sie zu entfliehen suchten: Gefängnisse, Lager, Kasernen, Schiffe usw.

Während der *refugee* im 19. Jahrhundert also zu einem festen, positiv konnotierten Begriff in der englischen Sprache und in den (für die Rechtsentwicklung des 20. Jahrhunderts folgenreichen) Aushandlungen über Menschen wurde, die vor politischer Verfolgung, Gewalt und Notlagen flohen (Zolberg et al. 1989: 10–11; (→ ‚Flüchtling' – rechtlich), blieb in Deutschland eine solche Konjunktur aus. Hintergrund war eine Spaltung des europäischen Kontinents: Schutzsuchende stammten in der Regel aus Mittel- und Osteuropa, ihre wichtigsten Ziele in Europa waren Staaten im Westen (Großbritannien, Frankreich, Belgien) und die Schweiz. Territorien im deutschsprachigen Mitteleuropa (sieht man von der Schweiz ab) verdrängten eine stattliche Anzahl Menschen aus politischen Gründen, fungierten höchstens als Transitländer für Bewegungen aus dem östlichen Europa und gewährten selten Schutz (Oltmer 2002: 108–111).

4. Der Flüchtling des 20. Jahrhunderts

Mit dem Beginn des Ersten Weltkriegs wuchs die Zahl der Publikationen, die den „Flüchtling" im Titel trugen. Im amtlichen und medialen Sprachgebrauch der Weimarer Republik ist zwar gelegentlich von „russischen" oder „jüdischen Flüchtlingen" die Rede. Wenn der Begriff Flüchtlinge verwendet wurde, waren aber in aller Regel deutsche Staatsangehörige oder ‚Volksdeutsche' gemeint, die über die neuen Grenzen des territorial verkleinerten Reiches zuwanderten. Für das asylfeindliche nationalsozialistische Deutschland, das Teile der eigenen Bevölkerung verfolgte und exilierte, verzeichnet demgegenüber die Deutsche Bibliothek nur 19 unterschiedliche Publikation, die im Titel den Begriff „Flüchtling" nutzten. Etwa die Hälfte gehört in das Feld der Belletristik, einzelne Titel sind außerhalb Deutschlands als Teil der ‚Exilliteratur' erschienen und verweisen auf die Flucht aus NS-Deutschland. Von einer Präsenz des Begriffs lässt sich im NS-Deutschland mithin nicht sprechen.

Nach dem Ende des Zweiten Weltkriegs steigt die Produktion von Literatur, die mit dem Begriff „Flüchtling" im Titel operiert, erneut erheblich an. Sie bezieht sich vornehmlich auf Menschen, die seit Ende 1944 vor der vorrückenden sowjetischen Roten Armee aus Ost-, Ostmittel- und Südosteuropa Richtung Westen flohen und das Gebiet der seit Mai 1945 eingerichteten vier Besatzungszonen in Deutschland bzw. Österreich als deutsche Staatsangehörige oder als ‚Volkszugehörige' erreichten. Allerdings wurde dieser Vorgang zeitgenössisch keineswegs vorrangig unter dem Begriff Flüchtlinge abgehandelt. Vielmehr setzten sich vor allem seit 1948 im Westen Deutschlands der Begriff und die Figur des ‚Heimatvertriebenen ' durch. Dieser bezeichnete Menschen, die durch Androhung und

Anwendung massiver Gewalt ohne Handlungsalternativen unschuldig und unter Zurücklassung allen Hab und Guts und unter zahlreichen Todesopfern aus dem Osten (also dort, wo der Feind im ‚Kalten Krieg' zu finden war) in den Westen (wo Schutz, Sicherheit gewährt wurde und humanitäre Standards galten) gelangte. Sie hätten, wie die Verwendung des Begriffs Heimat zeigen sollte, weiterhin Eigentumsrechte und Zugehörigkeitsansprüche jenseits des ‚Eisernen Vorhangs' (Beer 1997: 154–160).

Im Westen Deutschlands bemühte sich das Bundesvertriebenengesetz von 1953 um eine einheitliche Bestimmung für die relevanten Begriffe, die für den politischen, administrativen und auch wissenschaftlichen Bereich in den kommenden Jahrzehnten eine hohe Bedeutung hatte. Es unterschied ‚Vertriebene' von ‚Heimatvertriebenen' sowie ‚Sowjetzonenflüchtlingen'. Der Begriff des Flüchtlings wurde also ausschließlich auf als politische Flüchtlinge konzipierte Abgewanderte aus der Sowjetischen Besatzungszone (SBZ) bzw. aus der DDR bezogen (Beer 1997: 147–148). Vor dem Hintergrund solcher Bezeichnungspraktiken nahm die 16. Auflage des Brockhaus von 1954 erstmals den Begriff des Flüchtlings auf (Bd. 4: 149–150): er ist „ein vor Verfolgung oder wegen Gefahr für Leib und Seele außer Landes Gehender". Wenngleich die Definition auf eine weite Perspektive verweist, beziehen sich die im Artikel genannten Zusammenhänge überwiegend auf Deutsche: Die Rede ist von „Ostflüchtlingen", „Heimatvertriebenen" und „Ostzonenflüchtlingen". Den politischen Flüchtling und die Genfer Flüchtlingskonvention kennt der Brockhaus nicht.

Bald setzte insofern eine wesentliche Veränderung ein, als der Begriff Flüchtling zunehmend auch als Bezeichnung für Migrant*innen verwendet wurde, die nicht als Deutsche galten. Auf den Bedeutungsgewinn der Bundesrepublik als Ankunftsland von nicht als deutsch markierten Schutzsuchenden vor dem Hintergrund von Asylgrundrecht und Genfer Flüchtlingskonvention verweist der Artikel zu den Flüchtlingen in der 17. Auflage des Brockhaus von 1968 (Bd. 6: 374–375). Gemeint sind „alle Personen, die durch Krieg oder polit. Maßnahmen veranlaßt wurden, ihre Heimat zu verlassen". Zwar sind „Deutsche F. und Vertriebene" weiterhin im Artikel sehr präsent. Mehr Raum nimmt aber der Hinweis auf die „Internationalen F." ein, die als „Ausländ. F." die Bundesrepublik erreichen. Der Artikel versteht die Bundesrepublik zwar als Ankunftsland, nicht aber als Ort dauerhaften Aufenthalts: Flüchtlinge gelten vornehmlich als ein Verwaltungsproblem und eine Herausforderung für internationale Organisationen (genannt werden Völkerbund, UNRRA, IRO, UNHCR, UNRWA). Als „Staatenlose oder Quasi-Staatenlose" stehen sie in deren Verantwortung.

Die erhebliche Intensivierung gesellschaftlicher Debatten um das Asyl in der Bundesrepublik der 1980er Jahre verdeutlicht die Verfünffachung des Umfangs des Beitrags Flüchtlinge in der 19. Auflage des Brockhaus von 1988 (Bd. 7: 400–402). Warum der Begriff einen erheblichen Bedeutungsgewinn erfährt, lässt der Artikel bereits zu Beginn deutlich werden: „Seit Beginn der 80er Jahre […] werden die westl. Industrieländer zunehmend mit dem weltweiten F.-Problem konfrontiert". Flüchtlinge seien Opfer autoritärer politischer Systeme, von Kriegen, Bürgerkriegen und Überlebenskrisen wie Hungersnöten. „F. bleiben Treib- und Strandgut einer friedlosen Welt". Humanitäre Hilfe sei dringend nötig.

Dass das Wort Flüchtling in einer Hochphase des bundesdeutschen Sprechens und Schreibens über Fluchtbewegungen von den späten 1970er bis zu den 1990er Jahren meist positiv konnotiert blieb, darauf deuten auch Ergebnisse der Auseinandersetzung mit der Presseberichterstattung hin (Jung et al. 2000). Wurden aber, was zwischen den 1970er und 1990er Jahren häufig geschah, Schutzsuchende abgelehnt und angefeindet, kam der Begriff des meist negativ konnotierten ‚Asylanten' ins Spiel oder die vielen negativ konnotierten Komposita von ‚Asyl' (‚Asylproblem', ‚Asylbetrüger', ‚Asyltourismus'), die häufig moralisierend die Beweggründe für die Migration infrage stellten (Link 1988: 51). Das heißt: Selbst wenn Fluchtbewegungen in der Bundesrepublik vornehmlich als Gefahr und Bedrohung verstanden wurden, bedurfte es keiner negativen Aufladung des Begriffs Flüchtlinge. Denn für Abwertungen stand der Begriff ‚Asyl'/‚Asylant' zur Verfügung (Jung et al. 2000: 28–29), der „mit einer Art Katastrophenandrohung zu Zusammensetzungen wie Asylantenstrom, -schwemme, -druck, -flut, -lawine, -zeitbombe bis hin zu Asylantenspringflut verbunden wurde" (Strauß et al. 1989: 86). Bis zum Ende des Ost-West-Konflikts lässt sich ein rassistisches Sortieren erkennen: Während für Menschen aus Osteuropa in der Regel der Begriff Flüchtling verwendet wurde, verband sich mit einer so bezeichneten ‚außereuropäischen' Herkunft meist der abwertende Begriff des ‚Asylanten' (Sylla 2021: 67; Weimar 2021: 109–114).

5. Schluss

2015 wählte die Gesellschaft für deutsche Sprache den Begriff „Flüchtlinge" zum ‚Wort des Jahres'. Als Überraschung galt diese Entscheidung angesichts der intensiven gesellschaftlichen Debatten um die vermehrte Ankunft von Schutzsuchenden in Europa nicht. Kritik wurde dennoch laut: Das Wort Flüchtling sei negativ konnotiert und werde vielfach abwertend verwendet – wie so viele andere Begriffe auch, die mit dem Suffix ‚-ling' gebildet werden (Jöris 2015; Stefanowitsch 2021; → ‚Flüchtling' – sprachlich).

Tatsächlich gewann die Rede von den ‚Geflüchteten' seit Anfang der 2010er Jahre an Gewicht und konkurriert seither in der öffentlichen Diskussion mit dem Begriff des Flüchtlings. Dessen Bedeutungsverlust und die Karriere von Alternativbenennungen (z. B. auch ‚Schutzsuchende') ist noch nicht zureichend erklärt worden, zumal Forschungsergebnisse aus den Sprachwissenschaften deutlich machen, dass nach der Wirkung des Suffix ‚-ling' befragte Personen mit ihm keineswegs überwiegend eine negative Konnotation verbinden (Rummel 2017). Nicht das Wort ist das Problem, sondern die Zuweisung von Bedeutung im Kontext intensiver gesellschaftlicher Aushandlungen.

Literaturverzeichnis

Beer, Mathias (1997): Flüchtlinge, Ausgewiesene, Neubürger, Heimatvertriebene. Flüchtlingspolitik und Flüchtlingsintegration in Deutschland nach 1945, begriffsgeschichtlich betrachtet. In: Beer, Mathias./ Kintzinger, Martin/ Krauss, Marita (Hrsg.): Migration und Integration. Aufnahme und Eingliederung im historischen Wandel. Stuttgart: Steiner, 145–167.
Brockhaus Enzyklopädie (1988), Bd. 7, 19. Aufl. Wiesbaden 1988: Brockhaus.
Brockhaus Konversations-Lexikon (1908), Bd. 6, 14. Aufl. Leipzig: Brockhaus.
Der Große Brockhaus (1954), Bd. 4, 16. Aufl. Wiesbaden: Brockhaus.
Der Große Brockhaus (1968): Bd. 6, 17. Aufl. Wiesbaden: Brockhaus.
Encyclopaedia Britannica (1810): Bd. 17, 4. Aufl. Edinburgh: Bell.
Eppert, Franz (1963): Der politische und religiöse Flüchtling in seiner sprachlichen Bezeichnung im Deutschen. Diss. Köln.

Goffman, Erving (1973): Asyle. Über die soziale Situation psychiatrischer Patienten und anderer Insassen. Suhrkamp: Frankfurt a.M.
Jöris, Lisa (2015): Wider den Begriff ‚Flüchtling', https://www.boell-sachsen-anhalt.de/sites/default/files/2020-10/2015-Diskussionspaper-Fl%C3 %BCchtlingsbegriff-web%281 %29.pdf (2.5.2021).
Jung, Matthias/Niehr, Thomas/Böke, Karin (2000): Ausländer und Migranten im Spiegel der Presse. Wiesbaden: Westdeutscher Verlag.
Link, Jürgen (1988): Medien und ‚Asylanten': Zur Geschichte eines Unwortes. In: Thränhardt, Simone (Hrsg.): Flucht und Asyl. Freiburg i.Br.: Lambertus, 50–61.
Marcel, Guillaume (1696): Conspectus historiae universalis. Hamburg: Benjamin Schillern.
Meyer, Martin (1666): Philemeri Irenici Elisii Diarium europæum. Frankfurt a.M.: Ammon.
Möllhausen, Balduin (1862): Der Flüchtling. Erzählung aus Neu-Mexico und dem angrenzenden Indianergebiet. Leipzig: Costenoble.
Neomenius, Johann (1622): Exilii humani Miseria & Consolatio. Brieg: Augustinus Gründerus.
Oltmer, Jochen (2002): Flucht, Vertreibung und Asyl im 19. und 20. Jahrhundert. In: Bade, Klaus J. (Hrsg.): Migration in der europäischen Geschichte seit dem späten Mittelalter. Osnabrück: IMIS, 107–134.
Pierer, H.A. (1842) (Hrsg.): Universal-Lexikon der Gegenwart und Vergangenheit, Bd. 3. 2. Aufl. Altenburg: Pierer.
Pomey, François Antoine (1700): Le grand dictionnaire royal françois-latin-allemand, latin-allemand-françois, allemand-françois-latin. Frankfurt a.M.: Servatius Noethen.
Rummel, Marlene (2017): Brisantes Suffix? Zum Gewicht von -ling im Konzept des Flüchtlings. Gießen: Universität.
Sandrart, Joachim von (1679): L'Academia Todesca. Bd. 2, 3. Nürnberg: Christian Siegismund Frobergern.
Schunka, Alexander (2019): Die Hugenotten. München: C.H. Beck.
Stefanowitsch, Anatol (2012): Flüchtlinge und Geflüchtete, http://www.sprachlog.de/2012/12/01/fluechtlinge-und-gefluechtete/ (15.3.2021).
Strauß, Gerhard/Haß, Ulrike/Harras, Gisela (1989): Brisante Wörter von Agitation bis Zeitgeist. Berlin: De Gruyter.
Sylla, Nadine (2021): Die ‚biologische Spur' in der Flüchtlingskonstruktion. Mediale Fluchtdiskurse in den 1970er und 1980er Jahren. In: Farrokhzad, Schahrzad/Kunz, Thomas/Oulad M´Hand, Saloua Mohammed/Ottersbach, Markus (Hrsg.): Migrations- und Fluchtdiskurse im Zeichen des erstarkenden Rechtspopulismus. Wiesbaden: Springer, 53–73.
Veneroni, Giovanni (1700): Das kayserliche Sprach-Wörter-Buch. Frankfurt a.M.: Zunner.
Weimar, Lisa-Katharina (2021): Bundesdeutsche Presseberichterstattung um ‚Flucht' und ‚Asyl'. Selbstverständnis und visuelle Inszenierung von den späten 1950er bis zu den frühen 1990er Jahren, Wiesbaden: Springer.
Zedler (1731–1754): Johann Heinrich Zedlers Grosses vollständiges Universal-Lexicon aller Wissenschafften und Künste, Bd. 9. Halle/Leipzig: Zedler.
Zolberg, Aristide R./Suhrke, Astri/Aguayo, Sergio (1989): Escape from Violence. Conflict and the Refugee Crisis in the Developing World. Oxford: Oxford University Press.

II.11
‚Flüchtling' – rechtliche Perspektive
Dana Schmalz

Abstract Wenn über staatliche Pflichten gegenüber Migrierenden und Schutzsuchenden diskutiert wird, spielt der Flüchtlingsbegriff eine entscheidende Rolle. Es ist wesentlich dieser Begriff, welcher die Linie zieht zwischen staatlicher Entscheidungsmacht über Immigration und rechtlichen Grenzen dieser Entscheidungsmacht. Doch der Flüchtlingsbegriff des Rechts ist selbst keineswegs uniform und eindeutig. Der Beitrag erläutert die Grundlagen des rechtlichen Flüchtlingsbegriffs, Definitionen des Flüchtlings im internationalen Recht, Entwicklungen des Flüchtlingsbegriffs durch Interpretation der Definitionsmerkmale sowie Begriffserweiterungen in Form alternativer Schutzkonzepte.
Schlüsselbegriffe: Flüchtling; Asyl; subsidiärer Schutz; Völkerrecht; Territorialstaat

1. Grundlagen des rechtlichen Flüchtlingsbegriffs

Der Flüchtlingsbegriff, der sich heute im internationalen Recht und in vielen nationalen Rechtsordnungen findet, geht auf spezifische begriffliche und normative Entwicklungen zurück. Als die Kodifizierung im 20. Jahrhundert einsetzte, verbanden sich zwei Stränge normativer Regelungen: Die Idee einer ausnahmsweisen Pflicht gegenüber dem Fremden an der Grenze einerseits, und die Regelungen zur Nicht-Auslieferung bei politischen Straftaten andererseits.

Die Idee einer ausnahmsweisen Pflicht gegenüber dem Fremden an der Grenze findet sich im politischen Denken des 18. und 19. Jahrhunderts in verschiedenen Varianten (Chetail 2016; Schmalz 2020). Das Legitimitätsdenken im entstehenden Territorialstaat kennzeichnet eine grundlegende Spannung: Es basiert auf dem Grundsatz menschlicher Gleichheit und Freiheit, organisiert Recht aber zugleich innerhalb territorial begrenzter Gemeinschaften. Hand in Hand mit der Vorstellung einer grundsätzlich freien Entscheidung des Staats über Grenzen und Einwanderung entwickelt sich im politischen Denken daher die Idee einer Ausnahme. Die wohl bekannteste Formulierung dieser Ausnahme finden wir bei Immanuel Kant, der als das eine weltbürgerliche Recht einführt, dass ein Fremder an der Grenze nur abgewiesen werden darf, „wenn es ohne seinen Untergang geschehen kann" (Kant 1795: BA 41, 42). Die Idee eines ausnahmsweisen Anspruchs auf Aufnahme ist zunächst nicht zwingend an den Flüchtlingsbegriff gebunden, verbindet sich aber im frühen 20. Jahrhunderts zunehmend mit ihm.

Zugleich bilden sich im 19. Jahrhundert Normen heraus, wonach die staatliche Zusammenarbeit in Strafverfolgung mitsamt gegenseitigen Versprechen der Auslieferung nicht die Auslieferung von politisch Verfolgten umfassen sollte (Green 1961). Diese Ausnahmen von Auslieferungspflichten verbanden sich mit dem alten Begriff des (→) Asyls (Hailbronner/Gogolin 2013). Die Gewährung politischen Asyls betraf insofern zunächst ein zwischenstaatliches Verhältnis, Aspekte davon flossen aber auch in den rechtlichen Flüchtlingsbegriff ein. So wurde die staatliche Verfolgung – nicht allgemeiner die Notlage von Personen, zum Ausgangspunkt für Flüchtlingsschutz.

2. Flüchtlingsdefinitionen im internationalen Recht

Den Flüchtlingsbegriff des (internationalen) Rechts prägt wesentlich die in der Genfer Flüchtlingskonvention von 1951 (GFK) enthaltene Definition. Frühere Instrumente des internationalen Flüchtlingsschutzes enthielten keine abstrakte Definition, sondern waren auf spezifische Personengruppen bezogen, so beispielsweise auf russische und armenische Flüchtlinge in den Zwanziger Jahren und auf deutsche Flüchtlinge nach 1931. In der Satzung der Internationalen Flüchtlingsorganisation (IRO) von 1946 fand sich ein Abschnitt zur „Definition von Flüchtlingen" (Annex I, Part I Section A), mit einer Auflistung verschiedener Personengruppen. Zugleich enthielt die IRO-Satzung Formulierungen, die in der GFK aufgegriffen wurden: So benannten sie die Furcht vor Verfolgung wegen „Rasse, Religion, Nationalität oder politischer Überzeugung" als Voraussetzung für die Zuständigkeit der IRO (Ibid., Section C).

2.1 Die Flüchtlingsdefinition der Genfer Flüchtlingskonvention von 1951 und des Protokolls von 1967

Es waren unter anderem Mitglieder der rechtlichen Abteilung der IRO, viele davon mit eigener Fluchterfahrung, welche den ersten Entwurf der späteren Genfer Flüchtlingskonvention verfassten (Glynn 2011: 136). Für die Definition des Flüchtlings lagen drei Möglichkeiten vor: Erstens eine Zuständigkeit der UN-Generalversammlung, Personengruppen jeweils als solche unter den Schutz der Vereinten Nationen zu stellen; zweitens die Auflistung aus der IRO-Satzung; oder drittens eine in der GFK eigens festzuschreibende Definition (UN Ad Hoc Committee on Statelessness and Related Problems 1950; Zimmermann/Mahler 2011: para. 52). Zwischen 1950 und 1951 fanden intensive Debatten unter Staatenvertretern statt. Auf der Sonderkonferenz 1951 entschied man sich für eine eigene Definition.

Die GFK enthält eine detaillierte Definition, wer für ihre Zwecke als Flüchtling gelten soll. Nach ihrem Artikel 1 A Nr. 1 findet der Ausdruck Flüchtling zunächst auf all diejenigen Anwendung, die nach früheren Abkommen als Flüchtlinge gelten. Art. 1 A Nr. 2 legt daneben fest, dass der Ausdruck *Flüchtling* auch auf jede Person Anwendung finden soll,

> „die infolge von Ereignissen, die vor dem 1. Januar 1951 eingetreten sind, und aus der begründeten Furcht vor Verfolgung wegen ihrer Rasse, Religion, Nationalität, Zugehörigkeit zu einer bestimmten sozialen Gruppe oder wegen ihrer politischen Überzeugung sich außerhalb des Landes befindet, dessen Staatsangehörigkeit sie besitzt, und den Schutz dieses Landes nicht in Anspruch nehmen kann oder wegen dieser Befürchtungen nicht in Anspruch nehmen will."

Daran schließt noch eine Regelung für Staatenlose an, für die der gewöhnliche Aufenthalt entsprechend der Staatsangehörigkeit als Bezugspunkt für Flucht und fehlenden Schutz herangezogen wird. Es folgen mehrere Qualifizierungen und Sonderregeln. Die Kerndefinition des Artikel 1 A Nr. 2

GFK wurde zum Inbegriff der Flüchtlingsdefinition und prägt heute über die unmittelbar rechtliche Wirkung hinaus, wer als Flüchtling gilt.

Diese Kerndefinition stellt drei zentrale Kriterien für den Flüchtlingsstatus auf: Dass die betreffende Person eine internationale Grenze überquert hat, sich also außerhalb des Heimatstaats befindet; dass sie begründete Furcht vor Verfolgung hat; und dass diese gefürchtete Verfolgung auf einem der fünf aufgezählten Gründen beruht. Das erste Kriterium des Grenzübertritts ist in der Auslegung nicht sonderlich komplex, es nimmt (→) Binnenvertriebene von der Anwendung der Genfer Flüchtlingskonvention aus. Diese Beschränkung ist schlüssig, da Schutzverpflichtungen anderer Staaten erst wirksam ansetzen können, wenn sich Personen auf ihrem Hoheitsgebiet oder an der Grenze befinden. Ein Eingreifen auf anderem Staatsgebiet würde grundsätzlich dessen Territorialhoheit verletzen. Dass die GFK nicht anwendbar ist, schließt aber nicht aus, dass die internationale Gemeinschaft auch für Binnenvertriebene Sorge trägt, insofern sie humanitäre Hilfe für Flüchtlinge im Herkunftsstaat bereitstellt. Die Aktivitäten des UN-Hochkommissariats für Flüchtlinge (UNHCR) richten sich teilweise auch auf den Schutz von Binnenvertriebenen. Das zweite Kriterium der begründeten Furcht vor Verfolgung ist Gegenstand von anhaltenden Auslegungsfragen. Es verbindet ein objektives und ein subjektives Element: Einerseits ist die Furcht vor Verfolgung notwendig; deren Begründung muss an objektiven Aspekten der Bedrohungslage belegbar sein (Zimmermann/Mahler 2011: para. 187). Das dritte Kriterium schließlich beschränkt die den Flüchtlingsstatus begründende Verfolgung auf diskriminierende Verfolgung. Während die Verfolgung wegen Rasse, Religion, Nationalität und politischer Überzeugung auf vorangegangene Erfahrungen bauten, kam der Grund der „Zugehörigkeit zu einer bestimmten sozialen Gruppe" neu hinzu und wurde zu dem dynamischsten Element in der Auslegung der Flüchtlingsdefinition (Zimmermann/Mahler 2011: para. 398; Hruschka/Löhr 2009: 205).

Nach der Kerndefinition des Art. 1 A Nr. 2 fügt die GFK Einschränkungen an. Art. 1 C und E betreffen das Enden der Flüchtlingseigenschaft und den Ausschluss bei sonstiger rechtlicher Gleichstellung, also Situationen, in welchen der Schutzstatus nicht oder nicht mehr notwendig ist. Art. 1 D betrifft den Ausschluss von der Konvention bei Schutz durch andere Institutionen, praktisch fällt darunter das Hilfswerk der Vereinten Nationen für Palästina-Flüchtlinge (UNRWA). Art. 1 F schließlich sieht eine Ausnahme vom Schutz der Konvention bei Völkerrechtsverbrechen sowie bei schweren nicht-politischen Verbrechen vor.

Zunächst war die GFK zeitlich nur für Flucht infolge von Ereignissen vor dem 1. Januar 1951 anwendbar (Art. 1 A Abs. 1 Satz 1 GFK) und erlaubte Staaten zudem, eine geografische Beschränkung auf Flüchtlinge aus Europa zu erklären (Art. 1 B Abs. 1 GFK). Die zeitliche Einschränkung und die Möglichkeit, Vorbehalte zu erklären, wurden mit dem Protokoll von 1967 aufgehoben.

Die zentrale Folge, welche die GFK an den Flüchtlingsbegriff knüpft, ist das Verbot des *Refoulement*: das Verbot, Flüchtlinge in ein Gebiet, in denen ihr Leben oder ihre Freiheit bedroht ist, aus- oder zurückzuweisen (Art. 33 Abs. 1 GFK). Daneben enthält die Konvention in Art. 12 ff. vor allem Soll-Vorgaben hinsichtlich des Rechtsstatus und der sozialen Rechte, welche Flüchtlingen im Aufnahmestaat zu gewähren sind.

Insgesamt sind die Regelungen der Konvention, wer als Flüchtling gilt, also ausführlich, umstandsspezifisch und komplex. Trotz der großen Spezifik wurde die GFK-Definition prägend für das internationale Recht, spätere Regelungen bezogen sich darauf.

2.2 Weiter reichende regionale Flüchtlingsdefinitionen

Das Protokoll von 1967 entstand bereits vor dem Hintergrund von regionalen afrikanischen Bemühungen um eine gesonderte Flüchtlingskonvention (Glynn 2011: 143). Während das Protokoll die Anwendbarkeit der GFK-Definition zeitlich erweiterte, diskutierte man daneben auch, ob die Definition ausreichend sei oder der Ergänzung bedürfe. Staaten der Organisation Afrikanischer Einheit (OAU) entwickelten ein regionales Abkommen mit weitergefasster Definition des Flüchtlings. Die OAU-Flüchtlingskonvention von 1969 zitiert die GFK-Definition und legt darüber hinaus fest, dass der Begriff des Flüchtlings auch Personen umfasst, die „aufgrund von äußerer Aggression, Okkupation, ausländischer Vorherrschaft oder Ereignissen, die ernsthaft die öffentliche Ordnung stören" geflohen sind (Art. 1 Abs. 2 OAU-Flüchtlingskonvention). Die Definition erstreckt sich also auf Personen, die im Kontext von Kriegen und Bürgerkriegen fliehen (Markard 2012: 125; → Afrika – Überblick).

In der Erklärung von Cartagena einigten sich lateinamerikanische Staaten 1984 ebenfalls auf eine über die GFK-Definition hinausgehende Flüchtlingsdefinition. Die Erklärung von Cartagena zitiert wiederum zunächst die GFK und legt daneben fest, dass auch all diejenigen als Flüchtlinge gelten sollen, die „aus ihrem Herkunftsland geflohen sind, weil sie dort an Leben, Sicherheit oder Freiheit bedroht waren, sei es durch generelle Gewalt, äußere Aggression, interne Konflikte, massive Menschenrechtsverletzungen oder sonstige Umstände, die ernsthaft die öffentliche Ordnung gestört haben" (Section III Conclusion 3 der Erklärung von Cartagena). Insbesondere mit dem Verweis auf massive Menschenrechtsverletzungen geht die Definition der Erklärung von Cartagena noch über diejenige der OAU-Konvention hinaus. Die Erklärung von Cartagena ist allerdings rechtlich nicht bindend, ihre Wirkung in der Rechtspraxis lateinamerikanischer Staaten blieb bislang eher gering (Reed-Hurtado 2017: 161; → Südamerika).

Dennoch zeigen die beiden regionalen Definitionserweiterungen an, dass über die Flüchtlingsdefinition der GFK hinaus Schutzbedarf besteht. Im Gegensatz zu erweiternden Definitionen stehen Ansätze, die auf diesen zusätzlichen Schutzbedarf mit alternativen Schutzkonzepten reagierten. So besteht in der EU neben dem Flüchtlingsstatus der subsidiäre Schutzstatus. Die EU-Qualifikationsrichtlinie verweist auf die Formulierung der GFK (Art. 2 d, 9 ff.), erlaubt den Mitgliedsstaaten aber, eine weitergehende Definition des Flüchtlings zu wählen (Art. 3).

3. Entwicklung des Flüchtlingsbegriffs

Bedingungen von Flucht und soziale Perspektiven haben sich in den letzten sieben Jahrzehnten erheblich verändert. Zum einen wurde die Flüchtlingsdefinition der GFK in diesen Jahrzehnten dynamisch ausgelegt. Zum anderen sind weitere Instrumente hinzugekommen, mit denen die Gesetzgebung auf weitergehenden Schutzbedarf reagierte.

3.1 Entwicklung des Flüchtlingsbegriffs durch dynamische Auslegung der Definition

Der Flüchtlingsbegriff entwickelte sich ohne Änderung der Definition dennoch erheblich durch die Interpretation einzelner Kriterien. So wird inzwischen auch die Bedrohung durch Handlungen nichtstaatlicher Akteure als Verfolgung anerkannt (Kälin 2001). Zudem fallen unter die begründete Furcht vor Verfolgung wegen der Zugehörigkeit zu einer bestimmten sozialen Gruppe heute die Verfolgung aus Gründen sexueller Orientierung, sowie geschlechtsspezifische Verfolgung (UNHCR, Guidance Note on Refugee Claims relating to Sexual Orientation and Gender Identity (2008; → LGBT*). Zu der Verfolgung wegen sexueller Orientierung gehören die Kriminalisierung von homosexuellen Handlungen (Zimmermann/Mahler 2011: para. 510), aber auch tiefgreifende Diskriminierung aufgrund der sexuellen Orientierung (Zimmermann/Mahler 2011: para. 516). Zur geschlechtsspezifischen Verfolgung gehören unter anderem weibliche Genitalverstümmelung (Zimmermann/Mahler 2011: para. 478; Middelburg/Balta 2006: 416), sowie erzwungene Sterilisation (Zimmermann/Mahler 2011, para. 479; Markard 2007: 373). Diese weiterentwickelten Anerkennungsgründe sind nur ein Beispiel für die Erweiterung des Flüchtlingsbegriffs durch Auslegung der Definition.

3.2 Erweiterung des Flüchtlingsbegriffs jenseits von Definitionen

Der Flüchtlingsbegriff wird wesentlich durch Definitionen bestimmt. Darüber hinaus lassen sich unter den Begriff in einem weiten Sinn aber all diejenigen fassen, die zwar nicht nach einer rechtlichen Definition Flüchtlinge sind, aber einen vergleichbaren Schutzanspruch haben. Der Begriff umfasst dann all diejenigen, die aus Situationen der Not oder Bedrohung migrieren und denen rechtlich Schutz in einem anderen Staat zugesprochen wird.

3.2.1 Der Flüchtlingsbegriff des UNHCR

Der UN-Hochkommissar für Flüchtlinge (UNHCR) und das ihm unterstehende Hochkommissariat bilden die internationale Stelle, welche vorrangig für Flüchtlingsschutz zuständig ist (→ Internationale Organisationen). Neben Flüchtlingen nach der Genfer Konvention ist diese auch für Staatenlose zuständig sowie für vormalige Flüchtlinge, die in ihren Herkunftsstaat zurückkehren (*returnees*; → Rückkehr). Teilweise erstreckt sich die Arbeit des UNHCR auf Binnenvertriebene. Vielerorts registriert der UNHCR Flüchtlinge anstelle von staatlichen Verfahren; dies geschieht anhand der *Procedural Standards for Refugee Status Determination under UNHCR's Mandate* und unter Rückgriff auf das *UNHCR Handbook for Determining Refugee Status and Guidelines on International Protection*. Zum einen prägt der UNHCR insofern die Interpretation der GFK mit und hat an einem internationalen Diskurs über die Reichweite der Flüchtlingsdefinition teil. Zugleich spiegelt das erweiterte Mandat einen Flüchtlingsbegriff jenseits der GFK-Definition.

3.2.2 Ergänzende Konzepte: Beispiel des subsidiären Schutzes in der EU

Der internationale Schutz in der EU umfasst neben dem in Sinne der GFK definierten Flüchtlingsstatus auch den subsidiären Schutzstatus. Subsidiär schutzberechtigt sind nach der Qualifikationsrichtlinie Personen, die andernfalls Gefahr laufen, „einen ernsthaften Schaden […] zu erleiden" (Art. 2 f. QRL). Unter *ernsthaften Schaden* fällt insbesondere die Gefahr unmenschlicher oder entwürdigender Behandlung, die Gefahr der Todesstrafe, sowie die Bedrohung des Lebens durch unterschiedslose Gewalt im Rahmen bewaffneter Konflikte (Art. 15 ff. QRL).

3.2.3 Flüchtlingsbegriff und menschenrechtliche Schutzpflichten

Schließlich wird internationaler Schutz heute zunehmend auch über menschenrechtliche Normen gewährt. Unter der Europäischen Menschenrechtskonvention (EMRK) ist das vor allem Art. 3, das Verbot unmenschlicher oder erniedrigender Behandlung. Dieses umfasst das Verbot, Personen, die sich in der Hoheitsgewalt eines Staates befinden, in einen anderen Staat auszuweisen, in welchem ihnen eine unmenschliche oder erniedrigende Behandlung droht (ECtHR *Soering*, para. 90–91; ECtHR *Hirsi Jamaa*, para. 114). Auch unter anderen Menschenrechtsabkommen wie der Antifolterkonvention erfolgt Schutz vor Rückschiebung und Ausweisung.[1]

3.3 Die Zukunft des Flüchtlingsbegriffs im Recht

Der rechtliche Flüchtlingsbegriff hat sich entlang von Schutzbedarf, aber auch von politischem Einfluss entwickelt. Gegenwärtig stellt besonders Flucht im Kontext von Klimawandel und Umweltkatastrophen (McAdam 2021) eine Leerstelle im internationalen Recht dar. Lassen sich diejenigen, deren Heimat durch langsame Prozesse verschwindet oder unbewohnbar wird, als Flüchtlinge begreifen? Wann sind Staaten zur Aufnahme oder Nichtzurückweisung verpflichtet? Längst ist von Klima- oder Umweltflüchtlingen die Rede; wie diese Einordnung auch ins Recht Einzug erhalten wird, entscheidet sich durch mögliche neue internationale Abkommen und in der dezentralen Weiterentwicklung des Rechts durch Gerichte.

Literaturverzeichnis

Chetail, Vincent (2016): Sovereignty and Migration in the Doctrine of the Law of Nations: An Intellectual History of Hospitality from Vittoria to Vattel. In: European Journal of International Law 27 (4), 901–922.

Glynn, Irial (2011): The Genesis and Development of Article 1 of the 1951 Refugee Convention. In: Journal of Refugee Studies 25 (1), 134–148.

Green, L.C. (1961): The Right of Asylum in International Law. In: University of Malaya Law Review 3 (2), 223–242.

Hailbronner, Kay/Gogolin, Jana (2013): Territorial Asylum. In: Wolfrum, Rüdiger (Hrsg.): The Max Planck Encyclopedia of Public International Law.

Hruschka, Constantin/Löhr, Tillmann (2009): Das Konventionsmerkmal Zugehörigkeit zu einer bestimmten sozialen Gruppe" und seine Anwendung in Deutschland. In: NVwZ, 205–211.

Kälin, Walter (2001): Non-State Agents of Persecution and the Inability of the State to Protect. In: Georgetown Immigration Law Journal 15 (3), 415–432.

Kant, Immanuel (1795): Zum Ewigen Frieden: Ein philosophischer Entwurf.

---

[1] Vgl. für die USA 8 CFR § 208.16.

Markard, Nora (2012): Kriegsflüchtlinge. Gewalt gegen Zivilpersonen in bewaffneten Konflikten als Herausforderung für das Flüchtlingsrecht und den subsidiären Schutz, Tübingen: Mohr Siebeck.

Markard, Nora (2007): Fortschritte im Flüchtlingsrecht? Gender Guidelines und geschlechtsspezifische Verfolgung. In: Kritische Justiz 40 (4), 373–390.

McAdam, Jane (2021): Displacement in the Context of Climate Change and Disasters. In: Costello, Cathryn/Foster, Michelle/McAdam, Jane (Hrsg.): The Oxford Handbook of International Refugee Law, 832–847.

Middelburg, Annemarie/Balta, Alina (2006): Female Genital Mutilation/Cutting as a Ground for Asylum in Europe. In: International Journal of Refugee Law 28 (3), 416–452.

Reed-Hurtado, Michael (2017): The Cartagena Declaration on Refugees and the Protection of People Fleeing Armed Conflict and Other Situations of Violence in Latin America. In: Türk, Volker/Edwards, Alice/Wouters, Cornelis (Hrsg.): In Flight from Conflict and Violence. UNHCR's Consultations on Refugee Status and Other Forms of International Protection. Cambridge: Cambridge University Press, 141–180.

Zimmermann, Andreas/Mahler, Claudia (2011): General Provisions, Article 1 A, para. 2. In: Zimmermann, Andreas (Hrsg.): The 1951 Convention Relating to the Status of Refugees and its 1967 Protocol. A Commentary. Oxford: Oxford University Press.

Verzeichnis von Gerichtsentscheidungen

European Court of Human Rights (ECtHR), Soering v. The United Kingdom, Appl. No. 14038/88, 7.7.1989/

European Court of Human Rights (ECtHR), Hirsi Jamaa et al v. Italy, Appl. No. 27765/09, 23.2.2012.

II.12

‚Flüchtling' – sprachliche Perspektive

Marlene Rummel

Abstract Dieser Beitrag beleuchtet das Wort *Flüchtling* aus sprachlicher Perspektive. Hierfür wird es zunächst in seine Bestandteile zerlegt und aus formaler Sicht beschrieben, bevor auf seine Bedeutung im heutigen Deutschen eingegangen wird. Vor diesem Hintergrund werden Diskussionen um den Ausdruck sowie verschiedene Alternativen in den Blick genommen. Den Abschluss bilden Überlegungen dazu, welche Konsequenzen die besprochenen Diskussionen haben können.
Schlüsselbegriffe: Linguistik, Wortbildung, Metaphern, Framing, Alternativausdrücke

1. Einleitung

Der Begriff des *Flüchtlings* ist gesellschaftlich hochrelevant: An seiner Verwendung lässt sich ablesen, welche Gruppen zu welcher Zeit öffentliche Migrationsdiskurse dominierten und wie sich die Gesellschaft diesen Gruppen gegenüber positionierte und heute noch positioniert. Der folgende Beitrag befasst sich daher nicht nur mit Form und Bedeutung des Wortes, sondern auch mit metasprachlichen Diskussionen und schließlich in diesen aufkommenden Alternativausdrücken, die sich in unterschiedlichem Ausmaß durchgesetzt haben.

2. Form und Bedeutung von *Flüchtling*

Formal ist *Flüchtling* ein maskulines Nomen aus dem Stamm *flücht-* und dem Suffix *-ling*. *Flücht-* wiederum geht auf das Verb *flüchten* zurück, das seinerseits aus dem Nomen *Flucht* abgeleitet ist. Dieses entstand aus dem althochdeutschen Verb *fliohan*, aus dem das heutige *fliehen* wurde (Pfeifer et al. 1993). Das Suffix *-ling* kursierte im Altnordischen bereits als diminutives Suffix, entstand aber später mutmaßlich erneut aus dem Zugehörigkeitssuffix *-ing* (Dammel 2011: 331). Das so entstandene *-ling* trägt die Grundfunktion ‚Zugehörigkeit' sowie je nach Basis verkleinernde oder abwertende Konnotationen.

Bedeutungsseitig bezeichnet *Flüchtling* als *Nomen Agentis* „jemanden, der flüchtet oder geflüchtet ist", wobei im heutigen Gebrauch zusätzlich Ort (aus der Heimat in eine andere geographische Region) und Grund (politisch, religiös, wirtschaftlich oder ethnisch) spezifiziert sind (Duden). Diese Bedeutung ist mit historisch wechselnden Schattierungen seit dem 17. Jhd. belegt (vgl. Neomenius 1622; → ‚Flüchtling' – historisch). Sie weicht allerdings von juristischen Definitionen ab, was einzelne Gruppen gern für politische Zwecke ausnutzen, indem sie etwa in *gute* und *schlechte*, *echte* und *unechte Flüchtlinge* unterteilen. Diese Argumentation ist nicht neu (vgl. Jung et al. 2000: 28); dass sich aber allgemeinsprachliche Begriffe nicht mit ihren juristischen Pendants decken, ist eher die Regel als die Ausnahme.

3. Metasprachliche Diskussionen

Insbesondere seit 2015 wird öffentlich eine metasprachliche Debatte um den *Flüchtling* geführt. Im Folgenden werden Argumente gegen das Wort selbst sowie seine sprachliche Einbettung in den Blick genommen.

3.1 Wortbezogene Diskussion: *flücht-* und *-ling*

Einige Akteur*innen monieren, die Basis *flücht-* stelle die Flucht in den Vordergrund und nicht die Ursache für diese oder den sicheren Ort, den die Bezeichneten suchen, anders als etwa *Vertriebene* oder *Refugee* (Wehling 2016b). Andere befürworten jedoch gerade dieses Betonen der Flucht, da es zu Empathie einlade (Stefanowitsch 2019: 184). Kritisiert wird außerdem, dass im Vergleich zu *Geflüchtete* im *Flüchtling* die Flucht als anhaltende Situation perspektiviert sei, was die Lage vieler bereits in Deutschland Angekommener nicht adäquat darstelle. Daneben wird dem Verb *flüchten* eine gegenüber dem verwandten Verb *fliehen* verharmlosende Bedeutung zugeschrieben und für die Alternative *Geflohene* plädiert (vgl. *von einer langweiligen Party flüchten*) (Stefanowitsch 2019: 185). Allerdings sind die semantischen Unterschiede zwischen diesen Verben derzeit alles andere als klar; Stefanowitsch (ebd.) zweifelt zudem an, dass die kompositionelle Bedeutung aus *flücht-* plus *-ling* im heutigen Deutschen noch transparent ist, da das Wort aufgrund seiner langen Geschichte und hohen Frequenz als vollständig konventionalisiert gelten kann und sowohl für noch Flüchtende als auch bereits Angekommene verwendet wird.

Der Hauptfokus der Kritik liegt jedoch auf dem Suffix *-ling*, dem in zahlreichen Diskursbeiträgen (vgl. Wehling 2016a; 2016b) problematische Assoziationen zugeschrieben werden: 1. Männlichkeit, 2. Passivität, 3. Verniedlichung bzw. Verkleinerung, sowie 4. abwertende Konnotationen.

Die Assoziationen von Männlichkeit werden auf das maskuline Genus sowie auf die fehlende Möglichkeit zurückgeführt, durch das Movierungssuffix *-in* ein Femininum *Flüchtlingin* zu bilden; dies war zwar historisch lange Zeit möglich (Stefanowitsch 2015), ist aber im heutigen Deutschen ausgeschlossen. Empirische Befunde stützen diese Kritik: Für unbekannte Wörter auf *-ling* nennen Befragte spontan überwiegend männliche Referenten (Rummel 2017: 146) und die sprachlichen Einbettungsmuster legen eine Default-Lesart als ‚männlich' nahe (Stefanowitsch 2019: 187).

Der Aspekt der Passivität wird mit anderen Wörtern auf *-ling* wie etwa *Prüfling* begründet (z. B. Jöris 2015). Diese Ausdrücke gehören allerdings einer anderen Wortbildungsklasse an als *Flüchtling* (ein *Prüfling* wird geprüft, ein *Flüchtling* flüchtet selbst). Auch Konnotationen der Verkleinerung werden mit anderen *-lingen* begründet (etwa *Setzling*) sowie damit, dass sich kein Diminutiv auf *-chen* oder *-lein* zu Ausdrücken auf *-ling* bilden lässt. Dies gilt allerdings auch für aus Partizipien gebildete Nomen wie *Geflüchtete*, die nicht als Diminutive gelten. Zudem widersprechen Verkleinerung und Passivität den ebenfalls unterstellten Männlichkeitsassoziationen (laut Wehling 2016a: Stärke, Aggression). Empirisch sind sie zudem nur selten und nur bei bestimmten Basen nachweisbar, für den *Flüchtling* sind sie nicht zu belegen (Rummel 2017: 136; 146).

Als Argumente für abwertende Komponenten werden gern Wörter wie *Schönling* oder *Schreiberling* angeführt. Diese ‚Macht' des Suffixes, neutrale oder positive Basen negativ einzufärben, war im Deutschen lange nahezu ‚stillgelegt' – *Dichterling* war etwa in einer Befragung von 2016 vielen unbekannt (Rummel 2017: 157). In Onlineforen und -Kommentaren lassen sich aber mittlerweile viele ad-hoc gebildete *-linge* nachweisen, die Personen(gruppen) mit bestimmten Überzeugungen oder Eigenschaften abwerten, etwa *SPDling* oder *Veganling* (Leonhard/Siegel 2019). Noch unklar ist, inwiefern dieser neue Trend auch auf den *Flüchtling* zurückwirken kann – bei Rummel (2017: 133) hat er noch kein negativeres assoziatives Profil als *Geflüchtete*, Scharloth (2021: 75) listet ihn aber bereits als „Schimpfwort".

Damit lassen sich die Argumente gegen das Suffix für den aktuellen Sprachgebrauch empirisch weitgehend entkräften, allerdings kann ein sprachwissenschaftlicher Befund nur eine Momentaufnahme sein.

3.2 Kontextbezogene Diskussion

Auch die sprachliche Einbettung von *Flüchtling* ist Gegenstand metasprachlicher Diskussionen. Sie wird heute öffentlich vermehrt unter dem Stichwort *Framing* behandelt (Wehling 2016c), was umschreibt, dass die sprachliche Perspektivierung von Sachverhalten Assoziationen im Gehirn stärkt und auf Einstellungen zu den Sachverhalten abfärben kann.

Für Migration im Allgemeinen stehen insbesondere ‚krisenhafte' Metaphern in der Kritik, die aus dem Bereich Wasser oder Krieg stammen (z. B. *Flut* oder *Invasion*) und die Bezeichneten als bedrohliche Masse erscheinen lassen. Daneben werden Argumentationsfiguren beanstandet, die Belastung, Nutzen oder Gefahr in den Vordergrund stellen und nicht die Schutzsuchenden selbst. Diese sprachlichen Muster ziehen sich durch den Migrationsdiskurs der gesamten BRD-Geschichte (Völker 2017; Kreußler/Wengeler 2019; → Mediendiskurse). Seit 2015 neu hinzugekommen sind Paralleldiskurse in den Sozialen Medien, die bezüglich ihrer Rationalität und sprachlichen Gewalt stark vom Pressediskurs abweichen (Völker 2017: 96; 105).

Daneben werden bestimmte Wortverbindungen öffentlich diskutiert, insbesondere das Kompositum *Wirtschaftsflüchtling*, das den Bezeichneten eine bestimmte Fluchtursache unterstellt und diese zugleich abwertet. Davon abgesehen kommen Sprachgebrauchsanalysen zwar zu dem Schluss, dass neutrale Kontexte von *Flüchtling* überwiegen, allerdings sind abwertende Kontexte häufiger als positive (Rummel 2017: 124; Stefanowitsch 2015; 2019: 182).

Zudem finden sich im Diskurs unterschiedliche Ansichten darüber, ob *Flüchtling* insgesamt positiv oder negativ verwendet wird. So konstatiert etwa Kothen (2016: 24), der *Flüchtling* sei „einer, der es einem schwer macht, herabwürdigend über ihn zu reden [...]. Flüchtlinge – das waren Bertolt Brecht, Kurt Tucholsky [...] oder Albert Einstein". Frilling (2016: 353) nennt jedoch ähnliche Beispiele für eine Gegenposition: „Thomas Mann, der Dalai-Lama, Albert Einstein [...] werden nicht oder nur sehr selten als *Flüchtlinge* bezeichnet. Sie sind *Exilschriftsteller*, *Exilpolitiker* oder *Exilwissenschaftler*." Dies berührt auch die Frage, welchen Ausdruck die Bezeichneten selbst bevorzugen: So problematisiert Hannah Arendt bereits 1943 die Fremdzuschreibung *refugee* und daraus resultierende Selbstwahrnehmungen als „staatenlos" (Arendt 1986). In jüngerer Zeit taucht außerdem oft eine generelle Ablehnung von Fremdbezeichnungen für Zuwandernde (z. B. Jöris 2015) sowie von Kollektivbezeichnungen insgesamt auf (vgl. Leonhard/Siegel 2019: 188f.), da sie die Individualität des Einzelnen verwischten und zu stereotypen Sichtweisen beitrügen.

4. Zur Diskurskarriere des *Flüchtlings* und seiner Alternativen

Im Lauf der Zeit konkurrierten verschiedene Alternativen mit *Flüchtling*. In den ersten Nachkriegsjahren bezeichnete der Ausdruck vorwiegend Menschen aus den ehemals deutschen Ostgebieten, die jedoch in den 1950er Jahren zunehmend die Selbstbezeichnung *(Heimat-)Vertriebene* wählten, um den Unrechtsaspekt stärker in den Vordergrund zu rücken (Kreußler/Wengeler 2019: 242; → ‚Flüchtling' – historisch). *Flüchtling* wurde aufgrund eines subjektiven Sprachgefühls eine Freiwilligkeit und Heimlichkeit zugeschrieben, die zugleich kursierenden Bezeichnungen *Aus-/Um-/Übersiedler* als Euphemismen beanstandet (Jung et al. 2000: 27). Beide Alternativen werden heute noch verwendet, jedoch nur mit historischem Bezug.

In der Umgangssprache blieb *Flüchtling* weiterhin populär, seit dem Mauerbau 1961 aber bevorzugt für Zuwandernde aus der DDR, in den Folgejahren kreiste der Migrationsdiskurs zunehmend um Arbeitsmigration (vgl. Kreußler/Wengeler 2019: 243). Erst seit der Zunahme der Asylbewerberzahlen in den 1970ern rückten geflüchtete Menschen wieder in den Blick und mit ihnen auch der Ausdruck *Flüchtling*, insbesondere in Komposita wie (→) *Bootsflüchtlinge* sowie in den 1990ern *Jugoslawienflüchtlinge*, parallel aber auch *Asylant*, worum seit den 1980ern sprachkritische Diskussionen geführt wurden. Die Argumente glichen dabei den heutigen gegen *Flüchtling* stark; auch hier wurde einem Suffix (*-ant*) eine abwertende Konnotation bescheinigt, die linguistisch nicht nachzuweisen war (Niehr et al. 2020: 227). An *Asylant* zeigt sich jedoch eindrücklich die Macht metasprachlicher Diskussionen: Während in den 1960er Jahren noch überwiegend neutrale bis positive Kontextualisierungen des Wortes belegt sind, wurde es ab Ende der 1970er Jahre derart abwertend genutzt, dass es bis heute als „indiskutabel" (Kothen 2016: 24) gilt.

In der Folge setzte sich *Flüchtling* als zunächst vermeintlich neutrale Bezeichnung durch. Alternativ ist seit der Jahrtausendwende vermehrt *Migrant* zu finden, das allerdings durch das Suffix *-ant* ähnlich wie *Asylant* oft negativ gelesen wird. Seit 2015 gewinnt außerdem *Geflüchtete* an Frequenz, insbesondere vonseiten öffentlicher Institutionen. Dieser Ausdruck wiederum ist ebenfalls Gegenstand von Kritik; etwa wenn Goldmann (2018) ihm „Ballast [...] von linkem Aktivismus und Willkommenseuphorie" attestiert. Als Selbstbezeichnung kursiert daneben mitunter *Refugee*, das sich aber bislang nicht über aktivistische Kreise hinaus durchsetzen konnte.

5. Fazit und Ausblick: Zustand und Zukunft des Ausdrucks *Flüchtling*

Der Begriff des *Flüchtlings* legt wichtige Stationen der deutschen Migrationsgeschichte offen und zeigt eindrücklich das Spannungsverhältnis zwischen dem Wunsch nach unvoreingenommenen Bezeichnungen einerseits und dem Rückfall in problematische (Meta-)Sprachmuster andererseits, die jedes Wort negativ einfärben können. Zu den Argumenten gegen *Flüchtling* lässt sich festhalten, dass sie zwar linguistisch größtenteils nicht haltbar sind, aber (wie bei *Asylant*) über Umwege dazu beitragen können, den Ausdruck langfristig abzuwerten. Da er jedoch fest in den Selbstbezeichnungen vieler Organisationen verankert ist, die sich für die bezeichneten Menschen einsetzen, ist ein völliges Verschwinden aus der deutschen Sprache unwahrscheinlich.

Literaturverzeichnis

Arendt, Hannah (1986): Wir Flüchtlinge. In: Knott, Marie Luise (Hrsg.): Zur Zeit. Politische Essays. Aus dem Amerikanischen von Eike Geisel. Berlin: Rotbuch, 7–21.

Dammel, Antje (2011): Wie kommt es zu rumstudierenden Hinterbänklern und anderen Sonderlingen? Pfade zu pejorativen Wortbildungsbedeutungen im Deutschen. Jahrbuch für Germanistische Sprachgeschichte 2. Berlin: De Gruyter, 326–343.

Duden online. www.duden.de/woerterbuch, 29.10.2021.

Frilling, Christoph (2016): Zur Problematik des Wortes Flüchtling(e). In: Muttersprache 126, 350–356.

Goldmann, Fabian (2018): „Flüchtlinge" passt besser als „Geflüchtete". In: Deutschlandfunk Kultur, 04.09.2018, www.deutschlandfunkkultur.de/sprachkritik-fluechtlinge-passt-besser-als-gefluechtete-100.html, 18.11.2021.

Jöris, Lisa (2015): Wider den Begriff „Flüchtling": Zu den Hintergründen eines scheinbar neutralen Begriffes. Halle: Heinrich-Böll-Stiftung.

Jung, Matthias/Niehr, Thomas/Böke, Karin (2000): Ausländer und Migranten im Spiegel der Presse. Ein diskurshistorisches Wörterbuch zur Einwanderung seit 1945. Wiesbaden: Westdeutscher Verlag.

Kothen, Andrea (2016): Sagt man jetzt Flüchtlinge oder Geflüchtete? In: Menschenrechte kennen keine Grenzen. Heft zum Tag des Flüchtlings 2016. PRO ASYL, 24.

Kreußler, Fabian/Wengeler, Martin (2019): Von *Heimatvertriebenen*, *Armutsflüchtlingen* und *Refugees*. Ein linguistischer Vergleich des aktuellen mit früheren Flüchtlingsdiskursen in der Bundesrepublik Deutschland. In: Fábián, Annamária/Trost, Igor (Hg.): Sprachgebrauch in der Politik. Grammatische, lexikalische, pragmatische, kulturelle und dialektologische Perspektiven. Berlin/Boston: De Gruyter, 239–256.

Leonhard, Jens/Siegel, Vanessa (2019): SPDling, Systemling, Veganling – Eine morphologisch-semantische Analyse neuer *ling*-Derivationen im Gegenwartsdeutschen. In: Deutsche Sprache 2, 174–190.

Neomenius, Johann (1622): Exilii humani Miseria & Consolatio. [Brieg]. In: Deutsches Textarchiv, www.deutschestextarchiv.de/508305/31, 04.11.2021.

Niehr, Thomas/Kilian, Jörg/Schiewe, Jürgen (2020): Handbuch Sprachkritik. Berlin: Springer.

Pfeifer, Wolfgang et al. (1993): Etymologisches Wörterbuch des Deutschen. Digitalisierte und überarb. Version im DWDS, www.dwds.de/d/wb-etymwb, 29.10.2021.

Rummel, Marlene (2017): Brisantes Suffix? Zum Gewicht von *-ling* im Konzept des *Flüchtlings*. Gießen: GEB.

Scharloth, Joachim (2021): Hässliche Wörter. Hatespeech als Prinzip der neuen Rechten. Berlin: Metzler.

Stefanowitsch, Anatol (2015): Flüchtlinginnen und Flüchtlinge. In: Sprachlog, 17.12.2015. www.sprachlog.de/2015/12/17/fluechtlinginnen-und-fluechtlinge/, 29.10.2021.

Stefanowitsch, Anatol (2019): A usage-based perspective on public discourse: Towards a critical cognitive linguistics. In: GCLA 7 (1), 177–200.
Völker, Hanna (2017): Is the German Immigration Debate Changing? A Discourse Linguistic Approach to the German Immigration Debate. On Changes since the 1970s. In: 10plus1 Living Linguistics 3, 87–108.
Wehling, Elisabeth (2016a): Sprache in der Flüchtlingsdebatte. Interview, SZ vom 17.02.2016, www.sueddeutsche.de/kultur/sprache-in-der-fluechtlingsdebatte-das-wort-fluechtling-richtet-schaden-an-1.2864820-2, 04.11.2021.
Wehling, Elisabeth (2016b): Wie der „Flüchtling" unser unterbewusstes Denken steuert. In: CARTA, 31.03.2016, carta.info/wie-der-fluechtling-unser-unbewusstes-denken-steuert/, 05.11.2021.
Wehling, Elisabeth (2016c): Politisches Framing. Wie eine Nation sich ihr Denken einredet – und daraus Politik macht. Köln: Halem.

II.13
Gastfreundschaft

Heidrun Friese

Abstract Im Anschluss an die Arbeiten von Jacques Derrida wurde Gastfreundschaft zu einem zentralen philosophischen und kulturwissenschaftlichen Topos in der Auseinandersetzung mit Mobilität/Flucht-Migration und der Aufnahme von Anderen. Der Eintrag beschäftigt sich mit den Ambivalenzen von Gastfreundschaft (Hospitalität/Hostilität), der ethischen Anforderung und den historischen sowie rechtlichen Bestimmungen, die die Grenzen der Gastfreundschaft markieren und die damit auch die Paradoxien und Grenzen liberaler, nationalstaatlich organisierter Demokratien anzeigen.

Schlüsselbegriffe: Mobilität/Migration, Grenzen, Staatsbürgerschaft, Kosmopolitismus, Politische Philosophie

1. Einleitung

Gastfreundschaft, also die Aufnahme von Migranten und Geflüchteten, umfasst soziale, kulturelle, politische, ökonomische, juristische und ethische Dimensionen. Sie verweist auf die demokratische Ordnung, auf Fragen nach Zugehörigkeit und Staatsbürgerschaft, Souveränität, nationalstaatliche Grenzen und „Identitäten", kosmopolitische Entwürfe, Recht und Gerechtigkeit. Auch ist die Frage, wie und ob Andere aufgenommen werden sollen, an soziale Konflikte und an Alltagspraktiken gebunden (Rosello 2001: 6). Die jeweiligen Praktiken der Gastfreundschaft – oder ihrer Verweigerung – sind in spezifischen historischen Kontexten verortet, die lokale, nationale und supranationale Akteure aneinanderbinden und postkoloniale Konfigurationen und Spannungen artikulieren.

Anthropologische Arbeiten haben Gastfreundschaft und ihre Ambivalenz sowohl im Hinblick auf (rituelle) Praktiken, in ihrem Bezug zu Austausch und Gabe, gesellschaftlichen Kosmologien, Symbolen, Moralvorstellungen als auch im Kontext der Sozialstruktur und geltenden Rechtsformen thematisiert (Candea/da Col 2012; Friese 2018). Die (→) *Soziologie* hat die Frage nach dem ambivalenten Status des Gastes, „der bleibt" (Simmel 1992[1908]) gestellt (Schuetz 1944) und nach den Modi gefragt, durch die Fremde als solche markiert werden (Ahmet 2000; Diken 1998). Die *Politische Philosophie* beschäftigt die Frage nach der Legitimation von (→) Grenzen in modernen Nationalstaaten, die Forderung nach offenen Grenzen und Rechten von Anderen in liberalen Demokratien. Damit kommen sowohl die historischen Semantiken und Ambivalenzen von Gastfreundschaft, ihre religiösen und rechtlichen Bezüge als auch die zentralen sozialen, politischen, ethischen Aspekte in den Blick und inspirieren (empirische) Arbeiten, die sich mit Migration und Flucht beschäftigen sowie gesetzliche Regelungen und Verfahren, NGOs, politische Semantiken, internationale Abkommen, Grenzregime, lokale Praktiken und Akteure etc. in den Blick nehmen (Baker 2013; Claviez 2013; Dikeç 2002; German Molz/Gibson 2007; Shyrock 2009; Wilson 2010).

2. Historische Semantiken und Ambivalenzen

In der klassischen Untersuchung des „Vokabulars der indo-europäischen Institutionen" weist Émile Benveniste (1973) den lateinischen Bezeichnungen für „Gast" (*hostis/hospes*) Bedeutungsfelder zu, die zwischen Freund und Feind oszillieren und an die politische Ordnung gebunden sind. *Hostis* stellte eine auf Gleichheit und Gegenseitigkeit beruhende Beziehung zwischen einem Fremden und den Bürgern Roms her (1973: 77). Diese war auch an *munus*, eine zur Gegengabe verpflichteten Ehrenstellung, und an *mutuus*, einen Kontrakt gebunden, der *communitas* begründet. In dieser Hinsicht verweist *hospis*, wie auch der griechische *xénos* und *xenía* auf einen reziproken Pakt, der im *symbolon* verbürgt auch vererbt werden konnte (1973: 76–79). Neben diesen Bedeutungsfeldern bezeichnet *hostis/hospes* aber auch den „Feind" und bindet Hospitalität an Hostilität, das, was Derrida „Hostipitality" genannt hat (2000a).

„Gastfreundschaft" hat im Erbe Europas vielfache religiöse und ethische Bezüge. Dazu gehört die Pflicht, (→) Asyl zu gewähren oder die Vorstellung, die Götter zeigten sich als Fremde oder Bettler (Theoxenie). Diese Bindung kommt auch in *hostia* (Opfergabe) zum Ausdruck. Wie mit der Figur des Sündenbocks stellt diese ein Verhältnis zwischen der Gemeinschaft, den Göttern und dem Fremden/potenziellen Feind her: *hostia* bezeichnet die Opfergabe an die Götter, die deren Zorn beschwichtigen sollte (Bahr 1994: 37–38). Diese Ordnung, *das* Gesetz (*nomos*) wird in *Zeus Xenios* und *Athena Xenia* deutlich, die über den Schutz der Fremden wachten, während die *polis* und die Gesetze (*nomoi*) seine Gültigkeit garantieren sollten. Im homerischen Epos wird der Gast zu einem dem Gemeinwesen nicht angehörigen Fremden und die griechischen *poleis* beherbergten potenzielle Feinde (*metoikoi*), welche zwischen Bürgern und Unfreien standen, auf einen Schutzherren (*proxenos*) angewiesen waren und eine Steuer (*meteikon*) entrichteten (Hiltbrunner 2005; Friese 2014: 54–62). Gastfreundschaft ist also an die göttliche und die politische Ordnung gebunden, sie ordnet als moralisch-ethische Pflicht das Gemeinwesen: das Alte und Neue Testament verlangen *caritas* und *misericordia*, der Koran verweist auf das göttliche Gebot, Fremde zu beherbergen.

Auch Naturrecht und aufgeklärter Kosmopolitismus fordern Gastfreundschaft. So gründet die Französischen Revolution im Prinzip eines Universalismus, in dem jeder Asyl und gleiche Bürgerschaft finden soll, sollen nationale Gesetze doch diesen Universalismus garantieren (Wahnich 1997: 14). Zugleich begrenzen Aufenthaltsregelungen die republikanische Gastfreundschaft, wird der Fremde zum potenziellen Feind und wirft die Frage nach Loyalität auf. Diese Ambivalenz wird von Kants kosmopolitischem Entwurf aufgenommen, wenn er Hospitalität nicht der „Philanthropie", sondern dem *Recht* zuordnet. „Hospitalität" bedeutet dann „das Recht eines Fremdlings, seiner Ankunft auf dem Boden eines andern wegen, von diesem nicht feindselig behandelt zu werden" (Kant 1996[1795]: 213–14). Sie etabliert eine ungleiche Beziehung, in welcher der Fremde dem Hausherrn nicht gleichgestellt ist und unter der Bedingung aufgenommen wird, dass er nicht zu lange bleibt. Hospitalität ist also ein *Recht* auf Ankunft und darauf, nicht feindlich behandelt zu werden, so der Ankommende sich ebenfalls friedlich zeigt (Friese 2014: 82–83). Aus Gastfreundschaft in christlicher Barmherzigkeit und Nächstenliebe – noch heute im Kirchenasyl verbürgt – wird ein *rechtlicher* Anspruch auf Mobilität (→ Im-/Mobilität), Verpflichtung zur Aufnahme, ein universelles Menschenrecht auf Schutz und Asyl, das die Allgemeine Erklärung der Menschenrechte bekräftigt.

Mit der Entstehung moderner Nationalstaaten, dem Projekt, die Kongruenz von Sprache, Kultur, Abstammung, Geburt und Territorium zu etablieren, wird die Aufnahme von ‚Ausländern' dann zur staatlichen Aufgabe und unterliegt (inter-)nationalem Recht, situiert andere Staatsbürger aber nach wir vor zwischen Freund und Feind, regelt politische Beziehungen und setzt der Gastfreundschaft Grenzen (→ Asylpolitik).

3. Gastfreundschaft und Politische Philosophie

Mobilität verweist auf das „demokratische Paradox" (Mouffe 2013), den undemokratischen Moment, in dem eine politische Gemeinschaft sich als solche konstituiert. Zentrales Kennzeichen der Demokratie ist die Autonomie eines *demos*, der *polis*, in der die Bürger die öffentlichen Angelegenheiten bestimmen und sich selbst Gesetze geben. Diese Zirkularität – ein *demos* entscheidet, wer dem *demos* angehört – begründet politische Mitgliedschaft, beschließt Aufnahme und Zugehörigkeit und ist damit zugleich einschließend und ausschließend (Friese 2014: 20). Gastfreundschaft bewegt sich in diesem Paradox und den Aporien, die damit deutlich werden. Diese werden in drei *sozial- und politikphilosophischen* Positionen, der *Dekonstruktion, dem kritischen Kosmopolitismus* und dem *Liberalismus-Kommunitarismus,* unterschiedlich beantwortet.

Im Zentrum dekonstruktiver Perspektiven steht *erstens*, die Spannung zwischen dem Gesetz „unbedingter Gastfreundschaft", einer absoluten ethischen Forderung, wie sie von Jacques Derrida im Anschluss an Emanuel Lévinas entworfen wird. „Absolute Gastfreundschaft" verlangt die *bedingungslose* Aufnahme, ohne nach „Identität, Name, Pass, Arbeitsfähigkeit oder Herkunft" zu fragen (Derrida/Dufourmantelle 1997: 29; Derrida 2000a; 2000b). Diese fraglose Aufnahme bricht mit den Gesetzen der Gastfreundschaft. Wie die Gabe verweist Gastfreundschaft auf ihre Unmöglichkeit, denn eine Gabe, die auf reziproken Tausch pocht, hört auf, eine Gabe zu sein (Derrida 1993: 22–3). Gastfreundschaft steht so jenseits der Ordnung des Rechts und seinen Regelungen, die Gastfreundschaft Einschränkungen vorgeben. Sie ist damit durch die Antinomie zwischen *dem Gesetz* absoluter Gastfreundschaft in seiner „universellen Singularität" und der historischen Pluralität *der Gesetze* (Derrida/Dufourmantelle 1997: 73) gekennzeichnet, welche bedingungslose Aufnahme einschränken. Diese Perspektive widerspricht entschieden neoliberaler Governance, technokratischen Utopien von effizientem Migrationsmanagement, politischem Ausschluss, die Gastfreundschaft deutliche Grenzen setzen.

Daneben stehen *zweitens*, Positionen eines kritischen Kosmopolitismus und die Frage nach den „Rechten von Anderen" (Benhabib 2004; 2008; Honig 2001). So hinterfragen kritische Lektüren von Kants kosmopolitischem Entwurf und neuere Gerechtigkeitskonzepte soziale, kulturelle oder nationale Grenzen und unterminieren die Kongruenz zwischen soziokultureller Identität, Territorium und Staatsbürgerschaft als einem Kennzeichen moderner Nationalstaaten. In diesem Kontext wird die kontroverse Frage nach Grenzen und ihrer Legitimation diskutiert und finden sich gute Argumente, die für „globale Bewegungsfreiheit" und offene Grenzen plädieren (Carens 1987; Cassee 2016). Die neuen Grenzzäune tragen zum obsoleten Schauspiel der „Aufrechterhaltung von Souveränität", zur Illusion von „Ordnung" bei (Brown 2018: 148), inszenieren eine im Zuge neoliberaler Globalisierung tatsächlich verlorene Souveränität, sie mobilisieren Nationalismen, Rassismus und setzen Gastfreundschaft enge Grenzen.

Liberale und kommunitaristische Perspektiven *drittens*, wie sie etwa John Rawls (1999), Christopher H. Wellmann (2017), Ryan Pevnick (2011), David Miller (2016) oder Michael Walzer (1983) vertreten, affirmieren demgegenüber das Recht souveräner demokratischer Ordnungen, über Assoziation, Zugang und Aufnahme zu bestimmen, Mobilität zu kontrollieren und legitimieren Grenzen, werden Gesellschaften doch als geschlossene Systeme gesehen. Mitglieder einer politischen Gemeinschaft haben demnach ein Recht auf Vereinigungsfreiheit, kollektive Güter und Territorialrechte oder das Recht auf (kulturelle) Selbstbestimmung, die Einwanderungsbeschränkungen legitimieren sollen.

Trotz aller Unterschiede müssen diese Versionen mit den grundlegenden Spannungen, die die Aufnahme von mobilen Menschen und deren Rechte in modernen Nationalstaaten ausmachen, einen theoretisch plausiblen Umgang finden: Der Spannung zwischen universalistischen Bestimmungen und der Partikularität einer politischen Gemeinschaft; dem (liberalen) Grundsatz von persönlicher Freiheit und gleichem moralischem Wert aller Menschen und den Einschränkungen durch die Kontrolle von Mobilität; der Spannung zwischen dem Gesetz absoluter Gastfreundschaft und den juristischen Normen, die jene beschränken und schließlich den Spannungen zwischen Freund und Feind (Friese 2014: 34).

Gastfreundschaft, ihre alltäglichen Praktiken und (historischen) Semantiken erlauben eine transdisziplinäre Auseinandersetzung mit den Ambivalenzen, Aporien, politischen und ethischen Forderungen, die Mobilität heute kennzeichnen. Sie erlaubt, Mobilität und globale Gerechtigkeit jenseits nationalstaatlicher Grenzen, ökonomischer Kalküle, biopolitischer Policies, den Logiken der Gouvernementalität, sowie Forderungen nach Souveränität in den Blick zu nehmen und auch und gerade politisch einzufordern.

Literaturverzeichnis

Ahmed, Sara (2000): Strange Encounters. Embodied Others in Post-Coloniality. London: Routledge.
Bahr, Hans-Dieter (1994): Die Sprache des Gastes: Eine Metaethik. Leipzig: Reclam.
Baker, Gideon (Hrsg.) (2013): Hospitality and World Politics. Basingstoke: Palgrave Macmillan.
Bauman, Zygmunt (1995): Making and Unmaking of Strangers. In: Thesis Eleven 43 (1), 1–16.
Benhabib, Seyla (2004): The Rights of Others: Aliens, Residents and Citizens. Cambridge: Cambridge University Press.
Benhabib, Seyla (2008): Another Cosmopolitanism: Hospitality, Sovereignty and Democratic Iterations. Expanded Tanner Lectures with Commentaries by Jeremy Waldron, Bonnie Honig and Will Kymlicka. Oxford: Oxford University Press.
Benveniste, Émil (1973): Indo-European Languages and Society. Coral Gables: University of Miami Press.
Brown, Wendy (2018): Mauern. Die neue Abschottung und der Niedergang der Souveränität. Berlin: Suhrkamp.
Candea, Matei/da Col, Giovanni (2012): The Return to Hospitality. In: Journal of the Royal Anthropological Institute 181, 1–19.
Carens, Joseph H. (1987): Aliens and Citizens: The Case for Open Borders. In: The Review of Politics 49 (2), 251–73.

Cassee, Andreas (2016): Globale Bewegungsfreiheit. Ein philosophisches Plädoyer für offene Grenzen. Berlin: Suhrkamp.
Claviez, Thomas (Hrsg.) (2013): The Conditions of Hospitality. Ethics, Politics, and Aesthics on the Threshold of the Possible. New York: Fordham University Press.
Derrida, Jacques (1993): Falschgeld: Zeit geben I. München: Fink.
Derrida, Jacques (2000a): Hostipitality. In: Angelaki 5 (3), 3–18.
Derrida, Jacques (2000b): Of Hospitality. Stanford: Stanford University Press.
Derrida, Jacques (2001): On Cosmopolitanism and Forgiveness. London/New York: Routledge.
Derrida, Jacques/Dufourmantelle, Anne (1997): De l'hospitalité. Paris: Calmann-Lévy.
Dikeç, Mustafa (2002): Pera Peras Poros. Longings for Spaces of Hospitality. In: Theory, Culture & Society 19 (1–2), 227–247.
Diken, Bülent (1998): Strangers. Ambivalences and Social Theory. Aldershot: Ashgate.
Friese, Heidrun (2014): Grenzen der Gastfreundschaft. Die Bootsflüchtlinge von Lampedusa und die europäische Frage. Bielefeld: transcript.
Friese, Heidrun (2018): Hospitality. In: Callan, Hilary (Hrsg.): International Encyclopedia of Anthropology. Oxford: Wiley-Blackwell.
German Molz, Jennie/Gibson, Sarah (2007): Mobilizing Hospitality. The Ethics of Social Relations in a Mobile World. London: Ashgate.
Hiltbrunner, Otto (2005): Gastfreundschaft in der Antike und im frühen Christentum. Darmstadt: Wissenschaftliche Buchgesellschaft.
Honig, Bonnie (2001): Democracy and the Foreigner. Princeton: Princeton University Press.
Kant, Immanuel (1996 [1795]): Zum ewigen Frieden. In: Werkausgabe Vol. XI. Frankfurt/M.: Suhrkamp, 195–251.
Miller, David (2016): Strangers in Our Midst. The Political Philosophy of Immigration. Cambridge/Mass. and London: Harvard University Press.
Mouffe, Chantal (2013): Das demokratische Paradox. Wien/Berlin: Turia & Kant.
Pevnick, Ryan (2011): Immigration and the Constraints of Justice. Between Open Borders and Absolute Sovereignty. Cambridge, Ma: Cambridge University Press.
Rawls, John (1999): The Law of Peoples. Cambridge, Ma.: Harvard University Press.
Rosello, Mireille (Hrsg.) (2001): Postcolonial Hospitality: The Immigrant as Guest. Stanford: Stanford University Press.
Schuetz, Alfred (1944): The Stranger. An Essay in Social Psychology. In: The American Journal of Sociology 49, 499–507.
Shyrock, Andrew (2009): Hospitality Lessons: Learning the Shared Language of Derrida and the Balga Bedouin. In: Paragraph 32 (1), 32–50.
Simmel, Georg (1992 [1908]): Exkurs über den Fremden. In: Soziologie. Untersuchung über die Formen der Vergesellschaftung. Frankfurt/M.: Suhrkamp.
Wahnich, Sophie (1997): L'hospitalité et la Révolution française. In: Fassin, Didier/Morice, Alain/Quiminal, Catherine (Hrsg.): Les lois de l'inhospitalité. Les politiques de l'immigration à l'épreuve des sans-papiers. Paris: La Découverte, 11–26.
Walzer, Michael (1983): Spheres of Justice: A Defense of Pluralism and Equality. New York: Basic Books.
Wellman, Christopher H. (2017): Immigration und Assoziationsfreiheit. In: Dietrich, Frank (Hrsg.): Ethik der Migration. Philosophische Schlüsseltexte. Berlin: Suhrkamp, 121–148.
Wilson, Erin K. (2010): Protecting the Unprotected. Reconceptualising Refugee Protection Through the Notion on Hospitality. In: Local-Global Identity, Security, Community 8, 100–122.

II.14

Gender

Leila Hadj Abdou und Paul Scheibelhofer

Abstract In diesem Kapitel werden zentrale Konzepte und Debatten aus der geschlechterreflektierten Forschung zu Flucht und Asyl dargestellt. Der Text fokussiert dabei auf Geschlechterdynamiken in institutionellen, diskursiven und lebensweltlichen Zusammenhängen und verweist auf die vielfältigen Verwobenheiten von Flucht und Geschlecht: Geschlechteraspekte spielen im Asylrecht und in öffentlichen Diskursen über Geflüchtete eine Rolle und prägen auch maßgeblich Erfahrungen vor, während und nach der Flucht.

Schlüsselbegriffe: Asyl, Geschlecht, Sexualität, vergeschlechtlichte Fremdbilder, Intersektionalität

1. Einleitung

Flucht ist ein vergeschlechtlichtes Phänomen (Fiddian-Qasmiyeh 2014; Freedman 2015), d.h. es ist durchzogen von Geschlechternormen und -ordnungen, die sich in Fluchtursachen, Erfahrungen auf der Flucht und Lebensrealitäten nach der Flucht ausdrücken. Geschlechterordnungen sind soziale und historisch gewachsene Systeme von Machtverhältnissen, die durch Institutionen, Strukturen und alltägliche Praxen (re-)produziert werden, wodurch gesellschaftliche Geschlechterverhältnisse zwischen Frauen und Männern geordnet, bestätigt, oder auch verändert werden (Connel/Pearse 2015). Zudem existiert und wirkt Geschlecht nicht in Isolation von, sondern interagiert mit anderen gesellschaftsstrukturierenden Hierarchisierungen wie etwa Rassismus oder sozio-ökonomischem Status (Lutz et al. 2010). Diese Verwobenheit von gesellschaftlichen Machtsystemen zeigt sich auch im Kontext von Flucht und Asyl. Geschlechterordnungen strukturieren Asylregime, Fluchtpraxen sowie Debatten zu Flucht.

In diesem Kapitel diskutieren wir zentrale Konzepte und Debatten aus der geschlechterreflektierten Forschung zu Flucht und Asyl. Wir fokussieren dabei auf a) die institutionelle Dimension, d.h. vergeschlechtlichte Aspekte von Asylrecht und -politiken, b) die Dimension von Fluchtpraxen, d.h. vergeschlechtlichte soziale Dynamiken im Rahmen von Flucht, und c) die Dimension von öffentlichen Diskursen, d.h. vergeschlechtlichte Debatten über Flucht und geflüchtete Menschen. Die in diesem Kapitel diskutierte Literatur ist dabei auf englisch- und deutschsprachige Forschung limitiert. Obwohl die Mehrzahl der geflüchteten Menschen im Globalen Süden Aufnahme findet, wird internationale Forschung zu Flucht vorranging im Globalen Norden produziert (McNally/Rahim 2020). Dies ist das Ergebnis von entsprechenden Machtverhältnissen, damit einhergehenden Ressourcen, und dominanten Wissenschaftsnormen und -praxen. Forschung zu Gender und Flucht stellt hier keine Ausnahme dar. Im Gegenteil, vielmehr sind auch wissenschaftliche Debatten zu Gender und Flucht zum Teil in dichotomen Vorstellungen vom Globalen Norden als Ort von Menschenrechten und Gleichberechtigung zwischen den Geschlechtern, und dem globalen Süden als Ort von Menschenrechtsverletzungen verstrickt (Spijkerboer 2018).

2. Asylrecht/Asylpolitik

Die ersten wissenschaftlichen Auseinandersetzungen mit Asyl aus einer Genderperspektive in den 1980er Jahren fokussierten auf die androzentrische – also implizit männliche – Definition und Auslegung des Flüchtlingsbegriffes in der Genfer Flüchtlingskonvention (GfK). Diese Arbeiten (vgl. Krause/Scherschel 2018 für einen Überblick) weisen darauf hin, dass frauenspezifische Fluchtursachen lange Zeit systematisch ausgeblendet wurden. So wurde Geschlecht in der Flüchtlingsdefinition der GfK schlichtweg nicht erwähnt. Formen der Verfolgung, die (→) Frauen häufig erfahren (etwa häusliche Gewalt, Genitalverstümmelung oder Vergewaltigung als Instrument der Kriegsführung), wurden in der Folge häufig trivialisiert, d.h. die in der GfK Flüchtlingsdefinition beinhalteten Kategorien erwiesen sich als unzureichend für den Schutz vor diesen spezifischen Formen der Verfolgung (Greatbach 1989).

Die akademischen Debatten um den Ausschluss weiblicher Lebensrealitäten aus der GfK entwickelten sich nicht isoliert von gesellschaftspolitischen Entwicklungen der Zeit, sondern sind vielmehr ein Ausdruck des Erfolges von feministischen, frauenpolitischen Bewegungen, die seit den 1970er Jahren an Einfluss gewannen, was letztlich zu einer gendergerechteren Auslegung der GfK führte. 1985 veröffentlichte die UN-Flüchtlingsorganisation (UNHCR) zum ersten Mal eine Empfehlung, dass Frauen, die harsche oder unmenschliche Behandlung aufgrund von geschlechtsspezifischen Gründen befürchten, als soziale Gruppe im Sinne der Konvention anerkannt werden sollten. Seit den 1990ern wurde nichtstaatliche Verfolgung – und damit auch frauenspezifische – Verfolgung vermehrt als Asylgrund anerkannt (Ogg 2019).

Während diese Entwicklungen entscheidend für den Schutz von Frauen vor Menschenrechtsverletzungen waren, wurde in späteren Debatten argumentiert, dass ein reiner *Frauenfokus* überwunden werden sollte zugunsten einer grundsätzlicheren Auseinandersetzung mit Geschlechterordnungen im Feld von Asyl. In neueren Debatten wird etwa gefordert, dass Genderaspekte grundsätzlich in Asylverfahren Beachtung finden sollten (Querton 2019), und asylrechtliche Bestimmungen, d.h. Bestimmungen über die Flüchtlingsdefinition hinaus, aus einer Gender-Perspektive beleuchtet werden müssen (Ogg 2019).

Aktuelle wissenschaftliche Debatten erweitern den *Frauenfokus* durch eine Auseinandersetzung mit der Situation von LGBTQI-Personen (→ LGBT*), also sexuell und geschlechtsidentitär minorisierten Gruppen, in der Asylpolitik und Rechtsprechung (vgl. Danisi et al. 2021). Dabei kommt es vermehrt zur Beleuchtung komplexer Vulnerabilitäten aufgrund intersektionaler Mehrfachdiskriminierungen (Tschalaer 2020a; 2020b).

Während durch diese Überwindung einer verengten Perspektive auf Frauen, relevante Aspekte rund um Geschlecht und Sexualität im Kontext von Asylrecht aufgezeigt werden, gilt es gleichzeitig auf die fortbestehende Notwendigkeit der wissenschaftlichen und aktivistischen Auseinandersetzung mit der Situation von geflüchteten Frauen hinzuweisen. So ist nicht zuletzt aufgrund des Erstarkens radikal konservativer politischer Kräfte in den vergangenen Jahren, ein Rückgang der Beachtung von frauenspezifischen Menschenrechtsverletzungen als Verfolgungsgrund in der Rechtsprechung zu beobachten (Spijkerboer 2018).

3. Fluchtpraxen

Flucht geht oftmals mit einer umfassenden Prekarisierung und Veränderung von Lebenszusammenhängen einher. Diese Veränderungen wirken sich auch auf geschlechtliche Selbstverständnisse und Geschlechterarrangements bei Geflüchteten aus. Forschung über geflüchtete Frauen zeigt, dass diese im Fluchtkontext oft eine Vervielfachung von Aufgaben und Verantwortlichkeiten erfahren. Zudem legen Studien nahe, dass vor allem für Frauen der Zugang zu Familienzusammenführung wichtig ist, um Prekarität im Zuge von Flucht entgegenzuwirken (Kofman 2019: 2191). Die Herausforderungen und neuen Verantwortlichkeiten, die mit Flucht einhergehen, sind einerseits ein Belastungsfaktor für geflüchtete Frauen. Andererseits zeigt sich, dass dies auch zur Ausweitung von Handlungsspielräumen und damit einhergehenden Ermächtigungsprozessen führen kann. Solche Prozesse werden mitunter von Flüchtlingshilfeorganisationen durch die Bereitstellung von speziellen Fördermaßnahmen und anderen Ressourcen für Mädchen und Frauen unterstützt (Krause 2014).

Für (→) Männer ist Flucht ebenso von Ambivalenzen geprägt. Während Flucht einerseits zu einer grundsätzlichen Verbesserung der Lebenssituation führen kann, geht damit oft ein sozialer Abstieg für Männer einher (Hearn 2015: 165), insbesondere durch den Verlust von Arbeitsmöglichkeiten und sozialen Netzwerken. Vor dem Hintergrund von Armut und Arbeitslosigkeit verlieren geflüchtete Männer oftmals die materiellen Ressourcen, auf denen ihr Anspruch auf eine dominante soziale Position innerhalb familiärer Beziehungen beruhte (Griffiths 2015). Damit steht ihr relativer sozialer Abstieg in Wechselwirkung zu dem zuvor angesprochenen Ermächtigungsprozess von Frauen, die zusammen zu einer Verschiebung der Machtverhältnisse zwischen geflüchteten Frauen und ihren Partnern führen kann. Fremdbestimmt und auf Hilfeleistungen angewiesen zu sein, kann dabei als Versagen gegenüber männlichen Rollenvorstellungen und als Feminisierung wahrgenommen werden. Forschung hat gezeigt, dass manche geflüchteten Männer auf diese empfundene Feminisierung mit Strategien der Re-Maskulinisierung reagieren, die sich von dominantem Auftreten bis hin zu häuslicher Gewalt artikulieren können (Çarpar et al. 2021). Andere Studien haben jedoch darauf hingewiesen, dass sich Männlichkeiten im Fluchtkontext in vielfältiger Weise ändern können. So wurden etwa solidarische Praxen bis hin zur Transformation maskuliner Identitäten, die in einer Ablehnung von Unterdrückung und der Betonung fürsorglicher Werte resultiert, beobachtet (Ingvars 2019).

4. Fluchtdiskurse

Auch mediale und politische Debatten über Flucht sind oftmals vergeschlechtlicht, wobei meist eine binäre Zuweisung von Geschlechterrollen vorherrscht. Weiblichen Geflüchteten kommt in diesen Darstellungen häufig die Rolle der passiven, wehrlosen Opfer zu, d.h. sie werden vielfach als bedroht und hilfsbedürftig dargestellt und oft auch zusammen mit Kindern als vulnerable Gruppe gefasst.

Derartige Diskurse sind auch eingeschrieben in die visuelle Darstellung von Flucht: Unterstützungsaufrufe von Flüchtlingsorganisationen etwa bedienen sich häufig an Bildern von schutzbedürftigen Flüchtlingsfrauen mit Kindern (Johnson 2011). Geflüchtete Männer, vor allem wenn ihnen muslimische Religiosität zugeschrieben wird, werden in öffentlichen, medialen Debatten hingegen oft als sexuell gefährlich und gewalttätig gegenüber *eigenen* sowie *fremden* Frauen dargestellt (Scheibelhofer 2018).

Während die Thematisierung von Gewalt gegenüber Frauen unabdingbar ist, reproduzieren derartige Debatten, wenn sie einseitig geführt werden, stereotype Vorstellungen, und verknüpfen das Thema Flucht und Asyl mit Bedrohung und Sicherheitsverlust. In stereotypischen Darstellungen werden Muslime pauschalisierend als radikal und als radikal different gefasst, und damit eine Gruppe, die aus vielfältigen Menschen aus unterschiedlichen Herkunftsländern, sozio-ökonomischem, kulturellen und religiösen Hintergründen besteht, einzig auf die Kategorie Muslim reduziert (Geddes et al. 2020: 153). Sie liefern damit vergeschlechtlichte und rassialisierte Gefahrenbilder für eine „Politik der Angst" (Wodak 2020), die auf Restriktion und Abschottung statt einer produktiven und lösungsorientierten politischen Debatte ausgerichtet ist.

In solchen „femonationalistischen" (Farris 2017) bzw. „gender-nationalistischen" (Hadj Abdou 2017) Diskursen werden feministische Argumente instrumentalisiert, um Migrationskontrolle und Abschottung zu legitimieren. Darstellungen gefährlich-fremder männlicher Geflüchteter dienen dabei nicht nur zur Legitimierung restriktiver Flüchtlingspolitiken, sondern erzeugen auch eine positive Selbstdarstellung westlicher Gesellschaften als fortschrittlich und geschlechtergerecht. Geschlechterungleichheiten können dadurch als ausschließlich *importiertes* Problem abgehandelt werden, wodurch fortbestehende Geschlechterungleichheiten in Ländern des Globalen Nordens verdeckt werden.

5. Fazit

Geschlechterfokussierter Forschung ist es gelungen, Vulnerabilitäten im Fluchtkontext, die vielfach ausgeblendet wurden, sichtbar zu machen und ihre Anerkennung auch rechtlich einzufordern. Aktuelle Debatten loten dabei vermehrt subtilere und komplexere Fragen rund um Geschlecht und Sexualität im Fluchtkontext aus. Neben der Auseinandersetzung mit Erfahrungen und Bedürfnissen von geflüchteten LGBTQI-Personen oder intersektionalen Fragestellungen im Fluchtkontext (Taha 2019) werden etwa auch mögliche Fallstricke eines einseitigen Vulnerabilitätsfokus diskutiert (vgl. Turner 2019; → Vulnerabilität). Diese wissenschaftlichen Debatten fordern uns auf zu hinterfragen, welche Institutionen, Strukturen und Prozesse *vulnerabel machen*. Sie fordern aber auch zur Perspektivenerweiterung auf, um etwa intersektionale Vulnerabilitäten männlicher Geflüchteter oder widerständige Praktiken und Handlungsmacht weiblicher Geflüchteter stärker wahrzunehmen.

Während derartige Perspektiven grundlegend sind, um der vergeschlechtlichten Komplexität von Flucht und Asyl Rechnung zu tragen, sind sie in den politischen Debatten nach wie vor unterrepräsentiert. Die Fluchtforschung steht vor der enormen Herausforderung diese komplexen und intersektionalen Ungleichheiten weiter zu thematisieren und dabei gleichzeitig handlungsanleitend für die Asylpraxis zu sein.

Literaturverzeichnis

Çarpar, Mehmet Can/Yaylaci, Filiz Göktuna (2021): Forced Migration as a Crisis in Masculinity. In: Journal of Refugee Studies. https://doi.org/10.1093/jrs/feaa138.
Connel, Raewyn/Pearse, Rebecca (2015): Gender: In World Perspective. Cambridge: Polity Press.
Danisi, Carmelo/Dustin, Moira/Ferreira, Nuno/Held, Nina (2021): Queering Asylum in Europe. IMISCOE Series: Springer.
Farris, Sara (2017): In the Name of Women's Rights: The Rise of Femonationalism. Durham: Duke University Press.
Fiddian-Qasmiyeh, Elena (2014): Gender and Forced Migration. In: Fiddian-Qasmiyeh, Elena/Loescher, Gil/Long, Katy/Sigona, Nando (Hrsg.): The Oxford Handbook of Refugee and Forced Migration Studies. Oxford: Oxford University Press, 395–408.
Freedman, Jane (2015): Gendering the International Asylum and Refugee Debate. Basingstoke: Palgrave Macmillan.
Geddes, Andrew/Hadj-Abdou, Leila/Brumat, Leiza (2020): Migration and Mobility in the European Union. London: Palgrave Macmillan.
Greatbatch, Jacqueline (1989): The Gender Difference: Feminist Critiques of Refugee Discourse. In: International Journal of Refugee Law 1 (4), 518–527.
Griffiths, Melanie (2015): „Here, Man Is Nothing! ", Gender and Policy in an Asylum Context. In: Men and Masculinities 18 (4), 468–488.
Hadj-Abdou, Leila (2017): 'Gender nationalism'. New (old) politics of belonging. In: Austrian Journal of Political Science 46 (1), 83–88.
Hearn, Jeff (2015): Men of the World. Genders, Globalizations, Transnational Times. London: SAGE Publications.
Ingvars, Árdís (2019): The Social Butterfly: Hunted Subjectivity and Emergent Masculinities among Refugees. In: NORMA 14 (4), 239–254.
Johnson, Heather (2011): Click to Donate: Visual Images, Constructing Victims and Imagining the Female Refugee. In: Third World Quarterly 32 (6), 1015–1037.
Kofman, Eleonore (2019): Gendered Mobilities and Vulnerabilities: Refugee Journeys to and in Europe. In: Journal of Ethnic and Migration Studies 45 (12), 2185–2199.
Krause, Ulrike (2014): Analysis of Empowerment of Refugee Women in Camps and Settlements. In: Journal of Internal Displacement 4 (1), 28–52.
Krause, Ulrike/Scherschel, Karin (2018): Flucht – Asyl – Gender: Entwicklungen und Forschungsbedarf. In: Gender 10 (2), 7–17.
Lutz, Helma/Herrera Vivar, Maria Teresa/Supik, Linda (2010): Fokus Intersektionalität. Wiesbaden: VS Verlag für Sozialwissenschaften.
McNally, Rachel/Rahim, Nadeea (2020): How Global is the Journal of Refugee Studies? www.carleton.ca/lerrn/?p=1118, 25.02.2020.
Ogg, Kate (2019): 'The Future of Feminist Engagement with Refugee Law: From the Margins to the Centre and out of the 'Pink Ghetto'?'. In: Harris Rimmer, Susan/Ogg, Kate (Hrsg.): Research Handbook on Feminist Engagement with International Law. Cheltenham: Edward Elgar Publishing, 175–195.
Querton, Christel (2019): Gender and the Boundaries of International Refugee Law: Beyond the Category of 'Gender-Related Asylum Claims'. In: Netherlands Quarterly of Human Rights 37 (4), 379–397.

Scheibelhofer, Paul (2018): Der fremd-gemachte Mann. Konstruktionen von Männlichkeit in der Migrationsgesellschaft, Wiesbaden: VS Verlag für Sozialwissenschaft.

Spijkerboer, Thomas (2018): Gender, Sexuality, Asylum and European Human Rights. In: Law Critique 29, 221–239.

Taha, Dina (2019): Intersectionality and Other Critical Approaches in Refugee Research. An Annotated Bibliography. Local Engagement Refugee Research Network Paper No. 3, December 2019.

Tschalaer, Mengia (2020a): Between queer Liberalisms and Muslim Masculinities: LGBTQI+ Muslim Asylum Assessment in Germany. In: Ethnic and Racial Studies 43 (7) 1265–1283.

Tschalaer, Mengia (2020b): Victimhood and Femininities in Black Lesbian Asylum Cases in Germany, In: Journal of Ethnic and Migration Studies. https://doi.org/10.1080/1369183X.2020.1772735.

Turner, Lewis (2019): The Politics of Labeling Refugee Men as "Vulnerable". In: Social Politics: International Studies in Gender, State & Society. https://doi.org/10.1093/sp/jxz033.

Wodak, Ruth (2020): Politik mit der Angst. Wien: Edition Konturen.

II.15
Gewaltmigration

Benjamin Etzold

Abstract Flucht wird weitläufig als gewaltbedingte Migration, d.h. als eine räumliche Mobilität aus einer Gewaltsituation heraus, verstanden. Die Wechselwirkungen von Gewalt, Zwang und räumlicher Mobilität sind jedoch vielfältig. Keinesfalls führen Gewalterfahrungen, beispielsweise im Krieg oder durch persönliche Verfolgung, zwangsläufig immer zur Flucht. Von Gewalt betroffene Menschen haben Handlungsoptionen, und Flucht ist eine davon. Das Kapitel betrachtet unterschiedliche Formen und Auswirkungen von Gewalt in verschiedenen Phasen des Mobilitätszyklus – vor, auf und nach der Flucht sowie im Kontext der Rückkehr.

Schlüsselbegriffe: Gewaltmigration, Gewalterfahrungen, Fluchtmobilität, Rückkehr

1. Flucht und das Verhältnis von Gewalt, Zwang und Mobilität

Flucht wird im allgemeinen Sprachgebrauch als räumliche Bewegung aufgrund von Zwang und Gewalt verstanden. Menschen fliehen, da sie in einem Gewaltkonflikt bedroht oder aufgrund ihrer politischen Überzeugung oder Zugehörigkeit zu einer bestimmten sozialen, ethnischen oder religiösen Gruppe verfolgt werden (UNHCR 2017). Der Zusammenhang zwischen Zwang, Gewalt und räumlicher Mobilität ist vielschichtig, keinesfalls aber zwingend kausal. Gewalt tritt in unterschiedlichen Formen auf, und auch wenn Menschen physischer Gewalt direkt ausgesetzt sind, führt dies nicht unweigerlich zu einer Flucht, da auch im Kontext von Krieg und Gewalt oftmals andere Handlungsmöglichkeiten bestehen. Zudem können sich verschiedene Migrationsmotive miteinander vermischen (→ Mixed Migration). In der Realität sind freiwillige und erzwungene Mobilität meist nicht eindeutig voneinander zu unterscheiden. Flucht ist somit auch nicht mit Zwangsmigration gleichzusetzen (Richmond 1993; Crawley/Skleparis 2017; Etzold 2019). Darüber hinaus sind Gewalterfahrungen nicht auf die Zeit vor der Flucht beschränkt, sondern treten auch auf der Flucht, nach der Flucht im Kontext der Aufnahme oder bei der z.T. gewaltsam erzwungenen Rückkehr auf. Des Weiteren sind Deportationen, Umsiedlungen und andere Formen der Vertreibung durch staatliche Akteure Ausdruck erzwungener und gewaltvoller Mobilität. Kurzum: Flucht und Vertreibung sind in ihrem Kern durch Gewalt geprägte soziale Phänomene.

Da Menschen verletzlich sind und andere verletzen können, ist Gewalt ein grundlegendes Problem im menschlichen Zusammenleben. Zugleich ist Gewalt ein zentraler Aspekt von Macht und Herrschaft, wie man am Gewaltmonopol des Staates oder spezifischer Akteure in anderen sozialen Ordnungen sieht. Darüber hinaus ist Gewalt nie unabhängig von Beobachtungen und Deutungen der Gewaltinteraktionen und Machtkonstellationen. Neuere Gewalttheorien untersuchen den Dreiklang unterschiedlicher Formen von Gewalt: die direkte Gewalt in der körperlichen Interaktion zwischen Täter*innen und Opfern, die Macht- und Herrschaftsdynamiken inhärente strukturelle Gewalt, und die kulturelle

Gewalt von Diskursen und Erzählungen (→ Gewalt). Gewalt wird dabei allerdings nicht als „Ausnahme", sondern als Bestandteil sozialer Ordnung betrachtet (vgl. Koloma Beck/Schlichte 2020). Auch wenn Flucht und Vertreibung weitläufig mit Erfahrungen direkter Gewalt assoziiert werden, so stellen sowohl strukturelle als auch kulturelle Gewalt wesentliche Faktoren im Zusammenwirken von Gewalt und räumlicher Mobilität dar.

2. Das Verhältnis von Gewalt und Mobilität im Fluchtzyklus

Um Flucht als durch Gewalt geprägtes soziales Phänomen besser zu verstehen, plädieren Bank et al. (2017) für eine systematische Untersuchung des Zusammenhangs von Gewalt und Mobilität. Sie unterscheiden dabei drei grundlegende Arten dieses Verhältnisses entsprechend dem Auftreten von Gewalt im Fluchtzyklus: Flucht als Mobilität aufgrund von Gewalt, Flucht als ein gewaltsamer Prozess und Flucht als Ankommen in neuen Gewaltkonstellationen. Dieser Beitrag fügt dem Gewalt-Mobilitäts-Nexus mit dem Aspekt der gewaltsam erzwungenen Rückkehr einen vierten Zusammenhang hinzu.

2.1 Gewalt als Triebkraft von Mobilität

In Definitionen von Flucht und Vertreibung steht Gewalt als Triebkraft der Mobilität im Vordergrund (Fiddian-Qasmiyeh et al. 2014; FitzGerald/Arar 2018; → Im-/Mobilität). Denn die räumliche Mobilität erfolgt aus einer Situation, Erfahrung oder Androhung von Gewalt heraus (vgl. Bank et al. 2017: 14 zu *„migration out of violence"*; Oltmer 2016: 34 zu „Gewaltmigration"). Die direkte Gewalt geht von spezifischen Akteuren aus, und zielt aus politischen, geschlechts-spezifischen oder religiösen Gründen auf bestimmte Individuen und Gruppen ab. In Kriegen fliehen Menschen, um sich vor Gewalt zu schützen, sich vor unmittelbarer Lebensgefahr in Sicherheit zu bringen oder da ihre Lebensgrundlagen zerstört wurden. Die *Produktion* von Flüchtlingen ist zudem oft ein strategisches Instrument der Kriegsführung (Lischer 2014). Von diesen Formen des Ausweichens vor Gewalt unterscheidet sich – auch im Flüchtlingsrecht – die Flucht vor politischer Verfolgung, da hier individuelle Bedrohungen und in repressiven Staaten eingeschränkte Freiheits-, Bürger- und Versammlungsrechte im Vordergrund stehen (FitzGerald/Arar 2018). Von Staaten organisierte und z.T. gegen Widerstand durchgesetzte Deportationen, Evakuierungen und Umsiedlungen sind Beispiele für Zwangsmigration (Oltmer 2016), und zeigen ebenfalls das wechselseitige Verhältnis von direkter und struktureller Gewalt im Zuge der Mobilität.

Von Gewalt betroffene Menschen haben Handlungsspielräume, auch wenn diese oft stark eingeschränkt sind (Richmond 1993). Für viele in Kriegen lebende Menschen stellt sich zunächst nicht die Frage der Flucht, sondern der Prävention von Risiken und des Umgangs mit Gewalt und existentiellen Gefahren. Viele Menschen fliehen erst dann, wenn andere Optionen ausgeschöpft sind, wenn persönliche Gewalterfahrungen gemacht wurden – beispielsweise, wenn Angehörige bedroht, gefoltert oder getötet wurden – oder wenn die Furcht, in Zukunft dauerhaft und wiederholt Gewalt ausgesetzt zu sein, größer ist als die Hoffnung einer Besserung (vgl. Bohle 2007; Lindley 2010). Da sich im

Krieg Frontlinien und Territorien der militärischen Kontrolle stets ändern können, ist eine Flucht von manchen Orten – wie besonders betroffenen Städten – und zu bestimmten Zeiten eine notwendige Überlebensstrategie, aber von anderen Orten nicht. Doch dies kann sich von einem Moment auf den anderen ändern. Entsprechend ihrer zeitlichen und räumlichen Dynamik erzeugen langanhaltende Konflikte unterschiedliche *Wellen* von Fluchtbewegungen oder Kohorten von Fliehenden (vgl. Kunz 1973; Schon 2018).

In der Flucht vor Gewalt zeigt sich immer eine starke soziale, politische, geschlechts- und generationen-spezifische Selektivität. Nicht alle Menschen sind Gewalt im gleichen Maße ausgesetzt oder werden aufgrund ihrer Religion, Identität oder Überzeugung verfolgt oder bedroht. Und nicht alle wollen oder können mobil sein; manche bleiben bewusst um zu kämpfen oder ihre *Heimat* nicht zu verlieren, andere sind zu gebrechlich, zu alt oder zu jung, und anderen fehlen wiederum die Mittel oder Kontakte, um zu fliehen. In Kriegen sind die Menschen, die einen Ort aufgrund militärischer Blockaden, Grenzen oder fehlender Ressourcen nicht verlassen können, am stärksten verwundbar (Lubkemann 2008; → Vulnerabilität).

2.2 Flucht als durch Gewalt geprägter Prozess

Gewalt ist nicht nur ein Grund für Mobilität, die Flucht selbst ist ein durch soziale Konflikte, existentielle Unsicherheit und Gewalt geprägter Prozess (*migration as violent process*, vgl. Bank et al. 2017: 15). Wiederholte Gewalterfahrungen und die *Normalisierung* von Gewalt gegenüber mobilen Menschen sind entscheidende Merkmale heutiger Flucht- und Migrationsbewegungen (BenEzer/Zetter 2015; Krause 2015; Etzold 2019).

Zu den von Schutzsuchenden *auf* der Flucht gemachten Erfahrungen direkter physischer und psychischer Gewalt gehören der Tod von Angehörigen und Mitreisenden, Ausbeutung, Misshandlung, sexuelle Gewalt, Folter, Freiheitsentzug, Entführung und Lösegeldforderungen. Soldat*innen, Polizist*innen, Grenzbeamt*innen sowie nicht-staatliche Akteure wie Schmuggler*innen sind die Gewalttäter*innen (Lorenz/Etzold 2022). Zudem erfahren Fliehende unterschiedlichste Formen der strukturellen Gewalt: mobilitätseinschränkende Migrations- und Grenzregime; selektiv wirksame Aufnahme- und Schutzprogramme; Willkür staatlicher Akteure; Ausgrenzung von Gesundheitsversorgung, Bildungs- und Arbeitsmöglichkeiten; Kasernierung und Warten in „Räumen der Ausnahme" wie Flüchtlingslagern, Transitzentren oder Aufnahmeeinrichtungen; sowie existentielle Unsicherheit bezüglich Zukunfts- und Bleibeperspektiven (vgl. Baird 2014; Vries/Guild 2018; → Grenzen; → Camp/Lager).

Aufgrund ihrer Eigenschaften (u. a. Geschlecht, Alter, rechtlicher Status) und Fähigkeiten (u. a. finanzielle Mittel, Sprachkenntnisse) sind Fliehende in unterschiedlichem Ausmaß verwundbar gegenüber Gewalthandlungen und struktureller Gewalt. Zudem haben sie unterschiedliche Kapazitäten, auf ihren Reisen Sicherheit zu schaffen und mit Gewalt umzugehen. Nicht nur Gewalterfahrungen *vor*, sondern auch *auf* der Flucht können zu tiefgreifenden Traumata werden, die sich langfristig auf das Leben der Geflüchteten auswirken, auch wenn viele eine hohe psychologische (→) Resilienz zeigen (vgl. Marlowe 2010; → Gesundheit).

2.3 Mobilität in neue Gewaltkonstellationen hinein

Eine dritte Variante im Gewalt-Mobilitäts-Nexus ist die Flucht aus einer Situation der eskalierten Gewalt heraus, aber in eine neue „gewalttätige Ordnung" hinein (*movement into violence*, vgl. Bank et al. 2017: 16). Am Ort der ersten Aufnahme oder im Land des Asyls sind Schutzsuchende mit spezifischen Mustern der direkten physischen und strukturellen Gewalt konfrontiert, wie aktuelle Forschungsarbeiten zeigen (Krause 2018). Die Ausprägungen und Auswirkungen von Gewalt *nach* der Flucht unterscheiden sich in verschiedenen regionalen Kontexten. In Ländern des globalen Südens wurden insbesondere die durch Gewalt geprägten Ordnungen in Flüchtlingslagern und Städten (Inhetveen 2010; Krause 2015) beschrieben. In Aufnahmeländern im Globalen Norden stehen Mechanismen struktureller Ausgrenzung, (→) Diskriminierung und des Rassismus sowie neu entstehende Konflikt- und Gewaltkonstellationen im Kontext der Aufnahme und Unterbringung (Bauer 2017; Christ et al. 2017) im Vordergrund.

2.4 Rückkehrmobilität und Gewalt

Mit der Ankunft in einem Schutz bietenden Land endet oftmals die Mobilität von Flüchtlingen nicht, und auch nicht ihre Erfahrungen von Gewalt und Ausgrenzung. Neben der Frage der Weitermigration und zirkulären Mobilität im transnationalen Kontext werden (→) Rückkehr und Reintegration im Herkunftskontext zunehmend in der Forschung beachtet (vgl. Grawert 2018). Eine Rückkehr in das Herkunftsland oder an den Ort des vorherigen Lebens gilt weithin als eine der nachhaltigsten Lösungen von Fluchtsituationen. Doch einer freiwilligen Rückkehr stehen viele Barrieren im Weg, unter anderem langanhaltende Gewaltkonflikte, politische Fragilität und das Fehlen von menschlicher Sicherheit und Lebenssicherungsperspektiven in der Herkunftsregion. Kurz gesagt verhindert das Fortbestehen von Gewalt – sowohl direkter als auch struktureller Gewalt – in vielen Kontexten die Rückkehrmobilität. Und daran können dann auch aufwändige staatlich organisierte Rückkehr- und Reintegrationsprogramme nichts ändern.

Der Zusammenhang zwischen Mobilität, Zwang und Gewalt zeigt sich bei (→) Abschiebungen deutlich. Viele Schutzsuchende schließen, auch wenn der Asylantrag abgelehnt wurde und kein dauerhafter Aufenthaltsstatus in Aussicht ist, eine freiwillige Rückkehr aus, u. a. aufgrund von fortbestehender Unsicherheit und Gewaltdynamiken im Herkunftsland. Insofern rechtliche und bürokratische Voraussetzungen erfüllt sind, können sie dennoch, z.T. unter Einsatz von direkter Gewalt staatlicher Akteure, aus einem Aufnahmeland in das Herkunftsland oder einen Drittstaat zurückgeführt werden (vgl. Grawert 2018; Majidi/Schuster 2019). Neben diesen regulären Rückführungen finden auch *irreguläre* Abschiebungen statt. Viele Migrant*innen erhalten, nachdem sie an Grenzen aufgegriffen wurden, keinen Zugang zu Registrierung und einem Asylverfahren und werden von staatlichen Akteuren gewaltsam zurückgeführt. Diese *push-backs* verstoßen gegen das im Flüchtlingsrecht fest verankerte Prinzip des *non-refoulement*, aber sind im europäischen Grenzraum, beispielsweise in Kroatien, Polen oder Griechenland, an der Tagesordnung (BVMN 2020). Das im politischen Diskurs weit verbreitete Narrativ der Notwendigkeit von Abschiebungen – um das reguläre Asylregime aufrecht zu erhalten – und das Tolerieren von *push-backs* durch Staaten sind Beispiele von kultureller Gewalt gegenüber Schutzsuchenden. Gewaltsam durchgesetzte Rückführungen sind Ausdruck der Verstetigung von Gewalterfahrungen im Kontext von Mobilität.

3. Fazit und Forschungsperspektiven

Flucht wird weitläufig als gewaltbedingte Migration, d.h. als eine räumliche Mobilität aus einer Gewaltsituation bzw. -erfahrung heraus, verstanden. Darüber hinaus sind jedoch weitere Formen und Auswirkungen von Gewalt in anderen Phasen des Mobilitätszyklus zu berücksichtigen und empirisch zu untersuchen – auf der Flucht, nach der Ankunft und auch im Kontext der Weitermigration oder Rückkehr. Die Fluchtforschung setzt sich mit dem Zusammenwirken von Gewalt und Mobilität auseinander. Doch sind weitere umfassende empirische Studien in unterschiedlichsten regionalen Kontexten notwendig, um diese Zusammenhänge und die Handlungsstrategien von im Kontext von Gewalt fliehenden Menschen besser zu verstehen – auch um geeignete Unterstützungsmöglichkeiten für Schutzsuchende und humanitäre sowie gewaltmindernde Interventionen zu entwickeln.

Der Stand der Forschung an dieser Schnittstelle von (→) Migrationsforschung einerseits, und (→) Friedens- und Konfliktforschung andererseits, wurde für die deutschsprachige Debatte jüngst aufgearbeitet (Krause 2018; Etzold 2019). Eine Synthese und Theoriebildung, welche sowohl ein komplexes Verständnis von Mobilitätsentscheidungen, -praktiken und -politiken sowie den Erscheinungs- und Organisationsformen von und Handlungsstrategien im Kontext von Gewalt miteinander verbindet, steht nach Ansicht des Verfassers noch aus.

Literaturverzeichnis

Baird, Theodore (2014): Human smuggling and violence in the East Mediterranean. In: International Journal of Migration, Health and Social Care 10 (3), 121–133.

Bank, André/Fröhlich, Christiane/Schneiker, Andrea (2017): The Political Dynamics of Human Mobility. Migration out of, as and into Violence. In: Global Policy 8 (S1), 12–18.

Bauer, Isabella (2017): Unterbringung von Flüchtlingen in deutschen Kommunen. Konfliktmediation und lokale Beteiligung. Flucht: Forschung und Transfer (State-of-Research Papier), Osnabrück/Bonn: IMIS/BICC. https://flucht-forschung-transfer.de/konfliktmediation-kommunikation-und-kommunale-moderation-in-aufnahmelaendern/, 01.03.2022.

BenEzer, Gadi/Zetter, Roger (2015): Searching for Directions. Conceptual and Methodological Challenges in Researching Refugee Journeys. In: Journal of Refugee Studies 28 (3), 297–318.

Bohle, Hans-Georg (2007): Geographies of Violence and Vulnerability. An Actor-Oriented Analysis of the Civil War in Sri Lanka. In: Erdkunde 61 (2), 129–146.

BVMN (2020): The Black Book of Pushbacks. Volume I & II. Border Violence Monitoring Network, Brussels. https://www.borderviolence.eu/launch-event-the-black-book-of-pushbacks/#more-16565, 12.01.2022.

Christ, Simone/Meininghaus, Esther/Röing, Tim (2017): „All Day Waiting". Konflikte in Unterkünften für Geflüchtete in NRW (BICC Working Paper 03/2017), Bonn: BICC. https://www.bicc.de/uploads/tx_bicctools/BICC_WP_3_2017_web.pdf, 01.03.2022.

Crawley, Heaven/Skleparis, Dimitris (2018): Refugees, migrants, neither, both: categorical fetishism and the politics of bounding in Europe's 'migration crisis'. In: Journal of Ethnic and Migration Studies 44 (1), 48–64.

Etzold, Benjamin (2019): Auf der Flucht. (Im)Mobilisierung und (Im)Mobilität von Schutzsuchenden. Flucht: Forschung und Transfer (State-of-Research Papier 04), Osnabrück/Bonn: IMIS/BICC. https://flucht-forschung-transfer.de/mobilisierung-und-immobilisierung-von-flu echtlingen/, 01.03.2022

Fiddian-Qasmiyeh, Elena/Loescher, Gil/Long, Katy/Sigona, Nando (2014): Introduction. Refugee and Forced Migration Studies in Transition. In: Fiddian-Qasmiyeh, Elena/Loescher, Gil/Long, Katy/Sigona, Nando (Hrsg.): The Oxford Handbook of Refugee and Forced Migration Studies. Oxford u. a.: Oxford Univ. Press, 1–19.

FitzGerald, David Scott/Arar, Rawan (2018): The Sociology of Refugee Migration. In: Annual Review of Sociology 44 (1), 387–406.

Grawert, Elke (2018): Rückkehr und Reintegration Geflüchteter. Flucht: Forschung und Transfer (State-of-Research Papier 11), Osnabrück/Bonn: IMIS/BICC. https://flucht-forschung-transfer.de/r ueckkehr-und-reintegration-von-fluechtlingen-2/, 01.03.2022.

Inhetveen, Katharina (2010): Die politische Ordnung des Flüchtlingslagers. Akteure – Macht – Organisation. Eine Ethnographie im Südlichen Afrika. Bielefeld: Transcript Verlag.

Koloma Beck, Teresa/Schlichte, Klaus (2020): Theorien der Gewalt. Zur Einführung. Hamburg: Junius.

Krause, Ulrike (2015): A Continuum of Violence? Linking Sexual and Gender-based Violence during Conflict, Flight, and Encampment. In: Refugee Survey Quarterly 34 (4), 1–19.

Krause, Ulrike (2018): Gewalterfahrungen von Flüchtlingen. Flucht: Forschung und Transfer (State-of-Research Papier 03), Osnabrück/Bonn: IMIS/BICC. https://flucht-forschung-transfe r.de/gewalterfahrungen-von-fluechtlingen/ 01.03.2022.

Kunz, E. F. (1973): The Refugee in Flight. Kinetic Models and Forms of Displacement. In: The International Migration Review 7 (2), 125–146.

Lindley, Anna (2010): Leaving Mogadishu. Towards a Sociology of Conflict-Related Mobility. In: Journal of Refugee Studies 23 (1), 2–22.

Lischer, Sarah Kenyon (2014): Conflict and Crises Induced Displacement. In: Fiddian-Qasmiyeh, Elena/Loescher, Gil/Long, Katy/Sigona, Nando (Hrsg.): The Oxford Handbook of Refugee and Forced Migration Studies. Oxford u. a.: Oxford Univ. Press, 317–329.

Lorenz, Rahel/Etzold, Benjamin (2022): Journeys of Violence. Trajectories of (Im)Mobility and Migrants' Encounters with Violence and the State in European Border Spaces. In: Comparative Population Studies, i.E.

Lubkemann, Stephen C. (2008): Involuntary immobility: on a theoretical invisibility in forced migration studies. In: Journal of Refugee Studies 21 (4), 454–475.

Majidi, Nassim/Schuster, Liza (2019): Deportation and forced return. In: Bloch, Alice/Donà, Giorgia (Hrsg.): Forced Migration. Current Issues and Debates, New York: Routledge, 88–105.

Marlowe, Jay M. (2010): Beyond the Discourse of Trauma: Shifting the Focus on Sudanese Refugees. In: Journal of Refugee Studies 23 (2), 183–198.

Oltmer, Jochen (2016): Globale Migration: Geschichte und Gegenwart. Darmstadt: Theiss Verlag.

Richmond, Anthony H. (1993): Reactive Migration. Sociological Perspectives On Refugee Movements. In: Journal of Refugee Studies 6 (1), 7–24.

Schon, Justin (2018): Motivation and opportunity for conflict-induced migration. An analysis of Syrian migration timing. In: Journal of Peace Research 56 (1), 12–27.

UNHCR (2017): Abkommen über die Rechtsstellung der Flüchtlinge vom 28. Juli 1951. Protokoll über die Rechtsstellung der Flüchtlinge vom 31. Januar 1967. http://www.unhcr.org/dach/wp-content/uplo ads/sites/27/2017/03/Genfer_Fluechtlingskonvention_und_New_Yorker_Protokoll.pdf, 01.03.2022.

Vries, Leonie Ansems de/Guild, Elspeth (2018): Seeking refuge in Europe. Spaces of transit and the violence of migration management. In: Journal of Ethnic and Migration Studies 45 (12): 2156–2166.

II.16

Grenzen und Grenzregime

Astrid M. Fellner und Florian Weber

Abstract Der Beitrag skizziert die Begriffe Grenzen und Grenzregime im Kontext der Fluchtforschung. Vor allem die Beschäftigung mit dem EUropäischen[1] Grenzregime ist ins Zentrum wissenschaftlicher Debatten um (Flucht-)Migration gerückt und hat die Forschung geprägt. Ausgehend von einer Darstellung unterschiedlicher Konzepte von Grenzen und Grenzziehungsprozessen wird der Begriff des Grenzregimes als komplexes Zusammenspiel von Praktiken, Diskursen und Wissens-Macht-Netzwerken vorgestellt.

Schlüsselbegriffe: Grenzen, Regime, EUropäisches Grenzregime, Migrationspolitiken

1. Einleitung: Konfliktzone Grenze

Als zentrale Wahrnehmungskategorie ist *Grenze* zu einer wichtigen Analysekategorie in der Fluchtforschung geworden. Dabei entfaltet der Begriff sowohl im Sinne einer territorialen und symbolischen Trennlinie als auch gleichzeitig als verbindendes Element eine hohe Wirkmächtigkeit (Fellner 2021: 436; Weber et al. 2020). Grenz(ziehung)en regulieren Bewegungen von Menschen, Gütern, Ideen und kulturellen Formationen und fungieren als wichtiges Ordnungsprinzip. Migration bzw. Flucht und Grenzen stehen dabei in einem engen rückgekoppelten Verhältnis. Oft sind Grenzen umkämpft, sodass sie strukturell als Konfliktzonen (Hess/Schmidt-Sembdner 2021: 192) im Aufeinandertreffen unterschiedlicher „Welten" angesehen werden können (Anzaldúa 2012 [1987]: 25). An ihnen entzünden sich diverse „*border struggles*" (Mezzadra/Neilson 2013: 264–270), die sich im Spannungsfeld der (trans)nationalen Zuwanderungspolitiken und Praktiken der Grenzschutzsysteme, Migrationskontrollapparate und dem Umgang mit Grenzüberschreitungen von Migrant*innen und Geflüchteten entwickeln.

Dieser Beitrag verfolgt das Ziel, die Begriffe Grenze und Grenzregime zu erörtern und aufzuzeigen, inwiefern die wissenschaftliche Beschäftigung mit Grenzen Impulse für die Fluchtforschung liefern kann.

2. Konzeptualisierung von Grenze(n)

Mit dem Begriff der Grenze werden häufig zunächst politische, insbesondere nationalstaatliche Trennlinien bezeichnet, die forschungsbezogen seit dem frühen 20. Jahrhundert in den Untersuchungsfokus gerieten (vgl. bspw. im Überblick Newman 2003). Verstärkt seit den 1990er und 2000er Jahren agieren

---

1 Die Schreibweise „EUropäische" verweist auf den Bezug zur Europäischen Union (EU).

Forscher*innen im Vergleich dazu mit konstruktivistischem Hintergrund mit einem „geweiteten" Grenzbegriff (dazu Redepenning 2019). Grenzen werden nunmehr von der Makro- bis zur Mikroebene als dem sozialen Leben Struktur gebende Alltagsphänomene gefasst (Scott/Sohn 2019: 297), womit vielfältige politische, administrative, soziale, kulturelle, sprachliche, mentale etc. Grenzziehungsprozesse analysiert werden. Entscheidend wird dabei, dass Grenzen nicht statisch, sondern dynamisch und veränderbar gedacht werden und alltagskulturelle (Re-)Produktionen von Grenzen – *border-making*-Prozesse (Kolossov/Scott 2013: Abs. 28) – erforscht werden. Zudem wirken Grenzen keinesfalls nur trennend, sondern sind auch verbindend zu denken, wie es sich u. a. im Konzept der *borderlands* (in Anschluss an Anzaldúa 2012 [1987]) widerspiegelt und sich eindrücklich in grenzüberschreitenden Verflechtungsräumen als hybriden Übergangsbereichen manifestiert (vgl. dazu Weber et al. 2020: 11; Weier et al. 2018).

Die konkrete Auseinandersetzung mit Flucht *und* Grenze(n) erfolgte zunächst vielfach im Kontext territorialer Konflikte und gewaltsam etablierter Grenzziehungen (Geiger 2019: 5), also mit Bezug auf einen eher „engen" Grenzbegriff (→ Gewaltmigration). Zunehmend werden auch in einer „weiten" Begriffsauslegung (Aus-)Wirkungen im Wechselspiel aus globalen bis hin zu individuellen Entwicklungen in den Forschungsfokus gerückt, bspw. in Bezug auf Hürden beim Zugang zu Flüchtlingsunterkünften in Städten (u. a. El-Kayed/Hamann 2018). Mezzadra und Neilson sprechen (2013) in diesem Zusammenhang von Grenzen als Teil eines sich ständig ändernden Regimes der „differentiellen Inklusion": demnach trennen Grenzen Subjekte nicht nur nach Kategorien der Inklusion (Bürger*innen) von Exklusion (Nicht-Bürger*innen), sondern filtern und selektieren Menschen, die Grenzen passieren, in einer hierarchisierenden und differenzierenden Art. Der Begriff der „Grenze" wird entsprechend im Zusammenhang mit einer Vielzahl von Akteur*innen und Praktiken verstanden (Rumford 2008; Wille 2021), insbesondere im Kontext des Schengener Abkommens und sich verändernder EU-Migrationspolitiken, die angepasste rechtlich-politische und polizeiliche Instrumentarien bedingen (vertiefend einschließlich der Benennung zentraler Forschungsarbeiten siehe Geiger 2019: 7–11). Seit Mitte der 2010er Jahre ist die EUropäische Migrations- und Grenzpolitik nicht nur in den Mittelpunkt des öffentlichen Interesses gerückt, sondern hat auch dazu beigetragen, dass in der Fluchtforschung Grenze als „Produkt widerstreitender Kräfte, als emergentes Ergebnis des permanenten Ringens um Entkommen/Flucht einerseits und Einhegung andererseits" verstanden wird (Hess/Schmidt-Sembdner 2021: 198). Und dieses Ringen spielt sich, wie bereits angerissen, auf unterschiedlichen Ebenen ab, sodass die „Flucht-Grenze-Relationen" immer stärker über die staatsgrenzenbezogene Dimension hinausgehend gedacht und analysiert werden (bspw. Lebuhn 2013). Eng damit verbunden ist die Forschungshaltung, die Handlungsmacht von Migrant*innen (→ Agency) in den Vordergrund der Fluchtforschung zu stellen (Moulier-Boutang 2007).

3. Grenzregime

Über dieses Verständnis von Migration als transformative Kraft lässt sich nun der Bogen zum Begriff des *Grenzregimes* schlagen. Flucht aus Grenz(raum)forschungsperspektive zu denken, bedeutet heute, wirkmächtigen und gleichzeitig sich verändernden und variablen materiellen sowie immateriellen Grenzziehungsprozessen Beachtung zu schenken, die Flucht limitieren, forcieren und beeinflussen (weiterführend Vollmer/Düvell 2021). Als komplexes Ensemble aus Strukturen und gesellschaftlichen Praktiken (Karakayali/Tsianos 2007: 14) zielen sog. „Grenzregime" auf politische, kulturelle und sich bedingende Mechanismen der Regulation und Steuerung von Migrations- und Fluchtprozessen ab – im Gegensatz zum Terminus des Migrationsregimes, der stärker auf Kontexte mit unterschiedlichen Grenzbezügen ausgerichtet ist. Dieses Verständnis des Regimebegriffs erlaubt es, das in den Medien oft dargestellte binäre Verhältnis von Geflüchteten und Kontrollmechanismen von Grenzen zu durchbrechen und das Zusammenspiel von „Praktiken und Wissen-Macht-Komplexen" (Karakayali/Tsianos 2007: 13) zu beleuchten (→ Flüchtlingsregime). Als konflikthafter, spannungsgeladener und angefochtener Raum stellt das Grenzregime somit einen wichtigen Bestandteil der komplexen und machtförmigen Realitäten von Migration und Flucht dar (Hess/Schmidt-Sembdner 2021: 198). In den Fokus rücken Aushandlungsprozesse, Praktiken und deren Vernetzungen, worin die analytische Stärke des Regimebegriffs begründet liegt. Zur entscheidenden Zielsetzung wird dabei die Etablierung einer kritisch orientierten und gleichzeitig aktivistischen, empathisch-unterstützenden Wissensproduktion (Geiger 2019: 25; Hess/Kasparek 2010: 12–13).

Aufbauend auf dem Foucault'schen Verständnis von Wissen und Macht und seinen Vorstellungen von Regime und Gouvernementalität (Foucault 1993, 2004) kann mit dem Grenzregimebegriff neben öffentlichen und privaten Institutionen und Akteur*innen gerade auf migrierende und geflüchtete Subjekte im politischen Raum als eigenständig handelnde Akteur*innen in Verbindung mit einer fundierten Theoretisierung von Grenzbezügen eingegangen werden. Migrant*innen können damit nicht nur vor dem Hintergrund des Aspekts von Gewalt an Grenzen (u. a. De Vries/Guild 2019) analysiert werden, sondern auch als Grenzgestalter*innen (Schulze Wessel 2017), die in der Lage sind, Grenzregime produktiv zu verändern, indem sie sich der (staatlichen) Kontrolle entziehen, alternative Netzwerke aufbauen, Überlebensstrategien entwickeln und den Fokus auf widerständiges Potenzial lenken (dazu u. a. De Genova et al. 2018; Rygiel 2011).

4. Fazit und Forschungsdesiderat: Grenzregime, Flucht und *Border Studies*

Flucht und Grenze(n) sind, wie gezeigt, als zwei Seiten der gleichen Medaille zu verstehen, was bspw. die Diskussion um die EUropäische „Flüchtlings"- und Migrationskrise illustriert, die auch eine multiskalare „Grenzkrise" darstellt. Die kritische Grenzregimeforschung hat vor allem im Zusammenhang mit dem Aufbau des EUropäischen Grenzregimes in der südosteuropäischen Peripherie seit Anfang der 2000er Jahre einen Ansatz entwickelt, der Grenzen als dynamisches Konflikt- und Aushandlungsverhältnis verschiedener Akteur*innen begreift. So kann u. a. das Zusammenspiel nationaler und supranationaler Beteiligter wie Frontex, Küstenwachen sowie Initiativen wie Seawatch, Mediterranea oder Alarm-Phone, aber auch Schleppern analysiert werden (→ Schleusen). Der Begriff des Grenzregimes erlaubt es in seiner *analytischen Dimension*, Grenzen nicht einfach als institutionell zentral gesteuert zu betrachten, sondern auch die Handlungsmacht von Migrant*innen zu fokussieren (Scheel 2017: 17). Die Stärke des Begriffs besteht insbesondere darin, die Vielschichtigkeit, Komplexität und Mobilität von Grenzen in den Vordergrund zu stellen. Kritische Stimmen merken jedoch an, dass in Forschungsarbeiten zum Grenzregime häufig eine *gesellschaftskritisch-aktivistische Positionierung* erfolge, die eine moralische Bewertung umfasst (Lindemann 2021: 507). Ein weiterer Kritikpunkt besteht darin, dass die Verwendung des Grenzregime-Begriffs es erfordere, eine Konkretisierung einzelner Fluchtphänomene vorzunehmen und deren Kontextgebundenheit zu berücksichtigen. Zudem werde der Grenzregime-Begriff immer wieder gerade an nationale Grenzen gebunden, wodurch Binnendifferenzierungen der Flucht schwer abzubilden seien.

Hier ergibt sich das Forschungsdesiderat, den Ansatz der kritischen Grenzregimeforschung gemeinsam mit rezenten Theorien und Methoden der Grenz(raum)forschung – der *Border Studies* – in eine dezidiert auf Geflüchtete fokussierte Fluchtforschung weiterzuführen und mit empirischer Forschung hierzu zu belegen (Geiger 2019: 24). Trotz des Anspruchs der kritischen Grenzregimeforschung, Geflüchtete in den Mittelpunkt der Forschung zu stellen, tendierten Forscher*innen, wie Geiger (2019: 36) angemerkt hat, weiterhin dazu, „das Bild von Flüchtlingen als Objekten oder ‚Spielbällen' der Politik zu reproduzieren anstatt das Zusammenspiel von Institutionen und den eigentlichen Akteuren des Fluchtgeschehens, den Flüchtlingen, empirisch zu untersuchen". Damit wird es wichtig, Geflüchtete nicht nur als zentrale Akteur*innen des Grenzgeschehens zu analysieren, sondern ihre Stimmen zu hören und ihre Perspektiven in den Fokus der „grenzbezogenen" Fluchtforschung zu rücken.

Literaturverzeichnis

Anzaldúa, Gloria (2012 [1987]): Borderlands/La Frontera. The New Mestiza. San Francisco: Aunt Lute Books.
De Genova, Nicholas/Garelli, Glenda/Tazzioli, Martina (2018): Autonomy of Asylum? The Autonomy of Migration. Undoing the Refugee Crisis In: The South Atlantic Quarterly 117 (2), 239–265.
De Vries, Leonie Ansems/Guild, Elspeth (2019): Seeking refuge in Europe: spaces of transit and the violence of migration management. In: Journal of Ethnic and Migration Studies 45 (12), 2156–2166.
El-Kayed, Nihad/Hamann, Ulrike (2018): Refugees' Access to Housing and Residency in German Cities: Internal Border Regimes and Their Local Variations. In: Social Inclusion 6 (1), 135–146.
Fellner, Astrid M. (2021): Grenze und Ästhetik: Repräsentation von Grenze in den kulturwissenschaftlichen *Border Studies*. In: Gerst, Dominik/Klessmann, Maria/Krämer, Hans (Hrsg.): Grenzforschung. Handbuch für Wissenschaft und Studium. Baden-Baden: Nomos, 436–456.
Foucault, Michel (1993): Überwachen und Strafen. Die Geburt des Gefängnisses. Frankfurt a.M.: Suhrkamp.
Foucault, Michel (2004): Geschichte der Gouvernementalität I. Sicherheit, Territorium, Bevölkerung. Vorlesung am Collège de France 1977/1978. Frankfurt a.M.: Suhrkamp.
Geiger, Martin (2019): Grenze und Flucht. State-of-Research Papier 05. flucht-forschung-transfer. de/wp-content/uploads/2017/05/SoR-05-Grenze-und-Flucht.pdf, 18.05.2021.
Hess, Sabine/Kasparek, Bernd (Hrsg.) (2010): Grenzregime. Diskurse, Praktiken, Institutionen in Europa. Berlin: Assoziation A.
Hess, Sabine/Schmidt-Sembdner, Matthias (2021): Grenze als Konfliktzone – Perspektiven der Grenzregimeforschung. In: Gerst, Dominik/Klessmann, Maria/Krämer, Hans (Hrsg.): Grenzforschung. Handbuch für Wissenschaft und Studium. Baden-Baden: Nomos, 190–205.
Kolossov, Vladimir/Scott, James (2013): Selected conceptual issues in border studies. In: Belgeo 2013/1, 41 Absätze.
Lebuhn, Henrik (2013): Local border practices and urban citizenship in Europe. In: City 17 (1), 37–51.
Lindemann, G. (2021): Gesellschaftliche Grenzregime der Moderne: das anthropologische Quadrat. In: Gerst, Dominik/Klessmann, Maria/Krämer, Hans (Hrsg.): Grenzforschung. Handbuch für Wissenschaft und Studium. Baden-Baden: Nomos, 506–525.

Mezzadra, Sandro/Neilson, Brett (2013): Border as Method, or, the Multiplication of Labor. Durham: Duke Univ. Press.

Moulier-Boutang, Yann (2007): Europa, Autonomie der Migration, Biopolitik. In: Pieper, Marianne/Atzert, Thomas/Karakayali, Serhat/Tsianos, Vassilis (Hrsg.): Empire und die biopolitische Wende. Die internationale Diskussion im Anschluss an Hardt und Negri. Frankfurt a.M.: Campus, 169–180.

Newman, David (2003): Boundaries. In: Agnew, John/Mitchell, Katharyne/Toal, Gerard (Hrsg.): A Companion to Political Geography. Malden: Blackwell, 123–137.

Redepenning, Marc (2019): Grenzziehungen und Grenzen: ein sozialgeographischer Blick. In: Kuhn, Barbara/Winter, Ursula (Hrsg.): Grenzen. Annäherungen an einen transdisziplinären Gegenstand. Würzburg: Königshausen & Neumann, 141–168.

Rumford, Chris (2008): Introduction: Citizens and Borderwork in Europe. In: Space and Polity 12 (1), 1–12.

Rygiel, Kim (2011): Bordering solidarities: migrant activism and the politics of movement and camps at Calais. In: Citizenship Studies 15 (1), 1–19.

Scheel, Stephan (2017): Das Europäische Grenzregime und die Autonomie der Migration: migrantische Kämpfe und die Versuche ihrer Regulation und Kontrolle. In: Gruber, Bettina/Ratković, Viktorija (Hrsg.): Migration. Bildung. Frieden. Perspektiven für das Zusammenleben in der postmigrantischen Gesellschaft. Münster: Waxmann, 15–29.

Scott, James W./Sohn, Christophe (2019): Place-making and the bordering of urban space: Interpreting the emergence of new neighbourhoods in Berlin and Budapest. In: European Urban and Regional Studies 26 (3), 297–313.

Schulze Wessel, Julia (2017): Grenzfiguren: Zur politischen Theorie des Flüchtlings. Bielefeld: transcript.

Sciortino, Giuseppe (2004): Between Phantoms and Necessary Evils. Some Critical Points in the Study of Irregular Migration to Western Europe. In: IMIS-Beiträge. Migration and the Regulation of Social Integration 24, 17–43.

Transit Migration Forschungsgruppe (Hrsg. 2007): Turbulente Ränder. Neue Perspektiven auf Migration an den Grenzen Europas. Bielefeld: transcript.

Vollmer, Bastian A./Düvell, Franck (2021): Grenzen und Migration – eine dynamische Interdependenz. In: Gerst, Dominik/Klessmann, Maria/Krämer, Hans (Hrsg.): Grenzforschung.: Handbuch für Wissenschaft und Studium. Baden-Baden: Nomos, 316–330.

Weber, Florian/Wille, Christian/Caesar, Beate/Hollstegge, Julian (2020): Entwicklungslinien der Border Studies und Zugänge zu Geographien der Grenzen. In: Weber, Florian/Wille, Christian/Caesar, Beate/Hollstegge, Julian (Hrsg.): Geographien der Grenzen. Räume – Ordnungen – Verflechtungen. Wiesbaden: Springer VS, 3–22.

Weier, Sebastian/Fellner, Astrid M./Frenk, Joachim/Kazmeier, Daniel/Michely, Eva/Vatter, Christoph/Weiershausen, Romana/Wille, Christian (2018): Bordertexturen als transdisziplinärer Ansatz zur Untersuchung von Grenzen. Ein Werkstattbericht. In: Berliner Debatte Initial 29 (1), 73–83.

Wille, Christian (2021). Vom *processual shift* zum *complexity shift*: Aktuelle analytische Trends der Grenzforschung. In: Gerst, Dominik/Klessmann, Maria/Krämer, Hans (Hrsg.): Grenzforschung. Handbuch für Wissenschaft und Studium. Baden-Baden: Nomos, 106–120.

II.17
Integration

Sophie Hinger

Abstract Der Beitrag führt verschiedene Bedeutungen des Integrationsbegriffs ein und beleuchtet deren Verwendungsmöglichkeiten für die Migrations- und Fluchtforschung. Dabei wird einerseits ein assimilationstheoretisches und andererseits ein poststrukturalistisches bzw. systemtheoretisches Verständnis von Integration aufgezeigt. Vor dem Hintergrund berechtigter Kritik an der Verwendung des Konzepts in Politik und Wissenschaft wird für eine kritische Auseinandersetzung mit dem Begriff plädiert.

Schlüsselbegriffe: Teilhabe, Assimilation, Inklusion/Exklusion, Integrationspolitik

1. Einleitung

Integration ist ein umstrittener und ambivalenter Begriff, für den es keine einheitliche Definition gibt (vgl. Castles et al. 2002). In Bezug auf Zugewanderte bezeichnet Integration meist deren Teilhabe(-chancen) an den verschiedenen gesellschaftlichen Teilbereichen (SVR 2021). Dabei wird der Begriff sowohl analytisch als auch normativ verwendet, letzteres entweder als Forderung von Zugewanderten für eine gleichberechtigte Teilhabe oder als Forderung an Zugewanderte, sich zu beteiligen. Insbesondere in öffentlichen Debatten wird Integration häufig mit Assimilation gleichgesetzt, im Sinne einer einseitigen Anpassung von Zugewanderten (und deren Nachkommen) an die sogenannte Mehrheitsgesellschaft und ihre Kultur. Unter anderem wegen dieser normativen Konnotation wird der analytische Wert des Begriffs von einigen Forschenden in Frage gestellt. Im Folgenden wird zunächst das Konzept in seinen verschiedenen Bedeutungen näher beleuchtet. In einem weiteren Abschnitt werden mögliche Verwendungen des Begriffs für die Fluchtforschung skizziert. Abschließend werden die wichtigsten Kritikpunkte an der Verwendung des Begriffs als Analyseinstrument diskutiert.

2. Der Integrationsbegriff

Als soziologischer Begriff bedeutet Integration einerseits die Verbindung verschiedener gesellschaftlicher Teilbereiche zu einem Ganzen (Systemintegration) und andererseits die Eingliederung einzelner Teile oder Akteure in ein größeres Ganzes (Sozialintegration) (Esser 2001). Dabei herrscht Uneinigkeit über die Frage, *worein* genau die Sozialintegration erfolgt. Assimilationstheoretiker*innen gehen davon aus, dass es einen gesellschaftlichen Kern oder eine Mehrheitsgesellschaft gibt, in die sich Minderheiten zumindest langfristig integrieren oder assimilieren (Esser 2001; Park 1914). Andere Soziolog*innen argumentieren, dass es keine Integration in *die* Gesellschaft gebe. Systemtheoretiker*innen beispielsweise verstehen Integration bzw. Inklusion ausschließlich in Bezug auf die verschiedenen gesellschaftlichen Teilsysteme, wie z. B. Bildung (→ Schule), (→) Arbeitsmarkt, Recht und Politik (vgl. Nassehi 1997).

Neben der Frage *worein* stellt sich die Frage, *wer* sich integriert. Geht man von einer Mehrheitsgesellschaft aus, so betrifft die Aufgabe der Integration Minderheiten bzw. Migrant*innen und ihre Nachkommen. In systemtheoretischer Perspektive hingegen handelt es sich bei der Integration vielmehr um „eine Problemstellung, mit der unterschiedslos alle Menschen konfrontiert sind" (Bommes 2007: 3). Erstere Perspektive legt nahe, dass Individuen entweder Teil der (Mehrheits)gesellschaft sind oder nicht, und dass somit eine vollständige Integration (oder aber Exklusion/Desintegration) möglich ist. Letztere hingegen suggeriert, dass Individuen nie vollständig (des-)integriert sind, sondern auf unterschiedliche Weise an den verschiedenen gesellschaftlichen Teilbereichen teilhaben. Je nach Auffassung, wer sich worein integriert, werden entweder vor allem die Kompetenzen, Absichten und Eigenschaften der zu integrierenden Individuen und Gruppen in den Blick genommen oder der Aufnahmekontext bzw. die Logiken und Operationsmodi der unterschiedlichen gesellschaftlichen Systeme. Dabei werden verschiedene Ebenen betrachtet – von der Mikro-Ebene (Individuen), über die Meso-Ebene (Organisationen) bis hin zur Makro-Ebene (Institutionen, Strukturen).

Bezüglich der Frage, *wie* sich Individuen und Gruppen integrieren, unterscheiden Integrationsforscher*innen verschiedene Dimensionen von Integration, z. B. soziale, kulturelle, strukturelle und identifikative (Esser 2001; Heckmann 2014). Assimilationstheoretiker*innen gehen davon aus, dass Integration durch eine einseitige Anpassung in diesen Dimensionen erfolgt. Auf der anderen Seite untersuchen Forschende Integration als wechselseitigen bzw. zweiseitigen Prozess zwischen Zugewanderten und Aufnahmekontext und betonen dabei vor allem die Bedeutung struktureller Grundlagen für Integration, wie dem Zugang zu einem sicheren Aufenthaltsstatus bzw. einer Staatsbürgerschaft sowie Barrieren beseitigende Maßnahmen (Ager/Strang 2008). Einige Autor*innen weisen vor dem Hintergrund transnationaler Perspektiven (→ Transnationalität) zudem darauf hin, dass Sozialintegration nicht nur in Bezug auf den Aufnahmekontext, sondern auch den Herkunftskontext und eventuell andere Kontexte, in die Migrant*innen eingebunden sind, konzeptionalisiert werden muss (King/Collyer 2016).

3. Verwendung des Integrationsbegriffs in der Migrations- und Fluchtforschung

Für die Migrations- und Fluchtforschung ist Integration einerseits relevant als Begriff der Politik und Praxis. Integrationspolitiken können nach Penninx und Garcés-Mascareña (2016: 19–20, eigene Übersetzung) als „Teil eines normativen politischen Prozesses" definiert werden, „in dem die Frage der Integration als Problem formuliert wird, das Problem einen normativen Rahmen erhält und konkrete politische Maßnahmen entworfen und umgesetzt werden, um ein gewünschtes Ergebnis zu erreichen". Eine Analyse von Integrationspolitiken beinhaltet dementsprechend zunächst eine Auseinandersetzung mit dem *framing*: Wer oder was wird als „Problem" identifiziert? Wer soll integriert werden? Und wer nicht? Dies impliziert auch eine Analyse von Kategorisierungen, die den Integrationspolitiken implizit oder explizit unterliegen. Wer wird beispielsweise als Geflüchtete*r kategorisiert, wie lange gilt jemand als Geflüchtete*r und was bedeutet eine solche Kategorisierung? Dabei ist vor allem interessant, wie Kategorisierungen Stereotypen (re-)produzieren und Teilhabe ermöglichen oder verwehren (Mügge/van der Haar 2016). Geflüchtete, insbesondere jene, deren Antrag auf Asyl (noch) nicht entschieden wurde, werden beispielsweise oft von Integrationsmaßnahmen ausgeschlossen.

Eine zweite Fragestellung, die sich in Bezug auf Integrationspolitiken ergibt, bezieht sich auf die Bedeutung des verwendeten Integrationskonzepts. Ist damit gemeint, dass Geflüchteten Rechte zugesprochen werden bzw. dass Barrieren für ihre Teilhabe abgebaut werden sollen, oder geht es in den Integrationspolitiken vor allem um Leistungen, die die Adressierten zu erbringen haben? Wenn Integration vor allem als Forderung an Zugewanderte formuliert wird, kann dies bedeuten, dass im Fall einer Nichterfüllung Sanktionen drohen. Collyer et al. (2020) zufolge beinhalten Integrationspolitiken fast immer auch Desintegrationsmaßnahmen: Wenn Integrationsleistungen gefordert, aber nicht erbracht werden, können Rechte entzogen oder vorenthalten werden. In anderen Fällen ist Teilhabe gar nicht erwünscht und wird nicht nur nicht gefördert, sondern gar erschwert und kriminalisiert (ebd.: 2). Desintegrationsmaßnahmen in Bezug auf Geflüchtete werden unter anderem damit legitimiert, dass die erfolgreiche Integration „wirklich schutzbedürftiger Flüchtlinge" eine konsequente Abwehr und Abschiebung vermeintlich nicht so schutzbedürftiger Geflüchteter erfordere (Hinger 2020).

Drittens kann untersucht werden, inwiefern, wie und von wem Integrationspolitiken implementiert werden, in welchen Bereichen und mit welchem Erfolg. Viele Integrationsstudien unterstreichen, dass es eine Entkopplung zwischen politischem Diskurs und Praxis bzw. zwischen rechtlichen Vorgaben und deren Umsetzung gibt (Poppelaars/Scholten 2008; Schammann 2015). Insbesondere auf eine Entkopplung zwischen nationaler und lokaler Ebene wird vielfach hingewiesen. So beschreibt beispielsweise Aumüller (2009) anhand deutscher Städte, dass Asylsuchenden auf kommunaler Ebene, entgegen einer restriktiven nationalen Politik, Zugang zu Einrichtungen und Angeboten oftmals ermöglicht wird (→ Kommunen).

Andererseits ist Integration als analytisches Konzept relevant, um die Relation zwischen Geflüchteten und Aufnahmekontext zu untersuchen, d.h. die strukturellen Voraussetzungen für eine Teilhabe von Geflüchteten und/oder wie deren Teilhabe eingefordert bzw. umgesetzt wird. Im Zentrum steht demnach die Frage, wie sich die Teilhabe bzw. die Zugänge in der Praxis gestalten. Welche Barrieren gibt es, die einer gleichberechtigten Teilhabe im Wege stehen? Welche Rolle spielt dabei der Aufenthaltsstatus, aber auch andere Marker, wie Gender, Schichtzugehörigkeit, Nationalität, Alter, etc.? Diese Fragen werden meist in Bezug auf einen bestimmten Bereich untersucht. Zusammenhänge zwischen den verschiedenen Bereichen werden zwar aufgezeigt, aber selten systematisch untersucht. Je nach Untersuchungsebene und Fragestellung rücken verschiedene Akteure in den Blick von Integrationsstudien. Neben politischen Akteuren und den Geflüchteten selbst stehen in den letzten Jahren zunehmend zivilgesellschaftliche Initiativen im Fokus von Integrationsstudien. Das Engagement von Ehrenamtlichen und eine gute Kooperation zwischen diesen und den Behörden sei von besonderer Bedeutung für eine „erfolgreiche Integration" von Geflüchteten, unterstreichen viele Expert*innen (z. B. Daphi 2017; Karakayali/Kleist 2015).

4. Kritik am Begriff

Die Art und Weise, wie der Integrationsbegriff in Politik und Öffentlichkeit, aber auch in vielen wissenschaftlichen Studien verwendet wird, wird häufig kritisiert. Die fast ausschließliche Fokussierung des Begriffs auf bestimmte Gruppen von Migrant*innen und deren Nachkommen sei Teil eines kulturalisierenden Defizitdiskurses und beruhe auf einem containerhaften Gesellschaftsverständnis, argumentieren Kritiker*innen (vgl. Nieswand/Drotbohm 2014). In der Tat werden häufig nur bestimmte Individuen und Gruppen, wie etwa als „geflüchtet", „muslimisch" oder „Romnija" markierte Personen, von Integrationspolitiken adressiert und in Integrationsstudien in den Blick genommen (vgl. Hess et al. 2009). Dabei wird den Adressierten oftmals ein Mangel an Integrationswillen oder -fähigkeit attestiert – ein Problem, das durch den Ansatz des „Förderns und Forderns" behoben werden soll. Die Adressierten werden somit als passive Objekte von Integrationsmaßnahmen konstruiert. Dass eben jene Gruppen seit jeher eine gleichberechtigte Teilhabe und einen Abbau von Barrieren wie aufenthaltsrechtlicher Prekarität und Diskriminierung fordern, wird oftmals ausgeblendet.

Vor diesem Hintergrund plädieren einige Migrationsforschende nicht nur für eine Abkehr vom vorherrschenden Integrationsparadigma, sondern für ein vollständiges Fallenlassen des Integrationsbegriffs (Castro Varela 2013; Schinkel 2018). Dieser sei zu normativ aufgeladen als Teil einer neokolonialen und rassistischen Wissensproduktion und eigne sich daher nicht für eine kritische und reflexive Migrationsforschung – zumal es zahlreiche Alternativen wie Inklusion/Exklusion, *Incorporation* und Postmigration gebe (Nieswand/Drotbohm 2014). Aus dieser Sicht taugt Integration höchstens als Objekt von Forschung – im Sinne einer Analyse des Integrationsparadigmas, wie es in der Politik oder auch Forschung wirkt. Andere Autor*innen bestätigen zwar die Notwendigkeit einer Klärung und Weiterentwicklung des Integrationsbegriffs, aber argumentieren für dessen Beibehaltung als analytisches Konzept (Penninx 2019). Anders als die Kritiker*innen sehen die Befürworter*innen der Integrationsforschung Möglichkeiten, den Integrationsbegriff von seiner politischen Konnotation – als Bringschuld der „Anderen"– zu befreien und für die Forschung nutzbar zu machen. Dafür sei es wichtig, nicht auf einen organischen Gesellschaftsbegriff und ein essentialisierendes Kulturverständnis zu rekurrieren. Wie bereits erwähnt bieten beispielsweise systemtheoretische Ansätze hier einen Ausweg, da sie Integration nicht als Zugehörigkeit zu und Teilhabe an einer Mehrheitsgesellschaft fassen, sondern als Teilhabe aller an den verschiedenen gesellschaftlichen Systemen.

5. Fazit

Trotz vehementer und vielseitiger Kritik ist der Integrationsbegriff nach wie vor einer der Kernbegriffe der Migrations- und Fluchtforschung. Selbst wenn sich Migrationsforschende gegen die Verwendung des Begriffs zu analytischen Zwecken starkmachen, müssen sie sich mit ihm auseinandersetzen. Integration ist eine oder sogar die zentrale Kategorie der Migrationspolitik – und dementsprechend auch prominent in der Vergabe von Fördergeldern für die Migrationsforschung. Vor diesem Hintergrund bedarf es in erster Linie einer kritischen Auseinandersetzung mit der Verwendung des Begriffs und dessen Effekten in Politik und Forschung. Darüber hinaus erscheint es sinnvoll, diesen zentralen gesellschaftlichen Begriff nicht einfach fallenzulassen, sondern in dessen Verwendung zu intervenieren, indem aufgezeigt wird, dass Integration keine migrationsspezifische Problemstellung ist.

Literaturverzeichnis

Ager, Alastair/Strang, Alison (2008): Understanding Integration: A Conceptual Framework. In: Journal of Refugee Studies 21(2), 166–91.
Aumüller, Jutta (2009): Die Kommunale Integration von Flüchtlingen. In: Frank Gesemann/Roland Roth (Hrsg.): Lokale Integrationspolitik in der Einwanderungsgesellschaft: Migration und Integration als Herausforderung von Kommunen. Wiesbaden: VS Verlag für Sozialwissenschaften, 111–130.
Bommes, Michael (2007): Integration – Gesellschaftliches Risiko und Politisches Symbol. In: Aus Politik und Zeitgeschichte 22/23, 3–5.
Castles, Stephen/Korac, Maja/Vasta, Ellie/Vertovec, Steven (2002): Integration: Mapping the Field. Croydon: Report for the Home Office.
Castro Varela, María do Mar (2013): Ist Integration nötig? Reihe Soziale Arbeit kontrovers – Band 5. Freiburg: Lambertus-Verlag.
Collyer, Michael/Hinger, Sophie/Schweitzer, Reinhard (2020): Politics of (Dis)Integration – An Introduction. In: Dies. (Hrsg.): Politics of (Dis)Integration, IMISCOE Research Series, Cham: Springer International Publishing, 1–18.
Daphi, Priska (2017): Zur Kooperation zwischen Behörden und Zivilgesellschaft in der Unterstützung Geflüchteter. In: Forschungsjournal Soziale Bewegungen 30 (3), 34–45.
Esser, Hartmut (2001): Integration und ethnische Schichtung. Arbeitspapier MZES, Nr. 40. Mannheim: Mannheimer Zentrum für Europäische Sozialforschung.
Hinger, Sophie (2020): Integration through Disintegration? The Distinction between Deserving and Undeserving Refugees in National and Local Integration Policies in Germany. In: Collyer, Michael/Hinger, Sophie/Schweitzer, Reinhard (Hrsg.): Politics of (Dis)Integration, IMISCOE Research Series. Cham: Springer International Publishing, 19–39.
Karakayali, Serhat/Kleist, Olaf (2015): EFA-Studie Strukturen und Motive der Ehrenamtlichen Flüchtlingsarbeit (EFA) in Deutschland. Berliner Institut für empirische Integrations- und Migrationsforschung (BIM), Humboldt-Universität.
King, Russell/Collyer, Michael (2016): Migration and Development Framework and Its Links to Integration. In: Garcés-Mascareñas, Blanca/Penninx, Rinus (Hrsg.): Integration Processes and Policies in Europe: Contexts, Levels and Actors, IMISCOE Research Series. Cham: Springer International Publishing, 167–88.
Mügge, Liza/van der Haar, Marleen (2016): Who Is an Immigrant and Who Requires Integration? Categorizing in European Policies. In: Garcés-Mascareñas, Blanca/Penninx, Rinus (Hrsg.): Integration Processes and Policies in Europe: Contexts, Levels and Actors, IMISCOE Research Series. Cham: Springer International Publishing, 77–90.
Nassehi, Armin (1997): Inklusion oder Integration? Zeitdiagnostische Konsequenzen einer Theorie von Exklusions- und Desintegrationsphänomenen. In: Rehberg, K. (Hrsg.): Differenz und Integration: Die Zukunft moderner Gesellschaften. Wiesbaden: VS Verlag für Sozialwissenschaften, 619–23.
Nieswand, Boris/Drotbohm, Heike (2014): Einleitung: Die reflexive Wende in der Migrationsforschung. In: Dies. (Hrsg.): Kultur, Gesellschaft, Migration: Die reflexive Wende in der Migrationsforschung, Studien zur Migrations- und Integrationspolitik. Wiesbaden: Springer Fachmedien, 1–37.
Penninx, Rinus (2019): Problems of and Solutions for the Study of Immigrant Integration. In: Comparative Migration Studies 7 (13). https://doi.org/10.1186/s40878-019-0122-x.
Penninx, Rinus/Garcés-Mascareñas, Blanca (2016): The Concept of Integration as an Analytical Tool and as a Policy Concept. In: Garcés-Mascareñas, Blanca/Penninx, Rinus (Hrsg.): Integra-

tion Processes and Policies in Europe: Contexts, Levels and Actors, IMISCOE Research Series. Cham: Springer International Publishing, 11–29.

Poppelaars, Caelesta/Scholten, Peter (2008): Two Worlds Apart: The Divergence of National and Local Immigrant Integration Policies in the Netherlands. In: Administration & Society 40 (4), 335–57.

Schammann, Hannes (2015): Rette sich, wer kann? Flüchtlingspolitik im Föderalismus | Bpb. www.bpb.de/apuz/208005/fluechtlingspolitik-im-foederalismus?p=all, 29.12.2021.

Schinkel, Willem (2018): Against "Immigrant Integration": For an End to Neocolonial Knowledge Production. In: Comparative Migration Studies 6 (31), https://doi.org/10.1186/s40878-018-0095-1.

Sachverständigenrat für Integration und Migration (SVR) (2021): Integration. Glossar. www.svr-migration.de/glossar/, 29.12.2021.

II.18
Im-/Mobilität

Annika Lems

Abstract Dieser Beitrag beschäftigt sich mit dem „mobile turn", der die Sozialwissenschaften in den letzten zehn Jahren maßgeblich geprägt hat. In einem ersten Schritt zeichnet er Debatten nach, die klassische ortsgebundene Konzeptualisierungen von Zugehörigkeit hinterfragten. Diese führten einerseits zu einer kritischen Auseinandersetzung mit der Repräsentation von Migrant*innen als Krisenfiguren, andererseits aber auch mit der Idealisierung deterritorialisierter, nomadischer Lebensweisen, die Geflüchtete zu Widerstandsfiguren gegen etablierte nationale Normen heroisieren. In einem zweiten Schritt diskutiert der Beitrag Innovationen des „new mobilities paradigm", welche in Bezug auf die Fluchtforschung eine wichtige Rolle spielen.

Schlüsselbegriffe: Mobilität, Immobilität, new mobilities paradigm

1. Einleitung

Um die Jahrtausendwende wurden die Sozialwissenschaften von einer mobilen Wende erfasst, die auch die Konzeptualisierung von Flucht maßgeblich geprägt hat. Dieser Forschungsfokus ist als Antwort auf die gesteigerte Bedeutung von Mobilität in einer global vernetzten Welt entstanden: Indem Mobilität ins Zentrum wissenschaftlicher Fragen gerückt wird, soll den Transformationsprozessen, welche durch die Bewegungen von Menschen, Gegenständen, Ideen und Technologien ausgelöst werden, Rechnung getragen werden (Sheller/Urry 2006; Urry 2007). Dieser Beitrag zeigt auf, wie die Mobilitätsforschung Bewegung in die Fluchtforschung gebracht hat (Strasser 2001). In einem ersten Schritt wird die Begriffsgenese im Kontext des Paradigmenwechsels aufgezeigt. In einem zweiten Schritt wird diskutiert, welche Bedeutung der Mobilitätsbegriff für die Fluchtforschung hat.

2. Das Mobilitätsparadigma

In den 1990er Jahren gab es – ausgelöst durch die Arbeiten von Forscher*innen, die sich mit den mobilen Lebenswelten von Geflüchteten beschäftigten (Malkki 1992) – eine Debatte über den Einfluss von Ideen der Sesshaftigkeit auf die Konzeptualisierung von Identitätsprozessen. Aufbauend auf diese Kritik schlagen Vertreter*innen des neuen Mobilitätsparadigmas vor, dass eine verstärkte Auseinandersetzung mit den physischen und imaginären Bewegungen von Menschen dringend nötig ist (Sheller/Urry 2006: 208). Sie problematisieren den Einfluss von Theorien, die Sesshaftigkeit und Stabilität als Norm behandeln und Wandel, Instabilität und Migration als abnormal. Das Sesshaftigkeitsparadigma (*sedentarist paradigm*), von dem sich Mobilitätsforscher*innen wegbewegen wollen, geht von in sich geschlossenen, „authentischen" Orten, Regionen oder Nationen als die fundamentale Basis menschlicher Identitäten aus (Creswell 2002: 12–15). Vertreter*innen des neuen Mobilitätsparadigmas betrachten ihre Arbeit als Teil eines größeren theoretischen Projekts, das versuchen möchte, soziale und kulturelle Prozesse jenseits von Ideen des territorialen Nationalismus zu verstehen. Zugleich stehen sie jedoch auch früheren Mobilitätsdiskursen kritisch gegenüber, welche Hypermobilität und Heimatlosigkeit als Grundpfeiler einer „flüchtigen Moderne" (Bauman 2003) formulierten und Geflüchtete als paradigmatisch für ein Zeitalter des Nomadismus heroisierten (Deleuze/Guattari 1986).

Die Mobilitätsforschung teilt zwar den Anspruch sich vom Sesshaftigkeitsparadigma wegzubewegen, steht dem heroisierenden Bild von Mobilität jedoch kritisch gegenüber. Die Idealisierung von Bewegung als Befreiungsinstrument blendet aus, dass Mobilität nicht gerecht verteilt ist und dass die Moderne für manche Menschen zwar mit Geschwindigkeit und Fortschritt verbunden sein mag, für viele jedoch auch mit Stillstand und einem Gefühl der Ausgeschlossenheit oder Langeweile (Adey 2006; Easthope 2009; O'Neill 2014). Zudem hat die Fluchtforschung aufgezeigt, dass Menschen, deren Lebenswelten von erzwungener Mobilität und Gewalt geprägt sind, Immobilität oft nicht als Hindernis für ein erfülltes Leben betrachten, sondern als erstrebenswertes Ziel (Lems 2018).

Das neue am neuen Mobilitätsparadigma ist also nicht die Thematisierung von mobilen Subjektivitäten per se, sondern der multidimensionale Zugang, welcher es erlaubt, den Einfluss von Diskursen und Praktiken der Mobilität aus verschiedenen Perspektiven gleichzeitig zu erforschen (Salazar et al. 2017). Der Mobilitätsbegriff inkludiert eine große Bandbreite an Mobilitätsformen – von physischen Bewegungsarten wie Migration, Tourismus, Flucht oder Reisen, zu metaphorischen Formen der Fortbewegung wie soziale oder imaginierte Mobilität. Diese oft sehr unterschiedlichen Mobilitätsformen werden nicht als isolierte Einheiten betrachtet, sondern in ihrem Zusammenspiel.

3. Mobilität und Fluchtforschung

In den letzten 20 Jahren haben die Mobilitätsforschung und der Mobilitätsbegriff einen regelrechten Boom erlebt. Die Fluchtforschung war mit ihrer Euphorie über den Mobilitätsbegriff jedoch zurückhaltender. Dies mag überraschend anmuten, da das Phänomen Flucht viele überlappende Formen der Mobilität beinhaltet, welche auch von Mobilitätsforscher*innen thematisiert werden (Gill/Mason 2011: 301). Trotz der offensichtlichen Überschneidungen zwischen der Flucht- und Mobilitätsforschung dauerte es jedoch gut ein Jahrzehnt, bis die beiden Forschungsfelder anfingen miteinander zu interagieren. Diese Zurückhaltung hing vermutlich mit dem einseitigen Fokus zusammen, den das neue Mobilitätsparadigma in seiner Anfangszeit prägte. Der Schwerpunkt lag vor allem auf privilegierten Formen der Fortbewegung im nordamerikanischen und europäischen Kontext (Kesselring et al. 2007; Urry 2007). Forscher*innen, die sich mit Flucht beschäftigten, wehrten sich dagegen, die oft von Gewalt, Ausbeutung und Trauma geprägten Mobilitätserfahrungen von Geflüchteten mit den Bewegungen von Tourist*innen, Expats oder hochqualifizierten Arbeitskräften gleichzusetzen.

Die verstärkte kritische Auseinandersetzung innerhalb der Mobilitätsforschung mit dem geografischen Bias der Anfangsjahre hat jedoch auch das Verhältnis von Fluchtforscher*innen zum Mobilitätsbegriff geändert (Etzold 2019). In den letzten zehn Jahren wurden Fragen der Macht und Ungleichheit ins Zentrum der Mobilitätsforschung gerückt. Dies hat die Aufmerksamkeit auf die Entstehung und Wirkkraft von Mobilitätsregimen gelenkt, die es manchen Menschen erlauben von ihrer Reise- und

Bewegungsfreiheit Gebrauch zu machen, während sie die Bewegungen anderer als problematisch, widerspenstig und gefährlich einstufen (Uteng/Creswell 2008; Glick Schiller/Salazar 2013; Tazzioli 2018). Die Fluchtforschung leistet einen wichtigen Beitrag zu diesen Debatten. Fluchtforscher*innen haben die dialektische Wechselwirkung von Mobilität und Immobilität verstärkt in den Blickwinkel gerückt (Gutekunst et al. 2016; Lems/Tošić 2019) und thematisiert, dass die scheinbar hypermobilen Lebenswelten von Geflüchteten oft von langen Phasen des Wartens, der Langeweile und Stagnation geprägt sind (Mountz 2011; Nimführ/Sesay 2019).

4. Flucht als Mobilität: ein Forschungsüberblick

Fluchtforscher*innen bedienen sich des Mobilitätsbegriffs, um die politischen und gesellschaftlichen Antworten auf Fluchtbewegungen besser zu verstehen, denn das neue Mobilitätsparadigma hat aufgezeigt, dass nicht nur Menschen mobiler geworden sind, sondern auch die Versuche staatlicher Akteur*innen, diese Bewegungsströme zu managen und kontrollieren (Gill/Mason 2011: 306). In den vergangenen Jahren haben Fluchtforscher*innen daher verstärkt die enge Verknüpfung des Asylrechts mit der Entstehung von Mobilitätsregimen in den Blick genommen (Anderson 2015; Ther 2017). Diese Arbeiten haben aufgezeigt, dass die Neoliberalisierung von europäischen Wohlfahrtsstaaten nicht nur zu einer zunehmenden Politisierung von Flucht geführt hat, sondern auch zur Klassifizierung von „mobilen Figuren" (Salazar 2017) wie Asylbewerber*innen oder *Sans Papiers* in erwünscht und unerwünscht (Crawley/Skleparis 2018). Ein Strang dieses Forschungsfeldes beschäftigt sich mit Mobilität als Werkzeug von *governance* – also damit, wie politische Akteur*innen versuchen die Mobilitätspfade von Geflüchteten zu steuern. Sie verdeutlichen die weittragenden sozio-politischen Konsequenzen des Versuchs, die Mobilität von Geflüchteten zu lenken (Tazzioli 2018), und zeichnen die Konturen einer immer mächtiger werdenden Industrie nach, welche sich um die Mobilität von Migrant*innen gebildet hat (Andersson 2014).

Der Mobilitätsbegriff hat es Fluchtforscher*innen ermöglicht, die Debatte um die Grenzziehung zwischen Migration und Flucht aus einer neuen Perspektive wieder aufzugreifen. Indem sie die komplexen und überlappenden Mobilitätserfahrungen von Geflüchteten thematisieren, können sie aufzeigen, dass Flucht kein linearer Bewegungsablauf ist, der im Herkunftsland beginnt und im Aufnahmeland endet. Geflüchtete werden oft nicht nur einmal, sondern mehrmals vertrieben, und aufgrund der verstärkten Grenzkontrollen sind ihre Fluchtbewegungen meist etappenhaft (Etzolt 2019). Sie durchlaufen Phasen der Hypermobilität, aber auch der erzwungenen Immobilität (Lubkemann 2008). Um diese überschneidenden Formen der Mobilität besser verstehen zu können, beschäftigen Forscher*innen sich derzeit intensiv mit den Migrationspfaden (*migration trajectories*) von Geflüchteten (Schapendonk 2020). Dies bedeutet, dass sie Flucht als ein nicht-lineares und dynamisches mobiles Phänomen betrachten. Indem die oft fragmentarischen Migrationsverläufe von Geflüchteten untersucht werden, möchten Forscher*innen vereinfachten Darstellungen von Flucht als eine geradlinige Reise von A nach B entgegentreten und die Verwendung bedeutender normativer Kategorien, wie Flucht und Migration, schärfen.

Fluchtforscher*innen greifen auch auf den Mobilitätsbegriff zurück, um die (→) Agency von Geflüchteten zu thematisieren. Ein Forschungsfeld, das in den letzten Jahren starken Zulauf erfahren hat, beschäftigt sich mit der Autonomie von Migrant*innen und Geflüchteten, die rigide Grenzregime (→ Grenzen) überwinden und mit ihren Bewegungen die Autorität von Mobilitätsregimen in Frage stellen und unterwandern (De Genova et al. 2017; Schapendonk 2020). So zeigen Forschungen über die Mobilitätspfade von Geflüchteten die Handlungsmacht auf, über die sie auch in scheinbar aussichtslosen Situationen verfügen. Agency wird hier jedoch nicht heroisiert, sondern in einem dialektischen Verhältnis zu den vielen Einschränkungen verstanden, denen Geflüchtete ausgesetzt sind. Viele Studien beschäftigen sich auch mit den unterschiedlichen Ausprägungen der Immobilität, denen Geflüchtete im Asylverfahren, in Institutionen (wie Asylunterkünften und (→) Camps/Lager) und durch die Eindämmung von Mobilitätspfaden ausgesetzt sind (Khosravi 2010).

5. Fazit

Dieser Beitrag hat die zunehmende Bedeutung des Mobilitätsbegriffs in der Fluchtforschung nachgezeichnet. Er hat aufgezeigt, dass die mobile Wende zeitverzögert auch in der Fluchtforschung Anklang gefunden hat. Der Blickwinkel der Mobilität hat neues Licht auf zentrale Fragestellungen und analytische Kategorien der Fluchtforschung geworfen. Er hat es Forscher*innen ermöglicht, die Konzeptualisierung von Flucht als linearen Migrationsablauf zu hinterfragen und die Verzahnung von Fluchtbewegungen mit Mobilitätsregimen stärker in den Blickwinkel zu nehmen. Trotz der zunehmenden Bedeutung des Mobilitätsbegriffs ist das Feld der Fluchtforschung nach wie vor von Zurückhaltung gegenüber der mobilen Wende gekennzeichnet. Die interdisziplinären Ausrichtungen der Mobilitäts- und Fluchtforschung und der geteilte empirische Fokus auf mobile Phänomene bieten jedoch Potenzial für einen verstärkten Austausch.

Literaturverzeichnis

Adey, Peter (2006): If Mobility is Everything Then it is Nothing: Towards a Relational Politics of (Im)mobilities. In: Mobilities 1 (1), 75–94.
Anderson, Bridget (2015): Us and Them?: The Dangerous Politics of Immigration Control. Oxford: Oxford University Press.
Andersson, Ruben (2014): Illegality, Inc: Clandestine Migration and the Business of Bordering Europe. Oakland: University of California Press.
Bauman, Zygmunt (2003): Flüchtige Moderne. Frankfurt: Suhrkamp.
Crawley, Heaven/Skleparis, Dimitris (2018): Refugees, Migrants, Neither, Both: Categorical Fetishism and the Politics of Bounding in Europe's 'Migration Crisis'. In: Journal of Ethnic and Migration Studies 44 (1), 48–64.
Cresswell, Tim (2002): Introduction: Theorizing Place. In: Verstraete, Ginette/Creswell, Tim: Mobilizing Place, Placing Mobility: The Politics of Representation in a Globalized World, Amsterdam: Brill, 11–31.
De Genova, Nicholas/Garelli, Glenda/Tazzioli, Martina (2018): Autonomy of Asylum? The Autonomy of Migration Undoing the Refugee Crisis Script. In: The South Atlantic Quarterly 117 (2), 239–265.
Deleuze, Gilles/Guattari Felix (1986): Nomadology: The War Machine. New York: Semiotext(e).
Easthope, Hazel (2009): Fixed Identities in a Mobile World? The Relationship between Mobility, Place, and Identity. In: Identities 16 (1), 61–82.

Etzold, Benjamin (2019): Auf der Flucht – (Im)Mobilisierung und (Im)Mobilität von Schutzsuchenden. Osnabrück: Institut für Migrationsforschung und interkulturelle Studien (Flucht Forschung Transfer State-of-Research Papier 4).

Gill, Nick/Caletrío, Javier/Mason, Victoria (2011): Introduction: Mobilities and Forced Migration. In: Mobilities 6 (3), 301–316.

Glick Schiller, Nina/Salazar, Noel B. (2013): Regimes of Mobility Across the Globe. In: Journal of Ethnic and Migration Studies 39 (2), 183–200.

Gutekunst, Miriam/Hackl, Andreas/Leoncini, Sabina/Schwarz, Julia Sophia/Götz, Irene (Hrsg.) (2016): Bounded Mobilities: Ethnographic Perspectives on Social Hierarchies and Global Inequalities. Bielefeld: Transcript.

Kesselring, Sven/Canzler, Weert/Kaufmann, Vincent (Hrsg.) (2008): Tracing Mobilities: Towards a Cosmopolitan Perspective. London: Ashgate.

Khosravi, Shahram (2020): 'Illegal' Traveller: An Auto-Ethnography of Borders. Basingstoke: Palgrave.

Lems, Annika (2018): Being-Here: Placemaking in a World of Movement. New York, London: Berghahn.

Lems, Annika/Tošić, Jelena (2019): Stuck in Motion? Capturing the Dialectics of Movement and Stasis in an Era of Containment. In: Journal of the Finnish Anthropological Society 44 (2), 3–19.

Lubkemann, Stephen (2008): Involuntary Immobility: On a Theoretical Invisibility in Forced Migration Studies. In: Journal of Refugee Studies 21 (4), 454–475.

Malkki, Liisa (1995): Refugees and Exile: From "Refugee Studies" to the National Order of Things. In: Annual Review of Anthropology 24 (1), 495–523.

Malkki, Liisa (1992): National Geographic: The Rooting of Peoples and the Territorialization of National Identity among Scholars and Refugees. In: Cultural Anthropology 7 (1), 24–44.

Nimführ, Sarah/Buba Sesay (2019): Lost in Limbo? Navigating (Im)mobilities and Practices of Appropriation of Non-deportable Refugees in the Mediterranean Area. In: Comparative Migration Studies 7 (1), 26.

Mountz, Alison (2011): Specters at the Port of Entry: Understanding State Mobilities through an Ontology of Exclusion. In: Mobilities 6 (3), 317–334.

O'Neill, Bruce (2014): Cast Aside: Boredom, Downward Mobility, and Homelessness in Post-Communist Bucharest. In: Cultural Anthropology 29 (9), 8–31.

Salazar, Noel (2017): Key Figures of Mobility: An Introduction. In: Social Anthropology 25 (1), 5–12.

Salazar, Noel/Elliot, Alice/Norum, Roger (Hrsg.) (2017): Methodologies of Mobility: Ethnography and Experiment. London, New York: Berghahn.

Sheller, Mimi/Urry, John (2006): The New Mobilities Paradigm. In: Environment and Planning A: Economy and Space 38 (2), 207–226.

Schapendonk, Joris (2020): Finding Ways through Eurospace: West African Movers Re-viewing Europe from the Inside. London, New York: Berghahn.

Strasser, Sabine (2001): Dynamiken der Deterritorialisierung – oder wie Bewegung in die Sozialanthropologie kam. In: Schlehe, Judith (Hrsg.): Interkulturelle Geschlechterforschung: Identitäten-Imaginationen-Repräsentationen, Frankfurt/ Main: Campus, 29–51.

Tazzioli, Martina (2018): Containment through Mobility: Migrants' Spatial Disobediences and the Reshaping of Control through the Hotspot System. In: Journal of Ethnic and Migration Studies 44 (16), 2764–2779.

Ther, Philipp (2017): Die Außenseiter: Flucht, Flüchtlinge und Integration im modernen Europa. Berlin: Suhrkamp.

Urry, John (2007): Mobilities. Cambridge: Polity Press.

Uteng, Tanu Priya/Cresswell, Tim (Hrsg.) (2008): Gendered Mobilities. London: Routledge.

II.19

Klimaflüchtlinge

Christiane Fröhlich

Abstract Immer wieder prognostizieren Studien, dass der Klimawandel Millionen von Menschen aus ihrer Heimat vertreiben werde (vgl. Rigaud et al. 2018; Clement et al. 2021). Doch die Forschung zeigt, dass die Zusammenhänge zwischen Klimawandel und menschlicher Mobilität komplex sind und sich einfachen Kausalitäten entziehen. Das bedeutet nicht, dass der Klimawandel für künftige Migrationsbewegungen irrelevant sein wird. Doch gilt es, menschliche Mobilität im Kontext des Klimawandels auf einem Kontinuum zu betrachten, das von freiwilliger bis zu erzwungener Migration reicht und Bewegungen innerhalb eines Landes sowie internationale Migration und Flucht einschließt. Auch unterscheiden sich Migrationsformen je nachdem, wie sich der Klimawandel an einem bestimmten Ort äußert (vgl. Cattaneo et al. 2019; Brzoska/Fröhlich 2016), und nicht alle Mitglieder einer Gesellschaft sind in gleicher Weise von ihm betroffen (vgl. Cundill et al. 2021).

Schlüsselbegriffe: Klimamigration, Klimaflucht, Klimawandel, Adaption, Immobilität

1. Einleitung

Dieser Beitrag beleuchtet den Begriff Klimaflüchtling und das Phänomen der Klimaflucht bzw. der Klimamigration aus theoretisch-konzeptioneller, empirischer und rechtlich-politischer Perspektive. Das Kapitel legt dar, welche Folgen des Klimawandels überhaupt mit Migration in Verbindung gebracht werden, um auf dieser Basis verschiedene Formen der Mobilität im Kontext des Klimawandels vorzustellen. Empirische Beispiele illustrieren diese hypothetischen Überlegungen. Außerdem geht der Text auf den Begriff ‚Klimaflüchtling' als mögliche rechtliche Kategorie und damit zusammenhängende politische Diskurse ein.

2. Zusammenhänge von Klimawandel und Migration/Flucht

Um mögliche Zusammenhänge zwischen Klimawandel und menschlicher Mobilität besser zu verstehen, muss in einem ersten Schritt reflektiert werden, welche Folgen die globale Erwärmung haben wird bzw. bereits hat, und mit welchen Formen der (→) Im-/Mobilität diese jeweils in Verbindung zu bringen sind. Hier lassen sich schnell eintretende Extremereignisse wie Überschwemmungen und Stürme von langsam eintretenden Ereignissen wie Dürren oder Landdegradation unterscheiden. Dieser Aspekt der Temporalität ist in Bezug auf Migration wichtig: Flucht vor einem Tsunami oder einer Überschwemmung muss schnell erfolgen (Laczko/Aghazarm 2009), während Migration in Folge einer Dürre ein eher gradueller Prozess ist. Letzteres ist zudem nur schwer von anderen Formen der Mobilität zu unterscheiden, da umweltbedingte Ursachen durch andere Faktoren überdeckt werden können (Hugo 2013). Dies spiegelt sich auch in der Selbstwahrnehmung der Migrierenden: Ein Migrant, der umzieht, weil er sich aufgrund einer Dürre und der daraus resultierenden Bodendegradation nicht mehr durch Landwirtschaft ernähren kann, wird zum Beispiel die Gründe für seine Bewegung häufig als primär ökonomisch einstufen. So entsteht das, was Castles (2002) „konzeptionelle Unschärfe" genannt hat, nämlich die Schwierigkeit zu bestimmen, welche Rolle die Umwelt bei einer bestimmten Migrationsentscheidung tatsächlich spielt.

Recht eindeutig konnte die Forschung dagegen zeigen (Cundill et al. 2021), dass menschliche Mobilität infolge des Klimawandels meist innerhalb eines Landes oder zwischen benachbarten Staaten stattfindet, da die Menschen, die vom Klimawandel besonders betroffen sind, oft nicht über die Mittel verfügen, weitere Migrationsstrecken zurückzulegen. Hier gilt für klimabedingte Migration das Gleiche wie für andere Formen menschlicher Mobilität: Armut verhindert Migration eher, während wirtschaftliche Entwicklung sie (zumindest zunächst) verstärkt (de Haas 2012). Zudem macht der Fokus auf Bewegung, den die Forschung zu menschlicher Mobilität auf das Thema legt, potenziell diejenigen unsichtbar, die aufgrund ihrer gesellschaftlichen, ökonomischen, kulturellen usw. Position und Ressourcen nicht migrieren können oder wollen, und die damit den Folgen des Klimawandels in voller Härte ausgesetzt sind (Schewel 2020). Hier spricht die Forschung von freiwilliger oder erzwungener Immobilität und im letzteren Fall von sogenannten eingeschlossenen Bevölkerungsgruppen (*trapped populations,* Zickgraf 2018; Lubkemann 2008).

In jedem Fall ist Migration nur eine von mehreren möglichen Antworten auf die Folgen des Klimawandels. Im Wesentlichen können drei Arten von Reaktionen auf Umweltstress unterschieden werden: passive Akzeptanz, aktive Anpassung an die neue Situation vor Ort (Adaption), oder eben Migration (Hugo 2013: xvi). Migration als Reaktion auf die Folgen des Klimawandels ist dabei keinesfalls immer als erzwungen oder unfreiwillig anzusehen, sondern kann auch als eine Form der aktiven Anpassung an den Klimawandel verstanden werden (Black et al. 2011). Da Migration nicht allen Menschen gleichermaßen zur Verfügung steht, ist sie in der Regel allerdings nicht die einzige Möglichkeit erfolgreicher Anpassung (Klepp/Chavez-Rodriguez 2018).

3. Formen der Klimaflucht bzw. Klimamigration

Insgesamt können vier Arten von Migration/Mobilität im Kontext des Klimawandels unterschieden werden:[1]

1) ‚Ökologisch-ökonomische Migrant:innen' migrieren, um ihren Lebensunterhalt zu sichern. Solche Bevölkerungsbewegungen sind weltweit bereits häufig, etwa innerhalb Syriens während einer anhaltenden Dürre Mitte der 2000er Jahre (Fröhlich 2016). In der Regel migrieren dabei nur einzelne Mitglieder eines Haushalts. Im Falle einer ausgeprägten Dürreperiode wie in Syrien 2005–7 können es auch ganze Familien sein, was einen Übergang in Klimakatastrophen-Flucht anzeigen kann (siehe nächste Kategorie). Ökologisch-ökonomische Migration ist meist temporär, entweder kurzfristig (saisonal, zirkulär) oder langfristig (Lebenszyklus). Die Hauptantriebskraft

---

1 Im Folgenden übersetzte und erweiterte Auszüge aus Brzoska und Fröhlich (2016).

ist das Einkommen; das Ziel ist die wirtschaftliche Diversifizierung des Lebensunterhalts für die Daheimgebliebenen, in der Regel durch Rücküberweisungen, die sogenannten *remittances*. Es ist zu erwarten, dass sich Umweltveränderungen auf solche Bevölkerungsbewegungen auswirken, allerdings nur im Zusammenhang mit einer Vielzahl anderer Faktoren, insbesondere den Auswirkungen des Klimawandels auf die Lebensgrundlagen in den potenziellen Herkunfts- und Aufnahmeregionen, und die Anpassungsfähigkeit (*adaptive capacity*) betroffener Gesellschaften. Häufig sind Investitionen für die Umsiedlung und die anfängliche Zeit der Arbeitssuche erforderlich.

2) ‚Klimakatastrophen-Flüchtlinge' sind Menschen, die gezwungen sind, ihre Heimat zu verlassen, wenn die Lebensbedingungen nicht mehr erträglich sind. Migration erfolgt dann in der Regel an den nächstgelegenen Ort, an dem die Bedingungen wieder akzeptabel sind, oft auch dorthin, wo es internationale Aufmerksamkeit und Hilfe gibt, oder an Orte, an denen die Migrant:innen Verwandte oder andere soziale Beziehungen haben. Beispiele finden sich mit fortschreitendem Klimawandel fast überall auf der Welt, wenn etwa Überschwemmungen oder Stürme Menschen kurzfristig aus ihrer Heimat vertreiben. Allein der Zyklon Amphan vertrieb 2020 insgesamt etwa 5 Millionen Menschen in Indien und Bangladesch.[2] Klimakatastrophenflüchtlinge neigen im Allgemeinen dazu, in die Regionen zurückzuwandern, die sie verlassen mussten, sobald die Bedingungen dies zulassen.

3) ‚Dauerhafte Klimaflüchtlinge' fliehen vor klimabedingten Katastrophen, die dazu führen, dass zum Beispiel die physische Umwelt verschwindet oder dauerhaft unbewohnbar wird, z. B. aufgrund des ansteigenden Meeresspiegels wie im pazifischen Raum (Campbell 2014; → Australien). Migration oder staatlich geplante Umsiedlungen sind in solchen Fällen der letzte Ausweg, da die Veränderungen so extrem sind, dass ein Verbleib an Ort und Stelle unmöglich geworden ist (Hugo 2013: xxiv). Anpassungsmaßnahmen sind oft möglich, wären aber kostspielig. Das Risiko für dauerhafte Klimaflucht ist in armen Ländern, die noch nicht in Maßnahmen zur Anpassung an den Klimawandel investieren konnten, daher besonders hoch. Dies kann auch als eine der vielen Folgen kolonialer Ausbeutung gelesen werden (Chakrabarty 2012; Ober/Sakdapolrak 2020; Randall 2016).

4) ‚Vom Klima betroffene Migrant*innen' sind jene, die von den sich ändernden Umweltbedingungen besonders betroffen sind, weil ihre mobile Lebensweise in besonderem Maße von natürlichen Ressourcen wie Land und Wasser abhängt, z. B. nomadisch lebende Hirten in Teilen Afrikas und Asiens. Beispiele finden sich etwa in Ostafrika, wo die Migration nomadisch lebender Bevölkerungsgruppen, etwa der Turkana, immer stärker als unfreiwillig einzuschätzen ist: Sie müssen aufgrund des Klimawandels bereits ihre Migrationsmuster ändern (Nabenyo 2020), und es besteht die Möglichkeit, dass sie ihre Lebensweise ganz aufgeben müssen.

4. Rechtliche und politische Diskurse über Klimaflüchtlinge

Vor dem Hintergrund der bisherigen Ausführungen wird deutlich, dass die globale Erwärmung Folgen für menschliche Mobilität hat und haben wird. Doch sie zeigen auch, dass die Zusammenhänge

---

2 Siehe https://public.wmo.int/en/media/press-release/weather-and-climate-extremes-asia-killed-thousands-displaced-milli ons-and-cost, 9.5.2022.

zwischen Klimawandel und Migration/Flucht mit einem Begriff wie ‚Klimaflüchtling' in ihrer Komplexität nur schwer abgebildet werden können. Der Begriff bedeutet im engeren Sinn: jemand, der aufgrund des anthropogenen Klimawandels gezwungen ist, seine Heimat zu verlassen, und daher schutzbedürftig und -würdig ist. 2015 ersuchte Ioane Teitiota aus Kiribati, einem Inselstaat im pazifischen Raum, in Neuseeland formal um Asyl.[3] Dies wurde jedoch vom neuseeländischen höchsten Gerichtshof abgelehnt, da er als dauerhafter Klimaflüchtling kein Flüchtling im Sinne der Genfer Flüchtlingskonvention sei. Das Völkerrecht kennt bisher keine umwelt- oder klimabezogenen Gründe für Flucht/Migration, die einen rechtlichen Schutz zur Folge hätten.

Es existieren zahlreiche Vorschläge, wie Menschen, die von den Folgen des Klimawandels betroffen sind, besser geschützt werden können. Doch ihre Umsetzung ist angesichts politischer Widerstände und rechtlicher Hürden unwahrscheinlich. Die sogenannte Nansen-Initiative verabschiedete im Jahr 2015 eine Schutzagenda, die darauf abzielt, Menschen zu schützen, die aufgrund von klimabedingten Katastrophen über Landesgrenzen hinaus vertrieben werden. Die Initiative erfuhr durchaus große Unterstützung, ebenso wie ihre Nachfolgeorganisation *Platform on Disaster Displacement*, doch greifbaren rechtlichen Schutz für Menschen, die der Klimawandel zu Flüchtlingen oder Migrant*innen gemacht hat, bietet die Schutzagenda nicht, da sie nicht rechtlich bindend ist.

Alle bisherigen Initiativen, Klimaflüchtlinge bzw. Klimamigrant*innen besser zu schützen, scheitern vor allem am fehlenden politischen Willen, was zumindest in Teilen mit der stetigen Versicherheitlichung des Klimawandels und seiner Folgen, insbesondere klimabedingter Migration, zu erklären ist. Schon in den ersten Berichten des International Panel on Climate Change (IPCC) war der Hinweis auf mögliche Millionen von Klimamigrant*innen enthalten (IPCC 1990), was immer wieder zu Befürchtungen vor allem in reichen und weniger vom Klimawandel betroffenen Staaten der Welt geführt hat und führt, dass diese Millionen sich in ihre Richtung aufmachen könnten. Im Jahr 2008 schrieben etwa die Europäische Kommission und der Hohe Vertreter der EU für die Gemeinsame Außen- und Sicherheitspolitik in einem Bericht über den Klimawandel und internationale Sicherheit, Europa müsse „auf einen wesentlich erhöhten Migrationsdruck gefasst sein" (European Commission 2008, S113/08:4).

5. Fazit

Zusammenfassend lässt sich sagen, dass der Begriff ‚Klimaflüchtling' und seine Synonyme ein verhältnismäßig neues und zunehmend relevantes Phänomen bezeichnen, das sich von freiwilliger Klimamigration bis hin zu Vertreibung und Flucht infolge der globalen Erderwärmung erstreckt. Bisher bietet der Begriff Klimaflüchtling keinen rechtlichen Schutz; gleichzeitig wird mit fortschreitendem Klimawandel immer deutlicher, dass ein neuer Schutzstandard für Menschen, die aufgrund klimabedingter Katastrophen oder Umweltveränderungen ihre Heimat verlassen (müssen), notwendig ist. Statt Unterstützung für Menschen, die aufgrund der Folgen der globalen Erderwärmung ihre Heimat verlassen (müssen), an die Frage zu knüpfen, ob der Klimawandel hauptursächlich war oder nicht –

---

3 Vgl. http://climatecasechart.com/climate-change-litigation/non-us-case/ioane-teitiota-v-the-chief-executive-of-the-ministry-of-business-innovation-and-employment/, 9.5.2022.

dies ist wie dargelegt in den meisten Fällen nur schwer eindeutig zu beantworten – bietet es sich an, die Verwundbarkeit (→ Vulnerabilität) einzelner Personengruppen in den Mittelpunkt zu stellen.

Literaturverzeichnis

Black, Richard/Bennett, Stephen R. G./Thomas, Sandy M./Beddington, John R. (2011): Climate Change: Migration as adaptation. In: Nature 478, 447.

Brzoska, Michael/Fröhlich, Christiane (2016): Climate Change, Migration and Violent Conflict: Vulnerabilities, Pathways and Adaptation Strategies. In: Migration and Development 5 (2), 190–210.

Campbell, John R. (2014): Climate-Change Migration in the Pacific. In: The Contemporary Pacific 26 (1), 1–28.

Castles, Stephen (2002): Environmental Change and Forced Migration: Making Sense of the Debate. New Issues in Refugee Research. Working Paper 70, Geneva: UNHCR. http://www.unhcr.org/research/RESEARCH/3de344fd9.pdf, 09.05.2022.

Cattaneo, Cristina/Beine, Michel Beine/Fröhlich, Christiane/Kniveton, Dominic/Martinez-Zarzoso, Inmaculada/Mastrorillo, Marina/Millock, Katrin/Piguet, Etienne/Schraven, Benjamin (2019): Human Migration in the Era of Climate Change. In: Review of Environmental Economics and Policy, Juni. https://doi.org/10.1093/reep/rez008.

Chakrabarty, Dipesh (2012): Postcolonial Studies and the Challenge of Climate Change. In: New Literary History 43 (1), 1–18.

Clement, Viviane/Rigaud, Kanta Kumari Rigaud/de Sherbinin, Alex/Jones, Bryan/Adamo, Susana/Schewe, Jacob/Sadiq, Nian/Shabahat, Elham (2021): Groundswell Part 2: Acting on Internal Climate Migration. Washington, DC: World Bank. https://openknowledge.worldbank.org/handle/10986/36248, 09.05.2022.

Cundill, Georgina/Singh, Chandni/Adger, William Neil/Safra de Campos, Ricardo/Vincent, Katharine/Tebboth, Mark/Maharjan, Amina (2021). Toward a Climate Mobilities Research Agenda: Intersectionality, Immobility, and Policy Responses. In: Global Environmental Change 69 (Juli): 102315. https://doi.org/10.1016/j.gloenvcha.2021.102315.

Europäische Kommission (2008): Klimawandel und Internationale Sicherheit. Papier des Hohen Vertreters und der Europäischen Kommission für den Europäischen Rat. Bd. S113/08. https://www.consilium.europa.eu/uedocs/cms_data/docs/pressdata/de/reports/99391.pdf, 09.05.2022.

Fröhlich, Christiane (2016): Climate Migrants as Protestors? Dispelling Misconceptions about Global Environmental Change in Pre-Revolutionary Syria. In: Contemporary Levant 1 (1), 38–50.

Haas, Hein de (2012): The Migration and Development Pendulum: A Critical View on Research and Policy. In: International Migration 50 (3), 8–25.

Hugo, Graeme (Hrsg.) (2013): Migration and climate change. An Elgar research collection 15. Northampton, MA: Edward Elgar.

IPCC, Working Group II (1990): IPCC First Assessment Report. Overview and Policymaker Summaries and 1992 IPCCC Supplement. Canada: IPCC. https://archive.ipcc.ch/publications_and_data/publications_ipcc_90_92_assessments_far.shtml, 09.05.2022.

Klepp, Silja/Chavez-Rodriguez, Libertad (Hrsg.) (2018): A critical approach to climate change adaptation: discourses, policies, and practices. Routledge advances in climate change research. London: Routledge/Taylor & Francis Group.

Laczko, Frank/Aghazarm, E. (2009): Introduction and Overview: Enhancing the Knowledge Base. In: Laczko, Frank/Aghazarm, E. (Hrsg.): Migration, Environment and Climate Change: Assessing the Evidence. Genf: Internat. Organization for Migration, 7–40.

Lubkemann, S. C. (2008): Involuntary Immobility: On a Theoretical Invisibility in Forced Migration Studies. In: Journal of Refugee Studies 21 (4), 454–75.

Nabenyo, Ekai (2020): Climate-induced involuntary migration: nomadic-pastoralists' search for elusive pastures in Kenya. In: Forced Migration Review 64, 10–11.

Ober, Kayly/Sakdapolrak, Patrick (2020): Whose Climate Change Adaptation 'Barriers'? Exploring the Coloniality of Climate Change Adaptation Policy Assemblages in Thailand and Beyond. In: Singapore Journal of Tropical Geography 41 (1), 86–104.

Randall, Alex (2016): Climate Change and Colonial History Make a Toxic Combination. New Internationalist. 18. August 2016. https://newint.org/blog/2016/08/18/climate-change-and-colonial-history, 09.05.2022.

Rigaud, Kanta Kumari/ de Sherbinin, Alex/Jones, Bryan/ Bergmann, Jonas/Clement, Viviane/Ober, Kayly/Schewe, Jacob/Adamo, Susana/McCusker, Brent/Heuser, Silke/ Midgley, Amelia (2018): Groundswell: Preparing for Internal Climate Migration. Washington, D.C: World Bank. https://doi.org/10.1596/29461.

Schewel, Kerilyn (2020): Understanding Immobility: Moving Beyond the Mobility Bias in Migration Studies. In: International Migration Review 54 (2), 328–355.

Zickgraf, Caroline (2018): Immobility. In: McLeman, Robert A./Gemenne, François (Hrsg.): Routledge handbook of environmental displacement and migration. Milton Park: Routledge, 71–84.

II.20 Religion

Alexander-Kenneth Nagel

Abstract Der Beitrag bietet einen Einblick in Debatten über Religion und religiöse Diversität im Kontext von Flucht. Dabei kommt Religion als ein Differenzmarker mit weitreichenden Auswirkungen auf das Asylverfahren und die Aufnahme von Geflüchteten in den Blick. Nach einem knappen statistischen Überblick über die religiösen Hintergründe von Geflüchteten in Deutschland werden neuere Arbeiten zur Rolle von religiösen Differenzen in Flüchtlingsunterkünften und zu Konversionen gesichtet. Ein weiterer Abschnitt thematisiert die Rolle religiöser Akteure und Motivationen im Bereich der Flüchtlingshilfe.

Schlüsselbegriffe: Religion, Christentum, Islam, Jesidentum, Flüchtlingshilfe, Flüchtlingsunterkünfte, Konversion, Kirchenasyl

1. Einleitung – „Religion" als Thema der Fluchtdebatte

Das Thema „Religion" war in der aktuellen Flucht- und Flüchtlingsforschung bislang eher randständig. Die weitgehende Ausblendung von Religion als Untersuchungsgegenstand stand in Kontrast zur Prominenz religiöser Themen in den gesellschaftspolitischen Debatten zur Zeit der sogenannten „Flüchtlingskrise" 2015 und 2016. So entdeckten einige der am stärksten säkularisierten Länder Osteuropas, wie Ungarn oder die Slowakei, ihr christlich-abendländisches Erbe als probates Abwehrargument gegen die überwiegend aus islamischen Ländern stammenden Schutzsuchenden. In Deutschland kreiste die Debatte vor allem um interreligiöse Konflikte in Flüchtlingsunterkünften und die Frage, ob Geflüchtete entlang religiöser Linien separiert werden sollten.

Die genannten Debatten deuten darauf hin, dass Religion, ähnlich wie (→) Gender, einen wichtigen Differenzmarker darstellt, der weitreichende Auswirkungen auf das Asylverfahren und die Aufnahmesituation haben kann. Dabei kommen v. a. Muslim*innen als das personifizierte Andere und somit als Objekt von Abwehr- und Sicherheitsdiskursen in den Blick. In diesem Beitrag liegt der Akzent auf dem deutschsprachigen Forschungsstand. Internationale Debatten werden zur Kontrastierung und Kontextualisierung herangezogen. Der Beitrag konzentriert sich auf den Forschungsstand in drei Feldern: 1) Religiosität als individuelles Merkmal von Geflüchteten, 2) Religiöse Diversität im institutionellen Kontext der Aufnahme, sowie 3) die Rolle religiöser Akteure im Rahmen der Flüchtlingshilfe. Weitere Forschungsfelder, etwa die Rolle von Religionskonflikten als Fluchtursache oder die Bedeutung von Migration und Flucht in verschiedenen religiösen Traditionen sind ebenfalls relevant, können hier aber nicht vertieft werden (vgl. dazu Hollenbach 2014: 449–451).

2. Religiosität, religiöser Wandel und Integration

Erkenntnisse zur Religionszugehörigkeit und Religiosität stammen meist aus umfangreicheren Erhebungen zur Lebenssituation von Geflüchteten. Ein Beispiel dafür ist die IAB-BAMF-SOEP-Studie, eine Längsschnitt-Befragung von Personen, die zwischen 2013 und 2016 einen Asylantrag in Deutschland gestellt haben (Siegert 2020). Darin wird deutlich, dass sich die Mehrheit (71 %) der Befragten als Muslim*innen bezeichnet, im Unterschied zu einer Minderheit von (überwiegend orthodoxen) Christ*innen (17 %) und Angehörigen anderer Religionen oder Konfessionslosen (jeweils ca. 6 %). Diese Beobachtung zum religiösen Profil der jüngeren Fluchtzuwanderung lässt sich durch Angaben des Bundesamtes für Migration und Flüchtlinge untermauern (vgl. Abbildung II.20.1).

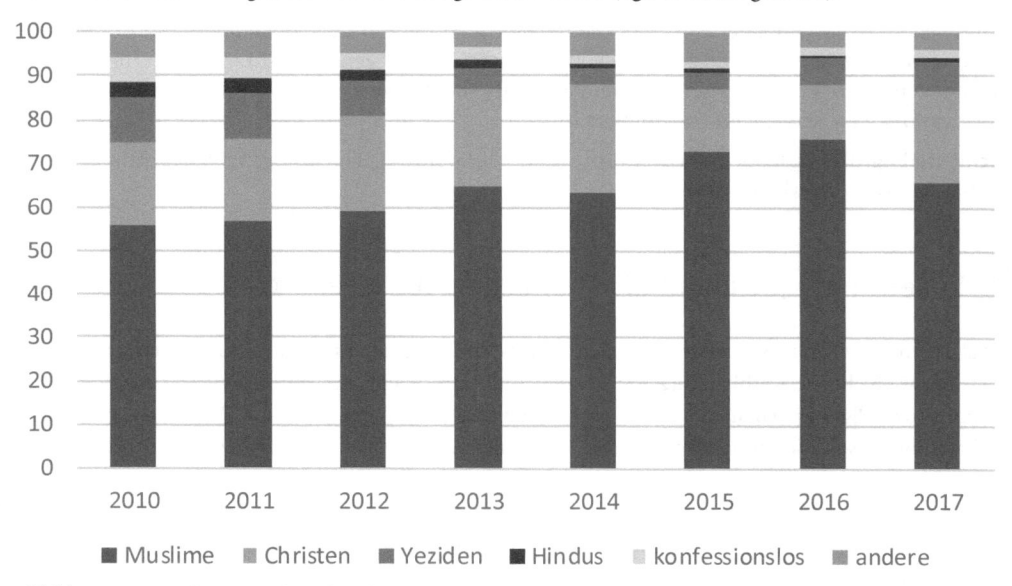

Abbildung II.20.1: Religionszugehörigkeit der Asylerstantragsteller in %
Quelle: Eigene Darstellung nach Tätigkeitsberichten des BAMF 2010–2017

Es wird deutlich, dass im gesamten Zeitraum mehr Muslim*innen als Christ*innen einen Antrag auf Asyl gestellt haben (im Jahr 2015 waren beinahe drei von vier Asylsuchenden Muslim*innen). Der hohe Anteil von Muslim*innen spiegelt die Hintergründe der jüngeren Fluchtzuwanderung im Kontext des Arabischen Frühlings und der dadurch ausgelösten politischen Dynamiken wider, insbesondere die hohen Zahlen von Schutzsuchenden aus Syrien, Afghanistan, Pakistan, Irak und Iran. Der wachsende Anteil nichtchristlicher Asylbewerber*innen stellt das an vielen Stellen christlich geprägte Aufnahmesystem in Deutschland vor Herausforderungen.

Wichtiger als die abstrakte Religionszugehörigkeit der Geflüchteten ist die *Rolle religiöser Anbindungen und Prägungen für ihr Alltagsleben*. Die SOEP-Daten lassen mit Blick auf die religiöse Selbsteinschätzung und die religiöse Praxis den Schluss zu, dass die befragten Christ*innen im Durchschnitt religiöser sind als Muslim*innen (Siegert 2020: 7 ff.). Dieses Ergebnis deckt sich mit Beobachtungen einer früheren Studie des BAMF zu Christ*innen und Jesid*innen (Worbs et al. 2016: 209 ff.). Eine Erklärung könnte darin liegen, dass beide Gruppen nach religiösen Einschränkungen in den Herkunftsländern in Deutschland umfassender von ihrer Religionsfreiheit Gebrauch machen.

Die unterschiedliche Ausprägung von Religiosität und religiöser Praxis fordert die verbreitete Annahme heraus, dass Erfahrungen von Migration und Flucht prinzipiell mit einer Intensivierung religiöser Orientierungen einhergehen. So haben Andrea Lauser und Cordula Weißköppel (2008) auf Religion als eine Ressource zur Selbstpositionierung hingewiesen. Demnach lässt sich die Stärkung religiöser Orientierungen als Antwort auf die „Erfahrung ökonomischer und sozialer Ausgrenzung" in den Aufnahmeländern verstehen (S. 9). In einer explorativen Arbeit zur Religiosität von geflüchteten Jugendlichen kommt Manfred Pirner (2017) zu dem Schluss, dass Religion zwar für viele Jugendliche einen wichtigen „Identitätsanker" darstelle, zugleich aber „die unterstützende Rolle der religiösen Gemeinschaft deutlich hinter dem Erwartbaren zurück" geblieben wäre (S. 173). Auch wenn die Erklärung religiöser Intensivierung im Migrationskontext naheliegt, könnte doch eine funktionalistische Lesart (Religion als Antwort auf Desorientierung und soziale Widrigkeiten) zu kurz greifen. Dafür sprechen die genannten statistischen Befunde zur Religiosität, die deutliche Unterschiede zwischen ehemaligen religiösen Minderheiten und Mehrheiten erkennen lassen. Sie werden ergänzt durch ethnographische Beobachtungen, in denen Religion als eines der Felder individueller Aushandlungsprozesse einer neuen gesellschaftlichen Position beschrieben wird, was die Möglichkeit einer Abwendung von religiösen Normen und Praktiken einschließt (Höhne/Scharrer 2021).

3. Religion im Kontext von Aufnahme und Asylverfahren

Der deutschsprachige Forschungsstand zu Religion im Kontext von Aufnahme und Asylverfahren bezieht sich v. a. auf die Fragen nach Religion bzw. religiöser Diversität in Flüchtlingsunterkünften sowie auf Taufbegehren und Konversion.

Aus sozialanthropologischer Perspektive hat sich Natalie Powroznik mit *Religion in Flüchtlingsunterkünften* auseinandergesetzt (Powroznik 2020). Am Beispiel von religiösen Feierlichkeiten und alltäglichen religiösen Zuschreibungen zeigt sie, dass religiöse Grenzen in den Unterkünften nur eine unter mehreren relevanten sozialen Differenzdimensionen darstellen und situativ gezogen bzw. überschritten werden. An dieser Grenzarbeit sind Bewohner*innen und Sozialarbeiter*innen gleichermaßen beteiligt. Zu ähnlichen Ergebnissen kommen Alexander Nagel und Veronika Rückamp (2019), die anhand von Interviews mit Mitarbeiter*innen in Flüchtlingsunterkünften untersucht haben, wie religiöse Bedürfnisse thematisiert und organisiert werden. Es zeigte sich, dass die religiöse Pluralisierung innerhalb der Unterkünfte mit einem restriktiven Verständnis religiöser Neutralität einherging. Dies gilt sowohl für öffentliche und sichtbare Formen der Religionsausübung als auch für eine skeptische Haltung gegenüber muslimischen Unterstützungsangeboten (S. 13 ff.). Die Skepsis gegenüber Muslim*innen speist sich aus einer ausgeprägten Verunsicherung der Mitarbeitenden, die sich zum einen auf Gefährdungsdiskurse von Islamismus und Radikalisierung zurückführen lässt, und zum anderen auf einen Mangel an Religionskompetenz.

Ein umstrittenes Thema bleiben *interreligiöse Konflikte*. Elzbieta Gozdziak und Dianna Shandy (2002) stellen in ihrer Publikation zu „Religion and spirituality in forced migration" fest, dass Religion im

Fluchtkontext häufig einseitig als Konfliktfaktor thematisiert wird (S. 130; ähnlich auch Hollenbach 2014: 449). Im deutschen Sprachraum kreisen politische Debatten v. a. um interreligiöse Konflikte in Flüchtlingsunterkünften. Während die evangelikale Plattform Open Doors in einem umstrittenen „Lagebericht" von systematischen religiös begründeten Übergriffen auf Christ*innen und Jesid*innen ausging, deutet die religionssoziologische Forschung darauf hin, dass gruppenbezogene Konflikte sich weniger an religiösen Differenzen als an rassistischen oder nationalistischen Ressentiments entzündet haben (Nagel/Rückamp 2019: 22–23).

Ein weiteres Themenfeld betrifft die Frage von *Taufbegehren und Konversion*, auf die in den bereits genannten Arbeiten immer wieder als potentielle Konfliktursache verwiesen wird. Conrad Krannich (2020) hat eine umfangreiche Studie zur Rolle der Taufe im Asylverfahren vorgelegt. Darin thematisiert er u. a. „Religion und Konversion als asylverfahrensmechanische Konventionen" und die daraus folgenden Konflikte zwischen staatlichen und kirchlichen Akteuren um die Kompetenz, die Zugehörigkeit zum Christentum festzustellen (S. 363–365). Akcapar (2019) tritt am Beispiel von Geflüchteten in Indien und der Türkei der Vermutung entgegen, dass die Konversion zum Christentum in erster Linie instrumentell motiviert sei. Stattdessen verweist sie auf die intrinsischen Beweggründe, etwa den Wunsch nach einem persönlichen Neubeginn (S. 71–72). Zugleich wird deutlich, dass religiöse Missionsbewegungen auf der ganzen Welt massiv um Geflüchtete werben. In Deutschland waren es v. a. die Zeugen Jehovas, die aktiv in und vor Flüchtlingsunterkünften missioniert haben (Nagel/Rückamp 2019: 13).

4. Religiöse Akteure in der Flüchtlingshilfe

Auch im Bereich der Flüchtlingshilfe spielen religiöse Prägungen und Anbindungen eine Rolle. Anders als in den zuvor genannten Themenfeldern steht dabei weniger die Religion der Geflüchteten im Vordergrund als das religiöse Feld der deutschen Aufnahmegesellschaft. In einer Erhebung des Sozialwissenschaftlichen Forschungsinstituts der Evangelischen Kirche in Deutschland zeichnete sich ab, dass religiös angebundene Menschen häufiger in der Flüchtlingshilfe aktiv waren als solche, die keiner Religionsgemeinschaft angehörten (Ahrens 2017: 45–46). Eine besondere Rolle spielt in diesem Zusammenhang das Kirchenasyl, also der Schutz von Menschen durch ihre Aufnahme in kirchliche Räume. Neuere juristische Beiträge monieren, dass dieser Schutzmechanismus im Rahmen der restriktiven Flüchtlingspolitik nach 2015 faktisch abgeschafft worden sei (Fruchtmann 2020).

Mit Blick auf die religiösen Hintergründe der Flüchtlingshilfe hat eine Auswertung des Bertelsmann-Religionsmonitors ergeben, dass sich Muslim*innen überproportional stark in der Flüchtlingshilfe engagiert haben: So berichteten 44 % der befragten Muslim*innen von einem Engagement für Geflüchtete, im Vergleich zu 21 % der Christ*innen und 17 % der Konfessionslosen (Nagel/El-Menouar 2017: 25). Leider bot die Erhebung keinen Aufschluss zu Art und Umfang der Flüchtlingshilfe. Auch wenn ein knappes Viertel der religiösen Flüchtlingshelfer*innen (Christ*innen und Muslim*innen gleichermaßen) ein ausgeprägtes Sendungsbewusstsein aufwiesen, fanden sich keine Hinweise auf eine problematische religiöse Indoktrinierung: Abgesehen von wenigen Ausnahmefällen überwogen pluralistische und tolerante Haltungen gegenüber anderen Religionen und Weltanschauungen (ebd., 39).

Mit Blick auf die Flüchtlingsarbeit von Moscheegemeinden betont Julia Gerlach (2018) die niedrigschwellige und zielgruppenspezifische Ansprache, aber auch die Notwendigkeit zur Professionalisierung und eine zunehmende Ernüchterung muslimischer Flüchtlingshelfer*innen (S. 83 f.). In eine ähnliche Richtung wiesen Interviews mit Moscheevorständen, die zum Teil ihre Sorge um den Ruf des Islam und, damit verbunden, ihren „Erziehungsauftrag" gegenüber den Geflüchteten hervorhoben (Nagel 2019: 300). Im internationalen Kontext verweist Hollenbach auf die lange Tradition religiöser Fürsorge im Bereich humanitärer Hilfe und sozialer Dienste. Dabei betont er v. a. die Chancen des religiösen Engagements, sofern dabei professionelle Standards der sozialen Arbeit eingehalten würden (Hollenbach 2014: 455).

Während sich die bisher genannten Arbeiten v. a. auf den deutschen Aufnahmekontext beziehen, haben Birgit Meyer und Peter van der Veer (2021) einen Sammelband vorgelegt, der den Zusammenhang von Flucht und Religion aus einer ethnographischen Perspektive auf transregionale Verflechtungen und historische Pfadabhängigkeiten hin ausleuchtet. Im Fokus stehen dabei Südostasien und Afrika als historische und gegenwärtige Herkunftsregionen sowie unterschiedliche Regime bzw. Politiken der Aufnahme. Auf einer konzeptionell-programmatischen Ebene wirbt Meyer in diesem Band für eine „Mobilisierung der Theorie" bzw. eine „Deterritorialisierung der Wissensproduktion" über Religion und Flucht in dem Sinne, dass grenzüberschreitende Prozesse analytisch, aber auch gesellschaftspolitisch als Normalfall und nicht als erklärungsbedürftige Abweichung thematisiert werden sollten (Meyer 2021: 273).

Literaturverzeichnis

Ahrens, Petra-Angela (2017): Skepsis und Zuversicht. Wie blickt Deutschland auf Flüchtlinge? Hannover: Sozialwissenschaftliches Institut der EKD.

Akcapar, Sebnem Koser (2019): Religious Conversions in Forced Migration: Comparative cases of Afghans in India and Iranians in Turkey. In: Journal of Eurasian Studies 10 (1), 61–74.

Fruchtmann, Ella (2020): Das Kirchenasyl unter Beschuss. Wie die aktuellen Änderungen den wichtigen Schutzmechanismus praktisch abschaffen. In: KJ Kritische Justiz 53 (4), 555–562.

Gerlach, Julia (2017): Hilfsbereite Partner: Muslimische Gemeinden und ihr Engagement für Geflüchtete. Gütersloh: Bertelsmann Stiftung.

Gozdziak, Elzbieta M./Shandy, Diana J. (2002): Editorial Introduction: Religion and Spirituality in Forced Migration. In: Journal of Refugee Studies 15 (2), 129–135.

Hoehne, Markus Virgil/Scharrer, Tabea (2021): Balancing Inclusion and Exclusion among Somali Migrants in Germany. In: International Migration. https://doi.org/10.1111/imig.12856

Hollenbach, David (2014): Religion and forced migration. In: Fiddian-Qasmiyeh, Elena/Loescher, Gil/Long, Katy/Sigona, Nando (Hrsg.): The Oxford Handbook of Refugee and Forced Migration Studies. Oxford: OUP, 447–459.

Krannich, Conrad (2020): Recht macht Religion: Eine Untersuchung über Taufe und Asylverfahren. Göttingen: V&R unipress.

Lauser, Andrea/Weißköppel, Cordula (2008): Einleitung: die neue Aufmerksamkeit für Religion in der Migrations- und Transnationalismusforschung. Ein Plädoyer für die ethnographische Mikro- und Kontextanalyse. In: Lauser, Andrea/Weißköppel, Cordula (Hrsg.): Migration und religiöse Dynamik. Ethnologische Religionsforschung im transnationalen Kontext. Bielefeld: Transcript, 7–32.

Meyer, Birgit/van der Veer, Peter (2021): Refugees and Religion. Ethnographic Studies of Global Trajectories. New York: Bloomsberry.

Meyer, Birgit (2021): Mobilizing Theory: Concluding Thoughts. In: Meyer, Birgit/van der Veer, Peter (Hrsg.): Refugees and Religion Ethnographic Studies of Global Trajectories. New York: Bloomsberry, 258–273.

Nagel, Alexander-Kenneth (2019): Religiöse Akteure in der Flüchtlingshilfe: Positionierung, Mobilisierung, Kooperation. In: Zeitschrift für Religion, Gesellschaft und Politik 3 (2), 283–305.

Nagel, Alexander-Kenneth/Rückamp, Veronika (2019): Religiöse Diversität und Praxis in Flüchtlingsunterkünften. In: Zeitschrift für Religion, Gesellschaft und Politik 3 (1), 7–27.

Nagel, Alexander Kenneth/El-Menouar, Yasemin (2017): Engagement für Geflüchtete, eine Sache des Glaubens? Die Rolle der Religion für die Flüchtlingshilfe. Gütersloh: Verlag Bertelsmann Stiftung.

Pirner, Manfred L. (2017): Religion als Ressource und Risiko. Die Religiosität von geflüchteten Jugendlichen in Deutschland – empirische Einblicke. In: Theo-Web 16 (2), 153–180.

Powroznik, Natalie (2020): Religion in Flüchtlingsunterkünften: Sozialanthropologische Perspektiven. Bielefeld: Transcript.

Siegert, Manuel (2020): Die Religionszugehörigkeit, religiöse Praxis und soziale Einbindung von Geflüchteten. (BAMF Kurzanalyse, 2-2020). Nürnberg: Bundesamt für Migration und Flüchtlinge (BAMF) Forschungszentrum Migration, Integration und Asyl (FZ).

Worbs, Susanne/Bund, Eva/Böhm, Axel (2016): Asyl – und dann? Die Lebenssituation von Asylberechtigten und anerkannten Flüchtlingen in Deutschland: BAMF-Flüchtlingsstudie 2014. Forschungsbericht 28. Nürnberg: Bundesamt für Migration und Flüchtlinge.

II.21
Resilienz

Ulrike Krause

Abstract Resilienz stellt gemeinhin die Fähigkeit zur Widerstandskraft, Bewältigung und Anpassung nach schwerwiegenden Ereignissen dar. Mittlerweile gilt Resilienz als dynamisches Konzept, das in diversen Feldern Aufmerksamkeit erfährt – auch mit Bezug auf Flucht und Geflüchtete. Das Kapitel erläutert zunächst generelle Entwicklungen des Resilienzverständnisses, bevor es den Fokus auf Flucht legt. Hier werden humanitäre und politische Strategien zur Resilienzförderung diskutiert, die zwar Geflüchtete als Akteur*innen adressieren, aber dennoch limitiert und problembehaftet bleiben. Zudem werden Resilienzen von Geflüchteten in Aufnahmesituationen reflektiert und somit eruiert, wie Geflüchtete mit vielfältigen Praktiken ihre oft herausfordernden Lebensverhältnisse bewältigen.

Schlüsselbegriffe: Resilienz, humanitäre Strategien, Bewältigung

1. Einleitung

Auch nach der Flucht aus Gefahrensituationen, die meist mit traumatischen Erlebnissen (→ Traumatisierung) einhergehen, kann das Leben von Geflüchteten durch Herausforderungen wie anhaltende Gewalt, strukturelle Unsicherheiten und wirtschaftliche Restriktionen geprägt sein. Dies erklärt die Relevanz von Resilienz, womit die Fähigkeit zur Widerstandskraft, Bewältigung und Anpassung nach schwerwiegenden Ereignissen bezeichnet wird.

Das Kapitel führt in die wissenschaftlichen Debatten über Resilienz und Flucht ein. Der Ursprung der Resilienzdebatten lässt sich in der Psychologie finden, doch mittlerweile erhält Resilienz Aufmerksamkeit in diversen wissenschaftlichen und operativen Feldern und wird als dynamisches Konzept verstanden. Dies gilt auch in Bezug auf Flucht und die humanitären und politischen Strategien zur Resilienzförderung von Geflüchteten. Zwar tragen die Strategien zum Umgang mit Geflüchteten als handlungsfähige Akteur*innen bei, jedoch folgen sie meist neoliberalen Paradigmen. Geflüchtete nutzen auch ohne diese externen Eingriffe eigene Resilienzen, um ihre oft schwierigen Lebensverhältnisse durch diverse wirtschaftliche, soziale, politische, kulturelle und religiöse Handlungen zu bewältigen und zur Stabilisierung ihrer Lebenslage beizutragen.

2. Entwicklung des Resilienzkonzepts

Seit den 1970er-Jahren untersuchen Psycholog*innen, wie Menschen mit traumatischen Ereignissen umgehen. Mittlerweile werden vier aufeinander aufbauende Phasen der Forschung unterschieden (O'Dougherty Wright et al. 2013; Groeninck et al. 2020): Die erste Phase bringt das Konzept der

Resilienz hervor und geht insbesondere von Resilienz als innerer Stärke bzw. bestehender Charaktereigenschaft handelnder Individuen aus. Die zweite Phase wendet sich einem prozesshaften Resilienzverständnis zu und erfasst Verbindungen von Individuen mit Systemen. In der dritten Phase ist die Schaffung von Resilienz durch Interventionen zentral, während die vierte Phase multiple Ebenen verknüpft und etwa auch neurobiologische Prozesse aufnimmt. Aus den psychologischen Arbeiten sind diverse Resilienzansätze entstanden (u. a. Kent et al. 2014) und Studien widmen sich auch von Flucht betroffenen Menschen (u. a. Pieloch et al. 2016).

Darüber hinaus hat Resilienz Einzug in sozialwissenschaftliche und praktische Felder gefunden (Chandler/Coaffee 2017). Sozialwissenschaftliche Studien knüpfen an psychologische an, gehen aber über die Schwerpunktsetzung auf das Individuum hinaus, indem sie auch systemische und kollektive Widerstandsfähigkeiten eruieren, z. B. Resilienz nach Krisen und Katastrophen (Lorenz/Dittmer 2016), oder resiliente Städte (Burayidi et al. 2019). So wird Resilienz primär als dynamischer Prozess erfasst, in dem Individuen, Kollektive und/oder Systeme soziale, politische, wirtschaftliche, kulturelle u. a. Fähigkeiten zur Widerstandskraft nutzen, um mit tiefgehenden Ereignissen umzugehen. Auch vielen Resilienzstudien zu Flucht liegt ein solch weites Verständnis zugrunde (u. a. Fingerle/Wink 2020). Sie setzen sich sowohl mit der externen Resilienzförderung von Geflüchteten als auch mit deren eigenen Resilienzen auseinander.

3. Resilienzförderung von Geflüchteten

Einhergehend mit der zunehmenden politischen Aufmerksamkeit in den letzten Jahren wird Resilienz mittlerweile auch im humanitären Flüchtlingsschutz als Ansatz zur Förderung von Geflüchteten insbesondere in Aufnahmeländern im „globalen Süden" intensiv genutzt. Dies belegt etwa die Aufnahme des Ziels der Resilienzförderung im *Global Compact on Refugees* (UNHCR 2018) und die Ausrichtungen des regionalen Schutzes für syrische Geflüchtete in Nachbarstaaten (u. a. UNDP/UNHCR 2020). Die Strategien zielen darauf ab, die Widerstandskraft und Handlungsfähigkeiten von Geflüchteten und aufnehmenden Gemeinden zu unterstützen (vgl. UNHCR ExCom 2017: 3). In der Resilienzförderung werden diverse, primär wirtschaftliche und soziale Maßnahmen aufgenommen, wie Beschäftigungsmöglichkeiten, Kreditprogramme und psychosoziale Unterstützung (vgl. UNHCR 2018; UNDP/UNHCR 2020).

Der Fokus auf Resilienz deutet eine Wende an. Die Strategien scheinen sich von der Schwerpunktsetzung auf Vulnerabilitäten (→ Vulnerabilität) abzuwenden, durch die Geflüchtete vorrangig als schutz- und hilfsbedürftig dargestellt wurden, und humanitäre Maßnahmen quasi als Linderung von Leid galten. Resilienzförderung soll nun individuelle und kollektive Fähigkeiten der Geflüchteten zur Bewältigung ihrer Situationen einerseits sowie die nachhaltige Entwicklung und das Funktionieren der Strukturen der aufnehmenden Gemeinden andererseits unterstützen. Hier bestehen Überschneidungen mit dem humanitären Konzept „Self-Reliance", das seit Jahrzehnten im Flüchtlingsschutz angewandt wird (Krause/Schmidt 2020; Easton-Calabria 2015). Auch dieses zielt auf die Selbstständigkeit von Geflüchteten und die Entwicklung von Aufnahmeregionen (Meyer 2006). So scheint es verständlich, dass das Exekutivkomitee des UNHCR Resilienz und „Self-Reliance" in Verbindung behandelt (UNHCR ExCom 2017).

Jedoch reflektieren Studien zunehmend kritische Entwicklungen (u. a. Ilcan/Rygiel 2015; Fingerle/Wink 2020; Krause/Schmidt 2020; Pasha 2020). Generell bleibt das Verständnis von Resilienz in humanitären und politischen Strategien oft schwammig, was auch in anderen Politikfeldern bemängelt wird (vgl. Lorenz/Dittmer 2016: 25). Im Flüchtlingsschutz zeigen sich zudem neoliberale Tendenzen, da es bei Resilienzförderung nicht vorrangig um staatliche und humanitäre Verantwortungen *für* Geflüchtete, sondern Verantwortungen *von* Geflüchteten geht, Lösungen für Probleme zu finden (Ilcan/Rygiel 2015). Jedoch sind Probleme oft strukturell und hängen mit staatlichen und humanitären Entscheidungen zusammen (Pasha 2020). Der häufige Bezug auf wirtschaftliche Betätigungen birgt die Gefahr, Resilienz auf „Survivability" und somit Überlebensfähigkeit zu reduzieren. Schließlich steht der Darstellung von Geflüchteten als handelnde Akteur*innen entgegen, dass Vulnerabilitäten in Resilienzstrategien zentral bleiben und Resilienzmaßnahmen zur Überwindung der Hilfsbedürftigkeit beitragen sollen. Menschen sind indes resilient und vulnerabel zugleich und bemühen sich vielmehr prozesshaft um Widerstandskraft (Krause/Schmidt 2020).

4. Resilienzen von Geflüchteten

Dieses prozessuale Resilienzverständnis steht meist im Zentrum psychologischer und sozialwissenschaftlicher Studien, die sich sozialen, wirtschaftlichen, kulturellen, religiösen, politischen und anderen Handlungsstrategien von geflüchteten Menschen und somit ihren individuellen und kollektiven Resilienzen widmen. Wie die nachstehende Diskussion zeigt, erfassen Studien Widerstandskraft nicht primär im Zusammenhang mit externen Förderprojekten, sondern als dynamischen, kontextbezogenen und sozialen Prozess der Menschen. So wird nicht davon ausgegangen, dass Geflüchtete ab einem gewissen Zeitpunkt allumfassend resilient seien, sondern dass sie stets danach streben. Diese Handlungen werden in sozialwissenschaftlichen Studien häufig mit (→) Agency, also Handlungsmacht und -vermögen verbunden.

Generell reflektieren Studien sowohl unterstützende als auch hinderliche Faktoren für Resilienzen. Förderliche Faktoren sind u. a. soziale Unterstützungsnetzwerke und persönliche Eigenschaften wie Optimismus, Anpassungsfähigkeit, Durchhaltewille und Glaube; hinderliche sind etwa Diskriminierung und Sprachbarrieren (vgl. Hutchinson/Dorsett 2012).

Soziale Netzwerke stellen wichtige Komponenten zur Bewältigung von Flucht- und Aufnahmeerfahrungen dar, etwa in Form von religiösen Glaubensgemeinschaften oder auch von wirtschaftlichen Unternehmungen (Darychuk/Jackson 2015; Omata 2013). Durch offene als auch institutionalisierte Kollektive wie Freundschaften, Nachbarschaftsverbünde oder feste Geschäftsbeziehungen und Geflüchtetenselbstorganisationen unterstützen sich die Menschen trotz restriktiver Verhältnisse gegenseitig und mobilisieren gemeinsam Ressourcen. Soziale Netzwerke gehen mitunter über lokale Räume hinaus und sind transnational ausgestaltet, was etwa im Zusammenhang mit Remittances, internationalen Geldtransfers, nachgewiesen wird (Lindley 2010; Ikanda 2018).

Auch politische Handlungen, mit denen Geflüchtete Protest üben, Rechte und materielle Ressourcen einfordern, Missstände beklagen, sich eigene Repräsentanzen schaffen oder strategisch so positionieren, dass sie humanitäre Leistungen erhalten, offenbaren Formen von Widerstandsfähigkeit (Lecadet 2016; McQuaid 2016; Veronese et al. 2020). Doch Handlungen von Geflüchteten sind keinesfalls auf öffentlich wirksame Strategien begrenzt, sondern können auch vermeintliche Nichthandlungen umfassen. In der Forschung wird etwa auf bewusstes Schweigen und aktives Warten (Thomson 2013; Brun 2015) als Handlungsstrategien verwiesen, die Geflüchtete in ihren herausfordernden Umfeldern intendiert nutzen, um Probleme zu bewältigen.

Letzteres erweist sich als zentral in sogenannten Langzeitsituationen (engl. protracted refugee situations), in denen Geflüchtete jahrelang in Ungewissheit über die Zukunft leben. Glaube im Sinne von Religiosität sowie Hoffnung für die Zukunft sind wichtige Vehikel, um nach Verbesserung zu streben (Ní Raghallaigh/Gilligan 2010; Krause 2021). Auch Mobilitäten stellen Praktiken dar, mit denen Geflüchtete auf Herausforderungen reagieren und sich anpassen. Flucht aus Konfliktgebieten, Bewegungen in Aufnahmeregionen oder auch materielle Mobilitäten etwa durch Handel sind nur einige Beispiele dafür, wie Menschen Mobilitäten nutzen (Veronese et al. 2020; Krause 2021).

5. Fazit

Es lässt sich resümieren, dass Resilienz in der Fluchtforschung unterschiedlich gefasst und analysiert wird. In der psychologischen Forschung entstanden, werden mit dem Begriff Resilienz mittlerweile auch sozialwissenschaftlich die Handlungsstrategien von Geflüchteten untersucht. Zudem erfährt das Konzept zunehmend Aufmerksamkeit im humanitären Bereich. Eben diese Aufmerksamkeit wird in der sozialwissenschaftlichen Forschung jedoch kritisch betrachtet. Als neues „Buzzword" (Anderson 2015: 61–62) oder auch „Superhero" (Dunn Cavelty et al. 2015: 3) scheint Resilienz die politische Antwort auf vielfältige herausfordernde Situationen zu bieten, wobei die genaue Definition meist vage bleibt (Lorenz/Dittmer 2016: 25). Zusätzlich zur Frage, welches Verständnis von Resilienz humanitäre und politische Strategien haben, bedürfen die Wirkung dieser Förderansätze auf Geflüchtete und ihre eigenen Bewältigungshandlungen weiterführender Forschung.

Literaturverzeichnis

Anderson, Ben (2015): What Kind of Thing is Resilience? In: Politics 35 (1), 60–66.
Brun, Cathrine (2015): Active Waiting and Changing Hopes: Toward a Time Perspective on Protracted Displacement. In: Social Analysis 59 (1), 19–37.
Burayidi, Michael A./Allen, Adriana/Twigg, John/Wamsler, Christine (Hrsg.) (2019): The Routledge Handbook of Urban Resilience. London, New York: Routledge.
Chandler, David/Coaffee, Jon (Hrsg.) (2017): Routledge Handbook of International Resilience. London, New York: Routledge.
Darychuk, Anthea/Jackson, Suzanne (2015): Understanding Community Resilience Through the Accounts of Women Living in West Bank Refugee Camps. In: Affilia 30 (4), 447–460.
Dunn Cavelty, Myriam/Kaufmann, Mareile/Søby Kristensen, Kristian (2015): Resilience and (In)Security: Practices, Subjects, Temporalities. In: Security Dialogue 46 (1), 3–14.
Easton-Calabria, Evan E. (2015): From Bottom-Up to Top-Down: The 'Pre-History' of Refugee Livelihoods Assistance from 1919 to 1979. In: Journal of Refugee Studies 28 (3), 412–436.

Fingerle, Michael/Wink, Rüdiger (Hrsg.) (2020): Forced Migration and Resilience: Conceptual Issues and Empirical Results. Wiesbaden: Springer.

Groeninck, Mieke/Meurs, Patrick/Geldof, Dirk/Van Acker, Kaat/Wiewauters, Claire (2020): Resilience in Liminality: How Resilient Moves are being Negotiated by Asylum-seeking Families in the Liminal Context of Asylum Procedures. In: Journal of Refugee Studies 33 (2), 358–370.

Hutchinson, Mary/Dorsett, Pat (2012): What Does the Literature Say about Resilience in Refugee People? Implications for Practice. In: Journal of Social Inclusion 3 (2), 55–78.

Ikanda, Fred Nyongesa (2018): Somali Refugees in Kenya and Social Resilience: Resettlement Imaginings and the Longing for Minnesota. In: African Affairs 117 (469), 569–591.

Ilcan, Suzan/Rygiel, Kim (2015): "Resiliency Humanitarianism": Responsibilizing Refugees through Humanitarian Emergency Governance in the Camp. In: International Political Sociology 9 (4), 333–351.

Kent, Martha/Davis, Mary C./Reich, John W. (Hrsg.) (2014): The Resilience Handbook: Approaches to Stress and Trauma. London: Routledge.

Krause, Ulrike (2021): Difficult Life in a Refugee Camp. Violence, Gender, and Coping in Uganda. Cambridge: Cambridge University Press.

Krause, Ulrike/Schmidt, Hannah (2020): Refugees as Actors? Critical Reflections on Global Refugee Policies on Self-Reliance and Resilience. In: Journal of Refugee Studies 33 (1), 22–41.

Lecadet, Clara (2016): Refugee Politics: Self-Organized 'Government' and Protests in the Agamé Refugee Camp (2005–13). In: Journal of Refugee Studies 29 (2), 187–207.

Lindley, Anna (2010): The Early Morning Phone Call: Somali Refugees' Remittances. New York, Oxford: Berghahn.

Lorenz, Daniel F./Dittmer, Cordula (2016): Resilience in Catastrophes, Disasters and Emergencies: Socio-scientific Perspectives. In: Endreß, Martin/Maurer, Andrea (Hrsg.) Resilience in Social and Economic Spheres. New York: Springer, 25–59.

McQuaid, Katie R.V. (2016): "We Raise up the Voice of the Voiceless": Voice, Rights, and Resistance amongst Congolese Human Rights Defenders in Uganda. In: Refuge 32 (1), 50–59.

Meyer, Sarah (2006): The 'Refugee Aid and Development' Approach in Uganda: Empowerment and Self-reliance of Refugees in Practice. In: New Issues in Refugee Research, No. 131.

Ní Raghallaigh, Muireann/Gilligan, Robbie (2010): Active Survival in the Lives of Unaccompanied Minors: Coping Strategies, Resilience, and the Relevance of Religion. In: Child & Family Social Work 15 (2), 226–237.

O'Dougherty Wright, Margaret/Masten, Ann S./Narayan, Angela J. (2013): Resilience Processes in Development: Four Waves of Research on Positive Adaptation in the Context of Adversity. In: Goldstein, Sam/Brooks, Robert B. (Hrsg.) Handbook of Resilience in Children. New York: Springer, 15–37.

Omata, Naohiko (2013): 'Community Resilience or Shared Destitution?' Refugees' Internal Assistance in a Deteriorating Economic Environment. In: Community Development Journal 48 (2), 264–279.

Pasha, Suraina (2020): Developmental Humanitarianism, Resilience and (Dis)empowerment in a Syrian Refugee Camp. In: Journal of International Development 32 (2), 244–259.

Pieloch, Kerrie A./McCullough, Mary Beth/Marks, Amy K. (2016): Resilience of Children with Refugee Statuses: A Research Review. In: Canadian Psychology/Psychologie canadienne 57 (4), 330–339.

Thomson, Susan (2013): Agency as Silence and Muted Voice: The Problem-solving Networks of Unaccompanied Young Somali Refugee Women in Eastleigh, Nairobi. In: Conflict, Security & Development 13 (5), 589–609.

UNDP/UNHCR (2020): 3RP Regional Strategic Overview 2020 – 2021. https://data2.unhcr.org/en/documents/details/73116, 17.12.2021.

UNHCR (2018): The global compact on refugees. Final draft (as at 26 June 2018). https://www.unhcr.org/events/conferences/5b3295167/official-version-final-draft-global-compact-refugees.html, 17.12.2021.

UNHCR ExCom (2017): Resilience and self-reliance from a protection and solutions perspective. Geneva: UNHCR.

Veronese, Guido/Sousa, Cindy/Cavazzoni, Federica/Shoman, Hala (2020): Spatial Agency as a Source of Resistance and Resilience among Palestinian Children Living in Dheisheh Refugee Camp, Palestine. In: Health & Place 62, No. 102304.

II.22

Schleusen und Menschenschmuggel

Veronika Bilger

Abstract Der Beitrag diskutiert wesentliche Ansätze der Forschung zur Bedeutung des Begriffs des *Schleusens* bzw. dem englischen folgend: *Menschenschmuggel*. Er tut dies vor dem Hintergrund der hohen medialen Aufmerksamkeit und starken Politisierung, die den Diskurs in den letzten 20 Jahren geprägt haben. Vor allem als Reaktion auf die politische Debatte betrifft dies zunächst die Analyse der Strukturen und Organisationsformen des *Schleusens*, gefolgt von einer Einordnung der Relevanz politischer Eindämmungsstrategien und schließlich die Auseinandersetzung mit dem Spannungsfeld von Kriminalitätsbekämpfung, dem Flüchtlingsschutz bzw. der Wahrung der Grund- und Menschenrechte von Geschleusten.

Schlüsselbegriffe: Schleusen, Menschenschmuggel, Fluchthilfe, irreguläre Migration, Migrationspolitik

1. Einleitung

Seit Staaten die Kontrolle über die Mobilität entlang ihrer (→) Grenzen durchsetzen, nehmen Menschen die Hilfe Dritter in Anspruch, um diese Hindernisse zu überwinden. Das Phänomen des *Schleusens* war immer auch Gegenstand von Deutungskämpfen, die den bloßen Sachverhalt je nach politischen und historischen Kontexten als verwerflich bzw. moralisch geboten deuten. Exemplarisch sei hier auf die Forschung zur „Underground Railroad" verwiesen, einem im 19. Jahrhundert etablierten Fluchthilfenetzwerk, das Sklav*innen die Flucht aus den Südstaaten der USA ermöglichte (Foner 2016), auf die Organisation der Fluchtwege von „rassisch" und politisch Verfolgten des Nazi-Regimes, die auch die Unterstützung kommerzieller *Fluchthelfer* umfasste (Anderl/Usati 2015), oder die als „Rattenlinien" bezeichneten Fluchtrouten für Nazi-Kriegsverbrecher*innen selbst (Steinacher 2008). Während des Kalten Krieges hatte die DDR die Unterstützung bei der sogenannten Republikflucht[1] unter Strafe gestellt. Jenseits des „Eisernen Vorhangs" wurde diese allerdings weithin als Tat edler Gesinnung angesehen und sowohl die Geflüchteten als auch deren *Fluchthelfer*innen* waren in der westlichen Welt willkommen (Wolff 2019).

Mit Ende der Blockkonfrontation, dem Fortschreiten der Globalisierung, der sich schnell entwickelnden Informationstechnologie und dem Entstehen neuer Konflikte, erlebten die Staaten des Globalen Nordens einen starken Anstieg der Immigration. Gleichzeitig hatten die europäischen Länder ab Mitte der 1980er Jahre begonnen, ihre Migrationspolitiken gegenüber sogenannten Drittstaatsangehörigen[2]

---
[1] Beihilfe zum ungesetzlichen Grenzübertritt (StGB-DDR, § 213) bzw. staatsfeindlichen Menschenhandel (StGB-DDR, § 105).
[2] Jede Person, die nicht Unionsbürger im Sinne von Art. 20(1) des AEUV ist und die nicht das Gemeinschaftsrecht auf Freizügigkeit nach Art. 2(5) des Schengener Grenzkodex genießt.

sukzessive zu verschärfen, um die innereuropäische Idee des freien Personenverkehrs voranzutreiben. Die EU-Mitgliedsstaaten sahen sich mit teils stark steigenden Zahlen irregulärer Grenzübertritte und Asylgesuche konfrontiert, darunter auch von Menschen, die Asyl als die einzig verbliebene Option zu Einreise und Aufenthalt erkannten (→ Mixed Migration; Koslowski 2011). Die Furcht vor einer „Masseninvasion" durch eine von *Schleuser*innen* gesteuerte „illegale Einwanderung" dominierte die Öffentlichkeit und wurde zunehmend als Bedrohung staatlicher Souveränität betrachtet (Nadig 2002). Damit war auch die Debatte um eine genauere Abgrenzung von *Schleusen*, *Menschenhandel* und *organisierter Kriminalität* eingeleitet, die zunächst meist außerhalb der akademischen Welt stattfand. Mit der Ratifizierung der UN-Konvention gegen die grenzüberschreitende organisierte Kriminalität (UNTOC) im Jahr 2000 wurden dann *Menschenschmuggel* und *Menschenhandel* in zwei Zusatzprotokollen (Palermo Protokolle) unterschieden. *Menschenschmuggel* wird dabei als ein Geschäft verstanden, das auf einer freiwilligen Beziehung zwischen der zu schleusenden Person und ihren *Schleuser*innen* beruht, während *Menschenhandel* eine Täuschung oder Zwang voraussetzt und die Ausbeutung der beförderten Person durch die Täter*innen in den Mittelpunkt stellt.[3] *Menschenhandel* wird demnach vor allem als Menschenrechtsthema aufgefasst und als Teil des allgemeinen Strafrechts sanktioniert, während *Menschenschmuggel* mehrheitlich innerhalb der Migrationsgesetzgebung unter Strafe gestellt ist.[4] Ungeachtet dieser Unterscheidung erklärten sowohl die Vereinten Nationen als auch die Mitgliedsstaaten der EU die Bekämpfung der irregulären Migration, des Menschenhandels und des Menschenschmuggels zur Priorität im Bereich der Justiz und des Inneren.

2. *Schleusen* in der wissenschaftlichen Betrachtung

In der themenspezifischen Wissensproduktion lassen sich drei wesentliche Prozesse erkennen, die das wissenschaftliche Interesse am Gegenstand des *Schleusens* weckten. Zunächst veranlasste die Debatte zur Globalisierung und zur Internationalisierung der organisierten Kriminalität die Wissenschaft, entsprechende Phänomene und ihre politischen Antworten zu untersuchen. Als Folge der Kodifizierung wurden dann auch in der Wissenschaft *Menschenschmuggel* und *Menschenhandel* als unterschiedliche, wenn auch miteinander verknüpfte Untersuchungsgegenstände erkannt. Schließlich fand die erhöhte politische Aufmerksamkeit gegenüber der Unterstützung von irregulärer Migration (→ Irregularität) ihren Niederschlag in einer Fülle geographisch verorteter Fallstudien (vgl. Baird/van Liempt 2015: 3-4).

---

[3] Wie andere Begriffe, die einer strafrechtlichen Denklogik folgen, ist die Unterscheidung zwischen „Freiwilligkeit" und „Zwang" in der empirischen Wirklichkeit irregulärer Migrationsprozesse fließend, hat aber Konsequenzen für die Betroffenen. So sind *Geschleuste* im Gegensatz zu *Opfern von Menschenhandel* von Schutz und Unterstützungsleistungen – mit Ausnahme einer Asylprüfung – weitgehend ausgeschlossen. Die Migrationsgründe unterscheiden sich in der Realität jedoch oftmals nicht voneinander. Vor allem Flüchtende, die auf eine schnelle Abreise angewiesen sind, sehen sich oftmals in einem Entscheidungsdilemma und verlassen sich auf die Unterstützung von Schleuser*innen, da für sie keine legale Möglichkeit der Aus- oder Weiterreise bzw. ein Informationsvakuum rund um legale Migrationswege besteht.

[4] In Deutschland ist das kommerzielle bzw. wiederholte *Einschleusen von Ausländern* in § 96 und § 97 Aufenthaltsgesetz unter Strafe gestellt.

2.1 Organisationsformen und soziale Strukturen

Die Forschung konzentrierte sich zunächst auf die Frage, ob und inwieweit das *Schleusen* als profitorientiertes Geschäft (Salt/Stein 1997) aufgefasst werden kann, das von global agierenden, hierarchisch organisierten und berufskriminellen Syndikaten dominiert wird (Aronowitz 2001). Demgegenüber erkannten empirische Untersuchungen zur sozialen Organisation des *kommerziellen Schleusens* Strukturen einer transnationalen „Dienstleistungsindustrie" (Bilger et al. 2006), die sich vor dem Hintergrund der jeweiligen örtlichen Gegebenheiten, der zurückzulegenden Strecke und den zu überwindenden Hindernissen darstellt und auf dem Agieren lokaler Netzwerke mit unterschiedlichem Professionalisierungs- und Spezialisierungsgrad inklusive Strategien der Risikominimierung beruht (Neske 2007; Icduygu/Toktas 2002). Für diese Strukturen sind solidarische und soziale Vertrauensverhältnisse ebenso zentral wie transnationale Familien- und Freundschaftsverbindungen (→ Transnationalität) (Achilli 2018; Zhang 2008; Zijlstra/van Liempt 2017). Daneben fokussiert eine Fülle an politiknaher Forschung auf die empirische Dokumentation von Schleusungsprozessen entlang ausgewählter Routen, identifiziert Hauptakteure und ihre Vorgehensweisen, verbunden mit dem Ziel, direkt oder indirekt die Politikentwicklung zu unterstützen oder in den Diskurs korrigierend einzugreifen (vgl. Triandafyllidou/McAuliffe 2018; UNODC 2011).

2.2 Die politische Ökonomie

Vor dem Hintergrund einer zunehmenden (→) Externalisierung von Grenzregimen in Herkunfts- und Transitländer begann die Forschung *Schleusungsaktivitäten* auch als den Ausdruck komplexer politischer, ökonomischer und sozialer Transformationsprozesse (Baird 2016) bzw. als eine in lokale Zusammenhänge eingebettete und etablierte Praxis zu verstehen. Ausgeweitete Grenz- und Kontrollregime berühren solch etablierte Muster und können dabei die Professionalisierung von Schleusernetzwerken – entgegen der propagierten Absicht – geradezu befördern. Ein prominentes Beispiel sind die Maßnahmen entlang der historisch gewachsenen trans-saharischen Handelswege (→ Nordafrika). Aus einer zuvor tolerierten Praxis irregulärer Grenzübertritte entwickelte sich vor dem Hintergrund restriktiver Kontrollregime eine auf klandestine Personentransporte ausgerichtete Praxis (Brachet 2015). Die zunehmende Versicherheitlichung der Mobilität (Kraler et al. 2016) zieht auch eine entsprechend veränderte öffentliche Wahrnehmung auf bestimmte geographische Räume nach sich, die wiederum Hürden und Gefahren bergen, welche ohne spezifische Hilfe schlicht nicht zu überwinden sind. Innerhalb der „Migrationsindustrie" (Gammeltoft-Hansen/Sorensen 2012) bildet sich ein wachsendes Segment ausbeuterischer Praxis heraus, mit hohem Risikopotenzial für die Migrant*innen selbst (Triandafyllidou/Maroukis 2012).

2.3 Menschenrechte, Bürgerrechte und die Anti-Schleuser-Politik

Zunehmend stellte sich auch die Frage, wie sich das staatliche Interesse an der Bekämpfung der Schleuserkriminalität mit der Verpflichtung zur Wahrung der Grund- und Menschenrechte von geschleusten Migrant*innen in Einklang bringen lässt. Obwohl letztere vor dem Gesetz nicht kriminalisiert werden dürfen, gelten sie in der politischen Debatte offensichtlich doch als „Teil des Problems" (vgl. Spena 2016: 34; Khoser 2011: 268). Das berührt wiederum menschenrechtliche Prinzipien wie den Zugang zu Rechtsmitteln und zu internationalem Schutz (Crepeau 2003; Obokata 2005; van Liempt 2022). Das im relevanten UN-Protokoll spezifizierte Erfordernis eines „finanziellen oder materiellen Gewinns" bei der Beihilfe zum illegalen Grenzübertritt als Kriterium der Strafwürdigkeit wurde im EU-Rechtsrahmen[5] nicht aufgenommen. Der in der EU weit gefasste Begriff von *Menschenschmuggel* setzt all jene, die auf direkte oder indirekte Weise mit irregulären Migrant*innen in Berührung kommen, dem Risiko der Strafverfolgung aus, und zwar unabhängig davon, ob sie einen finanziellen Gewinn aus dieser Begegnung ziehen. Dies wiederum hat unmittelbare Auswirkungen auf zivilgesellschaftliches Engagement in Migrations- und Flüchtlingsfragen (Carrera et al. 2019). Daneben kann auch kommerzielles Schleusen unter bestimmten Voraussetzung aus moral-philosophischer Sicht durchaus gerechtfertigt sein, insbesondere dann, wenn es den Geschleusten dazu dient ihre Menschenrechte überhaupt erst in Anspruch nehmen zu können (Hildago 2016; Müller 2018).

Die Debatte um die Frage, ob humanitärer, zivilgesellschaftlicher Einsatz (→ Zivilgesellschaft) für Geschleuste von der Strafbarkeit ausgenommen werden muss oder nicht, führt dabei zurück an den Beginn der Diskussion, stellt die Frage nach dem Verhältnis zwischen *humanitärer Fluchthilfe* und *kriminellem Schleusertum* aufs Neue (→ Seenotrettung) und berücksichtigt diese auch in Hinblick auf ihre Kommerzialisierung.

3. Fazit

Die Unterstützung von Menschen bei der Flucht in ein anderes Land bzw. bei der Ausreise oder Einreise entgegen der jeweiligen gesetzlichen Bestimmungen ist als Phänomen dort verortet, wo territoriale (→) Grenzen festgelegt, relativ undurchlässig und durch eine Grenzbürokratie geschützt sind. *Schleusen/Menschenschmuggel* sollte dabei nicht als ein isoliertes Phänomen betrachtet, sondern als ein konstituierendes Element des irregulären Migrations- und des Fluchtgeschehens insgesamt verstanden werden. Der gegenwärtige Forschungsstand bietet eine Vielzahl von Perspektiven, Fallstudien und Beiträgen zum Verständnis und zur Einordnung von *Schleusungsprozessen* in ihren jeweiligen Kontexten. Die Zusammenführung und Weiterentwicklung einer bisher eher fragmentierten Wissenslandschaft wird es künftig erlauben, integrative Modelle und konzeptuelle Rahmen zu entwickeln, die dem Phänomen des *Schleusens* als zentralem Bereich des globalen Migrationsgeschehens besser Rechnung tragen.

---

5 Richtlinie 2002/90/EG des Rates vom 28. November 2002 zur Definition der Beihilfe zur unerlaubten Ein- und Durchreise und zum unerlaubten Aufenthalt.

Literaturverzeichnis

Achilli, Luigi (2018): The „Good" Smuggler: The Ethics and Morals of Human Smuggling among Syrians. In: The Annals of the American Academy of Political and Social Science 676 (1), 77–96.

Anderl, Gabriele/Usaty, Simon (Hrsg.) (2015): Schleppen, Schleusen, Helfen: Zwischen Rettung und Ausbeutung. Wien: Mandelbaumverlag.

Aronowitz, Alexis A. (2001): Smuggling and Trafficking in Human Beings: The Phenomenon, The Markets that Drive It and the Organisations that Promote It. In: European Journal on Criminal Policy and Research 9, 163–195.

Baird, Theodore E. (2016): Human Smuggling in the Eastern Mediterranean. Abingdon and London: Routledge.

Baird, Theodore/van Liempt, Ilse (2015): Scrutinising the double disadvantage: knowledge production in the messy field of migrant smuggling. In: Journal of Ethnic and Migration Studies 42 (3), 400–417.

Bilger, Veronika (2018): Modelling migrant smuggling: Testing descriptive types against recent findings. In: New Perspectives on Turkey 59, 33–61.

Bilger, Veronika/Hofmann, Martin/Jandl, Michael (2006): Human Smuggling as a Transnational Service Industry: Evidence From Austria. In: International Migration 44 (4), 59–93.

Brachet, Julien (2018): Manufacturing Smugglers: From Irregular to Clandestine Mobility in the Sahara. In: The Annals of the American Academy of Political and Social Science 676 (1): 16–35.

Carrera, Sergio/Mitsilegas, Valsamis/Allsopp, Jennifer/Vosyliute, Lina (2019): Policing humanitarianism: EU policies against human smuggling and their impact on civil society. Oxford, London: Hart Publishing.

Crepeau, Francois (2003): The Fight Against Migrant Smuggling: Migration Containment Over Refugee Protection. In: van Selm, Joanne/Kamanga, Khoti/Morrison, John/Nadig, Aninia/Spoljar-Vrzina, Sanja/van Willigen, Loes (Hrsg.): The Refugee Convention at Fifty: A View from Forced Migration Studies. Lanham: Lexington Book, 173–185.

Foner, Eric (2016): Gateway to Freedom: The Hidden History of the Underground Railroad. New York: WW Norton & Co.

Gammeltoft-Hansen, Thomas/Nyberg Sorensen, Ninna (Hrsg.) (2012): The Migration Industry and the Commercialization of International Migration. London: Routledge.

Hidalgo, Javier (2016): The ethics of people smuggling. In: Journal of Global Ethics 12 (3), 311–326.

Icduygu, Ahmet/Toktas, Sule (2002): How Do Smuggling and Trafficking Operate via Irregular Border Crossings in the Middle East? Evidence from Field Work in Turkey. In: International Migration 40 (6), 25–54.

Khoser, Kalid (2011): The smuggling of refugees. In: Kyle, David/Koslowski, Ray (Hrsg.): Global Human Smuggling: Comparative Perspectives. Second Edition. Baltimore, MD: The Johns Hopkins University Press, 256–272.

Koslowski, Ray (2011): Economic Globalization, Human Smuggling, and Global Governance. In: Kyle, David/Koslowski, Ray (Hrsg.): Global Human Smuggling: Comparative Perspectives. Second Edition. Baltimore, MD: The Johns Hopkins University Press, 60–86.

Kraler, Albert/Hendow, Maegen/Pastore, Ferruccio (2016): Introduction: Multiplication and Multiplicity – Transformations of Border Control. In: Journal of Borderlands Studies 31 (2), 145–149.

Müller, Julian F. (2018): The ethics of commercial human smuggling. In: European Journal of Political Theory 20 (1), 138–156.

Nadig, Aninia (2002). Human Smuggling, National Security and Refugee Protection. In: Journal of Refugee Studies 15 (1), 1–25.

Neske, Matthias (2007): Menschenschmuggel. Deutschland als Transit- und Zielland irregulärer Migration. Stuttgart: Lucius & Lucius.

Obokata, Tom (2005): Smuggling of Human Beings from a Human Rights Perspective: Obligations of Non-State and State Actors under International Human Rights Law. In: International Journal of Refugee Law 17 (2), 394–415.

Salt, John/Stein, Jeremy (1997): Migration as a Business: The Case of Trafficking. In: International Migration 35 (4), 467–494.

Spena, Alessandro (2016): Human Smuggling and irregular immigration in the EU: From complicity to exploitation? In: Carrera, Sergio/Guild, Elspeth (Hrsg.): Irregular Migration, trafficking and smuggling of human beings. Policy Dilemmas in the EU. Brüssel: CEPS, 33–40.

Steinacher, Gerald (2008): Nazis auf der Flucht. Wie Kriegsverbrecher über Italien nach Übersee entkamen. Innsbruck-Wien-Bozen: Studien Verlag.

Triandafyllidou, Anna/Maroukis, Thanos (2012): Migrant smuggling: Irregular migration from Asia and Africa to Europe. London: Palgrave.

Triandafyllidou, Anna/McAuliffe, Marie L. (Hrsg.) (2018): Migrant Smuggling Data and Research: A global review of the emerging evidence base. H. 2, Geneva: IOM.

UNODC (2011): Smuggling of Migrants: A Global Review and Annotated Bibliography of Recent Publications. Vienna: UNODC.

Van Liempt, Ilse (2021): Humanitarian Smuggling in a Time of Restricting and Criminalizing Mobility. In: Gallien, Max/Wijgand, Florian (Hrsg.): The Routledge Handbook of Smuggling. London: Routledge, 303–213.

Wolff, Frank (2019): Die Mauergesellschaft. Kalter Krieg, Menschenrechte und die deutsch-deutsche Migration 1961–1989. Berlin: Suhrkamp.

Zhang, Sheldon X. (2008): Chinese Human Smuggling Organizations: Families, Social Networks, and Cultural Imperatives. Stanford: Stanford University Press.

Zijlstra, Judith/van Liempt, Ilse (2017): Smart(phone) travelling: understanding the use of and impact of mobile technology on irregular migration journeys. In: International Journal of Migration and Border Studies 3 (2), 174–189.

II.23
Transnationalität

Ludger Pries

Abstract Das Ausmaß an Fluchtmigration steigt seit Beginn des 21. Jahrhunderts schneller als die internationalen Wanderungsbewegungen und die Weltbevölkerung insgesamt. Etwa die Hälfte aller unfreiwilligen Migration vollzieht sich über die Grenzen von Nationalstaaten hinweg und wird als internationale Fluchtmigration bezeichnet. Im Englischen wird in diesem Zusammenhang auch von *transnational forced migration* gesprochen. In den Sozialwissenschaften werden die Begriffe *Transnationalität* und *Transnationalisierung der Fluchtmigration* sowie *transnationale Fluchtmigration* in einem spezifischeren Sinne verwendet. Im Folgenden wird zunächst das Konzept von Transnationalisierung und Transnationalität erläutert, anschließend wird dies auf den Gegenstandsbereich von Fluchtmigration bezogen.

Schlüsselbegriffe: Fluchtmigration, forced migration, Transnationalität, Transnationalisierung

1. Konzept und Begriffe der Transnationalisierungsforschung

In der Perspektive der Transnationalisierungsforschung bezeichnen die Begriffe transnational, Transnationalität und Transnationalisierung allgemein soziale Beziehungen, die (1) nationalstaatliche (→) Grenzen überschreiten, aber durchaus lokal verankert sind (Raumbezug), die (2) relativ dauerhaft, also nicht nur ein vorübergehendes Ereignis sind (Zeitbezug) und die (3) in ihrer Qualität und Dichte Sozialräume auf den Ebenen von alltäglichen Lebenswelten, Organisationen und Institutionen strukturieren (Gegenstandsbezug). Dabei wird ein relationaler Raumbegriff verwendet, der soziale Beziehungen weder als durch (lokale oder nationale) „Containerräume" begrenzt noch als von territorialen Bindungen völlig losgelöst betrachtet. Hinsichtlich des Zeitbezugs werden Prozesse transnationaler Migration allgemein nicht als einmalige Entscheidungen und Ereignisse, sondern als ausgedehnte Perioden sozialer Praxis aufgefasst (Basch et al. 1994; Portes 1996; Pries 2015).

Für Europa wurden transnationale Sozialräume etwa ausgehend von Arbeitsmigration zwischen Deutschland, Großbritannien, den Niederlanden, Polen oder der Türkei untersucht. Dabei können individuelle und kollektive Erwerbs-, Haushalts- und Familienstrategien auf über viele Generationen gewachsene Mobilitätsmuster aufbauen und transnational verhandelt werden (Glorius 2007; Palenga 2014). Nicht nur die ökonomischen, auch die politischen und soziokulturellen Wirkungen dieser transnationalen Migration in Herkunftsgemeinden wurden etwa hinsichtlich des Erwerbshandelns untersucht (Pries/Sezgin 2012; Grabowska et al. 2017). Je nach Dauer und Dichte wird zwischen transnationalen Beziehungen und transnationalen Sozialräumen differenziert (Levitt/Glick Schiller 2004; Khagram/Levitt 2007; Pries 2015). Transnationale *Beziehungen* betreffen interpersonale Austauschbeziehungen und liegen schon bei regelmäßiger grenzüberschreitender Kommunikation oder Geldüberweisung vor. Transnationale Sozialräume weisen dichte und dauerhafte grenzüberschreitende (1) soziale Praktiken (Informations- und Erfahrungsaustausch, gemeinsame Treffen oder Veranstaltungen vorbereiten etc.), (2) spezifische Symbolsysteme (wie transnationale Hybrid-Sprachen und Begriffe, transnationale Rollen- und Identitätsmuster) und (3) hierauf bezogene Strukturen von Artefakten (Computer, Smartphones, Geld- und Warenströme etc.) auf (Levitt/Jaworsky 2007; Pries 2015).

2. Transnationalisierung und Fluchtmigration

Die Transnationalisierungsforschung ist für ein erweitertes Verständnis von Fluchtmigration relevant. Aufgrund von grenzüberschreitenden ökologischen Problemen, Katastrophen und Gewaltkonflikten verschwimmen die Grenzen zwischen Arbeits- und Fluchtmigration, freiwilliger und erzwungener sowie regulärer und irregulärer Migrationsprozesse (→ Mixed Migration). Um auch die etwa durch Klimawandel erzwungenen Ortswechsel von Menschen zu erfassen (→ Klimaflüchtlinge), wird auch der Begriff *forced migration* verwendet (IOM 2019: 77). Diese sind in lokale, nationale, transnationale und globale soziale Beziehungen eingewoben (Collier 2013; Etzold 2019; Pastore 2017). Die Entscheidung zur Fluchtmigration impliziert transnationale mentale Landkarten. Informationen über Fluchtrouten, Ressourcen etc. werden transnational mobilisiert. Die Frage des Ankommens und Verbleibens in einem anderen Land, einer weiteren Migration oder der späteren Rückkehr in das Herkunftsland wird in der Regel in transnationalen Beziehungen und Sozialräumen verhandelt. Im Vergleich zu anderen Formen der Migration sind gerade bei Fluchtmigrationen ambivalente Lebensorientierungen aufgrund der oft kurzfristig zu treffenden und aufgezwungenen Migrationsentscheidungen in der Regel intensiver, erstrecken sich über längere Zeiträume und haben starke transnationale Elemente (z. B. Pries/Yankelevitch 2019; Masadeh/Pries 2021). Solche transnationalen Bezüge sind auch deshalb bei Fluchtmigration besonders relevant, weil letztere oft mit lokaler Marginalisierung und erzwungener Immobilität (→ Im-/Mobilität) verbunden ist.

Je nach (angestrebter und realisierter) Zugehörigkeit zum Herkunfts- und/oder Ankunftsland kann Migration idealtypisch vier Formen annehmen: bei starker Zugehörigkeit zum Herkunftsland und schwacher zum Ankunftsland liegt der Idealtypus der (→) Diaspora-Migration vor; starke Zugehörigkeit zum Ankunftsland und schwache zum Herkunftsland kennzeichnet den Idealtypus der Emigration; Marginalisierung ist durch schwache Bindungen in Herkunfts- und Ankunftsland charakterisiert; der Idealtypus der transnationalen Migration beschreibt starke Herkunfts- und Ankunftslandbeziehungen.

3. Forschungsbefunde zu transnationaler Fluchtmigration

Fluchtmigration dauert oft viele Jahre oder erstreckt sich gar über Generationen, wie dies etwa für palästinensische Flüchtlinge oder das Leben in großen Flüchtlingscamps gilt (Inhetveen 2010; Dimitriadi 2018; Krause 2018; Bahl/Becker 2020). Nach Naturkatastrophen und kriegerischen Konflikten bleibt eine mögliche Rückkehr über lange Zeiträume ungewiss. Internationale Flüchtlinge befinden sich häufig in einer aufenthaltsrechtlich prekären Situation. Entweder haben sie keinen angemessenen Schutzstatus, wie Millionen syrischer Flüchtlinge als „geduldete Gäste" in der Türkei, oder Asylverfahren dauern jahrelang und führen zu permanenter Unsicherheit (Pries 2018; Abdelaaty 2021). Eine Befragung syrischer Schutzsuchender, die zwischen 2013 und 2016 nach Deutschland kamen, ergab eine Durchschnittsdauer der Flucht von 19 Monaten (Brücker et al. 2018). Asylverfahren sind nicht in allen Ländern zugänglich, sie dauern oft Jahre, abgelehnte Asylbewerber*innen befinden sich oft über lange Zeit in ungesichertem Aufenthalt. Deshalb ist Fluchtmigration in der Regel ein lang andauernder sozialer Prozess. Die damit verbundenen Unsicherheiten, welche längerfristige Lebensplanungen fast unmöglich machen, verstärken den transnationalen Charakter von Fluchtmigration (als Extrembeispiel der Marginalisierung von Rohingya-Flüchtlingen in Indien Ullah 2011; zur städtischen Marginalisierung von Flüchtlingen Darling 2017).

In der Forschung zu erzwungener Migration wurden die Betroffenen oft als Opfer und Objekte von organisierter Gewalt und anderen Zwangsumständen angesehen. Seit den 1990er Jahren werden Fluchtmigrant*innen zunehmend auch als Akteure und Subjekte aufgefasst, die unter restringierten Bedingungen eigenständige Entscheidungen treffen und ihre alltägliche Lebenswelt aktiv gestalten (Healy 2015; Krause/Schmidt 2018; Müller-Funk et al. 2019; Bahl/Becker 2020;→ Agency). Schon die Ursachen *zu Beginn* internationaler Fluchtmigration haben in der Regel (z. B. als regionale Katastrophen oder Kriege) einen transnationalen Charakter (zum Mittleren Osten Pries 2018; Schon 2019; → Naher Osten). Sie unterscheiden sich auch nach sozialen Gruppen (Beispiele für Differenzierung nach sozialen Klassen Van Hear 2004; nach Geschlecht Waiganjo 2018; nach ethnischer Zuschreibung Tarlan 2018; nach Alter Pace/Sen 2018). *Während* der Fluchtmigration sind transnationale soziale Netzwerke von Familien und ebenfalls Migrierenden sowie mit Schlepper- und zivilgesellschaftlichen Organisationen die Regel (Zijlstra/Van Liempt 2017; Gansbergen et al. 2016). Gerade weil Fluchtmigration unter eingeschränkten Bedingungen von Reflektion und Aushandlung stattfindet, Familienzusammenhänge häufig auseinandergerissen werden und direkte alltägliche Sozialkontakte abrupt abgebrochen werden, bleiben transnationale soziale Beziehungen in der Regel längerfristig erhalten und können sich zu stabilen transnationalen Sozialräumen entwickeln (Castles 2003; Chatty 2010). Fluchtmigrant*innen versuchen in der Regel, Geld an die in den Krisenregionen Zurückgebliebenen zu schicken (Vargas-Silva 2017).

4. Desiderata und Ausblick

Während die internationale, vor allem die angelsächsische Forschung zu Fluchtmigration sehr stark auf diese selbst und deren in der Regel transnationalen Charakter ausgerichtet ist, war Fluchtforschung in Deutschland lange Zeit auf die Phase des Ankommens und der Integration fokussiert. Selbst für eine solche Perspektive ist die Berücksichtigung der weiterhin existierenden transnationalen Beziehungen und Sozialräume von großer Bedeutung (Kleist et al. 2019; Müller-Funk et al. 2019). Es bleibt zu wünschen, dass die Fluchtforschung Fluchtmigration als komplexen und länger andauernden transnationalen Prozess analysiert und dabei den Ländern des Globalen Südens besondere Aufmerksamkeit schenkt.

Literaturverzeichnis

Abdelaaty, Lamis (2021): Refugees and Guesthood in Turkey. In: Journal of Refugee Studies 34 (3), 2827–2848.

Bahl, Eva/Becker, Johannes (Hrsg.) (2020): Global Processes of Flight and Migration. The Explanatory Power of Case Studies. Globale Flucht- und Migrationsprozesse. Die Erklärungskraft von Fallstudien. Göttingen Series in Sociological Biographical Research 4. Göttingen: Göttingen University Press.

Basch, Linda/Glick Schiller, Nina/Szanton Blanc, Cristina (1994): Nations unbound: Transnational projects and the deterritorialized nation-state. New York: Gordon and Breach.

Brücker, Herbert/Rother, Nina/Schupp, Jürgen (Hrsg.) (2018): IAB-BAMF-SOEP-Befragung von Geflüchteten 2016: Studiendesign, Feldergebnisse sowie Analysen zu schulischer wie beruflicher Qualifikation, Sprachkenntnissen sowie kognitiven Potenzialen. Forschungsbericht 30. Nürnberg: BAMF.

Castles, Stephen (2003): Towards a Sociology of Forced Migration and Social Transformation. In: Sociology (BSA) 37 (1), 13–34.

Chatty, Dawn (Hrsg.) (2010): Deterritorialized Youth. Sahrawi and Afghan Refugees at the Margins of the Middle East. New York: Berghahn.

Collier, Paul (2013): Exodus: How Migration is changing our World. Oxford (UK): Oxford University Press.

Darling, Jonathan (2017): Forced migration and the city: Irregularity, informality, and the politics of presence. In: Progress in Human Geography 41(2), 178–198.

Dimitriadi, Angeliki (2018): Irregular Afghan Migration to Europe. At the Margins, Looking In. Cham: Springer Nature/Palgrave Macmillan.

Etzold, Benjamin (2019): Auf der Flucht – (Im)Mobilisierung und (Im)Mobilität von Schutzsuchenden. Papier 04, Verbundprojekt ‚Flucht: Forschung und Transfer', Osnabrück: Institut für Migrationsforschung und Interkulturelle Studien (IMIS) der Universität Osnabrück/Bonn: Internationales Konversionszentrum Bonn (BICC).

Gansbergen, Anna/Pries, Ludger/Witkowski, Juliana (Hrsg.) (2016): Versunken im Mittelmeer? Flüchtlingsorganisationen im Mittelmeerraum und das Europäische Asylsystem. Bielefeld: transcript Verlag.

Glorius, Birgit (2007): Transnationale Perspektiven: Eine Studie zur Migration zwischen Polen und Deutschland. Bielefeld: transcript Verlag.

Grabowska, Izabela/Garapich, Michal/Jazwinska, Ewa/Radziwinowiczówna, Agnieszka (2017): Migrants as Agents of Change. Social Remittances in an Enlarged European Union. New York: Palgrave.

Healy, Claire (reporting author ICMPD) (2015): Targeting Vulnerabilities. The Impact of the Syrian War and Refugee Situation on Trafficking in Persons. A Study of Syria, Turkey, Lebanon, Jordan and Iraq. Vienna: International Centre for Migration Policy Development.

Inhetveen, Katharina (2010): Die politische Ordnung des Flüchtlingslagers. Akteure-Macht-Organisation. Eine Ethnographie im Südlichen Afrika. Bielefeld: transcript Verlag.

IOM (International Organization for Migration) (2019): Glossary on Migration. Geneva: IOM

Khagram, Sanjeev/Levitt, Peggy (Hrsg.) (2007): The transnational studies reader: intersections and innovations. London: Routledge.

Kleist, J. Olaf/Engler, Marcus/Etzold, Benjamin/Mielke, Katja/Oltmer, Jochen/Pott, Andreas/Schetter, Conrad/Wirkus, Lars (2019): Flucht- und Flüchtlingsforschung in Deutschland: Eine Bestandsaufnahme. Abschlussbericht Verbundprojekt ‚Flucht: Forschung und Transfer', Osnabrück: Institut für Migrationsforschung und Interkulturelle Studien (IMIS) der Universität Osnabrück/Bonn: Internationales Konversionszentrum Bonn (BICC).

Krause, Ulrike (2018): Gewalterfahrungen von Geflüchteten. State-of-Research Papier 03, Verbundprojekt ‚Flucht: Forschung und Transfer', Osnabrück: Institut für Migrationsforschung und Interkulturelle Studien (IMIS) der Universität Osnabrück/Bonn: Internationales Konversionszentrum Bonn (BICC).

Krause, Ulrike/ Schmidt, Hannah (2018): Vom Opfer zum Akteur? Diskurse über Resilienz von Flüchtlingen und im Flüchtlingsschutz. In: IMIS-BEITRÄGE 52, 7–32.

Levitt, Peggy/Glick Schiller, Nina (2004): Conceptualizing simultaneity: a transnational social field perspective on society. In: International Migration Review 38 (3), 1002–1039.

Levitt, Peggy/Jaworsky, Nadya (2007): Transnational Migration Studies: Past Developments and Future Trends. In: Annual Review of Sociology 33 (1), 129–156.

Masadeh, Mais/Pries, Ludger (2021): Similar History and Different Strategies of 'Arrival': Female Yazidi Survivors of the Islamic State in Germany. In: Journal of Refugee Studies 34 (4), 3888–3906..

Müller-Funk, Lea/Aldien, Osama A./Basrak, Arij/Ghabash, Weam/Hatip, Mustafa/Shamaa, Rand/Tourkmani, Mouran (2019): Researching urban forced migrants in Turkey and Lebanon: Alternative ways to study a vulnerable population in fragile political contexts. IMI Working Papers 151. Oxford: IMI.

Pace, Michelle/Sen, Somdeep (Hrsg.) (2018): Syrian Refugee Children in the Middle East and Europe. Integrating the Young and Exiled. New York: Routledge.

Palenga, Ewa (2014): Pendelmigration aus Oberschlesien. Lebensgeschichten in einer transna-tionalen Region Europas. Bielefeld: transcript Verlag.

Pastore, Ferruccio (2017): Beyond the Migration and Asylum Crisis: Options and Lessons for Europe. Rome: Aspen Institute.

Portes, Alejandro (1996): Transnational Communities: Their Emergence and Significance in the Contemporary World System. In: Smith, William C./Korzeniewicz, Roberto P. (Hrsg.): Latin America in the World Economy. Westport: Greenwood Press, 151–168.

Pries, Ludger (2015): Transnationalisierung. Theorie und Empirie neuer Vergesellschaftung. Wiesbaden: VS Verlag.

Pries, Ludger (2018): Refugees, Civil Society and the State. European Experiences and Global Challenges. Cheltenham: Edward Elgar.

Pries, Ludger/Sezgin, Zeynep (Hrsg.) (2012): Cross-Border Migrant Organisations in Comparative Perspective. Houndmills: Palgrave.

Pries, Ludger/Yankelevitch, Pablo (2019): European and Latin American Social Scientists as Refugees, Emigrés and Return-migrants. Transnational lives and travelling theories at El Colegio de México and the New School for Social Research. New York: Palgrave.

Schon, Justin (2019): Motivation and opportunity for conflict-induced migration: An analysis of Syrian migration timing. In: Journal of Peace Research 56 (1), 12–27.

Tarlan, Kemal Vural (2018): Proposal for a Regional Social Inclusion Strategy Turkey, Lebanon and Jordan. Encouraging Integration and Social Cohesion of Syrian Dom Immigrants. Gaziantep: Kirkayak.

Ullah, Akm Ahsan (2011): Rohingya Refugees to Bangladesh: Historical Exclusions and Contemporary Marginalization. In: Journal of Immigrant & Refugee Studies 9 (2), 139–161.

Van Hear, Nicholas (2004): I went as Far as My Money Would Take Me": Conflict, Forced Migration and Class. Centre on Migration, Policy and Society Working Paper 6, University of Oxford.

Vargas-Silva, Carlos (2017): Remittances Sent To and From the Forcibly Displaced. In: The Journal of Development Studies 53 (11), 1835–1848.

Waiganjo, Anthony Gathambīri (2018): Coping Mechanisms in Navigating Xenophobia-Afrophobia – Related Challenges Within the Transnational Space: Case of Somali Refugee Women in Gauteng, South Africa. In: Journal of International Migration and Integration 19 (3), 649–666.

Zijlstra, Judith/Van Liempt, Ilse (2017): Smart(phone) travelling: understanding the use and impact of mobile technology on irregular migration journeys. In: International Journal of Migration and Border Studies 3 (2/3), 174–191.

II.24
Traumatisierung

Anne-Kathrin Will

Abstract Traumatisierte Geflüchtete gelten als besonders schutzbedürftige (vulnerable) Gruppe und sollen laut EU-Aufnahmerichtlinie zusätzliche Unterstützung erhalten. Doch nicht alle Geflüchteten sind traumatisiert, auch wenn sie Schreckliches erlebt haben. Flüchtlingspolitisch ist die Unterstützung für Traumatisierte ein Erfolg, der jedoch gleichzeitig Lagerunterbringung, Sachleistungsprinzip und abgesenkte Gesundheitsversorgung als Standardsetting normalisiert. Dieser Beitrag beschreibt die Diagnose *Posttraumatische Belastungsstörung*, ihre Prävalenz und Therapie sowie die im humanitären Kontext entstandene *therapeutic governance*, die die Folgen von Gewalterfahrungen individualisiert und entpolitisiert.

Schlüsselbegriffe: Posttraumatische Belastungsstörung, Psychotherapie, Psychologisierung, *therapeutic governance*

1. Einleitung

Unter Traumatisierung wird eine Verwundung verstanden, abgeleitet vom altgriechischen Wort τραύμα für Wunde. Traumata werden auf körperlicher, psychischer, familiärer oder gesellschaftlicher Ebene verortet, was zu großer begrifflicher Unschärfe führt (Bond/Craps 2020). Im humanitären Kontext spielt die Diagnose *Posttraumatische Belastungsstörung* eine wichtige Rolle. Sie steht eingangs im Mittelpunkt, um dann die Auswirkungen psychotraumatologischer Wissensformen für Geflüchtete zu thematisieren.

2. Die Diagnose *Posttraumatische Belastungsstörung*

Die heutige Diagnose hat historische Vorläufer wie z. B. *railway spine* (im Zuge von Eisenbahnunglücken), *shell shock* (als Diagnose im I. WK), „traumatische Neurose" und *survivor syndrome* (vgl. Bond/Craps 2020: 12–16; Will 2009: 28–37). Schließlich wurde 1980 im Kontext der Behandlung von US-amerikanischen Vietnam-Veteran*innen die Bezeichnung *Posttraumatic Stress Disorder* (PTSD) etabliert (Young 1995). Charakteristisch sind 1) ein auslösendes Ereignis, 2) die Beeinträchtigung der Erinnerung daran, 3) das Vorhandensein von Vermeidungsverhalten sowie 4) körperliche Begleiterscheinungen.

Eine Posttraumatische Belastungsstörung kann nach dem *Diagnostic and Statistical Manual of Mental Disorders* (DSM) der *American Psychiatric Association* oder nach der *International Classification of Diseases* (ICD) festgestellt werden. Die ICD ist international verbindlich und enthält seit 1992 die Diagnose *Posttraumatic Stress Disorder* (Will 2009: 44). Das auslösende Ereignis wird in der ICD als

„ein belastendes Ereignis oder eine Situation kürzerer oder längerer Dauer, mit außergewöhnlicher Bedrohung oder katastrophenartigem Ausmaß, die bei fast jedem eine tiefe Verzweiflung hervorrufen würde" beschrieben (F43.1 im ICD-10-GM). Im DSM wird es als „Konfrontation mit tatsächlichem oder drohendem Tod, ernsthafter Verletzung oder sexueller Gewalt" gefasst (Falkai/Wittchen 2015: 369).

Unmittelbare psychische Reaktionen auf solche Extremsituationen werden als *Akute Belastungsreaktion* klassifiziert. Halten die Beeinträchtigungen an oder entwickeln sie sich erst später, wird eine Posttraumatische Belastungsstörung diagnostiziert, wenn die Symptome mindestens einen Monat lang bestanden haben und klinisch bedeutsames Leiden oder Beeinträchtigungen in beruflichen, sozialen oder sonstigen wichtigen Funktionsbereichen hervorrufen (Falkai/Wittchen 2015: 369–371).

Häufige Symptome sind Nervosität, Reizbarkeit, Schlafstörungen, Schreckhaftigkeit und Niedergeschlagenheit, die aber auch mit anderen Erkrankungen oder im Fall von Geflüchteten mit der Unterbringung in lagerähnlichen Unterkünften (→ Camp/Lager) und/oder der aufenthaltsrechtlichen Unsicherheit zusammenhängen können. Ferner gelten Albträume, die Vermeidung von Reizen (*Trigger*), die mit den Erlebnissen verbunden sind, sowie Nachhallerinnerungen (*Flash-backs*) als typisch.

3. Prävalenz der Posttraumatischen Belastungsstörung

Für Kriegs-, Vertreibungs- und Folteropfer wird eine ca. 50-prozentige Prävalenz, also Rate des Auftretens, angenommen (Flatten et al. 2011: 203). Bundesweit liegt die Prävalenz für alle Einwohner*innen bei 1,5 % (Schäfer et al. 2020: 522). Expert*innenkonsens ist, dass, wer mehr potenziell Traumatisches erlebt, ein größeres Risiko hat zu erkranken. Von Menschen verursachte Ereignisse, bei denen sich Schuldfragen stellen, sowie länger während potenziell traumatische Geschehnisse führen häufiger zur Diagnose (Maercker 2009: 15). Der Fokus auf eine „außergewöhnliche Bedrohung" blendet jedoch aus, dass es Menschen gibt, die ständig lebensbedrohliche und/oder gewaltvolle Erfahrungen machen, z. B. in Prostitution oder Obdachlosigkeit. Durch die postulierte Außergewöhnlichkeit treten immer wieder Definitionsprobleme in Bezug auf anhaltende Gewaltkontexte auf, wie z. B. andauernde bewaffnete Konflikte (vgl. Moghnieh 2017). Ab wann ist eine Bedrohung außergewöhnlich, wenn sie zum Alltag gehört?

4. Etablierte Therapieformen

Eine von vielen Behandlungsformen der Posttraumatischen Belastungsstörung stellt die verhaltenstherapeutische Psychotherapie dar, die als gut geeignet gilt. Körperbezogene Therapien sind dagegen in ihrer Wirkung umstritten (Maercker 2009: 142f.). Die Methode *Eye Movement and Desensitization and Reprocessing* (EMDR), in der Augenbewegungen eingesetzt werden, wurde speziell für die Behandlung Posttraumatischer Belastungsstörungen entwickelt und gilt als effektiv (ebd.). In der Behandlung von Folteropfern und Kriegsflüchtlingen wurden auch (Online-)Schreibtherapien erfolgreich eingesetzt (Knaevelsrud/Böttche 2013). Sie helfen den Betroffenen, ihre Erinnerungen durch das Schreiben zu ordnen, aber auch Zeugnis abzulegen. Dem Erzählen des Erlittenen wird eine wichtige

(Heilungs-)Funktion zugeschrieben (Maercker 2009: 144; Ahmad 1996). Online-Schreibtherapien setzen aber Literalität und Internetzugang voraus.

Medikamentöse Behandlungen gelten eher als kontraproduktiv, denn Beruhigungs- und Schlafmittel helfen nicht bei einer Bewältigung mithilfe von Konfrontation, sie mindern nur die Symptome (Schäfer et al. 2020). Sie können aber das Mittel der Wahl sein, wenn eine Psychotherapie abgelehnt wird (ebd.) oder nicht verfügbar ist, z. B. für Geflüchtete im ländlichen Raum.

Psychotherapeutische Behandlungen, die im Wesentlichen auf Gesprächen basieren, sind im Kontext von Einwanderung – nicht immer, aber häufig – auf qualifizierte Sprachmittlung angewiesen. Es stellen sich Fragen der Kostenübernahme, der Ausbildung und Verfügbarkeit qualifizierter Dolmetschender sowie des Umgangs mit (→) Mehrsprachigkeit und Übersetzung.

5. Infrastruktur für (Psycho-)Therapie für Geflüchtete in Deutschland

Die erste bundesdeutsche Beratungsstelle für politische Geflüchtete und gefolterte Menschen, Xenion, wurde ab 1986 in Westberlin aufgebaut. Zu den Klient*innen gehörten zunächst ehemalige politische Gefangene (u. a. aus der DDR), die psychiatrisch und psychotherapeutisch versorgt, aber auch von Anfang an sozialarbeiterisch unterstützt wurden. Derzeit existieren in Deutschland 47 Behandlungszentren für Geflüchtete und Folteropfer (BAfF 2021).

In den 1990er Jahren suchten viele Bürgerkriegsflüchtlinge aus dem ehemaligen Jugoslawien die existierenden Behandlungszentren auf. Für sie wurden Selbsthilfegruppen und Gruppentherapien angeboten. Nach intensiven politischen Auseinandersetzungen erhielten bosnische Bürgerkriegsflüchtlinge bei einer attestierten behandlungsbedürftigen Posttraumatischen Belastungsstörung ab 2000 eine Aufenthaltsbefugnis (Will 2009).

Diese Entwicklungen können als Teil der Medikalisierung des humanitären Aufenthaltsrechts (Fassin/d'Halluin 2007) verstanden werden. Während bis in die 1970er Jahre nur gesunde, leistungsfähige Menschen im Rahmen der Anwerbung von Arbeitskräften einwandern sollten, wurden ab den 1980er Jahren zunehmend Krankheiten als Grund für ein Verbleiben anerkannt (ebd.) und auch – jedoch seltener – für eine Einwanderung zu Behandlungszwecken. Dies ist eine europaweite Entwicklung, die durch die Aufnahmerichtlinie rechtlich fixiert wurde (→ Aufnahmeverfahren).

6. Misstrauen gegen Traumatisierung in Asyl- und aufenthaltsrechtlichen Verfahren

Ab der Jahrtausendwende erfolgte auch eine intensivere Befassung mit Traumatisierungen im Rahmen von Asylverfahren, z. B. durch Schulungen der Mitarbeiter*innen des BAMF (bis 2005 BAFl). Allerdings wurde bei einer Evaluation der Entscheidungspraxis festgestellt, dass erwartete Effekte nicht eintraten; die BAMF-Mitarbeiter*innen waren auch nach einer Schulung nicht in der Lage, Traumatisierungen besser als zuvor zu identifizieren, um dies bei der Asylanhörung zu berücksichtigen (Gäbler et al. 2006).

Eine bereits bei der Asylanhörung erkannte Posttraumatische Belastungsstörung führt in der Praxis dazu, dass auch möglicherweise unzusammenhängenden Schilderungen der Verfolgungsgründe eine hohe Glaubwürdigkeit eingeräumt wird (Birck 2002: 140). Die Betroffenen werden oft besser untergebracht und unterstützt. Diese von den begutachtenden Stellen häufig als *Anreiz* verstandene Unterstützung für traumatisierte Geflüchtete führt zu Misstrauen (Bond/Craps 2020: 16–19; Will 2009: 31–35) und sorgt in den involvierten Verwaltungen dafür, dass die Hürden für das Zugestehen von Betroffenheit hoch sind (ebd.; → Deservingness).

Die Skepsis Asylsuchenden gegenüber wird durch den Umstand verstärkt, dass psychische Störungen zumeist nicht in der Erstanhörung zur Sprache kommen, sondern erst im weiteren Verlauf des Verfahrens, oft im Widerspruch gegen eine negative Entscheidung. Das macht die Diagnose für Verwaltungsorgane suspekt. Wenn Asylanträge zeitnah nach der Einreise in Ankunftszentren gestellt werden, gibt es jedoch zwangsläufig noch keine Gutachten von niedergelassenen Ärzt*innen oder Psycholog*innen oder aus den psychosozialen Behandlungszentren. Die Vorbehalte gipfelten zuletzt 2016 in der Nicht-Anerkennung psychologischer Bescheinigungen einer Posttraumatischen Belastungsstörung, wenn Personen bereits abschiebungsgefährdet sind. In der Gesetzesbegründung wurden explizit die „zeitlichen Verzögerungen bei der Abschiebung" (Deutscher Bundestag 2016: 18) als Grund genannt.

In diesem Zusammenhang ist der inflationäre Gebrauch des Begriffs ‚Traumatisierung' im Bereich Flucht und Asyl problematisch, weil der Eindruck entsteht, dass fast alle Geflüchteten traumatisiert seien (Mlodoch 2017). Wenn dem so wäre, könnte die Diagnose nicht mehr als Unterscheidungskriterium für vulnerable Gruppen verwendet werden. Zudem stellt die pauschale Zuschreibung von Traumatisierungen die Bewältigungsfähigkeiten (→ Resilienz) Geflüchteter infrage. Dennoch hat sich die Annahme, dass Geflüchtete per se traumatisiert seien, etabliert (Will 2020).

7. Politische Dimension und „therapeutic governance"

Doch das Kernproblem sind nicht traumatisierte Geflüchtete und wie sie psychotherapeutische Unterstützung erhalten. Nationalgrenzen und ein neoliberaler Leistungs- und Verknappungsdiskurs führen überhaupt erst zu Figuren wie „traumatisierten Geflüchteten". Sie sind von spezifischen Entstehungsbedingungen abhängig (Moghnieh 2017) und Ausdruck von Macht- und Herrschaftsstrukturen. Diese Machtverhältnisse werden auch in der Hierarchisierung von Geflüchteten nach (→) Vulnerabilität deutlich: Wieso sind nicht alle Geflüchteten gleichermaßen berechtigt, dem nationalen Standard entsprechend untergebracht und versorgt zu werden? Wieso darf nicht jede*r ihren*seinen Wohnort selbst bestimmen?

Therapeut*innen funktionieren in dieser hierarchischen Struktur als Teil einer *therapeutic governance* (Pupavac 2001), die unterstützend wirkt, um Beschwerden zu mildern, einen persönlichen Umgang mit dem Erlebten zu finden, aber auch einen Aufenthaltstitel zu erhalten, bzw. eine drohende Abschiebung auszusetzen. Die Politisierung des Arbeitsfeldes wird gesehen, aber im Sinne eines Eintretens für Flüchtlingsrechte verstanden (BAfF 2017) und damit nicht grundsätzlich in Frage gestellt. Ferner beruhen psychotherapeutische Angebote auf Verbalisierung. In diesen Umgang ist ein westlicher, rationalisierender Habitus eingeschrieben, denn es gilt das Trauma zu be- und verarbeiten und damit an sich selbst als Subjekt zu arbeiten (vgl. Georg 2020). Dass dieser Beitrag von einer weißen, derzeit hegemonial überwiegend privilegierten Person geschrieben wurde, illustriert die bestehenden Machtverhältnisse und deren Reproduktion. Selbstorganisationen Geflüchteter (IDA 2021) kommen hier nicht zu Wort.

8. Individualisierung, Isolierung und Entpolitisierung

Die Betrachtung von Flucht-, Kriegs- und Folterfolgen als psychische Störung und die so stattfindende Psychologisierung individualisiert das erlebte Leid. Zwar wurden konkrete Personen Ziel von politischer, kriegerischer Gewalt und/oder des EU-Grenzregimes, weil sie (vermeintlich) zu einer bestimmten Gruppe gehören, sie leiden dann aber individuell an einer Störung und werden ebenso individuell therapeutisch begleitet. Selbst Gruppentherapien haben psychoedukativen und/oder Selbsthilfecharakter und sind nicht auf die Entwicklung politischer *Agency*, z. B. die Gründung von Betroffenenorganisationen, ausgerichtet. Die psychologischen und psychiatrischen Expert*innen zum Thema hingegen erhalten Gehör und Gehälter.

Gesellschaftlich schließt die Stilisierung als Opfer sowie das Verwiesenwerden an Psychiater*innen und Psycholog*innen Menschen mit Gewalterfahrungen aus der gesellschaftlichen Normalität aus, drängt sie in die Rolle hilfsbedürftiger Patient*innen und nimmt ihnen Handlungsmacht (→ Agency). Der Ort zum Sprechen über Gewalt ist damit primär die Therapie, während den Betroffenen die Öffentlichkeit oder gar alltägliche Interaktionen versperrt werden. Ein solcher Umgang mit Überlebenden als gesellschaftlichen Außenseiter*innen entpolitisiert die ihnen angetane Gewalt, worauf beispielsweise Becker (2006) hinweist und deshalb ein neues, gesellschaftspolitisches Verständnis von Traumatisierung fordert.

Literaturverzeichnis

Ahmad, Salah (1996): Die heilende Kraft des Erzählens – Von Scheherazade lernen. In: Graessner, Sepp/Gurris, Norbert/Pross, Christian (Hrsg.): Folter. An der Seite der Überlebenden. München: C.H. Beck, 150–167.
BAfF (2017): Das Persönliche und das Politische. Bundesfachtagung der Psychosozialen Zentren für Flüchtlinge und Folteropfer. https://www.baff-zentren.org/wp-content/uploads/2021/10/Refugio-BafF-TagungsDoku_2017.pdf, 23.7.2022.
BAfF (2021): Über die BAfF. www.baff-zentren.org/baff/ueber-die-baff, 25.6.2021.
Becker, David (2006): Die Erfindung des Traumas. Berlin: Edition Freitag.
Birck, Angelika (2002): Traumatisierte Flüchtlinge. Wie glaubhaft sind ihre Aussagen? Heidelberg: Asanger.
Bond, Lucy/Craps, Stef (2020): Trauma. London: Routledge.
Deutscher Bundestag (2016): Entwurf eines Gesetzes zur Einführung beschleunigter Asylverfahren. Berlin. Bundestags-Drucksache 18/7538.
Falkai, Peter/Wittchen, Hans-Ullrich (2015): Diagnostisches und Statistisches Manual Psychischer Störungen. DSM-5. Göttingen: Hogrefe.
Fassin, Didier/d`Halluin, Estelle (2007): Critical evidence: The politics of trauma in French asylum policies. In: Ethos 35, 300–329.

Flatten, Guido/Gast, Ursula/Hofmann, Arne/Knaevelsrud, Christine/Lampe, Astrid/Liebermann, Peter/Maercker, Andreas/Reddemann, Luise/ Wöller, Wolfgang (2011): S3 – LEITLINIE Posttraumatische Belastungsstörung ICD-10: F43.1. In: Trauma und Gewalt 5 (3), 202–210.

Gäbler, Ulrike/Ruf, Martina/Schauer, Maggie/Odenwald, Michael/Neuner, Frank (2006): Prävalenz der Posttraumatischen Belastungsstörung (PTSD) und Möglichkeiten der Ermittlung in der Asylverfahrenspraxis. In: Zeitschrift für Psychologie und Psychotherapie 35 (1), 12–20.

Georg, Eva (2020): Das therapeutisierte Subjekt. Bielefeld: Transcript.

IDA (2021): Selbstorganisationen Geflüchteter. www.idaev.de/themen/flucht-asyl/gefluechtete/selbstorganisationen-von-gefluechteten, 25.6.2021.

Knaevelsrud, Christine/Böttche, Maria (2013): Schreibtherapie nach traumatischen Belastungen: Therapieansätze und Wirkmechanismen. In: Psychotherapie Psychosomatik Medizinische Psychologie 63 (09/10), 391–397.

Maercker, Andreas (2009): Posttraumatische Belastungsstörungen. Heidelberg: Springer.

Moghnieh, Lamia (2017): 'The violence we live in': reading and experiencing violence in the field. In: Contemporary Levant 2 (1), 24–36.

Mlodoch, Karin (2017): Gewalt, Flucht – Trauma? Grundlagen und Kontroversen der psychologischen Traumaforschung. Göttingen: V&R.

Pupavac, Vesna (2001): Therapeutic governance: The politics of psychosocial intervention and trauma risk management. In: Disasters 25, 358–372.

Schäfer, Ingo/Ehring, Thomas/Knaevelsrud, Christine/Maercker, Andreas/Michael, Tanja/Schellong, Julia (2020): Diagnostik und Behandlung der posttraumatischen Belastungsstörung. Empfehlungen der neuen S3-Leitlinie. In: Psychotherapeut 65, 521–532.

Will, Anne-Kathrin (2009): Verhandeln + Behandeln = Psychologisierung menschlicher Leidenserfahrungen. edoc.hu-berlin.de/bitstream/handle/18452/16716/will.pdf, 25.6.21.

Will, Anne-Kathrin (2020): Psychologisierung Geflüchteter: Problematisierung der Verbindung von psychischem Trauma und Fluchterfahrung. In: Behrensen, Birgit/Westpfahl, Manuela (Hrsg.): Fluchtmigrationsforschung im Aufbruch. Wiesbaden: Springer, 185–210.

Young, Allan (1995): The Harmony of Illusions. Inventing Post-Traumatic Stress Disorder. Princeton: Princeton University Press.

II.25

Vulnerabilität

Anett Schmitz

Abstract Der Begriff „Vulnerabilität" wurde als naturwissenschaftliche Analysekategorie zur Erklärung von (Natur)Katastrophen in Ökosystemen geprägt. Als Schlüsselbegriff fungiert „Vulnerabilität" heute in unterschiedlichen wissenschaftlichen Disziplinen als tragfähiges Konzept und übergreifende Vergleichsperspektive in Bezug auf die Bewältigung unterschiedlicher Erschütterungen menschlicher Lebenszusammenhänge (durch Flucht, Wirtschaftskrisen, Bürgerkriege etc.). Der Beitrag wird zunächst den Begriff Vulnerabilität aus unterschiedlichen disziplinären Perspektiven beleuchten und dann die aktuelle Diskussion zum Thema Vulnerabilität in der Migrations- und Fluchtforschung in Deutschland in den Fokus nehmen. Diese Diskussion mündet abschließend in einer kritischen Reflektion des bisherigen Vulnerabilitätsbegriffs in der Migrations- und Fluchtforschung und lädt zu einem Vulnerabilitätsansatz jenseits starrer Kategorisierungen ein.

Schlüsselbegriffe: Vulnerabilität, Geflüchtete, Migrationsforschung

1. Einleitung: Begriffserklärung

Komplementär zum Begriff (→) Resilienz entwickelte sich der Begriff Vulnerabilität in den 1990er Jahren als Beschreibungskategorie für die Verletzbarkeiten ökologischer, sozialer und ökonomischer Systeme (Christmann et al. 2011: 2). Der aus dem lateinischen *Vulnus* (Wunde, Verletzung) entstammende Begriff beschreibt „die Anfälligkeit von Bezugseinheiten oder Strukturen, (…), Schäden durch äußere Einwirkung zu nehmen" (Lorenz 2018: 62) und bezieht sich damit auf soziale, institutionelle, physische wie psychische Gefährdungen und deren Wechselwirkungen (Birkmann et al. 2011: 25). Alternative Begriffe im deutschen Fachdiskurs sind Verletzlichkeit, Verwundbarkeit sowie Verletzbarkeit (Stöhr et al. 2019: 5).

2. Vulnerabilität: Analytischer Blickwinkel

Grundsätzlich wird die Entwicklung der Vulnerabilitätsforschung mit zwei Forschungssträngen verbunden: zum einen mit der Humanökologie durch die Analyse ökologischer Vulnerabilität und unterschiedlicher Mensch-Umwelt-Prozesse, zum zweiten mit der Entwicklungsländer- und Armutsforschung (Bürkner 2010: 7). Heute hat sich die Forschung zur Vulnerabilität zu einem interdisziplinären Feld entwickelt. Einige Wissenschaftler*innen gehen sogar von „vulnerability science" (Cutter 2003: 1) als eigenständiger Wissenschaft aus.

Während sich die ökologische Vulnerabilitätsforschung auf die Gefahren der Natur und auf gesamte Ökosysteme konzentriert, steht die individuelle Verletzlichkeit der Menschen durch äußere und innere Faktoren im Fokus der sozial- und geisteswissenschaftlichen Analyse. Vulnerabilität wird nicht von jedem Individuum gleichermaßen erlebt. Vielmehr kann sie als eine besondere Lebenslage verstanden werden, aus der heraus erst eine besondere Verwundbarkeit resultiert (Lehmeyer 2018: 77). Hierbei werden unterschiedliche Ursachen für ungleiche Vulnerabilitätserfahrungen unterschieden: inhärente, situative und pathogene (Mackenzie et al. 2014). Inhärente Vulnerabilität bezieht sich auf die Verletzung menschlicher Grundbedürfnisse wie Nahrungsaufnahme oder Schlaf, während situative Vulnerabilität personale, soziale, politische, ökonomische oder umweltbezogene Einflüsse beschreibt (ebd.: 7). Pathogene Vulnerabilität resultiert dagegen aus dysfunktionalen zwischenmenschlichen oder sozialen Beziehungen, Missbrauch sowie politischer oder institutioneller Ungleichbehandlung (Lehmeyer 2018: 78). Vor allem diejenigen sind vulnerabel, die nur über begrenzte Fähigkeiten und Handlungsmacht (→ Agency) verfügen, um ihre Interessen gegenüber anderen zu schützen (Atak et al. 2018: 2). Weder Agency noch Vulnerabilität sind natürlich gegeben. Deshalb gilt es für beides einen relationalen Blick zu entwickeln (Schmitt 2019), der erlaubt, Verletzlichkeit nicht als Kategorie und gegebene Konstante zu betrachten (Christmann et al. 2011: 25), sondern kontextabhängig als Produkt menschlicher (Aus-)Handlungen (Böhme/Schmitz 2022; Schmitt et al. 2019: 6).

3. Vulnerabilität in der Flucht- und Migrationsforschung

Auch die Migrations- und Fluchtforschung im deutschsprachigen Raum hat das Vulnerabilitätsparadigma zu einem wichtigen analytischen und theoretischen Rahmen entwickelt. Zum einen wird „Vulnerabilität" in Bezug auf geflüchtete Menschen und mehrfache Exklusionsmechanismen, denen diese Personengruppen ausgesetzt sind, diskutiert. Dabei geht es nicht nur um rechtliche und politische Schutz- und Statusfragen (z. B. Hruschka/Leboeuf 2019), sondern auch um einen Vulnerabilitätsbegriff, der in der Intersektionalität unterschiedlicher Faktoren weitere Vulnerabilitäten und temporale Wirksamkeiten sichtbar macht (Kohlbacher/Six-Hohenbalken 2020: 10). Zum anderen diskutiert die Flucht- und Migrationsforschung die Homogenisierung und Pathologisierung der geflüchteten Menschen als per se „vulnerabel" oder „extrem vulnerabel" (vgl. Horst 2008; Malkki 1996; Rajaram 2002; Sigona 2014 etc.). Agier (2011) geht sogar davon aus, dass *„all refugees are vulnerable"* (2011: 158). Angelehnt an diesen Ansatz diskutiert Lorenz (2018) das Vulnerabilitätsparadigma aus postkolonialer Perspektive und argumentiert, dass diesem eine (neo)koloniale Signatur in Beschreibung und wissenschaftlicher Vermessung der Vulnerablen zu eigen ist – gerade auch in Bezug auf Geflüchtete (Lorenz 2018: 62).

Diese allgemeine Darstellung als ‚Opfer' oder „pure victims in general" (Malkki 1996: 378) zeigt sich insbesondere in der Vulnerabilitätsdebatte über geflüchtete Frauen, Kinder und Jugendliche und bezieht sich häufig auf im Herkunftsland vorhandene patriarchale Strukturen (Rasuly-Paleczek 2020: 48). Gleichzeitig wird das Paradigma einer allgemeinen Vulnerabilität in Unterlagen zur Schutzbedürftigkeit von Geflüchteten sichtbar, zum Beispiel in den Dokumenten der Genfer Flüchtlingskommission (GFK), des UNHCR (z. B. durch das „Vulnerability Screening Tool"; UNHCR et al. 2016), oder in den Mindeststandards (UNHCR/BMFSJF 2018). So sind beispielsweise die (→) Resettlement-Programme des UNHCR[1] speziell auf die Aufnahme besonders schutzbedürftiger (und somit vulnerabler) Personengruppen ausgerichtet. Gemäß Art. 21 der EU-Aufnahmerichtlinie (Richtlinie 2013/33/EU) handelt es sich dabei insbesondere um (→) unbegleitete Minderjährige, Menschen mit (→) Behinderung, Menschen mit schweren körperlichen oder psychischen Erkrankungen, Schwangere, Alleinerziehende, Opfer von Menschenhandel, Folter oder psychischer, physischer und sexueller Gewalt sowie ältere Menschen und (→) LGBT*-Geflüchtete (Rasuly-Paleczek 2020: 40).

Migration und Flucht sind mit vielfältigen Hürden verbunden: schon das gewohnte soziokulturelle Umfeld zu verlassen und in einem fremden Land wieder „Fuß zu fassen" kann unterschiedliche Vulnerabilitäten bei Migrant*innen mit und ohne Fluchterfahrungen hervorrufen. Ihre Lebenswirklichkeiten im Ankunftsland sind durch mehrfache Exklusionen (politische, ökonomische, soziale etc.) geprägt, die zu einer „Hyper-Prekarität" (Lewis et al. 2015) führen können. Auch von der Politik etablierte Mechanismen, wie EU-Grenzregime und die verschärften Maßnahmen zur EU-Asylpolitik (Hess et al. 2015), tragen zur „Produktion der Vulnerabilität" (Rasuly-Paleczek 2020: 46) bei. In diesem Kontext verweisen Wissenschaftler*innen auf *Praktiken* von Hilfsorganisationen und wissenschaftlichen Institutionen, die durch ihre Vulnerabilitätszuschreibungen bestehende Vulnerabilitäten verschärfen oder produzieren (Lorenz 2018: 67–68; VULNER 2020[2]). Eine derartige Zuschreibung erzeugt Essentialisierung aller Geflüchteten und Migrant*innen bei gleichzeitiger Unterstellung von nicht vorhandener Handlungsmacht (Schmitz/Schönhuth 2020).

In der Migrations- und Fluchtforschung wird das Vulnerabilitätsparadigma auch in Bezug auf (→) Forschungsethik behandelt. Die Schadensvermeidung mit dem „Do No Harm"-Ansatz (Anderson 1999) ist dabei oberste Leitlinie. Dieses Prinzip beruht auf der Frage, wie Forschung oder Hilfe aussehen können, ohne lokale Strukturen zu untergraben, Abhängigkeit zu schaffen oder den Missbrauch bereitgestellter Ressourcen zu befördern, und wie Forscher*innen in diesem sensiblen Feld empirische Daten mit und über geflüchtete Menschen generieren, ohne die persönlichen Grenzen der Beforschten zu überschreiten (Thapliyal/Baker 2018; Kaufmann et al. 2020).

4. Ausblick: eine kritische Perspektive auf das wissenschaftliche Vulnerabilitätskonzept

Der Begriff Vulnerabilität wird interdisziplinär verwendet, jedoch herrscht bisher kein Konsens darüber, wer als „vulnerabel" gilt und welche Formen die Vulnerabilität je nach Kontext annimmt. Auch die Abgrenzung zwischen Vulnerabilität und Schutzbedürftigkeit ist bisher nicht definiert – beide Begriffe werden oft synonym verwendet, gerade im Fluchtkontext.

Die Bezeichnung von bestimmten Migrant*innengruppen wie geflüchteten Menschen als „vulnerabel und schutzbedürftig" ist einerseits wichtig, um ihnen notwendige Hilfeleistungen und Rechte zu gewähren. Andererseits entsteht durch die pauschale Unterstellung von Vulnerabilität eine kontrapro-

---

[1] Ausführlich dazu https://www.unhcr.org/dach/de/was-wir-tun/resettlement-und-humanitaere-aufnahme
[2] Das VULNER-Projekt konzentriert sich auf schutzsuchende Migrant*innen in Europa (Belgien, Deutschland, Italien, Norwegen), Nordamerika (Kanada), dem Nahen Osten (Libanon) und Afrika (Uganda und Südafrika). Es wird untersucht, wie die „Verwundbarkeit" der schutzsuchenden Migrant*innen durch die Normen und Praktiken der Entscheidungsträger bewertet und behandelt wird. Vgl. https://www.vulner.eu/3169/about (28.6.2022).

duktive Essentialisierung von Geflüchteten als passive „Verwaltungsobjekte", hilflose Opfer ohne vielfältige Agency- und Voice-Fähigkeiten. Nur diejenigen, die sich als ‚vulnerabel' kategorisieren lassen, werden in der diskursiven Unterscheidung zwischen *„deserving" and „undeserving" refugees* (→ Deservingness), als solche gesehen, die den Asylschutz „verdient" haben (im öffentlich-politischen Diskurs z. B. als Kriegsflüchtlinge benannt), während denjenigen, die nicht in die Kategorie ‚vulnerabel' passen, als „Wirtschaftsflüchtlingen" das Asylrecht vorenthalten werden soll. Mit Clark (2007) gesprochen entstehen so „perverse effects of vulnerable's categorisation" (Clark 2007: 292), die dazu führen, dass Geflüchtete in der Gesellschaft oft nicht als ‚Ressource' erkannt werden. Aus diesem Grund plädieren Flucht- und Migrationsforscher*innen für ein alternatives Denken des Vulnerabilitätsansatzes. Zum einen geht es darum, das bestehende Verständnis von und den Umgang mit Vulnerabilität in lokalen Gemeinschaften anzuerkennen und darauf aufzubauen (ebd.: 293–294). Zum anderen geht es um Kontextualisierung der Vulnerabilität(en): „Vulnerabilität" soll nicht als Analysekategorie für Geflüchtete in den Vordergrund gestellt werden, sondern gerade die Handlungsoptionen von Geflüchteten im Umgang mit dieser Kategorie (Turner 2021: 2). Auf der Basis dieser relationalen Perspektive kann das Vulnerabilitätsparadigma in dynamischen Gefügen zu anderen Elementen beobachtet und analysiert werden (wie beispielsweise auch unter Verwendung der Akteurs-Netzwerk-Theorie von Bruno Latour) und bisherige Ansätze zur Vulnerabilität erweitern und ergänzen. Ein solcher Perspektivenwechsel kann die binäre Gegenüberstellung vulnerabel/resilient hinterfragen und ein differenzierteres und komplexeres Bild der gelebten Vulnerabilitäten in den Fokus rücken (O'Higgins 2012: 88).

Literaturverzeichnis

Anderson, Mary B. (1999): Do No Harm: How Aid Can Support Peace or War. Boulder, Colorado: Lynne Rienner Publishers, Inc.
Agier, Michel (2011): Managing the Undesirables. Refugee Camps and Humanitarian Government. Cambridge: Polity.
Atak, Idil/Nakache, Delphine/Guild, Elspeth/Crépeau, François (2018): 'Migrants in Vulnerable Situations' and the Global Compact for Safe Orderly and Regular Migration. Queen Mary School of Law Legal Studies. Research Paper No. 273/2018.
Birkmann, J./Böhm, H. R./Buchholz, F./Büscher, D./Daschkeit, A./Ebert, S./Fleischhauer, M./Frommer, B./Köhler, S./Kufeld, W. (2011): Glossar – Klimawandel und Raumentwicklung. Akademie für Raumforschung und Landesplanung, Hannover. E-Paper der ARL Nr. 10.
Böhme, Claudia/Schmitz, Anett (2022): Refugee's Agency And Coping Strategies in Refugee Camps During the Pandemic: Ethnographic Perspectives. In: Comparative Migration Studies 10: No. 34, https://doi.org/10.1186/s40878-022-00302-3.
Bürkner, Hans-Joachim (2010): Vulnerabilität und Resilienz: Forschungsstand und sozialwissenschaftliche Untersuchungsperspektiven. Leibniz-Institut für Regionalentwicklung und Strukturplanung, IRS Working Papers 43/2010.
Christmann, Gabriela B./Ibert, Oliver/Kilper, Heiderose/Moss, Timothy (2011): Vulnerabilität und Resilienz in sozio-räumlicher Perspektive: Begriffliche Klärungen und theoretischer Rahmen. Leibniz-Institut für Regionalentwicklung und Strukturplanung, IRS Working Papers 44/2011.
Clark, Christina R. (2007): Understanding Vulnerability: From Categories to Experiences of Young Congolese People in Uganda. In: Children and Society 21 (4), 284–296.
Cutter, Susan L. (2003): The Vulnerability of Science and the Science of Vulnerability. In: Annals of the Association of American Geographers 93 (1), 1–12.

Horst, Cindy (2008): Transnational Nomads. How Somalis Cope with Refugee Life in the Dadaab Camps of Kenya. New York: Berghahn Books.

Hruschka, Constantin/Leboeuf, Luc (2019): Vulnerability: a buzzword or a standard for migration governance? Population & Policy Compact, Policy Brief No. 20.

Kaufmann, Margrit E./Otto, Laura/Nimführ, Sarah/Schütte, Dominik (Hrsg.) 2020: Forschen und Arbeiten im Kontext von Flucht. Reflexionslücken, Repräsentationen und Ethikfragen. Springer VS.

Kohlbacher, Josef/Six-Hohenbalken, Maria (2020): Vorwort. In: Kohlbacher, Josef/Six-Hohenbalken, Maria (Hrsg.): Vulnerabilität in Fluchtkontexten. Verlag der Österreichischen Akademie der Wissenschaften Wien, 7–17.

Lehmeyer, Sonja (2018): Vulnerabilität. In: Riedel, Annette/ Linde, Anne-Christin (Hrsg.): Ethische Reflexion in der Pflege. Konzepte – Werte – Phänomene. Berlin, Heidelberg: Springer, 75–87.

Lewis, Hannah/Dvyer, Peter/Hodkinson, Stuart/Waite, Louise (2015): Hyper-precarious Lives: Migrants, Work and Forced Labour in the Global North. In: Progress in Human Geography 39 (5), 580– 600.

Lorenz, Daniel F. (2018): 'All refugees are vulnerable'. Vulnerabilität, Konflikte und Katastrophen im Spiegel Postkolonialer Theorie. In: Zeitschrift für Friedens- und Konfliktforschung. Sonderband 2, 60–98.

Mackenzie, Catrion/Rogers, Wendy/Dodds, Susan (Hrsg.) (2014): Vulnerability: New Essays in Ethics and Feminist Philosophy. Oxford, New York, Oxford University Press.

Malkki, Liisa H.(1995): Refugees and exile: from refugee studies to the national order of things. In: Annual Review of Anthropology 24 (1), 495–523.

O'Higgins, A. (2012): Vulnerability and Agency: Beyond an Irreconcilable Dichotomy for Social Service Providers Working with Young Refugees in the UK. In: Orgocka, A./Clark-Kazak, C. (Hrsg.): Independent Child Migration – Insights into Agency, Vulnerability, and Structure. New York: John Wiley & Sons Inc., 79–91.

Rajaram, Prem Kumar (2002): Humanitarism and representations of the refugee. In: Journal of Refugee Studies 15 (3), 247–264.

Rasuly-Paleczek, Gabriele (2020): Die vielen Facetten der Vulnerabilität im Kontext von Flucht und Asyl. In: Kohlbacher, Josef/Six-Hohenbalken, Maria (Hrsg.): Vulnerabilität in Fluchtkontexten. Verlag der Österreichischen Akademie der Wissenschaften Wien, 33–67.

Schmitt, Caroline (2019): Agency und Vulnerabilität. Ein relationaler Zugang zu Lebenswelten geflüchteter Menschen. In: Soziale Arbeit 68 (8), 282–288.

Schmitt, Caroline/Müller, Karin/Witte, Matthias D. (2019): Vulnerability and Oral History. The Biography of a 'GDR-Child of Namibia' as a Narrative of Being Hurt. In: Childhood Vulnerability Journal 2 (1/2), 3–16.

Schmitz, Anett/Schönhuth, Michael (2020): Zwischen Macht, Ohnmacht und Agency: Beschwerdemanagement für Geflüchtete. In: Zeitschrift Migration und Soziale Arbeit 1 (42), 46–56.

Sigona, Nando (2014): The Politics of Refugee Voice. Representations, Narratives, and Memories. In: Fiddian-Qasmiyeh, E./Loescher G./Long K./Sigona N. (Hrsg.): The Oxford Handbook of Refugee and Forced Migration Studies. Oxford: Oxford University Press, 369–382.

Thapliyal, Nisha/Baker, Sally (2018): Research with former refugees: Moving towards an ethics in practice [online]. In: The Australian Universities' Review 60 (2), 49–56.

Turner, Lewis (2021): The Politics of Labelling Refugee Men as 'Vulnerable'. In: Social Politics: International Studies in Gender, State & Society 28 (1), 1–23.

III. Gegenstand der Flucht- und Flüchtlingsforschung

III.1 Akteure und Institutionen

III.1.1
Internationales Flüchtlingsregime

Marcus Engler

Abstract Der Begriff des internationalen Flüchtlingsregimes wird seit Ende der 1980er Jahre zunehmend in der Wissenschaft verwendet, um die Gesamtheit der Regeln, Institutionen und Akteure zu fassen, die für den internationalen Flüchtlingsschutz relevant sind. Die zentrale Aufgabe des globalen Flüchtlingsregimes ist die Organisation und Gewährung von Schutz für Personen, die aus ihrem Herkunftsstaat geflohen sind, sowie die Bereitstellung sogenannter dauerhafter Lösungen. Dieser Beitrag gibt einen kurzen Überblick zur Bedeutung des Regimebegriffs (1), zur historischen Entwicklung des internationalen Flüchtlingsregimes (2) sowie zu den zentralen Akteur*innen und deren Einflussmöglichkeiten (3). In einem letzten Abschnitt (4) werden Fragen zum Verhältnis des Flüchtlingsregimes zu anderen internationalen Regimen sowie zum Mehrebenencharakter des Flüchtlingsregimes angerissen und ein kurzes Fazit gezogen (5).

Schlüsselbegriffe: Flüchtlingsregime, Flüchtlingspolitik, Regimekomplexität, Aushandlungsprozesse, Internationaler Schutz

1. Regimebegriff(e)

Der Regimebegriff wird in der Flucht- und Flüchtlingsforschung seit Ende der 1980er Jahre verstärkt verwendet, parallel zum Aufkommen des Migrationsregime-Begriffs (vgl. Pott et al. 2018). Neben dem Begriff „Flüchtlingsregime" finden auch die Begriffe Schutzregime (Protection Regime), Flüchtlingsschutzregime (Refugee Protection Regime) oder Forced Migration Regime Verwendung.

Der Regimebegriff hat unterschiedliche disziplinäre und theoretische Anknüpfungspunkte (Horvath et al. 2017; Pott et al. 2018). Diesen Konzepten ist gemein, dass sie die Betrachtung der Komplexität und Widersprüchlichkeit von Regelungen ins Zentrum stellen, den Fokus auf normative Ordnungen legen, Machtverhältnisse betrachten und die Kausalitäten von Fluchtbewegungen und Regulationsversuchen zu erfassen versuchen. Im Kern kann man unter dem internationalen Flüchtlingsregime die Gesamtheit der Regeln, Institutionen und Akteure verstehen, die im internationalen Flüchtlingsschutz eine Rolle spielen. Unterschiedliche Theorieschulen nehmen dabei verschiedene Perspektiven ein bzw. betonen unterschiedliche Aspekte.

So verstehen neoliberale Ansätze unter ‚Regimen' von Staaten geschaffene Strukturen, die das Ziel haben, Probleme zwischen- bzw. überstaatlichen kollektiven Handelns zu überwinden (Betts 2009a; 2010; Barnett 2002; Milner/Wojnarowicz 2017). Durch die Schaffung von Regeln und Institutionen werden Koordinierungen erleichtert und somit die Kosten der Bereitstellung von Gütern, wie dem Flüchtlingsschutz, gesenkt. Zugleich wird Expertise in (→) internationalen Regierungsorganisationen geschaffen und gebündelt.

Demgegenüber betonen konstruktivistische Ansätze stärker die Rolle internationaler Organisationen, in denen sie unabhängige und eigenständige Akteur*innen sehen, sowie die Bedeutung von Normen. Im Anschluss an die Arbeiten von Michel Foucault (1999) legen eine Reihe von Autor*innen den Fokus auf diskursive Machtverhältnisse (De Genova/Peutz 2010; Keely 2000).

Einen ähnlichen Regimebegriff verwenden auch Vertreter*innen der sogenannten kritischen Migrationsforschung, v. a. in Bezug auf die ethnografische Grenzregimeanalyse (Tsianos/Hess 2010) (→ Grenzen). Regime bedeutet hier „ein Ensemble von gesellschaftlichen Praktiken und Strukturen – Diskurse, Subjekte, staatliche Praktiken – deren Anordnung nicht von vornherein gegeben ist, sondern das genau darin besteht, Antworten auf die durch die dynamischen Elemente und Prozesse aufgeworfenen Fragen und Probleme zu generieren" (Karakayali/Tsianos 2007: 14; s.a. Hess 2014: 18 zu Grenzregimen).

2. Historische Entwicklung des Flüchtlingsregimes

Fluchtbewegungen und Schutzgewährung sind seit der griechischen und römischen Antike dokumentiert. Erste implizite Normen des Flüchtlingsschutzes und der zwischenstaatlichen Kooperation in Flüchtlingsfragen entstanden seit dem 17. Jahrhundert (Orchard 2017; Lachenicht 2017; Barnett 2002). Die Entwicklung des internationalen Flüchtlingsregimes ist also eine Folge der Entstehung der modernen Staatenordnung nach dem Westfälischen Frieden von 1648. Ein Baustein der beginnenden internationalen Kooperation, auch als „tacit regime" (Orchard 2014: 104) bezeichnet, bestand dabei in Auslieferungsgesuchen bzw. bilateralen Nicht-Auslieferungsverträgen. Als erste Flüchtlinge im modernen Sinn gelten die Hugenotten, die aus Frankreich infolge der Aufhebung der Religionsfreiheit im Jahr 1685 unter Ludwig XIV. durch das Edikt von Fontainebleau flohen und u. a. in den Niederlanden, der Schweiz und Deutschland Schutz erhielten (Barnett 2002: 239). Im Zuge der revolutionären Umbrüche des 19. Jahrhunderts und der Flucht von politischen Dissidenten in andere europäische Staaten wurde die Stellung von Flüchtlingen zunehmend Gegenstand internationaler Diskussionen.

Der Beginn des modernen internationalen Flüchtlingsregimes lässt sich auf das 20. Jahrhundert datieren (Nyers 1999: 11; Haddad 2008; Goodwin-Gill 2008). Ab den 1920er Jahren entwickelte sich ein stärker rechtlich formalisiertes und institutionalisiertes Flüchtlingsregime, das Barnett auch als „truly international refugee regime" (Barnett 2002: 241) bezeichnet. Im Unterschied zu früheren Jahrhunderten war das 20. Jahrhundert von deutlich umfangreicheren und stärker interkontinentalen Fluchtbewegungen geprägt.

Als erster wichtiger Schritt hin zu einer Formalisierung des Flüchtlingsregimes gilt die Gründung des Völkerbundes und die Schaffung des Flüchtlingshochkommissars im Jahr 1921 (Orchard 2014: 105–139; Skran 1995), ausgelöst durch die Flucht von mehr als einer Million Menschen infolge der Russischen Revolution von 1917. In diese Zeit fällt auch die Entstehung des internationalen Flüchtlingsrechts, insbesondere ab 1922 mit der Vergabe der sogenannten Nansen-Pässe (Torpey 2000: 129), durch die Schutzsuchende ein Identität- und Reisedokument erhielten. Von Bedeutung war zudem die Flüchtlingskonvention von 1933, auch wenn diese von nur wenigen Staaten ratifiziert wurde und letztlich nicht in Kraft trat (Loescher 2001). So entstand in dieser Zeit dennoch ein erstes internationales Flüchtlingsregime mit eigenen Normen, Regeln und Entscheidungsprozeduren, das an der Schutzgewährung für Juden und andere Personengruppen zwar scheiterte und mit Ausbruch des Zweiten Weltkrieges zusammenbrach, die spätere Entwicklung der Flüchtlingspolitik jedoch nachhaltig prägte (Skran 1995).

Vor dem Hintergrund dieser Erfahrungen und von Millionen Vertriebenen erfolgte nach bzw. teilweise noch während des Zweiten Weltkriegs ein Neustart des internationalen Flüchtlingsregimes. Wie in der Phase des Völkerbunds war auch die Frühphase des Nachkriegsregimes noch geprägt von einem Ad-hoc-Charakter, einem temporären Verständnis des Flüchtlingsschutzes und von flüchtlingspolitischen Lösungen für bestimmte national definierte Gruppen. So war etwa die International Refugee Organization (IRO) (1946–1952) auf drei Jahre konzipiert und ausschließlich für europäische Flüchtlinge zuständig (Ben-Nun 2015: 27). Ebenso exklusiv für bestimmte Gruppen zuständig waren bzw. sind die seit 1949 bestehende United Nations Relief and Works Agency for Palestine Refugees in the Near East (UNRWA) (Akram 2014) und die United Nations Korean Reconstruction Agency (UNKRA) (1950–1958). In einer längerfristigen Perspektive ist aber ein Prozess der Universalisierung und Verstetigung in der Flüchtlingspolitik zu beobachten (Ben-Nun 2015).

Mit der Schaffung des Flüchtlingshilfswerks der Vereinten Nationen (UNHCR) (→ Internationale Organisationen) im Jahr 1950 und dessen universell formulierten Mandats wurde dann eine Organisation geschaffen, die potenziell weltweit aktiv werden konnte und die dies im Laufe der Jahrzehnte auch immer stärker tat. Jedoch erhielt auch der UNHCR zunächst ein temporäres Mandat, das immer wieder erneuert und erst 2003 entfristet wurde. Zudem war die frühe Arbeit des UNHCR stark geprägt vom Einfluss des Kalten Krieges und von Denkmustern des Kolonialismus (Peterson 2012, Krause 2021). Auch die Genfer Flüchtlingskonvention (GFK) von 1951 war zunächst auf die Folgen des Zweiten Weltkriegs in Europa beschränkt. Erst mit dem New Yorker Protokoll von 1967 wurde die zeitliche und geografische Beschränkung der Anwendung der GFK aufgehoben.

Das Ende des Kalten Krieges und der bipolaren Weltordnung stellt eine wichtige Zäsur für die weitere Entwicklung des Flüchtlingsregimes dar (Keely 2001; Mertus 1998). Auf steigende Asylantragszahlen reagieren Industriestaaten seit Ende der 1980er Jahre mit restriktiveren Asyl-, Grenz- und Externalisierungspolitiken. Auf diese Weise versuchen sie, Flüchtlinge ebenso wie andere unerwünschte Migrant*innen von ihrem Territorium fernzuhalten (Barnett 2002; Chimni 1998).

Insgesamt bleibt die Entwicklung des internationalen Flüchtlingsregimes auch im frühen 21. Jahrhundert widersprüchlich. So sind die Grenzen des Regimes nicht eindeutig definierbar, und die Frage, wer ein Flüchtling sei oder wer Schutz und Unterstützung benötige, bleibt zwischen den zahlreichen beteiligten Akteur*innen umstritten (Kleist 2018). Zwar hat es im Hinblick auf den formal-rechtlichen Geltungsbereich der Genfer Flüchtlingskonvention im Laufe der Jahrzehnte eine tendenzielle Ausweitung gegeben, was in der Anerkennung von Verfolgung durch nicht-staatliche Akteure oder von geschlechtsspezifischer Verfolgung sichtbar wird. Demgegenüber ist in vielen Staaten eine restriktive Auslegung und Praxis der Schutzgewährung zu beobachten. Zugleich gibt es anhaltende Debatten über eine Neuorganisation der internationalen Verantwortungsteilung. Wiederholte politische Initiativen, wie etwa die New Yorker Erklärung von 2016 oder die daran anknüpfende Entwicklung und Verabschiedung des Globalen Flüchtlingspaktes (2018) haben daran bislang nichts Grundlegendes geändert. Trotz seiner inzwischen längeren Geschichte ist das internationale Flüchtlingsregime weiterhin durch seinen fragilen Charakter und die unzureichende Gewährleistung von Schutz sowie den mangelhaften Zugang zu dauerhaften Lösungen gekennzeichnet.

3. Akteur*innen und Macht im Flüchtlingsregime

Im internationalen Flüchtlingsregime sind zahlreiche Akteur*innen mit unterschiedlichen Rollen, Wahrnehmungen und Einflussmöglichkeiten beteiligt (Milner 2014b; Saunders 2018). Neben Staaten und Staatenverbünden sind dies v. a. Internationale Organisationen, Nichtregierungsorganisationen, Vertreter*innen des privaten Sektors und auch Flüchtlinge selbst.

Die Internationalen Beziehungen gehen davon aus, dass Nationalstaaten die mächtigsten Akteur*innen im Flüchtlingsregime sind, schon allein, weil sie die entscheidenden Geldgeber des UNHCR und anderer Organisationen sind und ihre finanziellen Zusagen abhängig von der Verwendung für bestimmte Programme oder Regionen machen können („earmarking"). Zudem können sie ihre Grenzen kontrollieren und entscheiden, ob, welche und wie viele Flüchtlinge sie über (→) Resettlement-Programme aufnehmen wollen. Jedoch unterscheiden sich Staaten erheblich sowohl in der Ausrichtung ihrer Flüchtlingspolitik als auch in der Fähigkeit, ihre Politiken durchzusetzen. So wird die Dominanzstellung der Staaten des Globalen Nordens seit Langem kritisiert (Chimni 2001). Diese steht im Widerspruch zu der Tatsache, dass die große Mehrheit der Flüchtlinge im Globalen Süden lebt. Jedoch auch jenseits der Nord-Süd-Dichotomie gibt es erhebliche Unterschiede in der Rolle von Staaten, die sich zudem im Laufe der Zeit ändern kann, da sie u. a. abhängig ist von innenpolitischen Veränderungen. So waren die USA traditionell der wichtigste Akteur im Flüchtlingsregime, u. a. im Hinblick auf die finanziellen Beiträge, aber auch bei den Resettlement-Plätzen, weshalb diese zeitweilig und von einigen sogar als „Hegemon" (Milner/Wojnarowicz 2017: 9) bezeichnet wurden. Diese Rolle wurde jedoch unter der Präsidentschaft von Donald Trump (2017–2021) zeitweilig in Frage gestellt. Insgesamt lässt sich sagen, dass das Engagement von Staaten im internationalen Flüchtlingsschutz zwar stark von den jeweiligen nationalstaatlichen Interessen geprägt ist, wie z. B. der Arbeitsmarktsituation, außenpolitischen Zielen und der Stimmung der Wählerschaft (Goodwin-Gill 2008). Jedoch spielt es auch eine Rolle, ob es sichtbare humanitäre Not gibt oder einflussreiche Unterstützungsgruppen existieren (Betts et al. 2012).

Verbreitet ist auch die Sichtweite, dass Regime nicht so sehr oder zumindest nicht ausschließlich vom Regieren oder durch Herrschaft geprägt sind, sondern vielmehr als Raum der Verhandlung von Politiken und von deren Implementierung verstanden werden sollten (Oltmer 2016; Pott et al. 2018; Milner/Wojnarowicz 2017). Dies betrifft neben den schon erwähnten innenpolitischen Aushandlungsprozessen auch den Bereich der internationalen Beziehungen bzw. der (→) Diplomatie. So versuchen insbesondere westliche Staaten die Ankunft spontan einreisender Asylbewerber*innen zu verhindern, ohne sich offen ihrer völkerrechtlichen Verpflichtungen (*non-refoulement*) zu entziehen (Gammeltoft-Hansen 2011). Dabei sind sie auf die Kooperation der Herkunfts- und Transitstaaten angewiesen. Hieraus ergibt sich für letztere die Möglichkeit zum Verknüpfen (*issue-linkage*) von Flüchtlingspolitik und Migrationskontrolle und somit zum *Burden-Sharing* (Betts 2008). Andere Autor*innen sehen sogar Formen eines *refugee rent seeking*, bei dem Flüchtlinge oder Migrant*innen strategisch genutzt bzw. instrumentalisiert werden, um Druck auf andere Staaten auszuüben bzw. diese zu erpressen (Tsourapas 2019).

Auch nicht-staatliche Akteure wie der UNHCR haben im Laufe der Zeit an Einfluss und Autonomie im Flüchtlingsregime gewonnen (Loescher 2001). Dies wird zum Teil auf das geschickte strategische Handeln von Personen im UNHCR und insbesondere der Hochkommissare zurückgeführt. Durch sie sei es gelungen, Budget und Mandat der Organisation zu erweitern (Loescher 2017; Betts et al. 2012: 133–145). Der Einflussgewinn des UNHCR ist zudem auf die technische Expertise und das Wissen der Organisation zurückzuführen, über das viele Staaten nicht verfügen (Barnett/Finnemore 2004). In der Vergangenheit konnte der UNHCR internationale Normen setzen (Betts/Durieux 2007) sowie neue Entscheidungsverfahren und konzeptionelle Beiträge erarbeiten (Clark/Simeon 2014). In Regionen mit schwacher Staatlichkeit nimmt der UNHCR die Rolle als Ersatzstaat ("Surrogate state") ein (Slaughter/Crisp 2008). Zugleich ist zu betonen, dass der UNHCR keineswegs eine homogene Organisation ist (Crisp 2017), sondern dass innerhalb der Organisation und ihrer Gremien gestritten wird, weswegen der UNHCR und insbesondere das Executive Commitee auch als "space of confrontation" (Fresia 2014) bezeichnet werden.

Nichtregierungsorganisationen haben ähnlich wie der UNHCR Personal in Krisengebieten und somit Zugang zu Informationen und Expertise sowie Einflussmöglichkeiten. Diese können sie in Verhandlungen mit staatlichen Geldgebern nutzen. Zudem versuchen sie die öffentliche Meinung, aber auch Gesetzgebungsverfahren durch Advocacy-Arbeit und *strategic ligitation* zu beeinflussen.

4. Regimekomplexität und Mehrebenensystem

Das Flüchtlingsregime steht in komplexen und zum Teil widersprüchlichen Verhältnissen zu anderen internationalen Regimen, wie dem Migrationsregime, dem Menschenrechts- oder dem Grenzschutzregime. Das Menschenrechtsregime bietet komplementären Schutz, während das Grenzregime Zugang zu Schutz erschwert oder verhindert. Die Spaltung zwischen den Regimen für den Schutz von Flüchtlingen und für Migrant*innen wird oft als ‚künstlich' angesehen (Karatani 2005). Das Zusammenspiel dieser Regime wird von Betts (2010) als "refugee regime complex" bezeichnet. Diese Regimekomplexität führt dazu, dass Staaten, entweder temporär („forum shopping") oder dauerhaft („regime shifting"), die Institutionen wählen können, die zu ihren Interessen passen (Betts 2009b).

Wie andere internationale Organisationen wurde auch der UNHCR nach dem Zweiten Weltkrieg gegründet und war zunächst relativ exklusiv zuständig für den Themenbereich der Flüchtlingspolitik (Betts 2013). In den folgenden Jahrzehnten ist es aufgrund der Zunahme der Anzahl („institutional proliferation") und des Wachsens von Organisationen zu einem Überschneiden von Zuständigkeiten gekommen. Für Flüchtlinge ergibt sich hierdurch eine widersprüchliche Situation (Kleist 2018). Einerseits sind sie vielen Maßnahmen des allgemeinen Migrationsregimes ausgesetzt, wie z. B. Grenzschutz- und Visaregelungen sowie integrationspolitische Maßnahmen. Gleichzeitig erhalten sie jedoch im Rahmen des Flüchtlingsregimes besondere Rechte, etwa im Hinblick auf ein Aufenthaltsrecht oder bezüglich des Familiennachzugs.

Darüber hinaus bestehen unterhalb des Globalen Flüchtlingsregimes mehrere regionale Flüchtlingsregime mit eigenen Flüchtlingsdefinitionen und unterschiedlich stark entwickelten Institutionen. Von besonderer Bedeutung sind das europäische Flüchtlingsregime sowie das afrikanische, das asiatische und das lateinamerikanische Regime. Diese Regime zeichnen sich u. a. dadurch aus, dass sie eigene regionale Flüchtlingskonventionen haben. Zu nennen sind hier insbesondere die Afrikanische Flüchtlingskonvention von 1969 (Rankin 2005) und die Cartagena-Erklärung von 1984 (Menezes 2016).

Am stärksten ausgeprägt ist das Europäische Flüchtlingsregime – auch als Gemeinsames Europäisches Asylsystem (GEAS) bezeichnet. Es stützt sich auf die Europäische Menschenrechtskonvention von 1950 (Durieux 2001), hat einen stark rechtlich-bindenden Charakter, umfangreiche finanzielle Mittel und eigene Institutionen wie die Europäische Asylagentur (EUAA).

Von Bedeutung für die Flüchtlingspolitik ist aber auch die subnationale politische Ebene (→ Bundesländer) bemerken etwa Landau und Amit (2014). Zwar seien die formalen Regeln der globalen, regionalen und nationalen Flüchtlingspolitik und des Rechts äußerst bedeutsam. Zugleich argumentieren sie, dass gerade in schwach verrechtlichten Kontexten diese formalen Regeln nur begrenzten Einfluss auf den Schutz und die Lebensrealität von Flüchtlingen hätten. Starken Einfluss haben darüber hinaus sub-nationale Bürokratien und Praktiken ebenso wie Regelungen außerhalb der Flüchtlingspolitik im engeren Sinne, etwa die Sozialpolitik. Lokale Kontextfaktoren (→ Kommunen) und (→) Zivilgesellschaft, etwa politische Interessen einflussreicher Bevölkerungsgruppen, sind von großer Bedeutung, wenn man die Implementierung oder Nicht-Implementierung von globalen Flüchtlingspolitiken verstehen will (Milner 2014a).

5. Fazit

Die zentrale Aufgabe des globalen Flüchtlingsregimes ist die Organisation und Gewährung von Schutz für Personen, die aus ihrem Herkunftsstaat geflohen sind, sowie die Bereitstellung sogenannter dauerhafter Lösungen. Trotz eines beachtlichen Wachstums im Hinblick auf die beteiligten Akteur*innen und die verfügbaren finanziellen Ressourcen sowie eine Weiterentwicklung rechtlicher Regelungen erfüllt das Flüchtlingsregime seine zentralen Aufgaben weiterhin nur partiell. Millionen Geflüchtete erhalten nur sehr bedingt Zugang zu Schutz und zu dauerhaften Lösungen. Die konkrete Ausgestaltung und Funktionsweise des globalen Flüchtlingsregimes wird auch in Zukunft unter den beteiligten Akteur*innen umstritten bleiben. Inwiefern adäquate Antworten auf neue Herausforderungen wie etwa klimabedingte Flucht gefunden werden können, bleibt abzuwarten.

Literaturverzeichnis

Akram, Susan (2014): UNRWA and Palestinian Refugees. In: Fiddian-Qasmiyeh, Elena/Loescher, Gil/Long, Katy/Sigona, Nando (Hrsg.): The Oxford Handbook of Refugee and Forced Migration Studies, Oxford, 227–240.

Barnett, Laura (2002): Global Governance and the Evolution of the International Refugee Regime. In: International Journal of Refugee Law 14 (2–3), 238–62.

Barnett, Michael/Finnemore, Martha (2004) Rules for the world: international organizations in global politics. Ithaca, NY: Cornell University Press.

Ben-Nun, Gilad (2015): From Ad Hoc to Universal: The International Refugee Regime from Fragmentation to Unity 1922–1954. In: Refugee Survey Quarterly 34 (2), 23–44.

Betts, Alexander (2008): North-South Cooperation in the Refugee Regime: The Role of Linkages. In: Global Governance 14 (2), 157–178.

Betts, Alexander (2009a): Protection by Persuasion: International Cooperation in the Refugee Regime, Itahca, NY: Cornell University Press.

Betts, Alexander (2009b): Institutional Proliferation and the Global Refugee Regime. In: Perspectives on Politics 7 (1), 53–58.

Betts, Alexander (2010): The Refugee Regime Complex. In: Refugee Survey Quarterly 29 (1), 12–37.

Betts, Alexander (2013): Regime complexity and international organizations: UNHCR as a challenged institution. In: Global Governance, 19 (1), 69–81.

Betts, Alexander/Jean-François Durieux (2007): Convention Plus as a Norm-Setting Exercise. In: Journal of Refugee Studies 20 (3), 509–35.

Betts, Alexander/Loescher, Gil/Milner, James (2012): UNHCR: the politics and practice of refugee protection. Routledge global institutions series: 62. London: Routledge.

Chimni, B. S. (1998): The Geopolitics of Refugee Studies: A View from the South. In: Journal of Refugee Studies 11 (4), 350–74.

Chimni, B. S. (2001): Reforming the International Refugee Regime: A Dialogic Model. In: Journal of Refugee Studies 14 (2):, 151–68.

Clark, Tom/Simeon, James C. (2014): UNHCR International Protection Policies 2000–2013: From Cross-Road to Gaps and Responses. In: Refugee Survey Quarterly 33 (3), 1–33.

De Genova, Nicholas/ Peutz, Nathalie Mae (2010): The Deportation Regime: Sovereignty, Space, and the Freedom of Movement. Durham, N.C.: Duke University Press.

Durieux, Jean-François (2001): Is a New European Refugee Regime Emerging? In: Refugee Survey Quarterly 20 (2), 47–50.

Foucault, Michel (1999): Überwachen und Strafen. Die Geburt des Gefängnisses. Frankfurt am Main: Suhrkamp.

Fresia, Marion (2014): Building Consensus within UNHCR's Executive Committee: Global Refugee Norms in the Making. In: Journal of Refugee Studies 27 (4), 514–33.

Gammeltoft-Hansen, Thomas (2011): Access to Asylum: International Refugee Law and the Globalisation of Migration Control. Cambridge: Cambridge University Press.

Goodwin-Gill, Guy (2008): The Politics of Refugee Protection. In: Refugee Survey Quarterly 27 (1), 8–23.

Haddad, Emma (2008): The Refugee in International Society: Between Sovereigns. Cambridge: Cambridge University Press.

Hess, Sabine (2014): Einleitung. In: Heimeshoff, Lisa-Marie /Hess, Sabine/Kron, Stefanie/Schwenken, Helen/Trzeciak, Miriam (Hrsg.): Grenzregime II, Berlin: Assoziation A, 9–39.

Horvath, Kenneth/Amelina, Anna/ Peters, Karin (2017): Re-thinking the politics of migration. On the uses and challenges of regime perspectives for migration research. In: Migration Studies 5 (3), 301–14.

Karakayali, Serhat/Tsianos, Vassilis S. (2007): Movements that matter. Eine Einleitung. In: Transit Migration Forschungsgruppe (Hg.): Turbulente Ränder, 7–17. Bielefeld.

Karatani, Rieko (2005): How History Separated Refugee and Migrant Regimes: In Search of Their Institutional Origins. In: International Journal of Refugee Law 17 (3), 517.

Keely, Charles B. (2000): Changing International Refugee Policy and Practice: How International Regimes Emerge and Change. In: Center for Migration Studies Special Issues 16 (3), 37–51.

Keely, Charles B. (2001): The International Refugee Regime(s): The End of the Cold War Matters. In: International Migration Review 35 (1), 303–14.

Kleist, J. Olaf (2018): The Refugee Regime: Sovereignty, Belonging and the Political of Forced Migration. In: Pott, Andreas /Rass, Christoph/ Wolff, Frank (2018): Was ist ein Migrationsregime? What Is a Migration Regime?, Wiesbaden: Springer VS, 167–185.

Krause, Ulrike (2021): Colonial Roots of the 1951 Refugee Convention and its Effects on the Global Refugee Regime, In: Journal of International Relations and Development 24 (3), 599–626.

Lachenicht, Susanne (2017): Refugees and Refugee Protection in the Early Modern Period. In: Journal of Refugee Studies 30 (2), 261–81.

Landau, Loren B./Amit, Roni (2014): Wither Policy? Southern African Perspectives on Understanding Law, 'Refugee' Policy and Protection. In: Journal of Refugee Studies 27 (4), 534–52.

Loescher, Gil (2001): The UNHCR and world politics: a perilous path. Oxford: Oxford University Press.

Loescher, Gil (2017): UNHCR's origins and early history: agency, influence, and power in global refugee policy. In: Refuge 33(1), 77–86.

De Menezes, Fabiano L. (2016): Utopia or Reality: Regional Cooperation in Latin America to Enhance the Protection of Refugees. In: Refugee Survey Quarterly 35 (4), 122–41.

Mertus, Julie (1998): The State and the Post-Cold War Refugee Regime: New Models, New Questions. In: International Journal of Refugee Law 10 (3), 321–48.

Milner, James (2014a): Can Global Refugee Policy Leverage Durable Solutions? Lessons from Tanzania's Naturalization of Burundian Refugees. In: Journal of Refugee Studies 27 (4), 553–73.

Milner, James (2014b): Introduction: Understanding Global Refugee Policy. In: Journal of Refugee Studies 27 (4), 477–94.

Milner, James/ Wojnarowicz, Krystyna (2017): Power and Influence in the Global Refugee Regime. In: Refuge 33 (1), 7–17.

Nyers, Peter (1999): Emergency or Emerging Identities? Refugees and Transformations in World Order. In: Millennium 28 (1), 1–26.

Oltmer, Jochen (2016): Das Aushandeln von Migration: Historische und historiographische Perspektiven. In: Zeitschrift für Staats- und Europawissenschaften 14 (3), 333–50.

Orchard, Phil (2014): A Right to Flee: Refugees, States, and the Construction of International Cooperation. Cambridge: Cambridge University Press.

Orchard, Phil (2017): The Dawn of International Refugee Protection: States, Tacit Cooperation and Non-Extradition. In: Journal of Refugee Studies 30 (2), 282–300.

Peterson, Glen (2012): The Uneven Development of the International Refugee Regime in Postwar Asia: Evidence from China, Hong Kong and Indonesia. In: Journal of Refugee Studies 25 (3), 326–43.

Pott, Andreas/Rass, Christoph/Wolff, Frank (Hrsg) (2018): Was ist ein Migrationsregime? What Is a Migration Regime? Wiesbaden: Springer VS, 2018.

Rankin, Micah Bond (2005): Extending the limits or narrowing the scope? Deconstructing the OAU refugee definition thirty years on. In: South African Journal on Human Rights 21(3), 406–435.

Saunders, Natasha (2018): International Political Theory and the Refugee Problem. Routledge.

Skran, Claudena M. (1995): Refugees in Inter-War Europe: The Emergence of a Regime, Oxford: Oxford University Press.

Slaughter, Amy/Crisp, Jeff (2008): A Surrogate State?: The Role of UNHCR in Protracted Refugee Situations. In: Loescher, Gil/Milner, James/Newman, Edward/ Troeller, Gary (Hrsg.): Protracted

Refugee Situations: Political, Human Rights and Security Implications, Tokyo: United Nations University Press, 123–40.

Torpey, John (2000): The Invention of the Passport: Surveillance, Citizenship and the State, Cambridge: Cambridge University Press.

Tsianos, Vassilis S./Hess, Sabine (2010): Ethnographische Grenzregimeanalyse. In: Hess, Sabine/Kasparek, Bernd (Hrsg.): Grenzregime, Berlin: Assoziation A, 234–264.

Tsourapas, Gerasimos (2019): The Syrian Refugee Crisis and Foreign Policy Decision-Making in Jordan, Lebanon, and Turkey. In: Journal of Global Security Studies 4 (4), 464–481.

III.1.2
Internationale Organisationen

Martin Geiger und Martin Koch

Abstract Dieser Beitrag konzentriert sich auf die Rolle internationaler Organisationen in der Migrations- und Flüchtlingspolitik. Nach einer kurzen historischen Verortung und einer begrifflichen Konzeptualisierung internationaler Organisationen werden die beiden zentralen internationalen Organisationen in diesem Feld, die Internationale Organisation für Migration (IOM) und das Flüchtlingshilfswerk der Vereinten Nationen (UNHCR)[1], genauer vorgestellt. Dazu gehen wir auf die Entstehung beider Organisationen ein, skizzieren ihre Struktur und Finanzierung, um auf dieser Grundlage ihre Rolle in der Flüchtlingspolitik zu beschreiben. Darüber hinaus wollen wir in einem letzten Schritt eine Reihe weiterer internationaler Organisationen vorstellen, die in die Flüchtlingspolitik involviert sind und damit unterstreichen, dass Flüchtlingspolitik zunehmend ein Querschnittsthema in der Weltpolitik ist.

Schlüsselbegriffe: internationale Organisationen, Migration, Flucht, IOM, UNHCR

1. Einleitung

Internationale Regierungsorganisationen sind seit mehr als 200 Jahren ein zentrales Merkmal internationaler Politik. Sie wurden zwischen Staaten gegründet, um den grenzüberschreitenden Handel zu unterstützen und zu erleichtern. Obwohl die Migrations- und Flüchtlingspolitik eine Domäne der Staaten ist, spielen internationale Organisationen sowie andere nicht-staatliche Organisationen eine zunehmend wichtige Rolle, wenngleich diese im Vergleich zu anderen Politikfeldern – wie etwa der Wirtschafts- und Finanzpolitik oder der Sicherheitspolitik (Karns et al. 2015: 35, 379–424) – weniger stark ausgeprägt ist. Dies ist umso erstaunlicher, wenn man in Rechnung stellt, dass internationale Organisationen seit rund 100 Jahren mit migrations- und flüchtlingspolitischen Fragen konfrontiert werden oder diese selbst aufgeworfen haben.

2. Internationale Organisationen

Internationale Organisationen wurden vor rund 200 Jahren gegründet, um Probleme und Hemmnisse für den internationalen Handel zu beseitigen und zwischenstaatliche Kommunikation zu erleichtern. Gegen Ende des 19. Jahrhunderts ging die wachsende Zusammenarbeit zwischen den Staaten mit einer

---

[1] Das bzw. der UNHCR (United Nations High Commissioner for Refugees, Hoher Flüchtlingskommissar der Vereinten Nationen) beschreibt im Kern ein persönliches Amt der Vereinten Nationen. Dem UNHCR untersteht das Hochkommissariat (Office of the United Nations High Commissioner for Refugees, OHCHR). Um Verwirrung zwischen dem persönlichen Amt und der Behörde zu vermeiden, bezeichnet sich der UNHCR selbst als UN Refugee Agency bzw. als „*the* global refugee institution" (UNHCR 2003: 1) und betont damit den institutionellen Charakter.

ersten Gründungsphase internationaler Organisationen einher. Das 20. Jahrhundert, insbesondere die Jahre und Jahrzehnte nach dem Zweiten Weltkrieg, war durch eine wachsende Zahl an internationalen Organisationen und die Ausweitung ihrer Aktivitäten auf nahezu alle Politikbereiche gekennzeichnet.

Der Begriff der internationalen Organisation geht auf die zweite Hälfte des 19. Jahrhunderts zurück. Er wurde vom schottischen Völkerrechtler James Lorimer geprägt, der internationalen Organisationen skeptisch gegenüberstand und notierte, dass es keine internationale Organisation gebe, die das Urteil von Staaten außer Kraft setze, da jeder Staat sein eigener Richter sein müsse und eine internationale Organisation daher keinen materiellen Wert habe (Lorimer 1884: 190). In dieser Beschreibung klingt bereits die Doppeldeutigkeit des Begriffs an. Zum einen beschreibt *internationale Organisation* (im Singular) den Prozess der Koordination zwischen Staaten und das Herstellen von Ordnung, während *internationale Organisationen* (im Plural) auf die Institutionalisierung dieser Prozesse abstellt. Im Zentrum dieses Beitrags steht die letztgenannte Bedeutung.

Rittberger et al. (2013: 21) definieren internationale Organisationen als „organschaftlich strukturierte, sowohl politikfeldbezogene als auch politikfeldübergreifende zwischenstaatliche Institutionen, die auf international vereinbarten Prinzipien, Normen und Regeln basieren, welche die Verhaltenserwartungen der beteiligten Akteure so angleichen, dass diese Organisationen repräsentiert durch ihre Organe gegenüber ihrer Umwelt selbst als Akteure auftreten können." Diese Definition stellt zum einen auf die durch internationale Organisationen vertretenen Normen, Prinzipien und Regeln ab, zum anderen betont sie das Auftreten von internationalen Organisationen als Akteuren gegenüber Staaten. Theorien der Internationalen Beziehungen nehmen vor allem die wechselseitigen Beziehungen zwischen Staaten einerseits und internationalen Organisationen andererseits in den Blick. In den letzten 20 Jahren lässt sich jedoch eine Abkehr von einer staatszentrierten Forschung hin zu organisationstheoretischen Ansätzen erkennen. Dem folgend werden im vorliegenden Beitrag die beiden wichtigsten Organisationen der globalen Flüchtlingspolitik, UNHCR und IOM, als Weltorganisationen in einer gesellschaftlichen Umwelt (Geiger/Koch 2018; Koch 2017) vorgestellt, um so deren inter-organisationale Beziehungen zu skizzieren.

Erste Beispiele für die Beteiligung von internationalen Organisationen an der Migrations- und Flüchtlingspolitik gehen auf die Ära des Völkerbundes (1920–1946) und die Gründung der Internationalen Arbeitsorganisation (ILO) im Jahr 1919 zurück. Im Februar 1921 wurde im Rahmen des Völkerbundes auf Empfehlung der ILO das Amt des Hohen Flüchtlingskommissars eingerichtet. Dieser war in erster Linie für russische Flüchtlinge verantwortlich, die im Zuge der Revolution von 1917 geflohen waren, aber auch für armenische und andere Vertriebene. In Anlehnung an den Völkerbund wurde nur wenige Jahre später auch innerhalb der ILO ein Flüchtlingsdienst gegründet, der allerdings nur von 1925 bis 1929 existierte. Nach dem Tod des Hohen Flüchtlingskommissars Fridtjof Nansen 1930 wurde das Amt formal aufgelöst und als Internationales Nansen-Büro für Flüchtlinge weitergeführt, das 1938 aufgelöst wurde. Diese Einrichtung erhielt 1938 den Friedensnobelpreis.

Das Ende des Zweiten Weltkriegs konfrontierte die Staaten Europas mit 11 Millionen Flüchtlingen, die durch Kriegshandlungen, Flucht und gewaltsame Vertreibungen entwurzelt waren. Bereits während des Krieges, im November 1943, wurde die Nothilfe- und Wiederaufbauverwaltung der Vereinten Nationen (UNRRA) von den USA, der Sowjetunion, dem Vereinigten Königreich (UK) und China gegründet, um die Weltgemeinschaft bei der Bewältigung der massiven Flüchtlingsbewegungen und

Vertreibungen zu unterstützen. Zwischen 1946 und 1947 wurde die UNRRA schrittweise durch eine neue internationale Organisation, die Internationale Flüchtlingsorganisation (IRO), ersetzt, die wiederum Anfang der 1950er Jahre selbst schrittweise durch den UNHCR und die Vorläuferorganisation der heutigen IOM übernommen wurde. Während sowohl der UNHCR als auch die IOM mit einem geographisch auf Europa begrenzten Mandat zur Unterstützung von Flüchtlingen und Migranten in und aus dieser Weltregion begannen, haben beide Organisationen in den folgenden Jahrzehnten ihre Rolle zunehmend global interpretiert.

3. UNHCR und IOM

Die Aktivitäten der IOM und des UNHCR ergänzen und überschneiden sich in vielen Kernbereichen. Die IOM widmet sich insbesondere der Arbeitsmigration und Migrationssteuerung, die wiederum unter einem starken Einfluss der finanzierenden Geberländer aus dem Globalen Norden stehen (Geiger/Pécoud 2020). Die Arbeit des UNHCR basiert auf dem Schutzmandat für Flüchtlinge, Asylsuchende, Binnenvertriebene, Staatenlose und Rückkehrer*innen. Damit ist die Aufgabe verbunden, die Einhaltung der internationalen Vereinbarungen, allen voran der Genfer Flüchtlingskonvention, zu überwachen. Jedoch beziehen sich beide Organisationen nicht nur häufig aufeinander, sie interagieren und kooperieren eng miteinander, wenn sie als Teil eines Regimes (→ Flüchtlingsregime) die gleichen Situationen adressieren. Nachfolgend werden zunächst beide Organisationen und ihre zentralen Funktion in der globalen Flucht- und Migrationspolitik vorgestellt, bevor im Anschluss die wechselseitigen Beziehungen zwischen ihnen und weiteren internationalen Organisationen thematisiert werden.

UNHCR

Der UNHCR ist seit seiner Gründung 1951 als Sonderorganisation ein integraler Bestandteil der Vereinten Nationen (UN). Der UNHCR untersteht der UN-Generalversammlung und dem UN-Wirtschafts- und Sozialrat (ECOSOC) und informiert beide über seine Arbeit in einem jährlichen Bericht. Das Mandat des UNHCR ist in den Statuten von 1950 festgelegt und war ursprünglich auf Flüchtlinge in Europa nach dem Zweiten Weltkrieg beschränkt. Geplant war, dass die Aufgabe des UNHCR nach drei Jahren abgeschlossen wäre und die Sonderorganisation sodann wieder aufgelöst werden könnte. Im Zuge steigender Flüchtlingszahlen nicht nur in Europa, sondern auch weltweit, wurde der UNHCR seither alle fünf Jahre durch die UN-Generalversammlung verlängert. Erst in 2003 hat die UN-Generalversammlung die zeitliche Beschränkung des UNHCR aufgelöst und ein permanentes Mandat erteilt, bis das Flüchtlingsproblem gelöst sei (UNHCR 2003).

An der Spitze des UNHCR steht der Hochkommissar, der den UNHCR nicht nur nach außen repräsentiert, sondern diesen auch programmatisch leitet. Dieses Programm sowie das Budget werden durch das Exekutivkomitee des UNHCR geprüft und genehmigt. Das Exekutivkomitee besteht aus 102 Regierungsvertreter*innen, die von den Mitgliedsstaaten der Vereinten Nationen entsendet werden. Neben seiner Kontrollfunktion steht das Komitee dem Hochkommissar in Fragen des internationalen

Schutzes in beratender Funktion zur Seite. Für den UNHCR arbeiten ca. 18.000 Mitarbeiter*innen, mehr als 90 % sind in Regional- und Zweigstellen sowie Unter- und Außenbüros in 135 Ländern tätig.

Der UNHCR wird hauptsächlich durch freiwillige Beiträge von Regierungen, zwischenstaatlichen Akteuren, dem Nothilfefonds der Vereinten Nationen (CERF), aber auch von Stiftungen und Privatpersonen finanziert. Den größten Anteil an der Finanzierung tragen die Geberstaaten des Globalen Nordens und die Europäische Union mit rund 86 %. Darüber hinaus sind in den vergangenen zwei Jahrzehnten private Zuwendungen von rund drei Prozent auf zehn Prozent gestiegen. Da der UNHCR über kein festes Budget verfügt, ist die Arbeit in hohem Maße von den freiwilligen Zuwendungen der Staaten im Globalen Norden abhängig, die sich damit einen größeren Einfluss sichern. Aufgrund zunehmender Konfliktherde weltweit wird es für den UNHCR immer schwieriger, die nötigen Mittel aufzubringen, um seine Aufgaben zu erfüllen. Vor allem seit Mitte der 2010er Jahre ist die Zahl der Geflüchteten und der Bedarf für ihre Versorgung deutlich schneller gestiegen als die Finanzmittel, die für die humanitäre Hilfe zur Verfügung stehen.

Die Hauptaufgabe des UNHCR besteht im Schutz von Flüchtlingen auf der Grundlage der Genfer Flüchtlingskonvention (GFK) von 1951. Diese definiert den Flüchtlingsbegriff (→ ‚Flüchtling' – rechtlich) und stellt die darunter fallenden Personen unter einen besonderen Schutz. Sie dürfen weder ausgewiesen noch zurückgewiesen werden und auch nicht in Gebiete abgeschoben werden, in denen ihr Leben oder ihre Freiheit bedroht sind (GFK Art. 33, Abs. 1). Darunter fallen (Stand 2020) rund 26 Mio. Flüchtlinge, 3,5 Mio. Asylsuchende und 41 Mio. (→) Binnenvertriebene. Für letztere ist der UNHCR seit 2005 ebenfalls zuständig. Der UNHCR leistet sowohl für Flüchtlinge als auch für Binnenvertriebene Nothilfe zur Befriedigung der Grundbedürfnisse, wie z. B. Zugang zu sauberem Trinkwasser, sanitären Einrichtungen und medizinischer Versorgung sowie zu Unterkünften, Decken, Haushaltswaren und manchmal auch Lebensmitteln oder Bargeld. Dazu arbeitet der UNHCR mit einer Reihe von Regierungs- und Nicht-Regierungsorganisationen zusammen, die Flüchtlingen vor Ort helfen (siehe Abschnitt 4). Darüber hinaus organisiert der UNHCR Transporte und Hilfspakete für Menschen, die in ihre Heimat zurückkehren sowie Einkommen schaffende Projekte für diejenigen, die sich neu ansiedeln. Grundsätzlich ist der UNHCR stets auf die Mitgliedstaaten angewiesen, die den UNHCR einladen müssen, um auf ihrem Staatsgebiet tätig zu werden und konkrete Hilfsleistungen anzubieten.

Neben der Organisation der Nothilfe ist der UNHCR für die Zusammenarbeit mit Staaten verantwortlich, die dabei unterstützt werden, Flüchtlingen Schutz vor Verfolgung zu gewähren und ihnen Zugang zu einer dauerhaften Lösung zu vermitteln. Der UNHCR sieht drei Lösungen vor: (1) die freiwillige (→) Rückkehr in das Herkunftsland; (2) die (→) Integration im Aufnahmeland; und (3) die Neuansiedlung in einem anderen Land, das sogenannte (→) Resettlement. Die Arbeit des UNHCR ist durch den 2018 verabschiedeten Globalen Pakt für Flüchtlinge (Global Compact on Refugees, kurz: GCR) weiter gestärkt worden. Dieser trägt der Entwicklung Rechnung, dass eine nachhaltige Lösung für die Flüchtlingssituation nicht ohne internationale Zusammenarbeit erreicht werden kann. Der UNHCR unterstützt diese Zusammenarbeit zwischen Staaten, internationalen Organisationen und anderen zivilgesellschaftlichen Akteuren.

Um sowohl der steigenden Anzahl an Flüchtlingen als auch den wachsenden Aufgaben gerecht zu werden, benötigt der UNHCR eine deutlich sicherere Finanzierungsgrundlage (Crisp 2020). Dies gilt umso mehr, da in jüngster Zeit vermehrt seitens Nicht-Regierungsorganisationen angeregt wird, dass das Mandat des UNHCR sich auch auf Klimaflüchtlinge erstrecken möge, während Staaten darauf drängen, dass der UNHCR sich auf sein Kernmandat konzentrieren solle. Neben der finanziellen Unterstützung ist der UNHCR mehr denn je auf Anerkennung und Akzeptanz durch die Mitgliedstaaten angewiesen, die ihm diese während der Flüchtlingskrise in Europa in 2015/16 verweigerten und stattdessen nationale Lösungen suchten, um den wachsenden Zuzug von Flüchtlingen zu unterbinden. Die prominente Rolle des UNHCR im GCR könnte dazu beitragen, seine Position in der Weltpolitik zu stärken, indem er vor allem die Indikatoren des GCR entwickelt, die Fortschritte bei der Umsetzung der angekündigten Zusagen und Initiativen überprüft sowie die Messung der Auswirkungen von Aufnahme, Schutz und Unterstützung von Flüchtlingen vornimmt. Gerade diese Aufgaben verleihen dem UNHCR in besonderem Maße eine moralische Autorität (Barnett 2011: 118).

IOM

Zeitgleich zum UNHCR ist 1951 auch die erste Vorgängerorganisation der IOM, das Provisorische Zwischenstaatliche Komitee für die Auswanderung aus Europa (PICMME) gegründet worden, die sich wie der UNHCR um die Vertriebenen in Europa kümmerte. Das Komitee hatte die Kernaufgabe, die europäischen Staaten bei der Organisation der Rückkehr sowie der Suche nach Aufnahmestaaten für rund 11 Millionen Kriegsflüchtlinge nach dem Zweiten Weltkrieg zu unterstützen. Zur Bilanz der Organisation zählt, dass sie in den 1950er Jahren fast einer Million Menschen bei der Umsiedlung helfen konnte. Das PICMME wurde bewusst außerhalb der UN angesiedelt, um es vor einer ‚kommunistischen' Einflussnahme zu schützen. Nach verschiedenen Umbenennungen wurde es zu einer ständigen Einrichtung, aus der 1989 die IOM hervorging, die im Auftrag von Regierungen Programme im Bereich der Migrationspolitik – etwa zur Migrationssteuerung und -kontrolle, zur Weiterwanderung und Rückkehr von Flüchtlingen und Migrant*innen – entwickelt und durchführt. Seit 2016 ist die IOM eine *verwandte Organisation* (related organization) im UN-System. Auf diesem Weg wird die Kooperation zwischen der IOM und den UN gestärkt und seitens der UN anerkannt, dass die IOM eine zentrale Rolle und Funktionen in der globalen Migrationspolitik einnimmt. Gleichzeitig interferiert der Status einer verwandten Organisation nicht mit der Unabhängigkeit und Autonomie der IOM, da aus diesem Status keine Berichtspflicht der IOM oder eine Überwachungsmöglichkeit seitens der UN erwächst (Geiger 2017).

Die IOM mit derzeit 174 Mitgliedstaaten hat ihren Hauptsitz in Genf (Schweiz) und verfügt über insgesamt fast 590 Büros, darunter Verwaltungszentren in Manila (Philippinen) und Panama City (Panama), ihr Büro bei den Vereinten Nationen in New York (USA) und eine Vielzahl regionaler und spezialisierter Büros auf der ganzen Welt (IOM 2021). Weltweit arbeiten mehr als 15.000 Menschen in mehr als 150 Ländern für die IOM, vorwiegend als lokale Mitarbeiter*innen im Feld. Geleitet wird die IOM vom Generaldirektor, der die Verantwortung für die Formulierung einer kohärenten Politik und die Überwachung der Aktivitäten des IOM trägt. Ihm untersteht das Büro des Generaldirektors, das diverse Referate umfasst, die der gesamten Organisation beratend zur Seite stehen und sie direkt unterstützen. Der Rat ist das höchste beschlussfassende Gremium der IOM, in dem alle Mitgliedstaaten vertreten sind. Er entscheidet über die Geschäftsordnung und tritt in regelmäßigen Abständen zusammen, um den jährlichen Haushalt zu verabschieden. Darüber hinaus beschließt er die politische und programmatische Zielsetzung der IOM.

Finanziert wird die IOM vor allem aus projektgebundenen Mitteln, die insbesondere vonseiten der USA und anderen Ländern des Globalen Nordens – allen voran Deutschland und weiteren EU-Staaten, Australien, Kanada, Großbritannien und Norwegen – sowie dem größten nicht-staatlichen Geldgeber der IOM, der Europäischen Kommission aufgebracht werden. Sie umfassen einen Anteil von rund 96 % des finanziellen Gesamtvolumens.

Das Migrationsmanagement der IOM zeichnet sich durch den Umgang mit erzwungener Migration, die Regulierung und Erleichterung von Migration sowie Migration und Entwicklung aus (IOM 2021). Zu den Hauptzielen der IOM gehört es, Staaten praktische Hilfe anzubieten (IOM 2020). Dazu führt sie jährlich mehr als tausend Projekte weltweit durch, wie z. B. Projekte gegen Menschenhandel, Informationskampagnen zur Verhinderung ‚irregulärer' Migration, Programme zur Unterstützung von Migrant*innen bei der Ausreise oder Projekte im Bereich Migration und Gesundheit (IOM 2021). Darüber hinaus führt die IOM Programme zur Neuansiedlung von Flüchtlingen durch oder unterstützt die ‚freiwillige' Rückkehr. Aus Sicht der IOM stellen die letztgenannten Maßnahmen eine weniger invasive Alternative zur Abschiebungen dar (Webber 2011).

2018 haben 164 Staaten den Globalen Pakt für sichere, geordnete und reguläre Migration (Global Compact for Safe, Orderly and Regular Migration; kurz: GCM) unterzeichnet, um die migrationsbezogene Zusammenarbeit zu stärken, Migration zu erleichtern, die Rechte von Migrant*innen zu schützen und „irreguläre" Migration zu unterbinden (UN 2018). Die IOM hat die Staaten während der Verhandlungen zum GCM beraten und Konsultationen mit Expert*innen, Praktiker*innen, Journalist*innen, der Zivilgesellschaft und Vertreter*innen von Migrantenorganisationen organisiert (Geiger/Koch 2018).

Nicht-Regierungsorganisationen wie etwa Amnesty International und Human Rights Watch werfen der IOM regelmäßig vor, sie diene in erster Linie den Staaten des Globalen Nordens und deren restriktiver Migrationsagenda (Georgi 2019). Kritisiert wird auch das oft als zu stark und unpassend empfundene Auftreten der IOM, um finanzielle Mittel für eigene Projekte im Bereich des Migrationsmanagements einzuwerben (Georgi 2019).

4. Weitere internationale Organisationen in der Flüchtlingspolitik

Neben dem UNHCR und der IOM gibt es weitere internationale Organisationen, die an der globalen Migrations- und Flüchtlingspolitik mitwirken. Dies gilt insbesondere für die Internationale Arbeitsorganisation (ILO), die sich seit ihrer Gründung mit migrations- und flüchtlingsbezogenen Themen beschäftigt hat. Ihre zentrale Aufgabe besteht darin, die Rechte und Bedürfnisse von Arbeitnehmer*innen – darunter auch Arbeitsmigrant*innen – weltweit zu schützen und ihnen zu dienen. Somit ist ILO unter anderem in der Verhinderung jeglicher Form von Zwangsarbeit und Sklaverei engagiert und setzt sich für die Einhaltung der Menschenrechte ein.

Das Hilfswerk der Vereinten Nationen für Palästina-Flüchtlinge im Nahen Osten (UNRWA) ist die ‚kleinere Schwesterorganisation' des UNHCR und die zweite flüchtlingsfokussierte Organisation innerhalb des UN-Systems. Das UNRWA wurde 1949 von der UN-Generalversammlung gegründet und wurde ähnlich wie der UNHCR mit einem temporären Mandat für drei Jahre ausgestattet, das seither immer wieder um drei Jahre verlängert wurde. Kernaufgabe des UNRWA war und ist es bis heute, palästinensische Flüchtlinge, die im Zuge des ersten Palästinakrieges (1947–1979) in Nachbarländer flohen, zu schützen und zu betreuen, bis eine gerechte und dauerhafte Lösung für die Geflüchteten vorliegt (→ Naher Osten). Da das UNRWA im Gegensatz zum UNHCR nicht befugt ist, langfristige und dauerhafte Lösungen für Flüchtlinge zu suchen, beschränkt sich die Arbeit des UNRWA auf Hilfeleistungen für Flüchtlinge. Dazu gehört etwa die Unterstützung in den Bereichen Bildung, medizinische Versorgung, Hilfs- und Sozialdienste, Kleinkredite, Beschäftigungsmöglichkeiten und Nothilfe für palästinensische Flüchtlinge. Seit seiner Gründung hat das UNRWA so 5,7 Millionen registrierten Palästina-Flüchtlingen Hilfe und Schutz geboten.

Innerhalb des UN-Systems gibt es darüber hinaus eine Fülle weiterer Organisationen, deren Arbeit sich zwar in erster Linie auf andere politische Themen konzentriert, die aber dennoch in unterschiedlichem Maße an migrations- und flüchtlingsbezogenen Aktivitäten beteiligt sind. In vielen Fällen befassen sich diese Organisationen mit Themen, die sich direkt auf Migration und Flüchtlinge sowie die Ursachen von Migration auswirken, wie z. B. Armut, Hungersnot und Nahrungsmittelsicherheit, Klimawandel, Entwicklung etc. So hat etwa das UN-Generalsekretariat das erste globale Expertengremium für Migration, der Global Commission on International Migration (2003–2005), mehrere UN-Dialoge und globale Foren für Migration und Entwicklung sowie die Sondersitzung der UN-Generalversammlung im September 2016 einberufen und organisiert, die zu der weitreichenden New Yorker Erklärung für Flüchtlinge und Migration und später zur Verabschiedung der beiden Globalen Pakte für Flüchtlinge und Migration führte. Die Abteilung der UN für Wirtschaftliche und Soziale Angelegenheiten (UN DESA) wirkt aktiv an der Entwicklungsagenda der UN mit und unterstützt ihre Mitglieder bei der Verwirklichung wirtschaftlicher, ökologischer und sozialer Ziele. Sie stellt darüber hinaus mehrere statistische Datenbanken bereit und liefert regelmäßig Berichte über die wichtigsten Migrationstrends in der Welt. Das Entwicklungsprogramm der Vereinten Nationen (UNDP) konzentriert sich hauptsächlich auf die Beseitigung von Armut und die Verwirklichung der nachhaltigen Entwicklungsziele der Vereinten Nationen (SDGs). Migration und Flucht werden im Allgemeinen als Querschnittsthemen für die SDGs betrachtet, die eng mit Armut und Unterentwicklung verbunden sind, da diese Ursachen für Migration und Flucht sind. Das UNDP arbeitet mit den wichtigsten migrations- und flüchtlingsbezogenen internationalen Organisationen (IOM, UNDP, ILO und UNRWA) zusammen und unterstützt die UN-Mitgliedsstaaten bei der Bekämpfung der Grundursachen von Migration und Flucht sowie bei der Bewältigung entwicklungsbezogener Auswirkungen wie z. B. Auslandsüberweisungen von Migrant*innen in ihre Heimatländer, die Herausforderungen des ‚Braindrain' durch die Abwanderung von Fachkräften etc. Im Bereich der Förderung der globalen Entwicklung gibt es noch weitere UN-Organisationen, die regelmäßig Projekte mit dem Schwerpunkt Migration und Flucht leiten, als Partner daran teilnehmen oder sie logistisch und finanziell unterstützen. Das 1961 gegründete Welternährungsprogramm der Vereinten Nationen (WFP) ist eine der wichtigsten Organisationen der internationalen Gemeinschaft für die Bereitstellung von Nahrungsmitteln, Wasser und anderen lebenswichtigen Gütern für Flüchtlinge, (gestrandete) Migrant*innen und andere gefährdete Bevölkerungsgruppen wie etwa Binnenvertriebene in Konflikt- und Kriegsgebieten. Die Schwesterorganisation des WFP, die Ernährungs- und Landwirtschaftsorganisation der Vereinten Nationen (FAO), unterstützt direkt Migrant*innen, Flüchtlinge, Binnenvertriebene und andere betroffene Bevölkerungsgruppen, wobei der Schwerpunkt auf ländlichen, von der Landwirtschaft geprägten Regionen in Entwicklungsländern und von Konflikten betroffenen Ländern und Regionen liegt.

5. Fazit

Wiederkehrende globale Vertreibungskrisen und flüchtlingspolitische Herausforderungen unterstreichen die Notwendigkeit, dass der UNHCR und die IOM sowohl untereinander als auch mit anderen internationalen Organisationen zusammenarbeiten und bei der Verwirklichung und Bereitstellung substanzieller Lösungen für die Bewältigung von Migrations- und Flüchtlingsbewegungen stark voneinander abhängig sind. Mehr denn je sind internationale Organisationen als ‚Problemlöser' gefordert, um angesichts globaler Krisen und neuer Herausforderungen Mängel im internationalen System zu beheben und das Leid von Flüchtlingen und Migrant*innen zu lindern. Hierzu benötigen internationale Organisationen sowohl die finanzielle Ausstattung, um den gewachsenen Herausforderungen gerecht zu werden, als auch die politische Unterstützung von Staaten sowie der internationalen Gemeinschaft. Denn Migration und Flucht sind keine partiellen Probleme einzelner Staaten oder Regionen, sie sind globale Querschnittsprobleme.

Literaturverzeichnis

Barnett, Michael (2011): Humanitarianism, Paternalism, and the UNHCR. In: Betts, Alexander/ Loescher, Gil (Hrsg.): Refugees in International Relations. Oxford: Oxford University Press, 105–132.
Crisp, Jeff (2020): UNHCR at 70: An Uncertain Future for the International Refugee Regime. In: Global Governance: A Review of Multilateralism and International Organizations 26 (3), 359–368.
Geiger, Martin (2017): Die Rolle der IOM im UN-System. In: Vereinte Nationen: German Review on the United Nations 65 (5), 201–206.
Geiger, Martin/Koch, Martin (2018): World Organization in Migration Politics: The International Organization for Migration. In: Journal of International Organization Studies 9 (1), 25–44.
Geiger, Martin/Pécoud, Antoine (Hrsg.) (2020): The international organization for migration: the new 'UN Migration Agency' in critical perspective. London: Palgrave Macmillan.
Georgi, Fabian (2019): Managing Migration? Eine kritische Geschichte der Internationalen Organisation für Migration (IOM). Berlin: Bertz & Fischer.
IOM (2020): IOM Institutional Strategy on Migration and Sustainable Development. Geneva: International Organization for Migration (IOM).
Karns, Margaret P./Mingst, Karen A. und Stiles, Kendall W. (2015): International Organizations: The Politics and Processes of Global Governance, Boulder: Lynne Rienner.
Koch, Martin (2017): Internationale Organisationen in der Weltgesellschaft. Frankfurt a.M.: Campus Verlag.
Lorimer, James (1884): The Institutes of the Law of Nations. A Treatise of the Jural Relations of Separate Political Communities. Edingburgh, London: W. Blackwood and Sons.

Rittberger, Volker/Zangl, Bernhard/Kruck, Andreas (2013): Internationale Organisationen, Wiesbaden: Springer VS.
UN (2018): Global Compact for Migration: Global Compact for Safe, Orderly and Regular Migration. New York: UN.
UNHCR (2003): Note on the Mandate of the High Commissioner for Refugees and his office. Genf: UNHCR.
Webber, Frances (2011): „How voluntary are voluntary returns?". In: Race & Class, 52 (4), 98–107.

III.1.3

Bundesländer und innerstaatliche Regionen

Danielle Gluns und Hannes Schammann

Abstract Die Rolle der subnationalen Ebene für asyl- und fluchtpolitische Fragen wird in der politischen Debatte wie in der Forschung häufig unterschätzt. Die Diskussion konzentriert sich entweder auf die Nationalstaaten und deren Aufnahme- und Abschottungspolitik oder im Zuge des „local turn" auf (→) Kommunen als konkrete Orte migrationspolitischer Praxis. Bundesländer, Regionen oder Kantone werden dagegen weniger intensiv betrachtet, obwohl sie eine wichtige Scharnierfunktion zwischen den politischen Ebenen wahrnehmen und – je nach politischem System – über erhebliche Handlungsspielräume verfügen. Diese reichen von der Gestaltung der Rahmenbedingungen gesellschaftlicher Teilhabe über Unterbringungsmodalitäten bis hin zu eigenen humanitären Aufnahmeprogrammen und der Mitsprache bei Gesetzen der nationalen Ebene. Dieser Beitrag beleuchtet die subnationale Ebene in drei Schritten: Zunächst wird für den deutschen Kontext skizziert, welche rechtlichen und politischen Spielräume die Bundesländer in der Asyl- und Flüchtlingspolitik haben, und wie sie auf die über- und nachgeordneten Ebenen Einfluss nehmen. In einem nächsten Schritt werden Regionen im internationalen Vergleich betrachtet, wobei sowohl zentralstaatlich als auch föderal organisierte Nationalstaaten einbezogen werden. Etwas ausführlicher werden die Schweiz, Österreich und Italien vorgestellt, weitere Staaten werden hinsichtlich spezifischer Besonderheiten benannt. Abschließend wird die Rolle der subnationalen Ebene im Mehrebenensystem der Asyl- und Flüchtlingspolitik diskutiert.

Schlüsselbegriffe: Föderalismus, Subsidiarität, Mehrebenenpolitik, Vergleich, Regionen

1. Bundesländer in Deutschland

Föderale Staaten sind geprägt vom Subsidiaritätsprinzip. Dieses besagt, dass Aufgaben grundsätzlich auf der untersten Verwaltungsebene angesiedelt sind und nur auf eine höhere übertragen werden, wenn ansonsten die Aufgabenerfüllung gefährdet wäre. In Deutschland als föderalem Bundesstaat ist die Aufnahme von Schutzsuchenden in diesem Sinne zwischen Bund und Ländern aufgeteilt. Im Rahmen der konkurrierenden Gesetzgebung hat der Bund auf der einen Seite die primäre Kompetenz rund um das „Aufenthalts- und Niederlassungsrecht der Ausländer" (Art. 74 Abs. 1 Nr. 4 GG). Noch weiterreichender sind seine Befugnisse sogar bei Schutzsuchenden, da Art. 74 Abs. 1 Nr. 6 GG ganz allgemein die Gesetzgebung rund um die „Angelegenheiten der Flüchtlinge und Vertriebenen" als Vorrecht des Bundes definiert. Doch in der Umsetzung der Bundesgesetze – also insbesondere Aufenthaltsgesetz, Asylgesetz und Asylbewerberleistungsgesetz – kommt den Bundesländern eine wichtige Rolle zu: Während der Bund das Asylverfahren beim Bundesamt für Migration und Flüchtlinge (BAMF) operativ durchführt, sind die Länder für die Unterbringung und Existenzsicherung der Schutzsuchenden zuständig (Schammann/Gluns 2021). Dafür erhalten die Länder Finanzhilfen vom

Bund. Aufgabenübertragung und finanzielle Kompensation folgen dem sogenannten Konnexitätsprinzip (Art. 104a GG).

Große Unterschiede zwischen den Bundesländern gibt es bei der Umsetzung der sogenannten Wohnsitzauflage. Die entsprechende Bundesregelung (§ 12a AufenthG) besagt, dass anerkannte Flüchtlinge grundsätzlich die ersten drei Jahre in dem Bundesland ihren Wohnsitz haben sollen, dem sie für das Asylverfahren zugewiesen wurden. Es obliegt zudem den Ländern zu entscheiden, ob sie auch innerhalb ihrer regionalen Grenzen Wohnsitzauflagen erlassen. Mit der Umsetzung der Wohnsitzregelung haben Bundesländer ein Instrument der Migrationssteuerung, das über bloße Integrationsaspekte hinausgeht – auch wenn es hier nur um die Verlagerung des Lebensmittelpunktes im Inland geht.

Über Landesaufnahmegesetze können sie den Kommunen vorschreiben, welche Standards für Gemeinschaftsunterkünfte (→ Wohnen) gelten oder ob Geld- oder Sachleistungen ausgezahlt werden. Sie können auch entscheiden, ob sie sogenannte Anker-Zentren einrichten, in denen Bundes- und Landeseinrichtungen zusammenwirken und in denen besonders Personen mit weniger guter „Bleibeperspektive" von der lokalen Bevölkerung weitgehend isoliert werden (Schader et al. 2018).

Ebenfalls von zentraler Bedeutung ist, dass die Länder den kommunalen Ausländerbehörden gegenüber weisungsbefugt sind und somit die Auslegung des Aufenthaltsrechts maßgeblich prägen können. Dies kann beispielsweise die Frage betreffen, wie unbestimmte Rechtsbegriffe – etwa die „Mitwirkungspflicht" bei der Passbeschaffung – ausgelegt werden. Aber auch die Rahmenbedingungen für gesellschaftliche Teilhabe von Schutzsuchenden werden auf Landesebene mitgestaltet. Dies gilt beispielsweise für den Zugang zu Gesundheitsleistungen oder für das Anerkennen von Abschiebungshindernissen (→ Abschiebung). Für Einzelfälle können die Bundesländer Aufenthaltstitel für eigentlich ausreisepflichtige Menschen vergeben. Dies erfolgt über Härtefallkommissionen, in denen sowohl staatliche als auch nicht-staatliche Vertreter*innen sitzen.

Darüber hinaus können Bundesländer in Abstimmung mit dem Bundesinnenministerium Landesaufnahmeprogramme für bestimmte Gruppen initiieren. Ein Beispiel ist das Aufnahmeprogramm (→ Resettlement) Baden-Württembergs im Jahr 2016 für 1.000 yezidische Frauen aus Syrien. Wie in diesem Fall, so konnten sich die Bundesländer lange auf die Zustimmung des Bundesinnenministeriums verlassen. Im Jahr 2020 wurde jedoch das Ansinnen einiger Bundesländer, Schutzsuchende aus überfüllten Lagern (→ Camp/Lager) an der EU-Außengrenze aufzunehmen, zurückgewiesen, woraufhin Berlin eine Klage beim Bundesverfassungsgericht einreichte. Bereits im Jahr zuvor hatte Berlin gemeinsam mit Thüringen eine Gesetzesinitiative im Bundesrat eingebracht, um die Zustimmungsnotwendigkeit des Bundesinnenministeriums abzuschaffen. Die Initiative scheiterte jedoch – auch am Widerstand von Ländern, die in der Vergangenheit größere Aufnahmeprogramme durchgeführt hatten. Die Änderung hätte bedeutet, dass die Bundesländer die flüchtlingspolitische Verantwortung noch stärker annehmen und ihre Entscheidung politisch rechtfertigen müssen.

In der Forschung werden asylpolitische Unterschiede zwischen den deutschen Bundesländern erst seit relativ kurzer Zeit diskutiert. In einigen vergleichenden politikwissenschaftlichen Arbeiten wird beispielsweise der Einfluss von Parteien auf bestimmte asylpolitische Ausrichtungen untersucht (u.a. Günther et al. 2019). Vereinzelt wird auch diskutiert, ob die Entscheidungspraxis des eigentlich zentral gesteuerten BAMF zwischen den Bundesländern variiert (Riedel/Schneider 2017). Demgegenüber sind Arbeiten zur Integrationspolitik der Bundesländer etwas häufiger, wenn auch meist ohne direkten

Bezug zu Fluchtmigration (Gesemann/Roth 2015; Blätte 2017; Bogumil/Kuhlmann 2020; Schamburek 2016).

2. Regionen im internationalen Vergleich

Nicht nur in Deutschland, auch in anderen Staaten sind Ebenen zwischen (National-)Staat und (→) Kommunen an der Gestaltung und Umsetzung der Migrations- und Flüchtlingspolitik beteiligt. Die formelle Beteiligung der subnationalen Ebene an der Politikgestaltung im Bereich Migration ist insbesondere in föderalen Systemen ausgeprägt (vgl. Joppke/Seidle 2012), während es in zentralisierten Staaten in der Regel keine subnationale Ebene mit einem eigenen Parlament und Selbstverwaltungskompetenzen gibt. Aufgrund der Heterogenität der Formen der Zusammenarbeit und der unterschiedlichen Aufgabenteilungen zwischen den Ebenen kann an dieser Stelle kein umfassender Überblick gegeben werden. Stattdessen konzentriert sich die Darstellung auf einige Beispiele, anhand derer sich zentrale Fragestellungen und Einflussfaktoren diskutieren lassen.

2.1 Schweiz

Ein paradigmatisches Beispiel eines föderalen Staates mit hoher Autonomie der Kantone (und Gemeinden) ist die Schweiz. Die schweizerische Flüchtlingspolitik hat sich bereits seit dem 17. Jahrhundert *bottom-up*, d.h. durch Koordination der Orte, entwickelt (Schindler 2017: 194). Inzwischen ist jedoch der Bundesstaat maßgeblich für die Gestaltung der (→) Asylpolitik zuständig. Auch die Durchführung der Asylverfahren obliegt ähnlich wie in Deutschland einer Bundesbehörde, dem Staatssekretariat für Migration (SEM).

Die Kantone sind hingegen entsprechend des Vollzugsföderalismus für die Implementation des Ausländerrechts zuständig. Dazu zählen aufenthaltsrechtliche Aspekte, z. B. der Vollzug von Wegweisungen (d.h. (→) Abschiebungen) oder die Erteilung von Aufenthaltsbewilligungen, ebenso wie die Gestaltung der Aufenthaltsbedingungen für Asylsuchende und Flüchtlinge. Dabei haben die Kantone zum Teil große Spielräume in der Ausgestaltung. Bei der Unterbringung existieren beispielsweise nur wenige gesetzliche Vorgaben, die auch die Delegation der Unterbringung an private Träger ermöglichen. Zudem können die Kantone bei der Sozialhilfe die Sätze für Asylsuchende und vorläufig aufgenommene Ausländer*innen (ähnlich der Duldung in Deutschland) selbst festlegen.

In der kantonalen Politik werden dabei gleichzeitig Liberalisierungen in manchen Bereichen und restriktivere Regelungen in anderen Bereichen umgesetzt. Damit reagieren sie in der Regel auf jeweils aktuelle regionale (sozial)politische Debatten (Probst et al. 2019: 115-117). Zudem widersetzen sich viele Kantone bundesrechtlichen Regelungen, wenn diese, wie das Sachleistungsprinzip der Sozialhilfe für Asylsuchende, impraktikabel bzw. zu aufwändig sind (Probst et al. 2019: 110). Insgesamt unterscheiden sich damit die Aufnahmebedingungen ebenso wie die Integrationspolitiken zwischen den Kantonen stark, was sich unter anderem auf regionale Pfadabhängigkeiten zurückführen lässt (siehe Manatschal 2013).

2.2 Österreich

Im Gegensatz zur Schweiz stellt Österreich einen ursprünglich zentralistischen Staat dar, der erst im Laufe der Zeit föderalisiert wurde. Dennoch ähneln sich die Strukturen der Asylpolitik heute in weiten Teilen: grundsätzlich ist der Bund für die Gestaltung der Asylpolitik zuständig und führt seit 1992 die Asylverfahren direkt durch das Bundesamt für Fremdenwesen und Asyl (BFA) durch. Das Verfahren der Unterbringung in Österreich ist zweistufig: während des vorgeschalteten Zulassungsverfahrens bleibt der Bund für die Unterbringung und Versorgung der Asylsuchenden zuständig. Erst mit der Zulassung zum regulären Asylverfahren soll laut Grundversorgungsvereinbarung – Art. 15a B-VG die Zuständigkeit auf die Bundesländer übergehen. Ein Bund-Länder-Koordinationsrat soll sich der „partnerschaftlichen Lösung" aktueller Herausforderungen widmen.[1] Allerdings konnte er die aufgeheizten politischen Konflikte um die Bereitstellung von Unterkünften bzw. die Widerstände einiger Bundesländer und Gemeinden nicht lösen, sodass die vereinbarte Aufnahmequote de facto nur in Wien (über)erfüllt wird (Jong/Ataç 2017: 29; Kohlbacher 2020: 108). Daher nutzt der Bund sein Durchgriffsrecht, um eigene Unterkünfte in bundeseigenen Immobilien bereitzustellen.

Während Asylsuchende sich nicht aussuchen können, in welchem Bundesland sie leben, gibt es für anerkannte Flüchtlinge und subsidiär Geschützte keine Niederlassungsbeschränkung. Da die österreichischen Länder den Umfang der Sozialleistungen für subsidiär Schutzberechtigte festlegen, ist daraus eine politische Debatte entbrannt, ob höhere Leistungen Flüchtlinge anziehen (Dellinger/Huber 2021). Nachdem zunächst einige Länder die Leistungen eingeschränkt hatten, sieht nun auch die bundesrechtliche Reform vor, subsidiär Geschützten nur noch „ausschließlich Kernleistungen der Sozialhilfe zu gewähren, die das Niveau der Grundversorgung nicht übersteigen"[2].

Im Bereich der Integration hatten zunächst die Bundesländer – in unterschiedlichem Ausmaß – Maßnahmen ergriffen, bevor der Bund Anfang der 2000er Jahre begann, ebenfalls aktiv zu werden. So wurden Sprachkurse bis 2018 vom Bund kofinanziert. Seit der Beendigung der Kofinanzierung fördert der Österreichische Integrationsfonds die Kurse, allerdings v. a. für Asylberechtigte (d.h. anerkannte Flüchtlinge) und subsidiär Geschützte. In der Folge wurden in den meisten Bundesländern die Angebote für Asylsuchende verringert oder sogar gänzlich eingestellt. Andere Länder fördern jedoch die Kurse aus eigenen Mitteln (SOS Mitmensch 2020). Subsidiarität kann demnach zu einem *„race to the bottom"* führen, wenn hohe Aufnahmestandards als *Pull*-Faktoren verstanden werden – andererseits ermöglicht der Föderalismus den Ländern auch, Aufnahme und Integration aus eigenen Mitteln zu fördern. Finanzmittel und Regulierungen von Bundesseite können hierbei ein Stück weit ausgleichend wirken.

2.3 Italien

Ein Beispiel für einen quasi-föderalen Staat ist Italien, wo den Regionen erst mit der Verfassungsänderung von 2001 explizit Rechtsetzungskompetenzen in einigen Bereichen verliehen wurden. Zudem gibt es laut der Verfassung von 1948 Regionen mit Sonderstatus aufgrund ihrer regionalen kulturel-

---

1 https://www.bmi.gv.at/303/start.aspx (Zugriff: 22.02.2021).
2 https://www.oesterreich.gv.at/themen/soziales/armut/3/2/Seite.1693906.html (Zugriff: 23.02.2021).

len Besonderheiten. Während die Asylgewährung nach der Verfassungsreform in zentralstaatlicher Zuständigkeit verblieb (Finotelli 2013), wurden die Kompetenzen für die Sozial- und Integrationspolitik dezentralisiert, bzw. die bereits durch viele Regionen übernommenen Aufgabenfelder auch verfassungsrechtlich verankert. Bis 2017 hatten somit fast alle Regionen eigene Integrationsgesetze erlassen (Zuber 2020: 1487). Dennoch gab es seit Mitte der 2000er Jahre Bestrebungen der nationalen Regierung, einen stärkeren Einfluss auf die Aufnahme und Integration auszuüben – teilweise auch aufgrund des Einflusses der EU (Caponio et al. 2019).

Zudem sind sowohl die Kommunen als auch zivilgesellschaftliche Organisationen eng in die Gestaltung und Umsetzung der Aufnahme von Asylsuchenden und Flüchtlingen einbezogen. Die Unterbringung erfolgt seit 2002 im Rahmen des SPRAR-Systems, in dessen Rahmen sich lokale Träger auf eine Finanzierung durch das Innenministerium bewerben, um Aufnahmeeinrichtungen zu betreiben. Die Verteilung der Angebote ist somit nicht direkt steuerbar. Die Regionen können zwar eine koordinierende Rolle einnehmen, sind dazu aber nicht verpflichtet. Somit ergibt sich ein komplexes *Governance*-Gefüge, in dem Regionen teils mehr, teils weniger Einfluss nehmen (Campomori/Caponio 2017). Dementsprechend zeigen sich in der Praxis sehr unterschiedliche Politiken: während beispielsweise die Regionalregierung Siziliens die Beteiligung weitgehend den Kommunen überlässt (vgl. Bassi 2014), übte das Veneto zum Teil aktiven Widerstand gegen lokale Bestrebungen zur Schaffung von Unterkünften. Wiederum andere Regionen verfolgen hingegen eine aktive Aufnahme- und Integrationspolitik.

Die regionale Politik lässt sich teilweise durch Prozesse des *Framing* sowie durch die Macht von Akteuren in Netzwerken erklären (Pettrachin 2020, siehe auch Campomori/Caponio 2013; Schmidtke/Zaslove 2014). Darüber hinaus stellen der Grad der Institutionalisierung bestehender Kooperationen sowie die sozialpolitischen Traditionen der Regionen wichtige Einflussfaktoren auf die regionale Rolle in der Integrationspolitik dar (Campomori /Caponio 2017). Zudem sind die Konflikte um die Aufnahme von Asylsuchenden in der Regel größer als die in Bezug auf Arbeits- oder Familienmigration (Caponio et al. 2019), was sich möglicherweise auf die hohe Politisierung des Themas zurückführen lässt (Schmidtke/Zaslove 2014).

2.4 Besondere Regionen

Eine besondere Rolle wird Regionen nationaler bzw. linguistischer Minderheiten zugesprochen, z. B. Südtirol (Italien), Katalonien (Spanien) oder Flandern (Belgien). Die bisherige Literatur konzentriert sich dabei v. a. auf den Aspekt der Integrationspolitik (verstanden als *policy output*) und geht davon aus, dass assimilationistische Verständnisse von Integration hier dominieren (Joppke/Seidle 2012; Adam/Hepburn 2019; Wisthaler 2015; Gebhardt 2016; Zuber 2020). In Bezug auf die Beziehungen und die Strukturen der Interaktion (*polity* und *politics*) zwischen diesen Regionen und den jeweiligen Staaten deuten erste Studien auf komplexe Zusammenhänge hin. Zu den möglichen Einflussfaktoren gehören der institutionelle und verfassungsrechtliche Rahmen, parteipolitische Divergenzen zwischen den Ebenen sowie die Politisierung bzw. *issue salience* des jeweiligen Themas (Adam 2019; Franco-Guillén 2019; Caponio et al. 2019).

Einen besonderen Fall stellt die Provinz Québec (Kanada) dar, die über weitreichende Kompetenzen nicht nur in der Aufnahme und Integration, sondern auch in der Auswahl von Migrant*innen verfügt. Dies führte durch den Druck der anderen Provinzen auch zu weiteren Dezentralisierungsprozessen (Jeram/Nicolaides 2019; Banting 2012).

3. Regionen im Mehrebenensystem der Flüchtlingspolitik

Gerade in föderalen Systemen können die Unterschiede zwischen den Regionen sehr groß sein. Dies führt dazu, dass die Lebensrealität von Schutzsuchenden innerhalb eines Landes stark variiert, was sich nochmals verstärkt auf der Ebene der Kommunen fortsetzt. Dabei kann die unterschiedliche Ausrichtung der Flüchtlingspolitik in den Regionen zwei wichtige politische Funktionen erfüllen: Erstens erlaubt sie im Sinne vertikaler Gewaltenteilung, dass einseitige nationalstaatliche Regelungen in der regionalen Implementation aufgeweicht oder gar transformiert werden. Dies beschränkt beispielsweise die Durchsetzungsmacht populistischer Regierungen. Zweitens können verschiedene Herangehensweisen innerhalb eines Nationalstaats dazu führen, dass im ‚Labor des Föderalismus' neue Handlungsoptionen entwickelt und Debatten um alternative Lösungswege befördert werden.

Die Potenziale, die in der Beteiligung von Regionen liegen, hat auch die Europäische Union erkannt und sucht zunehmend den Austausch mit subnationalen Ebenen. Insbesondere die Europäische Kommission versucht durch den Schulterschluss mit den Regionen einen flüchtlingspolitischen Stillstand zwischen Nationalstaaten abzumildern. Ein institutionalisiertes Mitspracherecht der lokalen und regionalen Ebene ist über den Ausschuss der Regionen (AdR) gewährt. Er muss angehört werden, wenn von geplanten Rechtsakten ein direkter Einfluss auf die Regionen und Städte erwartet wird.[3]

Neben diesem Gremium existiert seit 1985 mit der Versammlung der Regionen Europas (Assembly of European Regions, AER) zusätzlich ein unabhängiger Verein, der sich zum Ziel gesetzt hat, das Subsidiaritätsprinzip und den Einfluss der Regionen auf die EU-Institutionen sowie den Europarat zu stärken. Dabei sind auch Regionen aus Nicht-EU-Mitgliedstaaten (z. B. Türkei) vertreten.

Während ein Vorteil kollektiver Vertretungen in der gesteigerten Legitimation der Stellungnahmen liegt, erfordert die gemeinsame Interessenvertretung immer auch Kompromisse. Daher verfügen einige Regionen, darunter auch die meisten Bundesländer, über eigene Vertretungen in Brüssel, über die sie ihre Interessen gegenüber der EU vertreten.

Zudem werden die regionalen Gebietskörperschaften auch in europäische Programme einbezogen. So werden beispielsweise einige EU-Fonds, wie die Struktur- und Investitionsfonds (ESIF), gemeinsam von der EU, sowie nationalen und regionalen Behörden verwaltet.[4] Während ein Teil der Mittel von den Ländern beispielsweise an Kommunen oder freie Träger vergeben wird, können Bundesländer beispielsweise im Rahmen des Europäischen Sozialfonds (ESF) oder des Asyl-, Migrations- und Integrationsfonds (AMF, früher AMIF) auch selbst zu Empfängern von EU-Mitteln werden. Dies vergrößert den Handlungsspielraum der Regionen ungemein und prägt auch lokale Politik wesentlich vor.

---

3 https://cor.europa.eu/DE/members/Pages/Delegation.aspx?country=Germany (Zugriff: 26.02.2021).
4 https://ec.europa.eu/germany/eu-funding/grants_de (Zugriff: 26.02.2021).

In der europäischen Asyl- und Flüchtlingspolitik scheitern die Nationalstaaten regelmäßig daran, Schutzsuchende auf die EU-Mitgliedsstaaten zu verteilen. Subnationalen Regierungen wird demgegenüber nachgesagt, dass sie pragmatischer und lösungsorientierter handeln und möglicherweise auch mehr Schutzsuchende aufnehmen würden. Bislang sind dies jedoch bloße Spekulationen, da eine weitgehende Kompetenzübertragung zur Aufnahme von Schutzsuchenden auf die Regionen bislang in keinem Staat der EU stattgefunden hat.

4. Fazit

Subnationale Regierungen sind daher weniger als Hoffnungsträgerinnen europäischer Flüchtlingspolitik, sondern eher als Scharniere zwischen den politischen Ebenen zu begreifen. Eine wichtige Mittlerfunktion nehmen sie auch und gerade zwischen Nationalstaaten und Kommunen ein. Ein Vergleich kommunaler Praxis ist beispielsweise ohne die Berücksichtigung der jeweiligen regionalen Politiken nur eingeschränkt aussagekräftig. Regionen bzw. subnationale Regierungen sind daher für die Ausformung flüchtlingspolitischer Praxis enorm wichtig und ein ebenso interessanter wie bislang wenig bearbeiteter Gegenstand der Fluchtforschung.

Literaturverzeichnis

Adam, Ilke (2019): Defying the traditional theses: Intergovernmental relations on immigrant integration in Belgium. Regional & Federal Studies 29 (5), 591–612.

Adam, Ilke und Eve Hepburn (2019): Intergovernmental relations on immigrant integration in multi-level states. A comparative assessment. Regional & Federal Studies 29 (5), 563–589.

Banting, Keith (2012): Canada. In: Joppke, Christian/Seidle, F. Leslie (Hrsg.): Immigrant integration in federal Countries. Montreal: McGill-Queens University Press, 79–111.

Bassi, Marie (2014): The Christian Support Networks for Immigrants in Palermo. PACO (PArtecipazione e COnflitto) 7 (1), 58–82.

Blätte, Andreas (2017): Regelungen der Bundesländer in Bezug auf Integration: Expertise für den Sachverständigenrat deutscher Stiftungen für Integration und Migration (SVR). Duisburg-Essen.

Bogumil, Jörg/Kuhlmann, Sabine (2020): Integrationsverwaltung im Föderalismus. In: Knüpling, Felix/Kölling. Mario/Kropp, Sabine/Scheller, Henrik (Hrsg.): Reformbaustelle Bundestaat. Wiesbaden; Springer VS, 459–483.

Campomori, Francesca/Caponio, Tiziana (2013): Competing frames of immigrant integration in the EU: geographies of social inclusion in Italian regions. Policy Studies 34 (2), 162–179.

Campomori, Francesca/Caponio, Tiziana (2017): Immigrant integration policymaking in Italy: regional policies in a multi-level governance perspective. International Review of Administrative Sciences 83 (2), 303–321.

Caponio, Tiziana/Testore, Gaia/Wisthaler, Verena (2019): Intergovernmental relations on immigrant integration in Italy. Insights from Piedmont and South Tyrol. Regional & Federal Studies 29 (5), 635–654.

Dellinger, Fanny/Huber, Peter (2021): The Impact of Welfare Benefits on the Location Choice of Refugees: Testing the Welfare Magnet Hypothesis. Wien.

ECRE, European Council on Refugees and Exiles (2019): Country Report: Sweden: Asylum Information Database (AIDA).

Finotelli, Claudia (2013): Italy: Regional Dynamics and Centralistic Traditions. In: Thränhardt, Dietrich (Hrsg): Immigration and federalism in europe. Federal, state and local regulatory competencies in Austria, Belgium, Germany, Italy, Russia, Spain, Switzerland. Osnabrück: IMIS, 49–64.

Franco-Guillén, Núria (2019): Intergovernmental relations on immigrant integration in Spain: The case of Catalonia. Regional & Federal Studies 29 (5), 655–674.

Gebhardt, Dirk (2016): The Difference that Being a Minority Territory Makes: A Comparison of the Regulation of Immigrant Citizenship in Catalonia, Andalusia, and Madrid. European Yearbook of Minority Issues Online 13 (1), 101–129.

Gesemann, Frank/Roth, Roland (2015): Integration ist (auch) Ländersache! Schritte zur politischen Inklusion von Migrantinnen und Migranten in den Bundesländern. Berlin.

Günther, Wolfgang/Kurrek, Dennis/Töller, Annette Elisabeth (2019): Ein starker Fall für die Parteiendifferenztheorie: Die Einführung der Gesundheitskarte für Asylsuchende in den Bundesländern. Zeitschrift für Politikwissenschaft.

Jeram, Sanjay/Nicolaides, Eleni (2019): Intergovernmental relations on immigrant integration in Canada: Insights from Quebec, Manitoba, and Ontario. Regional & Federal Studies 29 (5), 613–633.

Jong, Sara de/Ataç, Ilker (2017): Demand and Deliver: Refugee Support Organisations in Austria. Social Inclusion 5 (3), 28–37.

Joppke, Christian/Seidle, F. Leslie (Hrsg.) (2012): Immigrant integration in federal countries. Montreal: McGill-Queen's University Press.

Kohlbacher, Josef (2020): Residentielle Mobilität im Spannungsfeld zwischen Vulnerabilität und struktureller Integration – Determinanten der Wohnpräferenzen und Binnenmigration von Geflüchteten aus Afghanistan in Österreich. In: Kohlbacher, Josef/Six-Hohenbalken, Maria (Hrsg.): Vulnerabilität in Fluchtkontexten. Wien: Verlag der österreichischen Akademie der Wissenschaften, S. 99–129.

Manatschal, Anita (2013): Kantonale Integrationspolitik im Vergleich. Baden-Baden: Nomos.

Parusel, Bernd (2016): Das Asylsystem Schwedens. Gütersloh.

Pettrachin, Andrea (2020): Opening the 'Black Box' of asylum governance: decision-making and the politics of asylum policy-making. Italian Political Science Review/Rivista Italiana di Scienza Politica 50 (2), 191–212.

Probst, Johanna/D'Amato, Gianni/Dunning, Samantha/Efionayi-Mäder, Denise/Fehlmann, Joëlle/Perret, Andreas/Ruedin, Didier/Sille, Irina (2019): Kantonale Spielräume im Wandel: Migrationspolitik in der Schweiz. Neuchâtel: Université de Neuchâtel.

Riedel, Lisa/Schneider, Gerald (2017): Dezentraler Asylvollzug diskriminiert: Anerkennungsquoten von Flüchtlingen im bundesdeutschen Vergleich, 2010–2015. Politische Vierteljahresschrift 58 (1), 23–50.

Schader, Miriam/Rohmann, Tim/Münch, Sybille (2018): Isolation im Gesetz verankern?: Zu den Plänen der großen Koalition, zentrale Aufnahme-, Entscheidungs- und Rückführungseinrichtungen einzuführen. Zeitschrift für Flucht- und Flüchtlingsforschung 2 (1), 91–107.

Schamburek, Daniel (2016): Die Ansiedlung von Aufgaben in der Aufbauorganisation deutscher Landesministerialverwaltungen. Dissertation.

Schammann, Hannes/Gluns, Danielle (2021): Migrationspolitik. Baden-Baden: Nomos.

Schindler, Benjamin (2017): Das Asylrecht als Experimentierfeld: Der Blick aus der Schweiz. In: Merlin, Franz/Pöschl, Magdalena (Hrsg): Das Asylrecht als Experimentierfeld. Eine Analyse seiner Besonderheiten aus vergleichender Sicht. Wien, Zürich: Dike, 189–204.

Schmidtke, Oliver/Zaslove, und Andrej (2014): Why Regions Matter in Immigrant Integration Policies: North Rhine-Westphalia and Emilia-Romagna in Comparative Perspective. Journal of Ethnic and Migration Studies 40 (12), 1854–1874.

SOS Mitmensch (2020): Zugang zu Deutschkursen für Asylsuchende – Ein Bundesländervergleich: Recherche von SOS Mitmensch für den Zeitraum Oktober bis Dezember 2019.

Wisthaler, Verena (2015): Immigration in Südtirol: Regionale Integrationspolitiken und lokale Entscheidungsprozesse. In: Alber, Elisabeth/Engl, Alice/Pallaver, Günther (Hrsg.): Politika 15. Baden-Baden: Nomos, 76–105.

Zuber, Christina I. (2020): Explaining the immigrant integration laws of German, Italian and Spanish regions: sub-state nationalism and multilevel party politics. Regional Studies 54 (11), 1486–1497.

III.1.4
Kommunen

Birgit Glorius

Abstract Kommunen nehmen eine zentrale Rolle bei der Aufnahme und Integration von Geflüchteten ein. Dies beginnt bei der Organisation von Unterkünften und sozialer Betreuung und setzt sich fort in Bezug auf langfristige Maßnahmen der sozialen Integration von Geflüchteten. Dabei bewegen sich Kommunen in einem Spannungsfeld zwischen ihrem staatlichen Auftrag zur Erfüllung kommunaler Pflichtaufgaben, der eigenen Gestaltungsmacht im Kontext der freiwilligen Aufgaben, sowie ihrer politischen Rolle, Meinungsbildungsprozesse auf lokaler Ebene zu moderieren, Konsens auszuhandeln und den auf diese Weise demokratisch geformten Willen der Wohnbevölkerung umzusetzen. Divergierende Herangehensweisen an die Unterbringung und Integration Geflüchteter weisen auf die lokale Handlungsmacht in der Implementierung von Gesetzen hin und sind zugleich ein Ausdruck der politischen Gestaltungskraft ‚von unten'.

Schlüsselbegriffe: Lokale Ebene, Multi-Level-Governance, Aufnahme, Integration

1. Einleitung

Während die Prüfung von Asylbegehren in Deutschland auf Bundesebene erfolgt, findet die Aufnahme und Eingliederung von Geflüchteten auf der lokalen Ebene statt. Kommunen in Deutschland haben dementsprechend eine Vielzahl von Aufgaben zu bewältigen, angefangen bei der Organisation von Unterkünften und sozialer Betreuung bis hin zu langfristigen Maßnahmen der sozialen Integration von Geflüchteten. Dabei bewegen sich Kommunen in einem Spannungsfeld zwischen ihrem staatlichen Auftrag zur Erfüllung kommunaler Pflichtaufgaben, der eigenen Gestaltungsmacht im Kontext der freiwilligen Aufgaben, sowie der politischen Rolle, Meinungsbildungsprozesse zu moderieren, Konsens auszuhandeln und den auf diese Weise demokratisch geformten Willen der Wohnbevölkerung umzusetzen.

Im Nachgang der zahlreichen Aufnahme von Geflüchteten seit 2015 hat sich die wissenschaftliche Befassung mit Kommunen als Repräsentantinnen der ‚lokalen Ebene' verstärkt, z. B. durch die Analyse konvergierender oder divergierender lokaler Entwicklungen bei der Implementierung nationaler Aufnahmepolitiken, oder auch zur Frage der politischen Gestaltungskraft ‚von unten' im Bereich humanitärer Aufnahmeprozesse. Dabei haben unterschiedliche disziplinäre Zugänge zu einem breiten Erkenntnisgewinn beigetragen.

Dieser Beitrag diskutiert die Rolle der Kommunen bei der Aufnahme und Integration von Geflüchteten, sowie ihre Rolle im politischen Aushandlungsprozess zu dieser Thematik. Zunächst erläutert der Beitrag das Prinzip der kommunalen Selbstverwaltung in Deutschland und seine Implikationen in Bezug auf die Aufnahme von Geflüchteten. Anschließend betrachtet er die Kommune als Objekt der

Fluchtforschung und beleuchtet relevante Forschungsansätze und Forschungsergebnisse. Das Fazit gibt einen Ausblick auf weiterführende Forschungsfragen.

2. Verfasstheit, Struktur und Aufgaben von Kommunen im Kontext von Flucht und Aufnahme von Geflüchteten

In Deutschland werden unter dem Begriff ‚Kommune' nicht nur Gemeinden, kreisfreie und kreisangehörige Städte subsummiert, sondern auch Landkreise, die nach GG Art. 28,2 als Gemeindeverbände definiert werden (Bogumil 2018: 1128). Juristisch betrachtet sind Kommunen Körperschaften des öffentlichen Rechts. Aus verwaltungswissenschaftlicher Perspektive werden sie als politisch-administrative Einheiten verstanden, die im Mehrebenensystem des Staates weisungsgebundene Pflichtaufgaben ausführen. Dabei sind sie im staatsrechtlichen Sinn Teil der Länder (→ Bundesländer) und unterliegen deren Aufsichts- und Weisungsrecht (Bogumil 2018: 1129). Zugleich verfügen sie über das grundgesetzlich verbriefte Recht der Selbstverwaltung, was eine Fülle von selbst zu organisierenden Aufgaben mit sich bringt. Gerade in Deutschland mit seiner ausgeprägten föderalen Struktur bedingt dies eine starke Ausdifferenzierung von Herangehensweisen an kommunale Aufgaben, die jeweils durch variierende Vorgaben auf Länderebene strukturiert sind.

Kommunen fungieren als ausführendes Organ der übergeordneten Regierungsebenen und erfüllen zudem eigenständige Aufgaben der örtlichen Selbstverwaltung, die wiederum in pflichtige und freiwillige Selbstaufgaben unterschieden werden. Zu den weisungsgebundenen Pflichtaufgaben gehört beispielsweise das Ausländerwesen, Pass- und Meldewesen, oder die Schulaufsicht. Hier handelt die Kommune im Auftrag des Bundes. Daher besteht ein umfassendes Weisungsrecht durch übergeordnete Aufsichtsbehörden (vgl. Bogumil 2018: 1131). Hinsichtlich der Aufnahme und Integration von Geflüchteten ist in diesem Kontext beispielsweise der Vollzug des Aufenthaltsrechts von Relevanz, aber auch die Bereitstellung von Wohnraum und Sozialleistungen für Asylsuchende (vgl. Schammann/Gluns 2021: 112). Obgleich die Inhalte und Durchführungsregeln dieser weisungsgebundenen Pflichtaufgaben für eine bundes- oder landeseinheitliche Implementierung sorgen sollen, entstehen in der Auslegung der Verordnungen und in der Entscheidungspraxis vor Ort durchaus Spielräume, etwa was die Priorisierung dezentraler gegenüber zentraler Unterbringung oder die Durchsetzung einer Ausbildungsduldung betrifft.

Neben diesen staatlichen Pflichtaufgaben sind auch verschiedene Aufgaben der örtlichen Selbstverwaltung in Bezug auf das Thema Fluchtmigration und Integration relevant. Zu den pflichtigen Selbstaufgaben gehört beispielsweise die Trägerschaft von Schulen, die Organisation der Jugend- und Sozialhilfe oder der Betrieb von Kindertagesstätten. Variierende Ansätze zur schulischen Integration von Geflüchteten oder die (Nicht)Berücksichtigung von Kindern aus geflüchteten Familien für einen Kita-Platz weisen auf unterschiedliche Herangehensweisen auf kommunaler Ebene hin, die sich nicht nur in Unterschieden in den jeweiligen Rahmenbedingungen, sondern auch in strategischen Überlegungen oder lokalpolitischen Kräfteverhältnissen widerspiegeln (vgl. Schammann/Gluns 2021: 112–113).

Noch stärker fällt dieser Unterschied bei der Ausführung der freiwilligen Aufgaben ins Gewicht. Hierzu gehören beispielsweise der Betrieb von Sport- und Kultureinrichtungen oder Begegnungsstätten, die Wirtschaftsförderung sowie die Förderung von Vereinen. Für diese Aufgaben ist die Gemeindevertretung (also der Stadt- oder Gemeinderat) die zuständige Entscheidungsebene. Relevante Rahmenbedingungen sind hier neben der politischen Zusammensetzung der Gemeindevertretung und der strategischen Ausrichtung der Gemeinde natürlich der kommunale Finanzrahmen sowie rechtliche Vorgaben übergeordneter Regierungsebenen.

Das kommunale Agieren ist jedoch nicht allein auf die behördliche Praxis oder auf die Akteursebene der Politik und Verwaltung beschränkt. Vielmehr herrscht vor Ort eine Gemengelage an demokratisch legitimierten Repräsentant*innen, offiziell handelnden Verwaltungsakteur*innen, nicht-staatlichen Institutionen und Bürger*innen, die sich in einem permanenten Aushandlungsprozess befinden. Diese Gemengelage wird auch in Studien aus dem Bereich der angewandten Forschung widergespiegelt, die vordergründig ‚behördliches Handeln' von Kommunen im Kontext der Flüchtlingsaufnahme 2015 untersuchten, sich im Rahmen lokaler Vergleichsstudien aber auch intensiv mit Reaktionen der lokalen Bevölkerung und den Aktivitäten der (→) Zivilgesellschaft auseinandersetzten (vgl. Aumüller et al. 2015; Gesemann/Roth 2018; Glorius et al. 2023).

Eine weitere Besonderheit der kommunalen Ebene, insbesondere in kleineren Gemeinden, ist ihre Überschaubarkeit und soziale Nähe. Diese verspricht eine besonders gute Kenntnis lokaler Bedingungen und Problemlagen und verhindert die Entfremdung politischer Repräsentant*innen von der Situation vor Ort, kann jedoch auch zu einer Einengung der Perspektive im Sinne von „Kirchturmdenken" führen (vgl. Andersen/Woyke 2013). Da sich die kommunale Fürsorgepflicht auf alle Einwohner*innen einer Gemeinde erstreckt, ungeachtet ihres rechtlichen Status oder ihrer Staatsbürgerschaft (vgl. Bommes 2018: 105), erleben Kommunen direkt die Effekte von restriktiver Flüchtlingspolitik, wie etwa den Entzug von Sozialleistungen bei Personen, die sich ihrer Abschiebung widersetzen. Die Unmöglichkeit, diese Menschen sich selbst zu überlassen, mobilisiert politische Kräfte auf lokaler Ebene, die eine aktivere Rolle von Kommunen und die stärkere Berücksichtigung ihrer Belange im nationalen und supranationalen Politikbetrieb einfordern. Beispielhaft hierfür steht die Gründung von Städtenetzwerken wie dem ‚sanctuary cities movement' oder der ‚Städte sicherer Häfen', in denen Kommunen – basierend auf ihrer faktischen Zuständigkeit für das Wohlergehen der anwesenden Bevölkerung – für die direkte Aufnahme von Geflüchteten plädieren und damit ihre bedeutende Rolle in der nationalen und supranationalen Flüchtlingspolitik unterstreichen (vgl. Manfredi-Sánchez 2020; Städte sicherer Häfen 2019). Noch einen Schritt weiter geht die *Marrakech Mayors' Declaration „Cities working together for migrants and refugees"*, die während einer internationalen Bürgermeister-Konferenz in Marrakesch im Dezember 2018 als Stellungnahme für die Verabschiedung des *Global Compact for Safe, Orderly and Regular Migration* sowie des *Global Compact on Refugees* verfasst wurde. In der Erklärung betonen Bürgermeister*innen und Stadtpolitiker*innen aus aller Welt die dominante Rolle des Lokalen in Bezug auf Migration, und plädieren für einen stärkeren Einbezug von Migrant*innen in die Lokalpolitik sowie von Kommunen in übergeordnete politische Entscheidungsprozesse, wie auch die stärkere globale Vernetzung von Kommunen (vgl. Marrakech Mayors Declaration 2018).

3. Forschungsergebnisse zu Kommunen im Kontext von Flucht und Aufnahme von Geflüchteten

Der *local turn* in den Gesellschaftswissenschaften hat zu einer stärkeren Beachtung der kommunalen Ebene beigetragen. Insbesondere in der politikwissenschaftlichen Forschung hat diese Entwicklung zu einem Schub an Arbeiten im Bereich lokaler Migrationspolitik geführt, aber auch auf dem Gebiet der Stadtforschung und Stadtentwicklung, sowie in Bezug auf die Erforschung zivilgesellschaftlicher Prozesse und dementsprechende interkommunale Divergenzen.

3.1 Die Kommune als Ebene politischer Aushandlungsprozesse

In der politikwissenschaftlichen Migrationsforschung kam es im Kontext des ‚*local (governance) turn*' (vgl. Zapata-Barrero et al. 2017) zu einer stärkeren Beachtung der lokalen Ebene als relevante ‚Arena' von Aushandlungsprozessen. Im Mittelpunkt steht die Untersuchung lokal spezifischer Akteurskonstellationen sowie der Varianz individueller Entscheidungen auf Gemeindeebene. Der Prozess des Aushandelns wird häufig mithilfe des Migrationsregime-Ansatzes untersucht (vgl. Horvath et al. 2017). Darunter sind spezifische Konstellationen von Akteur*innen zu verstehen, die vor dem Hintergrund strukturierender politischen Regulierungen interagieren (vgl. Nieswand 2018). Der Bezug zum Lokalen ist in diesem Fall vor allem durch die sozialräumliche Verankerung der Entscheidungsfindung geprägt. Hinger et al. (2016) sprechen von „*local zones of negotiation*", innerhalb derer fluchtbezogene Fragestellungen zwischen lokalen Akteur*innen, und mit Bezug zu lokalen Strukturen und Rahmenbedingungen, verhandelt werden. Auch der Begriff der „*street level bureaucracy*" (z. B. Eule 2014) ist in diese Forschungslinie einzuordnen. Er weist auf Entscheidungsspielräume von Akteur*innen hin, die sich zwar als individuelle Praktiken beschreiben lassen, welche aber stets in den Auseinandersetzungen mit lokalen Rahmenbedingungen, z. B. dem politischen Klima oder dem zivilgesellschaftlichen Engagement, entstehen. Dem Faktor Zeit kommt dabei eine entscheidende Bedeutung zu. Während gerade die frühen Vertreter*innen des Migrationsregime-Ansatzes die Veränderlichkeit der Bedingungen und die dementsprechende Spontaneität von kommunalen Reaktionen hervorheben, verdeutlichen historisch vergleichende Lokalstudien die Rückbindung von lokalen Migrationsregimen an Erfahrungen und die Erinnerung an frühere Migrationsprozesse (Borgmann 2019; Hinger/Schäfer 2019).

Ein zweiter Forschungsschwerpunkt untersucht die Akteursrolle von Kommunen im politischen Mehrebenen-Prozess, der mit dem Begriff der *multi-level-governance* umschrieben wird (→ Flüchtlingsregime). Dieser Begriff deutet auf das multiskalare Beziehungsgeflecht politischer Systeme hin, welches nicht nur die verschiedenen Regierungsebenen, sondern auch die Beziehungen zwischen staatlichen und nicht-staatlichen Akteur*innen bezeichnet (vgl. Hooghe/Marks 2001; Horvath et al. 2017). Forschungen in diesem Bereich diskutieren die Ansiedlung von Geflüchteten im Kontext normativer Arrangements und sehen Städte dementsprechend als Organ staatlicher Kontrolle und Einhegung (vgl. Ikizoglu Erensu/Kaşli 2016; Kreichauf 2021; Semprebon 2021), arbeiten andererseits aber auch die Vielfalt von Reaktionen auf lokaler Ebene und die Handlungsmacht von Kommunen heraus. Dabei wird die Bedeutung lokaler Ressourcen zur Integration von Geflüchteten hervorgehoben, wie etwa Wohnraum (→ Wohnen), Bildungsmöglichkeiten (→ Schule) oder eine aufnahmefreundliche lokale Gesellschaft (vgl. Glorius et al. 2023; Myrberg 2017). Weitere Forschungsarbeiten in diesem Bereich untersuchen, wie die allgemeine politische Kultur oder Ansätze anderer Politikfelder sich auf lokale Migrations- und Integrationspolitik auswirken, z. B. die Konsequenzen neoliberaler Politikansätze auf die Integrationschancen von Geflüchteten (vgl. Darling 2017; Schmidtke 2014). Damit trägt die fluchtbezogene Stadtforschung auch dazu bei, Fluchtforschung zu ‚de-migrantisieren' und ökonomische und soziale Effekte politischer Entscheidungen auf die lokale Gesellschaft konkret aufzuzeigen.

3.2 Flucht und Stadtentwicklung

Auch Arbeiten aus dem Bereich der Stadtforschung und Stadtplanung haben Bezüge zu Flucht und der Aufnahme von Geflüchteten. Dabei fokussieren sie oft nicht exklusiv auf Geflüchtete, sondern widmen sich eher grundsätzlich der veränderten Zusammensetzung urbaner Gesellschaften durch Zuwanderung und der entsprechenden Transformation von Sozialräumen. Neben der Beschreibung von Verdrängungsprozessen wird auch die Rolle von Geflüchteten in der Stadtentwicklung betrachtet (vgl. Hall 2015). Viele Forschungen konzentrieren sich auf die Quartiersebene und forschen zur Bedeutung von sog. ‚Ankunftsquartieren', respektive zu Prozessen des ‚*place-making*' auf Quartiersebene bzw. die Wirkung von gezielten Ansiedlungsprojekten von Geflüchteten auf die urbane Gesellschaft und Politik (vgl. Bloemraad 2013; Darling 2020; Geuijen et al. 2020). Geuijen et al. 2020 untersuchen beispielsweise ein Wohnprojekt für Geflüchtete und einheimische Jugendliche in der Stadt Utrecht. Ihre Forschung verdeutlicht, wie die Aushandlung einer Geflüchtetenunterbringung auf Quartiersebene auch übergeordnete politische Handlungsebenen und parallel liegende Aktionsfelder wie etwa soziale Arbeit, Quartiersentwicklung und Jugendhilfe tangiert. Das quasi-experimentelle *Setting* fördert die Entwicklung von lokaler Innovation und zeigt damit eine mögliche Auswirkung der Geflüchtetenunterbringung auf die Stadtentwicklung.

Ähnlich gelagert sind kommunale Ansätze, die die Unterbringung von Geflüchteten mit gezielten Aufwertungsmaßnahmen innerstädtischer Quartiere zu verbinden suchen. Forschungen zu der sog. *migration-led regeneration* zeigen mögliche (nicht intendierte) Folgen derartiger Projekte auf, wie z. B. die (Re)Produktion räumlicher Ungleichheit (vgl. Hillmann/Pang 2020; Sanyal 2021). Im Ergebnis betonen sie die Komplexität lokaler Rahmenbedingungen und Akteurskonstellationen, wobei vielfach das Handeln lokaler Akteur*innen wie z. B. Bürgermeister*innen als zentraler Faktor für den Erfolg oder Misserfolg entsprechender Revitalisierungsprojekte herausgearbeitet wird (vgl. Dlabac et al. 2020).

Eine stärker auf die individuelle (→) *Agency* von Geflüchteten orientierte Forschungsrichtung betrachtet das sozialräumliche Wirken von Geflüchteten im urbanen Raum, das sich in räumlichen Aneignungs- und Ermächtigungsprozessen zeigt. Forschungen rekonstruieren z. B. Haus- und Geländebesetzungen durch obdachlose Geflüchtete, teils zusammen mit anderen marginalisierten Gruppen sowie Teilen der lokalen Bevölkerung (Belloni 2016; Pogliano/Ponzo 2020). Durch ihre Aktivitäten fordern Geflüchtete zusammen mit diesen Akteur*innen die Beachtung ihrer sozialen, aber auch räumlichen Bedürfnisse und konstituieren sich zugleich als politische Subjekte der Stadtgesellschaft, indem sie sich beispielsweise gegen Aufwertungsmaßnahmen und die Verdrängung marginalisierter Gruppen aus dem innerstädtischen Raum wenden (Ghorashi et al. 2018; Ikizoglu Erensu/Kaşli 2016). Damit werfen diese Aktivitäten von Geflüchteten übergeordnete Fragestellungen hinsichtlich der Beziehung zwischen dem Lokalen und Bürgerrechten sowie hinsichtlich der geopolitischen Rolle städtischer Räume auf (Landry 2015).

3.3 Zivilgesellschaft und Lokalbevölkerung

Ein dritter Schwerpunkt der lokalen Forschungen zu Flucht und Ankunft liegt auf der Rolle der (→) Zivilgesellschaft und der lokalen Bevölkerung (→ Residenzbevölkerung) im Kontext lokaler Ankunftsszenarien. Forschung zu zivilgesellschaftlichen Akteur*innen im Bereich der Flüchtlingsaufnahme untersucht auf der einen Seite die Motivation von ehrenamtlichem Engagement im Bereich der Flüchtlingshilfe in Verbindung mit sozialräumlichen Spezifika (vgl. Hoppe-Seyler 2020), andererseits die Rolle zivilgesellschaftlicher Akteur*innen bei der lokalen Aushandlung von Aufnahme und Integration (vgl. Adamitz 2022). Dabei können zivilgesellschaftliche Gruppierungen bedeutende Akzente pro, aber auch contra die Aufnahme von Geflüchteten setzen.

Die Variationen im zivilgesellschaftlichen Akteurshandeln basieren letztlich auf lokal spezifischen Einstellungsmustern, die eine wichtige Ressource hinsichtlich einer langfristigen Integration von Geflüchteten darstellen (vgl. Gesemann/Roth 2018; Glorius et al. 2023). Befragungen zur kommunalen Integration von Geflüchteten bezeichnen neben ehrenamtlichem Engagement und aktiven Willkommens- und Flüchtlingsinitiativen eine positive Grundstimmung und Offenheit in der Bevölkerung als eine der wichtigsten kommunalen Ressourcen. Dabei kann auch hier – wie bereits beim Thema Stadt- und Quartiersentwicklung – eine Verbindung zur übergeordneten Gemeindeentwicklung hergestellt werden, indem die Entwicklung lokaler Vielfalts- oder Diversitätskonzepte als Teil eines ganzheitlichen Ansatzes der Gemeindeentwicklung (*whole-of-community-approach*) betrachtet wird (vgl. Gesemann/Roth 2018: 15; Schammann et al. 2022). Kommunal vergleichende Forschungen zeigen merkliche Divergenzen in der Befassung mit Themen wie Diversitätsleitlinien, Förderung von Migrantenselbstorganisationen oder Anti-Diskriminierungsarbeit. Dabei scheint die zugemessene Relevanz dieser Themen mit dem Migrant*innenanteil in den Kommunen zusammenzuhängen (vgl. Gesemann/Roth 2018).

4. Zusammenfassung, Ausblick und weiterführende Forschungsfragen

Kommunen nehmen bei der Aufnahme und langfristigen Integration von Geflüchteten eine zentrale Rolle ein. Eingebettet in ein komplexes politisches Mehrebenensystem fungieren Kommunen als ausführendes Organ. Die Auslegung von Gesetzen und Verordnungen und die Aufgaben im Kontext der kommunalen Selbstverwaltung geben Kommunen jedoch mehrere Instrumente an die Hand, um eigene Akzente in der lokalen Aufnahme- und Integrationspolitik zu setzen. Die Frage, warum sich Kommunen bei gleicher oder vergleichbarer Ausgangslage hier unterschiedlich positionieren, bleibt weiterhin eine vielversprechende Forschungsfrage für vergleichende Studien (vgl. Schammann et al.

2021). Eine zweite wichtige Entwicklung, die forschungsseitig im Auge behalten werden sollte, ist die transnationale Vernetzung von Kommunen mit dem Ziel, mehr Einfluss auf die globale Flüchtlingspolitik zu nehmen. Inwieweit es durch diesen ‚Skalensprung' gelingt, nationale Migrations- und Integrationspolitik zu beeinflussen, ist ein spannendes zukünftiges Forschungsfeld.

Literaturverzeichnis

Adamitz, Stefanie (2022): Engagement im Wandel – Wandel durch Engagement. Eine Ethnografie der Geflüchtetenhilfe in Leipzig 2015/2016. Bielefeld: transcript.

Andersen, Uwe/Woyke, Wichard (Hrsg.) (2013): Handwörterbuch des politischen Systems der Bundesrepublik Deutschland, Heidelberg: Springer VS.

Aumüller, Jutta/Daphi, Priska/Biesenkamp, Celine (2015): Die Aufnahme von Flüchtlingen in den Bundesländern und Kommunen. Behördliche Praxis und zivilgesellschaftliches Engagement. Expertise gefördert und herausgegeben von der Robert Bosch Stiftung. Stuttgart: Robert Bosch Stiftung GmbH.

Belloni, Milena (2016): Learning How to Squat: Cooperation and Conflict between Refugees and Natives in Rome. In: Journal of Refugee Studies 29 (4), 506–527.

Bogumil, Jörg (2018): Kommunale Selbstverwaltung. In: ARL-Akademie für Raumforschung und Landesplanung (Hrsg.): Handwörterbuch der Stadt- und Raumentwicklung. Hannover: ARL-Akademie für Raumforschung und Landesplanung, 1127–1132.

Bommes, Michael (2018): Die Rolle der Kommunen in der bundesdeutschen Migrations- und Integrationspolitik. In: Gesemann, Frank/Roth, Roland (Hrsg.): Handbuch Lokale Integrationspolitik, Wiesbaden: Springer VS, 99–123.

Borgmann, Malte (2019): Disenfranchisement in the course of political reorganisation Accommodation and social assistance for asylum seekers in West Berlin and Hamburg, 1973–1982. In: Erdkunde 73 (1), 47–61.

Darling, Jonathan (2017): Forced migration and the city: Irregularity, informality, and the politics of presence. In: Progress in Human Geography 41 (2), 178–198.

Darling, Jonathan (2020): Refugee urbanism: seeing asylum "like a city". In: Urban Geography 42(7), 894–914.

Dlabac, Oliver/Zwicky, Roman/Carpenter, Juliet/Pereira, Patrícia (2022): Towards the 'just city'? Exploring the attitudes of European city mayors. In: Urban Research and Practice 15(2), 215–238.

Eule, Tobias G. (2014): Inside Immigration Law. Migration Management and Policy Application in Germany. Farnham: Ashgate Publishing Limited.

Gesemann, Frank/Roth, Roland (Hrsg.) (2018): Handbuch Lokale Integrationspolitik. Wiesbaden: Springer VS.

Geuijen, Karin/Oliver, Caroline/Dekker, Rianne (2020): Local Innovation in the Reception of Asylum Seekers to the Netherlands: Plan Einstein as an Example of Multi-level and Multi-sector Collaboration. In: Glorius, Birgit/Doomernik, Jeroen (Hrsg.): Geographies of Asylum in Europe and the Role of European Localities, Cham: Springer Nature Switzerland AG, 245–260.

Ghorashi, Halleh/de Boer, Marije/ten Holder, Floor (2018): Unexpected agency on the threshold: Asylum seekers narrating from an asylum seeker centre. In: Current Sociology 66 (3), 373–391.

Glorius, Birgit/Bürer, Miriam/Gasch, Simone/Schneider, Hanne (2023): Die andere Seite von Integration: Zur Rolle der Aufnahmegesellschaft. In: Mehl, Peter/Fick, Johanna; Glorius, Birgit/Kordel, Stefan/Schammann, Hannes (Hrsg.): Geflüchtete in ländlichen Regionen Deutschlands (Studien zur Migrations- und Integrationspolitik), Wiesbaden: Springer Fachmedien, 101–124.

Hillmann, Felicitas/Pang, Ching L. (2020): Editorial: Migration-led Regeneration: On how cities become more inequal with mixed population flows. In: Cosmopolitan Civil Societies An Interdisciplinary Journal 12 (1), i–xii.

Hinger, Sophie/Schäfer Philipp (2019): Making a difference – The accommodation of refugees in Leipzig and Osnabrück. In: Erdkunde 73 (1), 63–76.

Hinger, Sophie/Schäfer, Philipp/Pott, Andreas (2016): The Local Production of Asylum. In: Journal of Refugee Studies 29 (4), 440–463.

Hooghe, Liesbet/Marks, Gary (2001): Multi-level governance and European integration. Lanham: Rowman & Littlefield.

Hoppe-Seyler, Annika (2020): Arenas of Volunteering: Experiences, Practices and Conflicts of Voluntary Refugee Relief. In: Glorius, Birgit /Doomernik, Jeroen (Hrsg.): Geographies of asylum in Europe and the Role of European Localities, Cham: Springer Nature Switzerland AG, 225–243.

Horvath, Kenneth/Amelina, Anna/Peters, Karin (2017): Re-thinking the politics of migration. On the uses and challenges of regime perspectives for migration research. In: Migration Studies 5 (3), 301–314.

Ikizoglu Erensu, Asil/Kaşli, Zeynep (2016): A Tale of Two Cities: Multiple Practices of Bordering and Degrees of 'Transit' in and through Turkey. In: Journal of Refugee Studies 29 (4), 528–548.

Kreichauf, René (2021): Forced Migration and Legal-Spatial Violence in the United States and Germany. In: Political Geography 87 (4), 102371.

Landry, Olivia (2015): "Wir sind alle Oranienplatz"! Space for Refugees and Social Justice in Berlin. In: Seminar: A Journal of Germanic Studies 51 (4), 398–413.

Marrakech Mayors Declaration (2018): Cities working together for migrants and refugees. static1.squarespace.com/static/5df133ed5c523d063ce20693/t/5ea5fe595aaf842048077e95/1587936857584/Marrakech+Mayors+Declaration.pdf, 11.09.2021.

Myrberg, Gunnar (2017): Local challenges and national concerns: municipal level responses to national refugee settlement policies in Denmark and Sweden. In: International Review of Administrative Sciences 83 (2), 322–339.

Nieswand, Boris (2018): Problematisierung und Emergenz. Die Regimeperspektive in der Migrationsforschung. In: Pott, Andreas/Rass, Christoph/Wolff, Frank (Hrsg.): Was ist ein Migrationsregime? What Is a Migration Regime?. Migrationsgesellschaften. Wiesbaden: Springer VS, 81–105.

Pogliano, Andrea/Ponzo, Irene (2020): Local Narrative-Making on Refugees: How the Interaction Between Journalists and Policy Networks Shapes the Media Frames. In: Glorius, Birgit/Doomernik, Jeroen (Hrsg.): Geographies of asylum in Europe and the Role of European Localities, Cham: Springer Nature Switzerland AG, 113–134.

Sanyal, Romola (2021): Making urban humanitarian policy: the "neighbourhood approach" in Lebanon. In: Urban Geography. 42(7), 937–957.

Schammann, Hannes/Fick, Johanna/Glorius, Birgit/Kordel, Stefan/Mehl, Peter (2023): Geflüchtete in ländlichen Räumen: Zentrale Befunde, konzeptionelle Überlegungen und methodische Reflexionen. In: Mehl, P., Fick, .J, Glorius, B., Kordel, S. und H. Schammann (Hrsg.): Geflüchtete in ländlichen Regionen Deutschlands. Wiesbaden: Springer, 225–246.

Schammann, Hannes/Gluns, Danielle (2021): Migrationspolitik, Baden-Baden: Nomos.

Schmidtke, Oliver (2014): Beyond National Models? Governing migration and integration at the regional and local levels in Canada and Germany. In: Comparative Migration Studies 1 (1), 77–99.

Semprebon, Michela (2021): Towards a parallel exceptional welfare system: the scaling down and out of forced migrants' reception in Italy. In: Urban Geography 42(7), 915–936.

Zapata-Barrero, Ricard/Caponio, Tiziana/Scholten, Peter W. A. (2017): Theorizing the 'local turn' in a multi-level governance framework of analysis: a case study in immigrant policies. In: International Review of Administrative Sciences 83 (2), 241–246.

III.1.5
Zivilgesellschaft

Elias Steinhilper, Moritz Sommer und Sabrina Zajak*

Abstract Die Zivilgesellschaft ist der gesellschaftliche Bereich, in dem sich Menschen jenseits von Staat, Markt und Privatsphäre zusammenschließen, um das demokratische Gemeinwesen zu gestalten. Im „langen Sommer der Migration" 2015 wurde die Heterogenität dieses Handlungsfeldes und seine gesellschaftliche Bedeutung in besonderer Weise sichtbar. Dieser Beitrag ordnet das Engagement für Geflüchtete historisch ein, fasst den empirischen Wissenstand über die Zusammensetzung, Motive und Tätigkeitsfelder der Engagierten zusammen und skizziert zentrale Debatten zur Rolle der Zivilgesellschaft im Themenfeld Fluchtmigration.

Schlüsselbegriffe: Zivilgesellschaft, Engagement, Flucht, Asyl, Willkommenskultur

1. Einleitung

Die Zivilgesellschaft ist der gesellschaftliche Bereich, in dem sich Menschen jenseits von Staat, Markt und Privatsphäre zusammenschließen um ausgehend von der Eigeninitiative der Bürger*innen das demokratische Gemeinwesen zu gestalten (Strachwitz et al. 2020). Als „Wiege des Sozialkapitals" (Matthies/Kauer 2004) wird ihr eine grundlegende Bedeutung für die Bewältigung gesellschaftlicher Herausforderungen beigemessen (Enquete-Kommission 2002; BMFSFJ 2016). Das unter dem Begriff Zivilgesellschaft subsumierte heterogene Feld an Akteur*innen reicht von gemeinnützig tätigen Organisationen über das individuelle Engagement in Vereinen und Initiativen bis zu Protesthandeln im Rahmen sozialer Bewegungen.

Im „langen Sommer der Migration" 2015 wurde die gesellschaftliche Bedeutung zivilgesellschaftlichen Engagements in besonderer Weise sichtbar. Unzählige Initiativen haben sich gegründet und hunderttausende Menschen engagierten sich nahezu flächendeckend im gesamten Land. Sie bildeten Empfangskomitees an Bahnhöfen, organisierten die Versorgung mit Grundbedürfnissen wie Kleidung, Essen, oder Hygieneartikeln, übersetzten im Kontakt mit Behörden oder gaben Deutschkurse. Mit dieser spontanen Unterstützung leisteten zivilgesellschaftliche Akteure einen wesentlichen Beitrag dazu, die Herausforderungen der Kommunen in der Aufnahme der zahlreichen, neu ankommenden Geflüchteten zu stemmen. Gleichzeitig stützten sie den Grundton einer optimistischen ‚Willkommenskultur' und öffneten Türen für soziale Teilhabe (Fleischmann/Steinhilper 2017).

Das Jahr 2015 gilt seitdem als „Sternstunde der Zivilgesellschaft" (Schiffauer et al. 2017: 29) in Deutschland. Allerdings beschreibt das nur eine Seite der komplexen Rolle zivilgesellschaftlicher Akteur*innen im Themenfeld Fluchtmigration. Denn auch zivilgesellschaftliche Mobilisierungen, die sich gegen die Aufnahme von Geflüchteten und migrationsbedingte Diversität richten, haben hierzu-

---

* Ein herzlicher Dank für die Mitarbeit an diesem Beitrag gebührt Marina Seddig und Philipp Srama.

lande eine lange Geschichte. Die Proteste von ‚Pegida' und politische Gewalt gegen Geflüchtete stehen exemplarisch für den anti-migrantischen Teil der Zivilgesellschaft und dokumentieren die starke Polarisierung der Zivilgesellschaft in Migrationsfragen (Vorländer 2021).

Dieser Beitrag nimmt vorwiegend den Teil der Zivilgesellschaft in den Blick, der sich für eine offene Gesellschaft und die Teilhabe von Geflüchteten einsetzt. Wir stellen (1) historische Vorläufer des zivilgesellschaftlichen Engagements für Geflüchtete in Deutschland vor, fassen (2) den empirischen Wissenstand über die Zusammensetzung, Motive und Tätigkeitsfelder der rund um das Jahr 2015 neu Engagierten zusammen und skizzieren (3) die Rolle der Zivilgesellschaft in einer Migrations- und (→) Asylpolitik ‚von unten'.

2. Aus der Nische ins Zentrum: Der Aktivierungsschub 2015 im historischen Kontext

Die vielzitierte ‚Willkommenskultur' 2015 hat dem zivilgesellschaftlichen Engagement für Geflüchtete in Deutschland eine beispiellose Sichtbarkeit verschafft. Dabei sind Unterstützungspraktiken für Asylsuchende hierzulande so alt, wie es Fluchtbewegungen in die Bundesrepublik gibt. Bereits kurz nach Ende des Zweiten Weltkriegs setzten sich Menschen für die Geflüchteten (‚Vertriebenen') aus ehemals deutschen Gebieten ein, darunter seit 1957 im Rahmen des Vereins ‚Friedlandhilfe' rund um das ‚Grenzdurchgangslager' Friedland (Schießl 2016). Später bestimmten internationale Konflikte und Bürgerkriege die Fluchtmigration nach Deutschland. Nach dem Militärputsch in Chile 1973 entstanden Solidaritätsgruppen, die Unterstützung für chilenische Exilant*innen in Deutschland organisierten. In der Folgezeit waren es besonders die weltweit zirkulierenden Bilder von überfüllten Booten mit vietnamesischen Geflüchteten (‚Boat People') in Südostasien, die in Deutschland zivilgesellschaftliche Unterstützung hervorriefen (→ Bootsflüchtlinge). Die 1979 gegründete private Hilfsorganisation ‚Cap Anamur' barg mit ihrem gleichnamigen Frachter tausende in Seenot geratene Geflüchtete und wurde so zum Symbol dieser ersten Welle des Engagements vor mehr als 40 Jahren (Poutrus 2019).

Im Zuge des deutlichen Anstiegs an Asylanträgen wurde das Thema Asyl im Vorfeld der Bundestagswahl 1980 zum Gegenstand hitziger politischer Auseinandersetzungen (Herbert 2001: 263 ff.). Damit einher gingen eine Reihe asylpolitischer Restriktionen, die nicht zuletzt ein Signal der Abschreckung senden sollten: Unterbringung in Sammelunterkünften (→ Wohnen), Arbeitsverbote, Gutscheine oder Essenspakete statt Geldleistungen, und Mobilitätsbeschränkungen errichteten zusätzliche Hürden für Geflüchtete und erhöhten den Unterstützungsbedarf. Folglich stieg unter den bislang eher vereinzelten, ehrenamtlich Aktiven der Wunsch nach Vernetzung. In Berlin schlossen sich 1981 Engagierte aus dem kirchlichen Umfeld zusammen und gründeten den ersten ‚Flüchtlingsrat'. Auf diesen folgten viele weitere in etlichen anderen Bundesländern und schließlich 1986 die Gründung der Dachorganisation ‚Pro Asyl'. Ebenfalls in Berlin entstand 1983 der Verein ‚Asyl in der Kirche', der seither bundesweit Unterstützung für von Abschiebung bedrohte Menschen bietet (Poutrus 2019). Neben dieser Mobilisierung im christlichen Milieu waren es antirassistische und antifaschistische Gruppen mit Wurzeln in der radikalen Linken, die sich seit Ende der 1980er in Initiativen zusammenschlossen, um mit Protest Aufmerksamkeit für die Situation geflüchteter Menschen zu erzeugen und durch konkrete Unterstützungspraktiken – darunter medizinische Hilfe, Rechtsberatung, Sprachkurse oder

der organisierte Tausch von Essensmarken in Bargeld – praktische Solidarität mit Geflüchteten zu leisten (Jakob 2016: 176 ff.).

Mit dem Anstieg der Asylanträge spitzten sich gesellschaftliche Konflikte um das Thema Asyl in den 1980er- und Anfang der 1990er-Jahre zu und resultierten in einem Klima gesellschaftlicher Schließung und Polarisierung. Dies spiegelte sich einerseits im sogenannten ‚Asylkompromiss' von 1992/1993 wider, durch den die Regierungskoalition von CDU/CSU und FDP unter Zustimmung der SPD das Recht auf Asyl beschnitt (Oltmer/Bade 2005). Andererseits nahmen sowohl menschenfeindliche Hetze in Medien und Politik als auch rassistische Gewalttaten zu, darunter Anschläge und Ausschreitungen in Mölln, Hoyerswerda und Rostock-Lichtenhagen. Die weitverbreitete Ablehnung von Asylsuchenden in dieser Zeit leistete der Konsolidierung der extremen Rechten Vorschub und führte zu einer nachhaltigen Stärkung der anti-migrantischen Akteure der Zivilgesellschaft in Deutschland (Rucht 2018).

Unter diesem Eindruck formierte sich Anfang der 1990er-Jahre in der progressiven Zivilgesellschaft auch jenseits der kirchlichen und linken Gruppierungen eine breite gesellschaftliche Mobilisierung für die Unterstützung von Geflüchteten. Die großen Wohlfahrtsverbände Diakonie, Caritas, und Arbeiterwohlfahrt, gemeinsam mit Amnesty International und Pro Asyl organisierten Kampagnen gegen die Asylrechtsverschärfung; Hunderttausende versammelten sich zu Lichterketten und Demonstrationen als Zeichen gegen Rassismus und für das Recht auf Asyl (Monforte 2014: 47 ff.).

Nach dem ‚Asylkompromiss' verlor das Thema Flucht Mitte der 1990er-Jahre rapide an öffentlicher Aufmerksamkeit. In einer asylpolitischen „Eiszeit" (Jakob 2016) waren es wieder die kirchlichen und linken Initiativen und Netzwerke, die ein dezentrales Engagement für Geflüchtete aufrechterhielten. Daneben entstanden in der Folge die ersten Selbstorganisationen wie ‚The Voice Refugee Forum', die Engagement von und für Geflüchtete praktizierten (Jakob 2016). Der politische Arm des Engagements vernetzte sich bundesweit, u. a. in den Kampagnen ‚Kein Mensch ist illegal' oder ‚Save Me' (Schwiertz/Steinhilper 2021), bzw. transnational im Rahmen des ‚no border'-Netzwerks (Schwenken 2001). Insgesamt aber blieb das Engagement für Geflüchtete stark lokalisiert und ein gesellschaftliches Nischenphänomen.

Ab 2014 gründeten sich neue Initiativen und Netzwerke, die die Aufnahme einer wachsenden Anzahl von Geflüchteten aus den Konflikt- und Bürgerkriegsregionen in Syrien, Afghanistan und dem Irak begleiteten (Karakayali/Kleist 2015). Der Aktivierungsschub ging weit über die zuvor aktiven Milieus hinaus. Dieser Prozess verstärkte sich im Laufe des Jahres 2015, als in der Hochphase der ‚Willkommenskultur' die Unterstützung von Geflüchteten temporär weite Teile der Bevölkerung erreichte und selbst die traditionell migrationskritische Bild-Zeitung für das Engagement für Geflüchtete warb. Engagement im Themenfeld Flucht und Asyl hatte sich im Eiltempo aus einer gesellschaftlichen Nische herausbewegt und war in das Zentrum öffentlicher Aufmerksamkeit gerückt.

3. Muster und Dynamiken: Akteure, Motive, Handlungsfelder

Solange das zivilgesellschaftliche Engagement für Geflüchtete überschaubar und lokalisiert blieb, war auch die sozialwissenschaftliche Auseinandersetzung mit dem Gegenstand begrenzt. Infolgedessen blieb die Datenlage dünn – und das, obwohl sich die Engagementforschung in Deutschland mittlerweile als eigenes Forschungsfeld etablierte. Der für das Themenfeld einschlägige ‚Freiwilligensurvey' erfasst erst seit der Befragungswelle im Jahr 2019 das Engagement für Geflüchtete. Die Ergebnisse der einzigen repräsentativen Bevölkerungsumfrage zum Thema *vor* dem ‚langen Sommer der Migration' 2015 zeigten, dass im Frühjahr 2014 nur ein Prozent der Befragten Geflüchtete in ihrer Freizeit unterstützte (Robert Bosch Stiftung 2014: 19). Mit der starken Zunahme des Engagements im Sommer 2015 nahm auch das Interesse in der Wissenschaft zu und resultierte in einer Reihe qualitativer (Lewicki et al. 2017; Schiffauer et al. 2017; Zajak/Gottschalk 2018; Fleischmann 2020) und quantitativer Studien (Ahrens 2017; Karakayali/Kleist 2015; 2016; Eisnecker/Schupp 2016). Die umfassendsten Bestandaufnahmen zu repräsentativen Mustern im Engagement für Geflüchtete liefert eine vom Institut für Demoskopie Allensbach im Frühjahr 2015 und Sommer 2017 durchgeführte Studie (BMFSFJ 2018) sowie der Freiwilligensurvey 2019 (Simonson et al. 2021).

Nach den Zahlen der Allensbach-Studie hat rund ein Viertel der über 16-Jährigen in Deutschland zwischen 2015 und Sommer 2017 Unterstützung für Geflüchtete geleistet (BMFSFJ 2018: 11).[1] Von diesen Befragten war wiederum nur jede*r vierte Engagierte bereits vor 2015 in der Unterstützung Geflüchteter aktiv (ibid.: 12). Der aktuelle Freiwilligensurvey berichtet von 12,4 Prozent der über 14-Jährigen, die sich zwischen 2014 und 2019 für Geflüchtete engagiert haben (Simonson et al. 2021: 187). Die genaue Bestimmung des Aktivierungsschubs hängt unter anderem von der Fragestellung und der Definition von Engagement ab, aber selbst die konservativen Schätzungen ergeben eine Zahl von rund fünf Millionen Menschen, die sich rund um das Jahr 2015 in 15.000 neuen oder bereits vorher existierenden Projekten für die Belange von Geflüchteten eingesetzt haben (Schiffauer 2017: 13). Diese Zahlen unterstreichen den beispiellosen Mobilisierungsimpuls und die Weichenstellung des Jahres 2015 für die folgenden Entwicklungen des Feldes.

Der Blick auf die Sozialstruktur offenbart die gesellschaftliche Breite der Engagierten, die in Bezug auf Geschlecht und Alter nahezu die Gesamtbevölkerung abbilden. Frauen sind im Engagement für Geflüchtete etwas häufiger aktiv (Simonson et al. 2021: 188). Allerdings zeigen sich auch markante Unterschiede; so sind Menschen mit hoher Schulbildung im Engagement für Geflüchtete – wie auch in anderen Engagementfeldern – fast doppelt so häufig vertreten wie in der Gesamtbevölkerung und auch Vertreter*innen hoher Einkommensgruppen sind deutlich überrepräsentiert (ibid.: 13). Dagegen spielt der Wohnort keine große Rolle. Während der Anteil der Engagierten in ostdeutschen Bundesländern geringer ist als im Westen, ist das Engagement sowohl in Großstädten als auch in kleineren Gemeinden verbreitet. Ein besonders starker Aktivierungseffekt ist unter Menschen mit Migrationsgeschichte zu beobachten. Jede*r vierte Engagierte wird dieser Gruppe zugerechnet. Sie ist damit nicht nur etwas stärker vertreten als in der Gesamtbevölkerung, sondern vor allem deutlich stärker als im Engagement zu anderen Themen.[2]

Die Studien geben darüber hinaus Auskunft über die Motivation der Engagierten und unterstreichen, dass altruistische Motive deutlich wichtiger sind als in anderen Engagementbereichen. Die meisten Aktiven handelten aus einem Impuls der Nothilfe und waren stark durch die mediale Repräsentation

---

[1] Wenn man diejenigen, die lediglich gespendet haben, dazuzählt, sind es sogar über 50 Prozent.
[2] In anderen Themenbereichen liegt der entsprechende Anteil laut dem Freiwilligensurvey 2014 bei 15 Prozent (Deutsches Zentrum für Altersfragen, 2016). In der Allensbach-Befragung ist der Aktivierungseffekt zudem vermutlich noch unterschätzt, da diese ausschließlich auf Deutsch durchgeführt wurde.

der Situation im Jahr 2015 als ‚Krise' geprägt (Karakayali/Kleist 2015; 2016).[3] Diese Interpretation stützend zeigen die Auswertung der dominanten Handlungsfelder ebenso wie zahlreiche andere Studien (Hamann/Karakayali 2017), dass das Engagement vor allem im sozialintegrativen und humanitären Bereich angesiedelt war: dazu zählt Unterstützung bei der Orientierung, bei der Freizeitgestaltung oder beim Spracherwerb (BMFSFJ 2018: 17).

Die seit 2015 entstandenen quantitativen Studien sind aufschlussreich, um den Umfang des Engagements und seine grundlegenden Parameter systematisch erfassen zu können. Gleichzeitig kaschiert der grobe Pinselstrich standardisierter Befragungen weniger sichtbare Dimensionen des Phänomens: erstens ist das Engagement für Geflüchtete vielschichtiger, als es die oben vorgestellten Daten nahelegen. Obwohl sich Teile der radikalen Linken aus Kritik an einem auf Hilfe konzentrierten Engagement zurückzogen, setzte sich das dezidiert als politisch verstandene Engagement für Geflüchtete und von Geflüchteten über 2015 hinaus fort. Vielerorts wurde für die Rechte von Geflüchteten protestiert, es wurden (→) Abschiebungen blockiert oder aktive Fluchthilfe organisiert (Fleischmann 2020; Sommer/Steinhilper 2021; Steinhilper 2021). Viele dieser Aktivitäten wurden in transnationale Engagementnetzwerke eingebunden, die Geflüchteten an den Europäischen Außengrenzen und entlang der ‚Balkanroute' (→ Südosteuropa) unterstützten, bevor sie in deutschen Kommunen ankamen (Ataç et al. 2021). Das Engagement ist folglich durch den Aktivierungsschub 2015 in den Handlungsrepertoires und Motivationen noch vielfältiger geworden.

Zweitens sind die genannten quantitativen Studien Momentaufnahmen und können ohne wiederholte Befragungswellen Veränderungen nicht erfassen. Qualitative Studien deuten darauf hin, dass zivilgesellschaftliches Engagement häufig sehr schnell auf gesellschaftliche Veränderungen reagiert oder diese sogar vorantreibt. Im Geflüchtetenengagement blieb die abnehmende öffentliche Wertschätzung, Frustration mit bürokratischen Hürden und eine zunehmende gesellschaftliche Polarisierung nicht folgenlos: Auf eine Phase breiter gesellschaftlicher Unterstützung des Engagements für Geflüchtete folgte eine Phase administrativer und rechtlicher Restriktionen, die den Aufenthalt und die gesellschaftliche Teilhabe Geflüchteter erschweren (Hess et al. 2016). Im Zuge dessen drehte sich auch die öffentliche Debatte drehte. Während die ‚deutsche Gastfreundschaft' 2015 noch vielfach bejubelt wurde, sah der damalige Bayerische Ministerpräsident und spätere Bundesinnenminister Seehofer schon im Mai 2016 „das Ende der Willkommenskultur notariell besiegelt" und alsbald bestimmte das abfällige Bild von ‚Gutmenschen' und der ‚Anti-Abschiebe-Industrie' die öffentliche Debatte um das Engagement für Geflüchtete (Haller 2017).

Diese gesellschaftspolitischen Veränderungen wirkten sich widersprüchlich auf das zivilgesellschaftliche Engagement für Geflüchtete aus. Manche beendeten aus Erschöpfung, mangelnder Anerkennung oder öffentlicher Kritik ihr Engagement, sodass vielerorts nur noch der „harte Kern" übrigblieb (van den Berg et al. 2020); für andere wurde die Zuspitzung der Debatte, insbesondere die Kriminalisierung von Seenotrettung durch zivilgesellschaftliche Organisationen im Mittelmeer und die Mobilisierungen der extremen Rechten zum Motor der eigenen Politisierung. Diese letztgenannte Entwicklung wurde in einer Reihe von migrationsbezogenen Großprotesten ab dem Herbst 2018 au-

---

3 Engagement im Bereich Fluchtmigration bewegt sich immer auf einem Kontinuum zwischen humanitärer Hilfe und politischer Interessensartikulation. Dennoch gibt es im Zeitverlauf Unterschiede in der dominanten Ausprägung ohne andere Formen gänzlich zu verdrängen.

genscheinlich: Die Kampagne ‚Seebrücke' entwickelte sich zu einer dezentralen Graswurzelbewegung für die Aufnahme von Geflüchteten, deren Lokalgruppen sich vielerorts aus Personen zusammensetzten, die sich seit 2015 als sozial-karitativ orientierte Freiwillige eingebracht und über Zeit politisiert hatten (Schwiertz/Steinhilper 2021). Die Demonstrationen der Bündnisse ‚We'll come United' und ‚Unteilbar' unterstreichen die Entwicklung einer Repolitisierung des Engagements für Geflüchtete und die gestiegene Relevanz des Themas Flucht in der postmigrantischen Zivilgesellschaft in Deutschland (Stjepandić et al. 2022).

4. Spuren des Engagements: Migrations- und Asylpolitik ‚von unten'

Zivilgesellschaftliches Engagement prägt Migrations- und Asylpolitik maßgeblich mit. Dabei sind die sozialen Folgen zivilgesellschaftlichen Engagements in diesem Themenfeld widersprüchlich: während sich ein Teil aktiv einbringt, um Räume für Begegnung in einer pluralen Gesellschaft zu schaffen, Teilhabe für Geflüchtete zu ermöglichen und eine liberale Migrationspolitik einzufordern, schließen sich auch Menschen mit einer entgegengesetzten Agenda zusammen. Letztere ‚dunkle Seite' der Zivilgesellschaft war seit jeher Bestandteil einer konfliktiven gesellschaftlichen Aushandlung des Umgangs mit Fluchtmigration.

Die neue Aufmerksamkeit für die Rolle der Zivilgesellschaft im Bereich Fluchtmigration spiegelt sich in einer zuletzt stark ausdifferenzierten Forschung zum Thema, die neben einer systematischen deskriptiven Kartierung des Feldes zunehmend die widersprüchlichen Folgen des Engagements, als Produzent von Sozialkapital *und* Konflikt in den Blick nimmt. Diese wiederum sind von gesellschaftlichen Rahmenbedingungen beeinflusst: dazu zählt die Verantwortung der Politik, Bedrohungslagen zivilgesellschaftlicher Organisationen entgegenzutreten (Sommer/Ratzmann 2022), Planbarkeit durch verlässliche Förderstrukturen und rechtlich-institutionelle Rahmenbedingungen zu gewährleisten (Hamann et al. 2016) neu entstandene und etablierte Selbstorganisationen von Geflüchteten zu fördern (Dinkelaker et al. 2021), durch Beteiligungsformate auf lokaler Ebene (Daphi 2017) die Anbindung der Zivilgesellschaft an Verwaltungshandeln und politische Entscheidungsprozesse zu stärken sowie die beispiellosen Herausforderungen durch die Covid-19-Pandemie im Engagement für Geflüchtete abzufedern (van den Berg et al. 2020). Die interdisziplinäre Fluchtforschung wird auch in Zukunft gefragt sein, die ambivalente Rolle der Zivilgesellschaft in der Verhandlung von Migration empirisch und theoretisch zu begleiten.

Literaturverzeichnis

Ahrens, Petra-Angela (2017): Skepsis oder Zuversicht? Erwartungen der Bevölkerung zur Aufnahme von Flüchtlingen in Deutschland. Hannover. https://www.si-ekd.de/download/Fluechtlingsstudie_SP_PW_final.pdf.

Ataç, Ilker/Rygiel, Kim/Stierl, Maurice (2021): Building Transversal Solidarities in European Cities: Open Harbours, Safe Communities, Home. In: Critical Sociology 47(6), 923–939.

van den Berg, Clara/Grande, Edgar/Hutter, Swen (2020): Was wird aus dem harten Kern? Auswirkungen der Corona-Krise auf das Engagement für Geflüchtete. In: Voluntaris – Zeitschrift für Freiwilligendienste 8(2), S. 226–242.

BMFSFJ (Hrsg.) (2016): Zweiter Bericht über die Entwicklung des bürgerschaftlichen Engagements in der Bundesrepublik Deutschland. Berlin.

BMFSFJ (2018): Engagement in der Flüchtlingshilfe. Ergebnisbericht einer Untersuchung des Instituts für Demoskopie Allensbach. Berlin.

Daphi, Priska (2017): „Zur Kooperation von Behörden und Zivilgesellschaft in der Unterstützung Geflüchteter". In: Forschungsjournal Soziale Bewegungen 30(3), S. 34–45.

Deutsches Zentrum für Altersfragen (2016): Freiwilliges Engagement in Deutschland. Der Deutsche Freiwilligensurvey 2014. Herausgegeben von Simonson, Julia/Vogel, Claudia/Tesch-Römer, Clemens. Berlin: DZA.

Dinkelaker, Samia/Huke, Nikolai/Tietje, Olaf (Hrsg.) (2021): Nach der »Willkommenskultur« Geflüchtete zwischen umkämpfter Teilhabe und zivilgesellschaftlicher Solidarität. Bielefeld: transcript.

Eisnecker, Philipp/Schupp, Jürgen (2016): „Flüchtlingszuwanderung: Mehrheit der Deutschen befürchtet negative Auswirkungen auf Wirtschaft und Gesellschaft", In: DIW Wochenbericht 83(8), 158–164.

Enquete-Kommission (2002): Bürgerschaftliches Engagement: auf dem Weg in eine zukunftsfähige Bürgergesellschaft. Berlin. http://dip21.bundestag.de/dip21/btd/14/089/1408900.pdf.

Fleischmann, Larissa (2020): Contested Solidarity. Practices of Refugee Support between Humanitarian Help and Political Activism. Bielefeld: transcript.

Fleischmann, Larissa/Steinhilper, Elias (2017): The myth of apolitical volunteering for refugees. German welcome culture and a new dispositif of helping. In: Social Inclusion, 5(3), 17–27.

Haller, Michael (2017): Die „Flüchtlingskrise" in den Medien. Frankfurt: Otto Brenner Stiftung. https://www.otto-brenner-stiftung.de/fileadmin/user_data/stiftung/02_Wissenschaftsportal/03_Publikationen/AH93_Fluechtlingskrise_Haller_2017_07_20.pdf.

Hamann, Ulrike/Karakayali, Serhat/Wallis, Mira/Höfler, Leif Jannis (2016): Koordinationsmodelle und Herausforderungen ehrenamtlicher Flüchtlingshilfe in den Kommunen. Berlin: Bertelsmann Stiftung.

Hamann, Ulrike/Karakayali, Serhat (2017): Practicing Willkommenskultur: Migration and Solidarity in Germany. In: Intersections 2(4), 69–86.

Herbert, Ulrich (2001): Geschichte der Ausländerpolitik in Deutschland. München: C.H. Beck.

Hess, Sabine/Kasparek, Bernd/Kron, Stefanie/Rodatz, Mathias/Schwertl, Maria/Sontowski, Simon (2016): Der lange Sommer der Migration. Krise, Rekonstitution und ungewisse Zukunft des europäischen Grenzregimes. In: Hess, Sabine/Kasparek, Bernd/Kron, Stefanie/Rodatz, Mathias/Schwertl, Maria/Sontowski, Simon (Hrsg.): Der lange Sommer der Migration. Grenzregime III. Berlin: Assoziation A, 6–24.

Jakob, Christian (2016): Die Bleibenden. Wie Flüchtlinge Deutschland seit 20 Jahren verändern. Berlin: Ch. Links Verlag.

Karakayali, Serhat/Kleist, Olaf (2015): EFA-Studie. Strukturen und Motive der ehrenamtlichen Flüchtlingsarbeit (EFA) in Deutschland. Berlin: Berliner Institut für empirische Integrations- und Migrationsforschung.

Karakayali, Serhat/Kleist, Olaf (2016): EFA-Studie II. Strukturen und Motive der Ehrenamtlichen Flüchtlingsarbeit (EFA) in Deutschland. Berlin: Berliner Institut für empirische Integrations- und Migrationsforschung.

Lewicki, Aleksandra/Schmidt, Gabriele/Sommer, Moritz (2017): „Wer schafft das? Neue Akteurskonstellationen im Engagement für Geflüchtete". In: Forschungsjournal Soziale Bewegungen, 30(3).

Matthies, Aila-Leena/Kauer, Matthias (Hrsg.) (2004): Wiege des sozialen Kapitals: Bürger-Engagement und lokale Ökonomie in einem ostdeutschen Stadtteil. Bielefeld: Kleine Verlag.

Monforte, Pierre (2014): Europeanizing Contention: The Protest Against „Fortress Europe" in France and Germany. Oxford: Berghahn.

Oltmer, Jochen/Bade, Klaus (2005): Flucht und Asyl seit 1990, BpB Kurzdossier Flucht und Migration seit 1990. http://www.bpb.de/gesellschaft/migration/dossier-migration/56443/flucht-und-asyl-seit-1990.

Poutrus, Patrice (2019): Umkämpftes Asyl. Vom Nachkriegsdeutschland bis in die Gegenwart. Berlin: Ch. Links Verlag.

Robert Bosch Stiftung (2014): Asyl und Asylbewerber: Wahrnehmungen und Haltungen der Bevölkerung 2014. Stuttgart: Robert Bosch Stiftung.

Rucht, Dieter (2018): Mobilization Against Refugees and Asylum Seekers in Germany: A Social Movement Perspective. In: Rosenberger, Sieglinde/Stern, Verena/Merhaut, Nina (Hrsg.): Protest Movements in Asylum and Deportation. Cham: Springer, S. 225–245.

Schießl, Sascha (2016): „Das Tor zur Freiheit". Kriegsfolgen, Erinnerungspolitik und humanitärer Anspruch im Lager Friedland (1945–1970). Göttingen: Wallstein.

Schiffauer, Werner (2017): „Einleitung. Eine neue Bürgerbewegung", in Schiffauer, Werner/Eilert, Anne/Rudloff, Marlene (Hrsg.): So schaffen wir das – eine Zivilgesellschaft im Aufbruch. 90 wegweisende Projekte mit Geflüchteten. Bielefeld: transcript, 13–34.

Schiffauer, Werner/Eilert, Anne/Rudloff, Marlene (Hrsg.) (2017): So schaffen wir das – eine Zivilgesellschaft im Aufbruch. 90 wegweisende Projekte mit Geflüchteten. Bielefeld: transcript.

Schwenken, Helen (2001): ‚No border, no nation, stop deportation!' Protestmobilisierung gegen das europäische Grenzregime. In: Forschungsjournal Soziale Bewegungen 14(4), 61–69.

Schwiertz, Helge/Steinhilper, Elias (2021): Countering the Asylum Paradox through Strategic Humanitarianism. Evidence from Safe Passage Activism in Germany. In: Critical Sociology, 47(2), 203–217.

Simonson, Julia/Kelle, Nadiya/Kausmann, Corinna/Tesch-Römer, Clemens (Hrsg.) (2021): Freiwilliges Engagement in Deutschland. Der deutsche Freiwilligensurvey 2019. Berlin: Deutsches Zentrum für Altersfragen.

Sommer, Moritz/Steinhilper, Elias (2021): Lokaler Protest in der Migrationsgesellschaft: Konfliktdynamiken in zwei ostdeutschen Mittelstädten, 2014–2018. In: Zschach, Maren/Hohnstein, Sally/Langner, Joachim (Hrsg.): Lokale Konflikte in der Migrationsgesellschaft – Konflikterscheinungen und Konfliktbearbeitung. Halle: Deutsches Jugendinstitut.

Sommer, Moritz/Ratzmann, Nora (2022): Bedrohte Zivilgesellschaft in Deutschland. Eine Pilotstudie unter den Modellprojekten im Handlungsfeld „Vielfaltgestaltung" im Rahmen des Bundesprogramms „Demokratie leben!" des BMFSFJ. DeZIM-Research Notes. Berlin: Deutsches Zentrum für Integrations- und Migrationsforschung.

Steinhilper, Elias (2021): Migrant Protest. Interactive dynamics in precarious mobilizations. Amsterdam: Amsterdam University Press.

Stjepandić, Katarina/Steinhilper, Elias/Zajak, Sabrina (2022): Forging plural alliances in times of polarization: Protest for an open society in Germany, German Politics. https://doi.org/10.1080/09644008.2021.2023130

Strachwitz, Rupert Graf/Priller, Eckhard/Triebe, Benjamin (2020): Handbuch Zivilgesellschaft. Bonn: Bundeszentrale für politische Bildung.

Vorländer, Hans (2021): Migrationsgesellschaft und Zivilgesellschaft. In: Grande, Brigitte/Grande, Edgar/Hahn, Udo (Hrsg.): Zivilgesellschaft in der Bundesrepublik Deutschland. Bielefeld: transcript, 103–112.

Zajak, Sabrina/Gottschalk, Ines (Hrsg.) (2018): Flüchtlingshilfe als neues Engagementfeld. Baden-Baden: Nomos.

III.2 Gruppen und Kategorisierungen

III.2.1

Frauen in Fluchtsituationen

Magdalena Suerbaum

Abstract Dieses Kapitel beschäftigt sich mit der Situation von Frauen in Fluchtkontexten. Zunächst behandelt es die Frage der Position von Frauen im internationalen Flüchtlingsrecht. Darauf folgt eine Auseinandersetzung mit den Herausforderungen und Perspektiven, die Frauen auf der Flucht sowie in Transit- und Aufnahmeländern erleben. Das Kapitel widmet sich zudem der Frage von Mutterschaft im Fluchtkontext, bevor es auf die spezifische Situation von lesbischen Geflüchteten eingeht.
Schlüsselbegriffe: Frauen, Flucht, Asyl, Mutterschaft, lesbische Geflüchtete

1. Einleitung

Dieses Kapitel nimmt die Situation geflüchteter Frauen in den Blick und beschreibt Herausforderungen und Perspektiven, die Frauen auf der Flucht und in Transit- und Aufnahmeländern erleben. Dabei beschäftigt es sich nach einem Überblick über den Stand der Forschung mit der Position von Frauen im internationalen Flüchtlingsrecht. Ein Schwerpunkt dieses Kapitels ist die Situation geflüchteter Frauen, die Mütter sind oder werden. Des Weiteren gehe ich auf die Problematiken ein, mit denen geflüchtete Frauen konfrontiert sind, die sich als lesbisch identifizieren. Die Literatur, die ich in diesem Kapitel vorstelle, behandelt Flucht- und Migrationsprozesse, die geographisch vorwiegend im (→) Nahen Osten und Europa zu verorten sind.

Repräsentation und (visuelle) Darstellungen von Frauen auf der Flucht sind omnipräsent: sie werden als passiv, hilflos, trauernd und verletzlich dargestellt (vgl. Jaji 2015; Szczepanikova 2010). Darüber hinaus werden Frauen vielfach in die hybride Kategorie *„womenandchildren"* (Enloe 1991) eingeordnet. Diese Darstellungen homogenisieren Frauen und führen zu einer fortwährenden Viktimisierung und Stigmatisierung (vgl. Jaji 2015). Zudem haben sie konkrete Auswirkungen auf das Leben der Frauen, beispielsweise auf den Asylprozess, in dem Abweichungen von bestimmten Attributen wie Passivität und Hilflosigkeit zur Einordnung der Biographie als unglaubwürdig führen können (vgl. Edwards 2010; Tschalaer 2020).

Ein Kapitel zu „Frauen in Fluchtkontexten" muss sich also mit dem Risiko der Vereinheitlichung, Homogenisierung und Essentialisierung auseinandersetzen. Um Frauen nicht als eindimensional darzustellen, präsentiere ich in diesem Kapitel in erster Linie Studien, die einen intersektionalen Forschungsansatz vertreten. Denn eine intersektionale Analyse ist ein wichtiges Korrektiv gegen essentialisierende Identitätskonstruktionen, die soziale Kategorien homogenisieren (vgl. Anthias 2013: 3). Das Konzept der Intersektionalität wurde von Kimberly Crenshaw (1991) entwickelt und geprägt und beschreibt die Wichtigkeit, in eine Analyse der sozialen Welt verschiedene Aspekte von Identität einzubeziehen. Für Unterdrückung lässt sich nie nur ein einziger Grund finden, vielmehr gründet Diskriminierung auf sich überschneidenden sozialen Identitäten, die sich gegenseitig beeinflussen.

In diesem Kapitel wird der Begriff „Flüchtling" als eine Definition verstanden, die konkrete rechtliche, symbolische und materielle Konsequenzen für die Menschen hat, die mit diesem Titel bezeichnet werden. Eine Klassifizierung als „Flüchtling" hat jedoch nur analytischen Wert, wenn sie als beschreibende rechtliche Rubrik verstanden wird, hinter der sich eine Vielfalt an sozioökonomischen Hintergründen, Biographien, und psychischen Verfassungen verbirgt (vgl. Malkki 1995: 496). Die Einordnung und Kategorisierung als „Flüchtling" sind dynamisch und nicht immer einvernehmlich, deswegen können sie als Prozesse des „Flüchtling Werdens" und nicht des „Flüchtling Seins" verstanden werden (vgl. Suerbaum 2020). Das Leben mit und in der Kategorie „Flüchtling" ist von äußeren Faktoren beeinflusst genauso wie von individueller (→) *Agency* und persönlichen Erfahrungen. Obwohl Geflüchtete eine Vielzahl von Festschreibungen erleben, die determinieren, wie sie wahrgenommen und behandelt werden, und wie sie über sich selbst und ihr Handeln denken sollen, so navigieren sie immer auch mit und gegen diese aufgezwungenen Festschreibungen (vgl. Ong 2003: 16).

2. Frauen in der Flucht- und Flüchtlingsforschung

Mindestens 50 % der Geflüchteten weltweit sind Frauen und Mädchen (UNO-Flüchtlingshilfe 2021). In Europa haben seit 2015 etwa eine halbe Millionen Frauen internationalen Schutz erhalten, davon rund 300.000 in Deutschland (Liebig 2018: 7). Zwischen Januar und September 2018 wurden 43 % der Asylanträge in Deutschland von Frauen gestellt (Hillmann/Togral Koca 2021). Ein zunehmendes wissenschaftliches Interesse an geschlechtsspezifischen Analysen von Flucht- und Migrationskontexten entwickelte sich in den 1980er Jahren (vgl. Martin 2010; Bloch et al. 2000; Indra 1999). Es beinhaltete die Wahrnehmung von Frauen in globalen Flucht- und Asylkontexten und ein Bewusstsein über das Risiko der sexuellen Gewalt an Frauen in diesen Kontexten. In dieser Phase wurden geflüchtete Frauen vor allem als *Opfer* und als *vulnerabel* (→ Vulnerabilität) wahrgenommen (vgl. Hajdukowski-Ahmed et al. 2008: 2). Feministische Analysen betonten daraufhin, dass Frauen zu Opfern gemacht werden und nicht per se Opfer sind (ibid.: 6). Ende der 1990er Jahre mahnte Doreen Indra (1999: xiv), dass in der Analyse der Genderthematik im Kontext von Flucht (→) Gender oftmals mit Frauen gleichgesetzt wird und dass es vielmehr um eine intersektionale, situative, relationale und kontextspezifische Auseinandersetzung gehen sollte. Auch Giles und Hyndman (2004) wiesen auf die Wichtigkeit intersektionaler Analysen von Kriegs- und Konfliktsituationen hin. In der anwendungsbezogenen Forschung in den 1990ern ging es in erster Linie um Fragen von Entwicklung und Menschenrechten (vgl. Callemard 1999: 138). Barbara Franz (2003: 87) kritisierte in den frühen 2000er Jahren, dass es den Flucht- und Migrationsstudien an einem Verständnis der historischen, kulturellen und sozioökonomischen Erfahrungen von Geflüchteten fehlte sowie dafür, wie geflüchtete Frauen ihr Leben konstruieren.

2.1 Frauen im internationalen Flüchtlingsrecht

Feministische Perspektiven auf das internationale Recht, besonders auf die Genfer Flüchtlingskonvention, zeigen, dass Frauen oftmals nicht den gleichen rechtlichen Schutz wie Männer erfahren, da es nicht adäquat auf die möglichen geschlechterspezifischen Arten der Verfolgung eingeht, die Frauen erleben (vgl. Freedman 2015; Crawley/Lester 2004; Bloch et al. 2000). So definieren die Genfer Flüchtlingskonvention und das Protokoll von 1967 den Prototyp eines *Flüchtlings* als eine männliche, individuelle Person, die aufgrund ihres politischen Aktivismus verfolgt wird (vgl. Freedman 2015: 69–71; Crawley/Lester 2004). Somit existiert im Flüchtlingsrecht bei der Auslegung der Konvention ein männliches Paradigma (vgl. Markard 2007: 377). Die Blindheit der Genfer Flüchtlingskonvention bezüglich der Situation von Frauen führte dazu, dass die Erfahrungen von Frauen als zweitrangig betrachtet wurden, dass sie Schwierigkeiten hatten, als Geflüchtete anerkannt zu werden und damit einhergehend Zugang zu Rechten, Leistungen und Unterstützung zu erhalten (vgl. Edwards 2010: 23). Erst in den *Guidelines on the Protection of Refugee Women* aus dem Jahr 1991 des Büros des Hohen Kommissars für Flüchtlinge der Vereinten Nationen (UNHCR) fanden sich konkretere Hinweise zum Umgang mit geschlechtsspezifischen Anträgen auf Fluchtstatus (vgl. Martin 2010: 105). Sie beschreiben die Bedürfnisse und Verletzlichkeiten geflüchteter Frauen sowie ihren zentralen Beitrag zum Wohlergehen der Gemeinschaft der Geflüchteten (vgl. Callemard 1999: 139). Im Jahre 2002 folgten Richtlinien des UNHCR, die sich mit geschlechtsspezifischen Flüchtlingsfragestellungen beschäftigten (vgl. Wessels 2018: 21). Doch obwohl UNHCR, andere internationale Organisationen und Nicht-Regierungsorganisationen sich seitdem der durchgängigen Berücksichtigung von Geschlechtergleichstellungsfragen verschrieben haben, werden Genderthemen in der Praxis oft ignoriert (vgl. Freedman et al. 2017). Janna Wessels (2018: 25) argumentiert, dass die feministische Auseinandersetzung mit dem Flüchtlingsrecht viel bezüglich der Inklusion von Gender erreicht hat. Jedoch fehle es nach wie vor an differenzierten Analysen von Fluchtgründen im Asylverfahren sowie an der Schaffung einer vertrauensvollen Atmosphäre im Interviewprozess, beispielsweise durch die Anwesenheit von Entscheider*innen und Dolmetscher*innen mit dem „richtigen" Geschlecht (ibid. 27/28).

2.2 Frauen auf der Flucht

Die (Im)Mobilität von Frauen steht oftmals im direkten Zusammenhang mit geschlechterrollenspezifischer familiärer Verantwortung (vgl. Stock 2012). In ihrem Zusammenwirken spielen das Geschlecht und die Familienkonstellation eine essentielle Rolle in Bezug auf Fluchtentscheidungen. Damit eng verbunden ist die soziale Position der Frau in ihrem Herkunftsland (vgl. Tosic/Binder 2005). Oftmals führen fehlende wirtschaftliche Ressourcen, Verantwortung für Kinder und Restriktionen für allein reisende Frauen dazu, dass Frauen erst dann flüchten, wenn sie keine andere Chance mehr sehen (vgl. Freedman 2015).

Frauen auf der Flucht sind unverhältnismäßig vulnerabler als Männer, direkte, strukturelle und geschlechterspezifische (→) Gewalt zu erleben (vgl. Freedman 2019, 2016; Grotti et al. 2018; Stock 2012; Hajdukowski-Ahmed et al. 2008). Flucht kann zudem die Beziehungen von (→) Familien und Paaren verändern und zu Gewalt innerhalb dieser Beziehungen führen. Auf der Flucht ist eine

Trennung von gewalttätigen Familienmitgliedern jedoch oftmals nicht möglich (vgl. Freedman 2019, 2016). Auch in Flüchtlingslagern (→ Camp/Lager) sind Frauen Gefahren insbesondere sexueller und genderbasierter Gewalt ausgesetzt (vgl. Krause/Schmidt 2018: 48). Seit einigen Jahren verdichten sich jedoch die Studien, die geflüchtete Frauen als Akteurinnen mit diversen Handlungsfähigkeiten und (→) Resilienzen darstellen (Krause/Schmidt 2018).

Flüchtlingslager als vorübergehende oder längerfristige Orte der Aufnahme und Versorgung für Geflüchtete sind Orte des Kontakts mit Hilfsorganisationen, die oftmals feminisierte Vorstellungen von Hilfsbedürftigkeit haben und diese in ihrem Umgang mit Geflüchteten, in der Auswahl und dem Aufbau ihrer Programme zeigen (vgl. Callemard 1999). Hilfsorganisationen, auch solche, die nicht in Flüchtlingslagern agieren, konstruieren und erhalten somit vergeschlechtlichte Rollenzuschreibungen und Ungleichheiten (vgl. Szczepankiova 2010).

2.3 Herausforderungen in Transit- und Aufnahmeländern.

Für Frauen kommt es in Transit- und Aufnahmeländern oftmals zu lebensverändernden Ereignissen, wie Zwangsverheiratungen, Menschenhandel und Prostitution (vgl. Freedman et al. 2017). Diese Veränderungen bleiben jedoch vielfach unerkannt, wie Canefe (2018) für die Situation geflüchteter syrischer Frauen in der Türkei beschreibt. Hinzu kommt, dass sich geflüchtete Frauen häufig in prekären Lebens- und Arbeitsverhältnissen befinden (vgl. Gissi 2019; Canefe 2018). Die Kategorisierung als *Flüchtling* stigmatisiert Frauen und vergrößert das Risiko, in prekären Verhältnissen verhaftet zu bleiben und Opfer von Diskriminierung und Misshandlung zu werden (vgl. Gissi 2019). Des Weiteren leiden viele Frauen in Transit- und Aufnahmeländern unter Isolation aufgrund der Trennung von weiteren familiären Netzwerken und der Dominanz des nuklearen Familienmodells, das die Zusammenführung von Familienverbänden erschwert (vgl. Treacher et al. 2003).

In post-Fluchtsituationen kommt es vielfach zu Transformationen innerhalb von Familien. Es zeigt sich, dass Frauen häufig den Familienvorstand übernehmen, vor allem dann, wenn Männer ihre Familien aus verschiedensten Gründen nicht mehr versorgen können (vgl. Nasser-Eddin 2017). Die Infragestellung häuslicher Geschlechterbeziehungen beschäftigte auch Forschende, die sich mit (→) Männern und Männlichkeit im Fluchtprozess auseinandersetzten. Der Verlust der Versorgerrolle stellt für Männer häufig eine besondere Herausforderung dar und kann zu Konflikten und Frustrationen innerhalb einer Paarbeziehung bzw. einer Familie führen.

3. Geflüchtete Frauen und Mutterschaft

Mutterschaft kann verschiedenste Bedeutungen und Konsequenzen für Frauen im Fluchtkontext haben (vgl. Lowe 2019). In der Position einer Mutter zu sein, wandelt sich im Zuge des Migrationsprozesses und beeinflusst Entscheidungen, Identitäten und soziale Rollen (vgl. Stock 2012). Geflüchtete Frauen, die während der sogenannten Flüchtlingskrise in den Jahren 2015 und 2016 die europäischen Außengrenzen erreichten und schwanger waren, mussten in vielen Fällen mit der Schwangerschaft alleine zurechtkommen, beispielsweise weil sie von ihren Partnern getrennt wurden (Grotti et al.

2018). Zu den Herausforderungen für schwangere geflüchtete Frauen gehörten außerdem Sprachbarrieren sowie Stigmatisierung und Vorurteile, die die Kommunikation mit medizinischem Personal beeinträchtigten (ibid.). Zudem beeinflussen Erfahrungen von Verlust und Leid das physiologische, psychologische und soziale Profil geflüchteter Frauen während ihrer Schwangerschaft und darüber hinaus (vgl. Kennedy/Murphy-Lawless 2004: 43).

In vielen Transit- und Aufnahmeländern gelten gesonderte Regelungen für schwangere Frauen. Sie werden als vulnerabel eingestuft und bekommen Zugang zum Gesundheitssystem (Grotti et al. 2018). Kurz vor und nach der Geburt dürfen sie in vielen Ländern nicht abgeschoben werden und erhalten einen temporären Aufenthaltsstatus, beispielsweise in Spanien und Marokko (vgl. Kastner 2010). Auch in Deutschland erhalten Frauen in den letzten Monaten ihrer Schwangerschaft und direkt nach der Entbindung Schutz vor (→) Abschiebung (vgl. Castañeda 2010: 254). Trotz dieses rechtlichen Privilegs ist die Situation vieler asylsuchender schwangerer Frauen und junger Mütter prekär: so ergab eine Studie in Irland, dass Frauen in beengten Verhältnissen in Flüchtlingsunterkünften leben, keine Ausstattung für die Kinder bekommen, und sich an die strikten Regeln der Unterkünfte halten müssen (→ Wohnen) (vgl. Kennedy/Murphy-Lawless 2003).

Mutterschaft in Fluchtkontexten kann Vorteil und Belastung zugleich sein: Durch und mit Kindern können Orte der Geborgenheit kreiert werden. Außerdem kann Kindererziehung ein elementarer, stützender Teil im Leben sein, vor allem für verwitwete geflüchtete Frauen, die mit vielen Herausforderungen, zum Beispiel Stigmatisierung und Misstrauen in migrantischen Netzwerken, konfrontiert sind (Lenette 2013). Des Weiteren ermöglichen Kinder oftmals das Knüpfen von Kontakten in die Aufnahmegesellschaft und in migrantische Gemeinschaften (vgl. Feldman-Savelsberg 2016). Zusätzlich kann der Rechtsstatus der Mutter durch die Geburt eines Kindes im Aufnahmeland positiv beeinflusst werden, beispielsweise in Irland (vor 2004) (vgl. Luibhéid 2013). Jedoch werden asylsuchende schwangere Frauen oftmals an den Pranger gestellt und beschuldigt, Kinder zu bekommen um den Staat und das Sozialsystem auszunutzen (ibid.). In Deutschland hat ein Kind einer asylsuchenden Mutter das Recht, die deutsche Staatsbürgerschaft zu bekommen, wenn der Vater des Kindes deutscher Staatsbürger ist bzw. einen unbefristeten Aufenthaltsstatus in Deutschland hat, während die Mutter als Elternteil, der das Sorgerecht besitzt, eine Aufenthaltsberechtigung und Zugang zu Sozialleistungen bekommt (vgl. Feldman-Savelsberg 2016: 70). Nichtsdestotrotz bedeutet Mutterschaft auch eine besondere Form von Kontakt mit und Kontrolle durch den Staat sowie Einflussnahme auf individuelle Präferenzen bezüglich der Ausübung der Mutterrolle (vgl. Ramsay 2017). Des Weiteren kann Mutterschaft, bei fehlendem Zugang zu externer Kinderbetreuung, die Partizipation im (→) Arbeitsmarkt behindern (Hillmann/Togral Koca 2021).

Wie bereits erwähnt gab es in den letzten Jahren ein zunehmendes wissenschaftliches Interesse an der Feminisierung der Migration. In Bezug auf Mutterschaft fokussierte sich die Forschung auf die transnationale Dimension, also die Erfahrung von langfristiger Trennung von Mutter und Kindern aufgrund von Migration. Noch nicht ausreichend beleuchtet ist allerdings die Frage nach der Prävalenz und Ausgestaltung von transnationaler Mutterschaft im Kontext von Flucht (→ Transnationalität) (vgl. Ramsay 2016: 88). Madziva und Zontini (2012) beschreiben in ihrer Forschung mit asylsuchenden Frauen aus Zimbabwe in England, dass der ungeklärte Rechtsstatus der Frauen, die anhaltende Gefahr der Illegalisierung, das Arbeitsverbot sowie das Verbot der Familienzusammenführung dazu führen, dass transnationale Mutterschaft kaum umsetzbar ist. Die Frauen fühlten sich nicht in der Lage, für ihre Kinder finanziell zu sorgen und emotionale Intimität aufrecht zu erhalten.

4. Lesbische Geflüchtete

Die Situation geflüchteter Frauen, die sich als lesbisch, queer oder non-heteronormativ identifizieren, hat lange wenig Beachtung in der Forschung gefunden (vgl. Luibheid 2020; Tschalaer 2020). Mittlerweile wird von einigen Staaten anerkannt, dass eine lesbische, schwule oder trans-Identität unter Verfolgung aufgrund von Zugehörigkeit zu einer bestimmten sozialen Gruppe fällt, wie sie in der Genfer Flüchtlingskonvention Erwähnung findet, und damit einen Grund für ein Asylgesuch darstellt (vgl. Luibhéid 2020; → LGBT*).

Im deutschen Asylsystem erfahren lesbische Asylsuchende eine doppelte Diskriminierung, die mit rassifizierten Idealisierungen der weiblichen Opferrolle einhergeht (vgl. Tschalaer 2020). Ähnliches gilt für lesbische Asylsuchende in Großbritannien: das Maß für Glaubwürdigkeit ist die Übereinstimmung mit westlichen Vorstellungen von Homosexualität, was die Frauen unter Druck setzt, sich diesen Vorstellungen anzupassen (vgl. Benett/Thomas 2013). Um den Flüchtlingsstatus zu erlangen, müssen Menschen ihre Erfahrungen so darstellen, dass sie einem ethnozentrischen und essentialisierenden Verständnis von sexueller Identität entsprechen, welches auf rassistische und koloniale Logiken basiert und diese reproduziert (Luibhéid 2020). Auch Trans*Geflüchtete sind im deutschen Asylverfahren stark benachteiligt, denn die zuständigen Ausländerbehörden entscheiden über ihre Authentizität und die damit verbundene Asylberechtigung „auf der Grundlage von eurozentrischen, pathologisierenden Vorstellungen von ‚Transsexualismus' als einem dichotomen Geschlechterwechsel" (Jules/Fütty 2019: 125).

5. Fazit

Dieses Kapitel hat aufgezeigt, wie sich die Flucht- und Flüchtlingsforschung im Hinblick auf Frauen entwickelt hat, und die Herausforderungen zusammengefasst, die bezüglich der Genfer Flüchtlingskonvention bestehen. Das Kapitel beschäftigte sich außerdem mit den spezifischen Schwierigkeiten, die Mütter und lesbische Geflüchtete erleben. Stigmatisierungen, Homogenisierungen und dominante, oftmals ethnozentrische, Vorstellungen und Repräsentationen lasten schwer auf geflüchteten Frauen und haben oftmals konkrete Auswirkungen auf Zugang zu rechtlichem und humanitärem Schutz. Forschungslücken existieren an der Schnittstelle von Flucht und Geschlechterforschung: der Einfluss von Flucht auf die sozialen Positionen und Identitäten von Frauen, beispielsweise als Mütter, sollte mehr Beachtung finden. Wichtig ist zudem der Blick auf Aushandlungsprozesse von Fluchterfahrungen in intergenerationalen und familiären Beziehungen.

Literaturverzeichnis

Anthias, Floya (2013): Intersectional what? Social divisions, intersectionality and levels of analysis. In: Ethnicities 13 (1), 3–19.

Bennett, Claire/Thomas, Felicity (2013): Seeking asylum in the UK: lesbian perspectives. In: Forced Migration Review 42, 26–28.

Bloch, Alice/Galvin, Treasa/Harrell-Bond, Barbara (2000): Refugee Women in Europe: Some Aspects of the Legal and Policy Dimensions. In: International Migration 38 (2), 169–190.

Callemard, Agnès (1999): Refugee women: a gendered and political analysis of the refugee experience. In Ager, Alastair (Hrsg.): Refugees: Perspectives on the Experience of Forced Migration. London Pinter, 194–214.

Canefe, Nergis (2018): Invisible Lives: Gender, Dispossession, and Precarity amongst Syrian Refugee Women in the Middle East. In: Refuge 34 (1), 39–49.

Castañeda, Heide (2010): Deportation Deferred: "Illegality", Visibility, and Recognition in Contemporary Germany. In: De Genova, Nicholas/Peutz, Nathalie (Hrsg.): The Deportation Regime: Sovereignty, Space, and the Freedom of Movement. Durham/London: Duke University Press, 245–261.

Crawley, Heaven/Lester, Trine (2004): Comparative Analysis of Gender-Related Persecution in National Asylum Legislation and Practice in Europe. Geneva: UNHCR.

Crenshaw, Kimberley (1991): Mapping the Margins: Intersectionality, Identity Politics, and Violence against Women of Color. In: Stanford Law Review 43 (6), 1241–99.

Edwards, Alice (2010): Transitioning Gender: Feminist Engagement with International Refugee Law and Policy 1950–2010. In: Refugee Survey Quarterly 29 (2), 21–44.

Enloe, Cynthia (1991): Womanandchildren: Propaganda Tools of Patriarchy. In: Bates, Greg (Hrsg.): Mobilizing Democracy: Changing the U.S. Role in the Middle East. Monroe, ME: Common Courage Press.

Feldman-Savelsberg, Pamela (2016): Mothers on the move: reproducing belonging between Africa and Europe. Chicago: Chicago University Press.

Franz, Barbara (2003): Bosnian refugee women in (re)settlement: gender relations and social mobility. In: Feminist Review 73, S. 86–103.

Freedman, Jane (2015). Gendering the International Asylum and Refugee Debate. Palgrave Macmillan: Basingstoke.

Freedman, Jane (2016): Engendering Security at the Borders of Europe: Women Migrants and the Mediterranean 'Crisis'. In: Journal of Refugee Studies 29 (4), 568–582.

Freedman, Jane (2019): A Gendered Analysis of the European Refugee 'Crisis'. In: Menjívar, Cecilia/Ruiz, Marie/Ness, Immanuel (Hrsg.): The Oxford Handbook of Migration Crises. Oxford: Oxford University Press.

Freedman, Jane/Kivilcim, Zeynep/Baklacioglu, Nurcan Ö. (2017): Introduction: Gender, migration and exile. In: Freedman, Jane/Kivilcim, Zeynep/Baklacioglu, Nurcan Ö. (Hrsg.): A Gendered Approach to the Syrian Refugee Crisis. New York: Routledge, 1–15.

Giles, Wenona/Hyndman, Jennifer (2004): Introduction: Gender and Conflict in a Global Context. In: Giles, Wenona/Hyndman, Jennifer (Hrsg.): Sites of Violence: Gender and Conflict Zones. Berkeley: University of California Press, 3–23.

Gissi, Angela (2019): 'What Does the Term Refugee Mean to You?' Perspectives from Syrian Refugee Women in Lebanon. In: Journal of Refugee Studies 32 (4), 539–561.

Grotti, Vanessa/Malakasis, Cynthia/Quagliariello, Chiara/Sahraoui, Nina (2018): Shifting vulnerabilities: gender and reproductive care on the migrant trail to Europe. In: Comparative Migration Studies 6 (23), https://doi.org/10.1186/s40878-018-0089-z, 17.10.2021.

Hajdukowski-Ahmed, Maroussia/Khanlou, Nazilla/Moussa, Helene (2008): Introduction. In: Hajdukowski-Ahmed, Maroussia/Khanlou, Nazilla/Moussa, Helene (Hrsg.): Not Born a Refugee Woman: Contesting Identities, Rethinking Practices. Oxford: Berghahn Books, 1–23.

Hillmann, Felicitas/Togral Koca, Burcu (2021): By women, for women, and with women: on the integration of highly qualified female refugees into the labour markets of Berlin and Brandenburg. In: Comparative Migration Studies 9 (3), https://doi.org/10.1186/s40878-020-00211-3, 17.10.2021.

Indra, Doreen (1999): Introduction. In: Indra, Doreen (Hrsg.): Engendering Forced Migration: Theory and Practice. New York/Oxford: Berghahn Books, xxi–xviii.

Jaji, Rose (2015): Normative, agitated, and rebellious femininities among East and Central African refugee women. In: Gender, Place & Culture: A Journal of Feminist Geography 22 (4), 494–509.

Jules, Tamás/Fütty, Joshua (2019): Gender und Biopolitik: Normative und intersektionale Gewalt gegen Trans*Menschen. Bielefeld: Transcript-Verlag.

Kastner, Kristin (2010): Moving relationships: family ties of Nigerian migrants on their way to Europe. In: African and Black Diaspora: An International Journal 3 (1), 17–34.

Kennedy, Patricia/Murphy-Lawless, Jo (2003): The maternity care needs of refugee and asylum seeking women in Ireland. In: Feminist Review 73, 39–53.

Krause, Ulrike/Schmidt, Hanna (2018): ‚Being beaten like a drum'. Gewalt, Humanitarismus und Resilienz von Frauen in Flüchtlingslagern. In: Gender. Zeitschrift für Geschlecht, Kultur und Gesellschaft 2, 47–62.

Lenette, Caroline (2014): 'I am a Widow, Mother and Refugee': Narratives of Two Refugee Widows Resettled to Australia. In: Journal of Refugee Studies 27 (3), 403–421.

Liebig, Thomas (2018): Dreifach benachteiligt?: Ein erster Überblick über die Integration weiblicher Flüchtlinge. OECD Publishing, Paris, https://doi.org/10.1787/b0cf3f35-de, 17.10.2021.

Lowe, Lucy (2019): Refusing caesarean sections to protect fertile futures: Somali refugees, motherhood, and precarious migration. In: American Ethnologist 46 (2), 190–201.

Luibhéid, Eithne (2013): Pregnant on Arrival: Making the Illegal Immigrant. Minneapolis: University of Minnesota Press.

Luibhéid, Eithne (2020): Migrants and refugee lesbians: lives that resist the telling. Journal of Lesbian Studies 24 (2), 57–76.

Madziva, Roda/Zontini, Elisabetta (2012): Transnational mothering and forced migration: Understanding the experiences of Zimbabwean mothers in the UK. In: European Journal of Women's Studies 19 (4), 428–443.

Malkki, Liisa (1995): Refugees and Exile: From „Refugee Studies" to the National Order of Things. In: Annual Review of Anthropology 24, 495–523.

Markard, Nora (2007): Fortschritte im Flüchtlingsrecht? Gender Guidelines und geschlechtsspezifische Verfolgung. In: Kritische Justiz: Vierteljahresschrift für Recht und Politik 40 (4), 373–390.

Nasser-Eddin, Nof (2017): Gender performativity in diaspora: Syrian refugee women in the UK. In: Freedman, Jane/Kivilcim, Zeynep/Baklacioglu, Nurcan Ö. (Hrsg.): A Gendered Approach to the Syrian Refugee Crisis. London/New York: Routledge, 142–152.

Ong, Aihwa (2003): Buddha is Hiding: Refugees, Citizenship, the New America. Berkeley: University of California Press.

Ramsay, Georgina (2016): Motherhood Motivations: African Refugee Women Resettled in Australia and Return Visits to a Country of First Asylum. N: International Migration 54 (4), 87–101.

Ramsay, Georgina (2017): Forced Childlessness and Ruptured Personhood: The Politics of Motherhood for Central African Refugee Women Resettled in Australia. In: Anthropological Quarterly 90 (3), 743–770.

Suerbaum, Magdalena (2020): Masculinities and Displacement in the Middle East: Syrian refugees in Egypt. London: I.B. Tauris.

Stock, Inka (2012): Gender and the dynamics of mobility: reflections on African migrant mothers and 'transit migration' in Morocco. In: Ethnic and Racial Studies 35 (9), 1577–1595.

Szczepankivova, Alice (2010): Performing refugeeness in the Czech Republic: gendered depoliticisation through NGO assistance. In: Gender, Place & Culture: A Journal of Feminist Geography 17 (4), 461–477.

Treacher, Amal/Coombes, Annie/Alexander, Claire/Bland, Lucy/Alldred, Pam (2003): Exile and asylum: women seeking refuge in 'Fortress Europe'. In: Feminist Review 73, 1–4.

Tschalaer, Mengia (2020): Victimhood and femininities in Black lesbian asylum cases in Germany. In: Journal of Ethnic and Migration Studies. https://doi.org/10.1080/1369183X.2020.1772735, 17.10.2021.

UNO-Flüchtlingshilfe (2021): Frauen auf der Flucht: Besondere Bedürfnisse von Flüchtlingsfrauen. www.uno-fluechtlingshilfe.de/hilfe-weltweit/fluechtlingsschutz/fluechtlingsfrauen, 17.10.2021.

Wessels, Janna (2018): Feministische Herausforderungen an das Flüchtlingsrecht: von der zweiten zur dritten Welle. In: Gender. Zeitschrift für Geschlecht, Kultur und Gesellschaft 2, 18–31.

III.2.2
Männer* und Männlichkeiten

Susanne Spindler

Abstract Der Beitrag untersucht die Folgen rassialisierter und sexualisierter Männlichkeitsbilder im Kontext von Flucht. Die vorherrschende Dämonisierung geflüchteter Männer wird im Grenzregime zur Errichtung ordnungs- und sicherheitspolitischer Maßnahmen genutzt. Jüngere Forschungen stellen dem Erfahrungen, Bedarfe und Veränderungspotenziale von Männlichkeiten auf der Flucht gegenüber, die jedoch im rigiden Asylsystem kaum Raum bekommen.

Schlüsselbegriffe: Männer*, Männlichkeiten, Flucht, Grenzregime

1. Einleitung

Männer* auf der Flucht stellen weltweit ungefähr die Hälfte aller Geflüchteten. Sie sind unterschiedlicher Herkunft, haben unterschiedliche Geschichten, Familienzugehörigkeiten, Klassen, individuelle Lebensstile und Vorstellungen von Männlichkeit. Sie bilden also keine einheitliche Gruppe, dennoch ist es berechtigt, sie in diesem Handbuch unter einer Kategorie zu subsumieren: Erstens lässt sich, zumindest im deutschsprachigen Diskurs, eine Entdifferenzierung der Heterogenität von Männern* erkennen, zugunsten eines Bildes vom ‚geflüchteten Mann', das gesellschaftliche Konsequenzen hat. Zweitens nimmt die Analyse von Geschlecht als wesentliche Komponente im Fluchtkontext diejenigen Schnittstellen in den Blick, an denen Migration durch Geschlecht und Geschlecht durch Migration regiert und reguliert wird. Konstruktionen von Männern* und Männlichkeiten im Kontext von Flucht zu betrachten, lenkt den Blick auf die Formierung innerer und äußerer Grenzziehungen sowie von Geschlechterpolitiken (Yurdakul/Korteweg 2021). Und drittens zeigen sich Wissenslücken bezüglich der Bedarfe und Erfahrungen geflüchteter Männer*, die nach wie vor nicht als vergeschlechtlicht gedacht werden. Tauchen Männer* dennoch als geschlechtliche Personen auf, dann selten in Kontexten von Care, (→) Vulnerabilität oder (→) Emotionen, sondern vorrangig als Unterdrücker (Charsley/Wray 2015).

Die folgenden Ausführungen widmen sich den genannten Themensträngen, sie skizzieren ein- und ausgeblendete Themen von Männlichkeiten im Kontext von Flucht. Die Ausführungen werden von folgenden Fragestellungen geleitet: 1. Welche Konstruktion(en) geflüchteter Männer* lassen sich im deutschsprachigen öffentlichen Diskurs erkennen, und wie werden die politischen, gesellschaftlichen und individuellen Auswirkungen dieser Konstruktionen analysiert? 2. In welcher Wechselwirkung steht die Regulation von Geschlecht mit der Errichtung von Grenzregimen und (Migrations-)Politiken? 3. Welche Anforderungen an Männer*, welche Erfahrungen und Transformationen von Männern* werden in Flucht- und Ankunftskontexten thematisiert bzw. nicht thematisiert? Was wissen wir, wo könnte die Forschung genauer hinschauen?

2. Rassialisierte und sexualisierte Konstruktionen geflüchteter Männer*

Seit der Silvesternacht 2015/2016 in Köln drehen sich viele mediale Darstellungen um geflüchtete Männer* als problematische Männer*, die als Angehörige einer gefährlichen Gruppe konstruiert werden. Mediale Darstellungen von großen, schwarzen Händen auf weißen Frauenkörpern wie z. B. im Focus 2/2016 oder als Titelbild der Süddeutschen Zeitung vom 08.01.2016 rekurrieren bewusst oder unbewusst auf koloniale Vorbilder: Sie zeigen geflüchtete Männer* als „andere" Männer, die befremdende, beunruhigende, mit Gewalt einhergehende Männlichkeit aufweisen, gefahrvoll auf weiße Frauen gerichtet. Als Haupttopos haben Yurdakul und Korteweg (2021) in der Auswertung von nahezu 500 Medienartikeln zur Silvesternacht von Mitte 2015 bis Ende 2017 den Topos der „Gefahr" ausgemacht (→ Mediendiskurse).

In Deutschland lässt sich eine lange Geschichte der Problematisierung als Schwarz gelesener Männer* als Täter sexualisierter Gewalt ausmachen, die koloniale Kontinuitäten (vgl. z. B. Wigger 2007: 87 ff.) aufzeigt. Im Diskurs über die Silvesternacht 2015/2016 wurden diese kolonialen rassistisch-sexistischen Bilder reaktiviert. Damals wie heute werden Schwarze Männlichkeiten als hyperviril und hypermaskulin imaginiert (Gruhlich 2019: 47), werden dämonisiert und barbarisiert. Zugleich sind diese kolonial-rassistisch-sexistischen Kontinuitäten wissenschaftlich dechiffriert worden (vgl. z. B. Castro Varela/Mecheril 2016; Dhawan/Castro Varela 2019; Hark/Villa 2017). Dietze (2019: 16) benennt diese Konstruktion als ‚Ethnosexismus', also eine Überkreuzung von Rassismus und Sexismus, die auch geflüchteten oder als geflüchtet wahrgenommenen Männern* heute widerfährt, zumal wenn sie jung und alleinstehend sind. Diese Attribute stellen sie unter den Generalverdacht, für als weiß gedachte deutsche Frauen sexuell gefährlich zu sein.

Vor allem junge Geflüchtete, die unter den seit 2015 in der Bundesrepublik Angekommenen mehrheitlich männlich sind, sind im Kontext des Asylverfahrens dem Verdacht der Lüge ausgesetzt (Lang/Spindler 2018: 34), was sich am Beispiel der Altersfeststellung zeigen lässt (Karpenstein/Rohleder 2021: 24 f.). Griffiths (2015: 468 f.) hat eine Studie mit männlichen abgelehnten Asylbewerbern in England durchgeführt. Sie zeigt, dass das Asylaufnahmesystem eine politische Konzeptionalisierung von ‚richtigen Flüchtlingen' geschaffen hat, die sich durch Verletzlichkeit, Aufrichtigkeit sowie Passivität hinsichtlich ihrer politischen Rolle auszeichnen, was insgesamt eher mit Weiblichkeit assoziiert wird. Demgegenüber steht der, der nur scheinbar Asyl benötige und damit zum gegenteiligen Konstrukt wird: Ein gefährlicher Lügner, der das System ausbeute. Damit, so Griffiths weiter, werde ein hochmoralisiertes, feminisiertes Bild von anspruchsberechtigten Geflüchteten geschaffen (Griffiths 2015: 471 f.) sowie folglich auch die maskulinisierte Konstruktion eines nicht anspruchsberechtigten Geflüchteten.

3. Wechselwirkung und Regulationen: Männlichkeit und die Errichtung von Grenzregimen

Konstruktionen wie die oben beschriebenen haben auch auf nicht geflüchtete, weiße, ‚abendländische' Männer* weitreichende Auswirkungen. Sexualisierte Gewalt und Täterschaft wird als Thema weißer Männer* en passant ausgeblendet (Yurdakul/Korteweg 2021: 49) – sie werden damit zum Gegenbild und Profiteuren des Diskurses. Es bildet sich eine spezifische Struktur aus, in der die Differenz zwischen ‚uns' (dem Westen) und ‚ihnen' (allen Anderen), re-konstituiert wird (Hark/Villa 2017: 19). Während Gefahr und Bedrohung durch ‚fremde' Männlichkeit als von außen kommend gesehen werden, wird der nationale Raum als zu schützender und unschuldiger Innenraum konstituiert, der auch bezogen auf die Geschlechterkonstruktionen unverdächtig und emanzipiert erscheint (Mecheril/Messerschmidt 2016: 152). Dadurch kann Gewalt im Inneren negiert und eine ‚nationale' oder weiße Männlichkeit geschaffen werden, die vorgeblich gewaltlos als zeitgemäße, emanzipierte Männlichkeit erscheint (Spindler 2017: 40).

Welchen Einfluss haben diese Bilder geflüchteter Männer* auf die Formierung der Grenzregime? Die Thematisierung lenkt von Zusammenhängen wie dem Beitrag des Westens zu Krieg, Gewalt und Fluchtgründen ab und verdeckt diese. So müssen Folgen globaler Nord-Süd Ausbeutungsverhältnisse nicht mitgedacht, Ansprüche des Südens können als unrechtmäßig abgewehrt werden (Castro-Varela/Dhawan 2015: 318). Der Aufbau der Festung Europa erscheint in diesem Licht rechtmäßig, selbst das Außerkraftsetzen von Menschenrechten an den Außengrenzen. Folgen manifestieren sich auch in symbolischen und materiellen Strukturen. Die Diskurse dienen der Legitimation und Naturalisierung der Herrschaftsverhältnisse (Gruhlich 2019: 45–47). Da die Kategorien ‚race' und ‚gender' zumindest implizit weiterhin als ‚natürlich' gedachte Gegebenheiten, als insofern interpretierte „biologische Marker" konzipiert werden (Yurdakul/Korteweg 2021: 41), eignen sie sich besonders gut dazu. Normatives Geschlechterwissen wird produziert und reproduziert und damit Machtverhältnisse verschleiert.

Rassialisierte und als Täterschaft konzeptionalisierte Männlichkeit wird zum Anlass, Debatten um migrations- und ordnungspolitische Maßnahmen des Ausschlusses zu führen. Sie münden als Migrationsabwehr in Sicherheits-, Gefahrenabwehr- und Abschiebungspolitiken. Letztere fanden 2016 schon Umsetzung in der Möglichkeit, ‚kriminelle Ausländer' schneller abzuschieben, zeitgleich wurde das Sexualstrafrecht geändert. Feministische Organisationen hatten viele Jahre für diese Veränderungen gekämpft, aber erst der Diskurs um die Silvesternacht führte zu einer Einstellungsänderung bei verschiedenen politischen Parteien (De Hart 2017: 47–50). Freilich fallen auch Taten weißer deutscher Männer unter dieses Gesetz. Dennoch richtet sich der allgemeine Vorwurf von Frauenfeindlichkeit und Gewalt nicht an sie, sondern an ‚andere' Männer. Die Regulierung sexualisierter Gewalt kann in Deutschland als Grenzstrategie genutzt werden, die das ‚Gefahrenregister' ins Zentrum symbolischer und materieller Grenzziehungsprozesse stellt (Yurdakul/Korteweg 2021: 49). Ähnliches lässt sich für die Niederlande konstatieren, wo sich Bedenken kommunal v. a. gegen die Aufnahme von Männern* und größeren Gruppen richtete (De Hart 2017: 47–50).

Neuere, ethnographische Grenzregimeanalysen haben ebenjene Politiken und Praktiken des Regierens der Migration zum Gegenstand (Gutekunst 2016: 229). Hierbei wird untersucht, inwieweit die Herstellung von Geschlecht und die Herstellung von (→) Grenzen und Grenzregimen zusammenhängen. Im

Hintergrund steht die Annahme, dass Grenzregime nicht nur Praktiken der unmittelbaren Kontrolle oder der Repression sind, sondern mit unterschiedlichen Mitteln strategisch arbeiten und zugleich umkämpft sind. Dazu gehört die Verschleierung von Politiken durch vermeintliche „objektive" Gesetzgebungen oder die Naturalisierung von Macht- und Herrschaftsverhältnissen (Gutekunst 2016: 230).

Auch wenn ein breiter Negativdiskurs v. a. über junge männliche Geflüchtete und deren „Gefährlichkeit" in der Bundesrepublik zu verzeichnen ist, so gibt es auch andere Bilder geflüchteter Männer*. Je nach Wahrnehmung und Intention, können sie als Opfer, bemühte oder nützliche Subjekte dargestellt werden (Wyss/Fischer 2021: 56). In jüngerer Zeit sind unter anderem mediale Bilder von Männlichkeiten in Care-Kontexten aufgetaucht, z. B. flüchtende Männer*, die ihre Kinder tragen und beschützen oder weinende Männer*. Doch, so konstatiert Naika Foroutan (Vortrag am 20.09.2020), haben diese Bilder bislang nicht die gleichen Auswirkungen wie das dominante Narrativ der „Überfremdung" durch geflüchtete Männer*.

Auch werden männlichen Geflüchteten altbekannte männlich konnotierte Attribute zugeschrieben, wie Aktivität, Stärke, Mut, die sich im Verlassen der Heimat, im Überqueren von Grenzen und im Aufbau eines neuen Lebens zeigen (Stock 2016: 312). Die Bilder Geflüchteter als Agenten (→ Agency) ihrer Migration, als handlungsmächtig und selbstermächtigend, können allerdings auch dazu beitragen, dass ihnen (→) Vulnerabilität nicht zuerkannt wird (Wyss/Fischer 2021: 60). Besonders verdächtig werden unbegleitete (junge) Männer* (→ unbegleitete Minderjährige), denen Vulnerabilität und somit der Anspruch auf Asyl abgesprochen wird. Der „single male refugee" (Zablotsky 2020: 190) wird quasi zum *racial profile*, das legitimiert, dass als ‚Gegenwehr' restriktive Grenzregime konsolidiert werden.

4. Forschungen zu Erfahrungen und Bedarfen geflüchteter Männer* in Flucht- und Ankunftskontexten

Nach wie vor wird bei (→) Gender vorrangig an (→) Frauen gedacht, selbst in den (de)konstruktivistischen Genderstudies. Angesichts patriarchaler Normsetzung, daraus entstehender Ungleichheiten sowie aus feministischer Kritik der Dethematisierung weiblicher Autonomie ist es auch nicht logisch, Männer* in den Fokus zu rücken. Mit Privilegien verbundene Männlichkeit bekommt aber mit Blick auf intersektionale Ungleichheiten Brüche, und Machtverhältnisse verschieben sich, wenn wir Männlichkeiten in Fluchtkontexten betrachten.

Gewalterlebnisse wie Folter und sexualisierte Gewalt auf der Flucht und im Herkunftsland, strukturelle Gewalterfahrungen im Rahmen des Asylverfahrens und mangelnde Perspektiven in Ankunftsländern tragen dazu bei, dass sichere Vorstellungen von Männlichkeit fraglich werden (Strohm o.J.: 9). Näher beschreibt dies Stock (2016) anhand der Gruppe (junger, allein reisender) syrischer geflüchteter Männer* und zeigt genderspezifische Vulnerabilitäten und psychosoziale Belastungen aufgrund spezifischer, an Männlichkeit geknüpfter Verfolgungen sowie (→) Rassismus und Deklassierung in Aufnahmeländern. Viele der Männer* leiden unter dem Verlust von Familie, Heimat und Sicherheit sowie der Ungewissheit, ob die Familie nachziehen kann.

Der Druck, aus dem Exil heraus für die Familie zu sorgen, ist oft verbunden mit der Unsicherheit des Aufenthalts und zugleich gesellschaftlichem Integrationsdruck, wobei ein besonderes Spannungsfeld entsteht (Wyss/Fischer 2021: 68). In der Migrationssituation formieren sich auch männliche Subjektivitäten im Zuge der mit der Sorgearbeit verbundenen Emotionen in transnationalen Familienkonstellationen neu (Stock 2021). Tunç (2021) sieht im Kontext von Care und Flucht auch Potenziale für die Entwicklung progressiver Männlichkeiten, also solcher, die sich von Idealen hegemonialer Männlichkeit distanzieren und geschlechterdemokratisch agieren.

Dem entgegen stehen in Ankunfts- und Transitgesellschaften und den (supra)staatlichen Organisationen für Geflüchtete vorherrschende heteronormative, traditionelle Vorstellungen von nicht oder kaum verletzbarer Männlichkeit. Sie haben umfassenden Einfluss auf die Chancen auf Asyl. Die Bildung der ‚most vulnerabel groups', also Frauen und Kinder, priorisiert und hierarchisiert in einer Form, die es Männern* kaum mehr ermöglicht, als gefährdet, (besonders) verletzlich und in Folge schutzbedürftig wahrgenommen zu werden. Krause und Scherschel (2018) zeichnen die Geschichte des Frauenschutzes beim UNHCR nach und kommen zu dem Ergebnis, dass diverse Maßnahmen zum Schutz von Frauen* „ [...] dazu beigetragen haben, dass sich dieser zur Kernaktivität im Flüchtlingsschutz entwickelte" (Krause/Scherschel 2018: 11). Aus der Perspektive der Verbesserung des Schutzes von Frauen*, die in hohem Maß von verschiedenen Formen der Gewalt betroffen sind, ist dies sicherlich begrüßenswert und sollte weiter ausgebaut werden. Die Aussichten für Männer*, als Flüchtlinge anerkannt zu werden, sind allerdings schlechter als noch vor einigen Jahren (vgl. Krause 2017). Die inhärente Geschlechterdichotomie trägt zur Ausblendung komplexer Gewaltbedingungen und Täter*innen-Opfer-Konstellationen bei, was in der Folge dazu führen kann, Gefahren für geflüchtete Männer abzutun und zu bagatellisieren (Krause/Scherschel 2018: 12 f.).

Die Queer-Studies verdeutlichen, dass auch (→) LGBTIQ*-Personen durch Flucht zwar Verfolgung in Herkunftsländern entgehen können, aber es eine Kontinuität von Diskriminierungen in Transit- und Zielländern gibt, auch hinsichtlich intersektionaler Dimensionen wie (→) Religion (Golembe et al. 2020). Diese gehen auch von Behörden aus (Küppers/Hens 2019: 9), z. B. wenn queere Geflüchtete auf heteronormative Denkweisen stoßen. Männern* wird beispielsweise nicht geglaubt, dass sie homosexuell sind, weil sie in einer heterosexuellen Ehe gelebt haben. Auch eine entsprechende Sensibilität der Verfahrensabläufe in Hinblick auf psychische Auswirkungen geschlechtsspezifischer Verfolgung bei queeren Personen ist nicht vorgesehen. Damit geraten diejenigen aus dem Blick, die ihre geschlechtliche Identität jahrelang aus Angst vor Verfolgung verschweigen mussten und daher meist im Rahmen der Anhörung nicht ad hoc in der Lage sind Behörden zu vertrauen, auch nicht denen des Zufluchtslandes (Hübner 2016; Thielen 2012). Die fehlende Sensibilität kann dazu führen, dass *queerness* als Fluchtgrund im Asylverfahren nicht (an)erkannt und damit verbundener vulnerabler Männlichkeit keine Beachtung geschenkt wird, z. B. bei der Frage, inwiefern Schutzkonzepte in Gemeinschaftsunterkünften darauf achten, schwule Männer* in den Einrichtungen nicht einer möglichen Gefährdung aufgrund von Homophobie auszusetzen.

Der Erwerbsarbeit wird in der Männlichkeitsforschung eine große Bedeutung für männliche (Selbst-)Verortung beigemessen (vgl. Scholz 2008). Auch geflüchtete Männer* betrachten Erwerbsarbeit als einen wichtigen Teil ihres Lebens (Kitzberger 2016). Wird sie durch das Asylsystem verhindert, wie das zumindest temporär oder bezogen auf spezifische Gruppen vorgesehen ist, so entsteht eine Leerstelle, ein mit Langeweile verbundener Wartezustand, der mit Abwertung einhergeht und den die Männer* selbst als Gefahr sehen, z. B. Drogen zu nehmen (Kitzberger 2016: 53 f.). Die entstehende Abhängigkeit von Unterstützung kann durch Eigeninitiative kaum durchbrochen werden. Die Betroffenen erleben die Situation als Kontrollverlust über das eigene Leben, als Infantilisierung und Erniedrigung (Griffiths 2015: 474–477).

Weitere Lebensumstände erlauben oft keine eigenständigen Entscheidungen wie etwa die Gründung einer Familie. Auch prekäre Wohnverhältnisse haben Auswirkungen auf Geschlechterbeziehungen sowie Familiendynamiken. Wie biografische Erzählungen geflüchteter Jugendlicher zeigen, können Männer* als Väter beispielsweise den Vorstellungen der Kinder nicht gerecht werden, sodass die Jungen* beginnen, väterliche Rollen zu übernehmen (Spindler 2006: 148–151).

Ein rigides und gewaltförmiges Asylsystem, das zu einer exkludierten Lage der Betroffenen führt, wirkt sich auf Männlichkeiten also in spezifischer Weise aus. Die Männer* sind, mit Connell (2000) betrachtet, durch das Asylsystem ganz unten in der Skala hegemonialer Männlichkeit[1] verortet, als ‚subordinierte Männlichkeit'. Eine Studie zu den Bedarfen junger geflüchteter Männer* in Deutschland stellt ein hohes Gesundheitsrisiko bei der Gruppe fest: Sie sehen sich Gefühlen der Hilflosigkeit sowie dem Verlust von Selbstbestimmung und Selbstwirksamkeit mit starken Auswirkungen auf ihre Psyche gegenüber (Bundesforum Männer 2018: 76–79). Die Situation verhindert gesellschaftliche Teilhabe und lässt kaum Raum für die Entwicklung anerkannter Positionierungen und Männlichkeiten.

5. Schlussbetrachtung: Desiderate und Notwendigkeiten

Die beschriebenen einseitigen Darstellungen geflüchteter Männer* erschweren die Öffnung für andere Themen in Bezug auf Männer* und Männlichkeiten im Fluchtkontext. Im öffentlichen Diskurs wie in der Forschung zeigen sich Desiderate: Dazu gehören Themen wie die Auswirkungen der Heteronormativität auf Menschen auf der Flucht, Gewalterfahrungen von Männern*, Fragen nach Handlungsfähigkeiten und Ermächtigungen. Flucht als Bewegung und Veränderung, mit der sich auch Gender-, Rollen- und Familienbilder und Männlichkeitsvorstellungen wandeln, wird noch viel zu selten thematisiert. Was geschieht im Transitraum der Flucht mit Geschlechtlichkeiten? Welche Transformationen finden statt und was geschieht mit diesen in den ‚Aufnahmeländern', die immer mehr zu nur temporären Aufnahmeländern werden? Welche Ressourcen bilden Männer* auf der Reise, wie positionieren sie sich auf der Flucht? Welche Rolle wird geflüchteten Männern im System von Männlichkeiten zugewiesen?

Eine der Aufgaben, der sich die Forschung in diesem Kontext stellen sollte, ist es, eine geschlechterreflektierende Perspektive im Kontext von Flucht in Bezug auf alle Geschlechter einzunehmen, die nicht über die eigenen Annahmen spezifischer Bilder von Männlichkeit stolpert und die den jeweiligen Vulnerabilitäten von Flucht und Asyl Rechnung trägt. Die dabei entstehenden Ergebnisse in die Öffentlichkeit zu tragen, kann einen Beitrag dazu leisten, dass Erkenntnisse in Politiken und

---

[1] Die die Männlichkeitsforschung theoretisch fundierende Connellsche Theorie der hegemonialen Männlichkeit bezieht diverse Ungleichheitsverhältnisse ein. Connell analysiert die Herstellung einer hegemonialen Männlichkeit durch die Unterdrückung von Frauen sowie die Hierarchisierung von Männlichkeiten. So werden bestimmte Eigenschaften (weiß, heterosexuell, obere Klassenzugehörigkeit, machtvoll, beruflich erfolgreich ...) mit hegemonialen Positionen im System von Männlichkeiten verbunden.

Programme aufgenommen werden, um nicht weiter an den Bedarfen und Themen der Betroffenen vorbei zu zielen und deren Problematik dadurch noch zu verstärken.

Literaturverzeichnis

Bundesforum Männer (2018): Geflüchtete Männer in Deutschland. Eine qualitative Erhebung der Bedarfe, Herausforderungen und Ressourcen geflüchteter junger Männer. Berlin. https://movemen.org/de/wp-content/uploads/sites/2/2018/10/Langfassung_FINAL.pdf.

Castro Varela, María do Mar/Dhawan, Nikita (2015): Postkoloniale Theorie. Eine kritische Einführung. Bielefeld: transcript.

Castro Varela, María Do Mar/Mecheril, Paul (2016) (Hrsg.): Die Dämonisierung der Anderen. Rassismuskritik der Gegenwart. Bielefeld: transcript, 7–20.

Charsley, Katherine/Wray, Helena (2015): Introduction: The Invisible (Migrant) Man. In: Men and Masculinities 18 (4), 403–423.

Connell, Robert W. (2000): Der gemachte Mann. Konstruktion und Krise von Männlichkeiten. Opladen: Leske und Budrich.

De Hart, Betty (2017): Sexuality, Race and Masculinity in Europe's Refugee Crisis. In: Grütters, Carolus/Mantu, Sandra/Minderhoud, Paul (Hrsg.): Migration on the Move. Essays on the Dynamics of Migration. Leiden, Boston: Brill Nejhoff, 27–53.

Dhawan, Nikita/Castro Varela, María do Mar/ (2019): Kulturkolonialismus und postkoloniale Kritik. Perspektiven der Geschlechterforschung. In: Kortendiek, Beate/Riegraf, Birgit/Sabisch, Katja (Hrsg.): Handbuch interdisziplinäre Geschlechterforschung. Wiesbaden: Springer VS, 303–312.

Dietze, Gabriele (2019): Sexueller Exzeptionalismus. Überlegenheitsnarrative in Migrationsabwehr und Rechtspopulismus. Bielefeld: transcript.

Golembe, Jasmine/Leyendecker, Birgit/Maalej, Nada/Gundlach, Anna/Busch, Julian (2020): Experiences of Minority Stress and Mental Health Burdens of Newly Arrived LGBTQ* Refugees in Germany. In: Sexuality Research and Social Policy, 1–11. https://doi.org/10.1007/s13178-020-00508-z.

Griffiths, Melanie (2015), "Here, Man Is Nothing!": Gender and Policy in an Asylum Context, In: Men and Masculinities 18 (4), 468–488.

Gutekunst, Miriam (2016): Doing Gender und das Regieren der Migration durch Heirat. In: Feministische Studien 2/2016, 226–241.

Gruhlich, Julia (2019): Schwarze Männlichkeiten. Zur Problematisierung der Problematisierung. In: Negnal, Dörte (Hrsg.): Die Problematisierung sozialer Gruppen in Staat und Gesellschaft. Wiesbaden: Springer VS, 43–61.

Hark, Sabine/Villa, Paula-Irene (2017): Unterscheiden und herrschen. Ein Essay zu den ambivalenten Verflechtungen von Rassismus, Sexismus und Feminismus in der Gegenwart. Bielefeld: transcript.

Hübner, Katharina (2016): Fluchtgrund sexuelle Orientierung und Geschlechtsidentität: Auswirkungen von heteronormativem Wissen auf die Asylverfahren LGBTI Geflüchteter. In: Feministische Studien 2/2016, 242–260.

Karpenstein, Johanna/Rohleder, Daniela (2021): Die Situation geflüchteter junger Menschen in Deutschland. Berlin: Bundesfachverband unbegleitete minderjährige Flüchtlinge e.V.

Kitzberger, Stefan (2016): Gesetzlich verankerte Erwerbslosigkeit und männliches Rollenverhalten von Asylwerbenden. Zusammenhänge und Implikationen für die Praxis. In: soziales_kapital. Wissenschaftliches Journal österreichischer Fachhochschulen 15, 40–56.

Krause, Ulrike (2017): *Die* Flüchtling – der Flüchtling als Frau. Genderreflexiver Zugang. In: Ghaderi, Cinur/Eppenstein, Thomas (Hrsg.): Flüchtlinge. Multiperspektivische Zugänge. Wiesbaden: Springer VS, 79–93.

Krause, Ulrike/Scherschel, Karin (2018): Flucht – Asyl – Gender: Entwicklungen und Forschungsbedarfe. In: Gender – Zeitschrift für Geschlecht, Kultur und Gesellschaft 10 (2), 7–17.

Küppers, Carolin/Hens, Kristina (2019): Refugees & Queers. Forschung und Bildung an der Schnittstelle von LSBTTIQ, Fluchtmigration und Emanzipationspolitiken. Einleitung. In: Küppers, Carolin (Hrsg.): Refugees & Queers. Bielefeld: transcript, 7–18.

Lang, Jonas/Spindler, Susanne (2018): Perspektiven und Entwicklungsbedarfe der Arbeit mit fluchterfahrenen jungen Männern*. In: LAG Jungenarbeit NRW (Hrsg.): Irgendwie hier! Flucht – Migration – Männlichkeiten. Projektdokumentation. Dortmund: Eigenverlag, 33–38.

Mecheril, Paul/Messerschmidt, Astrid (2016): Die Sexualisierung der Anderen – globale Kontexte und Perspektiven solidarischer Bildung. In: Widersprüche 36 (141), 147–158.

Scholz, Sylka (2008): Männlichkeit und Erwerbsarbeit. Eine unendliche Geschichte? In: Marburger Kolloquium Arbeit und Geschlecht (Hrsg.): Geschlecht Macht Arbeit. Münster: Westfälisches Dampfboot, 107–120.

Spindler, Susanne (2006): Corpus delicti. Männlichkeit, Rassismus und Kriminalisierung im Alltag jugendlicher Migranten. Münster: Unrast Verlag.

Spindler, Susanne (2017): Befremdung – Beunruhigung – Gewaltproduktion. Männlichkeiten im Kontext Migration. In: Journal Netzwerk Frauen- und Geschlechterforschung in NRW 41/2017, 39–44.

Stock, Miriam (2016): Überforderte Männlichkeiten. Junge Syrer auf der Flucht vom Nahen Osten nach Europa. In: Feministische Studien 2/2016, 311–323.

Stock, Miriam (2021): Verbindliche Männlichkeiten in Zeiten der Krise – junge geflüchtete Männer aus Syrien in transnationalen Familien. In: Z'Flucht 1/2021, 13–43.

Strohm, Judith (o.J): Fachbeitrag: Sexuelle und geschlechtliche Vielfalt im Kontext von Flucht und Migration. Willkommen bei Freunden-Bündnisse für junge Flüchtlinge. Deutsche Kinder- und Jugendstiftung. https://www.dkjs.de/fileadmin/Redaktion/Dokumente/programme/Sexuelle_und_geschlechtliche_Vielfalt_im_Kontext_von_Flucht_und_Migration.pdf, 26.02.2021.

Thielen, Marc (2012): Zwischen Freiheitsaspirationen und Begrenzungserfahrungen. Geschlecht und Sexualität in Migrationsbiografien iranischer Queers in Deutschland. In: Bereswill, Mechtild/Rieker, Peter (Hrsg.): Migration und Geschlecht. Theoretische Annäherungen und empirische Befunden. Weinheim und Basel: Beltz, 85–104.

Tunç, Michael (2021): „Progressive refugee masculinities": Väterlichkeiten und Care-Verantwortung Geflüchteter im Spannungsfeld progressiver und hegemonialer Männlichkeiten. In: Z'Flucht 1/2021, 158–170.

Wigger, Iris (2007): Die Schwarze Schmach am Rhein. Rassische Diskriminierung zwischen Geschlecht, Klasse, Nation und Rasse. Münster: Westfälisches Dampfboot.

Wyss, Anna/Fischer, Carolin (2021): Männlichkeit im Spannungsfeld. Auswirkungen ambivalenter Darstellungen afghanischer Geflüchteter in Deutschland und der Schweiz, In: Z'Flucht 1/2021, 44–76.

Yurdakul, Gökçe/Korteweg, Anna (2021): Boundary regimes and the gendered racialized production of muslim masculinities: Cases from Canada and Germany. In: Journal of Immigrant and Refugee Studies 19 (1), 39–54.

Zablotsky, Veronika (2020): Unsanctioned Agency. Risk Profiling, Racialized Masculinity, and the Making of Europe's "Refugee Crisis". In: Lynes, Krista/Morgenstern, Tyler/Paul, Ian A. (Hrsg.): Moving Images. Bielefeld: transcript, 189–210.

III.2.3

Unbegleitete minderjährige Geflüchtete

Laura K. McAdam-Otto

Abstract Weltweit gilt rund die Hälfte aller sich auf der Flucht befindenden Menschen als minderjährig. Wenn sie ohne Eltern oder andere Betreuungspersonen fliehen, werden diese jungen Menschen als unbegleitete, minderjährige Geflüchtete bezeichnet. Dieser Beitrag befasst sich mit ihren Fluchtgründen und -motivationen, stellt dar, von wo die jungen Menschen fliehen, und reflektiert die Begrifflichkeit des „unbegleiteten, minderjährigen Flüchtlings". Es werden Forschungsergebnisse zusammenfassend dargestellt. Der Beitrag geht zudem auf forschungsethische und methodische Fragen ein. Es werden ebenfalls Forschungslücken identifiziert.

Schlüsselbegriffe: unbegleitete minderjährige Geflüchtete, Alter, Kinder, Flucht

1. Junge Geflüchtete im globalen Kontext: Zahlen, Fluchtursachen und Begrifflichkeiten

Weltweit sind circa 30 Millionen Kinder und Jugendliche unter 18 Jahren auf der Flucht. Das entspricht in etwa 40 % aller „Flüchtlinge", „Staatenlosen" und „Asylsuchenden" (UNHCR 2020). Diejenigen, die ohne Eltern oder andere volljährige Betreuungspersonen fliehen, werden unabhängig von ihrem Schutzstatus als „unbegleitete minderjährige Flüchtlinge" bezeichnet, in Kurzform als „UMF". Sie werden synonym auch als „unbegleitete, minderjährige Ausländer", *„unaccompanied minor"* oder *„separated children seeking asylum"* bezeichnet. Zwischen 2010 und 2017 hat sich die Zahl der als „UMF" verstandenen Personen verfünffacht: Während im Zeitraum 2010 bis 2011 ca. 66.000 minderjährige Geflüchtete in rund 80 Ländern erfasst wurden, stieg diese Zahl deutlich in den darauffolgenden Jahren. So wurden im Zeitraum 2015 bis 2016 ca. 300.000 minderjährige Geflüchtete registriert, die Landesgrenzen überquerten (UNICEF 2017). Zwischen 2010 und 2019 stellten weltweit in etwa 400.000 Menschen, die als unbegleitete Minderjährige verstanden werden, einen Asylantrag (UNO o. A.).

Ebenso wie bei älteren Geflüchteten gehören Krieg, Naturkatastrophen, Unruhen, sowie politische Verfolgung aufgrund der Zugehörigkeit zu bestimmten Gruppen zu den häufigsten Fluchtgründen (vgl. Parusel 2015). Zu den spezifischen Fluchtursachen bei Kindern und Jugendlichen gehören zudem häusliche Gewalt, Menschenhandel, Genitalverstümmelung, Zwangsrekrutierung als Kindersoldat*innen ebenso wie Kinderarbeit, Wehrdienstverweigerung sowie Frühverheiratung (ebd.). Auf der Flucht gelten sie als besonders gefährdet, Opfer von Menschenhandel, sexualisierter Gewalt und anderen Formen der Ausbeutung zu werden. Einige wenige Kinder und Jugendliche werden als sogenannte *Anker* von ihren Familien vorgeschickt, um einen Familiennachzug zu erwirken (ebd.). Viele junge Menschen entscheiden allerdings selbstständig über ihren Weggang (vgl. Ali 2016; Lems et al. 2020; Otto 2020).

Die meisten weltweit fliehenden Kinder und Jugendlichen stammen aus Afghanistan, dem Südsudan, Somalia, der Demokratischen Republik Kongo sowie Burma. Zu den Hauptzielländern der jungen Menschen gehören Kenia, Schweden, Deutschland, Malaysia und das Vereinigte Königreich (vgl. Parusel 2015). Auf dem amerikanischen Kontinent fliehen die meisten Minderjährigen aus El Salvador, Mexiko, Guatemala und Honduras in die USA (vgl. Rosenblum/Ball 2016). Exakte Zahlen, wie viele der jungen Geflüchteten weltweit männlich* oder weiblich* (→ Frauen; → Männer) sind, liegen nicht vor. Fest steht aber, dass Jungen* den deutlich größeren Anteil ausmachen, wenngleich eine immer höhere Anzahl an Mädchen* und jungen Frauen* auf der Flucht ist.

Internationales Recht sieht vor, diese jungen Menschen besonders zu schützen, denn sie gelten als sehr vulnerabel (→ Vulnerabilität). Auf internationaler Ebene soll dies von der Kinderrechtskonvention (KRK) geregelt werden, aber z. B. auch in der EU-Aufnahmerichtlinie. 1995 verwendete der EU-Ministerrat erstmals den Begriff des „UMF" und beschloss einen Mindeststandard im Asylprozess dieser jungen Menschen, u. a. dass ihre psychische Gesundheit im Verfahren berücksichtigt werden sollte, und dass sie durch eine volljährige Person Unterstützung erfahren. Im Jahr 2000 fand der Begriff „UMF" dann Einzug in ein offizielles Dokument des Europäischen Parlaments, wo der Umgang mit ihnen immer wieder eng verknüpft wird mit internationalen Kinderrechten (vgl. Parusel 2017). Wie konkret mit ankommenden Kindern und Jugendlichen umgegangen wird, hängt vom jeweiligen Rechtskontext aufnehmender Staaten und Institutionen ab. Als unbegleitete, minderjährige geflüchtete Person asylrechtlich anerkannt zu sein, bedeutet, sich in einer ordnungspolitischen Kategorie wiederzufinden, die gewisse Rechte und Pflichten mit sich bringt und sowohl formelle als auch informelle Implikationen aufweist (vgl. Otto 2020).

Wer als „UMF" eingestuft wird, durchlief in der Regel ein sogenanntes Altersfeststellungsverfahren, da die meisten jungen Menschen keine Papiere haben, die im Aufnahmeland anerkannt werden. Um das chronologische Alter – gemessen in Jahren, Monaten und Tagen – festzustellen, werden sowohl Röntgenbilder der Handwurzelknochen, Untersuchungen der Zähne und Körperbehaarung sowie psychosoziale Interviews durchgeführt. Diese Messinstrumente sind durchaus fehleranfällig. Aktuelle Studien zeigen, dass spezifische bürokratische und wissenschaftliche Traditionen, Technologien und kulturelle Normierungen die Festsetzung des Alters stark beeinflussen (vgl. Netz 2019), wodurch es zu „*racializations*" (Oertli 2019) der ankommenden Jugendlichen kommt, die immer wieder als '*unchildlike children*' (McLaughlin 2017) verstanden werden, weil sie westlichen Normen von Minderjährigkeit nicht entsprechen. Kindheit ist dann keine stabile, universale Kategorie, die Schutz garantiert, sondern sie unterliegt der Überprüfung und Bewertung.

Wer volljährig wird, gilt als sogenannte*r *care leaver* und fällt aus den Maßnahmen der Kinder- und Jugendhilfe wieder heraus. Die meisten jungen Geflüchteten werden zwischen 16 und 17 Jahren alt eingestuft; sie müssen also nach erst kurzer Aufenthaltszeit im Zielland selbstständig agieren (vgl. Noske 2015).

Festzuhalten ist: Der Begriff des „unbegleiteten, minderjährigen Flüchtlings" beschreibt einerseits Personen unter 18 Jahren, die allein auf der Flucht sind. „UMF" ist darüber hinaus aber auch wirkmächtige Rechtskategorie: Wer im Asylsystem als „UMF" registriert und anerkannt ist, wird anders behandelt als volljährige Geflüchtete. In den seltensten Fällen ist der Begriff „UMF" gewählte

Selbstbezeichnung der jungen Menschen, sondern eine Zuschreibung oder Kategorisierung durch Dritte.

2. Junge Geflüchtete in öffentlichen und akademischen Debatten

In öffentlichen Debatten werden junge Menschen, die unbegleitet fliehen, wiederholt als vulnerable, hilflose Kinder gesehen, oder als übermäßig fähige, gefährliche Jugendliche (vgl. Lems et al. 2020) dargestellt. Diese seien gegebenenfalls nicht mehr minderjährig, sondern würden ihr Alter nur vorgeben, um bessere Rechte zu erhalten. Sie werden entweder als „gefährdet" oder „gefährdend" repräsentiert, und die Figur des „UMF" ist von paradoxen diskursiven Formationen gekennzeichnet, die widersprüchliche Vorstellungen von und Erwartungen an junge Menschen in Fluchtkontexten zu Tage fördern (ebd.) (→ Vulnerabilität; Kriminalität).

2.1 Forschungsergebnisse und aktuelle Studien

Vor dem Hintergrund, dass weltweit immer mehr Kinder und Jugendliche auf der Flucht sind, hat nicht nur die öffentliche Debatte über sie, sondern auch die wissenschaftliche Auseinandersetzung mit ihnen zugenommen, wobei die sozialwissenschaftliche Forschung dominiert (Salmerón-Manzano/Manzano-Agugliaro 2018). Während öffentliche Debatten häufig von dichotomen Verständnissen über diese jungen Menschen gekennzeichnet sind, ist die akademische, oft sozialkonstruktivistisch orientierte, Debatte vielfältig von einem dynamischen „Dazwischen" charakterisiert. Die Foki liegen u. a. auf Übergängen vom Jugend- ins Erwachsenenalter, auf der Transformation zwischen den (Rechts-)Kategorien des „UMF" zum volljährigen Geflüchteten (*care leaver*), auf dem Spannungsverhältnis der Fremdpositionierung zwischen Infantilisierung und Adultisierung (vgl. Galli 2017) und der Selbstpositionierung zwischen Autonomiebestreben und Hilfebedarf (vgl. Detemple 2013), oder fokussiert ihre Situation zwischen Einwanderungskontrolle und Schutz von Minderjährigen (vgl. de Graeve et al. 2017). Zentrale Themen in der Forschung zu „UMF" sind (→) Integration und Teilhabe, Bildung, (→) Unterbringung, Altersfeststellung, (→) Gesundheit, sowie Vulnerabilität, (→) *Agency* und (→) Resilienz.

In Forschungen zu (psychischer) Gesundheit junger und minderjähriger Geflüchteter stehen wiederholt die sozialen Beziehungen zwischen den „UMF" und den sie Betreuenden im Aufnahmeland im Zentrum. Aufzuzeigen, wie zwischen ihnen Konzepte von Zuhause, *hospitality* (→ Gastfreundschaft) und (→) Familie ausgehandelt werden, kennzeichnet diese Forschungen (vgl. Derluyn/Broekart 2008; Chase et al. 2008; Sirriyeh 2013). Ein weiterer Forschungsstrang befasst sich mit der Frage, wie Nationalstaaten mit jungen Geflüchteten umgehen, und wie die jungen Menschen wiederum die staatlichen Vorgaben navigieren (vgl. Bhabha 2004; Watters 2008; Ensor/Gozdziak 2010; Cederborg et al. 2010; Pells 2012; Silvermann 2016; Durusun/Sauer 2017; Otto 2020). Die Auseinandersetzung mit Fragen danach, wie die Rechtskategorie des „UMF" zur relevanten Alltagskategorie wird, wie die betroffenen Jugendlichen mit ihrer (Rechts-)Situation umgehen, wie das Ankommen und die Aufnahme von „UMF" reguliert wird und wie die diskursive Konstruktion von „UMF" als potenziell gefährlich mit der zugeteilten Statusvergabe bzw. Ausweisung zusammenhängt, ist hier wichtig. Neuere Studien zeigen, dass es eine Wechselwirkung zwischen der Kategorie des „UMF" und anderen Akteur*innen, die alltäglich mit der Kategorie umgehen, gibt. Aushandlungsprozesse zwischen rechtlichem Rahmen und Alltagsumsetzungen zeigen, inwiefern junge Menschen mit Fluchterfahrung durch internationale Abkommen zum Schutz von Kindern, wie die Kinderrechtskonvention, (nicht) beschützt werden (vgl. Nieswand 2020). Interessen des Nationalstaates verdrängen immer wieder die Interessen von jungen Geflüchteten und ihre Vulnerabilität wird wiederholt als Vorwand genutzt, um staatliche Interessen durchzusetzen (vgl. Freeman/Din Huu 2002; Derluyn/Broekaert 2008). In der Forschung zur sozialen Arbeit mit jungen Geflüchteten werden u. a. Spannungsverhältnisse zwischen pädagogischen Programmatiken und institutionellen Erwartungen diskutiert, Handlungsempfehlungen für die praktische Arbeit entwickelt und in kritischen Zugängen vor allem auch normative Erwartungen der Aufnahmegesellschaft an die Neuankommenden in Frage gestellt (vgl. Kohli 2006; Detemple 2013). Es wurde innerhalb dieser Forschungs- und Denkrichtungen gezeigt, dass institutionelle Strukturen, die einerseits für junge Geflüchtete positiv sein können, wenn beispielsweise fruchtbare Vormundschaften gefördert werden (vgl. Arnold et al. 2014), auch negativ sein können, wenn dadurch der Zugang zu Rechten verweigert wird (vgl. Connolly 2015), oder wenn institutionalisierte Akteur*innen bevormundend agieren und die Stimmen und Perspektiven der jungen Geflüchteten ignorieren (vgl. Cederborg et al. 2010).

Aktuelle Trends in der Forschung sind davon gekennzeichnet, die betroffenen Jugendlichen und ihre Praktiken immer weniger zu „besondern" und sie stattdessen als „normale" Jugendliche zu repräsentieren (vgl. Thomas et al. 2018). Kinder und Jugendliche werden zunehmend als Akteur*innen ihres Migrationsprozesses verstanden, die selbstständig, reflexiv und agentiv handeln (vgl. Crawley 2010; Sirriyeh 2013; Thomas et al. 2018; Lems et al. 2020). Zunehmend werden westliche, lineare und dichotome Vorstellungen von Kindern und Erwachsenen kritisiert, hinterfragt und dekonstruiert (vgl. Aitken 2002; Aitken et al. 2009; Wells 2009; Otto 2020), was vor allem auch als Antwort auf Forschungen zu verstehen ist, die essentialistisch-biologische Verständnisse von Kindheit auf der einen und Erwachsen-Sein auf der anderen Seite fortschreiben. Diese essentialisierenden Konzepte sind problematisch, da sie ausblenden, dass Kategorien wie Kindheit oder Jugend nicht ahistorisch und universal sind, sondern Produkte spezifischer soziokultureller, politischer und historischer Umstände.

2.2 Methodische Zugänge und Forschungsdesigns: „UMF" als Forschungsteilnehmende

In verschiedenen Disziplinen wird zu unbegleiteten, minderjährigen Geflüchteten geforscht. Die meisten Publikationen haben ihren Ursprung in den aufnehmenden Staaten im Globalen Norden (vgl. Salmerón-Manzano/Manzano-Agugliaro 2018). Es sind vor allem die Erziehungswissenschaften/(→) Soziale Arbeit, die Kulturanthropologie/(→) Ethnologie/Kulturwissenschaft sowie die (→) Soziologie, die hier federführend sind. In der thematischen Ausrichtung sowie in den methodischen Zugängen und Forschungsdesigns gibt es Überschneidungen. In Forschungen zu und mit jungen Geflüchteten fällt auf, dass sich die Forschenden in der Regel auf einen konkreten nationalstaatlichen Kontext beziehen, um verschiedene Aufnahmebedingungen und Ankommenspraktiken zu vergleichen. Es ist zentral, die konkrete Situation der jungen Menschen einzubetten und kontextbezogen zu diskutieren. Im europäischen Kontext gibt es u. a. Studien zur Situation in Deutschland (vgl. Thomas et al. 2018), in der Schweiz (vgl. Rieker et al. i. E.; Lems 2020), Schweden (vgl. Wernesjö 2012), dem Vereinigten Königreich (vgl. Chase 2020), Malta (vgl. Otto 2020) und Italien (vgl. Belloni 2016).

Es haben sich zunehmend qualitative Zugänge (→ qualitative Forschung), (→) *Mixed-Methods-Designs*, vergleichende Ansätze sowie Längsschnittstudien durchgesetzt. Vor allem setzen zahlreiche aktuelle Studien auf einen ethnographischen Zugang (vgl. Lems et al. 2020; Otto 2020; Rieker et al. i. E.), welcher die Brücke zwischen den Erzählungen und Praktiken der jungen Geflüchteten sowie strukturellen und rechtlichen Rahmenbedingungen zu schlagen vermag. Zudem eignen sich ethnographische Ansätze, multi-akteurisch zu forschen und nicht allein die jungen Geflüchteten zu fokussieren, sondern sie als relationale Subjekte zu verstehen, die auch mit anderen, nicht-geflüchteten Akteur*innen in Kontakt treten (vgl. Chase et al. 2020).

Forschung mit jungen Geflüchteten wirft eine Reihe ethischer und erkenntnistheoretischer Fragen auf. Herausfordernd ist die Kontaktaufnahme vor allem dann, wenn die jungen Menschen in Unterkünften leben. Zentral ist die Frage, wie Forschungsbeziehungen mit ihnen eingegangen und ausgestaltet werden können. In Forschungen mit jungen Geflüchteten besteht immer die Gefahr einer Retraumatisierung; daher sollte das Forschungsdesign entsprechende Überlegungen zum Schutz der Teilnehmenden aufweisen. Zu den forschungsethischen Fragen (→ Forschungsethik) gehört auch die Reflexion darüber, ob und wenn ja, wie junge Menschen mit Flucht_Migrationserfahrungen aktiv in Forschungen einbezogen und zu Ko-Produzent*innen akademischer Wissensproduktion werden können, was als Forschungsansatz zunehmend im Sinne partizipativer Forschungsdesigns verfolgt wird (vgl. Chase et al. 2020). Vor dem Hintergrund, dass junge Geflüchtete immer wieder als entweder „gefährdet" oder „gefährdend" präsentiert werden, stellt sich auch die Frage, wie über sie geschrieben werden kann (vgl. Otto/Kaufmann 2018; → Mediendiskurse).

3. *Quo vadis*, Forschung zu und mit jungen Geflüchteten? Abschließende Überlegungen

Der Blick in die Forschungslandschaft zeigt, dass es vor allem die Sozialwissenschaften sind, die sich mit der Situation von „UMF" befassen. Hier stehen sowohl Fragen von Integration und Teilhabe, Bildung, Übergänge vom Jugend- ins Erwachsenenalter, Unterbringungskulturen, Altersfeststellung, sowie Vulnerabilität, Agency und Resilienz im Fokus. Insgesamt ist die aktuelle Forschung davon gekennzeichnet, junge Geflüchtete als sich im Dazwischen befindend zu verstehen: Zwischen der Rechtskategorie des „UMF" und der „volljährigen Geflüchteten", zwischen Agency und Vulnerabilität, zwischen Autonomiebestreben und Hilfebedarf, zwischen Kind und Erwachsenenalter.

Während in einigen Studien immer wieder dichotome Unterscheidungen eines „Entweder-Oder" postuliert werden, zeichnet sich jedoch ab, dass lineare und starre Verständnisse von Kind vs. Erwachsen-Sein bzw. vulnerabel vs. resilient zunehmend kritisiert und verworfen werden. Vielmehr stehen dynamische Prozesse und nicht-lineare Verhältnisse im Zentrum. Dafür haben sich vermehrt ethnographische Ansätze als fruchtbar erwiesen. Mittels dieser Zugänge können Kategorien wie die des „UMF" nicht nur dekonstruiert werden, sondern es kann auch detailliert gezeigt werden, wie mit diesen Zuschreibungen und Verortungen umgegangen wird.

Die Auseinandersetzung mit Forschungen zu und mit jungen Geflüchteten wirft weitere Fragen und Forschungslücken auf. Bislang ist wenig darüber bekannt, wie die jungen Menschen die Entscheidung zur Flucht treffen und die Flucht ausgestalten. Zudem liegen nicht ausreichend Studien dazu vor, wie die von ihnen Zurückgelassenen mit dem Weggang umgehen. Wie das Weggehen familiäre und soziale Verhältnisse verändert, wie die Familien und sozialen Netzwerke die Flucht deuten, mit ihr umgehen und wie sie trauern, erinnern und was sie erwarten, ist wenig erforscht. Das wissenschaftliche Interesse an jungen Geflüchteten endet häufig dann, wenn sie nicht mehr als „UMF" kategorisiert oder gerade *care leaver* geworden sind. Forschungspotenzial liegt hier darin zu fragen, wie sie langfristig mit ihrer Flucht umgehen, ihre Zukunft gestalten und welche Rolle die Klassifizierung als Minderjährige längerfristig spielt. Bislang liegt der Fokus zudem stark auf der „Minderjährigkeit". Studien, die danach fragen, welche Rolle das Unbegleitet-Sein spielt, wie es diskursiv verhandelt und von den jungen Menschen selbst navigiert und verstanden wird, fehlen bislang. Weitere Perspektiven auf die Flucht junger Menschen zu werfen, ist vor dem Hintergrund, dass immer mehr junge Menschen fliehen, von wissenschaftlicher und gesellschaftspolitischer Relevanz.

Literaturverzeichnis

Ali, Nimo-Ilhan (2016): Going on Tahriib: The Causes and Consequences of Somali Youth Migration to Europe. Rift Valley Institute: London/Nairobi.

Arnold, Samantha/Goeman, Martine/Fournier, Katja (2014): The Role of the Guardian in Determining the Best Interest of the Separated Child Seeking Asylum in Europe: A Comparative Analysis of Systems of Guardianship in Belgium, Ireland and the Netherlands. In: European Journal of Migration and Law 16(4), 467–504.

Belloni, Milena (2016): Learning How to Squat: Cooperation and Conflict Between Refugees and Natives in Rome. In: Journal of Refugee Studies 29(4), 506–527.

Bhabha, Jacqueline (2004): From Citizen to Migrant: The Scope of Child Statelessness in the Twenty-First Century. In: Dies. (Hrsg.): Children without a State: a Global Human Rights Challenge. Cambridge: MIT Press, 1–39.

Cederborg, Ann-Christin/Keselman, Olga/Linell, Per (2010): „That Is Not Neccessary For You to Know!": Negotiation of Participation Status of Unaccompanied Children in Interpreter-mediated Asylum Hearings. In: Interpreting 12(1), 83–104.

Chase, Elaine (2020): Transitions, Capabilities and Wellbeing: How Afghan Unaccompanied Young People Experience Becoming ‚Adult' in the UK and Beyond. In: Journal of Ethnic and Migration Studies 46(2), 439–456.

Chase, Elaine/Otto, Laura/Belloni, Milena/Lems, Annika/Wernesjö, Ulrika (2020): Methodological Innovations, Reflections and Dilemmas: The Hidden Sides of Research with Unaccompanied Migrant Young People. In: Journal of Ethnic and Migration Studies 46(2), 457–473.

Chase, Elaine/Knight, Abigail/Statham, June (2008): The Emotional Well-being of Unaccompanied Young People Seeking Asylum in the UK. London: BAAF.

Crawley, Heaven (2010): 'No One Gives You a Chance to Say What You are Thinking': Finding Space for Children's Agency in the UK Asylum System. In: Area 42(2), 162–169.

de Graeve, Katrien/Vervliet, Marianne/Derluyn, Ilse (2017): Between Immigration Control and Child Protection: Unaccompanied Minors in Belgium. In: Social Work & Society 15(1), 80–92.

Derluyn, Ilse/Broekaert, Eric (2008): Unaccompanied Refugee Children and Adolescents: The Glaring Contrast Between a Legal and a Psychological Perspective. In: International Journal of Law and Psychiatry 31 (4), 319–330.

Detemple, Katharina (2013): Zwischen Autonomiebestreben und Hilfebedarf. Unbegleitete minderjährige Flüchtlinge in der Jugendhilfe. Baltmannsweiler: Schneider Hohengehren.

Durusun, Ayse/Sauer, Birgit (2017): Asylum Experiences in Austria from the Perspective of Unaccompanied Minors. Best Interests of the Child in Reception Procedures and Everyday Life. **In: Sedmak, Mateja/Sauer, Birgit/Gornik, Barbara/Senovilla Hérnandez, Daniel (Hrsg.): Unaccompanied Children in European Migration and Asylum Practices. In Whose Best Interests? London: Routledge, 86–109.**

Ensor, Marisa O./Gozdziak, Elzbieta M. (2010): Introduction: Migrant Children at the Crossroads. In: Dieselben (Hrsg.): Children and Migration. At the Crossroads of Resiliency and Vulnerability. New York: Palgrave McMillan, 1–12.

Freeman, James/Din Huu, Nguyen (2002): ‚Best Interest' and the Repatriation of Vietnamese Unaccompanied Minors. In: Greenhouse, Carol/Mertz, Elizabeth/Warren, Kay (Hrsg.): Ethnography in Unstable Places. Durham: Duke University Press, 210–246.

Galli, Chiara (2017): A Rite of Reverse Passage: The Construction of Youth Migration in the US Asylum Process. In: Ethnic and Racial Studies 40 (7), 1–21.

Kohli, Ravi (2006): The Comfort of Strangers: Social Work Practice with Unaccompanied Asylum-Seeking Children and Young People in the UK. In: Child & Family Social Work 11 (1), 1–10.

Lems, Annika (2020): Being Inside Out: The Slippery Slope Between Inclusion and Exclusion in a Swiss Educational Project for Unaccompanied Refugee Youth. In: Journal of Ethnic and Migration Studies 46 (2), 405–422.

Lems, Annika/Oester, Kathrin/Strasser, Sabine (2020): Introduction to the Special Issue Children of the Crisis: Ethnographic Perspectives on Unaccompanied Refugee Youth in and en route to Europe. In: Journal of Ethnic and Migration Studies 46 (2), 315–333.

McLaughlin, Carly (2017): 'They Don't Look Like Children': Child Asylum-Seekers, the Dubs Amendment and the Politics of Childhood. In: Journal of Ethnic and Migration Studies 44 (11), 1757–1773.

Nieswand, Boris (2020): Minderjährigkeit im deutschen und europäischen Asylregime: Soziologische Perspektiven auf den Flüchtlingsschutz. https://doi.org/10.13140/RG.2.2.34074.06084

Noske, Barbara (2015): Die Zukunft im Blick. Die Notwendigkeit, für unbegleitete minderjährige Flüchtlinge Perspektiven zu schaffen. https://b-umf.de/src/wp-content/uploads/2017/12/die_zukunft_im_blick_2015.pdf Letzter Zugriff: 03. April 2021.

Oertli, Johannes Balthasar (2019): Forensic Age Estimation in Swiss Asylum Procedures: Race in the production of age. Refuge 35 (1), 8–17.

Otto, Laura (2020): Junge Geflüchtete an der Grenze. Eine Ethnografie zu Altersaushandlungen. Frankfurt/New York: Campus.

Parusel, Bernd (2015): Unbegleitete Minderjährige auf der Flucht. https://www.bpb.de/apuz/208007/unbegleitete-minderjaehrige-auf-der-flucht. Letzter Zugriff: 27. Januar 2021.

Parusel, Bernd (2017): Unaccompanied Minors in the European Union – Definitions, Trends and Policy Overview. In: Social Work and Society 15 (1): online Journal.

Pells, Kirrily (2012): ‚Rights Are Everything We Don't Have': Clashing Conceptions of Vulnerability and Agency in the Daily Lives of Rwandan Children and Youth. In: Children's Geographies 10 (4), 427–440.

Rieker, Peter/Höhne, Ellen/Mörgen, Rebecca (2020): Unterbringung und Betreuung unbegleiteter minderjähriger Geflüchteter in der Schweiz aus Sicht von Fachpersonen. In: Schweizer Zeitschrift für Soziale Arbeit: I. E.

Rosenblum, Marc/Ball, Isabel (2016): Trends in Unaccompanied Child and Family Migration from Central America. https://www.migrationpolicy.org/sites/default/files/publications/Unaccompanied Minors-Factsheet-FINAL.pdf. Letzter Zugriff: 26. Januar 2021.

Salmerón-Manzano/Manzano-Agugliaro (2018), Unaccompanied Minors: Worldwide Research Perspectives. In: Publications 2019 7(2): https://doi.org/10.3390/publications7010002.

Silvermann, Stephanie (2016): ‚Imposter-Children' in the UK Refugee Status Determination Process. In: Refuge: Canada's Journal on Refugees 34 (2), 30–39.

Sirriyeh, Ala (2013): Hosting Strangers: Hospitality and Family Practices in Fostering Unaccompanied Refugee Young People. https://www.semanticscholar.org/paper/Hosting-strangers%3A-hospitality-and-family-practices-Sirriyeh/94814fd616e0850776bc509cf1b902ddcba9fab1. Letzter Zugriff: 19. Januar 2021.

Thomas, Stefan/Sauer, Madeleine/Zalewski, Ingmar (2018): Unbegleitete minderjährige Geflüchtete. Ihre Lebenssituation und Perspektiven in Deutschland. Bielefeld: Transcript.

UNHCR (2020): Refugee Data Finder. https://www.unhcr.org/refugee-statistics/. Letzter Zugriff: 18. Januar 2021.

UNICEF (2017): Zahl der unbegleiteten minderjährigen Flüchtlinge und Migranten hat sich seit 2010 verfünffacht. https://www.unicef.de/informieren/aktuelles/presse/2017/zahl-minderjaehriger-fluechtlinge-steigt/141102. Letzter Zugriff: 18. Januar 2021.

UNO (2021): Flüchtlingszahlen https://www.uno-fluechtlingshilfe.de/informieren/fluechtlingszahlen/. Letzter Zugriff: 29. Januar 2021.

Watters, Charles (2008): Refugee Children: Towards the Next Horizon. London/New York: Routledge.

Wells, Karen (2009): Childhood in Global Perspective. Cambridge: Polity Press.

Wernesjö, Ulrika (2012): Unaccompanied Asylum-Seeking Children: Whose Perspective? In: Childhood 19 (4), 495–507.

III.2.4
LGBT*-Geflüchtete

Agathe Menetrier

Abstract Lesbische, Gay, Bisexuelle, Trans*, Inter* (im Folgenden LGBT*) Asylsuchende sind in den letzten Jahren zu einem Symbol für besonders Schutzbedürftige des Globalen Südens geworden, die an die humanitären Werte der Asylstaaten des Globalen Nordens appellieren. Dieses Kapitel erläutert, wer gemeint ist, wenn von „LGBT*"-Geflüchteten oder „sexual orientation and gender identity (SOGI)"-Asylsuchenden die Rede ist, und warum ihnen eine besondere politische und mediale Aufmerksamkeit im Globalen Norden zukommt. Wird diese Sichtbarkeit den vielfältigen Realitäten der LGBT* Asylsuchenden gerecht und reicht sie aus, um ihre Rechte zu schützen? Dieses Kapitel beschreibt Ansätze aus der Praxis und der Forschung, an der Schnittstelle zwischen Rechtswissenschaften, kritischer Grenzforschung und *Lesbian and Gay Studies*.
Schlüsselbegriffe: LGBT*, SOGI, Homonationalism, Glaubwürdigkeitsbeurteilung, Diskretionserfordernis

1. Einleitung

Im Juli 2016 schwenkte der kanadische Premierminister Justin Trudeau eine Regenbogenflagge in der ersten Reihe der Toronto Pride Parade, neben Bassel Mcleash, einem syrischen homosexuellen Mann, der einen Monat zuvor einen Flüchtlingsstatus in Kanada erhalten hatte (Kassam 2016). Der junge Syrer bedankte sich persönlich bei Trudeau für Kanadas Aufnahmepolitik, posierte für Photograph*innen und teilte Journalist*innen seinen Vorsatz mit, für die Rechte der syrischen LGBT*-*community* von Kanada aus zu kämpfen. Profile wie Bassel Mcleashs werden gern von Politiker*innen des Globalen Nordens als Stellvertreter ihrer humanitären Flüchtlingspolitik vorgezeigt: er stammt aus einem Land, welches allgemein als zu „unsicher" für eine Rückkehr eingestuft wird, ist formell ausgebildet, fühlt sich einer globalen LGBT*-*community* zugehörig. Die meisten Menschen, die aufgrund ihrer SOGI fliehen, haben nicht dieses Profil. Die meisten LGBT*-Geflüchteten fliehen innerhalb ihrer Herkunftsregion und entwickeln prekäre Schutzstrategien dank eigener Ressourcen oder mithilfe von versteckten LGBT*-Netzwerken, ohne je in Kontakt mit Hilfsorganisationen zu kommen. Im Gegenteil zu dem Syrer Bassel Mcleash, kommen viele geflüchtete LGBT*-Individuen aus Ländern, in denen gleichgeschlechtliche Beziehungen nicht kriminalisiert, sondern gesellschaftlich gewalttätig verfolgt werden. Viele können sich im Ankunftsland nicht sprachlich verständigen. Die meisten identifizieren sich nicht mit dem Begriff „LGBT*", bevor sie im Globalen Norden mit Asylinstitutionen in Kontakt treten. In vielen Regionen des Globalen Südens werden Sexualität und Gender eher als Handeln verstanden (vgl. Broqua/Eboko 2009) und nicht als Identität wie im Globalen Norden, weswegen viele Asylsuchende sich nicht mit Begriffen wie „gay", homosexuell oder „LGBT" bezeichnen. Diese Diskrepanz gibt es auch in Bezug auf das Alter, weswegen zahlreiche Asylsuchende Schwierigkeiten haben, Kriterien der Kategorie (→) ‚unbegleitete minderjährige Flüchtlinge' (UMF) zu erfüllen.

Ein Drittel der LGBT*-Asylsuchenden, die in Italien, Deutschland und Großbritannien für eine Studie befragt wurden, wussten bei ihrer Ankunft nicht, dass sie aufgrund ihrer SOGI in der europäischen Union Asyl beantragen dürfen (Andrade et al. 2020: 13). Für die, die es letztlich tun, beginnt eine lange, unsichere und oft verstörende Prozedur. Unter dem Vorwand einer sogenannten Glaubwürdigkeitsbeurteilung (*credibility assessment*) stellen Entscheidungsträger*innen dem SOGI-Asylsuchenden häufig aufdringliche und erniedrigende Fragen in Bezug auf ihre Sexualität. Nicht-Regierungs-Organisationen (NRO) und Forscher*innen machen darauf aufmerksam, dass sich SOGI-Asylsuchende im Globalen Norden gezwungen fühlen, westlichen stereotypischen Vorstellungen von „gay" oder „lesbisch" zu entsprechen, um ihre Asylchancen zu erhöhen (vgl. Borrillo et al. 2020; Menetrier 2019; McGuirk 2018; Bennett/Thomas 2013). Im besonderen werden Trans* und Inter*-Individuen im Laufe des Asylprozesses oft gezwungen (oder beraten) die Besonderheiten ihrer Geschlechtsidentität nicht anzusprechen und sich als homosexuelle cis-Frauen oder cis-Männer vorzustellen (vgl. Fütty 2019; Giametta 2017: 3).

Wer sich mit Situationen von LGBT*-Individuen auf der Flucht beschäftigt, fragt sich, in wie fern diese Gruppe von Asylregimen geschützt wird. Dieses Kapitel bietet Antwortansätze auf diese Fragestellung. In erster Linie erläutere ich den politischen Wert der Kategorie „LGBT*-Geflüchtete" in öffentlichen Diskursen im Globalen Norden und die parallel entstandenen Debatten in der Forschung, an der Schnittstelle zwischen Rechtswissenschaften, kritischer Grenzforschung und *Lesbian and Gay Studies* (2). Danach wird die rechtliche Grundlage für die Vergabe eines Flüchtlingsstatus aufgrund sexueller Orientierung und/oder geschlechtlicher Identität in Staaten des Globalen Nordens und des Globalen Südens vorgestellt (3). Abschnitt 4 beschäftigt sich zunächst mit aktuellen problematischen Praktiken in der Behandlung von SOGI-Asylanträgen auf nationalen Ebenen, die sogar gegen UNHCR- und EU-Richtlinien verstoßen. Zum Schluss werden Forschungsrichtungen vorgeschlagen, um Wissenslücken über LGBT*-Asyl zu füllen.

2. LGBT*-Geflüchtete als Kategorie in politisch-medialen Diskursen und in Forschungsdebatten

Auch wenn nicht alle Staatsoberhaupte Öffentlichkeitsarbeit so gut beherrschen wie J. Trudeau, warben viele Politiker*innen im Globalen Norden in den letzten Jahren mit der Verleihung von Flüchtlingsstatus an LGBT*-Geflüchtete als Stellvertreter*innen der moralischen Werte ihres Staates, zusammen mit anderen Werten wie etwa Frauenrechten oder religiöser Vielfalt. Die öffentliche Kommunikation über LGBT*-Geflüchtete als Avatar der Fluchtpolitik im Globalen Norden wird von NRO und Forscher*innen als Instrumentalisierung kritisiert.

In der Tat verleihen Staaten im Globalen Norden nur sehr wenige Flüchtlingsstatus aufgrund von SOGI. Weltweit schätzt die Organisation für Flucht, Asyl und Migration (ORAM), dass weniger als 2.500 LGBT*-Asylsuchende pro Jahr Schutz erhalten (Grungras/ORAM 2014). Doch weder der Hohe Flüchtlingskommissar der Vereinten Nationen (UNHCR) noch die Mehrheit der 176 Staaten, die Asylstatistiken mit dem UNHCR teilen, führen Statistiken zu der Anzahl von LGBT*-Asylsuchenden und auch keine zu anerkannten LGBT*-Flüchtlingen. Allerdings sind sich alle Beobachter*innen über eine stetige Zunahme von SOGI-Asylanträgen in Europa (vgl. Gartner 2015; Grungras/ORAM 2014; Jansen/Spijkerboer 2011) und im Globalen Norden (UNHR 2020) einig.

Der Mangel an Transparenz über Aufnahmeprozeduren und -zahlen weckte das Interesse von Forscher*innen aus mehreren Disziplinen. Die ersten Arbeiten wurden von Rechtswissenschaftler*innen verfasst und analysierten die nationale Rechtsprechung in SOGI-Asylverfahren im Globalen Norden. Nicole LaViolette, Sandra Whitworth, Jenny Millbank and Catherine Dauvergne lieferten in den 1990ern und 2000ern Meilensteine der sozio-legalen Analyse von Asylverfahren von SOGI-Asylsuchenden in Kanada, Australien und Großbritannien. Autor*innen außerhalb des englischsprachigen Raumes folgten mit juristischen Analysen von SOGI-Asylanträgen beispielsweise in der Schweiz (vgl. Miaz 2014), Belgien (vgl. Hamila 2019; Albessard 2017; Stichelbaut 2009), Frankreich (vgl. Winter 2012), und Deutschland (vgl. Sußner 2013, 2011). Seit den 2010er Jahren hat sich ein wachsender Bestand an Literatur mit Erfahrungen von SOGI-Antragsteller*innen befasst, wenn sie teilweise dehumanisierende Selektionspraktiken in nationalen Asylverfahren in Großbritannien (vgl. Giametta 2017; Lewis 2013), Kanada (vgl. Murray 2014, 2018; Kahn/Alessi 2017) und den USA (vgl. McGuirk 2018) ausgesetzt werden. Außerdem weisen sie auf Diskriminierung und Gewalt in Asylunterkünften hin (vgl. Schroeder et al. 2019 über Deutschland) und Schwierigkeiten ein Unterstützungsnetzwerk im Asylland aufzubauen, wenn die Diaspora selbst eine Gefahr darstellen kann (vgl. Giametta 2017).

Dabei kommunizieren Regierungen des Globalen Nordens gern über LGBT*-Geflüchtete als Beispiele ihrer liberal-demokratischen Werte. Forscher*innen analysierten, dass Staaten des Globalen Nordens versuchen, sich als „Sexual Democracies" auszuzeichnen: ein Ideal der modernen Nation, das im Gegensatz zu heteronormativen, religiösen und rückschrittlichen Regionen existiere (vgl. Ferguson 2019; Fassin 2011). Dabei werden Biografien von LGBT*-Geflüchteten gern als einem linearen Fortschritt folgend dargestellt: sie fliehen aus dem unentwickelten Globalen Süden, der ihre Sexualität unterdrückt, zu den „Sexual Democracies" des Globalen Nordens, wo sie ihre Sexualität ausleben können (vgl. Giametta 2017). Forscher*innen der sogenannten *queeren* Migrationsforschung kritisierten zunächst, oft auf Jaspir Puars Konzept von „Homonationalism"[1] aufbauend, die Rolle von rassistischen und kolonialen Logiken in Migrationsregimen bei der Konstruktion sexueller Identitäten und die Formation von „*queer*" oder anormaler und „heteronormaler" Subjekte (Puar 2007: 171). Autor*innen bemühen sich zu zeigen, dass hinter der Kategorie LGBT*-Geflüchtete vielfältige Identitäten stecken, die vor jeglichem Kontakt mit Asylregimen bereits bestanden. Manche LGBT*-Geflüchtete finden Schutzmöglichkeiten durch eigene Ressourcen und außerhalb von Asylorganisationen, wie beispielsweise Luibhéid et al. in einem Sonderheft über *queere* Migration (vgl. 2008) vorstellen (vgl. Carrillo 2004, 2018; Yue 2008; Gopinath 2005; Manalansan IV 2003).

---

1 „Homonationalism" wurde erstmals von Jasbir Puar als Kritik des „amerikanischen Imperiums" und der Vorherrschaft der regulierenden weißen Queerness (2007: 2) benutzt. Puar argumentiert, dass der Krieg gegen den Terror Schwule, Lesben und Queere zur US-Staatsbürgerschaft rehabilitiert habe. Hingegen werden homosexuelle People of Colour Polizeibrutalität ausgesetzt und vom Staat als Terrorist*innen positioniert und genießen diesen neuen Luxus der Menschenrechte für Homosexuelle nicht (2007: 38). Entscheidend für das Argument ist, dass diese neuen Privilegien, die weiße Homosexuelle genießen, oft von nationalistischen Ideologien genutzt werden, um Migrant*innen und Menschen mit nicht-westlichem Hintergrund als von Natur aus anti-queer zu positionieren (Puar 2007). Die „sexuelle Vielfalt", die auf normativen westlichen Wahrnehmungen von Queerness basiert, wird laut Puar benutzt, um eine „Anti-Migranten-Politik" aufrechtzuerhalten, indem eine binäre Opposition zwischen dem moralisch guten heteronormativen Queer und dem unbekannten, unterentwickelten und unerwünschten queeren Asylsuchenden oder Migranten konstruiert wird (vgl. Galdeano 2019).

3. Rechtliche Grundlagen für Asyl aufgrund von SOGI

Im internationalen Recht liegen keine Texte vor, die Asylrecht für SOGI-Asylsuchende explizit rechtsverbindlich rahmen. Die Genfer Konvention und ihr Zusatzprotokoll wurden von ihren Verfasser*innen als „geschlechtsneutral" konzipiert. Als solche sollen mit „Zugehörigkeit zu einer bestimmten sozialen Gruppe" oder „politischer Überzeugung" Verfolgungsgründe für Asylsuchende unabhängig von ihrer SOGI berücksichtigt werden (→ ‚Flüchtling' – rechtlich).

Aufnahmestaaten des Globalen Nordens waren die ersten, die SOGI-Asylsuchende unter Berufung auf den Konventionsgrund „Zugehörigkeit zu einer bestimmten sozialen Gruppe" Asyl gewährten. Es gab ab den 1980er Jahren wegweisende einzelgerichtliche Entscheidungen unter anderem in den Niederlanden (vgl. Jansen 2018), Deutschland (vgl. Fullerton 1990: 408–410), den USA (vgl. Hathaway/Foster 2014: 443; Millbank 2003: 71), Kanada (vgl. LaViolette 1997), Australien (vgl. Millbank 1995, 2003) und Neuseeland.

Im *Globalen Süden* ist (→) Südafrika eines der wenigen Länder auf dem afrikanischen Kontinent, das LGBT*-Menschen anerkennt und verfassungsrechtlich schützt. In Südamerika sind Mexiko, Uruguay, Argentinien und Brasilien Staaten, die über die letzten Jahre SOGI-Asylsuchenden Schutz gewährt haben. Auf dem asiatischen Kontinent hat das Seoul High Court am 18. Oktober 2018 den Flüchtlingsstatus für eine ugandische lesbische Asylbewerberin entschieden.

4. Praktiken Nationaler Asylverfahren verstoßen gegen UNHCR- und EU-Richtlinien

Asylgerichte haben regelmäßig mit kultureller Relativität argumentiert, um die Verfolgung von heterosexuellen cis-Frauen und LGBT*-Antragsteller*innen als außerhalb der Schutzmechanismen der Konvention von 1951 liegend abzutun und gegen Asylanträge zu entscheiden (Crawley 2000: 20). Richter*innen neigen zu der Annahme, dass die von SOGI-Asylsuchenden erlittene Gewalt der Privatsphäre angehört, da ihre Fälle oft keinen klaren „staatlichen Zusammenhang" aufweisen, der es erlaubt, Verfolgung anhand von Konventionsgründen zu begründen. In der Tat basiert der Standard dessen, was Gewalt gegen politische Dissident*innen ausmacht, auf staatlich gelenkter Repression im öffentlichen Bereich, der oft ein hetero-normativer, männlich dominierter Bereich ist. Schäden, die Frauen und LGBT* im privaten Bereich erleiden, werden dadurch seltener als politisch angesehen.

Trotz des Versuchs des UNHCR, gemeinsame Richtlinien für die Bearbeitung von SOGI-Asylanträgen festzulegen, und der EU einen homogenen rechtlichen Rahmen für Asylsysteme in europäischen Nationalstaaten zu etablieren, verfolgen letztere immer noch ihre eigenen Praktiken, oft im Verstoß gegen UNHCR- und EU-Richtlinien. Im Folgenden nenne ich ein paar Beispiele.

Die vom UNHCR 2008 veröffentlichte *Guidance Note* besagt (§ 35), dass die Selbstidentifikation als LGBT* aussagekräftig über die SOGI eines Asylsuchenden ist (UNHCR 2008: 16). Der Paragraph erwähnt, was spezialisierte Vereine, Anwält*innen und Forscher*innen unermüdlich wiederholen: SOGI zu beweisen ist ein problematisches Vorhaben. Allein die Begriffe, die Asylsuchende nutzen um ihre SOGI zu benennen, variieren je nach Herkunftsland, aber auch innerhalb diesem je nach ländlicher oder urbaner Umgebung, je nach Altersgruppe und sozialer Schicht. Viele meistern den globalen LGBT*-Wortschatz nicht oder benutzen sogar lokal abwertende Begriffe um ihre SOGI zu benennen. Praktisch wird aber regelmäßig in Gerichtssälen aller Asylstaaten die Selbstidentifizierung von SOGI-Asylsuchenden angezweifelt. Ärztliche Atteste über physische oder psychologische Zustände in Bezug auf ihre SOGI nehmen immer noch viel Raum in Entscheidungen nationaler Gerichtshöfe in Europa ein (Jansen/Spijkerboer 2011: 49–53), obwohl Homosexualität seit 1990 und Transidentitäten seit 2019 weder medizinische noch psychiatrische Kategorien sind.

Die Erwartung an Asylsuchende, ihre SOGI zu verbergen und damit potentielle zukünftige Verfolgung im Herkunftsland abzuwehren, auch als Diskretionserfordernis bekannt, wird ohne klare rechtliche Grundlage weiter verwendet (vgl. Wessels 2021). Das Argument der „Diskretion", wurde heftig von Jurist*innen dafür kritisiert, dass die Verantwortung seines eigenen Schutzes dem Antragsteller übertragen wird (Millbank 2009: 393). Der UNHCR hat sich in der 2008 veröffentlichten *Guidance Note on Refugee Claims Relating to Sexual Orientation and Gender Identity* gegen das Diskretionserfordernis ausgesprochen (2008: 25). In einigen Asylstaaten wurde das Diskretionserfordernis offiziell sogar früher abgeschafft (Jansen/Spijkerboer 2011: 35). Die 2020 in Großbritannien, Italien und Deutschland geführte SOGICA-Studie[2] zeigte aber, dass das Diskretionsargument laut professionellen Unterstützer*innen von SOGI-Asylsuchenden in 40 % der ersten Interviews und Berufungsanhörungen eine Rolle spiele (Andrade et al. 2020: 31).

Der UNHCR hat in seinen 2012 herausgegebenen Richtlinien festgelegt, dass, um die „begründete Furcht vor Verfolgung" festzustellen, Asylsuchende nicht bereits Opfer kriminalisierender Gesetze gewesen sein müssen. Das Risiko solchen Gesetzen im Herkunftsland unterworfen zu sein, kann auch eine begründete Furcht vor Verfolgung darstellen. Außerdem können LGBT*-Bürger*innen in Abwesenheit von kriminalisierenden Gesetzen das Ziel diskriminierender staatlicher und nichtstaatlicher Praktiken sein, die einer Verfolgung gleichen (UNHCR 2012: 8–9). Die SOGICA-Studie zeigte aber, dass unter den Befragten, deren Antrag zu irgendeinem Zeitpunkt abgelehnt wurde, der häufigste Ablehnungsgrund (40 %) war, dass der Entscheidungsträger nicht glaubte, dass sie in ihrem Herkunftsland verfolgt werden oder Gefahr laufen, verfolgt zu werden (Andrade et al. 2020: 15).

EU-Rechtsvorschriften über das Recht auf Familienzusammenführung für Staatsangehörige eines Drittlandes (Richtlinie zur Familienzusammenführung) erlauben es Flüchtlingen, Familienangehörige nachkommen zu lassen. Da unverheiratete Partner*innen nur in einer ordnungsgemäß bescheinigten stabilen Langzeitbeziehung als Familienangehörige anerkannt werden, sind SOGI-Schutzsuchende, die ihre romantischen Beziehungen meistens verstecken mussten, *de facto* benachteiligt (Ferreira 2018: 22).

---

[2] SOGICA ist das Akronym der vom European Research Council geförderten Studie "Sexual Orientation and Gender Identity Claims of Asylum: A European human rights challenge", die in den Jahren 2016–2020 die sozialen und juristischen Erfahrungen von Asylsuchenden in Europa untersucht hat, die auf der Basis ihrer SOGI um internationalen Schutz angesucht haben.

5. Fazit und zukünftige Forschungsrichtungen

Dieses Kapitel hat die besondere Verletzlichkeit von LGBT*-Geflüchteten während der Flucht, im Transit und in Aufnahmeländern erläutert. All diese Etappen weisen Forschungslücken auf. Situationen in Aufnahmeländern des Globalen Nordens werden zwar am meisten erforscht, dabei fehlen jedoch beispielsweise unabhängige quantitative Studien über die Anzahl an SOGI-Asylanträgen.

LGBT*-Individuen fliehen meisten alleine oder in kleinen Gruppen und nicht mit ihrer Familie, die in vielen Fällen eher am Fluchtgrund beteiligt ist. Diese und andere Spezifitäten von LGBT*-Geflüchteten in Transit, vor allem innerhalb ihrer Herkunftsregionen, werden unzureichend erforscht (mit Ausnahmen von Camminga 2019; Menetrier 2019; Moore 2019; Romero/Huerta 2019; Bhagat 2018). Außerdem dokumentieren wenige Studien, wie SOGI-Schutzsuchende im Globalen Süden aussortiert werden für *resettlement* und *complementary pathways* (Menetrier 2021; Broqua et al. 2020; Koçak 2020; Saleh 2020; Sarı 2020).

Was Fluchtgründe angeht, stellt der Mangel an aktuellen und präzisen Herkunftslandinformationen (COI für *Country of Origin Information*) ein Problem für Verfahren in Asylländern im allgemein dar, ist aber besonders schädlich in volatilen Situationen wie homophobischer Gewalt (Andrade et al. 2020: 31).

Literaturverzeichnis

Albessard, Guillaume (2017): L'asile lié à l'orientation sexuelle: Les acteurs de la procédure belge reproduisent-ils une norme stéréotypée de l'homosexualité ? Liège: Université de Liège.

Andrade, Vitor L./Danisi, Carmelo/Dustin, Moira/Ferreira, Nuno/Held, Nina (2020): Queering Asylum in Europe: A Survey Report. sogica.org/database/andrade-danisi-dustin-ferreira-and-held-queering-asylum-in-europe-a-survey-report-2020, 14.7.2020.

Bennett, Claire/Thomas, Felicity (2013): Seeking asylum in the UK: lesbian perspectives. In: Forced Migration Review 42, 25–28.

Bhagat, Ali (2018): Forced (Queer) migration and everyday violence: The geographies of life, death, and access in Cape Town. In: Geoforum 89, 155–163.

Borrillo, Daniel/Salcedo, Manuela/Havkin, Shira (2020): Les demandes d'asile en raison de l'orientation sexuelle : comment prouver l'intime ? Défenseur des Droits, defenseurdesdroits.fr/fr/etudes-et-recherches/2020/05/les-demandes-dasile-en-raison-de-lorientation-sexuelle-comment-prouver, 24.02.2022.

Broqua, Christophe/Eboko, Fred (2009): La fabrique des identités sexuelles. In: Autrepart 49, 3–13.

Broqua, Christophe/Laborde-Balen, Gabrielle/Menetrier, Agathe/Bangoura, Djaji (2020): Queer necropolitics of asylum: Senegalese refugees facing HIV in Mauritania. In: Global Public Health 16 (5), 746–762.

Camminga, B. (2019): Transgender Refugees and the Imagined South Africa. London: Palgrave Macmillan.

Carrillo, Héctor (2004): Sexual migration, cross-cultural sexual encounters, and sexual health. In: Sexuality Research & Social Policy 1, 58–70.

Carrillo, Héctor (2018): Pathways of Desire: The Sexual Migration of Mexican Gay Men. Chicago: University of Chicago Press.

Crawley, Heaven (2000): Gender, persecution and the concept of politics in the asylum determination process. In: Forced Migration Review 9, 17–20.

Fassin, Eric (2011): A double-edged sword: Sexual democracy, gender norms, and racialized rhetoric. In: Butler, Judith/Weed, Elizabeth (Hrsg.): The Question of Gender. Joan W. Scott's Critical Feminism. Bloomington: Indiana University Press, 143–158.

Ferguson, Ann (2019): Sexual Democracy: Women, Oppression, And Revolution. London: Routledge.

Ferreira, Nuno (2018): Reforming the Common European Asylum System: enough rainbow for queer asylum seekers? GenIus Special Issue on International Protection and SOGI, 25–42.

Fütty, Tamás Jules Joshua (2019): Gender und Biopolitik: Normative und intersektionale Gewalt gegen Trans*Menschen. Bielefeld: transcript-Verlag.

Fullerton, Maryellen (1990): Persecution due to membership in a particular social group: jurisprudence in the Federal Republic of Germany. In: Georgetown Immigration Law Journal 4, 381–444.

Galdeano, Raf (2019): Queer Asylum Seekers as a Threat to the State: An Analysis of UK Border Controls. e-ir.info/2019/02/15/queer-asylum-seekers-as-a-threat-to-the-state-an-analysis-of-uk-border-controls/, 24.02.2022.

Gartner, Johannes L. (2015): (In)credibly Queer: Sexuality-based Asylum in the European Union. humanityinaction.org/knowledge_detail/incredibly-queer-sexuality-based-asylum-in-the-european-union/, 23.7.2020.

Giametta, Calogero (2017): The Sexual Politics of Asylum. Oxfordshire: Taylor & Francis.

Gopinath, Gayatri (2005): Impossible desires: Queer diasporas and South Asian public cultures. Durham: Duke University Press.

Grungras, Neil/Organization for Refuge, Asylum & Migration (ORAM) (2014): Rising Numbers of LGBTI Refugees Facing Fight for Survival. huffpost.com/entry/lgbti-refugees-facing-fight_b_5514737, 24.02.2022

Hamila, Ahmed (2019): Les persécutions liées à l'orientation sexuelle: un «nouveau» motif pour octroyer le statut de réfugié en Belgique? In: Politique et Sociétés 38, 157–177.

Hathaway, James C./Foster, Michelle (2014): The Law of Refugee Status. Cambridge: Cambridge University Press.

Jansen, Sabine (2018): Pride or Shame: Assessing LGBTI Asylum Applications in the Netherlands Following The XYZ and ABC Judgments. coc.nl/wp-content/uploads/2019/01/Pride-or-Shame-LGBTI-asylum-in-the-Netherlands.pdf, 24.02.2022.

Jansen, Sabine/Spijkerboer, Thomas (2011): Fleeing homophobia, asylum claims related to sexual orientation and gender identity in Europe. ssrn.com/abstract=2097783, 24.02.2022.

Kahn, Sarilee/Alessi, Edward J (2017): Coming Out Under the Gun: Exploring the Psychological Dimensions of Seeking Refugee Status for LGBT Claimants in Canada. In: Journal of Refugee Studies 31, 22–41.

Kassam, Ashifa. (2016): Syrian refugee marches beside Justin Trudeau in Canadian pride parade. theguardian.com/world/2016/jul/04/syrian-refugee-marches-beside-justin-trudeau-canada-pride-parade, 24.02.2022

Koçak, Mert (2020): Who is "Queerer" and Deserves Resettlement?: Queer Asylum Seekers and Their Deservingness of Refugee Status in Turkey. In: Middle East Critique 29, 29–46.

LaViolette, Nicole (1997): The immutable refugees: Sexual orientation in Canada (AG) v. Ward. In: University of Toronto Faculty of Law Revue 55, 1–41.

Lewis, Rachel (2013): Deportable Subjects: Lesbians and Political Asylum. In: Feminist Formations 25, 174–194.

Luibhéid, Eithne (2008): Queer/migration: An unruly body of scholarship. In: GLQ: A Journal of Lesbian and Gay Studies 14, 169–190.

Manalansan IV, Martin F. (2003): Global divas: Filipino gay men in the diaspora. Durham: Duke University Press.

McGuirk, Siobhán (2018): (In)credible Subjects: NGOs, Attorneys, and Permissible LGBT Asylum Seeker Identities. In: PoLAR: Political and Legal Anthropology Review 41, 4–18.

Menetrier, Agathe (2019): Déchiffrer les stéréotypes de genre des guichets de l'asile par les réseaux sociaux. In: Hermès Stéréotypes, représentations et idéologies 83, 179–190

Menetrier, Agathe (2021): Implementing and Interpreting Refugee Resettlement Through a Veil of Secrecy: A Case of LGBT Resettlement From Africa. In: Frontiers in Human Dynamics 3, frontiersin.org/articles/10.3389/fhumd.2021.594214/full. 1.3.2022.

Miaz, Jonathan (2014): Les 'persécutions liées au genre'en Suisse: les frontières du droit d'asile en question. In: Cahiers du genre, 55–75.

Millbank, Jenni (1995): Fear of persecution or just a queer feeling?: refugee status and sexual orientation in Australia. In: Alternative Law Journal 20, 261–299.

Millbank, Jenni (2003): Gender, Sex and Visibility in Refugee Claims on the Basis of Sexual Orientation. In: Georgetown Immigration Law Journal 18, 71–110.

Millbank, Jenni (2009): From discretion to disbelief: recent trends in refugee determinations on the basis of sexual orientation in Australia and the United Kingdom. In: The International Journal of Human Rights 13, 391–414.

Moore, Hester K. (2019): "The Atmosphere Is Oppressive": Investigating the Intersection of Violence with the Cisgender Lesbian, Bisexual, and Queer Women Refugee Community in Nairobi, Kenya. In: Güler, Arzu/Shevtsova, Maryna/Venturi, Denise (Hrsg.): LGBTI Asylum Seekers and Refugees from a Legal and Political Perspective. Basel: Springer, 323–336.

Murray, David A. (2014): Real Queer: „Authentic" LGBT Refugee Claimants and Homonationalism in the Canadian Refugee System. In: Anthropologica 56, 21–32.

Murray, David A. (2018): Learning to be LGBT: Sexual orientation refugees and linguistic inequality. In: Critical Multilingualism Studies 6, 56 Denise 73.

Puar, Jasbir K. (2007): Terrorist Assemblages: Homonationalism in Queer Times. Durham: Duke University Press.

Romero, Maria/Huerta, Sofia (2019): Seeking Protection as a Transgender Refugee Woman: From Honduras and El Salvador to Mexico. In: Güler, Arzu/Shevtsova, Maryna/Venturi, Denise (Hrsg.): LGBTI asylum seekers and refugees from a legal and political perspective. Basel: Springer, 251–272.

Saleh, Fadi (2020): Transgender as a Humanitarian Category. The Case of Syrian Queer and Gender-Variant Refugees in Turkey. In: TSQ: Transgender Studies Quarterly 7, 37–55.

Sarı, Elif (2020): Lesbian refugees in transit: The making of authenticity and legitimacy in Turkey. In: Journal of Lesbian Studies 24, 140–158.

Schroeder, Joachim/Seukwa, Louis H./Wagner, Uta (2019): Vernachlässigte Themen der Flüchtlingsforschung – Über Leerstellen im Feld der Wissenschaft zu Flucht und Asyl. In: Behrensen, Birgit/Westphal, Manuela (Hrsg.): Fluchtmigrationsforschung im Aufbruch: Methodologische und methodische Reflexionen. Wiesbaden: Springer Fachmedien, 25–47.

Stichelbaut, Françoise (2009): L'application de la Convention sur les réfugiés aux demandeuses d'asile lesbiennes: de quel genre parlons-nous? In: Nouvelles Questions Féministes 28 (2), 66–79

Sußner, Petra (2011): Totes Recht? Der asylrechtliche Familiennachzug für gleichgeschlechtliche Partnerinnen. In: juridikum. zeitschrift für kritik–recht–gesellschaft 4, 435–444.

Sußner, Petra (2013): Invisible Intersections, Queer Interventions. In: Spijkerboer, Thomas (Hrsg.) Fleeing Homophobia: Sexual Orientation, Gender Identity and Asylum. London: Routledge, 176–188.

UNHCR (2008): UNHCR Guidance note on refugee claims relating to sexual orientation and gender identity. refworld.org/pdfid/48abd5660.pdf., 24.02.2022.

UNHR (2020): LGBTI Claims. unhcr.org/lgbti-claims.html, 24.02.2022.

Wessels, Janna (2021): The Concealment Controversy: Sexual Orientation, Discretion Reasoning and the Scope of Refugee Protection. Cambridge: Cambridge University Press.

Winter, Bronwyn (2012): Sûr de rien: les demandeurs/euses d'asile homosexuels et lesbiennes face a l'idée des „pays sûrs". In: Australian Journal of French Studies 49, 280–294.

Yue, Audrey (2008): Gay Asian sexual health in Australia: Governing HIV/AIDS, racializing biopolitics and performing conformity. In: Sexualities 11, 227–244.

III.2.5

Intersektionen von Flucht und Behinderung

Annette Korntheuer

Abstract Die Datenlage zu Geflüchteten mit Behinderungen zeigt sich bislang undifferenziert und lückenhaft. Dennoch wird in Deutschland und international eine Zunahme von Publikationen, anwendungsbezogener Forschung und Praxisinitiativen in den letzten fünf Jahren sichtbar. Der Beitrag skizziert den internationalen Forschungsstand und bietet zudem eine Darstellung aktueller Forschungsergebnisse an der Intersektion von Flucht und Behinderung in Deutschland. Die methodische und forschungsethische Ausformulierung einer intersektional reflexiven und diversitätsbewussten Fluchtforschung muss als wichtiges Desiderat priorisiert werden. Nur so können die Erkenntnisse an der hochkomplexen Schnittstelle im Sinne guter wissenschaftlicher Praxis vertieft werden.

Schlüsselbegriffe: Flucht, Behinderung, Intersektionalität, UN-BRK, Inklusion

1. Einleitung

Die „Unsichtbarkeit" von Geflüchteten mit Behinderung[1] zeigt sich als durchgängiger diskursiver Bezugspunkt in nationalen und internationalen Publikationen. Crock et al. (2017) betiteln ihre internationale Vergleichsstudie zum Schnittpunkt der UN-Konventionen für Geflüchtete und UN-Behindertenrechtskonvention (UN-BRK) mit *„Forgotten and invisible"*. Auch Pearce (2015) beschreibt, wie Menschen mit Behinderung in Konflikt- und Fluchtsituationen weltweit „versteckt und übersehen" (ebd.: 461) werden. Köbsell (2019) zeigt auf, dass behinderte Geflüchtete bislang weder in den Fachdiskursen noch in den Hilfesystemen in Deutschland sichtbar geworden sind. Die aufgeführten Beispiele lassen erahnen, dass sich hier bezugnehmend auf diesen „blinden Fleck" der Fluchtforschung und Disability Studies ein neues Forschungs- und Praxisfeld zu formen beginnt (vgl. Korntheuer 2020). In Deutschland und international wird eine Zunahme von Publikationen, anwendungsbezogener Forschung und Praxisinitiativen in den letzten fünf Jahren deutlich (vgl. Westphal/Wansing 2019).

Dieser Beitrag skizziert den internationalen Forschungsstand und bietet zudem eine Darstellung aktueller Forschungsergebnisse an der Intersektion von Flucht und Behinderung in Deutschland. Erste Erkenntnisse zu methodischen und forschungsethischen Implikationen werden in einem dritten Schritt aufgegriffen.

---

[1] Dem Behinderungsverständnis der UN-BRK zufolge entsteht Behinderung aus der Wechselwirkung zwischen individuellen Beeinträchtigungen und einstellungs- und umweltbedingten Barrieren, die Personen an der vollen, wirksamen und gleichberechtigten Teilhabe an der Gesellschaft (be)hindern (siehe Peterson 2014).

Annette Korntheuer

2. Internationale Forschungsergebnisse am Schnittpunkt von Flucht und Behinderung

Behinderung und Flucht können auf unterschiedliche Art und Weise zusammenwirken. So sind kriegerische Auseinandersetzungen häufig eine Ursache von körperlichen und psychischen Beeinträchtigungen. Diese können jedoch auch ein Fluchtgrund sein, verbunden mit der Hoffnung auf bessere Behandlungs- und Versorgungssituationen (vgl. Pisani/Grech 2015). Physische, kognitive und seelische Beeinträchtigungen führen häufig zu höheren Risiken und Belastungen sowohl auf der Flucht wie auch in den Flüchtlingslagern des Globalen Südens und Nordens (vgl. Pearce 2015; Köbsell 2019; Yeo 2019) (→ Gesundheit). Bereits in einer der ersten grundlegenden internationalen Auseinandersetzungen mit dem Schnittpunkt von Fluchtmigration und Behinderung, der Ausgabe „Disability and Displacement" der Forced Migration Review aus dem Jahr 2010, werden vier wesentliche Diskursstränge sichtbar, die sich in den Folgejahren in weiteren Publikationen und Studien ausdifferenzieren und im Folgenden kurz umrissen werden sollen.

2.1 Die UN-BRK und ihre Wirkungen im Feld von Fluchtmigration

Die Behindertenrechtskonvention der Vereinten Nationen konkretisiert und spezifiziert die Umsetzung der universellen Menschenrechte in Bezug auf die Lebenssituation und Perspektive von Menschen mit Behinderungen. In Deutschland trat sie 2009 in Kraft, weltweit wurde sie von 182 Staaten unterzeichnet (vgl. UN o.J.). Der durch sie und die *Disability Studies* angestoßene Inklusionsdiskurs hat wichtige Impulse für die Weiterentwicklung des Verständnisses von Behinderung bereitgestellt. Im traditionellen medizinischen Modell von Behinderung werden körperliche oder geistige und psychische Beeinträchtigungen individualisiert und defizitorientiert betrachtet. Die UN-BRK verweist hingegen auf das soziale und menschenrechtliche Modell von Behinderung. Gesellschaftliche Strukturen und Einstellungen, die reich an Barrieren sind und die Teilhabe einschränken, d.h. Menschen behindern, stehen gesellschaftlichen Inklusionsprozessen entgegen (vgl. Peterson 2014). Die soziale Konstruiertheit und institutionellen Zuschreibungspraktiken von Behinderung werden in den Blick genommen. Binäre Vorstellungen sollen durch die eines Kontinuums von *Dis_ability* ersetzt werden, um Prozesse der gesellschaftlichen Marginalisierung, Stigmatisierung und Segregation aufzubrechen. Menschen mit Behinderungen müssen als Rechtssubjekte und Expert*innen ihrer eigenen Lebenssituation anerkannt werden (vgl. Köbsell 2019; Peterson 2014; Korntheuer et al 2021a).

Bislang jedoch, so eine durchgehende Kritik, bleiben Fluchtmigrant*innen mit Behinderung nicht nur von Strukturen der Selbstvertretung ausgeschlossen, sondern auch die bedarfsgerechte Versorgung mit Nahrung, Hygieneartikeln und einfachsten Hilfsmitteln ist häufig nicht gegeben (vgl. Pearce 2015). Das Inkrafttreten der UN-Behindertenrechtskonvention hat hieran weder im Globalen Süden noch im Globalen Norden wesentlich etwas geändert. So kritisieren die Vereinten Nationen in ihrer Staatenprüfung zur UN-BRK auch die unzureichende Gesundheitsversorgung von Asylsuchenden in Deutschland (vgl. Köbsell 2019: 67). Crock et al. (2017) analysieren in rechtswissenschaftlicher Perspektive die Überschneidung zwischen der Genfer Flüchtlingskonvention und der Behindertenrechtskonvention der Vereinten Nationen. Obwohl deutliche positive Einflüsse der UN-BRK auf einige Bereiche wie Policy Strukturen und Prozesse des UNHCR zu erkennen sind (vgl. Duell-Piening 2018), zeigen sich auch grundlegende Spannungsfelder und eine ungenügende Implementierung in die Praxis. Das Flüchtlingsrecht argumentiert mit der Zugehörigkeit zu einer verfolgten sozialen Gruppe. Insofern ist zu prüfen, ob Individuen innerhalb dieser Gruppe ein angeborenes und unveränderliches Merkmal teilen. Eine medizinisch begründete Festlegungspraxis steht jedoch im direkten Widerspruch zum sozialen oder menschenrechtlichen Modell von Behinderung der UN-BRK (vgl. Peterson 2014; Crock et al. 2017).

2.2 Intersektionale Perspektiven auf strukturelle Ausschlüsse

Intersektionalität hat sich zu einem zentralen Paradigma der Sozialwissenschaften entwickelt. In Anlehnung an Kimberly Crenshaw analysiert das Konzept die Verwobenheit unterschiedlicher Differenzkonstruktionen im Kontext von Ungleichheits- und Herrschaftsverhältnissen (Winker/Degele 2009). In Publikationen und qualitativen Studien am Schnittpunkt von Behinderung und Flucht wird Intersektionalität zunehmend zu einem zentralen theoretischen Ausgangspunkt. Eine intersektionale Perspektive führt zu einem erhöhten Bewusstsein für die Komplexität des Zusammenwirkens von Exklusions- und Teilhabeprozessen in Hinsicht auf Sozialstrukturen, gesellschaftliche Diskurse und Identitätskonstruktionen (Otto/Kaufmann 2018).

Nach Ankunft im Globalen Norden wirken restriktive Gesetzgebungen und defizitorientierte Diskurse auf Asylsuchende mit Behinderungen. So verdeutlicht Amirpur (2016) in ihren intersektionalen Fallstudien zu Familien mit beeinträchtigten Kindern in Deutschland die belastende Wirkung eines unsicheren rechtlichen Aufenthaltsstatus, den Ausschluss von Sozial- und Teilhabeleistungen und die schwierige Lebenssituation in Gemeinschaftsunterkünften für Asylbewerber*innen als konkrete strukturelle Hindernisse für soziale Teilhabe (vgl. ebd.: 142; 179; 262). Hegemoniale sprachliche Machtstrukturen rahmen die Erfahrungen beim Versuch, Zugang zu Dienstleistungen zu erhalten, während Institutionen der Aufnahmegesellschaft keine an die sprachlichen Bedürfnisse von Migranten*innen und Geflüchteten angepassten Dienstleistungen anbieten (vgl. Bešić et al. 2020). Unterstützungs- und Aufnahmesysteme für Geflüchtete hingegen orientieren ihre Dienste an körperlichen Normalvorstellungen der Nicht-Behinderung (Yeo 2019).

Eine intersektionale Perspektive zeigt am Schnittpunkt von Behinderung und Flucht im Gesamtblick multiple und verwobene Exklusions- und Diskriminierungsprozesse sowohl im Globalen Norden als auch im Globalen Süden (vgl. Bešić et al. 2020; Pearce 2015; Elder 2015; Korntheuer 2020).

2.3 Verhandelte Vulnerabilitäten in Narrativen von Geflüchteten mit Behinderungserfahrungen

Der aktuelle Forschungsstand zeigt Rekonstruktionen des subjektiven Erlebens von Geflüchteten mit Behinderung als eine wichtige Erkenntnisquelle. Ihre Narrative verdeutlichen die schwierigen Lebenssituationen vor, während und nach der Flucht, sie weisen jedoch auch darauf hin, dass Personen sich einer einseitigen Adressierung als „besonders Vulnerable" entgegensetzen und ihre multiplen Zugehörigkeiten und intersektionalen Zuschreibungen aktiv mitverhandeln.

Für Menschen auf der Flucht können allgemein eine erhöhte (→)Vulnerabilität und Schutzbedarfe angenommen werden, diese betreffen jedoch Geflüchtete mit Behinderung in verschärfter Weise. In Narrativen von Geflüchteten mit Behinderungen in Ländern des Globalen Südens zeigen sich Prozesse von struktureller Exklusion und Diskriminierung. Die Women's Refugee Commission (WRC) interviewte 609 geflüchtete und/oder im Land vertriebene Menschen mit Behinderung und ihre Familien und Betreuer*innen in acht Ländern des Globalen Südens (vgl. Pearce 2015). Ausbeutung und Missbrauch an der Schnittstelle von Zwangsmigration, Armut, Behinderung und (→) Gender werden in den Ergebnissen der Studie sichtbar.

Behinderungen können die Mobilität einschränken und zu langwierigen Aufenthalten in Flüchtlingscamps sowie zu erzwungener Sesshaftigkeit (→ Im-/Mobilität) führen, was Menschen mit Behinderungen potenziell größeren Härten und Risiken aussetzt (vgl. Pisani/Grech 2015). Menschenrechtsverletzungen werden jedoch auch nach der Ankunft im Globalen Norden in den Aussagen von Asylbewerber*innen mit Behinderungen deutlich. Das System behindert alle Asylsuchenden, wie Yeo (2019) für die Situation in Großbritannien feststellt, mit verschärften Folgen für diejenigen mit einer Beeinträchtigung.

Die betroffenen Personen setzen sich aktiv mit den Zuschreibungen als „Flüchtling" und Mensch mit Behinderung auseinander (vgl. Otto/Kaufmann 2018). Räume für die Selbstidentifikation mit nichtbinären und fluiden Identitätskonzepten an den Intersektionen von Behinderung und Flucht sind jedoch begrenzt. Die Abhängigkeit von der Solidarität anderer sowie das Gefühl, anderen zur Last zu fallen, sind zentral in den Erzählungen rekonstruierbar. Dennoch sind Geflüchtete mit Behinderungen keine passiven Objekte von behindernden Umgebungen und essentialisierenden Zuschreibungen. Die Darstellungen der eigenen Stärke und Widerstandskraft zeigen sich als Gegendiskurse zu defizitorientierten Perspektiven. In organisierter Selbsthilfe werden Personen als aktive Akteur*innen sichtbar (→ Agency) (vgl. Elder 2015; Korntheuer et al. 2021b).

2.4 Resettlement als Struktur für Geflüchtete mit Beeinträchtigungen?

Der UNHCR identifiziert (→) Resettlement als eine der drei dauerhaften Lösungen für Fluchtmigrant*innen. Nach den Richtlinien des UNHCR muss für die dauerhafte Umsiedelung aus einem Erstzufluchtsstaat in einen aufnahmebereiten Drittstaat eine besondere Schutzbedürftigkeit auf der Grundlage verschiedener humanitärer Kriterien vorliegen; auch ein besonderer medizinischer Bedarf wird benannt. In der Vergangenheit kam es dennoch zu Richtlinien und Prozessen, die gerade Geflüchtete mit Behinderung ausschlossen, wenn sich die Beeinträchtigung nicht als akuter medizinischer Notfall darstellte (Crock et al. 2017).

Positive Einflüsse durch die UN-BRK zeigen sich in der Anpassung des *Resettlement Handbooks* und der Entwicklung eines speziellen *Resettlement Assessment Tools* für Personen mit Behinderung (vgl. UNHCR 2018). International gibt es keine offiziellen Statistiken darüber, in welchem Maße Geflüchtete mit Behinderung von Resettlement profitieren. Komplexe gesundheitliche Bedürfnisse, einschließlich Behinderungen, können jedoch ein Faktor sein, der darüber entscheidet, wer eine Chance auf Resettlement hat. Spezifische Einflüsse auf die Integrationswege nach Ankunft im Globalen Norden sind bislang jedoch weitgehend unbeachtet (vgl. Korntheuer et al. 2021b.; Kleist et al. 2022).

3. Ergebnisse anwendungsbezogener Forschung in Deutschland

Es ist davon auszugehen, dass es seit 2015 in Deutschland zu einem wesentlichen Anstieg der Personen am Schnittpunkt von Flucht und Behinderung kam. Vereinzelte lokale Abfragen und Erhebungen scheinen die von Pisani und Grech (2015) angenommenen Prozentangaben von bis zu 15 % auch für Deutschland zu bestätigen (vgl. Korntheuer 2020). Wie in den nächsten beiden Absätzen verdeutlicht wird, zeigen Praxis- und Vernetzungsinitiativen[2] sowie anwendungsbezogene Forschungstätigkeiten, dass sich restriktive rechtliche Rahmenbedingungen und eine Versäulung der Praxisfelder als wesentliche praxisrelevante Herausforderungen darstellen.

3.1 Inklusion restriktiv: rechtliche und bürokratische Strukturen im Bereich von Asyl

Rechtsbereiche, die am Schnittpunkt von Behinderung und Flucht aufeinandertreffen, zeigen sich häufig widersprüchlich und sind zudem von einer komplexen Verknüpfung der Asyl-, Aufenthalts- und der Teilhaberechte gekennzeichnet (Schülle 2019). Otten et al. (2018: 201) betonen, dass es zur „politische[n] Relativierung eines universalen Inklusionsparadigmas durch eine asylrechtliche Exklusionspraxis" kommt. Der besondere Schutz der EU- Aufnahmerichtlinie (2013/33/EU) wird für Geflüchtete mit Behinderung häufig nicht umgesetzt und rechtliche Ansprüche auf Leistungen für Menschen mit Behinderung bleiben verwehrt (vgl. Westphal/Wansing 2019) (→ Aufnahmeverfahren). Asylbewerber*innen stehen nach § 4 Asylbewerberleistungsgesetz medizinische Behandlungen bei akuten Erkrankungen und Schmerzzuständen zu. Eingliederungshilfen und Hilfen zur Pflege bleiben hingegen meist unzugänglich (vgl. Schülle 2019) und die Versorgung mit Hilfsmitteln und Rehabilitationsleistungen wird durch die Sozialbehörden vor Ort sehr restriktiv gehandhabt, da sonstige Hilfen im Einzelfall nur im Ermessen der Sozialbehörden zustehen, wenn diese „zur Sicherung des Lebensunterhalts oder der Gesundheit unerlässlich" (§ 6 Absatz 1 AsylbLG) sind. Voraussetzung für den Zugang zu Unterstützungsleistungen bleibt zudem weiterhin die Diagnostik und insofern eine institutionalisierte Kategorisierungspraxis, die einem sozialen und menschenrechtlichen Modell von Behinderung entgegensteht. Für die (→) Kommunen zeigen sich Herausforderungen durch die mangelnde Qualifizierung der Sachbearbeiter*innen bezüglich des medizinischen und rehabilitationswissenschaftlichen Fachwissens (vgl. Leisering 2018).

---

2 Zu nennen sind hier unter anderem das Projekt „ZurFlucht Lebenshilfe" in Hamburg, Initiativen der Gehörlosenverbände, die Fachtagungen und Workshops des Vereins Mina Leben in Vielfalt in Berlin sowie das bundesweit wirkende Projekt Crossroads. Flucht, Migration, Behinderung von Handicap International. Korntheuer (2020); Otten et al. (2018).

3.2 Segregierte Praxisfelder von Behindertenhilfe und Migrationsarbeit

Die Versäulung der Angebotslandschaft in Behindertenhilfe, Migrations- und Integrationsarbeit, intransparente und restriktive rechtliche und bürokratische Prozesse, Informationsdefizite sowie die mangelnde Barrierefreiheit von Unterbringung und Angeboten (z. B. fehlende Sprachmittlung) (→ Sprache) werden als zentrale Hindernisse für die gesellschaftliche Teilhabe von Geflüchteten mit Behinderung benannt (vgl. Korntheuer 2020; Steiner o.D.). Wie die Abfrage von Beratungsdiensten der Caritas zeigt, werden diese Hindernisse insbesondere im Feld der Behindertenhilfe deutlich. 72 % der Berater*innen in der Behindertenhilfe geben ihr fehlendes Wissen bezüglich des Leistungsanspruches als Hindernis an (vgl. Steiner o.D.). Auch Studien zu Migrant*innen mit Behinderungen weisen auf die fehlende institutionelle Anpassung hin, die häufig als Diskriminierung und Ungerechtigkeit wahrgenommen wird (vgl. Westphal et al. 2020).

4. Forschungsmethodologische und forschungsethische Bedarfe einer intersektional reflexiven und diversitätsbewussten Fluchtforschung

Empirisches Arbeiten an der Schnittstelle von Flucht und Behinderung ist hochkomplex, sehr anspruchsvoll, ressourcenaufwendig und bedarf methodologischer Überlegungen sowie einer tiefgehenden Reflexion (→) forschungsethischer Grundsätze. Während methodologische und forschungsethische Überlegungen im jeweiligen Feld (Fluchtforschung und Disability Studies) in den Fachdiskursen sehr präsent sind, sind diese am Schnittpunkt kaum vorhanden (vgl. Korntheuer et al. 2021a; Otten 2020). Im Feld von Behinderung werden Menschen vor allem im Rückgriff auf medizinisch-biologische Modelle der Funktionseinschränkung von individuellen Fähigkeiten (vgl. Santinele Martino/Fudge Schormans 2018) als *vulnerable Gruppen* markiert und diskutiert, im Feld Flucht in Bezug auf Retraumatisierung und instabilen rechtlichen Status. Im Forschungsblick auf *vulnerable* Menschen mit Fluchterfahrung oder mit Behinderungen zeigt sich jedoch eine mangelnde Reflexion der Vielfalt von intersektionalen Inklusions- und Exklusionserfahrungen. Forschungsethisch ist es eine zentrale Frage, wie stereotypisierende und homogenisierende Konstruktionsweisen durch und in Forschung reproduziert oder aber auch überwunden werden könnten (vgl. Otten 2020). Teilhabe an Forschung kann für Geflüchtete und Menschen mit Behinderungen mit besonderen Risiken und Belastungen verbunden sein. Aus forschungsethischer Sicht kann also hinterfragt werden, ob unter diesen Feldbedingungen überhaupt geforscht werden darf, oder das antizipierte Risiko den Nutzen der Forschung überwiegt. Inklusive Forschung entwickelt hier in Abwehr von paternalistischer Haltung und Schutzabsichten eine eindeutige Position (vgl. Korntheuer et al. 2021a). Bei dem Recht auf *Forschungsteilhabe* geht es um das selbstbestimmte Eingehen von damit verbundenen Risiken (vgl. Santinele Martino/Fudge Schormans 2018).

Eingebettet ist diese Argumentation in den derzeit prägenden menschenrechtlichen Inklusionsdiskurs, als Abwehr gegen den Fürsorgegedanken, der als Haltung enttarnt wird, um Exklusion, Diskriminierung, Segregation zu begründen. Innerhalb von Fluchtforschung und Inklusiver Forschung, so die forschungsethischen Diskurse, sollen Forschungsteilnehmer*innen ihre ‚Stimmen' selbstbestimmt einbringen können und so durch den Forschungsprozess Selbstwirksamkeit erleben (vgl. Unger 2018).

Partizipative Forschung ist in Folge als *Lösung* für forschungsethische Bedarfe in komplexen und schwierigen Forschungsfeldern rekonstruierbar (vgl. Otten 2019; Korntheuer et al. 2021a).

Für den Forschungszugang zu Personen, die von mehrfachen Ausschlüssen betroffen sind, werden forschungspraktische Rahmenbedingungen notwendig, die einen hohen Ressourcen- und Flexibilisierungsbedarf mit sich bringen. Qualitätsanforderungen an die *Barrierefreiheit* im weitesten Sinne müssen in den praktischen Rahmenbedingungen der Forschung beachtet werden. Sie betreffen sowohl die Feldvorbereitung, die Erhebungsmethoden als auch die Frage der Kommunikation in der Datenerhebung (z. B. Einsatz von multimodaler Kommunikation) (vgl. Otten 2019; Korntheuer 2020).

5. Forschungsdesiderate

Der Aufstieg des Intersektionalitätsparadigmas in den Sozialwissenschaften, eine stärkere Ausdifferenzierung der Fluchtforschung und nicht zuletzt die Praxiserfordernisse im Bereich der Migrations- und Behindertenarbeit haben zu einer verstärkten forschungs- und praxisbezogenen Auseinandersetzung mit der Intersektion von Flucht und Behinderung geführt. Der Erkenntnisstand zeigt sich jedoch nach wie vor wenig ausdifferenziert. Erste Erkenntnisse zu den erschwerten Lebenssituationen im Globalen Süden und Norden liegen vor, beziehen sich jedoch häufig auf einzelne Gruppen wie Asylbewerber*innen und kleine qualitative Stichproben. Trotz einer deutlichen Zunahme der angewandten Integrationsforschung sind nur in sehr geringem Maße Erkenntnisse zu den spezifischen Integrationsbedingungen vorhanden. Der Schnittpunkt verdeutlicht zudem die Notwendigkeit einer theoretischen Weiterentwicklung der ökonomisch orientierten Integrationskonzepte durch den Inklusionsdiskurs der UN-BRK (vgl. Korntheuer et al. 2021b).

Die Identifizierung von Geflüchteten mit Behinderung und die damit verbundene Erhebung von statistischen Daten ist international und national ein zentraler Bedarf, verweist jedoch zugleich auf ein bedeutendes Spannungsfeld: Wie kann mit den einhergehenden Labeling- und Zuschreibungsprozessen institutioneller Kategorisierungen umgegangen werden? Das Analyseschema der intersektionalen Mehrebenenanalyse (vgl. Winker/Degele 2009) kann hier Möglichkeiten bieten, um neben sozialen Strukturkategorien auch subjektive Identitätskonstruktionen und gesellschaftliche Normierungsprozesse in den Blick zu nehmen. Die methodischen und forschungsethischen Ausformulierungen des sich neu abzeichnenden Feldes müssen als wichtige Desiderate priorisiert werden. Nur so können die Erkenntnisse an der hochkomplexen Intersektion im Sinne guter wissenschaftlicher Praxis und unter Beachtung forschungsethischer Prinzipien vertieft werden.

Literaturverzeichnis

Amirpur, Donja (2016): Migrationsbedingt behindert? Familien im Hilfesystem. Eine intersektionale Perspektive. Bielefeld: transcript.

Bešić, Edvina/Paleczek, Lisa/Rossmann, Peter/Krammer, Mathias/Gasteiger-Klicpera, Barbara (2020): Attitudes towards inclusion of refugee girls with and without disabilities in Austrian primary schools. In: International Journal of Inclusive Education 24 (5), 463–478. https://doi.org/10.1080/13603116.2018.1467976.

Crock, Mary/Saul, Ben/Smith-Khan, Laura/McCallum, Ronald Clive (2017): The legal protection of refugees with disabilities. Forgotten and invisible? Cheltenham: Edward Elgar Publishing.
Duell-Piening, Philippa (2018): Refugee resettlement and the Convention on the Rights of Persons with Disabilities. In: Disability & Society 33 (5), 661–684. https://doi.org/10.1080/09687599.2018.1444582.
Elder, Brent C. (2015): Stories from the Margins: Refugees with Disabilities Rebuilding Lives. In: Societies Without Borders 10 (1), 1–27.
Kleist, Martha/Korntheuer Annette/Lutter, Eva/Westphal, Manuela (2022): Inklusives Resettlement? Aufnahme von Geflüchteten mit Behinderung. In: Delic, Aida/Kourtis, Ioannis/Kytidou, Olga/Sarkodie-Gyan, Sabrina/Wagner, Uta/Zölch, Janina (Hrsg.): Globale Zusammenhänge, lokale Deutungen? Kritische Positionierungen zu wissenschaftlichen und medialen Diskursen im Kontext von Flucht und Asyl. Wiesbaden: Springer VS, 2022.
Köbsell, Swantje (2019): „Disabled asylum seekers? They don´t really exist". Zur Unsichtbarkeit behinderter Flüchtlinge im Hilfesystem und behindertenpolitischen Diskurs. In: Westphal, Manuela/Wansing, Gudrun (Hrsg.): Migration, Flucht und Behinderung. Herausforderungen für Politik, Bildung und psychosoziale Dienste. Wiesbaden: Springer VS, 63–80.
Korntheuer, Annette (2020): Intersektionale Ausschlüsse am Schnittpunkt Flucht und Behinderung. Erste Analysen in der Landeshauptstadt München. In: Zeitschrift für Inklusion (3). https://www.inklusion-online.net/index.php/inklusion-online/article/download/538/414?inline=1, 30.01.2021.
Korntheuer, Annette/Afeworki Abay, Robel/Westphal, Manuela (2021a): Forschen in den Feldern von Flucht und Behinderung. Eine komparative Analyse von forschungsethischen Herausforderungen und notwendigen forschungspraktischen Rahmenbedingungen. In: Franz, Julia/Unterkofler, Ursula (Hrsg.): Forschungsethik in der Sozialen Arbeit. Leverkusen: Barbara Budrich, 229–242.
Korntheuer, Annette/Kleist, Martha/Lutter, Eva/Westphal, Manuela/Hynie, Michaela/Farooqui, Safwathullah (2021b): Inclusive Resettlement? Integration pathways of resettled refugees with disabilities in Germany and Canada. Frontiers in Human Dynamics. https://doi.org/10.3389/fhumd.2021.668264.
Leisering, Britta (2018): Geflüchtete Menschen mit Behinderungen. Handlungsnotwendigkeiten für eine bedarfsgerechte Aufnahme in Deutschland. Berlin: Deutsches Institut für Menschenrechte.
Otten, Matthias (2019): Partizipative Forschung zur Teilhabe von geflüchteten Menschen mit Behinderung. In: Klomann, Verena/Frieters-Reermann, Norbert/Genenger-Stricker, Marianne/Sylla, Nadine (Hrsg.): Forschung im Kontext von Bildung und Migration. Wiesbaden: Springer, 181–194.
Otten, Matthias (2020): Kategorisierung und Repräsentation. Methodologische Grenzerkundungen zur Forschung über Flucht und Behinderung. In: Brehme, David/Fuchs, Petra/Köbsell, Swantje (Hrsg.): Disability Studies im deutschsprachigen Raum. Zwischen Emanzipation und Vereinnahmung. Weinheim: Beltz Juventa, 151–157.
Otten, Matthias/Farrokhzad, Schahrzad/Zuhr, Anna (2018). Flucht und Behinderung als Schnittstellenaufgabe der Sozialen Arbeit. In: Gemeinsam leben 25 (4), 197–206.
Otto, Laura/Kaufmann, Margrit E. (2018): „Minderjährig", „männlich" – „stark"? Bedeutungsaushandlungen der Selbst- und Fremdzuschreibung junger Geflüchteter in Malta: eine intersektionelle Leseweise ethnografischer Forschungsausschnitte. In: GENDER – Zeitschrift für Geschlecht, Kultur und Gesellschaft 10 (2), 63–78.
Pearce, Emma (2015): 'Ask us what we need': Operationalizing Guidance on Disability Inclusion in Refugee and Displaced Persons Programs. In: Disability and the Global South 2 (1), 460–478.
Peterson, Vandana (2014): Understanding Disability under the Convention on the Rights of Persons with Disabilities and Its Impact on International Refugee and Asylum Law. In: Georgia Journal of International and Comparative Law 42, 687–740.
Pisani, Maria/Grech, Shaun (2015): Disability and Forced Migration: Critical Intersectionalities. In: Disability and the Global South 2 (1), 421–441.

Santinele Martino, Alan/Fudge Schormans, Ann (2018): When Good Intentions Backfire: University Research Ethics Review and the Intimate Lives of People Labeled with Intellectual Disabilities. Forum Qualitative Sozialforschung 19 (3). https://doi.org/10.17169/fqs-19.3.3090.

Schülle, Mirjam (2019): Medizinische Versorgung für Menschen mit Behinderungen, die Leistungen nach dem Asylbewerberleistungsgesetz erhalten. In: Westphal, Manuela/ Wansing, Gudrun (Hrsg.): Migration, Flucht und Behinderung. Herausforderungen für Politik, Bildung und psychosoziale Dienste. Wiesbaden: Springer VS, 145–165.

Steiner, Max (o.D.): Umfrage zur Versorgungslage geflüchteter Menschen mit Behinderung in Deutschland innerhalb des deutschen Caritasverbandes. https://www.caritasnet.de/export/sites/dicv/.content/.galleries/downloads/behinderung-inklusion/newsletter/Umfrage_zur_Versorgungslage_gefluechteter_Menschen_mit_Behinderung.pdf, 25.05.2022.

UNHCR (United Nations High Commissioner for Refugees) (Hrsg.) (2018): Resettlement Assessment Tool: Refugees with Disabilities.

UN (United Nations) (o.j.). CRPD Homepage. www.un.org/development/desa/disabilities/convention-on-the-rights-of-persons-with-disabilities.html, 29.01.2021.

Westphal, Manuela/Wansing, Gudrun (2019): Schnittstelle von Migration und Behinderung in Bewegung. In: Westphal, Manuela/Wansing, Gudrun (Hrsg.): Migration, Flucht und Behinderung. Herausforderungen für Politik, Bildung und psychosoziale Dienste. Wiesbaden: Springer VS, 4–23.

Westphal, Manuela/Oluk, Ayse/Ruhland, Ingrid (2020): Verbesserung der Teilhabe von Menschen an der Schnittstelle von Migration und Behinderung in Hessen (MiBeH)Zwischenbericht. Kassel: Hessisches Ministerium für Soziales und Integration/ Universität Kassel.

Winker, Gabriele/Degele, Nina (2009): Intersektionalität. Zur Analyse sozialer Ungleichheiten. Bielefeld: transcript.

Yeo, Rebecca (2019): Disability and Forced Migration. In: Larkin, Rachel/Wroe, Lisa/Reima, Ana (Hrsg.): Social work with refugees, asylum seekers and migrants. Theory and skills for practice. London: Jessica Kingsley Publishers, 77–94.

III.2.6

Familie und Familialität

Philipp Sandermann, Laura Wenzel und Marek Winkel

Abstract Der Beitrag stellt den Forschungsstand zum Thema Familie und Familialität im Kontext der Flucht- und Flüchtlingsforschung dar. Dafür wird der aktuelle Diskussionsstand interdisziplinärer Familienforschung mit dem bisherigen Forschungsstand zum Thema geflüchtete Familien in Deutschland in Abgleich gebracht. Im Ergebnis zeigen wir bisherige Forschungserträge sowie Desiderata, insbesondere mit Blick auf eine heterogenitätssensible Flucht-Familien-Forschung.

Schlüsselbegriffe: Heterogenitätssensible Fluchtforschung, Normalfamilie, Fluchtregime, Transnationalität, Partizipation

1. Einleitung

In Folge der jüngeren Fluchtbewegungen nach Europa seit 2015 rückt das Thema Familialität und Familie zunehmend in den Fokus aktueller Flucht- und Flüchtlingsforschung, zeigt sich aber noch stark fragmentiert. Der vorliegende Beitrag rekonstruiert diese Beschäftigung, indem er in drei Schritten argumentiert. Wir starten mit einer Reflexion zum Konstruktionscharakter der geflüchteten Familie und gleichen diesen mit dem aktuellen Heterogenitätsdiskurs der breiteren Familienforschung ab. Im zweiten Schritt skizzieren wir den bisherigen Forschungsstand zum Thema geflüchteter Familien in Deutschland. Dies geschieht unter Fokussierung der vier Aspekte: familiale Konstellationen, transnationale Familienzusammenhänge, (inter-)subjektives Familialitätserleben und Partizipationsmöglichkeiten. Zuletzt resümieren wir den bisherigen Forschungsstand und skizzieren mögliche Ansätze einer verstärkt reflexiven und heterogenitätssensiblen Flucht-Familien-Forschung.

2. Zum Konstruktionscharakter geflüchteter Familien

„Die geflüchtete Familie" gibt es nicht – sie verdankt ihre vermeintliche Homogenität einer interessegeleiteten Perspektivierung und Abstraktion. Dabei spielt keineswegs nur der Kreis an Personen, die einer geflüchteten Familie für gewöhnlich zugerechnet werden – also Mutter, Vater, Kind(er), Großeltern sowie ggf. weitere Verwandte – eine Rolle. Vielmehr baut die Rede von der geflüchteten Familie ihrerseits auf ordnungs- und sozialpolitischen Diskursen und dort herrschenden Normalitätsverständnissen auf (vgl. Kleist 2018; Westphal et al. 2019). Wo wissenschaftliche Forschung und praktische Arbeit mit geflüchteten Personen diese Diskurse und Normalitätsvorstellungen affirmativ reproduzieren, tragen sie zu einer „Besonderung" (Lingen-Ali/Mecheril 2020: 5) geflüchteter Menschen bei. Ausgehend von nationalstaatlich gerahmten Vorstellungen drohen geflüchtete Familien dann „als Abweichung vom Allgemeinen behandelt" (a.a.O.: 3) und als Sonderfall von Familialität konstruiert zu werden. Flucht- und Flüchtlingsforschung, die sich für Familie und Familialität interessiert, hat sich damit einer doppelten Herausforderung zu stellen. Sie liegt darin, geflüchtete Familien besonders, aber nicht besondernd zu erforschen.

Die breitere, nicht auf den Fluchtkontext bezogene Familienforschung versucht seit einigen Jahren, die Heterogenität familialer Lebensformen angemessen zu berücksichtigen (vgl. u. a. Ecarius 2002; Nave-Herz 2012; Hill/Kopp 2015). Der Fokus liegt hier jüngst auf dem Wechselspiel von Familiendiskursen und Praktiken von Familialität (vgl. Morgan 2011: 67). Eine Betrachtung familialer Lebensformen als diverse, aktiv von ihren Mitgliedern hergestellte Netzwerke ist auch anschlussfähig an Theorieverständnisse des „Doing family" (Jurczyk et al. 2014). Im Kern steht dabei die Beobachtung eines zahlenmäßigen Rückgangs einer gelebten Normalfamilie des 20. Jahrhunderts (vgl. Baumann et al. 2018: 5f.) zugunsten heterogener Familienkonstellationen, wie z. B. von Ein-Eltern-Familien und nicht-ehelichen Lebensgemeinschaften mit Kind(ern). Darüber hinaus leben Personen, die sich als Familie begreifen und/oder von außen als solche wahrgenommen werden, nicht mehr selbstverständlich als geschlossene Gruppe in einer gemeinsamen Wohnung (vgl. Maihofer 2014: 316f.). Als Konsequenz aus diesen empirischen Befunden rahmte bereits der siebte Familienbericht der Bundesregierung moderne Familien als „Verhandlungsfamilien" (BMFSFJ 2006: 256; vgl. auch BMFSFJ 2012: 135). Minimalkonsens ist dabei zumeist ein irgendwie vorliegendes Generationenverhältnis zu Kindern als Teil der Familie.

Reflektiert man das aktuelle Vorgehen der breiteren Familienforschung zur Heterogenität familialer Lebensformen, so ist es naheliegend, *geflüchtete Familien* davon nicht auszunehmen. Hinsichtlich einer möglichen Binnenhomogenität familialer Lebensformen geflüchteter Personen bleibt hingegen zu vermuten, dass diese sich von familialen Lebensformen nicht geflüchteter Personen durch drei Aspekte unterscheiden: Erstens könnten auf der subjektiven Erlebensebene Fluchterfahrungen bestehen, die als familial begriffen und kollektiviert werden (vgl. Bujard et al. 2020: 564). Zweitens dürften in vielen Fällen objektiv erfassbare transnationale Familienverhältnisse vorliegen (→ Transnationalität) (vgl. ebd.). Und drittens ist anzunehmen, dass geflüchtete Personen in ihren familialen Zusammenhängen in besonderer Weise mit Adressierungen und Positionierungen konfrontiert sind, welche durch herrschende Familiendiskurse im Ankommensland geprägt und über das hiesige Fluchtregime samt seiner institutionalisierten Absicherungs- und Unterbringungsregeln (vgl. Riechmann 2017: 377) wirkmächtig werden (vgl. Westphal/Aden 2020: 6). All dies sind jedoch hypothetische Unterstellungen, da Personen mit Fluchterfahrung in der heterogenitätssensiblen Familienforschung bisher nicht ausreichend berücksichtigt worden sind (vgl. Baykara-Krumme 2015).

So beschränken wir uns im Folgenden darauf, den bisherigen Forschungsstand zum Thema Familie und Familialität im Kontext von Flucht zu skizzieren und überall dort kritisch zu kommentieren, wo Engführungen von Familialität auf geflüchtete Normalfamilien erkennbar sind. Auf die sich daraus ergebenden Herausforderungen einer familialitätssensiblen Flucht- und Flüchtlingsforschung werden wir zum Ende des Beitrags zurückkommen.

3. Geflüchtete Familien in Deutschland – der aktuelle Forschungsstand

Der voranschreitenden Flucht- und Flüchtlingsforschung der letzten Jahre ist es zu verdanken, dass sich inzwischen ein grobes Bild der familialen Lebensformen geflüchteter Personen in Deutschland zeichnen lässt. Zugleich ist die hier zu findende Forschung bis dato nur wenig angebunden an den oben skizzierten Stand interdisziplinärer Familienforschung. Neben vereinzelten qualitativen Studien zur Familialität und dem Familiaritätsempfinden geflüchteter Personen (vgl. Heilmann 2020; bezüglich nicht-heteronormativen Verwandtschaftspraktiken siehe Kleiner/Thielen 2020) speist sich der aktuelle Wissensstand zum Thema insbesondere aus quantitativen Erhebungen und Analysen, die auf Grundlage oder in Anlehnung an amtliche Statistiken erstellt wurden, und schließt demgemäß an die dortige Konzentration auf Normalfamilien an.

Mit Bezug auf diese familiale Lebensform geflüchteter Personen liegen daher inzwischen etwas breitere Forschungsergebnisse vor. Dort, wo Daten differenzierend analysiert werden, lassen sich auch Binnenheterogenitäten von geflüchteten Normalfamilien bis hin zu bspw. unverheirateten heterosexuellen Paaren mit Kind(ern) erkennen.

3.1 Welche Familienzusammenhänge geflüchteter Personen in Deutschland lassen sich ausmachen?

Die empirische Erschließung familialer Lebensformen in Deutschland auf Grundlage vorliegender statistischer Daten ist komplex. Das gilt insbesondere für geflüchtete Personen. Dem relativen Anteil geflüchteter Personen in Deutschland, die Teil einer familialen Konstellation sind, kann sich zunächst wie folgt angenähert werden: Im zweiten Halbjahr 2016 hatten 43 % aller volljährigen Geflüchteten in Deutschland mindestens ein Kind. Die durchschnittliche Zahl der Kinder dieser Personen lag bei 2,7 (vgl. Brücker 2017: 6f.). Bedenkt man die Tatsache, dass Personen häufig nicht geschlossen als Familie nach Deutschland flüchten, sondern in transnationalen und zudem ggf. nicht-normalfamilienartigen Konstellationen leben, ist auch die durchschnittliche Anzahl von leiblichen Kindern pro volljähriger geflüchteter Person in Deutschland aufschlussreich. Dieser Wert lag im zweiten Halbjahr 2016 bei 0,75.

Hinsichtlich des Alters von Kindern in geflüchteten Familien geben die Daten des Mikrozensus 2017 Aufschluss. Hier wurden neuzugewanderte Personen aus den derzeitigen Hauptfluchtländern Syrien, Afghanistan, Irak und Eritrea befragt. Bei solchen Personen, die gemeinsam mit leiblichen Kindern in einem Haushalt in Deutschland leben, befinden sich 65,8 % der Kinder in einem Alter von bis zu sechs Jahren, wobei der größte Teil der Kinder das erste Lebensjahr noch nicht vollendet hat. Es kann gefolgert werden, dass viele Kinder im Jahr der Fluchtmigration oder kurz danach geboren wurden (vgl. Bujard et al. 2019: 14). Insgesamt lässt sich somit festhalten, dass ein relevanter Anteil aller nach Deutschland geflüchteten Normalfamilien vergleichsweise jungen Alters ist. Die Haushalte dieser Personen umfassen dabei gemäß der IAB-BAMF-SOEP Befragung aus dem Erhebungsjahr 2017 (→ Operationalisierung) durchschnittlich vier bis fünf Personen, während sich die Varianz zwischen zwei und 13 Personen aufspannt und somit auf durchaus heterogene Konstellationen hinweist (vgl. de Paiva Lareiro 2019: 2).

Hinsichtlich der Haushaltskonstellationen fällt ein sehr hoher Anteil von 91 % aller geflüchteten Minderjährigen auf, die in sog. Normalfamilienhaushalten leben, welche wiederum zu 25 % in Gemeinschaftsunterkünfte eingegliedert sind (→ Wohnen) (vgl. ebd.). Es bleibt zu vermuten, dass diese Häufung sich zumindest auch dem bundesdeutschen Fluchtregime verdankt (vgl. Kleist 2018; Westphal/Aden 2020: 7), da ein relevanter Anteil geflüchteter Normalfamilien in Deutschland über den Weg des sog. Familiennachzugs zustande kommt (vgl. Brücker 2017; Riechmann 2017).

3.2 Welche Rolle spielen transnationale Familienverhältnisse für geflüchtete Personen?

Für die Situation sog. Normalfamilien ist grob rekonstruierbar, dass im Jahr 2017 der überwiegende Teil aller zwischen 2013 und 2017 verheirateten Personen, die aus Syrien, Afghanistan und dem Irak nach Deutschland geflohen waren, gemeinsam mit Ehepartner*innen in Deutschland lebte. 20 % der Männer und 6 % der Frauen waren hingegen mit einer Person außerhalb Deutschlands liiert (vgl. Kraus/Sauer 2019: 6). Im Zusammenhang mit der Feststellung, dass ein Großteil der Eheleute mit Fluchterfahrung Kinder hat und es sich hier somit um Familienkonstellationen handelt, ergibt sich bereits, dass ein relevanter Anteil des beschriebenen Personenkreises transnationale Familienbeziehungen pflegt (vgl. Kraus et al. 2019: 315f.).

2016 hatten 23 % aller in Deutschland lebenden geflüchteten Mütter und Väter mindestens ein minderjähriges Kind im Ausland. Auch 74 % der Mütter und 59 % der Väter von erwachsenen Geflüchteten lebten im Ausland (vgl. Bujard et al. 2019: 16). Subjektorientierte Rekonstruktionen der Perspektiven geflüchteter Personen auf Familie (vgl. ebd.) ergaben zudem, dass weitere Familienmitglieder eine Rolle im Alltag geflüchteter Personen in Deutschland spielen. So gaben 59 % aller Befragten an, näheren Kontakt zu im Durchschnitt 13 weiteren Verwandten zu haben, die wiederum zum großen Teil im Ausland lebten (vgl. ebd.). So lässt sich festhalten, dass transnationale Familienverhältnisse insbesondere unter Einbezug von Konstellationen, die sich nicht in Normalfamilienmodellen erschöpfen, eine gewichtige Rolle für geflüchtete Personen spielen.

3.3 Wie erleben geflüchtete Personen in Deutschland Familialität?

Der Forschungsstand legt nahe, dass Familialität hohe Relevanz für geflüchtete Personen besitzt. So sinkt etwa die allgemeine Lebenszufriedenheit von nach Deutschland geflüchteten Eltern stark, wenn der*die Partner*in und vor allem mindestens ein Kind im Ausland leben (vgl. Gambaro et al. 2018). Dem entsprechen empirische Befunde zur Aufrechterhaltung transnationaler Familialität durch geflüchtete Personen bspw. über mediale (vgl. Kutscher/Kreß 2018; Rothenberger et al. 2019) oder monetäre Kommunikationspraktiken (vgl. Sauer et al. 2018) sowie die Erkenntnis, dass oft auch die Flucht einzelner Personen familial beschlossen und finanziert wird (vgl. Brücker et al. 2016a: 3).

Zum familialen Erleben im Anschluss an die Fluchterfahrung ist bekannt, dass Mütter den neuen Lebensabschnitt in Deutschland vor allem als Chance auf berufliche Emanzipation beschreiben (→ Frauen), während Väter emotionale Belastungen schildern (→ Männer), ihrer zuvor eingenommenen Versorgerrolle aufgrund mangelnder beruflicher Integration nicht weiter gerecht werden zu können (vgl. Brücker et al. 2016b: 37). Seitens der Kinder wird auf Belastungen durch räumliche Enge und ein hohes Verantwortungsempfinden innerhalb der Familie etwa bezüglich behördlicher Angelegenheiten hingewiesen (vgl. Lechner/Huber 2017: 62f.).

Eine weitere subjektive Erlebensebene von Familialität durch geflüchtete Personen zeigt sich im Kontext der kollektiv-familialen Verarbeitung von Fluchterleben und Traumata (vgl. Weine et al. 2004; Kevers et al. 2017). Sofern dabei die Selbst-Definition der Familie quer zur Normalfamiliendefinition des gültigen Rechtssystems im Aufenthaltsland liegt, gefährdet dies das psychische Wohlbefinden relevanter Familienmitglieder zusätzlich, da diese entweder selbst nicht immigrieren dürfen oder nicht in der Lage sind, ihre familialen Bezugspersonen nachziehen zu lassen (vgl. SVR 2017: 42).

3.4 Wie gestaltet sich die Partizipation von geflüchteten Familien?

Im Hinblick auf die Partizipation von geflüchteten Familien in Deutschland liegen erste empirische Einblicke auf verschiedenen Ebenen der Elternbeteiligung vor. Auch diese beschränken sich eng auf Normalfamilien. Hier ist festzuhalten, dass die reine Anzahl an Kontaktpersonen in Deutschland, die Eltern mit Fluchterfahrung haben, nicht signifikant abweicht von der Anzahl an Kontaktpersonen, die Personen mit Fluchterfahrung insgesamt haben. Bei Eltern liegt jedoch eine signifikant höhere Kontaktintensität zu deutschen Bezugspersonen vor (vgl. Brücker et al. 2016c: 89ff.), was auf deren insgesamt bessere Angebundenheit an, aber auch Angewiesenheit auf deutsche Bezugspersonen schließen lässt.

Im Bereich der Bildungsbeteiligung zeigen sich klare Geschlechterunterschiede zwischen Eltern. Falls eine institutionelle Betreuungsmöglichkeit für Kinder verfügbar ist, besuchen 28 % der Mütter und 37 % der Väter mit Fluchterfahrung einen Sprach- und Integrationskurs. Werden die Kinder zu Hause betreut, verändert sich der Wert auf 14 % bzw. 31 % (vgl. Brücker et al. 2018: 45). Fehlende frühpädagogische Unterstützungsmöglichkeiten wirken sich demnach stärker auf die mütterliche als auf die väterliche Bildungsbeteiligung aus. Gleichzeitig lässt sich empirisch feststellen, dass 0–3-jährige Kinder geflüchteter Eltern unterdurchschnittlich häufig frühpädagogische Angebote besuchen (vgl. Gambaro et al. 2019). Die Ergebnisse erster Studien deuten dabei auf spezifische Barrieren für geflüchtete Familien hin (vgl. u. a. Baisch et al. 2017). Diese gilt es weiter in den Blick zu nehmen. Aktuelle Forschungsprojekte untersuchen in diesem Zusammenhang die Zugänglichkeit frühpädagogischer Unterstützungsangebote aus der Perspektive geflüchteter Eltern, bspw. mit dem Fokus auf konkrete Angebotsstrukturen oder auf Vertrauensaufbauprozesse.[1]

---

1 So etwa das mit Mitteln des IRCC Kanada geförderte Forschungsprojekt *Supporting families with refugee experience* an der katholischen Universität Eichstädt-Ingolstadt oder das mit Mitteln des Landes Niedersachsen und der VW-Stiftung geförderte Verbundforschungsprojekt *Integration durch Vertrauen* an der Leuphana Universität Lüneburg.

4. Zusammenfassung und Ausblick

Familie und Familialität im Kontext von Flucht werden zunehmend beforscht. Eine ausgewiesene Flucht-Familienforschung, die an den aktuellen Stand interdisziplinärer Familienforschung anschließt, liegt bis dato allerdings kaum vor. Stattdessen ist ein klarer Fokus auf geflüchtete Normalfamilien erkennbar, der maßgeblich über Sekundäranalysen großer Datensätze (→ Operationalisierung) zustande kommt und nur vereinzelt erweitert wird, wo im Rahmen von – insbesondere (→) qualitativer – empirischer Forschung rekonstruiert wird, wie geflüchtete Personen Familialität subjektiv herstellen und erleben. Umgekehrt ist zu konstatieren, dass sich die interdisziplinäre Familienforschung bis dato erst wenig um eine angemessene Berücksichtigung geflüchteter Personen bemüht hat. Mögliche Gründe dafür könnten in den datenerhebungsstrategischen Herausforderungen liegen, die ein gezielter Zugang zu Untergruppen geflüchteter Personen (wie bspw. Eltern) birgt (→ qualitative Forschung).

Die bereits vorliegenden Ergebnisse fluchtsensibler Familien- und Familialitätsforschung lassen trotz aller bisherigen Limitationen erkennen, dass es gute Gründe für deren Vertiefung gibt. Kenntnisse zu gelebten Familienzusammenhängen einschließlich transnationaler Familienverhältnisse, zum subjektiven Familialitätserleben und zur familialen Partizipation geflüchteter Personen in Deutschland sind gerade auch deshalb heterogenitätssensibel und reflexiv weiterzuentwickeln, weil die Rede von der Familie samt ihrer historisch wechselseitigen Relation zu Prozessen der Nationenbildung auf diskursiver Ebene eine entscheidende Kategorie zum Verständnis von Fluchtregimen darstellt.

So lässt sich insgesamt festhalten, dass es für die Zukunft eines Ausbaus zweier sich im besten Falle produktiv ergänzender Perspektiven bedarf. Es gilt zum einen, eine interdisziplinär fluchtsensiblere Familialitäts- und Familienforschung zu entwickeln, und zum anderen, eine familien- und familialitätssensible Flucht- und Flüchtlingsforschung weiter zu etablieren.

Literaturverzeichnis

Baisch, Benjamin/Lüders, Kilian/Meiner-Teubner, Christiane/Riedel, Birgit/Scholz, Antonia (2017): Flüchtlingskinder in Kindertagesbetreuung. Ergebnisse der DJI-Kita-Befragung „Flüchtlingskinder" zu Rahmenbedingungen und Praxis im Frühjahr 2016. Ergebnisse einer Befragung. München: Deutsches Jugendinstitut.

Baumann, Thomas/Hochgürtel, Tim/Sommer, Bettina (2018): Familien, Lebensformen, Kinder. Auszug aus dem Destatis Datenreport 2018.

Baykara-Krumme, Helen (2015): Migrantenfamilien. In: Hill, Paul/Kopp, Johannes (Hrsg.): Handbuch Familiensoziologie. Wiesbaden: Springer VS, 709–736.

Brücker, Herbert (2017): Familiennachzug. 150.000 bis 180.000 Ehepartner und Kinder von Geflüchteten mit Schutzstatus leben im Ausland. www.iab-forum.de/familiennachzug-150–000-bis-180–000-ehepartner-und-kinder-von-gefluechteten-mit-schutzstatus-leben-im-ausland, 15.11.2020.

Brücker, Herbert/Fendel, Tanja/Kunert, Astrid/Mangold, Ulrike/Siegert, Manuel/Schupp, Jürgen (2016a): Geflüchtete Menschen in Deutschland. Warum sie kommen, was sie mitbringen und welche Erfahrungen sie machen. IAB Kurzbericht 15/2016, Nürnberg: Institut für Arbeitsmarkt- und Berufsforschung.

Brücker, Herbert/Kunert, Astrid/Mangold, Ulrike/Kalusche, Barbara/Siegert, Manuel/Schupp, Jürgen (2016b): Geflüchtete Menschen in Deutschland. Eine qualitative Befragung. IAB-Forschungsbericht 9/2016, Nürnberg: Institut für Arbeitsmarkt- und Berufsforschung der Bundesagentur für Arbeit.

Brücker, Herbert/Rother, Nina/Schupp, Jürgen (2016c): IAB-BAMF-SOEP-Befragung von Geflüchteten. Überblick und erste Ergebnisse. IAB Forschungsbericht 14/2016, Nürnberg: Institut für Arbeitsmarkt- und Berufsforschung der Bundesagentur für Arbeit.

Brücker, Herbert/Rother, Nina/Schupp, Jürgen (2018): IAB-BAMF-SOEP-Befragung von Geflüchteten 2016. Studiendesign, Feldergebnisse sowie Analysen zu schulischer wie beruflicher Qualifikation, Sprachkenntnissen sowie kognitiven Potenzialen, Nürnberg: Bundesamt für Migration und Flüchtlinge.

Bujard, Martin/Diehl, Claudia/Kreyenfeld, Michaela/Spieß, C. Katharina/Wissenschaftlicher Beirat für Familienfragen beim Bundesministerium für Familie, Senioren, Frauen und Jugend (2019): Familien mit Fluchthintergrund. Aktuelle Fakten zu Familienstruktur, Arbeitsmarktbeteiligung und Wohlbefinden. Berlin: Bundesministerium für Familie, Senioren, Frauen und Jugend.

Bujard, Martin/Diehl, Claudia/Kreyenfeld, Michaela/Leyendecker, Birgit/Spieß, C. Katharina (2020): Geflüchtete, Familien und ihre Kinder. Warum der Blick auf die Familien und die Kindertagesbetreuung entscheidend ist. In: Sozialer Fortschritt 69(8/9), 561–577.

Bundesministerium für Familie, Senioren, Frauen und Jugend (Hrsg.) (2006): Familie zwischen Flexibilität und Verlässlichkeit. Perspektiven für eine lebenslaufbezogene Familienpolitik. 7. Familienbericht. Baden-Baden.

Bundesministerium für Familie, Senioren, Frauen und Jugend (Hrsg.) (2012): Zeit für Familie. Familienzeitpolitik als Chance einer nachhaltigen Familienpolitik. 8. Familienbericht. Berlin.

De Paiva Lareiro, Cristina (2019): Kinder und Jugendliche nach der Flucht. Lebenswelten von geflüchteten Familien in Deutschland. BAMF Kurzanalyse 5/2019, Nürnberg: Bundesamt für Migration und Flüchtlinge.

Ecarius, Jutta (2002): Familienerziehung im historischen Wandel. Eine qualitative Studie über Erziehung und Erziehungsfragen von drei Generationen. Opladen: Leske+Budrich.

Gambaro, Ludovica/Kreyenfeld, Michaela/Schacht, Diana/Spieß, C. Katharina (2018): Lebenszufriedenheit von geflüchteten Eltern in Deutschland ist deutlich geringer, wenn ihre Kinder im Ausland leben. DIW Wochenbericht 42, Berlin: Deutsches Institut für Wirtschaftsforschung, 905–916.

Gambaro, Ludovica/Neidhöfer, Guido/Spieß, C. Katharina (2019): Kita-Besuch von Kindern aus nach Deutschland geflüchteten Familien verbessert Integration ihrer Mütter, DIW Wochenbericht 86 (44), Berlin: Deutsches Institut für Wirtschaftsforschung, 805–812.

Heilmann, Katharina (2020): „Ich kann nicht ohne meine Familie". Männlichkeit(en) und Familienbeziehungen im Kontext von Fluchtmigration. Osnabrück: Imis Working Papers 6/2020.

Hill, Paul/Kopp, Johannes (2015) (Hrsg.): Handbuch Familiensoziologie. Wiesbaden: Springer VS.

Jurczyk, Karin/Lange, Andreas/Thiessen, Barbara (2014) (Hrsg.): Doing Family. Warum Familienleben heute nicht mehr selbstverständlich ist. Weinheim: Beltz Juventa, 7–48.

Kevers, Ruth/Rober, Peter/De Haene, Lucia (2017). The role of collective identifications in family processes of post-trauma reconstruction. An exploratory study of Kurdish refugee families and their diasporic community. In: Kurdish Studies 5 (2), 3–29.

Kleiner, Bettina/Thielen, Marc (2020): Kinship trouble? – Eine Exploration zum Zusammenhang von Flucht und queeren Verwandtschaftspraktiken. In: GENDER. Sonderheft 5, 188–203.

Kleist, J. Olaf (2018): The Refugee Regime: Sovereignty, Belonging and the Political of Forced Migration. In: Pott, Andeas/Rass, Christoph/Wolff, Frank (Hrsg.): Was ist ein Migrationsregime? What Is a Migration Regime? Wiesbaden: Springer VS, 167–185.

Kraus, Elisabeth K./Sauer, Lenore (2019): Familienstrukturen im Fluchtkontext. Wie unterscheiden sich Frauen und Männer?. In: Bevölkerungsforschung Aktuell 3/2019, 3–7.

Kraus, Elisabeth K./Sauer, Lenore/Wenzel, Laura (2019): Together or apart? Spousal migration and reunification practices of recent refugees to Germany. In: Journal of Family Research, 3/2019, 303–332.

Kutscher, Nadia/Kreß, Lisa-Marie (2018): The ambivalent potentials of social media use by unaccompanied minor refugees. In: Social media + society 4 (1), 1–10.

Lechner, Claudia/Huber Anna (2017): Ankommen nach der Flucht. Die Sicht begleiteter und unbegleiteter junger Geflüchteter auf ihre Lebenslagen in Deutschland. München: DJI.

Lingen-Ali, Ulrike/Mecheril, Paul (2020). Familie und Migrationsgesellschaft. Zwei Topoi und ihre Verschränkung. In: Ecarius, Jutta, Schierbaum, Anja (Hrsg.): Handbuch Familie. Erziehung, Bildung und pädagogische Arbeitsfelder. Wiesbaden: Springer VS, 1–17.

Maihofer, Andrea (2014): Familiale Lebensformen zwischen Wandel und Persistenz. Eine zeitdiagnostische Zwischenbetrachtung. In: Behnke Cornelia/Lengersdorfer, Diana/Scholz, Sylka (Hrsg.): Wissen – Methode – Geschlecht. Erfassen des fraglos Gegebenen. Wiesbaden: Springer VS, 313–334.

Morgan, David H. J. (2011): Rethinking Family Practices. New York: Palgrave Macmillan.

Nave-Herz, Rosemarie (2012): Familie heute. Wandel der Familienstrukturen und Folgen für die Erziehung. Darmstadt: Primus.

Oelkers, Nina (2012): Familialismus oder die normative Zementierung der Normalfamilie: Herausforderung für die Kinder- und Jugendhilfe. In: Böllert Karin/Peter, Corinna (Hrsg.): Mutter + Vater = Eltern? Sozialer Wandel, Elternrollen und Soziale Arbeit. Wiesbaden: Springer VS, 135–154.

Peter, Corinna (2012): Familie – Worüber sprechen wir überhaupt?. In: Böllert Karin/Peter, Corinna (Hrsg.): Mutter + Vater = Eltern? Sozialer Wandel, Elternrollen und Soziale Arbeit. Wiesbaden: Springer VS, 17–32.

Riechmann, Steffi (2017): Familienzusammenführung im Dublin-System. Überblick über bestehende Möglichkeiten und Probleme. In: Asylmagazin 10 (10/11), 375–380.

Rothenberger, Liane/Elmezenyet, Ahmed/Wimmer, Jeffrey (2019): "YouTube helps us a lot." Media repertoires and social integration of Iraqi and Syrian refugee families in Germany. In: Revue Française des Sciences de l'Information et de la Communication 17. https://journals.openedition.org/rfsic/6857, 05.01.2020.

SVR deutscher Stiftungen für Integration und Migration (2017): Wie gelingt Integration? Asylsuchende über ihre Lebenslagen und Teilhabeperspektiven in Deutschland. Eine Studie des SVR-Forschungsbereichs und der Robert Bosch Stiftung. Berlin: Eigenpublikation.

Sauer, Lenore/Diabaté, Sabine/Gabel, Sabrina/Halfar, Yvonne/Kraus, Elisabeth K./Wenzel, Laura (2018): Doing transnational family im Kontext von Flucht und Krisenmigration. Stand der Forschung. BiB Working Paper 3/2018. Wiesbaden: Bundesinstitut für Bevölkerungsforschung.

Waterstradt, Désirée (2018): Nationsbildung, Macht, Elternschaft. Zum hierarchischen Zusammenhang der Entwicklungsprozesse von Nation und Elternschaft – am Beispiel Deutschlands. In: Jergus, Kerstin/Krüger, Jens Oliver/Roch, Anna (Hrsg.): Elternschaft zwischen Projekt und Projektion. Aktuelle Perspektiven der Elternforschung. Wiesbaden: Springer VS, 31–46.

Weine, Stevan/Muzurovic, Nerina/Kulauzovic, Yasmina/Besic, Sanela/Lezic, Alma/Mujagic, Aida/Muzurovic, Jasmina/Spahovic, Dzemila/Feetham, Suzanne/Ware, Norma/Knafl, Kathleen/Pavkovic, Ivan (2004): Family Consequences of Refugee Trauma. In: Family process 43 (2), 147–160.

Westphal, Manuela/Aden, Samia (2020): Familie, Flucht und Asyl. In: Ecarius, Jutta/Schierbaum, Anja (Hrsg.): Handbuch Familie. Berlin: Springer VS, 1–18.

Westphal, Manuela/Motzek-Öz, Sina/Aden, Samia (2019): Transnational Doing family im Kontext von Fluchtmigration. Konturen eines Forschungsansatzes. In: **Behrensen, Birgit/Westphal, Manuela (Hrsg.): Fluchtmigrationsforschung im Aufbruch. Methodologische und methodische Reflexionen. Wiesbaden: Springer VS**, 251–272.

III.3 Regulierung von Schutz und Mobilität

III.3.1
Asylpolitik

Jana Mayer und Gerald Schneider

Abstract Die Asylpolitik gehört seit den 1980er Jahren zu den besonders umstrittenen Politikfeldern. Die deutsche Politik fluktuiert dabei ähnlich wie jene ihrer Nachbarn zwischen Phasen der verstärkten Aufnahmebereitschaft und der Abschottung. Der Beitrag diskutiert anhand der aktuellen Forschungsliteratur, wie dieser Politikwechsel entsteht und warum regionale Unterschiede in den Anerkennungsquoten eine unmittelbare Folge der unterschiedlichen ideologischen Positionen und divergierender Interessen sind. Abschließend werden Lösungsvorschläge herausgearbeitet, die sich dieser zwischen- wie innerstaatlichen Disparitäten annehmen.

Schlüsselbegriffe: Anerkennungsquoten, regionale Unterschiede, Genfer Flüchtlingskonvention, Abschreckung, externe Effekte

1. Einleitung

Anrecht auf Schutz haben nach der Genfer Flüchtlingskonvention und dem Protokoll über die Rechtsstellung der Flüchtlinge (→ Internationale Abkommen) jene Personen, die aufgrund einer begründeten Furcht vor Verfolgung aus ihrem Heimatstaat geflohen sind. Diese internationalen Übereinkommen sowie die Europäische Menschenrechtskonvention setzen Mindeststandards für die nationalstaatliche Asylpolitik, denen die nationalen Rechtsbestimmungen genügen müssen. So sind die Vertragsstaaten aufgrund dieser globalen Normen dazu verpflichtet, Asylsuchenden Schutz zu gewähren, wenn diese ihre Schutzbedürftigkeit glaubwürdig belegen können (→ Asyl). Temporären Schutz erfahren Schutzsuchende, deren Gesuch die Behörden zwar abgelehnt haben, die aber aufgrund des Grundsatzes des *non refoulement* nicht zur Rückkehr in ein Land gezwungen werden können, in denen die Bevölkerung massiven Verletzungen der Menschenrechte ausgesetzt ist.

Bis in die 1970er und frühen 1980er Jahre waren diese Maßnahmen kaum umstritten, da die Flüchtenden zumeist – so die Wahrnehmung – aus demselben Kulturkreis stammten wie die Mehrheit der einheimischen Bevölkerung oder vor Regimen flüchteten, die im ideologischen Konflikt mit der westlichen Welt standen. Dies änderte sich in den 1980er Jahren und nach dem Ende des Kalten Krieges, als aufgrund von gewaltsamen Konflikten und angesichts offenerer Grenzen deutlich mehr Asylsuchende in den Industrieländern Zuflucht suchten. Zu Beginn dieser ‚Flüchtlingswellen' waren die Bevölkerung und die Regierungen meist liberal und bekundeten zumindest eine gewisse Aufnahmebereitschaft. Doch nach einigen Wochen und Monaten verflog in fast allen westlichen Ländern diese Liberalität, wenn nicht schon zu Beginn die zuständigen Behörden einen Kurs der Abschottung verfolgten und auf die Aufnahmebereitschaft der Nachbarn setzten. So versuchten die meisten Regierungen aufgrund dieses Stimmungswandels die Zahl der Gesuche zu reduzieren, um auf die Furcht der Bevölkerung vor der Konkurrenz auf dem Arbeitsmarkt und diffuse Identitätsängste zu reagieren. Typische Beispiele dafür sind die asylpolitischen Verhärtungen nach dem Empfang von Schutzsuchenden aus dem ehemaligen Jugoslawien Anfang der 1990er Jahre und aus Syrien und anderen Ländern des Mittleren Ostens Mitte der 2010er Jahre.

Dieser wiederholte Wechsel von Offenheit zu Abschottung und Abschreckung bedeutet, dass räumlich wie zeitlich für Flüchtende die Chancen unterschiedlich sind, Schutz zu erhalten. Wenn Staaten einseitig den Zugang zu Asyl erschweren, schaffen sie zudem für andere Länder negative externe Effekte, sodass ein Regulierungswettlauf droht, in dem betroffene Staaten mit einseitigen Maßnahmen die Schutzsuchenden vom eigenen Land in Drittstaaten zu lenken versuchen und so noch härtere Restriktionen von anderen Staaten provozieren, die einem erhöhten Zustrom von Asylsuchenden ausgesetzt sind. Da eine solche Politik den Geist des internationalen (→) Flüchtlingsregimes aushöhlt, versuchen die Mitgliedstaaten des Schengenraumes über die Dubliner Konventionen diese Dynamik zu brechen.

Dieser Beitrag ergründet, wie das Auf und Ab dieser Maßnahmen zu verstehen ist. Dabei diskutieren wir zunächst die Forschung zu den positiven und negativen Anreizen, welche Regierungen in der Asylpolitik setzen können. Als Folgeprobleme identifizieren wir die räumlich wie zeitlich schwankenden Schutzquoten wie auch die Bemühungen um internationale Kooperation. Die Diskussion schließt mit einer Darstellung von Vorschlägen zur Reform der Asylpolitik.

2. Uni- und multilaterale asylpolitische Maßnahmen

Grundsätzlich ist die Asylpolitik Europas seit Mitte der 1980er Jahre in Wellen immer etwas restriktiver geworden (Hatton 2009). Das liberale Asylsystem, das den vietnamesischen ‚Boat People' (→ Bootsflüchtlinge) in vielen westeuropäischen Staaten (→ West-Mitteleuropa) und begrenzt auch in der Bundesrepublik recht unkompliziert Schutz geboten hatte, wurde abgelöst durch strengere Visa-Bedingungen und Richtlinien zur Statusbestimmung. Einige Studien sehen einen kausalen Zusammenhang zwischen dem Ende des Kalten Krieges und einer schwindenden Bereitschaft bei ‚Weststaaten', Flüchtlinge aufzunehmen, da diese keinen strategischen politischen Nutzen mehr hatten (Crisp 2003). Während diese geopolitischen Veränderungen und die mit ihnen verbundenen Bürgerkriege den Migrationsdruck in Westeuropa erhöhten, schufen die Vollendung des Binnenmarktes und die daraus resultierende Reisefreiheit für EU-Bürger die Notwendigkeit für eine länderübergreifende Asylpolitik. Die innenpolitische Antwort auf diese mannigfachen Veränderungen war in Deutschland die Asylreform im Jahr 1992, wonach Anträge von Personen, die aus (→) sicheren Herkunftsländern stammen oder durch sichere Drittstaaten gereist sind, als offensichtlich unbegründet abgewiesen werden (Hailbronner 1994). Gleichzeitig wurde in der EU und einigen Drittstaaten über das Schengen-Dublin-Regime auch versucht, die nationalstaatliche Asylpolitik zu harmonisieren. Das Gemeinsame Europäische Asylsystem (GEAS) ist eine Frucht dieser supranationalen Koordinationsbemühungen.

Die Terrorangriffe vom 11. September 2001 waren Anlass, die Asylpolitik besonders in den USA, aber auch in Europa erneut zu verschärfen. Dieser Entwicklung unterliegt die Annahme, dass Asylsuchende nicht nur eine ökonomische und sozialpolitische Herausforderung darstellen, sondern in gewissen Fällen auch ein Sicherheitsproblem darstellen (Hatton 2020). Viele europäische Staaten haben deshalb schon seit den 1990er Jahren über verringerte Anerkennungsquoten und gekürzte Sozialleistungen versucht, potentielle Asylsuchende vor der Gesuchstellung abzuhalten (Holzer/Schneider 2002).

Die durch den „Arabischen Frühling" hervorgerufenen Fluchtbewegungen führten in vielen Staaten des Schengenraumes und weiteren OECD-Mitgliedern zu weiteren unilateralen Verschärfungen der Asylgesetze, obgleich das Schengen-Dublin-Regelwerk für die meisten europäischen Staaten einen supranationalen Handlungsrahmen für eine koordinierte Asylpolitik der Mitgliedsstaaten vorgibt. Nationale Alleingänge sind auch deshalb möglich, weil die Regierungen über die Verknüpfung der Asylpolitik mit anderen Politikfeldern, wie z. B. Bildung, Arbeit, Sicherheit, Soziales und vor allem Finanzen, positive oder negative Anreize für unilaterale Abschottungsmaßnahmen setzen können (Hummel/Thöne 2016). Die weitgehend ungebrochene asylpolitische Souveränität der Mitgliedstaaten im Schengenraum verstärkt den Einfluss der öffentlichen Meinung in diesem Politikfeld (Hatton 2020). Viele Studien fokussieren dabei den Einfluss von populistischen Parteien, die die wachsende Zahl an Asylsuchenden meist als Mittel zur Wählermaximierung zu nutzen versuchen (Rooduijn/Lange/van der Brug 2014).

Staaten haben verschiedene Steuerungsmittel, um die Zahl der Asylgesuche zu lenken. Zu den Maßnahmen, die mit der Asylpolitik im engeren Sinne verknüpft sind, gehören besonders die Schutzquoten, welche die Summe der neu anerkannten Flüchtlinge und der nur temporär Geschützten als Anteil an allen Schutzentscheidungen in einem bestimmten Zeitraum wiedergibt. Eine umfassende Studie zeigt, dass diese Form von Abschreckung nur begrenzt wirksam ist und dass höhere Anerkennungsquoten, die nur die Asylsuchenden mit gewährtem Flüchtlingsschutz erfassen, die Anzahl der Asylanträge nur leicht ansteigen lassen (Toshkov 2014). Als Effekt des regulativen Flickenteppichs innerhalb der EU schwanken die Anerkennungsraten im Ländervergleich beachtlich. Diese Unterschiede zeigen, dass einige Staaten bewusst diese Quoten senken, um die Hoffnungen potenzieller Asylsuchender niedrig zu halten und sie so auf andere Länder umzulenken. Im europäischen Durchschnitt haben sich die Anerkennungsquoten von einem historischen Hoch von 61 % im Jahr 2016 bis 2018 fast halbiert auf 37 % (EASO 2019), wobei sich diese Zahlen je nach Ausgang des Angriffskrieges Russlands auf die Ukraine massiv verändern können.

In Situationen mit einer hohen Zahl unerledigter Gesuche leidet auch oft die Qualität der Entscheidungen. So wächst der Druck in solchen Extremlagen, die Verfahren zu beschleunigen, ohne aber die Menschenrechte der Asylsuchenden ausreichend zu berücksichtigen (Vedsted-Hansen 1999). Die Abkehr vom Erfordernis der Einzelfallprüfung äußerte sich auf extreme Weise in der Maßnahme Ungarns, Asylsuchenden, die über die serbische Grenze einreisen, pauschal Asyl zu verweigern (Gammeltoft-Hansen/Tan 2017).

Natürlich spielt in der Entscheidung, ein Asylgesuch in einem bestimmten Land einzureichen, nicht nur die Schutzquote eine Rolle. In der sog. Flüchtlingskrise war Deutschland nicht zuletzt deshalb so ein beliebtes Zielland, weil es das wirtschaftlich stärkste Land in der EU ist (Trauner 2016). Eine Studie der Bertelsmann Stiftung zeigt die Varianz der Arbeitsmarktintegration von Flüchtlingen in ausgewählten europäischen Ländern auf. Während Asylsuchende in Schweden (→ Nordeuropa) sofort eine Arbeitserlaubnis erhielten, mussten sie in Großbritannien (→ Vereinigtes Königreich und Irland) mindestens 12 Monate warten, nachdem sie ihren Asylantrag gestellt hatten (Martin 2016). Eng verbunden mit der Arbeitsmarktintegration ist das Erlernen der nationalen Sprache (Cheung/Phillimore 2014). Die europäischen Länder unterscheiden sich auch hinsichtlich der Angebote und Qualität der Sprachkurse. Die existierenden Sprachangebote für Schutzsuchende verstärken durch ihr exklusiv an arbeitsuchende Personen gerichtetes Angebot oft das Risiko, dass gewisse Personengruppen, wie Ungebildete, (→) Frauen und Alte, vom gesellschaftlichen Leben ausgeschlossen bleiben (Morrice et al. 2021, Kosyakova et al. 2021). Ähnliches gilt für die Bedingungen der Unterbringung und Versorgung. So sind Asylsuchende in Schweden oder Deutschland seltener von Obdachlosigkeit betroffen als in Italien oder Griechenland (→ Südeuropa) (Pelzer 2011). Wegen fehlender wirtschaftlicher Integration ist in Deutschland die Situation für Personen mit Schutzstatus oft prekär.

Eine Studie von Hainmueller et al. (2016) verdeutlicht, dass auch die Länge eines Asylverfahrens entscheidend für die wirtschaftliche (→) Integration von Geflüchteten ist und schnelle Entscheidungen die Arbeitslosigkeit unter den subsidiär Geschützten reduzieren. Mehrere Studien haben sich mit den Unterschieden in der Krankenversicherung für Geflüchtete beschäftigt (Günther et al. 2021). In (→) Kommunen oder (→) Bundesländern mit restriktiver Asylpolitik müssen Asylsuchende eine Bescheinigung der Ausländer- oder Sozialbehörde erhalten, bevor sie medizinische Hilfe ersuchen können (→ Gesundheit). In progressiveren Bundesländern hingegen erhalten alle Flüchtenden eine Krankenversicherungskarte, mit der sie wie deutsche Versicherte Ärzte aufsuchen können (Günther et al. 2021).

2.1 Wirkung der Maßnahmen

Die asylpolitische Abschreckungspolitik ist nicht nur aus humanitärer Sicht höchst umstritten, es ist auch aus theoretischer Sicht nicht klar, welche Effekte kurz- und langfristig auftreten (Holzer/Schneider 2002). Holland/Peters (2020) argumentieren, dass asylpolitische Veränderungen nicht den Grund darstellen, warum Menschen aus ihrem Heimatland fliehen, sehr wohl aber einen Einfluss auf den Zeitplan der Flucht haben. Sie sind der Meinung, dass die *push-Faktoren*, also Gewalt und Armut, der Auslöser für Fluchtmigration sind. Jedoch finden sie Indizien dafür, dass Menschen, die zunehmend (→) Gewalt und Armut erfahren, empfänglicher für Informationen über asylpolitische Veränderungen sind. So veranlassten Nachrichten, dass ein Land Flüchtlinge willkommen heißt, viele Menschen auf einmal dazu, ihre Flucht sofort anzutreten. Restriktive Maßnahmen auf der anderen Seite würden also temporär einen Abschreckungseffekt haben, jedoch auf lange Sicht keine Reduzierung der Asylanträge bewirken.

Zu einem ähnlichen Ergebnis kommen Tjaden/Heidland (2021). Sie untersuchen die Effekte des sogenannten „Merkel Mythos", indem sie unterschiedliche Daten zu Migrationsbewegungen nach Deutschland im Jahr 2015 (als die deutsche Asylpolitik liberal war) mit 2016 (als sie plötzlich als Reaktion auf die Kritik und Überforderung restriktiv wurde) und mit anderen europäischen Ländern vergleichen. Sie kommen zu dem Schluss, dass einladende asylpolitische Maßnahmen, wenn überhaupt, eine kurzfristige Wirkung haben, die jedoch neben den strukturellen Ursachen in den Herkunftsländern der Asylsuchenden fast zu vernachlässigen sind. Eine Nachwirkung der „Politik der offenen Grenzen" in einer Zeit, als die Asylpolitik wieder restriktiver wurde, können die Autoren nicht feststellen.

Einige Studien zeigen, dass die Einschränkung von Sozialleistungen nicht die stärkste abschreckende Wirkung hat, aber dennoch für Variationen bei Asylanträgen verantwortlich ist (Hatton 2009), während andere keinen Einfluss auf die Zahl der Asylanträge sehen (Diop-Christensen/Diop 2021).

2.2 Gründe für asylpolitische Unterschiede

Neben der Wirkung von asylpolitischen Maßnahmen stellt sich die Frage nach der Ursache für die inter- und intra-staatlichen Unterschiede. Das GEAS und insbesondere die Dublin-Verordnung sehen vor, dass Asylsuchende ihren Antrag dort stellen, wo sie die EU zum ersten Mal betreten. Da es für viele Flüchtende kaum möglich ist, die EU über den Luftweg zu erreichen, führt dieses System zu einer ungleichen Lastenverteilung (Trauner 2016). Die Mitgliedsstaaten, die an den EU-Außengrenzen liegen, sind folglich überproportional von einer abrupt wachsenden Anzahl an Asylgesuchen betroffen. Da diese Staaten zusätzlich eher zu den schwachen Volkswirtschaften in der Union gehören, haben sie ein Interesse an einer gleichmäßigen Verteilung der Asylsuchenden in ganz Europa. Folglich ist ihre Asylpolitik im Allgemeinen restriktiv, in der Hoffnung, dass ein großer Anteil in andere europäische Länder abwandert.

Auf einen restriktiven Kurs sind mittlerweile auch Länder wie Deutschland und Schweden umgeschwenkt, die 2015 zunächst noch ihre Grenzen offenhielten. Die deutsche Bevölkerung hieß den Kurs der Regierung Merkel solange gut, bis sie die gesellschaftlichen Kosten der sog. Flüchtlingskrise als zu groß einschätzte (Reiners/Tekin 2020). Studien bestätigen, dass die Bedeutsamkeit des Migrationsthemas in der öffentlichen Meinung mitverantwortlich für restriktivere Asylpolitik (Butz/Kehrberg 2019) und härtere Richterentscheidungen bei Berufungsklagen (Spirig 2022) ist. Demnach ist es nicht verwunderlich, dass in wirtschaftlich schwächeren (Neumayer 2005) und konservativeren Ländern (Meyer et al. 2021) von vornherein eine geringere Aufnahmebereitschaft herrscht. Da die Staaten relativ einfach das Schengen-Regime außer Kraft setzen können und entweder Grenzen schließen oder Geflüchtete unregistriert weiterziehen lassen konnten, kam es zu keiner supranationalen Lösung.

Da die Wiederbelebung des Schengen-Dublin-Regimes im Innern der „Festung Europa" weitgehend scheiterte, versucht die EU ihre Asylpolitik zu externalisieren (Schimmelfennig 2018). Sie setzt dementsprechend auf mehr Abschreckung, indem sie das Budget und Personal für Frontex erhöht, und auf bilaterale Abkommen z. B. mit der Türkei oder Libyen, um Asylsuchende außerhalb der EU-Grenzen zu halten (→ Externalisierung).

Für Niemann/Zaun (2018) ist das EU-Türkei-Abkommen von 2016 sinnbildlich für das Scheitern einer EU-internen Lösung. Das Abkommen besagt, dass alle Schutzsuchenden, die irregulär nach Griechenland einreisen, in die Türkei abgeschoben werden. Zudem wird für jede syrische Person, die in die Türkei zurückkehrt, eine besonders schutzbedürftige aus der Türkei in die EU umverteilt. Aufgrund des umstrittenen Vertrags hat sich die Zahl der Flüchtenden, die Griechenland über die Türkei erreichen, stark reduziert, und die Zahl der registrierten Toten auf dem ägäischen Meer ist um 94 % gesunken (Niemann/Zaun 2018). Diesen Erfolg erkaufte sich die EU aber gleichzeitig mit der Schließung der Westbalkanroute und schlechteren Bedingungen für Geflüchtete in Griechenland.

2.3 Ausblick und Verbesserungsvorschläge

Für die Weiterentwicklung der europäischen Asylpolitik sind zwei Szenarien denkbar. Es könnte zu einem regulativen Unterbietungswettlauf kommen, bei dem jedes Land versucht, so unattraktiv wie möglich für Asylsuchende zu werden. Ein Gegenmodell prognostiziert, dass die EU es schaffen wird, ihre nationalen Maßnahmen zu vereinheitlichen und eine europäische Asylpolitik festzulegen, die der liberalen Grundidee der Union entspricht.

Vor der letzten großen Fluchtbewegung um 2015 herrschte vorsichtiger Optimismus, dass das zweite Szenario eintreten würde und es zu einer schrittweisen Harmonisierung der asylpolitischen Praktiken und Standards kommt (Toshkov/Haan 2013). Aktuellere Studien betonen aber wieder mehr die bestehenden Unterschiede in den Standards, nicht nur zwischen den Staaten, sondern sogar innerhalb von Ländern (Riedel/Schneider 2017, Schneider et al. 2020). Wie sich der Zustrom von Flüchtenden aus der Ukraine und Russland auf die europäische Asylpolitik auswirken wird, ist noch unbekannt.

Vorschläge, die europäische Asylpolitik zu reformieren, betonen meist die Notwendigkeit von mehr Solidarität innerhalb der EU. Nur bei einer gerechteren Lastenverteilung mindert sich der Anreiz, das eigene Land möglichst unattraktiv zu machen. Eine Supranationalisierung der Asylpolitik wäre ein möglicher Weg (Schimmelfennig 2018). Gleichzeitig ist es wichtig, dass der Vollzug der nationalen Asylpolitiken sich angleicht und Asylsuchende mit ähnlichen Fluchtgründen eine ähnlich große Chance besitzen, Schutz zu erhalten, unabhängig davon, welches Schengen-Mitglied für das einzelne Asylgesuch verantwortlich ist. Weiter gibt es den Vorschlag, durch Investitionen in die Integration von Flüchtlingen, die volkswirtschaftlichen Kosten, die deren Aufnahme bereitet, möglichst schnell in einen Nutzen umzuwandeln. Das ist besonders relevant für Länder, die aufgrund ihres demographischen Wandels einen Fachkräftemangel erleben. In eine ähnliche Richtung geht der Vorschlag, legale Immigration in die EU zu vereinfachen. Die Hoffnung ist, dass dadurch weniger Menschen in der Ermangelung von Migrationsalternativen Asyl beantragen (Hassan 2000).

3. Fazit

In der Asylpolitik in der EU zeigt sich ein typisches Problem des kollektiven Handelns: Auch wenn Staaten sich selbst zum Schutz des globalen Asylregimes verpflichtet haben, besitzen sie Anreize, sich ihrer Verantwortung zu entziehen und als ‚Trittbrettfahrer' die liberale Politik anderer Staaten auf diesem Gebiet auszunutzen. Deshalb besteht die Gefahr, dass sich Staaten bezüglich Anerkennungsquoten und Sozialleistungen gegenseitig unterbieten, um Asylsuchende indirekt auf andere Länder zu verteilen. Ob diese Strategie langfristig zu einer Reduktion der Asylanträge führt, ist jedoch fraglich. Deshalb setzt die EU zusätzlich auf eine Externalisierung ihrer Asylpolitik, indem sie Abkommen mit Drittstaaten eingeht. Diese Politik verlagert das Problem vor die Außengrenzen der Union und ist aus humanitärer Sicht bedenklich, da dort selbst die Mindeststandards für die Unterbringung von Geflüchteten, die innerhalb der EU gelten, noch unterboten werden.

Die bis zum Krieg Russlands gegen die Ukraine deutlich gesunkene Anzahl an neuen Asylanträgen ließ die Krise der Flüchtlingspolitik in der öffentlichen Wahrnehmung etwas in den Hintergrund treten. Dies hätte eine Chance sein können, den Unterbietungswettlauf der europäischen Staaten zu stoppen und die notwendigen Reformen in Angriff zu nehmen. Forschung zu den Ursachen der unterschiedlichen Standards innerhalb Deutschlands zeigt, dass parteipolitisch progressive Regierungen oft den liberalen Anspruch des globalen (→) Flüchtlingsregimes in die Tat umsetzen (Meyer et al. 2021, Günther et al. 2021, Schneider et al. 2020). Diese Offenheit gegenüber Geflüchteten ist jedoch oft nur temporär. Während Kommunen mit einer schnell wachsenden Anzahl an neuen Schutzbedürftigen administrativ und finanziell oft an ihre Grenzen stoßen, diffamieren Rechtsparteien in solchen Krisensituationen in ihren Wahlkämpfen oft als „Wirtschaftsflüchtlinge" oder „Sozialtouristen". Da Menschen weiterhin vor Krieg und Verfolgung fliehen, und auch andere Migrationsgründe wie etwa Armut oder Klimawandel nicht verschwinden werden, wären längerfristige Lösungen der wiederkehrenden Herausforderungen notwendig.

Ob und wie die notwendige Reform der europäischen Asylpolitik gelingen wird, bleibt angesichts der äußerst unterschiedlichen Positionen der EU-Mitgliedstaaten allerdings ungewiss. Forschung zu den gravierenden Unterschieden in der Umsetzung der gemeinsamen Regeln bleibt solange relevant, bis Asylsuchende während der Verfahren europaweit menschenwürdig behandelt werden und bis ähnliche Gesuche eine vergleichbare Erfolgschance haben.

Literaturverzeichnis

Butz, Adam M./Kehrberg, Jason E. (2019): Anti-Immigrant Sentiment and the Adoption of State Immigration Policy. In: Policy Studies Journal 47, 605–623.
Cheung, Sin Yi/Phillimore, Jenny (2014): Refugees, Social Capital, and Labour Market Integration in the UK. In: Sociology 48, 518–536.
Crisp, Jeff (2003): Refugees and the global politics of asylum. In: The Political Quarterly 74, 75–87.
Diop-Christensen, Anna/Diop, Lanciné Eric (2021): What do asylum seekers prioritise—safety or welfare benefits? The influence of policies on asylum flows to the EU15 countries. In: Journal of Refugee Studies 35 (2), 849–873.
EASO (2019): Annual Report on the Situation of Asylum in the European Union 2018.
Gammeltoft-Hansen, Thomas/Tan, Nikolas F. (2017): The end of the deterrence paradigm? Future directions for global refugee policy. In: Journal on Migration and Human Security 5, 28–56.
Günther, Wolfgang/Kurrek, Dennis/ Töller, Annette Elisabeth (2021): The impact of partisan politics on migration policies: the case of healthcare provision for refugees by German states. In: Comparative Migration Studies 9, https://doi.org/10.1186/s40878-021-00240-6.
Hailbronner, Kay (1994): Die rechtliche Stellung der De-facto-Flüchtlinge in den EG-Mitgliedstaaten. In: Heinelt, Hubert (Hrsg.): Zuwanderungspolitik in Europa: Nationale Politiken, Gemeinsamkeiten und Unterschiede. Opladen: Leske + Budrich, 80–106.
Hainmueller, Jens/Hangartner, Dominik/Lawrence, Duncan (2016): When lives are put on hold. Lengthy asylum processes decrease employment among refugees. In: Science Advances 2, https://doi.org/10.1126/sciadv.1600432.
Hassan, Lisa (2000): Deterrence Measures and the Preservation of Asylum in the United Kingdom and United States. In: Journal of Refugee Studies 13, 184–204.
Hatton, Timothy J. (2009): The Rise and Fall of Asylum: What Happened and Why? In: The Economic Journal 119, F183–F213.
Hatton, Timothy J. (2020): Asylum Migration to the Developed World: Persecution, Incentives, and Policy. In: Journal of Economic Perspectives 34, 75–93.
Holland, Alisha C./Peters, Margaret E. (2020): Explaining Migration Timing: Political Information and Opportunities. In: International Organization 74, 560–583.

Holzer, Thomas/Schneider, Gerald (2002): Asylpolitik auf Abwegen. Nationalstaatliche und europäische Reaktionen auf die Globalisierung der Flüchtlingsströme. Opladen: Leske+Budrich.

Hummel, Caroline-Antonia/Thöne, Michael (2016): Finanzierung der Flüchtlingspolitik: Für eine ausgewogene Finanzierung der Flüchtlingsleistungen bei Bund, Ländern und Kommunen. Köln: FiFo.

Kosyakova, Yuliya/Gundacker, Lidwina/Salikutluk, Zerrin/Trübswetter, Parvati (2021): Arbeitsmarktintegration in Deutschland: Geflüchtete Frauen müssen viele Hindernisse überwinden. IAB-Kurzbericht 08/2021, Nürnberg: IAB.

Martin, Ivan (2016): From refugees to workers: mapping labour-market integration support measures for asylum seekers and refugees in EU member states: Bertelsmann Stiftung. https://doi.org/10.11586/2016003

Meyer, Daniel/Philipp, Jonas/Wenzelburger, Georg (2021): Die Migrationspolitik der deutschen Länder. In: Zeitschrift für Vergleichende Politikwissenschaft,15, 1–38.

Morrice, Linda/Tip, Linda K./Collyer, Michael/Brown, Rupert (2021): 'You can't have a good integration when you don't have a good communication': English-language Learning Among Resettled Refugees in England. In: Journal of Refugee Studies 34, 681–699.

Neumayer, Eric (2005): Asylum recognition rates in Western Europe: Their determinants, variation, and lack of convergence. In: Journal of conflict resolution 49, 43–66.

Niemann, Arne/Zaun, Natascha (2018): EU Refugee Policies and Politics in Times of Crisis: Theoretical and Empirical Perspectives. In: JCMS: Journal of Common Market Studies 56, 3–22.

Pelzer, Marei (2011): Unsolidarisches Europa. Das Asylzuständigkeitssystem „Dublin II" untergräbt den europäischen Flüchtlingsschutz. In: Kritische Justiz 44, 262–271.

Reiners, Wulf/Tekin, Funda (2020): Taking Refuge in Leadership? Facilitators and Constraints of Germany's Influence in EU Migration Policy and EU-Turkey Affairs during the Refugee Crisis (2015–2016). In: German Politics 29, 115–130.

Riedel, Lisa/Schneider, Gerald (2017): Dezentraler Asylvollzug diskriminiert: Anerkennungsquoten von Flüchtlingen im bundesdeutschen Vergleich, 2010–2015. In: Politische Vierteljahresschrift 58, 23–50.

Rooduijn, Matthijs/Lange, Sarah L. de/van der Brug, Wouter (2014): A populist Zeitgeist? Programmatic contagion by populist parties in Western Europe. In: Party Politics 20, 563–575.

Schimmelfennig, Frank (2018): European integration (theory) in times of crisis. A comparison of the euro and Schengen crises. In: Journal of European Public Policy 25, 969–989.

Schneider, Gerald/Segadlo, Nadine/Leue, Miriam (2020): Forty-Eight Shades of Germany. Positive and Negative Discrimination in Federal Asylum Decision Making. In: German Politics 29, 564–581.

Spirig, Judith (2021): When Issue Salience Affects Adjudication: Evidence from Swiss Asylum Appeal Decisions. In: American Journal of Political Science. https://doi.org/10.1111/ajps.12612.

Tjaden, Jasper Dag/Heidland, Tobias (2021): Does welcoming refugees attract more migrants? The myth of the "Merkel effect". Kiel Working Paper 2194, Kiel: IFW.

Toshkov, Dimiter/de Haan, Laura (2013): The Europeanization of asylum policy: an assessment of the EU impact on asylum applications and recognitions rates. In: Journal of European Public Policy 20, 661–683.

Toshkov, Dimiter Doychinov (2014): The dynamic relationship between asylum applications and recognition rates in Europe (1987–2010). In: European Union Politics 15, 192–214.

Trauner, Florian (2016): Asylum policy: the EU's 'crises' and the looming policy regime failure. In: Journal of European Integration 38, 311–325.

III.3.2
Resettlement

Natalie Welfens

Abstract Resettlement und ähnliche Instrumente der aktiven Flüchtlingsaufnahme ermöglichen ausgewählten Gruppen oder Individuen auf sichere und legale Weise aus einem Erstzufluchtsland in ein anderes Land zu gelangen, das ihnen temporären oder dauerhaften Schutz gewährt. Obwohl auf diese Weise nur eine vergleichsweise kleine Zahl von Flüchtlingen Zugang zu Schutz erhält, bilden Resettlement und ähnliche Flüchtlingsaufnahmeprogramme als (potentiell) dauerhafte Lösungen und Instrumente der internationalen Verantwortungsteilung eine wichtige Säule des globalen Flüchtlingsregimes. Dieser Beitrag skizziert die Grundelemente von Resettlement als Schutzinstrument sowie wissenschaftliche Debatten rund um Auswahlkriterien, Motivationen von Aufnahmestaaten sowie die Situation und Perspektive von Resettlementflüchtlingen im Aufnahmeprozess.

Schlüsselbegriffe: Resettlement, komplementäre Zugangswege, aktive Flüchtlingsaufnahme, Vulnerabilität, Schutzbedarf

1. Einleitung: Was ist Resettlement?

Resettlement (dt. Neuansiedlung) bezeichnet Verfahren, bei denen Staaten aktiv einer bestimmten Anzahl besonders schutzbedürftiger Flüchtlinge aus Erstaufnahmeländern sicheren und legalen Zugang sowie temporären oder dauerhaften Schutz gewähren (vgl. UNHCR 2011: 3). Die Aufnahmen werden in der Regel in Kooperation mit dem Büro des Hohen Flüchtlingskommissars der Vereinten Nationen (UNHCR) durchgeführt und sollen Flüchtlingen, die sich im Erstaufnahmeland in besonders prekären Situationen ohne Alternativen befinden, eine langfristige Perspektive bieten. Resettlement ist neben dem individuellen Recht auf (→) Asyl eine weitere, komplementäre Säule des Flüchtlingsschutzes.

In den vergangenen Jahren hat sich Resettlement sowohl als Instrument als auch bezüglich der Aufnahmeländer stark diversifiziert. Lange Zeit war deren Zahl überschaubar. Vor allem die USA, Kanada (→ Nordamerika) und (→) Australien, und in Europa die Niederlande, Schweden, Dänemark und Finnland (→ Nordeuropa) galten als „traditionelle Resettlementstaaten" (van Selm 2003). Inzwischen nimmt eine weitaus größere Anzahl von Staaten Flüchtlinge aktiv aus Erstzufluchtsländern auf (Garnier et al. 2018a). Insbesondere das Interesse europäischer Staaten an Resettlement ist in den letzten Jahren gewachsen (Beirens/Fratzke 2017) und wurde unter anderem durch engere Kooperation auf EU-Ebene sowie einen Vorstoß zu einem gemeinsamen EU-Resettlementrahmen vorangetrieben (Bamberg 2018; Popp 2018).

Auch die Instrumente, über die Staaten Flüchtlinge aufnehmen, haben sich in den letzten Jahren ausgeweitet. In Wissenschaft und Praxis wird Resettlement oftmals als Sammelbegriff für Resettlement und andere komplementäre Zugangswege (engl. „Complementary Pathways") genutzt. Komplementäre Zugangswege wie zum Beispiel humanitäre Aufnahmen, Sponsorship-Programme oder berufliche Aufnahmeprogramme für Flüchtlinge ähneln Resettlement, können neben humanitären aber auch andere Ziele verfolgen und bieten oftmals (zunächst) nur temporären Schutz (Endres de Oliveira 2020). Die Gesamtheit aller Aufnahmepolitiken und -programme lässt sich unter dem Begriff aktive Flüchtlingsaufnahmepolitiken (AFAP) zusammenfassen. Das Konzept umfasst alle „Instrumente, die es Schutzbedürftigen ermöglichen, auf sicherer und geregelter Weise in einen Zielstaat einzureisen" (Welfens et al. 2019).

Im Gegensatz zum individuellen, territorialen Asylrecht sind Resettlement und andere Formen der aktiven Flüchtlingsaufnahme lediglich humanitäre Politiken, die im Ermessen der Aufnahmestaaten liegen (Garnier et al. 2018). Konkret bedeutet dies, dass Aufnahmestaaten frei entscheiden können, *ob* sie aktiv Flüchtlinge aufnehmen, aus welchem Land und nach welchen Kriterien sie auswählen und wie sie Auswahlkriterien in der Praxis umsetzen. Aufnahmestaaten müssen ihre Auswahlpraxis und Entscheidungen gegenüber Flüchtlingen oder anderen Akteur*innen nicht rechtfertigen und abgelehnte Flüchtlinge haben keine Möglichkeiten, eine Entscheidung juristisch anzufechten (de Boer/Zieck 2020).

Da es sich bei Resettlement um ein zusätzliches, auf Freiwilligkeit beruhendes Schutzinstrument und nicht um ein Recht handelt, ist der Zugang beschränkt: weniger als ein Prozent der vom UNHCR als Flüchtlinge klassifizierten Personen wird jährlich über Resettlement aufgenommen und nur ein kleiner Teil des von UNHCR jährlich ermittelten Resettlementbedarfs gedeckt. Beispielsweise hatten 2019 laut UNHCR rund 1,4 Millionen Flüchtlinge weltweit einen Resettlementbedarf, aber nur etwa 64.000 wurden aufgenommen – eine Diskrepanz, die sich in den letzten Jahren unter anderem durch Reisebeschränkungen in Folge der Covid-19-Pandemie noch verstärkt hat (UNHCR 2022).

Trotz der vergleichsweise geringen Zahlen ist Resettlement ein wichtiges Instrument im globalen Flüchtlingsregime. UNHCR bezeichnet Resettlement, nebst Integration und freiwilliger Rückkehr, als ‚durable solution', d.h. als ein Instrument, das eine dauerhafte Lösung für Flüchtlingssituationen bietet (UNHCR 2011). Über den Nutzen für den oder die Einzelne*n hinaus, sollen Resettlementprogramme einen Beitrag zur internationalen Verantwortungsteilung leisten und Erstzufluchtsländer entlasten. Damit verbunden ist die Idee, dass Resettlement und ähnliche Programme einen ‚strategischen Nutzen' (engl. ‚strategic use') für den globalen Flüchtlingsschutz entfalten (UNHCR 2003). Das Bestreben ist, dass auch die Aufnahme vergleichsweiser kleiner Kontingente Erstaufnahmeländern Solidarität signalisiert und einen Anreiz für diese Länder schafft, ihre Grenzen für weitere Schutzsuchende offen zu lassen und/oder die im Erstzufluchtsland verbleibenden Flüchtlinge besser zu versorgen. Bestehende Studien weisen jedoch auch darauf hin, dass der Begriff des strategischen Nutzens in Programmen oft unzureichend operationalisiert wird und somit schwammig bleibt und Aufnahmekontingente signifikanter sein müssten, um eine positive Wirkung in Erstaufnahmeregionen zu entfalten (van Selm 2013; Scheider 2020).

Von einzelnen Aufnahmestaaten sowie der Europäischen Kommission wird der Begriff des strategischen Nutzens jedoch auch verwendet, um die Vorteile aktiver Flüchtlingsaufnahme für die Steuerung von Migration zu unterstreichen (van Selm 2003; Welfens 2021). Konkret bedeutet dies zum Beispiel, dass Staaten Flüchtlinge primär aus Ländern aufnehmen, die einerseits einen hohen Resettlementbedarf haben und andererseits für die Kontrolle und Beschränkung irregulärer Migration von Bedeutung sind. Den Aufnahmeprogrammen aus der Türkei im Rahmen der EU-Türkei-Erklärung vom März 2016 im Tausch gegen verstärkte Grenzkontrollen und Kooperation bei Rückführungen liegt eben jener Gedanke zugrunde. Auch der Vorschlag der Europäischen Kommission für einen gemeinsamen Resettlement-Rahmen sieht Aufnahmen vor allem aus den Ländern vor, die bei der Migrationskontrolle (→ Grenzen) und (→) Rückführungen mit der EU kooperieren (Bamberg 2017).

Resettlement als Instrument des Migrationsmanagements kann auch eine Strategie beschreiben, bei der Staaten irreguläre Ankünfte Schutzsuchender vollends unterbinden und vermeintlich durch aktive Flüchtlingsaufnahme ersetzen wollen. Als bekanntestes Beispiel dafür gilt das sogenannte ‚Australische Modell'. In dessen Logik gelten Resettlementflüchtlinge als die genuin schutzbedürftigen und -berechtigten Personen, während Asylsuchende als „queue jumper" – also Flüchtlinge, die sich an der metaphorischen Schlange der Resettlementflüchtlinge vorbeidrängeln – diffamiert werden und ihre Internierung in Off-Shore-Lagern diskursiv legitimiert wird (Garnier 2014; O'Sullivan 2016). Für das Argument politischer Entscheidungsträger*innen, aktive Flüchtlingsaufnahmen würden irreguläre Migration reduzieren, gibt es jedoch bislang keine wissenschaftliche Evidenz (vgl. Hashimoto 2018).

Die unterschiedlichen Sichtweisen auf den strategischen Nutzen aktiver Flüchtlingsaufnahmen verdeutlichen das politische Spannungsfeld, in dem diese als Schutzinstrumente verhandelt werden. Auf der einen Seite sind sie ein zentrales humanitäres Instrument zur Schaffung sicherer Zugangswege für vulnerable Flüchtlinge. Auf der anderen Seite bieten solche Programme Aufnahmestaaten die Möglichkeit, die Mobilität von Schutzsuchenden stärker zu regulieren und zu kontrollieren und Resettlement in den Dienst der Migrationskontrolle zu stellen. Dieses Spannungsfeld prägt unter anderem auch die Frage, welche Gruppen und Personen über Resettlement aufgenommen werden und welche Motive Staaten für die Einführung aktiver Flüchtlingsaufnahmeprogramme haben.

2. Zielgruppen, Auswahlkriterien und -praxis

Seit seiner Entstehung hat sich Resettlement als Schutzinstrument gewandelt. Die Anfänge des Resettlements gehen auf Fridtjof Nansen, damals Hochkommissar für Flüchtlinge des Völkerbundes, zurück. Ihm gelang nach dem Ersten Weltkrieg die Umsiedlung von rund 20.000 geflüchteten Mitgliedern der Weißen Armee auf 44 aufnahmebereite Länder (Kleist 2016). Nach dem Zweiten Weltkrieg wurde Resettlement von der International Refugee Organization IRO (1947–50) zudem genutzt, um durch eine Umverteilung von Flüchtlingen den Mangel an Arbeitskräften auszugleichen und eine Million ehemaliger KZ-Häftlinge, Kriegsgefangener und Zwangsarbeiter*innen aus dem besiegten NS-Deutschland umzusiedeln (Chimni 2004). Seit den 1990er Jahren gilt Resettlement aus Sicht des UNHCR als Schutzinstrument für besonders schutzbedürftige bzw. die schutzbedürftigsten (engl. „the most vulnerable") Flüchtlinge, die sich in einer besonders prekären Situation im Erstaufnahmeland befinden und deren humanitäre Bedürfnisse vor Ort nicht adressiert werden können (Kneebone/Macklin 2021).

Um dieses Bestreben umzusetzen, setzt sich der UNHCR (2011: 243) für eine Reihe von Aufnahmekriterien ein und gibt an, diese in seiner Vorauswahl in Erstzufluchtsländern zu berücksichtigen. Als Zielgruppen für Resettlement gelten dem UNHCR zufolge insbesondere: Personen mit besonderem rechtlichen, physischen oder medizinischen Schutzbedarfen; Überlebende von (→) Gewalt und Folter; (→) Frauen, Kinder und Jugendliche mit besonderer Risikoexposition; Personen, die aus anderen Gründen keine Perspektive im Erstaufnahmeland oder keine andere Möglichkeit auf Familienzusammenführung haben. Als Minimalstandard für einen Ausschluss vom Resettlementverfahren gelten die Ausschlussgründe der Genfer Flüchtlingskonvention (Artikel 1 D-F). In seiner Vorauswahl muss der UNHCR jedoch auch bereits zusätzliche Kriterien der Aufnahmestaaten prüfen. Dabei werden sowohl die Kriterien zur Bestimmung des Resettlementbedarfs als auch etwaige Ausschlussgründe im mehrschrittigen und überaus komplexen Verfahren mehrmals anhand von Unterlagen und persönlichen Interviews überprüft (Welfens/Bekyol 2021).

Wenngleich die Resettlementkriterien des UNHCR zumeist in staatlichen Aufnahmeprogrammen berücksichtigt werden, liegt die schlussendliche Formulierung von Auswahlkriterien im Ermessen der Aufnahmestaaten. Eine Reihe von einschlägigen Arbeiten hat dokumentiert, dass Staaten nebst humanitären auch solche Kriterien verwenden, denen eher ein Sicherheits- und Integrationsdenken zugrunde liegt (Hashimoto 2018; Mourad/Norman 2020). So finden sich zum Beispiel in einer Vielzahl von Aufnahmeprogrammen Kriterien wie ‚Integrationspotential' oder ‚-perspektive' (Mourad/Norman 2020; Brekke et al. 2021). Diese können Sprachkenntnisse oder familiäre Bindungen im Aufnahmeland, aber auch Bildungs- und Berufsqualifikationen umfassen. Gleichzeitig haben Studien gezeigt, dass klassische humanitäre Kriterien wie die Priorisierung von heteronormativen (Kern-)Familien sowie (→) Frauen und Kindern auch durch sicherheits- und integrationspolitische Motive geprägt sein können, da diese Gruppen als ‚integrationswilliger' und damit ‚ungefährlicher' gelten als beispielsweise junge, muslimische (→) Männer (Turner 2017; Welfens/Bonjour 2021).

Durch das Zusammenwirken von (→) Vulnerabilitätskriterien einerseits und sicherheits- und integrationspolitischen Kriterien andererseits gelten demnach in Politik und Praxis einige Gruppen als ‚schützenswerter' als andere. Nebst vergeschlechtlichten und altersbedingten Unterschieden hat sich die Forschung auch vertieft mit Ein- und Ausschlussmechanismen im Hinblick auf (→) LGBTQI-Flüchtlinge (Koçak 2020; Menetrier 2021) und Flüchtlinge mit (→) Behinderungen (Korntheuer et al. 2021) auseinandergesetzt. Welche Gruppen in aktiven Flüchtlingsaufnahmeprogrammen bevorzugt werden, ist eng mit den Motivationen von Aufnahmestaaten verknüpft.

3. Motivationen von Aufnahmestaaten

Resettlement und ähnliche Programme der aktiven Flüchtlingsaufnahme gelten als wichtiges Instrument des Flüchtlingsschutzes und der globalen Verantwortungsteilung. Gleichzeitig besteht für Staaten kein rechtlicher Zwang, Aufnahmeprogramme zu initiieren, auszuweiten oder zu verstetigen. Für die Wissenschaft ergibt sich daraus die Frage, welche Motivationen Aufnahmestaaten für die Schaffung und politische Ausgestaltung solcher Programme haben bzw. wie sie diese rechtfertigen. Ausgehend von klassischen Theorien der Internationalen Beziehungen identifiziert Hashimoto (2018) vier mögliche Motivationen für die Schaffung von Resettlementprogrammen: egoistische Eigeninteressen, altruistischen Humanitarismus, Reziprozität (d.h. gegenseitige Unterstützung von Staaten), und internationales Ansehen. Darüber hinaus leitet sie als fünfte mögliche Motivation den Versuch, das individuelle Asylrecht durch Resettlement als Teil eines umfassenden Migrationsmanagements zu ersetzen, her. Ähnlich unterscheiden Beirens und Fratzke (2017) zwischen vier möglichen Motivationsfaktoren:

wertebasierten Motivationen; strategischen Migrationsmanagementinteressen; nationalen und innenpolitischen Interessen sowie Reaktionen auf externe Anreize, wie z. B. die finanzielle Unterstützung, die die EU ihren Mitgliedstaaten für Resettlement zur Verfügung stellt.

Qualitative Einzelfallstudien zu bestimmten Aufnahmeländern oder -programmen kommen auf Basis von diskursanalytischen Ansätzen und Interviews mit staatlichen Vertreter*innen zu ähnlichen Ergebnissen, was mögliche Motivationen für die Schaffung von aktiven Flüchtlingsaufnahmeprogrammen betrifft (Armbruster 2019; Bose 2020). Im Spannungsfeld zwischen humanitären Beweggründen und staatlichen Eigeninteressen als Motivation für Resettlement weisen wissenschaftliche Arbeiten auf eine Verschiebung zu Eigeninteressen, inklusive staatlicher Migrationskontrolle, hin. Bose (2020) zeigt anhand der US-amerikanischen und kanadischen Aufnahmeprogramme für Syrer, wie staatliche Diskurse im Vergleich zur Betonung von Multilateralismus und humanitärer Verantwortung in den 1990er Jahren zunehmend nationale (Sicherheits-) Interessen zur Legitimierung der Programme mobilisieren. Ein ähnliches Bild ergibt sich mit Blick auf die deutschen humanitären Aufnahmeprogramme für syrische Flüchtlinge. Während die Aufnahmeprogramme aus dem Libanon (2013–15) von staatlichen und anderen Akteur*innen weitestgehend mit humanitären Argumenten legitimiert wurden, werden die Aufnahmen aus der Türkei im Rahmen der EU-Türkei-Erklärung unter anderem durch das Bestreben, Migration besser zu steuern und irreguläre Migration zu verhindern, gerechtfertigt (Welfens 2021).

Vergleichende und (→) quantitative Forschung kommt zu dem Ergebnis, dass finanzieller Wohlstand ein entscheidendes Charakteristikum von Aufnahmestaaten ist und das Aufrechterhalten einer humanitären Reputation – bei gleichzeitiger restriktiver Asyl- und Grenzpolitik – eine zentrale Motivation für die Einführung von aktiven Aufnahmeprogrammen darstellt (Hashimoto 2018; Lutz/Portmann 2021).

4. Die Situation und Perspektive von Resettlement-Flüchtlingen

Ein zentrales Augenmerk der wissenschaftlichen Debatte rund um Resettlement gilt auch den Flüchtlingen selbst. Wissenschaftliche Arbeiten, die die Situation der Flüchtlinge in den Blick nehmen, konzentrieren sich meist auf einen bestimmten Abschnitt des Verfahrens, häufig entweder auf den Auswahlprozess im Erstzufluchtsland oder Fragen rund um Ankunft, Integration und gesellschaftlicher Teilhabe im Aufnahmeland.

Wissenschaftliche Arbeiten, die sich kritisch mit dem Auswahlprozess, insbesondere durch den UNHCR, auseinandergesetzt haben, zeigen unter anderem, wie Flüchtlinge sich aktiv darum bemühen, den Vulnerabilitätskriterien verschiedener Akteur*innen zu entsprechen, um ihre Chancen auf eine Aufnahme zu erhöhen (Jansen 2008; Thompson 2018). Dabei zeigen insbesondere ethnografische Studien, dass Flüchtlinge zwar ein gewisses Maß an Selbstbestimmtheit im Prozess haben, die Komplexität der mehrschrittigen Auswahlverfahren und Entscheidungen über Aufnahme oder Ausschluss für die Betroffenen jedoch weitestgehend intransparent bleibt (Thomson 2012; Menetrier 2021).

Mit Blick auf die Situation von Resettlementflüchtlingen im Aufnahmeland stellt sich insbesondere die Frage, ob die geordnete und begleitete Form der Einreise auch zu Erleichterungen bei der Aufnahme, Integration und gesellschaftlicher Teilhabe im Vergleich zu anderen humanitären Migranten führt. Darrow (2018) analysiert für die Aufnahmepraxis der USA und insbesondere Programme zur Eingliederung in den (→) Arbeitsmarkt, wie Resettlementflüchtlinge ihren sozialen Status als schützenswerte Migrant:innen verlieren und zu ‚unworthy poor' werden. Ein Grund dafür, dass Resettlementflüchtlinge durch das Raster sozialer Systeme in Aufnahmestaaten fallen, ist die Vielzahl an bürokratischen Kategorien, mit denen staatliche und nichtstaatliche Akteur*innen konfrontiert sind (Garnier 2018). Im Vergleich zum Rest des Aufnahmeverfahrens gibt es meist keine gesonderten Verfahren für Resettlementflüchtlinge bei der Inanspruchnahme sozialer Leistungen, sodass sie sich oftmals ähnlichen, wenn nicht identischen Problemen wie reguläre Asylsuchende gegenübersehen (Baraulina/Bitterwolf 2016).

5. Fazit

In politischen Diskussionen um Flucht und die Notwendigkeit sicherer und geregelter Zugangswege werden aktive Flüchtlingsaufnahmeprogramme wie Resettlement stets als verheißungsvolle Lösung diskutiert. Gleichzeitig ist der Anteil dieser Programme am globalen Flüchtlingsgeschehen gering.

In der wissenschaftlichen Debatte um aktive Flüchtlingsaufnahmen werden die Herausforderungen und Risiken dieses besonderen Schutzinstruments klar: die Aufweichung humanitärer, schutzorientierter Kriterien; eine potenzielle Instrumentalisierung aktiver Flüchtlingsaufnahmeprogramme zur Migrationskontrolle; und Verfahren, die für Flüchtlinge selbst oft undurchsichtig und keine Garantie für eine erleichterte Ankunft und Integration sind. Als Instrument, das auf Freiwilligkeit und Ermessen der Staaten beruht, werden Flüchtlingsaufnahmeprogramme auch in Zukunft ein dynamisches Instrument bleiben, das zwischen humanitärem Schutzanspruch und staatlichen Eigeninteressen oszilliert. Aufgabe zukünftiger Forschung muss es sein, die dynamische Entwicklung von Resettlement zu verfolgen und die Folgen für den Flüchtlingsschutz kritisch zu prüfen.

Literaturverzeichnis

Armbruster, Heidi (2018): 'It Was the Photograph of the Little Boy': Reflections on the Syrian Vulnerable Persons Resettlement Programme in the UK. In: Ethnic and Racial Studies 42 (15), 2680–2699.
Bamberg, Katharina (2018): The EU Resettlement Framework: From a Humanitarian Pathway to a Migration Management Tool? Brüssel: European Policy Institute.
Baraulina, Tatjana/Bitterwolf, Maria (2016): Resettlement. Aufnahme- und Integrationserfahrung von besonders schutzbedürftigen Flüchtlingen. Nürnberg: Bundesamt für Migration und Flüchtlinge.
Beirens, Hanne/Fratzke, Susan (2017): Taking Stock of Refugee Resettlement. Policy Objectives, Practical Tradeoffs, and the Evidence Base. Brüssel: Migration Policy Institute.
De Boer, Tom/Zieck, Marjoleine (2020): The Legal Abyss of Discretion in the Resettlement of Refugees. In: International Journal of Refugee Law 32 (1), 54–85.
Bose, Pablo S. (2020): The Shifting Landscape of International Resettlement: Canada, the US and Syrian Refugees. In: Geopolitics 27 (2), 375–401.

Breekke, Jan-Paul/Paasche, Erlend/Espegren, Astrid/Sandvik, Kristin Bergtora (2021): Selection Criteria in Refugee Resettlement. Balancing vulnerability and future integration in eight resettlement countries. Oslo: Insitutt for Samfunnsforsking.

Chimni, Bhupinder S. (2004): From Resettlement to Involuntary Repatriation. Towards a Critical History of Durable Solutions to Refugee Problems. In: Refugee Studies Quaterly 23 (2), 55–73.

Endres-Oliveira, Pauline (2020): Humanitarian Admission to Germany – Access vs. Rights? In: Foblets, Marie-Claire/Leboeuf Luc (Hrsg.): Humanitarian Admission to Europe. The Law between Promises and Constraints. Baden-Baden: Nomos Schriften zum Migrationsrecht, 199–237.

Garnier, Adèle (2014): Migration Management and Humanitarian Protection: The UNHCR's 'Resettlement Expansionism' and Its Impact on Policy-Making in the EU and Australia. In: Journal of Ethnic and Migration Studies 40 (6), 942–959.

Garnier, Adèle (2018): Resettled Refugees and Work in Canada and Quebec: Humanitarianism and the Challenge of Mainstream Socioeconomic Participation. In: Garnier, Adèle/Jubilut, Liliana Lyra/Sandvik, Kristin Bergtora (Hrsg.): Refugee Resettlement. Power, Politics and Humanitarian Governance. New York/Oxford: Berghahn.

Garnier, Adèle/Jubilut, Liliana Lyra/Sandvik, Kristin Bergtora (2018a): Refugee Resettlement. Power, Politics and Humanitarian Governance. New York/Oxford: Berghahn.

Garnier, Adèle/Sandvik, Kristin Bergtora/Jubilut, Liliana Lyra (2018b): Introduction: Refugee Resettlement as Humanitarian Governance: Power Dynamics. In: Garnier, Adèle/Jubilut, Liliana Lyra/Sandvik, Kristin Bergtora (Hrsg.): Refugee Resettlement. Power, Politics and Humanitarian Governance. New York/Oxford: Berghahn.

Hashimoto, Naoko (2018): Refugee Resettlement as an Alternative to Asylum. In: Refugee Survey Quarterly 37 (2), 162–186.

Jansen, Bram (2008): Between Vulnerability and Assertiveness: Negotiating Resettlement in Kakuma Refugee Camp, Kenya. In: African Affairs 107(429), 569–587.

Kleist, Olaf (2016): Resettlement als Instrument des Flüchtlingsschutzes: Historische Entwicklungen. Bundeszentrale für politische Bildung. https://www.bpb.de/themen/migration-integration/kurzdossiers/230.494/resettlement-als-instrument-des-fluechtlingsschutzes-historische-entwicklung/, 18.07.2022.

Kneebone, Susan York/Machklin, Audrey (2021): Resettlement. In: Costello, Cathryn/Foster, Michelle/McAdam, Jane (Hrsg.): Oxford Handbook of International Refuge Law. Oxford: Oxford University Press.

Koçak, Mert (2020): Who is "Queerer" and Deserves Resettlement?: Queer Asylum Seekers and Their Deservingness of Refugee Status in Turkey. In: Middle East Critique, https://doi.org/10.1080/19436149.2020.1704506.

Menetrier, Agathe (2021): Implementing and Interpreting Refugee Resettlement Through a Veil of Secrecy: A Case of LGBT Resettlement From Africa. In: Frontiers in Human Dynamics, https://doi.org/10.3389/fhumd.2021.594214.

Mourad, Lama/Norman, Kelsey P. (2020): Transforming Refugees into Migrants: Institutional Change and the Politics of International Protection. In: European Journal of International Relations 26 (3), 687–713.

Lutz, Philipp/Portmann, Lea (2021): Why do states admit refugees? A comparative analysis of resettlement policies in OECD countries. In: Journal of Ethnic and Migration Studies, https://doi.org/10.1080/1369183X.2021.1999222.

Popp, Karoline (2018): Die Zukunft der Flüchtlingspolitik? Chancen und Grenzen von Resettlement im globalen, europäischen und nationalen Rahmen. In: Berlin: Sachverständigenrat deutscher Stiftung für Integration und Migration.

Schneider, Hanna (2020): The Strategic Use of Resettlement: Lessons from the Syria Context. In: Amman: Durable Solutions Platform.

Thomson, Melanie (2012): Black Boxes of Bureaucracy. Transparency and Opacity in the Resettlement Process of Congolese Refugees. In: Political and Legal Anthropology Review 35 (2), 186–205.

UNHCR (2003): The Strategic Use of Resettlement. Discussion Paper. Working Group on Resettlement. Executive Committee of the High Commissioner's Programme. 3. Juni 2003. Genf.

UNHCR (2011): UNHCR Resettlement Handbook. Genf: UNHCR.

UNHCR (2019): Complementary Pathways for Admission of Refugees to Third Countries: Key Considerations. Genf: UNHCR.

UNHCR (2022): Resettlement Data. https://www.unhcr.org/resettlement-data.html.

Van Selm, Joanne (2004): The Strategic Use of Resettlement: Changing the Face of Protection? In: Refuge 22 (1), 39–48.

Van Selm, Joanne (2013): Great expectations. A review of the strategic use of resettlement. Genf: UNHCR.

Welfens, Natalie/Bekyol, Yasemin (2021): The Politics of Vulnerability in Refugee Admissions under the EU Turkey Statement. In: Frontiers in Human Dynamics. https://doi.org/10.3389/fpos.2021.622921.

Welfens, Natalie (2021): Whose (in)Security Counts in Crisis? Selection Categories in Germany's Humanitarian Admission Programmes before and after 2015. In: International Politics, https://doi.org/10.1057/s41311-021-00311-6.

Welfens, Natalie/Bonjour, Saskia (2021): Families First? The Mobilization of Family Norms in Refugee Resettlement. In: International Political Sociology 15 (2), 212–231.

Welfens, Natalie/Engler, Marcus/Garnier Adèle/Endres de Oliveira, Pauline/Kleist, Olaf. (2019): "Active Refugee Admission Policies in Europe: Exploring an Emerging Research Field." In: Fluchtforschungs Blog. 2019. https://blog.fluchtforschung.net/active-refugee-admission-policies-in-europe-exploring-an-emerging-research-field/, 18.7.2022.

III.3.3
Rückkehr

Claudia Olivier-Mensah und Valentin Feneberg

Abstract Ausgehend von einer Übersicht über jüngere Entwicklungen der Rückkehrforschung beleuchtet der Beitrag das Feld der Rückkehrmigration von Geflüchteten. Migrationspolitisch sind dabei vor allem sogenannte Rückkehrförderprogramme von Bedeutung, die am Beispiel Deutschlands vorgestellt und deren strukturelle Defizite kritisch diskutiert werden. Anhand der Rückkehrberatung wird die besondere Eignung der Sozialen Arbeit für die Beratung von Geflüchteten veranschaulicht.

Schlüsselbegriffe: Rückkehrmigration, Rückkehrförderung, Rückkehrpolitik, Rückkehrberatung, Soziale Arbeit

1. Einleitung

Rückkehrmigration ist ein komplexer und facettenreicher Gegenstand, der zwar weit über Asylpolitik und Fluchtforschung hinausweist, gerade hier aber zunehmende Aufmerksamkeit erfährt. In der politischen Praxis spielen dabei insbesondere Maßnahmen der sogenannten ‚geförderten freiwilligen Rückkehr' (*Assisted Voluntary Return*) eine wichtige Rolle, die Geflüchtete vor, im oder nach dem Asylverfahren (→ Aufnahmeverfahren) zur Ausreise motivieren sollen. Diese Maßnahmen haben sich in den letzten Jahren stark ausdifferenziert und beinhalten, neben einer finanziellen Unterstützung, Angebote der Beratung in Aufenthalts- und Herkunftsstaaten, die die sogenannte Reintegration unterstützen sollen. Der Beitrag führt in die Grundzüge der Praxis der Rückkehrförderung am Beispiel Deutschlands ein und diskutiert zugleich relevante Forschungsstränge. Anhand der Rückkehrberatung wird gezeigt, wie eine an der (→) Sozialen Arbeit orientierte Praxis, die die Betroffenen ins Zentrum rückt, gestaltet werden kann. Darüber hinaus werden strukturelle Defizite der Politik der geförderten Rückkehr kritisiert, namentlich der rhetorische Fokus auf die ‚Freiwilligkeit' der Rückkehr abgelehnter Asylsuchender, der Mangel an Evaluationen der Rückkehrprogramme, die Verschiebung der Rückkehrförderung bereits in das Asylverfahren und die Förderbedingung, eine Rückkehr müsse auf Dauer erfolgen.

2. Rückkehr als Gegenstand der Migrations- und Fluchtforschung

Mit Blick auf die mittlerweile große Aufmerksamkeit für Rückkehrmigration in politischer Praxis und Migrationswissenschaft beobachten Russel King und Katie Kuschminder (2022: 16) einen „return turn' in literature and policy". In ihrem umfassenden Überblick über die jüngere Rückkehrforschung identifizieren sie vier Entwicklungslinien, entlang derer sich das Forschungsfeld weiterentwickelt und ausdifferenziert hat: Erstens die Ausweitung des geografischen Spektrums der untersuchten (Re-)Migrationswege, zweitens die Erweiterung der Konzeptualisierung und Theoretisierung des Begriffs ‚Rückkehr', drittens eine zunehmende Politisierung der Rückkehr und viertens eine Ergänzung des Interesses für Rückkehrmotive um eine Untersuchung der Effekte der Rückkehr, vor allem auf die ‚Reintegration' im Herkunftsstaat.

Die geografische Ausweitung der Rückkehrforschung zu globaler Reichweite hat die Konzeptualisierung und Theoretisierung des Begriffs stark beeinflusst. Waren in den 1960er und 1970er Jahren vor allem individualistische und ökonomische Theorien zur Erklärung von Rückkehrmotiven vorherrschend, haben sich in den vergangenen Jahren nuancenreichere Ansätze entwickelt, um Einflussfaktoren auf die Rückkehrentscheidung zu erklären (Literaturübersichten u. a. bei Currle 2007; Grawert 2018; Hammond 2014). Diese Entscheidungen sind von strukturellen, individuellen und sozialen Faktoren beeinflusst, die sowohl die Bedingungen im Herkunfts- als auch im Aufenthaltsstaats betreffen (Black et al. 2004; Koser/Kuschminder 2015; Sydney 2019). Für ausreisepflichtige Geflüchtete ist der Entscheidungsspielraum häufig stark eingeschränkt: Die Ablehnung des Asylantrags, ein prekärer oder kein Aufenthaltstitel und die daraus resultierende Unmöglichkeit der sozialen und ökonomischen Integration sowie die Gefahr einer Abschiebung sind maßgebliche Faktoren für eine Rückkehr. Im Kontext der Rückkehrmigration von Geflüchteten ist deshalb die Politisierung der Rückkehr von besonderer Bedeutung: Die Ausreise von abgelehnten Asylsuchenden wird von Zielstaaten als Maßnahme der Migrationskontrolle oder, euphemistischer, als „Instrument des Migrationsmanagements" forciert (IOM 2013: 6). Geförderte Rückkehr und Abschiebungen werden als die zentralen Instrumente dieser Politik erforscht (Lietaert 2022).

Teil der Migrationskontrolle durch Rückkehrförderung ist die „nachhaltige Reintegration" der Rückkehrer*innen. Der UN-Migrationspakt (→ Internationale Abkommen) formuliert dazu als eines der Ziele für eine „sichere, geordnete und reguläre Migration" die „Ermöglichung einer sicheren und würdevollen Rückkehr und Wiederaufnahme sowie einer nachhaltigen Reintegration" (UN 2018: 27). ‚Reintegration' bedeutet, im weitesten Sinne, die Wiedereingliederung der Rückkehrer*innen in das gesellschaftliche und wirtschaftliche Leben des Herkunftslandes (Kuschminder 2022; Marino/Lietaert 2022). Wenngleich progressive Konzeptualisierungen von ‚Reintegration' auch eine Weiterwanderung nicht ausschließen, wird Rückkehr in der politischen Praxis häufig als Endpunkt der Migration verstanden: Eine Bedingung der Rückkehrförderung in Deutschland ist, dass Menschen „nicht nur vorübergehend in ihr Herkunftsland zurückkehren [...]. Die gewünschte Ausreise muss auf Dauer geplant sein" (BAMF/IOM 2022: 14). Entsprechend wurde der ‚Erfolg' der Rückkehrprogramme am Anteil nicht erfolgter Wiedereinreisen bemessen (IOM 2013).

Dieser „Mythos der Rückkehr" (Sinatti 2010) wird von Ansätzen mit einer *transnationalen Perspektive* kritisiert (→ Transnationalität), die Herausforderungen von zirkulärer Mobilität, Zugehörigkeiten und Positionierungen von Rückkehrer*innen näher beleuchten (vgl. Anghel et al. 2019; Olivier-Mensah/Scholl-Schneider 2016). Konzepte wie die „TransREmigration" (Olivier-Mensah 2017) zeigen, dass zwar Rückkehr mit der Absicht verbunden sein kann, sich dauerhaft im Herkunftsland niederzulassen, jedoch nicht zwangsläufig endgültig sein muss (→ Im-/Mobilität). Die Zusammenfassung verschiedener fluider, komplexer, instabiler und gegenläufiger Wanderungsbewegungen als ‚Rückkehr' treibt und redefiniert Nationalstaatlichkeit und verdeutlicht Spannungen zwischen staatlicher Macht und transnationalen Phänomenen. Xiang, Yeoh und Toyota (2013) pointieren diese Sichtweise, indem sie

Rückkehr als eine Nationalisierung transnationaler Mobilität auffassen. Weitere Studien versuchen zudem, den Integrations- mit dem Transnationalitätsansatz zu verbinden und den Widerstreit der beiden Perspektiven aufzuheben (vgl. Faist et al. 2011).

Die Forschung zu Faktoren gelungener Reintegration verdeutlicht die besonders schwierige Situation abgelehnter Asylsuchender (Grawert 2018). Denn die für ein erfolgreiches Rückkehrprojekt erforderliche „preparedness" (Cassarino 2004) ist mit Blick auf den Druck, den eine Ausreisepflicht mit sich bringt, kaum zu bewerkstelligen. Hinzu kommen die Herausforderungen im Herkunftsland, namentlich die Rückkehr in (ehemalige) Krisen- und Konfliktgebiete (Grawert 2018) oder das Stigma des „Scheiterns" der Auswanderung, zu deren Finanzierung häufig die ganze Community beigetragen hat (King/Kuschminder 2022), mit entsprechend negativen Auswirkungen auf die psychische Gesundheit der Betroffenen (Vathi/King 2017).

Die politische Betonung der „nachhaltigen Reintegration" gilt nicht zuletzt einer Legitimation der Rückkehrförderung abgelehnter Asylsuchender (Marino/Lietaert 2022). Noch deutlicher wird diese Strategie, wenn postuliert wird, dass die Rückkehr abgelehnter Asylsuchender zur sozio-ökonomischen Entwicklung des Herkunftsstaates beitrage (kritisch: Collyer 2018). Der folgende Blick auf die Rückkehrprogramme zeigt, dass, trotz mangelnder Evidenz, auch in Deutschland der *return migration and development nexus* zu einem wesentlichen Bestandteil der Rückkehrpolitik avanciert ist (Åkesson/Baaz 2015; King 2022).

3. Die Politik der geförderten Rückkehr

Mit dem *Reintegration and Emigration Program for Asylum Seekers in Germany* (REAG) wird in Deutschland seit 1979 das älteste staatliche Rückkehrprogramm weltweit umgesetzt; 1989 wurde es um das *Government Assisted Repatriation Program* (GARP) ergänzt. In den 1980er Jahren lag der Fokus allerdings nicht auf (abgelehnten) Asylsuchenden, sondern auf der Rückkehrförderung von Gasterbeiter*innen, die durch das Rückkehrhilfegesetz von 1983 zu einer Ausreise motiviert werden sollten (Yıldız 2017). Erst die durch die postjugoslawischen Kriege ausgelöste Fluchtmigration in den 1990er Jahren rückten Geflüchtete als Zielgruppe der Rückkehrförderung wieder ins Zentrum. In diese Zeit fällt auch der Beginn der Professionalisierung der Rückkehrberatung in Deutschland.

Beeinflusst von der deutschen Rückkehrpolitik gewann das Thema ab der Jahrtausendwende auch auf EU-Ebene an Bedeutung; seit dem Anstieg der Asylanträge in den 2010er Jahren ist die geförderte Rückkehr eine zentrale Säule europäischer Migrationspolitik (Bartels 2022). Rückkehr wird dabei als maßgebliche Voraussetzung eines funktionierenden Asylsystems gerechtfertigt. Nach dieser Logik könnten sowohl schnelle Asylverfahren als auch die (→) Integration anerkannter Schutzsuchender nur gelingen, wenn diejenigen ohne Schutzanspruch zügig in ihre Herkunftsstaaten zurückkehrten. Die geförderte Rückkehr gilt dabei als humane und kostengünstige Alternative zur (→) Abschiebung.

Die deutschen Rückkehrprogramme haben sich in den vergangenen Jahren in vielerlei Hinsicht weiterentwickelt. Nach wie vor ist das Bund-Länder-Programm ‚REAG/GARP', verantwortet vom Bundesministerium des Innern (BMI) und umgesetzt von der Internationalen Organisation für Migration (IOM), das Kernstück deutscher Rückkehrförderung. Neben der Übernahme der Reisekosten, medizinisch bedingter Zusatzkosten und einer Reisebeihilfe von 200 Euro erhalten Rückkehrer*innen aus ausgewählten Herkunftsstaaten Starthilfe in Form von Barmitteln, die in den vergangenen Jahren sukzessive angestiegen sind. 2017 wurde REAG/GARP um das Programm ‚StarthilfePlus' ergänzt, mit dem eine zusätzliche Barprämie für den Rückzug aus dem Asylverfahren eingeführt wurde sowie eine zweite Starthilfe einige Monate nach Ankunft im Herkunftsstaat. 2022 lag die Höhe der Starthilfen für Einzelpersonen bei insgesamt 2.000 Euro (vgl. BAMF/IOM 2022). 2013 bis 2021 haben rund 185.000 Menschen Deutschland im Rahmen dieser Programme Deutschland verlassen. 64 Prozent waren Ausreisepflichtige mit und ohne Duldung, 34 Prozent waren noch im Asylverfahren. Nur 2 Prozent waren Personen mit einem Schutzstatus und somit mit einer Aufenthaltserlaubnis (Vgl. die jährlichen parlamentarischen Anfragen „Abschiebungen und Ausreisen", insbesondere Deutscher Bundestag 2021: 40f.).

Seit 2017 ergänzt das Programm „Perspektive Heimat" des Bundesministeriums für wirtschaftliche Zusammenarbeit und Entwicklung (BMZ) die rein finanzielle Rückkehrförderung. Erklärtes Ziel ist eine gemeinsame Rückkehrinitiative vom BMI und BMZ, die die alimentierte Ausreise abgelehnter Asylsuchender um Maßnahmen für deren ‚Reintegration' erweitert. „Perspektive Heimat" wird von der Gesellschaft für internationale Zusammenarbeit (GIZ) umgesetzt, die im Rahmen des Programms unter anderem Beratungszentren in ausgewählten Herkunftsstaaten betreibt, in denen sowohl Rückkehrer*innen als auch die lokale Bevölkerung über Arbeits- und Ausbildungsmöglichkeiten informiert werden (Feneberg 2021). Ebenfalls auf die Reintegration im Herkunftsstaat war das EU-Programm ‚ERRIN' (European Return and Reintegration Network) ausgerichtet, in dessen Rahmen Sachmittel für eine Existenzgründung beantragt werden konnten. Mitte 2022 wurde es durch das JRS-Programm (Joint Reintegration Services) ersetzt. Über weitere, länderspezifische Programme informiert eine offizielle Seite.[1]

4. Rückkehrberatung und Soziale Arbeit

Neben den staatlichen Rückkehrprogrammen existiert in Deutschland eine flächendeckende Rückkehrberatungslandschaft. Das Nebeneinander nicht-staatlicher und staatlicher Beratungsstellen durch Akteure der freien Wohlfahrtspflege einerseits und Ausländerbehörden andererseits führt dabei zu Spannungen zwischen ordnungs- und sozialpolitischen Ansätzen (Feneberg 2019; Graff/Schneider 2017). Die damit einhergehende Unübersichtlichkeit bedeutet, in Verbindung mit den sich ständig ändernden Programmen und ungleichen Förder- und Beratungsmöglichkeiten je nach Bundesland, eine Art „Rückkehrlotterie" (Vollmer et al. 2017: 98), in der die genaue Gestaltung der Rückkehr stark davon abhängt, wo und wann Personen Rückkehrhilfen und -beratung in Anspruch nehmen.

Laut Leitfäden zu guter Rückkehrberatung soll diese unabhängig, ergebnisoffen und umfassend sein (Liga der Spitzenverbände der Freien Wohlfahrtspflege 2017). Dafür bedarf es Standards und Qualifikationen (Gosejacob-Rolf 2002). Die (→) Soziale Arbeit weist eine besondere Eignung für die Durchführung von Beratung insbesondere von Geflüchteten auf, indem sie einen lebensweltorientierten Ansatz, ressourcen- und netzwerkorientiertes Arbeiten, Kooperation aller Unterstützungssysteme,

---

1 www.returningfromgermany.de, 21.11.2022.

Hilfe zur Selbsthilfe, Empowerment der Zielgruppe sowie multiple Problemlösungsstrategien miteinander verbindet (Prasad 2017). Forschungen mit der Zielgruppe der Rückkehrprogramme zeigen, dass es im Kontext von Rückkehrmigration von zentraler Bedeutung ist, die Geflüchteten in ihrer Selbstständigkeit zu unterstützen, sie als Agent*innen ihrer persönlichen Entscheidungen zu befähigen und ihre persönliche Handlungsmächtigkeit zu stärken (Olivier-Mensah et al. 2020; Ayasse et al. 2022). Durch den nachhaltigen Ansatz der Hilfe zur Selbsthilfe in der Beratung können die Betroffenen lernen, aus der Situation der Ohnmacht und Machtlosigkeit, die sie in Deutschland in der Zeit des Ankommens (→ Aufnahme) und im Asylverfahren erlebt haben, auszubrechen und die (→) Agency über ihr eigenes Leben wiederzuerlangen. Nur eine Rückkehrförderung, die realistische und gute berufliche und soziale Zukunftsaussichten für die Betroffenen beinhaltet, wird nachhaltige Erfolge verzeichnen können. Daher braucht es Beratungsstrukturen, die als primäres Ziel die Autonomie der Zielgruppe und die Entwicklung einer intrinsischen Rückkehrmotivation anstreben.

Die strukturellen Zwänge, denen Geflüchtete häufig ausgesetzt sind, erschweren dies erheblich. Darüber hinaus sind Geflüchtete eine äußerst vulnerable Personengruppe (→ Vulnerabilität), die nicht nur durch Krieg, Vertreibung, Verfolgung und Gewalterlebnisse von Traumatisierungen (→ Traumatisierung) belastet ist, sondern oftmals verschiedensten Formen von Diskriminierung und Rassismus (→ Diskriminierung) ausgesetzt ist. Entscheidungen zur Rückkehr bedürfen Planung, Vorbereitung, sowie Zeit, Ruhe und Sicherheit; Faktoren, die Personen während des Asylverfahrens bzw. nach Ablehnung des Asylantrages fehlen. Unter Druck Lebensentscheidungen fällen zu müssen, ist eine denkbar ungünstige Voraussetzung für persönlichen Erfolg und Wohlergehen. Auch die Gefahr der Retraumatisierung besteht. Besonders prekär werden die Lebenswelten und -verläufe, wenn die Personen noch nicht „bereit" für die Rückkehr sind und diese zu früh oder überstürzt erfolgt, da dann die neben Schutz/Sicherheit weiteren individuellen Migrationsziele wie der Erwerb von Bildung und Einkommen sowie die Verbesserung der familiären Lebensverhältnisse im Herkunftsland noch nicht realisiert werden konnten. Wenn ein besseres Leben im Herkunftsland nicht in Aussicht steht, wird Rückkehr kein realistisches Thema in den Lebenswelten der Geflüchteten werden (Olivier-Mensah et al. 2020).

5. Kritik und Fazit

Auch eine stärker an der Lebenswelt von Betroffenen orientierte Rückkehrförderung und eine an den Maßstäben der Sozialen Arbeit orientierte Rückkehrberatung kann die strukturellen Defizite der Politik der geförderten Rückkehr nicht kompensieren. Das betrifft erstens das fehlende Wissen über die Wirkung der Programme. Zwar existieren mittlerweile zahlreiche Studien zur Umsetzung der Rückkehrberatung in verschiedenen EU-Staaten (Cleton/Schweitzer 2021; Feneberg 2019), allerdings mangelt es an Evaluationen, was die Rückkehrprogramme zur Reintegration abgelehnter Asylsuchender tatsächlich beitragen. Für den deutschen Kontext ist die bisher einzige Ausnahme eine Evaluation von ‚StarthilfePlus' (Schmitt et al. 2019), die allerdings eher die technische Umsetzung des Programms als dessen Einfluss auf den Reintegrationserfolg untersucht und darüber hinaus von den Organisationen durchgeführt wurde, die es auch umsetzen (BAMF und IOM), was eine kritische Würdigung erschwert (Feneberg 2020).

Zweitens verschleiert die politische Rhetorik der ‚Freiwilligkeit' den unvermeidbaren Zwangscharakter geförderter Rückkehr. Da die stets im Hintergrund drohende Abschiebung die Rückkehrbereitschaft abgelehnter Asylsuchender maßgeblich beeinflusst, wurde etwa vorgeschlagen, den Begriff *soft deportation* anstelle von ‚freiwilliger Rückkehr' zu verwenden (Leerkes et al. 2017). Dem entspricht die konzeptionelle Forderung, Abschiebung und geförderte Rückkehr gemeinsam als *state-induced return* zu analysieren (Koch 2014: 908). Das politische Mantra, die Inanspruchnahme von Rückkehrhilfen bedeute automatisch, Rückkehrer*innen hätten „eigenverantwortlich eine Entscheidung über ihr Leben getroffen" (Deutscher Bundestag 2018: 5), wird dem nicht gerecht (Für eine generelle Reflexion zur „Freiwilligkeit" der Rückkehr mit weiterführender Literatur vgl. Erdal/Oeppen 2022).

Problematisch ist drittens die zunehmende Verschiebung der Rückkehrförderung vor oder in das Asylverfahren, indem das BAMF etwa noch vor der Asylantragsstellung über die Möglichkeiten zur Rückkehr informiert oder zusätzliche Barprämien für den Rückzug aus dem Verfahren ausgelobt werden. Darüber hinaus werden die Rückkehrprogramme in asylgerichtlichen Verfahren mittlerweile häufig als Argument gegen die Gefahr einer lebensbedrohlichen humanitären Notlage im Herkunftsstaat und damit gegen ein Abschiebungsverbot nach § 60 Abs. 5 AufenthG angeführt (Feneberg 2022). Ein politisches Instrument für die Förderung der Ausreise abgelehnter Asylsuchender wird damit zur Begründung dieser Ablehnung verwendet.

Viertens entspricht der einseitige Fokus auf eine ‚Ausreise auf Dauer' nicht den transnationalen Realitäten in einer globalisierten Welt. Ein weiter gefasstes Verständnis ‚erfolgreicher' Reintegration sollte die Möglichkeit mobiler Zukunftspläne nach der Rückkehr auch außerhalb des Herkunftslandes beinhalten. Noch grundsätzlicher gilt es festzuhalten, dass die Forcierung der Rückkehr Ausreisepflichtiger nur ein mögliches Mittel der Wahl ist. Einfacher und für alle Seiten gewinnbringender wären Maßnahmen der Regularisierung oder die ernsthafte Öffnung legaler Migrationswege neben dem Asylsystem.

Literaturverzeichnis

Åkesson, Lisa/Baaz, Maria Eriksson (2015): Africa's Return Migrants. The New Developers? London: Zed Books.

Anghel, Remus Gabriel/Fauser, Margit/Boccagni, Paolo (Hrsg.) (2019): Transnational return and social change: Hierarchies, identities and ideas. London: Anthem Press.

Ayasse, Desirée/Nottelmann, Thore/Verástegui, Pablo Paz (2022): Rückkehrperspektiven?! Zur Bedeutung von Netzwerken und transnationaler Mobilität aus Sicht von Rückkehrenden. Forschungsbericht des Projekts CoR.A – Competent Return and Reintegration. Hamburg.

BAMF/IOM (2022): Leitlinien REAG/GARP 2022, https://files.returningfromgermany.de/files/Leitlinien%20REAGARP_2022.pdf, 17.11.2022.

Bartels, Inken (2022): Rückkehr. In: Bartels, Inken/Löhr, Isabella/Reinecke, Christiane/Schäfer, Philipp/Stielike, Laura (Hrsg.). Inventar der Migrationsbegriffe, https://www.migrationsbegriffe.de/rueckkehr, 17.11.2022.

Black, Richard/Koser, Khalid/Munk, Karen/Atfield, Gaby/D'Onofrio, Lisa/Tiemoko, Richmond (2004): Understanding voluntary return. Online Report 50/04. London: Home Office.

Cassarino, Jean-Pierre (2004): Theorising return migration: The conceptual approach to return migrants revisited. In: International Journal on Multicultural Societies 6 (2), 253–279.

Cleton, Laura/Schweitzer, Reinhard (2021): 'Our aim is to assist migrants in making a well-informed decision': how return counsellors in Austria and the Netherlands manage the aspirations of unwanted non-citizens. In: Journal of Ethnic and Migration Studies 47 (17), 1–18.

Collyer, Michael (2018): Paying to go: deportability as development. In: Khosravi, Shahram (Hrsg.): After Deportation. Ethnographic perspectives. London: Palgrave Macmillan, 105–125.

Currle, Edda (2007): Theorieansätze zur Erklärung von Rückkehr und Remigration. In: BAMF (Hrsg.): Rückkehr aus Deutschland. Forschungsstudie 2006 im Rahmen des Europäischen Migrationsnetzwerks. Nürnberg, 209–238.

Deutscher Bundestag (2018): Rückkehrprogramm StarthilfePlus, Drucksache 19/3151.

Deutscher Bundestag (2021): Abschiebungen und Ausreisen 2020. Drucksache 19/27007.

Erdal, Marta Bivand/Oeppen, Ceri (2022): Theorising voluntariness in return. In: King, Russell/Kuschminder, Katie (Hrsg.): Handbook of Return Migration. Cheltenham: Edward Elgar Publishing, 70–83.

Faist, Thomas/Fauser, Margit/Kivisto, Peter (2011): The migration-development nexus: A transnational perspective. London: Palgrave Macmillan.

Feneberg, Valentin (2019): „Ich zwinge niemanden, freiwillig zurück zu gehen." Die institutionelle Umsetzung der Politik der geförderten Rückkehr durch staatliche und nicht-staatliche Akteure. In: Zeitschrift für Fluchtforschung 3 (1), 8–43.

Feneberg, Valentin (2020): Rückkehrförderung auf dem Prüfstand: Eine kritische Diskussion der Evaluation des Programms „StarthilfePlus". Fluchtforschungsblog. https://fluchtforschung.net/blog beitraege/ruckkehrforderung-auf-dem-prufstand-eine-kritische-diskussion-der-evaluation-des-prog ramms-starthilfeplus/, 17.11.2022.

Feneberg, Valentin (2021): Alimentierte Ausreise oder Entwicklungshilfe? In: medico international e. V. (Hrsg.): Rückkehr Watch. https://www.freiwillige-rueckkehr.de/kontext/alimentierte-ausreise-od er-entwicklungshilfe, 17.11.2022.

Feneberg, Valentin (2022): Rückkehrhilfen gegen alsbaldige Verelendung. Wie nachhaltig muss die Rückkehrförderung bei Abschiebungsverboten sein? In: Verfassungsblog. https://verfassungsblog.de /ruckkehrhilfen-gegen-alsbaldige-verelendung/, 17.11.2022.

Feneberg, Valentin/Olivier-Mensah, Claudia (2018): Gute Rückkehrpolitik braucht gute Rückkehrberatung. Empfehlungen zu ihrer Gestaltung. BICC Policy Brief 7. www.bicc.de/uploads/tx_bicctools/ BICC_Policy_Brief_7_2018.pdf, 17.11.2022.

Ghelli, Fabio (2020): Wie kann eine andere Rückkehrpolitik aussehen? Mediendienst Integration. www.mediendienst-integration.de/artikel/wie-kann-eine-andere-rueckkehrpolitik-aussehen.html, 17.11.2022.

Gosejacob-Rolf, Hille (2002): Qualitätsbeschreibung Sozialprofessionelle Beratung. www.dbsh.de/m edia/dbsh-www/downloads/Qualit%C3%A4tsbeschreibungSozialprofessionelleBeratung.pdf, 17.11.2022.

Graff, Anna-Lucia/Schneider, Jan (2017): Rückkehrpolitik in Deutschland. Wege zur Stärkung der geförderten Ausreise. Berlin: SVR-Forschungsbereich.

Grawert, Elke (2018): Rückkehr und Reintegration Geflüchteter. State-of-Research Paper 11, Verbundprojekt „Flucht: Forschung und Transfer". Osnabrück: Institut für Migrationsforschung und Interkulturelle Studien/Bonn International Center for Conversion.

Hammond, Laura (2014): "Voluntary" repatriation and reintegration. In: Fiddian-Qasmiyeh, Elena/ Loescher, Gil/Long, Katy/Sigona, Nando (Hrsg.): The Oxford Handbook of Refugee and Forced Migration Studies. Oxford: Oxford University Press, 499–511.

IOM Deutschland (2013), Bericht über die Programme zur unterstützten freiwilligen Rückkehr der Internationalen Organisation für Migration Deutschland 2012. Berlin.

King, Russell (2022), Exploring the return migration and development nexus. In: King, Russell/Kuschminder, Katie (Hrsg.): Handbook of Return Migration. Cheltenham: Edward Elgar Publishing, 314–330.

King, Russell; Kuschminder, Katie (2022): Introduction: definitions, typologies and theories of return migration. In: King, Russell/Kuschminder, Katie (Hrsg.): Handbook of Return Migration. Cheltenham: Edward Elgar Publishing, 1–22.

Koch, Anne (2014): The Politics and Discourse of Migrant Return. The Role of UNHCR and IOM in the Governance of Return. In: Journal of Ethnic and Migration Studies 40 (6), 905–923.

Koser, Khalid/Kuschminder, Katie (2015): Research on the assisted voluntary return and reintegration of migrants. Genf: IOM.

Kuschminder, Katie (2022), Reintegration strategies. In: King, Russell/Kuschminder, Katie (Hrsg.): Handbook of Return Migration. Cheltenham: Edward Elgar Publishing, 200–211.

Leerkes, Arjen/van Os, Rianne/Boersema, Eline (2017): What drives 'soft deportation'? Understanding the rise in assisted voluntary return among rejected asylum seekers in the Netherlands. In: Population Space Place 23 (8), 1–11.

Lietaert, Ine (2022): Critical reflections on assisted return programmes and practices. In: King, Russell/Kuschminder, Katie (Hrsg.): Handbook of Return Migration. Cheltenham: Edward Elgar Publishing, 108–121.

Liga der Spitzenverbände der Freien Wohlfahrtsverbände in Berlin (2017): Grundsätze der Rückkehrberatung. https://www.ligaberlin.de/Grundsaetze-der-freiwilligen-Rueckkehrberatung-900048.html, 17.11.2022.

Marino, Rossella/Lietaert, Ine (2022), The legitimisation of the policy objective of sustainable reintegration. In: King, Russell/Kuschminder, Katie (Hrsg.): Handbook of Return Migration. Cheltenham: Edward Elgar Publishing, 167–184.

Olivier-Mensah, Claudia (2017): TransREmigration. Rückkehr im Kontext von Transnationalität, persönlichen Netzwerken und Sozialer Arbeit. Bielefeld: transcript.

Olivier-Mensah, Claudia/Duscha, Annemarie/Stier, Julia/Feneberg, Valentin/Jung, Laura/ Meier, Brit/Samhammer, David (2020): Lebensweltnahe Rückkehrperspektiven entwickeln. Bedürfnisse, Vulnerabilitäten und Unterstützung von Geflüchteten in Deutschland. Forschungsbericht. Mainz: Johannes Gutenberg-Universität.

Olivier-Mensah, Claudia/Scholl-Schneider, Sarah (2016): Transnational return? On the interrelation of family, remigration and transnationality. An introduction. In: Transnational Social Review. A Social Work Journal 6 (1/2), 2–9.

Prasad, Nivedita (Hrsg.) (2017): Soziale Arbeit mit Geflüchteten. Rassismuskritisch, professionell, menschenrechtsorientiert. Stuttgart: UTB.

Schmitt, Martin/Bitterwolf, Maria/Baraulina, Tatjana (2019): Geförderte Rückkehr aus Deutschland: Motive und Reintegration. Eine Begleitstudie zum Bundesprogramm StarthilfePlus. Nürnberg: BAMF.

Sinatti, Giulia (2010): 'Mobile transmigrants' or 'unsettled returnees'? Myth of return and permanent resettlement among Senegalese migrants. In: Population, Space and Place 17 (2), 153–166.

Sydney, Chloe (2019): Return decision making by refugees. In: Forced Migration Review 62, 11–12.

UN (2018): Globaler Pakt für eine sichere, geordnete und reguläre Migration. https://www.un.org/depts/german/migration/A.CONF.231.3.pdf, 17.11.2022.

Vathi, Zana/King, Russell (Hrsg.) (2017): Return migration and psychosocial wellbeing: Discourses, policy-making and outcomes for migrants and their families. London: Routledge.

Vollmer, Claudia/Schneider, Jan/Ohliger, Rainer (2017): Reformpotenziale für die Rückkehrpolitik: Abläufe transparent gestalten, humanitär handeln, freiwillige Rückkehr stärken. In: Heinrich-Böll-Stiftung (Hrsg.): Einwanderungsland Deutschland. Berlin, 83–107.

Xiang, Biao/Yeoh, Brenda/Toyota, Mika (Hrsg.) (2013): Return: Nationalizing transnational mobility in Asia. Durham/London: Duke University Press.

Yıldız, Sakine (2017): Erkaufte Rückkehr? Die Abwanderung türkischer ›Gastarbeiter/innen‹ aus Westdeutschland von 1973 bis 1984. Osnabrück: Universität Osnabrück.

III.3.4

Abschiebung

Sieglinde Rosenberger

Abstract Der Beitrag behandelt Abschiebungen als Instrument der staatlichen Migrationskontrolle. Gegenstand sind zentrale Aspekte der Abschiebepolitik wie Akteur*innen, politische Ebenen, die Herstellung von Abschiebbarkeit und die Implementierung der gewaltsamen Außerlandesbringung. Seit den 1990er Jahren wird ein *deportation turn* beobachtet, der von einem *deportation gap* begleitet ist. Im politischen Feld der Abschiebungen sind internationale Normen, nationale Asylgesetzgebung und Widerstände durch Betroffene und Zivilgesellschaft involviert.

Schlüsselbegriffe: Abschieberegime, Migrationskontrolle, staatliche Souveränität, Nicht-Abschiebbarkeit, Widerstand

1. Einleitung

Als *Abschiebung* wird die zwangsweise Rückführung einer Person in das Herkunfts-, Transit- oder Drittland auf der Grundlage eines Gerichts- oder Verwaltungsaktes bezeichnet; sie erfolgt gegen den Willen der Betroffenen und wird polizeilich begleitet (Hunger/Rother 2021). Nathalie Peutz und Nicolaus de Genova definieren Abschiebungen (*deportations*) als „compulsory removal of ‚aliens‘ from the physical, juridical, and social space of the state" (Peutz/De Genova 2010: 1). Diese Definition geht über die territoriale Komponente hinaus und schließt auch den gewaltsamen Bruch mit sozialen Räumen und Beziehungen ein.

In der wissenschaftlichen Literatur gelten Abschiebungen als die schärfste Waffe der staatlichen Migrationskontrolle. Politisch verkörpert das Instrument die staatliche Souveränität zu entscheiden, wer in einem Territorium leben darf (Wong 2015). Da Abschiebungen die individuelle Bewegungsfreiheit über (→) Grenzen hinweg beschränken bzw. verunmöglichen und nicht selten in einem Spannungsverhältnis mit den internationalen Menschenrechten stehen, sind sie politisch wie akademisch umstritten. Der staatliche Regulierungs- und Kontrollanspruch einerseits und individuelle Rechte auf Sicherheit und Schutz andererseits stehen in einem Konflikt zueinander, mehr noch, sie sind nicht kompromissfähig (Oulios 2015; Thym 2019).

Die Abschiebepolitik umfasst Akteur*innen, Institutionen, Normen, Prozesse zur Herstellung von Abschiebbarkeit und der Durchführung von Abschiebungen. Seit den 1990er Jahren gewinnen diese Themen in der tagespolitischen Auseinandersetzung an Bedeutung. Je stärker Abschiebungen als ein Akt der staatlichen Souveränität politisiert werden, desto mehr entwickeln sie sich weg von einem Ausnahme- und Kriegsinstrument hin zu einer normalisierten Maßnahme der Migrationskontrolle (*deportation turn*).

Im nächsten Abschnitt werden Abschiebungen als Instrument der Migrationskontrolle von souveränen Staaten diskutiert. Abschnitt 3 widmet sich rechtlichen Kategorien und Ebenen der Abschiebepolitik und Abschnitt 4 zeigt Anlässe und Gründe für die Nicht-Abschiebbarkeit. Da Abschiebungen in der Gesellschaft umstritten sind, widmet sich Abschnitt 5 zivilgesellschaftlichen Widerständen.

2. Instrument der Migrationskontrolle souveräner Staaten

Katy Long (2014) nennt drei Optionen, die Aufnahmeländer im Umgang mit Krisen der Flucht haben: Die Rückführung (Abschiebung), die Integration vor Ort und die Neuansiedelung in andere Länder. (→) *Resettlement* wird weltweit kaum angewendet, die dauerhafte Aufnahme und die Rückführung sind die praktizierten Optionen der europäischen Staaten. Alleine zahlenmäßig betrachtet ist die dauerhafte Aufnahme (Integration) das dominante Muster.

Der Politologe Tom K. Wong (2015) spricht vom Zeitalter der Migrationskontrolle. Abschiebungen seien ein zentrales Instrument im Repertoire einer restriktiven, kontrollierenden Einwanderungspolitik. Sie würden einerseits diese legitimieren, andererseits zur Akzeptanz des Asylsystems bei der Bevölkerung beitragen. Daniel Kanstroom (2007) unterscheidet zwei Typen von migrationsbezogenen Kontrollinstrumenten: Erstens die *entry*-Kontrolle, um die Einreise zu erschweren bzw. sie unmöglich zu machen. Zweitens die *post entry*-Kontrolle, um Rechte von Personen mit Fluchtstatus zu beschränken und die Durchführbarkeit von Abschiebungen zu erhöhen. Realpolitisch werden *entry*- und *post entry*-Maßnahmen gekoppelt, um so dem politischen Ziel der Migrationskontrolle besser zu entsprechen.

Abschiebungen sind aber nicht nur ein Instrument der Migrationskontrolle, sie gelten auch als Mittel der sozialen Kontrolle bzw. der Bestrafung von deviantem Verhalten (Kanstroom 2007). Ein Beispiel für diese Funktion sind gesetzliche Bestimmungen, wonach straffällig gewordene Nicht-Staatsbürger*innen außer Landes gebracht werden können.

Nach Daniel Thym prägen Zielkonflikte zwischen dem Anspruch der staatlichen Souveränität auf Migrationskontrolle einerseits und der Wahrung und Auslegung von Menschenrechten andererseits seit über 30 Jahren die Asyldebatte in Deutschland (Thym 2019). Wissenschaftler*innen kritisieren das Abschieberegime, das sich auf die staatliche Souveränität beruft, hinsichtlich Verletzungen der persönlichen Freiheitsrechte und der den Abschiebungen immanenten (→) Gewalt (Ellermann 2009). Die Sozialwissenschaftlerin Liza Schuster (2005) vertritt die Position, dass Abschiebungen ohne Beeinträchtigung der Menschenwürde nicht durchführbar sind und fordert folglich eine generelle Aussetzung dieser Maßnahme. Miltiadis Oulius diskutiert, ausgehend von Erfahrungen und Erzählungen von Geflüchteten, das Bleiben in einem Rahmen der Rechte, anstatt des Narrativs der Verfehlungen und der (→) Irregularität – denn Menschen hätten ein Recht, mobil zu sein, so das Basisargument (Oulios 2015).

Dagegen begründet das Recht souveräner Staaten, Zugang und Verbleib ausländischer Staatsbürger*innen auf ihrem Territorium zu kontrollieren und die Bedingungen für einen Aufenthaltsstatus festzulegen. Diese Grundannahme reproduziert die rechtlichen wie normativen Grenzziehungen der nationalen Staatsbürgerschaft und schafft die Basis für die unterschiedliche rechtliche Behandlung zwischen Staatsbürger*innen und Nicht-Staatsbürger*innen. Das Souveränitätsverständnis beinhaltet zudem, dass Menschen ohne Aufenthaltsstatus außer Landes gebracht werden können. In dieser Sicht- und Argumentationsweise ahndet eine Abschiebung Verletzungen der Zuwanderungs- und Aufenthaltsgesetzgebung (Anderson et al. 2011).

Forschungen weisen auch auf ökonomische Aspekte von Abschiebungen hin. Alleine die Möglichkeit der Abschiebbarkeit von Personen begünstigt prekäre Arbeitsverhältnisse. Denn die Gefahr, jederzeit außer Landes gebracht werden zu können – der Zustand der Abschiebbarkeit also (De Genova 2002) – wirke nicht nur wie ein Damoklesschwert im Leben von Migrant*innen mit irregulärem Status, sondern mache auch Prekarität und Ausbeutung am (→) Arbeitsmarkt wahrscheinlicher (Chauvin/Garcés-Mascareñas 2012).

3. Abschiebepolitik: Formen und Ebenen

Seit den 1990er Jahren ist die Versicherheitlichung der Migrationspolitik von steigenden Abschiebezahlen begleitet. Mathew Gibney spricht von einem *deportation turn* (Gibney 2008), Peutz und De Genova (2010) sprechen von einem globalisierten Abschieberegime. In Europa stieg nach dem Fall des Eisernen Vorhangs 1989 und im Zuge der Kriege in Jugoslawien Anfang der 1990er Jahre die Zahl der Asylbewerber*innen stark an. Als eine Antwort auf diese Entwicklung – neben jener der Aufnahme (Long 2016) – verschärften viele Länder ihre Asylgesetzgebung und setzten verstärkt Abschiebungen als Steuerungsmittel ein.

Rechtlich werden in EU-Mitgliedstaaten drei Typen der Außerlandesbringung unterschieden: die *Abschiebung*, die *Dublin-Überstellung* und die angeordnete Ausreise bzw. die *freiwillige Ausreise*. Eine *Abschiebung* bezeichnet die zwangsweise Durchsetzung einer behördlichen oder gerichtlichen Aufenthaltsbeendigung. Sie kann Migrant*innen treffen, die über keinen legalisierten Aufenthalt (mehr) verfügen, meist sind es rechtskräftig negativ beschiedene Asylbewerber*innen. Die *Dublin-Überstellung* betrifft ausschließlich Asylsuchende. Die EU-Verordnung sieht vor, dass Asylbewerber*innen, die sich bereits in einem anderen EU-Staat aufgehalten haben, dorthin zurück überstellt werden können. Die angeordnete Ausreise (vgl. Dünnwald 2008), offiziell *freiwillige Ausreise* genannt, bezeichnet das fremdenpolizeilich dokumentierte Verlassen des Staatsgebiets nach einer behördlichen oder gerichtlichen Aufenthaltsbeendigung. Da die Ausreise zwar selbständig, aber angesichts einer drohenden zwangsweisen Abschiebung erfolgt, beschreibt der Begriff *angeordnete Ausreise* das Phänomen treffender als die Bezeichnung *freiwillige Ausreise*. Einige EU-Länder geben für diese Form der Außerlandesbringung finanzielle Anreize. So startete das Bundesministerium für wirtschaftliche Zusammenarbeit und Entwicklung im März 2017 das *Programm Perspektive Heimat*, um Rückkehrer*innen im Herkunftsland zu unterstützen (SVR 2019).

Welche politische Ebene ist für Abschiebungen verantwortlich? Bei EU-Mitgliedstaaten obliegen die gesetzlichen Bestimmungen zur zwangsweisen Ausreise und zur Durchführung von Abschiebungen der mitgliedstaatlichen Ebene. Die EU regelt die Dublin-Überstellungen, die die Mitgliedstaaten anwenden oder aussetzen können. Die Rückführungs-Richtlinie 2008/115/EG enthält menschenrechtliche Mindeststandards für die Durchführung. Daneben kooperieren die EU-Mitgliedstaaten über die europäische Grenzschutzagentur FRONTEX u. a. in Form von Charter-Abschiebungen.

Trotz der intensiven politischen Bestrebungen, Abschiebungen zu forcieren, sind sie faktisch eine eher unwirksame Methode des Migrationsmanagements. Denn der politische Diskurs, wonach Abschiebungen, Rückführungen und angeordnete Ausreisen konsequent und effizient durchgeführt werden müssten, trifft auf eine Praxis der Nicht-Abschiebbarkeit.

4. Deportation gap: Gründe und Alternativen

Im Jahr 2018 hatte sich die EU-Kommission das Ziel gesetzt, die Rückführungsquote bis 2020 auf rund 70 Prozent zu steigern. Dies würde bedeuten, dass sieben von zehn rechtlich ausreisepflichtigen Migrant*innen die EU verlassen hätten, tatsächlich aber sind 2019 29 Prozent der Ausreisepflichtigen aus dem EU-Territorium ausgereist (FAZ 12.3.2021). Die EU-Kommission schätzte, dass im Jahr 2018 mehr als eine Million nicht-abschiebbarer Migrant*innen auf EU-Territorium lebten (Lutz 2019). Diese Zahlen belegen, dass eine behördliche oder gerichtliche Entscheidung zur Aufenthaltsbeendigung keineswegs in einer Abschiebung mündet. Gibney (2008) bezeichnet die Diskrepanz zwischen der Anzahl behördlich abschiebbarer Menschen und tatsächlich durchgeführten Abschiebungen als *deportation gap*.

Die Gründe für die Nicht-Abschiebbarkeit sind vielfältig. Liberale Staaten sind zwar souverän, sie sind aber an internationale Bestimmungen gebunden und durch fehlende bilaterale Abkommen in ihrem Handeln eingeschränkt. Die *liberal constraint theory* (Hollifield et al. 2008) diskutiert die Ambivalenzen, die sich in repräsentativen Demokratien aus dem Anspruch, allen Menschen grundlegende Rechte zu gewähren, ergeben können. Abschiebungen können sowohl aus (menschen-)rechtlichen als auch aus praktischen Gründen nicht durchgeführt werden (Bausager Heegaard et al. 2010). Menschenrechtliche Barrieren sind die internationale Verpflichtung zum Schutz des Familien- und Privatlebens sowie das *Non-Refoulement*-Prinzip, wonach Personen dann nicht abgeschoben werden dürfen, wenn im Zielland das Risiko einer schweren Menschenrechtsverletzung besteht; weiters macht der physische Zustand der Person oder wenn entsprechende medizinische Behandlungsmöglichkeiten (→ Gesundheit) im Herkunftsland fehlen, eine Abschiebung nicht rechtens. Praktische Gründe schließlich liegen vor, wenn die Herkunftsstaaten den Personen keine Einreisepapiere oder Passersatzpapiere ausstellen (dies weil etwa Rücknahmeabkommen fehlen).

Die politischen Antworten auf den *deportation gap* sind vielfältig. Es handelt sich erstens um Maßnahmen, die den irregulären Aufenthalt regulär machen. Dazu zählt das Duldungsrecht in Deutschland. In den USA führte Präsident Obama das *Dreamer-Program* ein, um Kinder von nicht regulär Eingewanderten vor einer Abschiebung zu schützen. Einige europäische Länder führen Regularisierungen durch, um undokumentierten Migrant*innen, die eine berufliche Tätigkeit nachweisen können, einen Aufenthaltsstatus zu geben (Hinterberger 2020).

Zweitens kommen Instrumente zur effizienteren Umsetzung zur Anwendung. Diese betreffen sowohl innenpolitische Maßnahmen als auch Maßnahmen im Bereich der internationalen Beziehungen bzw. der europäischen Politik. Letztere betreffen Rückübernahmeabkommen, die sowohl von der EU als auch von einzelnen Mitgliedstaaten abgeschlossen werden. Diese beinhalten die Zusammenarbeit zwischen den EU-Ländern und Nicht-EU-Ländern hinsichtlich der Identifizierung, Neuausstellung von Ausweispapieren und der Rückführung von Personen. Rücknahmeabkommen werden mit entwicklungspolitischer Zusammenarbeit, Visa- und Handelspolitik gekoppelt. Innenpolitische, administrative Politikansätze betreffen die Ausweitung der Liste der sog. sicheren Herkunftsstaaten und Regelungen zur Ausreisepflicht von sog. Gefährdern. Auch die 2018 eingerichteten Ankerzentren verfolgen das Ziel schnellerer Entscheidungen hinsichtlich Bleiben oder Zurückkehren anhand von Anerkennungschancen (Devlin et al. 2021). Um die Bereitschaft zur Mitwirkung bei der Beschaffung von Ersatzpapieren zu erhöhen, sind einige Länder dazu übergegangen, soziale Unterstützungsleistungen an die Mitwirkungspflicht bei Abschiebungen zu koppeln (Rosenberger/Koppes 2018).

Der von der EU-Kommission im Jahr 2020 vorgestellte *Neue Migrations- und Asylpakt* sieht eine frühe Entscheidung zwischen Außerlandesbringung und Teilhabe, die Umsiedlung von Asylsuchenden sowie sog. Abschiebepartnerschaften vor. Länder, die sich nicht an der Umsiedelung von Asylsuchenden aus den Lagern an den Außengrenzen beteiligen, sollen bei der Abschiebepolitik eine aktive Rolle übernehmen (European Commission Press Release 2020). Der Pakt signalisiert eine Priorisierung von Abschiebungen in der gemeinsamen Migrations- und Asylpolitik.

5. Widerstand gegen Abschiebungen

Abschiebungen bleiben nicht unwidersprochen, sondern führen zu öffentlich sichtbaren Protesten und zu weniger sichtbaren individuellen Umgehungsstrategien. Von Abschiebung Betroffene und zivilgesellschaftliche Initiativen organisieren Proteste insbesondere für das Bleiben von abgelehnten Asylsuchenden (Freedman 2009; Patler/Gonzales 2015; Ruedin et al. 2018).

Peutz und De Genova interpretieren zivile Proteste gegen Abschiebungen als eine konflikthafte Beziehung zwischen staatlicher Souveränität, Raum und Bewegungsfreiheit (Peutz/De Genova 2010: 3). Tatsächlich können pro-migratorische Proteste als politische Bewegung für eine weniger restriktive Migrations- und Asylpolitik sowie für das Recht auf internationale Mobilität gelesen werden. Meist aber haben zivilgesellschaftliche Proteste lokalen und individuellen Charakter. Sie richten sich gegen die Abschiebung von Einzelnen und nutzen Argumente, die die Integrität der Persönlichkeit und die Einbindung in die Umgebung einer einzelnen Person bzw. einer Gruppe betreffen. Anderson, Gibney und Paoletti (2011) bewerten diese fallbezogenen Mobilisierungen in politischer Hinsicht als zweischneidig: Die Kämpfe erweitern zwar die engen Grenzziehungen zwischen *In-* und *Outgroups*, sie würden aber nicht notwendigerweise auch Abschiebungen als Instrument in Frage stellen. Der politische Veränderungsanspruch kommt in diesen fallbezogenen Mobilisierungen entweder indirekt zum Tragen oder ist Teil der parteipolitischen Auseinandersetzung (Hadj-Abdou/Rosenberger 2019). Bader und Probst (2018) stellen für die Schweiz fest, dass erfolgreiche Protestkoalitionen mit politischen Akteur*innen dann entstehen können, wenn diese den (tragischen) Einzelfall und nicht eine Veränderung des Asylregimes fordern.

Neben den solidarischen Protesten der (→) Zivilgesellschaft fordern von Migrant*innen selbst organisierte Proteste die geltenden Asyl- und Abschieberegime stärker heraus. Wenn Migrant*innen Widerstand organisieren, demonstrieren und Plätze besetzen und dabei Unterstützung von und Allianzen mit NGOs, Kirchen und Einzelpersonen suchen, dann wird auch dem Asylsystem öffentliche Aufmerksamkeit geschenkt (Mokre 2015).

Eine andere Widerstandsform sind Umgehungs- und Vereitelungsstrategien der Durchführung einer Abschiebung durch Migrant*innen (Oulios 2015). Zu diesen zählen Einsprüche gegen Entscheidungen der Asylbehörden, um Aufschiebungen zu erreichen, und der Umgang mit gesetzlichen Fristen, insbesondere bei Dublin-Verfahren. Eine radikale Form des Widerstandes ist das Untertauchen bzw. die Weiterreise in ein Land, in dem andere Abschiebebestimmungen gelten. Die staatlichen Stellen reagieren auf diese Strategien, indem sie beispielsweise Abschiebetermine im Voraus nicht ankündigen bzw. die Durchführung in der Nacht vornehmen.

6. Resümee

Die Abschiebepolitik ist ein Teil der staatlichen Migrationskontrolle. Die Differenz zwischen negativen Asylbescheiden und tatsächlich durchgeführten Abschiebungen legt ein kostspieliges Scheitern der staatlichen Migrationskontrolle nahe. Menschenrechtliche Bestimmungen, praktische Hürden ebenso wie Protest und Widerstand können die Nicht-Abschiebbarkeit, den *deportation gap*, erklären. Dennoch steigen europaweit die Abschiebezahlen.

Das solide, wissenschaftlich gesicherte Wissen über Abschiebepraxen ebenso wie über die post-Abschiebesituation (→ Rückkehr) ist nach wie vor gering. Studien zum staatlichen *Monitoring*, wie bereits seit Jahren in der EU-Rückführungs-Richtlinie vorgesehen, differenzieren zwischen den polizeilichen Abschiebeprozeduren vor Ort und der post-Abschiebesituation im Rücknahmeland. Während manche Länder Abschiebevorgänge institutionell beaufsichtigen, fehlt hingegen meist ein post-Abschiebemonitoring. Dieses institutionelle Defizit kann nur bedingt durch NGOs und internationale Organisationen kompensiert werden. Untersuchungen zur post-Rückkehr-Phase stellen – von wenigen Ausnahmen abgesehen (vgl. Schuster/Majidi 2013) – eine eklatante Blindstelle der Forschung dar.

Literaturverzeichnis

Anderson, Bridget/Gibney, Matthew J./Paoletti, Emanuela (2011): Citizenship, deportation and the boundaries of belonging. In: Citizenship Studies 15 (5), 547–563.

Bader, Dina/Probst, Johanna (2018): Saving the Deportee: Actors and Strategies of Anti-deportation Protests in Switzerland. In: Rosenberger, Sieglinde/Stern, Verena/Merhaut, Nina (Hrsg.): Protest Movements in Asylum and Deportation, IMISCOE Research Series, New York: Springer International Publishing, 141–160.

Bausager Heegaard, Mathilde/Köpfli Møller, Johanne/Ardittis, Solon (2010): Study on the situation of third-country nationals pending return/removal in the EU Member States and the Schengen Associated Countries. Brüssel: Europäische Kommission.

Chauvin, Sébastien/Garcas-Mascarenas, Blanca (2012): Beyond Informal Citizenship: The New Moral Economy of Migrant Illegality. In: International Political Sociology 6 (3), 241–259.

De Genova, Nicholas (2002): Migrant "Illegality" and Deportability in Everyday Life. In: Annual Review of Anthropology 31 (1), 419–447.

Devlin, Julia/Evers, Tanja/Goebel, Simon (2021): Praktiken der (Im-)Mobilisierung: Lager, Sammelunterkünfte und Ankerzentren im Kontext von Asylregimen. Bielefeld: transcript Verlag.

Dünnwald, Stephan (2008): Zur Beratung und Förderung freiwilliger und angeordneter Rückkehr durch Nichtregierungsorganisationen in Deutschland, Frankfurt a.M.: Förderverein PRO ASYL e. V.

Ellermann, Antje (2009): States against migrants: deportation in Germany and the United States, Cambridge: Cambridge University Press.

European Commission Press Release (2020): A fresh start on migration: Building confidence and striking a new balance between responsibility and solidarity. Brüssel: Europäische Kommission.

FAZ – Frankfurter Allgemeine Zeitung: Warum nur einer von drei abgelehnten Asylbewerbern zurückkehrt. 12.3.2021.

Freedman, Jane (2009): Mobilising against detention and deportation: Collective actions against the detention and deportation of 'failed' asylum seekers in France. In: French Politics 7 (3–4), 342–359.

Gibney, Matthew J. (2008): Asylum and the expansion of deportation in the United Kingdom. In: Government and Opposition 43 (2), 146–167.

Gibney, Matthew J. (2013): Is Deportation a Form of Forced Migration? In: Refugee Survey Quarterly 32 (2), 116–129.

Hinterberger, Kevin Fredy (2020): Regularisierungen irregulär aufhältiger Migrantinnen und Migranten. Deutschland, Österreich und Spanien im Rechtsvergleich. Baden-Baden: Nomos.

Hollifield, James F./Hunt, Valerie F./Tichenor Daniel J. (2008): Liberal Paradox: Immigrants, Markets and Rights in the United States. In: SMU Law Review 61 (1), 67–98.

Hunger, Uwe/Rother, Stefan (2021): Internationale Migrationspolitik. Stuttgart: utb.

Kanstroom, Daniel (2007): Deportation Nation. Outsiders in American History, Cambridge: Harvard University Press.

Long, Katy (2014): Rethinking "Durable" Solutions. In: Fiddian-Qasmiyeh, Elena/Loescher, Gil/Long, Katy/Sigona, Nando (Hrsg.): The Oxford Handbook of Refugee and Forced Migration Studies. Oxford: Oxford University Press, 475–487.

Lutz, Fabian (2018): Non-removable Returnees under Union Law: Status Quo and Possible Developments. In: European Journal of Migration and Law 20 (1), 28–52.

Mokre, Monika (2015): Solidarität als Übersetzung. Wien: transversal texts.

Peutz, Nathalie/De Genova, Nicholas (2010): Introduction. In: De Genova, Nicholas/Peutz, Nathalie (Hrsg.): The Deportation Regime. Sovereignty, Space, and the Freedom of Movement, Durham. London: Duke University Press, 1–32.

Patler, Caitlin/Gonzales, Roberto G. (2015): Framing citizenship: Media coverage of anti-deportation cases led by undocumented immigrant youth organizations. In: Journal of Ethnic and Migration Studies 41 (9), 1453–1474.

Oulios, Miltiadis (2015): Blackbox Abschiebung: Geschichte, Theorie und Praxis der deutschen Asylpolitik. Berlin: Suhrkamp/Insel.

Rosenberger, Sieglinde/Koppes, Sabine (2018): Claiming control: Cooperation with return as a condition for social benefits in Austria and the Netherlands. In: Comparative Migration Studies 6. https//: doi.org/10.1186/s40878-018-0085-3.

Hadj Abdou, Leila/Rosenberger, Sieglinde (2019): Contesting the deportation state? Political change aspirations in protests against forced returns. In: Ethnic and Racial Studies 42 (16), 102–119.

Ruedin, Didier/Rosenberger, Sieglinde/Merhaut, Nina (2018): Tracing anti-deportation protests: A longitudinal comparison of Austria, Germany and Switzerland. In: Rosenberger, Sieglinde/Stern, Verena/Merhaut, Nina (Hrsg.): Protest Movements in Asylum and Deportation, IMISCOE Research Series, New York: Springer International Publishing, 89–115.

Schuster, Liza (2005): A Sledgehammer to Crack a Nut: Deportation, Detention and Dispersal in Europe. In: Social Policy & Administration 39 (6), 606–621.

Schuster, Liza/Majidi, Nassim (2013): What happens post-deportation? The experience of deported Afghans. In: Migration Studies 1 (2), 221–240.

SVR (Hrsg.) (2019): Bewegte Zeiten: Rückblick auf die Integrations- und Migrationspolitik der letzten Jahre. Jahresgutachten 2019, Berlin.

Thym, Daniel (2019): Sollbruchstellen des deutschen, europäischen und internationalen Flüchtlingsrechts. In: Schriftenreihe der Juristischen Gesellschaft zu Berlin, Bd. 197. Berlin: De Gruyter.
Wong, Tom K. (2015): Rights, deportation, and detention in the age of immigration control. Stanford: Stanford University Press.

III.3.5
Externalisierung

Laura Lambert

Abstract Der Beitrag gibt einen Überblick über politische und wissenschaftliche Entwicklungen im Feld der Externalisierungspolitiken. Externalisierung bezeichnet die räumliche Vorverlagerung und Auslagerung von Migrationskontrollen und Flüchtlingsschutz an Drittstaaten und andere Akteur*innen. Nach einem kurzen Überblick über die Entwicklung der Externalisierung und ihre zentralen Politikfelder stellt der Beitrag überblicksartig zentrale wissenschaftliche Konzepte aus der Forschung zu Grenzen und internationaler Kooperation vor. Anschließend werden neuere Überlegungen zu ihrer Weiterentwicklung, insbesondere hinsichtlich einer dezentrierenden und historisierenden Reflexion sowie der empirischen Ausrichtung der Forschung diskutiert.

Schlüsselbegriffe: Externalisierung, Migrationskontrolle, Regional Development and Protection Program, Grenze, Outsourcing, Eurozentrismus

1. Einleitung

Seit den 2000er Jahren ist die Externalisierung zu einer „globalen Norm" in der Migrations- und Flüchtlingspolitik geworden (Geiger 2016: 261) – und dies trotz der inhärenten Menschenrechtsverletzungen. Sie bezeichnet die Prozesse der Einrichtung von Migrationskontrollen jenseits des staatlichen Territoriums und ihre Auslagerung an Drittstaaten und andere Akteur*innen (Bialasiewicz 2012). Damit verfolgen Regierungen das zentrale Ziel, die Ankunft von Geflüchteten und Migrant*innen auf ihrem Territorium zu verhindern. Bisher werden diese Praktiken des *off-shoring* und *outsourcing* überwiegend von der Europäischen Union, Australien, den USA und Kanada umgesetzt. Allerdings verfolgen auch andere Staaten, wie beispielsweise Südafrika, zunehmend Externalisierungspolitiken (Landau 2019).

Der Beitrag gibt einen Überblick über die Entwicklungen, Konzepte und Forschungslücken in der Externalisierungsforschung. Besonders die *policy*-Analysen zur Europäischen Union sind seit den 2010er Jahren nahezu explodiert. Daher werden hier neuere Ansätze ausgewählt, die sich konzeptionell und methodisch hervorgetan haben.

2. Entwicklungen

Als frühe Beispiele von Externalisierungspolitiken können die Einführung von Visapolitiken am Anfang des 20. Jahrhunderts (Torpey 2000) und die *push-backs* jüdischer Geflüchteter in den 1930er und 1940er Jahren betrachtet werden (FitzGerald 2019). Diese Grenzkontrollpolitiken intensivierten sich ab den 1980er Jahren in Nordamerika, Europa und Australien (ibid.). Beispielsweise fingen die USA Anfang der 1990er Jahre haitianische Geflüchtete in der Karibik ab, inhaftierten sie in Guantánamo und wiesen sie in Kollektivausweisungen nach Haiti zurück (Casas-Cortés et al. 2014). Die Europäische Union machte die Externalisierung 1999 zu einer zentralen Säule ihrer Migrationspolitik (Gammeltoft-Hansen 2011). Ein Grund dafür war die zunehmende Freizügigkeit im Inneren des Schengen-Raums, die für EU-Staaten die verstärkte Kooperation mit Drittstaaten zur Kontrolle der Einreise in die EU nötig erscheinen ließ (Boswell 2003). Die EU förderte anschließend Migrationskontrollen auf dem Balkan und in Osteuropa (Bialasiewicz 2012) und beauftragte im Jahr 2006 ihre Grenzschutzagentur Frontex, an der westafrikanischen Küste Migrant*innen auf dem Weg zu den Kanarischen Inseln abzufangen und auf das Festland zurückzubringen (Andersson 2014). Seitdem hat Europa weitere Grenzkontrollen in Drittstaaten durchgeführt oder diese dazu gebracht, diese Aufgaben zu übernehmen.

Ein besonders drastisches Beispiel für die Verzahnung von vorverlagerten Grenzkontrollen und der Auslagerung des Flüchtlingsschutzes ist die australische Politik der „Pacific Solution". Seit 2001 werden Bootsgeflüchtete (→ Seenotrettung; → Bootsflüchtlinge) auf dem Pazifik abgefangen und zurückgewiesen oder auf vorgelagerten Inselstaaten unter prekären Bedingungen inhaftiert, wo ihre Asylverfahren zu immensen Kosten durchgeführt werden. Die Geflüchteten haben abgesehen von medizinischen Notfällen kaum Möglichkeiten, je das australische Festland zu erreichen und unterliegen multiplen Menschenrechtsverletzungen, wie beispielsweise dem fehlenden Zugang zu rechtsstaatlichen Verfahren. Diese Rechtsbrüche sind regelmäßig von Geflüchteten und Menschenrechtsorganisationen dokumentiert und beanstandet worden. Mit einem juristischen Kniff hat Australien zudem seine vorgelagerten Inseln als nicht zum Staatsterritorium gehörend umdefiniert, um den Zugang zu Asyl zu beschneiden. Wie andere Externalisierungspolitiken zielen die „Pacific Solution" und ihre Nachfolger neben ihrer abschreckenden Wirkung damit auch darauf ab, Asylsuchende vom Staatsgebiet und seinen rechtsstaatlichen Prozeduren auszuschließen (Hyndman/Mountz 2008; FitzGerald 2019).

Wie diese Beispiele illustrieren, umfassen Externalisierungspolitiken ein breites Spektrum an Praktiken (vgl. Zaiotti 2016; FitzGerald 2019). Sie lassen sich grob in eine repressive und eine präventive Dimension unterteilen (Boswell 2003). Mit Blick auf repressive Politiken werden Migrations- und Grenzkontrollen räumlich vorverlagert oder an Drittstaaten und andere Akteur*innen ausgelagert. Visapolitiken und die Pflicht für Transportunternehmen, die Visa vor der Einreise zu kontrollieren, verhindern die Ankunft Reisender bereits vor der territorialen Grenzlinie. Die Visavergabe ist dabei stark exkludierend und an Rassismen und globalen Ungleichheitsmustern ausgerichtet (van Houtum 2010). Die demgegenüber visalos reisenden, illegalisierten Migrant*innen werden in kooperierenden Drittstaaten oder auf dem Meer vor dem Erreichen staatlicher Hoheitsgewässer abgefangen. In vielen Drittstaaten und Grenzräumen wurden zudem biometrische Grenzkontrollen und militärische Satelliten- und Drohnenüberwachung eingeführt (Frowd 2018; Tazzioli 2018). Sie dienen dazu, Migrationsbewegungen zu überwachen und vorherzusagen, ihnen zuvorzukommen und sie zu filtern.

Migrant*innen, die es dennoch in den globalen Norden geschafft haben, werden vermehrt abgeschoben (→ Abschiebung). Auch dabei werden migrationskontrollpolitische Maßnahmen an Herkunfts- und Transitstaaten ausgelagert. Sie werden zur Identifikation und Rücknahme Abzuschiebender verpflichtet, was Abschiebungen überhaupt erst ermöglicht. An die Unterzeichnung der zugrundeliegenden Rückführungsabkommen werden Entwicklungshilfe und Wirtschaftskooperationen für die

Drittstaaten geknüpft (Cassarino 2018) (→ Rückkehr). Dennoch hat beispielsweise Mali auf den Druck seiner Bevölkerung hin mehrfach die Unterzeichnung verweigert (Dünnwald 2017). Für die Koordination dieser diversen Maßnahmen haben verschiedene Staaten Verbindungsbeamt*innen in die Kooperationsländer entsandt.

Als zweite, präventive Dimension werden die Asylverfahren und der Flüchtlingsschutz an Drittstaaten ausgelagert. So werden im bereits genannten Fall Australiens die Asylverfahren in *external processing centers* in Drittstaaten durchgeführt und erst nach Erhalt des Flüchtlingsstatus wird gegebenenfalls eine Einreise über Resettlement gewährt (Betts 2004). Dieser Ansatz wurde seit 2003 wiederholt in der EU aufgegriffen und kontrovers diskutiert (Zaiotti 2016). Stattdessen richtete die EU bisher *Regional Development and Protection Programs* ein. Durch den Ausbau lokaler Asylverfahren, des Flüchtlingsschutzes und der Bekämpfung von Fluchtursachen sollen die Geflüchteten näher an ihren Herkunftsregionen Schutz erhalten und darüber Migrationsbewegungen in den globalen Norden reduziert werden (Betts 2004). Allerdings sind auch diese präventiven Politiken repressiv und verstärken Sicherheitspolitiken (Collyer 2020). Ein eindrückliches Beispiel dafür ist die Schaffung von sicheren Fluchtzonen oder *safe havens* in Kriegssituationen, um Fluchtbewegungen in Nachbarländer und darüber hinaus zu verhindern (FitzGerald 2019). In Srebrenica führte diese Politik im Jahr 1995 zum Genozid an ca. 8.000 Muslim*innen durch serbische Milizen, als die UN-Blauhelme ihre Sicherheit nicht gewährleisten konnten (Hyndman/Mountz 2008).

Für beide Dimensionen ist eine Verschiebung der Zuständigkeit auf diverse Akteur*innen (*outsourcing*) ein zentrales Merkmal. Durch enge Kooperationen bei den Grenzkontrollen werden oft autoritäre Regime gestärkt und insbesondere ihr Sicherheitsapparat aufgebaut (Cassarino 2018; Lemberg-Pedersen/Moreno-Lax 2019). Darüber hinaus wird staatliches Handeln auf private Akteur*innen wie Waffenhändler*innen und Sicherheitsfirmen übertragen. Sie sind die großen Profiteur*innen dieser kostspieligen Migrationsindustrie (Lemberg-Pedersen 2013). Dies betrifft auch die regelmäßig in der Kritik stehende europäische Grenzschutzagentur Frontex und (semi-)private Thinktanks wie Civipol, der anteilig den Rüstungskonzernen Thales, Airbus und Safran gehört. Außerdem findet eine Verschiebung von Zuständigkeiten auf internationale Organisationen wie die Internationale Organisation für Migration (IOM) und das UN-Flüchtlingskommissariat (→ Internationale Organisationen) statt.

Viele dieser Politiken zielen über dieses *outsourcing* auch darauf ab, die Verantwortung für die oft umstrittenen Maßnahmen zu verwässern und ihre öffentliche Überprüfbarkeit zu begrenzen (Zaiotti 2016). Allerdings enthebt die Verschiebung auf andere Akteur*innen die externalisierenden Staaten nicht von ihrer Verantwortung. Dies wird besonders im EU-finanzierten Abfangen von Geflüchteten im Mittelmeer durch die sogenannte libysche Küstenwache deutlich, die diese zur Rückkehr in das Bürgerkriegsland Libyen zwingt und dort teils in Foltergefängnisse bringt. Aus juristischer und ethischer Perspektive trägt Europa hier weiterhin Verantwortung für die dramatischen Menschenrechtsverletzungen. Verletzt werden dabei unter anderem die Rechte auf Nichtzurückweisung und den Schutz vor Folter, auf Leben und körperliche Unversehrtheit (Lemberg-Pedersen/Moreno-Lax 2019; Farahat/Markard 2020).

3. Konzepte

Die Externalisierungsforschung zeichnet sich durch eine konzeptionelle und disziplinäre Vielfalt aus. Dabei mangelt es bisher an Theoretisierungen, insbesondere aus machtanalytischer Perspektive (Zaiotti 2016). Das frühe, sehr verbreitete Konzept *remote control* (Zolberg 2001) ist meist eine konzeptuelle Metapher geblieben. Zuletzt wurde es konkretisiert, indem räumliche, relationale, funktionale und prozedurale Dimensionen unterschieden wurden (Zaiotti 2016; vgl. Lemberg-Pedersen/Moreno-Lax 2019).

Viele Arbeiten beziehen sich auf Konzepte aus den *border studies*, wie beispielsweise *borderland* (Martínez 2005), *borderwork* (Rumford 2008) und *borderscape* (Rajaram/Grundy-Warr 2007). Sie alle betonen im Sinne eines *bordering* (van Houtum 2010) die dynamischen und relationalen Prozesse der Herstellung von Grenzen durch vielfältige Praktiken verschiedener Akteur*innen. Dabei wird die Grenze nicht als territoriale Linie begriffen, sondern als mannigfaltig und dort aktiv, wo Migrant*innen sind (Casas-Cortés et al. 2014). Diese Perspektiven beziehen sich auf Konzeptionen von Politik, die über den Staat hinaus auch die Migrant*innen und viele andere Akteur*innen als politisch Handelnde einbeziehen. Als Konzepte eignen sich hier das Grenzregime (Tsianos/Karakayalı 2010) und die Assemblage (Bialasiewicz 2012), wobei letzteres auch nicht-menschliche Akteur*innen einschließt. Geographische Arbeiten haben zudem dafür sensibilisiert, die räumlichen Verschiebungen oder Reskalierungen der Grenze (Collyer/King 2015) zu untersuchen.

Bis heute relevant sind politikwissenschaftliche Konzeptionen zur Diffusion von Externalisierungspolitiken zwischen Staaten. Früh einflussreich war hier das Konzept des *policy*-Transfers (Lavenex/Uçarer 2004), welches die Verwendung von Politiken aus einem räumlichen und zeitlichen Kontext für die Entwicklung von Politiken in einem anderen konzipiert. Dieser Entwurf ist für die Vorstellung eines einseitigen Transfers kritisiert worden, der die lokalen Aneignungen und Veränderungen der Politiken im Aufnahmekontext und auch die darüber gezeigten Veränderungen des externalisierenden Staates ausblendet (Cassarino 2018). Demgegenüber eignet sich der Ansatz des *travelling models* (Behrends et al. 2014) dazu, vielfältige Aushandlungen und Veränderungen beider Kontexte und des Modells im Sinne eines komplexen Übersetzungsprozesses sichtbar zu machen (Lambert 2022). Arbeiten in den internationalen Beziehungen haben zudem die Machtdynamiken zwischen kooperierenden Staaten untersucht (Paoletti 2010).

Außerdem wird in der Literatur häufig auf die Vorstellung der Schaffung von rechtsfreien Räumen (Bialasiewicz 2012) und das verbundene Konzept des „nackten Lebens" von Giorgio Agamben (1998) zurückgegriffen, demzufolge Migrant*innen von der souveränen Ordnung, ihren Rechten und ihrem Schutz ausgeschlossen sind. Auch wenn dies für die australischen Inseln gilt (Hyndman/Mountz 2008), können andere Orte der Externalisierung wie afrikanische Staaten oder die hohe See nicht per se als rechtsfreie Räume angesehen werden (Landau 2019). Sie sind durch regionales Recht wie das der westafrikanischen Staatengemeinschaft oder das Seerecht reguliert. Statt eine Rechtslosigkeit vorauszusetzen, schlägt Landau (2019) vor, die räumlichen und zeitlichen Prozesse der Immobilisierung zu untersuchen. Die juristische Forschung hat nun begonnen, die Wirkung dieser Rechtssysteme für die Umsetzung der Externalisierungspolitiken herauszuarbeiten (Farahat/Markard 2020).

Dekoloniale Perspektiven haben die Externalisierung als eine Fortsetzung der Kolonialität der Macht (Quijano 2000) konzipiert, als fortbestehende rassistische Differenzsysteme, die im Kolonialismus staatlich verankert wurden. So hat Lemberg-Pedersen (2019) die Kontinuität der kolonialen Praktiken des Einfangens, Rettens und der Verfolgung in den heutigen Praktiken der EU-Externalisierung herausgearbeitet. Gaibazzi et al. (2017a) greifen auf das Konzept der *frontier* zurück, um die in der kolonialen Begegnung entstehenden Verknüpfungen zwischen Kolonisierten und Kolonisator*innen mit ihren jeweiligen politischen Kulturen und den daraus entstehenden Veränderungen hervorzuheben.

4. Forschungslücken und Ausblick

Neben der mangelnden Theoretisierung hat die neuere Externalisierungsliteratur einige Lücken dieses interdisziplinären Forschungsfeldes offengelegt. So hat die frühere Forschung auf die externalisierenden Staaten fokussiert. Viele Modelle haben sich anfangs den Erklärungen für das Aufkommen von Externalisierungspolitiken im globalen Norden gewidmet (Boswell 2003; Betts 2004; vgl. FitzGerald 2019). Bis heute sind es noch erstaunlich wenige Aufsätze, welche die tatsächliche Implementierung in den Zielstaaten der Externalisierungspolitiken untersuchen und ihre historisch gewordenen Institutionen, gesellschaftlichen Verhältnisse und Widersprüche einbeziehen (vgl. Andersson 2014; Gaibazzi et al. 2017b; El Qadim 2017; Cassarino 2018; Mouthaan 2019).

Neben der Intransparenz der Politiken liegen diese Auslassungen auch in eurozentristischen Perspektiven begründet. Sie erachten westliche Ansprüche als vermeintlich durchsetzungsstark gegenüber als schwach, willenlos und abhängig imaginierten postkolonialen Staaten. Ähnlich wie die Externalisierungspolitik selbst von Eurozentrismus durchzogen ist (Casas-Cortés/Cobarrubias 2020), gilt dies auch für jene Forschung, die sich auf den globalen Norden beschränkt (El Qadim 2017; Gaibazzi et al. 2017a). Demgegenüber wurde gefordert, Akteur*innen mit ihren Agenden und Strategien sowie verfügbare Wissensquellen in den Kooperationsländern einzubeziehen (Cassarino 2018; El Qadim 2017). Damit kann der Einfluss von lokalen Aneignungen und Widerständen auf Externalisierungspolitiken untersucht werden. Sie verändern durchaus auch die westlichen Interessen und Prioritäten in der Kooperation (Cassarino 2018). Für diese Perspektive ist es auch relevant, die historischen (post)kolonialen Kontexte heutiger Politiken (Gaibazzi et al. 2017a) und ihre materiellen Kontinuitäten zu beachten (Lemberg-Pedersen 2019).

Im Zusammenhang mit dieser Perspektivverschiebung auf Drittstaaten und ihre Historisierung benötigt die Externalisierungsforschung auch eine methodische Reorientierung. Angesichts der starken Intransparenz der Externalisierungspolitiken ist es nachteilig, dass die meisten Analysen sich auf begrenzt aussagekräftige *policy*-Dokumente beschränken. Damit lässt sich über eine Beschreibung von *policy*-Trends und -Diskursen hinaus kaum feststellen, welche tatsächlichen Praktiken zu finden sind. Diese Intransparenz trägt auch zur Verharmlosung von Politiken bei (Hyndman/Mountz 2008). Daher sollten sich weitere Analysen ethnographischen Methoden zuwenden, welche die lokalen Aushandlungen und widersprüchlichen Praktiken erheben können (vgl. Andersson 2014). Vergleichende Studien könnten hier Gemeinsamkeiten und Unterschiede in den Politiken herausarbeiten.

Neben dem vorab erwähnten Bedarf an Theoretisierungen sollte sich die Externalisierungsforschung folglich auch in ihrem Forschungsgegenstand und ihren Methoden neu orientieren. Dabei ist eine ethnographische Blickverschiebung (→ Ethnographie) auf die lokalen Implementationen in den Orten der Externalisierung, ihre historische Einbettung und Eurozentrismus-kritische Reflexion geboten (→ Eurozentrismus). Für die Forschung bleibt darüber hinaus die Herausforderung, welchen Umgang sie mit der teils immensen Brutalität der Externalisierungspolitik wählt. Die kritische Migrationsforschung hat hierfür bereits einen reflexiven Umgang entwickelt, der die Kritik von Herrschaftsverhältnissen in Empirie und Forschung in den Mittelpunkt rückt (vgl. Mecheril et al. 2013).

Literaturverzeichnis

Agamben, Giorgio (1998): Homo Sacer. Sovereign Power and Bare Life. Stanford: Stanford University Press.
Andersson, Ruben (2014): Illegality, Inc. Clandestine Migration and the Business of Bordering Europe. Oakland, Calif.: University of California Press.
Behrends, Andrea/Park, Sung-Joon/Rottenburg, Richard (Hrsg.) (2014): Travelling Models in African Conflict Management. Translating Technologies of Social Ordering. Leiden: Brill.
Betts, Alexander (2004): The International Relations of the "New" Extraterritorial Approaches to Refugee Protection: Explaining the Policy Initiatives of the UK Government and UNHCR. In: Refuge: Canada's Journal on Refugees 22 (1), 58–70.
Bialasiewicz, Luiza (2012): Off-shoring and Out-sourcing the Borders of EUrope: Libya and EU Border Work in the Mediterranean. In: Geopolitics 17 (4), 843–866.
Boswell, Christina (2003): The 'External Dimension' of EU Immigration and Asylum Policy. In: International Affairs 79 (3), 619–638.
Casas-Cortés, Maribel/Cobarrubias, Sebastian (2020): Genealogies of Contention in Concentric Circles: Remote Migration Control and its Eurocentric Geographical Imaginaries. In: Mitchell, Katharyne/Jones, Reece/Fluri, Jennifer L. (Hrsg.): Handbook on Critical Geographies of Migration. Cheltenham, UK: Edward Elgar, 193–205.
Casas-Cortés, Maribel/Cobarrubias, Sebastian/Genova, Nicholas de/Garelli, Glenda/Grappi, Giorgio/Heller, Charles/Hess, Sabine/Kasparek, Bernd/Mezzadra, Sandro/Neilson, Brett/Peano, Irene/Pezzani, Lorenzo/Pickles, John/Rahola, Federico/Riedner, Lisa/Scheel, Stephan/Tazzioli, Martina (2014): New Keywords. Migration and Borders. In: Cultural Studies 29 (1), 55–87.
Cassarino, Jean-Pierre (2018): Beyond the Criminalisation of Migration. A Non-western Perspective. In: International Journal of Migration and Border Studies 4 (4), 397–411.
Collyer, Michael (2020): From Preventative to Repressive. The Changing Use of Development and Humanitarianism to Control Migration. In: Mitchell, Katharyne/Jones, Reece/Fluri, Jennifer L. (Hrsg.): Handbook on Critical Geographies of Migration. Cheltenham, UK: Edward Elgar, 170–181.
Collyer, Michael/King, Russell (2015): Producing Transnational Space. International Migration and the Extra-territorial Reach of State Power. In: Progress in Human Geography 39 (2), 185–204.
Dünnwald, Stephan (2017): Bamako, Outpost of the European Border Regime. In: Gaibazzi, Paolo/Dünnwald, Stephan/Bellagamba, Alice (Hrsg.): EurAfrican Borders and Migration Management. Political Cultures, Contested Spaces, and Ordinary Lives. New York NY: Palgrave Macmillan, 83–107.
El Qadim, Nora (2017): De-EUropeanising European Borders. EU-Morocco Negotiations on Migrations and the Decentring Agenda in EU Studies. In: Woons, Marc/Weier, Sebastian (Hrsg.): Critical Epistemologies of Global Politics. Bristol: E-International Relations Publishing, 134–151.
Farahat, Anuscheh/Markard, Nora (2020): Places of Safety in the Mediterranean. The EU's Policy of Outsourcing Responsibility. Brüssel: Heinrich-Böll-Stiftung.
FitzGerald, David (2019): Refuge Beyond Reach. How Rich Democracies Repel Asylum Seekers. New York, NY: Oxford University Press.

Frowd, Philippe M. (2018): Security at the Borders. Transnational Practices and Technologies in West Africa. Cambridge: Cambridge University Press.

Gaibazzi, Paolo/Bellagamba, Alice/Dünnwald, Stephan (2017a): Introduction. An Afro-Europeanist Perspective on EurAfrican Borders. In: Gaibazzi, Paolo/Dünnwald, Stephan/Bellagamba, Alice (Hrsg.): EurAfrican Borders and Migration Management. Political Cultures, Contested Spaces, and Ordinary Lives. New York: Palgrave Macmillan, 3–28.

Gaibazzi, Paolo/Dünnwald, Stephan/Bellagamba, Alice (Hrsg.) (2017b): EurAfrican Borders and Migration Management. Political Cultures, Contested Spaces, and Ordinary Lives. New York: Palgrave Macmillan.

Gammeltoft-Hansen, Thomas (2011): Access to Asylum. International Refugee Law and the Globalisation of Migration Control. Cambridge: Cambridge University Press.

Geiger, Martin (2016): Policy Outsourcing and Remote Management. The Present and Future of Border and Migration Politics. In: Zaiotti, Ruben (Hrsg.): Externalizing Migration Management. Europe, North America and the Spread of 'Remote Control' Practices. London: Routledge, 261–279.

Hyndman, Jennifer/Mountz, Alison (2008): Another Brick in the Wall? Neo-Refoulement and the Externalization of Asylum by Australia and Europe. In: Government and Opposition 43 (2), 249–269.

Lambert, Laura (2022): Externalisierungspolitik als „travelling model". Die Rolle lokaler Praktiken und Normen beim Ausbau des Asylverfahrens im Niger. In: Hänsel, Valeria/Heyer, Karl/Schmidt-Sembdner, Matthias/Schwarz, Nina V. (Hrsg.): Von Moria bis Hanau. Brutalisierung und Widerstand. Grenzregime 4. Berlin/Hamburg: Assoziation A, 220–237.

Landau, Loren B. (2019): A Chronotope of Containment Development: Europe's Migrant Crisis and Africa's Reterritorialisation. Antipode 51 (1), 169–186.

Lavenex, Sandra/Uçarer, Emek M. (2004): The External Dimension of Europeanization. In: Cooperation and Conflict 39 (4), 417–443.

Lemberg-Pedersen, Martin (2013): Private Security Companies and the European Borderscapes. In: Gammeltoft-Hansen, Thomas/Nyberg Sørensen, Ninna (Hrsg.): The Migration Industry and the Commercialization of International Migration. New York: Routledge, 152–171.

Lemberg-Pedersen, Martin (2019): Manufacturing Displacement. Externalization and Postcoloniality in European Migration Control. In: Global Affairs 63 (4), 1–25.

Lemberg-Pedersen, Martin/Moreno Lax, Violeta (2019): Border-induced Displacement. The Ethical and Legal Implications of Distance-creation through Externalization. In: Questions of International Law 56, 5–33.

Martínez, Oscar J. (2005): Border People. Life and Society in the U.S.-Mexico Borderlands. Tucson: University of Arizona Press.

Mecheril, Paul/Thomas-Olalde, Oscar/Melter, Claus/Arens, Susanne/Romaner, Elisabeth (2013): Migrationsforschung als Kritik? Erkundung eines epistemischen Anliegens in 57 Schritten. In: Mecheril, Paul/Thomas-Olalde, Oscar/Melter/Arens, Susanne/Romaner, Elisabeth (Hrsg.): Migrationsforschung als Kritik? Kontur einer Forschungsperspektive. Wiesbaden: Springer VS, 7–55.

Mouthaan, Melissa (2019): Unpacking Domestic Preferences in the Policy-'receiving' State. The EU's Migration Cooperation with Senegal and Ghana. In: Comparative Migration Studies 7, https://doi.org/10.1186/s40878-019-0141-7.

Paoletti, Emanuela (2010): The Migration of Power and North-South Inequalities. The Case of Italy and Libya. London, Palgrave Macmillan UK.

Quijano, Anibal (2000): Coloniality of Power, Eurocentrism, and Latin America. Nepantla: Views from South 1 (3), 533–580.

Rajaram, Prem Kumar/Grundy-Warr, Carl (2004): The Irregular Migrant as Homo Sacer: Migration and Detention in Australia, Malaysia, and Thailand. In: International Migration 42 (1), 33–64.

Rumford, Chris (2008): Introduction. Citizens and Borderwork in Europe. In: Space and Polity 12 (1), 1–12.

Tazzioli, Martina (2018): Spy, Track and Archive. The Temporality of Visibility in Eurosur and Jora. In: Security Dialogue 49 (4), 272–288.

Torpey, John (2000): The Invention of the Passport. Surveillance, Citizenship, and the State. Cambridge: Cambridge University Press.

Tsianos, Vassilis/Karakayalı, Serhat (2010): Transnational Migration and the Emergence of the European Border Regime. An Ethnographic Analysis. In: European Journal of Social Theory 13 (3), 373–387.

van Houtum, Henk (2010): Human Blacklisting. The Global Apartheid of the EU's External Border Regime. In: Environment and Planning D: Society and Space 28 (6), 957–976.

Zaiotti, Ruben (2016): Mapping Remote Control. The Externalization of Migration Management in the 21st Century. In: Zaiotti, Ruben (Hrsg.): Externalizing Migration Management. Europe, North America and the Spread of ‚Remote Control' Practices. London: Routledge, 3–30.

Zolberg, Aristide R. (2001): Guarding the Gates in a World on the Move. Social Science Research Council. http://essays.ssrc.org/sept11/essays/zolberg_text_only.htm, 31.08.2021.

III.3.6
Fluchtursachenvermeidung

Benjamin Schraven und Antonia Heinrich

Abstract Ausgehend vom aktuellen Forschungsstand beschreibt und vergleicht der Beitrag internationale (UN), regionale (EU) und nationale (Bundesrepublik Deutschland) Politiken zu Fluchtursachenvermeidung in ihren jeweiligen Entstehungszusammenhängen. Er skizziert Inhalte und Merkmale des öffentlichen Diskurses zum Thema Flucht und Fluchtursachen in der Bundesrepublik und beschäftigt sich mit der Frage, in welchem Umfang die Umsetzung von Forschungserkenntnissen in politisches Handeln bislang gelungen ist. Der Beitrag konstatiert ein Spannungsfeld zwischen der Forschung, die die Komplexität von Fluchtursachen(minderung) betont, und einem öffentlichen, politischen und medialen Diskurs, der auf starke Vereinfachungen setzt und in Teilen die Debatte zur Legitimation spezifischer politischer Forderungen nutzt.

Schlüsselbegriffe: Fluchtursachen, Entwicklungspolitik, Diskurs, Migrationspolitik, Flüchtlingspolitik

1. Einleitung

Vor dem Hintergrund weltweit hoher Migranten- und Flüchtlingszahlen sahen sich viele politische Institutionen – vor allem Regierungen des Globalen Nordens – in den letzten Jahren und Jahrzehnten veranlasst, Strategien zu entwickeln, um die irreguläre Migration und Fluchtmigration möglichst zu reduzieren. Konkret sind Politiken, die unter dem Label der Fluchtursachenvermeidung zusammengefasst werden, an der Schnittstelle zwischen Entwicklungszusammenarbeit, Migrations- und Flüchtlingspolitik angesiedelt und haben vor allem seit der sogenannten europäischen Flüchtlingskrise von 2015 in Europa und nicht zuletzt in Deutschland enorm an Bedeutung gewonnen. Dieser Beitrag beschreibt Forschungserkenntnisse und -diskurse zu Fluchtursachen und setzt diese exemplarisch in Perspektive mit der Umsetzung von Fluchtursachenvermeidung in politisches Handeln auf Ebene der Vereinten Nationen, der Bundesrepublik Deutschland und der Europäischen Union.

2. Die Forschung zu Fluchtursachen

Im weiteren Sinne kann unter dem Begriff der Flucht das Ausweichen vor einer lebensbedrohlichen Zwangslage verstanden werden (Oltmer 2017). Das Abkommen über die Rechtsstellung der Flüchtlinge (Genfer Flüchtlingskonvention, GFK) von 1951, das bis heute die Grundlage des internationalen Flüchtlingsrechts bildet, definiert einen Flüchtling als Person, die aus der begründeten Furcht vor Verfolgung wegen ihrer Rasse, Religion, Nationalität, Zugehörigkeit zu einer bestimmten sozialen Gruppe oder wegen ihrer politischen Überzeugung sich außerhalb des Landes befindet, dessen Staatsangehörigkeit sie besitzt, und den Schutz dieses Landes nicht in Anspruch nehmen kann oder nehmen will (→ Internationale Abkommen). Die Entstehungsgeschichte der Genfer Flüchtlingskonvention ist eng verknüpft mit den Erfahrungen der Gewaltmigration während des Zweiten Weltkriegs und mit der unmittelbaren Nachkriegssituation in Europa, als das Phänomen millionenfacher Entwurzelung in Gestalt der sogenannten *Displaced Persons* (*DPs*) in Erscheinung trat (Schönhagen 2021).[1]

Die Ursachen für Fluchtprozesse sind bei genauer wissenschaftlicher Betrachtung vielfältiger und komplexer, als es die Definition der GFK nahelegt. Allerdings stellt die wissenschaftliche Auseinandersetzung mit Fluchtursachen nur einen sehr kleinen Teilbereich der Flucht- und Flüchtlingsforschung dar, der zudem lange durch einen gewissen Mangel an theoretischer Fundierung gekennzeichnet war (vgl. Piguet 2013). Es gibt einige, eher ältere Analysen, die auf über größere Zeiträume hinweg erfassten Globaldatensätzen beruhen (z. B. Davenport et al. 2003). Diese Studien erklären Fluchtbewegungen vor allem mit verschiedenen politisch-institutionellen Variablen sowie Konflikt- oder Gewaltvariablen. Studien, die das Entstehen von Fluchtprozessen auf kleineren zeitlichen oder räumlichen Ebenen (z. B. Engel/Ibanez 2007) analysieren, sind eher eine Ausnahme; Angenendt et al. (2016) klagen in diesem Zusammenhang über einen Mangel an spezifischen Daten, um wissenschaftlich fundierte Aussagen zu politischen Maßnahmen der Fluchtursachenminderung treffen zu können. Trotz dieser Schwierigkeiten hat eine gewisse inhaltlich-theoretische Ausdifferenzierung in diesem Forschungsbereich stattgefunden. Geflüchtete werden etwa nicht mehr nur als Getriebene der auf sie einwirkenden bedrohlichen Kräfte gesehen, sondern zunehmend als Akteure mit eigener Handlungsmacht und Entscheidungsfähigkeit (vgl. Schraven 2021).

Festzuhalten ist, dass aus Sicht der (neueren) Forschung eine Unterscheidung zwischen strukturellen und unmittelbaren oder akuten Ursachen von Flucht und (→) Gewaltmigration durchaus sinnvoll ist (vgl. Angenendt/Koch 2016). Während bewaffnete Konflikte, Unruhen oder auch Naturkatastrophen Beispiele für akute Fluchtursachen darstellen, können strukturelle Fluchtursachen sich auf unterschiedliche politische, ökonomische, ökologische oder soziale Entwicklungen oder Kontexte beziehen. Zu den politischen Ursachen struktureller Art zählen etwa fragile Staatlichkeit, diskriminierende Praktiken gegenüber Minderheiten oder auch Repression; daneben können aber auch Umweltzerstörung oder wirtschaftliche Krisen als strukturelle Fluchtursachen betrachtet werden. Häufig führt eine vielschichtige Kombination von verschiedenen Motiven dazu, dass Menschen ihre Heimat verlassen müssen. Ein exemplarischer Blick auf die Ergebnisse der Forschung zum Thema „Klimaflucht" bzw. „Klimamigration" (z. B. Schraven 2021) zeigt, dass selbst in ökologisch höchst vulnerablen Gebieten wie dem Horn von Afrika oder Teilen Südasiens, Flucht und Migration meist mehrere, stark miteinander verwobene (strukturelle) Ursachen ökologischer, wirtschaftlicher, politischer oder anderweitiger Natur haben (→ Klimaflüchtlinge). Auch ist durchaus nicht immer eindeutig, ob Freiwilligkeit oder Zwang überwiegt, wenn Menschen in Reaktion auf (politische, humanitäre, ökologische usw.) Krisen migrieren.[2] Die meisten größeren Fluchtbewegungen lassen sich sicherlich auf generalisierte (→)

---

[1] Krause (2021) weist darauf hin, dass Kolonialmächte die Entstehung der GFK maßgeblich bestimmten. Trotz breiter Unterstützung für die universelle Flüchtlingsdefinition forderten mehrere Delegationen bei den Verhandlungen zur GFK im Jahr 1951 gar ihre Beschränkung auf Europa. Zudem kommt Krause (2021) zu dem Schluss, dass diese „kolonialen Wurzeln" der GFK zu einer gewissen Ignoranz gegenüber Fluchtprozessen innerhalb des Globalen Südens führten und das Funktionieren der GFK als Ganzes gefährdeten.

[2] Für das Gesamtphänomen einer oftmals unmöglichen Unterscheidung zwischen Prozessen von Flucht und Migration hat sich seit einigen Jahren der Begriff der gemischten Wanderungen (*mixed migration*) etabliert (vgl. IOM 2019: 141–142).

Gewalt zurückführen, etwa im Kontext von schweren politischen Unruhen oder Kriegshandlungen (Loescher/Milner 2011).[3]

3. Fluchtursachenvermeidung als politischer Ansatz – Handlungsebenen und Herausforderungen

Aufgrund der geschilderten Komplexität und (in vielen Fällen) transnationalen Natur von Migrations- und Fluchtprozessen erfordert Fluchtursachenvermeidung als politischer Ansatz grundsätzlich die Vernetzung verschiedener Politikbereiche und die Zusammenarbeit über nationalstaatliche Grenzen hinweg. Eine grundlegende Rolle für die Minderung akuter Fluchtursachen spielen Außen- und Sicherheitspolitik (Präventions- und Friedensdiplomatie, Friedenssicherung), während Maßnahmen zur Überwindung struktureller Konflikt- und Krisenursachen (wie z. B. Programme zur Förderung von Menschenrechten, demokratischen Regierungsformen und ziviler Krisenbewältigung) in das Ressort der Entwicklungszusammenarbeit fallen und wiederum mit wirtschaftspolitischen Instrumenten verquickt sein können, z. B. indem das Prinzip der guten Regierungsführung (*good governance*) zur Auflage für die Auszahlung von Krediten gemacht wird. Eine zunehmend bedeutsame Rolle für die Eindämmung struktureller Fluchtursachen spielt schließlich globale Umweltpolitik (Klimapolitik, Klimarisikomanagement, Ressourcenpolitik u. a.).

3.1 Die Vereinten Nationen

Da die zentrale Aufgabe des Systems der Vereinten Nationen (UN) die Herstellung von Frieden sowie die Förderung sozialen und wirtschaftlichen Fortschritts ist, kann das UN-System als Ganzes auch als eine zentrale globale Institution der Fluchtursachenvermeidung verstanden werden. Bereits seit den späten 1980er Jahren gehen die Einsätze der UN zur Vermeidung oder Beilegung von Konflikten über rein militärische Friedenssicherung hinaus. Sie setzen zunehmend auch mit ziviler Expertise und einer aktiven Verzahnung von verschiedenen Bereichen wie Entwicklungshilfe oder humanitärer Hilfe auf den Aufbau nachhaltiger Strukturen. Auch die Zusammenarbeit mit Regionalorganisationen wie etwa der *Economic Community of West African States* (ECOWAS) hat hier an Bedeutung gewonnen. Mit dem Konzept "*Sustaining Peace*" wurde seit einiger Zeit gar eine umfassende Reform des UN-Systems als Ganzes eingeleitet, was auch als eine Reaktion auf die von vielen Beobachtern als krisenhaften Dauerzustand der UN gesehen werden sollte (Griep 2021).

Vorangegangen war dieser Entwicklung bereits in den frühen 1980er Jahren eine Anregung des deutschen Auswärtigen Amtes für einen neuen – nämlich präventiven – Ansatz in der UN-Flüchtlingspolitik. Die daraus hervorgehende UN-Resolution *International Cooperation to Avert New Flows of Refugees* von 1986 benannte Menschenrechtsverletzungen, bewaffnete Konflikte, Naturkatastrophen

---

[3] Nach der GFK stellt diese Form von Gewalt jedoch kein Fluchtkriterium dar – genauso wenig wie es Naturkatastrophen oder Umweltzerstörung tun (vgl. Piguet 2013). Regionale Abkommen, wie etwa die Flüchtlingskonvention der Organisation für Afrikanische Einheit (OAU, heutige AU) von 1969, erweitern in ihrem jeweiligen Anwendungsbereich den Flüchtlingsbegriff auch auf Personen, die vor Krieg und Unruhen fliehen. Allerdings erfährt diese erweiterte Definition keine allgemeine Anwendung im Asylrecht von Aufnahmeländern außerhalb dieser Regionen (Schmalz 2020)

und sozio-ökonomische Unterschiede zwischen „globalem Norden" und „globalem Süden" als Fluchtursachen und legte Grundregeln zwischenstaatlichen Handelns zur Vermeidung neuer Flüchtlingsströme fest. Politisch war die Wirkung der Resolution in den Folgejahren begrenzt (Bresselau von Bressensdorf 2016), prinzipiell wurde durch sie aber ein politischer Handlungsansatz konstituiert, der in den folgenden Jahrzehnten immer weiter an Kontur gewann.

Ein wichtiges Signal in dieser Hinsicht stellen vor allem der „Globale Pakt für eine sichere, geordnete und regulierte Migration" (*Global Compact for Safe, Orderly and Regular Migration*) und der „Globale Flüchtlingspakt" (*Global Compact on Refugees*) – beide 2018 verabschiedet – dar (→ Internationale Abkommen). In Letzterem hat sich die Staatengemeinschaft u. a. das Ziel einer Minderung von Fluchtursachen gesetzt (UNHCR 2018). Als internationaler Kooperations- und Referenzrahmen für die globale Migrationspolitik sind die Pakte wegweisend, völkerrechtlich verbindlich sind sie allerdings nicht.

3.2 Bundesrepublik Deutschland

Bereits in den 1990er Jahren betrachtete das Bundesministerium für wirtschaftliche Zusammenarbeit und Entwicklung (BMZ) die Armutsbekämpfung als zentrales Instrument zur Minderung von Fluchtursachen. Das BMZ formulierte in dieser Zeit unter der Überschrift „Verhinderung weltweiter Flüchtlingsströme" drei Kernziele einer migrationsrelevanten Entwicklungspolitik, die im Prinzip bis heute Bestand haben: Fluchtursachenbekämpfung in den Herkunftsländern, Fluchtfolgenbewältigung (in Entwicklungsländern, die selbst Flüchtlinge aufnehmen) und Rückkehrförderung (Schraven/Heinrich 2019). Die Bundesregierung formulierte auch im Frühjahr 2016 als wesentliches Ziel ihres entwicklungspolitischen Handelns, „strukturelle Flucht- und Migrationsursachen wie Ressourcenknappheit, Armut, Ungleichheit, Verfolgung und Umweltzerstörung nachhaltig zu verringern, um künftige Flucht- und Migrationsbewegungen einzudämmen." Eine wesentliche Aufgabe von Entwicklungszusammenarbeit ist nach dieser Auffassung, dass die Lebensbedingungen in den Heimatländern der (potenziellen) Flüchtlinge verbessert und dort „Bleibe- und Zukunftsperspektiven" geschaffen werden müssen (Deutsche Bundesregierung 2016).

Gerade unter dem Eindruck der einschneidenden historischen Entwicklungen der späten 1980er und 1990er Jahre wurde die Eindämmung von Fluchtursachen ganz bewusst als Strategie zur Begrenzung von Migration und (Asyl-)Zuwanderung verstanden.[4] An diese Sichtweise hat die deutsche Politik im vergangenen Jahrzehnt verstärkt wieder angeknüpft: Vor dem Hintergrund einer Entwicklung, durch die Deutschland ab 2011 verstärkt zum Ziel von globalen Fluchtbewegungen geworden ist, hat die Bundesregierung die Verringerung von Flüchtlings- und Migrationsströmen als Kernziel entwicklungspolitischen Handelns bekräftigt (Deutsche Bundesregierung 2016). Zentral ist hier vor

---

4 Diesen Zusammenhang belegt z. B. die vom damaligen Innenminister Schäuble maßgeblich mitentwickelte „Flüchtlingskonzeption vom 25. September 1990", oder auch der Bericht zur Entwicklungspolitik der Bundesregierung von 1993, in dem ausdrücklich auf Programme zur Rückführung und Reintegration von ausländischen Migranten und Flüchtlingen verwiesen wird, die das Innenministerium unter dem Eindruck des „hohe[n] Asylbewerberzugang[s] und [des] weiter zunehmende[n] Wanderungsdruck[s] aus den Staaten Mittel-, Ost, und Südosteuropas" konzipiert hat und die, so der Bericht weiter, prinzipiell auch auf andere Länder übertragbar seien (Bundesministerium für wirtschaftliche Zusammenarbeit und Entwicklung (BMZ), Neunter Bericht zur Entwicklungspolitik der Bundesregierung, Bonn 1993, S. 38).

allem der 2017 ins Leben gerufene „Marshallplan mit Afrika", der neben Maßnahmen im Bereich Frieden und Sicherheit sowie Demokratie und Rechtsstaatlichkeit – ähnlich den Maßnahmen der EU (siehe unten) – vor allem auf eine Förderung von Wirtschaft, Handel und Beschäftigung setzt, um so „Bleibeperspektiven" zu schaffen (BMZ 2020). Politiken der Fluchtursachenvermeidung scheinen immer dann Konjunktur zu haben, wenn ein Anstieg der weltweiten Flüchtlingszahlen in Folge von Krisenentwicklungen die Wahrscheinlichkeit für das Szenario unkontrollierter Zuwanderung in die Bundesrepublik erhöht (Schraven/Heinrich 2019).

3.3 Europäische Union

Die tiefgreifenden Veränderungen, die das Ende des Ost-West-Konflikts in Europa bewirkte, stellten Europa gerade in Bezug auf die Themen Migration und Migrationspolitik vor eine Reihe von Herausforderungen. Um ihre Außengrenzen zu schützen und Flucht- und Migrationswege zu kontrollieren, verfolgt die Europäische Union seit den 1990er Jahren eine Doppelstrategie. Deren eine Seite besteht in der (→) Externalisierung von Grenzkontrollen durch Zusammenarbeit mit potenziellen Herkunfts- und Transitländern, die andere in der Adressierung von Fluchtursachen im Rahmen der Entwicklungszusammenarbeit (Castles/van Hear 2011). Das Muster der Verknüpfung von entwicklungspolitischen Maßnahmen und Migrationsgestaltung, das sich in der Politik der Bundesregierung erkennen lässt (s.o.), ist auch in der Politik der Fluchtvermeidung auf europäischer Ebene festzustellen. Waren die Anfänge dieser Politik in den 1990er Jahren noch sehr vage, so wurde 2005 im „Gesamtansatz für Migration und Mobilität" *(Approach on Migration and Mobility, GAMM)* vereinbart, die Fragen „Migration und Mobilität, Außenpolitik und entwicklungspolitische Ziele in kohärenter und integrierter Weise" sowie in Abstimmung „mit den innenpolitischen Prioritäten der EU" anzugehen (Europäische Kommission 2011). Eine folgerichtige Maßnahme vor diesem Hintergrund bildete der im November 2015 aufgelegte Nothilfe-Treuhandfonds der Europäischen Union für Afrika *(EU Emergency Trust Fund for stability and addressing root causes of irregular migration and displaced persons in Africa, EU-TF)*, ein Finanzierungsinstrument für Projekte, die dazu beitragen sollen, erzwungene Migration nach Europa (über die Sahara, das Mittelmeer oder andere Routen) zu reduzieren. Gefördert werden Maßnahmen u. a. in den Bereichen Wirtschaftsförderung, Ernährungssicherheit, Migrations-*Governance* und Rechtsstaatlichkeit (Europäische Kommission 2020). Kritisiert wird der EUTF vor allem für die Unterordnung von entwicklungspolitischen Maßnahmen gegenüber migrationspolitischen Interessen der EU sowie (in Teilen) für eine Problematisierung jeglicher – auch innerafrikanischer – Mobilitätsformen im Kontext der ebenfalls geförderten sicherheitspolitischen Maßnahmen (Castillejo 2016). Aber auch die Annahme, dass wirtschaftliche Maßnahmen langfristig (irreguläre) Migration und Flucht in Richtung Europa reduzieren, wird kritisiert. Die Migrationsforschung geht davon aus, dass wirtschaftliches Wachstum in Entwicklungsländern eher zu steigender Migration führt (Schraven et al. 2017).

4. Fluchtursachenvermeidung im öffentlichen und politischen Diskurs

Schraven (2019) identifiziert in einer Analyse der deutschen Diskussion zum Thema Fluchtursachen(-minderung) einige zentrale Elemente, die von verschiedenen politischen Lagern und gesellschaftlichen Gruppen im Kern – wenn auch mit unterschiedlichen Konnotationen und Schwerpunktsetzungen – geteilt werden. Zum einen ist eine stark ‚versicherheitlichte' Betrachtungsweise in vielen Beiträgen zu erkennen, die davon ausgeht, dass Europa bzw. der Globale Norden erst am Anfang einer gigantischen Einwanderungswelle aus Ländern und Regionen des Globalen Südens stehe bzw. dass diese in Zukunft konkret drohe. Dabei werden Begrifflichkeiten wie ‚Völkerwanderung' oder ‚Massenmigration' durchaus nicht nur in Beiträgen von rechts-konservativer Seite genutzt. Zum anderen ist erkennbar, dass die Ursachen von Flucht bzw. irregulärer Migration vorwiegend monokausal erklärt werden und je nach thematischem Schwerpunkt des Beitrags Faktoren wie der Klimawandel, Agrarsubventionen, Waffenexporte, Überbevölkerung oder Armut hervorgehoben werden. Eine Legitimation bestimmter entwicklungs-, friedens-, wirtschafts- oder außenpolitischer Forderungen und Zielsetzungen ist damit oft verknüpft. Verbunden mit diesen Forderungen ist nicht selten eine Betrachtungsweise, die die entscheidenden Möglichkeiten Fluchtursachen zu vermeiden im Globalen Norden verortet und nicht etwa bei lokalen oder globalen Akteuren.

Allerdings sind auch Ansätze einer differenzierten öffentlichen Debatte zu erkennen. Die 2019 von der Bundesregierung berufene Fachkommission Fluchtursachen hat im Frühjahr 2021 einen Abschlussbericht vorgelegt. Dieser benennt fünf Handlungsfelder für Maßnahmen zur Minderung von Flucht und irregulärer Migration, die sich unterschiedlichen Politikbereichen (Entwicklungspolitik, Umweltpolitik, Außenpolitik u. a.) zuordnen lassen, aber im Rahmen einer Gesamtstrategie betrachtet werden sollen. So empfiehlt der Bericht u. a. einen stärkeren Beitrag Deutschlands zur internationalen Konfliktprävention und -bewältigung sowie eine Beschränkung deutscher Rüstungsexporte; weiterhin eine ambitionierte und solidarische Klimaschutzpolitik zur Erreichung der Pariser Klimaziele; eine stärkere Berücksichtigung der Problematik der Binnenvertreibung; und schließlich eine „menschlich und kohärent gestaltete" deutsche und europäische Migrations-, Asyl- und Flüchtlingspolitik einschließlich des Ausbaus legaler Zuwanderungswege (Fachkommission Fluchtursachen der Bundesregierung 2021).

5. Fazit und Ausblick

Die Minderung von Fluchtursachen als politischer Auftrag und Handlungsansatz hat in Anbetracht steigender weltweiter Flüchtlingszahlen für viele nationale Regierungen, die EU und auch die UN eine hohe Priorität. Dies äußert sich in milliardenschweren Programmen wie dem EUTF. Demgegenüber stellt die Forschung zu Fluchtursachen nur einen kleinen Teilbereich der Flucht- und Flüchtlingsforschung dar, der trotz einiger Schwachstellen und Mängel die Komplexität von Fluchtursachen(-minderung) betont. Allerdings treffen diese Einsichten auch auf einen öffentlichen, politischen und medialen Diskurs, der auf starke Vereinfachungen setzt und in Teilen die Debatte zur Legitimation spezifischer politischer Forderungen nutzt. Eine intensivere wissenschaftliche Auseinandersetzung mit dem Thema Fluchtursachen (und deren Minderung) sowie eine stärkere Interaktion zwischen Wissenschaft, Politik und Gesellschaft scheinen zwingend geboten.

Literaturverzeichnis

Angenendt, Steffen/Koch, Anne (2016): Fluchtursachenbekämpfung: Ein entwicklungspolitisches Mantra ohne Inhalt? In: Perthes, Volker (Hrsg.): Ausblick 2016: Begriffe und Realitäten internationaler Politik. Berlin: Stiftung Wissenschaft und Politik; 40–44.

Angenendt, Steffen/Kipp, David/Koch, Anne (2016): Die fluchtbezogene Entwicklungszusammenarbeit braucht bessere Daten. https://www.swp-berlin.org/publikation/entwicklungszusammenarbeit-viele-fluechtlinge-wenige-daten, 20.09.2021.

Bresselau von Bressensdorf, Agnes (2016): Das globale Flüchtlingsregime in Nahen und Mittleren Osten in den 1970er und 1980er Jahren. In: Aus Politik und Zeitgeschichte 26–27, 32–39.

Bundesministerium für wirtschaftliche Zusammenarbeit und Entwicklung (BMZ) (2020): Der Marshallplan mit Afrika in der Umsetzung. https://www.bmz.de/resource/blob/23404/c690d79735d0690631e8ace55e930ed4/materialie460-marshallplan-umsetzung-data.pdf, 06.11.2022.

Castles, Stephen/van Hear, Nicholas (2011): Root causes. In: Betts, Alexander (Hrsg.): Global Migration Governance. Oxford: Oxford University Press, 288–306.

Castillejo, Clare (2016): The European Union Trust Fund for Africa: A Glimpse of the Future for EU Development Cooperation. https://www.idos-research.de/uploads/media/DP__22.2016.neu.pdf, 06.11.2022.

Davenport, Christina/Moore, Will/Poe Steve (2003): Sometimes you just have to leave: Domestic threats and forced migration, 1964–1989. International Interactions 29, 27–55.

Deutsche Bundesregierung (2016): Fluchtursachen bekämpfen. https://www.bundesregierung.de/breg-de/themen/buerokratieabbau/fluchtursachen-bekaempfen-408544, 10.09.2021.

Engel, Stefanie/Ibáñez, Ana M. (2007): Displacement due to violence in Colombia: A household level analysis. In: Economic Development and Cultural Change 55 (2), 335–365.

Europäische Kommission (2011): The Global Approach to Migration and Mobility. https://eur-lex.europa.eu/legal-content/EN/TXT/PDF/?uri=CELEX:52011DC0743&from=EN, 06.11.2022.

Europäische Kommission (2020): The EU Emergency Trust Fund for stability and addressing root causes of irregular migration and displaced persons in Africa. https://ec.europa.eu/trustfundforafrica/sites/default/files/eutf_noa_report_web_2019-10-11_1.pdf. 06.11.2022.

Fachkommission Fluchtursachen der Bundesregierung (2021): Krisen vorbeugen, Perspektiven schaffen, Menschen schützen: Bericht der Fachkommission Fluchtursachen der Bundesregierung. https://www.fachkommission-fluchtursachen.de/fileadmin/user_upload/pdfs/FK-Fluchtursachen-Bericht-2021-kurz.pdf, 06.11.2022.

Griep, Ekkehard (2021): Die UNO – Instrumente und Handlungsmöglichkeiten für die Prävention, Bearbeitung und Lösung innerstaatlicher Konflikte. https://www.bpb.de/internationales/weltweit/innerstaatliche-konflikte/326804/instrumente-und-handlungsmoeglichkeiten-der-uno, 22.09.2021.

International Organization for Migration (IOM) (2019): International migration law: Glossary on migration. https://reliefweb.int/sites/reliefweb.int/files/resources/iml_34_glossary.pdf, 23.09.2021.

Krause, Ulrike (2021): Colonial roots of the 1951 Refugee Convention and its effects on the global refugee regime. In: Journal of International Relations and Development 24, 599–626.

Loescher, Gil/Milner, James (2011): UNHCR and the Global Governance of Refugees. In: Betts, Alexander (Hrsg.): Global Migration Governance. Oxford: Oxford University Press, 189–209.

Oltmer, Jochen (2017): Migration. Darmstadt: WBG.

Piguet, Etienne (2013): From "primitive migration" to "climate refugees": The curious fate of the natural environment in migration studies. In: Annals of the Association of American Geographers 103 (1), 148–162.

Schmalz, Dana (2020): Der Flüchtlingsbegriff – eine rechtstheoretische Betrachtung. In: Kersting, Daniel/Leuoth, Marcus (Hrsg.): Der Begriff des Flüchtlings: Rechtliche, moralische und politische Kontroversen. Stuttgart: J.B. Metzler, 61–80.

Schönhagen, Jakob (2021): Ambivalentes Recht. Zur Geschichte der Genfer Flüchtlingskonvention. https://geschichtedergegenwart.ch/ambivalentes-recht-zur-geschichte-der-genfer-fluechtlingskonvention/, 06.11.2022.

Schraven, Benjamin (2021): „Die Klimaflüchtlinge kommen" – Über die Problematik einer Begrifflichkeit. In: Leviathan 49 (2), 244–257.

Schraven, Benjamin (2019): Fluchtursachenbekämpfung: Die deutsche Debatte. https://www.ifri.org/sites/default/files/atoms/files/ndc_146_b._schraven_fluchtursachenbekampfung_marz_2019.pdf, 15.09.2021.

Schraven, Benjamin/Heinrich, Antonia (2019): Flucht und Migration als Aktionsfelder der deutschen Entwicklungspolitik seit 1990. In: Bresselau zu Bressensdorf, Agnes (Hrsg.): Über Grenzen: Migration und Flucht in globaler Perspektive seit 1945, Göttingen: Vandenhoeck & Ruprecht, 367–380.

Schraven, Benjamin/Angenendt, Steffen/Martin-Shields, Charles (2017): Mehr Entwicklung – mehr Migration? Der *„migration hump"* und seine Bedeutung für die entwicklungspolitische Zusammenarbeit mit Subsahara-Afrika. https://www.die-gdi.de/uploads/media/AuS_15.2017.pdf, 22.08.2021.

Vereinte Nationen (UN) (2018) : Global Compact on Refugees. https://www.unhcr.org/5c658aed4, 06.11.2022.

III.3.7
Verantwortungsteilung

Natascha Zaun

Abstract Im Folgenden wird die Verantwortungsteilung in der Flüchtlingspolitik diskutiert. Diese ist definiert als Beiträge, die Staaten leisten, um Flüchtlingen zu helfen, die sich in anderen Staaten befinden. Diese werden in der Regel durch die Verteilung von Flüchtlingen sowie das Teilen der Kosten des Flüchtlingsschutzes geleistet. Bisherige wissenschaftliche Debatten befassen sich insbesondere mit der Frage, ob Interessen oder normgeleitetes Verhalten Beiträge zur Verantwortungsteilung erklären können.
Schlüsselbegriffe: responsibility-sharing, burden-sharing, public good, joint product, Nord-Süd-Beziehungen

1. Einleitung

Während sich die meisten Flüchtlinge in Nachbarländern ihrer Herkunftsländer befinden, nehmen Länder des Globalen Nordens vergleichsweise wenige Flüchtlinge auf. Doch auch innerhalb des Globalen Nordens sind Flüchtlinge vor allem in einer kleinen Anzahl an Staaten vertreten, während andere Staaten kaum oder keine Flüchtlinge aufnehmen. Im Jahr 2020 beispielsweise hatte Deutschland 1,2 Millionen Flüchtlinge, während Polen nur rund 2.800 Flüchtlinge beherbergte. Die Türkei war zum gleichen Zeitpunkt Hauptaufnahmeland für Flüchtlinge weltweit mit rund 3,7 Millionen Flüchtlingen (UNHCR 2021a).

Aufgrund dieser ungleichen Verteilung werden immer wieder Rufe nach einer gerechteren Verteilung von Flüchtlingen laut. Auf internationaler Ebene wurden Fragen der Flüchtlingsverteilung in den Verhandlungen um den *Global Compact on Refugees* diskutiert, der 2018 in New York angenommen wurde (UN 2018). Im Rahmen dieses Paktes wurden allerdings keine verbindlichen Mechanismen zur Verteilung von Flüchtlingen festgelegt. Die Europäische Union (EU) hingegen hat sich im Zuge des vermehrten Zuzugs von Flüchtlingen insbesondere nach Italien und Griechenland im September 2015 zwei Mal über die Verteilung dieser Flüchtlinge verständigt, einmal auf der Basis von freiwilligen Kontingenten (EU 2015a), ein weiteres Mal auf Grundlage eines verpflichtenden Verteilungsschlüssels (EU 2015b). Die physische Verteilung zwischen Staaten ist jedoch nur eine Möglichkeit, die Verantwortung für Flüchtlinge zu teilen. Eine andere Möglichkeit ist die Bereitstellung finanzieller Mittel für Hauptaufnahmeländer oder für den Hohen Flüchtlingskommissar der Vereinten Nationen (UNHCR), der wichtige Aufgaben im Flüchtlingsschutz weltweit übernimmt.

Dieses Kapitel gibt einen Überblick über die wichtigsten wissenschaftlichen Debatten im Bereich Verantwortungsteilung. Zunächst wird der Begriff definiert. Danach werden die verschiedenen Dimensionen von Verantwortungsteilung beleuchtet, bevor die wichtigsten Theorien zur Erklärung von

Beiträgen zur Verantwortungsteilung diskutiert werden. Die Schlussbetrachtung fasst die wichtigsten Ergebnisse des Kapitels zusammen und zeigt bestehende Forschungslücken auf.

2. Definition(en)

Der Begriff Verantwortungsteilung ist eine Übersetzung der englischen Bezeichnung *responsibility-sharing*. Oftmals wird er synonym mit dem Begriff Lastenteilung (*burden-sharing*) verwendet, wobei Lastenteilung lange der gebräuchlichste Begriff war. Beide Begriffe sind keinesfalls auf den Kontext des Flüchtlingsschutzes limitiert, sondern beschreiben die Verteilung von Kosten und Nutzen zwischen Akteuren (beispielsweise Staaten) bei der Bewältigung einer spezifischen Herausforderung.

Das erste Mal wurde ‚Lastenteilung' im Kontext der indochinesischen Flüchtlingskrise (→ Bootsflüchtlinge; → Seenotrettung) im Jahr 1979 auf die Verteilung von Flüchtlingen angewendet. ‚Verantwortungsteilung' kam insbesondere in den 1990er Jahren auf und wird seitdem als wertneutralere Bezeichnung verwendet, da ‚Last' pejorativ konnotiert ist und lediglich die Kosten des Flüchtlingsschutzes in den Fokus stellt (vgl. Betts et al. 2017: 19). Hathaway und Neve (1997) unterscheiden jedoch konzeptionell zwischen Verantwortungs- und Lastenteilung. Sie verstehen Verantwortungsteilung als ein breites Konzept, das alle Formen staatlicher Beiträge für die Unterstützung von Flüchtlingen umfasst, während sich Lastenteilung lediglich auf die Unterstützung von Flüchtlingen bezieht, die sich auf dem Staatsgebiet eines anderen Staates befinden.

Dabei ist es allerdings strittig, ob die Anerkennung von Flüchtlingen tatsächlich als Dimension von Verantwortungsteilung gesehen werden kann. Während Asyl völkerrechtlich durch die Genfer Flüchtlingskonvention institutionalisiert ist, wird Verantwortungsteilung oftmals als rein freiwillig aufgefasst. Daher sollte beispielsweise zwischen (→) *Resettlement* und dem Recht auf Asyl insofern unterschieden werden, als dass Staaten die Wahl haben, wie sehr sie sich bei Ersterem engagieren, während Staaten, die die Genfer Flüchtlingskonvention unterzeichnet haben, grundsätzlich dazu verpflichtet sind, Flüchtlinge anzuerkennen und aufzunehmen. Aus diesem Grund wird im Folgenden Verantwortungsteilung entsprechend der Definition von Betts et al. (2017) verstanden als Unterstützung von Flüchtlingen, die sich auf dem Staatsgebiet anderer Staaten befinden. Dies entspricht Hathaways und Neves Definition von Lastenteilung.

3. Bereiche der Verantwortungsteilung

Die Verantwortung für den Schutz von Flüchtlingen kann auf verschiedene Weise geteilt werden. Die Literatur unterscheidet in der Regel zwei bis drei Dimensionen der Verantwortungsteilung. Noll (2000) beispielsweise nennt drei Dimensionen von Verantwortungsteilung, nämlich die Verteilung von Flüchtlingen (*sharing people*), das Teilen der Kosten des Flüchtlingsschutzes (*sharing money*) und das Anwenden liberaler Politiken, die dazu führen, dass andere Staaten weniger Flüchtlinge aufnehmen müssen (*sharing policy*). Betts et al. (2017) hingegen beschreiben nur die ersten beiden Dimensionen als relevant. Im Folgenden werden alle drei Dimensionen beleuchtet und es wird problematisiert, inwiefern liberale Flüchtlingspolitiken einen Beitrag zur Verantwortungsteilung leisten.

3.1 Verteilung von Flüchtlingen

Es gibt verschiedene Formen der Flüchtlingsverteilung, die einen Beitrag zur Verantwortungsteilung leisten. Die bekannteste Form ist das *Resettlement*. Hierbei können sich bereits anerkannte Flüchtlinge in Hauptaufnahmeländern beim UNHCR bewerben und werden bei Erfolg in ein anderes aufnahmebereites Land überführt. Traditionell wird *Resettlement* vor allem von den USA, Kanada, Australien sowie einigen skandinavischen Ländern durchgeführt (vgl. Van Selm 2014). Im Jahr 2019 war der UNHCR am *Resettlement* von über 63.000 Flüchtlingen beteiligt, allerdings ist die Nachfrage nach *Resettlement*-Plätzen deutlich höher und beträgt im Jahr 2021 1,445 Millionen (vgl. UNHCR 2021b: 10).

Innerhalb der EU ist auch die Umsiedlung (*relocation*) von Flüchtlingen, beispielsweise durch die Umsiedelungsentscheidungen aus dem Jahr 2015 (EU 2015a; EU 2015b), eine Form der Verantwortungsteilung. Ziel dieser Entscheidungen war die Umsiedelung von 160.000 Flüchtlingen aus den Grenzstaaten Italien und Griechenland, die 2015 eine Vielzahl an Flüchtlingen erhielten und diese nicht adäquat versorgen konnten, in andere europäische Länder. Dies geschah einerseits auf der Basis von zuvor gemachten Absichtserklärungen, andererseits aber auch auf der Basis eines Verteilungsschlüssels, u. a. auf der Grundlage von wirtschaftlicher Stärke (Bruttoinlandsprodukt) und Größe des Landes (Einwohnerzahl). Ähnliche Formen der Verantwortungsteilung lassen sich auch auf nationaler Ebene finden. Der in Deutschland angewandte Königsteiner Schlüssel verteilt Asylbewerber*innen ebenfalls auf der Grundlage dieser beiden Faktoren in die Bundesländer. Eine Flüchtlingsverteilung aufgrund dieser beiden Faktoren weltweit propagiert ebenfalls der Rechtswissenschaftler Atle Grahl-Madsen (1966), der argumentiert, dass auf diese Weise Flüchtlinge entsprechend der jeweiligen Absorptionskapazitäten von Staaten gerecht verteilt werden können.

Auch geschützte Einreiseverfahren, u. a. durch humanitäre, Visa stellen mögliche Beiträge zur Flüchtlingsverteilung dar. Humanitäre Visa ermöglichen Flüchtlingen eine legale Einreise und erlauben ihnen vor Ort ihren Asylantrag zu stellen. Dies bedeutet eine sichere Reise für Flüchtlinge, die sonst auf Schlepper zurückgreifen müssten, um an ihr Zielland zu gelangen. Humanitäre Visa werden jedoch selten ausgestellt und wenige Länder vergeben sie. Brasilien hat in der Vergangenheit wiederholt humanitäre Visa an bestimmte Asylbewerbergruppen vergeben. Zwischen 2013 und 2015 gingen beispielsweise 2.077 humanitäre Visa an syrische Flüchtlinge (vgl. Handelsblatt 2015).

3.2 Verteilung der Kosten des Flüchtlingsschutzes

Die Verantwortung für Flüchtlinge kann auch durch die Bereitstellung finanzieller Mittel geteilt werden. Ein wichtiges Beispiel hierfür stellt das Finanzieren des UNHCR dar, der Flüchtlingslager auf der ganzen Welt unterhält und insbesondere in Krisenregionen und Entwicklungsländern zentrale Aufgaben in der Versorgung von Flüchtlingen übernimmt. Zusätzlich ist der UNHCR in Asylverfahren involviert oder führt diese selbst in Kooperation mit staatlichen Behörden durch bzw. überwacht das Einhalten grundlegender Standards aus der Genfer Flüchtlingskonvention. Finanzielle Beiträge zum UNHCR werden in der Regel auf freiwilliger Basis geleistet und nur selten dem UNHCR zur freien Verfügung gestellt – oftmals erfolgt eine Zweckbindung für bestimmte Projekte oder Regionen.

Da Beiträge auch für Unterzeichnerstaaten der Flüchtlingskonvention nicht verbindlich sind, leisten bei weitem nicht alle Staaten einen finanziellen Beitrag. Seit Mitte der 2000er Jahre waren neben den USA – die vor allem zu Präsident Trumps Regierungszeiten ihre Beiträge deutlich reduzierten – die Europäische Union, Japan, einige größere (Großbritannien und Deutschland) und kleinere (Schweden, Niederlande) europäische Staaten, Kanada sowie Saudi-Arabien Hauptbeitragszahler des UNHCR (vgl. Betts et al. 2017: 46).

Auch auf regionaler Ebene lassen sich finanzielle Ausgleichsmechanismen feststellen. Ein Beispiel ist der Europäische Flüchtlingsfonds, der im Jahre 2014 durch den umfassenderen Asyl-, Migrations- und Integrationsfonds ersetzt wurde (vgl. Europäische Kommission 2021). Das Ziel beider war/ist, die Verteilung von finanziellen Mitteln an Mitgliedstaaten entsprechend ihren Flüchtlingsaufnahmezahlen. Im Zuge der Verhandlungen um einen europäischen Verteilungsschlüssel für Asylbewerber*innen wurden zeitweise finanzielle Beiträge einerseits als mögliche Alternative zur Aufnahme von umgesiedelten Flüchtlingen und andererseits als Strafzahlung im Falle von Nichtumsetzen von Umsiedelungsvereinbarungen diskutiert. Im Kontext der Nord-Süd-Beziehungen gibt es oftmals den Ansatz, dass Entwicklungsländer Flüchtlinge als Gegenleistung für finanzielle Mittel von internationalen Gebern aufnehmen. Hierbei spricht man auch von ‚Flüchtlingsrentierstaaten'. Ein prominentes Beispiel ist u. a. Jordanien (vgl. Tsourapas 2019).

3.3 Liberale Flüchtlingspolitiken

Die Idee, dass auch liberale Flüchtlingspolitiken einen Beitrag zur Verantwortungsteilung leisten können, basiert auf der Annahme, dass Staaten bewusst restriktive (→) Asylpolitiken zur Abschreckung von Flüchtlingen einführen. Dies führt dann unmittelbar zu höheren Flüchtlingszahlen in Nachbarstaaten. Konkrete Beispiele für dieses Verhalten wurden in Europa beobachtet, wo sich in der Tat in den frühen 1990er Jahren Staaten mit restriktiven Asylpolitiken überboten, um nicht attraktiver für Flüchtlinge zu sein als ihre Nachbarstaaten (vgl. Barbou des Places 2003). Auch ist fraglich, ob nicht beispielsweise die restriktive Politik Australiens gegenüber Bootsflüchtlingen potenziell zu höheren Flüchtlingszahlen in anderen Ländern der Region führt. Dennoch handelt es sich hierbei sicherlich um die problematischste Kategorie der Verantwortungsteilung, da die Kausalbeziehungen zwischen restriktiven Asylpolitiken und niedrigen Asylbewerber*innenzahlen insgesamt hoch umstritten ist (vgl. u. a. Thielemann 2006). Hinzu kommt, dass eine liberale Flüchtlingspolitik auch auf einer besonders genauen und gewissenhaften Umsetzung der Genfer Flüchtlingskonvention basieren könnte, während Verantwortungsteilung ein von der Genfer Flüchtlingskonvention nicht erfasster Bereich ist (→ Internationale Abkommen). Diese Unterscheidung ist wichtig, da Beiträge zu diesen verschiedenen Dimensionen des Flüchtlingsschutzes sehr unterschiedlich motiviert sein können.

4. Theorien der Verantwortungsteilung

Im Folgenden werden die wichtigsten Theorien dargestellt, die zur Erklärung von Beiträgen zur Verantwortungsteilung herangezogen werden, nämlich die *Public Goods*-Theorie und das *Joint Product*-Modell.

4.1 Die Public Goods-Theorie

Gemäß der *Public Goods*-Theorie haben öffentliche Güter, wie beispielsweise Straßenlaternen, zwei wesentliche Eigenschaften: Erstens, es liegt keine Rivalität im Konsum vor, d.h., wenn Person A das Licht der Straßenlaterne nutzt, wird dieses nicht aufgebraucht, sodass es Person B nicht mehr nutzen könnte. Zweitens, es kann niemand vom Konsum ausgeschlossen werden, denn das Licht ist ja für jeden, der an der Laterne vorbeigeht, sichtbar. Astri Suhrke (1998) hat die *Public Goods*-Theorie das erste Mal auf den Bereich der Verantwortungsteilung im Flüchtlingsschutz angewandt. Sie argumentiert, dass Flüchtlingsschutz ebenfalls ein öffentliches Gut kreiert, von dem alle Staaten profitieren. Welches Gut dies ist, bleibt, wie bei vielen anderen Autoren, unklar. Allerdings ist anzunehmen, dass alle Staaten von der Stabilität und Sicherheit profitieren, die geschaffen wird, wenn Flüchtlinge gut und sicher in ein Staatsgebiet eingegliedert sind und nicht – in größeren Gruppen und ohne jeden Beistand – umherziehen und es so gegebenenfalls zu Konflikten kommt. Die Überzeugungskraft dieses Arguments sei dahingestellt; folgt man jedoch der Annahme, es handele sich um ein öffentliches Gut, ergibt sich daraus, dass Staaten diese Sicherheit zwar gerne genießen, sie aber möglichst versuchen nicht selbst dazu beizutragen und somit als ‚Trittbrettfahrer' agieren. Dies wird oftmals auch durch das Gefangenen-Dilemma illustriert. Hierbei stellt man sich zwei Gefangene vor, die einen Raub begangen haben. Wenn beide darüber stillschweigen, geht keiner von ihnen ins Gefängnis. Redet jedoch einer, bekommt dieser ein Jahr, der andere fünf Jahre Haft. Auch wenn das Stillschweigen ihnen die geringste Haftstrafe bringen würde, werden beide gestehen, da sie sich nicht sicher sein können, dass der andere auch schweigt. Suhrke erklärt auf diese Weise, warum Verantwortungsteilung im Zuge der indochinesischen Flüchtlingskrise zunächst erfolglos blieb.

Die Anwendung des Gefangenendilemmas auf die Verantwortungsteilung suggeriert, dass alle Staaten im Grunde von besserer Kooperation profitieren würden, da eine funktionierende Verantwortungsteilung und das Ende des *burden-shiftings* für alle Staaten mehr Stabilität und Sicherheit herbeiführen würden. Meist wird argumentiert, dass Institutionalisierung und bessere Durchsetzbarkeit von Kooperationen die Lösung von Gefangenen-Dilemma-Situationen sind. Darüber hinaus kann auch das Vorangehen eines starken *Leaders* zu mehr Vertrauen und Stabilität beitragen. Suhrke (1998) zeigt, dass die USA im Zuge der indochinesischen Flüchtlingskrise schlussendlich diese Rolle einnahmen, was zu einer Verteilung der Flüchtlinge in verschiedene auch westliche Länder führte.

Auch in der Analyse der europäischen Flüchtlingspolitik wird auf die *Public Goods*-Theorie zurückgegriffen, um Erfolge und Scheitern von Maßnahmen zur Verantwortungsteilung zu erklären. Zu den Erfolgen zählen das Humanitäre Evakuierungsprogramm für den Kosovo (vgl. Suhrke 1998; Thielemann 2003) sowie Deutschlands Bereitschaft zur Grenzöffnung für Flüchtlinge im September 2015 (vgl. Thielemann 2018). Darüber hinaus wird die Theorie ebenfalls verwendet, um den regulativen Wettbewerb zwischen Staaten im Hinblick auf ihre Asylstandards zu erklären (siehe 3.3). Als Lösung hierfür schlagen Autoren oftmals die Einführung einer Harmonisierung von Asylstandards auf europäischer Ebene vor, die die Anreize zum Trittbrettfahren senkt (vgl. Barbou des Places 2003). Doch obwohl die europäischen Mitgliedstaaten die Harmonisierung ihrer Asylpolitiken seit dem Jahr 2000 vorantreiben, hapert es hierbei weiterhin an der Umsetzung.

4.2 Das Joint Product-Modell

Eine Alternativerklärung für das Verhalten von Staaten im Bereich der Verantwortungsteilung liefert das *Joint Product*-Modell. Dieses versteht den Flüchtlingsschutz und die daraus resultierenden Güter als teils öffentlich, teils privat. Sicherlich profieren alle Staaten von der Stabilität, die Flüchtlingsschutz herbeiführt. Jedoch profitieren Staaten, die sich in der Nähe von Flüchtlingssendeländern befinden, noch mehr davon, da sie potentiellen Konflikten unmittelbar ausgesetzt sind. Gleichzeitig ziehen Staaten auch Reputationsgewinne aus Beiträgen zur Verantwortungsteilung. Laut Betts (2003, 2009) lassen sich auf diese Weise die wenigen erfolgreichen Beiträge zur Verantwortungsteilung erklären. In seiner Monographie aus dem Jahre 2009 erklärt er somit den Misserfolg der ersten *Internationalen Konferenz zur Unterstützung von Flüchtlingen in Afrika* im Jahr 1981 und das Gelingen der zweiten Auflage dieser Konferenz im Jahr 1984 sowie die Annahme des *Humanitären Evakuierungsprogramms* für den Kosovo im Jahr 1999 und die Erfolge der *Internationalen Konferenz zu mittelamerikanischen Flüchtlingen* (1989–1995). Eine quantitative Analyse über finanzielle Unterstützung des UNHCR bestätigt Betts' Hypothese des gemischt privat-öffentlichen Gutes und der Interessen, die Beiträge zur Verantwortungsteilung erklären können (vgl. Roper/Barria 2010).

Doch auch die Herausforderungen für die Verantwortungsteilung macht der Ansatz deutlich. Diese werden oft durch das Rambospiel (*Suasion Game*) verdeutlicht. Hierbei stehen sich zwei Staaten gegenüber. Ein Flüchtlingsaufnahmeland, meist im Globalen Süden befindlich, hier bezeichnet als Empfänger, und ein Geberland, das kaum Flüchtlinge hat. Das Aufnahmeland hat zwei Möglichkeiten: Es kann die Flüchtlinge tatsächlich aufnehmen und damit seiner Verantwortung gemäß der Genfer Flüchtlingskonvention nachkommen. Oder es kann dies verweigern, was einer Menschenrechtsverletzung entspricht und mit herben Reputationsverlusten einhergeht. Diese wollen v. a. Länder des Globalen Südens, die auf Entwicklungshilfe angewiesen sind, vermeiden. Das Geberland im Globalen Norden hat eine ganz andere Entscheidung zu treffen, nämlich, ob es das Aufnahmeland unterstützen möchte oder nicht. Dies ist aber völkerrechtlich nicht verpflichtend, sodass es normalerweise, d.h. ohne weitere Anreize, oftmals nicht tätig wird.

Auch wenn die Analyse oftmals verwendet wurde, um dem Machtungleichgewicht zwischen dem Globalen Süden und dem Globalen Norden Rechnung zu tragen, so lassen sich in den innereuropäischen Debatten um eine fairere Flüchtlingsverteilung ähnliche Dynamiken feststellen (vgl. Zaun 2018). Hier sind es vor allem Grenzstaaten sowie traditionelle Flüchtlingshauptaufnahmeländer (u. a. Deutschland), die von einer Verteilung profitieren und sich dafür einsetzen, während Staaten mit nur wenigen Flüchtlingen (beispielsweise in Mittelosteuropa) gegen eine solche Verteilung sind. Die Dynamiken des Rambospiels erklären, warum bis heute keine fairere Verteilung von Flüchtlingen in der EU stattfindet.

5. Schlussbetrachtung: Bestandsaufnahme und Forschungslücken

Die Verantwortungsteilung im Flüchtlingsschutz wurde in den letzten Jahren nicht nur politisch besonders kontrovers diskutiert, sondern ist ein sehr fruchtbarer Bereich für die Anwendung und Weiterentwicklung von Theorien der Internationalen Beziehungen. Ziel ist es hierbei zumeist die Motivation für das Beitragen oder das Ausbleiben eines solchen zu einer oder mehreren Dimensionen der Verantwortungsteilung zu erklären. Allerdings bleiben verschiedene Forschungslücken bestehen.

Während es viele theoretisch und methodisch fundierte Einzelfallstudien gibt, fehlt oftmals die breitere Perspektive, die es erlauben würde, Rahmenbedingungen (*scope conditions*) für die herausgearbeiteten theoretischen Erklärungen zu definieren. Abgesehen von zwei quantitativen Studien (Roper/Barria 2010; Thielemann 2006), die den Fokus allerdings nur auf die finanzielle Dimension der Verantwortungsteilung legen, gibt es bisher keine Analysen, die Motivationen für Beiträge in den verschiedenen Dimensionen für die gesamte Welt untersuchen. Die bestehenden quantitativen Studien finden zum Teil heraus, dass ein Interesse an Reputationsgewinnen einerseits sowie ein Engagement im Bereich des Menschenrechtsschutzes andererseits zentral sind für den Beitrag zur Verantwortungsteilung. Hier wären jedoch detaillierte Fallstudien hilfreich, die die Kausalmechanismen dieser beiden Motivationsgründe untersuchen.

Auch gibt es bisher wenig Diskussion darüber, in welchem Verhältnis Erklärungen auf der Basis des *Public Goods*-Modells und solche auf der Basis des *Joint Product*-Modells zueinanderstehen. Hier entsteht oftmals der Eindruck, beide Erklärungen würden ähnliche Phänomene erklären, obwohl sie verschiedene Situationen der Verantwortungsteilung in den Blick nehmen: Während das Gefangenendilemma Dynamiken zwischen zwei Staaten erklärt, die selbst keine Flüchtlinge haben und Flüchtlinge in einem Drittstaat unterstützen wollen/sollen, geht das Rambospiel von einer Situation aus, in der Flüchtlinge in einem der beiden Staaten zu finden sind und dieser Staat um Unterstützung bittet.

Daneben kommt es v. a. in der frühen Verantwortungsteilungsliteratur oftmals zu einer Vermischung von Verantwortungsteilung (d.h. der Unterstützung von Flüchtlingen in Drittländern) und Anerkennung von Flüchtlingen im eigenen Land. Allerdings sollte beides klar unterschieden werden, da beides rechtlich unterschiedliche Phänomene sind, weswegen die Anreize für Beiträge sich klar unterscheiden.

Außerdem ist bisher nicht geklärt, in welchem Verhältnis die verschiedenen Dimensionen der Verantwortungsteilung zueinander stehen. Hierbei stellt sich die Frage, ob finanzielle Beiträge gleichwertig sind mit der Übernahme von Flüchtlingen und wie hoch diese Beiträge dann sein sollten. Daraus ergibt sich auch eine Reihe weiterer auch ethisch zu betrachtender Fragen. Hierzu ist eine breitere wissenschaftliche Debatte notwendig, da in der Praxis (bspw. im Rahmen der EU-Verhandlungen um Flüchtlingsverteilung) oftmals *ad hoc*-Werte festgelegt werden.

Literaturverzeichnis

Barbou des Places, Ségolène (2003): Evolution of asylum legislation in the EU: Insights from regulatory competition theory (EU Working Paper RSC 2003/16). San Domenico di Fiesole: EU.
Betts, Alexander (2003): Public goods theory and the provision of refugee protection: the role of the joint-product model in burden-sharing theory. In: Journal of Refugee Studies 16 (3), 274–296.
Betts, Alexander (2009): Protection by Persuasion: International Cooperation in the Refugee Regime. Ithaca: Cornell University Press.
Betts, Alexander/Costello, Cathryn/Zaun, Natascha (2017): A fair share: Refugees and responsibility-sharing. Delmi Report 2017: 10. https://www.delmi.se/en/publications/report-and-policy-brief-2017-10-a-fair-share-refugees-and-responsibility-sharing/, 21.10.2022.
EU (2015a): Beschluss (EU) 2015/1523 des Rates vom 14. September 2015 zur Einführung von vorläufigen Maßnahmen im Bereich des internationalen Schutzes zugunsten von Italien und Griechenland. OJ L239/146.
EU (2015b): Beschluss (EU) 2015/1601 des Rates vom 22. September 2015 zur Einführung von vorläufigen Maßnahmen im Bereich des internationalen Schutzes zugunsten von Italien und Griechenland. OJ L248/80.
Europäische Kommission (2021): Asylum, migration and integration fund – Union actions in the field of asylum. https://ec.europa.eu/home-affairs/asylum-migration-and-integration-fund-union-actions-field-asylum_en, 21.10.2022.
Grahl-Madsen, Atle (1966): The status of refugees in international law. Leiden: A.W. Sijthoff.
Handelsblatt (2015): Brasilien vergibt Sonder-Visa an Syrer. 18 September. https://www.handelsblatt.com/politik/international/fluechtlingskrise-brasilien-vergibt-sonder-visa-an-syrer/12337376.html?ticket=ST-3097790-Kdbs5w2MT05zy5gQGwFq-cas01.example.org, 21.10.2022.
Hathaway, James C./Neve, R. Alexander (1997): Making international refugee law relevant again: a proposal for collectivized and solution-oriented protection. In: Harvard Human Rights Journal 10, 115–211.
Noll, Gregor (2000): Negotiating Asylum: The EU Acquis, Extraterritorial Protection and the Common Market of Deflection. The Hague: Nijhoff.
Roper, Steven D./Barria, Lilian A. (2010): Burden sharing in the funding of the UNHCR: Refugee Protection as am Impure Public Good. In: Journal of Conflict Resolution 54 (4), 616–637.
Suhrke, Astri (1998): Burden-sharing during refugee emergencies: the logic of collective versus national action. In: Journal of Refugee Studies 11 (4), 396–415.
Thielemann, Eiko R. (2003): Between interests and norms: explaining burden-sharing in the European Union. In: Journal of Refugee Studies 16 (3), 253–273.
Thielemann, Eiko (2006): The effectiveness of governments' attempts to control unwanted migration. In: Parsons, Craig/Smeeding, Thomas (Hrsg.): Immigration and the transformation of Europe. Cambridge: Cambridge University Press, 442–472.
Thielemann, Eiko R. (2018): Why refugee burden-sharing initiatives fail: Public goods, free-riding and symbolic solidarity in the EU. In: Journal of Common Market Studies 56 (1), 63–82.
Tsourapas, Gerasimos (2019): The Syrian refugee crisis and foreign policy decision-making in Jordan, Lebanon, and Turkey. In: Journal of Global Security Studies 4 (4), 464–481.
UN (2018): Report of the United Nations High Commissioner for Refugees. Part II Global Compact on Refugees. https://www.unhcr.org/5c658aed4, 06.11.2022.
UNHCR (2021a): Refugee data finder. https://www.unhcr.org/refugee-statistics/, 21.10.2022.
UNHCR (2021b): Global resettlement needs 2021. https://www.unhcr.org/protection/resettlement/5ef34bfb7/projected-global-resettlement-needs-2021.html, 21.10.2022.
Van Selm, Joanne (2014): Refugee resettlement. In: Fiddian-Qasmiyeh, Elena/Loescher, Gil/Long, Katy/Sigona, Nando (Hrsg.): The Oxford Handbook of Refugee and Forced Migration Studies, https://doi.org/10.1093/oxfordhb/9780199652433.013.0014.

Zaun, Natascha (2018): States as gatekeepers in EU asylum politics: explaining the non-adoption of a refugee quota system. In: Journal of Common Market Studies 56 (1), 44–62.

III.3.8
Sichere Herkunftsstaaten

Valentin Feneberg

Abstract Für ‚sichere' Herkunftsstaaten wird vermutet, dass dort grundsätzlich keine asylrelevante Verfolgungsgefahr besteht. Ziel dieses politischen Instruments ist eine Reduzierung der Zuwanderung durch schnellere Asylverfahren und Abschreckungseffekte. Der Beitrag erläutert das Konzept ‚sicherer' Herkunftsstaaten mit einem Schwerpunkt auf den Entwicklungen in Europa und vor allem Deutschland und diskutiert kritisch die Kriterien der Einstufung eines Staates als ‚sicher', die dafür notwendige Wissensgrundlage sowie (intendierte und tatsächliche) Auswirkungen der Maßnahme. Abschließend werden einige Forschungslücken benannt.

Schlüsselbegriffe: Asylrecht, Asylverfahren, Herkunftslandinformation, Tatsachenfeststellung, BAMF

1. Einleitung

Im deutschen Asylverfahren müssen das Bundesamt für Migration und Flüchtlinge (BAMF) und Verwaltungsgerichte feststellen, ob ein Mensch aus begründeter Furcht vor Verfolgung (etwa aus politischen Gründen) oder vor einem ernsthaften Schaden (etwa aufgrund eines Bürgerkriegs) nicht in sein Herkunftsland zurückkehren kann. Neben der Glaubwürdigkeit der Asylsuchenden ist dabei die allgemeine Lage im Herkunftsstaat von zentraler Bedeutung. Obwohl sich dafür beim BAMF und in Verwaltungsgerichten Entscheidungslinien bilden, die über den Einzelfall hinausgehen, müssen sie formell für jedes Verfahren aufs Neue beantwortet werden. Anders ist das bei ‚sicheren' Herkunftsstaaten, die das Parlament festlegt. Für sie wird vermutet, dass grundsätzlich nicht die Gefahr einer Verfolgung oder eines sonstigen Schadens besteht. Die Einstufung von Ländern als ‚sicher' dient dem politischen Ziel, die Asylantragszahlen aus den entsprechenden Herkunftsstaaten durch Abschreckung zu reduzieren, indem Verfahren beschleunigt und Anträge einfacher als ‚offensichtlich unbegründet' abgelehnt werden können. Es handelt sich also um eine Art Arbeitsteilung zwischen Gesetzgeber und Asylverwaltung bzw. Gerichten: Zwar müssen letztere weiterhin den konkreten Einzelfall anhören und prüfen, denn die Sicherheitsvermutung kann individuell widerlegt werden. Die grundsätzliche Beurteilung der allgemeinen Lage in einem Herkunftsland und die dazugehörige Wissensermittlung wird Asylverwaltung und Gerichten allerdings von der Politik abgenommen. Da es sich bei ‚sicheren' Herkunftsstaaten weniger um eine empirische Tatsache als vielmehr um eine politische Maßnahme in Form einer rechtlichen Vermutungsregel handelt, wird ‚sicher' in diesem Beitrag in Anführungszeichen verwendet. Für die Fluchtforschung und namentlich für die Asylverfahrensforschung ist es wichtig, die Hintergründe dieser Maßnahme zu verstehen, um auf dieser Grundlage Forschungslücken zu identifizieren. Diese Lücken klaffen vor allem in den Sozialwissenschaften weit; die Diskussion zu ‚sicheren' Herkunftsstaaten findet vorwiegend innerhalb der Rechtswissenschaften statt.

2. Die Entwicklung in Deutschland und Europa

Ab den frühen 1990er Jahren begannen europäische Staaten, Herkunftsländer als ‚sicher' einzustufen (vgl. Martenson/McCarthy 1998; Engelmann 2014). Deutschland war eines der ersten Länder, die das Konzept in nationales Recht überführten. Im Zuge des sogenannten Asylkompromisses kam es 1992/1993 gar zu einer Änderung des Grundgesetzes, bei der der knappe Satz „Politisch Verfolgte genießen Asylrecht" um vier umfangreiche Absätze ergänzt wurde, die das Recht auf Asyl stark beschränken. Per Gesetz können seitdem Staaten bestimmt werden, „bei denen auf Grund der Rechtslage, der Rechtsanwendung und der allgemeinen politischen Verhältnisse gewährleistet erscheint, dass dort weder politische Verfolgung noch unmenschliche oder erniedrigende Bestrafung oder Behandlung stattfindet" (Art. 16a (3) GG).[1] Neben einigen osteuropäischen Ländern, die mittlerweile Teil der EU sind und als solche automatisch als ‚sicher' eingestuft werden, wurden damals die westafrikanischen Staaten Ghana, Senegal und Gambia zu ‚sicheren' Herkunftsstaaten erklärt, wobei Gambia 1996 wieder von der Liste entfernt wurde. 1996 bestätigte das Bundesverfassungsgericht sowohl allgemein das politische Instrument als auch konkret die kontrovers diskutierte Einstufung Ghanas. Hinsichtlich der substanziellen Kriterien betonte das Gericht, dass die tatsächliche Rechtsanwendung in einem Herkunftsstaat besonders relevant sei, außerdem müsse Verfolgungsfreiheit landesweit bestehen und nicht lediglich für einzelne Gruppen gelten. Für die Prüfung sei kein starrer Katalog von Umständen anzulegen; vielmehr müsse ein Gesamturteil aus einer Vielzahl von Einzelfaktoren erfolgen. Die Schutzquote, also der Anteil erfolgreicher Asylanträge, könne zur Abrundung und Kontrolle der Einstufung eines Staates als ‚sicher' herangezogen werden (vgl. BVerfGE 94, 115: Rn. 79).

Ab 2014 wurde die deutsche Liste in zwei Schritten erweitert, erst um Serbien, Bosnien und Herzegowina sowie Nordmazedonien, 2015 folgten Albanien, Kosovo und Montenegro.[2] In ihren Gesetzesentwürfen argumentierte die Bundesregierung mit den hohen Antragszahlen bei einer geringen Schutzquote und verwies auf eine Überlastung des Asylsystems zuungunsten „der tatsächlich schutzbedürftigen Asylsuchenden" (Deutscher Bundestag 2014: 1). Die Einstufung ging außerdem einher mit zahlreichen sozialrechtlichen Einschränkungen für Asylsuchende aus diesen Staaten (siehe Abschnitt 4). 2016 stimmte der Bundestag der Einstufung von Tunesien, Algerien und Marokko als ‚sicher' zu, das Gesetz scheiterte allerdings im Bundesrat. Auch ein weiterer Anlauf, die Liste um die drei Maghreb-Staaten sowie um Georgien zu erweitern, scheiterte 2018 an den Mehrheitsverhältnissen der Länderkammer.

Europaweit werden über 60 verschiedene Herkunftsstaaten auf verschiedenen nationalen Listen geführt (vgl. European Migration Network 2018: 13–15). Während etwa die Niederlande, Dänemark oder das Vereinigte Königreich sehr lange Listen mit bis zu 32 Einträgen führen, sind andere Listen deutlich kürzer (vgl. Deutscher Bundestag 2019: 29–30). Die große Variation innerhalb der europäischen Union ist ein Indiz für die starke Politisierung der Frage, wann ein Land als ‚sicher' eingestuft wird (vgl. Costello 2016: 609). Diese Politisierung wird auch in einer Art Kettenreaktion sichtbar, sobald ein Herkunftsstaat erstmals auf einer Liste geführt wird. Hintergrund ist die Annahme, dass kein Aufnah-

---

1 Als weitere Einschränkung wurde das Konzept ‚sicherer' Drittstaaten eingeführt, das besagt, dass eine Person in Deutschland nicht asylberechtigt ist, wenn sie über einen Staat einreist, in dem sie ebenfalls Schutz erhalten kann (Art. 16a (2) GG).
2 Die gesamte Liste findet sich in Anlage II des Asylgesetzes.

mestaat das schwächste Glied der Kette sein möchte und deshalb die Maßnahme von benachbarten Staaten kopiert, um nicht Ziel eines verstärkten Zuzugs zu sein (vgl. Martinson/McCarthy 1998: 309; Hunt 2014: 504). Zu beobachten ist dieses „copycat game" (Engelmann 2014: 293) für Senegal und Ghana (→ Westafrika) ab den frühen oder für die Staaten des Westbalkan (→ Südosteuropa) ab den späten 1990er Jahren. Mit der Asylverfahrensrichtlinie (AsylVerfRL) wurde das Konzept 2005 erstmals auf EU-Ebene verrechtlicht; die Kriterien ähneln denen des Art. 16a Grundgesetz. Eine darin angestrebte einheitliche Liste ‚sicherer' Herkunftsstaaten wurde seither jedoch nicht umgesetzt. Entsprechend stellte der UNHCR (2010: 68) in einer Studie fest, dass auch weiterhin große Uneinheitlichkeit in der EU bei der Einstufung ‚sicherer' Herkunftsstaaten bestehe, da die Standards der Richtlinie in der Praxis abgeschwächt würden. Dem entsprechen auch starke Schwankungen in der Anerkennungspraxis innerhalb der EU. So wurde zum Beispiel Senegal lange sowohl in Frankreich als auch Deutschland als ‚sicher' eingestuft, allerdings erhielten senegalesische Asylsuchende zwischen 2014 und 2020 in Frankreich in 15 Prozent der Fälle Schutz, in Deutschland waren nur vier Prozent der Anträge erfolgreich. Die EU-weite Schutzquote lag im gleichen Zeitraum bei 20 Prozent.[3]

3. Die Bewertung der ‚Sicherheit' eines Herkunftslandes

In einem Asylverfahren wird auf Grundlage empirischer Tatsachen eine Prognoseentscheidung über das Risiko bei einer potenziellen (→) Rückkehr getroffen (vgl. Feneberg/Pettersson 2021: 197). Neben der individuellen Fallgeschichte der Geflüchteten sind sogenannte Herkunftslandinformationen zu politischen, rechtlichen, sozio-ökonomischen und humanitären Bedingungen die zentrale Wissensgrundlage des Verfahrens. Das gilt auch für die Einstufung eines Staates als ‚sicher': Obwohl dafür in der Praxis die Anzahl der Asylanträge und die Schutzquote ausschlaggebend sind, muss der Gesetzgeber eine substanzielle Bewertung der Verhältnisse auf Grundlage von Länderberichten vornehmen. Welche Informationen konkret herangezogen und wie diese im Detail verwendet und gewichtet werden, ist weder für das Einzelverfahren noch für die generelle Einstufung eines Landes als ‚sicher' im Detail reguliert.[4] Stattdessen existieren verschiedene Leitfäden, die Bewertungskriterien der Produktion und Verwendung von Herkunftslandinformationen festlegen.[5] Substanzielle Standards sind etwa die Relevanz einer Quelle für die entsprechende Sachfrage, die Aktualität eines Berichts oder die Unabhängigkeit und Zuverlässigkeit der Organisation, die einen Bericht verfasst hat. In prozeduraler Hinsicht werden die Einhaltung methodischer Gütekriterien, Transparenz und die öffentliche Zugänglichkeit eines Berichts betont (vgl. Vogelaar 2020: 54–59).

Im Unterschied zum Einzelverfahren handelt es sich bei der Einstufung eines Staates als ‚sicher' um eine Bewertung der generellen Verhältnisse im Herkunftsland auf Grundlage einer „antizipierten Tatsachen- und Beweiswürdigung" (BVerfGE 94, 115: Rn. 65). Dennoch gelten die gleichen qualitati-

---

3 Seit Juli 2021 stuft Frankreich Senegal nicht mehr als ‚sicher' ein. Dafür entschloss sich Italien 2019 für eine solche Einstufung zu einem Zeitpunkt, zu dem die Schutzquote für Senegales*innen bei deutlich über 20 Prozent lag. Eurostat, First instance decisions on applications by citizenship, age and sex Quarterly data (rounded).
4 In Art. 37 (3) der AsylVerfRL heißt es lediglich, dass „verschiedene Informationsquellen, insbesondere Informationen anderer Mitgliedstaaten, des EASO, des UNHCR, des Europarates und anderer einschlägiger internationaler Organisationen" herangezogen werden müssen.
5 z. B. ACCORD: Researching Country of Origin Information: A Training Manual (2013); Common EU Guidelines for Processing Country of Origin Information (2008); EASO Country of Origin Information Report Methodology (2019).

ven Maßstäbe wie für die Tatsachenfeststellung im individuellen Verfahren (vgl. Mitsch 2020: 167). Empirische Untersuchungen zur Einhaltung dieser Standards gibt es kaum. Zwar ergab eine Umfrage unter EU-Staaten, dass verschiedene Quellen zur Bewertung der Verhältnisse in Herkunftsstaaten herangezogen werden (vgl. European Migration Network 2018: 8). Eine tiefergehende Studie zur Berücksichtigung der Maßstäbe bei der Einstufung von Albanien und Kosovo als ‚sicher' in den Niederlanden und dem Vereinigten Königreich kommt allerdings zu dem Ergebnis, dass beide Staaten die genannten Qualitätsstandards zur Verwendung von Landeswissen nicht ausreichend berücksichtigen. Insbesondere sei nicht transparent, welche konkreten Informationen zu der Entscheidung geführt hätten (vgl. Vogelaar 2021).

In Deutschland wurde der Mangel konkreter Standards zur Verwendung von Landeswissen mit der Entscheidung des Bundesverfassungsgerichts von 1996 höchstrichterlich legitimiert, indem das Gericht dem Gesetzgeber gleich mehrfach Spielräume öffnete: Erstens einen „Entscheidungsspielraum" bei der Auswahl der Quellen, zweitens einen „Einschätzungs- und Wertungsspielraum" bei ihrer Beurteilung, drittens ergäben sich aus dem Grundgesetz keine Vorgaben für eine transparente Darlegung der Entscheidung (BVerfGE 94, 115: Rn. 87–91).[6] Der Gesetzgeber setzt diese ‚Standards' konsequent um: Weder in den Gesetzesbegründungen der Einstufung weiterer Staaten als ‚sicher' seit 2014 noch in den seit 2017 alle zwei Jahre erscheinenden Berichten der Überprüfung der Liste wird die Beschreibung der Verhältnisse in den betreffenden Ländern mit Quellen unterlegt (zuletzt: Deutscher Bundestag 2022). Die Gesetzesentwürfe verweisen lediglich in einem für jedes Land wortgleichen einleitenden Absatz auf einige Herkunftslandinformationen, auf die im Folgenden nicht weiter eingegangen wird (vgl. Deutscher Bundestag 2014: 11–17). Hauptquelle sind die unveröffentlichten Lageberichte des Auswärtigen Amtes. Zahlreiche Verwaltungsgerichte verteidigten dieses Vorgehen mit dem Verweis auf die Maßstäbe des Bundesverfassungsgerichts und stellten klar, dass mangelnde Transparenz bei Tatsachenermittlung und -darstellung grundgesetzkonform sei.[7]

4. Rechtsfolgen und tatsächliche Auswirkungen des Instruments

Gelingt es Asylsuchenden aus ‚sicheren' Herkunftsstaaten nicht, die Sicherheitsvermutung durch ihre individuelle Fallgeschichte zu widerlegen, wird der Antrag automatisch als ‚offensichtlich unbegründet' abgelehnt. Da jeder Antrag dennoch individuell geprüft werden muss, dient die Maßnahme in der Praxis nicht der Beschleunigung des BAMF-Verfahrens: Dort werden durch die Einstufung eines Staates als ‚sicher' nur etwa zehn Minuten pro Antrag eingespart, da der Bescheid einfacher erstellt werden kann (vgl. Deutscher Bundestag 2014: 2). Tatsächlich hat sich das Verhältnis der Verfahrensdauer für Antragsteller*innen aus den Westbalkanstaaten zur Gesamtverfahrensdauer beim BAMF im Vergleich der Jahre 2014 und 2017 nicht verändert (vgl. Deutscher Bundestag 2015: 11; Deutscher Bundestag 2018: 4). Relevant für das Argument der Verfahrensdauer sind vielmehr die Rechtsfolgen einer Ablehnung als ‚offensichtlich unbegründet', weil damit Klage- und Ausreisefristen

---

6 In einer abweichenden Meinung von drei Verfassungsrichter*innen zu dem Urteil wurden diese Spielräume scharf kritisiert und striktere Maßstäbe der Wissensermittlung und -bewertung eingefordert (BVerfGE 94, 115: Rn. 128 ff.).
7 vgl. z. B. VG Berlin, Urt. v. 28.1.2015 (Az. 7 K 546.15 A); VG Darmstadt, Urt. v. 19.1.2015 (Az. 1 K 1667/12.DA.); VGH Baden-Württemberg, Urt. v. 24.6.2015 (Az. A 6 S 1259/14).

reduziert werden und Klagen keine aufschiebende Wirkung haben mit dem Ergebnis einer schnelleren Abschiebbarkeit der Betroffenen. Es handelt sich damit weniger um eine Verfahrensbeschleunigung als vielmehr um eine Verfahrensverkürzung durch Einschränkung des Rechtsschutzes.

Dieser Logik entsprechen zahlreiche weitere Einschränkungen der Rechte von Antragsstellenden aus ‚sicheren' Herkunftsstaaten, die in Deutschland seit 2015 verabschiedet wurden und die mit dem Asylverfahren nicht direkt zusammenhängen: Asylsuchende aus diesen Staaten müssen während des gesamten Verfahrens (bei Ablehnung bis zur Ausreise) in einer Erstaufnahmeeinrichtung wohnen, was etwa zur Folge hat, dass sie den Bezirk dieser Einrichtung nicht verlassen dürfen und dass Kinder, solange sie in einer solchen Einrichtung wohnen, nicht zur Schule gehen dürfen. Sie sollen außerdem überwiegend Sach- statt Geldleistungen erhalten, unterliegen einem generellen Beschäftigungsverbot, sind von der Möglichkeit einer Ausbildungsduldung ausgeschlossen und haben keinen Zugang zu Integrationskursen. Wird ein Antrag ‚offensichtlich unbegründet' abgelehnt, kann das BAMF ein Einreise- und Aufenthaltsverbot erlassen (vgl. Hruschka/Rohmann 2021).

Ziel dieser Maßnahmen ist weniger eine Vereinfachung der Organisation des Asylverfahrens als vielmehr die Abschreckung von Bürger*innen ‚sicherer' Herkunftsstaaten, um Deutschland „weniger attraktiv" zu machen (Deutscher Bundestag 2014: 2). Empirisch lässt sich die kausale Wirkung der Einstufung von Staaten als ‚sicher' (und der damit einhergehenden sozialen Einschränkungen) auf die Zuwanderung nur schwer bestimmen. Grundsätzlich gilt, dass Veränderungen migrationspolitischer Maßnahmen in den Zielländern, sogenannte *Pull-Effekte*, wenig Einfluss auf Wanderungsentscheidungen haben (vgl. Hunt 2014: 515). Für die Erweiterung der Liste in 2014 kommen Braun/Franke (2015) zu dem Ergebnis, dass die Einstufung der ersten drei Westbalkanstaaten als ‚sicher' insofern einen Effekt hatte, als deren Zuzugszahlen in der direkten Folge zwar leicht stiegen, allerdings ungleich geringfügiger im Vergleich zu einem Anstieg von über 700 Prozent bei den Anträgen aus den drei Staaten, die erst im Folgejahr als ‚sicher' eingestuft wurden. Inwiefern dafür die Einstufung als ‚sicher' hauptursächlich war, ist allerdings fraglich (vgl. Lindner 2015). Sicher ist nur, dass die sozialrechtlichen Einschränkungen diesen Effekt nicht erklären können, da sie erst ab Mitte 2015 verabschiedet wurden. De facto ist die Zahl der Asylanträge aus den sechs Westbalkanstaaten in Deutschland von 245.000 in den Jahren 2013 bis 2015 (30 Prozent aller Asylanträge) auf 77.000 in den drei darauffolgenden Jahren gesunken (sieben Prozent aller Asylanträge).[8] Diese Zahlen bedürfen allerdings einer differenzierteren statistischen Betrachtung, um zu bestimmen, in welchem Maße die Einstufung als ‚sicher' dafür die Ursache ist.

Hinsichtlich des konkreten Einflusses auf die Asylverfahren werden seit 2014/2015 tatsächlich nahezu alle Anträge aus den sechs Westbalkanstaaten als ‚offensichtlich unbegründet' abgelehnt.[9] Dieser Anteil lag allerdings bei den Westbalkanstaaten schon vor ihrer Einstufung als ‚sicher' bei etwa 90 Prozent (vgl. Deutscher Bundestag 2014: 20). Der Normenkontrollrat kritisierte deshalb die Gesetzesbegründung der Bundesregierung, da die Maßnahme dahingehend keinen nennenswerten Effekt verspreche, vor allem aber mit diesem Effekt gerechtfertigt wurde (ebd.).

---

8 Quelle: BAMF-Asylgeschäftsstatistiken 2013–2018, eigene Berechnung.
9 Quelle: BAMF-Antrags-, Entscheidungs- und Bestandsstatistiken ab 2015.

5. Kritik ‚sicherer' Herkunftsstaaten

Mit Blick auf die nur geringfügigen Effekte auf Verfahrensdauer und auf die Ablehnung von Anträgen als ‚offensichtlich unbegründet' wird kritisiert, dass es sich bei der Einstufung von Staaten als ‚sicher' in erster Linie um „Symbolpolitik" handelt (Hruschka/Rohmann 2021: 3). Das gilt insbesondere für den (bislang gescheiterten) Versuch, die drei Maghreb-Staaten in die Liste aufzunehmen, da (laut den BAMF-Asylgeschäftsstatistiken) seit 2013 jährlich nie mehr als 1,5 Prozent der Anträge von Asylsuchenden aus diesen Ländern gestellt wurden. Kritikwürdig ist damit auch das Argument, die Einstufung von manchen Staaten als ‚sicher' sei nicht in erster Linie eine Maßnahme *gegen* Asylsuchende aus diesen Ländern, sondern vielmehr *für* die vielen anderen Schutzsuchenden, für deren Asylverfahren dadurch mehr Kapazitäten entstünden (vgl. Deutscher Bundestag 2014: 9). Vor allem die anhaltend hohe Klagequote und die daraus folgende Verlängerung des Verfahrens spricht nicht dafür, dass durch freigewordene Kapazitäten die Qualität der BAMF-Bescheide deutlich zugenommen hat (vgl. Feneberg/Pukrop 2020: 359–360). Auf einer grundsätzlicheren Ebene geht damit außerdem eine problematische Kategorisierung von ‚echten' und vermeintlich ‚illegitimen' Geflüchteten noch vor der individuellen Antragsprüfung einher. Das Instrument ‚sicherer' Herkunftsstaaten reiht sich ein in eine Politik der Hierarchisierung von Asylsuchenden abhängig von ihrer ‚Schutzwürdigkeit' (vgl. Crawley/Skleparis 2017; Will 2018).

Von rechtswissenschaftlicher Seite wird kritisiert, dass die generelle Einstufung von Staaten als ‚sicher' gegen die Idee eines fairen Asylverfahrens verstoße, in dem individuelle Verfolgungsgründe der zentrale Maßstab der Entscheidung sein sollten. Die bereits vor der Anhörung feststehende Sicherheitsvermutung und die damit einhergehende Umkehrung der Beweislast mache es für Asylsuchende in der Praxis nahezu unmöglich, Entscheider*innen vom Gegenteil zu überzeugen (vgl. Hunt 2014: 511–512). Die Maßnahme widerspreche damit dem Gebot der Genfer Flüchtlingskonvention, Asylsuchende nicht nach ihrer Nationalität zu diskriminieren (vgl. Costello 2005: 602; Martenson/McCarthy 1998: 317).[10] Entsprechend seien auch die sozialrechtlichen Einschränkungen, denen Asylsuchende aus ‚sicheren' Herkunftsstaaten in Deutschland unterliegen, nicht mit dem Diskriminierungsverbot des Grundgesetzes vereinbar (vgl. Werdermann 2018). Die Einschränkungen würden außerdem gegen den Grundsatz verstoßen, soziale Rechte nicht als Instrument der Migrationssteuerung einzusetzen (vgl. Janda 2017). Diese grundsätzliche Kritik der Maßnahme wird flankiert von der erwähnten mangelhaften Wissensermittlung. Eine auf einer Vielzahl von Quellen beruhende Tatsachenfeststellung und eine auf transparenten Maßstäben fußende Beurteilung dieser Tatsachen, die einer regelmäßigen Kontrolle unterliege, sei der bislang kaum erfüllte Anspruch der Einstufung eines ganzen Herkunftsstaates als ‚sicher' (vgl. Goodwin-Gill 1992: 249; UNHCR 2010: 70; Costello 2016: 607; Vogelaar 2021: 135).

---

10 Der kanadische Supreme Court hat deshalb das Konzept ‚sicherer' Herkunftsstaaten 2015 als verfassungswidrig erklärt. Im Gegensatz dazu erkennt der EuGH in einem Urteil von 2013 keine Diskriminierung anhand der Nationalität an (vgl. Costello 2016).

6. Forschungslücken und Fazit

Zahlreiche empirische Fragen zur Praxis der Einstufung von Staaten als ‚sicher' und zu den Auswirkungen der Maßnahme sind bisher unbeantwortet. Das betrifft erstens die Ebene des Verfahrens: Welche Ansprüche Asylsuchende in der konkreten Anhörungssituation zur Widerlegung der Sicherheitsvermutung erfüllen müssen und inwiefern die vorweggenommene Annahme eines Staates als ‚sicher' in erhöhtem Maße dazu führt, dass auch Anträge mit Erfolgsaussicht als ‚offensichtlich unbegründet' abgelehnt werden, ist empirisch nicht erforscht. Diese Frage stellt sich insbesondere für vulnerable Gruppen, etwa für Rom*nja aus Westbalkanstaaten oder für Asylgesuche auf Grundlage geschlechtsspezifischer Verfolgung. Unklar ist auch, inwiefern Abschiebungsverbote, die von der Sicherheitsvermutung nicht umfasst sind, ausreichend geprüft werden.[11] Zweitens fehlt Wissen darüber, welchen Effekt die Einstufung eines Landes als ‚sicher' auf Migrationsbewegungen hat und wie sie mit anderen politischen Maßnahmen zusammenwirkt, etwa Aufklärungskampagnen in den Herkunftsstaaten oder der Öffnung alternativer Migrationswege. Hinsichtlich der Praxis der Einstufung mangelt es an Wissen darüber, wie der Gesetzgeber Herkunftslandinformationen ermittelt und beurteilt, wie die Quellen ausgewertet und welche (informellen) Maßstäbe zu ihrer Bewertung herangezogen werden. Herausfordernd ist dabei, dass Entscheidungsprozesse in Politik und Asylverwaltung für die Wissenschaft nur schwer zugänglich sind. Trotz bestehender Forschungslücken wird deutlich, dass die pauschale Einstufung von Herkunftsstaaten als ‚sicher' rechtlich und empirisch kritisch zu betrachten ist, auch mit Blick auf die unterschiedliche Umsetzung des Konzepts in der EU. Der Status als „Problemlösungskonzept mit Experimentiercharakter im Gewand eines Grundrechts" (Voßkuhle 1994: 53) und „Verzweiflungsmaßnahme" (Goodwin-Gill 1992: 249) gegen steigende Zuwanderung hängt dem Instrument auch heute noch an.

Literaturverzeichnis

Braun, Sebastian/Franke, Richard (2015): Ausweitung sicherer Herkunftsstaaten: Folgen für die Zahl der Asylanträge. In: Wirtschaftsdienst 95 (11), 752–757.

Costello, Cathryn (2016): Safe Country? Says Who? In: International Journal of Refugee Law 28 (4), 601–622.

Crawley, Heaven/Skleparis, Dimitris (2017): Refugees, migrants, neither, both: categorical fetishism and the politics of bounding in Europe's 'migration crisis'. In: Journal of Ethnic and Migration Studies 44 (1), 48–64.

Deutscher Bundestag (2014): Entwurf eines Gesetzes zur Einstufung weiterer Staaten als sichere Herkunftsstaaten und zur Erleichterung des Arbeitsmarktzugangs für Asylbewerber und geduldete Ausländer. Drucksache 18/1528.

Deutscher Bundestag (2015): Ergänzende Informationen zur Asylstatistik 2014. Drucksache 18/3850.

Deutscher Bundestag (2018): Ergänzende Informationen zur Asylstatistik für das Jahr 2017 – Schwerpunktfragen zur Asylverfahrensdauer. Drucksache 19/1631.

Deutscher Bundestag (2022): Dritter Bericht zu der Überprüfung der Voraussetzungen zur Einstufung der in Anlage II zum Asylgesetz bezeichneten sicheren Herkunftsstaaten. Drucksache 20/766.

---

11 Abschiebungsverbote sind ein zunehmend wichtiger Schutzstatus, insbesondere bei der Gefahr extremer Armut im Herkunftsstaat. Für Details vgl. Feneberg/Pettersson 2022.

Engelmann, Claudia (2014): Convergence against the Odds: The Development of Safe Country of Origin Policies in EU Member States (1990–2013). In: European Journal of Migration and Law 16 (2), 277–302.

European Migration Network (2018): Safe Countries of Origin. https://emn.ie/publications/safe-countries-of-origin-emn-inform/, 27.10.2021.

Feneberg, Valentin/Pettersson, Paul (2021): Kollektive Gefährdungslage Corona – Die Pandemie in der Asylrechtsprechung am Beispiel Afghanistan. In: Zeitschrift für Ausländerrecht und Ausländerpolitik 41 (5), 196–204.

Feneberg, Valentin/Pettersson, Paul (2022): Schutz vor extremer Armut – Asylrechtsfortbildung durch Verwaltungsgerichte. In: Neue Zeitschrift für Verwaltungsrecht (NVwZ) 41 (20), 1519–1524.

Feneberg, Valentin/Pukrop, Sebastian (2020): Statistik und Wirklichkeit. Asyl- und Gerichtsstatistik des BAMF verzerren das tatsächliche Bild der Schutzgewährung. In: Asylmagazin (10), 355–361.

Goodwin-Gill, Guy S. (1991): Safe Country? Says Who? In: International Journal of Refugee Law 4 (2), 248–250.

Hruschka, Constantin/Rohmann, Tim (2021): Excluded by crisis management? Legislative hyperactivity in post-2015 Germany, In: International Migration. https://doi.org/10.1111/imig.12926.

Hunt, Matthew (2014): The Safe Country of Origin Concept in European Asylum Law: Past, Present and Future. In: International Journal of Refugee Law 26 (4), 500–535.

Janda, Constanze (2017): Migrationssteuerung durch Recht. Die Abschreckung von armen Zuwanderern am Beispiel von Asylsuchenden aus sicheren Herkunftsstaaten. In: Hruschka, Joachim/Joerden, Jan C. (Hrsg.): Themenschwerpunkt: Recht und Ethik der Migration. In: Berlin: Duncker & Humblot, 239–256.

Lindner, Jenny (2015): Was bringen "sichere Herkunftsstaaten"? https://bit.ly/3ErL9pT, 27.10.2021.

Martenson, Henry/McCarthy, John (1998): 'In General, No Serious Risk of Persecution': Safe Country of Origin Practices in Nine European States. In: Journal of Refugee Studies 11(3), 304–325.

Mitsch, Lukas (2020): Das Wissensproblem im Asylrecht. Zwischen materiellen Steuerungsdefiziten und Europäisierung. Baden-Baden: Nomos.

UNHCR (2010): Improving Asylum Procedures: Comparative Analysis and Recommendations for Law and Practice. Key Findings and Recommendations. Genf.

Vogelaar, Femke (2020): Country of Origin Information. The Essential Foundation for Fair and Credible Guidance for Decision-making on International Protection Needs. Amsterdam: Vrije Universiteit.

Vogelaar, Femke (2021): The Presumption of Safety Tested: The Use of Country of Origin Information in the National Designation of Safe Countries of Origin. In: Refugee Survey Quarterly 40 (1), 106–137.

Voßkuhle, Andreas (1994): "Grundrechtspolitik" und Asylkompromiß. Zur Verfassungsänderung als Instrument politischer Konfliktbewältigung am Beispiel des Art 16a GG. In: DÖV 47 (1), 53–66.

Werdermann, David (2018): Die Vereinbarkeit von Sonderrecht für Asylsuchende und Geduldete aus sicheren Herkunftsstaaten mit Art. GG Artikel 3 GG. In: Zeitschrift für Ausländerrecht und Ausländerpolitik 38 (1), 11–18.

Will, Anne-Kathrin (2018): On "Genuine" and "Illegitimate" Refugees: New Boundaries Drawn by Discriminatory Legislation and Practice in the Field of Humanitarian Reception in Germany. In: Social Inclusion 6 (3), 172–189.

III.3.9
Internationale Abkommen

Nadine Biehler

Abstract Der Globale Pakt für Flüchtlinge (*Global Compact on Refugees*) von 2018 bildet den vorläufigen Höhepunkt der Versuche der Staatengemeinschaft, die internationale Flüchtlingspolitik mit Hilfe von Abkommen zu verregeln. Im Gegensatz zu vorangegangenen internationalen und regionalen Abkommen ist der Flüchtlingspakt rechtlich nicht bindend und legt einen starken Fokus auf den operativen Umgang mit Fluchtsituationen. Auf regionaler Ebene existieren sowohl in Afrika als auch in Lateinamerika Schutzregime, entweder völkerrechtlich verbindlich oder als Vorbild für nationales Recht. Aufbauend auf der Genfer Flüchtlingskonvention von 1951 (GFK) erweiterten sie die Definition von Flucht bzw. Fluchtgründen und damit die Gruppe potenziell schutzberechtigter Menschen. Auf globaler Ebene hingegen zeigen die bisher vergeblichen Bemühungen um bindende Abkommen zu Binnenvertriebenen und von Katastrophen ausgelöster Flucht (*disaster-induced displacement*) die Schwierigkeit das internationale Fluchtregime weiterzuentwickeln. So bleibt die GFK global der kleinste gemeinsame Nenner, der zudem weiter zu erodieren droht.

Schlüsselbegriffe: Globaler Flüchtlingspakt, Genfer Flüchtlingskonvention, Cartagena-Erklärung, OAU-Konvention, Schutzregime

1. Einleitung

Die Regulierung und Kontrolle von Grenzübertritten ist ein elementarer Bestandteil der von souveränen Nationalstaaten geprägten internationalen Ordnung. Flucht und die damit einhergehenden Notsituationen können diese Kontrolle erschweren, gerade wenn viele Menschen auf einmal fliehen. Verschiedene internationale und regionale Rahmenwerke mit unterschiedlich stark ausgeprägter (völker-) rechtlicher Bindewirkung haben daher zum Ziel, Flucht sowie die Aufnahme von flüchtenden Menschen, ihre Rechte und Pflichten sowie schließlich die Auflösung von Fluchtsituationen zu einheitlich zu regeln. Sie bilden eine wesentliche Grundlage für die in vielen Staaten – auch in Deutschland – existierenden nationalen Asylsysteme.

In diesem Beitrag wird zunächst die Entstehung und Wirkung der Genfer Flüchtlingskonvention als Grundlage des Internationalen Flüchtlingsregimes (→ Flüchtlingsregime) skizziert. Anschließend werden wirkmächtige regionale Abkommen wie die Cartagena-Erklärung und die OAU-Konvention mit Blick auf die Weiterentwicklung des Flucht- sowie des Flüchtlingsbegriffs diskutiert. Dem folgend werden Bemühungen zu einer Ausweitung der internationalen Verregelung auf Binnenvertriebene und katastropheninduzierte Flucht vorgestellt sowie schließlich die Limitationen und Potentiale des Globalen Flüchtlingspakts diskutiert.

2. Entwicklung der Flüchtlingsabkommen

Die massenhaften Vertreibungen und Fluchtbewegungen, die mit dem Zweiten Weltkrieg einhergingen, waren der Auslöser für die modernen Versuche, Flucht international einheitlich zu verregeln und Flüchtlinge mit Rechten auszustatten (Kleist 2017). Die im Rahmen des Völkerbundes bzw. der neu gegründeten Vereinten Nationen stattfindenden Debatten wurden ergänzt durch auf Flucht spezialisierte Hilfsorganisationen (wie die *International Refugee Organization* IRO oder davor UNRRA, die *United Nations Relief and Rehabilitation Administration*), die als Vorgänger von UNHCR, dem Hohen Kommissariat der Vereinten Nationen für Flüchtlinge gelten (Goodwin-Gill 2008). Bereits in der Zwischenkriegszeit hatten sich verschiedene Organisationen und Institutionen etabliert, die sich auf Basis der im Rahmen des Völkerbundes gültigen Abkommen dem Flüchtlingsschutz verschrieben hatten (Jaeger 2001). So entstand in der ersten Hälfte des 20. Jahrhunderts ein ‚Flickenteppich' an rechtlichen Instrumenten und zuständigen Organisationen, die in der Gründung von UNHCR und der Verabschiedung der Genfer Flüchtlingskonvention (GFK) 1951 (bzw. ihrem Erweiterungsprotokoll 1967) zusammen- und ihre global größte Reichweite fanden. Danach wurden Flüchtlingsregime auf regionaler Ebene und in Teilbereichen weiterentwickelt.

2.1 Abkommen über die Rechtsstellung der Flüchtlinge: die Genfer Flüchtlingskonvention von 1951 und das Protokoll von 1967

Die Genfer Flüchtlingskonvention ist eines der wichtigsten menschenrechtlichen Abkommen (Gammeltoft-Hansen 2021). Offiziell als ‚Abkommen über die Rechtsstellung der Flüchtlinge' bezeichnet, bildet sie vielfach die Grundlage für Asylschutz und -systeme weltweit. Sie wurde im Juli 1951 auf einer Sonderkonferenz der Vereinten Nationen angenommen. Im selben Jahr nahm auch UNHCR, dessen Rechtsgrundlage sie bildet, seine Arbeit auf (Jaeger 2001). Die GFK sieht vor, dass jede Person, die aufgrund „der begründeten Furcht vor Verfolgung wegen ihrer Rasse, Religion, Nationalität, Zugehörigkeit zu einer bestimmten sozialen Gruppe oder wegen ihrer politischen Überzeugung sich außerhalb des Landes befindet, dessen Staatsangehörigkeit sie besitzt, und den Schutz dieses Landes nicht in Anspruch nehmen kann oder wegen dieser Befürchtungen nicht in Anspruch nehmen will; oder die sich als staatenlose infolge solcher Ereignisse außerhalb des Landes befindet, in welchem sie ihren gewöhnlichen Aufenthalt hatte, und nicht dorthin zurückkehren kann oder wegen der erwähnten Befürchtungen nicht dorthin zurückkehren will." als Flüchtling um Schutz ersuchen kann (GFK: Artikel 1, A Abschnitt 2). Für die als Flüchtlinge anerkannten Menschen sieht die GFK soziale und wirtschaftliche Rechte ähnlich derer anderer (ausländischer) Staatsbürger*innen vor (Clark 1999). Ihre Definition von Flüchtling (→ ‚Flüchtling' – rechtlich) ist vergleichsweise eng und umfasst z. B. nicht Menschen, die vor Naturkatastrophen fliehen oder innerhalb ihres Herkunftslandes auf der Flucht sind – sogenannte (→) Binnenvertriebene (Aleinikoff 2018). Die ursprünglich enthaltene zeitliche Begrenzung der GFK auf „Ereignisse, die vor dem 1. Januar 1951 eingetreten sind" und ihre geografische Beschränkung auf Europa wurde 1967 durch das zugehörige „Protokoll über die Rechtsstellung der Flüchtlinge" aufgehoben (Clark 1999).

Das in der GFK zentrale „Verbot der Ausweisung und Zurückweisung", auch als *Non-Refoulement*-Prinzip bezeichnet, findet sich auch im „Übereinkommen gegen Folter und andere grausame, unmenschliche oder erniedrigende Behandlung oder Strafe" vom 10. Dezember 1984, der sogenannten Anti-Folterkonvention wieder (Clark 1999). Es besagt, dass niemand dorthin zurückkehren muss, wo „sein Leben oder seine Freiheit wegen seiner Rasse, Religion, Staatsangehörigkeit, seiner Zugehörigkeit zu einer bestimmten sozialen Gruppe oder wegen seiner politischen Überzeugung bedroht" ist (GFK, Artikel 33). Tatsächlich stärkt die Anti-Folterkonvention das *Non-Refoulement*-Gebot noch weiter, da sie die in der GFK aufgeführten Ausnahmen für den Fall, dass die betroffene Person ein Sicherheitsrisiko bzw. eine öffentliche Gefahr darstellt oder für eine schwere Straftat verurteilt wurde, aufhebt (Clark 1999).

Die GFK verfügt nicht über einen Gerichtshof oder andere Sanktionsmöglichkeiten. Auch hat UNHCR nur begrenzte Kontrollmöglichkeiten und ist in seiner Tätigkeit auf die Zusammenarbeit mit Staaten angewiesen (Gammeltoft-Hansen 2021). Entsprechend kann die Ahndung von Verstößen politisch heikel sein. Klagen bezüglich der GFK können aber vor dem Internationalen Gerichtshof geltend gemacht werden. Im Fall von Staaten, die die zentralen Menschenrechtskonventionen ratifiziert haben, sind auch die diesen Konventionen jeweils zugehörigen Gremien zuständig (Clark/Crépeau 1999).

2.2 Regionale Abkommen: OAU-Konvention und Cartagena-Erklärung

Jeweils an ihren spezifischen Kontext angepasst, entwickelten Regionalorganisationen wie die Organisation für Afrikanische Einheit (*Organization of African Unity*, OAU), die Vorgängerin der Afrikanischen Union (AU), oder regionale Gruppen wie die Unterzeichnerstaaten der Cartagena-Erklärung in Südamerika, die Vorgaben der GFK weiter und bauten eigene regionale Flüchtlingsschutzregime auf (Arboleda 1995). Diese Vereinbarungen und Vertragswerke haben dazu beigetragen, dass die in der GFK verwendete Definition des Flüchtlings erweitert wurde und nun auch Menschen, die vor Krieg und Gewalt generell fliehen, umfasst – bis hin zu Flucht vor krimineller und häuslicher Gewalt, vor der der Herkunftsstaat nicht schützen kann oder will (Aleinikoff 2018). Allerdings sind beide Abkommen nur bedingt miteinander vergleichbar.

Die OAU-„Konvention zur Regelung der spezifischen Aspekte von Flüchtlingsproblemen in Afrika"[1] (OAU-Konvention) wurde bereits 1969 als völkerrechtlicher Vertrag beschlossen und seither von 46 der insgesamt 55 Mitgliedsstaaten der AU ratifiziert. Ursprünglich als geographische und zeitliche Erweiterung der damals noch eingeschränkt gültigen GFK auf Afrika (→ Afrika – Überblick) gedacht, erlangte die OAU-Konvention nach der Verabschiedung des GFK-Protokolls unter anderem durch eine Afrika-spezifische inhaltliche Erweiterung des Flüchtlingsbegriffs auf geflohene Unabhängigkeitskämpfer*innen an Bedeutung (Tadesse Abebe 2019). Sie etablierte zudem zusätzlich zu Verfolgung weitere Fluchtgründe wie Angriffskrieg, Besatzung, Fremdherrschaft und generell „Ereignisse, die die öffentliche Ordnung ernsthaft stören" (OAU-Konvention, Artikel 1, Absatz 2). Mit diesen Fluchtgründen, die eher die komplexe Realität abdecken, besitzt die OAU-Konvention hohe aktuelle Relevanz,

---

[1] https://au.int/en/treaties/oau-convention-governing-specific-aspects-refugee-problems-africac, 24.10.2022.

erweitert – in Kombination mit der GFK – die Zahl der Schutzberechtigten und erleichtert ihre Anerkennung (Tadesse Abebe 2019): Anders als die GFK legt die OAU den Fokus weniger auf individuelle Fluchtgründe, sondern auf die Situation im Herkunftsland und die Frage, ob diese Flucht verursacht. Dafür reicht eine generelle Gefährdung aus, sie muss nicht auf Einzelne abzielen und erlaubt daher auch die gruppenweise, *prima facie* Anerkennung aufgrund der Nationalität (Arboleda 1995). Die erweiterte Definition der OAU-Konvention beeinflusste auch andere regionale Vereinbarungen zum Flüchtlingsschutz wie die südamerikanische Cartagena-Erklärung von 1984 oder die Kampala-Konvention von 2009 (Tadesse Abebe 2019). Schwierigkeiten ergeben sich vor allem bei der Umsetzung der OAU-Konvention, z. B. wenn Flüchtlinge von Aufnahmeländern vor allem als Sicherheitsrisiko betrachtet und ihre Bewegungsfreiheit eingeschränkt werden. Das Problem der fehlenden Mittel für Flüchtlingsschutz, die afrikanische Vertreter*innen bereits in den Verhandlungen um das GFK-Protokoll von 1967 monierten (Davies 2007), konnte jedoch auch die OAU-Konvention nicht lösen (Tadesse Abebe 2019).

In Folge der kriegs- und konfliktbedingten Vertreibung von größeren Gruppen von Menschen aus der (→) Karibik in den 1960er Jahren, dem südlichen Lateinamerika (→ Südamerika) in den 1970er Jahren und insbesondere in (→) Zentralamerika in den 1980er Jahren nahm auch hier das Bewusstsein zu, dass die GFK – der viele lateinamerikanische Länder beigetreten waren – mit ihrem engen, auf individuelle Eigenschaften abzielenden Flüchtlingsbegriff keine ausreichende Grundlage für den Umgang mit diesen Situationen bot (Arboleda 1995, Fischel de Andrade 2019). Aus den Debatten um einen angemessenen Flüchtlingsschutz – unter Beteiligung von UNHCR und Wissenschaftler*innen – resultierte 1984 die Cartagena-Erklärung, die von einer Gruppe von Staaten (Belize, Kolumbien, Costa Rica, El Salvador, Guatemala, Honduras, Mexiko, Nicaragua, Panama und Venezuela) anlässlich einer Zusammenkunft in Kolumbien verabschiedet wurde. Ähnlich wie die OAU-Konvention erweitert sie Fluchtgründe (generalisierte Gewalt, Angriffskrieg, internationale Konflikte, massive Menschenrechtsverletzungen, ernsthafte Störungen der öffentlichen Ordnung) und bietet damit ein umfassendes Schutzregime für Flüchtlinge in Lateinamerika, das die etablierte regionale Praktik von vergleichsweise großzügigem Umgang mit Asyl widerspiegelte – auch wenn sie rechtlich unverbindlich bleibt (Arboleda 1995). Ihr im Vergleich zur GFK erweiterter Schutzbegriff findet sich aber in derselben oder abgewandelter Form mittlerweile in der nationalen Gesetzgebung der meisten lateinamerikanischen Länder wieder (Fischel de Andrade 2019).

2.3 Schutzregime für Binnenvertriebene und katastropheninduzierte Vertreibung

Immer wieder gibt es Versuche, den historisch bedingt verhältnismäßig engen Begriff des Flüchtlings, wie ihn die GFK festlegt, auszuweiten. Regionale Abkommen und Vereinbarungen in Afrika und Lateinamerika waren damit insofern erfolgreich, als auch Vertreibung aufgrund von Krieg und Gewalt generell als Fluchtgründe hinzukamen und eine Anerkennung des Flüchtlingsstatus damit auch für Gruppen und nicht nur bei Nachweis individueller Verfolgung möglich wurde. Der Widerstand vieler Staaten, diese Ausweitung global und völkerrechtlich verbindlich festzuhalten, zeigte sich bei der Entwicklung der Globalen Pakte für Flucht und Migration deutlich: obwohl beide nicht-bindende Vereinbarungen sind, war der Druck seitens vieler Staaten groß, den Flüchtlingspakt auf die sogenannten

Konventionsflüchtlinge zu beschränken. Entsprechend wurden Binnenvertriebene oder vor Naturkatastrophen fliehende Menschen trotz ihrer großen Zahl und der zunehmenden Wechselwirkungen von Fluchtursachen im Flüchtlingspakt nicht und im Migrationspakt nur am Rande erwähnt (Aleinikoff 2018). Zumindest für Binnenvertriebene wurden aber auf unterschiedlichen Ebenen Schutzregime entwickelt. Hierzu gehören:

- die Leitlinien der Vereinten Nationen betreffend Binnenvertreibung (*Guiding Principles on Internal Displacement*)[2] von 1998, die alle Menschen umfassen, die „in Folge oder zur Vermeidung der Auswirkungen eines bewaffneten Konflikts, von Situationen allgemeiner Gewalt, Menschenrechtsverletzungen und natürlichen oder vom Menschen verursachten Katastrophen" fliehen und dabei ihr Herkunftsland nicht verlassen haben;
- das völkerrechtlich bindende ‚Protocol on the Protection and Assistance to Internally Displaced Persons'[3], das als eines von zehn Protokollen dem ‚*Pact on Security, Stability and Development in the Great Lakes Region*' der afrikanischen Internationalen Konferenz der Großen Seen beigefügt und 2006 verabschiedet wurde. Es macht die Leitlinien der VN für die zehn Mitgliedsstaaten verbindlich (Koch 2020);
- die ebenfalls bindende ‚Konvention der Afrikanischen Union zu Schutz und Hilfe von Binnenvertriebenen in Afrika' (Kampala-Konvention) von 2009, der inzwischen (Stand Mai 2020) 31 Mitgliedsländer der Afrikanischen Union beigetreten sind.[4] Dieser bisher einzige regionale Vertrag zum Schutz von Binnenvertriebenen fordert sowohl Staaten als auch die Afrikanische Union dazu auf, dauerhafte Lösungen für sie zu finden (Koch 2020).

Auf globaler Ebene existieren zwar keine verbindlichen Abkommen zu Binnenvertriebenen, wohl werden sie aber in einigen internationalen Prozessen und Rahmenwerken wie den Nachhaltigen Entwicklungszielen von 2015, dem *Sendai Framework on Disaster Risk Reduction* (2015), den *Core Commitments des World Humanitarian Summit* von 2016 oder der *New Urban Agenda* von 2017 berücksichtigt oder zumindest erwähnt (Koch 2020).

Noch fragmentierter ist die Diskussion um Schutzregime für Menschen, die von (Natur-)Katastrophen vertrieben wurden. Diejenigen unter ihnen, die die Grenzen ihres Herkunftslandes nicht überschritten haben, finden in den Instrumenten für Binnenvertriebene Erwähnung (Kälin 2010). Das *Internal Displacement Monitoring Centre* (IDMC) des Norwegischen Flüchtlingsrats erhebt jährliche Zahlen für katastropheninduzierte Binnenvertreibung. Dabei unterscheidet IDMC zwischen Vertreibung aufgrund von geophysikalischen (Erdbeben, Vulkanausbrüchen) und Extremwetterereignissen (Stürme, Überflutungen, Feuer, Dürre etc.) sowie konzeptionell zwischen langsam und schnell einsetzenden Katastrophen (*slow and sudden onset*) (IDMC GRID 2021). Die Aufmerksamkeit fokussiert sich insbesondere auf die Kategorie der (schnell einsetzenden) Extremwetterereignisse, auch weil davon ausgegangen wird, dass ihre Zahl durch den Klimawandel künftig stark ansteigen wird und größere Zahlen sogenannter (→) ‚Klima-Flüchtlinge' oder klimainduzierter Vertreibung verursachen wird (Kälin 2010; Clement et al. 2021). Schwieriger zu kategorisieren hingegen sind die Menschen, die

---

[2] https://www.unhcr.org/43ce1cff2.pdf, 24.10.2022.
[3] https://www.refworld.org/pdfid/52384fe44.pdf, 24.10.2022.
[4] https://au.int/sites/default/files/treaties/36846-sl-AFRICAN_UNION_CONVENTION_FOR_THE_PROTECTION_AND_ASSISTANCE_OF_INTERNALLY_DISPLACED_PERSONS_IN_AFRICA_KAMPALA_CONVENTION_1.pdf, 24.10.2022.

sich aufgrund langsamer einsetzender Umweltveränderungen auf den Weg machen. Für diejenigen, die auf der Flucht vor Naturkatastophen und Umweltveränderungen Landesgrenzen überschreiten, gibt es bisher keine (flüchtlings-)rechtliche Kategorie (Kälin 2010). Mit der *Platform on Disaster Displacement* existiert aber eine internationale Institution, die sich den besseren Schutz von Menschen zum Ziel gesetzt hat, die aufgrund von Naturereignissen und Klimawandel ihr Herkunftsland verlassen müssen.[5]

2.4 Der Globale Flüchtlingspakt

Zeitgleich mit dem Globalen Migrationspakt (*Global Compact on Migration*) wurde 2018 der Globale Flüchtlingspakt (*Global Compact on Refugees – GCR*) verabschiedet. Ihm vorangegangen war die „New Yorker Erklärung für Flüchtlinge und Migranten" der Vollversammlung der Vereinten Nationen 2016 in Reaktion auf die massenhaften Fluchtbewegungen vor allem von syrischen Flüchtlingen nach Europa ab 2015 (Aleinikoff 2018). Der Migrationspakt erhielt weitaus mehr öffentliche Aufmerksamkeit und wurde auch in Deutschland kontrovers diskutiert. Obwohl beide Pakte völkerrechtlich nicht bindend sind, wird dem Globalen Migrationspakt zugutegehalten, politisch deutlich ambitionierter zu sein als der Flüchtlingspakt und ein einheitliches Bezugsrahmenwerk für Migration unter dem Dach der Vereinten Nationen zu schaffen (Newland 2018).

Zu den Kritikpunkten am Globalen Flüchtlingspakt gehört, dass er Fragen rund um Flüchtlingsschutz im Globalen Norden bzw. den schwindenden Raum dafür nicht adressiert (Chimni 2018; Aleinikofff 2018). Kritisiert werden weiterhin seine mangelnde Verbindlichkeit und unzureichenden Überprüfungsmechanismen. Auch sei UNHCR aufgrund seiner Abhängigkeit von staatlicher Zusammenarbeit und Finanzierung nicht unabhängig genug, um diese Aufgabe zufriedenstellend zu erfüllen (Chimni 2018). Weitere Kritikpunkte sind die Beschränkung von Verantwortungsteilung auf die Folgen von Flucht, ohne die Verantwortung von mächtigen Staaten für fluchtauslösende Gewaltkonflikte und die Gefahr für die Erosion von Flüchtlingsschutz zu thematisieren (Chimni 2018). Angesichts der 2015 akuten Fluchtsituationen waren die (politischen) Erwartungen an den Globalen Flüchtlingspakt allerdings auch gering (Aleinikoff 2018).

Stattdessen liegen der Fokus, und die Verdienste, des Pakts im Operativen: dem Bekenntnis zu Multi-Stakeholder-Ansätzen in Fluchtsituationen, die neben humanitären Hilfsorganisationen auch Akteure der Entwicklungszusammenarbeit umfassen, sowie zu mehr Unterstützung für besonders betroffene Aufnahmeländer von Menschen auf der Flucht (Aleinikoff 2018). Auch der im GCR enthaltene ‚Umfassenden Rahmenplan für Flüchtlingshilfemaßnahmen' (*comprehensive refugee response framework*, CRRF) birgt Potenzial für die Umsetzung von Flüchtlingsschutz – insbesondere in Afrika, wo sich acht Pilotländer bzw. -situationen befinden (Tadesse Abebe 2019). Tatsächlich fasst der GCR mit seinen vor allem praktisch angelegten Inhalten den Stand der guten Praxis der Flüchtlingshilfe zusammen: neben einer besseren Verzahnung von humanitärer Hilfe und Entwicklungszusammenarbeit betrifft dies vor allem die Berücksichtigung von vulnerablen Menschen in aufnehmenden Gemeinden,

---

5 https://disasterdisplacement.org/about-us, 24.10.2022.

die aufgrund von statusbasierten Hilfsleistungen in der Vergangenheit häufig keine Unterstützung erhielten (Angenendt et al. 2018).

Die ersten positiven Erfahrungen mit dem CRRF in Aufnahmeländern können jedoch nicht darüber hinwegtäuschen, dass trotz der geforderten Verantwortungs- und Lastenteilung die Zahl der Menschen auf der Flucht weltweit seither weiter angestiegen ist und für die meisten keine dauerhaften Lösungen in Sicht sind. Die geringen *Resettlement*-Zusagen für eine Umsiedlung in ein Drittland aus dem Globalen Norden stehen dabei in keinem Verhältnis zu den Bedarfen und auch die regelmäßig nur teilfinanzierten humanitären Hilfsaufrufe machen deutlich, dass die im GCR geforderte Lasten- und Verantwortungsteilung noch ausbaufähig ist.

3. Fazit: Keine völkerrechtlich bindende Weiterentwicklung der GFK

Es lassen sich also zwei gegenläufig Entwicklungen in der Staatengemeinschaft beobachten: einerseits die immer weiter fortschreitenden Versuche, das Flüchtlingsschutzregime zu erweitern und auszubauen und andererseits, der Trend, die darin enthaltenen Vorgaben zu umgehen, aufzuweichen oder komplett zu ignorieren (Gammeltoft-Hansen 2021). Obwohl die Berücksichtigung von klima- und katastropheninduzierter Flucht im Globalen Migrationspakt als Meilenstein gewürdigt wurde (Kälin 2018), wird die diesbezügliche Leerstelle im parallel verabschiedeten Globalen Flüchtlingspakt klar darauf zurückgeführt, dass die Staatengemeinschaft kein Interesse daran hatte, das Flüchtlingsregime in diesem Bereich zu erweitern (Newland 2018; Kälin 2018). Auch wenn der Flüchtlingspakt keinerlei rechtliche Bindewirkung entfaltet und inhaltlich für die internationale Zusammenarbeit in Fluchtsituationen wenig Neues bietet, ist allein sein Zustandekommen und die Referenzen zu völkerrechtlich bindenden Vertragswerken des Flüchtlingsschutzregimes bemerkenswert und wurde mit Erleichterung aufgenommen (Aleinikoff 2018). Dies zeigt deutlich, dass den Beobachter*innen der geringe Handlungsspielraum für eine Erweiterung des Flüchtlingsschutzregimes bewusst war. Nicht zuletzt seitens UNHCR wurde explizit davor gewarnt, die GFK bei dieser Gelegenheit aufzuschnüren, da davon im Gegenteil eine Schwächung des internationalen Flüchtlingsschutzes zu befürchten sei.

Literaturverzeichnis

Aleinikoff, T. Alexander (2018): The Unfinished Work of the Global Compact on Refugees. In: International Journal of Refugee Law 30 (4), 611–617.
Angenendt, Steffen/Biehler, Nadine (2018): Auf dem Weg zum Globalen Flüchtlingspakt. Der „Zero Draft": Ein guter, aber noch kein hinreichender Schritt. SWP-Aktuell 23.
Arboleda, Eduardo (1995): The Cartagena Declaration of 1984 and its Similarities to the 1969 OAU Convention – A Comparative Perspective. In: International Journal of Refugee Law 7, Special Issue, 87–101.
Clark, Tom/Crépeau, François (1999): Mainstreaming Refugee Rights. The 1951 Refugee Convention and International Human Rights Law. In: Netherlands Quarterly of Human Rights 17 (4), 389–410.
Clement, Viviane/Rigaud, Kanta Kumari;/Sherbinin, Alex/Jones, Bryan/Adamo, Susana/Schewe, Jacob/Sadiq, Nian/Shabahat, Elham (2021): Groundswell Part 2: Acting on Internal Climate Migration. Washington, DC: The World Bank.

Chimni, Bhupinder S. (2018): **Global Compact on Refugees: One Step Forward, Two Steps Back. In: International Journal of Refugee Law 30 (4), 630–634.**

Davies, Sara E. (2007): Redundant or Essential? How Politics Shaped the Outcome of the 1967 Protocol. In: International Journal of Refugee Law 19 (4), 703–728.

Fischel de Andrade, José H. (2019): The 1984 Cartagena Declaration: A Critical Review of Some Aspects of Its Emergence and Relevance. In: Refugee Survey Quarterly 38 (4), 341–362.

Gammeltoft-Hansen, Thomas (2021): Legal evolution and the 1951 Refugee Convention. In: International Migration 59 (4), 257–260.

Goodwin-Gill, Guy S. (2008): The Politics of Refugee Protection. In: Refugee Survey Quarterly 27 (1), 8–23.

IDMC (Hrsg.) (2021): Global Report on International Displacement. Genf: IDMC.

Jaeger, Gilbert (2001): On the history of the international protection of refugees. In: International Review of the Red Cross 83 (843), 727–738.

Kälin, Walter (2010): Conceptualising Climate-Induced Displacement. In: McAdam, Jane (Hrsg.): Climate Change and Displacement: Multidisciplinary Perspectives. Oxford: Hart Publishing, 81–103.

Kälin, Walter (2018): The Global Compact on Migration: A Ray of Hope for Disaster-Displaced Persons. In: International Journal of Refugee Law 30 (4), 664–667.

Kemal Kirişci (2021): At 70, the 1951 Geneva Convention is under duress: The Global Compact on Refugees could help save lives and economies. In: International Migration 59 (4), 253–256.

Kleist, J. Olaf (2017): The History of Refugee Protection: Conceptual and Methodological Challenges. In: Journal of Refugee Studies 30 (2) 161–169.

Koch, Anne (2020): Auf der Flucht im eigenen Land. Politische und institutionelle Herausforderungen im Kontext von Binnenvertreibung. SWP-Studie 4. Berlin: SWP.

Newland, Kathleen (2018): The Global Compact for Safe, Orderly and Regular Migration: An Unlikely Achievement. In: International Journal of Refugee Law 30 (4), 657–660.

Orchard, Phil (2017): The Dawn of International Refugee Protection: States, Tacit Cooperation and Non-Extradition. In: Journal of Refugee Studies 30 (2), 282–300.

OAU Konvention zur Regelung der spezifischen Aspekte von Flüchtlingsproblemen in Afrika

Tadesse Abebe, Tsion/Abebe, Allehone/Sharpe, Marina (2019): The 1969 OAU Refugee Convention at 50. Africa Report 19. Zürich: ISS.

III.3.10
Irregularität

Norbert Cyrus

Abstract Das Feld der Suche nach und Gewährung von Schutz ist strukturell von Momenten der Irregularität durchzogen. Dabei betrifft migrationsbezogene Irregularität nicht nur schutzsuchende, sondern auch die sie unterstützenden sowie die mit der Umsetzung von Migrationskontrolle beauftragten Personen. Die Unterscheidung regulär/irregulär strukturiert Verlauf und Umstände von Migrationsbewegungen und definiert die Möglichkeiten der Beziehungen zwischen einem Individuum und einem Staat. Irregularität und Flüchtlingsschutz stehen in einem Spannungsverhältnis, das Staaten zur Umsetzung von Regimen der Zugangsbeschränkung veranlasst. Die Folgen dieser Politiken auf das Leben und die Strategien von Schutzsuchenden, die sich in Deutschland irregulär aufhalten, sind kaum erforscht. Bestehende Vorschläge zur Vermeidung von Irregularität sollten stärker aufgegriffen und weiterentwickelt werden.

Schlüsselbegriffe: Irregularität, Flüchtlingsstatus, Sollbruchstellen des Flüchtlingsrechts, Regime der Zugangsverhinderung, Untertauchen

1. Irregularität im Kontext von Flucht und Migration

Irregularität ist ein mehrdeutiger Begriff, der Regellosigkeit oder mangelnde Gesetzmäßigkeit bedeutet. Allgemein wird unter Irregularität aber die Abweichung von normativen Erwartungen oder die Nichteinhaltung (gesetzlicher) Regelungen verstanden. Im Kontext von Flucht und Migration werden Regelabweichungen unterschiedlich bezeichnet: Neben irregulär etwa illegal, illegalisiert, undokumentiert, papierlos, heimlich, unautorisiert, klandestin, status-prekär oder unerlaubt. Mit der jeweiligen Wortwahl werden konkurrierende Wertvorstellungen und Perspektiven zum Ausdruck gebracht. Internationale Organisationen empfehlen die Verwendung des Begriffs Irregularität, da er als neutral und weniger stigmatisierend erachtet wird (z. B. IOM 2019).

Die wissenschaftliche Erforschung und Analyse von flucht- und migrationsbezogener Irregularität erfolgt im epistemologischen Rahmen realistischer und konstruktivistischer Ansätze (FitzGerald/Arar 2018). Aus einer *realistischen Perspektive* ist Irregularität unmittelbare Folge von unerlaubter Einreise, Aufenthalt und/oder Beschäftigung. IOM definiert ‚irreguläre Migration' als „Bewegung, die außerhalb der geltenden rechtlichen Normen der Entsende-, Transit- oder Zielländer sowie internationaler Abkommen erfolgt" (IOM 2019: 116). Diese Definition übernimmt rechtspositivistisch die von Staaten gesetzlich erlassenen oder international vereinbarten Regelungen. Auch eine realistisch orientierte menschenrechtliche Position betont, dass die Unterscheidung regulär/irregulär für die Akzeptanz der Aufnahme von Schutzsuchenden politisch unabdingbar und praktisch möglich ist (z. B. Pries 2016: 38). Tatsächlich ist die Anwendung der Unterscheidung aber voraussetzungsvoll, da Regularität und Irregularität keine binären Gegensätze darstellen, sondern die Pole eines dynamisch angelegten

Kontinuums mit hybriden Zwischenformen wie Duldung oder Fiktion der Nicht-Einreise bilden (Scherr 2015; Lebuhn 2014).

Aus einer *konstruktivistischen Perspektive* wird betont, dass erst die staatliche Unterscheidungspraxis Irregularität als möglichen Status hervorbringt. Die praktische Zuweisung des Status erfolgt in dynamischen und asymmetrischen Praktiken der Aushandlung, die durch gesellschaftliche, politische und soziale Kontexte strukturiert werden (Eule et al. 2020). Diese Kontexte verändern sich, wenn Schutzsuchende einen anderen Rechtsraum erreichen oder wenn nationale Gesetze und Politiken eines Rechtsraums geändert werden (Khosravi 2007; FitzGerald/Arar 2018). Der Status der Irregularität – wie auch der Status der Schutzsuchenden und -berechtigten – wird daher als relationaler Effekt von Macht- und Herrschaftsbeziehungen aufgefasst und analysiert.

Die situations- und kontextabhängige Zuweisung migrationsbezogener Irregularität hat reale Konsequenzen: Sie strukturiert Verlauf und Umstände von Migrationsbewegungen und definiert die Möglichkeiten der Beziehungen zwischen einem Individuum und einem Staat (Sager 2018: 176; Bommes/ Sciortino 2011). Migrationsbezogene Irregularität bildet eine institutionelle Tatsache, die in doppelter Weise als Effekt sozialer Konstruktionsprozesse und als Bestandteil der sozialen Realität zu verstehen und zu untersuchen ist (Searle 2012; Cyrus 2017).

Im nächsten Abschnitt (2) wird das Spannungsverhältnis von Flüchtlingsstatus und Irregularität betrachtet. Es folgen (3) Informationen zu Umfang und Umgang mit irregulärer Migration in Deutschland. Anschließend (4) wird auf die Bedingungen des Lebens in und der Auswege aus der Irregularität eingegangen. Abschließend (5) werden Hinweise zu Möglichkeiten alternativer Umgangsweisen angeboten.

2. Das Spannungsverhältnis von Flüchtlingsstatus und Irregularität

International Schutzberechtigte haben aufgrund ihrer Schutzbedürftigkeit ein Aufenthaltsrecht (Hinterberger 2020: 92). Die Berufung auf den Flüchtlingsstatus (→ ‚Flüchtling' – rechtlich) verleiht Schutzsuchenden daher eine starke Rechtsstellung, sobald sie das Territorium eines Staates betreten, der sich zur Einhaltung der Bestimmungen des internationalen Flüchtlingsschutzes selbst verpflichtet hat (Cyrus 2017). Die selbst eingegangenen Verpflichtungen schränken die Möglichkeit der staatlichen Zuweisung des Status irregulär ein: Behörden sind verpflichtet, ungeachtet der rechtlichen Bewertung der Umstände einer Einreise einen Antrag auf Schutzgewährung in einem rechtsstaatlichen Verfahren zu prüfen; Schutzbedürftige dürfen nicht zurück- oder ausgewiesen werden, wenn ihnen Gefahr für Leib und Leben droht (*Refoulement*-Verbot); und Einreise und Aufenthalt unter irregulären Umständen sind im Falle der Schutzsuche strafbefreit.

Der Rechtsanspruch auf Anhörung kann auch bei geringer oder fehlender Erfolgsaussicht in Anspruch genommen werden, um zumindest für einen begrenzten Zeitraum einen behördlich registrierten Aufenthalt zu erhalten. Schutzsuchende können es aber auch vorziehen, den Kontakt mit Behörden in einem Aufenthaltsland zu vermeiden und unter irregulären Umständen zu leben, wenn der Flüchtlingsschutz internationalen Mindeststandards nicht genügt, die Person die nationalen Voraussetzungen für die Schutzgewährung nicht erfüllt oder die Weiterreise in ein anderes Land geplant ist, wo Verwandte leben oder ein effektiver Flüchtlingsschutz besteht (Scholz 2013).

Die Rechtsstellung von Schutzsuchenden ist zugleich prekär, da das internationale Flüchtlingsrecht keine Vorgaben zur Gestaltung des Zugangs zum Territorium und zu den nationalen Systemen des Flüchtlingsschutzes macht (Thym 2019; Schmalz 2017). Staaten entziehen sich den selbst eingegangenen Verpflichtungen, indem Schutzsuchende vom Betreten des eigenen Territoriums und der Beantragung von Schutz abgehalten werden sollen (Brown 2018; Mau 2021). Dazu werden an den Außengrenzen (→ Grenzen) Maßnahmen zur Abwehr und Aufdeckung unerwünschter Migration intensiviert (Georgi 2019). Der Zugang zur Möglichkeit der Beantragung eines Schutzstatus wird durch rechtliche Konzepte wie das sichere Herkunftsland, das sichere Transitland, die Fiktion der Nichteinreise oder die offensichtliche Unbegründetheit eines Antrages eingeengt oder verschlossen (Schmalz 2017). Weitere Regelungen wie Residenzpflicht, Beschäftigungsverbot, Einschränkung der Standards bei der Gesundheitsversorgung oder Umstellung von Geld- auf Sachleistungen oder Gutscheinen sollen den Anreiz für eine Antragstellung verringern (Emmert und Wolf 2020). Mit der Ausweitung rechtlicher Einschränkungen werden aber auch Gelegenheiten zur Zuschreibung migrationsspezifischer Irregularität geschaffen und damit das Ansehen von Schutzsuchenden nachteilig beeinflusst.

Das ursprünglich positiv besetzte Bild der Asylsuchenden wird zunehmend durch das Bild irregulärer Migration überlagert (Friese 2017), die in ordnungspolitisch dominierten Diskursen und Politiken einseitig vor allem als Bedrohung der öffentlichen Sicherheit und Ordnung betrachtet und behandelt wird (Brown 2018). Im Vordergrund dieser Diskurse der *Versicherheitlichung* (Farahat/Markard 2017) und *Krimmigration* (Althoff/Graebsch 2020) steht nicht der Schutz der Rechte von Schutzsuchenden, sondern der Schutz nationaler Grenzen, der auch mit Anwendung von Gewalt und zunehmend digitalen Technologien umgesetzt wird (Hess/Schmidt-Sembdner 2021). Bei der Umsetzung der Migrationskontrolle zur Abwehr unerwünschter Migration kommt es auch auf Seiten staatlicher Stellen wiederholt zum Einsatz irregulärer Mittel (Costello/Mann 2020; Förster 2018). Die Ausweitung und Intensivierung der Migrationskontrolle erhöht das Risiko irregulärer Migration. Tausende Schutzsuchende sterben beim Versuch, einen sicheren Ort zu erreichen (Cuttitta/Last 2020).

Dabei geht es bei den Regimen der Zugangsverhinderung weniger um die gänzliche Verhinderung von Einreisen, sondern um Organisierung eines differenziellen Zugangs, um erwünschte Zuwanderung zu ermöglichen und unerwünschte Migration am Zugang zum Territorium und zu staatlich finanzierten sozialen Dienstleistungen zu hindern (Engbersen/Broeders 2011; Mau 2021). Die Regime der Verhinderung des Zugangs zum Flüchtlingsschutz führen zu einem eklatanten Widerspruch: Um gesetzlich verbrieftes Recht in Anspruch nehmen können, müssen Flüchtlinge zuerst die Einreise- und Aufenthaltsregelungen verletzen (Gamlen 2015). Die spannungsvolle Konstellation konkreter rechtlicher Ansprüche und Pflichten und unbestimmter Zuständigkeiten ist ein Faktor, der die ‚organisierte Verantwortungslosigkeit' des Systems des internationalen Flüchtlingsschutzes begünstigt (Pries 2016: Kap. 3; Türk 2019) und Irregularität strukturell produziert (Bommes/Sciortino 2011).

3. Umfang und Umgang mit Schutzsuchenden in irregulären Situationen in Deutschland

Über die Anzahl der Menschen, die in der Europäischen Union und Deutschland ohne Kenntnisse und Kontakt mit Behörden leben, gibt es keine gesicherten Erkenntnisse. Nach den zuletzt veröffentlichten Schätzungen eines Forschungsprojekts, das wegen eines systematischen und transparenten Methodenansatzes am häufigsten zitiert wird, sollen im Jahr 2014 in der Bundesrepublik Deutschland zwischen 180.000 bis 520.000 Personen in aufenthaltsrechtlich irregulären Situationen gelebt haben (Vogel 2015). Zum Anteil der Schutzsuchenden am Bestand der Menschen ohne regulären Aufenthalt, die während oder nach einem erfolglosen Antragsverfahren auf Schutzgewährung untertauchen, gibt es weder gesicherte Angaben noch systematische Schätzungen.

Als irregulär betrachten Behörden auch den Status Schutzsuchender, die nach einem negativ ausgegangenen Überprüfungsverfahren nicht ausreisen und mit einer Duldung im Land bleiben (Müller 2016), eine auch von einigen Forschenden übernommene Kategorisierung (siehe kritisch Hosner 2020). Mit einem abgelehnten Asylantrag waren zum Stichtag 30. Juni 2021 gut 190.000 ausreisepflichtige Personen mit Duldung und weitere knapp 20.000 ohne Duldung erfasst (Deutscher Bundestag 2021: 60). Nichtabschiebbare Geduldete leben teilweise Jahrzehnte mit Kettenduldungen unter prekären Bedingungen ohne Aussicht auf eine Änderung. Verletzt wird damit der Grundsatz der Verhältnismäßigkeit, wonach Verwaltungshandeln erforderlich, geeignet und angemessen zu sein hat (Vollmer et al. 2017: 83).

Der gesellschaftliche Umgang mit irregulärer Migration ist politisch umstritten (Cyrus 2017a). Erklärte Absicht der Behörden ist die Beendigung der als irregulär charakterisierten Aufenthalte. Der Vollzug der Ausreise scheitert aber teilweise an humanitär motivierten Protesten oder dem Widerstand der Schutzsuchenden selbst, die sich bei einer (→) Abschiebung wehren oder vor einer Abschiebemaßnahme untertauchen (Küffner 2017; Scherr 2015). Ein Vollzug der Ausreise scheitert auch, wenn die Herkunftsländer die Rücknahme verweigern oder bei der Beschaffung von Dokumenten nicht kooperieren. Geduldeten Schutzsuchenden wird unterstellt, dass sie selbst Abschiebungshindernisse schaffen, indem sie Dokumente vernichten, nicht beschaffen, falsche Angaben machen oder über ihre Identität täuschen (Tangermann 2017). Im Jahr 2020 haben etwa 51 % der Schutzsuchenden, die einen Erstantrag stellten, keine Identitätspapiere vorlegen können (Deutscher Bundestag 2021: 26). Die Gründe sind vielfältig: in vielen Ländern werden keine Ausweise ausgegeben, insbesondere wenn die Geburt nicht systematisch registriert wird und Teile der Bevölkerung keinen Kontakt zu Behörden haben. Reisedokumente gehen aber auch auf der Flucht verloren, werden gestohlen oder von Behörden der Transitstaaten abgenommen (Tangermann 2017: 18). Einige Schutzsuchende haben ihre Dokumente aber auch bewusst vernichtet und machen in der Hoffnung auf bessere Chancen bei einem Schutzgewährungsverfahren unzutreffende Angaben (Kuster/Tsianos 2021: 523) oder nutzen gefälschte Papiere. Der Anteil ge- oder verfälschter Dokumente ist tatsächlich aber sehr gering (Deutscher Bundestag 2017: 82).

4. Leben in der Irregularität

Das Leben in der Irregularität ist bestimmt durch den Zustand der „Abschiebbarkeit" (Genova 2002). In Deutschland sind Behörden und öffentliche Stellen – mit wenigen Ausnahmen wie den öffentlichen Stellen im Bildungswesen – verpflichtet, Kenntnisse über einen unerlaubten Aufenthalt an Polizei oder Ausländerbehörden zu übermitteln, damit eine Ausreiseaufforderung und eventuell Abschiebung veranlasst werden kann (Fauser 2019). Menschen ohne Aufenthaltsrechte versuchen möglichst unauffällig und regelkonform zu leben, vermeiden den Kontakt mit Behörden und können grundlegende soziale Rechte nicht in Anspruch nehmen (Bommes/Sciortino 2011; Breyer 2011).

Forschungsarbeiten zur Lebenssituation von Menschen, die ohne Kontakt und Wissen von Behörden in Deutschland leben, werden erst seit Ende der 1990er Jahre durchgeführt (Cyrus 1997; Alt 1999). Seitdem sind zahlreiche zumeist als Qualifizierungsarbeiten entstandene Studien vorgelegt worden (zum Überblick s. Wilcke 2018). In den qualitativen Untersuchungen werden teilweise auch Schutzsuchende und abgelehnte Asylbewerbende erfasst, es gibt aber keine gezielten und systematischen Untersuchungen zur Situation von Schutzsuchenden in aufenthaltsrechtlicher Irregularität.

Das Überleben in der aufenthaltsrechtlichen Irregularität ist nur mit der Unterstützung anderer Personen möglich, die Unterkunft, Beschäftigung und Informationen vermitteln (Wilcke 2018; Hollstein 2017). Migrationsbezogene Irregularität strahlt auf diese Dritten aus, deren Handlungen als Beihilfe zum unerlaubten Aufenthalt oder unangemeldeter Beschäftigung charakterisiert werden (Klarmann 2021). Einen Sonderstatus genießt das Kirchenasyl, bei dem Kirchengemeinden die Ausländerbehörden über den Aufenthaltsort eines abgelehnten Asylbewerbenden informieren, um eine Wiederaufnahme des Asylverfahrens oder eine Regularisierung durch die Härtefallkommission zu erreichen (Fruchtmann 2020). Zusätzlich bestehen zivilgesellschaftliche Initiativen, die untergetauchten Schutzsuchenden ohne Absprache mit Behörden ein „Bürger*innenasyl" anbieten (Wilcke 2018).

Während Bürger*innenasyle ohne rechtliche Absicherung agieren, wird das Kirchenasyl unter Einhaltung bestimmter Voraussetzungen und Bedingungen offiziell geduldet: So dürfe das Kirchenasyl u. a. nicht der systematischen Kritik am Dublin-System dienen und es muss eine unzumutbare Härte im Einzelfall bestehen (BAMF 2021). In den letzten Jahren haben Kirchengemeinden bis zu mehr als 800 Fälle jährlich betreut.

Eine andere Möglichkeit zum Verlassen aufenthaltsrechtlicher Irregularität bildet die Regularisierung durch Aufnahme einer regulären Beschäftigung, die aber prinzipiell nur Personen mit einer Duldung ermöglicht wird (Müller 2016). Weitere Auswege aus einer irregulären Aufenthaltssituation bieten die Wiederaufnahme des Verfahrens, die Regularisierung auf Empfehlung einer Härtefallkommission, Eheschließung, Elternschaft, Ausreise zur (→) Rückkehr in das eigene oder Weiterreise in ein anderes Land. Diese individualisierten Regularisierungswege sind von Momenten migrationsbezogener Irregularität durchzogen, wenn rechtliche Voraussetzungen und behördliche Regelungen nicht erfüllt werden (können) und die Eheschließung oder Anerkennung einer Elternschaft aus solidarischen, instrumentellen oder kommerziellen Motiven erfolgt (Fleischer 2007; Rietig 2019). Migrationskontrollbehörden betrachten diese Handlungen grundsätzlich als strafbare Beihilfe zu irregulärer Migration (Müller 2012; Klarmann 2021). Inzwischen ist auch das Kirchenasyl von Kriminalisierung betroffen: Im Jahr 2021 wurden Angehörige katholischer Kirchengemeinden, die Kirchenasyl durchgeführt haben, in zwei Fällen wegen Beihilfe zum unerlaubten Aufenthalt angeklagt und in einem Fall erstinstanzlich verurteilt.

5. Ausblick

Das Feld der Suche nach und Gewährung von Schutz ist strukturell nahezu chronisch von Momenten der Irregularität durchzogen. Dabei betrifft migrationsbezogene Irregularität nicht nur schutzsuchende, sondern auch die sie unterstützenden sowie die mit der Umsetzung von Migrationskontrolle beauftragten Personen (Klarmann 2021). Zur Vermeidung von Irregularität sollte an den Sollbruchstellen des internationalen Flüchtlingsrechts angesetzt werden: die enge und eng ausgelegte Flüchtlingsdefinition; das Fehlen rechtlich verbindlicher Vorgaben zur Regelung des Zugangs zu Schutzangeboten und die mangelnde Kooperation der Nationalstaaten bei der Umsetzung internationaler Verpflichtungen (Thym 2019). Zugleich sollten alle Staaten eine dezentrale und vielfältige Umsetzung und Gestaltung des Flüchtlingsschutzes durch Akteure der supra- und subnationalen Ebenen (→ Bundesländer) und (→) internationalen Organisationen effektiv ermöglichen (Schmalz 2017; Cyrus 2022).

Literaturverzeichnis

Alt, Jörg (1999): Illegal in Deutschland. Karlsruhe: Von Loeper.
Althoff, Martina/Graebsch, Christine (Hrsg.) (2022): Themenheft Crimmigration: Die Verschmelzung von Kriminalität und Migration. In: Kriminologisches Journal 54 (1).
BAMF (2021): Merkblatt Kirchenasyl im Kontext von Dublin-Verfahren, Nürnberg: BAMF.
Bommes, Michael/Sciortino, Guiseppe (Hrsg.) (2011): Foggy social structures. Irregular migration, European labour markets and the welfare state. Amsterdam: AUP.
Breyer, Insa (2011): Keine Papiere – keine Rechte? Die Situation irregulärer Migranten in Deutschland und Frankreich. Frankfurt a.M.: Campus.
Brown, Wendy (2018): Mauern. Die neue Abschottung und der Niedergang der Souveränität. Berlin: Suhrkamp.
Costello, Cathryn/Mann, Itamar (2020): Border Justice: Migration and Accountability for Human Rights Violations. In: German Law Journal 21 (3), 311–334.
Cyrus, Norbert (1997): Grenzkultur und Stigmamanagement. In: kea Zeitschrift für Kulturwissenschaften (10), 83–104.
Cyrus, Norbert (2017): Die Flüchtlinge und ihr Status. In: Ghaderi, Cinur/Eppenstein, Thomas (Hrsg.): Flüchtlinge. Wiesbaden: Springer, 113–127.
Cyrus, Norbert (2017a): Irreguläre Migration in Deutschland. In: Matter, Max (Hrsg.): Auf dem Weg zur Teilhabegesellschaft. Göttingen: VR, 127–140.
Cyrus, Norbert (2022): Grenzregime im internationalen Flüchtlingsschutz. Ansätze für eine alternative Gestaltung der Ziehung von Grenzen. In: Migration und Soziale Arbeit, 2022, Heft 3, 213–220.
Cuttitta, Paolo/Last, Tamara (Hrsg.) (2020): Border Deaths, Amsterdam: AUP.
D'Aoust, Anne-Marie (2013): In the Name of Love: Marriage Migration, Governmentality, and Technologies of Love. In: International Political Sociology 7 (3), 258–274.
Deutscher Bundestag (2017): Antwort der Bundesregierung auf die Kleine Anfrage der Abgeordneten Ulla Jelpke und der Fraktion DIE LINKE. Berlin: Bundestags-Drucksache 18/11262.

Deutscher Bundestag (2021): Antwort der Bundesregierung auf die Kleine Anfrage der Abgeordneten Ulla Jelpke und der Fraktion DIE LINKE. Berlin: Bundestags-Drucksache 19/28109.
Emmert, Simone/Wolf, Oliver (2020): Lebensmittelgutscheine als Sanktionsinstrument im AsylbLG, Magdeburg: Flüchtlingsrat Sachsen-Anhalt e. V.
Engbersen, Godfried/Broeders, Dennis (2011): Immigration control and strategies of irregular migrants. In: Bommes, Michael/Sciortino, Guiseppe (Hrsg.): Foggy social structures. Irregular migration, European labour markets and the welfare state. Amsterdam: AUP, 169–188.
Eule, Tobias G./Borelli, Lisa M./Lindberg, Annika/Wyss, Anna (2020): Hinter der Grenze, vor dem Gesetz. Hamburg: Hamburger Edition.
Farahat, Anuscheh/Markard, Nora (2017): Recht an der Grenze: Flüchtlingssteuerung und Schutzskooperation in Europa. In: Juristenzeitung 72 (22), 1088–1097.
Fauser, Margit (2019): The Emergence of Urban Border Spaces in Europe. In: Journal of Borderlands Studies 34 (4), 605–622.
FitzGerald, David Scott/Arar, Rawan (2018): The Sociology of Refugee Migration. In: Annual Review of Sociology 44 (1), 387–406.
Fleischer, Annett (2007): Illegalisierung, Legalisierung und Familienbildungsprozesse. MPIDR Working Papers WP-2007–011, Max Planck Institute for Demographic Research. Rostock.
Förster, Stine (2018): Verbrechen gegen die Menschlichkeit durch Migrationskontrolle? Hamburg: HUP.
Friese, Heidrun (2017): Flüchtlinge: Opfer – Bedrohung – Helden. Bielefeld: transcript Verlag.
Fruchtmann, Ella (2020): Das Kirchenasyl unter Beschuss. In: Kritische Justiz 53 (4), 555–562.
Gamlen, Alan (2015): An inborn restlessness. In: Migration Studies 3 (3), 307–314.
Genova, Nicholas P. de (2002): Migrant "Illegality" and Deportability in Everyday Life. In: Annual Review of Anthropology 31 (1), 419–447.
Georgi, Fabian (2019): Kämpfe der Migration im Kontext. In: Keil, Daniel/Wissel, Jens (Hrsg.): Staatsprojekt Europa. Baden-Baden: Nomos, 205–228.
Hess, Sabine/Schmidt-Sembdner, Matthias (2021): Grenze als Konfliktzone – Perspektiven der Grenzregimeforschung. In: Gerst, Dominik/Klessmann, Maria/Krämer, Hannes (Hrsg.): Grenzforschung. Handbuch für Wissenschaft und Studium. Baden-Baden: Nomos 190–205.
Hollstein, Tina (2017): Illegale Migration und transnationale Lebensbewältigung. Wiesbaden: Springer.
Hinterberger, Kevin Fredy (2020): Regularisierung irregulär aufhältiger Migrantinnen und Migranten. Deutschland, Österreich und Spanien im Rechtsvergleich. Baden-Baden: Nomos.
Hosner, Roland (2020): Gibt es tatsächlich eine Million irreguläre Migrant*innen in Deutschland? DeZIM Briefing Notes Ausgabe #2/2020. Berlin: DeZIM.
IOM (2019): Glossary on Migration. Geneva: IOM.
Khosravi, Shahram (2007): The 'illegal' traveller: an auto-ethnography of borders. In: Social Anthropology 15 (3), 321–334.
Klarmann, Tobias (2021): Illegalisierte Migration. Baden-Baden: Nomos.
Küffner, Carla (2017): Auseinandersetzungen über Abschiebungen. In: Lahusen, Christian/Schneider, Stephanie (Hrsg.): Asyl verwalten. Bielefeld: transcript Verlag, 223–252.
Kuster, Brigitta/Tsianos, Vassilis S. (2021): Die verkörperte Identität der Migration und die Biometrie der Grenze. In: Zeitschrift für Praktische Philosophie 8 (1), 513–546.
Lebuhn, Hendrik (2014): Illegalisierung. Lokale Konflikte um Kontrollen, Rechte und Ressourcen. In: Belina, Bernd (Hrsg.): Handbuch kritische Stadtgeographie. Münster: Verl. Westfäl. Dampfboot, 228–233.
Mau, Steffen (2021): Sortiermaschinen. Die Neuerfindung der Grenze im 21. Jahrhundert. München: C.H.Beck.
Müller, Andreas (2012): Missbrauch des Rechts auf Familiennachzug. EMN Fokus Studie, Working Paper 43. Nürnberg: BAMF.

Müller, Andreas (2016): Umgang mit abgelehnten Asylbewerbern in Deutschland. EMN-Working Paper 69. Nürnberg: BAMF.
Pries, Ludger (2016): Migration und Ankommen. Frankfurt: Campus Verlag.
Rietig, Victoria (2019): Der Disput um nicht-autorisierte Migranten. Berlin: Forschungsinstitut der Deutschen Gesellschaft für Auswärtige Politik e. V.. Berlin.
Sager, Maja (2018): Struggles Around Representation and In/Visibility in Everyday Migrant Irregularity in Sweden. In: Nordic Journal of Migration Research 8 (3), 175–182.
Scheel, Stephan/Squire, Vicki (2014): Forced Migrants as Illegal Migrants. In: Fiddian-Qasmiyeh, Elena (Hrsg.): The Oxford Handbook of Refugee and Forced Migration Studies. Oxford: OUP, 188–199.
Scherr, Albert (2015): Wer soll deportiert werden? In: Soziale Probleme 26 (2), 151–170.
Schmalz, Dana (2017): Verantwortungsteilung im Flüchtlingsschutz: Zu den Problemen „Globaler Lösungen". In: Z'Flucht 1 (1) 9–40.
Scholz, Antonia (2013): Warum Deutschland? BAMF-Forschungsbericht 19, Nürnberg: BAMF.
Searle, John R. (2012): Wie wir die soziale Welt machen. Berlin: Suhrkamp.
Tangermann, Julian (2017): Identitätssicherung und -feststellung im Migrationsprozess. EMN-Working Paper 67. Nürnberg: BAMF.
Thym, Daniel (2019): Sollbruchstellen des deutschen, europäischen und internationalen Flüchtlingsrechts. Berlin: De Gruyter.
Türk, Volker (2019): The Promise and Potential of the Global Compact on Refugees. In: International Journal of Refugee Law 30 (4), 575–583.
Vogel, Dita (2015): Update report Germany: Estimated number of irregular foreign residents in Germany (2014), Database on Irregular Migration, Update report. University of Bremen. Online verfügbar unter http://irregular-migration.net/.
Vollmer, Claudia/Schneider, Jan/Ohliger, Rainer (2017): Reformpotenziale für die Rückkehrpolitik. In: Heinrich Böll Stiftung (Hrsg.): Einwanderungsland Deutschland. Berlin: Heinrich-Böll-Stiftung, 83–107.
Wilcke, Holger (2018): Illegal und unsichtbar? Bielefeld: transcript Verlag.

III.3.11
Seenotrettung

Klaus Neumann

Abstract Die Rettung von Menschen aus Seenot, seit jeher maritimes Gewohnheitsrecht, ist seit Beginn des 20. Jahrhunderts auch im internationalen Völkerrecht verankert. Der Beitrag geht zunächst auf die juristische Kodifizierung ein und entwirft im Anschluss anhand von fünf Fallbeispielen ein Panorama von Motiven, Strategien und Handlungsweisen von an der Seenotrettung beteiligten Akteuren, Organisationen und Staaten.

Schlüsselbegriffe: Seenotrettung, Bootsflüchtlinge, Humanitarismus, Völkerrecht, Menschenrechte

1. Einleitung

Schon lange haben Menschen auf der Flucht auch Meere überquert. „Weitfort wirst du verbannt, musst Meereswüsten durchpflügen", lässt der römische Epiker Vergil (1994: Zeile 780) dem Aeneas sagen, der mit einer Gruppe trojanischer Flüchtlinge von Kleinasien über Nordafrika nach Italien gelangte. Aber erst die „modern refugees" (Gatrell 2013) des 20. und 21. Jahrhunderts sind potenzielle Nutznießer*innen völkerrechtlicher Vereinbarungen, die die Pflicht anderer, sie aus Seenot zu retten, ihr Recht, nach Überquerung einer Seegrenze Asyl zu suchen, und ihr Recht auf Leben zum Gegenstand haben.

Rettung aus Seenot kann sowohl heißen, dass Besatzung und Passagiere auf hoher See gerettet werden, weil sie schiffbrüchig geworden sind oder zu werden drohen, als auch, dass ihnen die Anlandung ermöglicht wird, wenn Gefahr besteht, dass sie andernfalls nicht überleben würden.

Eine Vielzahl staatlicher und nicht-staatlicher Akteure rettet Flüchtlinge und andere Migrant*innen aus Seenot. Zu ersteren gehören nationalstaatliche Küstenwachen, Polizei, Zoll- und Marineeinheiten, sowie supranationale Organisationen wie die Agentur für die Grenz- und Küstenwache der Europäischen Union, Frontex. Zu letzteren gehören die Besatzungen von Handelsschiffen, Trawlern und Freizeitbooten, sowie die Besatzungen von Schiffen zivilgesellschaftlicher Organisationen, die sich der Seenotrettung verschrieben haben.

2. Relevantes Völkerrecht

Die Verpflichtung zur Rettung von Menschen aus Seenot ist seit langem Teil des Gewohnheitsrechts.

2.1 Seerecht

Seit der *Convention for the Unification of Certain Rules with Respect to Assistance and Salvage at Sea* von 1910 sind Staaten verpflichtet, dafür Sorge zu tragen, dass unter ihrer Flagge fahrende Schiffe in Fällen von Seenot Hilfe leisten (Barnes 2004). Nach dem Untergang der *Titanic* einigten sich Staaten auf einen ersten völkerrechtlichen Vertrag, der sich speziell dem Schutz des Lebens auf See widmete. Das heute gültige Übereinkommen von 1974 ist die fünfte *International Convention for the Safety of Life at Sea*, die sogenannte *SOLAS Convention*. Diese Konvention und ihre Ergänzungsprotokolle werden komplementiert durch das UN-Seerechtsübereinkommen von 1982 (UNCLOS) und das Internationale Übereinkommen zur Seenotrettung von 1979, die sogenannte SAR Convention, einschließlich ihrer Ergänzungsprotokolle. Während es in der *SOLAS Convention* in erster Linie um die Verpflichtung von Schiffen (und Flaggenstaaten) zur Seenotrettung geht, regelt die *SAR Convention* die Verpflichtungen von Küstenstaaten (Goodwin-Gill 2017). Weiterhin strittig ist allerdings die Frage, was mit den aus Seenot geretteten Personen geschieht, da diese Verträge keine eindeutige Verpflichtung seitens der Küstenstaaten festschreiben, gerettete Personen an Land zu lassen. Hinsichtlich des Schutzes von in Seenot geratenen Flüchtlingen und Asylsuchenden gilt, dass sich aus den Verpflichtungen der Flaggen- und Küstenstaaten keine Rechte einzelner Schiffbrüchiger ableiten lassen (Durieux 2016).

2.2 Menschenrecht und Flüchtlingsrecht

Die Genfer Flüchtlingskonvention von 1951 enthält keine Regelung, die sich speziell auf die Rechte von Flüchtlingen und Asylsuchenden auf See bezieht (→ ‚Flüchtling' – rechtlich). Allerdings gilt ihr *Non-Refoulement*-Verbot auch auf See. Dem Umgang von Küstenstaaten mit Flüchtlingen und Asylsuchenden werden außerdem durch den Internationalen Pakt über Bürgerliche und Zivile Rechte und – in Europa – durch die Europäische Menschenrechtskonvention (EMRK) Grenzen gesetzt; hier lässt sich in den letzten Jahren durch Verträge und Jurisprudenz eine expansive Entwicklung des Völkerrechts, vor allem im Hinblick auf das Recht auf Leben, beobachten (Scovazzi 2014). Doch in der Regel sind diese Rechte nicht einklagbar und vollstreckbar (Rah 2009). Außerdem bleibt der Umfang der sich aus den in diesen Verträgen postulierten Rechten ergebenden Verpflichtungen für Küsten- und Flaggenstaaten umstritten, und restriktives nationalstaatliches Recht hebelt oft expansives Völkerrecht aus (Spijkerboer 2017).

3. Fallbeispiele

Seit dem Zweiten Weltkrieg sind Flüchtlinge und andere, oft irreguläre, Migrant*innen in vielen Teilen der Welt in Seenot geraten und ertrunken. Abgesehen von den nachfolgend diskutierten Fällen betrifft dies vor allem folgende Regionen: in Asien die Lakkadivensee zwischen Sri Lanka und Indien; in Afrika den Atlantik zwischen dem afrikanischen Festland und den Kanarischen Inseln, den Golf von Guinea, die Küstengewässer des Indischen Ozeans vor Somalia, Kenia, Tansania und Mosambik, die Straße von Mosambik zwischen Anjouan und Mayotte, sowie den Golf von Aden zwischen Asien und Afrika; in Amerika das Karibische Meer nördlich von Kolumbien und Venezuela; in Ozeanien die Torres-Straße zwischen Neuguinea und Australien; und in Europa die Ostsee (während des Kalten Krieges), den Ärmelkanal, die nördliche Ägäis, die Adria und das westliche Mittelmeer zwischen Marokko und Spanien. Im Folgenden zeigen fünf historische und aktuelle Fallbeispiele Motivationen und strategisches Vorgehen von an der Seenotrettung beteiligten Organisationen und Staaten, wobei übergreifende Muster wie auch Unterschiede sichtbar werden.

3.1 Indochinesische Bootsflüchtlinge und „radikaler Humanismus"

Nach dem Ende des Vietnamkrieges flohen ungefähr drei Millionen Menschen aus Vietnam, Kambodscha und Laos, etwa die Hälfte von ihnen über das Meer (→ Südostasien). Mindestens 240.000 Bootsflüchtlinge – möglicherweise aber sehr viel mehr – ertranken oder wurden von Piraten ermordet. Vietnam und seine Nachbarländer hatten weder die Ressourcen noch den politischen Willen, Flüchtlinge aus Seenot zu retten oder vor Piraten in Sicherheit zu bringen. Mehrere Staaten in Südostasien versuchten zudem, das Anlanden von Flüchtlingen zu verhindern. Somit waren es zunächst Handelsschiffe, die Bootsflüchtlinge retteten.

Ende 1978 lenkte das Schicksal der *Hai Hong*, eines von Schleppern gekauften und mit mehr als 2.500 Flüchtlingen überladenen Frachters, dem Indonesien, Singapur und Malaysia die Einfahrt in einen Hafen untersagt hatten, die Aufmerksamkeit der Weltöffentlichkeit auf die Situation im Südchinesischen Meer. In Frankreich gründeten namhafte Intellektuelle das Komitee „Un bateau pour le Vietnam", um im Südchinesischen Meer und Golf von Thailand Bootsflüchtlinge aus Seenot zu retten. Maßgeblichen Anteil an dieser Initiative hatte der Mitgründer von „Médecins sans frontières", Bernard Kouchner (1980). 1979 entsandte das Komitee einen als Lazarettschiff umgebauten Frachter, die *Île de lumière*, in die Region.

Aus Deutschland unterstützte der Journalist Rupert Neudeck das Komitee Kouchners. Nachdem deutlich wurde, dass sich die deutsche Öffentlichkeit nicht für ein französisches humanitäres Projekt begeistern ließ, initiierten Neudeck und seine Frau Christel, unterstützt von Heinrich Böll, eine deutsche Version des Komitees (Pezzani 2014). Ihr Schiff, die *Cap Anamur*, wurde 1979 das erste Mal im südchinesischen Meer bei der Seenotrettung und Notfallversorgung von Flüchtlingen an Land eingesetzt. Neudeck umschrieb sein Engagement mit dem Begriff „humanitäre Radikalität" (oder auch „radikaler Humanismus"): Das Politische interessiere ihn nicht, zugleich ginge sein „Engagement mit dem höchsten politischen Bewußtsein einher", da er wolle, „daß die Probleme der Habenichtse und Schmuddelkinder in der Welt bekannt gemacht werden" (Neudeck 1988: 14) – weshalb auch die Missionen der *Cap Anamur* von Journalisten begleitet wurden. Der scheinbar unpolitische Impetus der Seenotrettung in Südostasien hatte zur Folge, dass sie von Menschen unterschiedlichster politischer Weltanschauungen unterstützt wurden.

Die von Handelsschiffen oder von in der Seenotrettung tätigen NGOs geretteten Bootsflüchtlinge wurden entweder von den Flaggenstaaten oder von einer Gruppe westlicher Staaten, die sich zum (→) Resettlement von indochinesischen Flüchtlingen verpflichtet hatten (allen voran die USA, Kanada, Australien und Frankreich) aufgenommen. Die Bundesrepublik Deutschland übernahm die meisten der von der *Cap Anamur* (1979–1982) *Cap Anamur II* (1986) und *Cap Anamur III* (1987) geretteten Bootsflüchtlinge.

3.2 Kubanische und haitianische Bootsflüchtlinge: Seenotrettung als *Interdiction*

Aus Kuba haben Flüchtlinge seit 1962, als direkte Flugverbindungen zwischen Kuba und den USA eingestellt wurden, versucht, die USA über die mindestens 150 Kilometer breite Floridastraße zu erreichen. Seit 1972 haben auch haitianische Flüchtlinge versucht, per Boot in die USA zu gelangen (→ Karibik). Bei den von Kubaner*innen benutzten „Booten" handelte es sich zum Teil um aus Holztüren und leeren Fässern gebaute Flöße, weswegen die Flüchtlinge auch als *balseros* bezeichnet wurden. Ausreisewillige Kubaner*innen wurden zum Teil von ihrer Regierung dazu ermuntert, die gefährliche Überfahrt nach Florida zu wagen: 1980, während der Mariel-Bootskrise, erklärte die kubanische Regierung, dass Ausreisewillige von ihren im Ausland lebenden Bekannten und Verwandten im kubanischen Hafen Mariel abgeholt werden dürften. Kubaner*innen wurden bis 1994 in der Regel nicht daran gehindert, das Territorium der USA zu erreichen; erst seit der *wet feet, dry feet*-Übereinkunft (1995–2017) zwischen Kuba und den USA konnten abgefangene Kubaner*innen nach Kuba abgeschoben werden (Zucker/Zucker 1996).

Die Rettung in Seenot geratener Flüchtlinge wurde und wird fast ausschließlich von der amerikanischen Küstenwache vorgenommen. Ihr vorrangiges Ziel ist allerdings nicht die Rettung Schiffbrüchiger, sondern das Abfangen (*interdiction*) irregulärer Migrant*innen vor ihrer Landung in den USA. Dazu operiert die Küstenwache auch in den Hoheitsgewässern der Dominikanischen Republik. Seit 1992 bestreiten die USA, dass sie das *Non-Refoulement*-Gebot außerhalb ihres Territoriums beachten müssen (Lind 1995). Deswegen wurden seitdem fast alle abgefangenen Haitianer*innen und die Mehrzahl der Kubaner*innen ohne Durchführung eines Asylverfahrens in ihre Heimatländer abgeschoben. Diejenigen, deren Asylbegehren nach einer Prüfung stattgegeben wird, werden für Resettlement an Drittstaaten vermittelt (Dastyari 2015). Der Marinestützpunkt Guantánamo Bay im Südosten Kubas dient den USA seit 1991 zur Internierung abgefangener Bootsflüchtlinge und zur Durchführung von Asylverfahren.

3.3 Australien: Seenotfälle als Rechtfertigung für *Push-backs* und Abschreckung

1969 flohen die ersten Bootsflüchtlinge mit einem Floß aus der indonesisch besetzten ehemaligen holländischen Kolonie Neuguinea auf eine zu (→) Australien gehörende Insel in der Torres-Straße.

III.3.11 Seenotrettung

Von 1976 bis 1981 landeten insgesamt 2.059 indochinesische Bootsflüchtlinge in Australien. Erst ab 1999 erreichte eine zahlenmäßig signifikante Anzahl von Bootsflüchtlingen Australien. Sie kamen zumeist aus Afghanistan, dem Iran oder dem Irak, waren auf dem Luftweg über Malaysia nach Indonesien eingereist, und wurden dann von Schleppern mit nur bedingt hochseetauglichen Booten nach Australien oder zu der zu Australien gehörenden Weihnachtsinsel gebracht. Dabei kam es zu mehreren Seenotfällen.

2001 geriet ein aus Indonesien kommendes Boot mit 438 Flüchtlingen an Bord in internationalen Gewässern in Seenot (Marr/Wilkinson 2002). Die australische Rettungsleitstelle wies das unter norwegischer Flagge segelnde Containerschiff *Tampa* an, die Flüchtlinge zu retten. Die *Tampa* nahm nach erfolgreicher Rettung zunächst Kurs auf Indonesien. Nachdem die Geretteten forderten, das Schiff solle Australien anlaufen, steuerte der Kapitän die sehr viel näher gelegene Weihnachtsinsel an. Die australische Regierung verbot daraufhin der *Tampa* die Einfahrt in australische Hoheitsgewässer. Da das Schiff nicht dafür ausgerüstet war, die Geretteten für längere Zeit zu versorgen, erklärte der Kapitän einen Seenotfall und setzte sich über das Verbot hinweg, woraufhin die australische Regierung die „Tampa" von einer Kommandoeinheit stürmen ließ. Die Geretteten wurden auf ein australisches Kriegsschiff transferiert und im Rahmen der *Pacific Solution* auf Nauru bzw. in Papua-Neuguinea interniert.

Im selben Jahr kam es zu zwei weiteren kontroversen Seenotfällen im Indischen Ozean südlich von Indonesien. Zum einen fing ein Schiff der australischen Kriegsmarine ein als „SIEV 4"[1] bekanntes Boot mit über 200 Flüchtlingen ab, um es zur Umkehr nach Indonesien zu zwingen. Die australische Regierung behauptete anschließend, dass einige der Flüchtlinge ihre Kinder ins Wasser geworfen hätten, um einen Seenotfall zu provozieren („Children Overboard Affair"). Ein parlamentarischer Untersuchungsausschuss stellte 2002 fest, dass die Regierung gelogen hatte. Zum anderen sank die mit Schutzsuchenden beladene „SIEV X" beim Versuch, von Sumatra aus die Weihnachtsinsel zu erreichen, in internationalen Gewässern 70 Kilometer südlich von Java. Dabei kamen 353 Menschen ums Leben. Die 45 Überlebenden wurden von indonesischen Fischern gerettet. In der Folgezeit wurde intensiv über die Frage diskutiert, ob australische und/oder indonesische Regierungsstellen wussten, dass das Boot in Seenot geraten war, und es versäumt hatten, dementsprechend zu handeln.

2010 kamen 48 Menschen ums Leben, als ein mit 90 iranischen und irakischen Bootsflüchtlingen besetztes Boot an Felsen der Weihnachtsinsel zerschellte. Die australische Regierung nutzte anschließend dieses Unglück und ähnliche Seenotfälle um für die Notwendigkeit zu argumentieren, durch Abschreckungsmaßnahmen und die Aussicht auf *Push-backs* Flüchtlinge von der gefährlichen Überfahrt nach Australien abzuhalten (Ghezelbash et al. 2018).

3.4 Rohingya-Bootsflüchtlinge – *Push-backs* und Gastfreundschaft

Die Rohingya, eine staatenlose muslimische Minderheit in Myanmar, wurden periodisch von staatlichen und nicht-staatlichen Akteuren verfolgt (→ Südostasien). Dies hatte seit 1978 mehrere Flücht-

---

[1] SIEV (*Suspected Illegal Entry Vessel*) ist eine 2001 von den australischen Behörden verwendete Bezeichnung für Boote mit Flüchtlingen an Bord. Die Boote wurden dabei durchnummeriert. „X" bedeutet, dass das Boot Australien nicht erreichte.

lingswellen zur Folge. Die meisten aus Myanmar geflohenen Rohingya haben im benachbarten Bangladesch Zuflucht gesucht, von wo aus viele versuchen, auf dem Seeweg Malaysia zu erreichen (Hoffstaedter/Missbach 2022). 2015 wurden Tausende von Rohingya von Menschenschmugglern auf hochseeuntüchtigen Schiffen im Golf von Bengalen und in der Andamanen-See ihrem Schicksal überlassen. Malaysia, Indonesien und Thailand versorgten die Schiffe zwar mit Proviant, hinderten sie aber daran, einen Hafen anzulaufen. In mehreren Fällen kam es zu *Push-backs*, bei denen Schiffe mit Schutzsuchenden aufs offene Meer geschleppt wurden. Schließlich erklärten sich Malaysia, die Philippinen und Indonesien bereit, Rohingya unter der Bedingung an Land zu lassen, dass sie anschließend über Resettlement-Programme in Drittstaaten angesiedelt würden.

Das Einlenken der indonesischen Regierung war auch der Intervention von Fischern in der Provinz Aceh geschuldet, die sich über ein Verbot ihrer Regierung hinwegsetzten und insgesamt 1.807 Schutzsuchenden die Anlandung erlaubt oder sie aus Seenot gerettet und an Land gebracht hatten. Die Fischer handelten zum einen aus gewohnheitsrechtlichen Verpflichtungen, zum anderen, um die Gebote einer Gastfreundschaft (*peumilia jamee*), die nicht nach der Identität der Gäste fragt, zu erfüllen. Befragt, warum er den Schiffbrüchigen geholfen habe, entgegnete ein Fischer, dass „die Polizei nicht wollte, dass wir helfen, aber wir kamen nicht darum herum" (McNevin/Missbach 2018: 298).

3.5 Das zentrale Mittelmeer: Verzicht auf umfassende Seenotrettung

Im 21. Jahrhundert sind die Fluchtrouten über das zentrale Mittelmeer, von Tunesien und Libyen nach Malta und Italien, in absoluten Zahlen die tödlichsten der Welt (Albahari 2015; → Nordafrika; → Südeuropa). Die Modalitäten der Seenotrettung ähneln in vielerlei Hinsicht den im Vorangegangenen beschriebenen, aber es gibt auch wichtige Unterschiede.

Viele Bootsflüchtlinge wurden von Handelsschiffen, Fischkuttern und Freizeitbooten gerettet. Ähnlich wie der *Tampa* von Australien wurde diesen manchmal – vor allem von Italien und Malta – untersagt, den nächstgelegenen sicheren Hafen anzulaufen und die Geretteten dort an Land gehen zu lassen, oder angedroht, dass sie bei der Ausschiffung von Bootsflüchtlingen wegen Beihilfe zum Menschenschmuggel angeklagt würden. Es kam deswegen auch vor, dass Handelsschiffe es vermieden, Schiffbrüchige an Bord zu nehmen (oder dass sie bewusst längere Wege in Kauf nahmen, um Fluchtrouten nicht zu kreuzen) (Klepp 2011).

Italien und Malta wären mit der Unterstützung anderer europäischer Staaten im Rahmen von Frontex oder der NATO in der Lage, das zentrale Mittelmeer so umfassend zu überwachen, dass Seenotfälle fast immer mit einer erfolgreichen Rettungsaktion endeten. Der Beweis dafür wurde 2013–2014 von Italien erbracht: Nach dem Kentern eines Bootes und dem Tod von 366 Bootsflüchtlingen vor Lampedusa 2013 legte Italien ein einjähriges umfassendes Seenotrettungsprogramm („Operation Mare Nostrum") auf, in dessen Rahmen Marine-, Küstenwache-, Finanzpolizei- und Polizeieinheiten etwa 100.000 Bootsflüchtlinge retteten.

Seit 2014 haben bis zu zehn NGOs, die sich der Seenotrettung von Bootsflüchtlingen verschrieben haben, gleichzeitig Schiffe im zentralen Mittelmeer im Einsatz gehabt. Nachdem deren Rettungseinsätze zunächst toleriert wurden, haben Italien und Malta sowie diverse Flaggenstaaten seit 2017 versucht, den Einsatz von Seenotrettungsschiffen zu erschweren oder ganz zu unterbinden (Gordon/Larsen 2022). Mehrere dieser NGOs sind ihrem Selbstverständnis nach politischer als die Betreiber der *Cap Anamur* und *Île de lumière*, teilen aber deren „radikalen Humanismus" insoweit, als sie nicht fragen, wen sie retten (Neumann 2021; Dobie 2022). Auch ihnen geht es darum, mithilfe von mitreisenden Journalist*innen die Zustände im Mittelmeer öffentlich zu machen. NGOs operieren darüber hinaus auch Aufklärungsflugzeuge und das *alarm phone*, eine rund um die Uhr besetzte Hotline für in Seenot geratene Bootsflüchtlinge (Stierl 2015). Vorwürfe, dass NGOs mit Schleppern kollaboriert haben oder dass wegen ihrer Aktivitäten die Zahl der sich in Gefahr begebenden Schutzsuchenden steigt, sind von Gerichten zurückgewiesen und von der Forschung widerlegt worden (Amenta et al. 2021).

Wie von den USA und Australien vorexerziert, hat Italien Schutzsuchende abgefangen und ihre Rückkehr nach Libyen erzwungen. Anders als amerikanische und australische Gerichte, die *Pushbacks* nicht für unrechtmäßig halten, verurteilte der Europäische Menschenrechtsgerichtshof 2012 im sogenannten „Hirsi"-Fall Italien wegen eines Verstoßes gegen Artikel 3 der EMRK aufgrund der Zurück-Schiebung von 24 Bootsflüchtlingen nach Libyen (Den Heijer 2013). Im November 2020 wurde Italien außerdem vom UN-Menschenrechtsausschuss wegen einer unterlassenen Seenotrettung im Jahr 2013 verurteilt (UN Human Rights Committee 2021).

4. Todesfälle

Seitdem die NGO *United for Intercultural Action* 1993 begann, eine Liste von Toten, die bei der Überquerung von Grenzen ums Leben gekommen waren, zu veröffentlichen, gab es eine Reihe von Versuchen, die Zahl der Grenztoten zu ermitteln. Seit 2014 zählt auch die International Organization for Migration (IOM) die im Zuge irregulärer Migration umgekommenen Menschen (*Missing Migrants Project*). Während NGOs die Veröffentlichung von Statistiken und Listen von Todesfällen zur Sensibilisierung der öffentlichen Meinung für die Notwendigkeit staatlicher Seenotrettungsprogramme und offener Grenzen nutzen, dienen die Todeszahlen der IOM auch zur Rechtfertigung von Abschottung oder Abschreckung (Heller/Pécoud 2020).

Seit dem Beginn der Registrierung von Todesfällen an Grenzen sind vermutlich sehr viel mehr Migrant*innen an See- als an Landesgrenzen umgekommen. Nach Angaben der IOM kamen von 2014 bis Oktober 2022 insgesamt 19.994 Menschen allein bei dem Versuch ums Leben, Seegrenzen im zentralen Mittelmeer zu überwinden. Es ist davon auszugehen, dass es eine große Dunkelziffer nicht gemeldeter Todesfälle gibt. In der Forschung gibt es einen weitgehenden Konsens darüber, dass Versuche, Seegrenzen undurchlässiger zu machen, zu einem Anstieg tödlicher Seenotfälle führen (Steinhilper/Gruijters 2018; Williams/Mountz 2018).

In vielen Ländern gibt es Denkmäler für auf See umgekommene oder aus Seenot gerettete Flüchtlinge. Ein Denkmal in Hamburg z. B. erinnert an die insgesamt 11.300 von der *Cap Anamur*, der *Cap Anamur II* und der *Cap Anamur III* aus Seenot geretteten Menschen; in Australiens Hauptstadt Canberra gibt es einen Gedenkort für die 353 Toten der „SIEV X" (Horsti/Neumann 2019).

5. Fazit

Für Schutzsuchende ist oft nicht die Sicherheit der Überfahrt das größte Problem, sondern die Tatsache, dass sie an der Ankunft in einem sicheren Hafen gehindert werden, selbst dann, wenn sie aus Seenot gerettet wurden. Nicht die zunehmende Präsenz von Seenotrettern, sondern die Schaffung legaler Möglichkeiten für Schutzsuchende, Meere zu überqueren, wird langfristig dazu führen, dass weniger Bootsflüchtlinge ihr Leben verlieren. Zwar ist die Ausweitung der Rechte von Schutzsuchenden auf See im Völkerrecht eine positive Entwicklung, doch hatte sie bislang kaum praktische Konsequenzen. Es ist überdies zu fragen, ob es sich bei der (unterlassenen) Seenotrettung Schutzsuchender um ein rechtliches Problem handelt, das sich mit rechtlichen Mitteln lösen lässt, und nicht vielmehr um ein politisches und ethisches Problem (vgl. Mann 2016; McNevin/Missbach 2018; Oberman 2019; Esperti 2020; Heller/Pécoud 2020; Mann 2020; Mann/Mourão Permoser 2022).

Literaturverzeichnis

Albahari, Maurizio (2015): Crimes of Peace: Mediterranean Migrations at the World's Deadliest Border. Philadelphia: University of Pennsylvania Press.

Amenta, Carlo/Di Betta, Paolo/Ferrara, Calogero (2021): La crisi dei migranti nel Mediterraneo Centrale: le operazioni search and rescue non sono un fattore di attrazione. In: Diritto, Immigrazione e Cittadinanza (2), 17–33.

Barnes, Richard (2004): Refugee law at sea. In: International & Comparative Law Quarterly 53 (1), 47–77.

Dastyari, Azadeh (2015): United States Migrant Interdiction and the Detention of Refugees. New York: Cambridge University Press.

Den Heijer, Maarten (2013): Reflections on *refoulement* and collective expulsion in the Hirsi case. In: International Journal of Refugee Law 25 (2), 265–290.

Dobie, Imogen (2022): "Ambulances of the sea": the terracization of maritime aid. In: Humanity 13 (2), 158–174.

Durieux, Jean-François (2016): The duty to rescue refugees. In: International Journal of Refugee Law 28 (4), 637–655.

Esperti, Marta (2020): Rescuing migrants in the Central Mediterranean: the emergence of a new civil humanitarianism at the maritime border. In: American Behavioral Scientist 64 (4), 436–455.

Gatrell, Peter (2013): The Making of the Modern Refugee. Oxford: Oxford University Press.

Ghezelbash, Daniel/Moreno-Lax, Violeta/Klein, Natalie/Opeskin, Brian (2018): Securitization of search and rescue at sea: the response to boat migration in the Mediterranean and offshore Australia. In: International & Comparative Law Quarterly 67 (2), 315–351.

Goodwin-Gill, Guy S. (2017): Setting the scene: refugees, asylum seekers, and migrants at sea – the need for a long-term, protection-centred vision. In: Moreno-Lax, Violeta/Papastavridis, Efthymios (Hrsg.): "Boat Refugees" and Migrants at Sea: A Comprehensive Approach: Integrating Security with Human Rights. Leiden: Brill, 17–31.

Gordon, Eleanor/Larsen, Henrik Kjellmo (2022): "Sea of blood": the intended and unintended effects of criminalising humanitarian volunteers assisting migrants in distress at sea. In: Disasters 46 (1), 3–26.

Heller, Charles/Pécoud, Antoine (2020): Counting migrants' deaths at the border: from civil society counterstatistics to (inter)governmental recuperation. In: American Bevavioral Scientist 64 (4), 480–500.

Hoffstaedter, Gerhard/Missbach, Antje (2022): Graves beyond the waves: enforced strandedness and the impossibility of place-making in the Amdaman Sea. In: Journal of Ethnic and Migration Studies, https://doi.org/10.1080/1369183X.2022.2110457.

Horsti, Karina/Neumann, Klaus (2019): Memorializing mass deaths at the border: two cases from Canberra (Australia) and Lampedusa (Italy). In: Ethnic and Racial Studies 42 (2), 141–158.

Klepp, Silja (2011): Europa zwischen Grenzkontrolle und Flüchtlingsschutz. Eine Ethnographie der Seegrenze auf dem Mittelmeer. Bielefeld: transcript.

Kouchner, Bernard (1980): L'île de lumière. Paris: Editions Ramsay.

Lind, Michael W. (1995): Cuban refugees at sea: a legal twilight zone. In: Capital University Law Review 24 (4), 789–808.

Mann, Itamar (2016): Humanity at Sea: Maritime Migration and the Foundations of International Law. Cambridge: Cambridge University Press.

Mann, Itamar (2020): The right to perform rescue at sea: jurisprudence and drowning. German Law Journal 21 (SH 3) 10 (3), 442–463.

Mann, Itamar/Mourão Permoser, Julia (2022): Floating sanctuaries: the ethics of search and rescue at sea. In: Migration Studies, https://doi.org/10.1093/migration/mnac007.

Marr, David/Wilkinson, Marian (2002): Dark Victory. Crows Nest: Allen & Unwin.

McNevin, Anne/Missbach, Antje (2018): Hospitality as a horizon of aspiration (or, what the international refugee regime can learn from Acehnese fishermen). In: Journal of Refugee Studies 31 (3), 292–313.

Neudeck, Rupert (1988): Humanitäre Radikalität. Komitee Cap Anamur/Deutsche Notärzte e.V. Troisdorf: Komitee Cap Anamur/Deutsche Notärzte e. V.

Neumann, Klaus (2021): Rights-bearing migrants and the rightfulness of their rescue: the emergence of a "new model of humanitarian engagement" at Europe's borders. In: Fiori, Juliano/Espada, Fernando/Rigon, Andrea/Taithe, Bertrand/Zakaria, Rafia (Hrsg.): Amidst the Debris: Humanitarianism and the End of Liberal Order. London: Hurst, 107–124.

Oberman, Kieran (2019): Border Rescue. In: Miller, David/Straehle, Christine (Hrsg.): The Political Philosophy of Refuge. Cambridge: Cambridge University Press, 78–96.

Pezzani, Lorenzo (2014): The two lives of the Cap Anamur: humanitarianism at sea. In: Forensic Architecture (Hrsg.): Forensis: The Architecture of Public Truth. Berlin: Sternberg, 685–692.

Rah, Sicco (2009): Asylsuchende und Migranten auf See. Staatliche Rechte und Pflichten aus völkerrechtlicher Sicht. Berlin: Springer.

Scovazzi, Tullio (2014): Human rights and immigration at sea. In: Rubio-Marín, Ruth (Hrsg.): Human Rights and Immigration. Oxford: Oxford University Press, 212–260.

Spijkerboer, Thomas (2017): Wasted lives. Borders and the right to life of people crossing them. In: Nordic Journal of International Law 86 (1), 1–29.

Steinhilper, Elias/Gruijters, Rob J. (2018): A contested crisis: policy narratives and empirical evidence on border deaths in the Mediterranean. In: Sociology 52 (3), 515–533.

Stierl, Maurice (2015): The WatchTheMed Alarm Phone: a disobedient border-intervention. In: Movements 1 (2), 1–14.

UN Human Rights Committee (2021): Views adopted by the Committee under article 5 (4) of the Optional Protocol, concerning Communication No. 3042/2017. 27.02.2021. UN Doc. CCPR/C/130/D/3042/2017.

Vergil (1994): Aeneis. Herausgegeben und übersetzt von Johannes Götte, München: Artemis Verlag.

Williams, Kira/Mountz, Alison (2018): Between enforcement and precarity: externalization and migrant deaths at sea. In: International Migration 56 (5), 74–89.

Zucker, Norman L./Zucker, Naomi Flink (1996): Desperate Crossings: Seeking Refuge in America. Armonk: M. E. Sharpe.

III.3.12
Flucht und Diplomatie

Sebastian Harnisch und Katharina Potinius

Abstract Diplomatie erzeugt, verwaltet und verteilt öffentliche Güter, zu denen seit dem 20. Jahrhundert auch Migrations- und Fluchtpolitik zu zählen ist. Im Laufe der letzten 100 Jahre entwickelte sich, ausgehend von den Vertreibungen in Europa, ein globales Flüchtlingsregime sowie regionale Migrations- und Flüchtlingsregime, aufbauend auf die jeweiligen politischen, historischen und gesellschaftlichen Rahmenbedingungen. Gegenwärtig verfolgen viele Regierungen wohlhabender Staaten eine Politik der *non-entrée*, der Zurückhaltung von potenziellen Flüchtlingen jenseits ihrer Territorien, was weitreichende migrationspolitische und diplomatische Konsequenzen nach sich zieht.

Schlüsselbegriffe: Migrationsdiplomatie, Flüchtlingsstatus, Binnenvertriebene, Externalisierung, Souveränität

1. Einleitung

Diplomatie ist eine zentrale Institution der internationalen Beziehungen, die Staaten definiert, die internationale Ordnung organisiert und öffentliche Güter erzeugt und administriert (Bjola/Kornprobst 2018: 6). Sie privilegiert Staaten gegenüber anderen, nichtstaatlichen Akteuren, indem sie die Kommunikation zwischen akkreditierten Repräsentant:innen von anerkannten Entitäten strukturiert und traditionell auf die Herstellung der Souveränität von Staaten als öffentliches Gut der internationalen Staatengemeinschaft ausgerichtet ist. Migration – verstanden als Bewegung von Menschen von einem Ort zum anderen – und deren Kontrolle ist ein solches öffentliches Gut, das idealtypisch in freiwillige und erzwungene (*forced*) Migration differenziert wird. Da der völkerrechtliche Status eines Flüchtlings eng gefasst ist, erfüllt nur ein Teil der Personen, die von erzwungener Migration betroffen sind, die Voraussetzung zur Anerkennung als Flüchtling.

Erzwungene Migration und Flucht sind integrale Bestandteile der Entwicklung des internationalen Staatensystems und des zugrundeliegenden Konzepts der Souveränität, das Staaten innerhalb ihres Territoriums Autorität und Kontrolle zuspricht sowie außerhalb ihrer Grenzen Autonomie zusichert (nach Haddad 2008): Der Flüchtlingsstatus kann nur erlangt werden, wenn eine internationale Grenze überschritten wurde. Entsprechend weisen Migration und Flucht auf die unterschiedlichen Formen des Zusammenbruchs der Beziehung zwischen Staat und Bürger:innen (innere Souveränität) hin und werden so zum Gegenstand der internationalen Beziehungen (äußere Souveränität) (Haddad 2008). Die Entwicklung des Fluchtbegriffs steht daher beispielhaft dafür, wie sich seit dem 17. Jahrhundert durch den Wandel der Staat-Bürger:innen-Beziehungen in Europa langsam eine internationale Staatengemeinschaft herausbildete, die seit dem Ersten Weltkrieg den Flüchtlings- und Schutzstatus in mehreren globalen Wellen ausweitete und durch internationale Organisationen absicherte (→ Fluchtbegriff; → Völkerrecht).

Flüchtlinge unterscheiden sich ebenso rechtlich von (→) Binnenvertriebenen (*Internally Displaced Person*, IDP), die ihr Land nicht verlassen (konnten) und daher keinen Schutz eines Gastlandes gesucht haben. Für Letztere verhindert bislang die staatliche Souveränität ein Eingreifen der internationalen Gemeinschaft, sofern nicht die entsprechende Regierung zugestimmt oder der UN-Sicherheitsrat ein Schutzmandat ausgesprochen hat (Orchard 2019). Gleiches gilt für Vertriebene, die die Voraussetzung zur Anerkennung des Flüchtlingsstatus nicht erfüllen, zum Beispiel von Infrastruktur- und Entwicklungsmaßnahmen, Klimawandel, Umweltdegeneration, Katastrophen oder Menschenhandel Betroffene (*Development Induced Displaced Persons*, DIDPs) (Benz/Hasenclever 2010: 202) (→ ‚Flüchtling' – rechtlich; → Klimaflüchtlinge; → Schleusen).

2. Die Entwicklung und Ausgestaltung des heutigen globalen Flüchtlingsregimes

Die internationale Staatengemeinschaft hat seit ihrer Entstehung im 17. Jahrhundert in wechselnden Akteurskonstellationen auf diverse internationale Migrationskrisen durch die Herausbildung von unterschiedlichen Regimetypen reagiert, um unterschiedlichen Gruppen von Flüchtenden Schutz zu geben (Orchard 2014). Die Wurzeln des modernen Flüchtlingsregimes gehen auf die demografischen Verwerfungen der russischen Oktoberrevolution und des Ersten Weltkrieges zurück und wurden in den folgenden Jahrzehnten aufgrund der Ereignisse in Europa und den Folgen der nationalsozialistischen Verfolgungs- und Kriegspolitik weiterentwickelt. Entsprechend konnten zu Beginn nur Europäer:innen die Voraussetzungen zur Anerkennung des Flüchtlingsstatus erfüllen; Vertriebene ohne europäische Nationalität wurden erst mit dem Protokoll von 31. Januar 1967 berücksichtigt (→ Internationale Abkommen). Allerdings traten nicht alle Regierungen dem Protokoll (ohne Einschränkungen) bei und so gelten in einigen Staaten die geographischen Einschränkungen weiterhin bzw. wurden weder die Konvention noch das Protokoll in nationales Recht umgesetzt (Goodwin-Gill 2014).

Im Zuge der Dekolonisierungsprozesse der 1960er und gewalttätiger Konflikte der 1970er Jahre entwickelte sich das Asylrecht regional fort: In der Konvention über spezifische Flüchtlingsfragen der Organisation der Afrikanischen Einheit (OAU) von 1969 werden die Fluchtgründe erweitert, indem „Okkupation, Konflikte und grobe Verstöße gegen die öffentliche Ordnung" hinzukamen und gleichzeitig die Verleihung des Flüchtlingsstatus ohne Einzelfallprüfung (*prima facie*) ermöglicht wurde (Arboleda 1991; OAU 1969). In der Cartagena-Konvention der Organisation Amerikanischer Staaten (OAS/OEA) werden zusätzlich „allgegenwärtige Gewalt, auswärtige Aggression, interne Konflikte und massive Menschenrechtsverletzungen" als Fluchtgründe genannt (Cartagena Konvention 1984). Folglich bildeten sich regionale Migrations- und Fluchtregime heraus, die sich sowohl in der Schwerpunktsetzung als auch im Grad der Institutionalisierung, Formalisierung und Implementierung unterscheiden (→ Flüchtlingsregime). So entstanden sowohl nennenswerte Implementierungslücken als auch regionale Migrations- und Fluchtregime, die trotz fehlender Institutionalisierung und Formalisierung die internationalen Normen weitgehend umsetzen (Davis 2006).

In der bislang letzten Entwicklungsphase des Flüchtlingsregimes, als „non-entrée" bezeichnet (Orchard 2014: 203), haben sich die Funktion der internationalen Diplomatie, der Kreis der beteiligten Akteure und deren Ziele substanziell verändert: Seit Anfang der 1980er gingen immer mehr Regierungen dazu über, den Kreis der nach der Genfer Konvention anerkannten Flüchtlinge stark einzuschränken und durch die Schaffung neuer (oftmals temporärer) Kategorien der Duldung aus humanitären Gründen oder Zurückweisung „illegaler Migration" potenzielle Migrierende abschrecken zu wollen (für die EU: Vink/Meijerink 2003). Des Weiteren begannen diese Staaten damit, Flüchtende aktiv außerhalb des eigenen Territoriums abzufangen, z. B. durch Interdiktion von Schiffen, entsprechende Visareglements oder die Sanktionierung von Transportunternehmen, um so einem Asylverfahren auf dem eigenen Territorium zuvorzukommen (Gibney 2004; für die EU: Lavenex 2006). Schließlich bot die ungleiche Verteilung von Geflüchteten zulasten der Länder des Globalen Südens zusätzliche Anreize, den Verbleib der Flüchtenden im Herkunftsland selbst oder einem Transitland zu organisieren, z. B. durch die Finanzierung von entsprechenden Flüchtlingslagern, und so das Prinzip des *Non-Refoulement de facto* zu unterlaufen (Betts 2009; Gammeltoft-Hansen 2011). So ist die Verantwortungsteilung zwischen den reichen Zielstaaten und den ärmeren Aufnahme- und Transitstaaten, die den Großteil aller weltweit Geflüchteten beherbergen, zum zentralen Verhandlungsgegenstand der internationalen Diplomatie geworden (Dowd/MacAdam 2017) (→ Verantwortungsteilung).

Fluchtdiplomatie ist seither gekennzeichnet durch eine Staatenpraxis, die zentrale Normen des Flüchtlingsregimes zwar noch anerkennt, aber *de facto* unterläuft. Diese verminderte Geltung bewegt zivilgesellschaftliche Akteure und Regierungen dazu, die entstehende Lücke zwischen Normanspruch und Normgeltung durch eigene diplomatische Strategien zu nutzen, indem sie bspw. durch eigene Seenotrettungsaktionen die Exterritorialisierung des *Non-Refoulement*-Prinzips entgegenwirken oder die fortwährende Rückhaltung von Geflüchteten gegen außenpolitische Konzessionen tauschen (Lohmann et al. 2018; Adamson/Tsourapas 2019; → Asylpolitik; → Seenotrettung). Auf diese neue Staatenpraxis haben sowohl Flüchtende als auch Herkunfts- und Transitstaaten sowie nichtstaatliche und internationale Organisationen reagiert. So hat der UNHCR mehrfach und erfolgreich eine vermittelnde Rolle zwischen Ländern des Globalen Nordens und Südens einnehmen können und die Unterstützung von Geflüchteten befördert, indem dies mit Konfliktregulierung bzw. Aussöhnungsfragen thematisch verknüpft wurde (Betts 2008).

3. Migrationsdiplomatie im 21. Jahrhundert

Die Rolle und Diplomatie vieler Transitstaaten an der Peripherie der Zielregion wurde durch die zwischenstaatlichen diplomatischen Strategien des Globalen Nordens, angelegt auf Migrationsvermeidung und Exterritorialisierung, verändert. So hat beispielsweise die Europäische Union (EU) in den vergangenen Dekaden eine Externalisierungspolitik betrieben, in deren Rahmen die migrationspolitischen Grenzen jenseits des Territoriums der EU verschoben werden (→ Externalisierung).

Als Konsequenz dieser Politik sind Staaten wie Mexiko, Libyen, Marokko, die Türkei und der Libanon zu semi-permanenten Aufnahmestaaten geworden, sodass ihre Innenpolitik zunehmend durch die Beziehungen zu den Migrant:innen, ihren Herkunfts- und Ziellländern sowie der Versorgung durch internationale Organisationen geprägt ist (Koslowski 2005; Norman 2020a; → Nordafrika; → Naher

Osten; → Zentralamerika). Zum anderen haben diese Transit- und Aufnahmestaaten die wachsende Sensibilität gegenüber Migrierenden – anerkannten Flüchtlingen, Flüchtenden sowie weiteren Migrant:innen – als diplomatische Ressource begriffen, um mit den Regierungen der Zielstaaten bspw. über die Rückhaltung, den Austausch von Migrierendengruppen gegen erleichterte Visabedingungen, die Repatriierung von Geflüchteten oder andere (außen-)politische Ziele zu verhandeln (siehe z. B. Norman 2020b).

In der Forschung werden deshalb seit den 2010er Jahren unterschiedliche Formen einer „Migrationsdiplomatie" identifiziert. Adamson und Tsourapas (2019) führten den Begriff *Migrationsdiplomatie* ein, der Migration als (Tausch-)Objekt in bilateralen und internationalen Beziehungen und Migration als jeweils eigenständigen Verhandlungsgegenstand charakterisiert. Diese heben entweder den eigenständigen und strategischen Akteurscharakter (Lohmann et al. 2018; Adamson/Tsourapas 2019) der flüchtlingsbeherbergenden Staaten im Globalen Süden in diplomatischen Verhandlungen zwischen eigeninteressierten Regierungen hervor. Oder sie betonen eine auf Zwang beruhende Strategie von autoritären Regimen gegenüber demokratischen Regierungen in den Zielstaaten (Greenhill 2010). Letztere interpretieren Migrierende als „Waffen der Massenmigration" in den Händen von autoritären Regierungen, welche die normativen Widersprüche zwischen Migrationsbefürwortern und -Gegnern systematisch ausnutzen, i.e. Kosten der Heuchelei, um die Regierungen demokratischer Zielstaaten gezielt zu erpressen (Greenhill 2015).

Andere Autor:innen sehen Migration als Politikfeld mit der Möglichkeit der Verknüpfung über Verhandlungsebenen (Ott 2017) und Themen hinweg, vor allem in den Bereichen Entwicklung, Menschenrechte, Sicherheitsfragen und Handelspolitik (Lahav/Lavenex 2013): Diese thematischen Verknüpfungen wurden ebenso vom UNHCR in die Verhandlungen mit dem Globalen Norden erfolgreich eingeführt (Betts 2014) (→ Internationale Organisationen). Die Immigrationsstaaten im Globalen Norden wiederum betreiben Migrationsdiplomatie sowohl mit Demokratien als auch Autokratien zur Verabschiedung von Rücknahmeübereinkommen, Abkommen zur Seenotrettung und Grenzsicherung. Dabei werden insbesondere Verknüpfungen mit Visa-Regelungen (Laube 2019) in der Entwicklungszusammenarbeit (Lavenex/Kunz 2008) und zur Unterstützung der jeweiligen Sicherheitsbehörden (Paoletti 2011) genutzt. Die wachsenden Widersprüche zwischen den normativen Verpflichtungen der so agierenden Regierungen im internationalen Flüchtlingsregime und dem zunehmend auf die Abschreckung und Abwehr von individueller Migration abzielenden Staatenverhalten wird von einer rasch anwachsenden Gruppe von nichtstaatlichen Akteuren öffentlich gebrandmarkt. Neben Bewusstseinsbildung durch Kampagnen zur öffentlichen Beschämung zielen diese zivilgesellschaftlichen Gruppen darauf ab, die Aufnahme und den Schutz der Flüchtenden zu erwirken. Regierungen reagieren wiederrum auf diese Initiativen mit unterschiedlichen Maßnahmen, die von Repression über Informalisierung bis zur Miteinbeziehung der Gruppen in den Gesetzgebungsprozess reichen können (Barbulescu/Grugel 2016; Esperti 2020).

Folglich haben sich die Anzahl der beteiligten Akteure und die Bandbreite ihrer Motive vervielfacht, sodass der Komplex „Flucht und Diplomatie" im Format der „Netzwerk-Diplomatie" – also unter Einbeziehung von relevanten nationalen Ministerien, regionalen und internationalen Organisationen sowie zivilgesellschaftlichen und humanitären Organisationen – behandelt wird (Maley 2013: 686). Gemessen am eingangs skizzierten Diplomatiebegriff scheint die geordnete zwischenstaatliche Praxis erschüttert. Dies zeigt sich vor allem in den neuen Interaktionsformen, einer *de facto* Unterlaufung internationaler Normen sowie der Relevanz nichtstaatlicher Akteure, zum Beispiel im Bereich des Schutzes von Flüchtenden und der Seenotrettung.

Vor diesem Hintergrund hat die Staatengemeinschaft auf der Grundlage der New Yorker Erklärung für Flüchtlinge und Migration (19. September 2016) einen Globalen Vertrag für sichere, geordnete und geregelte Migration (Global Compact for Safe, Orderly and Regular Migration, GCM; angenommen am 19. Dezember 2018) sowie einen Globalen Pakt für Flüchtlinge (Global Compact for Refugees, GCR; angenommen am 17. Dezember 2018) ausgearbeitet (→ Internationale Abkommen). Bei dem GCM handelt es sich um das erste umfassende internationale Abkommen zur globalen Migration. Allerdings spiegelte sich in den schwierigen Verhandlungen und dem prozessorientierten, unverbindlichen Charakter des Abkommens die festgefahrene Situation wider, in der Regierungen zum Teil sehr unterschiedliche Standpunkte vertraten bzw. das Abkommen schlussendlich nicht unterzeichneten (Lavenex 2020). Der GCR, ausgearbeitet unter der Ägide des UNHCR, ist weniger partizipativ gestaltet und soll die Genfer Flüchtlingskonvention vor allem im Bereich der vorhersehbaren und gerechten Migrationsverteilung durch das Comprehensive Refugee Response Framework (CRRF) ergänzen (https://www.globalcompactrefugees.org/). Das völkerrechtlich nicht bindende Abkommen zielt im Kern darauf ab, den Druck auf die Aufnahmeländer zu mindern, die Flüchtenden zu unterstützen, die Integration in Drittstaaten und die Rückführung in die Heimatländer zu ermöglichen (→ Internationale Abkommen) (Newland et al. 2020).

4. Fazit

Zu Beginn des 21. Jahrhunderts prägen zunehmend gemischte Motive die Flucht von Menschen über Grenzen: Die Zeit der Flucht, der Verbleib in Transitstaaten, die Veränderung von gesellschaftlichen Einstellungen gegenüber Fluchtursachen sowie die sich wandelnden Umweltbedingungen, innerstaatliche Gewaltkonflikte und Klimawandel, all dies wirkt auf die Flüchtenden und ihre Handlungsfähigkeit. Diese gemischten Motive der Migrierenden treffen auf gemischte Motive einer sich rasch ausdifferenzierenden Staatengemeinschaft, die gleichzeitig zwischenstaatliche Normen in Frage stellt oder neu interpretiert, und so oft Flüchtende direkt – z. B. durch abschreckende Verwahrungs- und Abschiebepraktiken – in ihrem Fluchtverhalten zu beeinflussen versucht. Flüchtende werden von manchen gesellschaftlichen Gruppen und Regierungen in den Ziel- und Transitstaaten als Risiken für die innere Sicherheit, wirtschaftliche Wohlfahrt oder kulturelle Souveränität „sekuritisiert" (siehe z. B. McDonald 2008). Transnational agierende zivilgesellschaftliche Gruppen und einige internationale Organisationen stellen sich dieser Entwicklung entgegen, indem sie sich für die Einhaltung der geltenden Asyl- und Menschenrechte sowie die Übertragung bestehender Normen auf Vertriebene außerhalb der eng gefassten Flüchtlingsdefinition der Genfer Konvention einsetzten. Die traditionelle zwischenstaatliche Diplomatie ist diesen widerstrebenden Erwartungen nur in Teilen nachgekommen, indem sie bilateraler, informeller, exterritorialer und weniger völkerrechtlich verbindlich geworden ist. Angesichts der wachsenden Zahl von Flüchtenden und der anhaltend gemischten Motive ist daher absehbar, dass Migrationsdiplomatie, die bewusste Verknüpfung von anderen entwicklungs-, außen- und sicherheitspolitischen Motiven mit jenen der Flucht- und Migrationspolitik, in Zukunft an Bedeutung gewinnen wird.

Literaturverzeichnis

Adamson, Fiona B./Tsourapas, Gerasimos (2019): Migration Diplomacy in World Politics. In: International Studies Perspectives 20 (2), 113–128. https://doi.org/10.1093/isp/eky015.

Arboleda, Eduardo (1991): "Refugee Definition in Africa and Latin America: The Lessons of Pragmatism." In: International Journal of Refugee Law 3 (2).

Barbulescu, Roxana/Grugel, Jean (2016): Unaccompanied minors, migration control and human rights at the EU's southern border: The role and limits of civil society activism. In: Migration Studies 4 (2), 253–272. https://doi.org/10.1093/migration/mnw001.

Benz, Sophia/Hasenclever, Andreas (2010): ‚Global' Governance of Forced Migration. In: Betts, Alexander/Loescher, Gil (Hrsg.): Refugees in International Relations, Oxford: Oxford University Press, 185–212.

Betts, Alexander (2014): International Relations and Forced Migration. In: Elena Fiddian-Qasmiyeh, Gil Loescher, Catherine Long und Nando Sigona (Hrsg.): The Oxford Handbook of Refugee and Forced Migration Studies. New York, NY: Oxford University Press

Betts, Alexander (2009): Protection by Persuasion: International Cooperation in the Refugee Regime. Ithaca, N.Y.: Cornell University Press.

Betts, Alexander (2008): North-South Cooperation in the Refugee-Regime: The Role of Linkages. In: Global Governance 14, 157–178.

Bjola, Corneliu/Kornprobst, Markus (2018): Understanding international diplomacy. Theory, practice and ethics. 2nd Edition. London: Routledge.

Colloquium on the International Protection of Refugees in Central America, Mexico and Panama (1984): Cartagena Declaration on Refugees, available at: https://www.refworld.org/docid/3ae6b36ec.html, 5.1.202.

Davis, Sara E. (2006): The Asian Rejection? International Refugee Law in Asia. In: Australian Journal of Politics and History 54 (4), 562–575.

Dowd, Rebecca/McAdam, Jane (2017): International Cooperation and Responsibility-Sharing to Protect Refugees: What, Why and How? In: International and Comparative Law Quarterly 66 (4), 863–892. https://doi.org/10.1017/S0020589317000343

Esperti, Marta (2020): Rescuing Migrants in the Central Mediterranean: The Emergence of a New Civil Humanitarianism at the Maritime Border. In: American Behavioral Scientist 64 (4), 436–455.

Gammeltoft-Hansen, Thomas (2011): Access to Asylum: International Refugee Law and the Globalisation of Migration Control, Cambridge: Cambridge University Press.

Gibney, Matthew J. (2004): The Ethics and Politics of Asylum: Liberal Democracy and the Response to Refugees. Cambridge: Cambridge University Press.

Greenhill, Kelly M. (2010): Weapons of Mass Migration. Forced Displacement, Coercion, and Foreign Policy. Ithaca: Cornell University Press.

Greenhill, Kelly M. (2015): Demographic Bombing. People as Weapons in Syria and Beyond. In: Foreign Affairs, https://www.foreignaffairs.com/articles/2015-12-17/demographic-bombing, 15.1.2021.

Goodwin-Gill, Guy S. (2014): The International Law of Refugee Protection. In: Elena Fiddian-Qasmiyeh, Gil Loescher, Catherine Long und Nando Sigona (Hrsg.): The Oxford Handbook of Refugee and Forced Migration Studies. New York, NY: Oxford University Press.

Haddad, Emma (2008): The Refugee in International Society. The Individual between Sovereigns. Cambridge: Cambridge University Press.

Kainz, Lena/Banulescu-Bogdan, Natalia/Newland, Kathleen (2020). The Divergent Trajectories of the Global Migration and Refugee Compacts Implementation amid Crisis. Washington, DC: Migration Policy Institute, https://www.migrationpolicy.org/sites/default/files/publications/mpi-global-compacts-migration-refugees_final.pdf, 15.1.2021.

Koslowski, Rey (Hrsg.) (2005): International Migration and the Globalization of Domestic Politics. London: Routledge.

Lahav, Gallya/Lavenex, Sandra (2013): International Migration. In: Walter Carlsnaes, Thomas Risse und Beth A. Simmons (Hrsg.): Handbook of International Relations. London: SAGE, 746–774.

Laube, Lena (2019): The Relational Dimension of Externalizing Border Control. Selective Visa Policies in Migration and Border Diplomacy. In: Comparative Migration Studies 7 (1). https://doi.org/10.1186/s40878-019-0130-x.

Lavenex, Sandra (2020): The UN Global Compacts on Migration and Refugees. A case for experimentalist governance? In: Global Governance 26, 673–696.

Lavenex, Sandra (2006): Shifting up and out: The foreign policy of European immigration control. In: West European Politics 29 (2), 329–350. https://doi.org/10.1080/01402380500512684.

Lavenex, Sandra/Kunz, Rahel (2008): The Migration–Development Nexus in EU External Relations. In: Journal of European Integration 30 (3), 439–457. https://doi.org/10.1080/07036330802142152.

Lohmann, Johannes/Harnisch, Sebastian/Genc, Savas (2018): Wenn Staaten Migration (aus)nutzen. Über Exterritorialisierung und Akteurschaft in der strategischen Migrationspolitik. In: Zeitschrift für Flucht- und Flüchtlingsforschung 2 (1), 108–127. https://doi.org/10.5771/2509-9485-2018-1-108.

Maley, William (2013): Refugee Diplomacy. In: Cooper, Andrew/Heine, Jorge/Thakur, Ramesh (Hrsg.): The Oxford Handbook on Modern Diplomacy, New York: Oxford UP, 675–690.

McDonald, Matt (2008): Securitization and the Construction of Security. In: European Journal of International Relations 14 (4), 563–587. https://doi.org/10.1177/1354066108097553.

Newland, Kathleen/McAuliffe, Marie/Bauloz, Céline (2020): Recent Developments in the Global Governance of Migration: An Update to the World Migration Report 2018. In: International Organization for Migration, World Migration Report 2020, 342–375, https://doi.org/10.1002/wom3.21.

Norman, Kelsey P. (2020a): Reluctant reception. Refugees, migration, and governance in the Middle East and North Africa. Cambridge: Cambridge University Press.

Norman, Kelsey P. (2020b): Migration Diplomacy and Policy Liberalization in Morocco and Turkey. In: International Migration Review 54 (4), 1158–1183. https://doi.org/10.1177/0197918319895271.

Orchard, Phil (2019): Protecting the Internally Displaced: Rhetoric and Reality. London: Routledge.

Orchard, Phil (2014): A Right to Flee: Refugees, States and the Construction of International Cooperation, Oxford: Oxford UP.

Organization of African Unity, OAU (1969): Convention Governing the Specific Aspects of Refugee Problems in Africa, 10. September 1969, 1001 U.N.T.S. 45. https://www.refworld.org/docid/3ae6b36018.html, 5.1.2021.

Ott, Andrea (2017): EU-Turkey Cooperation in Migration Matters. A Game Changer in a Multilayered Relationship? CLEER Paper Series (4).

Paoletti, Emanuela (2011): Power Relations and International Migration: The Case of Italy and Libya. In: Political Studies 59 (2), 269–289. https://doi.org/10.1111/j.1467-9248.2010.00849.x.

Vink, Marten/Meijerink, Fritz (2003): Asylum Applications and Recognition Rates in EU Member States 1982–2001: A Quantitative Analysis. Journal of Refugee Studies, 16, 297–315.

III.3.13
Gewalt

Albert Scherr

Abstract Der Beitrag rückt die umfassende Bedeutung von Gewalt im Zusammenhang mit Flucht in den Blick: Erstens sind Gewaltverhältnisse in den Herkunftsländern eine zentrale Ursache von Flucht und anderen Formen von Zwangsmigration. Im Verlauf der Flucht sind Migrant*innen aufgrund ihrer spezifischen Vulnerabilität zweitens vielfach Erfahrungen mit physischer Gewalt ausgesetzt, die eine Ursache von Traumatisierungen sein können. Drittens sind Gewaltverhältnisse und -erfahrungen auch in den Aufnahmegesellschaften bedeutsam. Dies gilt insbesondere für militärische und polizeiliche Grenzsicherung sowie bei der Erzwingung von Ausreisen durch Abschiebungen, aber auch für institutionell verankerte Gewaltpotenziale in Gemeinschaftsunterkünften sowie verbale und ggf. physische Gewalt im Kontext rassistischer Diskriminierung. In einer gesellschaftstheoretischen Perspektive wird akzentuiert, dass Migrationsregime notwendig auf die Stützung durch legitime staatliche Gewalt verwiesen sind.

Schlüsselbegriffe: Manifeste Gewalt, strukturelle Gewalt, Gewaltmonopol, Macht, Nationalstaat

1. Einleitung

In diesem Beitrag soll aufgezeigt werden, was die sozialwissenschaftliche Gewaltforschung (s. als Überblick Heitmeyer/Hagan 2002) zum Verständnis von Flucht- und Zwangsmigration[1] – der Ursachen, der Situation während der Flucht und der gesellschaftlichen Reaktionen in den Aufnahmegesellschaften – beiträgt. Vor jeder näheren theoretischen Betrachtung kann diesbezüglich zunächst festgestellt werden: Eine zentrale Ursache von Flucht und Zwangsmigration ist die Bedrohung von Leib und Leben durch Gewalt (→ Gewaltmigration). Dies betrifft Gewalt in Kriegen und Bürgerkriegen, bei der Verfolgung und Vertreibung von Minderheiten sowie in politischen, religiösen und ethnischen Konflikten, sowie endemische Gewalt in Regionen der Weltgesellschaft, in denen kein staatliches Gewaltmonopol etabliert ist. In den durch unterschiedliche Konstellationen von Armut, extremer Ungleichheit, Korruption, fehlender demokratischer Legitimation, instabilen oder fehlenden staatlichen Strukturen und unzureichender Rechtsdurchsetzung gekennzeichneten Exklusionszonen der Weltgesellschaft sind unterschiedliche Formen von Gewalt und Menschenrechtsverletzungen zu beobachten, die auch gewaltsame Vertreibungen, Massaker und gezielte Tötungen, Vergewaltigungen und die Zwangsrekrutierung von Kindersoldaten umfassen (s. dazu u. a. Ignatieff 2009; Japp 2015; Kaldor 2007; Therborn 2013).

---

1 S. zu dieser Unterscheidung Scherr/Scherschel 2019: 38–45.

Weiter zeigen Berichte zu Gewalterfahrungen während der Flucht (s. etwa Gatti 2010), dass Flüchtlinge und Zwangsmigranten in die Position rechtloser Subjekte geraten können, denen seitens der Transitstaaten kein Schutz gewährt wird, oder die Regionen durchqueren, in denen keine staatliche Rechtsordnung wirksam ist, und dadurch zu vulnerablen Opfern von Ausbeutung und Gewalt werden (→ Vulnerabilität). Zudem gilt, dass Menschen letztlich nur durch Gewalt daran gehindert werden können, durch Abwanderung Lebensverhältnissen zu entkommen, in denen ihnen gravierende körperliche Gewalt droht oder in denen ihr Überleben durch extreme Armut bedroht ist, um sich dort niederzulassen, wo erträglichere Lebensbedingungen vorzufinden sind. Dementsprechend ist festzustellen, dass Maßnahmen der Migrationskontrolle, die auf eine Begrenzung oder Verhinderung unerwünschter Migration ausgerichtet sind, auf eine Absicherung durch polizeiliche bzw. militärische Gewalt angewiesen sind. Denn Grenzübergänge, Zäune und Mauern müssen bewacht werden, um als Schleusen und Sperren wirksam zu sein, die erwünschte Migration zulassen und die Unwillkommenen fernhalten (→ Grenzen). Die Realität von Flucht- und Zwangsmigration ist also eine, die von Gewaltverhältnissen geprägt ist. Dass es sich dabei überwiegend um rechtsstaatlich legale und regulierte Gewaltausübung handelt, rechtfertigt es nicht, diese als unproblematisch zu betrachten.

Im Folgenden wird eine analytische Perspektive eingenommen, die nach den Ursachen und der Funktion von Gewalt im Zusammenhang mit Flucht und Zwangsmigration fragt. Akzentuiert wird dabei, dass Gewalt systematisch mit den Machtbeziehungen und Ungleichheitsverhältnissen verbunden ist und deshalb sowohl eine zentrale Ursache von Flucht und Zwangsmigration wie auch ein notwendiges Element der Migrationsregime potenzieller Aufnahmegesellschaften darstellt.

2. Strukturelle und manifeste Gewalt

Neben der Bedrohung durch militärische, polizeiliche und entgrenzte zivilgesellschaftliche Gewalt sind Armut und Perspektivlosigkeit zu den zentralen Ursachen von Flucht und Zwangsmigration zu rechnen, d.h. gesellschaftliche Verhältnisse, für die Johannes Galtung (1971; vgl. Imbusch 2002; Nunner-Winkler 2004) den Begriff „strukturelle Gewalt" geprägt hat. Als Gewalt sollen demnach alle gesellschaftlichen Verhältnisse bezeichnet werden, durch die Menschen an der Entfaltung ihrer körperlichen und geistigen Potenziale gehindert werden, etwa durch unzureichende Ernährung und fehlende medizinische Versorgung, den fehlenden Zugang zu elementarer Bildung und den Zwang, dass Kinder durch Erwerbsarbeit zum Lebensunterhalt der Familie beitragen müssen. Damit weitet Galtung den Gewaltbegriff über seine Kerndimension – die Zufügung körperlicher und psychischer Verletzungen, die schwer aushaltbar sind (Popitz 1992) – deutlich aus, um zu akzentuieren, dass gesellschaftliche Strukturen zu vergleichbaren Beschädigungen führen können wir manifeste Gewaltanwendung. Dies geschieht in der Absicht, globale und innerstaatliche Macht- und Ungleichheitsverhältnisse dadurch zu skandalisieren, dass ihre Auswirkungen als ebenso problematisch und kritikbedürftig dargestellt werden wie die manifester Gewalt. Über diese Funktion der Skandalisierung hinaus stellt es jedoch keinen zusätzlichen Erkenntnisgewinn dar, in Bezug auf kritikbedürftige Macht- und Ungleichheitsverhältnisse von struktureller Gewalt zu sprechen, und dies führt zudem zu einer begrifflichen Unschärfe: Die Unterscheidung von Handlungen, die konkreten Akteur*innen zurechenbar sind und durch die körperliche und physische Verletzungen zugefügt werden einerseits und andererseits gesellschaftlichen Strukturen, die Menschen in ihren Möglichkeiten beeinträchtigen, wird undeutlich, wenn beides als Gewalt bezeichnet wird.

Die von Galtung vorgeschlagene Ausweitung des Gewaltbegriffs wird in der neueren Gewaltforschung deshalb überwiegend als „zu unscharf und damit analytisch unbrauchbar kritisiert" (Intheeven 2017: 12; vgl. Baberowski 2015: 110f; Imbusch 2002; Nunner-Winkler 2004). Zudem kann ein solches Verständnis von Gewalt dazu führen, dass die gesellschaftliche Bedeutung physischer Gewalt vernachlässigt wird, indem strukturelle Benachteiligungen als das eigentlich entscheidende Problem dargestellt werden. Latente und manifeste physische Gewalt sind jedoch in die Ordnung der modernen Weltgesellschaft und der Nationalgesellschaften eingeschrieben, für diese unverzichtbar (s. u.). Es wäre deshalb irreführend anzunehmen, dass es sich um ein nachrangiges Phänomen handelt, dessen Betrachtung der Kriminalitätsforschung und der Soziologie abweichenden Verhaltens überlassen bleiben kann. Auch die Betrachtung von Fluchtursachen, Fluchtverläufen und Migrationsregimen (→ Flüchtlingsregime) zeigt, dass physische Gewalt dafür von zentraler Bedeutung ist und eine eigenständige Betrachtung erfordert. Deshalb wird den weiteren Ausführungen des vorliegenden Textes ein Gewaltverständnis zugrunde gelegt, das als Gewalt Praktiken (Handlungen, Äußerungen) bezeichnet, durch die Individuen durch die Androhung oder Anwendung physischen Zwangs und/oder schmerzhafter Eingriffe in ihre physische und psychische Integrität zu bestimmten Handlungen und Unterlassungen veranlasst werden sollen vgl. Popitz 1992: 43–50).

3. Soziale Ordnungen, Macht und Gewalt

Eine grundlegende Annahme der neueren sozialwissenschaftlichen Gewaltforschung besteht darin, dass Gesellschaften zentral durch Machtverhältnisse gekennzeichnet sind, die direkt oder indirekt auf die Stützung durch Gewalt angewiesen sind (Mann 2001; Popitz 1992).[2] Versteht man Macht in Anlehnung an Max Webers klassische Definition als die Fähigkeit, eigene Interessen gegen entgegenstehende Interessen durchzusetzen (Weber 1922/1972: 28), dann ist Gewalt ein Mittel, das als letztinstanzliche Absicherung von Machtverhältnissen unverzichtbar ist. Denn die überlegene Fähigkeit zur Gewaltanwendung ist immer dann eine notwendige Voraussetzung von Machtausübung, wenn Zustimmung oder zumindest Akzeptanz nicht allein durch akzeptierte Entscheidungsverfahren, überzeugende Argumente oder ideologische Einflussnahme erreicht werden kann. Machtverhältnisse und Gewaltpotenziale bedingen sich folglich wechselseitig (Baberowski 2016: 213): Gewalt ist ebenso eine mögliche Grundlage von Machterwerb und Machterhalt, wie Macht in der Fähigkeit besteht, überlegene Gewaltmittel akkumulieren und diese einsetzen zu können. Da gesellschaftliche Ordnungen – sowohl innerhalb von Nationalgesellschaften wie die Ordnung der internationalen Beziehung in der Weltgesellschaft – durch Ungleichheiten und Interessenkonflikte gekennzeichnet sind, deren Akzeptanz bzw. vertragliche und kommunikative Lösung nicht garantiert ist, handelt es sich um Ordnungen, deren Aufrechterhaltung immer auch auf die Möglichkeit der Androhung und Anwen-

---

2 Popitz (1992: 25) zufolge ist Gewalt „die erste Wurzel der Macht"; denn „Menschen können über andere Macht ausüben, weil sie andere verletzen können". In Zusammenhang damit argumentiert er, dass Gewalt ein Potenzial ist, das aufgrund der körperlichen und psychischen Verletzlichkeit und Verletzungsmächtigkeit von Menschen in sozialen Beziehungen prinzipiell jederzeit aktualisiert werden kann.

dung von Gewalt angewiesen ist. Für moderne Nationalstaaten waren und sind deshalb Armeen und Polizeiapparate eine ebenso bedeutsame Machtquelle wie politische, ökonomische und ideologische Macht (Mann 2001).

Die Androhung oder Anwendung von Gewalt ist jedoch nicht dazu geeignet, dauerhafte und komplexe Ordnungen des sozialen Zusammenlebens zu begründen (Luhmann 1988: 60–69). Denn durch die Androhung und Anwendung von Gewalt kann zwar bewirkt werden, dass unerwünschte Verhaltensweisen unterlassen werden, um Schmerzen, Verletzungen oder den Tod zu vermeiden. Die Bereitschaft zu konstruktiver Kooperation kann dadurch aber nicht erzeugt werden. Zudem provoziert Gewalt dadurch Widerstände und verstärkt Legitimationsprobleme, weil ihre Anwendung offenbart, dass Zustimmung nicht mehr zureichend mit anderen Mitteln erreicht werden kann. Legitime soziale Ordnungen sind also darauf verwiesen, Macht nicht allein auf überlegene Gewaltpotenziale zu stützen und den Einsatz von Gewalt zu regulieren. Deshalb wird in modernen, nationalstaatlich verfassten Gesellschaften u. a. versucht, ein staatliches Gewaltmonopol zu etablieren, wodurch legitime physische Gewaltausübung staatlichen Institutionen vorbehalten bleiben und an rechtliche Regelungen gebunden werden soll, die festlegen, wann und in welchem Ausmaß rechtfertigbare Gewaltanwendung zulässig ist.

Dies – und das ist hier zentral – führt jedoch nicht dazu, dass Gewalt gesellschaftlich bedeutungslos bzw. delegitimiert wird, sondern zu einem dialektischen – in sich widersprüchlichen, aber zugleich wechselseitig konstitutiven – Verhältnis von Gewalt und gesellschaftlicher Ordnung (Narr 1974; Popitz 1992: 61f.): Legitime soziale Ordnungen sind Ordnungen der Gewaltbegrenzung und -kontrolle; der Schutz der Gesellschaftsmitglieder vor Gewalt ist ein für ihre Legitimität zentrales Versprechen (Kaufmann 1986). Gerade deshalb sind sie aber zugleich auf die Möglichkeit angewiesen, in Fall von äußeren Bedrohungen sowie internen Krisen und Konflikten potenziell auf Gewalt als Mittel zur Durchsetzung von Normen und Ordnungsstrukturen gegen diejenigen zurückgreifen zu können, die dazu bereit sind, Gewalt zur Durchsetzung eigener Interessen oder als Mittel gegen etablierte Machtverhältnisse einzusetzen. Zur Absicherung des staatlichen Gewaltmonopols ist es deshalb erforderlich, dass der Staat über ein überlegenes Gewaltpotenzial verfügen kann, um die politische und rechtliche Ordnung auch dann durchsetzen zu können, wenn ihre Legitimität in Frage gestellt wird. Insofern lässt sich feststellen: Gesellschaftliche Ordnungen „die Gewalt eingrenzen, hexen Gewalt nicht weg. Sie benötigen vielmehr selbst Gewalt – eine ‚Eigengewalt der Ordnung' – um die Eindämmung von Gewalt durchsetzen und sich selbst verteidigen zu können" (Popitz 1992: 63).

4. Gewaltschutz und die Eigengewalt staatlicher Ordnungen im Kontext von Flucht und Zwangsmigration

Dieses dialektisch zu fassende Verhältnis von sozialen Ordnungen und Gewalt zeigt sich im Fall von Flucht und Zwangsmigration darin, dass das internationale, europäische und nationale Flüchtlingsrecht einerseits zentral auf den Schutz vor Gewalt bzw. vor durch mittels Gewalt durchgesetzter Formen der Vertreibung, Verfolgung und Vernichtung ausgerichtet ist (Tiedemann 2019). Es richtet sich auf den Schutz Betroffener gegenüber Bedrohungen durch eine gewaltgestützte Machtausübung durch Staaten, die grundlegende Menschenrechte nicht anerkennen oder in Regionen der Weltgesellschaft, in denen keine staatliche Ordnung etabliert ist. Dem entsprechend besteht in der EU ein Anspruch auf Aufnahme und Schutz nicht nur für politisch Verfolgte, sondern auch für Kriegs- und Bürgerkriegsflüchtlinge, und Abschiebungen sind zudem dann unzulässig, wenn im Herkunftsland „für diesen Ausländer eine erhebliche konkrete Gefahr für Leib, Leben oder Freiheit besteht" (Aufenthaltsgesetz § 60, Abs. 7). Zuständig für die Gewährleistung dieses Schutzes sind andererseits aber Staaten, für deren Ordnung das Recht konstitutiv ist, über Einreise und Aufenthalt auf ihrem Territorium souverän zu entscheiden, und die dazu auf den rechtlich regulierten Einsatz von Gewaltmitteln zurückgreifen. Das Recht von Staaten, mittels Gewalt unerwünschte Zuwanderung zu verhindern, wird durch das Flüchtlingsrecht zwar eingeschränkt. So sind Push-backs an den europäischen Außengrenzen verboten, um den Zugang zu einem rechtsstaatlichen Verfahren zu gewährleisten, in dem darüber entschieden wird, wer einen gerechtfertigten Anspruch auf Aufnahme und Schutz hat. Auch der Einsatz von polizeilicher Gewalt im Umgang mit illegal Eingewanderten (→ Irregularität) und im Kontext von (→) Abschiebungen unterliegt rechtlichen Regulierungen; sie muss dem Prinzip der Verhältnismäßigkeit entsprechen. Solche Regulierungen schränken zwar den Einsatz von Gewalt als Mittel der Migrationskontrolle ein. Dennoch ist die Ordnung souveräner Nationalstaaten auch eine gewaltgestützte Ordnung, für deren Umgang mit Flüchtlingen und Zwangsmigrant*innen eine widersprüchliche Gleichzeitigkeit von Gewaltschutz und Gewaltanwendung kennzeichnend ist: Nationalstaaten als Institutionen des Flüchtlingsschutzes verfügen über das Recht und die Macht, Gewalt als Mittel der Migrationskontrolle einzusetzen. Narr (1974: 17) stellt diesbezüglich fest: „Im Recht und der Justiz liegt oftmals das Problem, nicht in der Polizei. Die jeweilige Legalordnung bestimmt, wo, wann, wodurch und von wem physische Gewalt anzuwenden sei."

Dieses widersprüchliche Verhältnis ist unter den Bedingungen von einerseits gravierenden Ungleichheiten der Lebensbedingungen und andererseits der Verweisung der Zuständigkeit für die Aufnahme von Migranten in die Entscheidungsmacht von souveränen Nationalstaaten nicht auflösbar. Denn ein vollständiger Gewaltverzicht an den Außengrenzen und im Umgang mit Eingewanderten ohne legalen Aufenthaltsstatus würde in der Konsequenz die Herstellung offener Grenzen bedeuten, ist also realpolitisch obsolet, nur im Rahmen einer Utopie denkbar (Ott 2016; Scherr 2020). Aussichtsreiche Kritik daran kann sich deshalb erstens nur auf die rechtlichen Bestimmungen richten, mit denen in restriktiver Weise festgelegt wird, wer einen legalen Anspruch auf Aufnahme und Schutz haben soll. Zweitens kann die Notwendigkeit und Legitimität bestimmter Formen der Gewaltausübung in Frage gestellt werden. Eine generelle Kritik daran, dass der Schutz von Flüchtlingen und Zwangsmigrant*innen selbst auf der gewaltgestützten Ordnung von Nationalstaaten beruht, ist dagegen nur als politisch ohnmächtiger moralischer Protest möglich, weil sie keine durchsetzbare Alternative zum kritisierten Zustand aufzeigen kann.

5. Fazit: Staatliche Gewalt gegen Flüchtlinge als Irritation

Berichte über im Mittelmeer ertrunkene Migrant*innen, über den Einsatz bewaffneter Grenzschutzbeamter an den Außengrenzen der Europäischen Union und über nächtliche Abschiebungen von Familien durch Polizeibeamte provozieren Empörung und Kritik. Denn in ihnen wird die Kehrseite der europäischen und deutschen Migrations- und Flüchtlingspolitik deutlich (→ Asylpolitik): In Berichten zu den Auswirkungen einer Politik, die nicht allein auf den Schutz von Flüchtlingen, sondern zentral auf „Steuerung und Begrenzung des Zuzugs von Ausländern in die Bundesrepublik Deutschland" (Aufenthaltsgesetz § 1, Abs 1) ausgerichtet ist, zeigt sich jedoch, dass auf die Androhung und Anwendung von rechtsstaatlich legaler Gewalt zur Kontrolle und Begrenzung politisch unerwünschter Zuwanderung nicht verzichtet werden kann und Maßnahmen der Migrationskontrolle Auswirkungen haben, die zu riskanten und deshalb vielfach tödlichen Fluchtwegen führen.

Dies ist mit dem Selbstbild der modernen Gesellschaften Mittel- und Nordeuropas schwer vereinbar, die sich den unteilbaren Menschenrechten und damit der Würde jeder und jedes Einzelnen verpflichtet sehen. Physische Gewaltanwendung gilt hier zudem als ein außergewöhnliches Phänomen, nicht als ein selbstverständliches Element der gesellschaftlichen Ordnung und des alltäglichen Zusammenlebens. Hintergrund dessen ist eine langanhaltende Phase, in der in dieser Region der Weltgesellschaft keine Kriege mehr geführt wurden, ein im historischen und internationalen Vergleich niedriges Niveau der Gewaltkriminalität, die Abschaffung der Todesstrafe und von Körperstrafen in der Strafjustiz sowie die Delegitimierung physischer Gewalt in der familialen und schulischen Erziehung, also eine erhebliche Zurückdrängung der physischen Gewalt aus den sozialen Beziehungen. Zwar verfügen moderne Staaten mit der Polizei und Armee über auf organisierte Gewaltandrohung und -anwendung spezialisierte Organisationen mit erheblicher Personalausstattung und umfangreichen Ressourcen. Die tatsächliche Ausübung des innerstaatlichen Gewaltmonopols durch die Polizei kann jedoch begrenzt bleiben. Denn die Regeln des Rechts werden überwiegend als legitime anerkannt und das Wissen um die überlegene Gewaltfähigkeit der Polizei genügt in der Regel, um erforderliche Maßnahmen durchzusetzen. All dies verleiht der Vorstellung Plausibilität, in einer demokratisch und rechtsstaatlich verfassten Gesellschaft zu leben, die im Alltag als gewöhnlich gewaltfreies Zusammenleben erfahren werden kann.

Der Blick auf die Realität von Flucht- und Zwangsmigration konfrontiert die Bürger*innen der weitgehend pazifizierten Gesellschaften Mittel- und Nordeuropas dagegen mit der Tatsache, dass eine weitgehende Einhegung der physischen Gewalt nur innerhalb der eigenen Gesellschaften gelungen ist, nicht global und auch nicht im Außenverhältnis der Gesellschaften Europas: Betrachtet man die Ursachen von Flucht- und Zwangsmigration, die Erfahrungen von Geflüchteten während der Flucht sowie die Institutionen und Praktiken des europäischen Migrationsregimes, dann entsteht ein anderer Blick auf die gegenwärtige gesellschaftliche Bedeutung von Gewalt: Die regelmäßige und wiederkehrende Androhung und Anwendung physischer Gewalt erweist sich als ein grundlegender Bestandteil der gesellschaftlichen Verhältnisse, in denen Flucht und Zwangsmigration situiert sind. Migrationsbewegungen in die relativ sicheren und wohlhabenden Staaten des globalen Nordens konfrontieren deren Bürger*innen deshalb mit den Auswirkungen der globalen Macht- und Ungleichheitsverhältnisse und zeigen an, dass eine Externalisierung ihrer negativen Auswirkungen nur begrenzt möglich ist und zudem zu einer Infragestellung des Selbstverständnisses Europas als einer den Menschenrechten verpflichtete Wertgemeinschaft führt (Balibar 2016: 118ff.). Zygmunt Bauman (2005: 95) zufolge führt die durch Flüchtlinge und Zwangsmigrant*innen sichtbar werdende globale Realität deshalb zu Verunsicherung und Ängsten bei den Bürger*innen Europas, weil sie dadurch an die prekären Voraussetzungen ihrer eigenen privilegierten Situation erinnert werden: Flüchtlinge bringen „fernen Kriegslärm, den Gestank verbrannter Häuser und zerstörter Dörfer mit, der die Sesshaften unweigerlich daran erinnert, wie leicht der Kokon ihrer sicheren und vertrauten ... Gewohnheiten durchstoßen und zermalmt werden kann (...). Der Flüchtling, so drückte es Bertolt Brecht (...) aus, ist ein ‚Bote des Unglücks'."

Damit ist darauf hingewiesen, dass das Wissen um die Gewalt, die zu Flucht und Zwangsmigration führt, und der Geflüchtete ausgesetzt sind, den Effekt haben kann, zu Verunsicherung und Ängsten beizutragen, auf die mit Abwehr und Verdrängung reagiert wird. Nationalistische und rechtsextreme politische Strömungen versuchen diese Ängste zu verstärken, indem Geflüchtete als bedrohliche Gewalttäter dargestellt werden. Demgegenüber sind empirisch informative Analysen sowie Narrative erforderlich, die dazu geeignet sind, Mitgefühl und Solidarität mit den Opfern von Gewaltverhältnissen anzuregen.

Literaturverzeichnis

Baberowski, Jörg (2015): Räume der Gewalt. Frankfurt: Fischer Verlag.
Baier, Dirk/Kliem, Sören (2019): Gewaltkriminalität von Geflüchteten – Befunde aus Deutschland. In: Journal für Strafrecht 6 (2), 109–118.
Balibar, Etienne (2016): Europa: Krise und Ende? Münster: Westfälisches Dampfboot.
Bauman, Zygmunt (2012): Dialektik der Ordnung. Die Moderne und der Holocaust. 3. Aufl. Hamburg: CEP Hamburg: Europäische Verlagsanstalt.
BKA (2021): Kriminalität im Kontext von Zuwanderung. Berlin: Bundeskriminalamt.
Christ, Simone/Meininghaus, Esther/Röing, Tim (2017): "All Day Waiting". Konflikte in Unterkünften für Geflüchtete in NRW. Bonn: BICC.
Diekmann, Daniel/Fereidooni, Karim (2019): Diskriminierungs- und Rassismuserfahrungen geflüchteter Menschen in Deutschland: Ein Forschungsüberblick. In: Zeitschrift für Flüchtlingsforschung 3 (2), 343–360.
Feltes, Thomas/Goeckenjan, Ingke/Hoven, Elisa/Ruch, Andreas/Roy-Pogodzik, Christian/Schartau, Lara Katharina (2017): Zur Kriminalität von Geflüchteten zwischen 2014 und 2016 in NRW. Forschungskonzeption der Analyse der registrierten Kriminalität im Rahmen des Projekts „Flucht als Sicherheitsproblem". https://flucht.rub.de/images/arbeitspapiere/arbeitspapier01_flucht_als_sicherheitsproblem.pdf, 22.02.2021.
Galtung, Johan (1975): Strukturelle Gewalt. Reinbek (bei Hamburg): Rowohlt.
Heitmeyer, Wilhelm/Hagan, John (2002): Internationales Handbuch der Gewaltforschung. Wiesbaden: Westdeutscher Verlag.
Imbusch, Peter (2005): Moderne und Gewalt: Zivilisationstheoretische Perspektiven auf das 20. Jahrhundert. Wiesbaden: Verlag für Sozialwissenschaften,
Intheeven, Katarina (2017): Gewalt. In: Gugutzer, Robert/Klein, Gabriele/Meuser, Michael (Hrsg.): Handbuch Körpersoziologie. Wiesbaden: Springer, 101–115.
Ignatieff, Michael (2007): State failure and nation-building, In: J. L. Holzgrefe/Robert O. Keohane (Hrsg.): Humanitarian Intervention. Cambridge University Press.
Japp, K. (2015). Zur Funktion der Menschenrechte in der Weltgesellschaft. In Bettina Heintz, Britta Leisering (Hrsg.): Menschenrechte in der Weltgesellschaft (65–97). Frankfurt/New York: Campus.
Kaldor, May (2007): Neue und alte Kriege: Organisierte Gewalt im Zeitalter der Globalisierung. Frankfurt: Suhrkamp.
Luhmann, Niklas (1988): Macht. Stuttgart: Enke.
Luhmann, Niklas (1997): Globalization or World society: How to conceive of modern society? In: International Review of Sociology: Revue Internationale de Sociologie 7 (1), 67–79.
Mann, Michael (2001): Geschichte der Macht. Band 2: Die Entstehung von Klassen und Nationalstaaten. Frankfurt: Campus.

Narr, Wolf-Dieter (1974): Gewalt und Legitimität. In: Rammstedt, Otthein (Hrsg.): Gewaltverhältnisse und die Ohnmacht der Kritik. Frankfurt: Suhrkamp, 9–58.

Nunner-Winkler, Gertrude (2004): Überlegungen zum Gewaltbegriff. In: Heitmeyer, Wilhelm/Soeffner, Hans-Georg (Hrsg.): Gewalt. Entwicklungen, Strukturen, Analyseprobleme. Frankfurt am Main: Suhrkamp, 21–61.

Oulios, Miltiadis (2015): Blackbox Abschiebung. Geschichte, Theorie und Praxis der deutschen Migrationspolitik. Erweiterte Neuausgabe. Berlin: Suhrkamp.

Ott, Konrad (2016): Der slippery slope im Schatten der Shoa und die Aporien der bürgerlichen Gesellschaft angesichts der Zuwanderung. In: Hastedt, Heiner (Hrsg.): Macht und Reflektion. Deutsches Jahrbuch Philosophie (6), 47–75.

Popitz, Heinrich (1992): Phänomene der Macht. Tübingen: Mohr.

Scherr, Albert (2020): Grenzziehungen: Soziologie der paradoxen Forderung nach offenen Grenzen. In: Kersting, Daniel/Leuoth, Marcus (Hrsg.): Der Begriff des Flüchtlings. Stuttgart: Metzler, 137–156.

Scherr, Albert/Breit, Helen (2020): Diskriminierung, Anerkennung und der Sinn für die eigene soziale Position. Weinheim und Basel: Beltz Juventa.

Scherr, Albert/Breit, Helen (2021): Junge männliche Geflüchtete: Problematiken und Problemkonstruktionen. In: Zeitschrift für Flucht- und Flüchtlingsforschung (5), 109–141.

Scherr, Albert/Scherschel, Katrin (2019): Wer ist ein Flüchtling? Grundlagen einer Soziologie von Zwangsmigration und Flucht. Göttingen: Vandenhoeck & Ruprecht.

Schimank, Uwe (2005): Weltgesellschaften und Nationalgesellschaften. In: Heinz, Bettina/Münch, Richard/Tyrell, Hartmann (Hrsg.): Weltgesellschaft. Theoretische Zugänge und empirische Problemlagen. Sonderheft der Zeitschrift für Soziologie, 394–414.

Therborn, Göran (1993): The Killing Fields of Inequality. Cambridge: Polity Press.

Tiedemann, Paul (2019): Flüchtlingsrecht. Die materiellen und verfahrensrechtlichen Grundlagen. Heidelberg: Springer.

UNHCR (2020): Krieg und Gewalt als Fluchtgrund. www.uno-fluechtlingshilfe.de/informieren/fluchtursachen/krieg-und-gewalt/, 29.10.20.

United Nations Support Mission in Libya (1018): Desperate and Dangerous: Report on the human rights situation of migrants and refugees in Libya. www.ohchr.org/Documents/Countries/LY/LibyaMigrationReport.pdf, 29.10.20.

Weber, Max (1922/1972): Wirtschaft und Gesellschaft. Tübingen: J.C.B. Mohr.

III.4 Strukturen und Praxis der Aufnahme

III.4.1
Aufnahmeverfahren

Caroline Schmitt

Abstract Der Beitrag beschreibt die Aufnahme geflüchteter Menschen in der Europäischen Union (EU) und in Deutschland. Er gibt einen Einblick in die verfahrenstechnischen Schritte der Registrierung und Unterbringung und in das Erleben geflüchteter Menschen. Im Aufnahmeprozedere treffen Verwaltungslogik und komplexe Biografien aufeinander. Dieser Prozess geht für die Betreffenden mit Belastungen einher. In einem Ausblick werden alternative Formen des Umgangs mit Fluchtmigration skizziert, wie sie vor allem in den Städten entstehen.

Schlüsselbegriffe: Aufnahme, Registrierung, Gemeinsames Europäisches Asylsystem, Geflüchtetenunterbringung, Lebenswelten.

1. Einleitung

Dieser Beitrag befasst sich mit der Aufnahme und der verwehrten Aufnahme geflüchteter Menschen in der Europäischen Union (EU) und in Deutschland. Er gibt in einem ersten Schritt Einblick in die europäische Asylpolitik. In einem zweiten Schritt skizziert er die Etappen der Aufnahme vom Grenzübertritt über die Registrierung, Verteilung und Unterbringung mit Blick auf Deutschland, bevor in einem dritten Schritt Erkenntnisse zum Erleben des Aufnahmeprozederes aus Sicht von Menschen mit Fluchterfahrung dargestellt werden. Im vierten und letzten Schritt stehen alternative Überlegungen zur Aufnahme geflüchteter Menschen im Fokus, wie sie vor allem in Städten entwickelt werden.

2. Aufnahme geflüchteter Menschen im Spiegel der europäischen Asylpolitik

Erreichen Menschen auf der Flucht die Außengrenzen der EU, greifen Richtlinien der europäischen (→) Asylpolitik. Diese Richtlinien sind in Artikel 67 Abs. 2, Artikel 78 und Artikel 79 des Vertrags über die Arbeitsweise der Europäischen Union (AEUV) sowie Artikel 18 der Charta der Grundrechte der Europäischen Union festgehalten. Geburtsstunde war der Amsterdamer Vertrag von 1999. Im Zuge dieses Vertrages erhielt die EU die gesetzgeberische Kompetenz im Feld des Asylrechts (→ Europäische Flüchtlingspolitik). Seit Inkrafttreten hat das europäische Recht einen Anwendungsvorrang gegenüber dem jeweiligen nationalstaatlichen Recht. Über die letztverbindliche Auslegung entscheidet und wacht der Europäische Gerichtshof (vgl. Pelzer 2018). Die Normen für die Anerkennung von Drittstaatsangehörigen oder Staatenlosen als Personen mit Anspruch auf internationalen Schutz legt die Richtlinie 2011/95/EU des Europäischen Parlaments und des Rates fest. Der Begriff des internationalen Schutzes umfasst die Zuerkennung der Flüchtlingseigenschaft oder eines subsidiären Schutzstatus (Art. 2a). Über diese beiden Schutzstatus hinaus überlässt es die EU den Mitgliedsstaaten, weitere Schutzformen zu definieren (ebd.: 127). Die Gewährung von Flüchtlingsschutz hat ihren Referenzrahmen im Flüchtlingsbegriff der Genfer Flüchtlingskonvention (GFK) und im Zusatzprotokoll über die Rechtsstellung der Flüchtlinge von 1967 (→ ‚Flüchtling' – rechtlich). Die Schutzstatus basieren auf dem *Non-Refoulement-Principle*, wie es in der UN-Antifolterkonvention (CAT, Art. 3, Abs. 1 und 2), der GFK (Art. 33), dem AEUV (Art. 78, Abs. 1) sowie der Europäischen Menschenrechtskonvention (EMRK, Art. 3) festgehalten ist. Demnach dürfen Menschen nicht in einen Staat ausgeliefert werden, in welchem ihnen Gefahr im Sinne der genannten Abkommen droht.

Die verfahrenstechnischen Zuständigkeiten für die Aufnahme und Verteilung geflüchteter Menschen in der EU klärt die Dublin-Verordnung. Sie basiert auf einer Weiterentwicklung des 1997 in Kraft getretenen „Übereinkommens über die Bestimmung des zuständigen Staates für die Prüfung eines in einem Mitgliedstaat der Europäischen Gemeinschaft gestalteten Asylantrags". Das Übereinkommen legte die Zuständigkeit für die Abwicklung des Asylverfahrens i.d.R. in das als erste betretene EU-Land (Erststaatprinzip) und sollte verhindern, dass Asylanträge zeitgleich in mehreren Mitgliedsstaaten geprüft werden. Im Oktober 1999 beschloss der Europäische Rat auf einer Sondertagung in Tampere die Schaffung eines Gemeinsamen Europäischen Asylsystems (GEAS) als europäisches Ziel. Dieses Ziel ist bisher nicht erreicht, jedoch wurden vier Instrumente etabliert (vgl. Engler/Schneider 2015): 1) die Qualifikationsrichtlinie mit ihren Mindestnormen für die Anerkennung von Menschen mit Schutzbegehren; 2) die Aufnahmerichtlinie mit ihren Standards zu Aufnahme-, Unterbringungs- und Versorgungsbedingungen; 3) die Asylverfahrensrichtlinien zur Standardisierung von Asylverfahren und 4) die Dublin-Verordnung, welche im Jahr 2003 durch die „Verordnung zur Festlegung der Kriterien und Verfahren zur Bestimmung des Mitgliedstaats, der für die Prüfung eines von einem Drittstaatsangehörigen in einem Mitgliedstaat gestellten Asylantrags zuständig ist" (Dublin-II-Verordnung) ersetzt wurde und in überarbeiteter Fassung gültig ist (Dublin-III-Verordnung, EU-Verordnung Nr. 604/2013). Die Dublin-Verordnung wurde von allen EU-Mitgliedsstaaten sowie der Schweiz, Liechtenstein und Island unterzeichnet. Das Erststaatprinzip der Verordnung hat spätestens seit dem langen Sommer der Migration 2015 zu Kontroversen und einer europäischen Politik- und Verwaltungskrise geführt (vgl. Hanewinkel 2015). Eine anteilsmäßige Aufnahme geflüchteter Menschen im Sinne eines Verteilungsschlüssels wird nicht von allen Mitgliedsstaaten unterstützt, sodass die Europäische Kommission noch immer um zukunftsfähige Lösungen im Umgang mit Flucht und Asyl ringt.

3. Aufnahme geflüchteter Menschen in Deutschland aus administrativer Sicht

Wollen geflüchtete Menschen in Europa einen Asylantrag stellen, müssen sie sich zunächst einem lebensgefährlichen Fluchtweg aussetzen, um hierzu überhaupt die Möglichkeit zu erhalten. Ihre Fluchtbewegungen sind nicht immer linear und reichen von einem plötzlichen Fliehen-Müssen, dem Zuflucht-Finden bei Verwandten in der Nähe bis hin zum Überqueren von Landesgrenzen (vgl. Oltmer 2016: 18). Ebenso finden sich „Muster von (mehrfacher) Rückkehr und erneuter Flucht" (ebd.) sowie Verletzungen des *Non-Refoulement-Principles* (Badalič 2019). Die Mehrheit der fliehenden

Menschen erreicht Europa auf dem See- oder Landweg. Hierbei gilt die Mittelmeerroute als tödlichste Seeroute der Welt. Schätzungen zufolge ertranken dort zwischen den Jahren 2014 und 2020 mehr als 20.000 Menschen (vgl. Hentges 2021). Die „Aufnahme" ist demnach kein rein administrativer Vorgang in den aufnehmenden Ländern, sondern verweist auf einen transnationalen Prozess, der das Bestreiten und Überleben eines vorangegangenen Fluchtwegs voraussetzt, hoch selektiv ist und durch exterritorialisierte Grenzpolitiken (→ Externalisierung; → Grenzen) und verweigerte (→) Seenotrettung sichere Einreisemöglichkeiten in die EU erschwert bzw. verunmöglicht (vgl. Klepp 2011: 33).

Schaffen Menschen trotz zahlreicher Hürden den Weg in die Bundesrepublik, sind sie gesetzlich dazu verpflichtet, bei einer staatlichen Stelle vorstellig zu werden, etwa einer Aufnahmeeinrichtung, der Polizei oder Ausländerbehörde. Maßgeblich für den weiteren Verlauf ist das angenommene Lebensalter sowie im Fall von Minderjährigen die Einreise mit oder ohne erziehungsberechtigte Personen (→ unbegleitete Minderjährige). Für geflüchtete (→) Familien und alleinstehende Erwachsene ist der Aufenthalt in einer landesbetriebenen Aufnahmeeinrichtung in allen Bundesländern vorgesehen (§ 44 AsylG). Die Länder nehmen geflüchtete Menschen nach den Vorgaben des Königsteiner Schlüssels im Quotensystem „Erstverteilung von Asylbegehrenden" (EASY) auf. Der Schlüssel errechnet auf Basis von Einwohner*innenzahl und Steuereinnahmen eines Bundeslandes, wie viele Menschen ihm zugeteilt werden (§ 45 AsylG). In den Aufnahmeeinrichtungen werden die Menschen registriert, fotografiert und persönliche Daten eingeholt. Bei Schutzsuchenden ab dem sechsten Lebensjahr werden Fingerabdrücke genommen. Die Daten werden im Ausländerzentralregister gespeichert und mit den Daten im europäischen System Eurodac abgeglichen. Hierbei wird überprüft, ob die entsprechende Person bereits in einem anderen europäischen Land registriert ist und einen Asylantrag stellte oder ob es sich um einen Erstantrag handelt und Deutschland oder ein anderer Staat für die Bearbeitung zuständig ist (vgl. BAMF 2019: 10). Nach der Registrierung wird Asylsuchenden ein Ankunftsnachweis ausgestellt, der sie zum Aufenthalt und Bezug von Leistungen nach dem Asylbewerberleistungsgesetz in Deutschland berechtigt. Hierzu zählen etwa Ernährung, Unterbringung, Kleidung, Heizung und eine rudimentäre Gesundheitsversorgung (§ 3 AsylbLG). Auf dem Gelände der Einrichtungen befinden sich i.d.R. Außenstellen des Bundesamts für Migration und Flüchtlinge (BAMF), in welchen der Asylantrag gestellt werden kann und die Anhörung stattfindet. Im Zuge des Asylverfahrens werden die Akteur*innen hinsichtlich ihres Asyl- und Schutzstatus kategorisiert. Das BAMF prüft, ob nach den geltenden Richtlinien Gründe für die Erteilung von Flüchtlingsschutz, subsidiärem Schutz, einer Asylberechtigung oder eines Abschiebungsverbots vorliegen. Andernfalls wird der Antrag abgelehnt.

Die Unterbringung in der Aufnahmeeinrichtung soll 18 Monate, bei minderjährigen Kindern und ihren Eltern oder anderen Sorgeberechtigten sowie ihren volljährigen, ledigen Geschwistern sechs Monate nicht überschreiten (§ 47 Abs. 1 AsylG). Die Folgeunterbringung (→ Wohnen) kann dann zentral in einer Gemeinschaftsunterkunft oder dezentral in privaten Wohnungen erfolgen und fällt in die Zuständigkeit der Stadt- und Landkreise. Bundesweit haben (→) Kommunen hierzu unterschiedliche Konzepte entwickelt.

Im Frühjahr 2018 hat die Bundesregierung einen Prozess zur bundesweiten Vereinheitlichung der Erstaufnahme eingeleitet und die Etablierung von AnkER-Zentren auf den Weg gebracht (vgl. Koalitionsvertrag 2018). Das Akronym AnkER steht für „Ankunft, Entscheidung, kommunale Verteilung bzw. Rückführung" (ebd.: 107). Die Zentren sind in einigen Bundesländern umgesetzt; in anderen Bundesländern finden sich funktionsgleiche Einrichtungen mit differenter Bezeichnung. Ziel ist eine effektive und effiziente Bearbeitung von Asylanträgen und Klassifizierung von Asylantragssteller*innen in Menschen mit „positiver" und „negativer" Bleibeperspektive (ebd.). Nur erstgenannte Menschen sollen auf die Städte und Kommunen „verteilt" und jene mit „schlechter Bleibeperspektive" zu einer „freiwilligen Rückkehr" bewogen oder abgeschoben werden.[1] (→ Rückkehr; → Abschiebung)

Bildungs- und Arbeitsmöglichkeiten gestalten sich je nach Bundesland different, wenngleich das Recht auf Bildung auch für Kinder und Jugendliche mit Fluchterfahrung gilt (→ Schule). Die gesetzliche Lage zu Aufnahme und Unterbringung ist politisch in ständiger Bewegung und gesetzliche Vorgaben sowie Umsetzung können auseinanderdriften. Belastbare Zahlen – etwa zur tatsächlichen Verweildauer geflüchteter Menschen in Aufnahmeeinrichtungen – liegen nicht vor, jedoch dringen immer wieder Hinweise an die Öffentlichkeit, dass gesetzliche Höchstgrenzen überschritten würden. Auch Schutzzuerkennungsquoten weisen regional unterschiedliche Werte auf. So stellen Analysen niedrige Schutzzuerkennungsquoten in bayrischen AnkER-Zentren im Vergleich zu Referenzschutzquoten heraus (vgl. Sperling/Muy 2021: 267-277).

Im Unterschied zu Erwachsenen fallen unbegleitete Minderjährige (→ unbegleitete Minderjährige) in die rechtliche Zuständigkeit der Kinder- und Jugendhilfe, wenn sie Deutschland ohne Eltern oder andere Sorgeberechtigte erreichen. Sie haben Anspruch darauf, von dem örtlichen Jugendamt vorläufig in Obhut genommen zu werden (§ 42a SGB VIII). Auch unbegleitete Minderjährige unterliegen einem Verteilschlüssel, sodass das zuständige Jugendamt wechseln kann. Das betraute Jugendamt bestellt eine Vormundschaft. Hierbei sind eine Amts- und Berufsvormundschaft, die Vormundschaft durch engagierte Einzelpersonen sowie Vereinsvormundschaften zu unterscheiden. In Deutschland leben unbegleitete Minderjährige i.d.R. zunächst in Clearingeinrichtungen und nicht in Aufnahmeeinrichtungen. Die Hauptzuständigkeit für die Clearingphase liegt beim Jugendamt. In der Clearingphase sollen der Ist-Zustand ermittelt, Wünsche und Perspektiven mit den jungen Menschen erörtert und der weitere Unterstützungsbedarf ausgelotet werden. Hierbei wird das Alter der jungen Menschen mittels Schätzung und/oder körperlichen Untersuchungen festgesetzt und der Gesundheitszustand wird überprüft. Gemeinsam mit den Jugendlichen soll eine Auseinandersetzung mit der aufenthaltsrechtlichen Situation und Klärung erfolgen. Es wird geprüft, ob ein Asylantrag gestellt werden soll oder andere aufenthaltsrechtliche Möglichkeiten in Betracht kommen. Zugleich werden Möglichkeiten einer Familienzusammenführung exploriert. Unbegleitete Minderjährige haben bis zu ihrer Volljährigkeit Anspruch darauf, dass ihre Eltern nach Deutschland nachgeholt werden (Urteil vom 18.04.2013 des Bundesverwaltungsgerichts BVerwG 10 C 9.12; § 36 Abs. 1 AufenthG). Für Pädagog*innen ergibt sich hieraus der Auftrag, in der Clearingphase die Suche nach Familienangehörigen und Familienzusammenführungen voranzutreiben und alle Möglichkeiten auszuschöpfen. Der Kooperation mit internationalen Suchdiensten wie etwa „Trace the face" des Internationalen Roten Kreuzes kommt eine zentrale Rolle zu. Kann keine Familienzusammenführung erfolgen, werden die Kinder und Jugendlichen bei einer geeigneten Person, in einer Pflegefamilie, pädagogischen Folgeeinrichtung der Kinder- und Jugendhilfe oder sonstigen Wohnform untergebracht. In manchen Kommunen erfolgen Clearingphase und Folgeunterbringung in derselben Einrichtung.

---

1 Laut Koalitionsvertrag von 2021 wird die neue Bundesregierung das Konzept der Ankerzentren nicht weiter verfolgen (Koalitionsvertrag 2021–2025: 140).

Die aufenthaltsrechtliche Situation unbegleiteter Minderjähriger ist während des gesamten Prozesses komplex und prekär (vgl. B-UMF 2021: 52-58). Nach § 58, Abs. 2 AufenthG können Minderjährige aus gesetzlicher Sicht potenziell abgeschoben werden, wenn sie im Rückkehrstaat einem Mitglied der eigenen Familie, einer zur Personensorge berechtigten Person oder einer geeigneten Aufnahmeeinrichtung übergeben werden können. Aus menschen- und kinderrechtlicher Sicht gilt es in Abgrenzung zu solchen Maßnahmen, das Recht von Kindern auf Schutz vor Krieg ernstzunehmen und anzuerkennen. Nach der UN-Kinderschutzkonvention (UN-KRK) sind die Vertragsstaaten angehalten, geflüchtete Kinder zu schützen. Sie sollen helfen, „Eltern oder andere Familienangehörige eines Flüchtlingskinds ausfindig zu machen […]. Können die Eltern oder andere Familienangehörige nicht ausfindig gemacht werden, so ist dem Kind […] derselbe Schutz zu gewähren wie jedem anderen Kind, das aus irgendeinem Grund dauernd oder vorübergehend aus seiner familiären Umgebung herausgelöst ist" (Art. 22, Abs. 2).

Bisherige Studien weisen darauf hin, dass Kinderrechte und Lebenswirklichkeiten geflüchteter Kinder auseinandergehen. Die Lebenswelten unbegleiteter Minderjähriger sind durch lange Phasen der Angst und Unsicherheit gekennzeichnet; sie können ihre Zukunft nicht selbstbestimmt gestalten. In der Kontakthaltung mit abwesenden Familienangehörigen spielen digitale Medien eine große Rolle, um fluchtbedingt zerrissene Familiennetzwerke aufrechtzuerhalten (vgl. Kutscher/Kreß 2016). Mit Erreichen der Volljährigkeit gelten unbegleitete Minderjährige schließlich als verfahrensfähig, die Unterstützung durch einen Vormund fällt i.d.R. weg. Nicht immer werden die Möglichkeiten der Jugendhilfe auch nach dem 18. Lebensjahr ausgeschöpft, dabei können Hilfen für junge Volljährige (§ 41 SGB VIII) gleichermaßen für geflüchtete wie nicht-geflüchtete junge Menschen beantragt und eine über das 18. Lebensjahr hinausreichende Unterstützung durch die Jugendhilfe weiter gewährleistet werden.

4. Aufnahme aus Sicht geflüchteter Menschen

Während Studien zum Erleben von Anhörung, Registrierung und Gesundheitsuntersuchung ein weitgehendes Desiderat darstellen, liegen Untersuchungen zu Perspektiven geflüchteter Menschen auf ihre Unterbringung in Aufnahmeeinrichtungen vor. Täubig (2009) befragte im Zuge ihrer qualitativen Untersuchung sechs Asylsuchende in einer Geflüchtetenunterkunft. Ihre Analysen halten die Belastungen der Männer durch die Form der Unterbringung, das lange Warten auf den Ausgang des Asylantrags, eine erzwungene Immobilität und „organisierte Desintegration" (ebd.) fest (→ Camp/Lager). Zwar suchen die Befragten danach, den verwalteten Raum durch Beziehungspflege und Alltagsaktivitäten zu durchbrechen, stoßen hierbei aber auf Barrieren. Schäfer (2015) konstatiert auf Basis ethnografischer Studien in Leipziger Geflüchtetenunterkünften die eingeschränkte Teilhabe an der Umgebung und die Strategien geflüchteter Menschen, sich dennoch „Partizipationsflächen" (ebd.: 16) zu erschließen, etwa durch Kontakt mit der nicht-geflüchteten Bevölkerung, das Erwirtschaften von Geldbeträgen durch das Einsammeln von Pfand und den Erwerb von Markenkleidung, um dem Körper den Anschein gesellschaftlicher Teilhabe zu verleihen. Wihstutz und Kolleg*innen (2019) zeigen in ethnografischen Analysen in Berliner Geflüchtetenunterkünften, dass Kinder in den Unterkünften das Recht auf Spiel einfordern und sich gegen die Limitierung ihrer Handlungsräume zur Wehr setzen. Diese

Agentivierungen unterlaufen das asylpolitische Verwaltungsregime, setzen die Normalisierung eines standardisierten Aufnahme- und Unterbringungsprozesses jedoch nicht grundlegend außer Kraft. In den Unterkünften werden Konflikte und Gewalt strukturell begünstigt (→ Gewalt). Empirische Arbeiten halten die nicht kindgerechte Unterbringungsform, Gewalt gegen Frauen, sexuelle Belästigung, rassistische Übergriffe, unzureichende hygienische Bedingungen, fehlende Rückzugsmöglichkeiten, fehlende Möglichkeiten eines guten Familienzusammenlebens, fehlende oder verzögerte Bildungs- und Beschäftigungsmöglichkeiten und damit einhergehende Belastungen und Konfliktpotenziale fest (vgl. Foroutan et al. 2017; Lewek/Naber 2017) (→ Wohnen). Rund um das Thema Gewaltschutz und Beschwerdemanagement haben sich neue Instrumente gebildet, welche sich im Spannungsfeld von Unterstützung, (unzureichender) Adressat*innenorientierung und Normalisierung dieser Form der Geflüchtetenunterbringung bewegen (Schmitz/Schönhuth 2020).

Auch zur Unterbringung unbegleiteter Minderjähriger liegen empirische Untersuchungen vor. Lechner und Huber (2017) haben in fünf Bundesländern Interviews mit 51 begleiteten und 53 unbegleiteten Minderjährigen geführt und trotz der Heterogenität der Lebenswege „gemeinsame Problemlagen" (ebd.: 5) identifiziert. Zwar hatte ein Teil der Jugendlichen zum Erhebungszeitpunkt Zugang zu Bildung und erste Kontakte geknüpft, jedoch litten die Befragten unter der Fremdbestimmung im Aufnahmeprozess und den institutionalisierten Unterbringungsformen, dem fehlenden Zugang zu niedrigschwelligen Beratungsangeboten und der Unsicherheit über ihre Zukunft. Sie „skizzierten eindrücklich, wie sich diese Sorgen auf ihre schulische Motivation, aber auch auf viele andere Lebensbereiche negativ auswirkten" (ebd.: 6). Thomas, Sauer und Zalewski (2018) untersuchten das Ankommen und die Alltagswelten minderjähriger Geflüchteter in Brandenburg mit Hilfe von Gruppengesprächen, Einzelinterviews und Workshops mit Jugendlichen. Zentrale Ergebnisse ihrer Forschung sind, dass die jungen Menschen häufig unter sich bleiben und sich gegenseitig unterstützen (ebd.: 164), insofern sich nur partiell Kontakte zu nicht-geflüchteten Jugendlichen ergeben und sie Rassismuserfahrungen machen (ebd.: 162-163). Die Jugendlichen sind bildungsaffin und motiviert (ebd.: 172), leiden jedoch unter der Unsicherheit über ihren weiteren Weg, dem Anhörungsverfahren (ebd.: 82-84) und erleben Enttäuschung vor allem dann, wenn ihre „Integrationsbemühungen" (ebd.: 74) nicht zum erhofften Ziel führen (→ Integration). Die verfahrenstechnische Logik von Aufnahme und Klärung des weiteren Weges fungiert als „post-migration-stressor" (ebd.: 82).

5. Fazit und Ausblick

Der Beitrag hat Einblick in die verfahrenstechnischen Abläufe zur Aufnahme geflüchteter Menschen in Europa und Deutschland sowie in empirische Studien zum Erleben der Betreffenden gegeben. Geflüchtete Menschen, die es bis nach Deutschland schaffen, haben gefährliche Fluchtrouten überwunden und sich lebensbedrohlichen Umständen zu entziehen versucht. Sie treffen dann auf Strukturen, die von ihnen ein Einfügen in eine Verwaltungslogik verlangen und sie in ihrer Selbstbestimmung und Autonomie einschränken (→ Agency; → Vulnerabilität). Die Betreffenden sind im Ungewissen über ihre Zukunft und durch das Leben in Geflüchtetenunterkünften belastet. Auch für Jugendliche in Einrichtungen der Kinder- und Jugendhilfe führt die Aufnahme in Deutschland nicht zwingend und unmittelbar zu einer langfristigen Zukunftsperspektive. Eine auf Effizienz und Effektivität zielende

Aufnahme- und Rückführungspolitik sowie Leerstellen politischer Verantwortungsübernahme, wie sie sich in der fehlenden oder verzögerten Aufnahme von Menschen in Seenot zeigt, hat auf Seite der (→) Zivilgesellschaft zu Kritik geführt. Mit Blick auf die supranationale und nationalstaatliche Ebene finden sich bisher keine zukunftsfähigen Lösungswege zum Umgang mit Fluchtmigration. Neue Ansatzpunkte werden vor allem in Städten und im Lokalen entwickelt. Seit dem langen Sommer der Migration wurden vielfältige Konzepte wie inklusiv ausgerichtete Wohn- und Kulturprojekte zum Zusammenleben geflüchteter und nicht-geflüchteter Menschen initiiert. Auch Bürgermeister*innen verschiedener europäischer Städte signalisieren ihre Bereitschaft, geflüchtete Menschen unabhängig von europäischen und nationalstaatlichen Steuerungs- und Verteilinstrumenten aufnehmen zu wollen (Agustín/Jørgensen 2019). Sie orientierten sich am Ansatz einer *urban citizenship* (vgl. z. B. Kubaczek/Mokre 2021) und wollen Partizipation all jenen möglich machen, welche vor Ort ansässig sind. Hiermit geht eine veränderte Sicht auf die Aufnahme geflüchteter Menschen in Europa einher: Protagonist*innen dieser Debatten denken über die Begrenzungen europäischer und nationalstaatlicher Grenzziehungsprozesse hinaus und entfalten gesellschaftliche Visionen für eine postmigrantische Gesellschaft (Yıldız 2020). Schiffauer (2018: 29) votiert aufgrund dessen für Dialoge und Balanceakte zwischen administrativ-bürokratischer Verwaltungslogik sowie der sich zeigenden Kreativität im Lokalen.

Globale Probleme wie Krieg, Klimakrise und Armut nehmen indes zu und machen einen Rückgang an Menschen auf der Flucht unwahrscheinlich. Die Aufnahme geflüchteter Menschen in die EU und in Deutschland wird weiterhin zentrales Thema bleiben und verlangt nach einer differenzierten, vielfältigen Debatte und neuen Überlegungen.

Literaturverzeichnis

Agustín, Óscar García/Jørgensen, Martin Bak (2019): Solidarity Cities and Cosmopolitanism from Below. In: Social Inclusion 7 (2), 198-207.

Badalič, Vasja (2019): Rejected Syrians: Violations of the Principle of "Non-Refoulement" in Turkey, Jordan and Lebanon. In: Dve Domovini – Two Homelands 49, 87-104.

Bundesamt für Migration und Flüchtlinge (2019): Ablauf des deutschen Asylverfahrens. www.bamf.de/SharedDocs/Anlagen/DE/AsylFluechtlingsschutz/Asylverfahren/das-deutsche-asylverfahren.pdf?__blob=publicationFile&v=14, 12.1.2021.

Bundesfachverband Unbegleitete minderjährige Flüchtlinge (B-UMF) (2021): Die Situation geflüchteter junger Menschen in Deutschland. Berlin. b-umf.de/src/wp-content/uploads/2021/04/webversion_onlineumfrage2020.pdf, 14.07.2021.

Engler, Marcus/Schneider, Jan (2015): Flucht und Asyl als europäisiertes Politikfeld. In: Bundeszentrale für politische Bildung (Hrsg.): Kurzdossiers: Zuwanderung, Flucht und Asyl. www.bpb.de/gesellschaft/migration/kurzdossiers/207552/flucht-und-asyl-als-europaeisiertes-politikfeld, 22.2.2021.

Foroutan, Naika/Hamann, Ulrike/El-Kayed, Nihad/Jorek, Susanna (2017): Zwischen Lager und Mietvertrag: Wohnunterbringung geflüchteter Frauen in Berlin und Dresden. In: Solidarität im Wandel. Berliner Institut für empirische Integrations- und Migrationsforschung. https://www.sowi.hu-berlin.de/de/forschung/projekte/nawill/publikationen/forschungsbericht-zwischen-lager-und-mietvertrag-wohnunterbringung-von-gefluechteten-frauen-in-berlin-und-dresden/view, 21.04.2022.

Hanewinkel, Vera (2015): Deutschland: Verwaltungs- und Infrastrukturkrise. In: Bundeszentrale für politische Bildung (Hrsg.): Kurzdossiers. www.bpb.de/gesellschaft/migration/kurzdossiers/217376/verwaltungs-und-infrastrukturkrise, 15.12.2020.

Hentges, Gudrun (2021): Kriminalisierung solidarischen Handelns in Europa am Beispiel der Seenotrettung. In: Hill, Marc/Schmitt, Caroline (Hrsg.): Solidarität in Bewegung. Baltmannsweiler: Schneider Hohengehren, 114–134.

Klepp, Silja (2011): Europa zwischen Grenzkontrolle und Flüchtlingsschutz. Bielefeld: transcript.

Koalitionsvertrag 2021 – 2025 zwischen der Sozialdemokratischen Partei Deutschlands (SPD), BÜNDNIS 90 / DIE GRÜNEN und den Freien Demokraten (FDP) (2021): Mehr Fortschritt wagen: Bündnis für Freiheit, Gerechtigkeit und Nachhaltigkeit. Berlin: SPD.de, GRUENE.de, FDP.de

Koalitionsvertrag zwischen CDU, CSU und SPD (2018): Ein neuer Aufbruch für Europa. Eine neue Dynamik für Deutschland. Ein neuer Zusammenhalt für unser Land. Berlin: Koalitionsvertrag zwischen CDU, CSU und SPD.

Kubaczek, Niki/Mokre, Monika (Hrsg.) (2021): Die Stadt als Stätte der Solidarität. Wien/Linz: transversal.

Kutscher, Nadia/Kreß, Lisa-Marie (2016): "Internet is the same like food". An empirical study on the use of digital media by unaccompanied minor refugees in Germany. In: Transnational Social Review 6 (1–2), 200-203.

Lechner, Claudia/Huber, Anna (2017): Ankommen nach der Flucht. Die Sicht begleiteter und unbegleiteter junger Geflüchteter auf ihre Lebenslagen in Deutschland. www.dji.de/fileadmin/user_upload/bibs2017/25854_lechner_huber_ankommen_nach_der_flucht.pdf, 22.11.2019.

Lewek, Mirjam/Naber, Adam (2017): Kindheit im Wartezustand. Studie zur Situation von Kindern und Jugendlichen in Flüchtlingsunterkünften in Deutschland. UNICEF: Köln.

Oltmer, Jochen (2016): Kleine Globalgeschichte der Flucht im 20. Jahrhundert. In: Aus Politik und Zeitgeschichte (APuZ) 26/27, 18-25.

Pelzer, Marei (2018): Europäisches Asylrecht. In: Blank, Beate/Gögercin, Süleyman/Sauer, Karin E./Schramkowski, Barbara (Hrsg.): Soziale Arbeit in der Migrationsgesellschaft. Wiesbaden: VS, 125-134.

Schäfer, Philipp (2015): Das Flüchtlingswohnheim. In: sinnprovinz. kultursoziologische working papers 7, 1–10.

Schiffauer, Werner (2018): Die civil society als feine Kunst betrachtet. In: Schiffauer, Werner/Eilert, Anne/Rudloff, Marlene (Hrsg.): So schaffen wir das – eine Zivilgesellschaft im Aufbruch. Bielefeld: transcript, 9-29.

Schmitz, Anett/Schönhuth, Michael (2020): Zwischen Macht, Ohnmacht und Agency: Beschwerdemanagement für Geflüchtete. In: Zeitschrift Migration und Soziale Arbeit 42 (1), 46-56.

Sperling, Simon/Muy, Sebastian (2021): Lager – Prognosen – Labels. Zur Rolle der „Bleibeperspektive" im bayerischen Unterbringungssystem. In: Devlin, Julia/Evers, Tanja/Goebel, Simon (Hrsg.): Praktiken der (Im-)Mobilisierung. Bielefeld: transcript, 261-279.

Täubig, Vicki (2009): Totale Institution Asyl. Empirische Befunde zu alltäglichen Lebensführungen in der organisierten Desintegration. Weinheim: Juventa.

Thomas, Stefan/Sauer, Madeleine/Zalewski, Ingmar (2018): Unbegleitete minderjährige Geflüchtete. Ihre Lebenssituationen und Perspektiven in Deutschland. Bielefeld: transcript.

Wihstutz, Anne (Hrsg.) (2019): Zwischen Sandkasten und Abschiebung. Zum Alltag junger Kinder in Unterkünften für Geflüchtete. Opladen/Berlin/Toronto: Barbara Budrich.

Yıldız, Erol (2020): Flucht und strukturelle Gewalt: Von der Opferkonstruktion zur Alltagspraxis. In: Zeitschrift für Migration und Soziale Arbeit 42 (1), 69-73.

III.4.2
Arbeitsmarkt

Yuliya Kosyakova und Irena Kogan

Abstract Vor dem Hintergrund der verzögerten Arbeitsmarktintegration Geflüchteter in Deutschland und der Nachteile, die sie im Vergleich zu anderen Migrant*innen erfahren, bietet dieser Beitrag einen Überblick über die relevanten Erklärungsansätze zur Arbeitsmarktintegration von Geflüchteten, gefolgt von einer systematischen Zusammenfassung der bisherigen empirischen Erkenntnisse für Deutschland im Vergleich zu anderen Ländern. Das Kapitel hebt die Rolle individueller Ressourcen für die erfolgreiche Arbeitsmarktintegration hervor und liefert eine kritische Diskussion des Aufnahmekontexts inklusive der Ansiedlung und der Integrationsmaßnahmen für Geflüchtete.

Schlüsselbegriffe: Geflüchtete, Arbeitsmarktintegration, Aufnahmekontext, Individuelle Ressourcen, Deutschland

1. Herausforderungen in der Arbeitsmarktintegration der Zugewanderten

Die Arbeitsmarktintegration von Zuwanderern ist eines der zentralen Themen der Migrationsforschung, da sie maßgeblich die wirtschaftlichen Auswirkungen der Zuwanderung auf das Aufnahmeland sowie die soziale Integration der Zugewanderten und ihrer Nachkommen bestimmt (Kogan 2007). Zahlreiche empirische Studien zeigen, dass Migrant*innen dabei häufig mit Nachteilen konfrontiert sind: im Vergleich zur einheimischen Bevölkerung sind sie seltener erwerbstätig, häufiger arbeitslos oder für die Beschäftigung formal überqualifiziert, haben niedrigere Löhne und eine geringere Arbeitsplatzqualität (vgl. Kogan 2016). Dabei weisen die Geflüchteten besonders starke Arbeitsmarktgefälle auf (vgl. Kosyakova/Kogan 2022; Fasani et al. 2022).

Unter den Ursachen für die ethnischen Ungleichheiten auf dem Arbeitsmarkt werden häufig Unterschiede in der Ressourcenausstattung zwischen Migrant*innen und Einheimischen (Kalter 2008) sowie die kontextuellen Rahmenbedingungen der Aufnahmeländer (Kogan 2007) genannt. Auf der Individualebene sind für die Arbeitsmarktintegration die mitgebrachten individuellen Ressourcen relevant, vor allem das Humankapital (z. B. (Aus-)Bildung, Arbeitsmarkterfahrung), kognitive und nicht-kognitive Fähigkeiten (z. B. Motivation), Sprachkenntnisse (das sogenannte kulturelle Kapital) sowie soziale Ressourcen, insbesondere in Bezug auf nützliche Kontakte innerhalb der Aufnahmegesellschaft (vgl. Kogan/Kalter 2020). Zuwanderer sind oft in Bezug auf viele dieser Ressourcen benachteiligt, teilweise aufgrund von nicht immer vorteilhaften (Selbst-)Selektionsprozessen bei der Migration oder mangelnder Übertragung ihrer Ressourcen in das Aufnahmeland (Kalter 2008).

Geflüchtete werden aufgrund ihrer unterschiedlichen Migrationsmotive, -umstände und -geschichten als eine besondere Migrantengruppe behandelt. Durch die Umstände ihrer Flucht aus Kriegsgebieten oder des Entkommens politischer, religiöser oder ethnischer Verfolgung verfügen Geflüchtete über noch weniger unmittelbar übertragbare Ressourcen als andere Migrant*innen (→ Gewaltmigration). Gleichzeitig leiden sie oft unter Belastungen, Stress und gesundheitlichen Problemen, was ihre Chancen auf dem Arbeitsmarkt erheblich beeinträchtigt (→ Gesundheit) (vgl. Phillimore 2011).

Auf der Kontextebene sind rechtliche Voraussetzungen sowie Charakteristika, Strukturen und Institutionen der Aufnahmegesellschaften – die Arbeitsmärkte, die (Aus-)Bildungs- und Sozialsysteme (vgl. Kogan 2007) – für die Arbeitsmarktintegration von zentraler Bedeutung. Das allgemeine Klima der Akzeptanz – die sogenannte Willkommenskultur – sowie das Ausmaß von Vorurteilen und (→) Diskriminierung gegenüber den Neuankömmlingen sind wichtige Faktoren, die die Arbeitsmarktintegration beeinflussen (vgl. Kogan/Kalter 2020).

Besonderheiten der Flüchtlingsmigration umfassen den Kontext und die Umstände der Aufnahme, Ansiedelung sowie spezielle Integrationsmaßnahmen für die Geflüchteten. Insgesamt sind die Dauer und der reibungslose Ablauf des Asylverfahrens, die Organisation der Asylunterkunft und der schließlich gewährte Aufenthaltsstatus wichtige Eckpfeiler für die Integration der Geflüchteten (vgl. Hainmueller et al. 2016; Kosyakova/Brenzel 2020).

Das Kapitel ist folgendermaßen strukturiert. Abschnitt 2 widmet sich der Darstellung der aktuellen Arbeitsmarktsituation der Geflüchteten. Im Abschnitt 3 folgt eine systematische Zusammenfassung der bisherigen empirischen Erkenntnisse für Deutschland im Vergleich zu anderen Ländern. Dabei wird die Rolle des Aufnahmekontexts für die Integration von Geflüchteten beleuchtet und die empirische Evidenz zu Integrationshürden auf der Individualebene zusammengefasst. Das Kapitel schließt mit dem Fazit in Abschnitt 4.

2. Beschäftigungssituation der Geflüchteten in Deutschland

Zahlreiche empirische Studien zur Beschäftigungssituation der Geflüchteten in Deutschland zeigen übereinstimmend, dass Geflüchtete im Vergleich zu anderen Migrant*innen in Deutschland in der Regel schlechtere Arbeitsmarktchancen haben. So lag die Beschäftigungsquote von Personen aus Asylherkunftsländern unter der Beschäftigungsquote der ausländischen Bevölkerung und war wesentlich niedriger als die der Gesamtbevölkerung in Deutschland (vgl. Brücker et al. 2021). Mit längerer Aufenthaltsdauer holen die Geflüchteten auf, obwohl sie eine eher verzögerte Arbeitsmarktintegration aufweisen (vgl. Brücker et al. 2019). Die Beschäftigungsquote der Geflüchteten und anderer Migrant*innen erreicht letztendlich 70 %, es dauert allerdings für Geflüchtete 14 Jahre und für andere Migrant*innen lediglich sechs Jahre, diese Beschäftigungsquote zu erreichen (ibid.). Zu ähnlichen Erkenntnissen kommen auch internationale Studien (vgl. Fasani et al. 2022), wobei die Ergebnisse das Ausmaß und die Geschwindigkeit der Integration von Flüchtlingen betreffend uneinheitlich sind (vgl. Kosyakova/Kogan 2022).

Darüber hinaus sind die Tätigkeiten von Geflüchteten vornehmlich durch geringere Ressourcen für Handlungs- und Gestaltungsmöglichkeiten, höhere körperliche Belastung, geringeres Einkommen, schlechtere Arbeitsbedingungen sowie schwache Aufstiegschancen gekennzeichnet. So arbeitete im zweiten Halbjahr 2018 mehr als die Hälfte der Geflüchteten in der Lagerwirtschaft, Post und Zustellung, Güterumschlag, Speisenzubereitung, sowie in Reinigung und Gastronomie (vgl. Kosyakova 2020). Anfangs befinden sich Geflüchtete häufig in befristeten und geringfügigen Beschäftigungsverhältnissen, wobei der Anteil atypischer Beschäftigungsverhältnisse mit zunehmender Aufenthaltsdauer zurückgeht (ibid.). Auch sind die Löhne von Geflüchteten und anderen Migrant*innen in Deutschland unterschiedlich. In ihrem ersten Arbeitsjahr verdienen Geflüchtete 68 % und nach fünf Jahren 76 % des Verdienstes der Deutschen (für andere Migrant*innen sind es 86 bzw. 93 %; vgl. Brücker et al. 2019). In anderen Ländern werden ähnliche Einkommensmuster für ökonomische und nicht-ökonomische Migrant*innen bescheinigt (vgl. Bevelander/Pendakur 2014).

Der bisher relativ günstige Integrationsverlauf von Geflüchteten in Deutschland wurde durch die Covid-19-Pandemie deutlich gebremst (Brücker et al. 2021). Unter anderem waren Geflüchtete im Vergleich zu anderen Personengruppen im Sommer 2020 eher von Arbeitslosigkeit betroffen, was insbesondere auf die Unterbrechung und den Abbruch von Integrationskursen und -maßnahmen sowie von Ausbildungs- und Qualifizierungsmaßnahmen zurückzuführen ist.

3. Hürden der Arbeitsmarktintegration von Geflüchteten in Deutschland

Im Folgenden beleuchten wir zuerst die zentralen Eckpfeiler der deutschen Asyl- und Integrationspolitik. Weiterhin diskutieren wir im Hinblick auf die Geflüchteten die empirische Evidenz bezüglich ihrer individuellen Ressourcen und der Verwertungsmöglichkeiten auf dem deutschen Arbeitsmarkt.[1]

3.1 Aufnahmekontext

Die Klärung des rechtlichen Status, d. h. Abschluss und Ausgang der Asylverfahren, stellt einen Schlüsselfaktor für den Zugang zum Arbeitsmarkt sowie zu vorbereitenden Sprach- und Integrationskursen dar. Dementsprechend ist auch die Dauer des Asylverfahrens von Bedeutung: eine Verlängerung der Asylverfahren um sechs Monate verringert laut Kosyakova und Brenzel (2020) die Wahrscheinlichkeit des Übergangs in die erste Erwerbstätigkeit um elf Prozent. Die negativen Auswirkungen der Asylverfahrenslänge auf die Integration von Geflüchteten in Deutschland stehen im Einklang mit früheren Studien zu Geflüchteten in anderen Ländern (vgl. Hainmueller et al. 2016).

Der Arbeitsmarktzugang von Geflüchteten wird von ihrem rechtlichen Status und vom Herkunftsland bestimmt. Geflüchtete mit einem genehmigten Asylantrag haben uneingeschränkten Zugang zum Arbeitsmarkt, der dem deutscher Staatsbürger*innen entspricht. Asylsuchende mit einem laufenden Asylverfahren oder einer Duldung erhalten nach einer Sperrfrist von drei Monaten ab ihrem Zuzug

---

1 Es wird darauf hingewiesen, dass unser Überblick nicht die jüngste Fluchtbewegung aus der Ukraine ab Februar 2022 – ausgelöst durch den russischen Angriffskrieg – abdeckt. Durch die Aktivierung der sogenannten „Richtlinie zum vorübergehenden Schutz" (Richtlinie 2001/55/EG) in Verbindung mit der Visumsfreiheit, Möglichkeit der Sekundärmigration zwischen den Mitgliedsstaaten und dem Verzicht von Asylverfahren unterscheiden sich die institutionellen Rahmenbedingungen der Flucht aus der Ukraine von denen der Geflüchteten aus anderen Herkunftsländern (Brücker et al. 2022a). Ebenfalls unterscheiden sich auch die sozio-demographischen Charakteristika der ukrainischen Geflüchteten sowie ihre früheren Integrationsverläufe (Brücker et al. 2022b).

nach Deutschland eine Arbeitserlaubnis (§ 61 AsylG). Danach können beide Gruppen – sofern sie nicht aus sicheren Herkunftsländern[2] stammen – unter bestimmten Bedingungen[3] Zugang zum Arbeitsmarkt erhalten (vgl. Kosyakova/Brenzel 2019). So hängt eine entsprechende Genehmigung der Ausländerbehörden unter anderem davon ab, dass sich Asylsuchende nicht in Abschiebeverfahren befinden oder der Gerichtsbarkeit eines anderen EU-Mitgliedstaats unterliegen (gemäß der Dublin-Verordnung). Alle diese Beschäftigungsbeschränkungen stellen Unternehmen vor erhebliche bürokratische Hürden und könnten daher die Einstellung von Geflüchteten behindern (vgl. Gürtzgen et al. 2017) (→ Aufnahme).

Seit dem Inkrafttreten des Integrationsgesetzes können Geflüchtete mit einem anerkannten Schutzstatus auf weitere Beschränkungen beziehungsweise Hindernisse in Bezug auf die freie Wohnsitzauswahl (Wohnsitzauflage) stoßen, sofern sie kein Mindesteinkommen aus sozialversicherungspflichtiger Tätigkeit, das den Lebensunterhalt sichert, erzielen und sofern keine Ausnahmetatbestände greifen (§ 12a AufenthG). Die Wohnsitzauflage, die in Deutschland praktiziert wird, hat als Konsequenz, dass der lokale Aufnahmekontext für die Arbeitsmarktintegration eine besonders wichtige Rolle spielt. So weisen Geflüchtete, die Landkreisen mit hohen Arbeitslosenquoten zugewiesen wurden, eine geringere ökonomische und soziale Integration auf (vgl. Aksoy et al. 2020). Darüber hinaus beeinträchtigt die Wohnsitzauflage die Arbeitssuche und damit die Mobilität der Arbeitskräfte (vgl. Brücker et al. 2020a), ein Ergebnis, das auch ähnliche Schlussfolgerungen über eine verwandte Politik in europäischen Ländern widerspiegelt (vgl. Fasani et al. 2022).

3.2 Individuelle Ressourcen und ihre Verwertungsmöglichkeiten

Auf der Individualebene stellt das Fehlen von Berufsabschlüssen eine wichtige Hürde für die Integration dar: Nur sechs Prozent der Geflüchteten haben eine Ausbildung und 11 Prozent ein Studium abgeschlossen (vgl. Brücker et al. 2019). Dabei ist das Bildungsniveau der Geflüchteten beim Zuzug nach Deutschland deutlich höher als das durchschnittliche Niveau der ansässigen Bevölkerung in den Herkunftsländern, was auf eine positive Selektion der Flüchtlingsbevölkerung schließen lässt (vgl. Spörlein et al. 2020). Die Anerkennung von mitgebrachten Qualifikationen scheint allerdings besonders herausfordernd zu sein, da viele Geflüchtete ohne formellen Nachweis ihrer Fähigkeiten und Ausbildung anreisen (Konle-Seidl 2018). In Deutschland sind Geflüchtete häufiger als andere Migrant*innen von einer Ablehnung ihres Antrags auf Anerkennung von Zeugnissen betroffen (Liebau/Salikutluk 2016).

Trotz relativ geringeren Bildungsniveaus verfügen große Teile der Flüchtlingsbevölkerung über Arbeitsmarkterfahrung, zum Teil durch eine qualifizierte Tätigkeit, die sie vor ihrer Ankunft in Deutschland entweder im Herkunftsland oder in Transitländern ausgeübt haben (vgl. Kosyakova 2020).

---

[2] Sichere Herkunftsländer umfassen neben den EU-Ländern u. a. Ghana und Senegal (bis November 2014); Bosnien und Herzegowina, Mazedonien und Serbien (seit 6. November 2014); und Albanien, Kosovo und Montenegro (seit 24. Oktober 2015).
[3] Dazu zählen die Zustimmung der Ausländerämter, eine erfolgreiche Vergleichbarkeitsprüfung durch die Bundesagentur für Arbeit (BA) und die Vorrangprüfung in einigen Regionen.

Allerdings scheint die Erwerbserfahrung aus dem Ausland keinen positiven Einfluss auf die Erwerbstätigkeitswahrscheinlichkeit in Deutschland zu haben (vgl. Kosyakova et al. 2021).

Deutschkenntnisse sind ein zentrales Element für eine nachhaltige Arbeitsmarktintegration und ermöglichen es Geflüchteten, ihre Arbeitsmarktchancen und Löhne zu verbessern (vgl. Kosyakova et al. 2021). Nahezu niemand in der Flüchtlingsbevölkerung verfügt bei seiner Ankunft über Deutschkenntnisse, jedoch verbessern die Geflüchteten ihre Deutschkenntnisse im Laufe der Zeit erheblich, vor allem im ersten Jahr nach der Ankunft (vgl. Kosyakova et al. 2021) (→ Sprache).

Die obligatorischen Sprachkurse, die häufig mit Integrationskursen und staatsbürgerlicher Bildung ergänzt werden, sollen den Zugang zu Arbeitsplätzen erleichtern. Die bisherigen Studien weisen auf einen positiven Zusammenhang zwischen der Teilnahme an den Sprachkursen und -maßnahmen und einer verbesserten Arbeitsmarktintegration von Geflüchteten hin (vgl. Kasrin et al. 2021; Kosyakova et al. 2021).

Zahlreiche empirische Studien legen nahe, dass die sozialen Netzwerke das Finden einer Arbeitsstelle erleichtern (vgl. Dustmann et al. 2016). Im Einklang mit diesen Ergebnissen weisen repräsentative Daten für Deutschland darauf hin, dass etwa die Hälfte der Geflüchteten ihre erste Anstellung über ihr soziales Netzwerk findet (vgl. Eisnecker/Schacht 2016). Durch die Bereitstellung hilfreicher Informationen oder konkreter praktischer Hilfe erleichtern die sozialen Kontakte die Orientierung und das Einleben in Deutschland und sind damit wichtige Kontextfaktoren für eine Arbeitsmarktintegration (vgl. Dustmann et al. 2016).

Die Flüchtlingsbevölkerung ist oft stärker als andere Migrant*innen traumatischen Ereignissen ausgesetzt, sowohl in ihren Herkunftsländern als auch in Transitländern. Diese Erfahrungen wirken sich negativ auf den psychischen und körperlichen Gesundheitszustand von Geflüchteten aus (vgl. Metzing et al. 2020) (→ Gesundheit). Nur wenige Studien fokussierten auf die Konsequenzen von Trauma und Gesundheitszustand für die Integration Geflüchteter in Deutschland und die Ergebnisse sind ambivalent (vgl. Kosyakova et al. 2021; Hunkler/Khourshed 2020).

3.3 Geschlechterunterschiede

Rund die Hälfte der Geflüchteten der Jahre 2015/16 kam mit ihren Partner*innen und/oder Kindern nach Deutschland (vgl. Brücker et al. 2020b). Mehr als vier Fünftel der geflüchteten (→) Frauen sind mit ihren (→) Familien nach Deutschland eingereist. Empirische Studien zeigen, dass die Arbeitsmarktintegration von Geflüchteten stark nach dem Geschlecht und der Familiensituation stratifiziert wird. Ferner nehmen Frauen mit Kindern, insbesondere mit Kleinkindern, seltener an Fortbildungsmaßnahmen wie Sprachprogrammen, Schul- oder Ausbildung teil (vgl. Tissot 2021; Brücker et al. 2020b), was sich wiederum in geringeren Chancen auf dem Arbeitsmarkt niederschlägt (vgl. Kosyakova et al. 2021).

Für Geflüchtete, die zwischen 2013 und 2016 nach Deutschland kamen, zeigen Kosyakova et al. (2021) unterschiedliche geschlechtsspezifische Arbeitsmarktverläufe je nach der Aufenthaltsdauer. So waren fünf Jahre nach dem Zuzug rund 61 % der Männer erwerbstätig und weitere 18 % arbeitsuchend. Bei den Frauen waren nur 27 % erwerbstätig und 13 % arbeitsuchend. Diese Unterschiede werden teilweise durch das Vorhandensein von (Klein-)Kindern im Haushalt sowie Unterschiede in mitgebrachtem sowie in Deutschland erworbenem Humankapital (vgl. Kosyakova et al. 2021) erklärt. Ähnliche Befunde wurden auch in Studien außerhalb Deutschlands dokumentiert (vgl. Cheung/Phillimore 2017; Dumper 2002).

4. Fazit

Aufgrund unterbrochener Bildungsbiographien, rechtlicher Hürden in Zielländern, fehlendem aufnahmelandspezifischem Humankapital, fehlender Vernetzung mit der Mehrheitsgesellschaft sowie familiären Situationen ist es nicht verwunderlich, dass die Arbeitsmarktintegration von Geflüchteten in Deutschland langsamer verläuft als die anderer Einwanderergruppen. Jedoch weisen die bisherigen empirischen Ergebnisse auf erhebliche Fortschritte bei der Integration von Geflüchteten hin, die seit 2015 in Deutschland angekommen sind. Die Beschleunigung von Asylverfahren, die Bereitstellung von Sprach- und anderen Integrationskursen direkt nach der Ankunft und der Zugang zum Gesundheitssystem können die Integration erleichtern, während administrative Streuungsmaßnahmen und Mobilitätsbeschränkungen die Integrationschancen insbesondere für diejenigen verringern, die Regionen mit relativ ungünstigen Arbeitsmarktbedingungen zugeteilt werden. Der Erwerb der deutschen Sprache, die Nutzung von Bildungs- und Ausbildungsangeboten und der Eintritt in den Arbeitsmarkt sind – insbesondere für Frauen – weiterhin verbesserungsbedürftig. Ob Deutschland es letztlich schafft, die Geflüchteten in die Gesellschaft zu integrieren, wie es Bundeskanzlerin Merkel im Sommer 2015 vorausgesagt hatte, ist noch offen. Kurz vor der Covid-19-Pandemie war die Hälfte der zugezogenen Geflüchteten im erwerbsfähigen Alter bereits erwerbstätig, der anderen Hälfte gelang das bisher noch nicht. Dennoch scheint die Arbeitsmarktintegration der Kohorte der Geflüchteten, die in den Jahren 2015–16 nach Deutschland gekommen sind, im Vergleich zu früheren Flüchtlingskohorten im Großen und Ganzen erfolgreicher zu verlaufen, was angesichts der absoluten Größe des jüngsten Zustroms ein bemerkenswertes Ergebnis ist.

Literaturverzeichnis

Aksoy, Cevat Giray/Poutvaara, Panu/Schikora, Felicitas (2020): First Time Around: Local Conditions and Multi-dimensional Integration of Refugees. IZA Discussion Paper No. 13914.

Bevelander, Pieter/Pendakur, Ravi (2014): The labour market integration of refugee and family reunion immigrants: a comparison of outcomes in Canada and Sweden. In: Journal of Ethnic and Migration Studies 40, 689–709.

Brücker, Herbert/Jaschke, Philipp/Kosyakova, Yuliya (2019): Integrating Refugees into the German Economy and Society: Empirical Evidence and Policy Objectives. Washington, DC: Migration Policy Institute.

Brücker, Herbert/Hauptmann, Andreas/Jaschke, Philipp (2020a): Beschränkungen der Wohnortwahl für anerkannte Geflüchtete: Wohnsitzauflagen reduzieren die Chancen auf Arbeitsmarktintegration. IAB Kurzbericht 3/2020. Nürnberg: IAB.

Brücker, Herbert/Kosyakova, Yuliya/Vallizadeh, Ehsan (2020b): Has there been a "refugee crisis"? New insights on the recent refugee arrivals in Germany and their integration prospects. In: Soziale Welt 71, 24–53.

Brücker, Herbert/Gundacker, Lidwina/Hauptmann, Andreas/Jaschke, Philipp (2021): Arbeitsmarktwirkungen der COVID-19-Pandemie: Stabile Beschäftigung, aber steigende Arbeitslosigkeit von Migrantinnen und Migranten. IAB Kurzbericht 9/2021. Nürnberg: IAB.

Brücker, Herbert/Goßner, Laura/Hauptmann, Andreas/Jaschke, Philipp/Kassam, Kamal/Kosyakova, Yuliya/Stepanok, Ignat (2022a): Die Folgen des Ukraine-Kriegs für Migration und Integration: Eine erste Einschätzung. In: IAB-Forschungsbericht 02/2022, Nürnberg: IAB.

Brücker, Herbert/ Ette, Andreas/Grabka, Markus M./Kosyakova, Yuliya/Niehues, Wenke/Rother, Nina/Spieß, C. Katharina/Zinn, Sabine/Bujard, Martin/Cardozo, Adriana/Décieux, Jean Philippe/Maddox, Amrei/Milewski, Nadja/Naderi, Robert/Sauer, Lenore/Schmitz, Sophia/Schwanhäuser, Silvia/Siegert, Manuel/Tanis, Kerstin (2022b): Geflüchtete aus der Ukraine in Deutschland. Flucht, Ankunft und Leben. In: IAB-Forschungsbericht 24/2022, Nürnberg: IAB.

Cheung, Sin Yi/Phillimore, Jenny (2017): Gender and Refugee Integration: A Quantitative Analysis of Integration and Social Policy Outcomes. In: Journal of Social Policy 46, 211–230.

Dumper, Hildegard (2002): Missed Opportunities: A skills audit of refugee women in London from the teaching, nursing and medical professions. London: Greater London Authority.

Dustmann, Christian/Glitz, Albrecht/Schönberg, Uta/Brücker, Herbert (2016): Referral-Based Job Search Networks. In: Review of Economic Studies 83, 514–46.

Eisnecker, Philipp/Schacht, Diana (2016): Die Hälfte der Geflüchteten in Deutschland fand ihre erste Stelle über soziale Kontakte. In: DIW-Wochenbericht 83, 757–764.

Fasani, Francesco/Frattini, Tommaso/Minale, Luigi (2022): (The Struggle for) Refugee Integration into the Labour Market: Evidence from Europe. In: Journal of Economic Geography 22(2), 351–393.

Gürtzgen, Nicole/Kubis, Alexander/Rebien, Martina (2017): IAB-Stellenerhebung: Geflüchtete kommen mehr und mehr am Arbeitsmarkt an. In: IAB Kurzbericht 14/2017. Nürnberg: IAB.

Hainmueller, Jens/Hangartner, Dominik/Lawrence, Duncan (2016): When lives are put on hold: Lengthy asylum processes decrease employment among refugees. In: Science Advances 2, 1–7.

Hunkler, Christian/Khoursheed, May (2020): The Role of Trauma for Integration. The Case of Syrian Refugees. In: Soziale Welt 71, 90–122.

Kalter, Frank (2008): Stand, Herausforderungen und Perspektiven der empirischen Migrationsforschung. In: Kalter, Frank (Hrsg.): Migration und Integration. Kölner Zeitschrift für Soziologie und Sozialpsychologie, Sonderheft 48/2008. Wiesbaden: VS Verlag für Sozialwissenschaften, 11–36.

Kasrin, Zein/Stockinger, Bastian/Tübbicke, Stefan (2021): Aktive Arbeitsmarktpolitik für arbeitslose Geflüchtete im SGB II: Der Großteil der Maßnahmen erhöht den Arbeitsmarkterfolg. In: IAB Kurzbericht 7/2021, Nürnberg: IAB.

Kogan, Irena (2007): Working Through Barriers Host Country. Institutions and Immigrant Labour Market Performance in Europe. Dordrecht, Netherlands: Springer.

Kogan, Irena (2016) Arbeitsmarktintegration von Zuwanderern. In: Heinz Ulrich Brinkmann/Martina Sauer (Hrsg.), Einwanderungsgesellschaft Deutschland. Wiesbaden: Springer Fachmedien, 177–99.

Kogan, Irena/Kalter, Frank (2020): An empirical-analytical approach to the study of recent refugee migrants in Germany. In: Soziale Welt 71, 3–23.

Konle-Seidl, Regina (2018): Integration for Refugees in Austria, Germany and Sweden: Comparative Analysis. Study for the EMPL Committee. Brüssel: European Union.

Kosyakova, Yuliya (2020): Mehr als nur ein Job: Die qualitative Dimension der Integration in Arbeit von Geflüchteten in Deutschland. Wiso-Diskurs 09/2020. Bonn: Friedrich-Ebert-Stiftung.

Kosyakova, Yuliya/Brenzel, Hanna (2020): The role of length of asylum procedure and legal status in the labour market integration of refugees in Germany. In: Soziale Welt 71, 123–159.

Kosyakova, Yuliya/Gundacker, Lidwina/Salikutluk, Zerrin/Trübswetter, Parvati (2021): Arbeitsmarktintegration in Deutschland: Geflüchtete Frauen müssen viele Hindernisse überwinden. IAB-Kurzbericht 08/2021. Nürnberg: IAB.

Kosyakova, Yuliya/Kogan, Irena (2022): Labor market situation of refugees in Europe: The role of individual and contextual factors. In: Frontiers in Political Science 4, 1–14.

Kosyakova, Yuliya/Kristen, Cornelia/Spörlein, Christoph (2021): The Dynamics of Recent Refugees' Language Acquisition: How Do Their Pathways Compare to Those of Other New Immigrants? In: Journal of Ethnic and Migration Studies 48, 389–1012.

Liebau, Elisabeth/Salikutluk, Zerrin (2016): Viele Geflüchtete brachten Berufserfahrung mit, aber nur ein Teil einen Berufsabschluss. DIW-Wochenbericht 35/2016. Berlin: Bonn.

Metzing, Maria/Schacht, Diana/Scherz, Antonia (2020): Psychische und körperliche Gesundheit von Geflüchteten im Vergleich zu anderen Bevölkerungsgruppen. In: DIW Wochenbericht 87, 63–72.

Phillimore, Jenny (2011): Refugees, acculturation strategies, stress and integration. In: Journal of Social Policy 40, 575–593.

Spörlein, Christoph/Kristen, Cornelia/Schmidt, Regine/Welker, Jörg (2020): Selectivity profiles of recently arrived refugees and labour migrants in Germany. In: Soziale Welt 71, 54–89.

Tissot, Anna (2021): Hürden beim Zugang zum Integrationskurs. Alltagserfahrungen geflüchteter Frauen mit Kleinkindern. BAMF-Kurzanalyse 3. Nürnberg: BAMF.

III.4.3
Schule und schulische Bildung

Mona Massumi

Abstract Der vorliegende Beitrag beschäftigt sich mit der Bildungsbeteiligung geflüchteter Kinder und Jugendlicher im deutschen Schulsystem. Da bisher noch wenige empirische Befunde vorliegen, werden aktuelle Daten der Bildungsforschung zusammengeführt, um die Bildungssituation von geflüchteten Kindern und Jugendlichen, die im Verlauf ihrer Bildungsbiografie nach Deutschland migriert sind, zu skizzieren. Von besonderer Relevanz erscheint dies vor dem Hintergrund verstetigter Marginalisierung und Bildungsbenachteiligungen im deutschen Schulsystem.
Schlüsselbegriffe: Inklusion, Exklusion, Bildungsbenachteiligung, Ressourcen, Neuzuwanderung

1. Einleitung

Das deutsche Schulsystem steht vor der Herausforderung, geflüchtete Kinder, Jugendliche und z.T. junge Erwachsene trotz bildungsbiografischer Brüche erfolgreich in ein Schulsystem einzubinden, das linear aufgebaut, monolingual-deutsch geprägt und auf Immobilität ausgerichtet ist. Vor diesem Hintergrund führt der folgende Beitrag empirische Daten der Bildungsforschung zusammen, um die Situation von geflüchteten Kindern und Jugendlichen, die im Verlauf ihres schulpflichtigen Alters nach Deutschland migrieren, im deutschen Schulsystem abzubilden. Die bisherigen Studien basieren vorrangig auf qualitativen Daten (→ qualitative Forschung).

Der Beitrag orientiert sich an charakterisierenden Strukturmomenten einer Bildungsbiografie: der Zugang zum und der Verbleib sowie Erfolg im deutschen Schulsystem. Mit Blick auf den Zugang von geflüchteten Kindern, Jugendlichen und jungen Erwachsenen zum Schulsystem werden sowohl die temporären und vollständigen Ausschlüsse aus dem Schulsystem als auch die Verteilung auf unterschiedliche Schulformen skizziert. Zur Darstellung des Verbleibs und Erfolgs geflüchteter Schüler*innen im deutschen Schulsystem werden verschiedene schulorganisatorische Beschulungsmodelle vorgestellt, die Schul- und Unterrichtspraxis in Bezug auf geflüchtete Schüler*innen dargestellt, um schließlich ihre Ressourcen aufzuzeigen, die dazu beitragen, dass sie schulische Anforderungen und Herausforderungen bewältigen. Der Beitrag schließt mit einem Fazit.

2. Zugang zum deutschen Schulsystem

Die Bildungsteilhabe von geflüchteten Kindern und Jugendlichen in Deutschland wird durch die Logik eines auf Nationalstaatlichkeit basierenden, durch Bildungsföderalismus geprägten und wenig durchlässigen sowie linear aufgebauten Bildungssystems strukturiert. Dadurch wird geflüchteten Minderjährigen teilweise der Zugang zum Schulsystem verwehrt und sie werden – sofern sie eine Schule besuchen (dürfen) – verstärkt auf bestimmte Schulformen verteilt.

2.1 Temporäre und vollständige Ausschlüsse

Studien zu den rechtlichen Rahmenbedingungen belegen, dass das grundsätzliche Recht auf Bildung in Bezug auf geflüchtete Kinder und Jugendliche auf der Grundlage völkerrechtlicher Abkommen nicht gewahrt wird (vgl. z. B. Schwaiger/Neumann 2014: 61 f.). Während die uneingeschränkte Schulpflicht nur in wenigen deutschen Bundesländern im Schulgesetz verankert ist, wie im Saarland, geben einige Bundesländer eine bestimmte Aufenthaltszeit vor, bis die Schulpflicht eintritt, z. B. Baden-Württemberg nach sechs Monaten. In den meisten Bundesländern unterliegen geflüchtete Kinder und Jugendliche der Schulpflicht erst ab dem Zeitpunkt, ab dem sie einer (→) Kommune, Gemeinde oder einem Landkreis zugewiesen sind, wie in Hessen (vgl. Massumi et al. 2015: 35 f.). Diese aufenthaltsrechtliche Einschränkung im Schulgesetz schafft somit zumindest temporär einen Ausschluss aus der Schulpflicht, jedoch nicht für alle Gruppen gleichermaßen (→ Aufnahmeverfahren): (→) Unbegleitete minderjährige Geflüchtete unterliegen bereits ab der Inobhutnahme durch das Jugendamt der Schulpflicht, während Minderjährige, die begleitet nach Deutschland geflüchtet sind, aufgrund der bundesweiten Zentralisierung des Asylverfahrens auf die Erteilung einer Aufenthaltsgestattung i.d.R. vergleichsweise deutlich länger warten müssen, um schulpflichtig zu werden (vgl. Massumi 2019: 196–199). Geflüchtete, die bereits volljährig sind oder die über keine Aufenthalts- und Ausweispapiere verfügen, bleiben i.d.R. nicht schulpflichtig, auch wenn sie noch nicht einmal die elementare Grundbildung erhalten haben oder noch keine Möglichkeit hatten, einen Schulabschluss zu erwerben (vgl. ebd.: 198 f., 212). Valide Daten über die Anzahl dieser aus dem Bildungssystem (z.T. temporär) Exkludierten existieren nicht.

Diese temporäre bzw. vollständige Exklusion aus dem deutschen Schulsystem wird dadurch verstärkt, dass in den meisten (→) Bundesländern, wie in Nordrhein-Westfalen (NRW), ab dem Einsetzen der Schulpflicht kommunal über die zuständige Schulbehörde administrative Prozesse der Schulzuweisung in Gang gesetzt werden (vgl. ebd.: 200–202).

Die Folgen dieser schulrechtlichen Bedingungen und der Dauer von bildungsadministrativen Schulzuweisungsprozessen auf die Bildungsbiografien von Neuzugewanderten machen eine Reihe von empirischen Untersuchungen deutlich: Sie belegen, dass v. a. geflüchtete Kinder und Jugendliche nach ihrer Ankunft in Deutschland teilweise mehr als sechs Monate warten müssen, bis sie Zugang zum formalen Bildungssektor erhalten (vgl. u. a. Vogel/Stock 2017: 16 f.; Massumi 2019: 173–176). Problematisiert wird außerdem, dass in Landeseinrichtungen und AnkER-Zentren zur Unterbringung von Geflüchteten in einigen Bundesländern Bildungsangebote bereitgestellt werden, die jedoch keinen curricularen Vorgaben folgen und keine formalen Bildungsabschlüsse ermöglichen (vgl. ecre 2019: 17).

Diese Unterschiede, die sich mit Blick auf den rechtlich möglichen Zugang zum Schulsystem innerhalb Deutschlands zeigen, spiegeln sich auch zwischen europäischen Staaten wider: So gilt die uneingeschränkte Schulpflicht innerhalb einer bestimmten Altersspanne (meist bis 16 Jahren) beispielsweise in Frankreich, Italien, Großbritannien und Ungarn (vgl. AIDA 2021). Demgegenüber existiert z. B. in Schweden keine explizite Schulpflicht, sondern lediglich ein Schulbesuchsrecht (vgl. ebd.).

Entlang der Analyse von Schulbiographien neu zugewanderter Schüler*innen in Deutschland lässt sich nachzeichnen, dass sie ihre Wartezeiten auf einen Schulplatz verkürzen und damit der vollständigen oder temporären Exklusion aus dem Schulsystem entgehen können, wenn sie in der Lage sind, aktiv die offiziellen Zuweisungspraktiken der kommunalen Bildungsadministration über eine direkte Schulanmeldung auf lokaler Ebene zu unterlaufen (vgl. ebd.: 203–206). Damit ihnen dies gelingt, benötigen sie i.d.R. Unterstützungspersonen, wie Ehrenamtler*innen oder bereits länger in Deutschland lebende Familienmitglieder oder Bekannte (vgl. ebd.: 264 f.). Untersuchungen zeigen zugleich auch die Relevanz der aufenthaltsrechtlichen Situation der Neuzugewanderten beim Versuch der eigenständigen Schulanmeldung, da bei Anmeldeversuchen v. a. undokumentiert nach Deutschland geflüchtete Kinder und Jugendliche von Schulen häufig abgewiesen werden (vgl. Funck et al. 2015; Massumi 2019: 265) (→ Irregularität).

2.2 Verteilung auf Schulformen

Wenn Kinder und Jugendliche im Alter der Sekundarschule nach Deutschland migrieren und schulpflichtig sind, beinhaltet ihre kommunale Schulzuweisung gleichzeitig auch eine Schul*form*zuweisung. In den meisten Bundesländern ist für neu zugewanderte Minderjährige der Zugang zu allen Schulformen beim Einstieg ins deutsche Schulsystem theoretisch zwar möglich, jedoch kann am Beispiel von NRW mit Blick auf verschiedene Kommunen nachgezeichnet werden, dass es zu einer verstärkten Zuweisung auf niedrigqualifizierende Sekundarschulformen kommt (vgl. u. a. Massumi et al. 2015). Die aktuelle Forschungslage deutet darauf hin, dass ein Schulformwechsel mit großen Hürden verbunden ist und oftmals nicht erfolgt – die neu zugewanderten Schüler*innen also dauerhaft in der ihnen einmal zugewiesenen Schulform verbleiben (vgl. Massumi 2019: 244–247; Emmerich et al. 2020). Darüber hinaus lässt sich u. a. aufgrund der noch unzureichenden Deutschkenntnisse und ethnisch-kultureller Differenzzuschreibungen ein erhöhtes Risiko der Zuschreibung eines sonderpädagogischen Förderbedarfs bei neu zugewanderten Schüler*innen noch während und nach ihrer Erstförderung nachweisen (→ Diskriminierung) (vgl. Jording 2022).

In einer interkommunal vergleichend angelegten Untersuchung wird mit Blick auf den Zuweisungsprozess neu zugewanderter Schüler*innen auf unterschiedliche Schulformen in NRW nachgewiesen, dass für die Bildungsbehörde die „Leistungseinschätzung das zentrale Referenzproblem" (Emmerich et al. 2016: 123) darstellt, da viele der neu zugewanderten (und insbesondere der geflüchteten) Kinder und Jugendlichen keine Zeugnisse vorlegen können oder Zeugnisse in den Verwaltungen – u. a. aufgrund von fehlenden Kenntnissen der Mitarbeitenden in den Sprachen der Neuzugewanderten – nicht hinreichend beurteilt werden können (vgl. Jording 2022). In sogenannten Erstberatungsgesprächen werden in nordrhein-westfälischen Kommunalen Integrationszentren für alle Neuzugewanderten unsystematisch neben Leistungsfaktoren auch soziale Faktoren herangezogen (Emmerich et al. 2016: 123).

Im Gegensatz zu der einseitigen kommunalen Zuweisungspraxis auf niedrigqualifizierende Schulformen lässt sich nachzeichnen, dass sich Neuzugewanderte, die bei einer direkten Schulanmeldung die offiziellen Verwaltungsstrukturen umgehen, in Abgleich mit ihrer Bildungsvorerfahrung auch an Schulformen anmelden, die ihnen den Erwerb eines höheren Schulabschusses ermöglichen (vgl. Massumi 2019: 268–270). Geflüchtete geben sich demgegenüber häufiger mit einer Schulform zufrieden, die ihren Bildungsvorerfahrungen und ihrem Leistungsvermögen nicht entspricht (vgl. ebd.: 275 f.), oder gehen auf einen Gastschüler*innenstatus ein, der jedoch mit geringeren Rechten ausgestattet ist.

3. Verbleib und Erfolg im deutschen Schulsystem

Besuchen geflüchtete Kinder, Jugendliche und junge Erwachsene eine Schule in Deutschland, wird ihre Bildungsteilhabe durch die Logik eines auf Immobilität, Nationalstaatlichkeit sowie Monolingualität basierenden und wenig durchlässigen Bildungssystems strukturiert. Basierend auf dieser Systemlogik der deutschen Schule lassen sich schulorganisatorische Beschulungsmodelle nachzeichnen und verschiedene Effekte im Rahmen der Schul- und Unterrichtspraxis in Bezug auf den Bildungsverbleib und -erfolg von geflüchteten Schüler*innen feststellen. Zugleich zeigen die Ressourcen von geflüchteten Schüler*innen, wie sie ihren Bildungsverbleib und -erfolg sichern.

3.1 Schulorganisatorische Einbindung

Forschungsarbeiten zur schulorganisatorischen Einbindung von neu zugewanderten Schüler*innen identifizieren verschiedene Modelle, die je nach Anteilen in spezifischen Lerngruppen und im Regelunterricht einerseits und mit Blick auf die spezifische Sprachförderung im Deutschen andererseits systematisiert werden können: von der Einbindung in den regulären Unterricht ohne spezifische Zusatzangebote bis zur Einrichtung von speziell eingerichteten Klassen, in denen teilweise auch Schulabschlüsse erworben werden können (vgl. Massumi et al. 2015: 45). Eine andere Systematisierung ergibt sich, wenn zusätzlich die Anteile sprachlichen und fachlichen Lernens sowie unterschiedliche Möglichkeiten für den Übergang in den Regelunterricht hinzugezogen werden (vgl. Ahrenholz et al. 2016).

Im Gegensatz zu Deutschland sehen viele europäische Staaten eine direkte Beschulung von Neuzugewanderten im Regelunterricht vor, z. B. Großbritannien, Italien, Schweden und Ungarn (vgl. AIDA 2021). Während beispielsweise Ungarn keine staatlich finanzierte Sprachlernförderung beim Schuleintritt für Neuzugewanderte bereitstellt, können Schulen in Italien aufgrund ihrer relativ hohen Autonomie eigenständig additive Unterstützung organisieren. In Frankreich können sie bei unzureichenden Französischkenntnissen spezifische Vorbereitungsklassen oder -kurse besuchen (vgl. ebd.).

Trotz großer konzeptioneller Unterschiede zwischen den einzelnen Schulen liegt in Deutschland der Fokus immer auf dem Erwerb der deutschen Sprache, damit neu zugewanderte Schüler*innen (perspektivisch) erfolgreich am Unterricht einer Regelklasse teilnehmen können (vgl. Massumi et al. 2015: 44). Zugleich zeigt sich, dass in vielen Fällen zunächst speziell Klassen für Neuzugewanderte eingerichtet werden, auch wenn gemäß der Erlasslage verschiedene schulorganisatorische Modelle möglich sind (vgl. ebd.: 27–29).

Eine Reihe von Untersuchungen verweist auf die prekären Umstände und erschwerten Bedingungen im Unterricht in parallel geführten Klassen für Neuzugewanderte mit Blick auf die unzureichende personelle, materielle und räumliche Ressourcenausstattung, die hohe Fluktuation und die Heterogenität der Schüler*innen (vgl. u. a. ebd.). Befunde zeigen zudem auf, dass spezifisch eingerichtete Klassen für neu zugewanderte Schüler*innen oftmals nicht in die gesamtschulischen Aktivitäten und nicht alle Schüler*innen dieser Klassen in die Ganztagsangebote einer Schule eingebunden werden (vgl. Otto et al. 2016: 41 f.; Karakayalı et al. 2017: 6). Untersuchungen offenbaren auch, dass Lehrkräfte die parallel geführte Einrichtung von Klassen für neu zugewanderte Schüler*innen häufig ablehnen, da wenig Kontakt zu in Deutschland aufwachsenden Schüler*innen bestünde und dieser bei einer integrativen Beschulung befördert würde (vgl. Karakayalı et al. 2017: 8 f.). Mit Verweis auf die genannten Problematiken in speziell eingerichteten Klassen und der Einschätzung von Lehrkräften wird das geführte Klassenmodell von einigen Bildungsforscher*innen explizit abgelehnt (vgl. z. B. ebd.). Zugleich plädieren andere Bildungsforscher*innen mit Bezug auf empirische Forschungsergebnisse dafür, keine pauschalen Empfehlungen für ein spezifisches Modell auszusprechen, da die individuellen Gegebenheiten der Einzelschulen stark divergieren und die Organisation einer Lerngruppe keinen Hinweis auf die Qualität des Unterrichts sowie die soziale Einbindung geben kann (vgl. Massumi 2019; Jording 2022). Denn Untersuchungen zeigen auf, dass allein der Besuch einer regulären Klasse keine Rückschlüsse zulässt, ob neu zugewanderte Schüler*innen in den Unterricht und die Sozialgemeinschaft einer Klasse eingebunden werden (s. Kap 3.2). Vielmehr lässt sich eine grundsätzliche Kritik am Schulsystem, z. B. hinsichtlich fehlender pädagogischer Konzepte und curricularer Vorgaben sowie der fehlenden Qualifizierung von Lehrkräften konstatieren, unabhängig vom schulorganisatorischen Modell (vgl. Massumi 2019). Mit Blick auf den schulischen Verbleib und Erfolg deuten Befunde darauf hin, dass vor allem ältere Neuzugewanderte in extra eingerichteten Klassen gezielt auf einen Schulabschluss vorbereitet werden, während sie beim Besuch von Regelklassen oftmals fachlich, sprachlich sowie sozial ausgeschlossen bleiben (vgl. ebd.: 228 ff.). Empirische Befunde aus Deutschland und den USA bestätigen, dass ein voreiliger Übergang in den Unterricht einer Regelklasse problematisch sein könnte, da die erforderlichen Sprachkenntnisse der jeweiligen Landessprache auf dem Niveau der Jahrgangsstufe bei kontinuierlicher Unterstützung i.d.R. erst nach mindestens sechs Jahren erworben werden (vgl. Collier/Thomas 2017); diese Dauer verlängert sich bei einem schnellen Übergang in den Regelunterricht und kann durch den Einsatz bilingualer Programme verkürzt werden.

3.2 Schul- und Unterrichtspraxis

Empirische Befunde deuten darauf hin, dass neu zugewanderten Schüler*innen in der Erstförderung, also der Anfangsphase im deutschen Schulsystem, unabhängig vom schulorganisatorischen Modell, oftmals keine curricularen Fachinhalte vermittelt werden und sie nicht gezielt in den Fachunterricht der Regelklasse eingebunden werden (vgl. Massumi 2019: 306–309). Diese anfängliche Zeit im deutschen Schulsystem wird vorrangig genutzt, um neu zugewanderten Schüler*innen grundlegende Kenntnisse und Fähigkeiten, etwa mit Blick auf die deutsche Alltagssprache und Kerngrammatik, zu vermitteln (vgl. ebd.). Dazu zeigen empirische Befunde, dass neu zugewanderte Schüler*innen unabhängig vom schulorganisatorischen Modell im Unterricht kaum individuell gefördert werden, sodass deren Vorkenntnisse und Fähigkeiten, die das Niveau des Klassendurchschnitts über- oder unterschreiten, im Unterricht ignoriert bleiben: In spezifisch eingerichteten Lerngruppen tritt dies ein, wenn sie z. B. Vorkenntnisse in der deutschen Sprache mitbringen oder nicht alphabetisiert sind (vgl. ebd.: 278–286, 309 f.). Beim Besuch regulärer Klassen bleiben ihre unzureichenden (fach-

und bildungs-)sprachlichen Voraussetzungen im Deutschen, aber auch nicht ausreichende fachliche Voraussetzungen – u. a. aufgrund der Unterschiede der nationalen Schulsysteme oder der Brüche in Schulbiografien – im Unterricht vorwiegend unbeachtet (vgl. ebd.: 303–311). In Regelklassen wird darüber hinaus selten ein Nachteilsausgleich gegeben, Entlastungen bereitgestellt oder der (Fach-)Unterricht sprachsensibel gestaltet (vgl. ebd.: 290–303). Diese Bedingungen in den Regelklassen führen dazu, dass neu zugewanderte Schüler*innen häufig – auch nach der Erstförderung – Schwierigkeiten haben, sprachlich und inhaltlich Anschluss zu finden. Verstärkt werden diese Anschlussprobleme durch Unsicherheiten sowie Ängste, Fehler zu machen. Oftmals machen sie auch die Erfahrung, von Lehrkräften in Regelklassen wenig beachtet oder wertgeschätzt und insbesondere von in Deutschland aufwachsenden Mitschüler*innen nicht akzeptiert zu werden; dies reicht teilweise bis zur Ablehnung und rassistischen Beleidigung (vgl. ebd.: 311–346).

Studien offenbaren, dass Lehrkräfte sich oftmals nicht in der Lage zeigen, die Komplexität der erschwerten schulischen Anforderungen an neu zugewanderte – v. a. geflüchtete – Schüler*innen und die Auswirkungen der zum Teil prekären Lebenslagen sowie psychischen Belastungen auf ihre Lern- und Leistungsfähigkeit wahrzunehmen und/oder in adäquater Weise darauf zu reagieren (vgl. ebd.). Darüber hinaus verweisen einige Forschungsarbeiten auf monolingual-deutsche Unterrichtspraktiken (vgl. u. a. Panagiotopoulou et al. 2017) wie auch auf kulturalisierende Zuschreibungen von Lehrkräften gegenüber ihren neu zugewanderten Schüler*innen (vgl. u. a. Jording 2022), obwohl Lehrkräfte im Allgemeinen häufig ihre Sensibilität gegenüber essentialisierenden Argumentationen hervorheben und die migrationsbedingte Heterogenität unter den Schüler*innen grundsätzlich als Bereicherung wahrnehmen (vgl. Terhart/von Dewitz 2018).

3.3 Ressourcen geflüchteter Schüler*innen

Mit Blick auf die subjektive Handlungsfähigkeit geflüchteter Jugendlicher und junger Erwachsener als Ressource verweist Seukwa (2006) auf den „Habitus der Überlebenskunst", der es ihnen ermöglicht, trotz widriger Lebens- und Bildungsbedingungen handlungs- und leistungsfähig zu bleiben und ihre (Bildungs-)Situation in Deutschland mitzubestimmen. Im Anschluss an diese Ressourcenperspektive zeigen Korntheuer (2016) und Massumi (2019) die Handlungsfähigkeit von neu zugewanderten – insbesondere geflüchteten – Schüler*innen im Schulsystem, die trotz widriger Bedingungen ihre (Bildungs- bzw. Schul-)Biographien selbst bestimmen und mitgestalten (→ Agency). Im Konkreten zeigt sich ihre Überlebenskunst beispielsweise durch die „optimale Nutzung der Bildungszeit" (Seukwa 2006: 230) auch in Phasen der Exklusion aus dem Schulsystem (vgl. Massumi 2019: 258–261), oder durch die Aktivierung sozialer Netzwerke zur Stabilisierung und Unterstützung etwa beim Lernen oder bei der Suche nach Anschlussperspektiven (vgl. Seukwa 2006: 233 f.; Korntheuer 2016: 320 f.; Massumi 2019: 369–372). Eine Studie mit geflüchteten Schüler*innen offenbart, dass geflüchtete Jugendliche ein höheres Vertrauen in sich selbst setzen als Jugendliche, die in Deutschland sozialisiert sind (vgl. Verlinden/Massumi 2022, i.E.). Der Zusammenhang lässt sich v. a. mit Blick auf die fluchtbedingten Erfahrungen erklären, da die Biographien von Neuzugewanderten aufgrund der Flucht durch diverse, insbesondere auch existenzielle, Brüche gekennzeichnet ist (vgl. ebd.).

In der erziehungswissenschaftlichen Fachliteratur wird kritisiert, dass die Feststellung von Kompetenzen geflüchteter bzw. neu zugewanderter Heranwachsender in der Praxis häufig nur auf die Erfassung sowie Anerkennung formaler Bildungsabschlüsse reduziert bleibt und eine starke Fokussierung auf bestimmte Kompetenzen, wie in der deutschen Sprache, vorgenommen wird (vgl. Schwaiger/Neumann 2014: 64). So ist zu konstatieren, dass auch Ressourcen hinsichtlich ihrer Mehrsprachigkeit und aus informellen Tätigkeiten im deutschen (Aus-)Bildungssystem nicht anschlussfähig sind, da berufliche Tätigkeiten häufig nicht an eine formalisierte Ausbildung geknüpft sind (vgl. u. a. Seukwa 2006).

4. Fazit

Auch wenn bisher keine validen Befunde zur Bildungsteilhabe neu zugewanderter bzw. geflüchteter Schüler*innen existieren, verweisen die vorliegenden Daten zur schulischen Situation in Deutschland darauf, dass Kinder und Jugendliche, die aufgrund von (Flucht-)Migration ihre Schullaufbahn in Deutschland nicht ab der ersten Klasse beginnen, mit erschwerten Bedingungen konfrontiert sind. Es wird ersichtlich, dass sich für sie die im deutschen Schulsystem bereits strukturell angelegten, Bildungsungleichheiten erzeugenden Mechanismen verstärken. Diese Ausgangslage verschärft sich seit 2020 aufgrund der Covid-19-Pandemie, da Schulschließungen und Phasen des Distanzunterrichts, mit denen alle Heranwachsenden belastet werden, sich in besonders belastender Weise auf geflüchtete Schüler*innen auswirken, weil sie stärker von prekären Wohnverhältnissen betroffen sind, der Ausfall ihrer Unterrichtsstunden zulasten ihrer Zeit der Erstförderung geht und weniger Kontakte zu deutschsprachigen Personen angenommen werden können (vgl. Pagel et al. 2020: 39 f.). Der Anspruch einer inklusiven Bildung kann insgesamt also nicht nur mit Blick auf den formalen Einbezug neu zugewanderter Schüler*innen im Regelsystem erfüllt sein, sondern ist grundsätzlich auf allen Ebenen (z. B. rechtlich, strukturell, sozial) zu erfüllen, um geflüchteten Heranwachsenden einen Ermöglichungsraum zu bieten und Bildungsgerechtigkeit herzustellen.

Literaturverzeichnis

AIDA (Asylum Information Database) (2021): Country reports on asylum in 23 countries. asylumineurope.org/reports/, 20.11.2021.

Ahrenholz, Bernt/Fuchs, Isabel/Birnbaum, Theresa (2016): „Dann haben wir natürlich gemerkt der Übergang ist der Knackpunkt" – Modelle der Beschulung von Seiteneinsteigern in der Praxis. biss-sprachbildung.de/pdf/biss-journal-5-november-2016–2.pdf, 20.11.2021.

Collier, Virginia/Thomas, Wayne (2017): Validating the power of bilingual schooling. Thirty-two years of large-scale, longitudinal research. In: Annual Review of Applied Linguistics (ARAL) 37, 203–217.

ecre – European Council on Refugees and Exiles (2019): The AnkER centres. Implications for asylum procedures, reception and return. asylumineurope.org/wp-content/uploads/2020/11/anker_centres_report.pdf#page=18, 20.11.2021.

Emmerich, Marcus/Hormel, Ulrike/Jording, Judith (2016): Des-/Integration durch Bildung? Flucht und Migration als Bezugsprobleme kommunalen Bildungsmanagements. In: Neue Praxis Sonderheft 13 Flucht, Sozialstaat und Soziale Arbeit, 115–125.

Emmerich, Marcus/Hormel, Ulrike/Kemper,Thomas (2020): Bildungsteilhabe neu migrierter Schüler/-innen in Nordrhein-Westfalen: Regionale Disparitäten und überregionale Allokationsmuster. In: Zeitschrift für Soziologie der Erziehung und Sozialisation 2 (40), 133–151.

Funck, Barbara/Karakaşoğlu, Yasemin/Vogel, Dita (2015): Es darf nicht an Papieren scheitern: Theorie und Praxis der Einschulung von papierlosen Kindern in Grundschulen. https://www.gew.de/index.php?eID=dumpFile&t=f&f=33994&token=a7da698d477adc42f4bd2590c786bfdae01152b2&sdownload=&n=NichtAnPapierenScheitern_2015_Broschuere_web.pdf, 21.04.2022.

Jording, Judith (2022): Flucht, Migration und kommunale Schulsysteme. Differenzierungspraxen und Partizipationsbedingungen in der Grundschule. Bielefeld: transcript. (i.D.)

Karakayalı, Juliane/zur Nieden, Birgit/Groß, Sophie/Kahveci, Çağrı/Güleryüz, Tutku/Heller, Mareike (2017): Die Beschulung neu zugewanderter und geflüchteter Kinder in Berlin. Praxis und Herausforderungen: Berliner Institut für empirische Integrations- und Migrationsforschung (BIM), Humboldt-Universität zu Berlin.

Korntheuer, Annette (2016): Die Bildungsteilhabe junger Flüchtlinge: Faktoren von Inklusion und Exklusion in München und Toronto. Münster: Waxmann.

Massumi, Mona (2019): Migration im Schulalter. Systemische Effekte der deutschen Schule und Bewältigungsprozesse migrierter Jugendlicher. Berlin: Peter Lang.

Massumi, Mona/von Dewitz, Nora/Grießbach, Johanna/Terhart, Henrike/Wagner, Katarina/Hippmann, Kathrin/Altinay, Lale (2015): Neu zugewanderte Kinder und Jugendliche im deutschen Bildungssystem. Bestandsaufnahme und Empfehlungen. www.mercator-institut-sprachfoerderung.de/fileadmin/Redaktion/PDF/Publikationen/MI_ZfL_Studie_Zugewanderte_im_deutschen_Schulsystem_final_screen.pdf, 20.11.2021.

Otto, Johanna/Migas, Karolin/Austermann, Nora/Bos, Wilfried (2016): Integration neu zugewanderter Kinder und Jugendlicher ohne Deutschkenntnisse. Möglichkeiten, Herausforderungen und Perspektiven. Münster: Waxmann.

Pagel, Lisa/Schmitz, Laura/Spieß, C. Katharina/Gambaro, Ludovica (2020): In der Schule angekommen? Zur Schulsituation geflüchteter Kinder und Jugendlicher. APuZ, 51. 34–40.

Panagiotopoulou, Argyro/Rosen, Lisa/Strzykala, Jenna (2018): Inklusion von neuzugewander- ten Schüler*innen durch mehrsprachige Lehrkräfte aus zugewanderten Familien? Deutsch- förderung unter den Bedingungen von (Flucht-)Migration. In: Dirim, İnci/Wegner, Anke (Hrsg.): Normative Grundlagen und reflexive Verortungen im Feld DaF_DaZ*. Leverkusen: Barbara Budrich, 210–227.

Schwaiger, Marika/Neumann, Ursula (2014): Junge Flüchtlinge im allgemeinbildenden Schulsystem und die Anforderungen an Schule, Unterricht und Lehrkräfte. In: Gag, Maren/Voges, Franziska (Hrsg.): Inklusion auf Raten: zur Teilhabe von Flüchtlingen an Ausbildung und Arbeit. Münster: Waxmann, 60–79.

Seukwa, Louis Henri (2006): Der Habitus der Überlebenskunst. Zum Verhältnis von Kompetenz und Migration im Spiegel von Flüchtlingsbiographien. Münster: Waxmann.

Terhart, Henrike/von Dewitz, Nora (2018): „Sprache und so" – Überzeugungen und Praktiken von Lehrkräften zu Heterogenität im Unterricht mit neu zugewanderten Kindern und Jugendlichen. In: von Dewitz, Nora/Terhart, Henrike/Massumi, Mona (Hrsg.): Neuzuwanderung und Bildung. Eine interdisziplinäre Perspektive auf Übergänge in das deutsche Bildungssystem. Weinheim: Beltz Juventa, 268–291.

Verlinden, Karla/Massumi, Mona (2022): Rassismuskritische Perspektive auf Flucht mit Blick auf Resilienz als Gegenkonstruktion. In: neue praxis. Sonderheft „Verletzbarkeit, Trauma, Diskriminierung – Intersektionale Perspektiven auf (Zwangs-)Migration". (i.E.)

Vogel, Dita/Stock, Elina (2017): Opportunities and Hope Through Education. How German Schools Include Refugees. www.gew.de/index.php?eID=dumpFile&t=f&f=64713&token=f1083303641e3d2100203df9b5ce79613f498e49&sdownload=&n=Opportunities_and_Hope_through_Education_How_German_Schools_Include_Refugees.pdf, 20.11.2021.

III.4.4
Residenzbevölkerung

Miriam Bürer und Hanne Schneider

Abstract Die lokale Bevölkerung ist für die Aufnahme und die soziale Teilhabe von Geflüchteten relevant. Dieser Beitrag soll einen Überblick über die Rolle der Bevölkerung im Sinne einer lokalen Perspektive auf die Zuwanderung von Geflüchteten geben. Dafür werden zunächst verschiedene Begrifflichkeiten diskutiert, die zur Beschreibung von durch Immigration geprägten Gesellschaften dienen (z. B. ‚Aufnahmegesellschaft', ‚Mehrheitsbevölkerung'). Dann führt der Beitrag in den Begriff und die Betrachtungsperspektive der ‚Residenzbevölkerung' ein und diskutiert empirische Befunde zur Rolle der Residenzbevölkerung für die Aufnahme und soziale Teilhabe von Geflüchteten.

Schlüsselbegriffe: Residenzbevölkerung, Aufnahmegesellschaft, host society, Zivilgesellschaft, lokale Integration

1. Einleitung

Ankunfts- und Aufnahmeräume sind immanenter Teil von Flucht- und Migrationsprozessen. Auch die Fluchtforschung nimmt seit einigen Jahren im Zuge des ‚local turn' zunehmend lokale Kontexte und ihre Bewohner:innen in den Blick (vgl. Schmiz/Räuchle 2019; Zapata-Barrero et al. 2017) (→ Kommunen). Insbesondere Erkenntnisse über Aufnahmeprozesse von Geflüchteten in den vergangenen Jahren zeigen, wie dabei Einstellungen, aber auch Reaktionen der lokalen Bevölkerung die Aufnahme und das Ankommen von Geflüchteten beeinflussen können (vgl. Glorius/Doomernik 2020; Hooghe/Vroome 2015; Radford 2016). Die aufnehmende Bevölkerung steht jedoch nicht immer zentral im Fokus der Migrations- und Integrationsforschung.

In diesem Beitrag wird zunächst in die Betrachtungsperspektive eingeführt, die die Residenzbevölkerung in den Fokus von Fluchtforschung stellt. Dafür wird der Begriff *Residenzbevölkerung* in Abgrenzung zu den bereits bestehenden Bezeichnungen zur *Einwanderungsgesellschaft* definiert. Anschließend wird die Rolle der Residenzbevölkerung in Bezug auf Aufnahme- und Integrationsprozesse – insbesondere von Geflüchteten – in den Blick genommen. Hier rekurriert der Beitrag vor allem auf europäische Forschungen, die das Zusammenleben in Nachbarschaften, aber auch die Bedeutung von Einstellungsmustern und Handlungsorientierungen sowie die Zusammensetzung der lokalen Bevölkerung thematisieren. Abschließend wird auf die Residenzbevölkerung als Teil der (→) Zivilgesellschaft eingegangen, die nicht nur zur lokalen Willensbildung beiträgt, sondern auch aktiv an den Aufnahme- und Integrationsprozessen von Geflüchteten beteiligt ist.

2. ‚Residenzbevölkerung': Begriffliche Einordnung und Forschungsperspektive

In der (→) Migrationsforschung, und spezieller in der Integrationsforschung, werden unterschiedliche Begriffe für diejenige Gesellschaft genutzt, in die Migrant:innen oder Geflüchtete immigrieren. Die folgende Abgrenzung zu verschiedenen dieser Termini verdeutlicht, dass der Begriff *Residenzbevölkerung* eine sozialräumliche Betrachtungsperspektive für Integrationsprozesse bietet.

Bis Ende des 20. Jahrhunderts war eine dichotome Perspektive auf die Gesellschaft (in Einheimische und Zugewanderte) in sozial- und kulturwissenschaftlichen Disziplinen deutschsprachiger Forschung weit verbreitet (vgl. Hess 2010: 12). Aufgrund der heutigen Perspektive auf Migrationsgesellschaften ist diese Dichotomisierung nicht mehr ausreichend, wie anhand der Debatte um den Begriff *Migrationshintergrund* deutlich wird (vgl. Leibold/Kühnel 2016: 311). Ein differenzierter Umgang mit Gruppenbezeichnungen innerhalb einer Gesellschaft ist daher essentiell und bildet eine Grundlage dieses Textes.

Die Herausforderung, unterschiedliche Gruppen einer Gesellschaft zu benennen und zu untersuchen, bleibt jedoch bestehen. So liegt der Fokus innerhalb der Fluchtforschung nicht nur auf Geflüchteten und ihren Fluchterfahrungen, sondern auch auf jenen Gesellschaften, in denen Geflüchtete ankommen und (ggf. temporär) bleiben. Gerade hier und im Zusammenhang mit Integrationsprozessen (→ Integration) spielen Alltagserfahrungen, nachbarschaftliche Kommunikation, interkulturelle Kompetenzen und Handeln eine zentrale Rolle. In der deutschsprachigen Forschungslandschaft werden hierzu unterschiedliche Begriffe wie *Aufnahmegesellschaft*, *Ankunftsgesellschaft* oder auch *Mehrheitsbevölkerung* genutzt (vgl. Brinkmann/Sauer 2016; Glorius et al. 2019; Pries 2010; Schmidt et al. 2019). Die Wahl des jeweiligen Begriffs kann auf die Forschungsperspektive der Autor:innen hinweisen, also z. B., welches Verständnis von Integrationsprozessen hier mitgedacht wird. Meist ist jedoch keine systematische Nutzung oder Reflexion über die eigene Anwendung der Begriffe zu erkennen. Dennoch transportieren die Termini gewisse Beschreibungen von Gesellschaften, die vor allem die Diversität von Migrationsgesellschaften ausklammern. So kann mit dem Begriff *Mehrheitsbevölkerung* impliziert sein, dass die ansässige Bevölkerung in ihrer Gruppengröße den Zugezogenen überlegen ist und einer ethnisch homogenen Gruppe entspricht, die einem alltagskulturellen Habitus folgt (vgl. Schmidt et al. 2019). Dadurch werden Migrant:innen stets als eine Minderheit dargestellt.

Im Vergleich zur *Mehrheitsbevölkerung* ist die Bezeichnung als *Ankunftsgesellschaft* eher neutral in Bezug auf ihre Zusammensetzung. Der Begriff fokussiert stark auf die zeitliche Ebene des Ankommens von Migrant:innen bzw. auf temporäre Ankunftskontexte. Durch diesen Blickwinkel kann die Rolle der lokalen Bevölkerung im Sinne langfristiger Integrationsprozesse nicht vollständig erfasst werden. Etwas weiter verbreitet ist hingegen die Bezeichnung der *Aufnahmegesellschaft* (vgl. Glorius et al. 2019; Tanis 2020), der sich mit dem ebenfalls häufig verwendeten englischen Begriff *host society* (vgl. Becker 2009; Hebbani et al. 2016; Vroome et al. 2014) übersetzen lässt, seltener auch als *receiving society* (vgl. Breton 2019). Der Begriff weist darauf hin, dass die Einwanderungsgesellschaft eine wichtige Rolle spielt und Ankommens- sowie Integrationsprozesse nicht ausschließlich durch Migrant:innen ausgestaltet werden. Unklar bleibt, ob nicht auch mit der *Aufnahmegesellschaft* ein homogenes Gesellschaftsbild konstruiert wird. Abgrenzend zum Begriff der *Mehrheitsbevölkerung* können neben

Personen auch Institutionen Teil der Aufnahmegesellschaft sein. Damit beschreibt der Begriff die Gesamtheit der Gesellschaft, verbleibt aber im Unklaren, welcher Forschungsgegenstand, zum Beispiel welche räumliche Ebene, fokussiert wird.

Darüber hinaus wird im deutschsprachigen Kontext der Begriff *Willkommensgesellschaft* genutzt, der eine positive Haltung zur Aufnahme von Migrant:innen beschreibt. Im Zuge der Fluchtzuwanderung im Jahr 2015 spiegelt er vor allem die damalige euphorische Stimmung in Deutschland wider, die von einer breiten gesellschaftlichen Bewegung getragen wurde, vor allem durch das lokale ehrenamtliche Engagement (vgl. Karakayali 2017; Karakayali/Kleist 2016).

Die verbreitete englische Bezeichnung *resident population* kommt dem deutschen Begriff *Residenzbevölkerung* am nächsten, der mit Wohnbevölkerung oder ansässiger Bevölkerung übersetzt werden kann. Der Terminus Residenzbevölkerung wird in der deutschsprachigen Migrations- und Fluchtforschung bisher wenig und in leicht geänderter Form verwendet: Vlašić (2018: 250) z. B. spricht von „Residenzgesellschaft" und meint hier die gesamte Gesellschaft im Sinne von Einwanderungsgesellschaft. Außerhalb der Migrationsforschung taucht der Begriff *Residenzbevölkerung* ebenfalls auf, jedoch mit einer anderen Bedeutungszuschreibung (u. a. Fitzenreiter 2011) bzw. in Zusammenhang mit der semantischen Bedeutung der *Residenz*, z. B. als ‚Sitz' oder ‚Wohnsitz'.

Während bei den zuvor genannten Begriffen unklar bleibt, welche Bevölkerungsteile beschrieben oder benannt werden, eröffnet *Residenzbevölkerung* immer einen Bezug zur räumlichen Ebene. Wie eingangs skizziert, spielen für Aufnahmeprozesse besonders die unmittelbare Nachbarschaft und räumlich nähere Bevölkerung eine Rolle, z. B. eines Ortes oder einer Stadt. Der Begriff spiegelt somit auch eine Entwicklung der Migrations- und Fluchtforschung wider, die im Rahmen des *local turn* die Bedeutung von lokalen bzw. kommunalen Prozessen in den Vordergrund stellt (→ Geographie) (vgl. Zapata-Barrero et al. 2017).

Ein weiteres Potenzial dieser Perspektive ist, dass mit *Residenzbevölkerung* die Gesamtheit der wohnhaften Bevölkerung gemeint ist, unabhängig von ihrer Nationalität, Ethnizität oder kulturell-religiöser Herkunft. Gleichzeitig ist die Residenzbevölkerung dynamisch und von gesellschaftlicher Zu- und Abwanderung verschiedener sozialer Gruppen geprägt, die je nach Ort oder Region unterschiedlich in ihrer Intensität sein kann. In Abgrenzung zum Begriff *Wohnbevölkerung* sind aber auch Personen gemeint, die Teil der lokalen Gesellschaft sind, unabhängig vom administrativen Wohnsitz.

Innerhalb der Residenzbevölkerung finden Aushandlungsprozesse über Zuwanderung und Zusammenleben statt und die lokale Bevölkerung kann dabei mehr oder weniger aufnahmebereit für Migrant:innen sein. Dies wird beispielsweise durch zugewandte oder ablehnende Einstellungen innerhalb der Bevölkerung beeinflusst, durch zivilgesellschaftliche Kapazitäten zur Unterstützung von Migrant:innen oder auch lokalräumliche Besonderheiten (*local receptivity,* vgl. Glorius et al. 2021). Ein breites Verständnis von Residenzbevölkerung (u. a. über Nationalität hinaus), wie hier vorgeschlagen, eröffnet auch Potenziale, etwa Migrant:innen bzw. migrantische Netzwerke selbst als Akteure innerhalb der Residenzbevölkerung stärker wahrzunehmen. Zusammenfassend lässt sich feststellen, dass die Nutzung des Begriffs Residenzbevölkerung ermöglicht, den Fokus auf das direkte gesellschaftliche Zusammenleben zu legen und räumliche Implikationen lokaler oder regionaler Ankunftsräume auf dieses zu erfassen.

3. Die Rolle der Residenzbevölkerung

Forschungen zur Ankunft, Aufnahme und Integration von Geflüchteten beschäftigten sich bislang selten mit der konkreten Rolle der Residenzbevölkerung. Gründe hierfür sind in der theoretischen Entwicklung des Forschungsfeldes zu finden: Besonders die frühen Migrationstheorien heben erklärende Faktoren für Migrationsbewegungen hervor, weniger das Zusammenleben als Ergebnis dieser Prozesse. Spätere Assimilations- oder Integrationsansätze (vgl. Gordon 1964; Esser 1980) verdeutlichen zwar die Notwendigkeit sozialer Beziehungen zur Residenzbevölkerung, doch stehen weiterhin individuelle Anpassungsstrategien von Migrant:innen an die Aufnahmegesellschaft im Mittelpunkt. Etwas nuancierter betont hingegen die Akkulturationstheorie (vgl. Sam/Berry 2010) die Zweiseitigkeit von Anpassungsprozessen, die von zwei kulturellen Gruppen ausgeht, die sich durch persönlichen Kontakt einander annähern. Es verbleiben jedoch Desiderate, sowohl in den Theorien als auch bei der empirischen Anwendung, die explizite Rolle der Residenzbevölkerung im Rahmen von Aufnahmeprozessen zu untersuchen. Forschungsergebnisse, beispielsweise aus der Einstellungs- oder Quartiersforschung, verdeutlichen jedoch, dass die Konstitution und die Haltung der aufnehmenden Bevölkerung von Relevanz für das Ankommen von Geflüchteten sind. Dass diese gesellschaftlichen Rahmenbedingungen lokal oder sogar quartiersspezifisch variieren können, lässt sich besonders beispielhaft im Rahmen der Fluchtzuwanderung um 2015 in Deutschland und europäischen Ländern aufzeigen: So unterscheiden sich nicht nur die lokalpolitischen Entscheidungen immens, sondern auch die Reaktionen der Bevölkerung: z. B. die spontane Einrichtung von Unterstützungsstrukturen bis hin zu gewalttätigen Protesten gegen die Unterbringung von Geflüchteten. Diese Varianz begründet sich u. a. in lokalen Vorbedingungen, wie beispielsweise räumlichen Gegebenheiten für die Aufnahme, die lokale Migrationsgeschichte, aber auch durch lokale Diskurse und kollektive Einstellungsmuster (vgl. Glorius/Doomernik 2020).

Bezugnehmend auf empirische Erkenntnisse zur aufnehmenden Bevölkerung kann zunächst auf Erkenntnisse sozialpsychologischer und soziologischer *Einstellungsforschung* verwiesen werden. Diese erfasst im Rahmen von Bevölkerungsbefragungen die Einstellungen der Einwohner:innen europaweit, national oder regional zu gesellschaftlichen Themen, auch zu Migration. Sie messen insbesondere die Ablehnung gegenüber einzelnen Gruppen (u. a. Ausländerfeindlichkeit, Gruppenbezogene Menschenfeindlichkeit), beispielsweise im European Social Survey (ESS). Europaweit werden dabei nicht nur zwischen verschiedenen Ländern unterschiedliche Werte von Toleranz gegenüber Migrant:innen gemessen, sondern es zeigen sich auch regionale bzw. lokale Cluster von Einstellungen (vgl. Czaika/Di Lillo 2018: 2469). Die lokale oder regionale Umgebung hat somit Einfluss auf die Einstellungen der Bevölkerung (vgl. ebd.). Die europäischen oder nationalen Befragungsdaten lassen jedoch nicht immer Rückschlüsse auf konkrete Orte und die dort lebende Bevölkerung zu. Auch wenn nicht automatisch von Einstellungen auf soziale Praktiken geschlossen werden kann, so ist davon auszugehen, dass eine diversitätsoffene Haltung der Residenzbevölkerung für gesellschaftliche Teilhabe von Migrant:innen vorteilhaft ist (vgl. Schneider et al. 2021).

Neben den Einstellungsmustern gegenüber Migrant:innen ist auch die *Zusammensetzung von Quartieren* bzw. Nachbarschaften als direkter Kontaktort zwischen Neuzugezogenen und der Residenzbevölkerung im Fokus der Forschung, beispielsweise in der Stadtsoziologie (→ Soziologie). Häufig nehmen hier Analysen ausschließlich die Seite der Migrant:innen, nicht die der gesamten Residenzbevölkerung, in den Blick. Insbesondere die Fragestellungen residentieller Segregation wurden lange Zeit besonders unter den Stichworten ‚Parallelgesellschaften' oder ‚Ghettobildung' in der Öffentlichkeit diskutiert und problematisiert. In diesen Debatten wird davon ausgegangen, dass Nachbarschaften, besonders in Großstädten, mit einem höheren Migrant:innenanteil sich nachteilig auf Integrationsprozesse auswirken. Die diskutierten negativen gesellschaftlichen Folgen sind jedoch empirisch in ihrer Einfachheit nicht haltbar. Sie klammern beispielsweise sozio-ökonomische Effekte und lokale Besonderheiten aus (Häußermann 2007: 458–462; Farwick 2009: 307–311), z. B. die lokale Migrationsgeschichte. Zunehmend finden auch kleinere Orte abseits von Großstädten oder ländliche Umgebungen und ihre Rolle für die Integration Beachtung in der Forschung zu Einstellungen gegenüber Geflüchteten. Tendenziell leben weniger Migrant:innen in ländlichen Regionen als in Großstädten, auch wenn der Anteil zunehmend größer wird. Analysen von Bevölkerungsbefragungen zeigen, dass die Bevölkerung in ländlichen Regionen zurückhaltender gegenüber Geflüchteten ist (vgl. Schmidt et al. 2020: 594; Schneider et al. 2021). Mögliche Erklärungen können hier etwa im geringeren Migrationsanteil und damit verbundener geringerer Kontakthäufigkeit in der Wohnumgebung liegen (vgl. Schmidt et al. 2020: 594; Schneider et al. 2021). Eisnecker (2019) analysiert unter dieser Annahme mit verschiedenen Daten ausgewählter Langzeitbefragungen aus Deutschland (2007–2015) die Residenzbevölkerung deutscher Kommunen. Die Ergebnisse verdeutlichen, dass die Lokalbevölkerung in von Diversität geprägten Nachbarschaften eher interethnischen Kontakt hat als in Vierteln mit geringerem Migrant:innenanteil. Die Wahrnehmung von Migration in der Bevölkerung wird laut Moore (2021) von solchen direkten Kontakten vor Ort stärker beeinflusst als etwa durch nationale Diskurse zu Migration.

Des Weiteren spielt auch die Zusammensetzung der Residenzbevölkerung in Bezug auf die Zuzugspräferenzen und Wohnstandortwahl von Migrant:innen eine Rolle. So bieten Regionen mit mehr Migrant:innen auch größere migrantische Netzwerke (vgl. Bankston 2014; Tanis 2020). Allerdings können sich Geflüchtete kaum an derartigen Kriterien ausrichten, denn ihnen wird im Rahmen des Aufnahmeprozesses ein Wohnstandort in Deutschland zugewiesen, an welchen sie teils auch nach dem Ende des Asylverfahrens durch die Auferlegung einer Wohnsitzauflage gebunden sind. Aus Befragungen von Geflüchteten wird jedoch deutlich: Soziale Verbundenheit und Identifikationen – innerhalb eigener ethnischer Netzwerke und über diese hinaus – sind immanent für das Gefühl von Sicherheit und das Wohlbefinden von Geflüchteten; sie sind damit eine wichtige Basis der sozialen Inklusion (vgl. Glorius et al. 2020; Schiefer 2017). Die zufällig zugewiesenen Aufnahmeorte können somit für Geflüchtete sowohl als „spaces of exclusion" wie auch als „spaces of inclusion" fungieren (Spicer 2008). Darüber hinaus muss betont werden, dass die Residenzbevölkerung als Teil der (→) Zivilgesellschaft auch teilhabefördernde Funktionen einnimmt, wie beispielsweise Unterstützungsstrukturen für Geflüchtete zu bieten. Viele lokale Vereine und Initiativen, aber auch Privatpersonen, engagierten sich besonders im Kontext der Fluchtzuwanderung um das Jahr 2015 für Geflüchtete (Priemer et al. 2019: 7, 23). Gleichzeitig bietet auch der lokale Raum als gemeinsames Wohnquartier Potenzial für Konflikte, wie beispielsweise die Proteste gegen die Einrichtung von Geflüchtetenunterkünften von Teilen der Residenzbevölkerung zeigen.

4. Fazit

Die Konstitution der aufnehmenden Gesellschaft im direkten Wohn- und Aufnahmeumfeld ist für das Zusammenleben in Migrationsgesellschaften zentral und beeinflusst soziale Teilhabeprozesse. Lange Zeit wurde dieser Seite in der Forschung zu wenig Beachtung geschenkt. Bisherige Termini zur Beschreibung der aufnehmenden Gesellschaft weisen begriffliche Unschärfe auf bzw. lassen eine unsystematische Nutzung von Begriffen erkennen, wenn über die aufnehmende Gesellschaft gesprochen wird.

Der Begriff der Residenzbevölkerung eignet sich als analytischer Begriff, da er die sozialräumliche Perspektive betont und offen für die Diversität und Dynamik der sich verändernden Gesellschaft vor Ort bleibt. Residenzbevölkerung definiert sich über den gemeinsamen Raum, der bewohnt und gestaltet wird, nicht über ethnische Zuschreibungen. Die Residenzbevölkerung bezeichnet daher vor allem die lokale Ebene, die durchaus auch regional definiert sein kann. Diese ist zudem Teil der lokalen Zivilgesellschaft, die aktiv Integrationsprozesse beeinflussen kann. Aufgrund der stärkeren Immobilität von Geflüchteten im Vergleich zu anderen Migrant:innengruppen (insb. durch die Wohnsitzzuweisung), unterliegen diese Aushandlungsprozesse des gemeinsamen Zusammenlebens besonderen Herausforderungen. Der Blick auf die lokale Bevölkerung bietet Potenziale für die empirische Fluchtforschung, um das gesellschaftliche Gefüge und direkte Zusammenleben nach der Ankunft von Geflüchteten als elementare Bestandteile des sozialen Inklusionsprozesses zu betrachten.

Literaturverzeichnis

Bankston, Carl L. (2014): Immigrant networks and social capital. Cambridge: Polity Press (Immigration and society series).

Becker, Birgit (2009): Immigrants' emotional identification with the host society. The example of Turkish parents' naming practices in Germany. In: Ethnicities 9 (2), 200–225. https://doi.org/10.1177/1468796809103460.

Breton, Charles (2019): Do Incorporation Policies Matter? Immigrants' Identity and Relationships with the Receiving Society. In: Comparative Political Studies 52(9),1364–1395. https://doi.org/10.1177/0010414019830708.

Brinkmann, Heinz U./Sauer, Martina (2016): Einwanderungsgesellschaft Deutschland. Entwicklung und Stand der Integration. Wiesbaden: Springer VS.

Czaika, Mathias/Di Lillo, Armando (2018): The geography of anti-immigrant attitudes across Europe, 2002–2014. In: Journal of Ethnic and Migration Studies 44 (15), 2453–2479. https://doi.org/10.1080/1369183X.2018.1427564.

Eisnecker, Philipp S. (2019): Non-migrants' interethnic relationships with migrants: the role of the residential area, the workplace, and attitudes toward migrants from a longitudinal perspective. In: Journal of Ethnic and Migration Studies 45 (5), 804–824. https://doi.org/10.1080/1369183X.2017.1394180.

Esser, Hartmut (1980): Aspekte der Wanderungssoziologie. Assimilation und Integration von Wanderern, ethnischen Gruppen und Minderheiten. Eine handlungstheoretische Analyse. Darmstadt/Neuwied: Luchterhand.

Farwick, Andreas (2009): Segregation und Eingliederung. Zum Einfluss der räumlichen Konzentration von Zuwanderern auf den Eingliederungsprozess. Wiesbaden: VS Verlag für Sozialwissenschaften/GWV Fachverlage GmbH Wiesbaden.

Fitzenreiter, Martin (2011): Grabmonument und Gesellschaft – Funeräre Kultur und Soziale Dynamik im Alten Reich. In: Studien zur Altägyptischen Kultur 40, 67–10.

Glorius, Birgit/Bürer, Miriam/Schneider, Hanne (2019): Integration von Geflüchteten und die Rolle der Aufnahmegesellschaft. Konzeptionelle Überlegungen und ihre Anwendung auf ländliche Räume. Braunschweig. https://literatur.thuenen.de/digbib_extern/dn060828.pdf, 26.01.2021.

Glorius, Birgit/Kordel, Stefan/Weidinger, Tobias/Bürer, Miriam/Schneider, Hanne/Spenger, David (2020): Is Social Contact With the Resident Population a Prerequisite of Well-Being and Place Attachment? The Case of Refugees in Rural Regions of Germany. In: Frontiers of Sociology 5. https://doi.org/10.3389/fsoc.2020.578495.

Glorius, Birgit/Bürer, Miriam/ Schneider, Hanne (2021): Integration of refugees in rural areas and the role of the receiving society: conceptual review and analytical framework. Erdkunde 75 (1), 51–60. https://doi.org/10.3112/erdkunde.2021.01.04.

Glorius, Birgit/Doomernik, Jeroen (Hrsg.) (2020): Geographies of Asylum in Europe and the Role of European Localities. Cham: Springer International Publishing.

Gordon, Milton. M. (1964): Assimilation in American Life: The Role of Race, Religion, and National Origins. Oxford: Oxford University Press on Demand.

Haug, Sonja (2000): Klassische und neuere Theorien der Migration. Arbeitspapier – Mannheimer Zentrum für Europäische Sozialforschung. Mannheim.

Häußermann, Hartmut (2007): Ihre Parallelgesellschaften, unser Problem. In: Leviathan 35 (4), 458–469.

Hebbani, Aparna/Colic-Peisker, Val/MacKinnon, Mairead (2016): Know thy Neighbour: Residential Integration and Social Bridging among Refugee Settlers in Greater Brisbane, In: Journal of Refugee Studies 31 (1), 82–103.

Hess, Sabine (2010): Aus der Perspektive der Migration forschen. In: Hess, Sabine/Schwertl, Maria (Hrsg.): München migrantisch – migrantisches München. Ethnographische Erkundungen in globalisierten Lebenswelten. Münchner ethnographische Schriften (5), 9–25.

Hooghe, Marc/Vroome, Thomas de (2015): The perception of ethnic diversity and anti-immigrant sentiments: a multilevel analysis of local communities in Belgium. In: Ethnic and Racial Studies 38(1), 38–56. https://doi.org/10.1080/01419870.2013.800572.

Karakayali, Serhat (2017): ‚Infra-Politik' der Willkommensgesellschaft. In: Forschungsjournal Soziale Bewegungen 30 (3), 16–24.

Karakayali, Serhat/Kleist, Olaf J. (2016): ESA-Studie 2: Strukturen und Motive der ehrenamtlichen Flüchtlingsarbeit in Deutschland, 2. Forschungsbericht Ergebnisse einer explorativen Umfrage vom November/Dezember 2015, Berliner Institut für empirische Integrations- und Migrationsforschung (BIM), Berlin. https://www.fluechtlingsrat-brandenburg.de/wp-content/uploads/2016/08/Studie_EFA2_BIM_11082016_VOE.pdf (abgerufen 23.05.2022)

Leibold, Jürgen/Kühnel, Steffen (2016): Migranten und Einheimische – Welche wechselseitigen Wahrnehmungen haben sich im Verlauf der Zeit durchgesetzt? In: Brinkmann, Heinz Ulrich/Sauer, Martina (Hrsg.): Einwanderungsgesellschaft Deutschland. Entwicklung und Stand der Integration. Wiesbaden: Springer VS, 318–338.

Moore, Helen (2021): Perceptions of Eastern European migrants in an English village: the role of the rural place image, Journal of Ethnic and Migration Studies 47 (1), 267–283.

Priemer, Jana/Bischoff, Antje/Hohendanner, Christian/Krebstakies, Ralf/Rump, Boris/Schmitt, Wolfgang (2019): Organisierte Zivilgesellschaft. In: Holger Krimmer (Hrsg.): Datenreport Zivilgesellschaft. Wiesbaden: Springer Fachmedien Wiesbaden, 7–54.

Pries, Ludger (2010): Soziologie der Migration. In: Kneer, Georg/Schroer, Markus (Hrsg.): Handbuch Spezielle Soziologien. Wiesbaden: Springer Fachmedien GmbH.

Radford, David (2016): 'Everyday otherness' – intercultural refugee encounters and everyday multiculturalism in a South Australian rural town. In: Journal of Ethnic and Migration Studies 42 (13), 2128–2145, https://doi.org/10.1080/1369183X.2016.1179107.

Sam, David L./Berry, John W. (2010): Acculturation: When Individuals and Groups of Different Cultural Backgrounds Meet. In: Perspect Psychol Sci 5(4), 472–481.

Schiefer, David (2017): Wie gelingt Integration? Asylsuchende über ihre Lebenslagen und Teilhabeperspektiven in Deutschland. Sachverständigenrat deutscher Stiftungen für Integration und Migration, Robert-Bosch-Stiftung GmbH, Berlin. www.svr-migration.de/wp-content/uploads/2017/11/SVR-FB_Wie_gelingt_Integration.pdf, 26.01.2021.

Schmidt, Katja/Jacobson, Jannes/Krieger, Magdalena (2020): Soziale Integration Geflüchteter macht Fortschritte. In: DIW Wochenbericht 34, 591–599.

Schmidt, Peter/Weick, Stefan/Gloris, Daniel (2019): Wann wirken Kontakte zwischen Migranten und Mehrheitsgesellschaft? Längsschnittanalysen zu Erfahrungen mit Kontakten und zur Bewertung von Flüchtlingen und Muslimen durch die deutsche Bevölkerung. In: Informationsdienst Soziale Indikatoren 61, 24–29.

Schmiz, Antonie/Räuchle, Charlotte (2019): Introduction to the special issue: comparing local refugee regimes. In: Erdkunde 73 (1), 3–7.

Schneider, Hanne/Bürer, Miriam/Glorius, Birgit (2021): Gesellschaftliche Einstellungen in ländlichen Räumen gegenüber Neuzugewanderten: Befragungsergebnisse und regionale Spezifika. Braunschweig, www.thuenen.de/media/publikationen/thuenen-workingpaper/ThuenenWorkingPaper_174.pdf, 01.08.2021.

Spicer, Neil (2008): Places of Exclusion and Inclusion: Asylum-Seeker and Refugee Experiences of Neighbourhoods in the UK. In: Journal of Ethnic and Migration Studies 34 (3), 491–510.

Tanis, Kerstin (2020): Regional distribution and location choices of immigrants in Germany. In: Regional Studies 54(4): 483–494. https://doi.org/10.1080/00343404.2018.1490015.

Vlašić, Andreas (2018): Integration und Willkommenskultur. In: Meffert, Heribert/Spinnen, Bernadette/Block, Jürgen/bcsd e.V. (Hrsg.): Praxishandbuch City- und Stadtmarketing. Wiesbaden: Springer Gabler, 243–256.

Vroome, Thomas de/Martinovic, Borja/Verkuyten, Maykel (2014): The Integration Paradox: Level of Education and Immigrants' Attitudes Towards Natives and the Host Society. In: Cultural Diversity and Ethnic Minority Psychology 20 (2), 166–175.

Zapata-Barrero, Ricard/Caponio, Tiziana/Scholten, Peter (2017): Theorizing the 'local turn' in a multi-level governance framework of analysis: a case study in immigrant policies. International Review of Administrative Sciences 83 (2), 241–246.

III.4.5
Diskriminierung und Rassismus

Daniel Diekmann und Karim Fereidooni

Abstract Die subjektiven Erfahrungen geflüchteter Menschen in Deutschland mit Diskriminierung und Rassismus werden bisher nur in wenigen Forschungsbeiträgen thematisiert und stehen daher im Fokus dieses Beitrags. Auf Basis der bisherigen Forschungsliteratur und einer eigenen qualitativen Befragung werden Diskriminierungs- und Rassismusformen, von denen Geflüchtete in ihren verschiedenen Lebensbereichen betroffen sind, analysiert.

Schlüsselbegriffe: Geflüchtete, Diskriminierung, Rassismus, Subjektive Wahrnehmung, Rassismuskritik

1. Einleitung

Inwiefern schutzsuchende Menschen in Deutschland von Diskriminierung und Rassismus betroffen sind, wird in diesem Beitrag verdeutlicht. Hierzu werden zunächst die Begriffe Diskriminierung und Rassismus erläutert (2). Darauf aufbauend folgt die Darstellung des wissenschaftlichen Analyseinstruments der Rassismuskritik (3). Im Anschluss daran werden subjektive (rassistische) Diskriminierungserfahrungen Schutzsuchender analysiert (4). Der Beitrag schließt mit einem Fazit (5).

2. Definitionen

Unter Diskriminierung wird ein „benachteiligendes Handeln und ein abwertendes Sprechen" (Scherr 2016: 1) verstanden. Jede Person kann aus verschiedenen Gründen Opfer von Diskriminierung werden. Oftmals werden diskriminierende Haltungen und/oder Handlungen mit bestimmten tatsächlichen oder angenommenen Personenmerkmalen (vgl. Beutke/Kotzur 2015: 8) begründet, bei denen es sich um individuelle Merkmale (vgl. Fereidooni 2016: 44) oder Gruppenkategorien handeln kann. Anhand dieser Merkmale werden vermeintlich trennscharfe Unterscheidungen vollzogen und abstrakte Gruppen konstruiert, die zwar als solche in der Realität nicht unbedingt existieren, denen jedoch eine kollektive Identität zugeschrieben sowie spezifische Merkmale attestiert werden, die sich von den Eigenschaften der weißen Mehrheitsgesellschaft (→ Residenzbevölkerung) unterscheiden (vgl. Scherr 2016: 1; Melter 2006: 44).

Die Ausprägungen von Diskriminierung können danach unterschieden werden, ob sie direkt oder indirekt sind und ob sie auf individueller, institutioneller oder gesellschaftlicher Ebene stattfinden (vgl. Fereidooni 2016).

Rassismus kann verstanden werden als eine besondere Ausprägung von Diskriminierung, die sich an der sozialen Konstruktion von *Menschenrassen*[1] orientiert und Individuen insbesondere über Hautfarbe und Herkunft hierarchisiert (Böhm 2006: 5). Essed (1992: 375) bezeichnet Alltagsrassismus als

> „eine Ideologie, eine Struktur und ein[en] Prozess, mittels derer bestimmte Gruppierungen auf der Grundlage tatsächlicher oder zugeschriebener biologischer oder kultureller Eigenschaften als wesensmäßig andersgeartete und minderwertige "Rassen" oder ethnische Gruppen angesehen werden. In der Folge dienen diese Unterschiede als Erklärung dafür, daß [sic!] Mitglieder dieser Gruppierungen vom Zugang zu materiellen und nicht-materiellen Ressourcen ausgeschlossen werden."

Rassismus ist in den Lebensbereichen vieler Menschen in Form von „Erfahrungen der Ausgrenzung bei der Suche nach einer Arbeitsstelle oder einer Wohnung, Pöbeleien auf der Straße, Erfahrungen mit Racial Profiling oder physischen Gewalterfahrungen" (Jagusch 2016: 30) präsent. Bei einem Großteil der rassistischen Erfahrungen vieler Menschen manifestieren sich diese jedoch auch als versteckte oder subtile Handlungen oder unterschwellig hervortretende Denkschemata (vgl. Schramkowski/Ihring 2018: 280).

Die Ursprünge des sog. biologischen bzw. klassischen Rassismus gehen auf die Zeit der Aufklärung zurück – er postuliert verschiedene Menschenrassen sowie eine Hierarchisierung dieser anhand eines angenommenen natürlichen Zusammenhangs biologischer, intellektueller und moralischer Merkmale (vgl. Polat 2017). Im Gegensatz zum biologischen Rassismus fundiert der Kultur- oder Neo-Rassismus Ungleichbehandlung nicht mit einem Bezug auf *Rassekonstruktionen*, sondern argumentiert mit der Ungleichwertigkeit und der Unvereinbarkeit von Kulturen, Sprachen und Religionen. Balibar (1992: 28f.) spricht deshalb von einem „Rassismus ohne Rassen".

3. Rassismuskritik

In der bundesdeutschen Bevölkerung tendieren viele Menschen dazu, ungern über Rassismus zu sprechen und als rassistisch wahrgenommene Handlungen anzuzweifeln, zu verharmlosen, nicht anzuerkennen, als beleidigend aufzufassen (vgl. Schramkowski/Ihring 2018: 279) und am rechten Rand der Gesellschaft in Milieus mit schwierigen Lebenslagen zu verorten (vgl. Bukow/Cudak 2017: 385). Studien belegen jedoch, dass Rassismus durchaus als „Ideologie der Mitte" (Fereidooni/El 2017: 477) aufgefasst werden muss. Eine rassismuskritische Auseinandersetzung mit Rassismus stützt sich auf die Annahme, dass alle Menschen „auf diskriminierte und privilegierte Weise" in „die verletzenden Denk-, Handlungs- und Wirkungsweisen des Rassismus" verstrickt sind (Melter 2017: 591) und dass rassistisches Deutungswissen im Rahmen der Sozialisation (re)produziert wird.

---

1 Es gibt keine menschlichen Rassen, vielmehr hat Rassismus menschliche Rassen erfunden, um die Kolonialisierung schwarzer Menschen zu rechtfertigen. Ursprünglich stammt der Begriff der Rasse aus Botanik und Zoologie (Arndt 2017: 4).

4. Subjektive Erfahrungen geflüchteter Menschen in Deutschland mit Diskriminierung und Rassismus

Auf Grundlage der Auswertung des diskriminierungs- und rassismuskritischen Forschungsstandes in Bezug auf die unterschiedlichen Lebensbereiche geflüchteter Menschen[2] definieren Diekmann und Fereidooni (2019) in ihrem systematischen Literaturüberblick die Lebensbereiche *Arbeitsmarkt, Unterkunft und Wohnungsmarkt, Ämter und Behörden, Waren und Dienstleistungen, Bildung, Polizei* sowie *Alltag und Öffentlichkeit* als Lebensbereiche geflüchteter Menschen in Deutschland, in denen diese potenziell von Rassismus und Diskriminierung betroffen sind. In welchen Formen sich rassistische Diskriminierung in den genannten Kontexten konkret auswirkt, wird im Folgenden anhand der genannten Lebensbereiche dargestellt. Dabei werden die Ergebnisse einschlägiger Studien und einer eigenen qualitativen Befragung aufgeführt, im Rahmen derer 2018 sechs syrische Geflüchtete aus dem Ruhrgebiet zu ihren Diskriminierungs- und Rassismuserfahrungen befragt wurden.[3]

Arbeitsmarkt

Insgesamt ist der Arbeitsmarktzugang Geflüchteter aufgrund gesetzlicher Regelungen eingeschränkt (→ Integration; → Arbeitsmarkt). Darüber hinaus sind verschiedene Formen von Rassismus und Diskriminierung aufgrund verschiedener Merkmale belegt. Hierzu zählen z. B. die Nicht-Einstellung aufgrund der Herkunft (vgl. Hohmann 2004), des Aufenthaltsstatus, fehlender Sprachkenntnisse (→ Sprache) oder religiöser Kleidung (vgl. ADS 2016). Darüber hinaus werden fehlende Beratungsangebote ebenso beklagt wie eine Nicht-Anerkennung von Bildungs- und Berufsabschlüssen, Berufserfahrungen und persönlichkeitsbezogener Kompetenzen (vgl. Foda/Kadur 2005). Kommt ein Arbeitsverhältnis zustande, kann oftmals die Einstellung unterhalb des Qualifikationsniveaus (vgl. Brücker et al. 2016) beobachtet werden. Am Arbeitsplatz selbst wird zum Teil von rassistischer Diskriminierung durch Kolleg*innen oder Vorgesetzte (vgl. ADS 2016) berichtet sowie von prekären Arbeitsbedingungen (weniger Arbeitsschutz, kurzfristig auferlegte Überstunden, ungünstige Arbeitszeiten oder die Übertragung anspruchsloser Aufgaben (ADS 2017), zum Teil in Kombination mit Kündigungsdrohungen.

Unterkunft und Wohnungsmarkt

In Bezug auf die Situation in Unterkünften (→ /Camp/Lager; → Wohnen) und auf dem Wohnungsmarkt liegen folgende Befunde zur Wahrnehmung Geflüchteter von Rassismus und Diskriminierung vor: Oftmals werden die Unterbringung in Gemeinschaftsunterkünften sowie aufenthaltsrechtliche und andere gesetzliche Einschränkungen, z. B. die Wohnsitzauflage, Beschränkungen beim Einkauf

---

[2] Berücksichtigt wurden Forschungsarbeiten sowie Berichte von Organisationen aus der Praxis.
[3] Ziel dieser Studie war es, auf Basis einer Systematisierung des bisherigen Forschungsstandes neue Erkenntnisse zu den subjektiven Erfahrungen geflüchteter Menschen mit Diskriminierung und Rassismus zu generieren. Die Auswertung der Interviews erfolgte mittels qualitativer Inhaltsanalyse.

von Nahrungsmitteln und Bedarfsgegenständen (vgl. Täubig 2009) als diskriminierend wahrgenommen.

Die Wohnungssuche vieler Geflüchteter scheitert zudem oftmals an mangelnden Rückmeldungen seitens der Vermieter*innen oder an der Verweigerung von Besichtigungsterminen aufgrund einer pauschalen Ablehnung z. B. aufgrund rassistischer Zuschreibungen und Vorurteile, wegen fehlender Staatsbürgerschaft/Aufenthaltstitel, mangelnder Sprachkenntnisse, der Herkunft, der zu geringen Aufenthaltsdauer oder des Erhalts von Sozialleistungen (vgl. Antidiskriminierungsbüro Sachsen e.V. 2017; Foroutan 2017). Kommt ein Mietverhältnis zustande, können hier nicht selten zusätzliche Hürden und erschwerte Mietbedingungen (höhere Mieten und Nebenkosten, Spielplatzverbote für Kinder) (vgl. ADS 2017; Hummel et al. 2017) beobachtet werden.

Ämter und Behörden

Im Kontext von Ämtern und öffentlichen Behörden beschreiben Geflüchtete die Verwehrung von Leistungen, die Ablehnung von Anträgen, die Auferlegung bürokratischer Hürden (vgl. ADS 2016; Hohmann 2004) ebenso wie das Vorenthalten relevanter Informationen, abwertende Behandlungen durch Mitarbeiter*innen und wahrgenommene Willkür (vgl. Bohn et al. 2016) als diskriminierend. Hierbei wird oftmals eine wahrgenommene negative Grundeinstellung der Mitarbeiter*innen, z. B. aufgrund fehlender Sprachkenntnisse oder pauschaler Vorurteile, beschrieben. Problematisch ist in diesem Kontext zudem, dass Dolmetscher*innen (vgl. Kurtenbach 2018) oft nicht bereitgestellt werden und die Betroffenen, die sich in diesem Kontext ohnehin schon in einem Abhängigkeitsverhältnis befinden, dadurch auf die Hilfe ehrenamtlicher Helfer*innen angewiesen sind. Die Teilnahme an offiziellen Sprach- und Integrationskursen, die hier ggf. Abhilfe leisten könnte, ist Geflüchteten nur im Falle einer guten Bleibeperspektive (vgl. Bundesamt für Migration und Flüchtlinge 2021) möglich (→ Integration; → Sprache).

Bildungssystem

In Bezug auf das Bildungssystem können auf Basis der aktuellen Studienlage insbesondere Aussagen zur Diskriminierung geflüchteter Schüler*innen gemacht werden (→ Schule). Hierzu kann einerseits auf einer strukturellen Ebene die Benachteiligung dieser durch gesetzliche Regelungen und fehlende pädagogische Konzepte (z. B. Gefühl der Segregation, Zurückstufung, Separierung und Ausgrenzung in „Willkommensklassen", vgl. Bohn et al. 2016; Massumi 2019) gezählt werden. Darüber hinaus sind andererseits Formen der direkten rassistischen Diskriminierung durch Mitschüler*innen sowie durch Lehrkräfte (vgl. Niedrig 2002) ebenso belegt wie unzureichende Reaktionen dieser (vgl. World Vision/Hoffnungsträger Stiftung 2015) oder Formen der Täter-Opfer-Umkehr in Konfliktsituationen (vgl. Kurtenbach 2018).

Polizei

Im Kontext polizeilicher Ermittlungen werden häufig eine unzureichende Unterstützung Betroffener und das Vorkommen von Täter-Opfer-Umkehr (vgl. Kurtenbach 2018) belegt. Dabei werden Geflüchtete bei Zeugenaussagen zum Teil als unglaubwürdig (vgl. ADS 2017) eingestuft und nur in Begleitung weiß-deutscher Menschen ernst genommen.

Waren und Dienstleistungen

Beim Erwerb von Waren und Dienstleistungen werden Erfahrungen Geflüchteter mit Diskriminierung und Rassismus häufig in einer Schlechterbehandlung und Willkür seitens der Angestellten (verändertes Verhalten, abwertende Blicke, Nicht-Bedienung, schlechtere Leistungen (Wartezeiten, Informationsvorenthaltung), Bezichtigung der Diebstahlabsicht berichtet (vgl. ADS 2016).

Alltag und Öffentlichkeit

Bezüglich Diskriminierungserfahrungen in ihrem Alltag berichten Geflüchtete von einer ganzen Bandbreite wahrgenommener rassistischer Diskriminierungen. Hierzu zählen latent vorhandene, negative Grundhaltungen sowie pauschalisierende Vorurteile ebenso wie Ignoriert-werden auf der Straße oder das Wechseln der Straßenseite und das Abstandhalten in Öffentlichen Verkehrsmitteln (vgl. ADS 2016) seitens anderer Menschen. Auch von beleidigenden Äußerungen, Abwertungen und Angeschrien- (vgl. ADS 2017) oder Angespuckt-werden, z. B. aufgrund des Aussehens, aufgrund religiöser Kleidung oder beim Sprechen der arabischen Sprache, wird berichtet. Ebenso kann es von Geflüchteten als diskriminierend empfunden werden, in Gesprächen als solche bezeichnet oder wahrgenommen zu werden. Hierzu zählen auch wohlmeinende Fragen zur eigenen Herkunft oder latente Vorurteile gegenüber der Religion und Nötigung zur Rechtfertigung religiöser Praktiken anderer, die bei weiß-deutschen Menschen auf Unverständnis stoßen.

Bei der Betrachtung der verschiedenen Lebensbereiche wird deutlich, dass (rassistische) Diskriminierung in nahezu allen Lebensbereichen geflüchteter Menschen in Deutschland eine massive Rolle einnimmt. Es ist nicht überraschend, dass diese Erfahrungen zum Teil weitreichende Auswirkungen auf die Betroffenen haben. Hier sind einerseits eine erschwerte oder verhinderte Integration beispielsweise in den Arbeitsmarkt zu nennen, andererseits eine abgeschwächte Identifikation mit dem Aufnahmeland, physische und psychische Gesundheitsprobleme sowie Resignation und/oder Einschränkungen des eigenen Verhaltens (vgl. ADS 2016: 18; Yalcin 2009; Uslucan/Yalcin 2012: 35 f.).

5. Fazit

Auf Grundlage der geschilderten Diskriminierungs- und Rassismuserfahrungen kann in Anlehnung an die Studie der ADS (2016) konstatiert werden, dass Geflüchtete in Deutschland eine gesellschaftliche Gruppe darstellen, die besonders *gefährdet* ist, in nahezu allen Lebensbereichen (rassistisch) diskriminiert zu werden. Geflüchtete Menschen sind eine besonders vulnerable Gruppe, wenn es um (rassistische) Diskriminierung geht, weil sie sich – anders als andere diskriminierungs- und rassismuserfahrene Personen – nicht oder nur in einem unzureichenden Maße gegen Ungleichbehandlungen zur Wehr setzen können, und zwar aufgrund ihrer fehlenden bzw. unzureichenden Deutschkenntnisse, ihres prekären Aufenthaltsstatus, ihrer mangelnden finanziellen und sozialen Ressourcen u. a. wegen gesetzlich normierter (temporärer) Beschäftigungsverbote; ihrer mangelhaften Informationen über Antidiskriminierungsgesetzgebungen und des Informationsdefizits über die Möglichkeit, sich rechtlichen Beistand zu holen; sowie fehlender oder eingeschränkter Möglichkeiten, ihren Wohnort selbst zu wählen. Diskriminierungen entlang dieser Kategorien – die sich z. B. als Antimuslimischer Rassismus, Anti-Schwarzen-Rassismus, Klassismus etc. in den verschiedensten Praktiken individueller rassistischer Diskriminierung und/oder in Formen institutioneller Diskriminierung manifestieren – können dabei einerseits nebeneinander wirken, andererseits zum Teil erst durch ihre Verschränkungen miteinander zu neuen Diskriminierungserfahrungen führen.[4]

Hinzu kommt, dass die Bevölkerungsgruppe der Geflüchteten in ihren verschiedenen Lebensbereichen systematisch, offen und intendiert durch die deutsche Gesetzgebung diskriminiert wird und dadurch in geringerem Maße sozial, politisch und wohlfahrtsstaatlich an der Gesellschaft teilhaben kann. Dabei ist es für Geflüchtete aufgrund ihrer im Vergleich zu anderen Bevölkerungsgruppen eingeschränkten Rechte nicht ohne weiteres möglich, sich dieser Umstände zu entziehen oder gegen die jeweiligen Täter/Gesetze vorzugehen, was zu Hilflosigkeit, Resignation und dem Angewiesen-Sein auf das Wohlwollen und die Hilfe staatlicher Stellen und/oder ehrenamtlicher Helfer*innen (→ Zivilgesellschaft) führen kann. Deutlich wurde, dass es dabei nicht nur offen artikulierte bzw. durch konkrete Handlungen manifestierte Abwertungen sind, die von Geflüchteten als diskriminierend wahrgenommen werden. Vielmehr werden insbesondere auch latent vorhandene Haltungen und Vorurteile ebenso als diskriminierend wahrgenommen wie Handlungen, die zwar nicht diskriminierend gemeint sind, aber dennoch von (rassistischem) Deutungswissen zeugen. Auch der Umstand, als geflüchtete Person wahrgenommen oder auf den Fluchtstatus reduziert zu werden, kann von den Betroffenen als diskriminierend wahrgenommen werden.

Aufgrund der großen Heterogenität der Gruppe der Geflüchteten wären zukünftig breiter angelegte Studien lohnenswert, die die Diskriminierungs- und Rassismuserfahrungen Geflüchteter in ihren verschiedenen Lebensbereichen bspw. in Abhängigkeit ihres aufenthaltsrechtlichen Status analysieren. Mit Spannung ist in diesem Kontext der Nationale Diskriminierungs- und Rassismusmonitor (NaDiRa) zu erwarten, welcher als Projekt des *Deutschen Zentrums für Integrations- und Migrationsforschung* (DeZIM) Ursachen, Ausmaße und Folgen von Rassismus in Deutschland untersuchen soll und aus einer repräsentativen Bevölkerungsbefragung, wiederkehrenden Befragungen von Betroffenen und Analysen von Institutionen besteht, ergänzt durch Einzelstudien zur Wahrnehmung von Rassismus und zu seiner Bedeutung für bestimmte soziale Gruppen.

---

4 Vgl. hierzu die Konzepte „Intersektionalität" und „Mehrdimensionale Diskriminierung" in Baer et al. (2010).

Literaturverzeichnis

Antidiskriminierungsbüro Sachsen e.V. (2017): Rassistische Diskriminierung auf dem sächsischen Wohnungsmarkt. Situationsbeschreibung & Handlungsempfehlungen. www.adb-sachsen.de/angebote/materialien/rassistische-diskriminierung-auf-dem-saechsischen-wohnungsmarkt, 29.12.2020.

Antidiskriminierungsstelle des Bundes (ADS) (2016): Diskriminierungsrisiken für Geflüchtete in Deutschland. Eine Bestandsaufnahme der Antidiskriminierungsstelle des Bundes. https://www.antidiskriminierungsstelle.de/SharedDocs/downloads/DE/publikationen/Expertisen/diskriminierungsrisiken_fuer_gefluechtete_in_deutschland.html, 23.02.2022.

Antidiskriminierungsstelle des Bundes (ADS) (2017): Diskriminierung in Deutschland. Dritter Gemeinsamer Bericht der Antidiskriminierungsstelle des Bundes und der in ihrem Zuständigkeitsbereich betroffenen Beauftragten der Bundesregierung und des Deutschen Bundestages. www.antidiskriminierungsstelle.de/SharedDocs/Downloads/DE/publikationen/BT_Bericht/gemeinsamer_bericht_dritter_2017.html, 29.12.2020.

Arndt, Susan (2017): Rassismus. Eine viel zu lange Geschichte. In: Fereidooni, Karim/Meral, El (Hrsg.): Rassismuskritik und Widerstandsformen. Wiesbaden: Springer, 29–45. https//:doi.org/10.1007/978-3-658-14721-1_2.

Babka von Gostomski, Christian [et al.] (2016): IAB-BAMF-SOEP-Befragung von Geflüchteten: Überblick und erste Ergebnisse (Forschungsbericht 29). www.bamf.de/SharedDocs/Anlagen/DE/Forschung/Forschungsberichte/fb30-iab-bamf-soep-befragung-gefluechtete-2016.pdf?__blob=publicationFile&v=14, 23.02.2022.

Balibar, Etienne (1992): Gibt es einen »Neo-Rassismus«? In: Balibar, Etienne/Wallerstein, Immanuel (Hrsg.): Rasse, Klasse, Nation: Ambivalente Identitäten. Hamburg: Argument Verlag, 23–38.

Baer, Suanne/Bittner, Melanie/Göttsche, Anna Lena (2010): Mehrdimensionale Diskriminierung – Begriffe, Theorien und juristische Analyse. Teilexpertise erstellt im Auftrag der Antidiskriminierungsstelle des Bundes. www.antidiskriminierungsstelle.de/SharedDocs/downloads/DE/publikationen/Expertisen/expertise_mehrdimensionale_diskriminierung_jur_analyse.pdf?__blob=publicationFile&v=2, 23.02.2022.

Beutke, Mirijam/Kotzur, Patrick (2015): Faktensammlung Diskriminierung. www.bertelsmann-stiftung.de/fileadmin/files/Projekte/28_Einwanderung_und_Vielfalt/Faktensammlung_Diskriminierung_BSt_2015.pdf, 29.12.2020.

Bohn, Irina/Landes, Benjamin/Sedding, Nadine/Warkentin, Stephanie (2016): »Ich brauche hier nur einen Weg, den ich finden kann.« Ankommen und Einleben in NRW aus der Sicht geflüchteter Kinder und Jugendlicher. www.iss-ffm.de/fileadmin/assets/veroeffentlichungen/downloads/641_yr-zwischenbericht_web_neuesimpressum_einzeln.pdf, 29.12.2020.

Böhm, Jasmin (2006): Leitfaden zum Umgang mit rassistischen, sexistischen Äußerungen. In: Verband Österreichischer Gewerkschaftlicher Bildung (VÖGB); Zivilcourage und Anti-Rassismus-Arbeit (ZARA). www.uibk.ac.at/gleichbehandlung/service/leitfaden_antidiskriminierung_allg.pdf, 29.12.2020.

Brücker, Herbert/Kunert, Astrid/Mangold, Ulrike/Kalusche, Barbara/Siegert, Manuel/Schupp, Jürgen (2016): Geflüchtete Menschen in Deutschland – eine qualitative Befragung (IAB Forschungsbericht 9/2016). www.iab.de/185/section.aspx/Publikation/k160715301, 29.12.2020.

Bundesamt für Migration und Flüchtlinge (2021): Integrationskurs für Asylbewerbende und Geduldete. www.bamf.de/DE/Themen/Integration/ZugewanderteTeilnehmende/AsylbewerberGeduldete/asylbewerbergeduldete.html?nn=282656, 06.10.2021.

Bukow, Wolf-Dietrich/Cudak, Karin (2017): Zur Entwicklung von institutionellem Rassismus: Rassistische Routinen in der kommunalen Praxis. In: Fereidooni, Karim/Meral, El (Hrsg.): Rassismuskritik und Widerstandsformen. Wiesbaden: Springer, 385–403. https://doi.org/10.1007/978-3-658-14721-1_22.

Diekmann, Daniel/Fereidooni, Karim (2019): Diskriminierungs- und Rassismuserfahrungen geflüchteter Menschen in Deutschland: Ein Forschungsüberblick. In: Zeitschrift für Flucht- und Flüchtlingsforschung 3 (2, I), 343–360.

Essed, Philomena (1992): Multikulturalismus und kultureller Rassismus in den Niederlanden. In: Institut für Migrations- und Rassismusforschung (Hrsg.): Rassismus und Migration in Europa. Hamburg: Argument Verlag, 373–387.

Fereidooni, Karim (2016): Diskriminierungs- und Rassismuserfahrungen im Schulwesen. Eine Studie zu Ungleichheitspraktiken im Berufskontext. Wiesbaden: Springer VS.

Fereidooni, Karim/El, Meral (Hrsg.) (2017): Rassismuskritik und Widerstandsformen. Wiesbaden: Springer VS.

Foda, Fadia/Kadur, Monika (2005): Flüchtlingsfrauen. Verborgene Ressourcen. Deutsches Institut für Menschenrechte. www.institut-fuer-menschenrechte.de/fileadmin/_migrated/tx_commerce/studie_fluechtlingsfrauen_verborgene_ressourcen.pdf, 29.12.2020.

Foroutan, Naika/Hamann, Ulrike/El-Kayed, Nihad/Jorek, Susanna (2017): Berlin und Dresden. Welchen Zugang haben Flüchtlinge zum Wohnungsmarkt? www.mediendienst-integration.de/fileadmin/Dateien/Expertise_Fluechtlinge_Wohnungsmarkt.pdf, 29.12.2020.

Hill, Miriam (2019): Migrationsfamilien und Rassismus. Zwischen Ausschließungspraxen und Neuorientierungen. Wiesbaden: Springer VS.

Hummel, Steven/Krasowski, Beata/Midelia, Sotiria/Wetendorf, Juliane (2017): Rassistische Diskriminierung auf dem sächsischen Wohnungsmarkt. Situationsbeschreibung & Handlungsempfehlungen. www.adb-sachsen.de/angebote/materialien/rassistische-diskriminierung-auf-dem-saechsischen-wohnungsmarkt, 29.12.2020.

Hohmann, René (2004): Resource. Refugees' Contribution to Europe. Länderbericht Deutschland. Eine empirische Studie zu Flüchtlingen als Fachkräfte auf dem deutschen Arbeitsmarkt. https://www.ams-forschungsnetzwerk.at/downloadpub/fluechtlinge_als_fachkraefte_deutschland.pdf, 29.12.2020.

Hormel, Ulrike/Scherr, Albert (2010): Diskriminierung. Grundlagen und Forschungsergebnisse, Wiesbaden: Springer VS.

Jagusch, Barbara (2016): Migrations- und Diversitätssensibilität in der Sozialen Arbeit mit Familien. In: Sozial Extra 6/2016, 28–32.

Kurtenbach, Sebastian (2018): Ausgrenzung Geflüchteter. Eine empirische Untersuchung am Beispiel Bautzen, Wiesbaden: Springer VS.

Massumi, Mona (2019): Migration im Schulalter. Systemische Effekte der deutschen Schule und Bewältigungsprozesse migrierter Jugendlicher, Berlin: Peter Lang.

Mecheril, Paul/Olalde, Oscar/Melter, Claus (Hrsg.) (2013): Migrationsforschung als Kritik? Spielräume kritischer Migrationsforschung. Wiesbaden: Springer VS.

Melter, Claus (2006): Rassismuserfahrungen in der Jugendhilfe. Eine empirische Studie zu Kommunikationspraxen in der Sozialen Arbeit. Münster: Waxmann.

Melter, Claus (2017): Koloniale, nationalsozialistische und aktuelle rassistische Kontinuitäten in Gesetzgebung und der Polizei am Beispiel von Schwarzen Deutschen, Roma und Sinti. In: Fereidooni, Karim/Meral, El (Hrsg.): Rassismuskritik und Widerstandsformen, Wiesbaden: Springer VS, 589–612.

Mosse, Georg (2006): Die Geschichte des Rassismus in Europa, Frankfurt am Main: Fischer.

Niedrig, Heike (2002): Bildungsinstitutionen im Spiegel der sprachlichen Ressourcen von afrikanischen Flüchtlingsjugendlichen. In: Neumann, Ursula/Niedri, Heike/Schroeder, Joachim/Seukwa, Louis Henri (Hrsg.): Lernen am Rande der Gesellschaft. Bildungsinstitutionen im Spiegel von Flüchtlingsorganisationen. Münster: Waxmann, 303–346.

Polat, Ayça (2017): Migration und Soziale Arbeit. Wissen, Haltung, Handlung (Reihe: Grundwissen soziale Arbeit Band 15). Stuttgart: Kohlhammer.

Poliakov, Leon/Delacampagne, Christian/Girard, Patrick (1993): Rassismus. Über Fremdenfeindlichkeit und Rassenwahn. München: Luchterhand Literaturverlag.

Sachverständigenrat deutscher Stiftungen für Migration und Integration (2017): Wie gelingt Integration? Asylsuchende über ihre Lebenslagen und Teilhabeperspektiven in Deutschland. Studie des SVR-Forschungsbereichs 2017-4. www.svr-migration.de/publikationen/wie_gelingt_integration/, 29.12.2020.

Scherr, Albert (2016): Diskriminierung/Antidiskriminierung – Begriffe und Grundlagen, In: Aus Politik und Zeitgeschichte (APuZ) 66 (9), 3–10.

Schramkowski, Barbara/Ihring, Isabelle (2018): Alltagsrassismus. (K)ein Thema für die Soziale Arbeit? In: Blank, Beate/Gögercin, Süleyman/Sauer, Karin/Schramkowski, Barbara (Hrsg.): Soziale Arbeit in der Migrationsgesellschaft. Wiesbaden: Springer VS, 279–290.

Scharathow, Wiebke (2018): Rassismus. In: Blank, Beate/Gögercin, Süleyman/Sauer, Karin/Schramkowski, Barbara (Hrsg.): Soziale Arbeit in der Migrationsgesellschaft. Wiesbaden: Springer VS, 267–278.

Täubig, Vicki (2009): Totale Institution Asyl. Empirische Befunde zu alltäglichen Lebensführungen in der organisierten Desintegration. Weinheim: Juventa.

Worbs, Susanne/Bund, Eva/Böhm, Axel (2016): Asyl – und dann? Die Lebenssituation von Asylberechtigten und anerkannten Flüchtlingen in Deutschland. BAMF-Flüchtlingsstudie 2014 (Forschungsbericht 28). www.bamf.de/SharedDocs/Anlagen/DE/Forschung/Forschungsberichte/fb28-fluechtlingsstudie-2014.html?nn=403976, 29.12.2020.

Uslucan, Haci-Halil/Yalcin, Cem Serkan (2012): Wechselwirkung zwischen Diskriminierung und Integration – Analyse bestehender Forschungsstände. Expertise des Zentrums für Türkeistudien und Integrationsforschung (ZfTI) im Auftrag der Antidiskriminierungsstelle des Bundes.

World Vision (2015): Ankommen in Deutschland. Wenn geflüchtete Kinder erzählen. Eine Studie von World Vision und der Hoffnungsträger Stiftung. www.worldvision.de/sites/worldvision.de/files/pdf/Fluchtstudie2016_AngekommeninD.pdf, 29.12.2020.

Yalcin, Cem Serkan (2009): Der Einfluss des Staatsangehörigkeitserwerbs und der wahrgenommenen Diskriminierung auf die nationale Identifikation als Deutscher bei Personen mit Migrationshintergrund. Diplomarbeit, Justus-Liebig-Universität

III.4.6

Sprache

Birgit Glorius

Abstract Der Beitrag befasst sich mit der Rolle von Sprache im Prozess des Ankommens, mit einem spezifischen Fokus auf Geflüchtete. Mit empirischer Konzentration auf Deutschland gibt er einen Überblick über die Bedeutung von Sprache und Verständigungsmöglichkeiten im Ankunftsprozess vor dem Hintergrund sprachlicher und pädagogischer Paradigmen, geht auf Strukturen des Spracherwerbs und ihre Nutzung ein und diskutiert Einflussfaktoren auf Sprachkenntnisse und den Spracherwerb von Geflüchteten.

Schlüsselbegriffe: Erstsprache, IAB-BAMF-SOEP-Studie, Mehrsprachigkeit, Sprachkurs, Sprachpolitik

1. Einleitung

Sprachliche Kompetenz in der Mehrheitssprache der Aufnahmegesellschaft spielt eine große Rolle im Prozess des Ankommens, aber auch für die langfristige gesellschaftliche Teilhabe von Geflüchteten (Ager/Strang 2008: 182). Sprachliche Kompetenz fördert die Handlungsmacht (→ Agency) von Geflüchteten und damit eine unabhängige Lebensgestaltung. Dabei treffen Geflüchtete auf jeweils spezifisch konstituierte Strukturen, Erfahrungen und Erwartungen der aufnehmenden Gesellschaft in Bezug auf sprachliche Kompetenz. Relevante Fragen sind beispielsweise, wie die aufnehmende Gesellschaft mit Mehrsprachigkeit umgeht, welche eigenen Mehrsprachenkompetenzen sie aufweist, und welche Instrumente sie besitzt, um sprachliche Barrieren zu überbrücken und abzubauen. Diese Fragen stellen sich umso mehr in Bezug auf eine monolinguale Sprachpolitik, so wie sie beispielsweise in Deutschland vorherrscht.

2. Die Bedeutung von Sprachkenntnissen für den Prozess sozialer Inklusion

Bildung und Sprachkenntnisse gehören zu den bedeutendsten Dimensionen der sozialen Inklusion. Zur sprachlichen Bildung gehören neben dem Sprechen und Verstehen auch die Lese- und Schreibfähigkeit und damit die Kenntnis des jeweiligen Schriftsystems.

Die meisten Geflüchteten, die zwischen 2014 und 2016 in Deutschland ankamen, stammen aus Syrien, Afghanistan, Iran, Irak, Eritrea und Albanien. Nach der IAB-BAMF-SOEP-Studie[1] verfügte nur ein ge-

---
1 Die IAB-BAMF-SOEP Studie ist eine jährliche Wiederholungsbefragung von Personen, die als Asylsuchende seit 2013 nach Deutschland eingereist sind. Die Studie ist analog zum Sozioökonomischen Panel als Längsschnittuntersuchung

ringer Anteil der zwischen 2013 und 2016 nach Deutschland eingereisten Geflüchteten zum Zeitpunkt der Einreise über Deutschkenntnisse. Insgesamt 38 % hatten neben ihrer Erstsprache Kenntnisse in mindestens einer weiteren Sprache. Diese hatten sie teilweise im Rahmen der schulischen Ausbildung erworben, teils aber auch durch eine gesellschaftliche und/oder institutionelle Mehrsprachigkeit in der Herkunftsregion oder durch das Erlernen weiterer Sprachen (wie z. B. Türkisch) während ihres Aufenthalts in Transitländern. Zudem verfügten 19 % der seit 2013 angekommenen Geflüchteten über gute oder sehr gute Englischkenntnisse (Brücker et al. 2019).

In Deutschland treffen Geflüchtete auf eine fast ausschließlich monolinguale Gesellschaft, die sich insbesondere im Bildungsbereich und in der behördlichen Praxis manifestiert. So sind die meisten Gesetzestexte und Formulare ausschließlich in Deutsch verfügbar, und behördliche Schreiben oder amtliches Informationsmaterial sind häufig nur in deutscher Sprache abgefasst. Auch in den meisten Haushalten in Deutschland (87 %) wird nach Erhebungen des Mikrozensus vorwiegend Deutsch gesprochen (Adler 2019: 209). Der Bevölkerungsanteil mit einer anderen Erstsprache zeigt indes eine erhebliche Vielfalt auf: bei einer Erhebung des Leibniz-Instituts für Deutsche Sprache wurden insgesamt 39 Erstsprachen neben dem Deutschen genannt, am häufigsten Russisch, Türkisch, Polnisch und Italienisch (ebd.: 2013f.).

Fehlende Kenntnisse des Deutschen aufseiten der ankommenden Geflüchteten und fehlende Kenntnisse in den Sprachen der Ankommenden seitens der Aufnahmegesellschaft können zu Hindernissen und Missverständnissen führen und damit den Prozess des Ankommens behindern. Für diese Phase ist die Verfügbarkeit von Sprachmittler*innen essentiell. Im Rahmen der zahlreichen Aufnahme von Geflüchteten seit 2015 wurden auf lokaler Ebene zunächst überwiegend ehrenamtlich operierende Ad-Hoc-Strukturen aufgebaut, die die Kommunikation zwischen Geflüchteten und Institutionen der Ankunftsgesellschaft sicherstellten. Auch im Kontext der Fluchtbewegungen aus der Ukraine 2022 sind es zunächst Ehrenamtliche mit entsprechenden Sprachkenntnissen, die bei der Unterstützung der Erstaufnahme Hilfe leisten. Eine wertvolle Unterstützung bieten auch Informationstechnologien wie z. B. Übersetzungs-Apps.

Verschiedene Studien weisen auf mögliche Schwierigkeiten beim Einsatz ehrenamtlicher Sprachmittler*innen hin, wie etwa mangelnde Neutralität oder übertriebene Erwartungen seitens der Geflüchteten an die Unterstützungsleistung der ehrenamtlichen Sprachmittler*innen (Deutscher Caritasverband e.V. 2022; → Mehrsprachigkeit). Zudem wird auf die Komplexität der Sprachmittlungsaufgabe hingewiesen, die nicht nur den sprachlichen Brückenschlag leistet, sondern vielmehr als eine komplexe soziale und kulturelle Vermittlungsfunktion zu sehen ist (Cases Berbel 2020). Vor diesem Hintergrund empfehlen Evaluierungsstudien die systematische Schulung ehrenamtlicher Sprachmittler*innen zu Themen wie etwa Verschwiegenheit und Neutralität oder zur Bedeutung der Vollständigkeit in der Vermittlung des Gesagten (Deutscher Caritasverband e.V. 2022). Schließlich gibt es Bereiche, in denen eine professionelle Sprachmittlung essentiell erscheint, wie z. B. in rechtlichen oder medizinischen Belangen. Allen voran ist die Qualität des Dolmetschens in der Asylanhörung relevant. Studien zu diesem Tätigkeitsfeld zeugen von den vielfältigen Schwierigkeiten, die aus der Komplexität

---

konzipiert. Die Teilnehmenden werden durch eine Zufallsstichprobe aus dem Ausländerzentralregister gezogen (→ Operationalisierung).

des Vorgangs resultieren, und weisen auf die Folgen einer unzureichenden oder fehlerhaften Dolmetschung für die Asylentscheidung hin (Kolb 2010; Pöllabauer 2005).

Auch im weiteren Verlauf der sozialen Inklusion sind Sprachkenntnisse des Aufnahmelandes essentiell. Mehrere Studien zur Arbeitsmarktintegration von Migrant*innen haben fehlende Sprachkenntnisse als einen Hauptfaktor des „native-immigrant wage gap" ausgemacht (Miranda/Zhu 2013). Konservative Kalkulationen gehen davon aus, dass ungenügende Kenntnis der gesprochenen und der Schriftsprache einen Einkommensunterschied zur einheimischen Bevölkerung zwischen 5 und 30 % erklären (Chiswick/Miller 1995). Umgekehrt zeigte eine dänische Studie, dass Geflüchtete nach einem intensiven Sprachtraining statistisch signifikant bessere Arbeitsangebote erhielten und höhere Einkommen erzielten, als jene mit weniger umfangreichen Sprachlernangeboten (Arendt et al. 2021).

Auer (2016) wies für das Zielland Schweiz nach, dass Geflüchtete, die in Regionen angesiedelt wurden, deren Sprache mit ihren individuellen Sprachkenntnissen harmoniert, signifikant leichter Arbeit finden als Geflüchtete, deren Sprachkenntnisse nicht übereinstimmen. Glorius und Nienaber (2022) fanden in ihrer Untersuchung zu Weiterwanderungs- und Bleibemotiven Geflüchteter in Deutschland und Luxemburg Hinweise darauf, dass die Passfähigkeit der eigenen Sprachkenntnisse ein relevanter Faktor für die Ziellandwahl sowie für Verbleibs- oder Weiterwanderungsentscheidungen ist.

3. Angebotsstrukturen für den Deutscherwerb

Hinsichtlich der Strukturen des Spracherwerbs ist im Wesentlichen zwischen Angeboten im Rahmen der schulischen Bildung (→ Schule), Deutschkursen für Erwachsene außerhalb der schulischen Bildung sowie Angeboten aus dem non-formalen Bildungsbereich zu differenzieren.

Von den 1,3 Millionen Menschen, die zwischen 2014 und 2016 einen Asylantrag in Deutschland stellten, war ein Drittel minderjährig. Diese rund 450.000 Kinder und Jugendliche lernten Deutsch also ganz überwiegend im vorschulischen und schulischen Bildungssystem. Bereits seit Jahrzehnten gibt es schulische Angebote zur Heranführung von zugewanderten Kindern und Jugendlichen an das deutsche Bildungssystem, was auch den Erwerb von Deutschkenntnissen umfasst. Dabei werden drei verschiedene Modelle (mit Varianten) praktiziert: 1) beim submersiven Modell werden zugewanderte Kinder ab dem ersten Schulbesuchstag in eine Regelklasse eingegliedert und sollen durch das deutsche „Sprachbad" möglichst rasch an das sprachliche Niveau der Muttersprachler herangeführt werden und gleichzeitig den Regelunterricht absolvieren; meist erhalten sie zusätzlich Deutschunterricht; 2) beim integrativen Modell werden zugewanderte Kinder zunächst in speziellen „Willkommensklassen" bzw. „Integrationsklassen" separat unterrichtet. Sie erhalten Intensivunterricht im Fach Deutsch als Zweitsprache, gefolgt von einer stufenweisen Integration in die Regelklassen; meist wechseln sie in diesem Modell innerhalb eines Jahres vollständig in den Regelunterricht (Massumi et al. 2015: 48–49); 3) beim parallelen Modell handelt es sich um speziell für zugewanderte Schüler*innen eingerichtete Klassen, in denen ein Schulabschluss erworben werden kann (vgl. ebd.: 44). Obgleich die Varianz der eingesetzten Modelle aufgrund des Bildungsföderalismus, aber auch aus standortbezogenen strukturellen Erwägungen erheblich ist, weisen Studien auf die Dominanz des integrativen Modells hin (ebd.: 48). Während Befürworter*innen dieses Modells die intensive Deutschförderung hervorheben, befürchten Kritiker*innen den exkludierenden Effekt dieser Unterrichtsform. Verschiedene Studien zum Umgang mit Mehrsprachigkeit in Willkommensklassen haben herausgearbeitet, dass die Mehrsprachigkeit der Schüler*innen, d.h. ihre Kompetenzen der Erstsprache sowie weiterer nichtdeutscher Zweitsprachen, kaum wertgeschätzt bzw. bewusst reglementiert wir. Dies erfolgt teils aus der Annahme heraus, dass mehrsprachige Praktiken das Deutschlernen hemmen könnten, teils offenbaren sich jedoch auch hierarchische Ordnungen in der Beurteilung von legitimen/wertvollen und nicht legitimen/kaum wertvollen Sprachpraktiken (vgl. Panagiotopoulou/Rosen 2018; von Dewitz/Terhart 2018).

Im frühpädagogischen Bereich dominiert das submersive Modell der Sprachförderung. Diagnostische und Fördermaßnahmen im Bereich der allgemeinen Sprachentwicklung gehören zum Bildungsauftrag von Kindertagesstätten und werden insbesondere für Kinder im Vorschuljahr intensiv praktiziert (List 2020). Auch für Kinder, deren Erstsprache nicht Deutsch ist, wird daher die Aufnahme in eine frühpädagogische Bildungseinrichtung als beste Vorbereitung auf die sprachliche Integration in die Schule angesehen (Konsortium Bildungsberichtserstattung 2006: 185). Teils ist für Kinder aus geflüchteten Familien jedoch der Zugang zu entsprechenden Einrichtungen erschwert (z. B. durch asylrechtliche Hürden, Knappheit von Plätzen und → Diskriminierung; vgl. Meysen et al. 2016).

Für erwachsene Zugewanderte gibt es in Deutschland seit 2005 staatlich geförderte Sprachkurse, die einen zentralen Bestandteil der deutschen ‚Integrationspolitik' darstellen. Die zentrale Kursform ist der sog. ‚Integrationskurs' in vollzeitschulischer Form, mit Deutschunterricht im Umfang von 600 Stunden sowie Schulungsinhalten zur Kultur, Politik und dem Rechtssystem in Deutschland. Dieser Kurs zielt auf den Erwerb der deutschen Sprache bis zum Sprachniveau B1 (GER) ab und ist auf das Erreichen von Selbständigkeit in der alltäglichen Lebensführung ausgerichtet. Falls der gebotene Stundenumfang hierfür nicht ausreicht, können Lernmodule im Umfang von 300 Stunden wiederholt werden. Anerkannte Flüchtlinge haben Zugang zu diesen Kursen und können sie überwiegend kostenfrei besuchen. Sie können auch, insofern sie soziale Transferleistungen beziehen, zur Teilnahme verpflichtet werden. Auch Personen, die sich noch im Asylverfahren befinden, haben unter bestimmten Umständen (z. B. bei ‚guter Bleibeperspektive'; → Aufnahmeverfahren) Zugang.

Neben diesem allgemeinen Sprachkurs werden durch verschiedene Träger weiterführende Kurse angeboten, die spezifischer auf den beruflichen Einstieg und auf verschiedene berufliche Bereiche ausgerichtet sind. Diese Kurse werden für verschiedene Einstiegsniveaus angeboten und bieten Sprachförderung bis zum Level C1, teilweise auch auf verschiedene Berufsgruppen wie z. B. Gesundheitsberufe ausgerichtet (de Paiva Lareiro et al. 2020: 5). Anerkannte Flüchtlinge können ebenso wie andere Zugewanderte kostenfrei an diesen Kursen teilnehmen, insofern die lokalen Behörden (Arbeitsagentur, Jobcenter) eine Teilnahmeberechtigung erteilen.

Daten der IAB-BAMF-SOEP-Studie ergaben, dass im Jahr 2018 die überwiegende Mehrheit der Befragten (85 %) an einem dieser Kurse teilgenommen hatte. Am häufigsten war die Teilnahme an BAMF-Integrationskursen (65 %), während Berufssprachkurse (14 %) oder Sprachfördermaßnahmen der Bundesagentur für Arbeit (12 %) weit seltener besucht wurden. Überwiegend wurden diese Spezialkurse von Geflüchteten mit höherem Bildungsniveau besucht, so wie diese auch insgesamt häufiger und früher Sprachkurse belegten als weniger Gebildete. Frauen nahmen durchweg seltener an Sprachkursen teil als Männer, vor allem kaum an berufsspezifischen Kursen (de Paiva Lareiro et al. 2020: 8–9). Die Möglichkeit, einen bestimmten Sprachkurs zu besuchen, hängt zudem von der

Angebotsvielfalt am Wohnort ab. Die geringere Teilnahme an Berufssprachkursen unter Geflüchteten im ländlichen Raum weist auf Lücken in der Bildungsinfrastruktur bzw. schwierige Zugänge zu entsprechenden Angeboten gerade in ländlichen Regionen hin (Cindark/Hünlich 2017: 7).

Einen erheblichen Anteil an besuchten Kursen hatten die „sonstigen Kurse" (52 %), die eine Vielzahl an unterschiedlichen Angeboten subsummieren, wie etwa Deutschkurse von Ehrenamtlichen, Angebote anderer Bildungsträger wie z. B. Hochschulen, oder auch IT-gestützte Selbstlernangebote. Neben Deutschlern-Apps sind dort auch sehr erfolgreiche Selbsthilfe-Plattformen entstanden, wie z. B. die Deutsch-Lern-Videos eines Syrers, der selbst als Flüchtling Deutsch gelernt hat und dessen YouTube Kanal „Lass uns Lernen!" inzwischen als 150.000 Abonnent*innen hat (AbuJarour/Krasnova 2017). Besonders wichtig sind diese Angebote für jene Geflüchteten, die aufgrund ihres prekären Aufenthaltsstatus keinen Zugang zu den staatlich geförderten Sprachkursen erhalten.

4. Einflussfaktoren auf Sprachkenntnisse und Spracherwerb

Die seit 2016 implementierte IAB-BAMF-SOEP-Längsschnittstudie zu den zwischen 2013 und 2016 angekommenen Geflüchteten zeigt eine kontinuierliche Verbesserung ihrer Deutschkenntnisse (Brücker et al. 2019). So stuften 2019 47 % der Befragten ihre Deutschkenntnisse als gut oder sehr gut ein, während dies 2016 erst bei 21 % der Zugezogenen der Fall war. Der Anteil jener, die ihre Deutschkenntnisse selbst als schlecht oder sehr schlecht einschätzen oder die gar keine Deutschkenntnisse hatten, verringerte sich in diesem Zeitraum von 46 % auf 18 % (Niehues et al. 2021: 4).

Der Erfolg beim Deutscherwerb hing stark mit dem allgemeinen Bildungsniveau zusammen. Unter den höher Gebildeten (tertiärer Bildungsabschluss) stieg der Anteil jener mit selbst eingeschätzten guten bis sehr guten Deutschkenntnissen von 41 % im Jahr 2016 auf 72 % im Jahr 2019. Bei den gering Gebildeten (maximal abgeschlossene Primarstufe) stieg der Anteil jener, die sich selbst gute bis sehr gute Deutschkenntnisse attestieren, lediglich von 11 % im Jahr 2016 auf 32 % im Jahr 2019 (Niehues et al. 2021: 6). Gründe für diesen langsameren Spracherwerb werden in der geringeren Lernerfahrung sowie in der teils fehlenden Alphabetisierung vermutet (ebd.). Auch die teilweise fehlende Passgenauigkeit von Kursangeboten zu den Vorkenntnissen und Bedürfnissen der Teilnehmer*innen wirken sich auf den Erfolg beim Deutschlernen aus (Böttcher 2021).

Deutliche Unterschiede zeigten sich in Bezug auf das Alter der Geflüchteten: Jüngere Geflüchtete verbesserten ihre Deutschkenntnisse rascher und signifikanter als ältere Geflüchtete. So attestierten sich von den über 50-Jährigen vier Jahre nach der Einreise noch 50 % gar keine oder schlechte Deutschkenntnisse, während dieser Anteil bei den 18–30-Jährigen nur noch 10 % umfasste (Niehues et al. 2021: 7).

Signifikante Unterschiede ergaben sich in Bezug auf Familienstand und Geschlecht: Sowohl Männer (30 %) als auch Frauen (19 %), die mit Kleinkindern im Haushalt leben, gaben seltener gute oder sehr gute Deutschkenntnisse an, als Männer (48 %) und Frauen (41 %) ohne Kinder. Diese Diskrepanz ist besonders bei Frauen mit kleinen Kindern sehr groß, welche wesentlich seltener an Deutschkursen teilnehmen als Männer mit kleinen Kindern (Brücker et al. 2017). Die Langzeitbeobachtung des

SOEP-Panels weist jedoch darauf hin, dass mit dem Älterwerden der Kinder Frauen in ihrer Deutschkompetenz aufholen (Niehues et al. 2021).

Auch fluchtspezifische Belastungen, wie eine posttraumatische Belastungsstörung (→ Gesundheit) oder die Trennung von Familienangehörigen beeinflussen die Geschwindigkeit des Spracherwerbs. Als weitere fluchtspezifische Erschwernisse sind die (→) Unterbringung in beengten Wohnverhältnissen, wie einer Gemeinschaftsunterkunft ohne Rückzugsmöglichkeiten und Lernumgebungen, zu nennen (Tissot et al. 2019: 4). Auch die siedlungsstrukturelle Lage ist ein relevanter Einflussfaktor, denn in ländlichen Regionen sind in der Regel weniger Sprachlernangebote und weniger ausdifferenzierte Angebote vorhanden, und der Zugang gestaltet sich mühevoller als in den Ballungsräumen (Cindark/Hünlich 2017: 7).

Schließlich spielen auch asylrechtliche Gründe eine Rolle, ob und wie rasch Geflüchtete Zugang zu einem Sprachkurs und die Möglichkeit des strukturierten Spracherwerbs erhalten. Gerade bei lang andauernden Asylverfahren oder ungünstigem Ausgang des Verfahrens ist der Zugang zu Sprachkursen häufig gar nicht oder nur erschwert möglich.

Während das sprachliche Kompetenzniveau in der IAB-BAMF-SOEP-Studie durch die Selbsteinschätzung der Geflüchteten erhoben wurde, nutzten Cindark et al. 2019 externe Evaluierungsinstrumente zur Messung des Sprachstandes, und zwar fokussiert auf das Thema Arbeitsmarkt. Die Studie, die Teilnehmende aus 38 Integrationskursen nach sechs Monaten Deutschunterricht einbezog, ergab, dass nach diesem Zeitraum praktisch niemand das angestrebte Kompetenzniveau B1 erreicht hatte, sondern allenfalls das Niveau A2 (48,4 %), während ein Großteil der Teilnehmenden (44,8 %) unterhalb des A2 Niveaus eingeschätzt wurde. Weiterführende statistische Analysen zeigten, dass der Bildungsstand, das Alter sowie die Anzahl der bereits erlernten Fremdsprachen einen hochsignifikanten Einfluss auf das Erreichen des Kursziels hatten (ebd.: 36–37). Die Diskrepanz dieser Ergebnisse mit den Erfolgsdaten der Kursträger, die eine Bestehensquote von über 50 % angaben, erklärten die Wissenschaftler*innen u. a. mit der hohen *Dropout*-Rate der Kursteilnehmer*innen vor der Abschlussprüfung. In der Tat zeigt die IAB-BAMF-SOEP-Befragung 2018, dass zwar insgesamt 85 % bereits einen Deutschkurs belegt, jedoch nur 65 % diesen auch abgeschlossen hatten (de Paiva Lareiro 2020: 8).

Zur Festigung der im Rahmen von Sprachkursen erworbenen Deutschkenntnisse erwiesen sich soziale Kontakte zu Deutschen als wesentlich. Die IAB-BAMF-SOEP-Studie zeigte in den Jahren nach der Ankunft zunächst eine zunehmende Kontakthäufigkeit zwischen Geflüchteten und Deutschen. Rund die Hälfte der befragten Geflüchteten gab 2019 an, häufig Zeit mit Deutschen zu verbringen. Dabei waren jüngere Geflüchtete, geflüchtete Männer und besser gebildete Geflüchtete im Vorteil, während ältere Geflüchtete, geflüchtete Frauen mit kleinen Kindern und Geflüchtete mit schlechten Deutschkenntnissen nur langsam Kontakte zu Deutschen aufbauten (Niehues et al. 2021).

Eine vergleichende Studie zur sprachlichen Inklusion syrischer Geflüchteter in Deutschland und Kanada unterstreicht die große Bedeutung der sozialen Kontakte für den Zweitspracherwerb. In der Studie betonten vor allem die Geflüchteten des kanadischen Samples, die direkt nach der Ankunft eine Arbeitserlaubnis erhielten, dass ihr Arbeitsplatz der wichtigste Ort für den Spracherwerb sei. Demgegenüber mussten die Geflüchteten aus der deutschen Stichprobe erst das mehrmonatige Asylverfahren absolvieren, bevor sie einen Sprachkurs absolvieren konnten und eine Arbeitserlaubnis erhielten, und sie waren weniger gut in den Arbeitsmarkt integriert als die syrischen Geflüchteten in Kanada (Lindner et al. 2020).

Vor dem Hintergrund der großen Bedeutung sozialer Kontakte für die Festigung von Sprachkenntnissen der Zweitsprache war auch die Covid-19-Pandemie ein großer Einschnitt. Die IAB-BAMF-SOEP-Daten deuten darauf hin, dass im Ergebnis der Covid-19-Pandemie mit den langanhaltenden Kontaktbeschränkungen und den Lockdowns des öffentlichen Lebens Kontakte zwischen Geflüchteten und Deutschen abgenommen haben. Auch in der Selbsteinschätzung der Geflüchteten wird von einer Stagnation oder gar einer Verschlechterung der eigenen Deutschkenntnisse durch die reduzierten Kontaktmöglichkeiten berichtet (Niehues et al. 2021).

5. Schlussfolgerungen

Der Beitrag zeigt die Bedeutung von Sprache für die Situation des Ankommens und die soziale Inklusion Geflüchteter in Deutschland. Ausgehend von der grundlegenden Feststellung, dass Deutschland durch die dominante Amts- und Verkehrssprache Deutsch ein monolinguales Land ist und das Erlernen des Deutschen unabdingbar ist, wurden vor allem die Angebote und die Fortschritte des Deutschlernens Geflüchteter anhand empirischer Daten aufbereitet. Die Ergebnisse regen zu einer kritischen Reflexion der strukturellen und normativen Voraussetzungen des Deutschlernens an:

Zunächst kann die Monolingualität Deutschlands, aus der heraus die ultimative Aufforderung des Deutschlernens als Integrationsleistung erfolgt, angesichts der tatsächlichen sprachlichen Vielfalt der deutschen Aufnahmegesellschaft angezweifelt werden. Diesbezüglich wäre die Frage zu stellen, ob das Konzept sprachlicher Integration, das derzeit von dem Angebot des Deutschlernens dominiert wird, durch die Einführung mehrsprachiger Kommunikationsnormen seitens der Aufnahmegesellschaft aufgebrochen und erweitert werden könnte. Dies würde zum einen der Idee, dass ‚Integration' auch eine Annäherung seitens der Aufnahmegesellschaft erfordert, entsprechen, und zum anderen den starken Erfolgsdruck in Bezug auf den Deutscherwerb seitens der Geflüchteten mildern.

Zum Zweiten, und damit eng zusammenhängend, ist die Frage zu stellen, welche Folgen die Manifestation einer monolingualen Mehrheitsgesellschaft für den deutschen Einwanderungsdiskurs hat, und wie sich diese Homogenitätskonstruktion ganz praktisch auf die soziale Inklusion und Partizipation von Geflüchteten auswirkt (vgl. Pozzo 2021). Die einseitige Fokussierung auf die Sprache des Aufnahmelandes und die damit einhergehende Abwertung der Mehrsprachigkeit von Geflüchteten und anderen Migrant*innen, verbunden mit der faktischen Unmöglichkeit für einen Großteil der Geflüchteten, entsprechende Sprachkenntnisse auf hohem Niveau zu erwerben, weist ihnen langfristig eine subalterne Position zu und verhindert somit ihre vollständige soziale Inklusion.

Literaturverzeichnis

AbuJarour, Safa'a/Krasnova, Hanna (2017): Understanding the Role of ICTs in Promoting Social Inclusion: The Case of Syrian Refugees in Germany. In: European Conference on Information Systems (ECIS 2017), Guimarães, Portugal.

Adler, Astrid (2019): Sprachstatistik in Deutschland. In: Deutsche Sprache 47 (3), 197–219.

Ager, Alastair/Strang, Alison (2008): Understanding integration: a conceptual framework. In: Journal of Refugee Studies 21 (2), 166–191.

Arendt, Jacob Nielsen/Bolvig, Iben/Foged, Mette/Hasager, Linea/Per, Giovanni (2021): Language training and refugees' integration. Working Paper 26834, NATIONAL BUREAU OF ECONOMIC RESEARCH 1050 Massachusetts Avenue Cambridge, MA 02138, http://www.nber.org/papers/w26834, 11.07.2022.

Auer, Daniel (2018): Language roulette – the effect of random placement on refugees' labour market integration. In: Journal of Ethnic and Migration Studies 44 (3), 341–362.

Baier, Andreas/Tissot, Anna/Rother, Nina (2020): Fluchtspezifische Faktoren im Kontext des Deutscherwerbs bei Geflüchteten. Ausgabe 04|2020 der Kurzanalysen des Forschungszentrums Migration, Integration und Asyl des Bundesamtes für Migration und Flüchtlinge, Nürnberg: BAMF.

Böttcher, Katharina (2021): Der Integrationskurs. Eine kritisch-reflexive Mehrebenen-Analyse unter besonderer Berücksichtigung der Unterrichtspraxis im Sprachkurs für Migrantinnen, Hamburg: Verlag Dr. Kovač.

Brücker, Herbert/Rother, Nina/Schupp, Jürgen (Hrsg.) (2017): IAB-BAMF-SOEP-Befragung von Geflüchteten 2016: Studiendesign, Feldergebnisse sowie Analysen zu schulischer wie beruflicher Qualifikation, Sprachkenntnissen sowie kognitiven Potenzialen. Forschungsbericht 30, Nürnberg: Bundesamt für Migration und Flüchtlinge.

Brücker, Herbert/Croisier, Johannes/Kosyakova, Yuliya/Kröger, Hannes/Pietrantuono, Giuseppe/Rother, Nina/Schupp, Jürgen (2019): Zweite Welle der IAB-BAMF-SOEP-Befragung. Geflüchtete machen Fortschritte bei Sprache und Beschäftigung. Ausgabe 01|2019 der Kurzanalysen des Forschungszentrums Migration, Integration und Asyl des Bundesamtes für Migration und Flüchtlinge, Nürnberg: BAMF.

Cases Berbel, Elke (2020): Challenges and difficulties of translation and interpreting in the migration and refugee crisis in Germany. In: Open Linguistics 6, 162–170.

Chiswick, Barry R./Miller, Paul W. (1995): The Endogeneity Between Language and Earnings: International Analyses. In: Journal of Labor Economics 13, 246–288.

Cindark, Ibrahim/Hünlich, David (2017): Abschlussbericht zur ethnographisch-sprachwissenschaftlichen Begleitung der Fördermaßnahme: „Perspektive für Flüchtlinge Plus (PERFPLUS)", Mannheim: Leibniz-Institut für Deutsche Sprache.

Cindark, Ibrahim/Deppermann, Arnulf/Hünlich, David/Lang, Christian/Perlmann-Balme, Michaela/Schöningh, Ingo (2019): Perspektive Beruf. Mündliche Kompetenz von Teilnehmenden an Integrationskursen und Vorschläge für die Praxis, Mannheim: Leibniz-Institut für Deutsche Sprache.

de Paiva Lareiro, Cristina/Rother, Nina/Siegert, Manuel (2020): Dritte Welle der IAB-BAMF-SOEP-Befragung von Geflüchteten. Geflüchtete verbessern ihre Deutschkenntnisse und fühlen sich in Deutschland weiterhin willkommen. Ausgabe 01|2020 der Kurzanalysen des Forschungszentrums Migration, Integration und Asyl des Bundesamtes für Migration und Flüchtlinge, Nürnberg.

Deutscher Caritasverband e.V. (2022): Ehrenamtliche Sprachmittlung – von der Übersetzung zum Lotsen.

Glorius, Birgit/Nienaber, Birte (2022): Locational Choice and Secondary Movements from the Perspective of Forced Migrants: A Comparison of the Destinations Luxembourg and Germany. Comparative Population Studies 47 (2022): 143–164.

Kolb, Waltraud (2010): „Wie erklären Sie mir diesen Widerspruch?" Dolmetschung und Protokollierung in Asylverfahren. In: Stichproben. Wiener Zeitschrift für kritische Afrikastudien 10 (19), 83–101.

Konsortium Bildungsberichterstattung (2006): Bildung in Deutschland 2006. Ein indikatorengestützter Bericht mit einer Analyse zu Bildung und Migration. Bielefeld: W. Bertelsmann Verlag GmbH & Co. KG.

Lindner, Katrin/Hipfner-Boucher, Kathleen/Yamashita, Anna/Riehl, Claudia M./Ramdan, Mohcine A./Chen, Xi (2020): Acculturation through the lens of language: Syrian refugees in Canada and Germany. In: Applied Psycholinguistics 41 (6), 1351–1374.

List, Gundula (2020): Frühpädagogik als Sprachförderung. Qualitätsanforderungen für die Aus- und Weiterbildung der Fachkräfte, München: Deutsches Jugend-Institut.

Massumi, Mona/von Dewitz, Nora/Grießbach, Johanna/Terhart, Henrike/Wagner, Katarina/Hippmann, Kathrin/Altinay, Lale (2015): Neu zugewanderte Kinder und Jugendliche im deutschen Schulsystem. Bestandsaufnahme und Empfehlungen, Köln: Mercator-Institut für Sprachförderung und Deutsch als Zweitsprache.

Meysen, Thomas/Beckmann, Janna/González Méndez de Vigo, Nerea (2016): Flüchtlingskinder und der Beitrag der Kindertageseinrichtungen für ihre Integration. In: Frühe Kindheit 6/2016, 30–35.

Miranda, Alfonso/Zhu, Yu (2013): English Deficiency and the Native–Immigrant Wage Gap. In: Economics Letters 118 (1): 38–41.

Niehues, Wenke/Rother, Nina/Siegert, Manuel (2021): Vierte Welle der IAB-BAMF-SOEP-Befragung von Geflüchteten. Spracherwerb und soziale Kontakte schreiten bei Geflüchteten voran. Ausgabe 04|2021 der Kurzanalysen des Forschungszentrums Migration, Integration und Asyl des Bundesamtes für Migration und Flüchtlinge, Nürnberg.

Panagiotopoulou, Julia A./Rosen, Lisa (2018): Denied inclusion of migration-related multilingualism: an ethnographic approach to a preparatory class for newly arrived children in Germany. In: Language and Education 32(5), 394–409.

Pöllabauer, Sonja (2005): "I don't understand your English, Miss." Dolmetschen bei Asylanhörungen, Tübingen: Gunter Narr.

Pozzo, Moos (2021): Moving on from Dutch to English: young refugees feeling betrayed by the Dutch language integration policy and seeking for more inclusive environments. In: Journal of Refugee Studies 35 (1), 348–367.

von Dewitz, Nora/Terhart, Henrike (2018): „Hier aber wollen wir alle Deutsch lernen" – Praktiken und Positionierungen zu Sprache(n) im Unterricht mit neu zugewanderten Schüler*innen. In: Osnabrücker Beiträge zur Sprachtheorie (Themenheft: Phänomen ‚Mehrsprachigkeit': Einstellungen, Ideologien, Positionierungspraktiken) 93, 107–125.

III.4.7
Gesundheit

Judith Kohlenberger

Abstract Der Beitrag geht auf die physischen und psychischen gesundheitlichen Beeinträchtigungen ein, mit denen sich Geflüchtete aufgrund ihrer Zwangsmigrationserfahrung konfrontiert sehen. Dazu werden ausgewählte Studien aus Transit- und Aufnahmeländern diskutiert. Zusätzlich werden häufige Barrieren des Gesundheitszugangs beleuchtet sowie Handlungsoptionen aufgezeigt, um diese abzubauen. Zuletzt wird auf vorhandene Forschungslücken und weiterführende Perspektiven im Bereich der Gesundheitsversorgung geflüchteter Menschen eingegangen.
Schlüsselbegriffe: Gesundheit, Psyche, Stressoren, Zugangsbarrieren, Gesundheitssystem

1. Gesundheit als Ressource im Flucht- und Integrationskontext

Während des „langen Sommers der Migration" im Jahr 2015 suchten rund eine Million Menschen in Europa um Asyl an, die meisten von ihnen stammten aus Syrien, dem Irak und Afghanistan. Während die damit in Verbindung stehenden wirtschaftlichen Herausforderungen für die Aufnahmegesellschaft, vor allem Arbeitsmarkt und Sozialsystem, auf politischer und gesellschaftlicher Ebene immer noch kontrovers diskutiert werden, wird den Gesundheitsbedürfnissen geflüchteter Menschen vor, während und nach der Migrationserfahrung weit weniger Aufmerksamkeit geschenkt. Auch in der Fluchtforschung werden die Gesundheitsrisiken geflüchteter Menschen im Herkunfts- und Aufnahmeland sowie während der Flucht oft nur kursorisch beleuchtet – ein Umstand, der sich trotz der Covid-19-Pandemie kaum geändert hat (vgl. Alemi et al. 2020).

Dabei ist die körperliche wie seelische Gesundheit eine der zentralsten Ressourcen eines Menschen, um an Gesellschaft, Arbeitsmarkt und Freizeit- und Kulturleben eines Landes teilhaben und sein persönliches wie berufliches Potenzial entfalten zu können. Für die Aufnahme Geflüchteter stellt ihre Gesundheit(sversorgung) eine Grundbedingung für eine erfolgreiche Ankunft im Zielland dar, da unbehandelte gesundheitliche Einschränkungen ein wesentliches Integrationshemmnis (→ Integration) bedeuten können: Sie haben Auswirkungen auf den Spracherwerb (→ Sprache), die Arbeitsmarktpartizipation (→ Arbeitsmarkt) und die Lebenserwartung. Psychische Beeinträchtigungen können zu dissozialem Verhalten und (Auto-)Aggression führen (vgl. Campbell et al. 2014), über epigenetische Prozesse können sie an die Kinder- und Enkelgeneration weitergegeben werden (vgl. Serpeloni et al. 2017). Umgekehrt ist der Erhalt bzw. Aufbau der psychischen und physischen Gesundheit ein Schlüsselfaktor für erfolgreiche Integration (vgl. WHO 2008).

Die spezifischen Gesundheitsbedürfnisse von Menschen mit Fluchterfahrung und die konkreten Zugangsbarrieren zu nationalstaatlichen Gesundheitsdienstleistungen, denen sie sich gegenübersehen, werden im Folgenden anhand jüngerer Studienergebnisse erläutert. Für die Flucht- und Flüchtlingsforschung dient ein umfassendes, empirisch fundiertes Verständnis grundlegender Stressoren und gesundheitlicher Risiken im Rahmen der Fluchterfahrung als Basis für weitere quantitative wie qualitative Forschung in unterschiedlichen geographischen wie historischen Kontexten. Gleichzeitig soll dieses Verständnis auch forschungsgeleitete Handlungsempfehlungen zur Verbesserung der Gesundheit geflüchteter Menschen fördern.

2. Gesundheitsrisiken der Fluchterfahrung und ihre Folgen

Die Erfahrungen von Krieg, Flucht und (→) Resettlement sind individuell sehr unterschiedlich und bergen zahlreiche Risikofaktoren für physische wie psychische Erkrankungen, die sich in Dauer und Intensität erheblich unterscheiden können. Stressfaktoren vor der Migration, die häufig in einem von Krieg oder gewaltsamen Konflikten betroffenen Land auftreten, umfassen persönliche oder indirekte Erfahrungen von (→) Gewalt und Folter, Inhaftierung und Körperverletzung sowie den Verlust von (nahen) Familienangehörigen (vgl. Elbert et al. 2013; Ertl et al. 2011). Durch geschlechtsspezifische Gewalt, einschließlich, aber nicht beschränkt auf Vergewaltigung und sexuelle Übergriffe, entwickeln vor allem weibliche Geflüchtete psychische und somatische Störungen, die zu nachhaltigen gesundheitlichen Einschränkungen führen können (vgl. Paras et al. 2009). Unterernährung, wirtschaftliche Not, einschließlich eines Mangels an den grundlegendsten Ressourcen des täglichen Lebens, Verlust von Eigentum, extreme Angst oder der Zwang, anderen Gewalt anzutun bzw. zu bezeugen, sind weitere Stressoren für die mentale, emotionale und physische Gesundheit von Zwangsmigrant*innen vor ihrer eigentlichen Flucht (vgl. Abbott 2016). Obwohl diese Faktoren selten als Stressoren für bereits angekommene Flüchtlinge genannt werden, die sich in körperlicher Sicherheit befinden, können diese und ähnliche Erfahrungen noch lange nach dem Ereignis nachwirken (vgl. Kohlbacher/Six-Hohenbalken 2019).

Während der Flucht, die in ihrer Dauer erheblich variieren und ausgedehnte Aufenthalte in Transitländern umfassen kann, sind Geflüchtete häufig von Familienmitgliedern getrennt, werden ausgeraubt oder angegriffen und sind extremen Umweltbedingungen oft schutzlos ausgesetzt, was einen chronischen Stresszustand und permanent hohen Adrenalinspiegel zur Folge hat, der zahlreiche Folgeerkrankungen auslösen kann (vgl. Bustamante et al. 2017). Durch die mangelnde oder fehlende Gesundheitsversorgung auf der Flucht können derartige Belastungen sowie Unfälle und Erkrankungen nicht behandelt werden, wodurch es zu Chronifizierungen kommen kann. Negative Erfahrungen mit anderen Geflüchteten und Schmugglern bis hin zu erlebter Gewalt können zu einem erheblichen Vertrauensverlust und negativen Grundannahmen über die Welt und die Mitmenschen führen (vgl. Janoff-Bulmann 2010) und eine Störung des Angstpuffers bedingen (vgl. Edmondson et al. 2011). Dies kann Auswirkungen auf spätere Therapiebemühungen und Misstrauen gegenüber offiziellen Einrichtungen und Behörden, aber auch humanitären Hilfsangeboten und medizinischer Betreuung nach sich ziehen.

Die Stressfaktoren nach der Flucht reichen von fehlenden sozialen Netzwerken und Isolationsgefühlen im Aufnahmeland (vgl. Chen et al. 2017) über die ständige Sorge um im Heimatland und damit im Krieg verbliebene Familienmitglieder (vgl. Nickerson et al. 2000) bis hin zu einer Veränderung der interfamiliären und Geschlechterrollen und einen dadurch bedingten Statusverlust, vor allem für männliche Geflüchtete (→ Männer) (vgl. Sulaiman-Hill/Thompson 2012). Zusätzliche Risikofaktoren für die Gesundheit von Geflüchteten sind anhaltende Stigmatisierung und Ablehnung durch die (→) Residenzbevölkerung, einschließlich konkreter Erfahrungen von (→) Diskriminierung, aber auch chronische Unsicherheit den Aufenthaltsstatus betreffend sowie fehlende Möglichkeiten zur sinnvollen Beschäftigung während des Asylantragsverfahrens (→ Aufnahme) (vgl. Warfa et al. 2012). Die meisten Aufnahmeländer beschränken den Arbeitsmarktzugang für Asylsuchende, was zu Demoralisierung und Unzulänglichkeitsgefühlen führt, die die körperliche und geistige Gesundheit von Flüchtlingen dauerhaft stark beeinträchtigen können.

STRESSOREN

VOR DER FLUCHT:
- Krieg
- Folter
- Gewalt
- Verlust von Familienangehörigen

AUF DER FLUCHT:
- enorme körperliche Belastung
- andauernde Angespanntheit
- (sexuelle) Gewalt
- Krankheit
- Vertrauensverlust

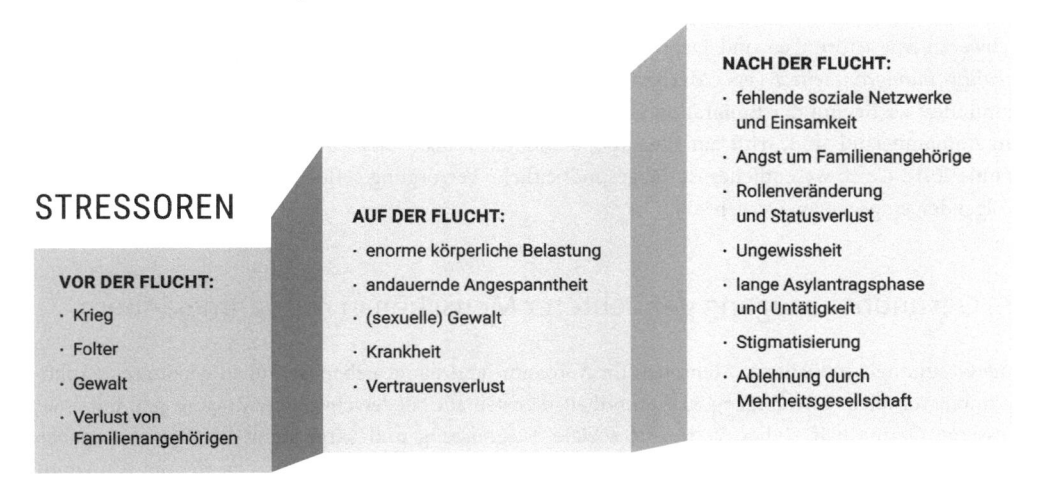

NACH DER FLUCHT:
- fehlende soziale Netzwerke und Einsamkeit
- Angst um Familienangehörige
- Rollenveränderung und Statusverlust
- Ungewissheit
- lange Asylantragsphase und Untätigkeit
- Stigmatisierung
- Ablehnung durch Mehrheitsgesellschaft

Abbildung III.4.7.1: Gesundheitsrisiken vor, während und nach der Fluchterfahrung. Grafik: eigener Entwurf, grafische Umsetzung durch Viktoria Strehn.

Aufgrund der Vielzahl an Risikofaktoren, denen Geflüchtete vor, während und nach ihrer Flucht ausgesetzt sind (siehe Abbildung III.4.7.1), sind körperliche und seelische (vor allem affektive) Erkrankungen unter Geflüchteten häufig. Zu den häufigsten zählen Depressionen, Angststörungen und Posttraumatische Belastungsstörungen (PTBS) (→ Traumatisierung). Die Fluchtforschung bietet dazu empirische Daten in unterschiedlichen historischen und geografischen Kontexten: So zeigt sich über einzelne Flüchtlingspopulationen hinweg, dass bis zu 30 % der Erwachsenen an PTBS leiden, wobei die Schwere und Intensität der Störung je nach erlebten Stressoren starken Schwankungen unterliegt (vgl. Fazel et al 2005; Miller et al. 2005). Wissenschaftlich belastbare Zahlen für Menschen der Fluchtbewegung 2015 fehlen, doch gehen Schätzungen für Deutschland davon aus, dass 50 % der Geflüchteten der letzten Jahre durch traumatische Erfahrungen belastet sind (vgl. Leopoldina 2018). Wiederum die Hälfte davon benötigt fachliche Betreuung, um sich von dieser Belastung und ihren Folgeschäden zu erholen. Somit wären alleine von den 2015/16 nach Deutschland gekommenen Geflüchteten etwa 250.000 Menschen von psychischen Erkrankungen betroffen (vgl. Kaltenbach et al. 2017). Die Prozentsätze anderer europäischer Aufnahmeländer dürften ähnlich hoch liegen, auch wenn Vergleichsstudien noch ausständig sind. Ein Mangel an flächendeckender, muttersprachlicher Erstversorgung erschwert die Diagnose und Behandlung.

In der Zusammenschau aller Risikofaktoren lässt sich deshalb festhalten, dass die Gesundheit geflüchteter Menschen im Schnitt unter jener der einheimischen, aber auch der migrantischen Residenzbevölkerung eines Aufnahmelandes liegt. Studien im europäischen Kontext zeigen, dass Migrantinnen im Vergleich zu einheimischen Frauen eine geringere Lebenszufriedenheit (vgl. Weiss 2003) und ältere Migrant*innen im Vergleich zur Residenzbevölkerung ein schlechteres gesundheitliches Wohlbefinden aufweisen (vgl. Özlü-Erkilic et al. 2015). Fluchtmigrant*innen schneiden im Vergleich zu Arbeitsmigrant*innen noch schlechter ab: Sie führen geringere Lebenszufriedenheit an und auch das gesundheitliche Wohlbefinden im Alter ist geringer. Für die Fluchtbewegung ab 2015 verdeutlichen erste Querschnittserhebungen, dass (→) Frauen, junge Menschen und Personen aus Afghanistan, die in Europa selten vollständigen Schutz erhalten, besonders hohe Levels an mittelgradigen bis schweren Angststörungen und Depressionen aufweisen (Kohlenberger et al. 2019). Der sogenannte *healthy immigrant effect* (vgl. Marmot et al. 1984; Domnich et al. 2012), wonach Migrant*innen zumindest zu Beginn der Emigration gesünder als die Gesamtbevölkerung im Herkunfts-, aber auch im Aufnahmeland sind, trifft auf Fluchtpopulationen deshalb nicht oder nur sehr bedingt zu (vgl. Kohls 2011). Umso wesentlicher ist die gesundheitliche Versorgung geflüchteter Menschen, auf die im Folgenden eingegangen werden soll.

3. Gesundheitszugang geflüchteter Menschen in Aufnahmeländern

Die Gesundheit geflüchteter Menschen im Aufnahmeland hängt neben den oben genannten Risikofaktoren vor allem vom Zugang zu Gesundheitsdiensten ab: Niederschwelliger Zugang geht mit einer besseren Gesundheit einher, verringert soziale Ausgrenzung und kann somit langfristig Ausgaben der öffentlichen Hand senken (vgl. Trummer et al. 2018). Die „Mindestnormen für die Aufnahme von Asylbewerbern in den Mitgliedstaaten" der EU-Kommission (vulgo „Aufnahmerichtlinie") enthalten auch Richtlinien zur Gesundheitsversorgung, darunter die Gewährung von Notversorgung und „unbedingt erforderlicher Behandlung" (EUR-Lex 2003) (→ Aufnahme). Während einige EU-Mitgliedstaaten die Richtlinien nicht oder nur teilweise umgesetzt haben, erhalten Geflüchtete in Deutschland und Österreich bereits im Asylprozess (zumindest eingeschränkten) Zugang zu einer Krankenversicherung. Dennoch geht der Gesundheitszugang von Asylsuchenden selten über die Akutversorgung hinaus, wobei sich teils erhebliche subnationale Finanzierungs- und Angebotsunterschiede zwischen den einzelnen Bundesländern und kommunalen Realitäten zeigen, etwa beim Ausstellen einer Behandlungskarte für Arztbesuche (vgl. Wendel 2014). Häufig füllen zivilgesellschaftliche Versorgungsnetzwerke (→ Zivilgesellschaft) und selbstorganisierte Angebote die Lücke im Falle einer Ablehnung, sind jedoch wiederum von kommunaler oder privater Finanzierung abhängig.

Doch auch nach Gewährung von Asyl stoßen Geflüchtete weiterhin auf Hindernisse im Zugang zur Gesundheitsversorgung, die grob in a) strukturelle, b) finanzielle und c) soziokulturelle Barrieren unterteilt werden können. Zu den strukturellen Hindernissen zählen Sprache und die Verfügbarkeit von Dolmetscher*innen (vgl. Hadgkiss/Renzaho 2014; Morris et al. 2009). So halten Bischoff/Denhaerynck (2010) fest, dass ein Mangel an Dolmetscher*innen rechtzeitige medizinische Behandlung erheblich beeinträchtigt und zu höheren Folgekosten führen kann. Vor allem im Bereich der psychischen Gesundheit korreliert Sprachkompetenz in der Landessprache signifikant mit der Angabe schwerer Symptome durch den/die Patient*in (vgl. Bischoff et al. 2003) und dementsprechend mit weiterer medizinischer bzw. medikamentöser Versorgung. Aufgrund von Sprachbarrieren nehmen

Geflüchtete präventive Gesundheitsdienste (vgl. Kohls 2011) wie Krebsvorsorgeuntersuchungen und Impfungen (vgl. Norredam et al. 2010; Razum et al. 2008) seltener in Anspruch als Arbeitsmigrant*innen oder Menschen ohne Migrationsbiografie. Dies kann, bedingt durch schwerere Verläufe und Hospitalisierungen, zu drastischen Folgekosten für die Sekundär- und Tertiärversorgung und zu erheblichen Verwaltungskosten (vgl. Trummer et al. 2018; WHO 2008) führen. In vielen europäischen Ländern weisen Migrant*innen im Allgemeinen und Geflüchtete im Besonderen eine höhere Rate an Notaufnahmen und Krankenhausaufenthalten auf als die im Inland geborene Bevölkerung (vgl. Rechel et al. 2013).

Finanzielle Barrieren lassen sich in direkte und versteckte Kosten unterteilen. Dazu gehören eingeschränkte Krankenversicherung und damit verbundene Leistungen, hochschwelliger Zugang zu Gesundheitsdienstleistungen und fehlende Transportmöglichkeiten (vgl. McKeary/Newbold 2010) sowie mangelhafte Diagnose und weiterführende Unterstützung bei Beschwerden (vgl. Merry 2011). Auch Gesundheitskommunikation spielt eine Rolle: Ein suboptimaler Informationsfluss zwischen Gesundheitsdienstleister*innen und Geflüchteten bedingt anhaltende Unkenntnis über das Gesundheitssystem im Aufnahmeland (vgl. Mangrio/Forss 2017; Feldman 2006), was wiederum mehr Kosten und Chronifizierung von Beschwerden nach sich zieht. Unzureichende Gesundheitskompetenz sowie Erfahrungen mit sozialer Ausgrenzung können diesen Effekt verstärken. Die begrenzte Verfügbarkeit spezialisierter Gesundheitszentren, insbesondere in ländlichen Gebieten, und ihre damit verbundene eingeschränkte zeitliche und geografische Erreichbarkeit können zusätzliche Hindernisse darstellen, die besonders Geflüchtete in prekären Arbeits- und Wohnverhältnissen (→ Wohnen) betreffen (vgl. Schopf 2010).

Schließlich spielen kulturelle Faktoren, implizite Vorurteile und Diskriminierung eine wesentliche Rolle in der Gesundheitsversorgung von Geflüchteten. Arzttermine von Migrant*innen sind tendenziell kürzer als jene von Einheimischen und Ärzt*innen zeigen sich bei der Behandlung von marginalisierten Gruppen verbal dominanter (vgl. Meeuwesen et al. 2006). Angst vor Abschiebung oder negativen Auswirkungen auf den Aufenthaltsstatus kann Asylsuchende, aber auch Asylberechtigte daran hindern, Behandler*innen aufzusuchen (vgl. Trummer et al. 2009). Soziokulturelle Barrieren wie stärkere Stigmatisierung oder religiös bedingte Interpretation von Symptomen (vgl. Kohrt et al. 2014) sowie eine Somatisierung psychischer Erkrankungen (vgl. Priebe et al. 2016) erschweren die Diagnose und Behandlung. Studien zeigen, dass Geflüchtete aus dem Nahen Osten eher Krankenhausambulanzen als niedergelassene Fachärzt*innen frequentieren (vgl. Kohlenberger et al. 2019), was zu Überlastungen und langen Wartezeiten führen kann. Umgekehrt findet durch konsultierte Hausärzt*innen eine Überweisung an Spezialist*innen seltener statt als bei Einheimischen (vgl. Elbert et al. 2017). Nicht zuletzt kann die bestehende Gesundheitsresilienz (→ Resilienz) durch ein langes Asylverfahren negativ beeinflusst werden (vgl. Norredam et al. 2006).

4. Schlussfolgerungen

Trotz der zentralen Bedeutung von Gesundheit im Fluchtkontext weist die Fluchtforschung im deutschsprachigen Raum zahlreiche Lücken auf, vor allem im Bereich der Gesundheitsversorgung und -prävention. Aufgrund des beschränkten Platzes konnte hier nur kursorisch auf intersektionale Perspektiven eingegangen werden: Unterschiedliche Dimensionen der Marginalisierung, wie Geschlecht, Alter und Fluchtbiographie, potenzieren gesundheitliche Risiken. Zukünftige wesentliche Forschungsfragen betreffen die Covid-19-Pandemie und ihre gesundheitlichen, aber auch sozialen und ökonomischen Auswirkungen auf Fluchtpopulationen in Transit- und Aufnahmeländern (vgl. exemplarisch Alemi et al. 2020 und Mangrio et al. 2020).

In der Zusammenschau obenstehender Studien lässt sich konstatieren, dass obwohl körperliche und seelische Gesundheit eine der wichtigsten Ressourcen für gesellschaftliche Teilhabe darstellt, die spezifischen gesundheitlichen Risiken und Bedürfnisse geflüchteter Menschen oft nur unzureichend wahrgenommen und noch weniger adressiert werden. Dadurch kommt es zu negativen Wechselwirkungen zwischen der Gesundheit von Flüchtlingen und ihrer sozialen, ökonomischen und kulturellen Integration, wodurch sich gesundheitliche Ungleichheiten (*health inequalities*) verstärken. Zu deren Abbau kann die Fluchtforschung einen wesentlichen Beitrag leisten.

Literaturverzeichnis

Abbott, Alison (2016): The mental-health crisis among migrants. In: Nature 538, 158–160. https://doi.org/10.1038/538158a.

Alemi, Quais/Stempel, Carl/Siddiq, Hafifa/Kim, Eunice (2020): Refugees and COVID-19: achieving a comprehensive public health response. In: Bulletin of the World Health Organization 98 (8), 510–510A. https://doi.org/10.2471/BLT.20.271080.

Bischoff, Alexander/Bovier, Patrick A./Rrustemi, Isah/Gariazzo, Françoise/Eytan, Ariel/Loutan, Louis (2003): Language barriers between nurses and asylum seekers. Their impact on symptom reporting and referral. In: Soc Sci Med 57, 503–512.

Bischoff, Alexander/Denhaerynck, Kris (2010): What do language barriers cost? An exploratory study among asylum seekers in Switzerland. In: BMC Health Services Research 10, 248.

Bustamante, Lineth H. U./Cerqueira, Raphael O./Leclerc, Emilie/Brietzke, Elisa (2017): Stress, trauma, and posttraumatic stress disorder in migrants. A comprehensive review. In: Braz J Psychiatry 40 (2), 220–225. https://doi.org/10.1590/1516-4446-2017-2290.

Campbell, Ruth M./ Klei, A. G./Hodges, Brian D./Fisman, David/Kitto, Simon (2014): A comparison of health access between permanent residents, undocumented immigrants and refugee claimants in Toronto, Canada. In: J Immigr Minor Health 16, 165–76.

Chen, Wen/Hall, Brian J./Ling, Li/Renzaho, Andre M. (2017): Pre-migration and post-migration factors associated with mental health in humanitarian migrants in Australia and the moderation effect of post-migration stressors: findings from the first wave data of the BNLA cohort study. In: The Lancet Psychiatry 4, 218–229. https://doi.org/10.1016/S2215-0366(17)30032-9.

Domnich, Alexander/Panatoo, Donatella/Gasparini, Robert/Amicizia, Daniela (2012): The 'healthy immigrant' effect: Does it exist in Europe today? In: Italian Journal of Public Health 9 (3). e7532-1-7.

Edmondson, Donald/Chaudoir, Stephenie R./Mills, Mary A./Park, Crystal L./Holub, Julie/Bartkowiak, Jennifer M. (2011): From Shattered Assumptions to Weakened Worldviews. Trauma Symptoms Signal Anxiety Buffer Disruption. In: J Loss Trauma 16, 358–385. https://doi.org/10.1016/S2215-0366(17)30032-9.

Elbert, Thomas/Hinkel, Harald/Maedl, Anna/Hermenau, Katharina/Hecker, Tobias/Schauer, Maggie/Riedke, Heike/Winkler, Nina/Lancaster, Philip (2013): Sexual and gender-based violence in the Kivu provinces of the Democratic Republic of Congo: insights from former combatants. Washington DC: World Bank Group.

Elbert, Thomas/Wilker, Sarah/Schauer, Maggie/Neuner, Frank (2017): Dissemination psychotherapeutischer Module für traumatisierte Geflüchtete. Erkenntnisse aus der Traumaarbeit in Krisen- und Kriegsregionen. In: Der Nervenarzt 88, 26–33.

Ertl, Verena/Pfeiffer, Anett/Schauer, Elisabeth/Elbert, Thomas/Neuner, Frank (2011): Community-Implemented Trauma Therapy for Former Child Soldiers in Northern Uganda: A Randomized Controlled Trial. In: JAMA 306, 503–512. https://doi.org/10.1001/jama.2011.1060.

EUR-Lex (2003): Council Directive 2003/9/EC of 27 January 2003 laying down minimum standards for the reception of asylum seekers. In: Official Journal of the European Union 2003, L31:L31/18-L31/25.

Fazel, Mina/Wheeler, Jeremy/Danesh, John (2005): Prevalence of serious mental disorder in 7000 refugees resettled in western countries. A systematic review. In: The Lancet 365 (9467), 1309–1314. https://doi.org/10.1016/S0140-6736(05)61027-6.

Feldman, Rayah (2006): Primary health care for refugees and asylum seekers: A review of the literature and a framework for services. In: Public Health 120, 809–16.

Hadgkiss, Emily J./Renzaho Andre M. (2014): The physical health status, service utilisation and barriers to accessing care for asylum seekers residing in the community. A systematic review of the literature. In: Australian Health Review 38, 142–59.

Janoff-Bulman, Ronnie (2010): Shattered Assumptions: Towards a New Psychology of Trauma. New York: Simon and Schuster.

Kaltenbach, Elisa/Härdtner, Eva/Hermenau, Katharin/Schauer, Maggie/Elbert, Thomas (2017): Efficient identification of mental health problems in refugees in Germany: the Refugee Health Screener. In: European Journal of Psychotraumatology 8 (sup2), 1389205. https://doi.org/10.1080/20008198.2017.1389205.

Kohlenberger, Judith/Buber-Ennser, Isabella/Rengs, Bernhard/Leitner, Sebastian/Landesmann, Michael (2019): Barriers to health care access and service utilization of refugees in Austria. Evidence from a cross-sectional survey. In: Health Policy 123(9), 833–839. https://doi.org/10.1016/j.healthpol.2019.01.014

Kohlbacher, Josef/Six-Hohenbalken, Maria, eds. (2019): Die lange Dauer der Flucht: Analysen aus Wissenschaft und Praxis. Wien: Verlag der Österreichischen Akademie der Wissenschaften. https://doi.org/10.1553/ISR_FB049.

Kohls, Martin (2011): Morbidität und Mortalität von Migranten in Deutschland. Nürnberg: Bundesamt für Migration und Flüchtlinge.

Kohrt, Brandon A./Rasmussen, Andrew/Kaiser, Bonnie N./Haroz, Emily E./Maharjan, Sujen M./Mutamba, Byamah B./de Jong Joop T./Hinton, Devon E. (2014): Cultural concepts of distress and psychiatric disorders: literature review and research recommendations for global mental health epidemiology. In: International Journal of Epidemiology 43, 365–406.

Leopoldina (2018): Traumatisierte Flüchtlinge. Schnelle Hilfe ist jetzt nötig. Halle (Saale): Nationale Akademie der Wissenschaften Leopoldina.

Meeuwesen, Ludwien/Harmsen, Johannes A. M./Bernsen, Roos M. D./Bruijnzeels, Marc A. (2006): Do Dutch doctors communicate differently with immigrant patients than with Dutch patients? In: Social Science & Medicine 63, 2407–17.

Mangrio, Elisabeth/Forss, Katharina (2017): Refugees' experiences of healthcare in the host country. A scoping review. In: BMC health services research 17 (814).

Mangrio, Elisabeth/Maneesh, Paul Satyaseela/Strange, Michael (2020): Refugees in Sweden During the Covid-19 Pandemic. The Need for a New Perspective on Health and Integration. In: Front. Public Health 8, 574334. https://doi.org/10.3389/fpubh.2020.574334.

Marmot, Michael G./Adelstein, A. M./Bulusu, L. (1984): Lessons from the study of immigrant mortality. In: The Lancet 323 (8392), 1455–7.

McKeary, Marie/Newbold, Bruce (2010): Barriers to care. The challenges for Canadian refugees and their health care providers. In: Journal of Refugee Studies 23, 523–45.

Merry, Lisa A./Gagnon, Anita J./Kalim, Nahid/Bouris, Stephanie S. (2011): Refugee claimant women and barriers to health and social services post-birth. In: Canadian Journal of Public Health 102 (4), 286–90.

Miller, Gregory A./Elbert, Thomas/Rockstroh, Brigitte (2005): Judging psychiatric disorders in refugees. In: The Lancet 366, 1604–1605. https://doi.org/10.1016/S0140-6736(05)67655-6.

Morris, Meghan D./Popper, Steve T./Rodwell, Timothy C./Brodine, Stephanie K./Brouwer, Kimberly C. (2009): Healthcare barriers of refugees post-resettlement. In: Journal of Community Health 34, 529–38.

Nickerson, Angela/Bryant, Richard A./Steel, Zachary/ Silove, Derrick/Brooks, Robert (2010): The impact of fear for family on mental health in a resettled Iraqi refugee community. In: Journal of Psychiatric Research 44, 229–235. https://doi.org/10.1016/j.jpsychires.2009.08.006.

Norredam, Marie/Mygind, Anna/Krasnik, Allan (2006): Access to health care for asylum seekers in the European Union. A comparative study of country policies. In: European Journal of Public Health 16, 285–9.

Özlü-Erkilic, Zeliha/Winkler, Dietmar/Popow, Christian/Zesch, Heidi E./Akkaya-Kalayci, Türkan (2015): A comparative study of Turkish-speaking migrants and natives living in Vienna/Austria concerning their life satisfaction – with a particular focus on satisfaction regarding their health. In: International Journal of Migration, Health and Social Care 11 (3) 206–217.

Paras, Molly L./Murad, Mohammad H./Chen, Laura P./Goranson, Erin N./Sattler, Amelia L./Colbenson, Kristina M./Elamin, Mohamed B./Seime, Richard J./Prokop, Larry J./Zirakzadeh, Ali (2009): Sexual abuse and lifetime diagnosis of somatic disorders. A systematic review and meta-analysis. In: JAMA 302, 550–561. https://doi.org/10.1001/jama.2009.1091.

Priebe, Stefan/Giacco, Domenico/El-Nagib, Rawda (2016): Public health aspects of mental health among migrants and refugees: A review of the evidence on mental health care for refugees, asylum seekers and irregular migrants in the WHO European Region. Health Evidence Network Synthesis Report 47. Copenhagen: WHO Regional Office for Europe.

Razum, Oliver/Zeeb, Hajo/Schenk, Liane (2008): Migration und Gesundheit: Ähnliche Krankheiten, unterschiedliche Risiken. In: Deutsches Ärzteblatt 105, A2520–A2.

Rechel, Bernd/Mladovsky, Philipa/Ingleby, David/Mackenbach, Johan P./McKee, Martin (2013): Migration and health in an increasingly diverse Europe. In: The Lancet 381, 1235–45.

Schopf, Anna (2010): Migrants' perspectives on participation in health promotion in Austria. Wien: Forschungsinstitut des Roten Kreuzes.

Serpeloni, Fernanda/Radtke, Karl/de Assis, Simone G./ Henning, Frederico (2017): Grandmaternal stress during pregnancy and DNA methylation of the third generation: an epigenome-wide association study. In: Translational Psychiatry 7 (8), e1202. https://doi.org/10.1038/tp.2017.153.

Sulaiman-Hill, Cheryl M.R./Thompson, Sandra C. (2012): Afghan and Kurdish refugees, 8–20 years after resettlement, still experience psychological distress and challenges to wellbeing. In: Australian and New Zealand Journal of Public Health 36, 126–134. https://doi.org/10.1111/j.1753-6405.2011.00778.x.

Trummer, Ursula/Novak-Zezula, Sonja/Renner, Anna/Wilczewska, Ina (2018): Cost savings through timely treatment for irregular migrants and European Union citizens without insurance. In: European Journal of Public Health 28 (1), cky048.061.

Trummer, Ursula/Novak-Zezula, Sonja/Metzler Birgit (2009): Managing a paradox: Health care for undocumented migrants in the EU. Finnish Journal of Ethnicity and Migration 4 (2), 53–60.

Warfa, Nasir/Curtis, Sarah/ Watters Charles/ Carswell, Ken/Ingleby, David/Bhui, Kamaldeep (2012): Migration experiences, employment status and psychological distress among Somali immigrants. A mixed-method international study. In: BMC Public Health 12, 749. https://doi.org/10.1186/1471-2458-12-749.

Weiss, Regula (2003): Macht Migration krank? Eine transdisziplinäre Analyse der Gesundheit von Migrantinnen und Migranten. Zürich: Seismo.

Wendel, Kay (2014): Unterbringung von Flüchtlingen in Deutschland: Regelungen und Praxis der Bundesländer im Vergleich. Hg. Förderverein PRO ASYL e.V., Frankfurt am Main.
WHO (2008): Closing the gap in a generation: Health equity through action on the social determinants of health. Final Report of the Commission on Social Determinants of Health. Geneva: World Health Organization.

III.4.8
Unterbringung und Wohnen

Judith Vey

Abstract Eine bedarfsgerechte Unterbringung stellt eine wichtige Voraussetzung für das Führen eines selbstbestimmten Lebens, das Ankommen und die gesellschaftliche Teilhabe von Geflüchteten dar. Auch im öffentlichen, politischen und wissenschaftlichen Diskurs über Flucht und Asyl spielt dieser Themenkomplex eine zentrale Rolle. Gleichzeitig ist das Unterbringungssystem in Deutschland nicht vom Dispositiv des Lagers zu trennen. In diesem Beitrag werden zentrale Aspekte der Thematik Unterbringung und Wohnen in Sammelunterkünften und Wohnungen von Geflüchteten in Deutschland behandelt.

Schlüsselbegriffe: Unterbringung, Sammelunterkünfte, Erstaufnahme, Ankerzentrum, Wohnung, Lager

1. Einführung

Das Recht auf Wohnen ist ein in Artikel 11 des Internationalen Pakts über wirtschaftliche, soziale und kulturelle Rechte festgeschriebenes Menschenrecht. Die (Art der) Unterbringung ist neben asylrechtlichen Fragen, Zugang zu Bildung, Arbeit und Gesundheitsversorgung ein zentraler Aspekt im Leben von Geflüchteten. In diesem Beitrag wird daher nach einer kurzen Darstellung der rechtlichen Rahmenbedingungen und Verfahren (1) ein Überblick bezüglich verschiedener Typen und Phasen der Unterbringung gegeben (2) und eine analytische Einordnung des Unterbringungssystems in Deutschland vorgenommen (3).

Geflüchtete haben in Deutschland während der Dauer des Asylverfahrens Anspruch auf Grundleistungen zur Deckung des notwendigen und persönlichen Bedarfs (AsylbLG § 3 Absatz 1); darunter fällt auch die Bereitstellung einer Unterkunft oder die Übernahme von Mietkosten. Sie dürfen jedoch nicht selbst über ihren Wohnort oder die Art der Unterbringung entscheiden, sondern werden einer Unterkunft zugewiesen. Ab 1982 wurde durch die Verabschiedung des Asylverfahrensgesetzes die Unterbringung in sogenannten „Gemeinschaftsunterkünften" eingeführt (Pieper 2013: 53–54). Rechtlich sind die (→) Bundesländer für die Unterbringung von Geflüchteten zuständig (AsylVfG § 44 Absatz 1). Nach der Unterbringung in Aufnahmeeinrichtungen des Landes geht die Verantwortung an die Landkreise und kreisfreien Städte und in manchen Bundesländern direkt an die Gemeinden über (Wendel 2014: 11–12). Den (→) Kommunen kommt damit de facto eine große Verantwortung in der Unterbringung und Versorgung der geflüchteten Menschen zu, de jure haben sie aber keine relevanten Mitgestaltungsmöglichkeiten hinsichtlich der Ausgestaltung der rechtlichen Rahmenbedingungen (vgl. Aumüller 2015: 30). Im Gegensatz zu anderen sozialen Einrichtungen, wie in der Kinder- und Jugendhilfe oder in Pflegeheimen, wurden in Bezug auf die Unterbringung Geflüchteter bisher keine bundesweit rechtsverbindlich geltenden Mindeststandards festgelegt. 2018 wurden zwar von UNICEF und dem Bundesministerium für Familie, Senioren, Frauen und Jugend „Mindeststandards zum Schutz von geflüchteten Menschen in Flüchtlingsunterkünften" herausgegeben (BMFSFJ/UNICEF 2018), diese sind jedoch nicht rechtlich bindend.

2. Typen und Phasen der Unterbringung

In Deutschland wird zwischen Erstaufnahme und Anschlussunterbringung unterschieden, die verwaltungstechnisch, organisatorisch und räumlich differieren. In Bayern und zum Teil im Saarland und in Sachsen fallen Erstaufnahme und Anschlussunterbringung in sogenannten „Ankerzentren" zusammen. In diesem Kapitel werden die verschiedenen Typen und Phasen der Unterbringung vorgestellt.

2.1 Erstaufnahme und „Ankerzentren"

Nach ihrer Ankunft werden Geflüchtete zunächst in der nächstgelegenen *Aufnahmeeinrichtung* des Bundeslandes, in dem sie ihren Antrag auf Asyl stellen, aufgenommen. Da sich die bundesweite Verteilung der Geflüchteten zum einen nach dem Königsteiner Schlüssel und zum anderen nach dem Herkunftsland richtet, werden Geflüchtete nach erfolgter Registrierung ggf. einer Aufnahmeeinrichtung in einem anderen Bundesland zugewiesen. In der Aufnahmeeinrichtung wohnen Geflüchtete über einen im Asylgesetz festgelegten Zeitraum (§ 47 Abs. 1 AsylG). Für Geflüchtete aus sogenannten „sicheren Herkunftsstaaten" oder bei Verletzung bestimmter Mitwirkungspflichten besteht bis zum Abschluss des Asylverfahrens eine Pflicht zur Wohnsitznahme in einer Aufnahmeeinrichtung. In Bayern und zum Teil im Saarland und in Sachsen verbleiben die Geflüchteten seit 2018 bis zum vollständigen Abschluss ihres Asylverfahrens in *„Ankunfts-, Entscheidungs- und Rückführungszentren" (AnkER-Zentren)*. Alle zentralen Versorgungsstrukturen, wie Verpflegung, Beschulung, Kinderbetreuung, ärztliche Versorgung, Sprachkurse, sind direkt im Ankerzentrum angesiedelt, standardisiert und reglementiert. Besuche von Bewohner*innen sind nur erschwert oder nicht möglich. Ähnliches gilt für den Zugang von Mitarbeiter*innen externer Beratungsstellen. Diese Unterbringung in Ankerzentren stellt eine „industriell anmutende Vereinfachung und Effizienzsteigerung des Asylprozesses" dar (Devlin et al. 2021: 148) und wird von Wohlfahrts- und Geflüchtetenorganisationen abgelehnt.

Infolge des in den 2000er Jahren erfolgten Abbaus von Unterbringungs- und Versorgungsstrukturen bei gleichzeitig steigenden Asylantragszahlen kam es 2015 zu einer „Infrastruktur- und Verwaltungskrise" (Hanewinkel 2015), in deren Kontext bundesweit Hunderte *Notunterkünfte* eröffnet wurden. Die Geflüchteten wurden nach ihrer Ankunft in Deutschland direkt in diesen umfunktionierten Turnhallen, ausgedienten Baumärkten, Containern in Leichtbauweise oder Zelten untergebracht und wohnten dort oftmals über mehrere Monate oder Jahre ohne jegliche Privatsphäre. Um Unterkünfte auch in Gewerbegebieten eröffnen zu können, wurden u. a. baurechtliche Erleichterungen getroffen (Gliemann/Rüdiger 2018). Die Unterbringungsstandards in Notunterkünften waren dementsprechend noch einmal deutlich niedriger als in anderen Formen der Erstaufnahme und der Sammelunterbringung.

Je nach Bundesland werden die Geflüchteten nach der Erstaufnahme sogenannten „Gemeinschaftsunterkünften" zugewiesen oder in Wohnungen untergebracht. Außer in Bayern, Berlin und Hamburg sind für die Anschlussunterbringung die Stadt- oder Landkreise zuständig. In manchen (→) Bundesländern sind in einer dritten Stufe die Gemeinden (→ Kommunen) verantwortlich (Wendel 2014: 11ff.). Im Folgenden wird auf beide Arten der Anschlussunterbringung genauer eingegangen.

2.2 „Gemeinschaftsunterkünfte"

Bundesweit betrachtet lebt der größte Teil der Geflüchteten in verschiedenen Arten von als „Gemeinschaftsunterkünfte" bezeichneten Sammelunterkünften. Deren Träger können staatlich (Land, Landkreis oder Kommune), gemeinnützig oder privatwirtschaftlich sein. Durch die Vielfalt der Regelungen und Träger sowie das Fehlen bundesweit rechtsverbindlicher Mindeststandards und eines standardisierten, externen und niedrigschwelligen Beschwerdesystems bestehen hinsichtlich der Ausgestaltung der Anschlussunterbringung auf Länder-, Landkreis- und kommunaler Ebene erhebliche Unterschiede. Die konkreten Lebens- und Unterbringungsbedingungen hängen stark von den jeweiligen lokalen Bedingungen und den zuständigen staatlichen Stellen und Mitarbeiter*innen vor Ort ab (Aumüller 2015: 23; Christ et al. 2017b: 4). Da sich in Sammelunterkünften die aus einer neoliberalen Umstrukturierung resultierende Krise der öffentlichen Daseinsvorsorge zuspitzt (vgl. Lebuhn 2016), ist die Unterbringung, Versorgung und sozial- und asylrechtliche Beratung nicht ohne die Unterstützungsleistungen Zehntausender Ehrenamtlicher möglich (Dyk/Misbach 2016; Graf 2016; Vey 2018b). Die in Sammelunterkünften herrschenden Verhältnisse werden infolgedessen seit vielen Jahren im wissenschaftlichen und politischen Diskurs thematisiert und kritisiert (u. a. Aumüller/Bretl 2008; Die Landesflüchtlingsräte & Pro Asyl 2011; Vey/Gunsch 2021).

Hauptproblemfelder der Sammelunterbringung sind die räumlich-bauliche Situation, eine oftmals infrastrukturell schlecht angebundene Lage, die Qualität und Intensität der Beratung und Unterstützung, die Art, Qualität und Organisation der Versorgung sowie das Fehlen von Rückzugsmöglichkeiten, Privatsphäre und (sinnvollen) Beschäftigungsmöglichkeiten. Es besteht kein wirksamer Schutz hinsichtlich der massenhaften Ausbreitung von Infektionen wie Covid-19 (Bozorgmehr et al. 2020; Huke 2021); die hygienische Gesamtsituation ist oftmals mangelhaft. Abschiebungen und polizeiliche Razzien werden meist nachts, unter Gewaltanwendung und in Anwesenheit von minderjährigen Geflüchteten durchgeführt. Die generell bestehende, strukturell bedingte, soziale, politische, rechtliche und ökonomische Isolation, Exklusion und Segregation wird durch die Sammelunterbringung verstärkt; ebenso wird die Autonomie der Bewohner*innen durch eine umfassende Reglementierung, Kontrolle und Gleichschaltung von Aktivitäten stark beschränkt. Die Beziehung zwischen Bewohner*innen und allen anderen Akteursgruppen in der Unterkunft ist durch ein ausgeprägtes asymmetrisches Macht- und Abhängigkeitsverhältnis geprägt, durch das die Ausübung willkürlicher Macht strukturell begünstigt wird (Pieper 2013: 345; Vey 2018a). Es entsteht ein potentiell rechtsfreier Raum (Pieper 2013: 345). Infolgedessen finden in Sammelunterkünften vermehrt und nicht selten sanktionslos physische und psychische Übergriffe, Rassismus und Diskriminierung, vor allem auch seitens des Wachpersonals, statt (→ Gewalt). Zudem resultieren aus der beengten, massenhaften und zwangsweisen „Zuweisung von Lebensorten" (Täubig 2019: 196) zahlreiche Spannungen, Konflikte, physische und psychische Gefährdungen und Belastungen (u.a. Schouler-Ocak/Kurmeyer 2017; Täubig 2009: 196). Konflikte in Unterkünften haben daher zumeist strukturelle und nicht individuelle Ursachen (Christ et al. 2017a).

Nach außen hin werden Sammelunterkünfte zumeist als abschreckend wahrgenommen. Die zentralisierte Massenunterbringung fördert die Stigmatisierung der Bewohner*innen und deren Wahrnehmung als homogene Gruppe. Die Geflüchteten werden sicht- und lokalisierbar und dadurch direkt zu Zielscheiben von Protesten (Lebuhn 2016). Im Jahr 2015 bspw. wurden 1.055 Angriffe und 137 Brandanschläge auf Sammelunterkünfte verzeichnet (Amadeu Antonio Stiftung 2016). Sammelunterkünfte stellen für die Geflüchteten keine sicheren Orte dar.

Geflüchtete mit besonderen Schutzbedarfen (→ Vulnerabilität), die in ihrer Gesamtheit die Mehrheit der Bewohner*innen bilden, erhalten in Sammelunterkünften zumeist keine adäquate Versorgung und sind verstärkt von den in Sammelunterkünften herrschenden Unterbringungsbedingungen betroffen. In manchen Bundesländern wurden daraufhin bedarfsspezifische Unterbringungen errichtet (für Frauen: Hartmann 2018; für LSBTI*-Geflüchtete: Einbrodt/Mahmoud 2021; für unbegleitete minderjährige Geflüchtete: Thomas et al. 2018). Spezifische Bedarfe müssen jedoch erst erkannt werden; und auch in spezialisierten Unterkünften bleiben zentrale Problematiken der Sammelunterbringung bestehen (Einbrodt/Mahmoud 2021: 136).

2.3 Wohnungen

Geflüchtete könn(t)en nach Auszug aus der Aufnahmeeinrichtung prinzipiell auch sofort reguläre Wohnungen bewohnen, da rechtlich keine Verpflichtung zur Wohnsitznahme in Gemeinschaftsunterkünften besteht (Wendel 2014: 61 in Anlehnung an § 53 Absatz 1 AsylG). Die Unterbringung in Wohnungen stellt im Gegensatz zur Sammelunterbringung die bedarfsgerechte Variante dar (z. B. Pro Asyl 2015: 10; Vey 2018a). Ebenso präferieren Geflüchtete die Anmietung einer eigenen Wohnung oder eines WG-Zimmers; in Wohnungen untergebrachte Geflüchtete sind dementsprechend deutlich zufriedener als Bewohner*innen in Sammelunterkünften (Baier/Siegert 2018: 9). Die stigmatisierende, homogenisierende und segregierende Wirkung von Sammelunterkünften entfällt bei der Unterbringung in Wohnungen, aber auch hier zeigt sich eine Benachteiligung und Segregation von Geflüchteten. Die angemieteten Wohnungen oder Zimmer sind häufig kleiner, dichter belegt und befinden sich in ungünstigeren Lagen (Eichholz et al. 2021: 52). Auch für Mietwohnungen bestehen keine Vorgaben für Mindeststandards.

Unter welchen Voraussetzungen, ob und wann ein Umzug in eine reguläre Wohnung möglich ist und aktiv gefördert wird, hängt von den jeweiligen, sehr unterschiedlichen Regelungen auf Landes-, Landkreis- und kommunaler Ebene und dem lokalen Wohnungsmarkt ab. Die dezentrale Unterbringung in regulären Mietwohnungen ist – abhängig von den Gegebenheiten des lokalen Wohnungsmarkts – in der Regel kostengünstiger als in Sammelunterkünften (u. a. Wendel 2014: 32; Aumüller 2015: 43). Die Anmietung von Wohnraum wird durch strukturelle und rassistische Diskriminierung auf dem Wohnungsmarkt erheblich erschwert bzw. verhindert (El-Kayed/Hamann 2018; Foroutan et al. 2017; Hummel et al. 2017) (→ Diskriminierung). Für Geflüchtete mit besonderen Schutzbedarfen kann die Wohnungssuche aufgrund weiterer Diskriminierungsdimensionen mit zusätzlichen Hürden verbunden sein (Einbrodt/Mahmoud 2021: 133). Die Wohnungssuche gelingt daher oft nur durch engagierte haupt- und ehrenamtliche Unterstützer*innen (Khlefawi et al. 2021; Bretl 2008). Darüber hinaus beeinflussen zur Verfügung stehende Ressourcen, wie Deutschkenntnisse, Einkommen und das Vorhandensein sozialer Netzwerke, die Möglichkeiten zur Anmietung einer Wohnung (Baier/Siegert 2018: 1). Besonders in Regionen mit einem angespannten Wohnungsmarkt verbleiben Geflüchtete nach ihrer Anerkennung oftmals monate- und jahrelang in den Sammelunterkünften oder sind nach ihrem (erzwungenen) Auszug aus der Sammelunterkunft von Obdachlosigkeit bedroht; der Anteil von in Obdachlosenunterkünften lebenden Geflüchteten ist daher seit 2015 stark gestiegen.

3. Analytische Einordnung

Aufgrund der dargestellten Grundcharakteristika werden Sammelunterkünfte als Orte der „(Im-)Mobilisierung" und „Werkzeuge migrationspolitischer Regierungspraktiken", die Kontrolle, Ordnung und Regulation herstellen sollen (Devlin et al. 2021: 10), als „halboffene Lager" (Pieper 2013: 351), „totale Institutionen" und Orte der „organisierten Desintegration" (Täubig 2009: 12) klassifiziert, in denen die Bewohner*innen infolge des Verlusts der verschiedenen sozialen Rollen und Rechte den „bürgerlichen Tod" erleben (vgl. Täubig 2009) (→ Camp/Lager). Die Segregation von Geflüchteten in Sammelunterkünften ist „integraler Bestandteil des europäischen Grenzregimes und seines komplexen Zusammenspiels von Ein- und Ausschlüssen" (Blank 2021: 249). Doch trotz der in den Unterkünften stattfindenden Entrechtung, Objektivierung, Isolierung und De-Subjektivierung sind Geflüchtete nicht nur „Objekte der Verwaltung" (Wendel 2014). Das europäische Grenzregime bringt zwar spezifische „Räume des Asyls" (Blank 2019) mit all seinen Restriktionen, Kontrollpolitiken und biopolitischen Zugriffen auf die Subjekte und ihre Körper hervor. Gleichzeitig sind diese Räume aber auch Teil der Aushandlung dieses Grenzregimes (Blank 2021: 22); die Bewohner*innen eignen sich diese Räume aktiv an (vgl. Arouna et al. 2019). Totalisierende Charakterisierungen von Sammelunterkünften, wie z. B. von Giorgio Agamben, sind daher zu hermetisch (vgl. Blank 2021; auch Engler 2021; Vey 2019). Diese Aushandlungs-, Aneignungs- und Selbstermächtigungsprozesse finden in individueller oder kollektiver Form statt und sind ebenfalls Bestandteil der Unterbringungsrealität in Sammelunterkünften in Deutschland (z. B. Klotz 2016; Gunsch et al. 2021; Ataç 2013; Brandmaier 2019).

Der Auszug aus der Sammelunterkunft und die Anmietung einer regulären Mietwohnung wiederum sind mit zahlreichen, für manche Geflüchtete unüberwindbaren Hürden verbunden. Wenn der Bezug einer eigenen Wohnung oder eines WG-Zimmers gelungen ist, stellt dies eine deutliche qualitative Verbesserung im Leben der Geflüchteten dar. Die Unterbringungssituation ist jedoch strukturell mit dem generellen rechtlichen, sozialen, politischen und ökonomischen Status der Geflüchteten verknüpft, sodass eine Verbesserung der Wohnsituation nur mit substanziellen Veränderungen auf all diesen Ebenen möglich ist. Trotz der in den vergangenen Jahren entwickelten Konzepte u. a. für eine innovative Wohnarchitektur und eine inklusive Stadtplanung (Friedrich 2015; Friedrich et al. 2017; Fuhrhop 2016) bleiben auch in der Wohnungsunterbringung diese strukturellen Grundbedingungen im aktuellen Grenz- und Migrationsregime bestehen.

Literaturverzeichnis

Amadeu Antonio Stiftung (2016): Verzerrtes Bild. Pressemitteilung der Amadeu Antonio Stiftung – Inland/ Rechtsextremismus. https://www.amadeu-antonio-stiftung.de/w/files/pdfs/pressemitteilungen/2016-02-25-pm-verzerrtes-bild-von-fluechtlingsfeindlicher-gewalt.pdf, 16.07.2021.

Arouna, Mariam/Breckner, Ingrid/Ibis, Umut/Schroeder, Joachim/Sylla, Cornelia (2019): Fluchtort Stadt: Explorationen in städtische Lebenslagen und Praktiken der Ortsaneignung von Geflüchteten. Wiesbaden: Springer.

Ataç, Ilker (2013): Die Selbstkonstituierung der Flüchtlingsbewegung als politisches Subjekt. eipcp – European Institute for Progressive Cultural Policies. Die Selbstkonstituierung der Flüchtlingsbewegung … | Linksnet, 21.04.2022.

Aumüller, Jutta (2015): Rahmenbedingungen der Flüchtlingsaufnahme und ihre Umsetzung in den Kommunen. In: Aumüller, Jutta/Daphi, Priska/Biesenkamp, Celine (Hrsg.): Die Aufnahme von Flüchtlingen in den Bundesländern und Kommunen. Behördliche Praxis und zivilgesellschaftliches Engagement. Stuttgart: Robert Bosch Stiftung, 19–120.

Aumüller, Jutta/Bretl, Carolin (Hrsg.) (2008): Lokale Gesellschaften und Flüchtlinge: Förderung von sozialer Integration. Die kommunale Integration von Flüchtlingen in Deutschland. Berlin: Berliner Institut für Vergleichende Sozialforschung.

Baier, Andreea/Siegert, Manuel (2018): Die Wohnsituation Geflüchteter. Ausgabe 02|2018 der Kurzanalysen des Forschungszentrums Migration, Integration und Asyl des Bundesamtes für Migration und Flüchtlinge. Nürnberg. https://www.bamf.de/SharedDocs/Anlagen/DE/Forschung/Kurzanalysen/kurzanalyse11_iab-bamf-soep-befragung-gefluechtete-wohnsituation.pdf%3F__blob%3DpublicationFile%26v%3D11, 16.07.2021.

Blank, Martina (2021): Unterbringung im Grenzregime – Grenzen im Unterbringungsregime: Kommunale Anschlussunterbringung in Frankfurt am Main. In: Vey, Judith/Gunsch, Salome (Hrsg.): Unterbringung von Flüchtenden in Deutschland. Inklusion, Exklusion, Partizipation? Baden-Baden: Nomos, 21–50.

BMFSFJ/UNICEF (2018/2021): Mindeststandards zum Schutz von geflüchteten Menschen in Flüchtlingsunterkünften. Berlin. https://www.bmfsfj.de/bmfsfj/service/publikationen/mindeststandards-zum-schutz-von-gefluechteten-menschen-in-fluechtlingsunterkuenften-117474, 22.11.2021.

Bozorgmehr, Kayvan/Hintermeier, Maren/Razum, Oliver/Mohsenpour, Amir/Biddle, Louise/Oertelt-Prigione, Sabine/Spallek, Jakob/Tallarek, Marie/Jahn, Rosa (2020): SARS-CoV-2 in Aufnahmeeinrichtungen und Gemeinschaftsunterkünften für Geflüchtete: Epidemiologische und normativ-rechtliche Aspekte. https://pub.uni-bielefeld.de/record/2943665, 19.07.2021.

Brandmaier, Maximiliane (2019): Angepasstes und widerständiges Handeln in der Lebensführung geflüchteter Menschen. Handlungsfähigkeit im Verhältnis zu Anerkennung und (psycho-)sozialer Unterstützung in österreichischen Sammelunterkünften. Weinheim, Basel: Beltz Juventa.

Bretl, Carolin (2008): Kommunale Flüchtlingsintegration in Berlin. In: Aumüller, Jutta/Bretl, Carolin (Hrsg.): Lokale Gesellschaften und Flüchtlinge: Förderung von sozialer Integration. Die kommunale Integration von Flüchtlingen in Deutschland. Berlin: Berliner Institut für Vergleichende Sozialforschung, 21–47.

Christ, Simone/Meininghaus, Esther/Röing, Tim (2017a): „All Day Waiting". Konflikte in Unterkünften für Geflüchtete in NRW. bicc working paper 3/2017.

Christ, Simone/Meininghaus, Esther/Röing, Tim (2017b): Konfliktprävention in Unterkünften – Selbstverantwortung geflüchteter Menschen stärken. Bonn: Bonn International Center for Conversion (BICC).

Devlin, Julia/Evers, Tanja/Goebel, Simon (Hrsg.) (2021): Praktiken der (Im-)Mobilisierung. Lager, Sammelunterkünfte und Ankerzentren im Kontext von Asylregimen. Bielefeld: transcript.

Die Landesflüchtlingsräte/Pro Asyl (Hrsg.) (2011): AusgeLAGERt – Zur Unterbringung von Flüchtlingen in Deutschland. Sonderheft der Landesflüchtlingsräte. https://www.proasyl.de/wp-content/uploads/2012/02/AusgeLAGERt.pdf, 11.11.2021.

Dyk, Silke van/Misbach, Elène (2016): Zur politischen Ökonomie des Helfens. Flüchtlingspolitik und Engagement im flexiblen Kapitalismus. In: PROKLA. Zeitschrift für kritische Sozialwissenschaft 46, 205–227.

Eichholz, Lutz/Spellerberg, Annette/Jauhiainen, Jussi S. (2021): Empirischer Vergleich der Lebenswirklichkeit von Geflüchteten in Sammelunterkünften und regulären Wohnungen. In: Vey, Judith/Gunsch, Salome (Hrsg.) (2021): Unterbringung von Flüchtenden in Deutschland. Inklusion, Exklusion, Partizipation? Baden-Baden: Nomos, 51–78.

Einbrodt, Vanessa/Mahmoud, Wael (2021): „[H]aving your own place [...] gives you all the control, you know?" Ergebnisse einer Kurzstudie zu den Unterbringungssituationen queerer Geflüchteter. In: Vey, Judith/Gunsch, Salome (Hrsg.): Unterbringung von Flüchtenden in Deutschland. Inklusion, Exklusion, Partizipation? Baden-Baden: Nomos, 103–148.

El-Kayed, Nihad/Hamann, Ulrike (2018): Refugees' Access to Housing and Residency in German Cities: Internal Border Regimes and Their Local Variations. In: Social Inclusion 6 (1), 135–146.

Engler, Anne-Marlen (2021): Flüchtlingslager jenseits der Ausnahme vom Recht denken. Theoretische Schlaglichter und aktuelle Debatten. In: Devlin, Julia/Evers, Tanja/Goebel, Simon (Hrsg.): Praktiken der (Im-)Mobilisierung. Lager, Sammelunterkünfte und Ankerzentren im Kontext von Asylregimen. Bielefeld: transcript, 27–48.

Foroutan, Naika/Hamann, Ulrike/El-Kayed, Nihad/Jorek, Susanna (2017): Zwischen Lager und Mietvertrag: Wohnunterbringung geflüchteter Frauen in Berlin und Dresden. In: Solidarität im Wandel. Berliner Institut für empirische Integrations- und Migrationsforschung. https://www.sowi.hu-berlin.de/de/forschung/projekte/nawill/publikationen/forschungsbericht-zwischen-lager-und-mietvertrag-wohnunterbringung-von-gefluechteten-frauen-in-berlin-und-dresden/view, 21.04.2022.

Friedrich, Jörg (2015). Refugees welcome: Konzepte für eine menschenwürdige Architektur. Berlin: Jovis.

Friedrich, Jörg/Haslinger, Peter/Takasaki, Simon/Forsch, Valentina (2017). Zukunft: Wohnen: Migration als Impuls für die kooperative Stadt. Berlin: Jovis.

Fuhrhop, Daniel (2016). Willkommensstadt: wo Flüchtlinge wohnen und Städte lebendig werden. München: oekom.

Gliemann, Katrin/Rüdiger, Andrea (2018). Flüchtlingsunterbringung: Bedeutung der baurechtlichen Erleichterungen für das Verständnis von gesunden Wohnverhältnissen. Forschungsbericht. Hannover: Akademie für Raumforschung Landesplanung.

Graf, Laura (2016). Freiwillig im Ausnahmezustand – Die ambivalente Rolle ehrenamtlichen Engagements in der Transformation des Asylregimes. In: Widersprüche 141, 87–96.

Gunsch, Salome/Sehatkar Langroudi, Aryan/Vey, Judith (2021). Letzter Ausweg: Protestcamp. Zur Selbstorganisation von Flüchtenden vor einer Notunterkunft. ipb working paper II.2021, Berlin. https://protestinstitut.eu/protestcamp/, 18.11.2021.

Hanewinkel, Vera (2015). Deutschland: Verwaltungs- und Infrastrukturkrise. Bundeszentrale für Politische Bildung. http://www.bpb.de/gesellschaft/migration/kurzdossiers/217376/verwaltungs-und-infrastrukturkrise, 02.02.2016.

Hartmann, Melanie (2018). Praxisbericht: Evaluation der Frauen-Gemeinschaftsunterkunft des Landes Gießen. Philipps-Universität Marburg: Zentrum für Konfliktforschung.

Huke, Nikolai (2021). „Bedeutet unser Leben nichts?" Erfahrungen von Asylsuchenden in Flüchtlingsunterkünften während der Corona-Pandemie in Deutschland. https://www.proasyl.de/wp-content/uploads/210809_PA_Lager.pdf, 11.11.2021.

Hummel, Steven/Krasowski, Beata/Midelia, Sotiria/Weterdorf, Juliane (2017). Rassistische Diskriminierung auf dem sächsischen Wohnungsmarkt. Situationsbeschreibung & Handlungsempfehlungen. Leipzig.

Khlefawi, Rajaa Al/ Shallal, Namarek Al/Khan, Annika (2021). „Wir sind nicht bereit, unseren Platz hier zu verlieren. Weil es unser Zuhause ist, es ist unser Leben." Interview mit Mitbegründer:innen der Monitoring Group. In: Vey, Judith/Gunsch, Salome (Hrsg.): Unterbringung von Flüchtenden in Deutschland. Inklusion, Exklusion, Partizipation? Baden-Baden: Nomos, 229–244.

Klotz, Sabine (2016). Selbstorganisation von Asylsuchenden – Teilhabeforderungen durch Zuwanderung. Forschungsjournal Soziale Bewegungen 29, 60–69.

Pieper, Tobias (2013). Die Gegenwart der Lager. Zur Mikrophysik der Herrschaft in der deutschen Flüchtlingspolitik. Münster: Westfälisches Dampfboot.

Pro Asyl (2015). Refugees Welcome – Aufnahme und Integration von Flüchtlingen in Deutschland. Forderungen an Bund und Länder. https://www.proasyl.de/wp-content/uploads/2015/12/PRO_ASYL_Position_Asylverfahren_Forderungen_an_Bund_und_Laender_Sept_2015.pdf, 11.11.2021.

Schouler-Ocak, Meryam/Kurmeyer, Christine (2017). Study on Female Refugees. Repräsentative Untersuchung von geflüchteten Frauen in unterschiedlichen Bundesländern in Deutschland. https://female-refugee-study.charite.de/, 21.05.21.

Täubig, Vicki (2009). Totale Institution Asyl. Empirische Befunde zu alltäglichen Lebensführungen in der organisierten Desintegration. Weinheim: Beltz Juventa.

Täubig, Vicki (2019). Zugewiesene Orte (unter-)leben. In: Sozial Extra 43, 318–322.

Thomas, Stefan/Sauer, Madeleine/Zalewski, Ingmar (2018). Unbegleitete minderjährige Geflüchtete. Ihre Lebenssituationen und Perspektiven in Deutschland. Bielefeld: transcript.

Vey, Judith (2018a). Leben im Tempohome. Qualitative Studie zur Unterbringungssituation von Flüchtenden in temporären Gemeinschaftsunterkünften in Berlin. ZTG discussion paper. https://www.tu-berlin.de/fileadmin/f27/PDFs/Discussion_Papers_neu/discussion_paper_Nr._40_18.pdf, 11.11.2021.

Vey, Judith (2018b). Zwischen Empowerment, Lückenbüßerei und neoliberaler Aktivierung des Selbst?! Ehrenamtliches Engagement und Regelversorgung in der bundesdeutschen Flüchtlingsversorgung. In: Zajak Sabrina/Gottschalk, Ines (Hrsg.): Flüchtlingshilfe als neues Engagementfeld. Chancen und Herausforderungen des Engagements für Geflüchtete. Baden-Baden: Nomos, 77–98.

Vey, Judith (2019): Unterbringung von Flüchtenden im autoritären Festungskapitalismus. Dynamiken, Eigenlogiken, Widersprüche. In: Book, Carina/Huke, Nikolai/Klauke, Sebastian/Tietje, Olaf (Hrsg.): Alltägliche Grenzziehungen. Das Konzept der ›imperialen Lebensweise‹, Externalisierung und exklusive Solidarität. Münster: Westfälisches Dampfboot, 168–185.

Vey, Judith/Gunsch, Salome (Hrsg.) (2021). Unterbringung von Flüchtenden in Deutschland. Inklusion, Exklusion, Partizipation? Baden-Baden: Nomos.

Wendel, Kay (2014). Unterbringung von Flüchtlingen in Deutschland. Regelungen und Praxis der Bundesländer im Vergleich. Pro Asyl (Hrsg.). https://www.proasyl.de/wp-content/uploads/2014/09/Laendervergleich_Unterbringung_2014-09-23_02.pdf, 22.11.2021.

III.4.9
Flucht und Kriminalität

Christian Walburg

Abstract Die Themen Flucht und Kriminalität sind in vielerlei Hinsicht miteinander verknüpft, etwa was Gewalt als Auslöser von Fluchtprozessen oder spezifische Opferwerdungsrisiken von Geflüchteten betrifft. In den Aufnahmegesellschaften steht häufig die Frage im Vordergrund, inwiefern Zuwanderung Auswirkungen auf das Kriminalitätsgeschehen im Inland hat. Der Beitrag befasst sich mit kriminologischen Befunden zu Risiken der Opferwerdung und eigener Straffälligkeit bei Geflüchteten, die mit deren besonderen Lebenserfahrungen und Lebensumständen einhergehen können.
Schlüsselbegriffe: Kriminalität, Kriminalstatistik, Gewalt, Opferwerdung, Straftaten

1. Einleitung

Größere Migrations- und Fluchtbewegungen werden in den Aufnahmegesellschaften – nicht erst in heutiger Zeit – ganz wesentlich auch als Sicherheitsproblem verhandelt (Franko 2019). Kriminalität von Zugewanderten ist in besonderem Maße geeignet, Ängste und Abneigungen hervorzurufen oder zu verstärken. Diffuse Sorgen, die mit Zuwanderungsgeschehnissen einhergehen können, erhalten durch Straftaten einen konkret fassbaren Bezugspunkt (Hirtenlehner 2019). Das Thema Migration und Kriminalität ist damit auch politisch besonders aufgeladen und leicht auszubeuten. Dies führt auch in der Flüchtlingsarbeit zum Teil zu Verunsicherungen und Berührungsängsten. Umso bedeutsamer sind hier wissenschaftliche Untersuchungen, aus denen sich ein realistische(re)s Lagebild, differenzierte Ursachenanalysen und Präventionsansätze ergeben können (Scherr/Breit 2021b: 112).

Der Beitrag vermittelt einen Überblick über Erkenntnisse zu Opferwerdung und eigener Straffälligkeit bei Geflüchteten sowie zu entsprechenden Ursachenzusammenhängen. Neben Eindrücken aus offiziellen Kriminalstatistiken werden wesentliche Ergebnisse aus empirischen Studien zu Viktimisierungsrisiken (Abschnitt 2) sowie zu delinquentem Verhalten (Abschnitt 3) zusammengefasst. Solche Studien ermöglichen präzisere und differenziertere Einblicke etwa zur Bedeutung der Lebensbedingungen von Geflüchteten, zur Rolle des Aufenthaltsstatus und damit zusammenhängenden Teilhabeperspektiven oder Belastungen, oder auch zum potenziellen Einfluss von früheren Gewalterfahrungen. Bei alledem sollen auch bislang offene Fragen und mögliche künftige Forschungsthemen und -ansätze herausgearbeitet werden.

2. Flucht und Viktimisierung

Die Themen Flucht und Kriminalität weisen in vielerlei Hinsicht Berührungspunkte auf. Ein wesentlicher Aspekt sind dabei fluchtspezifische Opferwerdungen, die die Gesundheit und das Wohlbefinden, aber auch den Integrationsprozess negativ beeinflussen können (Nationale Akademie der Wissenschaften Leopoldina 2018: 4–7). Nach Viktimisierungserfahrungen im Herkunftsland und auf der Flucht können Geflüchtete auch in den Aufnahmeländern zum Beispiel von Anfeindungen, Gewalt und ausbeuterischen Praktiken betroffen sein. Kriminologische Untersuchungen zu Opferwerdungsrisiken von Geflüchteten sind bislang eher rar (Wetzels et al. 2018; Willems 2020), vermögen aber ein genaueres Bild zu vermitteln als die in ihrer Aussagekraft diesbezüglich besonders begrenzten offiziellen Kriminalstatistiken.

2.1 Kriminalstatistische Befunde

In der Polizeilichen Kriminalstatistik (PKS) und den darauf basierenden behördlichen Lagebildern zu „Kriminalität im Kontext von Zuwanderung" werden Viktimisierungen von Schutzsuchenden erst seit 2016 gesondert erfasst, und auch dies nur für bestimmte Delikte wie Körperverletzung, Sexual- und Tötungsdelikte (Bundeskriminalamt 2017: 50–57). Überdies wird nur die absolute Zahl der offiziell erfassten Opfer unter Schutzsuchenden ausgewiesen, es liegen also keine genauen Angaben zu den für etwaige Gruppenvergleiche erforderlichen relativen Opferwerdungshäufigkeiten vor. 2019 lag der Anteil von „Asylbewerbern/Flüchtlingen" an allen erfassten Opferwerdungen bei 5 % (Bundeskriminalamt 2020: 48). Er dürfte damit über dem entsprechenden Bevölkerungsanteil liegen, welcher (anhand der Angaben zu Schutzsuchenden im Ausländerzentralregister) jedoch nur sehr grob auf etwa 2 % geschätzt werden kann.

Bei alledem ist indes zu berücksichtigen, dass die PKS nur diejenigen (aus Sicht der Polizei nach Abschluss der Ermittlungen mutmaßlich erfolgten) Viktimisierungen abbildet, die zuvor durch Anzeige oder polizeiliche Kontrolltätigkeit bekannt geworden sind. Bei Geflüchteten besteht Anlass zu der Annahme, dass die Diskrepanz zwischen Hell- und Dunkelfeld besonders groß ist. Sprachbarrieren, eine möglicherweise durch frühere Erfahrungen im Herkunftsland oder durch Diskriminierungswahrnehmungen beeinflusste größere Distanz zu (Polizei-)Behörden und nicht zuletzt auch die prekäre Stellung als Asylsuchende können die Anzeigebereitschaft verringern, weil Nachteile für sich, die Familie und das weitere Verfahren befürchtet werden (Feltes et al. 2020: 96 und 157 f.). Auf Seiten der Polizei kann es zudem vorkommen, dass Anliegen etwa aufgrund von Verständigungsschwierigkeiten oder Bagatellisierungen nicht aufgegriffen oder weniger ernst genommen werden (Antidiskriminierungsstelle des Bundes 2017: 143 f.).

2.2 Studien zu Viktimisierungsrisiken

Umso bedeutsamer sind Befunde aus Viktimisierungssurveys und qualitativ angelegten Studien. Dabei ergeben sich besondere Herausforderungen des Feldzugangs, der Erreichbarkeit, der Verständigung, aber auch des Umgangs mit sensiblen Themen bei einer zum Teil traumabelasteten Zielgruppe (vgl. Bliesener et al. 2018; Feltes et al. 2020: 104 und 118 f.). Insgesamt ist von einer erheblichen Prävalenz früherer Gewalterfahrungen und posttraumatischer Belastungsstörungen auszugehen (→ Gesundheit).

Im Rahmen einer 2016/17 durchgeführten Befragung hat mehr als jede(r) dritte Asylsuchende angegeben, während der Flucht von Delikten wie Diebstahl, Körperverletzung, Betrug oder Erpressung betroffen gewesen zu sein (Bliesener et al. 2018: 92). Vor dem Hintergrund einer im Durchschnitt kurzen Aufenthaltsdauer der Befragten zum Zeitpunkt der Erhebung war auch die Prävalenz von Viktimisierungen seit der Ankunft in Deutschland mit insgesamt 11 % nicht unerheblich, z. B. in Form von sexueller Belästigung/Gewalt. In einer 2016 durchgeführten Studie zur Situation von jungen Geflüchteten gab überdies mehr als ein Drittel der Jugendlichen an, nach ihrer Ankunft in Deutschland beleidigt, bedroht oder zu einem kleineren Teil auch physisch angegriffen worden zu sein (Lechner/Huber 2017: 104). Qualitative Interviews mit Geflüchteten und Expert*innen bestätigen den Eindruck durchaus verbreiteter Beleidigungs- und Bedrohungserlebnisse auf der Straße oder in öffentlichen Verkehrsmitteln (Feltes et al. 2020: 153) (→ Diskriminierung). Eine mutmaßlich erhöhte Anfälligkeit von Geflüchteten für Betrugsdelikte kann auf besondere Abhängigkeiten, fehlende Sprachkenntnisse und Informationsdefizite zurückgeführt werden (ebd.: 142).

Die Situation in Geflüchtetenunterkünften kann mit spezifischen Risiken einhergehen. Konflikte werden durch Überbelegung, Enge und fehlende Rückzugsmöglichkeiten sowie ein Zusammentreffen von heterogenen Gruppen in einer belastenden Lebensphase begünstigt und entzünden sich zuweilen an alltäglichen Fragen des Zusammenlebens (Althoff/de Haan 2004; Feltes et al. 2020: 128) (→ Wohnen). Die Situation in Unterkünften vermittelt nicht zuletzt auch Tatgelegenheiten für Diebstähle. Als zusätzlich risikoreich werden mögliche Hierarchisierungen etwa entlang unterschiedlicher Bleibeperspektiven (Christ et al. 2017), Herkunfts- und Religionsgruppen (Feltes et al. 2020: 130) sowie zwischen Bewohner*innen und dem Haus- und Sicherheitspersonal ausgemacht. Als besonders defizitär gilt bei alledem der Schutz gegen sexuelle Übergriffe, häusliche Gewalt sowie Gewalt gegen Kinder (Lechner/Huber 2017: 46 f.; Feltes et al. 2020, 100 f. und 134–136).

3. Kriminalitätsbeteiligung von Geflüchteten

Eigene Straffälligkeit von Geflüchteten ist zum Teil eng mit den skizzierten Viktimisierungsrisiken verknüpft. Dies gilt schon deshalb, weil etwa bei Gewaltdelikten viele Täter*innen auch Opfererfahrungen haben. Überdies finden viele Delikte im sozialen Nahbereich statt, was den Umstand erklärt, dass bei Opferwerdungen von Geflüchteten nach der Ankunft die Täter*innen nicht selten andere Geflüchtete sind (Pfeiffer et al. 2018: 84). Insgesamt ist davon auszugehen, dass belastende frühere Erfahrungen und aktuelle viktimisierungsfördernde Lebensumstände auch eigenes delinquentes Verhalten begünstigen können.

3.1 Kriminalstatistische Befunde

Offizielle Kriminalstatistiken, die das Hellfeld der polizeilich registrierten Delikte (PKS) sowie die Entscheidungen der Justiz abbilden, lassen keine direkten Rückschlüsse auf die Verbreitung und die Strukturen des nicht offiziell erfassten kriminalisierbaren Verhaltens (Dunkelfeld) zu. Sie enthalten überdies nur in begrenztem Umfang Angaben zu einem möglichen Geflüchtetenstatus von Tatverdächtigen, Verurteilten und Strafgefangenen. Die diesbezüglich differenziertesten Personenmerkmale werden in der PKS ausgewiesen. Mit dem stark ansteigenden Zuzug von Schutzsuchenden ab Ende der 1980er Jahre war erstmals eine deutliche Zunahme von Tatverdächtigen zu erkennen, deren Aufenthaltsanlass mit „Asylbewerber" (Personen mit anhängigem Asylverfahren) angegeben wurde. Neben Vorwürfen wegen illegaler Einreise war das Deliktsspektrum damals durch bagatellhafte Delikte wie Ladendiebstähle, Fahren ohne Fahrschein und leichtere Körperverletzungsdelikte geprägt (Steffen 2001: 244; Althoff/de Haan 2004). Allerdings wiesen Asylbewerber*innen etwa im Jahr 1993 auch bei den generell sehr viel selteneren Tötungsdelikten einen Anteil von 13 % an allen Tatverdächtigen auf. In den Folgejahren ist die Zahl der tatverdächtigen Asylbewerber*innen, parallel zu einer deutlichen Verringerung der Asylzuwanderung, wieder kontinuierlich zurückgegangen; im Jahr 2009 betrug der Anteil nur noch 1 % (gesamtes Bundesgebiet; Bundeskriminalamt 2010: 116).

Mit dem starken Anstieg des Zuzugs von Schutzsuchenden seit 2012 hat dann auch die Zahl der Tatverdächtigen mit „Asylbewerber"-Status wieder merklich zugenommen. Zum Höchststand im Jahr 2016 war der Gesamttatverdächtigenanteil (ohne ausländerrechtliche Verstöße) wieder auf 6,8 % angestiegen. Ab dem Berichtsjahr 2015 haben die Behörden tatverdächtige Asylbewerber*innen darüber hinaus mit Geduldeten, „Kontingent-/Bürgerkriegsflüchtlingen" und Personen mit unerlaubtem Aufenthalt zusätzlich in einer neuen Tatverdächtigenkategorie „Zuwanderer" zusammengefasst, um unter anderem in eigens hierfür neu geschaffenen Lagebildern den Zuzug von Schutzsuchenden und dessen Auswirkungen auf das offiziell registrierte Kriminalitätsgeschehen umfassender abzubilden (Bundeskriminalamt 2017: 3). Insgesamt stellten die auf diese Weise zugeordneten „Zuwanderer" – darunter zum Teil auch Personen, die etwa als illegal Aufhältige keinen Bezug zum Asylverfahren hatten – 2016 8,6 % aller Tatverdächtigen (ohne ausländerrechtliche Verstöße; 174.438 Personen). Ein Großteil der Fälle betraf, wie bereits in den 1990er Jahren, Delikte wie Ladendiebstahl, einfache Körperverletzung sowie Fahren ohne Fahrschein; auch der Befund überdurchschnittlicher Anteile bei bestimmten schweren Gewalt- und Sexualdelikten (z. B. Straftaten gegen das Leben: 12 %) war wieder festzustellen. Bei diesen allgemein sehr seltenen Delikten ist zu erkennen, dass zwar nur ein äußerst geringer Teil der „Zuwanderer" damit auffällt; gleichwohl weist die Gruppe hier eine deutlich überproportionale Belastung auf (vgl. Hörnle 2018; Wieczorek/Lorey 2019).

Seit 2017 waren die absoluten Tatverdächtigenzahlen für „Zuwanderer" tendenziell wieder rückläufig (2019, ohne ausländerrechtliche Verstöße: 151.009 Personen; Gesamtanteil: 8 %). Dies war nach den früheren Erfahrungen und theoretischen Erwägungen durchaus erwartbar, hat sich die Lebenssituation vieler Betroffener, bei zugleich deutlich rückläufigen Zuzugszahlen, in diesem Zeitraum doch zunehmend stabilisiert. Gleichwohl ist der Rückgang insofern bemerkenswert, als die polizeiliche Kategorie zwischenzeitlich nochmals erweitert worden ist und seit 2017 auch Tatverdächtige mit anerkanntem Schutzgesuch als solche in der PKS separat erfasst und zu den „Zuwanderern" gezählt werden.

Bei Vergleichen des zumindest näherungsweise bestimmbaren Anteils von Schutzsuchenden in der PKS mit dem entsprechenden Bevölkerungsanteil (nach Ausländerzentralregister gegenwärtig rund 2 %) ist zu berücksichtigen, dass die 2015/2016 zugezogenen Geflüchteten erheblich jünger waren und einen höheren Männeranteil aufwiesen als die Gesamtbevölkerung (Pfeiffer et al. 2018: 73 f.). Junge Männer sind, insbesondere bei Gewaltdelikten, in allen Gesellschaften und zu allen Zeiten am stärksten kriminalitätsbelastet, was auf Besonderheiten in dieser mit Blick auf die Persönlichkeitsentwicklung und gesellschaftliche Integration generell sensiblen Lebensphase zurückzuführen ist. Vor dem Hintergrund der universell gültigen Alters-Kriminalitäts-Kurve war eine gewisse kriminalstatistische Überrepräsentation von 2015/2016 eingereisten Geflüchteten daher allein aus soziodemografischen Gründen ohne Weiteres zu erwarten; umgekehrt ist bei einem vornehmlich durch Frauen und Kinder geprägten Zuzugsgeschehen (wie etwa infolge des Krieges in der Ukraine 2022) von unterdurchschnittlichen Kriminalitätsanteilen auszugehen. Junge Geflüchtete sind indes bei der Bewältigung der entsprechenden Entwicklungsaufgaben durch Akkulturationserfordernisse und mögliche fluchtspezifische Belastungen mit zusätzlichen Herausforderungen konfrontiert (Scherr/Breit 2021a: 13–17; Scherr/Breit 2021b: 124–127). Angesichts dessen überrascht es nicht, dass eine größere kriminalstatistische Registrierungshäufigkeit von 2015/2016 eingereisten Geflüchteten nach bisherigen Eindrücken nicht allein auf die besondere Alters- und Geschlechtszusammensetzung in dieser Gruppe zurückgeführt werden kann (Simmler/Schär 2017: 547; Leerkes et al. 2018: 57f.).

Nichtsdestoweniger sind auch bei Vergleichen zwischen verschiedenen Herkunftsgruppen mögliche soziodemografische Faktoren zu berücksichtigen. Insgesamt fällt in diesem Zusammenhang auf, dass vor allem Geflüchtete aus Syrien bislang, in Relation zu ihrer vergleichsweise großen Bevölkerungszahl, recht selten wegen Straftaten registriert werden (Glaubitz/Bliesener 2019: 95; Bannenberg et al. 2019: 27). Hingegen wird die offizielle Kriminalitätsbelastung von in den letzten Jahren neu zugewanderten jungen Männern aus Nordafrika als (deutlich) überdurchschnittlich eingeschätzt (Pfeiffer et al. 2018: 86–88; Bannenberg et al. 2019: 26f.). Eine genaue Einordnung ist hier jedoch aufgrund besonders unzuverlässiger Bevölkerungszahlen weiterhin schwierig. In der PKS war die absolute Zahl der nordafrikanischen Staatsangehörigen seit 2017 im Übrigen deutlich rückläufig (Walburg 2021); hier könnte sich zum Teil ein besseres Fußfassen, aber auch ein Abtauchen in die Illegalität oder teilweise eine Rückkehr bzw. ein Weiterziehen in andere Länder bemerkbar machen (s. hierzu auch Scherr/Breit 2021a: 35).

Bei alledem ist zu berücksichtigen, dass der Vergleich der Tatverdächtigenanteile verschiedener sozialer Gruppen durch Unterschiede in der Anzeigehäufigkeit und im polizeilichen Kontrollverhalten zum Nachteil von Minderheitenangehörigen verzerrt sein kann (s. hierzu etwa Pfeiffer et al. 2018: 74f.). In diesem Zusammenhang können sich auch Befugnisse zu verdachtsunabhängigen Kontrollen etwa im Bahnverkehr zur Feststellung illegaler Einreisen bemerkbar machen. Hierbei verschränken sich polizeiliche Aufgaben der Migrations- und Kriminalitätskontrolle (Walburg 2022).

3.2 Vertiefende Studien und Ursachenzusammenhänge

In Sonderauswertungen hat sich gezeigt, dass Geflüchtete während des laufenden Verfahrens tendenziell häufiger mit Straftaten auffallen als nach dessen Abschluss (Glaubitz/Bliesener 2019; Leerkes et al. 2018). Dies kann straintheoretisch als Hinweis auf einen Einfluss der belastenden Lebensumstände während des Verfahrens (Unterbringungssituation, Länge und Ungewissheit über das Verfahren, fehlende Beschäftigung und unstrukturierter Tagesablauf, begrenzte finanzielle Mittel etc.) interpretiert werden (Al Ajlan 2020). Soweit auf Frustrationserlebnisse etwa mit Alkohol- und Drogenkonsum sowie mit Delinquenz reagiert wird, kann sich daraus ein negativer Verstärkerkreislauf ergeben, da dies mögliche Integrationschancen (weiter) verbauen kann (Scherr/Breit 2021a: 23). Fehlt speziell bei jungen Alleinreisenden die direkte Beziehung, aber auch die soziale Kontrolle durch den familiären Kontext, sind diese emotional und lebenspraktisch noch einmal vor besonderen Herausforderungen gestellt.

Die Untersuchungen deuten überdies darauf hin, dass Personen mit abgelehntem Schutzgesuch anteilig häufiger wegen Straftaten registriert werden als anerkannte Asylsuchende (Glaubitz/Bliesener 2019; Leerkes et al. 2018). Neben gewissen Selektionseffekten können sich hier ebenfalls in unterschiedlichem Maße belastende Lebensumstände, aber auch differenzielle Chancenstrukturen zu konformen und devianten Lebenswegen bemerkbar machen (Simmler/Schär 2017; zur differential opportunity theory, vgl. Cloward/Ohlin 1960). Dass blockierte Integrationsmöglichkeiten unter langjährig Geduldeten die Entwicklung krimineller Strukturen begünstigen können, hat sich in Deutschland im Zusammenhang mit dem – kriminologisch bislang kaum näher untersuchten – Zuzug von Menschen aus libanesischen Flüchtlingslagern ab Mitte der 1970er Jahre gezeigt (Rohe/Jaraba 2015). Das Fehlen von Perspektiven lässt auch konkrete Präventionsarbeit an Grenzen stoßen (Scherr/Breit 2021a: 24).

Nach einigen Untersuchungen ist die Straffälligkeit zumindest bei manchen Geflüchteten weniger mit deprivierenden Umständen nach der Ankunft, sondern primär durch frühere Erfahrungen mit Gewalt und Drogen sowie einer bereits vor der Einreise bestehenden Delinquenzdisposition zu erklären (Bannenberg et al. 2019: 28). Insgesamt wird man problematische Verhaltensweisen gleichwohl häufig als Ergebnis eines ungünstigen Entwicklungsverlaufes – und dabei eines dynamischen Zusammenspiels aus teilweise vorliegenden biografischen Vorbelastungen und Schwierigkeiten der Bewältigung der herausfordernden Situation nach der Ankunft – deuten können (Scherr/Breit 2021a: 22).

Insbesondere mögliche Gewalterlebnisse in Kriegsregionen oder auf der Flucht werden mit eigener Gewaltneigung (gegen sich selbst oder Dritte) in Verbindung gebracht (Nationale Akademie der Wissenschaften Leopoldina 2018: 19). Die Zusammenhänge sind indes komplex (Beckley 2013), und die Befunde weisen auf eine große Heterogenität der individuellen Betroffenheit und möglichen Auswirkungen von Gewalterlebnissen sowie ein gewisses Maß an (→) Resilienz hin. Ähnliches gilt für mögliche kulturelle Faktoren (s. hierzu SVR-Forschungsbereich 2019). Wahrgenommene Unterschiede können zu Verhaltensunsicherheiten, Missverständnissen und situativen Fehlinterpretationen führen (Scherr/Breit 2021a: 38) und werden mit Akkulturationsstress assoziiert (Nationale Akademie der Wissenschaften Leopoldina 2018: 19). Unter jungen Migrant*innen können mögliche dissonante Verhaltenserwartungen und geringe Ressourcen der Eltern sowie Ablehnungserfahrungen vonseiten der Aufnahmegesellschaft den ohnehin sensiblen Prozess der Persönlichkeitsentwicklung zusätzlich erschweren (Bucerius 2014; El-Mafaalani/Toprak 2017).

Bezüglich möglicher Folgen der Herkunft aus stärker patriarchalisch geprägten Gesellschaften mit schwächer ausgeprägtem staatlichem Gewaltmonopol wird schließlich auf äußere Kulturkonflikte und eine unter Migrant*innen größere Verbreitung sogenannter gewaltlegitimierender Männlichkeitsnormen verwiesen (Pfeiffer et al. 2018). Entsprechende Untersuchungen speziell zu Geflüchteten liegen bislang nicht vor. Eine einseitige und pauschale Rückführung solcher Einstellungen auf „die Herkunftskultur" würde indes zu kurz greifen (kritisch etwa Spies 2018). Die Verhältnisse in den Herkunftsgesellschaften sind heterogen, und die Herausbildung gewaltaffiner Männlichkeitsverständnisse ist nicht nur bei Migranten(-nachkommen) zu beobachten. Gewaltbereitschaft kann auch eine Reaktion auf Marginalisierung darstellen (Enzmann et al. 2004). Das Zurschaustellen gewaltaffiner Männlichkeit ist danach herkunftsübergreifend eine mögliche Ressource junger Männer, um Selbstwert und Anerkennung in ihren Peer-Kontexten zu erlangen und zu verteidigen (Spindler 2006; Zdun 2020; Scherr/Breit 2021a: 43f.) (→ Männer).

4. Fazit und Ausblick

Die kriminologische Befassung mit Fluchtprozessen steht noch relativ am Anfang. Theoretische Annahmen und bisherige Studien legen nahe, dass es spezifische Viktimisierungs- und Delinquenzrisiken gibt, die miteinander sowie jeweils mit Erfahrungen in den Herkunfts- oder Transitländern sowie den Lebensumständen nach der Ankunft zusammenhängen. Der Blick auf Kriminalstatistiken kann zu alldem nur erste Eindrücke liefern. Kriminologisch genauer zu untersuchen bleibt etwa die besondere Situation unbegleiteter minderjähriger Geflüchteter, aber auch der Zusammenhang von Straffälligkeitsrisiken mit früheren Gewalterfahrungen, dem Aufenthaltsstatus und Zukunftsperspektiven, sowie die Bedeutung unterschiedlich strukturierter lokaler und nationaler Aufnahmekontexte.

Ebenfalls begrenzt sind bislang systematische Erkenntnisse zu Präventionsmöglichkeiten. Im Ausgangspunkt lassen sich diese indes aus den skizzierten Befunden ableiten, etwa was die Risiken langer Asylverfahren, der Unterbringung in überfüllten Gemeinschaftsunterkünften, fehlender Ressourcen für psychologische Angebote sowie blockierter Zugangschancen zur Gesellschaft angeht. Besonders bedeutsam erscheint auch die Weiterführung und -entwicklung sozialpädagogischer Unterstützungsleistungen über das Erreichen der Volljährigkeit hinaus für diejenigen jungen Geflüchteten, die sich mit der Verselbständigung besonders schwertun (Scherr/Breit 2021a: 71), sowie für die im Inland aufwachsenden Nachkommen von Geflüchteten. Die adäquate Förderung und Einbindung in Kindertagesstätten, Schulen und andere gesellschaftliche Zusammenhänge kann Perspektiven vermitteln, die Bindung an die Gesellschaft befördern und so etwaige Delinquenzrisiken mindern. Was mögliche besondere Risiken für diejenigen betrifft, denen zunächst eine geringe Bleibeperspektive attestiert wird, deren Aufenthalt sich dann jedoch gleichwohl verstetigt, bleibt näher zu untersuchen. Es ist denkbar, dass sich in solchen Fällen, soweit Integrationsmöglichkeiten versagt werden, mit einer höheren Wahrscheinlichkeit ein Leben am Rande der Gesellschaft verfestigen kann. Es bedarf hier daher realistischer aufenthaltsrechtlich-integrationspolitischer Konzepte.

Literaturverzeichnis

Althoff, Martina/de Haan, Willem (2004): Sind Asylbewerber krimineller? In: Monatsschrift für Kriminologie und Strafrechtsreform 87 (6), 436–450.

Antidiskriminierungsstelle des Bundes (Hrsg.) (2017): Diskriminierung in Deutschland. Dritter Gemeinsamer Bericht der Antidiskriminierungsstelle des Bundes und der in ihrem Zuständigkeitsbereich betroffenen Beauftragten der Bundesregierung und des Deutschen Bundestages. www.antidiskriminierungsstelle.de/SharedDocs/Downloads/DE/publikationen/BT_Bericht/gemeinsamer_bericht_dritter_2017.html, 2.3.2022.

Bannenberg, Britta/Eifert, Christian/Herden, Frederik (2019): Kriminalität von Zuwanderern. Strafgefangene und Untersuchungsgefangene nach Jugendstrafrecht in Hessen. In: Kriminalistik 73 (1), 23–30.

Beckley, Amber L. (2013): Correlates of war? Towards an understanding of nativity-based variation in immigrant offending. In: European Journal of Criminology 10 (4), 408–423.

Bliesener, Thomas/Kudlacek, Dominic/Treskow, Laura (2018): Flucht und Kriminalität – Methodische Herausforderungen und Befunde einer Dunkelfeldbefragung von Flüchtlingen. In: Bartsch, Tillmann/Görgen, Thomas/Hoffmann-Holland, Klaus/Kemme, Stefanie/Stock, Jürgen (Hrsg.): Mittler zwischen Recht und Wirklichkeit. Festschrift für Arthur Kreuzer zum 80. Geburtstag. Frankfurt: Verlag für Polizeiwissenschaft, 85–102.

Bucerius, Sandra M. (2014): Unwanted. Muslim Immigrants, Dignity, and Drug Dealing. New York: Oxford University Press.

Bundeskriminalamt (Hrsg.) (2010): Polizeiliche Kriminalstatistik 2009. Wiesbaden: Bundeskriminalamt.

Bundeskriminalamt (Hrsg.) (2017): Kriminalität im Kontext von Zuwanderung. Bundeslagebild 2016. Wiesbaden: Bundeskriminalamt.

Bundeskriminalamt (Hrsg.) (2020): Kriminalität im Kontext von Zuwanderung. Bundeslagebild 2019. Wiesbaden: Bundeskriminalamt.

Christ, Simone/Meininghaus, Esther/Röing, Tim (2017): „All day waiting": Konflikte in Unterkünften für Geflüchtete in NRW. Bonn: Bonn International Centre for Conversion (BICC).

Cloward, Richard A./Ohlin, Lloyd E. (1960). Delinquency and Opportunity: A theory of delinquent gangs. Glencoe: The Free Press.

El-Mafaalani, Aladin/Toprak, Ahmet (2017): Muslimische Kinder und Jugendliche in Deutschland. Lebenswelten – Denkmuster – Herausforderungen. 3. Aufl., Sankt Augustin: Konrad-Adenauer-Stiftung e.V.

Enzmann, Dirk/Brettfeld, Katrin/Wetzels, Peter (2004). Männlichkeitsnormen und die Kultur der Ehre. Empirische Prüfung eines theoretischen Modells zur Erklärung erhöhter Delinquenzraten jugendlicher Migranten. In: Oberwittler, Dietrich/Karstedt, Susanne (Hrsg.): Soziologie der Kriminalität. Kölner Zeitschrift für Soziologie und Sozialpsychologie, Sonderheft 43, 264–287.

Feltes, Thomas/Goeckenjan, Ingke/Singelnstein, Tobias/Schartau-Engelking, Lara/Roy-Pogodzik, Christian/Voußen, Bettina/Kronsbein, Farina (2020): Abschlussbericht des Forschungsprojekts „Flucht als Sicherheitsproblem". Bochum: Ruhr-Universität Bochum.

Franko, Katja (2019): The Crimmigrant Other. Migration and Penal Power. London: Routledge.

Glaubitz, Christoffer/Bliesener, Thomas (2019): Flüchtlingskriminalität – Die Bedeutung des Aufenthaltsstatus für die kriminelle Auffälligkeit. In: Neue Kriminalpolitik 31 (2), 142–162.

Hirtenlehner, Helmut (2019): Gefährlich sind immer die Anderen! Migrationspanik, Abstiegsängste und Unordnungswahrnehmungen als Quelle der Furcht vor importierter Kriminalität. In: Monatsschrift für Kriminologie und Strafrechtsreform 102 (4), 262–281.

Hörnle, Tatjana (2018): Taten nach § 177 StGB in der Polizeilichen Kriminalstatistik. Zusammenhänge mit Zuwanderung. In: Kriminalpolitische Zeitschrift 3 (4), 218–223.

Lechner, Claudia/Huber, Anna (2017): Ankommen nach der Flucht. Die Sicht begleiteter und unbegleiteter junger Geflüchteter auf ihre Lebenslagen in Deutschland. München: Deutsches Jugendinstitut.

Leerkes, Arjen/Engbersen, Godfried/Snel, Erik/de Boom, Jan (2018): Civic stratification and crime. A comparison of asylum migrants with different legal statuses. In: Crime, Law and Social Change 69 (1), 41–66.

Nationale Akademie der Wissenschaften Leopoldina (Hrsg.) (2018): Traumatisierte Flüchtlinge – schnelle Hilfe ist jetzt nötig. Halle/Saale: Nationale Akademie der Wissenschaften Leopoldina.

Pfeiffer, Christian/Baier, Dirk/Kliem, Sören (2018): Zur Entwicklung der Gewalt in Deutschland. Schwerpunkte: Jugendliche und Flüchtlinge als Täter und Opfer. Zürich: Züricher Hochschule für Angewandte Wissenschaften.

Rohe, Mathias/Jaraba, Mahmoud (2015). Paralleljustiz. Eine Studie im Auftrag des Landes Berlin, vertreten durch die Senatsverwaltung für Justiz und Verbraucherschutz. Berlin.

Scherr, Albert/Breit, Helen (2021a): Gescheiterte junge Flüchtlinge? Abschlussbericht des Forschungsprojekts zu Problemlagen und zum Unterstützungsbedarf junger männlicher Geflüchteter in Baden-Württemberg. Freiburg: Pädagogische Hochschule Freiburg, Institut für Soziologie.

Scherr, Albert/Breit, Helen (2021b): Junge männliche Geflüchtete: Problematiken und Problemkonstruktionen. In: Zeitschrift für Flucht und Flüchtlingsforschung 5 (1), 109–141.

Simmler, Monika/Schär, Noëmie (2017): Chancen und Risiken der aktuellen Flüchtlingsbewegung für die Schweizer Kriminalitätsentwicklung. Ergebnisse einer Befragung von Asylsuchenden in der Ostschweiz. In: Monatsschrift für Kriminologie und Strafrechtsreform 100 (1), 45–66.

Spies, Tina (2018): Kulturalisierung marginalisierter Männlichkeiten. Eine Auseinandersetzung mit aktuellen Erklärungsansätzen zur Gewaltkriminalität – und ein Vergleich mit den Diskussionen ‚nach Köln' und ‚#metoo'. In: Zeitschrift für Jugendkriminalrecht und Jugendhilfe 29 (2), 132–138.

Spindler, Susanne (2006): Corpus delicti. Männlichkeit, Rassismus und Kriminalisierung im Alltag jugendlicher Migranten. Münster: Unrast.

Steffen, Wiebke (2001): Strukturen der Kriminalität der Nichtdeutschen. In: Jehle, Jörg-Martin (Hrsg.): Raum und Kriminalität. Sicherheit der Stadt; Migrationsprobleme. Mönchengladbach: Forum, 231–262.

SVR-Forschungsbereich (2019): Andere Länder, andere Sitten? Welche kulturellen Unterschiede Flüchtlinge wahrnehmen – und wie sie damit umgehen. Policy Brief des SVR-Forschungsbereichs und der Robert-Bosch-Stiftung. Berlin.

Walburg, Christian (2021): Fünf Jahre „Flüchtlingskrise". Eine kleine Zwischenbilanz aus kriminologischer Sicht. In: Ruch, Andreas/Singelnstein, Tobias (Hrsg.): Kriminologie, Kriminalpolitik und Polizeiwissenschaft aus interdisziplinärer Perspektive. Festschrift für Thomas Feltes zum 70. Geburtstag. Berlin: Duncker & Humblot, 269–287.

Walburg, Christian (2022): Kriminell oder kriminalisiert? Die Rolle der Polizei bei Verdachtsschöpfung und Konstruktion der „Ausländerkriminalität". In: Hunold, Daniela/Singelnstein, Tobias (Hrsg.): Rassismus und Diskriminierung in der polizeilichen Praxis. Wiesbaden: Springer, 385–404.

Wetzels, Peter/Brettfeld, Katrin/Farren, Diego (2018): Migration und Kriminalität. Evidenzen, offene Fragen sowie künftige Herausforderungen für die Kriminologie. In: Monatsschrift für Kriminologie und Strafrechtsreform 101 (2), 85–111.

Wieczorek, Arnold/Lorey, Katharina (2019): Schwere Gewaltkriminalität im Kontext von Zuwanderung. In: Kriminalistik 73 (1), 17–22.

Willems, Diana (2020): Viktimisierungserfahrungen junger Geflüchteter. Eine Annäherung an Größenordnungen und Herausforderungen. München: Deutsches Jugendinstitut.

Zdun, Steffen (2020): Expertise im Auftrag der Beauftragten der Bundesregierung für Migration, Flüchtlinge und Integration zum Thema Kriminalität: Heranwachsende, Migrationsbiografie und Banden. Berlin.

III.4.10
Mediendiskurse

Simon Goebel

Abstract Der Beitrag stellt die zentralen Forschungsbefunde zu bundesdeutschen Mediendiskursen über Flucht vor. Die Zusammenschau jüngster Erkenntnisse über die Fluchtdiskurse im Kontext des ‚langen Sommers der Migration' 2015/2016 mit älteren sowie mit internationalen Studien verweist auf eine bemerkenswerte Kontingenz und historische Kontinuität eines dominanten Repräsentationsgefüges aus Identitäts-, Kontroll- und ökonomistischen Diskursen.
Schlüsselbegriffe: Flucht, Medien, Diskurs, Problemorientierung, Rassismus

1. Einleitung: Diskurs, Macht, Wissen

Aufgrund ihrer Macht, Wissen zu publizieren, sind Medien nicht nur gefragte Distributionskräfte, sondern auch Angriffsflächen widerstreitender politischer Positionen. Mediendiskurse sind nicht außerhalb gesamtgesellschaftlicher Aushandlungsprozesse, sie bilden sie nicht ab, sondern sie sind Teil davon. In Mediendiskursen spiegln sich gesellschaftlich relevante Bedeutungen, symbolische Ordnungen, Ideologien und Hegemonieprojekte wider (vgl. Hall [1989]/2012: 150–152). Medien tragen zur sozialen Wirklichkeitskonstruktion bei, indem sie Wissen tradieren, transformieren und distribuieren und so als Institution der Sinnerzeugung fungieren (vgl. Berger/Luckmann [1966]/2016; → Kommunikationswissenschaft).

Im Folgenden findet der Foucaultsche Diskursbegriff Anwendung, den u. a. Siegfried Jäger (2012) für den deutschsprachigen Raum theoretisch und methodologisch elaboriert hat. Demnach sind Diskurse Aussagensysteme, die in ihrer Historizität und Reproduzierbarkeit gesellschaftliche Wirklichkeiten erzeugen und transformieren. Dabei kommt es nicht darauf an, dass Diskurse sprachlich geäußert werden; vielmehr manifestieren sie sich im Wissen und Denken. Sie sind intersubjektive und tradierte Deutungsmuster der Welt, die durch Artikulation und Weitergabe geteiltes Wissen und damit Wirklichkeiten konstituieren. In mediatisierten Gesellschaften wird der Großteil des erworbenen, geteilten und daher wirklichkeitsrelevanten Wissens über Medien vermittelt. Die Analyse von Mediendiskursen zielt demnach auf die ‚Ausgrabung' der den medialen Aushandlungsprozessen zugrundeliegenden Bedeutungen und Machtbeziehungen (vgl. ebd.).

Dieser Beitrag zeichnet die dominanten Fluchtdiskurse der Jahre 2015 und 2016 in Deutschland nach und vergleicht sie anhand der Darstellung dominanter Diskursstränge mit vorausgehenden einschlägigen Mediendiskursen in Deutschland sowie international. Abschließend wird auf einige Forschungsdesiderata hingewiesen. Fluchtdiskurse werden hier als Diskurse verstanden, in denen Flucht und Geflüchtete im Zentrum der Auseinandersetzung stehen. Gleichwohl ist eine strikte Trennung von anderen Migrationsdiskursen aus zwei Gründen nicht sinnvoll. Erstens: In Medien ist die Trennung oft unscharf. Teilweise ist auch der Kontext Flucht gemeint, wenn von ‚Ausländer*innen' oder ‚Migrant*innen' die Rede ist. Zweitens: Die im Folgenden aufgezeigten Diskursstränge (bspw. rassistische Diskurse) sind für den Fluchtdiskurs höchst relevant, kommen aber auch in anderen Migrationszusammenhängen vor. Über 80 Medienanalysen haben in den Beitrag Eingang gefunden – wenngleich davon nur einige, hauptsächlich diskursanalytische Arbeiten zitiert und im Literaturverzeichnis aufgeführt werden konnten. Sämtliche Analysen sind dadurch gekennzeichnet, dass sie aus Ressourcengründen jeweils nur einen minimalen Bestandteil des zur Verfügung stehenden veröffentlichten Medienmaterials analysieren. Sie beschränken sich auf bestimmte Medien, bestimmte Zeitabschnitte und bestimmte journalistische Formate. Insofern sind einzelne Studien für sich genommen eher beschränkt in ihrer Aussagekraft für den Gesamtdiskurs. In ihrer Gesamtschau ergeben sie jedoch ein umfangreiches Mosaik, in dem erstaunlich übereinstimmend drei dominante Diskursstränge – bestehend aus einem Identitäts-, einem Kontroll- und einem ökonomistischen Diskursstrang – sowie eine grundsätzliche Problemorientierung in der Berichterstattung über Flucht und Migration sichtbar werden.

Die allermeisten deutschsprachigen Medienanalysen fokussieren auf Zeitungen und Zeitschriften. Die Analyse von Radio, Fernsehen und Internet (auch außerhalb von Nachrichtenmedien) ist aus Gründen mangelnder Ressourcen eher selten (vgl. Müller 2005: 68, 110f.). Ausnahmen sind bspw. die Fernsehanalysen von Goebel (2017) und Thiele (2005). Trotz des immensen und zunehmenden Einflusses digitaler Medien auf den Alltag, sind einschlägige Diskursanalysen über Onlineinhalte noch rar (→ Big Data). Erste Befunde verweisen darauf, dass das aus traditionellen Medien hervorgehende dominante Repräsentationsgefüge auch online reproduziert wird, was auf eine starke Diskursprägung durch traditionelle Leitmedien schließen lässt (vgl. Goebel 2021).

2. Fluchtdiskurse im langen Sommer der Migration und historische Kontinuitäten

Margarete Jäger und Regina Wamper vom Duisburger Institut für Sprach- und Sozialforschung (DISS) haben die nach 2015 umfangreichste diskursanalytische Studie zum Fluchtdiskurs in der Bundesrepublik verfasst. Die Autorinnen und ihre Mitarbeiter*innen untersuchten insgesamt 698 Artikel im Kontext mehrerer Diskursereignisse zwischen September 2015 und März 2016, also von der Entscheidung Angela Merkels, die auf der Balkanroute festsitzenden Schutzsuchenden aufzunehmen, über die islamistischen Terroranschläge in Paris und die Silvesternacht in Köln bis zum Zustandekommen des EU-Türkei-Abkommens, das die Einreise von Schutzsuchenden in die EU reduzieren sollte. Dabei beobachteten sie zahlreiche Diskursverschiebungen „[v]on der Betonung der Not der Geflüchteten hin zur Konstatierung der Not der Staaten wegen der Geflüchteten" (Jäger/Wamper 2017a: 182) bzw. von einem Bild von Flucht als legitimes Mittel Schutzsuchender und einer daraus abgeleiteten Notwendigkeit, Schutz zu gewähren, hin zu einem Bild von Flucht als Bedrohung, die verhindert werden muss (vgl. Atoui 2020: 225; Friese 2017: 36; Jäger/Wamper 2017a: 179). Die Beobachtung einer Diskursverschiebung, die Ende 2015 begann und spätestens Anfang 2016 überdeutlich wurde, teilen zahlreiche Forscher*innen (vgl. u. a. Hafez 2019: 491; Gouma 2017: 163; Rheindorf/Wodak 2019: 123). Anders sieht es Arnd-Michael Nohl (2019), der auch nach ‚Köln' eine neue „[dauerhaft verschobene] symbolische Ordnung" erkennt und zudem schreibt: „Das einst als gegenüber Flüchtlingen abgeschottet geltende Deutschland wird prinzipiell wieder als legitimer Zufluchtsort betrachtet." (ebd.: 246) Umstritten ist, ob die Fluchtdiskurse 2015 tatsächlich derart positiv waren, wie allgemein angenommen. Manche Autor*innen argumentieren, dass der ‚Willkommenskultur'-Diskurs nicht mehr als eine positive nationale Selbstattribuierung war (vgl. Gouma 2020: 169; Akpınar/Wagner 2019: 320), durch die die hiesige Gesellschaft mit Hilfsbereitschaft und Humanität gepriesen wurde, während für ‚die Anderen' bloß ein Opfer- oder ein Verwertungsnarrativ übrigblieb (vgl. Almstadt 2017: 190–196; Gouma 2017: 171).

Akpınar und Wagner (2019: 313) stellen zwar übereinstimmend mit vorgenannten Autor*innen fest, dass die mediale Darstellungsweise der ‚Willkommenskultur' ein neues Phänomen ist, sprechen jedoch nicht von einem Wandel der Repräsentation, sondern von einer Gleichzeitigkeit positiver und negativer Berichte. Dies verweist auf diskursive Kontinuitäten, die nahtlos an die Zeit vor 2015 anschließen (vgl. Goebel 2017) und die im Verlauf dieses Beitrags noch deutlicher werden. ‚Köln' steht in diesem Zusammenhang für ein zentrales (Diskurs-)Ereignis, das den Fluchtdiskurs von der ‚Willkommenskultur' in alte Bahnen zurückwirft. In Folge der massiven sexualisierten Übergriffe gegen Frauen auf der Kölner Domplatte und im Kölner Hauptbahnhof in der Silvesternacht 2015/2016 wurden die Täter als „Nordafrikaner", ‚Muslime' und ‚Flüchtlinge' markiert und so die sexualisierte Gewalt kulturalisiert (vgl. Jäger/Wamper 2017b: 95). Neuhauser et al. (2017: 180) beobachteten daraufhin eine Zunahme der diskursiven Verflechtung von rassistischem Wissen und Geschlechterwissen, die ihren Ausdruck in der Darstellung des Gefahrenpotentials männlicher Geflüchteter mit einer spezifischen ‚kulturellen' Herkunft fand (→ Männer).

Der Rückblick auf ältere Mediendiskurse zeigt, dass die positiven Konnotationen des Jahres 2015 eine Ausnahme in einer langen Kontinuität problem- und defizitorientierter Flucht- und Migrationsdiskurse darstellen (vgl. Engel et al. 2019: 291; Hafez 2019: 491; Bischoff 2016). Diskursive Konjunkturen im Migrationsdiskurs der BRD betrafen ‚Flüchtlinge' und ‚Vertriebene' der Nachkriegszeit, ‚Gastarbeiter' und ‚Ausländer' in den 1970er Jahren, später auch ‚Türken', ‚Asylbewerber' und ‚Flüchtlinge' in den 1980er und 1990er Jahren (vgl. Jung et al. 2000: 18); ‚den Islam' spätestens seit 9/11 (vgl. Jäger/Wamper 2017: 29), dann wieder ‚Flüchtlinge' seit 2013 (vgl. Goebel 2017). Engel et al. (2019) nennen es eine „Wiederbelebung und Weiterentwicklung persistenter Narrative, wie sie bereits für frühere Immigrationsphasen nachgewiesen wurden" (ebd.: 291).

Während Mediendiskursanalysen Kontexte seit der zweiten Hälfte des 20. Jahrhunderts analysierten, zeigen historische Diskursanalysen noch weitreichendere Kontinuitätslinien auf. Beispielsweise analysierte Lachenicht (2006) die Periodika deutscher Jakobiner im französischen Exil im 18. Jahrhundert und zeichnete nach, wie der Diskurs der Französischen Revolution das „Verständnis von ‚Nation' und ‚Volk'" (ebd.: 335) in den deutschsprachigen Raum transferierte. Die dominanten Diskursstränge gegenwärtiger Fluchtdiskurse reichen mindestens bis in den Kolonialismus zurück (vgl. Hall [1989]/2012), der im deutschsprachigen Raum insbesondere in der Romantik des späten 18. und frühen 19. Jahrhunderts diskursiv fundiert und legitimiert wurde. Ethnizismus und Deutschnationalismus wurden als Exklusionsmechanismen etabliert und „persisted throughout the imperial Wilhelmine era, the Weimar Republic, the Third Reich and the Federal Republic of Germany" (Bauder 2008: 96). Diese Kontinuitätslinien zeigen, dass für das Verständnis hegemonialer Diskurskonstellationen

Diskurse auch historisiert und postkoloniale Perspektiven einbezogen werden sollten (vgl. Gouma 2020: 39f.).

Im Folgenden werden die dominanten Diskursstränge und ihre Verstrickungen aufgezeigt.

3. Das dominante Repräsentationsgefüge

Wie bereits angedeutet sind Flucht- und Migrationsdiskurse immer auch Bestandteil eines Aushandlungsprozesses über das Selbstverständnis der aufnehmenden Gesellschaft. Dementsprechend sind sie durchzogen von einer identitätsspezifischen Trennung in ein ‚Wir', das je nach Kontext ‚deutsch', ‚europäisch' oder beispielsweise ‚bayerisch' attribuiert ist, und rassistisch, kulturalistisch, ethnizistisch bzw. national(istisch) von ‚den Anderen' differenziert wird (vgl. Goebel 2017; Bischoff 2016; van Dijk 2016). Das ‚Wir' wird in der Regel nicht näher ethnisch oder kulturell definiert, sondern fungiert als Maßstab des ‚Normalen' (vgl. Engel et al. 2019: 291). Gleichwohl wird über das ‚Wir' in Hinsicht auf Lebensrealitäten mannigfaltig berichtet. Dagegen mangelt es an Berichterstattung, die die Diversität ‚der Anderen' aufzeigt (vgl. van Dijk 2016: 387). ‚Die Anderen' werden entweder als monolithische diametrale Entität suggeriert oder natio-ethno-kulturell in unterschiedliche Migrant*innengruppen kategorisiert und hierarchisiert. Sie finden häufig in Kontexten wie Bedrohung, ‚Integrationsprobleme' und (→) Kriminalität Erwähnung (vgl. van Dijk 2016: 387). In der „Dramatisierung des Fremden als Gefahrenherd" (Bischoff 2016: 169) wird ein Bedrohungsdiskurs evident, dessen diskursive Bearbeitung in Kontroll- bzw. in Versicherheitlichungs- und Grenzdiskursen mündet (vgl. Rheindorf/Wodak 2019: 125). Natio-ethno-kulturelle bzw. rassistische Diskursformationen in ihrer Verstrickung mit Kontrolldiskursen, wie sie im Fluchtdiskurs Verwendung finden, sind dazu geeignet, „sowohl Rassismus zu bestärken, als auch eine restriktive Asyl- und Migrationspolitik zu legitimieren" (Jäger/Wamper 2017b).

Anfang der 1990er Jahre im Vorfeld des ‚Asylkompromisses' wurden Asylsuchende in Medien diskreditiert und mit abwertenden Bezeichnungen wie ‚Wirtschaftsflüchtlinge ', ‚Schmarotzer' oder ‚Asylanten' belegt (vgl. Thiele 2005: 10f.), womit die Verschränkung zum ökonomistischen Diskurs zutage tritt – einem Diskurs, der ‚die Anderen' in zweifacher Weise einer Verwertungslogik unterzieht. Einerseits werden ‚die Anderen' als ökonomische Belastung, als unnütz, abgewertet, andererseits werden sie als ökonomisch nützlich und verwertbar, daher als Gewinn für die Gesellschaft diskutiert (vgl. Bischoff 2016: 174; Butterwegge 2006: 205; Müller 2005: 100f.). Wenn Diskurse den Nutzen von Migration betonen, so besteht ihre Funktion meist darin, Rassismus entgegenzuwirken (vgl. Gouma 2017: 172). Ein solcher ‚utilitaristischer Antirassismus' (Butterwegge 2006: 224) ist jedoch kontraproduktiv, da er den Rassismus im Gewand eines „in ganz Westeuropa heute geradezu konstitutiven Wohlstandschauvinismus" fördert (ebd.). Besonders deutlich verschränken sich rassistische und ökonomistische (bzw. klassistische) Diskursstränge in Integrationsdiskursen, die an die vom ‚Eigenen' kulturalistisch differenzierten ‚Anderen' Leistungserwartungen richten und beispielsweise Geflüchtete gemäß ihren Qualifikationen und ihrer Verwertbarkeit auf dem Arbeitsmarkt bewerten (vgl. Engel et al. 2019: 290f.).

Einige Autor*innen verweisen auf die vernachlässigten, marginalisierten bzw. ignorierten Diskurse, die durchaus existieren, in den traditionellen Medien aber die Ausnahme darstellen. Grundsätzlich mangele es an Kritik an dominanten Diskursen, insbesondere am strukturellen Rassismus, an restriktiven Asyl- und Migrationspolitiken sowie an den Ursachen von Flucht und ihren Verflechtungen mit postkolonialen Macht- sowie an ökonomischen und sozialen Ungleichheitsverhältnissen. Die weitgehende Ausblendung dieser Zusammenhänge sichere die Privilegien des Globalen Nordens (vgl. Gouma 2017: 173; Lünenborg/Fürsich 2014: 3 f.; Butterwegge 2006: 189; Jäger/Jäger 1993: 77).

Wenn humanitäre Argumente in Fluchtdiskursen vorkommen, wie beispielsweise immer wieder in Folge des Sterbens Schutzsuchender im Mittelmeer, dann kann damit auch eine explizite Kritik am EU-Grenzregime (→ Grenzen) verbunden sein (vgl. Goebel 2017: 193–197). Allerdings beschreibt Friese (2017), wie die zehntausenden Toten als „fatale, schicksalhafte, unabwendbare Verstrickung", als „tragisches Geschehen" (ebd.: 64) medial inszeniert werden, wodurch die Zusammenhänge zwischen dem Handeln der Zuschauenden, der von ihnen gewählten politischen Vertreter*innen sowie der postkolonialen und rassistischen Kontexte und dem Sterben im Mittelmeer wiederum ausgeblendet werden. Humanitäre Diskurse gehen häufig einher mit Kontrolldiskursen und suggerieren, Humanität sei nur in Kookkurrenz asylpolitischer Restriktionen möglich (vgl. Goebel 2017: 136f.). Ratković (2020) zeigt anhand des österreichischen Magazins *biber*, dass auch gegen-hegemoniale Diskurse möglich sind. Das Magazin habe in seiner Fluchtberichterstattung 2015/2016 die postmigrantische Realität von Fluchterfahrungen diskutiert und historisch kontextualisiert (vgl. ebd.: 128). Wenn auch nicht Mainstream, so ist *biber* doch eine Folge und ein Abbild von Gesellschaften, die zunehmend transkulturell bzw. postmigrantisch werden, wodurch sich neue nationale Selbstverständnisse etablieren (vgl. Akpınar/Wagner 2019: 320f.), wenngleich „die Sichtweisen migrantischer Gemeinschaften und Geflüchteter nach wie vor häufig außerhalb des nationalen Selbstverständigungsdiskurses" stehen (ebd.: 321).

4. Internationale Fluchtdiskurse

Der folgende, bloß eklektische Blick auf einschlägige Diskursanalysen führt zu der Feststellung, dass sich die internationalen Fluchtdiskurse sehr ähnlich sind und das oben beschriebene dominante Repräsentationsgefüge auch die Mediendiskurse insbesondere in der EU und im Globalen Norden prägt (vgl. Perovic 2016). Hate Speech, Stereotypisierungen und Stigmatisierung, Exklusion und Rassismus sowie Kriminalisierung von Migrant*innen würden über Medien in ähnlicher Weise „across time and space" (Haynes et al. 2016: 225) verbreitet, wobei rassistische Diskurse in mehreren EU-Staaten eine Entwicklung von offen rassistischen Diskursen hin zu subtileren Formen von Rassismus („new racism') vollzogen haben (vgl. ter Wal 2002: 62). Farah Atoui (2020) spricht von einem „larger European discourse that serves to justify increased governmental interventions in the management of cross-border mobilities, and to solidify the European border regime" (ebd.: 224). Entgegen der Idealisierung ungehinderter Mobilität von Waren, Dienstleistungen und Menschen im Dienste der Globalisierung tendierten Mediendiskurse in vielen Staaten zu nationalen und ethnozentrischen Positionen, die Neuzugewanderte entlang von Integrations- und Assimilationsparametern problematisieren (vgl. Lünenborg/Fürsich 2014: 3).

Gleichwohl sind auch Unterschiede zu beobachten. So stehen je nach geografischem und zeithistorischem Kontext teils unterschiedliche Gruppen von Geflüchteten (bzw. Migrant*innen) im Fokus der

Berichterstattung (vgl. bspw. Matouschek 1997: 118). Jessika ter Wal (2002) zeigt zudem Unterschiede in der nationalen politischen Selbstrepräsentation, die in Mediendiskursen zum Ausdruck kommen: In Staaten wie Großbritannien und Frankreich, die sich seit längerem als Einwanderungsland begreifen, würde kulturelle Pluralität medial positiver konnotiert (vgl. ebd.: 38). Gleichzeitig würde auch in diesen Ländern eine stereotype Sprache in der Berichterstattung über Neuzuwanderung verwendet, bestehend aus „metaphors comparing arrivals of asylum seekers to a natural disaster and military invasions in headlines, to represent immigration as a major threat" (ebd.: 46). Insofern ergebe sich beispielsweise für den britischen Diskurs eine Ambivalenz aus negativen Darstellungen von Asylsuchenden und gleichzeitig antirassistischen Tönen (vgl. ebd.).

5. Fazit

Diskurse, verstanden als die Reproduktion spezifischer Aussagen, sind nicht nur Ausdruck des Denkens und des Denkbaren, sondern sie bringen Denkweisen immer wieder aufs Neue hervor und generieren so Wirklichkeit. Die aufgezeigten historischen Kontinuitäten und weitgehend übereinstimmenden Ergebnisse diverser interdisziplinärer Diskursanalysen führen unweigerlich zu der Erkenntnis, dass Fluchtdiskurse maßgeblich von einem dominanten Repräsentationsgefüge aus Identitäts-, Kontroll- und ökonomistischen Diskursen geprägt sind (vgl. Goebel 2017: 395–397; Bauder 2008: 102). Dementsprechend müssen sich alle Medienschaffenden fragen, inwiefern sie selbst besagtes Repräsentationsgefüge reproduzieren und damit diskriminierenden und ausgrenzenden Praktiken Vorschub leisten.

Trotz der großen Zahl an Medienanalysen zu Flucht- und Migrationsdiskursen sind mindestens vier relevante Forschungsdesiderata festzustellen: (1) Deutschsprachige Diskursanalysen zu Flucht und Migration richten sich auf bundesrepublikanische Mediendiskurse. Analysen von Fluchtdiskursen in den staatlichen DDR-Medien sucht man vergeblich. (2) Es sind fast keine einschlägigen Mediendiskursanalysen aus dem oder über den Globalen Süden zu finden. (3) Es gibt keine wirklich transnationalen Mediendiskursanalysen. Gerade im Kontext der EU-Asylpolitik wäre das aber eine hilfreiche Ergänzung um zu verstehen, wie sich Mediendiskurse über die nationalen Grenzen hinweg aufeinander beziehen. (4) Weiterhin gibt es nur wenige Analysen der Diskurse in digitalen Medien (auch in ihrer Verschränkung zu traditionellen Medien). Sie werden jedoch in Zukunft immer bedeutsamer für die Konstruktion von Wirklichkeiten und sollten daher größere Aufmerksamkeit erhalten.

Literaturverzeichnis

Akpınar, Leyla/Wagner, Constantin (2019): Die Darstellung von Flucht und Migration in der deutschen Presse (2015). In: Arslan, Emre/Bozay, Kemal (Hrsg.): Symbolische Ordnung und Flüchtlingsbewegungen in der Einwanderungsgesellschaft. Wiesbaden: Springer VS, 299–323.
Almstadt, Esther (2017): Flüchtlinge in den Printmedien. In: Ghaderi, Cinur/Eppenstein, Thomas (Hrsg.): Flüchtlinge. Multiperspektivische Zugänge. Wiesbaden: Springer VS, 186–201.

Atoui, Farah (2020): The Calais Crisis. Real Refugees Welcome, Migrants "Do Not Come". In: Lynes, Krista/Morgenstern, Tyler/Paul, Ian Alan (Hrsg.): Moving Images. Mediating Migration as Crisis. Bielefeld: transcript, 211–228.

Bauder, Harald (2008): Media Discourse and the New German Immigration Law. In: Journal of Ethnic and Migration Studies 34 (1), 95–112.

Berger, Peter L./Luckmann, Thomas (2016[1966]): Die gesellschaftliche Konstruktion der Wirklichkeit, Frankfurt am Main: S. Fischer.

Bischoff, Christine (2016): Blickregime der Migration. Images und Imaginationen des Fremden in Schweizer Printmedien. Waxmann: Münster.

Butterwegge, Christoph (2006): Migrationsberichterstattung, Medienpädagogik und politische Bildung. In: Butterwegge, Christoph/Hentges, Gudrun (Hrsg.): Massenmedien, Migration und Integration. Herausforderungen für Journalismus und politische Bildung. Wiesbaden: VS Verlag, 187–237.

Engel, Susen/Deuter, Marie-Sophie/Mantel, Anna/Noack, Michael/Wohlert, Jale/Raspel, Julia (2019): Die (Re)Produktion symbolischer Ordnung – Narrative in der deutschen Medienberichterstattung über Flucht und Geflüchtete. In: Arslan, Emre/Bozay, Kemal (Hrsg.): Symbolische Ordnung und Flüchtlingsbewegungen in der Einwanderungsgesellschaft. Wiesbaden. Springer VS, 273–298.

Friese, Heidrun (2017): Flüchtlinge. Opfer – Bedrohung – Helden. Zur politischen Imagination des Fremden. Bielefeld: transcript.

Goebel, Simon (2017): Politische Talkshows über Flucht. Wirklichkeitskonstruktionen und Diskurs. Eine kritische Analyse. Bielefeld: transcript.

Goebel, Simon (2021): Repräsentation von Migration in digitalen Öffentlichkeiten. In: Farrokhzad, Schahrzad/Kunz, Thomas/Mohammed Oulad M´Hand, Saloua/Ottersbach, Markus (Hrsg.): Migrations- und Fluchtdiskurse im Zeichen des erstarkenden Rechtspopulismus. Wiesbaden. Springer VS, 121–142.

Gouma, Assimina (2017): Das Spektakel des Ungehorsams und das Migrationsmanagement. Deutungskämpfe in der medialen Öffentlichkeit des „Sommers der Migration". In: Karasz, Lena (Hrsg.): Migration und die Macht der Forschung. Wien: Verlag des Österreichischen Gewerkschaftsbundes, 163–178.

Gouma, Assimina (2020): Migrantische Mehrsprachigkeit und Öffentlichkeit. Linguizismus und oppositionelle Stimmen in der Migrationsgesellschaft. Wiesbaden: Springer VS.

Hafez, Kai (2019): „Die verhängnisvolle Neigung der Medien…" Plädoyer für einen Humanitären Journalismus. In: Communicatio Socialis 52 (4), 490–502. https://doi.org/10.5771/0010-3497-2019-4-490.

Hall, Stuart (2012[1989]): Die Konstruktion von „Rasse" in den Medien. In: Ders.: Ideologie, Kultur, Rassismus. Ausgewählte Schriften 1. Hamburg: Argument Verlag, 150–171.

Haynes, Amanda/Power, Martin J./Devereux, Eoin/Dillane, Aileen/Carr, James (Hrsg.) (2016): Public and Political Discourses of Migration. International Perspectives. London: Rowman & Littlefield.

Jäger, Margarete/Wamper, Regina (2017a): Von der Willkommenskultur zur Notstandsstimmung. Der Fluchtdiskurs in deutschen Medien 2015 und 2016. In: Duisburger Institut für Sprach- und Sozialforschung, www.diss-duisburg.de/wp-content/uploads/2017/02/DISS-2017-Von-der-Willkommenskultur-zur-Notstandsstimmung.pdf, 26.01.2021.

Jäger, Margarete/Wamper, Regina (2017b): Verengungen, Verschiebungen und Auslassungen. Anmerkungen zum Fluchtdiskurs 2016/2016 in den Medien. In: Gruber, Bettina/Ratković, Viktorija (Hrsg.): Migration. Bildung. Frieden. Perspektiven für das Zusammenleben in der postmigrantischen Gesellschaft. Münster: Waxmann, 87–102.

Jäger, Margret/Jäger, Siegfried (1993): Verstrickungen – Der rassistische Diskurs und seine Bedeutung für den politischen Gesamtdiskurs in der Bundesrepublik. In: Jäger, Siegfried/Link, Jürgen (Hrsg.): Die vierte Gewalt. Rassismus und die Medien. Duisburg: DISS, 49–79.

Jäger, Siegfried (2012): Kritische Diskursanalyse. Eine Einführung. Münster: Unrast.

Jung, Matthias/Niehr, Thomas/Böke, Karin (2000): Ausländer und Migranten im Spiegel der Presse. Ein diskurshistorisches Wörterbuch zur Einwanderung seit 1945. Wiesbaden: Westdeutscher Verlag.

Lachenicht, Susanne (2006): Die Revolutionierung des Diskurses. Begriffs- und Kulturtransfer zur Zeit der Französischen Revolution. In: Eder, Franz X. (Hrsg.): Historische Diskursanalysen. Genealogie, Theorie, Anwendungen. Wiesbaden: VS Verlag. 323–336.

Lünenborg, Margreth/Fürsich, Elfriede (2014): Media and the Intersectional Other. The Complex Negotiation of Migration, Gender, and Class on German Television. In: Feminist Media Studies 14 (6), 1–17. https://doi.org/10.1080/14680777.2014.882857

Matouschek, Bernd (1997): Soziodiskursive Analyse öffentlicher Migrationsdebatten in Österreich. Zu Theorie, Methodik und Ergebnissen einer diskurshistorischen Untersuchung. In: Jung, Matthias/Wengeler, Martin/Böke, Karin (Hrsg.): Dies Sprache des Migrationsdiskurses. Das Reden über „Ausländer" in Medien, Politik und Alltag. Opladen: Westdeutscher Verlag, 106–120.

Müller, Daniel (2005): Die Darstellung ethnischer Minderheiten in deutschen Medien. In: Geißler, Rainer/Pöttker, Horst (Hrsg.): Massenmedien und die Integration ethnischer Minderheiten in Deutschland. Problemaufriss – Forschungsstand – Bibliographie. Bielefeld: transcript, 83–126.

Neuhauser, Johanna/Hess, Sabine/Schwenken, Helen (2017): Unter- oder überbelichtet: Die Kategorie Geschlecht in medialen und wissenschaftlichen Diskursen zu Flucht. In: Hess, Sabine/Kasparek, Bernd/Kron, Stefanie/Rodatz, Mathias/Schwertl, Maria/Sontowski, Simon (Hrsg.): Der lange Sommer der Migration. Grenzregime III. Hamburg: Assoziation A, 176–195.

Nohl, Arnd-Michael (2019): Die Mitte-Rechts-Presse zum Fluchtgeschehen 2015/16: Störung oder Verschiebung der symbolischen Ordnung? In: Arslan, Emre/Bozay, Kemal (Hrsg.): Symbolische Ordnung und Flüchtlingsbewegungen in der Einwanderungsgesellschaft. Wiesbaden: Springer VS, 233–248.

Perovic, Bojan (2016): Islamophobia and Media Representation of Refugees in Serbia. In: Marmara Journal of Communication 25, 17–34.

Ratković, Viktorija (2017): Migration und Flucht als postmigrantische Normalität. Fluchtdiskurse abseits des Mainstreams. In: Gruber, Bettina/Ratković, Viktorija (Hrsg.): Migration. Bildung. Frieden. Perspektiven für das Zusammenleben in der postmigrantischen Gesellschaft. Münster: Waxmann, 117–130.

Rheindorf, Markus/Wodak, Ruth (2019): Grenzen, Zäune und Obergrenzen – Österreich in der „Flüchtlingskrise": Metadiskursive Begriffsaushandlungen in der mediatisierten Politik. In: Wiedemann, Thomas/Lohmeier, Christine (Hrsg.): Diskursanalyse für die Kommunikationswissenschaft. Theorie, Vorgehen, Erweiterungen. Wiesbaden: Springer VS, 115–146.

Ter Wal, Jessika (2002): Conclusions. In: Ter Wal, Jessika (Hrsg.): Racism and Cultural Diversity in the Mass Media. An overview of research and examples of good practice in the EU Member States, 1995–2000. Wien: European Monitoring Centre on Racism and Xenophobia.

Thiele, Matthias (2005): Flucht, Asyl und Einwanderung im Fernsehen. Konstanz: UVK.

Van Dijk, Teun A. (2016): Racism in the Press. In: Bonvillain, Nancy (Hrsg.): The Routledge Handbook of Linguistic Anthropology. New York: Routledge, 384–392.

# IV. Regionen

IV.1 Afrika

IV.1.1
Afrikanische Flüchtlings- und Migrationspolitik – ein Überblick

Markus Rudolf

Abstract Dieses Überblickskapitel stellt die historischen und aktuellen Entwicklungen von Flucht in Afrika sowohl auf der kontinentalen Ebene der Afrikanischen Union (AU) wie auf der regionalen Ebene dar. Dabei werden historische und gegenwärtige Hintergründe, wandelnde politische und gesetzliche Rahmenbedingungen, Ausmaß und Auswirkungen sowie die aktuelle Lage der Fluchtbewegungen näher betrachtet. Einerseits ist Afrika ungleich stark von Flucht betroffen und das Thema wird auch weiterhin eine Herausforderung für afrikanische Staaten bleiben, andererseits zeigen deren progressive Praktiken und gemeinsame Richtlinien der Weltgemeinschaft zukunftsweisende Antworten auf.

Schlüsselbegriffe: Afrikanische Union, IGAD, ECOWAS, Flüchtlingsregime, Flüchtlingskonventionen, Panafrikanismus

1. Einleitung

Über zwei Drittel der afrikanischen Geflüchteten verbleiben auf dem afrikanischen Kontinent. Insgesamt beherbergte Afrika 2020 mit 6,6 Millionen Personen ein Viertel der weltweit registrierten Flüchtlinge und mit 17,8 Millionen Personen ein Drittel der Binnenvertriebenen (IDMC 2019; UNHCR 2021). Einige Gruppen und Regionen sind seit Jahrzehnten durchgehend (z. B. in der Westsahara) oder wiederholt (z. B. in Burundi) Opfer von Vertreibungen. Viele Länder, aus denen ehemals Flüchtlinge stammten, entwickelten sich zu solchen, die Flüchtlinge aufnehmen – und umgekehrt. Ebenso wie die Konfliktursachen (Unabhängigkeitskriege sowie innerstaatliche und zwischenstaatliche Konflikte) veränderten sich auch der Verlauf der Linien zwischen verbündeten und verfeindeten Parteien und damit Richtung und Ausmaß der Flucht.

Dabei hat sich sowohl die internationale Positionierung der Einzelstaaten wie auch deren nationale Aufnahme-Policy und flüchtlingspolitische Praxis in der Geschichte oftmals mehrfach geändert. Flucht und andere Formen der Migration lassen sich nicht immer klar voneinander trennen – während in (→) Ostafrika Fluchtmigration dominiert (auch weil der Sektor der grenzüberschreitenden Arbeitsmigration relativ klein ist), lassen sich in Südafrika (mit einem hohen Anteil von Arbeitsmigration) (→ Südliches Afrika) und (→) Westafrika Überlappungen zwischen verschiedenen Migrationsformen finden. Jenseits dieser Unterschiede verbindet die meisten afrikanischen Länder jedoch, dass sie die Genfer Flüchtlingskonvention ratifiziert haben, dass Flüchtlinge überwiegend *prima facie* (also aufgrund ihrer Gruppenzugehörigkeit) anerkannt werden und ihr Schutz-Status verrechtlicht ist. Dabei unterscheiden sich Praktiken der Aufnahme, Integration bzw. Rückführung von Geflüchteten regional. Durch diese Praktiken und bürokratischen Kategorisierungen bilden sich zudem neue Identifikationen heraus (z. B. als *resettled*, *encamped*, oder IDP), die das (Selbst)bild und große Teile des Alltags der Geflüchteten bestimmen (Zetter 1991; DeJesus 2018) .

Das Verständnis darüber, wer ein Flüchtling ist, und die Praxis, wie mit einem solchen zu verfahren ist, hat sich in Afrika mehrmals grundlegend geändert. Die Umsetzung nationaler und kontinentaler Migrations- und Fluchtregime ist im Verwaltungsalltag durch sozio-kulturelle Normen und Werte geprägt. Zudem weichen die im Folgenden beschriebenen politisch-rechtlichen Rahmenbedingungen häufig von der De-facto-Situation ab; eine Kluft zwischen Theorie und Praxis, die in der Forschung bisher nicht hinreichend dokumentiert ist. Die vereinzelten Analysen zur Rolle der Flüchtlingsregime für die Verdinglichung nationalstaatlicher Diskurse zeigen, z. B. für Tansania (Rosenthal 2015), dass die Genese nationaler staatsbürgerlicher Zugehörigkeit in prozesshafter Wechselwirkung mit der abgrenzenden Kategorisierung von Flüchtlingen steht.

2. Wandelnde Rahmenbedingungen in der Kolonialzeit

Fluchtbewegungen wiesen in der Kolonialzeit sowohl hinsichtlich der Ursachen wie auch der Einordnung entscheidende Unterschiede zu heute auf: Fluchtgründe (wie Verfolgung oder Arbeitsdienste) und Grenzüberschreitungen zwischen den Kolonien wurden entsprechend der unterschiedlichen Rechtsverständnisse und Interessenslagen der Kolonialmächte bewertet, zugelassen oder unterbunden (Nugent 2007; Young 1997). Innerhalb der Kolonien wurden politische Subjekte u. a. nach (ethnischer) Herkunft, Rasse und Religion kategorisiert und unterschiedlichen rechtlichen Systemen zugeordnet. Dies wirkte sich direkt auf den Status der Geflüchteten aus, die z. B. im Südafrikanischen Krieg (1899–1902) sowohl als Weiße Siedler wie auch als Schwarze Arbeitskräfte als *refugees* kategorisiert wurden, jedoch unter völlig unterschiedlichen Bedingungen (Shadle et al. 2018: 253). Dabei war die Zugehörigkeit der Subjekte zu den unterschiedlichen kolonialen Gebieten keineswegs stabil. Denn einerseits wurden Grenzlinien zwischen (z. B. Kamerun oder Togo) und innerhalb von Kolonien (z. B. Französisch-Sudan oder die südafrikanische Union) neu gezogen, andererseits wandelte sich im Laufe der Zeit der rechtliche Status der so umgrenzten Gebiete (Protektorat, Kronkolonie, Dominion etc.).

Das moderne politische Asyl ist auf der Erklärung der Menschenrechte Art. 14 von 1948 und der Genfer Konvention (GFK) von 1951 begründet (Schultheis 1989) und spielte damit erst am Ende der Kolonialzeit eine Rolle. Der Zugang zu Asyl, zu Flüchtlingslagern oder die Erlaubnis zur Niederlassung waren daher bis zum Ende der Kolonialzeit vor allem situationsspezifisch bestimmt statt universell festgeschrieben: Dies zeigt z. B. der Umgang mit Äthiopiern, die während des Abessinienkrieges (1935–1941) in der Siedlungskolonie Kenia in Camps isoliert wurden (Shadle 2013, 2019), oder mit Polen und Griechen, die im Zweiten Weltkrieg in Tansania Zuflucht suchten (Lingelbach 2020). Da die GFK von 1951 nur europäische Flüchtlinge einschloss, konnten Afrikaner*innen bis zum Protokoll von 1967 formal kein Asyl in anderen Staaten beantragen (Tague 2015: 40–41). Nach der Entkolonialisierung, während der Übergangsperiode bzw. der Unabhängigkeitskriege, standen dann eher Fragen wie panafrikanische und antikoloniale Solidarität mit Geflüchteten im Mittelpunkt als deren universellen Rechte (Gatrell 2013: 22).

3. Ausmaß und Auswirkungen seit den 1960er Jahren

Ähnlich wie der Zweite Weltkrieg für die UN, spielten die Unabhängigkeitskriege und dadurch verursachte Fluchtbewegungen eine wichtige Rolle bei der Gründung und Ausrichtung der Afrikanischen Union. Während des Kalten Krieges befeuerten Stellvertreterkriege Konflikte und Flucht auf dem afrikanischen Kontinent. Seit dem Ende des Kalten Krieges haben sich die Konfliktlinien von inter- zu vor allem intrastaatlichen verschoben. Während sich die Konflikträume verwandeln, dauern Ursachen wie politische Verfolgung, Staatsterrorismus, Kampfhandlungen, aber auch Zwangsumsiedlungen an. Derzeit sind knapp die Hälfte der weltweiten Kriege und die Hälfte der UN-Friedensmissionen in Afrika zu finden.

Die internationale Relevanz Afrikas bei dem Thema Flucht spiegelt sich auch in den Zahlen wider: Ein Großteil der internationalen Flüchtlinge weltweit stammt aus Afrika. Manche Staaten, wie der Sudan, Somalia, oder DRC sind fast durchgehend unter den zehn größten Herkunftsländern. Die Tatsache, dass Eritrea, Liberia oder Burundi sich trotz einer vergleichsweise kleinen Zahl an Einwohnern in den letzten drei Jahrzehnten fast konstant unter den zehn wichtigsten Herkunftsländern wiederfinden, verdeutlicht das Ausmaß, in dem einzelne Regionen betroffen sind (UNHCR 2021). Solange langfristige Lösungen fehlen, steigt die Zahl der Personen, die in langanhaltenden Fluchtsituationen (häufig in Lagern) lebt, schon allein wegen des demographischen Wachstums stetig. Modelle der lokalen Integration in Uganda und Sambia oder die Einbürgerung von 200.000 Menschen aus Burundi in Tansania haben international Vorbildcharakter (Diop 2016).

4. Rechtliche und politische Rahmenbedingungen

De jure sind Fluchtbewegungen und Fluchtregime international durch Abkommen bestimmt. Im afrikanischen Kontext ist vor allem die über die Genfer Konvention hinausgehende *Convention Governing the Specific Aspects of Refugee Problems in Africa* von 1969 von Bedeutung. Diese wertet die *non-refoulement*-Regelung als absolut verbindlich (Art. 5) und erweitert die Definition von Flüchtlingen von staatlich verfolgten Individuen auf alle Personen, die „aufgrund von äußerer Aggression, Besetzung, Fremdherrschaft oder von Ereignissen, die die öffentliche Ordnung ernsthaft stören" (Art. 1) fliehen. Das Protokoll gilt weltweit als bahnbrechend und war Wegbereiter für die Cartagena-Erklärung von 1984 (Arboleda 1991), die *Brazil Declaration* von 2014 und die aktuellen *Global Compacts* für Migration bzw. Flüchtlinge von 2018.

Afrika spielte nicht nur mit der 1969er Konvention zur Definition von *non-refoulement* und Flüchtlingen eine Vorreiterrolle: Die *African Union Convention for the Protection and Assistance of Internally Displaced Persons in Africa* von 2012 ist bis heute das einzige Dokument seiner Art, das die bis dahin unverbindlichen UN *Guiding Principles on Internal Discplacement* von 1998 zum Schutz von (→) Binnenvertriebenen verbindlich festschrieb und explizit mit den Themen Menschenrechtsverletzungen, Gewalt, Krieg und Umweltzerstörung verknüpfte. Der AU wird darin das Recht eingeräumt zum Schutz der IDPs einzugreifen (Guistiniani 2010). Die festgeschriebene Verantwortung der Staaten wird darüber hinaus durch eine Vertragsstaatenkonferenz, die im April 2017 zum ersten Mal in Simbabwe tagte, überwacht.

Auf den regionalen Ebenen ist der rechtliche Rahmen sehr unterschiedlich ausgestaltet. Dadurch überschneiden sich die Territorien und Regeln teilweise. Supranationale Organisationen wie die ostafrikanische *Intergovernmental Authority on Development* (IGAD) und die westafrikanische *Economic Community of West African States* (ECOWAS) sehen sich als Vorreiter, wobei sich der Grad der Implementierung erheblich unterscheidet : während die ECOWAS gefestigt und geeint in Vorgehen und Vision erscheint, ergeben sich in anderen Regionen Unklarheiten über Absprachen, Kompetenzen und Verbindlichkeiten, wie in Ostafrika durch die Überschneidungen zwischen IGAD und der *East African Community* (EAC). 2018 stellte der *Revised Migration Policy Framework for Africa and Plan of Action* für den gesamten Kontinent Bewegungs- und Residenzrechte ohne Visabeschränkungen für 2023 in Aussicht (Abebe 2018).

Ein einheitliches panafrikanisches Vorgehen wird aber durch bilaterale Abkommen mit der EU, einzelnen Mitgliedstaaten oder auch arabischen Ländern erschwert. Zu den bilateralen Abkommen zählen der *Europäisch-Afrikanische Dialog über Migration und Entwicklung* (Rabat-Prozess) von 2006, die *EU-Horn of Africa Migration Route Initiative* (Khartum-Prozess) von 2014, das Abkommen über Asylsuchende zwischen dem Vereinigten Königreich und Ruanda 2022, oder auch Verhandlungen mit den Golfstaaten über Richtlinien für afrikanische Arbeitsmigration. So hatte z. B. Ghana 2017 die Migration in die Golfstaaten zeitweilig untersagt (Akwei 2017). Darüber hinaus wird die Umsetzung der Regelungen durch innenpolitische Machtpolitik und interafrikanische Rivalitäten beeinflusst. So können unterschiedliche Interessen der Nachbarstaaten (z. B. während der Kongokriege) oder nationalistische Tendenzen ein multilaterales Vorgehen behindern. Außerdem erleben Länder des südlichen Afrikas verstärkt Xenophobie und reagieren protektionistisch .

5. Aktuelle Lage und Fazit

Insgesamt prägen heute widersprüchliche Trends den Umgang mit Flucht in Afrika. Aktuelle Zahlen lassen vermuten, dass Flucht auch weiterhin eine Herausforderung für afrikanische Staaten bleiben wird: Die Zahl langanhaltender Fluchtsituationen, der Anstieg der Zahl urbaner Flüchtlinge und eine zunehmende unscharfe Trennlinie zu irregulärer Migration deuten sogar auf eine Ausweitung der Herausforderungen in neue wirtschaftliche, soziale und politische Bereiche hin (UNHCR 2021). Die Reaktionen auf politisch-gesellschaftlicher Ebene reichen von Versuchen einer koordinierten Antwort bis zu Isolationsstrategien. Aktuell stehen Bewertungen, die Mobilität hauptsächlich als Sicherheitsrisiko einstufen, denen gegenüber, die sie als positiven Impuls für die Entwicklung Afrikas sehen und eine panafrikanische Visa- und Reisefreiheit fordern.

Es zeigt sich damit trotz der regionalen Divergenzen ein einheitlicher Trend: Migration und Flucht avancieren aufgrund multilateraler und bilateraler Abkommen zwischen afrikanischen und außerafrikanischen Ländern sowie der verstärkten Aufmerksamkeit auf den Zusammenhang zwischen Klimawandel und Wanderungsbewegungen zunehmend zu einem Querschnitts- und, aufgrund der Rolle der Rücküberweisungen von Migranten und Flüchtlingen aus dem Ausland, zu einem innenpolitisch entscheidenden Thema. Festzuhalten bleibt zudem, dass beschriebene politische Agenden, Regeln und Gesetze im Alltag durch Haltung sowie Verhalten der beteiligten Akteure umgesetzt, variiert oder umgangen werden. Die konkreten Auswirkungen der beschriebenen *Policies* und gesetzlichen

Rahmenbedingungen sind daher prinzipiell nur unter Miteinbeziehung einer Vielzahl von ebenfalls angesprochenen historischen, sozio-kulturellen, politischen und wirtschaftlichen Faktoren abzuschätzen. Dazu nötige, in die Tiefe gehende Analysen sind aber im Vergleich zu verkürzten lösungsorientierten Empfehlungen eher selten zu finden.

Literaturverzeichnis

Abebe, Tsion T. (2018): A new dawn for African migrants. Institute for Security Studies, Hrsg. https://issafrica.org/iss-today/a-new-dawn-for-african-migrants, 19.7.2022.

Akwei, Ismail (2017): Ghana bans recruitment of workers to Gulf countries to curb abuses. Africanews. http://www.africanews.com/amp/2017/06/02/ghana-bans-recruitment-of-workers-to-gulf-countries/, 19.7.2022.

Arboleda, Eduardo (1991): Refugee Definition in Africa and Latin America: The Lessons of Pragmatism. In: International Journal of Refugee Law 3 (2), 185–207.

Diop, Makhtar (2016): On forced displacement we can learn from Africa. Africa Renewal. https://www.un.org/africarenewal/news/forced-displacement-we-can-learn-africa, 19.7.2022.

Gatrell, Peter (2013): The Making of the Modern Refugee. Oxford: Oxford University Press.

Guistiniani, Flavia Z. (2010): New hopes and challenges for the protection of IDPs in Africa: The Kampala Convention for the Protection and Assistance of Internally Displaced Persons in Africa. In: Denver Journal of International Law and Policy 39, 347–370.

IDMC (2019). Africa Report on Internal Displacement 2019. https://www.internal-displacement.org/africa-report, 19.7.2022.

Lingelbach, Jochen (2020): On the Edges of Whiteness: Polish Refugees in British Colonial Africa during and after the Second World War. New York: Berghahn Books.

Nugent, Paul (2007): Cyclical history in the Gambia/Casamance borderlands: Refuge, settlement and Islam from c. 1880 to the present. In: The Journal of African History 48 (2), 221–243.

Rosenthal, Jill (2015): From "Migrants" to 'Refugees': Identity, Aid, and Decolonization in Ngara District, Tanzania. In: The Journal of African History 56 (2), 261–279.

Schultheis, Michael J. (1989): Refugees in Africa: The Geopolitics of Forced Displacement. In: African Studies Review 32 (1), 3–29.

Shadle, Brett L. (2013): Creating the Camp: Ethiopian Refugees in Colonial Kenya. Verfügbar unter SSRN 2251598.

Shadle, Brett L. (2019): Reluctant Humanitarians: British Policy Toward Refugees in Kenya During the Italo-Ethiopian War, 1935–1940. In: The Journal of Imperial and Commonwealth History 47 (1), 167–186.

Shadle, Brett L (2018): Refugees in African History. In: Worger, William H./Ambler, Charles/Achebe, Nwando (Hrsg.): A Companion to African History. Wiley Online Library, https://doi.org/10.1002/9781119063551.ch13.

Tague, Joanna T. (2015): Before Asylum and the Expert Witness. Mozambican Refugee Settlement and Rural Development in Southern Tanzania, 1964–75. In: Berger, Iris/Hepner, Tricia R./Lawrance, Benjamin N./Tague, Joanna T./Terretta, Meredith (Hrsg.): African asylum at a crossroads: Activism, Expert testimony, and Refugee rights. Ohio University Press, 38–57.

UNHCR (2021): Global Trends – Forced displacement in 2020. https://www.unhcr.org/flagship-reports/globaltrends/, 19.7.2022.

Young, Crawford (1997): The African colonial state in comparative perspective. London: Yale University Press.

Zetter, Roger (1991): Labelling refugees. In: Journal of Refugee Studies 4 (1), 39–62.

IV.1.2
Nordafrika

Zine-Eddine Hathat

Abstract Dieser Beitrag beschäftigt sich mit Flucht und Fluchtforschung in Nordafrika. Neben der Thematisierung der juristischen und politischen Dimension erfolgt ein kurzer historischer Abriss. Insbesondere im Fall von Nordafrika sind Fragen zu Flucht und Fluchtforschung in engem Zusammenhang mit der Europäischen Grenz- und Sicherheitspolitik zu denken, sodass in diesem Beitrag darauf ein besonderer Fokus gerichtet wird. Gleichzeitig wird aufgezeigt, dass noch andere Flucht- und Migrationsbewegungen neben der medial dominierenden Süd-Nord-Migration existieren. Zudem wird die Bedeutung von kolonialen und postkolonialen Einflüssen auf heutige Fluchtbewegungen und Fluchtdiskurse thematisiert.

Schlüsselbegriffe: Nordafrika, Flucht, Transit, Flüchtlingspolitik, EU-Grenz- und Sicherheitspolitik, Kolonialismus und Postkolonialismus

1. Einführung

Flucht und Fluchtforschung in Nordafrika[1] ist ein für die Region zentrales Thema, das seit Jahrzehnten vor allem im Kontext der Europäischen Grenz- und Sicherheitspolitik aufgegriffen und medial sowie politisch oftmals kontrovers diskutiert wird. In diesen Debatten ist die Trennlinie zwischen Migration im Allgemeinen (also Emigration wie auch Immigration), irregulären Migrationsbewegungen und/oder Flucht nicht immer eindeutig. Oft werden alle Geflüchteten und Migrant*innen aus Nord- und Subsahara-Afrika bewusst unter dem Begriff (irreguläre) Transitmigrant*innen subsumiert. Auf diese Weise kann eine restriktive EU-Grenz- und Sicherheitspolitik legitimiert werden, da z. B. Transitregionen definiert werden können, in denen gegen vermeintlich irreguläre Grenzüberschreitungen vorgegangen werden kann (Hathat 2019). Diese eindimensionale und eurozentrische Perspektive auf Fluchtgeschehnisse in, aus und nach Nordafrika soll mit diesem Beitrag kritisch diskutiert werden. Gleichzeitig wird verdeutlicht, dass in dieser Region auch andere Flucht- und Migrationsbewegungen als die benannte Süd-Nord-Migration existieren, die jedoch in medialen Diskursen kaum eine Rolle spielen. Dafür werden zunächst aus einer historischen Perspektive die Einflüsse des Kolonialismus und der postkolonialen Zeit auf Fluchtbewegungen in Nordafrika rekonstruiert, die auch für heutige Fluchtbewegungen und die damit zusammenhängende Herstellung von Fluchtdiskursen von Bedeutung sind. Anschließend werden kurz die juristischen und politischen Dimensionen von Flucht thematisiert, um dann auf aktuelle Debatten einzugehen, die vor allem durch europäische Lesarten und Interessen geprägt sind.

---

1 Nordafrika meint in diesem Fall Marokko, Algerien, Tunesien, Libyen und Ägypten. Die Begriffe Nordafrika und Maghreb werden oft synonym genutzt – das ist jedoch kritisch zu sehen, da der Terminus Maghreb Mauretanien mit einbezieht, jedoch Ägypten und Teile Libyens nicht bezeichnet.

2. Ein kurzer historischer Blick auf Flucht in Nordafrika

Fluchtbewegungen in, aus und innerhalb der nordafrikanischen Region sind, historisch gesehen, aus Kriegen, Konflikten und sich wandelnden Machtverhältnissen hervorgegangen. Neben der Romanisierung und Islamisierung dieser Region war die Besetzung durch das Osmanische Reich, das etwa ab dem 16. Jahrhundert und bis zur europäischen Kolonialisierung der Länder in Nordafrika geherrscht hat, besonders prägend. Fluchtbewegungen in dieser Zeit standen häufig im Zusammenhang mit Religion. Veränderte rechtliche Gesetzgebungen ermöglichten z. B. eine relativ liberale Auslebung des eigenen Glaubens im Osmanischen Reich (Lafi 2016: 5). Gleichzeitig führten ethnische und religiöse Säuberungen im christlichen Europa dazu, dass viele Muslim*innen und Jüd*innen aus Spanien die Hafenstädte in Nordafrika als Zufluchtsorte nutzten (ebd.).

Für aktuelle Fluchtbewegungen und -diskurse sind die Entwicklungen im kolonialen Zeitalter von besonderer Bedeutung. Alle fünf Länder Nordafrikas sind kolonial geprägt. Die im Laufe des 19. Jahrhunderts umgesetzten Grenzziehungen führten vor allem in der zweiten Hälfte des 20. Jahrhunderts, in der die Länder ihre Unabhängigkeit erlangten, zu zahlreichen Fluchtbewegungen. Beispielsweise verließen 1962 mehr als eine Million „pieds noirs" („Schwarzfüße"), europäische Siedler*innen, die während der Kolonialzeit in Algerien gelebt haben, und *harkis*, Algerier*innen, die während des Unabhängigkeitskrieges 1954–1962 für die französische Armee gekämpft haben, Algerien in Richtung Frankreich (Natter 2014: 11).

Aber auch innerhalb der Region sorgten koloniale Grenzziehungen in Verbindung mit den Unabhängigkeitsbestrebungen seitens dieser Länder für Fluchtbewegungen, was sich etwa am Konflikt um die Westsahara zeigt. Das Gebiet wurde auf der Kongo-Konferenz 1884/85 an Spanien übertragen, das sich 1975 zurückzog, woraufhin Marokko und Mauretanien Anspruch auf die Westsahara erhoben. Gleichzeitig kämpfte die *Frente Polisario*, eine militärische und politische Organisation, die sich während der spanischen Kolonialzeit gründete, für die Unabhängigkeit der Region (Mendia Azkue 2021). Der Konflikt hält trotz eines 1991 verabschiedeten Waffenstillstands bis heute an, und der größte Teil der eigentlichen Bevölkerung Westsaharas, die Saharaui, befindet sich im Ausland (ebd.). Etwa 180.000 von ihnen leben in fünf vom UNHCR betriebenen ‚Zeltstädten' in der Nähe von Tindouf, Algerien (UNHCR 2018), die aus einer Mischung von dauerhaften und provisorischen Strukturen bestehen. Die historischen Fluchtprozesse in der postkolonialen Zeit führten zum Beschluss zahlreicher Regelungen und Konventionen bezüglich des Schutzes von Geflüchteten in Nordafrika, deren Umsetzung von Land zu Land jeweils unterschiedlich verlief.

3. Aktuelle politische Lage und juristische Regelungen

Aufgrund der geographischen Lage in Afrika und der kulturellen Nähe zum (→) Nahen Osten sind in Nordafrika für den Flüchtlingsschutz neben der Genfer Flüchtlingskonvention von 1951 und dem dazu gehörenden Protokoll von 1967 sowohl die *Convention Governing the Specific Aspects of Refugee Problems in Africa* (OAU Convention) von 1969 als auch die *Arab Convention on Regulating Status of Refugees in the Arab Countries* von 1994 von Bedeutung. Während die nordafrikanischen Länder jeweils mindestens einem dieser Regelwerke zugestimmt haben, hat bisher noch keines ein Asylgesetz verabschiedet (Knoll/Teevan 2020: 4).

Generell sind die nationalen Gesetzgebungen in Bezug auf den Schutz von Geflüchteten sehr unterschiedlich. Die marokkanische Verfassung von 2011 erkennt den Vorrang der ratifizierten internationalen Konventionen vor dem nationalen Recht an und legt fest, dass ‚Ausländer*innen' die gleichen Grundfreiheiten genießen sollten wie Staatsbürger*innen (Secrétariat Général du Gouvernement 2011). In Algerien enthält die Verfassung von 2016 einen Artikel über den Grundsatz der Nichtzurückweisung (Artikel 83), garantiert aber nicht ausdrücklich das Recht auf Asyl (Secrétariat Général du Gouvernement 2016). Tunesien garantiert gesetzlich das Recht auf politisches Asyl und ein Verbot der Auslieferung von Personen, denen politisches Asyl gewährt wurde (Artikel 26, Constitute Project 2014). Artikel 91 der ägyptischen Verfassung von 2014 sieht die Gewährung von politischem Asyl für ‚Ausländer*innen' vor, die wegen der Verteidigung menschenrechtlicher Interessen verfolgt werden. Diese Bestimmung ermöglicht es ‚Ausländer*innen' in Ägypten Asyl zu beantragen und verbietet die Auslieferung von politischen Flüchtlingen, enthält jedoch kein ausdrückliches Verbot der Zurückweisung (Hetaba et al. 2020). In Libyen ist die politische Lage sehr instabil, was die Situation für Geflüchtete dort sehr schwierig macht. Zwar verbietet Artikel 10 der Verfassungserklärung von 2011 die Auslieferung von politischen Flüchtlingen, jedoch besitzt Libyen kein Asylsystem. Dementsprechend können Asylsuchende und Geflüchtete in Libyen, die ihre Schutzbedürftigkeit nicht durch Dokumente nachweisen können, nach Artikel 19 der Gesetzgebung von 2010, der zur Bekämpfung von irregulärer Migration eingeführt wurde, inhaftiert werden (OHCHR 2018: 25).

4. Aktuelle Fluchtbewegungen und die Europäische Grenz- und Sicherheitspolitik

Vor dem Hintergrund der Konflikte im Nahen Osten haben Marokko, Algerien und Tunesien syrische und andere arabische Asylbewerber*innen und Geflüchtete aufgenommen. Tunesien beherbergt zudem eine große libysche Bevölkerung aufgrund des anhaltenden dortigen Konflikts. Nach Ägypten flüchten und migrieren hingegen immer wieder Menschen aus dem Sudan, vom Horn von Afrika, aus Syrien, Jemen und dem Irak (Nourhan 2017). Dennoch stammt die große Mehrheit der Migrant*innen in Nordafrika aus der Sahelzone und Westafrika. Bis zum Beginn der Konflikte in Libyen und Mali migrierten viele Menschen zwischen Westafrika, der Sahelzone und Nordafrika hin und her. Insbesondere Libyen war ein zentrales Zielland für viele Arbeitsmigrant*innen aus Subsahara-Afrika (→ Südliches Afrika), aber auch aus Nordafrika (Knoll/Teevan 2020: 2). Das bedeutet, Migrationsbewegungen in dieser Region sind größtenteils zirkulär und die Gründe vielfältig, was Rückkehr- und/oder Arbeitsmigration mit einschließt. Daher kann oft nur schwerlich zwischen Flucht und Migration unterschieden werden. Jedoch werden vor dem Hintergrund der EU-Grenz- und Sicherheitspolitik die Vielfältigkeit der Gründe und Verschiedenheit von Migrationsbewegungen verkannt und Migrant*innen generalisierend als (irreguläre) Geflüchtete identifiziert.

Der Begriff Transitmigration verdeutlicht die Problematik der Generalisierung von Flucht- und Migrationsbewegungen, in dem suggeriert wird, dass alle Migrant*innen aus Subsahara-Afrika Nordafrika als Transit nutzen, um nach Europa zu gelangen (Düvell 2012). Die Externalisierung der

EU-Grenz- und Sicherheitspolitik nach Nordafrika wird durch solche Diskurse gerechtfertigt, denn so können Transitländer definiert werden, in denen die angenommene irreguläre Migration bekämpft oder mögliche Asylverfahren durchgeführt werden können. Ausgangspunkt der (→) Externalisierung war die europäische Integration und die Öffnung der EU-Binnengrenzen in den frühen 1990er Jahren. Die damit verbundene Schaffung eines Raumes der Freizügigkeit, der Sicherheit und des Rechts für *Europäer*innen* bedeutet gleichzeitig, dass es ein *Nicht-Europa* geben muss, was letztendlich dazu führt, dass die Außengrenzen der EU gegenüber Zuflucht und Zuwanderung aus nicht-EU-Staaten an Bedeutung gewinnen (Hathat 2019: 147). Migrations- und Fluchtbewegungen werden daher in der Nähe Europas als Bedrohung dargestellt und Fluchtgründe angezweifelt (Scheel/Squire 2014: 194–196). Fröhlich (2018: 104) interpretiert diese diskursive Verschiebung aus kolonialkritischer Perspektive und argumentiert, dass die hermetische Abriegelung der Grenzen seitens der EU zu den ehemaligen kolonialen Räumen eine generelle Vermischung von kolonialen mit ehemals kolonialisierten Gesellschaften verhindert (ebd.). Jedoch stellen steigende Flucht- und Migrationsbewegungen aus nicht-europäischen Räumen und ehemaligen Kolonialgebieten diese Asymmetrie und die *imagined community* (Anderson 2006) Europa akut infrage (Fröhlich 2018: 4–5). Diese Infragestellung ist u. a. ein zentrales Forschungsfeld der Grenzregimeforschung (Transit Migration Forschungsgruppe 2015).

Zu diesen schwer abzugrenzenden Fluchtbewegungen aus Nordafrika in Richtung Europa können auch die *Harraga* gezählt werden. *Harraga* ist ein arabisches Wort, das vor allem in Tunesien, Algerien und Marokko genutzt wird, um auf die Migration in Richtung Europa aufgrund von Armut, geringen Bildungschancen und Perspektivlosigkeit zu verweisen. Es lässt sich mit „diejenigen, die brennen" übersetzen, gemeint sind „sans papiers" (undokumentierte Migrant*innen). Verbrannt werden dabei nicht nur die Papiere, sondern auch die Grenzen zwischen Europa und Nordafrika (M'charek 2020: 419). (Post)kolonial-kritisch lässt sich argumentieren, dass seit den Schengener Abkommen zwar gewinnbringende Ressourcen, wie z. B. tunesisches Salz, in die EU eingeführt werden und hochgebildete Migrant*innen einreisen können. Aber diejenigen, die dem u. a. durch die wirtschaftlichen Abhängigkeiten zu ehemaligen Kolonialmächten herbeigeführten Stillstand im Land entkommen wollen, werden ignoriert.

5. Fazit

Fluchtbewegungen in, aus und nach Nordafrika sind komplex und vielschichtig und stehen in engem Zusammenhang mit zwei zentralen Entwicklungen, die mit den europäischen Staaten verbunden sind: Kolonialismus und postkoloniale (Un)abhängigkeiten und die Entstehung der Europäischen Union. Willkürliche Grenzziehungen und koloniale Abhängigkeiten sind für zahlreiche Fluchtbewegungen verantwortlich. Gegenwärtige Fluchtbewegungen in Nordafrika werden stark von der EU-Grenz- und Sicherheitspolitik beeinflusst, wobei komplexe und heterogene Migrations- und Fluchtbewegungen in Nordafrika vereinfacht dargestellt und als irreguläre Transitmigrationen definiert werden. Die Externalisierung der Grenz- und Sicherheitspolitik nach Nordafrika kann damit legitimiert werden, und Geflüchtete, ihre Fluchtgründe und ihr Schutz werden somit infrage gestellt. Zudem bleiben durch diesen starken sicherheitspolitischen EU-zentrierten Blick weitere zentrale Fluchtforschungsaspekte, wie Klima oder Gender, unberücksichtigt.

Literaturverzeichnis

Anderson, Benedict (2006): Imagined Communities. Reflections on the Origin and Spread of Nationalism. London: Verso.

Constitute Project (2014): Tunisia's Constitution of 2014. www.constituteproject.org/constitution/Tunisia_2014.pdf, 08.09.2021.

Düvell, Frank (2012): Transit Migration: A Blurred and Politicised Concept. In: Population, Space and Place 18 (4), 415–427.

Fröhlich, Christiane (2018): Flucht als Herausforderung neokolonialer Herrschaftsstrategien. In: Dittmer, Cordula (Hrsg.): Dekoloniale und Postkoloniale Perspektiven in der Friedens- und Konfliktforschung. Baden-Baden: Nomos Verlagsgesellschaft GmbH & Co. KG, 99–124.

Hathat, Zine-Eddine (2019): Gelebte (Transit)Räume im Maghreb. Raumproduktionen im Kontext der EU-Grenz- und Sicherheitspolitik und der sogenannten Transitmigration. Kiel: Selbstverlag des Geographischen Instituts der Universität Kiel.

Hetaba, Amira/Mcnally, Claire/Habersky, Elena (2020): Refugee Entitlements in Egypt. Cairo Studies on Migration and Refugees 14. Kairo: American University in Cairo. documents.aucegypt.edu/Docs/GAPP/Refugee-Entitlements-Report%202.0.pdf, 20.12.2021.

Knoll, Anna/Teevan, Chloe (2020): Protecting Migrants and Refugees in North Africa. Challenges and Opportunities for Reform. ECDPM Discussion Paper 281. ecdpm.org/wp-content/uploads/Protecting-Migrants-Refugees-North-Africa-Challenges-Opportunities-Reform-Discussion-Paper-281-October-2020-ECDPM.pdf, 20.12.2021.

Lafi, Nora (2016): Historische Perspektiven auf den Maghreb. In: APuZ – Aus Politik und Zeitgeschichte 66 (33–34), 4–10.

M'charek, Amade (2020): Harraga. Burning Borders, Navigating Colonialism. In: The Sociological Review 68 (2), 418–434.

Mendia Azkue, Irantzu (2021): The Forgotten Conflict in Western Sahara and its Refugees. Bundeszentrale für politische Bildung. www.bpb.de/gesellschaft/migration/laenderprofile/329234/western-sahara, 08.09.2021.

Natter, Katharina (2014): Fifty Years of Maghreb Emigration: How States Shaped Algerian, Moroccan and Tunisian Emigration (Working Paper Series 95). Oxford: International Migration Institute.

Nourhan, Abdel Aziz (2017): Surviving in Cairo as a Closed-File Refugee: Socio-Economic and Protection Challenges (Working Paper). London: International Institute for Environment and Development.

OHCHR (2018): Desperate and Dangerous: Report on the Human Rights Situation of Migrants and Refugees in Libya. reliefweb.int/sites/reliefweb.int/files/resources/LibyaMigrationReport.pdf, 12.09.2021.

Scheel, Stephan/Squire, Vicki (2014): Forced Migrants as 'Illegal' Migrants. In: Fiddian-Qasmiyeh, Elena/Loescher, Gil/Long, Katy/Sigona, Nando (Hrsg.): The Oxford Handbook of Refugee and Forced Migration Studies. Oxford: Oxford University Press, 188–202.

Secrétariat Général du Gouvernement (2011): La Constitution. Royaume du Maroc. www.sgg.gov.ma/Portals/0/constitution/constitution_2011_Fr.pdf, 14.09.2021.

Secrétariat Général du Gouvernement (2016): Constitution de la Republique Algerienne Democratique et Populair. www.joradp.dz/trv/fcons.pdf, 08.09.2021.

Transit Migration Forschungsgruppe (Hrsg.) (2015): Turbulente Ränder. Neue Perspektiven auf Migration an den Grenzen Europas, Bielefeld: transcript Verlag.

UNHCR (2018): Sahrawi Refugees in Tindouf, Algeria. Total In-Camp Population. www.usc.es/export9/sites/webinstitucional/gl/institutos/ceso/descargas/UNHCR_Tindouf-Total-In-Camp-Population_March-2018.pdf, 20.12.2021.

IV.1.3
Ostafrika

Hanno Brankamp

Abstract Dieses Kapitel gibt einen Überblick, um das östliche Afrika im Kontext von globaler Flucht und Fluchtforschung besser verorten zu können. Dabei geht es nicht nur darum, ein aktuelles Bild der politischen Situation von Zwangsmigration zu zeichnen, sondern auch zu erörtern, welche Perspektiven die Forschung bis dato eröffnet hat um die Erfahrungen von Geflüchteten besser zu verstehen. Das Kapitel beginnt mit einer historischen Einordnung von Fluchtmigration in Ostafrika, bearbeitet danach Fragen zu Flüchtlingslagern und Flucht in die urbanen Zentren der Region, bevor es sich schließlich den Diskussionen zu Sicherheit und nationalem Flüchtlingsmanagement zuwendet.

Schlüsselbegriffe: Ostafrika, Flüchtlingslager, urbane Flucht, Sicherheit, Flüchtlingsmanagement

1. Einleitung

Ostafrika ist eine der Weltregionen mit den umfangreichsten Fluchtbewegungen. Es beherbergte 2019 etwa 4,38 Millionen Geflüchtete (*refugees*) sowie 5,44 Millionen Binnenvertriebene (*internally displaced persons*).[1] Das entspricht 60 % der Zwangsvertriebenen auf dem gesamten Kontinent, von denen eine Vielzahl in Lagern lebt. Ostafrika wird hier recht weitläufig als eine Subregion Afrikas verstanden, die sich geografisch von Ruanda, Burundi, Tansania, Kenia, Südsudan, Sudan, Somalia, Äthiopien und Dschibuti bis nach Eritrea erstreckt. Es ist dabei schwierig *Aufnahmeländer* klar von *Ursprungsländern* zu unterscheiden, da viele Staaten gleichzeitig Ausgangspunkte und Zielländer von Fluchtmigration sind. Auch die Flüchtlingspolitik in der Region ist alles andere als einheitlich. Seit den 1980er Jahren hat sich Ostafrikas zunächst liberale Flüchtlingspolitik fortwährend verschärft. Im Gegensatz zu früher schränken Kenia und Tansania heute nicht nur die Bewegungsfreiheit für Geflüchtete innerhalb des jeweiligen Landes ein, sondern verhängen sogar eine gesetzliche Residenzpflicht für entlegene Flüchtlingslager. Uganda hingegen ermöglicht Zwangsmigrant*innen ein etwas höheres Maß an Mobilität und wird deshalb international oftmals als progressiver eingestuft. Jahrzehntelange Konflikte haben im östlichen Afrika zu langanhaltenden Fluchtsituationen (*protracted refugee situations*) geführt, in denen das UN-Flüchtlingshilfswerk (UNHCR), nationalstaatliche Institutionen und Geflüchtete sich verändernden politischen, ökonomischen und sozialen Bedingungen ausgesetzt wurden.

---

1 UNHCR und Internal Displacement Monitoring Center (IDMC).

2. Geschichte der Flucht und Vertreibung in Ostafrika

Ein Blick in die Vergangenheit zeigt, dass Ostafrika schon seit der Kolonialzeit Schauplatz von Zwangsvertreibungen war. Tausende Äthiopier*innen flohen in den 1930ern vor den Truppen Mussolinis in das britische Kolonialgebiet Kenia (Shadle 2019). Polnische und griechische Geflüchtete wurden in den 1940er Jahren von Kolonialadministrationen in Tansania, Uganda, aber auch in Kenia angesiedelt, während einige europäische Juden eigenständig ins dortige Exil flohen (Lingelbach 2020). Zudem kam es Ende der 1950er zu Pogromen gegen ruandische Tutsi, die daraufhin auch Zuflucht in Nachbarstaaten suchten (Long 2012). Die Ungleichzeitigkeit der Dekolonisierungsprozesse hatte zur Folge, dass „Frontstaaten" wie Tansania in den 1960er und 1970er Jahren Zufluchtsorte für antikoloniale Freiheitskämpfer aus den weißen Siedlerkolonien Südafrika, Mosambik und Simbabwe wurden (Adepoju 1982; Chaulia 2003). Bis in die 1980er erwiesen sich somit viele ostafrikanische Staaten als Hauptverfechter eines politisch motivierten, panafrikanischen Asylrechts und gewährten tausenden Menschen aus dem → südlichen Afrika Schutz vor kolonialer Aggression und rassistischer Diskriminierung.

Doch nicht nur koloniale Unterdrückung führte zur Massenflucht. Tansania nahm 1972 hunderttausende Überlebende des burundischen Völkermords auf und öffnete ebenfalls seine Grenzen für 72.000 Flüchtlinge des mosambikanischen Bürgerkriegs (1977–1992). Schon 1967 flohen 30.000 Eritreer*innen in das sudanesische Tiefland, wobei diese Zahl bis Ende der 1980er auf über eine halbe Million anstieg. Der Ogaden-Krieg zwischen Äthiopien und Somalia (1977–78) führte zudem zur gewaltsamen Vertreibung von 200.000 Somalier*innen (Kibreab 1994). Nach dem Ende der Diktatur Idi Amins stieg die Zahl von ugandischen Geflüchteten ebenfalls, wobei Sudan im Jahr 1984 etwa 300.000 Ostafrikaner*innen Schutz gewährte (Harrell-Bond 1986: 32). Kenia hingegen war bis dahin nur sporadisch Zufluchtsort für einige tausend ugandische, äthiopische und südsudanesische Dissident*innen sowie Ugandas asiatische Minderheit nach deren Ausweisung im Jahr 1972 (Veney 2007).

Nach dem Ende des Kalten Krieges spitzten sich regionale Konflikte weiter zu. Somalias Desintegration vertrieb Hunderttausende für unabsehbare Zeit nach Kenia, Äthiopien und Jemen (Hyndman 2000; Lindley 2011). Der burundische Bürgerkrieg ab 1993 sowie der Völkermord in Ruanda im Jahr 1994 zwangen eine ähnliche Anzahl von Menschen ins erneute Exil nach Tansania, Uganda und Zaire (Demokratische Republik Kongo), während die zwei Kongokriege (1996–1997 und 1998–2003) Millionen innerhalb des Landes und darüber hinaus vertrieben (Daley 2013). Im Jahr 1991 führten das Ende des autoritären *Derg*-Regimes in Äthiopien, die darauffolgende Abspaltung Eritreas und der seit 1983 anhaltende sudanesische Bürgerkrieg zu enormen grenzüberschreitenden Fluchtbewegungen (Pankhurst/Piguet 2009). Dies überlastete vielerorts die Kapazitäten von ostafrikanischen Staaten, die im Zuge der Strukturanpassungsprogramme (SAPs) seit den 1980ern dramatisch zurückgefahren worden waren (Veney 2007).

3. Lagerlandschaften und urbane Flucht

Nur wenige Räume kennzeichnen Zwangsmigration in Ostafrika so sehr und unverkennbar wie Flüchtlingslager (→ Camp/Lager). Der Anstieg des Bedarfs an humanitärer Nothilfe in den 1990er

Jahren führte dazu, dass internationalen Akteur*innen wie dem UNHCR und NGOs eine zunehmend aktivere Rolle im Flüchtlingsschutz zukam (→ Internationale Organisationen). Der UNHCR übernahm vielerorts die Verantwortung für Kernfunktionen staatlicher Flüchtlingsversorgung, wie etwa Registrierung und Verwaltung von Vertriebenen als auch die Bestimmung des Flüchtlingsstatus (*refugee status determination* – RSD). Crisp und Slaughter (2009) sprechen hier von der Entwicklung eines „Ersatzstaates" (*surrogate state*), der Lücken im globalen (→) Flüchtlingsregime schließen und Geflüchtete zeitweise versorgen sollte. Doch kurzzeitige Hilfen wurden oft zu längerfristigem Engagement in Flüchtlingslagern, die zwar Menschen aufnahmen, aber keine dauerhafte Niederlassung anboten, und oftmals vor allem der Kontrolle und Eindämmung (*containment*) dienten (Jaji 2012). In Ostafrika kann man sogar von regelrechten „Lagerlandschaften" sprechen, in denen viele Lager mittlerweile zu Stadtgröße herangewachsen sind, wie etwa Bidi Bidi in Uganda (233.000), Dadaab in Kenia (224.000), Nyarugusu in Tansania (132.000) oder die Dollo Ado Camps in Äthiopien (165.000).[2] Andere nahmen die Beständigkeit, ökonomische Kraft und urbane Gestalt solcher Lager zum Anlass, sie sogar als „Lager-Städte" (*camp-cities*) zu bezeichnen (Agier 2011; Perouse De Montclos/Kagwanja 2000).

Seit den 1980er Jahren hat sich Fluchtforschung in der Region oft auf Lager als Ballungszentren von Vertriebenen konzentriert. Richtungsweisende ethnografische Studien haben sich dabei mit humanitärer Hilfe (Harrell-Bond 1986), kollektiver Imagination und Identitätsbildung (Malkki 1995), geopolitischer Ordnung (Hyndman 2000), transnationalen Netzwerken (Horst 2006) und mit Autoritätsstrukturen (Turner 2010) in Lagern auseinandergesetzt. Die Normalisierung von Flüchtlingslagern als Räume humanitärer Arbeit und institutioneller Kontrolle bewegte andere dazu, Kontinuitäten zwischen heutigem Flüchtlingsmanagement und kolonialer Administration zu betonen (Brankamp/Daley 2020). Trotzdem bot Tansania in einer weltweit einmaligen Geste im Jahr 2008 etwa 200.000 burundischen Geflüchteten, die seit 1972 in Flüchtlingssiedlungen gelebt hatten, die Wahl zwischen Repatriierung oder lokaler Einbürgerung. Es bleibt jedoch offen, inwiefern diese Menschen ihre neuen Rechte als tansanische Bürger wahrnehmen können (Kuch 2017).

Während Ostafrikas Lager weiterhin eine wichtige Rolle in der Flüchtlingsforschung spielen, leben große Teile der Geflüchteten auch in urbanen Zentren. Urbane Flucht ist ein wachsendes Forschungsgebiet, das bereits mit früheren Studien zu Khartoum (Karadawi 1987; Kibreab 1996) und Dar-es-Salaam (Sommers 2001) begann. Entgegen der Annahme, dass Geflüchtete staatliche Hilfsleistungen unnötig beanspruchen, zeigt Campbell, dass die meisten Somalier*innen in Kenias Hauptstadt selbstversorgend und wirtschaftlich integriert sind (Campbell 2006). Stadtzentren wie Nairobis Eastleigh (Carrier/Scharrer 2019) oder Kisenyi in Kampala (Binaisa 2018) haben sich dabei zu besonders pulsierenden sozio-ökonomischen Räumen der Fluchtmigration entwickelt. Ein weiteres Forschungsfeld hat sich zudem mit den wirtschaftlichen Beziehungen zwischen Ostafrikas Flüchtlingen und deren Gastländern auseinandergesetzt. Die Entstehung von „Flüchtlingsökonomien" (*refugee economies*) ist dabei das Resultat von jahrzehntelangem Handel und Zirkulation von Ressourcen innerhalb und über Netzwerke in Lagern und Städten hinaus (Betts et al. 2017; Jacobsen 2005).

---

2 Stand 2021 laut UNHCR.

4. Politik, Sicherheit und nationales Flüchtlingsmanagement

Ostafrikas Flüchtlingspolitik verändert sich stetig. Wirtschaftliche Schwankungen im Zuge von Liberalisierung und SAPs, als auch die schiere Größenordnung der Flucht bewegten Tansanias Regierung 1996 zur Abschiebung von hunderttausenden ruandischen Flüchtlingen und zur Überholung des Flüchtlingsrechts zwei Jahre später (Chaulia 2003). Nach Terrorangriffen auf die US-amerikanischen Botschaften in Dar-es-Salaam und Nairobi im Jahre 1998 begrenzten viele Staaten wiederum die Bewegungsfreiheit und Rechte von Geflüchteten (Mogire 2009). In Kenia wurde besonders die somalische Minderheit Opfer von Polizeigewalt und Ausgrenzung (Nyaoro 2010). Dies hat sich durch den globalen „Krieg gegen den Terror" stetig verschärft. Anschläge in Kampala durch die somalische *Al-Shabaab*-Miliz im Juli 2010, und eine Reihe von Angriffen in Kenia in den Folgejahren, intensivierten die Einstufung von Geflüchteten als Sicherheitsproblem (Okech 2015). Gleichzeitig bemühen sich ostafrikanische Regierungen deshalb, Kompetenzen des Flüchtlingsmanagement, die sie vor Jahren dem UNHCR überlassen hatten, zumindest teilweise wiederzuerlangen. Äthiopien, Uganda, Kenia und Ruanda haben allesamt spezielle staatliche Ressorts gestärkt, um auf Fluchtmigration reagieren und gleichzeitig ihre Sicherheitsinteressen wahren zu können.

5. Fazit

In Ostafrika hat sich der Spielraum für den Flüchtlingsschutz über die Jahre sowohl erweitert als auch periodisch wieder verengt. Auf regionaler Ebene haben sich vor allem in den letzten Jahren Maßnahmen zur nationalen Sicherheit und Terrorbekämpfung mit ausdrücklich asylfeindlicher Politik vermengt. Während Kenia immer wieder medienwirksam mit Lagerschließungen droht, um internationale Hilfsgelder zu erhöhen und innenpolitisch zu punkten (zuletzt im Jahr 2021), hat Tansania seit Ende der 1990er Jahre mehrere Massendeportationen durchgeführt. Gleichzeitig haben sich Äthiopien, Kenia, Ruanda, Uganda und Dschibuti im Zuge der 2016er New Yorker UN-Erklärung für Flüchtlinge und Migranten bereiterklärt, bei der Umsetzung des Rahmenplans für Flüchtlingshilfsmaßnahmen (CRRF) mitzuwirken, um Gastgeberländer zu entlasten, die Selbstständigkeit von Geflüchteten zu fördern, und die Rahmenbedingungen für eine sichere Rückkehr in Ursprungsländer zu gewährleisten. Trotz positiver Signalwirkung müssen sich viele Zwangsmigrant*innen in der Region jedoch letztendlich weiterhin zwischen dem illegalisierten Leben in Großstädten und der Isolation in Flüchtlingslagern entscheiden.

Literaturverzeichnis

Adepoju, Aderanti (1982): The Dimension of the Refugee Problem in Africa. In: African Affairs 81 (322), 21–35.
Agier, Michel (2011): Managing the Undesirables: Refugee Camps and Humanitarian Government. Cambridge: Polity.
Betts, Alexander/Bloom, Luise/Kaplan, Josiah/Omata Naohiko (2017): Refugee Economies: Forced Displacement and Development. Oxford: Oxford University Press.

Binaisa, Naluwembe (2018): "We Are All Ugandans": In Search of Belonging in Kampala's Urban Space. In: Bakewell, Oliver/Landau, Loren B. (Hrsg.): Forging African Communities: Mobility, Integration and Belonging. London: Palgrave Macmillan, 203–226.

Brankamp, Hanno/Daley, Patricia (2020): Laborers, Migrants, Refugees: Managing Belonging, Bodies, and Mobility in (Post)Colonial Kenya and Tanzania. In: Migration & Society 3 (1), 113–129.

Campbell, Elizabeth H. (2006): Urban Refugees in Nairobi: Problems of Protection, Mechanisms of Survival, and Possibilities for Integration. In: Journal of Refugee Studies 19 (3), 396–413.

Carrier, Neil/Scharrer, Tabea (2019): Mobile Urbanity: Somali Presence in Urban East Africa. New York: Berghahn Books.

Chaulia, Sreeram S. (2003): The Politics of Refugee Hosting in Tanzania: From Open Door to Unsustainability, Insecurity and Receding Receptivity. In: Journal of Refugee Studies 16 (2), 147–166.

Daley, Patricia (2013): Refugees, IDPs and Citizenship Rights: The Perils of Humanitarianism in the African Great Lakes Region. In: Third World Quarterly 34 (5), 893–912.

Harrell-Bond, Barbara E, (1986): Imposing Aid: Emergency Assistance to Refugees. Oxford: Oxford University Press.

Horst, Cindy (2006): Transnational Nomads: How Somalis Cope with Refugee Life in the Dadaab Camps of Kenya. New York: Berghahn Books.

Hyndman, Jennifer (2000): Managing Displacement: Refugees and the Politics of Humanitarianism. Minneapolis: University of Minnesota Press.

Jacobsen, Karen (2005): The Economic Life of Refugees. Bloomfield, CT: Kumarian Press Inc.

Jaji, Rose (2012): Social Technology and Refugee Encampment in Kenya. In: Journal of Refugee Studies 25 (2), 221–238.

Karadawi, Ahmed (1987): The Problem of Urban Refugees in Sudan. In: Rogge, John (Hrsg.): Refugees: A Third World Dilemma. Totowa, NJ: Rowman and Littlefield, 115–129.

Kibreab, Gaim (1994): The Myth of Dependency among Camp Refugees in Somalia 1979–1989. In: Journal of Refugee Studies 6 (4), 321–349.

Kibreab, Gaim (1996): Eritrean and Ethiopian Urban Refugees in Khartoum: What the Eye Refuses to See. In: African Studies Review 39 (3), 131–178.

Kuch, Amelia (2017): Naturalization of Burundian Refugees in Tanzania: The Debates on Local Integration and the Meaning of Citizenship Revisited. In: Journal of Refugee Studies 30 (3), 468–487.

Lindley, Anna (2011): Between a Protracted and a Crisis Situation: Policy Responses to Somali Refugees in Kenya. In: Refugee Survey Quarterly 30 (4), 14–49.

Lingelbach, Jochen (2020): On the Edges of Whiteness: Polish Refugees in British Colonial Africa during and after the Second World War. Oxford: Berghahn Books.

Long, Katy (2012): Rwanda's First Refugees: Tutsi Exile and International Response 1959–64. In: Journal of Eastern African Studies 6 (2), 211–229.

Malkki Lisa H. (1995): Purity and Exile: Violence, Memory, and National Cosmology Among Hutu Refugees in Tanzania. Chicago: University of Chicago Press.

Mogire, Edward (2009): Refugee Realities: Refugee Rights versus State Security in Kenya and Tanzania. In: Transformation 26 (1), 15–29.

Nyaoro, Dulo (2010): Policing with Prejudice: How Policing Exacerbates Poverty Among Urban Refugees. In: The International Journal of Human Rights 14 (1), 126–145.

Okech, Awino (2015): Asymmetrical Conflict and Human Security: Reflections from Kenya. In: Strategic Review for Southern Africa 37 (1), 53–74.

Pankhurst, Alula/Piguet, François (2009): Moving People in Ethiopia: Development, Displacement and the State. Oxford: James Currey.

Perouse De Montclos, MarcAntoine/Kagwanja, Peter M. (2000): Refugee Camps or Cities? The Socio-Economic Dynamics of the Dadaab and Kakuma Camps in Northern Kenya. In: Journal of Refugee Studies 13 (2), 205–222.

Shadle Brett L. (2019): Reluctant Humanitarians: British Policy Toward Refugees in Kenya During the Italo-Ethiopian War, 1935–1940. In: Journal of Imperial and Commonwealth History 47 (1), 167–186.

Slaughter, Amy/Crisp, Jeff (2009): A Surrogate State? The Role of UNHCR in Protracted Refugee Situations. New Issues in Refugee Research, Research Paper No. 168, www.unhcr.org/research/working/4981cb432/surrogate-state-role-unhcr-protracted-refugee-situations-amy-slaughter.html, 28.04.2022. Sommers, Marc (2001): Fear in Bongoland: Burundi Refugees in Urban Tanzania. New York : Berghahn Books.

Turner, Simon (2010): Politics of Innocence: Hutu Identity, Conflict and Camp Life. Oxford: Berghahn Books.

Veney, Cassandra R. (2007): Forced Migration in Eastern Africa: Democratization, Structural Adjustment, and Refugees. New York: Palgrave Macmillan.

IV.1.4
Westafrika

Laura Lambert und Franzisca Zanker

Abstract Der Beitrag gibt einen Überblick über Fluchtprozesse in und nach Westafrika, sowie deren juristische und politische Dimension. Nach einem Überblick über die Geschichte und zeitgenössischen Entwicklungen der Flucht in Westafrika skizziert er den rechtlichen Rahmen für Flüchtlingsschutz in der Region. Während fast alle westafrikanische Staaten de jure Flüchtlingsschutz gewähren und migrationsrechtliche Bestimmungen die Freizügigkeit erleichtern, ist de facto der Schutz oft limitiert. Abschließend diskutiert der Beitrag die Politisierung des Flüchtlingsschutzes am Beispiel von staatlichen Interessen und europäischer Externalisierungspolitik.

Schlüsselbegriffe: Westafrika, Binnenvertriebene, Flüchtlingspolitik, Externalisierung, Asylverfahren

1. Einleitung

Als nach dem Ende des Kolonialismus vergleichsweise stabile Region hat Westafrika[1] in den 1990er Jahren und zunehmend seit 2010 einen massiven Anstieg von Zwangsmigration erlebt (siehe Abbildung VI.1.4.1). Im Jahr 2010 wurden noch 177.141 Asylsuchende und Geflüchtete sowie 514.515 Binnenvertriebene registriert. Zehn Jahre später waren es mehr als doppelt so viele Geflüchtete (455.267). Die Zahl der Binnenvertriebenen stieg sogar um das Achtfache auf 4,3 Millionen (UNHCR 2021).

---

1 Westafrika umfasst die 15 Mitgliedsstaaten der westafrikanischen Staatengemeinde ECOWAS (Benin, Burkina Faso, Kap Verde, Elfenbeinküste, Gambia, Ghana, Guinea, Guinea-Bissau, Liberia, Mali, Niger, Nigeria, Senegal, Sierra Leone und Togo). In diesem Beitrag werden zudem die drei zentralafrikanischen Staaten Tschad, Kamerun und die Zentralafrikanische Republik mit erwähnt.

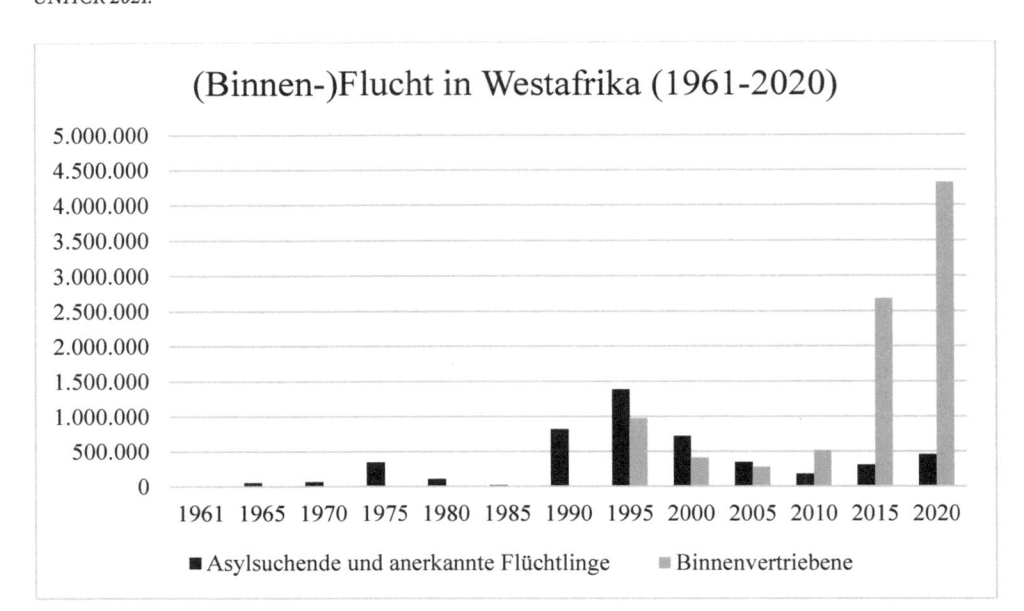

Abbildung IV.1.4.1: Asylsuchende, anerkannte Flüchtlinge und Binnenvertriebene in Westafrika (1961–2020) Quelle: UNHCR 2021.

(Binnen-)Flucht in Westafrika (1961-2020)

- Asylsuchende und anerkannte Flüchtlinge
- Binnenvertriebene

Dabei haben insbesondere dschihadistische Aktivitäten und interkommunitäre Gewalt zu einem rapiden Anstieg von Geflüchteten und Binnenvertriebenen im Sahel und in der Region um den Tschadsee geführt. Als „Unversicherte der Welt" (Duffield 2008) erhalten (→) Binnenvertriebene meistens weniger Zugang zu humanitärer Hilfe und dauerhaften Lösungen und sind gleichzeitig oft zu arm, um ihren unsicheren Herkunftsregionen zu entkommen. Zudem haben insbesondere Bürgerkriege und Klimaflucht, aber auch Autonomiebewegungen in der Casamançe/Senegal, der Tuareg in Mali und im Niger und dem anglophonen Teil Kameruns das Fluchtgeschehen geprägt.

2. Mobilitäten, koloniales Erbe und Klimawandel

Historisch betrachtet haben sich unterschiedliche Formen von freiwilliger und erzwungener Mobilität in Westafrika oft überlagert. Die Region ist seit dem vorkolonialen Zeitalter stark von saisonaler Arbeitsmigration und Handel geprägt und weist dadurch etablierte Transportnetzwerke durch die Region und nach Nord- und Zentralafrika auf. Diese (trans-)regionale Mobilität hat einen hohen sozialen Stellenwert. Fluchtmigrationen überlagern sich häufig mit diesen Mobilitäten und gehen teils in ihnen auf (Adepoju 2005). Ein politischer Umgang mit diesen gemischten Mobilitäten ist der weiter unten diskutierte Ansatz der (→) *Mixed Migration*.

In vorkolonialer Zeit beruhte Migration neben der Suche nach Nahrungssicherheit und Zugang zu Land auch auf kleinräumigen Vertreibungen im Rahmen von lokalen Machtkonflikten und massiveren Vertreibungen durch ökonomisch, politisch und dschihadistisch motivierte Überfälle (Fresia

2014). Auch wenn bereits zuvor Menschen durch Versklavung verschleppt wurden, multiplizierte der transatlantische Sklavenhandel vom 16. bis zum 19. Jahrhundert diese Art der Zwangsmigration. Durch ihn wurden geschätzt 12 Millionen Menschen aus Westafrika verschleppt (Lovejoy 1989). In der Kolonialzeit verschärfte sich die Situation der Zwangsmigration. Viele Westafrikaner*innen mussten Zwangsarbeit auf lokalen Plantagen und Baustellen leisten sowie in den Armeen dienen, oder sie flohen vor der Versklavung sowie vor der kolonialen Besteuerung und den durch sie verschärften Hungersnöten. Schätzungen für das heutige Burkina Faso gehen von zwei Dritteln der Familien aus, von denen Mitglieder zwischen 1900 und 1950 verschleppt wurden oder flohen (Marchal 1999).

Auch über ihr Bestehen hinaus begünstigte die Kolonialherrschaft massive Fluchtbewegungen in West- und Zentralafrika. Die koloniale Logik des „Teile und Herrsche" befeuerte die Bürgerkriege im Tschad (1965) und in Nigeria (1967) (Gatrell 2015: 226–227). Konflikte zwischen zurückgekehrten befreiten Sklav*innen und Einheimischen in Sierra Leone und Liberia und die Diskriminierung ehemaliger kolonialer Zwangsarbeiter*innen in der Elfenbeinküste trugen zu den dortigen Bürgerkriegen in den 1990er und 2000er Jahren bei. Diese zeitgenössischen Konflikte verstärkten sich gegenseitig und führten zu komplexen, großen Fluchtbewegungen in der ganzen Region (Fresia 2014: 543–545). Ihre Folgen dauern bis heute an, wie sich in der Forschung zu den ökonomischen Lebenswelten liberianischer Geflüchteter in Ghana (Omata 2017a) und deren Rolle in der Verhandlung von Repatriierungsprozessen zeigt (Coffie 2019; vgl. Omata 2017b). Durch den seit 2013 dauernden Bürgerkrieg in der Zentralafrikanischen Republik werden bis heute neue Fluchtbewegungen registriert, die sich in die Nachbarländer und teils bis Westafrika erstrecken.

Dazu erzeugten in der Vergangenheit Hungersnöte und Dürren, in Verbindung mit sozioökonomischen und politischen Verwerfungen, Fluchtbewegungen (Morrissey 2014). Auch wenn belastbare Daten bisher fehlen, ist aufgrund der Zerstörung von Lebensgrundlagen durch Dürren und Starkregen mit einer Zunahme der Klimaflucht zu rechnen. Allein in Mali sind jährlich 400.000 Menschen von Dürre und 500.000 Menschen von Überschwemmungen betroffen (IDMC 2020).

3. De Jure Schutz und De Facto Unsicherheit

Wie im restlichen Afrika basiert der Flüchtlingsschutz der Region auf der Genfer Flüchtlingskonvention von 1951 und der sie erweiternden Konvention der *Organisation of African Unity* (OAU) von 1969. Seit 2009 schafft die Kampala-Konvention auch einen rechtlichen Rahmen für Binnenvertriebene (→ Afrika – Überblick). Außer der Elfenbeinküste haben alle westafrikanischen Länder nationale Asylgesetze verabschiedet. Diese Gesetze zur Umsetzung der internationalen Konventionen wurden oft auf Hinwirken und mit Unterstützung des Hochkommissars der Vereinten Nationen für Flüchtlinge (UNHCR) seit den 1990er Jahren eingeführt (→ Internationale Organisationen). Dennoch bleibt ihre Implementierung oft ungenügend. Technische Probleme und geringe Kapazitäten in den zuständigen Behörden resultieren in langen Wartezeiten. Außerdem belegen die niedrigen Anerkennungsquoten, dass die Asylverfahren tendenziell eher als Ausschluss-, denn als Schutzinstrument angewendet werden (Fresia 2014).

Auch wenn die Mehrheit der Geflüchteten *prima facie*-Gruppenschutz genießt, sind in den letzten Jahren vermehrt individuelle Asylverfahren durchgeführt worden (→ Asyl). Dies liegt unter anderem an der zunehmenden Unterscheidung von il-/legitimen Flüchtenden im Rahmen des Ansatzes der (→) *Mixed Migration*. Das Konzept wurde im Jahr 2008 von der Westafrikanischen Staatengemeinschaft (*Economic Community of West African States*, ECOWAS) in ihrem *Common Approach on Migration* aufgenommen. Es betont, dass auf den gleichen Migrationsrouten Menschen mit unterschiedlichen Motiven und Schutzbedürfnissen reisen und etabliert eine Unterscheidung zwischen schutzbedürftigen Geflüchteten und vermeintlich freiwilligen, rückkehrbaren Migrant*innen (Scheel/ Ratfisch 2014). Diese Differenzierungslogiken prägen auch Diskurse über den Missbrauch westafrikanischer Asylsysteme (Fresia 2014). Angesichts der historisch vielfältigen, sich überlagernden Mobilitäten in Westafrika sind diese starren Unterscheidungen zwischen freiwilliger und Zwangsmigration aus wissenschaftlicher Sicht zu hinterfragen.

Der Flüchtlingsschutz in Westafrika ist zudem eng mit der migrationspolitischen Freizügigkeit in der Westafrikanischen Staatengemeinschaft verbunden. Sie gewährt den Bürger*innen ihrer fünfzehn Mitgliedstaaten seit 1979 das Recht auf Freizügigkeit, einschließlich des Rechts auf Einreise, Niederlassung und Arbeitsmöglichkeiten. Für Flüchtende hat dies, wenn sie ökonomisch unabhängig sind, den Vorteil, Schutz in einem anderen westafrikanischen Staat zu finden ohne ein Asylverfahren eröffnen zu müssen (Ebobrah 2014).

Problematisch bleibt dennoch die nicht adäquate Implementierung der ECOWAS-Protokolle und ihr geringer Bekanntheitsgrad unter Migrant*innen und in den Behörden. So werden zum Beispiel begünstigte Arbeitserlaubnisse teils nicht ausgestellt und Grenzkontrollen sind von Missbrauch und Korruption geprägt. Zudem bleibt ungewiss, welchen Schutz Geflüchtete aus Nicht-Mitgliedstaaten genießen. So wurde sudanesischen Asylsuchenden im Niger mit Misstrauen durch staatliche Behörden und die Gesellschaft begegnet, was in verzögerten Asylverfahren und einer Massenabschiebung resultierte (Lambert 2020).

Das Gros der Binnenvertriebenen in Westafrika genießt bisher kaum Schutz durch die Kampala-Konvention. Viele Länder haben die Konvention zwar ratifiziert, aber noch nicht in ein nationales Gesetz übersetzt. Nigeria hat seit 2015 über zwei Millionen Binnenvertriebene und bereits im Jahr 2006 ein nationales Gesetz zu Binnenvertriebenen entworfen, das mehrfach überarbeitet wurde, ohne es aber bisher zu beschließen (Akpoghome 2016).

4. Politische Interessen

Die politische Instrumentalisierung von Flüchtlingsschutz spielt auch in Westafrika eine Rolle (→ Afrika – Überblick). In Nigeria zum Beispiel gehen viele Binnenvertriebene auf die seit 2009 aktive Terrororganisation Boko Haram zurück. Der nigerianische Präsident Buhari verkündete schon im Wahlkampf 2015 den Sieg über Boko Haram. Als Beweis seiner politischen Legitimität und Militärmacht schickte er 2018 tausende Binnenvertriebene zurück in den sich angeblich stabilisierenden Nordosten, wo sie erneut Konflikten ausgesetzt waren (Arhin-Sam 2019). In Gambia dagegen wird dem ehemaligen Diktator Yahya Jammeh nachgesagt, angeblich Geflüchtete aus der senegalesischen Casamançe-Region begünstigt zu haben. Ihm wird vorgeworfen, ihnen Einbürgerungsurkunden und Wähler*innenkarten ausgestellt zu haben, um seine Stimmenzahl zu erhöhen (Zanker 2018). Neben innenpolitischen Machtverhältnissen zeigt sich am Beispiel Guineas auch die Bedeutung außenpolitischer Interessen und der Unterstützung durch internationale Geber*innen für eine vergleichsweise liberale Asylpolitik (Milner 2009).

Folglich prägen auch in Westafrika regionale und internationale Interessen den Flüchtlingsschutz. Dies gilt insbesondere für den Einfluss von EU-Externalisierungspolitiken auf die Asyl- und Migrationspolitik. In engen Kooperationen mit europäischen Agenturen und einzelnen EU-Staaten führen westafrikanische Staaten im Gegenzug für finanzielle, technische und diplomatische Anreize Migrationskontrollen und Flüchtlingsschutz ein, um die Ankunft Flüchtender in Europa zu verhindern (→ Externalisierung). Dies erschwert de facto die Freizügigkeit und Flucht aus Herkunftsregionen, da beispielsweise die Routen teurer und gefährlicher werden (Frowd 2018). Außerdem zwingt es Flüchtende in regionale Asylsysteme mit begrenztem Flüchtlingsschutz und beschränkten (Über-)Lebensperspektiven (Milner 2009).

5. Fazit

Die seit 2010 stark gestiegenen Fluchtbewegungen in West- und Zentralafrika werden auch zukünftig die Region vor große Herausforderungen stellen. Die ihnen zugrundeliegenden Verhältnisse wie der Klimawandel, Dschihadismus und interkommunitäre Konflikte, aber auch zunehmende politische Spannungen in Staaten wie Guinea, Mali und Kamerun haben oft strukturelle Ursachen und sind damit nicht einfach zu befrieden. Die Fluchtforschung kann einen wichtigen Beitrag leisten, um diese Phänomene zu ergründen. Sie sollte sich dabei – wie auch andere Bereiche der Migrationsforschung (De Haas 2014) – um eine stärkere *Theoretisierung* bemühen, um allgemein relevante Aussagen für die Fluchtforschung zu treffen. Dies betrifft beispielsweise die Rolle des Staates bei der Organisation von Flüchtlingsschutz und dessen tatsächliche Implementierung, das Zusammenspiel mit zunehmenden Migrationskontrollpolitiken und die Perspektiven und Handlungsfähigkeiten von Geflüchteten in Westafrika.

Literaturverzeichnis

Adepoju, Aderanti (2005): Migration in West Africa. Global Commission on International Migration.
Akpoghome, Theresa U. (2016): Internally Displaced Persons in Nigeria and the Kampala Convention. In: Recht in Afrika | Law in Africa | Droit En Afrique 18 (1), 58–77.
Arhin-Sam, Kwaku (2019): The Political Economy of Migration Governance in Nigeria. Freiburg: Arnold Bergstraesser Institute.
Coffie, Amanda (2019): Liberian Refugee Protest and the Meaning of Agency. In: Bradley, Megan/Milner, James/Peruniak, Blair (Hrsg.): Refugees' Roles in Resolving Displacement and Building Peace: Beyond Beneficiaries. Washington DC: Georgetown University Press, 229–246.
De Haas, Hein (2014): Migration Theory. Quo Vadis? University of Oxford: Oxford.
Duffield, Mark (2008): Global Civil War: The Non-Insured, International Containment and Post-Interventionary Society. In: Journal of Refugee Studies 21 (2), 145–165.
Ebobrah, Solomon T. (2014): Sub-regional Frameworks for the Protection of Asylum Seekers and Refugees in Africa. Bringing Relief Closer to Trouble Zones. In: Abass, Ademola/Ippolito, Francesca

(Hrsg.): Regional Approaches to the Protection of Asylum Seekers. An International Legal Perspective. Farnham: Ashgate, 67–85.

Fresia, Marion (2014): Forced Migration in West Africa. In: Fiddian-Qasmiyeh, Elena/Loescher, Gil/Long, Katy/Sigona, Nando (Hrsg.): The Oxford Handbook of Refugee and Forced Migration Studies. Oxford: Oxford University Press, 541–53.

Frowd, Philippe M. (2018): Security at the Borders. Transnational Practices and Technologies in West Africa. Cambridge: Cambridge University Press.

Gatrell, Peter (2015): The Making of the Modern Refugee. Oxford: Oxford University Press.

IDMC (2020): Global Report on Internal Displacement 2019.

Lambert, Laura (2020): Who is Doing Asylum in Niger? State Bureaucrats' Perspectives and Strategies on the Externalization of Refugee Protection. In: Anthropologie et Développement 51, 87–103.

Lovejoy, Paul E. (1989): The Impact of the Atlantic Slave Trade on Africa: A Review of the Literature. In: The Journal of African History 30 (3), 365–394.

Marchal, Jean-Yves (1999): Frontières et réfugiés en Afrique occidentale française (1900–1950). In: Lassailly-Jacob, Véronique/Marchal, Jean-Yves/Quesnel, André (Hrsg.): Déplacés et réfugiés. La mobilité sous contrainte. Paris: Editions de l'IRD, 209–226.

Milner, James (2009): Refugees, the State and the Politics of Asylum in Africa. Basingstoke: Palgrave Macmillan.

Morrissey, James (2014): Environmental Change and Human Migration in Sub-Saharan Africa. In: Piguet, Etienne/Laczko, Frank (Hrsg.): People on the Move in a Changing Climate. The Regional Impact of Environmental Change on Migration. Dordrecht: Springer Netherlands.

Omata, Naohiko (2017a): The Myth of Self-Reliance. Economic Lives inside a Liberian Refugee Camp. New York: Berghahn.

Omata, Naohiko (2017b): Unwelcome Participation, Undesirable Agency? Paradoxes of De-Politicisation in a Refugee Camp. In: Refugee Survey Quarterly 36 (3), 108–131.

Scheel, Stephan/Ratfisch, Philipp (2014): Refugee Protection Meets Migration Management. UNHCR as a Global Police of Populations. In: Journal of Ethnic and Migration Studies 40 (6), 924–941.

UNHCR (2021): Refugee Data Finder. www.unhcr.org/refugee-statistics/download/?url=E1ZxP4, 18.06.2021.

Zanker, Franzisca (2018): The Gambia: A Haven for Refugees? In: Forced Migration Review 57, 74–76.

IV.1.5
Südliches Afrika

Rose Jaji[1]

Abstract Die Flüchtlingspolitiken im südlichen Afrika zeigen in den verschiedenen historischen Epochen und politischen Kontexten ein komplexes Verhältnis zwischen humanitärer Hilfe und innenpolitischen Prioritäten. Dieser Beitrag argumentiert, dass die während der antikolonialen Kämpfe zu beobachtende Kohärenz zwischen nationaler Flüchtlingspolitik und regionaler Geopolitik inzwischen durch Widersprüche zwischen diesen Komponenten ersetzt worden ist. Die gegenwärtige Bemühung um regionale Integration geht einher mit der Behandlung von Flüchtlingen als nachteilig für die nationale Prioritätensetzung. Dies führt zu einer Flüchtlingspolitik, die nationale Belange über die Rechte von Geflüchteten stellt. Das Kapitel vergleicht historische und aktuelle Flüchtlingspolitiken und zeigt, wie nationale Prioritäten Vorrang vor dem Schutz von Flüchtlingen und regionaler Solidarität gewannen.

Schlüsselbegriffe: Flüchtlingspolitik, innenpolitische Prioritäten, Solidarität, Ausgrenzung, südliches Afrika

1. Einleitung

Fluchtbewegungen im südlichen Afrika (siehe Abbildung IV.1.5.1) entstanden zunächst vor allem im Kontext der bewaffneten Unabhängigkeitskämpfe. Die sogenannten Frontlinienstaaten, ein Zusammenschluss unabhängiger Länder des südlichen Afrika, setzten sich für die Befreiungsbewegungen und die Beendigung der Apartheid in der Region ein. Dies beinhaltete auch die Aufnahme von Flüchtlingen und Kämpfer*innen der Befreiungsbewegungen. Mit dem Ende des Kolonialismus kam es zu einem Wandel von regionaler Solidarität zu nationaler Souveränität und strengeren Regelungen für die Flüchtlingsaufnahme. Dabei wurden Flüchtlingsrechte zunehmend als nachteilig für die Rechte von Staatsbürger*innen interpretiert. Vor allem in den stabileren Ländern des südlichen Afrika spiegelt sich in der veränderten Aufnahmepraxis eine wachsende Besorgnis, beruhend auf dem scheinbaren Konflikt zwischen humanitärem Akt und nationalem Interesse. Dies führte zu einer Politik, die von vernachlässigend, über offenkundig restriktiv, bis zu feindselig gegenüber Flüchtlingen beschrieben werden kann. Die Situation der Flüchtlinge wird dadurch erschwert, dass im Rahmen von Arbeitsmigration ohnehin seit der Kolonialzeit die Angst vor einer ‚Überflutung' durch die ‚Anderen' besteht. Die Vermischung von Arbeitsmigration und Flucht im öffentlichen Diskurs, insbesondere in Südafrika, und die allgemeine Besorgnis vor Einwanderung haben zu einer feindseligen Haltung gegenüber allen Ausländer*innen geführt, unabhängig von den Gründen, aus denen sie ihre jeweiligen Länder verlassen haben. Im Jahr 2022 belief sich die Zahl der Flüchtlinge und Asylbewerber*innen in

---

1 Aus dem Englischen übersetzt von Tabea Scharrer.

der Region des südlichen Afrika auf etwa 1,1 Millionen.[2] Die Literatur über Flüchtlinge im südlichen Afrika zeigt Widersprüche zwischen der Flüchtlingspolitik einerseits und dem Ziel der regionalen Integration andererseits, insbesondere wenn man die Fortsetzung der Lagerpolitik in den meisten Ländern der Region betrachtet.

Abbildung IV.1.5.1: Mitgliedsstaaten der Southern African Development Community (SADC), erstellt von Stephan Schurig, Quelle: ICPAC Geoportal, http://geoportal.icpac.net/layers/geonode%3Aafr_g2014_2013_0 (Abruf der Daten am 21.06.2022)

Das Kapitel zeigt das Paradox der postkolonialen Nationalstaaten im südlichen Afrika – durch den Versuch, die willkürlich gezogenen kolonialen Grenzen zu bewahren, werden afrikanische Flüchtlinge ausgeschlossen. Diese wiederum werden als die neuen 'Anderen' wahrgenommen, anstelle der kolonisierenden ‚Anderen'. Ihr ‚Anderssein' wird im zeitgenössischen südlichen Afrika durch ein Afrikanisch-Sein definiert, das außerhalb der nationalen Grenzen verortet wird und daher als Bedrohung für das Gastland darstellt wird. Afrikanischen Flüchtlingen wie auch Migrant*innen wird eine ‚Kolonisierung von innen' vorgeworfen, ein Versuch, das Aufnahmeland wirtschaftlich und sogar politisch zu übernehmen (für ein ähnliches Beispiel aus Kenia siehe Scharrer 2020). Die Bedeutung von nationalen Grenzen ist damit gewachsen, obwohl die Länder eine regionale Integration in die *Southern African Development Community* (SADC) anstreben.

---

2 Hinzu kommen etwa 6,7 Mio. Binnenvertriebene (davon 5,6 Mio. in der DR Kongo sowie etwa 1 Mio. in Mosambik). Alle Zahlen zu Flüchtlingen und Asylsuchenden im südlichen Afrika sind dem UNHCR Operational Data Portal, Stand Februar 2022, entnommen (https://data2.unhcr.org/en/situations/rbsa).

2. Die anti-koloniale Agenda und Flüchtlingspolitik der Frontlinienstaaten

Die Literatur über die Flüchtlingsaufnahme in den 1970er und 1980er Jahren beschreibt eine Flüchtlingspolitik, die mit dem regionalen geopolitischen Fokus auf Überwindung von Kolonialismus und Apartheid in Einklang stand (Makhema 2009; → Ostafrika). In Tansania waren z. B. abweichende Gruppen, die nicht mit den ‚anerkannten' Befreiungsbewegungen wie dem African National Congress (ANC) in Südafrika verbunden waren und somit als negative Abweichung wahrgenommen wurden, nicht im gleichen Maße willkommen; daher flohen einige sogar nach Kenia (Alexander et al. 2017; Williams 2015). Während in Botswana, Malawi, Mauritius, Tansania und Sambia der Übergang in die Unabhängigkeit relativ friedlich verlief, kam es in Angola, Mosambik, Namibia, Südafrika und Simbabwe zu bewaffneten Befreiungskriegen, die zur Flucht führten. Flüchtlinge suchten vor allem in der antikolonialen/Anti-Apartheid-Koalition, seit 1974 bekannt als Frontline States (Frontlinienstaaten), Asyl, zu denen Botswana, Lesotho, Sambia und Tansania gehörten – Staaten, die schon in den 1960er Jahren ihre Unabhängigkeit erlangt hatten. Angola, Mosambik und Simbabwe schlossen sich nach der Unabhängigkeit den Frontlinienstaaten an. Diese Koalition bestand bis zum Ende der Apartheid in Südafrika im Jahr 1994. Die Flüchtlingspolitik in den Frontlinienstaaten basierte neben dem solidarischen afrikanischen Widerstand gegen Kolonialismus und Apartheid (Makhema 2009) auf der Philosophie des Humanismus (Beyani 1986) und der Wahrnehmung von Flüchtlingen als Bereicherung und nicht als Belastung (Tague 2015). Ein Überblick über die Flüchtlingspolitik in dieser Zeit zeigt, dass die Aufnahme von Flüchtlingen in die neuen unabhängigen Staaten als vereinbar mit nationalen Interessen angesehen wurde. Die Aufnahmeländer erlaubten es den Flüchtlingen, sich in ländlichen und städtischen Gebieten außerhalb der ausgewiesenen Siedlungen und Lager niederzulassen, zu studieren und Arbeit zu suchen. Von den 20.000 angolanischen Flüchtlingen, die 1972 in Sambia lebten, ließen sich z. B. 6.000 im ländlichen Sambia nieder (Hansen 1981; Subulwa 2013). Tansania integrierte Flüchtlinge in seine Ujamaa-Politik (Erschaffung von sozialistischen Dorfgemeinschaften) und nahm sie mit dem Plan auf, Infrastruktur in ländlichen Gebieten aufzubauen und nach der Repatriierung der Flüchtlinge tansanische Bürger in den neuen Siedlungen anzusiedeln (Tague 2017). In ähnlicher Weise nutzte Sambia die Flüchtlingssiedlungen Mayukwayukwa und Meheba, um unbewohnte Gebiete im Hinterland zu entwickeln (Frischkorn 2015).

Durch die Aufnahme von Flüchtlingen aus Angola, Mosambik, Namibia, Rhodesien (seit 1980 Simbabwe) und Südafrika gefährdeten die Frontlinienstaaten wie Botswana, Malawi, Sambia und Tansania sogar ihre eigene nationale Sicherheit. So drangen portugiesische Truppen im Zuge ihres Kampfes gegen die FRELIMO (Front for Liberation of Mozambique) in Tansania ein (Rutinwa 2002). Botswana nahm trotz anfänglicher politischer Widersprüche Flüchtlinge auf und riskierte Übergriffe aus Rhodesien und Südafrika (Morapedi 2012). Es bot den Flüchtlingen Bildungs- und Beschäftigungsmöglichkeiten und gewährte den simbabwischen und südafrikanischen Flüchtlingen, die nach dem Ende der Konflikte nicht zurückkehrten, die Staatsbürgerschaft (Makhema 2009). Sambia ging wirtschaftliche Risiken ein, indem es Mitglieder des Afrikanischen Nationalkongresses (ANC) aufnahm (Macmillan 2013). So lehnte Sambia das portugiesische Angebot während des Boykotts von Rhodesien ab, Verkehrs- und Energieinfrastrukturen nutzen zu können, wenn es im Gegenzug den regionalen Befreiungsbewegungen keine Zuflucht gewährte (Barroso 2013). Das Apartheidregime in Südafrika griff Nachbarländer an, die südafrikanischen politischen Exilant*innen Zuflucht gaben (Makhema 2009). Nach der Unabhängigkeit im Jahr 1975 hielt Mosambik seinerseits die Solidarität aufrecht, indem es Flüchtlinge und Befreiungskämpfer*innen aus Rhodesien aufnahm und Repressalien und kollaterale Angriffe des dortigen Smith-Regimes riskierte, wie z. B. die Angriffe auf die Militär- und Flüchtlingslager in Nyadzonia (1976) und Chimoio und Tembue (1977).

3. Rahmung/Darstellung der heutigen Aufnahme von Flüchtlingen im südlichen Afrika

Die Forschung über zeitgenössische Migration und Flüchtlingsaufnahme zeigt, wie die postkolonialen afrikanischen Staaten in paradoxer Weise die kolonialen Grenzen sichern, während sich die Figur des Flüchtlings von Menschen, die vor Unsicherheit fliehen, zu gefährlichen ‚Fremden' gewandelt hat (Comaroff/Comaroff 2006; Nyamnjoh 2006). Alle Länder des südlichen Afrika sind der Genfer Konvention von 1951 sowie den regionalen Konventionen der Organisation für Afrikanische Einheit (OAU) von 1969 (jetzt Afrikanische Union, AU) zur Regelung der spezifischen Aspekte von Flüchtlingsproblemen in Afrika und der Erklärung zum Flüchtlingsschutz im südlichen Afrika (1998)[3] beigetreten. Die SADC-Erklärung zielt darauf ab, die politischen Vorgehensweisen, Gesetze und Verfahren der Mitgliedsstaaten im Umgang mit Flüchtlingen zu harmonisieren, wobei weiterhin Unterschiede in den nationalen Flüchtlingspolitiken innerhalb der Region existieren. So erlaubt Südafrika Flüchtlingen sich selbständig niederzulassen, während andere Länder wie Sambia und Tansania die Unterbringung von Flüchtlingen in Camps anordnen. Obwohl die Länder des südlichen Afrika im Allgemeinen eine großzügige Flüchtlingspolitik verfolgen, gibt es eine wachsende Diskrepanz zwischen dem Flüchtlingsrecht und der praktischen Umsetzung. Dies ist vor allem auf die Schwierigkeit zurückzuführen, ein Gleichgewicht zwischen humanitären Verpflichtungen und innenpolitischen Zwängen herzustellen, insbesondere in Zeiten sozialer, wirtschaftlicher und politischer Spannungen.

Während alle wirtschaftlich und politisch stabileren Länder der Region die Zahl der Geflüchteten als Gefahr darstellen, nimmt nur Südafrika, mit etwa 250.000 Flüchtlingen und asylsuchenden Personen, eine signifikante Anzahl auf. Die deutlich geringer besiedelten Nachbarländer Namibia und Botswana beherbergten mit etwa 6.500 bzw. nicht einmal 1.000 weit weniger Schutzsuchende. Die größte Zahl von Flüchtlingen ist in der Demokratischen Republik Kongo (DR Kongo) mit rund 520.000 zu verzeichnen. In Kontexten wirtschaftlicher Entbehrung oder des Ausbleibens eines erwarteten wirtschaftlichen Wohlstands werden Migrant*innen, einschließlich der außerhalb von Lagern lebenden Flüchtlinge, zum Sündenbock und zur Zielscheibe für Unzufriedenheit – Gruppen mobilisieren gegen Migrant*innen mit Themen wie Staatsbürgerschaft, einwanderungsfeindlichem Nationalismus und Zugehörigkeit (Paret 2018). Da das Ende der Apartheid in Südafrika nicht die erhofften Vorteile mit sich brachte, kommt es immer wieder zu fremdenfeindlichen Angriffen armer schwarzer Südafrikaner*innen auf überwiegend afrikanische Migrant*innen, die sie beschuldigen, wirtschaftliche Chancen zu ‚stehlen' und Kriminalität, Krankheiten und soziale Missstände ins Land zu bringen (Campbell 2003; Crush/Mattes 1998). Die südafrikanische Regierung schürt diese Antipathie gegenüber

---

3 UNHCR Global Report 2000. Southern Africa Regional Overview, www.unhcr.org/3e23eb681.pdf, 31.12.20.

Migrant*innen, auch durch die Errichtung eines Zauns entlang der südafrikanisch-simbabwischen Grenze, der ‚illegale' Migration einschränken soll. Mit dem *Refugees Amendment Act* von 2016 und dem Weißbuch zur internationalen Migration von 2017 hat Südafrika seine Flüchtlingspolitik von einem auf Rechten basierenden System zu einem restriktiveren Regime geändert (Crush et al. 2017). Das Weißbuch, das die migrationspolitische Ausrichtung des Landes aufzeigt, sieht eine Internierung von Asylbewerber*innen in Bearbeitungszentren außerhalb der Städte vor. Diese Quasi-Flüchtlingslager würden die Bewegungsfreiheit stark einschränken.

Auch in Botswana zeigt sich Fremdenfeindlichkeit, wenn auch auf gewaltfreie Weise, indem z. B. Migrant*innen ausgebeutet werden und die Polizei gerufen wird, wenn sie eine Entlohnung verlangen (Campbell/Crush 2015). Außerdem werden regelmäßig Simbabwer*innen abgeschoben (Galvin 2015). Die zuständigen Ministerien in Tansania und Sambia haben ebenfalls Befugnis, Flüchtlinge und ihre Familien mit der Begründung der Bewahrung öffentlicher Ordnung und Sicherheit abzuschieben (Frischkorn 2015; Mogire 2009). Es gibt immer mehr Anzeichen dafür, dass sich die Region die globale Tendenz zur Versicherheitlichung von Migration zu eigen gemacht hat, und Sicherheitsbelangen Vorrang vor humanitären Verpflichtungen und der Achtung der Rechte von Migrant*innen gibt. So zog sich Tansania 2018 nach nur zwei Jahren aus dem *Comprehensive Refugee Response Framework* (CRRF; auch *New York Declaration*) zurück und begründete dies mit fehlenden Gebermitteln und Sicherheitsbedenken (Fellesson 2019; Hansen 2018). Negative Einstellungen gegenüber ‚Außenseitern' wurden zudem durch die Covid-19-Pandemie verstärkt; Südafrika erklärte die Schließung seiner Landgrenzen zu Lesotho und Simbabwe im Januar 2021 als Maßnahme, um die Verbreitung des Virus zu verhindern.

Während sich die aktuelle Literatur über Flüchtlinge und Migrant*innen in der Region oft auf wachsende Feindseligkeiten konzentriert, ist es wichtig, sich auch mit der Aufnahme-Müdigkeit einiger Länder wie Botswana, Sambia und Tansania, zu befassen. Diese gehörten in den 1960er Jahren zu den ersten unabhängigen Ländern der Region, haben seit Jahrzehnten Flüchtlinge aufgenommen und ziehen aufgrund ihrer politischen Stabilität Flüchtlinge an. Die Lage der Flüchtlinge im südlichen Afrika wird zudem dadurch verschärft, dass einige der Länder, wie z. B. Mosambik, Simbabwe und die DR Kongo, sowohl Herkunfts- als auch Aufnahmeland sind. So führte der anhaltende Krieg in Mosambiks nördlicher Provinz Cabo Delgado bisher zu rund 870.000 Binnenvertriebenen (IDPs).[4] Gleichzeitig beherbergt Mosambik etwa 29.000 Flüchtlinge und Asylsuchende aus Angola, Burundi, der DR Kongo, Ruanda und Somalia, von denen die meisten Transitmigrant*innen auf der Durchreise nach Südafrika sind (Makhema 2009). Die DR Kongo wiederum beherbergt Flüchtlinge aus Angola und Ruanda. Für Länder, deren Staatsbürger*innen selbst mit politischen und wirtschaftlichen Umwälzungen zu kämpfen haben, ist es schwierig, Flüchtlinge im Einklang mit dem internationalen Flüchtlingsrecht oder auch ihrer eigenen Innenpolitik aufzunehmen, vor allem in Zeiten zurückgehender Gebermittel. Auch Widersprüche innerhalb der derzeitigen geopolitischen Konfiguration, in der Länder einen Balanceakt zwischen territorialer Souveränität und regionaler Integration vollführen, tragen zu einer veränderten Aufnahmebereitschaft bei.

---

4 https://data2.unhcr.org/en/country/moz; Stand: Juni 2022.

4. Fazit

Die historisch von den Frontlinienstaaten verfolgte solidarische Flüchtlingspolitik wurde nicht von der SADC übernommen, deren Ziel der regionalen Integration paradoxerweise mit einer strikteren Flüchtlingspolitik einhergeht. Dies hat dazu geführt, dass sich die Figur des Flüchtlings von ‚verfolgten Brüdern und Schwestern' zu ‚gefährlichen Fremden' gewandelt hat, auf die mit Xenophobie reagiert wird. Die zunehmende Diskrepanz zwischen staatlichen Flüchtlingspolitiken und der regionalen Integrationsagenda sollte stärker in den Fokus der Forschung rücken, um so Aufnahme-Müdigkeit und Spannungen zwischen nationalen Prioritäten und regionaler Solidarität zu untersuchen. Dies könnte einen besseren Einblick in den desintegrativen und ausgrenzenden Charakter des modernen Nationalstaates geben, dessen regionale Integrationsagenda mit der Exklusion von Flüchtlingen, die hauptsächlich aus der Region kommen, einhergeht.

Literaturverzeichnis

Alexander, Jocelyn/McGregor, JoAnn/Tendi, Blessing-Miles (2017): The transnational histories of Southern African liberation movements. An introduction. In: Journal of Southern African Studies 43 (1), 1–12.

Barroso, Luís (2013): "A trick with rebounds": Portugal, Zambia and the Rhodesian crisis (1967–1968). In: Portuguese Journal of Social Science 12 (2), 195–209.

Beyani, Chaloka (1986): Legal status of refugees in Zambia. Paper presented at Refugee Studies Programme Seminar, Oxford, England, September, 14–28.

Campbell, Eugene K. (2003): Attitudes of Botswana citizens towards immigrants. Signs of xenophobia? In: International Migration 41 (4), 71–111.

Campbell, Eugene/Crush, Jonathan (2015): "They don't want foreigners". Zimbabwean migration and the rise of xenophobia in Botswana. In: Crossings: Journal of Migration and Culture 6 (2), 159–180.

Comaroff, Jean/Comaroff, John L. (2005): Naturing the nation. Aliens, apocalypse, and the postcolonial state. In: Hansen T. Blom/Steppulat, Finn (eds.): Sovereign bodies, citizens, migrants, and states in the postcolonial world. Princeton, NJ: Princeton University Press, 120–147.

Crush, Jonathan/Mattes, Robert (1998): Xenophobia. Hostility "growing alarmingly". In: Crossings. Southern African Migration Project 2 (3), 1–2.

Crush, Jonathan/Skinner, Caroline/Stulgaitis, Manal (2017): Rendering South Africa undesirable. A critique of refugee and informal sector policy. SAMP Migration Policy Series No. 79.

Fassin, Didier (2011): Policing borders, producing boundaries. The governmentality of immigration in dark times. In: Annual Review of Anthropology 40, 213–26.

Fellesson, Måns (2019): From roll-out to reverse: Understanding Tanzania's withdrawal from the Comprehensive Refugee Response Framework (CRRF). In: Journal of Refugee Studies 34 (3), 2699–2719.

Frischkorn, Rebecca (2015): Political economy of control: Urban refugees and the regulation of space in Lusaka, Zambia. In: Economic Anthropology 2, 205–223.

Hansen, Art (1981): Refugee dynamics: Angolans in Zambia 1966 to 1972. In: International Migration Review 15 (1–2), 175–194.

Hansen, Randall (2018): The Comprehensive Refugee Response Framework: A commentary. In: Journal of Refugee Studies 31 (2), 131–151.

Macmillan, Hugh (2013): The Lusaka years. The ANC in exile in Zambia, 1963–1994. Auckland Park: Jacana Media (Pty) Ltd.

Makhema, Mpho (2009): Social protection for refugees and asylum seekers in the Southern Africa Development Community (SADC). SP Discussion Paper No. 0906.

Morapedi, Wazha G. (2007): Post-liberation xenophobia in Southern Africa. The case of the influx of undocumented Zimbabwean immigrants into Botswana, c.1995–2004. In: Journal of Contemporary African Studies 25 (2), 229–250.

Morapedi, Wazha G. (2012): The dilemmas of liberation in Southern Africa. The case of Zimbabwean liberation movements and Botswana, 1960–1979. In: Journal of Southern African Studies 38 (1), 73–90.

Ndlovu-Gatsheni, Sabelo J. (2016): Nguni empires. In: The encyclopedia of empire, 1–8. https://doi.org/10.1002/9781118455074.wbeoe161.

Nyamnjoh, Francis B. (2006): Insiders and outsiders. Citizenship and xenophobia in contemporary Southern Africa. Dakar: CODESRIA Books.

Paret, Marcel (2018): Migration politics: Mobilizing against economic insecurity in the United States and South Africa. In: International Journal of Comparative Sociology 59 (1), 3–24.

Rutinwa, Bonaventure (2002): The end of asylum? The changing nature of refugee policies in Africa. In: Refugee Survey Quarterly 21 (1/2), 12–41.

Scharrer, Tabea (2020): "It is better to do business in Africa than in Europe" – socio-economic positionings among business-minded European Somalis moving to Kenya. In: Journal of Immigrant and Refugee Studies 18 (3), 270–285.

Subulwa, Angela G. (2013): Settlement, protracted displacement, and repatriation at Mayukwayukwa in Western Zambia. In: African Geographical Review 32 (1), 29–43.

Tague, Joanna T. (2017): Displaced agents of development: Mozambican refugees and Tanzanian nation-building projects, 1964–1975. In: International Journal of African Historical Studies 50 (1), 121–145.

Williams, Christian A. (2015): National liberation in post-colonial Southern Africa: A historical ethnography of SWAPO's exile camps. New York, NY: Cambridge University Press.

IV.2 Naher und Mittlerer Osten

IV.2.1
Naher Osten (Westasien)

Katharina Lenner

Abstract Dieser Beitrag beleuchtet Flucht, Migration und Flüchtlingspolitik im Nahen Osten (Westasien) mit einem Fokus auf den ambivalenten Status von Geflüchteten. Nach einem historischen Abriss über die regionalen Fluchtbewegungen diskutiert er die Verschränkung von (Arbeits-)migration und Flucht am Beispiel palästinensischer und syrischer Geflüchteter. Zudem zeigt er, dass viele Aufnahmeländer den Schutz von Geflüchteten an internationale Organisationen abgegeben haben und beleuchtet, wie die Region zu einem Experimentierfeld für die Förderung der Selbstverantwortung von Geflüchteten geworden ist. Abschließend reflektiert er deren Alltagserfahrung von Ambivalenz und Prekarität.

Schlüsselbegriffe: Flucht- und Arbeitsmigration, Ambivalenz, Prekarität, Selbstverantwortung, grenzüberschreitende Mobilität

1. Einleitung

Der Nahe Osten ist eine umstrittene Regionenbezeichnung. Ähnlich wie ‚Middle East' oder ‚MENA' definiert der Begriff aus einer westlichen Perspektive Gemeinsamkeiten zwischen sehr unterschiedlichen Kontexten. In den arabisch-sprachigen Staaten Westasiens – auch als *Maschrek* (arabischer Osten) bezeichnet – bildet der Verweis auf die gemeinsame arabische Identität einen zentralen regionalen Bezugspunkt, der sich auch in Erfahrungen von Flucht und (Zwangs-)Migration und dem politischen Umgang damit spiegelt. Israel und die Türkei, die lose zum Nahen Osten gezählt werden, sind teils eng mit diesen Fluchtmigrationserfahrungen verbunden, haben aber andere Pfade entwickelt.

2. Historische Entwicklung

Historisch sind die großen regionalen Zwangsmigrationsbewegungen durch Konflikte um Territorien und Teilhabe in der Spätphase des Osmanischen Reichs, dann in der britischen und französischen Mandatszeit, und später in den entstandenen postkolonialen Staaten mit ihren jeweiligen nationalistischen Projekten geprägt (Chatty 2010). Zumeist flohen Bevölkerungsgruppen in Nachbargebiete bzw. -staaten. Im frühen 20. Jahrhundert sind im Kontext des Zerfalls des Osmanischen Reichs nach dem Ersten Weltkrieg besonders die Vertreibung von 1,5 Millionen Armenier*innen durch die Jungtürken und ihre Flucht in den heutigen Libanon, nach Syrien und Jordanien sowie der sogenannte türkisch-griechische Bevölkerungsaustausch hervorzuheben, der ca. 1,6 Millionen Griech*innen aus Anatolien und Muslime aus Griechenland betraf. Darüber hinaus haben die jüdische Migration nach Palästina und später Israel im Zuge von antisemitischer Verfolgung und Genozid in Europa sowie die palästinensische Flucht und Vertreibung in die Nachbarstaaten im Kontext der arabisch-israelischen Kriege 1948/9 (aus dem heutigen Israel), 1967 (aus dem Westjordanland und dem Gazastreifen) und 1990/1 (aus Kuwait im Zuge des 2. Golfkriegs) die Geschichte der Region geprägt. Seit den 1990er Jahren haben Fluchtmigrationsbewegungen aus dem Irak und seit 2011 aus Syrien zu signifikanten Bevölkerungsverschiebungen in der Region geführt. Teilweise hat sich hierbei die Richtung von Migrationsbewegungen umgedreht: während etwa Syrien seit 2005 hunderttausende (Zwangs-)migrant*innen aus dem Irak aufnahm, ist der Irak (insbesondere der Nordirak) seit 2011 zu einem wichtigen Aufnahmestaat für syrische Flüchtlinge geworden. Ebenso hat es zahlreiche Folgemigrationen gegeben, etwa von Palästinenser*innen, die jahrzehntelang in Syrien lebten, in den Libanon und nach Jordanien.

Die Türkei, seit dem Ende des Zweiten Weltkriegs hauptsächlich als Emigrationsland wahrgenommen, verzeichnete ebenfalls eine signifikante Einwanderung von Geflüchteten, etwa aus dem Iran im Zuge der Iranischen Revolution 1979, aus Bulgarien Ende der 1980er Jahre, sowie aus dem Irak (insbesondere den kurdischen Teilen) und aus den Balkanstaaten in den 1990er Jahren. Seit 2012 wurde die Türkei dann zum wichtigsten Aufnahme- und Transitland für Millionen syrischer Geflüchteter, aber auch für bis zu 300.000 afghanische Flüchtlinge. Israel – ein Staat, der infolge jüdischer Flucht geschaffen wurde und dabei selbst Flucht verursachte – nahm lange ausschließlich jüdischstämmige Einwander*innen auf, vor allem aus arabischen Staaten und aus der ehemaligen UdSSR. Seit Mitte der 2000er Jahre nahm die Zahl an Asylsuchenden aus Eritrea und dem Sudan zu, deren Flucht Israel zu einem Transitland und die Sinai-Halbinsel zu einem neuen Knotenpunkt von Schmuggel und Menschenhandel machte (van Reisen/Rijken 2015).

Zusätzlich haben kriegerische Auseinandersetzungen auch zu Millionen von Binnenflüchtlingen geführt, etwa in der Türkei, im Irak und in Syrien.

3. Verschränkung von Migrationsbewegungen

Auch wenn der Nahe Osten oft mit den genannten Fluchtbewegungen assoziiert wird, sind Zwangsmigration und andere Formen von Migration in der Region nicht unbedingt klar trennbar (→ Mixed Migration). Viele Fluchtmigrant*innen migrierten als Arbeitskräfte in andere arabische Staaten, u. a. als Folge der rechtlichen Rahmenbedingungen, oder Arbeitsmigration wurde von Fluchtbewegungen überlagert.

Dies bringt eine grundlegende Ambivalenz mit sich: Auf der einen Seite leben Migrant*innen oft Seite an Seite mit den Bewohner*innen des Aufnahmelandes und profitierten als Teil panarabischer Politik von recht liberalen Einreise- und Aufenthaltsbestimmungen. Als arabische ‚Geschwister' haben sie zum Teil große Solidarität erfahren – von Aufnahmegesellschaften, in denen viele selbst Fluchterfahrungen haben (Fiddian-Qasmiyeh 2016). Zugleich wurde ihre Präsenz von der Sorge begleitet, dass sie das sensible Bevölkerungsgleichgewicht ins Wanken bringen und so politische Turbulenzen befördern könnten. Infolgedessen wurden sie durch zahlreiche Maßnahmen zu ‚Anderen' gemacht, ihr Status verunsichert und ihre Bewegungs- und Arbeitsfreiheit eingeschränkt.

3.1 Palästinensische und syrische Fluchtgeschichten

Nichts ist dafür so emblematisch wie die palästinensische Fluchtgeschichte. Palästinensische Flüchtlinge wurden 1948 und 1967 in Camps untergebracht, die durch das eigens für diese Gruppe geschaffene Hilfswerk der VN für Palästina-Flüchtlinge im Nahen Osten (UNRWA) verwaltet wurden. Diese Camps entwickelten sich im Laufe der Jahre zu Stadtteilen, in denen Palästinenser*innen mit anderen ärmeren Bevölkerungsteilen zusammen leben. Oft zogen Palästinenser*innen zudem im Zuge ihres sozialen Aufstiegs in andere Stadtteile. Obwohl viele die Staaten, in denen sie nun in der x-ten Generation leben, als ihr Zuhause begreifen, sind sie zugleich fremd geblieben – auch aufgrund der Politik der Aufnahmeregierungen. Viele Palästinenser*innen bspw. aus dem Westjordanland, die 1967 nach Jordanien flohen, zogen bald als Arbeitsmigrant*innen in die Golfstaaten weiter. Als 1990/91 ca. 300.000 Palästinenser*innen aus Kuwait ausgewiesen wurden, kamen sie wiederum nach Jordanien – in ein Land, zu dem sie außer ihrer Dokumente oft kaum eine Bindung hatten. Jordanische Autoritäten stützen zudem einen transjordanischem Nationalismus, der die Verdrängung der jordanischen ‚Ursprungsbevölkerung' durch die dauerhafte Integration von Palästinenser*innen als Schreckensszenario an die Wand malte. Letzteres hat den späteren Umgang mit irakischen und syrischen Fluchtbewegungen in Jordanien stark geprägt (Chatelard 2010).

Ein weiteres Beispiel ist die seit den 1950er Jahren etablierte Dynamik der saisonalen Arbeitsmigration hunderttausender Syrer*innen in den Libanon (Chalcraft 2008). Vor allem syrische Männer bewegten sich ungehindert über die Grenzen zwischen Libanon und Syrien hinweg. Dies wurde durch die Rolle Syriens als militärische Besatzungsmacht von 1976 und 2005 noch verstärkt. Der eskalierende Syrienkonflikt überlagerte diese Dynamiken – dadurch, dass Familien nachzogen, die Grenzüberquerung erheblich erschwert wurde und die Migrationsprozesse permanenter und zugleich prekärer wurden. Dadurch verschlechterte sich auch der sozio-ökonomische Status der Betroffenen, was durch ihre Kategorisierung als *displaced Syrians* und die Integration in ein System humanitärer Hilfen eher zementiert als aufgefangen wurde. Syrer*innen wurden so nun viel stärker vom Rest der Gesellschaft unterschieden (Mourad 2021).

4. Politischer Umgang und Rolle internationaler Akteure

Die Verschränkung von Migrationsdynamiken wird durch den oftmals unklaren Rechtsstatus von Fluchtmigrant*innen verstärkt: Die meisten arabischen Staaten haben die Genfer Flüchtlingskonvention nicht ratifiziert; Israel und die Türkei haben dies zwar getan, jedoch mit entscheidenden Vorbehalten. In den Staaten, die palästinensische Geflüchtete beherbergen, wird vor allem ihre Präsenz als Grund für die Nichtratifikation genannt – formell, um ihr Rückkehrrecht zu untermauern, de facto jedoch aus Sorge vor politischer Destabilisierung durch eine dauerhafte Aufnahme dieser oder weiterer großer Gruppen.

Eine nationale Asylgesetzgebung gibt es in den meisten Staaten (bis auf Israel) nicht (Janmyr/Stevens 2021). In der Praxis haben nationale Regierungen, teils seit Jahrzehnten, die Verantwortung für Registrierung und Statusbestimmung, aber auch für öffentliche Leistungen wie Erziehung, Gesundheitsversorgung oder finanzielle Unterstützung an das UNRWA (seit 1949), den UNHCR (insb. nach 2003) und geberfinanzierte (I)NGOs abgegeben (Kagan 2011).

5. Geflüchtete als Geschäft und Labor für Selbstverantwortung

Seit den Fluchtbewegungen infolge des Irakkriegs 2003 hat nicht nur das UNRWA, sondern auch der UNHCR eine starke Präsenz in der Region entwickelt. Im Zuge des Syrienkriegs sind zahlreiche internationale NGOs hinzugekommen. Die verschiedenen humanitären Organisationen stehen dabei nicht selten in Konkurrenz zueinander. Zudem entwickelte sich die Aufnahme von Geflüchteten im Gegenzug zu internationalen Hilfsleistungen zunehmend zu einem Geschäftsmodell der Aufnahmeregierungen (Tsourapas 2019). Zugleich wurde das humanitäre Feld ein zentraler Bezugspunkt für Geflüchtete, sei es für Hilfsleistungen, Resettlement-Optionen, oder auch als Arbeitgeber (Schmelter 2020).

Hinzu kommt, dass sich die Region zu einem Laboratorium für Ansätze entwickelt hat, die die Selbstverantwortung und (→) Resilienz von Geflüchteten zu stärken suchen (Lenner/Turner 2019, Carpi 2020). Auch andere globale Veränderungen im Rahmen des ‚Nexus humanitäre Hilfe und Entwicklung', etwa Partnerschaften zwischen humanitären Akteuren und Firmen oder die Expansion humanitärer Lieferketten, werden immer sichtbarer (Pascucci 2021).

Die Expansion des humanitären Sektors im Zuge der Syrienkrise hat zugleich einen Fokus auf syrische Geflüchtete und ihre Aufnahmegesellschaften mit sich gebracht. Andere Flüchtlingsgruppen wurden dagegen unsichtbar (Hart/Kvittingen 2016). Die Forschung hierzu thematisiert auch die Rolle rassistischer Dynamiken und ihre Verschränkung mit Strukturen des humanitären Alltags in der Region (Turner 2020).

6. Alltagserleben und Ambivalenzen des Flüchtlingslabels

Für alle Gruppen von Geflüchteten in der Region ist der Alltag geprägt von Unsicherheiten, Ambivalenz und oft plötzlichen Regelveränderungen, die in der Forschung unter Stichworten wie ‚Ambiguität' (Oesch 2017), ‚Politik der Unsicherheit' (Stel 2020) oder ‚Prekarität' (Baban et al. 2016) behandelt werden. Durch die zunehmende Präsenz humanitärer Organisationen und die Registrierung unter der Flüchtlings-Kategorie haben sich zwar neue Möglichkeiten ergeben. Zugleich hat dies jedoch den Schutz, den arabische Geflüchtete zuvor durch ihren ‚Nicht-Status' hatten, reduziert und sie zu ‚anderen' in den Aufnahmegesellschaften gemacht (Hoffmann 2016).

So bleibt der Rechtsstatus Geflüchteter in der Region in vielerlei Hinsicht prekär. Sozioökonomisch stellen sie einen Pool an prekarisierten, informellen Arbeitskräften dar, der mit anderen Arbeitsmigrant*innen und marginalisierten Gruppen um Niedriglohnbeschäftigung konkurriert. Durch gegenwärtige Versuche der Förderung von (→) Resilienz und Selbstverantwortung wird diese Prekarität teils sogar verstärkt (Ilcan/Rygiel 2015). Zugleich hat der Status als Geflüchtete die grenzüberschreitende intraregionale Arbeitsmobilität nahezu unmöglich gemacht und die ‚Option Europa' ist nach dem Sommer der Migration 2015 für die meisten unerreichbar geworden. Nichtsdestotrotz bleiben transnationale Familiennetzwerke zentral für die Überlebensstrategien von Geflüchteten in und aus der Region (Zuntz 2021).

7. Fazit

Das Ausmaß und die Dauer der Syrienkrise haben nicht nur die Lebenswirklichkeiten für viele Geflüchtete und ihre Aufnahmegesellschaften in der Region verändert, sondern auch die Forschung, die nun stärker als zuvor in regionenübergreifende Diskussionen über die Entwicklung humanitärer Interventionsformen eingebunden ist. Neue Studien heben zudem die Verschränkung von Arbeits- und Fluchtmigration hervor, die die Region bereits seit Jahrzehnten charakterisiert. Angesichts dessen ist ein noch expliziteres Zusammengehen der Forschung zu politischen Ökonomien, Arbeits- und Fluchtmigration und ihrer Regulierung in der Region wünschenswert. Neue Studien verweisen auf die Notwendigkeit, diese Dynamiken stärker in transnationaler und auch transregionaler Perspektive zu denken. Schließlich gibt es trotz eines beginnenden Interesses an der Situation wenig beachteter, kleinerer Flüchtlingsgruppen noch deutliche Forschungslücken in dieser Hinsicht sowie, darüber hinaus, zur Selbstorganisation und zu politischen Kämpfen verschiedener Gruppen von Geflüchteten.

Literaturverzeichnis

Baban, Feyzi/Ilcan, Suzan/Rygiel, Kim (2016): Syrian Refugees in Turkey: Pathways to Precarity, Differential Inclusion, and Negotiated Citizenship Rights. In: Journal of Ethnic and Migration Studies 43 (1), 41–57.
Carpi, Estella (2020): Towards a Neo-cosmetic Humanitarianism: Refugee Self-reliance as a Social-cohesion Regime in Lebanon's Halba. In: Journal of Refugee Studies 33 (1), 224–244.
Chalcraft, John (2008): The Invisible Cage: Syrian Migrant Workers in Lebanon. Stanford, CA: SUP.
Chatelard, Géraldine (2010): Jordan: A Refugee Haven. www.migrationpolicy.org/article/jordan-refugee-haven, 08.06.2022.
Chatty, Dawn (2010): Displacement and Dispossession in the Modern Middle East. Cambridge: CUP.
Doraï, Kamel/Puig, Nicolas (Hrsg.) (2010): L'urbanité des marges: Migrants et réfugiés dans les villes du Proche-Orient. Paris: Téraèdre/ifpo.
Fiddian-Qasmiyeh, Elena (2016): Refugee-Refugee Relations in Contexts of Overlapping Displacement. In: International Journal of Urban and Regional Research. www.ijurr.org/spotlight-on/the-urban-refugee-crisis-reflections-on-cities-citizenship-and-the-displaced/refugee-refugee-relations-in-contexts-of-overlapping-displacement, 04.07.2022.
Hart, Jason/Kvittingen, Anna (2016): Rights Without Borders? Learning From the Institutional Response to Iraqi Refugee Children in Jordan. In: Children's Geographies 14 (2), 217–231.
Hoffmann, Sophia (2016): Iraqi Migrants in Syria: The Crisis before the Storm. Syracuse, NY: Syracuse UP.
Ilcan, Suzan/Rygiel, Kim (2015): 'Resiliency Humanitarianism': Responsibilizing Refugees through Humanitarian Emergency Governance in the Camp. In: International Political Sociology 9 (4), 333–351.

Janmyr, Maja/Stevens, Dallal (2021): Regional Refugee Regimes: Middle East. In: Costello, Cathryn/Foster, Michelle/McAdam, Jane (Hrsg.): Oxford Handbook of International Refugee Law. Oxford, OUP, 334–351.

Kagan, Michael (2011): 'We live in a Country of UNHCR': The UN Surrogate State and Refugee Policy in the Middle East. New Issues in Refugee Research, Research Paper No. 201. Geneva: UNHCR.

Lenner, Katharina/Turner, Lewis (2019): Making Refugees Work? The Politics of Integrating Syrian Refugees into the Labour Market in Jordan. In: Middle East Critique 28 (1), 65–95.

Mourad, Lama (2021): Brothers, Workers or Syrians? The Politics of Naming in Lebanese Municipalities. In: Journal of Refugee Studies 34 (2), 1387–1399.

Oesch, Lucas (2017): The Refugee Camp as a Space of Multiple Ambiguities and Subjectivities. In: Political Geography 60, 110–120.

Pascucci, Elisa (2021): More Logistics, Less Aid: Humanitarian-business Partnerships and Sustainability in the Refugee Camp. In: World Development 142, 105424.

van Reisen, Mirjam/Rijken, Conny (2015): Sinai Trafficking: Origin and Definition of a New Form of Human Trafficking. Social Inclusion 3 (1), 113–124.

Schmelter, Susanne (2020): "Migration Struggles along the Humanitarian Border: Syrian Displacement in Lebanon and Ways to Travel to Europe", In: Ethnologia Europaea 50 (2), 91–108.

Stel, Nora (2020) Hybrid Political Order and the Politics Of Uncertainty – Refugee Governance in Lebanon. London: Routledge.

Tsourapas, Gerasimos (2019): The Syrian Refugee Crisis and Foreign Policy Decision-Making in Jordan, Lebanon, and Turkey. In: Journal of Global Security Studies 4 (4), 464–481.

Turner, Lewis (2020): 'Refugees Can be Entrepreneurs too!' Humanitarianism, Race, and the Marketing of Syrian refugees. In: Review of International Studies 46 (1), 137–155.

Zuntz, Ann-Christin (2021): Refugees' Transnational Livelihoods and Remittances: Syrian Mobilities in the Middle East Before and After 2011. In: Journal of Refugee Studies 34 (2), 1400–1422.

IV.2.2
Arabische Halbinsel

Sebastian Sons

Abstract Migration und Flucht konstituieren in den arabischen Golfstaaten komplexe historische Phänomene. Aufgrund der auf fossilen Rohstoffen beruhenden Prosperität entwickelten sich einige Länder der Region seit der ersten Hälfte des 20. Jahrhunderts zu wichtigen Empfängerstaaten für internationale Migration. Insbesondere die Entwicklung der Arbeitsmigrationskorridore in die Golfstaaten stellt jedoch aus demographischen, sozioökonomischen und gesellschaftlichen Gründen eine Herausforderung für die Empfänger- wie die Entsendestaaten dar. In diesem Beitrag werden verschiedene Formen von Migration in die Golfstaaten sowie deren Flüchtlingspolitik diskutiert.

Schlagwörter: Migration, Flucht, arabische Golfstaaten

1. Einleitung

Die arabischen Golfstaaten Saudi-Arabien, Kuwait, die Vereinigten Arabischen Emirate (VAE), Bahrain, Oman und Katar sowie Jemen verfügen über eine jahrhundertelange Geschichte bei Flucht- und Migrationsbewegungen. Nach der Entdeckung fossiler Ressourcen in der ersten Hälfte des 20. Jahrhunderts wuchs der Bedarf an ausländischen Arbeitskräften, um die wirtschaftliche und administrative Modernisierung der Golfstaaten voranzutreiben. Im weltweiten Vergleich arbeiten heute ca. 10 % aller Arbeitsmigrant*innen in den Golfstaaten. Dadurch veränderte sich nicht nur die demographische Zusammensetzung der golfarabischen Gesellschaften, sondern auch die Diskussion um Inklusion, Staatsangehörigkeit und Nationalisierung der jeweilgen Arbeitsmärkte. Die Golfstaaten verfolgen daher eine weitgehend restriktive Fluchtpolitik der Externalisierung: Um die Einwanderung von Geflüchteten zu kontrollieren, konzentrieren sie sich auf die Unterstützung von Aufnahmestaaten wie Jordanien, Libanon und die Türkei (→ Naher Osten). Gleichzeitig wandern Geflüchtete als Arbeitsmigrant*innen in die Golfstaaten ein.

2. Die arabischen Golfmonarchien als Empfängerstaaten internationaler Migration

Bereits seit Jahrhunderten sind die Küstenregionen der arabischen Halbinsel durch temporäre Migration geprägt. Seit dem 15. Jahrhundert entwickelten sich enge Handelsbeziehungen mit dem indischen Subkontinent sowie Ostafrika, die zur Bildung unterschiedlicher transregionaler Netzwerke beitrugen (Bose 2006). Gleichzeitig gewann die Region als Umschlagplatz des regionalen Sklavenhandels an Bedeutung. Durch die Entdeckung von Ölressourcen in der ersten Hälfte des 20. Jahrhunderts wuchs der Bedarf an ausländischen Arbeitskräften in den Golfstaaten, die in einer „ersten Welle" (bis in die 1960er Jahre) vor allem aus arabischen Nachbarstaaten wie Ägypten oder Syrien angeworben wurden (Birks et al. 1988). In diesem Zusammenhang wuchsen die politischen und ideologischen Herausforderungen: immer häufiger suchten arabische Dissidenten und Anhänger des politischen Islams, die in ihren Heimatländern – vor allem in Ägypten unter Gamal Abd al-Nasser – verfolgt worden waren, in einigen Golfstaaten Asyl. Im Exil führten diese ihren ideologischen Kampf fort und versuchten, auch in den Aufnahmeländern Sympathisanten zu rekrutieren. In der Folgezeit betrachteten einige arabische Herrscherhäuser diese islamistische Agitation als Bedrohung ihrer eigenen Machtposition (Lacroix 2011; Hegghammer 2010). Als Reaktion darauf reduzierten sie seit den 1970er Jahren die Dominanz arabischer Arbeitsmigrant*innen, indem zunehmend Arbeitskräfte aus asiatischen (z. B. Pakistan, Addleton 1992; Indien, Vora 2013) und afrikanischen Staaten rekrutiert wurden, was zu einer „De-Arabisierung" des Arbeitsmarktes führte (Kapiszewski 2015).

Von den Aufnahmestaaten wurden asiatische Arbeitskräfte als unpolitischer und als weniger bedrohlich für die eigene Herrschaftslegitimation wahrgenommen, was sich auch zunehmend in einer diskriminierenden sozialen Hierarchisierung niederschlug. Als wesentliches Merkmal dieser arbeitsrechtlichen und gesellschaftlichen Marginalisierung dient bis heute das sogenannte Bürgschaftssystem (*Kafala*), in dem die Arbeitsmigrant*innen in einem asymmetrischen Abhängigkeitsverhältnis zu ihrem Bürgen (*kafil*) stehen (Longva 1999). Bürgen können dabei Reisepässe einbehalten oder einseitige Kündigungen aussprechen, womit Migrant*innen ihre Aufenthaltsgenehmigung verlieren (Winckler 2010). Vor allem Hausangestellte geraten so in prekäre Arbeitsverhältnisse, da ihre Arbeitgeber*innen im Gegensatz zu Unternehmen keiner gesonderten rechtlichen Kontrolle unterliegen. Das Bürgschaftssystem führt nicht nur in den arabischen Golfmonarchien, sondern auch im Jemen zu komplexen Abhängigkeitsverhältnissen (de Regt 2010). Die international kritisierten Todesfälle auf Baustellen im Vorfeld der Fußball-Weltmeisterschaft 2022 in Katar oder dokumentierte Misshandlungen von Hausangestellten in anderen Golfstaaten haben den Druck auf die Regierungen erhöht, das *Kafala*-System zu reformieren (vgl. Fargues/Shah 2018). In einigen Golfstaaten wurden in unterschiedlichem Umfang rechtliche Maßnahmen wie ein Mindestlohn, Beschwerdesysteme oder die Lockerung von Reisebeschränkungen für Migrant*innen eingeführt. Dennoch bestehen Missstände in der Umsetzung weiterhin fort, da sich insbesondere die informellen Rekrutierungsagenturen Kontrollmechanismen entziehen, wodurch u. a. hohe und unregulierte Migrationskosten die strukturelle Benachteiligung der Migrant*innen verstärken.

Sogenannte „Regulierungskampagnen" führen dazu, dass Migrant*innen, die sich nicht regulär im Land aufhalten, abgeschoben werden. Diese Ausweisungskampagnen führen oftmals zu prekären Verhältnissen für die Betroffenen und ihre Angehörigen, denen ohne die Rücküberweisungen ein Teil ihrer Lebensgrundlage entzogen wird. Gleichzeitig wird das Instrument der Ausweisung politisiert, wie sich z. B. während der Invasion Kuwaits durch den Irak 1990/91 zeigte: Damals hatte die jemenitische Regierung den Kurs des Iraks unterstützt, während die Golfstaaten Solidarität mit Kuwait zeigten. In Folge dieses Konflikts wies beispielsweise Saudi-Arabien jemenitische Arbeitsmigranten aus (Thiollet 2014), um die jemenitische Regierung unter Druck zu setzen. Aus dem gleichen Grund mussten 400.000 Palästinenser Kuwait verlassen (→ Naher Osten), da die Palästinensische Befreiungsorganisation (PLO) ebenfalls die Invasion Kuwaits befürwortet hatte. Während der Covid-19-Pandemie nahm die Zahl der Abschiebungen erneut zu: In den meisten arabischen Golfstaaten wurden Arbeitsmigrant*innen im Niedriglohnsektor als potenzielle Treiber von Virusinfektionen stigmatisiert, woraufhin Deportierungslager eingerichtet wurden, in denen Migrant*innen unter prekären Verhältnissen auf ihre Abschiebung warteten. Insbesondere Arbeitskräfte im häuslichen Sektor aus afrikanischen Ländern wie Äthiopien waren von diesen Ausweisungskampagnen betroffen.

Der sogenannte „östliche Korridor" von Ostafrika über das Horn von Afrika nach Jemen hat sich seit dem Beginn des Kriegs im Jemen 2015 zu einem der wichtigsten, aber auch gefährlichsten Migrationswege auf Süd-Süd-Ebene entwickelt, da viele der Geflüchteten beim Bootstransfer ums Leben kommen (vgl. Cook/Newson 2017). Motive der Auswanderung liegen vor allem in dem Ziel, Jemen als Transitland gen Saudi-Arabien zu nutzen, um im Königreich Arbeitsmöglichkeiten zu finden. Die saudisch-jemenitische Grenze wird jedoch effizient kontrolliert, sodass Migration von Jemen nach Saudi-Arabien zunehmend erschwert wird. Gelingt es ostafrikanischen Geflüchteten dennoch, das Königreich zu erreichen, werden sie zumeist in ihre Heimatländer ausgewiesen. Zudem fliehen Jemeniten nach Ostafrika (Peutz 2019). 4,3 Millionen jemenitische Binnengeflüchtete mussten ihre Heimatregionen verlassen (WFP 2022) und 1,3 Millionen kehrten trotz der kriegerischen Zustände in den Jemen zurück, da sie in Ländern wie Saudi-Arabien Opfer von Ausweisungskampagnen wurden (UNHCR 2021).

In Zeiten von schwindenden fossilen Ressourcen, unzureichender wirtschaftlicher Diversifizierung und steigender Arbeitslosigkeit wird die Diskussion um die Integration von Migrant*innen in den Arbeitsmarkt auch zu einer Frage von sozialer Kohäsion und Systemresilienz. Immerhin betrug der Anteil der ausländischen Bevölkerung zwischen 2010 und 2016 nur in Jemen, Saudi-Arabien (37 %) und Oman (46 %) unter 50 %. Seit Jahrzehnten streben deswegen alle Golfmonarchien mithilfe von Nationalisierungskampagnen danach, die Abhängigkeit von ausländischen Arbeitsmigranten zu reduzieren und mehr Arbeitsplätze für Staatsangehörige im Privatsektor zu schaffen. In den letzten Jahren hat sich jedoch der Diskurs in den Golfstaaten über die Integration von Arbeitsmigranten differenziert: In der (digitalen) Öffentlichkeit wird zunehmend intensiver über die gesellschaftliche Bedeutung von Migration diskutiert (vgl. Sons 2020). Da viele der Migrant*innen bereits seit mehreren Generationen in den Golfstaaten leben, konnten sie einflussreiche Diaspora-Communities entwickeln und bilden daher einen integralen Bestandteil der multiethnischen golfarabischen Gesellschaften.

3. Die Fluchtpolitik der Golfstaaten: Externalisierung und Unterstützung für internationale Initiativen

Insbesondere der Anstieg von transregionalen Fluchtbewegungen nach den israelisch-arabischen Kriegen 1967 und 1973 sowie nach den US-amerikanischen Invasionen im Irak 1991 und 2003 haben in den Golfstaaten den politischen Willen erhöht, die Aufnahme von Geflüchteten eher restriktiv zu gestalten. Keiner der Golfstaaten hat die Flüchtlingskonvention der Vereinten Nationen (VN) von 1951 und das 1967 in Kraft getretene Zusatzprotokoll unterzeichnet. Vor dem Hintergrund der palästinensischen Flüchtlingsproblematik nach der Gründung Israels 1948 fürchteten die Monarchien eine Welle von einwandernden Palästinensern, welche die fragile demographische Statik und damit die Stabilität der jeweiligen Herrschaften hätte unterminieren können (Hanafi 2014). In diesem Zusammenhang haben die Golfstaaten ihre finanziellen Zuwendungen an UN-Organisationen seit den 1970er Jahren erhöht (vgl. Young 2015). Diese Externalisierungs- oder „Charity First, Refugees Second"-Politik (Hitman 2019) hat sich nach dem Beginn des militärischen Konflikts in Syrien (seit 2011/12) noch intensiviert: Bis Ende 2015 stellten die Golfstaaten insgesamt 2,3 Mrd. USD an Hilfe für syrische Geflüchtete in den Aufnahmeländern Libanon, Jordanien (Schmelter 2019) und Türkei sowie für die Vereinten Nationen zur Verfügung. Kuwait z. B. präsentiert sich seit 2013 als einer der wichtigsten Unterstützer von syrischen Geflüchteten, richtete drei VN-Geberkonferenzen aus und stieg 2015 zum sechstwichtigsten Geber des UN-Flüchtlingshilfswerks UNHCR auf.

Diese golfarabische Externalisierungsstrategie wird vielfach kritisiert: So wird den Golfstaaten vorgeworfen, nur gut ausgebildete geflohene Fachkräfte aufzunehmen und andere Geflüchtete abzuweisen. Da die Golfstaaten zumeist den Terminus „Brüder und Schwestern in Not" (de Bel-Air 2015) verwenden, führt eine solche Definition zu Missverständnissen bei der Erfassung von statistischen Kennzahlen über Geflüchtete. So soll Saudi-Arabien nach Regierungsangaben zwischen 2011 und 2015 2,5 Mio. syrische Geflüchtete aufgenommen haben (vgl. Botschaft Saudi-Arabien 2015) – eine Angabe, die schwer nachzuprüfen, aber anzuzweifeln ist: Zwischen 2011 und 2013 kamen zwar mehr als drei Millionen syrische Staatsangehörige nach Saudi-Arabien – fast ebenso viele verließen das Königreich aber auch wieder.

4. Fazit

Die Golfstaaten haben sich zu einer der wichtigsten Aufnahmeregionen von Süd-Süd-Migration entwickelt. Verschiedene Formen von Migration und damit auch Zwangsmigration und Flucht bilden hierbei Hybridformen, die zu Externalisierung von Fluchthilfe, zu prekären Lebensbedingungen und struktureller Gewalt führen, gleichzeitig aber auch eine kontroverse Debatte zu Themen wie fluide Identitäten, Integration und Inklusion ausgelöst haben. Letztere Phänomene werden zwar mittlerweile intensiver wissenschaftlich diskutiert, dennoch liegt ein Fokus der Migrations- und Fluchtforschung eher auf sozioökonomischen Aspekten der Migration, während bei soziologischen und ethnographischen Studien in Bezug auf soziale Rücküberweisungen, Fluchtrealitäten oder der Rolle von kriminellen Rekrutierungsagenturen eine Forschungslücke besteht.

Literaturverzeichnis

Addleton, John (1992): Undermining the Centre. The Gulf Migration and Pakistan. Oxford/New York/Delhi: Oxford University Press.
AlShehabi, Omar Hesham (2021): Policing Labour in Empire: The modern Origins of the Kafala Sponsorship System in the Gulf Arab States. In: British Journal of Middle Eastern Studies 48 (2), 291–310.
Birks, J. S./Seccombe, I. J./Sinclair, C. A. (1988): Labour Migration in the Arab Gulf States: Patterns, Trends and Prospects. In: International Migration 26 (3), 267–286.
Bose, Sugata (2006): A Hundred Horizons: The Indian Ocean in the Age of Global Empire. Cambridge: Harvard University Press.

Botschaft Saudi-Arabien (2015): Saudi Arabia received 2.5 million Syrians since beginning of conflict, Washington. https://www.saudiembassy.net/press-release/saudi-arabia-received-25-million-syrians-beginning-conflict, 15.07.2021.

Champion, Daryl (1999): The Kingdom of Saudi Arabia: Elements of Instability Within Stability, in: MERIA Journal, Jg. 3 (4), 49–73.

Cook, Harry/Newson, Michael (2017): Yemeni Irregular Migrants in the Kingdom of Saudi Arabia and the Implications of Large Scale Return: An Analysis of Yemeni Migrants Returning from Saudi Arabia, In: Babar, Zahra (Hrsg.): Arab Migrant Communities in the GCC. New York: Oxford University Press, 133–168.

De Bel-Air, Françoise (2015): A Note on Syrian Refugees in the Gulf: Attempting to Assess Data and Policies. Explanatory Note 11. Gulf Labour Markets and Migration. https://cadmus.eui.eu/bitstream/handle/1814/37965/GLMM_ExpNote_2015_11.pdf?sequence=1&isAllowed=y, 12.04.2021.

de Regt, Marina (April 2010): Ways to come, ways to leave: Gender, Mobility, and Illegality among Ethiopian Domestic Workers in Yemen. In: Gender & Society 24 (2), 237–260.

Fargues, Philippe/Shah, Nasra M. (Hrsg.): Migration to the Gulf: Policies in Sending and Receiving Countries. Gulf Labour Markets, Migration, and Population (GLMM) Programme. Dschidda/Genf/Cambridge: Gulf Research Center.

Gardner, Andrew (2010): City of Strangers. Gulf Migration and the Indian Community in Bahrain. Ithaca/London: Cornell Press.

Hanafi, Sari (2014): Forced Migration in the Middle East and North Africa. In: Faddian-Qasmiyeh, Elena/Loescher, Gil/Long, Katy/Sigona, Nando (Hrsg.): Refugee and Forced Migration Studies. Oxford: Oxford University Press, 585–598.

Hegghammer, Thomas (2010): Jihad in Saudi Arabia. Violence and Pan-Islamism since 1979, Cambridge: Cambridge University Press.

Hitman, Gadi (2019): Gulf states' policy towards Syrian refugees: Charity before hospitality. In: Asian Affairs 50 (1), 80–101.

Kapiszewski, Andrzej (2015): Arab versus Asian migrant workers in the GCC countries, in: Jain, Prakash und Ginu Zacharia Oommen (Hrsg.): South Asian Migration to Gulf Countries. History, Policies, Development, New York: Routledge, 46–70.

Lacroix, Stéphane (2011): Awakening Islam: The Politics of Religious Dissent in Contemporary Saudi Arabia. London: Harvard University Press.

Longva, Anh Nga (1999): Keeping Migrant Workers in Check: The Kafala System in the Gulf. In: Middle East Report 29 (2), 20–22.

Lori, Noora (2019): Offshore Citizens. Permanent Temporary Status in the Gulf, Cambridge: Cambridge University Press.

Peutz, Natahlie (2019): "The Fault of Our Grandfathers: Yemen's Third-Generation Migrants Seeking Refuge from Displacement. In: International Journal of Middle East Studies, 51 (3), 357–376.

Schmelter, Susanne (2019): Gulf States' Humanitarian Assistance for Syrian Refugees in Lebanon. Civil Society Knowledge Centre/Lebanon Support. www.civilsociety-centre.org/paper/gulf-states'-humanitarian-assistance-syrian-refugees-lebanon, 12.04.2021.

Sons, Sebastian (2020): Arbeitsmigration nach Saudi-Arabien und ihre Wahrnehmung in Pakistan. Akteur*innen und Strategien der öffentlichen Sichtbarmachung. Heidelberg: CrossAsia.

Thiollet, Hélèn (2014): From Migration Hub to Asylum Crisis: The Changing Dynamics of Contemporary Migration in Yemen. In: Lackner, Helen (Hrsg.): Why Yemen Matters: A Society in Transition. London: Saqi Books, 265–285.

United Nations High Commissioner for Refugees (Februar 2021): Fact Sheet Yemen, https://reliefweb.int/sites/reliefweb.int/files/resources/UNHCR%20Yemen%20Country%20Factsheet%20-%20September%202021%20%281%29.pdf, 11.04.2022.

Vora, Neha (2013): Impossible Citizens. Dubai's Indian Diaspora. Durham/London: Duke University Press.

Winckler, Onn (2000): The Challenge of Foreign Workers in the Persian/Arabian Gulf: The Case of Oman. In: Immigrants & Minorities 19, 23–52.

World Food Programme (Februar 2019): WFP Yemen. Situation Report #2, https://reliefweb.int/sites/reliefweb.int/files/resources/2022 %2002 %20WFP%20Yemen%20External%20Situation%20Report%20February%202022.pdf, 11.04.2022.

Young, Karen (2015): Refugee Crisis and Economic Migration: Regional Economic Interdependence and the Arab Gulf States. Washington: The Arab Gulf States Institute in Washington. www.agsiw.org/refugee-crisis-and-economic-migration-regional-economic-interdependence-and-the-arab-gulf-states/, 12.04.2021.

IV.2.3
Afghanistan

Martin Sökefeld

Abstract Konflikte in Afghanistan haben seit 1978 nicht nur grenzüberschreitende Bewegungen, sondern auch Binnenflucht ausgelöst. Dieser Beitrag stellt zunächst die Konfliktgeschichte Afghanistans dar und fasst dann die Situation der Flüchtlinge in Pakistan und Iran, der Binnenvertriebenen in Afghanistan sowie von Afghan*innen in Deutschland zusammen.

Schlüsselbegriffe: Afghanistan, Pakistan, Iran, Deutschland

1. Einleitung

Seit Beginn der 1980er Jahre war Afghanistan für über drei Jahrzehnte das global wichtigste Herkunftsland von Flüchtlingen. Teile der afghanischen Bevölkerung waren zuvor schon über Handelsnetzwerke und Arbeitsmigration international mobil. In Pakistan und Iran waren afghanische Migrant*innen in den 1970er Jahren als billige Arbeitskräfte willkommen (IOM 2014). Hierfür waren ethnische, sprachliche und teilweise religiöse Überschneidungen entscheidend: Dari, die afghanische Variante des Persischen, und Paschtu sind die wichtigsten Sprachen des Landes – während die Dari-Sprecher*innen in den Iran migrierten, gingen Paschtun*innen mehrheitlich nach Pakistan. Zu Pakistan gibt es zudem grenzüberschreitende paschtunische Netzwerke.

2. Konfliktgeschichte

1978 putschte sich die kommunistische Demokratische Volkspartei Afghanistans an die Macht und noch im gleichen Jahr intervenierte die sowjetische Armee, um das Regime zu stützen.[1] Die Invasion verstärkte jedoch den Widerstand. In der Logik des Kalten Krieges unterstützten die USA gemeinsam mit Pakistan verschiedene Gruppen aufständischer Mujaheddin, die als „Freiheitskämpfer" gegen den Kommunismus galten. Die Mujaheddin waren mit ihrer Guerillataktik erfolgreich, vor allem, als sie ab 1987 mit US-Luftabwehrraketen die sowjetische Lufthoheit brachen. Nach Abzug der Sowjetarmee 1988/89 wurde die Regierung 1992 von den Widerstandsgruppen gestürzt. Gleichzeitig zerbrach deren Allianz und das Land zerfiel in Regionen unter verschiedenen Kriegsherren, die um die Vorherrschaft kämpften. Ab 1994 nahmen die Taliban, die mit pakistanischer und saudi-arabischer Unterstützung aus Religionsschulen in Pakistan und im Süden Afghanistans hervorgegangen waren, von Süden her das Land ein. Anfangs hofften viele Afghan*innen auf Frieden durch die Taliban, die mit ihrem gewaltsamen Vorgehen aber Sympathien verspielten. Im September 1996 nahmen sie Kabul ein, was die

---
1 Der folgende Abschnitt beruht vor allem auf Schetter 2017.

Einigung ihrer zerstrittenen Gegner zur „Nordallianz" bewirkte. Erbitterte Kämpfe waren die Folge. Weil die Taliban den von ihnen beherrschten Teil Afghanistans immer mehr zur Drehscheibe des globalen Islamismus machten, waren sie international weitgehend isoliert. Als sie nach den Anschlägen des 11. Septembers 2001 die Auslieferung Osama bin Ladens an die USA verweigerten, begann die US-Luftwaffe im Oktober 2001 Stellungen der Taliban zu bombardieren, die sich in Gebirgsregionen an der pakistanischen Grenze zurückzogen.

In Kabul nahm eine Übergangsregierung die Arbeit auf. Mit den Parlamentswahlen 2005 war der politische Übergangsprozess offiziell beendet, das Land aber keineswegs befriedet. Die Taliban waren nicht vollständig geschlagen und verübten zahlreiche Anschläge. Insbesondere nach dem Teilrückzug der US-Armee ab 2014 wurde die Lage der Bevölkerung immer prekärer. Gewalt durch Anschläge, aber auch durch US-Drohnenangriffe nahm zu. Dem *Global Peace Index* zufolge war Afghanistan 2020 das am wenigsten friedliche Land der Welt (IEP 2020: 2).

3. Fluchtbewegungen

Die verschiedenen Phasen der Konflikte haben immer wieder neue Fluchtbewegungen ausgelöst. Wegen dieser Dynamik, die immer auch Rückkehrbewegungen einschloss, aber auch weil längst nicht alle Geflüchteten formell registriert wurden, ist es schwierig, verlässliche Zahlen zu nennen (Kronenfeld 2008). Während der sowjetischen Besatzung haben etwa 5 Millionen Afghan*innen ihr Land verlassen (Ruiz 2002: 8), bei einer im Land verbliebenen Bevölkerung von knapp 12 Millionen im Jahr 1985 (Worldbank 2020). Die meisten Afghan*innen migrierten in die Nachbarländer Pakistan und Iran, für die diese Flucht religiöse Untertöne hatte. *Mohajir*, das Wort für „Flüchtling" in den meisten Sprachen der Region, wird auf die Flucht (*hijra*) des Propheten Mohammad aus Mekka nach Medina bezogen, der dort Unterstützung sammelte und schließlich Mekka eroberte (Centlivres/Centlivres-Demont 1988: 74). Vor allem in Pakistan wurde von Afghan*innen erwartet, dass aus den *mohajirīn* (Flüchtlingen) *mujaheddīn* („Glaubenskämpfer") wurden, die Afghanistan befreiten.

3.1 Afghanische Flüchtlinge in Pakistan

Etwa 94 % der nach Pakistan geflohenen Afghan*innen waren Paschtun*innen meist ländlicher Herkunft. Sie wurden zunächst wohlwollend aufgenommen und gingen vor allem in die an Afghanistan angrenzende NWFP (North West Frontier Province, heute Khyber Pakhtunkhwa) und nach Balutschistan. Über 350 *Afghan Refugee Villages* genannte Flüchtlingslager entstanden, zumeist eingerichtet von der pakistanischen Verwaltung. Viele Afghan*innen zogen zudem in Städte, wo sie nicht als Flüchtlinge registriert wurden. Bis 1989 stieg die Zahl der Flüchtlinge im Land auf 3,27 Millionen, etwa 3 % der Bevölkerung Pakistans. Etwa jede*r sechste Bewohner*in der NWFP war ein Flüchtling. Obwohl Pakistan die Genfer Flüchtlingskonvention nicht unterzeichnet hat, bat es 1979 den UNHCR um Unterstützung bei der Betreuung der Flüchtlinge. Die Versorgung durch humanitäre Hilfe war jedoch unzureichend und musste durch eigenes Einkommen der Flüchtlinge ergänzt werden. Bei der Organisation der Lager, die von der pakistanischen Regierung kontrolliert wurden, spielten die verschiedenen Widerstandsgruppen eine zunehmend zentrale Rolle. Die die Lager leitenden *Maliks* (Oberhäupter paschtunischer Abstammungsgruppen) mussten sich einer der von Pakistan anerkannten Mujaheddin-Gruppen zuordnen. Auch die Registrierung als Flüchtling setzte die Zugehörigkeit zu einer Gruppe voraus. Die Lager wurden zu Rückzugs-, Behandlungs- und Rekrutierungsorten für die Mujaheddin, die in Trainingscamps vom pakistanischen Geheimdienst ISI ausgebildet wurden. Die Lager verstärkten die pakistanische Kontrolle des Widerstands und verschafften dem Militärdiktator Zia-ul-Haq gleichzeitig internationale Anerkennung. Die ‚Flüchtlingskrise' diente Zia, der eine strikte Islamisierungsagenda verfolgte, auch als Argument, das Kriegsrecht in Pakistan fortzusetzen. Man kann davon ausgehen, dass ein Teil der internationalen humanitären Hilfe für die Flüchtlinge zu den Mujaheddin umgeleitet wurde. Flüchtlinge konnten in Pakistan kein Land kaufen, waren aber ansonsten rechtlich kaum eingeschränkt; sie fielen nicht unter das pakistanische Ausländerrecht (Turton/Marsden 2002: 16) und hatten im Prinzip Zugang zu Bildung und Gesundheitsgrundversorgung, de facto war dieser jedoch stark eingeschränkt (Dupree 1988). Mit dem Ende des Kriegsrechts 1986 wuchs die Kritik an den Flüchtlingen und ihrer Unterstützung (ibid.: 862). Nach Abzug der Sowjet-Truppen verloren die Flüchtlinge zudem ihre strategische Bedeutung für Pakistan. Gleichzeitig schwand die internationale Hilfe (Stigter 2006). 1990 startete Pakistan das erste Programm zur ‚freiwilligen' Rückkehr: Flüchtlingskarten konnten gegen 100 USD und 300 kg Weizen eingetauscht werden (Turton/Marsden 2002: 11).

1992, nach dem Sturz der Regierung in Kabul, gingen innerhalb von sechs Monaten etwa 1,2 Millionen Afghan*innen zurück (Grare/Maley 2011: 2). Mit dem Bürgerkrieg kamen jedoch erneut Flüchtlinge, die kaum noch unterstützt wurden. Die Nahrungsmittelhilfe für die Flüchtlingslager wurde 1995 vom Welternährungsprogrramm (WFP) eingestellt. Neuankommende wurden nicht als Flüchtlinge registriert und gingen auf sich gestellt in die pakistanischen Städte (Turton/Marsden 2002: 1; Khan 2017: 49–50). Im Jahr 2000 schloss Pakistan offiziell die Grenze, was aber die Mobilität nicht stoppte. Nun wurden Afghan*innen überwiegend als „Wirtschaftsflüchtlinge" betrachtet, die vor der Dürre in Afghanistan flohen, galten rechtlich als Ausländer*innen und sollten abgeschoben werden.

Unmittelbar nach der US-Intervention kamen 2001 erneut ca. 200.000 Flüchtlinge nach Pakistan. 2002 startete der UNHCR wieder eine Rückkehraktion, gleichzeitig wollte Pakistan die noch existierenden Lager auflösen. Die meisten der laut UNHCR 1,5 Millionen Rückkehrer*innen waren jedoch nicht registrierte Stadtbewohner*innen, teilweise wurden urbane Flüchtlingssiedlungen zerstört. Viele ‚Rückkehrer*innen' gingen jedoch bald wieder nach Pakistan (Turton/Marsden 2002, Kap. 3); angesichts der herrschenden Dürre und etwa einer Millionen Binnenvertriebenen konnten sie in Afghanistan nicht genügend unterstützt werden (ibid.: 39). 2006 wurden im Zuge einer elektronischen Registrierung der gesamten Bevölkerung 2,15 Millionen Afghan*innen gezählt. Die folgenden Jahre waren ein Hin- und Her zwischen dem Zurückdrängen von Flüchtlingen nach Afghanistan und der Gewährung von Aufschub aufgrund der sich verschlechternden Sicherheitslage. Mit dem wachsenden Terrorismus in Pakistan durch (pakistanische) Taliban wurden die Flüchtlinge immer mehr als Sicherheitsproblem betrachtet (Khan 2017). 2017 begann Pakistan mit dem Bau eines 2022 fast fertiggestellten Zauns an der 2.640 km langen Grenze zu Afghanistan, um Grenzübertritte zu verhindern.

3.2 Afghanische Flüchtlinge in Iran

Die Situation der Flüchtlinge in Iran unterscheidet sich stark von der in Pakistan. Im Jahr 2000 waren laut der iranischen Regierung 34 % der Flüchtlinge Paschtunen, 27 % Tadschiken, 19,4 % Hazara und 19,6 % Usbeken.[2] Damit waren die Geflüchteten im Iran weit heterogener als in Pakistan. Iran hat die Genfer Konvention unterzeichnet, das islamische Regime lehnte jedoch die Zusammenarbeit mit dem als ‚westlich' betrachteten UNHCR ab. Erst 1984 öffnete der UNHCR ein Büro im Land für sehr begrenzte Hilfen für Flüchtlinge. Die Afghan*innen gingen überwiegend in Städte und versorgten sich mit unterbezahlter und oft nicht legaler Arbeit selbst, nur etwa 3 % der Flüchtlinge lebten in Lagern. Ende 1981 gab es etwa 1,5 Million afghanische Flüchtlinge im Iran; für 1990 geht man von etwa 3 Millionen Flüchtlingen aus. Sie bekamen keinen Flüchtlingsstatus, sondern galten als religiöse Exilanten mit begrenzten Rechten.

Mitte der 1990er Jahre wurde ihr Zugang zu Bildung und Gesundheitsversorgung eingeschränkt, weil die Flüchtlinge zunehmend als Problem für den Arbeitsmarkt gesehen wurden und zur Rückkehr bewegt werden sollten. 1992 unterzeichnete der Iran ein Rückkehrabkommen mit dem UNHCR und Afghanistan. 1993 hatten ca. 600.000 Afghan*innen das Land verlassen, davon etwa die Hälfte mit Unterstützung im Rahmen des Abkommens. Als die Taliban 1995 Herat einnahmen, stoppte die Remigration und neue Flüchtlinge kamen ins Land. 2002 lebten immer noch 1,5 Millionen Afghan*innen im Iran, die meisten von ihnen ohne legale Registrierung, mit allen damit verknüpften Problemen. In der Wirtschaftskrise infolge internationaler Sanktionen erhöhte der Iran den Druck auf die Afghan*innen. Seit 2002 werden Afghan*innen abgeschoben, in manchen Jahren mehr, als freiwillig zurückkehren. So wurden 2008 über 400.000 abgeschoben – gegenüber 74.000 freiwilligen Rückkehrer*innen (OCHA 2017; Mehlmann 2011: 63).

3.3 Binnenflucht

Nicht alle von Krieg und Gewalt betroffenen Afghan*innen flohen ins Ausland. Viele wurden zu Binnenvertriebenen (IDPs), die sich meist in der Nähe ihrer Herkunftsorte niederließen, etwa in den Provinzhauptstädten oder in einer Nachbarprovinz (Bjelica 2016). Gemeinsam mit Rückkehrer*innen trugen IDPs erheblich zur Urbanisierung und zum Wachstum der Städte bei. So hat sich die Bevölkerung von Kabul zwischen 2001 und 2007 verdreifacht, etwa 70 % lebten in informellen Siedlungen (Majidi 2011). 2002 gab es etwa 1,2 Millionen IDPs. Seit dem verstärkten Engagement der US-Truppen gegen die Taliban stieg die Zahl der IDPs rapide an (Bjelica 2016). Binnenflucht wird jedoch nicht nur durch Gewalt, sondern auch z. B. durch Dürre oder Überflutung ausgelöst. Ende 2020 ging das IDMC von insgesamt 1.117.000 IDPs infolge von Naturkatastrophen und 3.547.000 IDPs infolge von Gewalt aus (IDMC 2021). Die Registrierung als IDP musste dabei individuell bei der Provinzverwaltung beantragt werden, was Individuen, die diese nicht aufsuchen konnten, sowie nicht von der Regierung kontrollierte Gebiete ausschloss.

---

2 Alle Angaben in diesem Absatz beruhen auf Ashrafi/Moghissi 2002.

Bei seinem Amtsantritt im Jahr 2014 versprach Präsident Ashraf Ghani, den Begriff IDP „aus dem nationalen Vokabular zu entfernen" (Willner-Reid 2016: 79). Die angekündigte nationale Politik für IDPs wurde in den Folgejahren jedoch kaum umgesetzt (Majidi/Tyler 2018), u. a., weil sie vor allem von internationalen und nicht von lokalen Akteur*innen ausgearbeitet worden war.

3.4 Afghanische Flüchtlinge in Europa

Während die meisten Afghan*innen in der Region blieben, flohen einige weiter nach Europa und vor allem nach Deutschland. Auch hier knüpften sie an bestehende Migrationsnetzwerke an. Zunächst kamen vor allem Angehörige der (Bildungs-)Elite, die sich die Reise leisten konnten. Von 2014 bis 2019 stieg die Zahl der Afghan*innen in Deutschland von 75.300 auf 263.400 an (Statista.de 2020). Parallel nahm ihre Schutzquote (Asyl und subsidiärer Schutz) von 78 % im Jahr 2015 auf 47 % im Jahr 2017 ab, obwohl sich die Sicherheitslage in Afghanistan massiv verschlechterte (Sökefeld 2019). Damit haben Afghan*innen in Deutschland keine ‚gute Bleibeperspektive' und sind von Integrationsmaßnahmen ausgeschlossen. 2016 wurde der Abschiebestopp nach Afghanistan aufgehoben, obwohl Abgeschobene als ‚vom Westen kontaminiert' in Afghanistan stark gefährdet sind (Stahlmann 2021). Erst wenige Tage vor der erneuten Machtübernahme der Taliban im August 2021 wurden die Abschiebungen wieder gestoppt.

4. Fazit

Seit dem Ende der 1970er Jahre ist Afghanistan von Fluchtbewegungen infolge wechselnder Konfliktkonstellationen geprägt. Seit der Machtübernahme der Taliban sind erneut jeweils ca. 300.000 Afghan*innen nach Pakistan und in den Iran geflüchtet, die in beiden Ländern nicht willkommen sind.

Literaturverzeichnis

Ashrafi, Afsaneh/Moghissi, Haideh (2002): Afghans in Iran: Asylum Fatigue overshadows Islamic brotherhood. In: Global Dialogue 4 (4), 89–99.
Bjelica, Jelena (2016): Over Half a Million Afghans Flee Conflict in 2016: A look at the IDP statistics. Afghanistan Analysts Network. https://www.afghanistan-analysts.org/en/reports/migration/over-half-a-million-afghans-flee-conflict-in-2016-a-look-at-the-idp-statistics/, 6.6.2021.
Centlivres, Pierre; Centlivres-Demont, Micheline (1988): The Afghan Refugees in Pakistan: A Nation in Exile. In: Current Sociology 36 (2), 71–92.
Dupree, Nancy Hatch (1988): Demographic Reporting on Afghan Refugees in Pakistan. In: Modern Asian Studies 22 (4), 845–865.
IDMC (2021): Afghanistan. https://www.internal-displacement.org/countries/afghanistan#, 6.6.2021.
IEP (2020): Global Peace Index 2002. Sydney. www.economicsandpeace.org/wp-content/uploads/2020/08/GPI_2020_web.pdf, 25. 9. 2020..
IOM (2014): Afghanistan Migration Profile. Kabul: IOM. https://publications.iom.int/books/migration-profile-afghanistan-2014, 20.06.2022.

Khan, Amina (2017): **Protracted Afghan Refugee Situation: Policy Options for Pakistan. In: Strategic Studies 37 (1), 42–65.**
Kronenfeld, Daniel A. (2008): Afghan Refugees in Pakistan: Not All Refugees, Not Always in Pakistan, Not Necessarily Afghan? In: Journal of Refugee Studies 21 (1), 43–63.
Majidi, Nassim (2011): Urban Returnees and Internally Displaced Persons in Afghanistan. Fondation pour la Recherche Stratégique/Middle East Institute. www.alnap.org/system/files/content/resource/files/main/Urban-Returnees-and-Internally-Displaced-Persons.pdf, 6.6.2021.
Majidi, Nassim/Tyler, Dan (2018): Domesticating the Guiding Principles in Afghanistan. In: Forced Migration Review 59, 31–34.
Mehlmann, Isabel (2011): Migration in Afghanistan. A Country Profile 2011. Maastricht: Maastricht Graduate School of Governance.
OCHA (2017): Afghanistan Refugee & Returnee Chapter. Response Strategy. www.humanitarianresponse.info/en/operations/afghanistan/document/afghanistan-refugee-returnee-chapter-response-strategy-2017, 02.05.2022.
Ruiz, Hiram A. (2002): Afghanistan: Conflict and Displacement 1978 to 2001. In: Forced Migration Review 13, 8–10.
Schetter, Conrad (2017): Kleine Geschichte Afghanistans. München: Beck.
Sökefeld, Martin (2019): Nations Rebound: German Politics of Deporting Afghans. In: International Quarterly of Asian Studies 50 (1–2), 91–118.
Stahlmann, Friederike (2021): **Erfahrungen und Perspektiven abgeschobener Afghanen im Kontext aktueller politischer und wirtschaftlicher Entwicklungen Afghanistans. Berlin: Diakonie/Brot für die Welt. www.brot-fuer-die-welt.de/fileadmin/mediapool/downloads/fachpublikationen/sonstige/AFG_Monitoring-Studie.pdf, 7. 6. 2021..**
Statista.de (2020): Anzahl der Ausländer aus Afghanistan in Deutschland von 2009 bis 2019. de.statista.com/statistik/daten/studie/464108/umfrage/auslaender-aus-afghanistan-in-deutschland/, 28.9.2020..
Stigter, Elca (2006): Afghan Migratory Strategies – An Assessment of Repatriation and Sustainable Return in Response to the Convention Plus. In: Refugee Survey Quarterly 25 (2), 109–122.
Turton, David/Marsden, Peter (2002): Taking Refugees for a Ride? The politics of Refugee Return to Afghanistan. Kabul: AREU.
Willner-Reid, Matthew (2016): IDPs in Afghanistan: A Confused National Glossary. In: Refugee Survey Quarterly 35 (4), 79–96.
Worldbank (2020): Population, total – Afghanistan. data.worldbank.org/indicator/SP.POP.TOTL?locations=AF, 25.9.2020..

IV.3 Asien und Ozeanien

IV.3.1
Südasien

Martin Sökefeld

Abstract Der Beitrag behandelt die Länder Indien, Pakistan, Bangladesch und Sri Lanka. Südasien ist sowohl Herkunfts- als auch Zufluchtsregion. Sowohl politisch als auch zahlenmäßig sind jedoch Vertreibung und Flucht innerhalb des Subkontinents, vor allem infolge der Teilung und der Unabhängigkeit Pakistans und Indiens 1947 am wichtigsten; sie stehen im Zentrum dieses Beitrags. Darüber hinaus werden weitere Beispiele postkolonialer Fluchtmigration aus Südasien und Südasien als Zufluchtsregion dargestellt, sowie die Frage behandelt, warum die südasiatischen Staaten die Genfer Flüchtlingskonvention nicht unterzeichnet haben.

Schlüsselbegriffe: Pakistan, Indien, Konflikt, Teilung, Genfer Flüchtlingskonvention

1. Einleitung

Die Politisierung von Religion ist in Südasien der Kern der meisten Konflikte, die Flucht und Vertreibung auslösen. Dies begann mit der Polarisierung zwischen den beiden wichtigsten religiösen Gruppen, Hindus und Muslimen, während der britischen Kolonialherrschaft. Für die Briten war die Differenz zwischen Hindus und Muslimen neben der Kastenhierarchie das wichtigste Strukturmerkmal der indischen Gesellschaft und die Unvereinbarkeit beider Gruppen eine Prämisse der Kolonialpolitik. Durch getrennte Wahlen und Wählerschaften stand eine Mehrheit von Hindus einer Minderheit von Muslimen gegenüber. Daraus entstand 1940 die Forderung säkularer Muslime nach einem eigenen „homeland" für Muslime, das als Pakistan (heute Pakistan und Bangladesch) projektiert wurde. „Religiöse" Muslime lehnten diese Idee überwiegend ab, ebenso wie Hindus (Hardy 1972). Gegen Ende der Kolonialzeit nahmen Auseinandersetzungen auf der Basis religiöser Zugehörigkeit zu. Bereits 1946 flohen 250.000 Hindus und Sikhs aus muslimischen Mehrheitsgebieten im Nordwesten des Subkontinents (Nag 2001: 4756).

2. Flucht im Zuge der Teilung des Subkontinents 1947

Die britische Regierung lehnte einen eigenen Staat für die Muslime Südasiens lange ab und vollzog erst wenige Wochen vor der Unabhängigkeit eine Kehrtwende. Bei der Unabhängigkeit standen die Grenzen zwischen Indien und Pakistan nicht fest und es wurden keinerlei Vorkehrungen für Migrationsbewegungen getroffen (Weiner 1993: 1737). Die Teilung des Subkontinents 1947 folgte der religiösen Logik: Hindu-Mehrheitsgebiete gingen an Indien, muslimische Mehrheitsgebiete an Pakistan. Im Zuge dessen kam es zu großen Flucht- und Vertreibungsbewegungen, ausgelöst und begleitet von massiver Gewalt, vor allem gegen Frauen: Hindus und Sikhs verließen Pakistan, Muslime verließen Indien. Nach neueren Berechnungen wechselten ca. 17,9 Millionen Menschen ins jeweils andere Land. Über drei Millionen wurden unterwegs getötet (Bharadwaj et al. 2008). Pakistan bestand zu dem Zeitpunkt aus zwei separaten Teilen, heute Pakistan und Bangladesch, die ohne Landverbindung durch Nordindien getrennt waren. Am stärksten von Migration und Gewalt betroffen war die Provinz Punjab, die zwischen Indien und Pakistan aufgespalten wurde: 1951 stammte ein Viertel der Bevölkerung des pakistanischen Punjabs aus Indien (ebd.). Viele der Vertriebenen kamen zunächst in provisorischen Lagern unter, oder einfach auf freien Flächen in Grenznähe. So lagerten Ende August 1947 250.000 Muslime auf der pakistanischen Seite der Grenze und waren ohne Nahrung und medizinische Versorgung auf sich gestellt. Viele von ihnen waren ausgezehrt, verwundet oder starben im Camp an Krankheiten. Erst nach und nach wurde durch die pakistanische Regierung eine provisorische Lagerinfrastruktur aufgebaut (Chattha 2018: 273–274).

Während Muslime aus Indien in Pakistan als Flüchtlinge kategorisiert wurden, vermied die indische Regierung anfänglich diesen Begriff für Hindus aus Pakistan, weil damit Versorgungsansprüche verbunden gewesen wären, und sprach stattdessen von Vertriebenen oder Migranten (Ghoshal 2018: 62). Die grenzüberschreitende Flucht dauerte vor allem im Osten, wo aus der britischen Provinz Bengalen der indische Bundesstaat West-Bengalen und Ostpakistan entstanden waren, Jahre an. 1950 beklagten die Provinzregierungen beiderseits der indisch-ostpakistanischen Grenze die Last der anhaltenden Migration und erklärten, keine weiteren Flüchtlinge versorgen zu können. 1950 stand sogar der Einsatz des indischen Militärs gegen eine weitere Fluchtmigration aus Ostpakistan zur Debatte (Raghavan 2016: 1656–1657).

Menschen flohen nicht nur aus den grenznahen Gebieten, sondern es gab auch weiträumigere Bewegungen. Viele Urdu-sprachige Muslime, in Pakistan als *Muhajir* (Flüchtlinge, Migranten) bezeichnet, gingen aus dem Norden Indiens in den pakistanischen Sindh. Als urbanisierte Gruppe ließen sie sich vor allem in Karachi nieder, der ersten Hauptstadt Pakistans. 1951 waren 55 % der Stadtbevölkerung Muhajir und Urdu die meistgesprochene Sprache. Sindhis, die ursprüngliche Lokalbevölkerung, wurden zur Minderheit (Gayer 2014: 23–24). Auch aufgrund ihres relativ hohen Bildungsniveaus dominierten die *Muhajir* anfangs die Verwaltung, verloren aber nach und nach die Vorherrschaft an die größte Gruppe des Landes, die Punjabis. In den 1980er Jahren entstand im urbanen Sindh eine separatistische Bewegung der zu einer ethnischen Gruppe umgedeuteten *Muhajir*, die zu massiver Gewalt führte (Zaidi 1991).

3. Spätere, auf der Teilung beruhende, Konflikte als Fluchtursache

Mit der Teilung entstanden weitere Konfliktfelder, insbesondere um die Region Jammu und Kaschmir. Der dort herrschende Hindu-Maharaja Hari Singh erklärte 1947 den Beitritt zu Indien, obwohl die Bevölkerungsmehrheit muslimisch war. Dieser Beitritt wurde von Pakistan nicht anerkannt. Im Verlaufe des anschließenden Krieges, der mit der de facto-Teilung der Region endete, kam es zu zahlreichen Massakern, Flucht und Vertreibung vor allem muslimischer Kaschmiris in das von Pakistan kontrollierte Azad Kaschmir. Ende der 1980er Jahre begann im indischen Teil Kaschmirs aufgrund von Unzufriedenheit mit der indischen Verwaltung ein von Pakistan unterstützter militanter Aufstand. Schätzungen zufolge flohen bis zu 300.000 hinduistische Kashmiri Pandits vor dem Konflikt, vor allem nach Jammu und Delhi (Malhotra 2007). In Jammu lebten viele Familien jahrelang in Flüchtlingslagern. Indische Truppen griffen ab 1990 in Kaschmir ein, tausende Muslime wurden getötet oder „verschwanden". Viele flohen über die „Line of Control" (LoC) zwischen dem indischen und dem pakistanischen Teil und lebten in Flüchtlingslagern in Azad Kaschmir (Robinson 2013). Da die LoC keine internationale Grenze ist, sind diese *Muhajir* formell weder Flüchtlinge noch Binnenvertriebene.

Zwischen 1947 und 1971 dominierte Westpakistan den Ostteil des Landes (das heutige Bangladesch), obwohl dort der größte Teil der Gesamtbevölkerung lebte. Urdu wurde zur Staatssprache erklärt, obwohl die Mehrheit Bengali sprach. Die Unzufriedenheit mit der westpakistanischen Dominanz kulminierte 1970 nach einem verheerenden Zyklon, der geschätzt eine halbe Million Menschenleben kostete und bei dem die Regierung kaum Hilfe leistete. Bei Wahlen 1971 gewann die sich für größere Autonomie Ostpakistans einsetzende Opposition, deren Anführer jedoch die Übernahme der Regierung verweigert wurde. Nach massivem Protest begann die pakistanische Militärregierung eine brutale Operation, durch die bis zu 3 Millionen Bengalen getötet wurden. 9,5 Millionen flohen nach Indien (Luthra 1971). Diese Fluchtbewegung wurde zu einem globalen Ereignis. Am 1. August 1971 fand in New York mit George Harrison und Ravi Shankar das *Concert for Bangladesh* statt, das erste internationale Solidaritäts-Event für Flüchtlinge dieser Größenordnung. Mit dem Anstieg der Fluchtbewegungen intervenierte Indien schließlich direkt in den Guerilla-Krieg der Unabhängigkeitsbewegung gegen Pakistan und Ende 1971 wurde Ostpakistan als Bangladesch unabhängig. Die meisten Flüchtlinge gingen nach Kriegsende zurück.

Nach der Unabhängigkeit wurde die Bengalisierung von Bangladesch verstärkt. Indigene Minderheiten in den Chittagong Hill Tracts wurden durch die Ansiedlung von Bengalen vertrieben. Schon vor der Unabhängigkeit von Pakistan hatte der Bau eines Staudamms etwa 100.000 Indigene vertrieben. 1972 gründeten sie eine militante Widerstandsbewegung, woraufhin die Region unter Kontrolle der Armee gestellt wurde. Weitere Vertreibungen folgten, teils nach Indien. Trotz eines Friedensvertrags von 1997 ist der Konflikt noch nicht gelöst. Immer wieder kommt es zu Gewalt, Vertreibungen und „ethnischer Säuberung" (Chakma 2010).

4. Weitere Fluchtbewegungen in Südasien

In den 1970er Jahren setzte in Pakistan ein Prozess der Islamisierung des Rechts und der staatlichen Institutionen ein, der auch die Frage nach der maßgeblichen Form des Islam aufwarf. Wichtigstes Opfer dieses Prozesses ist die Ahmadiyya, eine Gemeinschaft, die sich als muslimisch betrachtet, 1974 in Pakistan aber formell zu Nicht-Muslimen erklärt wurde. Seitdem nahm die Verfolgung von Ahmadis in Pakistan zu; es kommt immer wieder zu Anschlägen und Fällen von Lynchjustiz. Das religiöse Zentrum der Ahmadiyya, der Sitz des Kalifats, wurde 1984 nach London verlegt. Viele Ahmadis sind ins Ausland geflohen, z. B. nach Deutschland.

Zwei weitere Fluchtbewegungen aus Südasien betreffen Sikhs aus Indien und Tamilen aus Sri Lanka. Beide stehen in Zusammenhang mit staatlicher Repression gegen separatistische Bewegungen einer politisierten religiösen Minderheit. Die Idee eines eigenen „Heimatlands" der Sikhs im indischen Punjab entstand nach der Unabhängigkeit und reichte bis zur Forderung nach einem Khalistan genannten unabhängigen Sikh-Staat – eine vor allem von Sikh-Arbeitsmigranten in England und Nordamerika artikulierte Idee. Mit Unterstützung der Diaspora radikalisierte sich die Khalistan-Bewegung Anfang der 1980er Jahre und verübte zahlreiche Attentate im Punjab. Als Reaktion zerstörte die indische Armee 1984 den Goldenen Tempel in Amritsar, das religiöse Zentrum der Sikhs, fast vollständig. Daraufhin wurde die Premierministerin Indira Gandhi von ihrer Sikh-Leibwache getötet. Pogrome gegen Sikhs waren die Folge. Die Auseinandersetzung zwischen der Khalistan-Bewegung und dem indischen Staat wurde mit extremer Gewalt geführt. Nach 1984 flohen viele Sikhs ins Ausland. Deutschland wurde mit bis zu 13.000 Sikh-Asylbewerbern in den 1980er Jahren zum wichtigsten Aufnahmeland. In der Regel wurden Sikhs nicht als Flüchtlinge anerkannt, bekamen aber temporären Aufenthalt (Tatla 1999).

In Sri Lanka herrschte von 1983 bis 2009 ein Bürgerkrieg zwischen der Armee des überwiegend buddhistischen Landes und der separatistischen Bewegung der hinduistischen tamilischen Minderheit, der mit dem Sieg der Armee endete. 2003 sprach der UNHCR von 1,5 Millionen Menschen, die infolge des Kriegs ihre Heimat verlassen mussten. Davon waren 800.000 Binnenvertriebene, 84.000 hatten im indischen Tamil Nadu Zuflucht gesucht und mehrere Hunderttausend waren nach Europa und Nordamerika geflohen (UNHCR 2003). In Kontinentaleuropa stellen Tamilen die größte Hindu-Gemeinschaft dar und sind vor allem durch ihre Tempel sichtbar (Baumann et al. 2003). Die relativ zur Landesbevölkerung größte tamilische „Asyldiaspora" befindet sich in der Schweiz (MacDowell 1996).

5. Südasien als Zufluchtsort

Südasien ist nicht nur Herkunftsregion von Flüchtlingen, sondern auch Zufluchtsort. Pakistan bot mehreren Millionen Flüchtlingen aus (→) Afghanistan Schutz. Erwähnenswert sind zudem die etwa 100.000 Flüchtlinge aus Tibet, die dem Dalai Lama seit 1959 ins indische Exil folgten und denen die Einrichtung einer Exilregierung in Dharamsala ermöglicht wurde (Falcone/Wangchuk 2008; Routray 2007), sowie aktuell über 700.000 muslimische Rohingyas die seit 2017 vom Militär Myanmars nach Bangladesch vertrieben wurden (OCHA o.J.). Schon mit der Unabhängigkeit des ehemaligen Birma 1948 begann eine erste Fluchtbewegung. Seit einem Staatsangehörigkeitsgesetz von 1982 haben Rohingyas zudem keinen Anspruch auf die Staatsbürgerschaft Birmas/Myanmars (Haque 2017).

Keiner der südasiatischen Staaten hat die Genfer Flüchtlingskonvention (GFK) unterzeichnet. Nach der Unabhängigkeit engagierten sich Indien und Pakistan zunächst bei der Erarbeitung eines globalen Flüchtlingsschutzes in Form von UNHCR und GFK, auch ausgehend von der Erfahrung der Massenmigration nach der Teilung. Beide Staaten arbeiteten auf ein Übereinkommen hin, dass nicht nur den rechtlichen Schutz, sondern auch die Versorgung von Flüchtlingen regeln sollte, sowie auf eine Ausweitung des Flüchtlingsbegriffs, um Fälle wie die inner-südasiatische Fluchtbewegungen einzubeziehen. Sie konnten sich jedoch nicht durchsetzen – dadurch blieb die GFK auf die europäische Nachkriegssituation zugeschnitten und beschränkte die Flüchtlingskategorie auf Menschen außerhalb der eigenen Landesgrenzen. Diese Einengung wie auch die finanzielle Situation, die es von Pakistan und Indien verlangt hätte, Beiträge für Flüchtlinge in Europa zu zahlen, ohne Unterstützung für ihre eigene Flüchtlingssituation zu bekommen, machte die GFK für Südasien uninteressant. Der UNHCR wurde weitgehend als Organisation wahrgenommen, die strategische Interessen des Westens verfolgte. Dennoch kooperierten die Staaten hin und wieder mit dem UNHCR, so Indien 1971 bei der

Versorgung der Flüchtlinge aus Bangladesch und Pakistan in den 1980er Jahren bei der Versorgung der afghanischen Flüchtlinge (Oberoi 2001; Chimni 1994). Da Indien und Pakistan bislang auch kein nationales Flüchtlingsrecht haben, werden Flüchtlinge nach dem Ausländerrecht oder nach gruppenspezifischen Regularien behandelt.

6. Fazit

Mit der beispiellosen Bevölkerungsbewegung im Zuge der Teilung des Subkontinents steht Fluchtmigration am Beginn der Geschichte des postkolonialen Südasiens und wirkt bis heute nach. Seit einigen Jahrzehnten wird die Erinnerung der Flüchtlinge, insbesondere geflüchteter Frauen, an Gewalterfahrung in der Forschung verstärkt thematisiert (z. B. Butalia 2000). Neuere Werke fokussieren auf Flüchtlinge als politische Subjekte, die die postkoloniale Geschichte Südasiens mitgeformt haben (Robinson 2010).

Literaturverzeichnis

Baumann, Martin/Luchesi, Brigitte/Wilke, Annette (Hrsg.) (2003): Tempel und Tamilen in zweiter Heimat: Hindus aus Sri Lanka im deutschsprachigen und skandinavischen Raum. Würzburg: Ergon.

Bharadwaj, Prashant/Khwaja, Asim Ijaz/Mian, Atif (2008): The Big March: Migratory Flows after the Partition of India. In: Faculty Research Working Papers Series, RWP08-029: Harvard Kennedy School.

Butalia, Urvashi (2000): The other side of silence: voices from the Partition of India. Durham: Duke University Press.

Chakma, Bhumitra (2010): Structural Roots of Violence in the Chittagong Hill Tracts. In: Economic and Political Weekly 45 (12), 19–21.

Chattha, Ilyas (2018): After the Massacres: Nursing Survivors of Partition Violence in Pakistan Punjab Camps. In: Journal of the Royal Asiatic Society 3 (28), 273–293.

Chimni, B.S. (1994): The Legal Condition of Refugees in India. In: Journal of Refugee Studies 7 (4), 378–401.

Falcone, Jessica/Tsering, Wangchuk (2008): "We're Not Home": Tibetan Refugees in India in the Twenty-First Century. In: India Review 7, 164–199.

Gayer, Laurent (2014): Karachi: Ordered Disorder and the Struggle for the City. Karachi: Oxford University Press

Ghoshal, Anindita (2018): The invisible Refugees: Muslim 'Returnees' in East Pakistan (1947–71). In: Journal of the Asiatic Society of Bangladesh 63, 59–89.

Haque, Md. Mahbubul (2017): Rohingya Ethnic Muslim Minority and the 1982 Citizenship Law in Burma. In: Journal of Muslim Minority Affairs 37, 454–469.

Hardy, Peter (1972): The Muslims of British India. Cambridge: Cambridge University Press.

Luthra, P. N. (1971): Problem of Refugees from East Bengal. In: Economic and Political Weekly 6 (50), 2467–2472.

MacDowell, Christopher (1996): A Tamil Asylum Diaspora: Sri Lankan Migration, Settlement and Politics in Switzerland. Oxford: Berghahn.

Malhotra, Charu (2007): Internally Displaced People from Kashmir: Some Observations. In: Indian Anthropologist 37 (2), 71–80.

Nag, Sajal (2001): Nationhood and Displacement in Indian Subcontinent. In: Economic and Political Weekly 36 (51), 4753–4760.

Oberoi, Pia (2001): South Asia and the Creation of the International Refugee Regime. In: Refuge – Canada's Journal on Refugees 19 (5), 36–45.

OCHA (o.J.): Rohingya Refugee Crisis. https://www.unocha.org/rohingya-refugee-crisis, 9.10.2020.

Panday, Pranab Kumar/Ishtiaq, Jamil (2009): Conflict in the Chittagong Hill Tracts of Bangladesh: An Unimplemented Accord and Continued Violence. In: Asian Survey 49, 1052–1070.

Robinson, Cabeiri deBergh (2010): Partition, its refugees, and post-colonial state-making in South Asia. In: India Review 9, 68–86.

Robinson, Cabeiri deBergh (2013): Body of Victim, Body of Warrior Refugee Families and the Making of Kashmiri Jihadists. Berkeley: University of California Press.

Routray, Bibhu Prasad (2007): Tibetan refugees in India: Religious identity and the forces of modernity. In: Refugee Survey Quarterly 26, 79–90.

Tatla, Darshan Singh (1999): The Sikh Diaspora: The Search for Statehood. Seattle: University of Washington Press.

Weiner, Myron (1993): Rejected Peoples and Unwanted Migrants in South Asia. In: Economic and Political Weekly 8 (34), 1737–1746.

UNHCR (2003): UNHCR in talks on Sri Lankans uprooted by civil war. https://www.unhcr.org/news/latest/2003/1/3e26e8f84/unhcr-talks-sri-lankans-uprooted-civil-war.html, 9. 10. 2020.

Zaidi, Akbar S. (1990): Sindhi vs Mohajir in Pakistan: Contradiction, Conflict, Compromise. In: Economic and Political Weekly, 26 (20), 1295–1302.

IV.3.2
Zentralasien

Rano Turaeva

Abstract Das Kapitel beschreibt Migration und Flucht in und aus Zentralasien, mit einem Fokus auf den postsowjetischen Zeitraum. Migrationsdynamiken waren zum einen vom umfassenden demographischen Wandel in der Region gekennzeichnet, zum anderen von einer Kontinuität in Bezug auf Mobilität innerhalb der Regionen der ehemaligen UdSSR. Im zweiten Teil des Beitrags wird das Thema Flucht näher betrachtet – nach Zentralasien (aus China und Afghanistan) wie auch aus Zentralasien (aufgrund von interethnischen Konflikten, Diskriminierung von Minderheiten und politischer Verfolgung). Außerdem wird ein kurzer Überblick über weiteres Konfliktpotenzial gegeben.

Schlüsselbegriffe: Zentralasien, Migration, Flucht, Konflikte, Sicherheit, Ressourcen

1. Einleitung

Migration in und aus Zentralasien[1] lässt sich in folgende Kategorien einteilen: Arbeitsmigration, Emigration ethnischer Minderheiten wie Deutsche, Russen, Juden oder Koreaner nach 1989, Einwanderung von chinesischen Arbeitsmigrant*innen, Flucht aus Zentralasien, zumeist aufgrund interethnischer Konflikte, Diskriminierung von Minderheiten (ethnisch, religiös, LGBTQ) und politischer Verfolgung, sowie Flucht nach Zentralasien (etwa chinesischer Uigur*innen und Afghan*innen). Hinzu kommt das Problem der Staatenlosigkeit als Folge des Endes der Sowjetunion – sowjetische Pässe wurden ungültig und Menschen besaßen plötzlich in dem Ort, wo sie geboren wurden, keinerlei staatliche Zugehörigkeit mehr.

Bis auf Usbekistan sind alle zentralasiatischen Länder Unterzeichner der Genfer Flüchtlingskonvention von 1951 und des Zusatzprotokolls von 1967 und haben nationale Asylgesetze. Turkmenistan ist der einzige Staat, der dem Übereinkommen von 1954 über die Rechtsstellung der Staatenlosen und dem Übereinkommen von 1961 zur Verminderung der Staatenlosigkeit beigetreten ist. Nach Angaben des UNHCR wurden 2022 (bzw. 2021 für Tadschikistan) in Zentralasien 61.921 staatenlose Personen identifiziert (7.881 Personen in Kasachstan; 600 in der Kirgisischen Republik; 6.110 in Tadschikistan, 4.387 in Turkmenistan und 37.993 in Usbekistan). Zudem waren 2021/2022 in Zentralasien insgesamt 28.496 Flüchtlinge und Asylbewerber*innen registriert, die meisten davon in Tadschikistan.[2] Diese kamen vorwiegend aus Afghanistan, aber auch aus Syrien, Ukraine, Usbekistan und der Türkei. Hinzu

---

[1] Als Zentralasien werden die Länder Kasachstan, Kirgistan, Tadschikistan, Turkmenistan und Usbekistan bezeichnet.
[2] https://www.unhcr.org/centralasia/wp-content/uploads/sites/75/2022/05/Factsheet-MCO-Almaty-EN-Mar22.pdf; 29.06.2022. https://www.unhcr.org/centralasia/wp-content/uploads/sites/75/2022/03/Fact-Sheet-Tajikistan-December-2021-December-2021-final.pdf, 29.06.2022.

kamen rund 13.000 weitere Geflüchtete in Usbekistan, die jedoch keinen entsprechenden Rechtsstatus inne hatten.

Migrant*innen, Geflüchtete und Binnenvertriebene stehen durch Mobilitätsbeschränkungen im postsowjetischen Raum vor ähnlichen Herausforderungen. Schon die Sowjetunion war von hoher Mobilität geprägt, die sowohl erzwungene als auch freiwillige Mobilität umfasste. Auch in der postsowjetischen Zeit lassen sich die verschiedenen Formen von Mobilität oft nur schwer voneinander unterscheiden (Turaeva 2016). Flucht aus Zentralasien findet oft als Arbeitsmigration statt, wobei die Auslöser für Abwanderung sowohl im wirtschaftlichen Zusammenbruch als auch in der politischen Situation zu finden sind. Einige Migrant*innen bezeichnen ihre Erfahrungen mit postsowjetischer Mobilität als etwas Aufgezwungenes, weil sie die Sicherheit ihres Zuhauses und ihrer Familien nicht freiwillig gegen die Unsicherheit der Migration getauscht haben (Turaeva 2019). In der postsowjetischen Region haben Migrant*innen zudem Schwierigkeiten, erforderliche Registrierungen und damit Zugang zu Sozialleistungen, medizinischer Versorgung, Bildung und dem offiziellen Arbeitsmarkt zu erhalten, wenn sie Ländergrenzen überschreiten.

2. Migrationsdynamiken in der Region

Nach dem Zusammenbruch der Sowjetunion förderten die zentralasiatischen Staaten eine nationalistische Agenda, fokussiert auf nationale Sprache, Symbole und Identität. Dies resultierte in den zentralasiatischen Republiken in einer negativen öffentlichen Haltung gegenüber nicht-nationalen Einwohner*innen, ethnischen Minderheiten wie auch Einwohner*innen mit anderer Staatsbürgerschaft. In einem durch Ressourcenmangel geprägten Kontext boten ethnische Unterscheidungen einen Anlass, andere von den knappen Ressourcen auszuschließen. Hinzu kommt ein clanbasiertes System der Macht- und Ressourcenverteilung auf allen Ebenen, vor allem in Kasachstan und Turkmenistan, das Nicht-dazu-Gehörige ausschließt.

Das Ende der Sowjetunion führte zudem zu politischen Unwägbarkeiten in Bezug auf Machtverteilung und territoriale Zugehörigkeiten. Einige Republiken standen vor Bürgerkriegen (z. B. Tadschikistan), oft entlang der Abgrenzung von Minderheiten. Dies führte zu einer erhöhten Mobilität in der Region. Auswanderung fand insbesondere aus den Ländern statt, die einen wirtschaftlichen Zusammenbruch erlebten (Tadschikistan, Usbekistan, Kirgistan, Turkmenistan). Viele gingen nach Russland, das mehr als zehn Millionen Menschen aus anderen ehemaligen Sowjetrepubliken aufnahm (Bandey/Rather 2013; Turaeva 2019). Grenzüberschreitende Mobilität zwischen den Ländern der GUS (Gemeinschaft Unabhängiger Staaten; ehemalige Republiken der Sowjetunion) erfordert meist kein Visum. Dies gilt auch für zentralasiatische Staatsangehörige, die weder für den Großteil der postsowjetischen Länder noch für die Türkei ein Visum benötigen. Dies bedeutet auch, dass Mobilität innerhalb dieser visumfreien Zonen statistisch schwer zu erfassen ist. Laut Raissova (2020) sind 2018 rund zwei Millionen Arbeitsmigrant*innen aus Usbekistan nach Russland gereist (bei einer usbekischen Bevölkerung von 35 Mio.), aus Tadschikistan rund eine Million Migrant*innen (Bevölkerung 9 Mio.) und aus Kirgistan rund 350.000 (Bevölkerung 6 Mio.). Die Vereinbarungen der EAEU (Eurasische

Wirtschaftsunion)³, die die Grenzkontrollen zwischen den Mitgliedstaaten regeln, haben das Ziel eines einheitlichen eurasischen Arbeitsmarktes (Schenk 2020). Infolgedessen arbeiten die meisten Arbeitsmigrant*innen aus Zentralasien in Russland und Kasachstan, jeweils ohne Visum. Nach Schätzungen der Weltbank lag der Anteil der *Remittances* von Arbeitsmigrant*innen am BIP der zentralasiatischen Staaten bei bis zu 40 % (Brownbridge/Canagarajah 2020: 4–5).

Neben der Arbeitsmigration aus und innerhalb Zentralasiens gab es aufgrund der Auswanderung ethnischer Minderheiten nach Russland (Russ*innen), Deutschland (Juden*Jüdinnen und Deutsche), Israel (Juden*Jüdinnen), Ukraine (Ukrainer*innen) und Korea (Koreaner*innen) einen großen demografischen Wandel. Russischsprachige Minderheiten machten bis dahin einen beträchtlichen Teil der zentralasiatischen Länder aus – aufgrund der sowjetischen Umsiedlungspolitik inklusive Zwangsmigration und Deportation. In Kasachstan zum Beispiel stellten Russ*innen in den 1950er Jahren mit etwa 60 % die Mehrheit der Bevölkerung. Die Emigration von Russ*innen und Deutschen aus Kasachstan und das nationale Programm zur Gewinnung von außerhalb des Landes lebenden kasachischen Staatsangehörigen führten zu einem starken Bevölkerungsumbruch. In anderen zentralasiatischen Ländern war der Anteil slawischer Minderheiten geringer, betrug aber insgesamt mehr als 5 % der Gesamtbevölkerung (Peyrouse 2013: 224–225). Die Zahl der Russ*innen in Zentralasien ging für den Zeitraum 1989–2010 von 6,2 Mio. auf 3,8 Mio. zurück (Demintzeva et al. 2019: 17). Auch Koreaner*innen wurden während der Sowjetzeit unter Stalin nach Zentralasien deportiert, ihre Zahl wurde auf 389.000 geschätzt (Kim Syn 1965) – diese Gruppe war ebenfalls von massiver Auswanderung betroffen.

Die zentralasiatischen Regierungen unternahmen einige Schritte, um die massive, weitgehend selbstorganisierte und teils chaotische Emigration zu steuern. Mit Ländern wie Südkorea, Japan und den Golfstaaten bestehen bilaterale Abkommen über organisierte Arbeitsmigration (Laruelle 2013: 9).⁴ Länder wie die Vereinigten Arabischen Emirate (VAE) und Saudi-Arabien haben vor allem Abkommen mit zentralasiatischen Ländern mit muslimischer Mehrheitsbevölkerung, wie Usbekistan, Tadschikistan und Turkmenistan, geschlossen (Migrants & Refugees 2020b; World Data 2020) (→ Arabische Halbinsel). Arbeitsmigration ist hier ein Baustein zur Förderung des Islam, neben der Finanzierung von Moscheen und religiösen Schulen oder Stipendien zur universitären Ausbildung in den Golfstaaten. Auch diese Kanäle dienten der Mobilität zwischen Zentralasien und den Golfstaaten. Da China seit Beginn der 1990er Jahre mit Russland um den Einfluss in Zentralasien konkurriert, spielt es eine zunehmende Rolle in Wirtschafts- und Sicherheitsfragen. Chinesische Investitionen in die zentralasiatischen Volkswirtschaften sind häufig mit einer Immigration chinesischer Arbeitskräfte verbunden. Die wachsende chinesische Migration und die Bildung chinesischer Gemeinschaften in Zentralasien sind inzwischen gut dokumentiert (Sadovskaya 2013).

3　Mitgliedsstaaten sind Russland, Armenien, Weißrussland, Kasachstan und Kirgistan.
4　Der Anteil der staatlich gesteuerten Arbeitsmigration ist relativ niedrig im Vergleich zur selbstorganisierten Migration (vgl. Kakhkharov et al 2021:6).

3. Fluchtursachen in Zentralasien

Hauptsächliche Fluchtursachen nach und aus Zentralasien sind der chinesische Genozid an den Uiguren seit 2016 (Schmid 2021), interethnische Konflikte, die Diskriminierung von Minderheiten (ethnisch, religiös, LGBTQ) und politische Verfolgung (Arynov 2018). Hinzu kommt eine Verquickung der Fluchtursachen mit der hohen Kriminalität, an der teilweise der Staat beteiligt ist. Kupatadze (2015) analysiert das staatlich organisierte Verbrechen historisch und erklärte seine Entstehung in den frühen 1990er Jahren mit dem Entstehen einer oligarchischen Klasse durch die Umverteilung von Ressourcen und Macht. Organisierte Kriminalität wird von Staaten in diesem Kontext genutzt, um zum Beispiel geografisch abgelegene Gebiete unter staatlicher Kontrolle zu halten (2015: 6). Darüber hinaus arbeitet die organisierte Kriminalität im Auftrag des Staates, um politische Gegner und oppositionelle soziale Bewegungen unter Druck zu setzen (Kupatatdze 2015; De Danieli 2014).

Als Grenzregion zwischen China im Osten, Afghanistan und Iran im Süden sowie Russland im Norden und Westen ist Zentralasien von großem geopolitischem Interesse. Die Grenze zu Afghanistan wird von Turkmenistan, Tadschikistan und Usbekistan auch unter Aspekten der Sicherheit gesehen, wobei Russland, die USA und China um Zusammenarbeit konkurrieren. Im Zuge der Afghanistankrise 2021 flohen Tausende in die angrenzenden zentralasiatischen Staaten, hatten dort aber Probleme, sich überhaupt als Flüchtlinge registrieren zu lassen (Hashimova 2021) (→ Afghanistan). Interethnische Konflikte in den Grenzregionen, deren Verlauf nach dem Ende der Sowjetunion Gegenstand langer Aushandlungsprozesse war, und während der Sowjet-Zeit entstandene ethnische Enklaven, tragen ebenfalls zum Sicherheitsprofil der Region bei. So gab es Flucht verursachende Konflikte zwischen Kirgistan und Usbekistan (1990 und 2010) sowie Kirgistan und Tadschikistan (2021). Grenzüberschreitende Wasserressourcen zwischen Ländern, die Dämme bauen, und angrenzenden Ländern, die unter Wasserknappheit leiden, stellen ungelöste Fragen dar und können zu weiteren Auseinandersetzungen führen.

Der Konflikt um die gesellschaftliche und politische Rolle des Islam, im (→) Nahen Osten (z. B. Syrien) oder auch in (→) Afghanistan, spielt in der Sicherheitsdynamik Zentralasiens eine entscheidende Rolle, insbesondere seit 2010. Viele radikalisierte Kämpfer der globalen islamischen Konfliktszene kamen aus den Ländern Zentralasiens mit muslimischer Bevölkerungsmehrheit. Politisch sind diese Länder jedoch säkular ausgerichtet. Angesichts der wachsenden Bedeutung auf religiöser Ebene ausgetragener Konflikte nutzen zentralasiatische Regierungen Terrorismusdiskurse, um Muslime*a und Regierungsgegner*innen zu verfolgen, was wiederum zu Flucht führt. Die Diskriminierung von Mitgliedern religiöser Minderheiten aufgrund der Re-Islamisierung in der Region (Peyrouse 2010; Laruelle 2007) ist ein weiterer Grund für die Flucht aus Zentralasien. So werden zum Beispiel Christ*innen in Kirgistan seit der Einführung eines sehr restriktiven Religionsgesetzes 2009 verfolgt.[5]

Die wachsende Bedeutung von Religion, ‚Tradition' sowie von Familien- und Verwandtschaftsbeziehungen in Zentralasien führte zu einer intoleranten Haltung gegenüber anderen Kulturen, Nationalitäten und Praktiken. Dies betrifft besonders die Situation von als (→) LGBTQ gelesenen Menschen in diesen Gesellschaften. Homosexualität wird in den postsowjetischen Ländern nach wie vor als

---

5 Die Autorin begutachtet seit 2005 Asylfälle aus Zentralasien und viele dieser Anträge stammen von Angehörigen religiöser Minderheiten oder von konvertierten Muslim*innen, die im Herkunftsstaat verfolgt wurden.

psychische Erkrankung angesehen und wahrgenommen. In Usbekistan und Turkmenistan ist Homosexualität offiziell illegal und strafbar (es drohen bis zu drei Jahren Gefängnis).

Insbesondere in Bezug auf Turkmenistan äußern internationale Menschenrechtsorganisationen immer wieder ernsthafte Bedenken hinsichtlich der Menschenrechtssituation im Umgang mit Minderheiten (religiös, ethnisch, LGBTQ), aber auch mit politischen Gefangenen. Als geschlossenes Land kontrolliert Turkmenistan die Mobilität seiner Bürger*innen streng. Laut dem Statistischen Komitee von Turkmenistan haben zwischen 2008 und 2018 fast zwei Millionen Menschen das Land verlassen, um in der Türkei, Russland, Kasachstan, Weißrussland, der Ukraine, dem Iran und den Vereinigten Arabischen Emiraten zu arbeiten, zu studieren oder dauerhaft zu leben (bei einer Gesamtbevölkerung von 5,9 Mio.). Die Zahl der Flüchtlinge und Asylsuchenden aus Turkmenistan, die im Jahr 2000 noch bei 323 lag, stieg 2010 auf 804 und 2018 auf 1.680 an (Migrants & Refugees 2020a).

4. Fazit

Die im Beitrag genannten politischen, wirtschaftlichen und gesellschaftlichen Umbrüche und Unsicherheiten führten zu einer erhöhten Mobilität in und aus Zentralasien und zur Entstehung verschiedener mobiler Akteur*innen wie Arbeitsmigrant*innen und Flüchtlinge, die sich in Bezug auf Migrationsgründe nur bedingt unterscheiden lassen. Die postsowjetischen politischen und ökonomischen Unsicherheiten haben zu innerstaatlichen Konflikten und interethnischen Auseinandersetzungen in den Grenzregionen geführt, die wiederum die wichtigste Fluchtursache darstellen. Die Diskriminierung von Minderheiten (ethnisch, religiös, LGBTQ) und die politische Verfolgung von Oppositionellen, zum Teil durch die mit staatlichen Institutionen verbundene organisierte Kriminalität, sind ebenfalls signifikante Fluchtursachen aus der Region. Hinzu kommt das Problem der Staatenlosigkeit. Zentralasien ist zudem Zielregion für Flüchtlinge aus Afghanistan, Syrien, der Türkei sowie aus Tschetschenien.

Literaturverzeichnis

Arynov, Zhanibek (2018): Dem Untergang geweiht? Die Wahrnehmung der Europäischen Union in Zentralasien im Wandel. In: Zentralasien-Analysen 127–128, 9–12.
Bandey, Aijaz A./Rather, Farooq A. (2013): Socio-economic and political motivations of Russian out-migration from Central Asia. In: Journal of Eurasian Studies 4 (2), 146–153.
Brownbridge, Martin/Canagarajah, Sudharshan (2020): Migration and Remittances in the Former Soviet Union Countries of Central Asia and the South Caucasus: What Are the Long-Term Macroeconomic Consequences? World Bank Policy Research Working Paper 9111.
De Danieli, Filippo (2014): Beyond the drug-terror nexus: Drug trafficking and state-crime relations in Central Asia. In: International Journal of Drug Policy, 25 (6), 1235–1240.
Demintzeva, Yekaterina./Mkrtchyan, Nikita/Florinskaya, Yulia. (2019): Migrazionnaya politika: diagnostika, vyzovy ii predlojeniya. (Migration politics: diagnostics, challenges and suggestions). The Center of strategic innovations, Higher School of Economics, Moscow. https://www.hse.ru/mirror/pubs/share/218427665, 20.11.2020.

Hashimova, Umida (2021): No Place for Afghan Refugees in Central Asia. The Diplomat 29.11.2021. https://thediplomat.com/2021/11/no-place-for-afghan-refugees-in-central-asia/, 29.06.2022.

Kakhkharov, Jakhongir/Ahunov, Muzaffarjon/Parpiev, Ziyodullo/Wolfson, Inna (2021): South-South Migration: Remittances of Labour Migrants and Household Expenditures in Uzbekistan. In: International Migration 59 (5), 38–58.

Kim Syn Khwa (1965): Ocherk po istorii sovetskikh koreitsev [Essay on the history of Soviet Koreans]. Alma-Ata.

Kupatadze, Alexander (2015): Political corruption in Eurasia: Understanding collusion between states, organized crime and business. In: Theoretical Criminology 19 (2), 198–215.

Laruelle, Marlene (2007): Religious revival, nationalism and the 'invention of tradition': political Tengrism in Central Asia and Tatarstan. In: Central Asian Survey 26 (2), 203–216.

Laruelle, Marlene (2013): Migration and social upheaval as the face of globalization in Central Asia. Brill.

Migrants & Refugees (2020a): Country Profiles – Turkmenistan. https://migrants-refugees.va/country-profile/turkmenistan/, 23.06.2021.

Migrants & Refugees (2020b): Country Profiles – Tajikistan. https://migrants-refugees.va/wp-content/uploads/2021/03/2020-CP-Tajikistan-EN.pdf; 29.06.2022.

Peyrouse, Sebastien (2010): Why do Central Asian governments fear religion? A consideration of Christian movements. In: Journal of Eurasian Studies 1 (2), 134–143.

Peyrouse, Sebastien (2013): Former Colonists on The Move: The Migration of Russian-Speaking Populations. In: Laruelle, Marlene (Hrsg.). Migration and Social Upheaval as the Face of Globalization in Central Asia. Brill, 215–237.

Raissova, Zulfiya (2020): Trends in Modern Labor Migration in Central Asia (13.02.2020). https://cabar.asia/en/trends-in-modern-labor-migration-in-central-asia, 22.6.2021.

Sadovskaya, Yelena. Y. (2013): The dynamics of contemporary Chinese expansion into Central Asia. In: Chang, Felix B./Rucker-Chang, Sunnie T. (Hrsg.): Chinese Migrants in Russia, Central Asia and Eastern Europe. Routledge, 96–116.

Schenk, Caress (2020): Migrant rights, agency, and vulnerability: navigating contradictions in the Eurasian region. In: Nationalities Papers 48 (4), 637–643.

Schmid, Mirko (2021): Genozid in China: Millionen Uiguren und andere Minderheiten interniert und gefoltert. Frankfurter Rundschau, 23.10.2021. https://www.fr.de/politik/genozid-china-uiguren-interniert-gefoltert-minderheiten-lager-umerziehung-internierung-vergewaltigung-xinjiang-91071083.html, 11.11.2021.

Turaeva Rano (2016): Migration and Identity: Uzbek Experience. London: Routledge.

Turaeva, Rano (2019): Imagined mosque communities in Russia: Central Asian migrants in Moscow. In: Asian Ethnicity 20 (2), 131–147

World Data (2020): Asylum applications and refugees in and from Tajikistan. https://www.worlddata.info/asia/tajikistan/asylum.php, 23.06.2021.

IV.3.3
Ostasien

David Chiavacci

Abstract Dieser Beitrag gibt eine Übersicht zu den wichtigsten Fluchtbewegungen in Ostasien nach 1945 und diskutiert die daraus resultierenden Entwicklungen in der nationalen Flüchtlingspolitik in der Region. Obwohl Ostasien signifikante Flüchtlingsströme aufwies, waren die Länder der Region weder bei der Formulierung der Genfer Flüchtlingskonvention 1951 beteiligt, noch waren asiatische Flüchtlinge durch die Konvention abgedeckt. Einzig westlichen Flüchtlingen in der Region wurde internationale Hilfe zuteil, was aufzeigt, dass das internationale Flüchtlingsregime der frühen Nachkriegszeit nicht nur durch den Kalten Krieg, sondern auch den andauernden Kolonialismus gekennzeichnet war. 1967 wurde mit der Ratifizierung des Flüchtlingsprotokolls der Geltungsbereich der Konvention ausgeweitet und umfasste nun auch Ostasien. Aufgrund der indochinesischen Flüchtlingskrise (1975–1995) traten Japan (1982), die VR China (1983) und Südkorea (1992) dem internationalen Flüchtlingsregime bei. Kritiker*innen monieren jedoch bis heute, dass die Konvention in Ostasien bestenfalls partiell implementiert wurde, auch wenn sich Japan (2008) und Südkorea (2015) in den letzten Jahren bei Resettlement-Programmen des UNHCR beteiligten.

Schlüsselbegriffe: Ostasien, indochinesische Bootsflüchtlinge, internationales Flüchtlingsregime, Resettlement-Programme, Kolonialismus

1. Fluchtbewegungen von 1931 bis in die späten 1960er Jahre

Die mit extremer Rücksichtslosigkeit geführten japanischen Expansionskriege hatten in Ost- und Südostasien[1] ab 1931 bis zum Kriegsende im September 1945 gigantische Fluchtbewegungen zur Folge. Allein für China nennt Gatrell (2013: 178) die Zahl von 95 Millionen Binnenvertriebenen, was etwa einem Viertel der damaligen Bevölkerung Chinas entsprach. Japans Kapitulation und der damit verbundene Zusammenbruch des japanischen Imperiums führte zu riesigen Repatriierungsbewegungen. Während aus den früheren Kolonien und von Japan kontrollierten Gebieten etwa sechs Millionen japanische Militärangehörige und Zivilist*innen auf die japanischen Hauptinseln zurückkehrten (Watt 2010), verließen etwa 1,4 Millionen koreanische Migrant*innen und Zwangsarbeitskräfte das japanische Hauptterritorium in Richtung koreanische Halbinsel (Kweon 2019: 101). Aus (→) Südostasien waren in den Kriegsjahren bis 1945 wiederum etwa 1,5 Millionen ethnische Chines*innen nach China geflohen, deren Rücksiedlung von China angestrebt wurde (Oyen 2015: 552).

Das Ende des Zweiten Weltkriegs markierte in Ostasien jedoch nicht den Beginn eines ‚Kalten Krieges' wie in Europa, sondern auch die Folgejahre waren durch intensive kriegerische Auseinandersetzun-

---

[1] Ostasien (oder auch Nordostasien) umfasst die folgenden Länder: Japan, Nordkorea, Südkorea und die VR China (inklusive Hongkong und Macau).

gen, wie den chinesischen Bürgerkrieg bis 1949 und den Koreakrieg von 1950–1953, gekennzeichnet. Aufgrund dieser Konflikte waren erneut Millionen von Flüchtlingen in der Region zu verzeichnen. Laut Schätzungen der Vereinten Nationen hatte der Krieg auf der koreanischen Halbinsel zwischen dem kommunistischen Norden und dem kapitalistischen Süden allein in Südkorea etwa 5,3 Millionen Flüchtlinge zur Folge (Gatrell 2013: 182–183). Nach dem Sieg der Kommunist*innen in China und der Gründung der Volksrepublik China 1949 setzte sich die Führungselite der unterlegenen Kuomintang nach Taiwan ab. Die Herrschaft der Kommunist*innen hatte Fluchtbewegungen in das durch die Briten kontrollierte Hongkong, aber auch in die portugiesische Kolonie Macau zur Folge, welche sich jeweils aufgrund der Folgen des „Großen Sprungs nach vorn" (1958–1961) und der Kulturrevolution (1966–1976) in China intensivierten. Der Ausbau der Kontrolle über Tibet durch die VR China in den späten 1950ern löste zudem tibetanische Flüchtlingsbewegungen nach Indien und Nepal aus (→ Südasien). Parallel zu diesen Fluchtbewegungen aus China nahm die VR China ihrerseits chinesisch-stämmige Flüchtlinge aus Südostasien (vor allem Malaysia und Indonesien) auf, welche in ihren Herkunftsländern bedroht und verfolgt wurden. Der Großteil dieser Rückkehrer wurde auf dem Land in staatlichen Agrarbetrieben mit sehr harten Lebensbedingungen angesiedelt, auch wenn die ökonomischen Bedindungen dort besser waren als in den meisten normalen Bauerndörfern.

2. Indochinesische Fluchtbewegung und Diffusion der Genfer Flüchtlingskonvention in Ostasien

Diese riesigen Fluchtbewegungen in Ostasien bis Ende der 1960er Jahre fanden nahezu vollständig außerhalb des internationalen Flüchtlingsregimes statt. Denn die Genfer Flüchtlingskonvention (GFK) von 1951 war nicht nur ohne ostasiatische Beteiligung verabschiedet worden, sondern vorerst geographisch auf Europa beschränkt. Sie diente primär als Instrument des Westens für die Behandlung und Betreuung politischer Flüchtlinge aus dem Ostblock. Zwar war Asien die erste Region außerhalb Europas, in welcher der UNHCR (United Nations High Commissioner for Refugees) trotz seines begrenzten Mandats bereits in den 1950er Jahren aktiv wurde. Peterson (2012) zeigt jedoch in seiner Analyse der Anwendung und Wirkungskraft der GFK in Asien in diesen Jahren, dass das internationale Flüchtlingsregime der Vereinigten Nationen nicht nur durch den ‚Kalten Krieg' und damit verbundene Interessen erklärt werden kann (vgl. Loescher 2001), sondern auch durch koloniales Denken geprägt war. Während der UNHCR in diesen Jahren große Anstrengungen unternahm, um europäische Flüchtlinge umzusiedeln, welche in China im Zuge der Konflikte gestrandet waren, wurde den chinesischen Flüchtlingen in Hongkong kaum internationale Unterstützung gewährt, und die Flüchtlinge, die aus Südostasien nach China kamen, wurden vollständig vom UNHCR ignoriert. Erst mit der Verabschiedung des Protokolls von 1967 über die Rechtsstellung der Flüchtlinge wurde die geographische und zeitliche Einschränkung der GFK aufgehoben. Diese Ausweitung der GFK stellt unter anderem eine Reaktion auf die Bangkok-Prinzipien zum Status und zur Behandlung von Flüchtlingen aus dem Jahr 1966 dar, in denen afrikanische und asiatische Länder inklusive Japan eine alternative und nicht bindende Flüchtlingsvereinbarung jenseits der GFK formulierten. Der UNHCR versuchte zwar in den Folgejahren, Länder in Ostasien zum Beitritt zur GFK zu bewegen, blieb jedoch vorerst erfolglos.

Die Krise bezüglich der indochinesischen Bootsflüchtlinge (1975–1995) wurde zu einem Umkehrpunkt im Umgang mit Flüchtlingen in Ostasien. Kommunistische Siege in Vietnam, Kambodscha und Laos und die nach dem Ende des Vietnamkriegs (1975) andauernden bewaffneten Konflikte verursachten einen Massenexodus von Personen, welche in mehreren Wellen vor den neuen Machthabern und bewaffneten Auseinandersetzungen flohen. Diese Fluchtbewegungen erhielten hohe Aufmerksamkeit im Westen und wurden zum Thema mehrerer internationaler Konferenzen. Die südostasiatischen Nachbarländer weigerten sich, eine große Anzahl dieser Flüchtlinge dauerhaft aufzunehmen, da sie diese als Gefahr für die innere Sicherheit und Stabilität betrachteten. Deshalb bot sich der Westen unter Führung der USA an, einen großen Anteil der Flüchtlinge aufzunehmen, auch in der Hoffnung, dass dies zu einer Destabilisierung der kommunistischen Regime in Südostasien führen könnte. Insgesamt kamen im Zuge dieser Umsiedlungsmaßnahmen knapp zwei Millionen (→) Bootsflüchtlinge in den Westen. Neben den USA mit fast 1,3 Millionen Flüchtlingen waren Australien (etwa 186.000), Frankreich (etwa 119.000) und Kanada (etwa 202.000) die Hauptaufnahmeländer (Robinson 1998: 295).

Indochinesische Flüchtlinge erreichten auch Ostasien. Ab 1978 flohen über 260.000 Personen primär aus Vietnam in die VR China (Soboleva 2021: 160). Die chinesische Führung zeigte sich offen für die Aufnahme dieser Flüchtlinge, da die große Mehrheit von ihnen ethnische Chinesen waren, welche von den neuen Machthabern aus dem Land gedrängt wurden. Die Beziehungen zu Vietnam verschlechterten sich rapide, was schlussendlich im Chinesisch-Vietnamesischen Krieg im Februar/März 1979 mündete. Die Versorgung der Flüchtlinge stellte jedoch für China eine große finanzielle Belastung dar, weshalb es 1979 einen Vertrag mit dem UNHCR unterzeichnete, in welchem es den Flüchtlingsstatus der Geflüchteten anerkannte und im Gegenzug Unterstützung durch den UNHCR erhielt. Diese Flüchtlingskrise fiel zudem in die Phase einer Reform- und Öffnungspolitik der VR China. Nach seiner Anerkennung durch die USA im Jahre 1971 und den damit verbundenen Status als Mitglied und offizieller Vertreter Chinas in den Vereinten Nationen gliederte sich die VR China vermehrt in die internationale Gemeinschaft ein. Neben den wichtigsten Gremien der Vereinten Nationen trat es den zentralen UN-Konventionen bei und unterzeichnete 1983 auch die GFK.

Auch Japan sah sich ab Mitte der 1970er Jahre mit indochinesischen Bootsflüchtlingen konfrontiert, welche auf Handelsschiffen, die sie auf dem offenen Meer aufgenommen hatten, japanische Häfen erreichten. Mit etwa 10.000 Personen war die Anzahl von indochinesischen Bootsflüchtlingen zwar im internationalen Vergleich gering (Robinson 1998: 295), doch diese Fluchtbewegung löste in Japan eine umfassende öffentliche und politische Diskussion der nationalen Flüchtlingspolitik aus (Chiavacci 2011: 83–87). Japan bemühte sich in diesen Jahren um eine stärkere Rolle in der internationalen Gemeinschaft, in Entsprechung seiner zunehmenden ökonomischen Bedeutung in der Weltwirtschaft. Zwar begann Japan massiv, den UNHCR finanziell zu unterstützen, aber die ablehnende Haltung der japanischen Regierung bezüglich der Aufnahme von indochinesischen Flüchtlingen wurde im Westen, gerade von den USA als wichtigstem Bündnispartner, stark kritisiert. Auch zivilgesellschaftliche Akteure in Japan wiesen auf den Widerspruch zwischen der anvisierten Rolle als friedliebendes Mitglied der internationalen Gemeinschaft und dem Nichtbeitritt zu den internationalen Menschenrechts- und Flüchtlingskonventionen hin (Gurowitz 1999: 426–427). Das konservative Establishment konnte sich dieser Logik der Kritiker*innen von außen und innen nicht entziehen. Im Jahre 1979 trat Japan dem

Sozial- und Zivilpakt als den beiden wichtigsten Konventionen der Vereinten Nationen zur Wahrung der Menschenrechte bei und ratifizierte 1982 die GFK.

3. Gegenwärtige Flüchtlingspolitik in Ostasien und Fazit

Wenige Jahre nach seiner Demokratisierung in den späten 1980er Jahren unterzeichnete auch Südkorea im Jahre 1992 als drittes Land in Ostasien die GFK, wobei dies wie im Falle Japans Teil einer Agenda für eine stärkere internationale Rolle war. Die Diffusion der GFK in die wichtigsten Länder Ostasiens sieht auf dem Papier wie ein gewichtiger Erfolg des UNHCR aus. De facto gilt jedoch bis heute, dass in allen drei Ländern die GFK nicht wirklich implementiert wurde. Die VR China hat fast drei Jahrzehnte nach dem offiziellen Beitritt zum internationalen Flüchtlingsregime keine Gesetzgebung zur Umsetzung der GFK eingeführt und in den letzten Jahren wiederholt Grundprinzipien der GFK und des 1967-Protokolls gebrochen (Soboleva 2021: 162–166). Beispielsweise hat die VR China Flüchtlinge aus Myanmar in den 2010er Jahren mehrmals mit Zwang repatriiert.

Zwar setzen sich in Japan und Südkorea zunehmend auch transnational vernetzte zivilgesellschaftliche Aktivisten und Akteure für eine umfassendere Umsetzung der GFK und die Wahrung der Menschenrechte von Flüchtlingen ein (Choi 2019), aber bisher werden in beiden Ländern nur wenige Anträge auf Asyl gestellt. Im Hinblick auf die Bevölkerungsgröße ist auch die Anerkennungsrate nach wie vor im internationalen Vergleich extrem gering. Eine Ausnahme stellten hierbei Flüchtlinge aus Nordkorea dar, welche in Südkorea lange willkommen geheißen wurden. Seit Mitte der 2000er wechselte die südkoreanische Regierung jedoch zu einer Politik, welche die Flucht aus Nordkorea einzudämmen versucht, um eine friedliche Politik des Engagements mit Nordkorea zu ermöglichen (Lankov 2006: 125–128).

Die Anwendung des GFK ist in allen drei Ländern ausgesprochen restriktiv. Allerdings erhalten immer mehr irreguläre Immigranten ein Aufenthaltsrecht aus humanitären Gründen außerhalb des internationalen Flüchtlingsregimes (Wolman 2018). Der Hintergrund ist hierbei eine Immigrations- und Flüchtlingspolitik, welche die volle Kontrolle über die Immigration als zentrales Ziel hat (Chiavacci 2021). Hierbei sollte nicht vergessen werden, dass die potenziellen Migrations- und Fluchtbewegungen in Ost- und Südostasien immens sind. Selbst die Zahl der Flüchtlinge, mit welcher sich Europa während der sogenannten Flüchtlingskrise von 2015/16 konfrontiert sah, ist im Vergleich zum Migrationspotenzial in Ostasien bescheiden. Beispielsweise waren laut Schätzungen in den frühen 2000ern allein in der VR China etwa 130 Millionen unterbeschäftigte Arbeitskräfte und somit potenzielle Emigrant*innen vorhanden (Abella 2002: 48). Dies entsprach in etwa der Gesamtbevölkerung Japans. Eine restriktive Handhabung der Immigrationspolitik und deren Ausrichtung auf ökonomische Vorteile wird deshalb von den nationalen Eliten bevorzugt.

Trotz seiner restriktiven Anerkennungspolitik von Flüchtlingen ist Japan seit den 1980er Jahren zu einem der wichtigsten Geldgeber des UNHCR geworden. Als weitere positive Entwicklung der letzten Jahre kann zudem die Einführung von Resettlement-Programmen in Japan (2008) und Südkorea (2015) erwähnt werden (Soh et al. 2017; Takizawa 2015). Diese Programme sind zwar noch sehr klein, stellen aber eine stärkere Einbindung, zumindest der beiden wichtigsten ostasiatischen Demokratien, in das internationale (→) Flüchtlingsregime dar.

Literaturverzeichnis

Abella, Manolo I. (2002): International Migration and Labour Market Developments. A Survey of Trends and Major Issues. In: OECD (Organisation for Economic Co-operation and Development) (Hrsg.): Migration and the Labour Market in Asia. Recent Trends and Policies. Paris: OECD, 45–61.

Chiavacci, David (2011): Japans neue Immigrationspolitik. Ostasiatisches Umfeld, ideelle Diversität und institutionelle Fragmentierung. Wiesbaden: VS Verlag für Sozialwissenschaften.

Chiavacci, David (2021): Keeping Immigration under Control. Development and Characteristics of the East Asian Migration Region. In: Schubert, Gunter/Plümmer, Franziska/Bayok, Anastasiya (Hrsg.): Immigration Governance in East Asia. Norm Diffusion, Politics of Identity, Citizenship. London: Routledge, 16–39.

Choi, Won Geung (2019): Asian Civil Society and Reconfiguration of Refugee Protection in Asia. In: Human Rights Review 20 (1), 161–179.

Gatrell, Peter (2013): The Making of Modern Refugee. Oxford: Oxford University Press.

Kweon, Sug-In (2019): Ethnic Korean Returnees from Japan in Korea. Experiences and Identities. In: Tsuda, Takeyuki/Song, Changzoo (Hrsg.): Diasporic Returns to the Ethnic Homeland. The Korean Diaspora in Comparative Perspective. Cham: Palgrave Macmillan, 99–117.

Lankov, Andrei (2006): Bitter Taste of Paradise: North Korean Refugees in South Korea. In: Journal of East Asian Studies 6 (1), 105–137.

Loescher, Gil (2001): The UNHCR and World Politics. A Perilous Path. Oxford: Oxford University Press.

Oyen, Meredith (2015): The Right of Return. Chinese Displaced Persons and the International Refugee Organization, 1947–56. In: Modern Asian Studies 49 (2), 546–571.

Peterson, Glen (2012): The Uneven Development of the International Refugee Regime in Postwar Asia. Evidence from China, Hong Kong and Indonesia. In: Journal of Refugee Studies 25 (3), 326–343.

Robinson, W. Courtland (1998): Terms of Refuge. The Indochinese Exodus and the International Response. London: Zed Books.

Soboleva, Elena (2021): China and the Refugee Dilemma. A New Asylum Destination or a Challenge to International Norms? In: Schubert, Gunter/Plümmer, Franziska/Bayok, Anastasiya (Hrsg.): Immigration Governance in East Asia. Norm Diffusion, Politics of Identity, Citizenship. London: Routledge, 155–178.

Soh, Changrok/Kim, Minwoo/Yu, Youngsoo (2017): The Emergence of New Resettlement Countries: A Human Rights Norm Cascade? In: Journal of International and Area Studies 24 (1), 105–124.

Takizawa, Saburo (2015): The Japanese Pilot Resettlement Programme. Identifying Constraints to Domestic Integrations of Refugees from Burma. In: Koizumi, Koichi/Hoffstaedter, Gerhard (Hrsg.): Urban Refugees. Challenges in Protection, Services and Policy. London: Routledge, 206–240.

Watt, Lori (2010): When Empire Comes Home. Repatriation and Reintegration in Postwar Japan. Cambridge: Harvard University Asia Center.

Wolman, Andrew (2018): Humanitarian Protection Advocacy in East Asia. Charting a Path Forward. In: Refugee Survey Quarterly 37 (1), 25–43.

IV.3.4
Südostasien

Antje Missbach

Abstract Dieser Überblick zum Flüchtlingsschutz in Südostasien greift die wichtigsten Fluchtbewegungen der letzten fünf Jahrzehnte auf und ordnet diese politisch ein. Während verschiedene Länder der Regionen wiederholt als temporäre Aufnahmeländer fungierten und lokale Traditionen von Gastfreundschaft einen wichtigen Beitrag zu informellen Schutzmechanismen für Vertriebene leisten, wehren sich die meisten Länder gegen die dauerhafte Aufnahme von Geflüchteten und verstehen sich als Transit- und nicht als Zielländer.

Schlüsselbegriffe: Südostasien, Bootsflüchtlinge, Vietnamkrieg, Comprehensive Plan of Action

1. Einleitung

Südostasien ist eine kulturell, religiös und sprachlich sehr vielfältige Region. Wenngleich hier im Jahr 2020 dem Flüchtlingshilfswerk der Vereinten Nationen zufolge über 1,1 Mio. Flüchtlinge, 1,3 Mio. Staatenlose und 500.000 interne Vertriebene lebten (UNHCR 2021), verfügt diese Region hinsichtlich formal-rechtlicher Mechanismen des Flüchtlingsschutzes nur über schwach ausgeprägte Institutionen und Strukturen. Neben den zehn Mitgliedsstaaten des Verbands Südostasiatischer Nationen (ASEAN), zählt das UNHCR auch Timor Leste und Bangladesch zu Südostasien. Von diesen insgesamt 13 Staaten haben lediglich drei, nämlich Kambodscha, Timor Leste und die Philippinen, die Genfer Flüchtlingskonvention von 1951 und das dazugehörige Protokoll von 1967 unterzeichnet. Angesichts der großen Anzahl von Geflüchteten, welche die Region in den letzten fünf Jahrzehnten aufgenommen hat, mag der Nichtbeitritt zur Flüchtlingskonvention auf den ersten Blick unverständlich wirken. Dahinter verbirgt sich jedoch politisches Kalkül. Zum einen wird die ablehnende Haltung bezüglich der Schaffung formeller Normen und Institutionen zum Schutz von Geflüchteten meist damit begründet, dass es sich bei der Flüchtlingskonvention um einen „westlichen" Vorstoß handele, um Entwicklungsstaaten unverhältnismäßig hohe Zugeständnisse abzuringen (Davies 2008). Zum anderen standen die multiethnischen Zusammensetzungen vieler Staaten in Südostasien und damit verbundene gesellschaftliche Spannungen um staatliche Ressourcen einer integrativen Flüchtlingspolitik ebenfalls im Wege. Diese Ablehnung hat zur Folge, dass viele schutzbedürftige Geflüchtete als „irreguläre" Arbeitsmigrant*innen, wenn nicht sogar als „illegale" Einwander*innen, behandelt werden. Ihre Präsenz mag zwar zeitlich geduldet werden, ihnen stehen aber keine dauerhaften Lösungen offen wie bspw. lokale Integration (Kneebone 2014).

2. Historische Einordnung

Auch wenn Südostasien nicht Teil des internationalen Flüchtlingsschutzregimes ist, war die Region von Vertreibungen und Massenflucht betroffen. In den zwei Jahrzehnten nach dem Vietnamkrieg und der Machtübernahme der Roten Khmer in Kambodscha (1975–1996) sahen sich vor allem Thailand, Indonesien, Malaysia und die Philippinen mit fast zwei Millionen Geflüchteten konfrontiert, die sich über Land und See aufmachten, um in den Anrainerstaaten Zuflucht zu finden. Tausende starben auf den gefährlichen Überfahrten, wurden von Piraten ausgeraubt oder von Soldaten zurück ins Meer gedrängt. Anfang 1979, nach einer Reihe von Gesprächen unter den ASEAN-Staaten und westlichen Aufnahmeländern, boten Indonesien und die Philippinen jeweils eine spärlich bewohnte Insel ihrer Territorien für die temporäre Aufnahme von vietnamesischen und kambodschanischen (→) Bootsflüchtlingen an, allerdings unter der Bedingung, dass alle anfallenden Kosten zur Versorgung von den Vereinten Nationen getragen und die Flüchtlinge schnellstmöglich in westliche Aufnahmestaaten umgesiedelt werden müssen. Trotz der stetigen (→) Resettlements – über 600.000 Menschen wurden allein zwischen 1979 und 1982 von Kanada, Australien und den USA aufgenommen – kamen in den Folgejahren immer mehr Geflüchtete in die Region, was zu einem nachlassenden Engagement in den westlichen Aufnahmeländern führte und aufgrund der hohen Verweildauern die Geduld der südostasiatischen Erstaufnahmeländer auf die Probe stellte.

Mitte 1989 wurde daher von allen betroffenen Ursprungs-, Transit- und Aufnahmeländern eine Vereinbarung geschlossen, der sogenannte *Comprehensive Plan of Action*, der zur Verringerung des Flüchtlingsaufkommens beitragen sollte (Hathaway 1993; Helton 1993). Statt wie bisher allen Geflüchteten prima facie den rechtlichen Flüchtlingsstatus zukommen zu lassen und sie umzusiedeln, erfolgte von da eine individuelle Überprüfung der Beweggründe durch den UNHCR, bei der Schutzsuchende eine begründete Angst vor persönlicher politischer Verfolgung nachweisen mussten. Diejenigen, die als „Wirtschaftsmigrant*innen" aussortiert wurden, wurden zuerst freiwillig und später auch unter Zwang nach Vietnam zurückgeschickt, mit dessen Regierung zuvor Rücknahmeabkommen abgeschlossen worden waren. Diese Maßnahmen zeigten in den darauffolgenden Jahren Wirkung; immer weniger Menschen verließen Vietnam auf irregulärem Wege. 1996 wurden die meisten Lager in Südostasien endgültig geschlossen. Obwohl sich bspw. Indonesien mit seinem damaligen humanitären Zugeständnis rühmt (Missbach 2015), stimmen die meisten Länder Südostasiens miteinander überein, dass sich ausgedehnte Transitaufenthalte in ihren Staatsterritorien nicht wiederholen dürften. Statt Geflüchtete als Schutzbedürftige zu begreifen, werden sie als Sicherheitsrisiko, Bedrohung der staatlichen Souveränität und als Konkurrenz auf dem Arbeitsmarkt gesehen.

3. Aktuelle Situation

Neben Geflüchteten aus dem Iran, Irak, Somalia und Asien, vor allem Afghanistan und Pakistan, stammt der größte Teil der derzeitigen Flüchtlingsbevölkerung innerhalb Südostasiens aus Myanmar, das von 1962 bis 2011 von einem Militärregime regiert wurde. Neben Krieg und gewalttätigen Auseinandersetzungen lösen Landraub, ungleiche Entwicklung und nicht zuletzt Umweltkatastrophen interne wie auch grenzüberschreitende Zwangsvertreibungen aus. Besonders betroffen sind ethnische

Minderheiten (Karen, Chin, Rohingya), u. a. weil ethnische Befreiungsbewegungen sich militarisierten und gegen die Regierungstruppen kämpften, was zu einer Verfestigung der Konflikte beitrug. Allein in den Camps entlang der myanmarisch-thailändischen Grenze lebten 2019 an die 100.000 Menschen, einige von ihnen schon über drei Generationen hinweg (UNHCR 2021). Insgesamt beherbergte Thailand 2019 über 570.000 Geflüchtete, wobei der Großteil Staatenlose aus Myanmar sind. Seit 2017 wurden mehr als 1,2 Millionen Rohingya aus ihrem Herkunftsland Myanmar gewaltsam vertrieben. Die meisten vertriebenen Rohingya, denen bereits 1982 ihre Staatsbürgerrechte in Myanmar entzogen wurden, leben in Camps entlang der Grenze von Myanmar und Bangladesch unter ausgesprochen schlechten Bedingungen. Darüber hinaus haben zusätzlich ungefähr 100.000 Rohingya in Malaysia Zuflucht gefunden. Während der sogenannten Andaman Sea-Krise von 2015 versuchten über 8.000 Rohingya per Boot nach Indonesien und Malaysia zu gelangen, viele von ihnen wurden jedoch abgewiesen. Erst aufgrund des hohen internationalen Drucks boten Malaysia und Indonesien im Mai 2015 an, zumindest einen Teil von ihnen vorübergehend aufzunehmen, vorausgesetzt, dass alle anfallenden Kosten von externen Stakeholdern übernommen und die Flüchtlinge innerhalb eines Jahres umgesiedelt würden. Die Parallelen zu früheren Abmachungen dieser Art sind unverkennbar und doch gleichzeitig unrealistisch, vor allem angesichts des globalen Rückgangs der Flüchtlingsaufnahmequoten. Abgesehen von einer sehr kleinen Zahl von Umsiedlungen nach Kanada, verblieben die meisten Rohingya in Südostasien. Daher ist es kaum verwunderlich, dass Malaysia und Indonesien noch ablehnender reagierten, als Anfang/Mitte 2020 erneut hunderte von Rohingya aus den Camps in Bangladesch per Boot zu fliehen versuchten, aber ins Meer zurückgedrängt wurden. Diese *Pushbacks* sind ein klarer Verstoß gegen das Völkergewohnheitsrecht, das die Zwangsrückführung (*refoulement*) von Geflüchteten in Gebiete, wo ihr Leben und ihre Sicherheit bedroht sind, untersagt und an das auch Nichtunterzeichnerstaaten der Flüchtlingskonvention gebunden sind (Ghráinne 2017). Darüber hinaus ignorieren solche *Pushbacks* auch die 2012 verabschiedete ASEAN Menschenrechtserklärung, in der das Recht auf Asyl verankert ist (Kneebone 2014). Obwohl diese Praktiken zu verurteilen sind, muss den südostasiatischen Ländern zugestanden werden, dass sie sich in der Mehrzahl der Fälle an das Verbot von Zwangsrückführungen halten, aus legal-politischen, wie auch aus logistisch-finanziellen Gründen.

4. Dauerhafte Übergangssituationen

Trotz der grundsätzlich ablehnenden Haltung gegenüber Geflüchteten ermöglicht der fehlende oder inkonsequente Grenzschutz vielen den Zutritt zu südostasiatischen Ländern (Moretti 2018). Punktuelle statt flächendeckender Überwachung, Korruption und eine florierende informelle Wirtschaft strahlen zudem auf Neuankömmlinge eine gewisse Anziehung aus, sich zumindest temporär niederzulassen. Da sich die südostasiatischen Länder als Transit- und nicht als Aufnahmeländer betrachten, sehen ihre Regierungen keine Notwendigkeit, rechtliche Rahmenbedingungen zur Überprüfung von Asylgesuchen oder für dauerhafte Lösungen vor Ort zu schaffen, wie zum Beispiel zur Erlangung der Staatsbürgerschaft nach längerer Aufenthaltsdauer. Stattdessen sind die meisten Prozesse im Bereich Asyl und Flüchtlingsversorgung an (→) internationale Organisationen, wie den UNHCR und die IOM, sowie an verschiedene Nichtregierungs- und Wohlfahrtsorganisationen ausgelagert. Während die Geflüchteten in den Camps von diesen Organisationen mit dem Notwendigsten versorgt werden, wird der Großteil der städtischen Flüchtlinge im Bauwesen, der Plantagenwirtschaft und in Fabriken (*sweatshops*) als billige Arbeitskraft ausgenutzt, was vor allem für Länder wie Malaysia – entgegen der offiziellen Rhetorik – durchaus von volkswirtschaftlichem Nutzen ist. Die Tatsache, dass viele Geflüchtete über Jahre hinweg in Übergangsszenarien (*protracted situations*) verharren, setzt die Regierungen Südostasiens nicht unter Handlungsdruck. Es dominieren Ad hoc-Maßnahmen, die sogar positive Ausnahmeregelungen für bestimmte Flüchtlingsgruppen ermöglichen können, aber keine grundsätzlichen Regelwerke zugunsten von Geflüchteten schaffen. Zum Beispiel genossen bosnische Flüchtlinge in Malaysia eine gewisse Sonderbehandlung in Bezug auf Arbeitsrechte, im Gegensatz zu asiatischen Geflüchteten, die die Schikanen der Polizei und Immigrationsbehörden, wie Festnahmen, Schutzgeldzahlung und auch Prügelstrafen, regelmäßig zu spüren bekommen (Hoffstaedter 2017).

5. Multilaterale Ansätze

Abgesehen von den informellen und den zeitlich begrenzten Ad hoc-Maßnahmen bemühen sich einzelne südostasiatische Regierungen um diplomatische Lösungen von Konflikten in den Herkunftsländern, entsenden humanitäre Hilfe in die betroffenen Regionen und beteiligen sich an diversen multilateralen Foren (Mathew/Harley 2016). Eines der wichtigsten regionalen Foren ist der 2002 gegründete *Bali Process on People Smuggling, Trafficking in Persons and Related Transnational Crime* (‚Bali Prozess'), unter der Doppelführung von Indonesien und Australien. Wie der Name bereits andeutet, geht es beim Bali Prozess nicht primär um den Schutz von Geflüchteten, sondern um die Unterbindung von irregulärer Migration und transnationaler Kriminalität, womit hier vor allem Menschenhandel, Menschenschmuggel und Terrorismus gemeint sind. Während die 49 Mitglieder dieses Forums tiefgreifende Kooperationen im Bereich Training und Ausstattung von Polizei- und Grenzbehörden in den Ländern Südostasiens initiierten, gibt es keine Übereinstimmung in den Bereichen Seerettung und Flüchtlingsversorgung, was nicht zuletzt am Einfluss Australiens liegt. Seit Jahren bemüht sich Australien um die Ausweitung seiner legal ausgesprochen fragwürdigen Abschottungs- und Abschreckungspolitik tief in die Region hinein.

Die australische Dominanz verhindert zudem bestimmte regionale Kooperationspotentiale in Südostasien und beeinflusst den Diskurs um Geflüchtete dahingehend, dass die Art und Weise, wie Geflüchtete migrieren, immer stärker kriminalisiert wird, ohne alternative, legale Lösungen aufzuzeigen. Je mehr die diskursive Rahmensetzung um Migration und Flucht von Sicherheits- und Kriminalitätsprämissen geprägt ist, desto weniger Bedeutung fällt dem Schutz von Menschenrechten zu. Geflüchtete werden dabei diskursiv entweder zu ‚Opfern von Menschenhändlern' oder zu ‚Kriminellen'.

6. Nichtstaatliches Engagement

Zivilgesellschaftliche Gruppen, religiöse Wohltätigkeitsorganisationen und Interessenvertretungen von Geflüchteten in den einzelnen Ländern Südostasiens sowie der überregionale Dachverband *Asia Pacific Refugee Rights Network* (APRRN) bemühen sich seit Jahren, diesem versicherheitlichten

Diskurs eine andere Perspektive gegenüberzustellen und ihre jeweiligen Regierungen davon zu überzeugen, mehr für den Flüchtlingsschutz zu tun statt Fremdenhass und Rassismus gegenüber Schutzbedürftigen zu tolerieren. Ein konkretes Ziel der gemeinsamen Lobbyarbeit ist u. a. die Beendigung von Inhaftierungen von Geflüchteten in Haftanstalten (*immigration detention camps*), was zumindest in Indonesien dahingehend erfolgreich war, dass seit Ende 2018 keine Flüchtlinge mehr eingesperrt werden (Missbach 2021). Da die Anzahl von Plätzen in weniger regulierten Flüchtlingswohnheimen jedoch begrenzt ist, was den fehlenden ausländischen Zuwendungen geschuldet ist, hat sich jedoch die Obdachlosigkeit unter Geflüchteten in Indonesien seit 2018 stetig erhöht.

7. Ausblick

Beobachter*innen halten es für ausgesprochen unwahrscheinlich, dass die Länder Südostasiens in absehbarer Zeit ihren bisherigen Kurs zum Umgang mit Geflüchteten ändern werden oder gar der Genfer Flüchtlingskonvention beitreten. Dabei werden vor allem hohe Kosten und die wirtschaftlichen Interessen der Wählerschaften angeführt. Um die Situation von Geflüchteten in Südostasien zu verbessern und ihnen grundsätzliche Rechte in puncto Gesundheitsversorgung, Bildung und Arbeit zu garantieren, bedarf es nicht nur internationalen Drucks, sondern auch eines Umdenkens innerhalb der lokalen Bevölkerungen, weg von religiös motivierter Solidarität und spontaner Hilfe hin zu staatlich garantierten Rechten. Bis dahin ist für Geflüchtete, die nach Südostasien kommen, die informelle Handhabe, die zeitweise Tolerierung ihrer Anwesenheit und ihre Nichtausweisung vermutlich die verlässlichste Option.

Literaturverzeichnis

Davies, Sara E. (2008): Legitimising rejection: International refugee law in Southeast Asia. Leiden: Martinus Nijhoff Publishers.
Ghráinne, Ní (2017): The 2015 Andaman Sea Boat 'Crisis': Human Rights and Refugee Law Considerations. In: Salomon, Stefan/ Heschl, Lisa/ Oberleitner, Gerd/Benedek, Wolfgang (Hrsg.): Blurring Boundaries: Human Security and Forced Migration. Leiden: Brill, 123–134.
Hathaway, James C. (1993): Labelling the 'boat people': the failure of the human rights mandate of the Comprehensive Action Plan for Indochinese refugees. In: Human Rights Quarterly 15 (1), 686–702.
Helton, Arthur C. (1993): Refugee determination under the Comprehensive Plan of Action: overview and assessment. In: International Journal for Refugee Law 5 (1), 544–58.
Hoffstaedter, Gerhard (2017): Refugees, Islam, and the State: The Role of Religion in Providing Sanctuary in Malaysia. In: Journal of Immigrant & Refugee Studies 15 (3), 287–304
Kneebone, Susan York (2014): ASEAN and the conceptualization of refugee protection in Southeastern Asian states. In: Abass, Ademola/Ippolito, Francesca (Hrsg.): Regional Approaches to the Protection of Asylum Seekers: An International Legal Perspective. Surrey: Ashgate Publishing, 295–323.
Mathew, Penelope/Harley, Tristan (2016): Refugees, Regionalism and Responsibility. Cheltenham: Edward Elgar Publishing.
Missbach, Antje (2015): Troubled Transit: Asylum Seekers Stuck in Indonesia. Singapore: ISEAS Publishing, Yusof Ishak Institute.
Missbach, Antje (2021): Substituting immigration detention centres with 'open prisons' in Indonesia: alternatives to detention as the continuum of unfreedom. In: Citizenship Studies 25 (2), 224–237

Moretti, Sébastien (2022): The Protection of Refugees in Southeast Asia: A Legal Fiction? London: Routledge.
UNHCR (2021): Planning summary. Subregion: South East Asia. https://reporting.unhcr.org/sites/default/files/pdfsummaries/GA2021-SouthEastAsia-eng.pdf, 19.05.2022

IV.3.5
Australien und Ozeanien

Klaus Neumann

Abstract Dieses Kapitel gibt einen Überblick über Flucht und Vertreibung in Australien und Ozeanien, einschließlich Neuseeland. Ein besonderes Augenmerk liegt auf der australischen und neuseeländischen Flüchtlings- und Asylpolitik, insbesondere dem Bestreben, sich gegenüber Bootsflüchtlingen abzuschotten, auf der Rolle Papua-Neuguineas und Naurus bei der von Australien betriebenen Externalisierungspolitik und auf den Auswirkungen des Klimawandels.
Schlüsselbegriffe: Resettlement, extraterritoriale Internierung, Klimaflüchtlinge, Bootsflüchtlinge

1. Einleitung

Die Region, zu der Australien und die Inseln Melanesiens (einschließlich Neuguineas), Polynesiens (einschließlich Aotearoa-Neuseelands) und Mikronesiens gehören, ist hinsichtlich ihrer historischen Entwicklung und politischen Verfasstheit heterogen und umfasst unabhängige Nationen, von Staaten außerhalb der Region annektierte Gebiete (z. B. Hawaii) und abhängige Territorien (z. B. Französisch-Polynesien). Australien und Neuseeland sind seit dem späten 18. Jahrhundert vornehmlich von Europa aus besiedelte Siedlerkolonien mit signifikanten indigenen Minderheiten; sie haben im Verlauf ihrer kolonialen und postkolonialen Geschichte eine anteilsmäßig große Zahl von Vertriebenen als Einwanderer, im Zuge von Resettlement oder als Asylsuchende aufgenommen (Beaglehole 2013; Neumann 2015). Die meisten pazifischen Inselstaaten dagegen haben kaum Erfahrungen mit Geflüchteten. Insgesamt ist Ozeanien in erster Linie Destination von Fluchtbewegungen; während die Region auch Vertriebene produziert hat (z. B. Indo-Fidschianer nach den Militärputschen von 1987), waren diese in der Regel entweder Binnenflüchtlinge oder suchten Zuflucht innerhalb der Region.

Von den dreizehn unabhängigen Staaten der Region sind zwischen 1954 und 2011 acht – Australien, Fidschi, Nauru, Neuseeland, Papua-Neuguinea, Salomoninseln, Samoa und Tuvalu – der Genfer Flüchtlingskonvention von 1951 und ihrem Protokoll von 1967 beigetreten. Australien spielte eine wichtige Rolle bei der Formulierung dieser Konvention und ist seit seiner Gründung einflussreiches Mitglied des UNHCR-Exekutivkomitees.

2. Australische und neuseeländische Flüchtlingspolitik

Ähnlich wie in (→) Nordamerika wird in Australien und Neuseeland kategorisch zwischen Flüchtlingspolitik, die das (→) Resettlement von außerhalb des Landes als Flüchtlinge anerkannten Personen regelt, und Asylpolitik unterschieden.

Vor dem Zweiten Weltkrieg gestatteten beide Länder einer begrenzten Anzahl vornehmlich jüdischer Flüchtlinge, vor allem aus Deutschland und Österreich, die Einreise. Australien legte dabei 1938 eine Obergrenze von 15.000 Personen fest, die aber nicht erreicht wurde. Nach 1947 nahmen beide Länder am von der International Refugee Organization (IRO) organisierten Resettlement der sogenannten Displaced Persons (DPs) teil; bis 1954 wanderten etwa 170.000 DPs nach Australien und etwa 4.500 nach Neuseeland ein.

Die Kriterien, die bei der Vergabe von Visa für DPs angewandt wurden, waren strenger als die für sonstige Einwanderer. Das Prinzip, dass die allgemein geltenden Einwanderungskriterien nicht aus humanitären Gründen gelockert werden sollten, wurde auch nach dem Ablauf des DP-Programms beibehalten, z. B. als beide Länder nach 1956 ungarische Flüchtlinge aufnahmen, die in Lagern in Österreich und Jugoslawien ausgewählt wurden. Während Neuseeland bereits Ende der 1950er Jahre im Kontext des Weltflüchtlingsjahrs begann, Personen für Resettlement auch nach humanitären Kriterien auszuwählen, kamen solche Kriterien in Australien erst ab 1975 und der Aufnahme von Flüchtlingen aus Indochina wesentlich zum Tragen. Wegen der in beiden Ländern geltenden rassistischen Einwanderungsbestimmungen („White Australia Policy" seit 1901 und „White New Zealand Policy" seit 1920) hatten bis Anfang der 1970er Jahre in der Regel nicht-Weiße Vertriebene keinen Anspruch auf Resettlement.

Die Zahlen der von Australien und Neuseeland jährlich für Resettlement zur Verfügung gestellten und dann in Anspruch genommenen Plätze ändern sich von Jahr zu Jahr und hängen u. a. von der Wirtschaftslage und der politischen Ausrichtung der jeweiligen Regierung ab. Australien hat im Verhältnis zu seiner Einwohnerzahl durchweg mehr Flüchtlinge aufgenommen als Neuseeland und war lange das drittwichtigste Resettlement-Empfängerland nach den USA und Kanada.

Das australische Resettlement-Programm gilt international als vorbildlich. Die Regierung legt jährliche Quoten für das sogenannte humanitäre Einwanderungsprogramm und seine einzelnen Komponenten (z. B. Familienangehörige von bereits in Australien lebenden Flüchtlingen) fest und bestimmt, aus welchen Ursprungsländern wie viele Flüchtlinge kommen sollen. Den für Resettlement ausgewählten Einwanderern wird eine dauernde Aufenthaltsgenehmigung gewährt. Ausnahmen von dieser Regel gab es im Fall von Flüchtlingen aus Osttimor, die nach der indonesischen Annektierung der ehemaligen portugiesischen Kolonie evakuiert wurden, und von etwa 4.000 Kosovaren, die 1999 mithilfe sogenannter „Safe Haven"-Visa nach Australien kamen.

3. Australische und neuseeländische Asylpolitik

Die australische und neuseeländische Asylpolitik ist bestimmt vom Prinzip der Abschottung und Abschreckung von auf dem Seeweg ankommenden Asylsuchenden. Sie ist das Ergebnis einer unter Weißen Australiern und Neuseeländern weit verbreiteten Furcht vor nicht-europäischen Invasoren, die sich möglicherweise aus dem Unbehagen der Nachfahren kolonialer Siedler über die Illegitimität des Siedlerkolonialismus speist. Abschreckungsmaßnahmen – wie zum Beispiel die Internierung von Asylsuchenden während ihres Verfahrens und die (→) Externalisierung von Asylverfahren – sind nicht zuletzt eine Versicherung gegenüber der eigenen Bevölkerung, dass die Regierung entschlossen ist, eine Bedrohung durch Asylsuchende abzuwenden. Bootsflüchtlingen ist es allerdings noch nie gelungen, neuseeländisches Territorium zu erreichen, insofern ist das neuseeländische Vorgehen hypothetischer Natur; Australien dagegen hat seit 1969 Erfahrung mit Vertriebenen, die auf dem Seeweg Australien oder seine Hoheitsgewässer erreichten.

Australien wurde mit größeren Gruppen von Asylsuchenden zuerst ab den frühen 1960er Jahren in seinem Territorium Papua und Neuguinea (TPNG) konfrontiert. Damals wurde vielen der aus Westpapua (dem ehemaligen Westneuguinea) geflohenen Menschen eine befristete Aufenthaltsbewilligung erteilt. Im Februar 1969 erreichten erstmals acht westpapuanische (→) Bootsflüchtlinge Australien; sie konnten überredet werden, ihrem Transfer nach TPNG zuzustimmen, von wo aus sie dann nach Indonesien deportiert wurden. Öffentliche und zum Teil in (→) Mediendiskursen und von der Labor Party-Opposition geschürte Ängste wegen der Ankunft tausender indochinesischer Bootsflüchtlinge Ende der 1970er Jahre neutralisierte die damalige konservative Regierung. In einer ähnlichen Situation reagierte die Labor-Regierung 1992 mit einem Gesetz, das die obligatorische und unbegrenzte Internierung von Bootsflüchtlingen vorschreibt. Trotz der oft katastrophalen Zustände in den Internierungslagern führte diese Politik jedoch nicht zu einem dauerhaften Rückgang der Flüchtlingszahlen. Der trat erst nach 2001 ein, als im Rahmen der „Pacific Solution" Asylsuchende, die per Schiff in australische Hoheitsgewässer gelangten, außerhalb Australiens – in Manus und Nauru – interniert wurden, wobei die Marine Schiffe mit Asylsuchenden auch zurück nach Indonesien eskortierte. Die „Pacific Solution" wurde 2007 ausgesetzt, aber 2012 in abgeänderter Form wieder eingeführt. Im Rahmen der sogenannten „PNG Solution" wurde 2013 zudem festgelegt, dass extraterritorial internierte Asylsuchende niemals nach Australien einreisen dürften. 2016 einigte sich Australien mit den USA darauf, dass letztere im Rahmen eines Flüchtlingstauschs vielen der in Nauru und Manus internierten Flüchtlingen einen Resettlement-Platz anbieten würde. Im Rahmen der „Operation Sovereign Borders" hat Australien seit 2013 auch Boote mit Asylsuchenden, die von der Marine auf dem Weg nach Australien aufgebracht wurden, entweder nach Indonesien zurückgeschleppt oder, im Falle von Booten mit Asylsuchenden aus Sri Lanka oder Vietnam, diese nach einer kursorischen Prüfung ihrer Schutzansprüche an die Marine der jeweiligen Länder übergeben.

Trotz extrem hoher finanzieller Kosten für Australien und gesundheitlicher Kosten für die Internierten haben wahltaktische Überlegungen Regierungen jedweder Couleur dazu bewogen, an einer restriktiven Politik festzuhalten. Begründet wurde dies mit der Notwendigkeit, die gesellschaftliche Akzeptanz einer großzügigen Resettlement-Politik und vor allem eines relativ großen Einwanderungsprogramms zu gewährleisten. Oft ist zudem die auf Kontrolle fokussierte Einwanderungsbehörde Treiber einer restriktiven Politik gewesen. Nur eine Minderheit der Australier*innen lehnt die Asylpolitik ihrer Regierung entschieden ab. Doch zahlreiche zivilgesellschaftliche Akteure engagieren sich seit den 1990er Jahren im Kampf gegen die herrschende Asylpolitik. Da Australien die einzige westliche Demokratie ohne in der Verfassung festgeschriebene Grundrechte ist, ist der Diskurs um die Asylpolitik nicht von Fragen der Menschenrechte geprägt. Stattdessen versuchen Aktivist*innen oft, das Schicksal besonders (→) vulnerabler Individuen (wie zum Beispiel von Kindern, die in Internierungslagern aufwachsen) hervorzuheben.

Die australische Asylpolitik, insbesondere die als völkerrechtswidrig geltenden „Push-backs" und die extraterritoriale Internierung von Asylsuchenden, ist wiederholt international scharf kritisiert worden. In der Regel verweist die Regierung dann im Gegenzug auf Australiens beispielhafte Resettlement-Praxis. Die von 2013 bis 2022 regierenden konservativen Premierminister haben sogar versucht, die eigene Asylpolitik anderen westlichen Regierungen gegenüber als nachahmenswert zu empfehlen. Obgleich Neuseelands Asylpolitik ähnlich restriktiv ist wie die Australiens, ist die neuseeländische Regierung oft bestrebt gewesen, die Reputation des Landes als Streiter für Menschenrechte zu pflegen (zum neuseeländischen Asyldiskurs Bogen/Marlowe 2017).

Australien kooperiert seit den 1970er Jahren mit Indonesien in der Absicht, die Ankunft von Bootsflüchtlingen in Australien zu unterbinden, und spielt eine prominente Rolle im 2002 ins Leben gerufenen „Bali Process", der sich die Bekämpfung von (→) Menschenschmuggel und Menschenhandel in (→) Südostasien zum Ziel gesetzt hat. Australiens Vorhaben, einen Flüchtlingstausch mit Malaysia zu vereinbaren, scheiterte 2011 an der Weigerung des australischen Obersten Gerichts, die Deportation Asylsuchender nach Malaysia (und im Gegenzug das Resettlement von Flüchtlingen aus Malaysia) zuzulassen.

4. Papua-Neuguinea

Papua-Neuguinea erlangte 1975 seine Unabhängigkeit von Australien. Asylsuchende aus Westpapua, denen während der Kolonialzeit eine temporäre Aufenthaltsgenehmigung erteilt wurde, erhielten zumeist die papua-neuguineanische Staatsbürgerschaft. Westpapuanische Flüchtlinge, die nach 1975 die Grenze überschritten, wurden nach Indonesien abgeschoben, repatriiert oder in einer von „protracted displacement" gekennzeichneten Situation im Westen Papua-Neuguineas angesiedelt (Glazebrook 2008). Während des Bürgerkriegs auf Bougainville (1988–1998) flohen zehntausende von Menschen in andere Landesteile Papua-Neuguineas oder auf die benachbarten Salomoninseln. Für eine kleine Anzahl von Flüchtlingen, die versuchen, über die Torres-Straße nach Australien zu gelangen, ist Papua-Neuguinea ein Transitland.

Von 2001 bis 2004 unterhielt die australische Regierung im Rahmen der „Pacific Solution" ein Internierungslager auf der zu Papua-Neuguinea gehörenden Insel Manus. Im November 2012 wurde das Lager im Rahmen der „PNG Solution" wiedereröffnet. Die Lebensbedingungen in dem Lager, in dem zu Hochzeiten mehr als 1.300 Männer interniert waren, waren Anlass zahlreicher Proteste im Lager selbst und in Australien und Gegenstand eines preisgekrönten Buches des Journalisten Behrouz Boochani (2018), der selbst in Manus interniert war und dem Neuseeland 2020 Asyl gewährte. Der Oberste Gerichtshof von Papua-Neuguinea veranlasste 2017 die Schließung des Lagers. Die Mehrheit der Internierten wurde repatriiert, in die USA umgesiedelt oder nach Australien transferiert.

5. Nauru

Nauru, ein Atoll im westlichen Pazifik mit etwa 11.000 Einwohner*innen, erlangte 1968 seine Unabhängigkeit; vorher wurde es treuhänderisch von Australien, Neuseeland und Großbritannien verwaltet. Auf Nauru wurde zwischen 1906 und 2006 Phosphat abgebaut. Seit den 1990er Jahren ist das Atoll als Folge des Phosphatabbaus großenteils unbewohnbar und die Bevölkerung verarmt. 2001 erklärte sich Nauru bereit, im Rahmen der „Pacific Solution" von Australien abgefangene Asylsuchende zu internieren. Das Lager wurde 2008 geschlossen, aber 2012 wiedereröffnet. 2014 befanden sich mehr als

1.200 Internierte auf Nauru. Der Plan der australischen Regierung, auf Nauru anerkannte Flüchtlinge nach Kambodscha umzusiedeln, scheiterte.

6. Kiribati und Tuvalu

Polynesien und Mikronesien waren bereits im 20. Jahrhundert von Zwangsmigration betroffen, da die Kolonialmächte die Bevölkerungen ganzer Inseln umsiedelten. So verloren die Einwohner*innen der zum Bikini-Atoll gehörenden Inseln Bikini und Enyu 1946 dauerhaft ihre Heimat, als die USA dort Atomversuche durchführten. 1945 deportierte Großbritannien die bereits von Japan während des Zweiten Weltkriegs verschleppten Bewohner*innen von Banaba (Ocean Island) auf die etwa 2.400 Kilometer entfernte Insel Rabi, um auf Banaba ungehindert Phosphat abbauen zu können.

Inzwischen gilt die Umsiedlung der Banaba-Insulaner*innen in der Forschung als ein Präzedenzfall für die womöglich bevorstehende Zwangsmigration ganzer Nationen (z. B. Edwards 2014). Viele der pazifischen Atolle und tiefliegenden Inseln sind vom Klimawandel und dem steigenden Meeresspiegel betroffen, und es ist abzusehen, dass ihre Bewohner*innen in den nächsten Jahrzehnten ihre Heimat dauerhaft aufgeben müssen (siehe z. B. Curtain/Dornan 2019). Die Regierungen der besonders betroffenen Inselstaaten Kiribati und Tuvalu haben in Gremien der Vereinten Nationen und des Südpazifischen Forums mehrfach auf die Bedrohung ihrer Länder hingewiesen und die historische Verantwortung der Industriestaaten angeprangert. Kiribati hat vorsorglich bereits Land in Fidschi angekauft, um die Versorgung seiner Bevölkerung mit Nahrungsmitteln zu gewährleisten und möglicherweise Teile der Bevölkerung dorthin umzusiedeln.

Mehr als Australien erkennt Neuseeland seine besondere Verantwortung als ehemalige Kolonialmacht im Pazifik an und befindet sich in einem konstruktiven Dialog mit Inselstaaten, die vom Klimawandel bedroht sind. Allerdings hat z. B. die Bereitstellung von jährlich jeweils 75 Plätzen im Rahmen des „Pacific Access Category Resident Visa"-Programms für Einwanderer aus Kiribati und Tuvalu eher symbolischen Wert.

7. Ausblick

Australien und Neuseeland sind signifikante Resettlement-Destinationen, deren Flüchtlingspolitik oft Vorbildcharakter hatte. Insbesondere Australiens restriktive Asylpolitik, einschließlich der neokolonialen Inanspruchnahme zweier pazifischer Inseln zur extraterritorialen Internierung von Asylsuchenden, ist dagegen schon lange „worst practice"; daran wird sich wegen ihrer Akzeptanz in der australischen Bevölkerung und des Fehlens einer australischen Menschenrechtscharta langfristig wenig ändern. Ob Ozeanien Ziel größerer Fluchtbewegungen wird, wird vor allem von den Beziehungen Australiens mit seinen südostasiatischen Nachbarstaaten, die die Überfahrt von Geflüchteten verhindern können, abhängen. Inwieweit die Region Ursprung von Fluchtbewegungen wird, hängt vom Fortschreiten des Klimawandels und von Bemühungen, die teilweise labilen politischen Verhältnisse in den Staaten Melanesiens zu stabilisieren, ab.

Literaturverzeichnis

Beaglehole, Ann (2013): Refuge New Zealand: A Nation's Response to Refugees and Asylum Seekers. Dunedin: Otago University Press.
Bogen, Rachel/Marlowe, Jay (2017): Asylum discourse in New Zealand: moral panic and a culture of indifference. In: Australian Social Work 70 (1), 104–115.
Boochani, Behrouz (2018): No Friend but the Mountains: Writing from Manus Prison. Übersetzt von Omid Tofighian. Sydney: Picador.
Curtain, Richard/Dornan, Matthew (2019): A Pressure Release Valve? Migration and Climate Change in Kiribati, Nauru and Tuvalu. Canberra: Development Policy Centre, The Australian National University.
Edwards, Julia B. (2014): Phosphate mining and the relocation of the Banabans to northern Fiji in 1945: Lessons for climate change-forced displacement. In: Journal de la Société des Océanistes 138–139, 121–136.
Glazebrook, Diana (2008): Permissive Residents: West Papuan Refugees Living in Papua New Guinea. Canberra: ANU E Press.
Neumann, Klaus (2015): Across the Seas: Australia's Response to Refugees: A History. Collingwood: Black Inc.

IV.4 Amerikas

IV.4.1
Südamerika

Franziska Reiffen und Heike Drotbohm

Abstract Südamerika ist seit langem Ausgangs-, Transit- und Zielregion sowohl regionaler als auch extraregionaler Fluchtbewegungen. Eigenständige Abkommen der südamerikanischen Staaten reagieren auf spezifische regionale Herausforderungen und ergänzen die Genfer Flüchtlingskonvention. Gleichzeitig besteht eine Diskrepanz zwischen menschenrechtsorientierten Diskursen und progressiven politischen Ansätzen des Flüchtlingsschutzes einerseits und dem Regieren über Sonderregelungen sowie anhaltend eingeschränkten Bleibeperspektiven für Geflüchtete andererseits. Dieser Beitrag erläutert zunächst die regionsspezifische Unterscheidung zwischen politischem Asyl und Flüchtlingsschutz und schildert die historische Herausbildung spezifischer gesetzlicher Rahmungen. Anschließend zeigt er anhand der Fluchtbewegungen in und aus Kolumbien, Haiti und Venezuela beispielhaft, wie südamerikanische Staaten Ansätze des Flüchtlingsschutzes entwickelten und wie sich deren Umsetzung in der Praxis darstellt.

Schlüsselbegriffe: Asyl, Binnenvertreibung, Exil, Süd-Süd Solidarität, Cartagena-Erklärung

1. Einleitung

Südamerika als Herkunfts-, Transit- und Zielregion unterschiedlicher Fluchtbewegungen blickt auf eine lange Tradition des politischen Asyls zurück. Die südamerikanischen Staaten entwickelten schon im 19. Jahrhundert ein eigenes Asylregime, beteiligten sich jedoch erst spät an der internationalen Flüchtlingspolitik. Von besonderer Relevanz waren dabei konkrete regionale Problemstellungen, anhand derer progressive Ansätze entwickelt wurden, wie die Beispiele der Cartagena-Erklärung und die Reaktion südamerikanischer Staaten auf Binnenvertreibungen in Kolumbien zeigen. Die tatsächliche und dauerhafte Implementierung eines effektiven Flüchtlingsschutzes und die Bleibeperspektiven für Geflüchtete bleiben jedoch innerhalb der Region prekär, wie anhand des Umgangs mit Flucht aus Haiti und Venezuela offensichtlich wird.

2. Asyl und Flucht in Südamerika: Historische Hintergründe und gesetzliche Rahmungen

Bereits Ende des 19. Jahrhunderts entwickelte sich angesichts der frühen Nationalstaatenbildung in Südamerika ein eigenständiges regionales Asylregime, das auf Praktiken der Verbannung politischer Gegner und deren Aufnahme in anderen (Welt-)Regionen reagierte. Die Verbannung, bereits zu Kolonialzeiten ein Mittel der politischen Machtdurchsetzung, betraf ab dem frühen 19. Jahrhundert im Zuge der Auseinandersetzungen in den sich konsolidierenden Nationalstaaten vor allem Mitglieder

der politischen Eliten, von denen viele ins Exil gingen (Sznajder/Roniger 2009). Ab den 1860er Jahren unternahmen südamerikanische Regierungen Anstrengungen, politisches Asyl auf regionaler Ebene zu institutionalisieren. Eine erste Definition von territorialem und diplomatischem Asyl (*asilo*) legten Repräsentant*innen mehrerer südamerikanischer Staaten 1889 während eines Rechtskongresses in Montevideo fest. Bereits diese Definition enthielt das Verbot der Zwangsrückführung (Fischel de Andrade 2014). In den Folgejahren festigten weitere regionale und bilaterale Abkommen ein regionalspezifisches Asylregime, und mehrere südamerikanische Staaten schrieben ein Recht auf Asyl in ihren Verfassungen fest.

Ende des 19. und zu Beginn des 20. Jahrhunderts wurde der südliche Teil Südamerikas zu einem Hauptziel internationaler Migration – so erreichten zwischen 1856 und 1932 etwa elf Millionen Menschen Argentinien, Brasilien und Uruguay (Acosta 2018: 10). Viele flüchteten vor Krieg und Vertreibung aus Europa. Um die Jahrhundertwende und vor allem nach der Weltwirtschaftskrise von 1929 begannen die südamerikanischen Regierungen, Einwanderung kritisch zu betrachten. Oft inspiriert von der US-amerikanischen Migrationsgesetzgebung beschränkten sie die Einreise für bestimmte Personengruppen. Einschränkungen betrafen u. a. Asiat*innen, Sinti und Rom*nja und Jüd*innen (FitzGerald/Cook-Martín 2014). Trotz erschwerter Reisebedingungen flüchteten zehntausende Jüd*innen vor der Shoah nach Südamerika, mindestens 43.000 von ihnen erreichten zwischen 1933 und 1945 Argentinien. Gemessen an der Einwohnerzahl der Zielländer reisten in dieser Zeit nur nach Palästina mehr jüdische Geflüchtete ein (FitzGerald/Cook-Martín 2014: 317–318).

1951 wurde in der Genfer Flüchtlingskonvention die erste Definition des ‚Flüchtlings' festgehalten, und mit dem Protokoll von 1967 wurden dessen zeitliche und geografische Einschränkungen aufgehoben (→ Flüchtling – rechtlich). Viele lateinamerikanische Staaten ratifizierten Konvention und Protokoll allerdings erst, als ab den 1970ern die Militärregierungen Südamerikas und die politische Gewalt in Zentralamerika Fluchtbewegungen innerhalb der Region verursachten (Cantor 2018; → Zentralamerika). Vor diesem Hintergrund unterzeichneten 1984 zehn lateinamerikanische Staaten die Cartagena-Erklärung (Declaración de Cartagena). Inspiriert von der Regionalkonvention der Afrikanischen Union (→ Afrika – Überblick) empfahl die Cartagena-Erklärung eine Erweiterung des in der Genfer Konvention enthaltenen Flüchtlingskonzepts. Als Flüchtlinge (*refugiados*) sollten fortan Personen gelten, „die aus ihren Ländern geflohen sind, weil ihr Leben, ihre Sicherheit oder Freiheit durch allgemeine Gewalt, ausländische Aggression, interne Konflikte, massive Menschenrechtsverletzungen oder andere Umstände bedroht wurden, die die öffentliche Ordnung ernsthaft gestört haben". Diese „pragmatische" Definition rückt nicht die individuelle Verfolgungserfahrung, sondern kontextbezogene Kriterien in den Vordergrund (Fischel de Andrade 2014: 657).

Auch wenn es sich bei der Cartagena-Erklärung nicht um ein verbindliches Dokument handelt, übernahmen acht südamerikanische Staaten die erweiterte Flüchtlingsdefinition wortwörtlich oder in leicht abgewandelter Form in ihre nationalen Gesetzgebungen (Fischel de Andrade 2014: 658). Seit der Veröffentlichung der Cartagena-Erklärung kamen die lateinamerikanischen Regierungen regelmäßig zusammen, um die Regionalkooperationen zu erweitern (Castor 2018). Bis heute haben die meisten Staaten der Region die Genfer Flüchtlingskonvention ratifiziert, wobei die neueren nationalen Gesetzgebungen zum Flüchtlingsschutz neben den in den Verfassungen verankerten Asylrechten weiterbestehen (Harley 2014; zu Anwendung und Unterschieden von Flucht- und Asylgesetzgebungen siehe Fischel de Andrade 2014).

3. Binnenvertreibung, *Resettlement* und Süd-Süd Solidarität

Internationale Akteur*innen wie das UN-Flüchtlingshilfswerk hoben in der Vergangenheit die Initiativen des sogenannten ‚solidarischen *Resettlements*' in Südamerika als besonders progressiv hervor. Diese Initiativen reagierten auf Vertreibung und Flucht innerhalb und aus Kolumbien, das mit mehr als 5,5 Millionen sogenannter *desplazados* im Jahr 2019 zu den Ländern mit den meisten Binnenvertriebenen weltweit gehörte (IDMC 2020). Auslöser für die Binnenvertreibung waren gewalttätige Auseinandersetzungen, in denen sich schon ab den 1940er Jahren politische Parteien, Militärs, Guerillas, paramilitärische Gruppen und Drogenkartelle gegenüberstanden. Der Konflikt ging mit Landraub, Vertreibung und Massakern an der Landbevölkerung einher. Die kolumbianische Regierung schuf erst 1997 einen gesetzlichen Rahmen für den Umgang mit den Binnenvertriebenen. Das Gesetz Nr. 387 fällt in die Zeit intensivierter Debatten um Binnenvertreibung auf Ebene der Vereinten Nationen (→ Binnenvertriebene). Darüber hinaus führte der Konflikt in Kolumbien zu grenzüberschreitenden Fluchtbewegungen in die Nachbarstaaten, die allerdings kaum von der ohnehin bestehenden Arbeitsmigration zu trennen waren. Geflüchtete stellten oft keine Asylgesuche, teils aus Mangel an institutionellem Zugang, teils um Stigmatisierung zu entgehen (Louis 2017).

Als sich Anfang der 2000er eine Intensivierung der Flucht in die Nachbarländer abzeichnete, signalisierten Ecuador, Venezuela und Panama zwar eine grundsätzliche Bereitschaft zur Aufnahme von Geflüchteten, bekundeten aber auch ihre Sorge vor möglichen sozialen und wirtschaftlichen Kosten (DPAM: III, 2). Unter dem Vorzeichen der Süd-Süd-Solidarität etablierte der „Mexiko Aktionsplan zur Stärkung des internationalen Flüchtlingsschutzes in Lateinamerika" von 2004 drei Vorgehensweisen: ‚Solidarische Städte' für mehr Flüchtlingsschutz in urbanen Zentren, ‚solidarische Grenzen' für mehr Präsenz staatlicher und nicht-staatlicher Institutionen in den Grenzregionen, um Geflüchteten institutionelle Zugänge zu ermöglichen und Informationen über das Ausmaß der Flucht zu erheben, und ‚solidarisches *Resettlement*' für die Umsiedlung Geflüchteter aus der Region (Harley 2014). Wie gut die als fortschrittlich gelobten Umsiedlungsmaßnahmen tatsächlich funktionierten, ist fraglich. Zwischen 2005 und 2014 wurden nur 1.151 Geflüchtete aus der Region nach Argentinien, Brasilien, Chile, Paraguay und Uruguay umgesiedelt und zusätzlich 363 extraregionale Geflüchtete aufgenommen, insb. Palästinenser*innen und Syrer*innen (Ruiz 2015). Die Aufnahmestaaten mobilisieren nur wenige finanzielle Ressourcen für Umsiedlungsmaßnahmen und machen diese weitestgehend von internationaler Unterstützung abhängig. Auch für nachhaltige Integrationsprogramme fehlen oft finanzielle Mittel und notwendige Strukturen (Harley 2014).

4. Diversifizierung intraregionaler Migration und humanitärer Praktiken

Humanitäre Krisen stellen derartige Solidarpolitiken unmittelbar auf die Probe. Die Folgen des Erdbebens in Haiti vom Januar 2010 und die anhaltende Notlage in Venezuela (→ Karibik) zeigen die Diskrepanz zwischen progressiven, menschenrechtsorientierten Diskursen einerseits und volatilen Politiken sowie institutioneller und wirtschaftlicher Überforderung andererseits. Zudem verdeutlichen sie die Abhängigkeit punktuell implementierter politischer Maßnahmen von wechselnden Regierungen.

Als 2010 tausende Haitianer*innen über Ecuador und Peru nach Brasilien reisten und an den Landesgrenzen campierten, suchte die brasilianische Regierung einen Modus, um das humanitäre Versprechen der damals linksgerichteten Regierung umzusetzen und gleichzeitig den Präzedenzfall der Flucht aus Umweltgründen zu vermeiden. 2012 wurde daher mit dem ‚humanitären Visum' eine neue Visumskategorie geschaffen, welche die Einreise und den Aufenthalt haitianischer Zugewanderter temporär regulierte. Dies entsprach vor allem den Interessen des brasilianischen Staates, der die haitianische Präsenz im Land als nationale Kategorie (*prima facie*) und nicht über wesentlich aufwändigere individuelle Fallbearbeitungen regelte. Dauerhafte Strukturen für die soziale oder arbeitsmarktrechtliche Integration wurden nicht geschaffen, sodass viele Haitianer*innen, ebenso wie andere Geflüchtete und Migrant*innen, Brasilien inzwischen Richtung Nordamerika verlassen haben (Drotbohm/Winters 2020; Moulin/Thomaz 2016; → Zentralamerika).

In den 2010er Jahren wurden einige der zuvor linksgerichteten südamerikanischen Regierungen, die eine menschenrechtsgestützte Migrationspolitik und das Recht auf Freizügigkeit innerhalb des ‚Gemeinsamen Marktes des Südens' (MERCOSUR) eingeführt hatten, von rechtsgerichteten Regierungen abgelöst, was Folgen für den Umgang mit Geflüchteten hatte. Dies zeigt sich deutlich am Beispiel venezolanischer Geflüchteter, die seit 2015 aufgrund von politischer Gewalt und fehlender Basisversorgung sowohl innerhalb Südamerikas als auch nach Europa und Nordamerika flohen. Obwohl die Situation in Venezuela den Kriterien der erweiterten Flüchtlingsdefinition der Cartagena-Erklärung entspricht, die die südamerikanischen Staaten in ihre eigenen Gesetze überführt und damit rechtlich bindend gemacht haben, unterhöhlen viele konservative Regierungen die Asylgesuche der Venezolaner*innen. Anstatt diese anzuerkennen, führten sie eine Vielzahl temporärer Aufenthaltstitel ein und verweigerten damit eine abschließende politische Anerkennung der Schutzgesuche (Freier/Parent 2019). Beide Beispiele verdeutlichen die zunehmende Ausdifferenzierung der Fluchtmigrationsmotive und den flexiblen, mitunter auch arbiträren Umgang mit unterschiedlichen rechtlichen Handhabungen durch die Regierungen südamerikanischer Länder, die Geflüchtete mal als Flüchtlinge anerkennen, mal als ‚Sonderfall' klassifizieren, auf den mit Sonderregelungen reagiert wird. Zudem leben in den von extremer Ungleichheit geprägten südamerikanischen Staaten viele Menschen unter prekären Bedingungen. Versorgungsdefizite werden in diesem Kontext leicht politisch instrumentalisiert, um ausländerfeindliche Ressentiments zu schüren (Freier/Parent 2019).

5. Fazit

Während Flucht und Vertreibung in Südamerika nach wie vor eine große Rolle spielen und die Region über gut etablierte Abkommen verfügt, erweist sich die Umsetzung des Flüchtlingsschutzes in der Praxis als uneinheitlich. Daran haben auch die in diesem Beitrag nicht behandelten zivilgesellschaftlichen Akteur*innen ihren Anteil, die auf politische Volatilität und Willkür reagieren und Geflüchteten vor allem im Notfall Unterstützung anbieten. Dennoch finden Geflüchtete in den Ländern dieser Region wenig Bleibeperspektiven, während gleichzeitig fehlende Kontakte zu staatlichen Strukturen und mangelnde politische Repräsentanz ihre soziale Integration und bürgerschaftliche Teilhabe erschweren.

Literaturverzeichnis

Acosta, Diego (2018): The National versus the Foreigner in South America. 200 Years of Migration and Citizenship Law. Cambridge: Cambridge University Press.

Cantor, David James (2018): Cooperation on refugees in Latin America and the Caribbean. In: Fiddian Qasmiyeh, Elena/Daley, Patricia (Hrsg.): Routledge Handbook of South-South Relations. London: Routledge, 282–295.

DPAM, Declaración y Plan de Acción de México Para Fortalecer la Protección Internacional de los Refugiados en América Latina, 2004, Ciudad de México, Mexico.

Drotbohm, Heike/Winters, Nanneke (2020): The event in migrant categorization: Exploring eventfulness across the Americas. In: Vibrant. Virtual Brazilian Anthropology 17. www.vibrant.org.br/lastest-issue-v-17–2020, 07.12.2020.

Fischel de Andrade, José H. (2014): Forced Migration in South America. In: Fiddian Qasmiyeh, Elena/Loescher, Gil/Long, Katy/Sigona, Nando (Hrsg.): The Oxford Handbook of Refugee and Forced Migration Studies. Oxford: Oxford University Press, 651–662.

FitzGerald, David Scott/Cook-Martín, David (2014): Culling the Masses. The Democratic Origins of Racist Immigration Policy in the Americas. Cambridge (Massachusetts) u. a.: Harvard University Press.

Freier, Luisa Feline/Parent, Nicolas (2019): The Regional Response to the Venezuelan Exodus. In: Current History 118 (805), 56–61.

Harley, Tristan (2014): Regional Cooperation and Refugee Protection in Latin America: A 'South-South' Approach. In: International Journal of Refugee Law 26 (1), 22–47.

IDMC (Internal Displacement Monitoring Centre) (2020): Global Report on Internal Displacement 2020. Part 1: Internal displacement in 2019. IDMC, www.internal-displacement.org/global-report/grid2020/, 25.05.2021.

Louis, Tatjana (2017): Migration. In: Fischer, Thomas/Klengel, Susanne/Pastrana Buelvas, Eduardo (Hrsg.): Kolumbien. Politik, Wirtschaft, Kultur. Frankfurt a.M.: Vervuert, 107–123.

Moulin, Carolina/Thomaz, Diana (2016): The tactical politics of 'humanitarian' immigration: negotiating stasis, enacting mobility. In: Citizenship studies 20 (5), 595–609.

Ruiz, Hiram (2015): Evaluation of Resettlement Programmes in Argentina, Brazil, Chile, Paraguay, and Uruguay. UNHCR. www.unhcr.org/57c983557.pdf, 01.12.2020.

Sznajder, Mario/Roniger, Luis (2009): The Politics of Exile in Latin America. Cambridge u. a.: Cambridge University Press.

IV.4.2
Karibische Inseln

Corinna A. Di Stefano und Annett Fleischer

Abstract In Folge der Kolonialzeit ist die Karibik stark fragmentiert und in ihrer Diversität schwer in Kürze zu fassen. Die karibischen Inseln zeichnen sich durch eine vergleichbar hohe transkontinentale und intraregionale Mobilität aus, bei der die Grenzen zwischen Flucht- und Arbeitsmigration oftmals verschwimmen. Quantitativ stechen vor allem die Fluchtbewegungen aus Haiti und Kuba seit Mitte des 20. Jh. sowie neuerdings die Einwanderung von Menschen aus Venezuela hervor. Nicht zuletzt durch die Folgen verheerender Katastrophen zeichnet sich in der Region im beginnenden 21. Jh. eine neue Diskussion über Flucht und Migration ab.
Schlüsselbegriffe: Zwangsmigration, Katastrophen, Freizügigkeitspolitiken

1. Zwangsmigration als historische Gemeinsamkeit

Als historisches Erbe der Kolonialzeit weist die Karibik[1] die weltweit höchste Dichte nationaler Grenzen und viele unterschiedliche politische Formen und Zugehörigkeiten auf. 13 unabhängige Inselstaaten, zwei nicht-inkorporierte Außengebiete der USA, zahlreiche Verwaltungsbezirke süd- und zentralamerikanischer Länder und die sogenannten EU-Regionen und EU-Territorien in äußerster Randlage – sowie seit Brexit nunmehr Überseegebiete des Vereinigten Königreichs – liegen im Amerikanischen Mittelmeer. Letztere bilden in sich eine sehr heterogene Gruppe: Als Autonome Länder oder Besondere Gemeinden der Niederlande und als Französische Überseedepartments und -gebiete sind sie in unterschiedlichen Ausprägungen mit der EU und mit karibischen Staatenverbünden assoziiert bzw. in sie integriert. Gemeinsam sind den Inseln historische Prägungen wie die transatlantische Sklaverei, jahrhundertelange Plantagenwirtschaft und andauernde post- bzw. neokoloniale Vereinnahmung. Die Karibik bildet einen soziokulturellen Raum, der durch die Zwangsmigration von Millionen von versklavten Menschen aus Afrika und Kontraktarbeiter*innen aus Asien (Dabydeen/Samaroo 2006) durch die Kolonialisierung als solcher erst entstanden ist. Seit die Karibik so zu einem „Laboratorium der frühen Globalisierung" (Zeuske 2004: 12) wurde, ist sie nicht nur von vergleichbar hoher transkontinentaler, sondern auch intensiver intraregionaler Mobilität geprägt. Die karibischen Inseln sind daher als Herkunfts-, Einreise-, Transit- oder Rückkehrorte zu verstehen; auf manche dieser Inseln trifft dabei mehreres zu (Clarke/Johnson 2018).

---

1 In den Kultur- und Sozialwissenschaften wird die Karibik zumeist als soziokultureller Raum verstanden, der auch die kontinentalen Küsten der Amerikas miteinschließt, die an das Karibische Meer grenzen. Dieser Beitrag bezieht sich jedoch ausschließlich auf die insulare Karibik.

2. Auswanderung und Flucht im 20. und 21. Jahrhundert

In der Hoffnung auf sozioökonomischen Aufstieg emigrierten im Verlauf des 20. Jahrhunderts geschätzte sechs Millionen Menschen aus der Karibik nach Europa und Nordamerika (Ferguson 2003). Auch intraregionale Migration bildet eine wichtige Konstante und einen bedeutsamen Faktor sozialer Mobilität (Duany 1992). Die Migrationsziele waren zumeist von (post-)kolonialen Verbindungen, entlang der Sprachen oder durch Arbeitsmöglichkeiten bestimmt (Ortmayr 2005). Damit wurde die Karibik im 20. Jahrhundert zu jener Auswanderungsregion, die sie bis heute geblieben ist: Rund 20 % der Bevölkerung hat ihre Heimat in der Karibik verlassen (Wong 2017: 315). Heutzutage verlaufen die Migrations- und Fluchtbewegungen aus der Karibik zumeist entlang bestehender transnationaler Netzwerke, die sich aus früheren Migrationsbewegungen entwickelt haben (vgl. Olwig 2007).

In Folge der Machtergreifung Fidel Castros auf Kuba 1959, während der Repressionen des Duvalier-Regimes in Haiti von 1957 bis 1986 sowie aufgrund des militärischen Sturzes des ersten demokratisch gewählten Präsidenten Haitis, Jean-Bertrand Aristide, 1991, kam es zu größeren Fluchtbewegungen in die USA. Bemerkenswert ist die unterschiedliche Behandlung der beiden Flüchtlingsgruppen: So erhielten Menschen aus Kuba im Kontext des Kalten Krieges und des Rassismus gegen Haitianer*innen in den USA zunächst automatisch Asyl. In Folge der haitianischen Flüchtlingskrise Anfang der 1990er installierten die USA eine *offshore*-Abschreckungsinfrastruktur in der Karibik, die Loyd und Mountz (2018: 169) als „transnational carceral archipelago" beschreiben. Zehntausende Geflüchtete wurden so bereits auf dem Meer abgefangen und abgewiesen. Unter menschenunwürdigen Bedingungen und praktisch ohne reelle Möglichkeit in den USA Asyl zu ersuchen, wurden haitianische Flüchtlinge und ab 1994 auch kubanische „balseros" (dt. Flößler) in Camps der US-Marinebasis Guantanamo Bay interniert.

(→) Bootsflüchtlinge aus Haiti und Kuba, die vor Gewalt, Verfolgung oder Armut fliehen, bilden bis ins 21. Jahrhundert hinein die Mehrheit der Menschen, die durch *interdiction*-Einsätze der US-Küstenwache noch in internationalen Gewässern davon abgehalten werden, US-amerikanisches Territorium zu erreichen bzw. dort Asyl zu beantragen (→ Kanada und die USA; Legomsky 2006; Shemak 2011). Die Migrationsrouten durch das Karibische Meer sind im World Migration Report 2020 auf der Liste der tödlichsten Seeüberfahrten der Welt aufgeführt (IOM 2019).

3. Die Karibik – ein Raum für Asyl?

Antigua und Barbuda, die Bahamas, Barbados, die Dominikanische Republik, Dominica, Haiti, Jamaika, St. Kitts und Nevis, Trinidad und Tobago sowie St. Vincent und die Grenadinen sind der Genfer Flüchtlingskonvention beigetreten, wobei diese nicht notwendigerweise ins innerstaatliche Recht inkorporiert wurde. Nur in der kubanischen und haitianischen Verfassung ist das Recht auf Asyl festgeschrieben (IOM 2017); nicht alle Inseln haben bislang eigene nationale Flüchtlingspolitiken entwickelt (James 2019). Der Wirtschaftsraum der Karibischen Gemeinschaft CARICOM ist bereits seit 1973, der der Organisation Ostkaribischer Staaten OECS seit 1981 durch unterschiedlich umgesetzte Freizügigkeitspolitiken geprägt (Skeete/Juman 2020). Die Cartagena-Erklärung (→ Südamerika), die die Bedeutung des Asylrechts in Lateinamerika bekräftigt, spielt derzeit in den meisten OECS- und

CARICOM-Mitgliedstaaten kaum eine Rolle (CMC 2019). Auch Menschen, deren Beweggründe für eine Auswanderung auf existentiellen Nöten wie Katastrophen, Diskriminierung oder der Gefährdung ihrer Person aufgrund politischer Überzeugungen oder sexueller Orientierung basieren, bewegen sich im Rahmen bedingter Arbeitnehmerfreizügigkeit. Während in den französischen Überseedepartments *de jure* weitestgehend die jeweiligen nationalen und teils strengeren Asyl- und Migrationsregime greifen können (Benoît 2008), ergeben sich in den karibischen EU-Territorien aufgrund des semi-autonomen Status Fragen von Zuständigkeiten bezüglich Fluchtmigrationspolitiken und lokaler Praxis, insbesondere im Umgang mit der Zuwanderung aus Venezuela (Dietrich Jones 2020; Leghtas/Thea 2019). Die schwierige politische und wirtschaftliche Lage in Venezuela seit 2015 (→ Südamerika) führt insbesondere bei den angrenzenden südkaribischen Inselstaaten zu einem starken Anstieg von Zuwanderung. Offiziell sind bis 2022 über 200.000 Menschen auf karibische Inseln geflohen, vor allem in die Dominikanische Republik, nach Trinidad und Tobago, Curaçao und Aruba. Der UNHCR und NGOs kritisieren Abweisungspraktiken, Deportationen, die Kriminalisierung von Migrant*innen und Asylbewerber*innen sowie die Verschärfung von Visa-Regelungen (Teff 2019). Erst relativ spät wurden 2019 in Trinidad und Tobago sowie 2021 in der Dominikanischen Republik und Curaçao erste Regularisierungsinitiativen gestartet (Amaral 2021). Auch aus juristischer Sicht wird nicht erst seit der Venezuela-Krise der Mangel an gesetzlichen Möglichkeiten, Asylpolitiken und entsprechender administrativer Infrastruktur in der Region bemängelt (Thomas-Hope 2003; James 2019).

4. Klima- und Umweltkatastrophen

Durch ihre geographische Lage und territoriale Begrenztheit sind Inseln angesichts von Klimawandel und Naturgewalten besonders vulnerabel. Schwere Erdbeben wie zum Beispiel in Haiti (2010, 2021) oder Puerto Rico (2020) und Vulkanausbrüche wie auf Martinique (1902) oder St. Vincent (1979, 2021) stellen potenzielle Fluchtfaktoren dar. Für Mikroinseln wie Gardi Sugdub vor der Küste Panamas ist der Meeresspiegelanstieg bereits Grund für die Umsiedlung der lokalen indigenen Bevölkerung (Alfonso Morales/Castillo Díaz 2021). Zuletzt erlebte die Karibik mehrere, durch die erhöhte Temperatur der Ozeane verstärkte Hurrikans, die zu den aggressivsten Sturmereignissen seit Beginn der Aufzeichnungen zählen. Allein die Auswirkungen der Hurrikan-Saison 2017 verursachten die Flucht von circa drei Millionen Menschen in den Amerikas (Francis 2019: i). Große Teile der betroffenen Bevölkerung verloren ihre Existenzgrundlage, zogen kurzzeitig oder langfristig in eine andere Gegend, auf Nachbarsinseln oder verließen die Karibik (Sheller 2020; Heron 2018). Das volle Ausmaß der Post-Hurrikan-Bewegungen wurde jedoch nicht systematisch erfasst, was nun insbesondere im Rahmen von Policy-orientierter Forschung nachgeholt wird (Vinke et al. 2020). Bei Fluchtursachen wie Umweltkatastrophen oder Klimawandelfolgen greift das internationale Flüchtlingsrecht auf Schutz nicht (→ Klimaflüchtlinge); Ama Francis (2019: ii) zeigt jedoch, inwiefern regionale Freizügigkeitsabkommen Alternativen bieten, um Betroffenen eine vereinfachte Einwanderung zu ermöglichen.

5. Fazit

Während die Karibik als Herkunftsregion schon länger erforscht wird, ist die Frage nach der Karibik als Aufnahmeregion eher neu. Es zeigt sich dabei, dass eine diverse und stark fragmentierte Landschaft verschiedener Flucht- und Mobilitätsregime intraregionale Migrationsbewegungen bestimmt. Durch die Auswanderungswellen aus Venezuela stehen mehrere Inseln vor bisher unbekannten Herausforderungen im Umgang mit Immigration und Asyl. Vereinzelte wissenschaftliche Beiträge zu Flucht, Migration und lokalen Asylpolitiken stehen einer wachsenden Policy-orientierten Literatur entgegen, die sich insbesondere menschlicher Mobilität im Post-Desaster-Kontext widmet.

Literaturverzeichnis

Alfonso Morales, Lenín/Castillo Díaz, Bernal (2021): Reubicación poblacional de la comunidad de Gardi Sugdub, Panamá. Karakol 1 (1), 24–35. https://revistas.udelas.ac.pa/index.php/karakol/article/view/155/207

Amaral, Jordi (2021): Regularization Initiatives for Venezuelan Migrants in the Dominican Republic and Curaçao Are Step Towards Inclusion. Migration Policy Institute. Latin America & the Caribbean Migration Portal. www.migrationportal.org/insight/regularization-initiatives-venezuelan-migrants-dominican-republic-curacao-step-towards-inclusion/, 2.2.2022.

Benoît, Catherine (2008): Saint Martin's Change of Political Status: Inscribing Borders and Immigration Laws onto Geographical Space. In: NWIG: New West Indian Guide/Nieuwe West-Indische Gids 82 (3/4), 211–235.

CMC (2019): Consultation towards a framework for regional cooperation on human mobility in the context of disasters and the adverse effects of climate change in the Caribbean. https://disasterdisplacement.org/portfolio-item/cmc-report, 2.2.2022.

Clarke, Judi/Johnson, Alana (2018): Policy Analysis and Institutional Actor Landscape Relating to Human Mobility in the Context of Climate Change in the Caribbean. Internal Report. GIZ.

Dabydeen, David/Samaroo, Brinsley (2006): India in the Caribbean: Hansib/University of Warwick, Centre for Caribbean Studies Publication in cooperation with the London Strategic Policy Unit.

Dietrich Jones, Natalie (2020): Between a 'Kingdom' and a hard place: the Dutch Caribbean and the Venezuelan migration crisis. In: Migration and Development 10 (2), 216–237.

Duany, Jorge (1992): Caribbean Migration to Puerto Rico: A Comparison of Cubans and Dominicans. In: International Migration Review 26 (1), 46–66.

Ferguson, James (2003): Migration in the Caribbean: Haiti, the Dominican Republic and Beyond. Minority Rights Group International. London. https://minorityrights.org/wp-content/uploads/2015/07/MRG_Rep_Caribbean.pdf, 2.2.2022.

Francis, Ama (2019): Free Movement Agreements & Climate-Induced Migration: A Caribbean Case Study. Sabin Center for Climate Change Law, Columbia Law School.

Heron, Adom Philogene (2018): Surviving Maria from Dominica: Memory, Displacement and Bittersweet Beginnings. In: Transforming Anthropology 26 (2), 118–135.

IOM (2017): Migration in the Caribbean: Current Trends, Opportunities and Challenges. San José, Costa Rica. https://reliefweb.int/report/haiti/migration-caribbean-current-trends-opportunities-and-challenges, 2.2.2022.

IOM (2019): World Migration Report 2020. https://publications.iom.int/system/files/pdf/wmr_2020.pdf, 9.1.2022.

James, Westmin R. A. (2019): The coming tide: Protection of the Rights of Refugees in the Commonwealth Caribbean in Absence of Legislation. In: Seton Hall Journal of Diplomacy and International Relations XXI (1), 54–70.

Leghtas, Izza/Thea, Jessica (2019): Hidden and Afraid – Venezuelans Without Status or Protection on the Dutch Caribbean Island of Curaçao. Refugees International. www.refugeesinternational.org/reports/2019/4/10/hidden-and-afraidvenezuelans-without-status-or-protection-on-the-dutch-caribbean-island-of-curaao?rq=aruba, 2.2.2022.

Legomsky, Stephen H. (2006): The USA and the Caribbean Interdiction Program. In: International Journal of Refugee Law 18 (3–4), 677–695.

Loyd, Jenna M./Mountz, Alison (2018): Boats, borders, and bases. Race, the cold war, and the rise of migration detention in the United States. Oakland, California: University of California Press.

Olwig, Karen Fog (2007): Caribbean journeys. An ethnography of migration and home in three family networks, Durham: Duke University Press.

Ortmayr, Norbert (2005): Demographischer Wandel im karibischen Raum während des 19. und 20. Jahrhunderts. In: Bernd Hausberger und Gerhard Pfeisinger (Hg.): Die Karibik. Geschichte und Gesellschaft 1492–2000, Wien: Promedia, 137–156.

Sheller, Mimi (2020): Island futures. Caribbean survival in the anthropocene, Durham: Duke University Press.

Shemak, April Ann (2011): Asylum speakers. Caribbean refugees and testimonial discourse, New York: Fordham University Press.

Skeete, Kai-Ann D./Juman, Leisel (2020): In times of crisis, the rise of CARICOM's diplomacy: the case of the Venezuelan migrants within the Southern Caribbean. In: Migration and Development 10 (2), 197–215.

Teff, Melanie (2019): Forced into Illegality. Venezuelan Refugees and Migrants in Trinidad and Tobago. Field Report. Hg. v. Refugees International. https://static1.squarespace.com/static/506c8ea1e4b01d9450dd53f5/t/5c4f92ee88251bb7f8e69881/1548718848075/Trinidad+and+Tobago+Report+-+January+2019+-+2.0.pdf, 11.4.2021.

Thomas-Hope, Elizabeth M. (2003): Irregular migration and asylum seekers in the Caribbean. Helsinki: WIDER (Discussion paper/World Institute for Development Economics 48). www.wider.unu.edu/publications/working-papers/discussion-papers/2003/en_GB/dp2003-048/_files/78091730009260955/default/dp2003-048.pdf, 2.2.2022.

Vinke, Kira/Blocher, Julia/Becker, Mechthild/Ebay, Jorge S./Fong, Teddy/Kambon, Asha (2020): Home Lands. Island and Archipelagic States' Policymaking for Human Mobility in the Context of Climate Change. GIZ.

Wong, Joyce (2017): Emigration and Remittances in the Caribbean. In: Trevor Alleyne, İnci Ötker-Robe, Uma Rama-Krishnan und Krishnan Srinivasan (Hg.): Unleashing growth and strengthening resilience in the Caribbean. Washington, DC: International Monetary Fund, 315–328.

Zeuske, Michael (2004): Schwarze Karibik. Sklaven, Sklavereikultur und Emanzipation, Zürich: Rotpunktverlag.

IV.4.3
Zentralamerika

Heike Drotbohm

Abstract Drei Merkmale kennzeichnen Zentralamerika im Hinblick auf Erfahrung und Adressierung von Flucht: Erstens gilt die Region aufgrund ihrer geografischen Lage als Transitraum nach Nordamerika. Zweitens intensivierte sich im Laufe des 20. Jahrhunderts die Verflechtung mit den Arbeits-, Migrations- und Sicherheitsregimen Nordamerikas, was Abwanderung und eine Transnationalisierung der Lebensführung, wie auch unfreiwillige, staatlich erzwungene Rückkehr und neue Formen sozialer Stagnation zur Folge hatte. Drittens ist die Region in besonderem Maße von sich verschärfenden Gewaltspiralen aus Bürgerkriegen, Vertreibungen sowie Drogen- und Bandenkriminalität gekennzeichnet. Innerhalb der Region unterscheiden sich die politischen Regime deutlich voneinander, wobei einige zentralamerikanische Länder bei der Überwachung und Steuerung von Transit- bzw. Fluchtmigration innerhalb der Region kooperieren. Die hohen Gewaltraten, vor allem gegen Kinder und Frauen, aber auch die Folgen extremer Armut und die Konfrontation mit Umweltgefahren führten seit 2018 zu den weltweit beachteten ‚Migrationskarawanen' und verstärkten aktivistische Forderungen nach einer Anerkennung von nicht-staatlicher Gewalt als asylrelevantem Fluchtmotiv.

Schlüsselbegriffe: Transit, Gewalt, Banden, Abschiebung, Gender

1. Einleitung

Aufgrund ihrer geografischen Lage wird die Region Zentralamerika einerseits als Transitraum verstanden, innerhalb dessen Migration ermöglicht, unterstützt oder sogar beschleunigt wird (Sandoval-García 2015). Andererseits gilt sie als Ort der Stagnation für jene, denen die Durchreise nicht gelingt oder die unfreiwillig aus (→) Nordamerika zurückkehren, beispielsweise im Rahmen von Abschiebungen. Die Verflechtung der Region mit anderen Weltregionen führte im Verlauf der Geschichte darüber hinaus zu vielfältigen Gewalterfahrungen. Diese begannen im 17. Jahrhundert mit der Sklaverei und den Plantagenökonomien, wurden mit der Militarisierung der Region in den 1980ern fortgesetzt, fanden einen Höhepunkt mit den Bürgerkriegen Guatemalas, San Salvadors und Nicaraguas und werden gegenwärtig als eine Form der multipolaren Gewalt von Paramilitärs, Drogenkartellen und Straßengangs erfahren.

2. Historische Vorläufer von Flucht und transregionaler Migration

Die regionale Integration Mesoamerikas vollzog sich im 16. Jahrhundert unter der spanischen Kolonialherrschaft, als sich das Hochland des Generalkapitanats Guatemala zu einem wirtschaftlichen, religiösen und politischen Zentrum entwickelte. Es umfasste die heutigen Gebiete von Guatemala, El Salvador, Honduras, Nicaragua und Costa Rica sowie den südlichen Teil Belizes und den mexikanischen Bundesstaat Chiapas. Siedlungen entflohener Sklav*innen, die sich der Zwangsausbeutung durch die Kolonialherr*innen widersetzten (Gabbert 2008), stellen frühe Erfahrungen von Fluchtdynamiken in der Region dar. Später ging die politische Unabhängigkeit der Region von der spanischen Krone 1821 wider Erwarten nicht mit wirtschaftlicher Autonomie einher, sondern verstärkte die Abhängigkeit von europäischen Handelsgesellschaften und deren Konsumgüterexporten. Seit Ende des 19. Jahrhunderts entwickelten sich dann im zentralamerikanischen Tiefland zahlreiche wirtschaftliche Enklaven, in denen nordamerikanische Großunternehmen Bananen-, aber auch Kaffee-, Zitrus- oder Zuckerrohrplantagen betrieben. So wurden in der ersten Hälfte des 20. Jahrhunderts zwei Migrationsvarianten kennzeichnend für Zentralamerika: Zum einen die saisonale Zuwanderung verarmter Kleinbauern aus den pazifischen, karibischen und zentralen Teilen der Region in die Plantagenökonomien des Tieflandes; zum anderen die ebenfalls zunächst als temporär angelegte irreguläre zentralamerikanische Migration nach Mexiko und in die USA, die ab den 1980er Jahren angesichts der sich in Zentralamerika verschärfenden Gewaltspiralen exponentiell zunahm.

3. Bürgerkriege, Staatsterror und Diversifizierung der Flucht seit den 1980er Jahren

Die Bürgerkriege in Nicaragua, Guatemala und El Salvador in den 1980er Jahren während des Kalten Krieges (Rabe 2015; Menjivar/Rodriguez 2005) gingen mit politischer Repression, Zwangsumsiedlungen und Massakern an der Zivilbevölkerung einher und forderten mehrere Hunderttausend Todesopfer. Den mit Abstand längsten Bürgerkrieg, heute als Genozid verstanden, erlebte Guatemala (1960–1996), wo 150.000 bis 250.000 Menschen umkamen, etwa eine Million Menschen zu *displaced persons* wurden (Winschuh 2008) und 40.000 heute offiziell als ‚desaparecido' (verschwunden) gelten. Einhergehend mit einer schweren Wirtschaftskrise und verstärkt durch Strukturanpassungsprogramme führte dies zu einer Fluchtbewegung bislang unbekannten Ausmaßes, nicht nur in andere Länder der Region wie Costa Rica und Honduras, sondern vor allem nach Mexiko und in die USA.

Im Anschluss an die verschiedenen Friedensabkommen der 1990er Jahre bemühten sich die USA und Mexiko um die organisierte Rückführung der Geflüchteten in ihre Herkunftsländer. Anhaltende Armut, fehlende Erwerbsmöglichkeiten und die zunehmende transnationale Verflechtung mit den USA führten jedoch dazu, dass die zentralamerikanische Migration in die USA seitdem nicht ab-, sondern zunahm. Vor allem stiegen in dieser Zeit auch die Gewaltraten in Zentralamerika kontinuierlich an. Anders als während der Bürgerkriege, als sich staatliche und paramilitärische Akteure gegenüberstanden, diffundierte die Gewalt in den 1990er Jahren zunehmend. Drogenkartelle, Jugendbanden (‚Maras'), ehemalige Guerillakämpfer und Soldaten, aber auch Transportunternehmen und Sicherheitskräfte wurden Teil einer multipolaren Gewaltstruktur, häufig gestützt durch Militär und Polizei. Verallgemeinernd als ‚transnational criminal organizations' (TCOs) bezeichnet, tragen diese Akteurskonstellationen massiv zur Destabilisierung Zentralamerikas und zur anhaltenden Flucht bei (Bradley 2014). Gleichzeitig ist die Region von besonders hohen Raten sexueller Ausbeutung, Vergewaltigungen und Femiziden betroffen (Bridgen 2017). Zwar können nichtstaatliche und geschlechtsspezifische

Verfolgung seit der Erklärung von Brasilien (2014) als Asylgründe anerkannt werden; gleichzeitig stehen diese Vereinbarungen anhaltend im Zentrum politischer Debatten (Cantor 2018; Rudolf 2019).

Darüber hinaus diversifizierte sich die Fluchtmigration von Migrant*innen aus anderen Weltregionen (sogenannte *extracontinentales*). Die zentralamerikanischen Länder gelten dabei als auf dem Weg nach Norden möglichst zügig zu durchschreitender Transitraum. Von Transitmigrant*innen werden die einzelnen Länder daher vor allem im Hinblick auf ihre Gefahren sowie ihre möglicherweise unterstützenden und schützenden Einrichtungen oder Infrastrukturen unterschieden. Viele wissen beispielsweise, dass Costa Rica schon seit vielen Jahren eine vergleichsweise humanitäre Politik pflegt und dass hier zahlreiche soziale Einrichtungen zu finden sind, während Nicaragua, das nördlich angrenzende Nachbarland, strikte und militarisierte Grenzkontrollen praktiziert (Drotbohm/Winters 2021).

Seit den 1980er Jahren wirkten sich diese Entwicklungen maßgeblich auf die gegenwärtige staatliche Migrations- und Fluchtpolitik aus. Vergleichbar mit der Situation in (→) Südamerika, haben die meisten zentralamerikanischen Staaten ebenso wie Mexiko die Cartagena Erklärung (Declaración de Cartagena) von 1984 ratifiziert und somit eine erweiterte Fluchtdefinition in die nationalen Gesetzgebungen überführt, die Flucht vor internen Konflikten oder vor massiven Menschenrechtsverletzungen einschließt (Cantor 2018). Die konkrete Umsetzung internationaler Rahmenabkommen variiert jedoch, je nach politischer Orientierung der jeweiligen Landesregierung und dem Fluchtaufkommen zum jeweiligen Zeitpunkt. Darüber hinaus haben die zentralamerikanischen Länder untereinander Kooperationsabkommen zur Migrationskontrolle und -steuerung geschlossen. So kooperiert etwa Costa Rica mit dem im Süden angrenzenden Panama seit 2019 über das Abkommen des ‚Flujo Controlado' (Reichl 2021). In diesem Fall werden Transitmigrant*innen an der panama-costaricanischen Grenze an die Grenzkontrolleur*innen des Nachbarlandes übergeben, biometrisch erfasst, registriert und bei Bedarf medizinisch versorgt, bevor sie über Land an die nächste Landesgrenze transportiert werden, wo sie entweder selbständig weiterwandern oder von weiteren Grenzkontrolleur*innen aufgegriffen werden (Drotbohm/Winters 2021). Unterstützt werden diese Maßnahmen von den USA, die an der Erfassung dieser transregionalen Mobilität interessiert sind und damit Teile ihrer eigenen Grenzkontrollen in die zentralamerikanischen Grenzräume verschoben haben (Heyman et al. 2018; UN OCHA 2020; Winters/Mora Izaguirre 2019).

4. Die gegenwärtige Situation zentralamerikanischer Geflüchteter in Mexiko und den USA

Trotz der über Jahrzehnte zunehmend restriktiven Grenz- und Einwanderungspolitik der USA bleiben diese dennoch das bedeutendste Zielland innerhalb der Amerikas. Anders als in den 1980ern, als die meisten Zentralamerikaner*innen undokumentiert einreisten und viele dort jahrelang ohne regulären Aufenthaltstitel lebten, plädierten Menschenrechtsgruppen und Aktivisten ab den 1990ern zunehmend dafür, dass sie Asylgesuche stellten. Zwar blieben die Bewilligungsquoten durchweg niedrig (Migration Policy Institute 2015), die Geflüchteten erhielten für die Dauer des laufenden Asylverfahrens jedoch zumeist einen temporären Schutzstatus, der vor Abschiebung schützte. Mit den Friedensabkommen in den Herkunftsländern wurde die Anerkennung von Fluchtgründen zunehmend unrealistisch. Gleichzeitig gelang es vielen zentralamerikanischen Migrant*innen in den USA ab den 1990er Jahren ihren Aufenthalt zu legalisieren, beispielsweise über Maßnahmen der Familienzusammenführung oder über Amnestien (Coutin 2000).

Neue Dramatik erhielten die Zustände an der US-mexikanischen Grenze unter der Regierung Donald Trumps (2017–2021), die beispielsweise Asylgesuche von irregulär Eingereisten untersagte, Schutzprotokolle aussetzte und Asylsuchende zwang, außerhalb des US-amerikanischen Territoriums auf die Bearbeitung ihrer Asylanträge zu warten. Auch die Abschieberaten stiegen in diesen Jahren – 2019 wurden beispielsweise mehr als 230.000 Menschen nach Honduras, Guatemala und El Salvador zwangsrückgeführt, ein Anstieg von 28 % gegenüber dem Vorjahr (UN OCHA 2020). In dieser Konstellation fungiert Mexiko als eine Art Scharnierstaat, der sowohl die Durchreise zentralamerikanischer Transitmigrant*innen fördert wie auch gleichzeitig Versuche unternimmt, den Rechtsstatus von Durchreisenden wenigstens temporär zu klären. Die Schwäche staatlicher Institutionen und deren Verflechtung mit Gewalt-Akteur*innen bringen jedoch immer neue Formen von Gewalt und wirtschaftlicher Ausbeutung hervor (Brigden 2017; Vogt 2013).

Zentralamerika ist neben dieser Bedrohungslage auch von einer hohen Armutsrate und von Umweltgefahren, wie z. B. seismischen und vulkanischen Dynamiken oder Hurrikans gekennzeichnet. Um dem zu entkommen, flohen Schätzungen zufolge seit Anfang der 2000er Jahre etwa zehn Prozent der 30 Mio. Einwohner des ‚nördlichen Dreiecks' (El Salvador, Guatemala und Honduras) nach Mexiko und (→ Nordamerika).

Seit 2018 erhielten die sogenannten Migrationskarawanen ein hohes Maß an weltweiter Aufmerksamkeit, bei denen sich Tausende Migrant*innen aus dieser Region zu Fuß auf den Weg nach Norden machten. Viele wurden jedoch bereits an der südlichen Grenze Mexikos gestoppt, an die sich die US-amerikanische Grenzkontrolle verlagert hat. Sowohl die demographische Zusammensetzung als auch die Art des Grenzübertritts veränderten sich in diesen Jahren. Familien, Frauen und Kinder bilden heute die Mehrheit der Fluchtmigrant*innen. Viele stellen unmittelbar an der US-amerikanischen Grenze ein Asylgesuch (Heyman et al. 2018). Häufig werden sie dort in überfüllten Auffanglagern zusammengepfercht (Burrell/Moodie 2019). Angesichts dieser Umstände konzentrieren internationale Organisationen wie der UNHCR oder die interamerikanische Kommission für Menschenrechte (IACHR), aber auch NGOs, Kirchen und andere Solidaritätsinitiativen ihre Arbeit schon seit den 1990er Jahren auf zwei Strategien: darauf, dass die durch nichtstaatliche Akteure wie Paramilitärs oder Gangs verübte Gewalt als asylrelevante Fluchtursache anerkannt wird, und auf die unmittelbare Linderung des Leids in den Aufnahmelagern. Hierbei spielen aktivistische und kirchliche Gruppen, die den Bewegungen für Schutzräume (‚new sanctuary movements') angehören, eine bedeutende Rolle (Center for US-Mexican Studies at USC San Diego 2019).

5. Fazit

Dieser Überblick verdeutlicht die Relevanz des Themas Migration für ein Verstehen der Gesellschaften Zentralamerikas. Gleichzeitig erscheint eine Unterscheidung zwischen Migration und Flucht angesichts der multipolaren komplexen Gewaltdynamik innerhalb der Region fraglich bzw. obsolet (→ mixed migration). Aufgrund der Alltäglichkeit transnationaler Lebensführung sind politische Akteure im Bereich des Migrationsmanagements, der Asylpolitik oder der humanitären Hilfe angehalten, Verflechtungen der lokalen Begebenheiten mit externen Akteuren und anderen Regionen einzubeziehen. Die Anerkennung nicht-staatlicher bzw. geschlechterspezifischer Gewalt ebenso wie die Folgen des Klimawandels sollten zukünftig noch stärker ins Zentrum der nationalen und internationalen politischen Agenda gerückt werden, um den spezifischen Not- bzw. Bedürfnislagen von Geflüchteten innerhalb dieser Region Rechnung zu tragen.

Literaturverzeichnis

Bradley, Megan (2014): Forced Migration in Central America and the Caribbean. Cooperation and Challenges. In: The Oxford Handbook of Refugee and Migration Studies, 664–676.

Brigden, Noelle (2017): Gender mobility: survival plays and performing Central American migration in passage. In: Mobilities 13 (1), 111–125.

Burrell, Jennifer/Moodie, Ellen (Hrsg.) (2019): Behind the Migrant Caravan: Ethnographic Updates from Central America. In: Cultural Anthropology. Hot Spots, Fieldsights, January 23. https://culanth.org/fieldsights/introduction-behind-the-migrant-caravan, 3.1.2021.

Cantor, David James (2018): Cooperation on refugees in Latin America and the Caribbean. In: Fiddian Qasmiyeh, Elena/Daley, Patricia (Hrsg.): Routledge Handbook of South-South Relations, 282–295.

Center for US-Mexican Studies at USC San Diego (2019): The Migrant Caravan. From Honduras to Tijuana. An Analysis by the Center for US-Mexican Studies Fellows (2018–2019). https://usmex.ucsd.edu/_files/TheMigrantCaravan-FromHondurastoTijuana-August2019.pdf, 15.07.2022.

Coutin, Susan Bibler (2000): Legalizing Moves. Salvadoran Immigrants' Struggle for U.S. Residency. Ann Arbor: The University of Michigan Press.

Drotbohm, Heike/Winters, Nanneke (2021): A shifting yet grounded transnational social field. Interplays of displacement and emplacement in African migrant trajectories across Central America. In: Population, Space and Place 27 (5), https://doi.org/10.1002/psp.2421 (online first).

Gabbert, Wolfgang (2008): Zentralamerikas karibische Dimension. In: Kurtenbach, Sabine/Mackenbach, Werner/Maihold, Günther/Wünderich, Volker (Hrsg.) (2008): Zentralamerika Heute. Politik, Wirtschaft, Kultur, Frankfurt am Main: Vervuert. 103–123.

Heyman, Josiah/Slack, Jeremy/Guerra, Emily (2018): Bordering a "Crisis": Central American Asylum Seekers and the Reproduction of Dominant Border Enforcement Practices. In: Journal of the Southwest 60 (4): 754–78.

Menjivar, Cecilia/Rodriguez, Nestor (2005): When States Kill. Latin America, the U.S., and Technologies of Terror. Austin University of Texas Press.

Migration Policy Institute (2015): Central American Immigrants in the United States. https://www.migrationpolicy.org/article/central-american-immigrants-united-states-2013, 3.2.2021.

Rabe, Stephen G. (2015): The Killing Zone: The United States Wages Cold War in Latin America, Oxford: Oxford University Press.

Reichl, Elena (2021): Einen Fluss steuern? – Hilfs- und Kontrollpraktiken in einer staatlichen Unterkunft für Transitmigrant*innen im südlichen Costa Rica. Arbeitspapiere des Instituts für Ethnologie und Afrikastudien der Johannes Gutenberg-Universität Mainz, 198.

Rudolf, Markus (2019): Organisierte Kriminalität als Fluchtursache. Lehren aus Lateinamerika. bicc\ Bonn International Center for Conversion. https://www.bicc.de/uploads/tx_bicctools/BICC_Policy_Brief_7_2019.pdf, 9.9.2021.

Sandoval-García, Carlos (2015): NO MÁS MUROS. Exclusión y migración forzada en Centroamérica, San José: Universidad de Costa Rica.

UN OCHA (2020): Snapshot Nr. 7: Violence and Protection in the North of Central America. January 2020. https://reliefweb.int/about, 3.1.2021.

Vogt, Wendy A. (2013): Crossing Mexico: structural violence and the commodification of undocumented Central American migrants. In: American Ethnologist 40 (4), 764–780.

Winschuh, Thomas (2008): Die Mobilität des Überlebens: Flucht und Migration. In: Kurtenbach, Sabine/Mackenbach, Werner/Maihold, Günther/Wünderich, Volker (Hrsg.) (2008): Zentralamerika Heute. Politik, Wirtschaft, Kultur, Frankfurt am Main: Vervuert. 421–439.

Winters, Nanneke/Izaguirre, Cynthia Mora (2019): Es cosa suya: entanglements of border externalization and African transit migration in northern Costa Rica. In: Comparative Migration Studies 7, 27. https://doi.org/10.1186/s40878-019-0131-9

IV.4.4
Nordamerika (Kanada und USA)

Dagmar Soennecken

Abstract Die Einwanderungsländer Kanada und die Vereinigten Staaten von Amerika (USA) sind seit langem führend bei der humanitären Aufnahme von Geflüchteten durch *Resettlement*. Im Gegensatz dazu steht die zunehmende ‚Versicherheitlichung' ihrer Flüchtlingspolitik und die Deterritorialisierung der Grenzen. Der Beitrag fasst die wesentlichen Entwicklungen beider Länder in diesen Bereichen zusammen.

Schlüsselbegriffe: Kanada, USA, Einwanderungsland, *Resettlement*, Versicherheitlichung, Grenze

1. Einleitung

Kanada und die USA verbindet eine ähnliche Einwanderungsgeschichte und Flüchtlingspolitik. Bis Mitte der 1960er Jahre kamen Einwanderer aufgrund der rassistischen *white settler society*-Mentalität fast ausschließlich aus Europa; darunter auch eine große Zahl Geflüchteter, die unabhängig von der Ratifizierung der Genfer Flüchtlingskonvention (Kanada, 1969) bzw. des Protokolls (USA, 1968) durch humanitäre Entscheidungen aufgenommen wurden. Dieser Aufnahmeweg, der in das heutige (→) *Resettlement*-Programm des UNHCR einfließt, ist ein bedeutender Aspekt des humanitären Selbstverständnisses Kanadas und der USA. Zudem lebt eine große Anzahl Migrant*innen ohne gesicherten Aufenthaltsstatus in Nordamerikas zahlreichen *sanctuary cities* (Lippert/Rehaag 2013). Obwohl vor allem Kanada weiterhin seine Willkommenskultur (z. B. #WelcometoCanada) herausstellt, ist die Flüchtlingspolitik beider Länder inzwischen von sicherheitspolitischem Denken durchdrungen (vgl. Crépeau/Atak 2013). Diese ‚Versicherheitlichung' spiegelt sich in sinkender Aufnahmebereitschaft, aber auch in Abschottung, Militarisierung und Deterritorialisierung der Grenzen wider (vgl. Côté-Boucher et al. 2014; → Externalisierung).

Die Wirtschafts- und Weltmacht USA dominiert die internationale Flüchtlingspolitik primär durch ihre Außen- und Regionalpolitik in Mittel- und Südamerika. Tonangebend ist die USA auch durch ihre Rolle als größter Geldgeber des UNHCR: 2020 zahlten sie 40 % von dessen Budget (UNHCR 2021). 2020 war die USA zudem das Land mit den meisten Asylanträgen weltweit (UNHCR 2020). Kanada, flächenmäßig ähnlich groß, aber bevölkerungsärmer, ist im Bereich der Flüchtlingspolitik schon lange ein Vorbild. So wurde es 1986 mit dem Nansen-Flüchtlingspreis des UNHCR ausgezeichnet. Unter anderem schuf Kanada als erstes Land in den 1970er Jahren private Flüchtlingspatenschaften (Casasola 2016).

Nach dem 11. September 2001 haben Kanada und die USA verschiedene Abkommen zur Integration ihrer Grenzkontrollen geschlossen, die den Fokus von Drogen und Waffen auf die Kontrolle und Überwachung von Migration verschoben haben (Brunet-Jailly 2006). Dieser Trend begann mit der

Smart Border Declaration (2001) und dem *Canada-U.S. Safe Third Country Agreement* (STCA 2002). Das *United States-Mexico-Canada Agreement* (*USMCA*), ein seit 1989 bestehendes Freihandelsabkommen, hat ebenfalls migrationspolitische Konsequenzen, die bis nach Zentralamerika ausstrahlen (vgl. Young 2018).

2. Resettlement

Die USA und Kanada haben zusammen zwischen 2003 und 2018 rund 75 % aller Geflüchteten, die weltweit durch humanitäre (→) *Resettlement*-Programme direkt in Drittländer umgesiedelt wurden, dauerhaft aufgenommen (UNHCR 2019: 27). Seit 1980 kamen auf diesem Wege mehr Geflüchtete in die USA, als in alle anderen Länder zusammen – insgesamt ca. drei Millionen (Radford/Connor 2019). Auch davor nahmen beide Länder regelmäßig Schutzsuchende durch humanitäre Entscheidungen auf, meist aus außenpolitischen Gründen. Allerdings nahm die Aufnahmebereitschaft der US-Regierung seit Mitte der 1990er Jahre drastisch ab – zuletzt so stark, dass Kanada mit rund 28.000 aufgenommenen Geflüchteten 2018 plötzlich *Resettlement*-Spitzenreiter wurde (Immigration, Refugees and Citizenship Canada 2019: 21).

Resettlement wird nur besonders ‚gefährdeten' Schutzsuchenden angeboten. Der Bedarf an Plätzen übersteigt regelmäßig deren Anzahl (UNHCR 2019), auch weil das Auswahlverfahren stark versicherheitlicht wurde. Grundsätzlich müssen alle US-Kandidaten die engen Kriterien der Genfer Flüchtlingskonvention erfüllen, während Kanada auch andere Schutzsuchende akzeptiert, z. B. (→) Binnenvertriebene. Im Gegensatz zum Asylgesuch existiert keine völkerrechtliche Verpflichtung zum *Resettlement*. Daher ist es rechtlich oder praktisch kaum möglich, Widerspruch gegen Ablehnungen zu erheben.

In den USA setzt der Präsident jährlich regionale Quoten sowie Obergrenzen fest; in Kanada macht dies die Regierung. Das *Immigration, Refugees and Citizenship Canada* (IRCC) und das *U.S. Refugee Admissions Program* (USRAP), koordiniert von einem Konsortium verschiedener Ministerien, arbeiten bei der Auswahl eng mit dem UNHCR, IOM und NGOs vor Ort zusammen, letztendlich entscheiden aber die Behörden. Amerikanische und kanadische NGOs beteiligen sich regelmäßig als Co-Sponsoren an den Umsiedlungskosten und helfen bei der Integration. Zudem können kanadische NGOs und Gruppen aus der Zivilgesellschaft durch zusätzliche private Flüchtlingspatenschaften bestimmte Geflüchtete direkt vorschlagen (*naming*), was der Grund für den Aufstieg Kanadas zum *Resettlement*-Spitzenreiter war; die staatlich finanzierten Plätze waren nicht aufgestockt worden (Hyndman et al. 2016).

3. Inländische Asylverfahren

3.1 Kanada

In Kanada teilen sich der Bund und die Provinzen die Verantwortung für die Einwanderungspolitik. Grundsätzlich ist IRCC für die Auswahl zuständig, während die Provinzen für die Niederlassung und

Integration verantwortlich sind. Die französische Provinz Québec hat einige Sonderrechte (Paquet 2014).

Die Aufgabenteilung bei Geflüchteten ist ähnlich – die *Resettlement*-Auswahl untersteht IRCC, während die Durchführung des Asylverfahrens seit 1989 durch eine davon unabhängige gerichtsähnliche Bundesbehörde, das *Immigration and Refugee Board* (IRB), erfolgt. Allerdings müssen Asylsuchende zuvor von der kanadischen Grenzbehörde, *Canada Border Services Agency* (CBSA), zum Verfahren zugelassen werden.

Vor dem Abschluss des *Canada-U.S. Safe Third Country Agreement* (STCA 2002), was Asylanträge an den offiziellen Grenzübergängen zwischen den zwei Staaten bis auf wenige Ausnahmen untersagt, kamen ca. 32 % der Asylsuchenden über die amerikanisch-kanadische Grenze nach Kanada (Soennecken 2014). Asylsuchende konnten bis 2020 zudem nach einem irregulären Grenzübertritt einen Asylantrag stellen, auch wenn sie zuvor bereits anderswo einen gestellt hatten. Zwischen 2017 und 2019 war die Zahl solcher Grenzübertritte stark angeschwollen; hauptsächlich durch Haitianer, deren temporärer US-Schutzstatus beendet worden war (Damian Smith 2019).

Das STCA wird seit dessen Einführung kontrovers diskutiert (Arbel 2013). Die restriktivere Asylpraxis der USA, insbesondere der drastische Anstieg von Zurückweisungen und Inhaftierungen von Kindern und Minderjährigen 2019 hat die gesellschaftspolitischen Zweifel an den USA als „sicheres Land" erhöht. Bereits zwei Mal wurde das Abkommen gerichtlich angefochten, bisher erfolglos.

Hingegen wurde Kanadas Inlandsverfahren vor dem IRB vielfach gelobt, u. a. vom UNHCR. Die Gründe dafür reichen vom gerichtsähnlichen Anhörungsverfahren mit Erstanerkennungsquoten von 47,5 % (2008–2012) bzw. 65,9 % (2013–2016) (IRB-Daten, zitiert in Rehaag 2019: 5), die weit über dem EU-27 Durchschnitt von 28,3 % liegen (vgl. Juchno 2009: 5), vergleichsweise geringer Beeinträchtigung durch parteipolitisches Gerangel, bis hin zu einer progressiven Asylrechtspraxis, zum Beispiel bei geschlechtsbezogener Verfolgung (Macklin 1999).

Kritik gab es an den stark divergierenden Urteilen der IRB-Entscheider und der zuständigen Richter des *Federal Court of Canada* (Rehaag 2019) sowie am stetigen Anstieg der Externalisierungs-Maßnahmen, allen voran das STCA, welche Kanadas geopolitische Isolation verstärken. Obwohl 2012 auf Druck von NGOs ein substantielles Widerspruchsverfahren (RAD) eingeführt wurde, ist der Zugang zu Gerichten, aber auch zur Rechtsberatung zunehmend schwieriger geworden (Anderson/Soennecken 2018).

3.2 USA

Grundlage für die US-amerikanische Asyl- und Flüchtlingspolitik ist der *Refugee Act* von 1980. Kurz zuvor waren rund 120.000 (→) Bootsflüchtlinge aus Kuba (und 25.000 aus Haiti) (*Mariel boatlift*) in die USA gekommen, was deren Status als Erstaufnahmeland festigte, obwohl hierzu ein rechtlicher Sonderweg geschaffen und Haitianer anders behandelt wurden (Aleinikoff 1984; Mitchell 1994; → Karibik). Trotz jahrelanger Kritik, unter anderem an der Qualität der Erstentscheidungen (Ramji-Nogales et al. 2009) und den chronisch hohen Rückständen, ist das US-Inlandsverfahren seit 1995 nicht mehr reformiert worden (Meissner et al. 2018). Stattdessen wurde die mexikanisch-amerikanische Landesgrenze versicherheitlicht und dadurch zum zentralen Brennpunkt.

Es gibt grundsätzlich drei Möglichkeiten, in den USA Asyl zu beantragen: 1) vor einem Beamten des *U.S. Citizenship and Immigration Service* (USCIS), 2) innerhalb eines Jahres nach Einreise („affirmativer" Asylantrag) oder 3) vor Asylrichtern des *Executive Office of Immigration Review* (EOIR) während des Abschiebeverfahrens („defensiver" Asylantrag) (Legomsky 2009). Im Bereich der U.S.-Grenze werden Asylsuchende seit 2004 meist inhaftiert und im Eilverfahren abgeschoben. Die Zustände in den Hafteinrichtungen werden regelmäßig von Menschenrechtsorganisationen kritisiert. Nur wenn Menschen einen Grenzbeamten überzeugen, dass sie eine „begründete Furcht vor Verfolgung" (*credible fear*) haben (Meissner et al. 2018), erhalten sie Zugang zum (defensiven) Asylverfahren.

Während irreguläre Grenzübertritte von Mexikanern in die USA in den letzten zehn Jahren zurückgingen (vgl. Massey 2020), stieg gleichzeitig die Zahl dieser Übertritte durch Familien und unbegleitete Minderjährige aus dem „zentralen Dreieck", Guatemala, El Salvador und Honduras, einer der „gefährlichsten Regionen der Welt", dramatisch an (Capps et al. 2019; → Zentralamerika). Viele von ihnen hatten gute Aussichten auf Schutzgewährung. Allerdings war von 2018 bis Mitte 2021 eine Asylgewährung bei häuslicher Gewalt und Bandenkriminalität ausgeschlossen und von 2019 bis August 2022 das *Remain in Mexico*-Programm aktiv, welches die Anzahl der Asylanträge an bestimmten Grenzübergängen einschränkte („*metering*") und Asylsuchende in Lagern in Mexiko warten ließ. 2019 wurde außerdem eine „sichere Drittstaaten"-Regelung eingeführt und Kooperationsverträge mit Guatemala und Honduras (2020) zur Zurückschiebung von Migrant*innen geschlossen, die aber 2021 wieder suspendiert wurden. Das *Central American Minors Program*, welches Minderjährigen aus dieser Region mit Eltern in den USA einen legalen Weg ins Land geboten hatte und bereits 2017 beendet worden (Martin/Ferris 2017: 25–26), wird seit 2021 schrittweise wieder eingeführt. Viele der restriktiven Regelungen waren von Beobachtern scharf verurteilt und gerichtlich angefochten worden.

4. Fazit

Die zunehmende ‚Versicherheitlichung' der nordamerikanischen Flüchtlingspolitik sowie die Deterritorialisierung der kanadisch-amerikanisch-mexikanischen Grenze stehen dem Image Kanadas und der USA als multikulturelle, offene Einwanderungsländer mit einer langen, humanitären Aufnahmetradition entgegen. Nicht nur deshalb bleiben beide Länder weiterhin für die Flucht- und Flüchtlingsforschung beobachtungswert und ausschlaggebend.

Literaturverzeichnis

Aleinikoff, T. Alexander (1984): Political Asylum in the Federal Republic of Germany and the Republic of France: Lessons for the United States. In: Michigan Journal of Law 17 (2), 183–242.
Anderson, Christopher G./Soennecken, Dagmar (2018): Taking the Harper Government's Refugee Policy to Court. In: Macfarlane, Emmett (Hrsg.): Policy Change, Courts, and the Canadian Constitution, Toronto, ON: University of Toronto.

Arbel, Efrat (2013): Shifting Borders and the Boundaries of Rights: Examining the Safe Third Country Agreement between Canada and the United States. In: International Journal of Refugee Law 25 (1), 65–86.

Brunet-Jailly, Emmanuel (2006): Security and Border Security Policies: Perimeter or Smart Border? A Comparison of the European Union and Canadian-American Border Security Regimes. In: Journal of Borderlands Studies 21 (1), 3–21.

Capps, Randy/Meissner, Doris/Ruiz Soto, Ariel G./Bolter, Jessica/Pierce, Sarah (2019): From Control to Crisis: Changing Trends and Policies Reshaping U.S.-Mexico Border Enforcement. Washington, D.C.: Migration Policy Institute. www.migrationpolicy.org/research/changing-trends-policies-reshaping-us-mexico-border-enforcement, 8.7.2021.

Casasola, Michael (2016): The Indochinese Refugee Movement and the Subsequent Evolution of UNHCR and Canadian Resettlement Selection Policies and Practices. In: Refuge: Canada's Journal on Refugees 32 (2), 41–53.

Côté-Boucher, Karine/Infantino, Frederica/Salter, Mark B. (2014): Border security as practice: An agenda for research. In: Security Dialogue 45 (3), 195–208.

Crépeau, François/Atak, Idil (2013): The securitization of asylum and human rights in Canada and the European Union. In: Contemporary Issues in Refugee Law. Cheltenham-Northampton: Elgar, 227–257.

Damian Smith, Craig (2019): Changing U.S. Policy and Safe-Third Country "Loophole" Drive Irregular Migration to Canada. Washington, D.C.: Migration Policy Institute. www.migrationpolicy.org/article/us-policy-safe-third-country-loophole-drive-irregular-migration-canada, 8.7.2021.

Hyndman, Jennifer/Payne, William/Jimenez, Shauna (2016): The State of Private Refugee Sponsorship in Canada: Trends, Issues, and Impacts. Refugee Research Network and Centre for Refugee Studies.

Immigration, Refugees and Citizenship Canada (2019): Annual Report to Parliament on Immigration. Ottawa. www.canada.ca/content/dam/ircc/migration/ircc/english/pdf/pub/annual-report-2019.pdf, 8.7.2021.

Juchno, Piotr (2009): 75 thousand asylum seekers granted protection status in the EU in 2008. Luxembourg: Eurostat. https://ec.europa.eu/eurostat/en/web/products-statistics-in-focus/-/ks-sf-09-092, 8.7.2021.

Legomsky, Stephen (2009): Refugees, Asylum and the Rule of Law in the USA. In: Kneebone, Susan (Hrsg.): Refugees, Asylum Seekers, and the Rule of Law: Comparative Perspectives, Cambridge: Cambridge University Press, 122–170.

Lippert, Randy K./Rehaag, Sean (2013): Sanctuary practices in international perspectives: migration, citizenship and social movements, Abingdon, Oxon: Routledge.

Macklin, Audrey (1999): Cross-Border Shopping for Ideas: A Critical Review of United States, Canadian, and Australian Approaches to Gender-Related Asylum Claims. In: Georgetown Immigration Law Journal 13, 25–71.

Martin, Susan F./Ferris, Elizabeth (2017): US Leadership and the International Refugee Regime. In: Refuge: Canada's Journal on Refugees 33 (1), 18–28.

Massey, Douglas S. (2020): Immigration policy mismatches and counterproductive outcomes: unauthorized migration to the U.S. in two eras. In: Comparative Migration Studies 8, Art. 21. https://doi.org/10.1186/s40878-020-00181-6

Meissner, Doris/Hipsman, Faye/Aleinikoff, T. Alexander (2018): The U.S. Asylum System in Crisis: Charting a Way Forward, Washington, D.C.: Migration Policy Institute. www.migrationpolicy.org/research/us-asylum-system-crisis-charting-way-forward, 8.7.2021.

Mitchell, Christopher (1994): U.S. Policy toward Haitian Boat People, 1972–93. In: The ANNALS of the American Academy of Political and Social Science 534 (1), 69–80.

Paquet, Mireille (2014): The Federalization of Immigration and Integration in Canada. In: Canadian Journal of Political Science 47 (3), 519–548.

Radford, Jynnah/Connor, Phillip (2019): Canada now leads the world in refugee resettlement, surpassing the U.S. Pew Research Center. www.pewresearch.org/fact-tank/2019/06/19/canada-now-leads-the-world-in-refugee-resettlement-surpassing-the-u-s/, 8.7.2021.

Ramji-Nogales, Jaya/Schoenholtz, Andrew Ian/Schrag, Philip G. (2009): Refugee roulette : disparities in asylum adjudication and proposals for reform. New York: NYU.

Rehaag, Sean (2019): Judicial review of refugee determinations (II): Revisiting the luck of the draw. In: Queen's Law Journal 45 (1), 1–36.

Soennecken, Dagmar (2014): Shifting Back and Up: The European Turn in Canadian Refugee Policy. In: Comparative Migration Studies 2 (1), 102–122.

UNHCR (2019): The History of Resettlement. Celebrating 25 Years of the ATCR. UNHCR, Geneva. www.unhcr.org/5d1633657.pdf, 8.7.2021.

UNHCR (2020): Global Trends Forced Displacement in 2019. Copenhagen: UNHCR Global Data Service. www.unhcr.org/be/wp-content/uploads/sites/46/2020/07/Global-Trends-Report-2019.pdf, 8.7.2021.

UNHCR (2021): Global Funding Overview 31 December 2020. UNHCR Division of External Relations. reporting.unhcr.org/sites/default/files/Global%20Funding%20Overview%2031%20December%202020.pdf, 8.7.2021.

Young, Julie E.E. (2018): The Mexico-Canada border: extraterritorial border control and the production of 'economic refugees.' In: International Journal of Migration and Border Studies 4 (1–2), 35–50.

IV.5 Europa

IV.5.1
Südeuropa

Vasiliki Apatzidou und Derek Lutterbeck

Abstract Dieser Beitrag beginnt mit einer Beschreibung der Fluchtmigration in südeuropäische Staaten, mit einem spezifischen Fokus auf Griechenland, Italien und Spanien. Anschließend erläutert er die Mechanismen und Rahmenbedingungen der Flüchtlingsaufnahme in diesen drei Ländern. Im letzten Abschnitt geht der Artikel auf Politik der „Externalisierung" von Migrationskontrolle durch Abkommen mit benachbarten Staaten ein – eine Strategie der Migrationskontrolle, die in ganz Europa und darüber hinaus von zunehmender Bedeutung ist.

Schlüsselbegriffe: Südeuropa, Migration, Flüchtlinge, Aufnahmebedingungen, Externalisierung

1. Einleitung

Während südeuropäische Staaten lange Zeit traditionelle Auswanderungsländer waren, deren Einwohner*innen sich in großer Anzahl auf die Suche nach besseren Arbeitsmöglichkeiten in anderen Staaten machten, hat ihre Bedeutung als Einwanderungsländer seit den 1990er Jahren stark zugenommen. Neben den klassischen „Push-Faktoren" wie Armut und Krieg wird die Migration aus den Balkanstaaten, dem Nahen Osten oder aus afrikanischen Staaten nach Südeuropa auch von den informellen Arbeitsmärkten und einem Bedarf an billigen Arbeitskräften in Ländern wie Griechenland, Italien und Spanien angetrieben (zumindest vor der Wirtschafts- und Finanzkrise 2008) (Ambrosini 2018). Da in den letzten Jahren die meisten Migrant*innen und Geflüchteten Europa über das Mittelmeer zu erreichen versucht haben, sind diese Länder zunehmend zu ‚Frontstaaten' im Europäischen Migrationsgeschehen geworden. Zwar werden Länder wie Italien oder Griechenland selten bewusst als Migrationsziel innerhalb der EU gewählt, doch aufgrund des Dubliner Übereinkommens bleiben viele Asylsuchende in diesen Staaten der Erstankunft stecken. Die Konsequenz ist eine aus der Perspektive der Erstankunftsländer disproportionale Belastung in der Unterbringung und Versorgung von Geflüchteten, ein Umstand den die südeuropäischen Staaten regelmäßig als unzureichende Europäische Solidarität und ‚Verantwortungsteilung' in der EU-Migrationspolitik beklagen.

2. Migration und Flucht in die Staaten Südeuropas

Auch wenn sich Migrations- und Fluchtbewegungen nach Südeuropa über die Zeit immer wieder stark verändert haben, so kann man doch seit ungefähr 2000 drei Hauptmigrationsrouten in südeuropäische Länder ausmachen: die über die Türkei nach Griechenland verlaufende östliche Mittelmeer-Route; die durch Libyen Richtung Italien (und teils Malta) verlaufende zentrale Mittelmeer-Route; und die westliche Mittelmeer- bzw. westafrikanische Route, die Marokko und seine südlichen Anrainer wie Mauretanien und Senegal mit dem spanischen Festland und den Kanarischen Inseln verbindet.

Auch bezüglich der Herkunft der Migrant*innen und Geflüchteten auf diesen Routen können, trotz gewisser Verschiebungen, einige Hauptmuster identifiziert werden. Die östliche Mittelmeer-Route wird hauptsächlich von Kriegsflüchtlingen aus Syrien sowie von Migrant*innen und Geflüchteten aus anderen Ländern des (→) Nahen Ostens wie Irak oder dem Palästinensergebiet sowie weiter östlich liegende Staaten wie (→) Afghanistan und Pakistan genutzt. Auf der zentralen Mittelmeer-Route sind vor allem Migrant*innen und Geflüchtete vom Horn von Afrika (→ Ostafrika), vor allem Somalia und Eritrea, wie auch aus (→) westafrikanischen Ländern wie Nigeria oder Elfenbeinküste zu finden. Die westliche Mittelmeer-Route wird von Migrant*innen aus westafrikanischen Ländern dominiert. Pauschal könnte man sagen, dass die östliche und zentrale Mittelmeer-Route sowohl aus humanitären wie auch aus ökonomischen Motiven (→ mixed migration) genutzt wird, während die westliche Mittelmeer-Route und die westafrikanische Route vor allem ökonomisch motivierte Migration anzieht.

Die relative Bedeutung dieser drei Mittelmeer-Routen hat sich in den vergangenen Jahrzenten in Abhängigkeit von der politischen und wirtschaftlichen Situation in den Herkunftsländern sowie von Maßnahmen der Migrationskontrolle der EU und der Transitstaaten regelmäßig verändert. Während der sogenannten europäischen ‚Migrationskrise' von 2015 war die östliche Mittelmeer-Route bei Weitem die wichtigste Eingangspforte in die EU, mit fast 900.000 Migrant*innen und Geflüchteten, die meisten aus Syrien, die auf diesem Wege nach Europa kamen. Abgesehen von diesem Ausnahmejahr war jedoch die zentrale Mittelmeer-Route die am häufigsten genutzte Route, mit rund 150.000 Ankünften pro Jahr. Auf der westlichen Mittelmeer-Route ist das Migrationsvolumen mit etwa 10.000 jährlichen Ankünften grundsätzlich geringer gewesen, allerdings mit steigender Tendenz seit 2017.

3. Aufnahmebedingungen

Obgleich alle EU-Mitgliedstaaten bei der Aufnahme von Geflüchteten an die Aufnahmerichtlinie der EU (2013/33/EU) gebunden sind, welche Minimalstandards für die Aufnahme von Asylsuchenden aus Drittstaaten definiert, gibt es teils erhebliche Variationen in den nationalen Aufnahmepolitiken und -bedingungen, und zwar nicht nur im Vergleich der südeuropäischen mit anderen EU-Staaten, sondern auch zwischen den südeuropäischen Ländern selbst. Die Aufnahmepolitiken in den südeuropäischen Staaten sind allgemein von der Vorstellung geprägt, dass diese Länder ‚nur' vorübergehende Transitstationen für ankommende Migrant*innen und Geflüchtete auf dem Weg in reichere europäische Ländern sind. Dementsprechend gering waren die Anstrengungen, ein nachhaltiges Aufnahmesystem zu entwickeln. Stattdessen dominierten ‚Notfallpläne' zur Erstaufnahme von Migrant*innen und Geflüchteten, während der längerfristigen Integration in die Aufnahmegesellschaft nur wenig Aufmerksamkeit geschenkt wurde (Campomori/Ambrosini 2020; Gabrielli et al. 2021; Tsitselikis 2018).

In Griechenland, Italien und Spanien gibt es eine Reihe von Aufnahmesystemen, die teils von Regierungsbehörden auf zentraler oder lokaler Ebene organisiert werden, teils aber auch von Nichtregierungsorganisationen. Während ein Teil dieser Aufnahmeeinrichtungen permanente Strukturen wie Häuser und Wohnungen sind, gibt es auch provisorische Einrichtungen zur Unterbringung von Asylsuchenden wie z. B. Zeltlager (→ Camp/Lager), vor allem in Griechenland seit der bereits erwähnten ‚Migrationskrise'. In den meisten Ländern ist es gesetzlich vorgeschrieben, besonders vulnerable Asylsuchende, wie z. B. Minderjährige (→ unbegleitete Minderjährige), Schwangere oder Menschen mit Behinderung in etwas komfortableren oder geschützteren Einrichtungen unterzubringen. Auch wenn sich die Aufnahmebedingungen für Migrant*innen und Asylsuchende in südlichen EU-Ländern in den vergangenen Jahren verbessert haben, weisen NGOs weiterhin auf erhebliche Defizite in den Aufnahmeeinrichtungen hin, wie z. B. schlechte hygienische Zustände, fehlende Sicherheit sowie unzureichender Zugang zu psychosozialen oder rechtlichen Beratungen und Dienstleistungen (AIDA Report Greece; AIDA Report Italy).

3.1 Der ‚Hotspot'-Ansatz

Als Reaktion auf die ‚Migrationskrise' von 2015 hat die EU den sogenannten ‚Hotspot'-Ansatz als Teil der Europäischen Migrationsagenda (2015) eingeführt. Bislang (2022) wurde der ‚Hotspot'-Ansatz allerdings nur von Griechenland und Italien implementiert. Sein Hauptziel ist die verbesserte Koordination zwischen EU-Agenturen und nationalen Behörden an den EU-Außengrenzen bei der Erstaufnahme und Registrierung von Migrant*innen und Asylsuchenden. Ein weiteres Ziel ist, zur Umverteilung von Asylsuchenden aus den am stärksten betroffenen Aufnahmeländern in andere EU-Staaten beizutragen. Doch obgleich die Weiterverteilung von Asylsuchenden innerhalb der EU seit langem ein Anliegen der meisten südeuropäischen Staaten ist, wurden Umverteilungen nur sehr begrenzt und *ad hoc* realisiert.

In Griechenland führte der ‚Hotspot'-Ansatz zu der Einrichtung von sogenannten Aufnahme- und Identifizierungszentren (Reception and Identification Centres – RICs) auf den griechischen Inseln, verbunden mit geographischen Restriktionen, die es Asylsuchenden verbieten, die Inseln (Lesbos, Chios, Samos, Kos und Leros) zu verlassen, solange ihr Asylantrag geprüft wird. Das Aufnahmeverfahren beinhaltet ein Informationsgespräch, medizinische Untersuchungen, eine Vulnerabilitäts-Einschätzung, die Verifikation der Nationalität, die Registrierung sowie die Aufnahme des Asylverfahrens. In Italien wurden bislang fünf Hotspots eingerichtet (Lampedusa, Messina, Pozzallo, Taranto und Trapani), daneben gibt es aber noch andere, nicht-offizielle Einrichtungen, die de-facto als Hotspot operieren.

Während die Erstaufnahme von Migrant*innen und Geflüchteten schon immer im Spannungsfeld von humanitären und Sicherheitserwägungen stand, so kann die ‚Hotspot'-Strategie als Hinweis auf eine zunehmende Dominanz von Sicherheitserwägungen gegenüber humanitären Aspekten in der EU-Aufnahmepolitik betrachtet werden, vor allem weil die Kontrollmechanismen gegenüber ankommenden Migrant*innen und Geflüchteten immer umfassender werden (Campesi 2018).

3.2 Haftmaßnahmen

Ein zunehmend wichtiges – wenn auch umstrittenes – Instrument der Flüchtlingsaufnahme und Migrationskontrolle sind Inhaftierungsmaßnahmen. Dieser Trend kann nicht nur in den meisten südeuropäischen Ländern, inklusive Griechenland, Italien und Spanien, sondern auch in einigen anderen EU-Staaten beobachtet werden (Majcher et al. 2020; Duskova 2017). Die Inhaftierung von Migrant*innen und Geflüchteten dient hauptsächlich der Identifikation von Asylsuchenden während des Asylverfahrens sowie der Sicherung der Rückführung von abgelehnten Asylbewerbern und anderen Migrant*innen, die zur Ausreise verpflichtet sind. In jüngerer Zeit gibt es jedoch auch Hinweise auf die vermehrte Nutzung informeller oder *de facto* Haft an der EU-Außengrenze. Diese Form der Haft ist typischerweise nicht gesetzlich geregelt und findet meist kurzfristig in unmittelbarer Grenznähe statt, oft mit dem Ziel einer unmittelbaren Rückschiebung von Migrant*innen und Asylsuchenden in benachbarte Länder (Migreurop 2020).

4. Politik der Externalisierung

Unter dem Eindruck zunehmender Ankunftszahlen von Migrant*innen und Geflüchteten haben die südeuropäischen Staaten Anstrengungen unternommen, ihre Migrationskontrollmaßnahmen auf die Herkunfts- und Transitländer zu übertragen (→ Externalisierung). Diese Politik der Externalisierung ist ein genereller Trend in der Migrationsprävention und lässt sich für alle bedeutenden Ankunftsländer des Globalen Nordens beobachten. In den südeuropäischen Ländern basiert diese Externalisierungsstrategie vor allem auf bilateralen oder EU-Vereinbarungen oder auf einer Verstärkung der informellen Kooperation mit den Nachbarstaaten, von denen aus Migrant*innen oder Geflüchtete in die EU zu gelangen versuchen. Diese Formen der Kooperation beinhalten in der Regel Vereinbarungen zur Zurücknahme von irregulären Migrant*innen und eine verstärkte Kooperation bei der Kontrolle gemeinsamer Grenzen, im Gegenzug für finanzielle oder materielle Unterstützung an die Nachbarstaaten (→ internationale Abkommen).

4.1 Das EU-Türkei-Abkommen

Die wohl bedeutsamste Vereinbarung zur Migrationskontrolle mit einem EU-Anrainerstaat bis dato ist die sogenannte EU-Türkei-Erklärung aus dem Jahr 2016, welches als Reaktion auf die oben erwähnte ‚Migrationskrise' entwickelt wurde, um den Zustrom von Migrant*innen und Asylsuchenden zu unterbinden, die von der Türkei aus versuchten, die EU au erreichen. Die EU-Türkei-Erklärung sieht vor, dass die Türkei alle Migrant*innen zurücknimmt, die auf irreguläre Weise von der Türkei nach Griechenland gelangen, und Maßnahmen ergreift, Migrant*innen an der Ausreise Richtung Griechenland zu hindern. Im Gegenzug hat sich die EU verpflichtet, für jede irregulär eingereiste Person, welche die Türkei zurücknimmt, einen syrischen Flüchtling aus der Türkei in der EU aufzunehmen. Zudem stellte die EU erhebliche Finanzmittel bereit, um die Türkei bei der Versorgung von Geflüchteten zu unterstützen (6 Milliarden EUR). Schließlich stellte die EU die Wiederöffnung des – von der EU blockierten – EU-Mitgliedsantrags der Türkei in Aussicht.

Während die EU-Türkei-Erklärung scheinbar mit Erfolg die Anzahl der aus der Türkei in der EU ankommenden Migrant*innen und Geflüchteten reduziert hat, gab es auch erhebliche Kritik an dem Abkommen, insbesondere aus menschenrechtlicher und flüchtlingsrechtlicher Perspektive (Tunaboy lu et al. 2017; Lenher 2018). Insbesondere wurde beanstandet, dass die Rückführung von Geflüchteten aus Griechenland in die Türkei das Recht von Flüchtlingen verletzen würde, einen Asylantrag in der EU zu stellen. In diesem Zusammenhang sollte festgehalten werden, dass die Türkei die Genfer Flüchtlingskonvention von 1951 unter einem geographischen Vorbehalt nur auf europäische Bürger*innen anwendet. Das bedeutet, dass beispielsweise syrische Asylsuchende lediglich einen temporären Schutzstatus in der Türkei erhalten, und keinen umfassenden und dauerhaften Flüchtlingsschutz.

4.2 Die Kooperation zwischen Italien und Libyen

Italien (und die EU) und Libyen kooperieren im Bereich der Migrationskontrolle entlang der Zentralen Mittelmeerroute bereits seit der Regierungszeit von Muammar al-Gaddafi. Im Jahr 2008 unterzeichneten er und der damalige italienische Regierungschef Silvio Berlusconi den sogenannten Vertrag über *Freundschaft, Partnerschaft und Zusammenarbeit*, der unter anderem eine engere Zusammenarbeit zwischen Italien und Libyen hinsichtlich der Verhinderung von irregulärer Migration vorsah. Nach dem Sturz des Gaddafi-Regimes im Jahr 2011 setzten Italien und die EU ihre Zusammenarbeit mit Libyen auf dem Gebiet der Migrationskontrolle fort, wobei eine zentrale Herausforderung die anhaltende Instabilität im Land mit verschiedenen Gruppierungen und bewaffneten Splittergruppen war, die um die Kontrolle über das libysche Territorium wetteiferten. Grundsätzlich gestaltete sich die Zusammenarbeit zwischen Italien und Libyen in der Post-Gaddafi-Ära eher informell, z. B. auf der Basis von vertraulichen Absprachen und geheimen Memoranden. Dabei wurden nicht nur staatliche Institutionen, insbesondere die libysche Küstenwache, einbezogen, sondern auch lokale Behörden und nicht-staatliche Akteure wie Milizen. In der Hauptsache wurden seitens Italiens und der EU materielle Hilfen und Ausbildungskurse bereitgestellt, um die libyschen Grenzschutzeinheiten in ihren Aktivitäten zur Verhinderung der Migration von und durch libysches Hoheitsgebiet zu stärken.

Ähnlich wie beim EU-Türkei-Abkommen wird auch der Kooperation zwischen Italien und Libyen ein gewisser Effekt bei der Reduzierung von Migration über das Mittelmeer nach Europa zugeschrieben. Beispielsweise gingen die Überfahrten von Libyen nach Europa kurz nach der Vereinbarung des Vertrags über Freundschaft, Partnerschaft und Kooperation stark zurück. In jüngerer Zeit wird vor allem die zunehmend aktive Rolle der – durch die EU ausgebildete und ausgestattete – libyschen Küstenwache beim Zurückdrängen von Migrant*innen als Beweis für die effektive Kooperation betrachtet. Andererseits wurde die italienisch-libysche Zusammenarbeit auf diesem Gebiet von führenden Menschenrechtsorganisationen heftig kritisiert, insbesondere in Bezug auf die weit verbreitete Misshandlung von Migrant*innen, die infolge dieser Kooperation in Libyen steckengeblieben sind (Amnesty International 2020, 2021). Im Jahr 2012 wurde Italien zudem in einem bahnbrechenden Gerichtsurteil des Europäischen Gerichtshofs für Menschenrechte des illegalen Push-Backs von Asyluchenden auf hoher See nach Libyen für schuldig befunden (Hirsi Jamaa u. a. gg. Italien).

4.3 Die Spanisch-Marokkanische Kooperation

Die Zusammenarbeit zwischen Spanien und Marokko in der Migrationskontrolle entlang der West-Mittelmeer-Route ist die älteste von den hier betrachteten Kooperationen. Bereits 1992 unterzeichneten die beiden Länder ein Rückübernahme-Abkommen. Es war eines der ersten Abkommen der Migrationskontrolle zwischen einem EU-Staat und einem Drittstaat. Mit diesem Abkommen verpflichtete sich Marokko, alle Drittstaatenangehörigen zurückzunehmen, die illegal von marokkanischem Territorium aus nach Spanien gelangt sind. Zudem kooperieren Spanien und die EU zunehmend mit dem marokkanischen Staat zur Kontrolle der gemeinsamen Grenzen, die Grenzzäune um die spanischen Exklaven Ceuta und Melilla inbegriffen. Die im Vergleich zu den anderen Routen eher geringe Anzahl von Migrant*innen auf der West-Mittelmeer-Route wurde oft als Zeichen der erfolgreichen Zusammenarbeit zwischen Spanien und Marokko hinsichtlich der Verhinderung von irregulärer Migration betrachtet. Dennoch haben auch in diesem Fall unabhängige Beobachter auf die prekäre Lage von Migrant*innen und Asylsuchenden aufmerksam gemacht, die durch diese Kooperationsbemühungen in Marokko stranden. Obgleich die Lebensbedingungen von Migrant*innen in Marokko besser sind als z. B. in Libyen, leiden sie dennoch unter einer starken Diskriminierung bei der Wohnungssuche, beim Zugang zur Gesundheitsversorgung, zu Bildungseinrichtungen oder zum Arbeitsmarkt (Carrera et al. 2016).

5. Zusammenfassung

Die zahlreiche Ankunft von Migrant*innen und Geflüchteten ist für die Staaten Südeuropas im Vergleich zu den nördlicheren EU-Staaten immer noch ein relativ junges Phänomen, was sich in den überwiegend notfallmäßigen Aufnahmestrukturen innerhalb dieser Länder widerspiegelt. Südeuropäische Staaten spielen jedoch eine aktive Rolle in der ‚Verantwortungsteilung' dieser Einwanderung, entweder durch Umverteilungsprogramme in andere EU-Staaten oder durch bilaterale Abkommen mit Nachbarstaaten außerhalb der EU. Ironischerweise war letzterer Ansatz bislang deutlich erfolgreicher als ersterer, wie sich an den Vereinbarungen der Migrationskontrolle mit der Türkei, Libyen und Marokko zeigt. Doch während diese Arrangements die Zahl der in südeuropäischen Staaten ankommenden Migrant*innen effektiv reduziert hat, wurde dieser Zustand zumindest teilweise zulasten der Rechte und auch der physischen Sicherheit der Migrant*innen und Flüchtenden erreicht. Darüber hinaus haben die jüngsten Erfahrungen auch gezeigt, dass wichtige Transitländer wie die Türkei, Libyen oder Marokko ihre Rolle als *Gatekeeper* als Druckmittel nutzen können, um Zugeständnisse von EU-Ländern zu erwirken. Diese zunehmende Instrumentalisierung von Migrant*innen und Flüchtenden durch Herkunfts- und Transitländer des Globalen Südens gegenüber den Zielländern im Globalen Norden wurde bislang eher vernachlässigt und hätte mehr Aufmerksamkeit in der Flucht –und Migrationsforschung verdient.

Literaturverzeichnis

Alpes, Maybritt Jill/ Tunaboylu, Sveda/van Liempt, Ilse (2017): Human Rights Violations by Design: EU-Turkey statement prioritises returns from Greece over access to asylum. In: European University Institute Policy Briefs, Issue 2017/29.

Amborsini, Maurizio (2018): Irregular Migration in Southern Europe: Actors, Dynamics and Governance. Basel: Springer International Publishing.

Amnesty International (2020): Between Life and Death. Refugees and Migrants Trapped in Libya's Cycle of Abuse. London: Amnesty International.

Amnesty International (2021): No One Will Look for You. Forcibly Returned from Sea to Abusive Detention in Libya. London: Amnesty International.

Campesi, Giuseppe (2018): Seeking Asylum in Times of Crisis: Reception, Confinement, and Detention at Europe's Southern Border. In: Refugee Survey Quarterly 37 (1), 44–70.

Campomori, Francesca/Ambrosini, Maurizio (2020): Multilevel Governance in Trouble: the Implementation of asylum-seekers' Reception in Italy as a Battleground. In: Comparative Migration Studies 8 (22), 1–19.

Carrera, Sergio/Cassarino, Jean-Pierre/El Qadim, Nora/Lahlou, Mehdi/den Hertog, Leonhard (2016): EU-Morocco Cooperation on Readmission, Borders and Protection: A model to follow? In: CEPS Papers in Liberty and Security in Europe 87.

Council of the European Union (2016): EU-Turkey statement. 18 March 2016.

Dušková, Šárka (2017): Migration Control and Detention of Migrants and Asylum Seekers – Motivations, Rationale and Challenges. In: Groningen Journal of International Law 5 (1), 23–33.

European Commission (2013): Directive 2013/33/EU of the European Parliament and of the Council of 26 June 2013 laying down standards for the reception of applicants for international protection (recast). OJ L 180, 29.6.2013.

European Council on Refugees and Exiles (ECRE): AIDA Report Greece. Greece – Asylum Information Database | European Council on Refugees and Exiles (asylumineurope.org).

European Council on Refugees and Exiles (ECRE): AIDA Report Italy. Hotspots – Asylum Information Database | European Council on Refugees and Exiles (asylumineurope.org).

European Council on Refugees and Exiles (ECRE), AIDA Report Spain. Conditions in reception facilities – Asylum Information Database | European Council on Refugees and Exiles (asylumineurope.org).

Gabrielli, Lorenzo/Garcés-Mascareñas, Blanca/Ribera-Almandoz, Olatz (2021): Between discipline and neglect: the regulation of asylum accommodation in Spain. In: Journal of Refugee Studies 35 (1), 262–281.

Lehner, Roman (2018): The EU-Turkey deal: Legal Challenges and Pitfalls. In: International Migration 57 (2), 176–185.

Majcher, Izabella/Flynn, Michael/Grange, Mariette (2020): Southern Europe: Turning 'Reception' into 'Detention'. In: Majcher, Izabella/Flynn, Michael/Grange, Mariette (Hrsg.): Immigration Detention in the European Union. Basel: Springer International Publishing, 255–346.

Migreurop (2020): Locked up and Excluded. Informal and illegal detention in Spain Greece, Italy and Germany. https://left.eu/issues/publications/locked-up-and-excluded-informal-and-illegal-detention-in-spain-greece-italy-and-germany/, 24.4.2023.

Tsitselikis, Konstantinos (2018): Refugees in Greece: Facing a Multifaceted Labyrinth. In: International Migration 57 (12), 158–175.

IV.5.2
Südosteuropa

Carolin Leutloff-Grandits

Abstract Der Beitrag erläutert Fluchtkontexte, Migrationsregime und die Aufnahme von Geflüchteten in Südosteuropa vor allem seit den 1990er Jahren. Dabei werden sowohl die Fluchtgeschichte und das Fluchtgeschehen innerhalb der Region, wie auch die sich wandelnden rechtlichen Rahmenbedingungen für Migration und die Aufnahme von Geflüchteten außerhalb der Region betrachtet. Das Kapitel geht außerdem auf die neueren Dynamiken ein, durch welche Südosteuropa zur Transit-Region für Migrant*innen aus nicht-europäischen Ländern geworden ist. Es erläutert die zunehmende Einbindung der südosteuropäischen Staaten in das europäische Migrationsregime und zeigt die Auswirkungen auf Migrant*innen auf.

Schlüsselbegriffe: Südosteuropa, ethnische Vertreibungen, Binnenvertriebene, Balkanroute, EU-Migrationsregime

1. Fluchtgeschichte und das Fluchtgeschehen innerhalb Südosteuropas

Südosteuropa wurde insbesondere im 20. Jahrhundert vielfach der Schauplatz von Vertreibungen und Fluchtbewegungen, die auf ethnonationalen und religiösen Zuordnungen basierten. Die oft ethnisch und religiös durchmischten Siedlungsgebiete, die auf die gesellschaftlichen Ordnungen des multiethnischen und multireligiösen Osmanischen und Habsburger Reichs zurückgingen, waren mit der sich seit dem 19. Jahrhundert durchsetzenden nationalstaatlichen Logik ‚ein Staat, ein Volk' schwer vereinbar. Insbesondere in Umbruchs- und Kriegszeiten führte die nationalistische Logik vielerorts zu politisch motivierten Übergriffen und Fluchtbewegungen.

Die Politik der sogenannten ‚ethnischen Vertreibungen', die auch über Südosteuropa hinaus das 20. Jahrhundert prägte, erreichte einen ersten Höhepunkt in den Balkankriegen (1912/13), in denen die südosteuropäischen Reste des Osmanischen Reiches auf verschiedene Staaten aufgeteilt wurden. Mit dem Vertrag von Lausanne (1923) wurde ein ‚Bevölkerungsaustausch' zwischen der Türkei und Griechenland rechtlich legitimiert, in dessen Zuge mehr als eine Million türkische Griech*innen und ca. 500.000 griechische Muslim*innen gezwungen wurden, ihre Heimat zu verlassen (Yildirim 2006). Auch im Jugoslawien der Zwischenkriegszeit – und teilweise bis in die 1960er Jahre – wurden Teile der muslimischen Bevölkerung zur Ausreise gezwungen (Pezo 2013; Brunnbauer 2016).

Im Zuge der faschistischen Besatzungsherrschaft während des Zweiten Weltkrieges wurde die überwiegende Mehrheit der in Südosteuropa beheimateten Jüd*innen ermordet (Berger et al. 2017). Zudem wurden Rom*nja, aber auch andere ethnische und nationale Minderheiten, wie etwa Serb*innen, im faschistischen Kroatien gezielt verfolgt und umgebracht (Dulić 2010; Bougarel et al. 2020). Mit Ende des Zweiten Weltkrieges und der kommunistischen Machtübernahme wurden deutsche Bevölkerungsteile verschiedener Länder Südosteuropas vertrieben oder deportiert (Janjetović 2010).

Auch andere Gruppierungen wurden von der kommunistischen Führung als ‚Volksfeinde' bezeichnet, weil sie sich den faschistischen kollaborativen Regimen angeschlossen hatten oder auch weil sie zur besitzenden Klasse gehörten. Dies führte zu weiteren Vertreibungen und Fluchtbewegungen.

Mit dem Fall des Eisernen Vorhangs und durch den wieder erstarkenden Nationalismus sind nationale und religiöse Minderheiten erneut unter Druck geraten und haben teilweise ihre Heimat verlassen. Der Zerfall der Sozialistischen Föderativen Republik Jugoslawien Anfang der 1990er Jahre – ein Vielvölkerstaat mit sechs Republiken und zwei autonomen Provinzen (Kosovo und Vojvodina), die zwar oft nationale Mehrheiten umfassten, in denen aber Menschen unterschiedlicher nationaler Zuordnungen weitgehend friedlich zusammenlebten – wurde von Kriegen (1991 in Slowenien, 1991–5 in Kroatien, 1992–5 in Bosnien-Herzegowina, 1998–9 Kosovo/Serbien) entlang ethno-nationalistischer Konfliktlinien begleitet. Ethnische Vertreibungen und Völkermord, seit 1992 auch „ethnische Säuberungen" (Sundhaussen 2010) genannt, wurden v. a. bei serbischen und kroatischen Nationalist*innen und Kriegsparteien eine zentrale Kriegsstrategie, um umkämpfte Gebiete möglichst dauerhaft für sich zu beanspruchen.

Insbesondere in Bosnien-Herzegowina waren die Siedlungsgebiete der drei größten Bevölkerungsgruppen der Serb*innen, Kroat*innen und Muslim*innen sehr durchmischt, wobei letztere erst in den 1960er Jahren zu einer ‚nationalen Gruppe' aufgewertet wurden und seit den 1990er Jahren offiziell Bosniak*innen genannt werden. Die Territorialkämpfe entlang ethno-nationaler Konfliktlinien richteten sich gezielt gegen die Zivilbevölkerung, wobei die Muslim*innen die höchsten Opferzahlen zu beklagen hatten (Carmichael 2002). Insgesamt flohen ca. 2,5 Mio. Menschen aus ihren Häusern und Gemeinden, davon ca. 600.000 innerhalb von Bosnien-Herzegowina und ca. 600.000 in die aus dem ehemaligen Jugoslawien hervorgegangenen Nachbarstaaten. Ca. 1,3 Mio. Menschen haben außerhalb des ehemaligen Jugoslawiens Schutz gesucht. Aber auch in Kroatien kam es zu ethnischmotivierter Flucht und Vertreibungen. Die serbisch-geführte Armee brachte 1991–92 ca. ein Drittel des kroatischen Staatsgebiets unter ihre Kontrolle, was auf beiden Seiten zur massenhaften Flucht und Vertreibungen von Angehörigen der jeweils anderen nationalen Gruppe zur Folge hatte. Die Rückeroberung der serbisch-besetzten Gebiete durch die kroatische Armee im Jahr 1995 führte dann zu einer fast vollständigen Flucht der in der Region lebenden 150–200.000 Serben nach Serbien bzw. in die bosnische Serbenrepublik (Goeke 2007).

Im Kosovo wurde seit Aufhebung des Autonomiestatus seitens der serbischen Regierung im Jahr 1989 v. a. die albanische Bevölkerungsmehrheit stark diskriminiert, sodass viele Albaner*innen den Kosovo Richtung Westeuropa verlassen haben. Zwischen 1995–97 haben Schätzungen zur Folge allein mehr als 100.000 Albaner*innen in westeuropäischen Staaten Asyl beantragt. Im Jahr 1998 eskalierte der Konflikt im Kosovo und erreichte mit der Intervention durch die NATO im Frühjahr 1999 seinen Höhepunkt. Insgesamt wurden ca. 900.000 Menschen (von ca. 1.5 Mio. Einwohner*innen des Kosovo) gewaltsam vertrieben und haben v. a. in den Nachbarländern Schutz gesucht, weitere 600.000 wurden intern zu Flüchtlingen. Nach Kriegsende im Juni 1999 und dem damit einhergehenden kompletten Rückzug des serbischen Militärs richteten sich Gewalt und Diskriminierung gegen Serb*innen und z.T. auch gegen Rom*nja und andere nationale Gruppen. Die Mehrheit der serbischen Bevölkerung hat daraufhin den Kosovo Richtung Serbien verlassen (Petritsch/Pichler 2004; Goeke 2007).

2. Rechtliche Rahmenbedingungen für Migration und die Aufnahme von Geflüchteten

Das sozialistische Jugoslawien war einer der Erstunterzeichnenden der Genfer Flüchtlingskonvention von 1951, durch welche Geflüchteten internationaler Schutz gewährt werden sollte. Während der Kriege in den ehemaligen jugoslawischen Nachfolgestaaten wurde Geflüchteten, die in direkte Nachbarstaaten geflohen sind, dennoch kein voller Flüchtlingsschutz zugestanden und ihre Versorgung blieb oft mangelhaft. In Serbien hatten die aus den jugoslawischen Nachfolgestaaten geflüchteten Serb*innen jahrelang keine Arbeitsrechte und wurden z.T. wieder für den Krieg mobilisiert. In Kroatien konnten kroatische Flüchtlinge aus den post-jugoslawischen Nachbarstaaten eine doppelte Staatsbürgerschaft beantragen; in den lokalen Gemeinden wurden sie aber dennoch oft als Fremde wahrgenommen (Čapo-Zmegač 2007; Leutloff-Grandits 2010).

Viele Flüchtlinge flohen auch ins westliche Ausland, vor allem nach Deutschland, Österreich und Schweden, auch wenn viele westeuropäische Staaten nach der Öffnung des Eisernen Vorhangs und den damit verbundenen massiven Migrationsbewegungen ihre Einreisebestimmungen verschärft hatten. Während die Bevölkerung des sozialistischen Jugoslawiens dank seines blockfreien Status das Privileg besessen hatte, ohne Restriktionen in westeuropäische Länder einzureisen, mussten viele Flüchtlinge in den 1990er Jahren die Grenzen nach Westeuropa irregulär überqueren, um dort Asyl zu beantragen (Goeke 2007).

Gleichzeitig verschärften viele westeuropäische Länder (→ Westmitteleuropa) in den 1990er Jahren ihr Asylsystem, sodass nur wenigen Geflüchteten aus dem ehemaligen Jugoslawien ein voller Flüchtlingsstatus nach der Genfer Flüchtlingskonvention zugesprochen wurde. Viele erhielten stattdessen nur eine temporäre ‚Duldung', die zumeist nicht zur Arbeitsaufnahme berechtigte und alle sechs Monate erneuert werden musste. Die Unsicherheit und Perspektivlosigkeit, die sich mit diesem Status verband, wurde seitens von Geflüchteten nach dem Krieg in der Heimat oft als zweites Trauma erlebt und erschwerte ihre Inklusion in die Aufnahmegesellschaften (Dimova 2006).

3. Rückkehrmigration und erneute (Asyl-)Migration

Mit Ende der Kriege in den Nachfolgestaaten des ehemaligen Jugoslawiens wurden in den westeuropäischen Staaten Asylanträge und Verlängerungen von Duldungen vermehrt abgelehnt. Verschiedene Rückkehrprogramme wurden eingeführt und Geflüchtete zur Rückkehr aufgefordert. Insbesondere in Deutschland wurden Geflüchtete aus Bosnien-Herzegowina und Kroatien massiv unter Druck gesetzt, ‚freiwillig' zurückzukehren. Allerdings blieb die Umsetzung der Rückkehr schwierig. Insbesondere wenn Geflüchtete in ihren Heimatregionen zur nationalen Minderheit gehörten, wurde diese oft politisch und z.T. auch rechtlich obstruiert. Außerdem war Wohnraum vielfach zerstört oder von Angehörigen der jeweiligen nationalen Mehrheitsgruppe besetzt, die selbst aus ihren Wohnorten vertrieben worden waren. Arbeitsplätze und Schulen fehlten bzw. wurden entlang von nationalen Zugehörigkeiten und Klientelismus vergeben und Rückkehrende zudem auch verbal eingeschüchtert oder gewaltsam attackiert (Jansen 2007). Geflüchtete, die in ihren Vorkriegswohnorten nicht (mehr) zur nationalen Mehrheit gehörten, haben sich daher oftmals in Gebieten angesiedelt, in denen die eigene nationale Gruppe die Mehrheit stellte. Auch die zahlreichen Geflüchteten, die in den sogenannten nationalen ‚Mutterstaaten' des ehemaligen Jugoslawiens Schutz gesucht hatten, sind nur zu einem geringen Teil heimgekehrt. So sind insgesamt nur ca. ein Drittel der vormals in Kroatien beheimateten Serb*innen nach dem Krieg zurückgekehrt, darunter v. a. ältere Menschen (Leutloff-Grandits 2016).

Die Mehrheit der albanischen Geflüchteten aus dem Kosovo, die in den Nachbarstaaten des Kosovos Schutz gesucht hatten, kehrte nach Kriegende allerdings relativ umgehend zurück, auch weil sich nach dem Rückzug des serbischen Militärs die Machtverhältnisse radikal verändert hatten (Petritsch/Pichler 2004). Gleichzeitig wurden nach Ende des Kosovo-Kriegs auch die in Westeuropa lebenden albanischen Geflüchteten zur Rückkehr aufgefordert, ihre Duldungen wurden zumeist nicht mehr verlängert.

Für die Menschen in den jugoslawischen Nachfolgestaaten haben sich die Lebensbedingungen in den folgenden Jahren allerdings nur teilweise verbessert. Weitverbreitete Bestrebungen, legal nach Westeuropa auszuwandern, waren zumindest bis 2016 stark eingeschränkt. Daher machten Anfang des Jahres 2015 Menschen aus den sogenannten Balkanstaaten in Deutschland und Österreich die größte Gruppe der Asylbewerber*innen aus, die dort aber schnell als ‚Wirtschaftsflüchtlinge' delegitimiert wurden. Ihre Länder wurden daraufhin als sichere Herkunftsstaaten (→ Sicheres Herkunftsland) deklariert und ihre Asylanträge wurden in Schnellverfahren bearbeitet, um die Asylsuchenden so schnell wie möglich zurückzuschicken (Lapins 2015).

4. Transitmigration und stärkere Einbindung der Länder Südosteuropas in das Europäische Migrationsmanagement

Durch den Arabischen Frühling und den seit 2011 herrschenden Krieg in Syrien kam es zur vermehrten Ankunft von Geflüchteten in (→) Südeuropa, von denen sich insbesondere 2015 viele selbständig auf den Weg durch die Balkanländer machten, um die nördlich gelegenen EU-Staaten zu erreichen. Auf Migrant*innen reagierten große Teile der Bevölkerung der jugoslawischen Nachfolgestaaten mit Solidarität und Empathie (Tošić 2017). Um wieder Kontrolle über die autonomen Bewegungen der Migrant*innen durch den Balkanraum zu erlangen, richteten die betroffenen Staaten zusammen mit EU-Staaten einen formalisierten Korridor ein, in welchem die dann so bezeichneten ‚Transit-Migrant*innen' in nur wenigen Tagen nach Österreich und Deutschland gelangen konnten. Allerdings wurden sie zunehmend überprüft und auf Basis ihrer Herkunftsstaaten in legitime Kriegsflüchtlinge und illegitime Wirtschaftsflüchtlinge unterteilt, wobei letztere z.T. an der Weiterreise gehindert bzw. zurückgeschickt wurden. Zeitgleich mit der EU-Türkei-Regelung im März 2016 wurde der ‚Transit-Korridor' dann ganz geschlossen, sodass tausende ‚Transit-Migrant*innen' in den Balkanländern strandeten. Dies ging mit einer verstärkten Einbindung der Balkanstaaten in das europäische Migrationsmanagement einher, wie dem Ausbau der humanitären Infrastruktur in Form von Camps und der Erweiterung von Asylbeantragungsmöglichkeiten, vor allem aber dem Ausbau der digitalen Kontrolle und des Grenzschutzes. ‚Transit-Migrant*innen', die versuchen, irregulär die ‚grüne Grenze' zu überqueren, sind oft gewaltsamen *Push-Backs* seitens des Grenzschutzes ausgesetzt (Bobić/Šantić 2020; Stojić Mitrović et al. 2020; Hameršak et al. 2020).

Die Unterscheidung legitimer und illegitimer Flucht und diskursive Bedrohungsszenarien irregulärer Migration setzen sich in den Balkanstaaten vermehrt durch und fördern Rassismus gegenüber den dort gestrandeten Migrant*innen (Zoppi/Puleri 2021). Etwa zeitgleich mit der Schließung der sogenannten Balkanroute erhielten Menschen aus den Westbalkanstaaten legale Arbeitsmöglichkeiten in Deutschland. Diese differentielle Grenzöffnung und Grenzschließung verstärkt die Spaltung zwischen der Bevölkerung der verschiedenen südosteuropäischen Staaten und Menschen aus dem Globalen Süden, auch wenn beide Gruppen die Erfahrung von Krieg teilen und viele dasselbe Ziel verfolgen: in die EU zu migrieren, um dort ein besseres Leben zu führen (Majstorović 2021).

Literaturverzeichnis

Berger, Sara/Schmid, Sanela/Lewin, Erwin/Vassilikou, Maria (2017): Besetztes Südosteuropa und Italien. Band 14: Die Verfolgung und Ermordung der europäischen Juden durch das nationalsozialistische Deutschland 1933–1945. Oldenbourg: De Gruyter.

Bougarel, Xavier/Grandits, Hannes/Vulesica, Marija (Hrsg.) (2019): Local Dimensions of the Second World War in Southeastern Europe. Abingdon: Routledge.

Bobić, Mirjana/Šantić, Danica (2020): Forced migrations and Externalization of European Union Border Control: Serbia on the Balkan Migration Route. In: International Migration 58, 220–234.

Brunnbauer, Ulf (2016): Globalizing Southeastern Europe. Emigrants, America, and the State since the Late Nineteenth Century. London: Lexington Books.

Čapo-Zmegač, Jasna (2007): Strangers either way. The lives of Croatian refugees in their new home. New York/Oxford: Berghahn.

Carmichael, Cathie (2002): Ethnic Cleansing in the Balkans: Nationalism and the Destruction of Tradition. London/New York: Routledge.

Dimova, Rozita (2006): From Protection to Ordeal: Duldung Status and Bosnians in Berlin. Max Planck Institute for Social Anthropology Working Papers 87.

Dulić, Tomislav (2010): Mass Killings in the Independent State of Croatia, 1941–45: A Case for Comparative Research. In: Dirk Moses (Hrsg.): Genocide. Critical Concepts in Historical Studies, Vol. IV. London and New York: Routledge, 342–372.

Goeke, Pascal (2007): Flüchtlinge aus dem ehemaligen Jugoslawien. In: Bade, Klaus/Emmer, Pieter/Oltmer, Jochen/Lucassen, Leo (Hrsg.): Enzyklopädie Migration in Europa. Vom 17. Jahrhundert bis zur Gegenwart. München: Ferdinand Schöningh, 578–585.

Hameršak, Marijana/Hess, Sabine/Speer, Marc/Stojić Mitrović, Marta (2020): The Forging of the Balkan Route. Contextualizing the Border Regime in the EU Periphery. In: Movements. Journal for Critical Migration and Border Regime Studies 5 (1): 9–32.

Janjetović, Zoran (2010): Deutsche aus Jugoslawien: Deportation in die Sowjetunion. In: Brandes, Detlef/Sundhaussen, Holm/Troebst, Stefan (Hrsg.): Lexikon der Vertreibungen. Deportation, Zwangsaussiedlung und ethnische Säuberung im Europa des 20. Jahrhundert. Wien: Böhlau, 152–154.

Jansen, Stef (2007): Troubled Locations: Return, the life course, and transformations of 'home' in Bosnia-Herzegovina. In: Focaal – European Journal of Anthropology 49 (2007), 15–30.

Lapins, Wulf (2015): Kosovo: Kommt die EU zu uns, dann bleiben wir. Kommt sie nicht, dann gehen wir zu ihr. Flucht und Migration. Debattenbeiträge aus den Ländern des Westbalkans. Friedrich Ebert Stiftung, Dialog Südosteuropa. http://library.fes.de/pdf-files/id-moe/11638-20150930.pdf, 5.5.2021.

Leutloff-Grandits, Carolin (2010): Ethnic Unmixing in the Aftermath of the Yugoslav Successor Wars: The Integration of Co-Nationals in Former Yugoslavia in Comparative Perspective. In: Čapo-

Zmegač, Jasna/Voss, Christian/Roth, Klaus (Hrsg.): Co-Ethnic Migration Compared. Central and Eastern European Contests. München: Verlag Otto Sager, 139–164.

Leutloff-Grandits, Carolin (2016): Post-Dayton Ethnic Engineering in Croatia through the Lenses of Property Issues and Social Transformations. In: Journal for Genocide Research 18 (4), 485–502.

Majstorović, Danijela (2021): Love as Practice of Solidarity: Of Peripheral Bodies, Embodied Justice and Associated Labor. In: On_Culture: The Open Journal for the Study of Culture 9: 1–18.

Pezo, Edvin (2013): Zwangsmigration in Friedenszeiten? Jugoslawische Migrationspolitik und die Auswanderung von Muslimen in die Türkei (1918 bis 1966). München: Oldenbourg Verlag.

Petritsch, Wolfgang/Pichler, Robert (2004): Kosovo – Kosova. Der lange Weg zum Frieden. Klagenfurt: Wieser Verlag,

Stojić Mitrović, Marta/Ahmetašević, Nidžara/Beznec, Barbara/Kurnik, Andrej (2020): The Dark Side of Europeanisation: Serbia, Bosnia and Herzegovina and the European Border Regime. Belgrade: Rosa Luxemburg Stiftung Southeast Europe.

Sundhaussen, Holm (2010): Ethnische Säuberung. In: Brandes, Detlef,/Sundhaussen, Holm/Troebst, Stefan (Hrsg.): Lexikon der Vertreibungen. Deportation, Zwangsaussiedlung und ethnische Säuberung im Europa des 20. Jahrhunderts. Wien: Böhlau, 229–234.

Ther, Philipp (2012): Die dunkle Seite der Nationalstaaten. 'Ethnische Säuberungen' im modernen Europa. Göttingen: Vandenhoeck und Ruprecht Verlag.

Tošić, Jelena (2017): From a Transit Route to the "Backyard of Europe"? Tracing the Past, Present and Future of the "Balkan Route". In: Fartacek, Gebhard/Binder, Susanne (Hrsg.):Facetten von Flucht aus dem Nahen und Mittleren Osten. Wien: Facultas Universitätsverlag, 150–166

Yildirim, Onur (2006): Diplomacy and Displacement: Reconsidering the Turco-Greek Exchange of Populations, 1922–1934, New York and London: Routledge.

Zoppi, Marco/Puleri, Marco (2022): The Balkan Route (and its Afterlife): the New Normal in the European Politics of Migration. In: Journal of Balkan and Near Eastern Studies 24(3), 576–593.

IV.5.3

Osteuropa

Franck Düvell und Kaya Haßlinger

Abstract Die hier betrachtete Region umfasst den europäischen Teil des Territoriums der ehemaligen Sowjetunion einschließlich des Kaukasus, die zunächst als Länder der Zweiten Welt, später als Neue Unabhängige Staaten (New Independent Countries) bezeichnet wurden. Hier wird der Bezeichnung Globaler Osten der Vorzug gegeben, aber nur dessen westliche Staaten abgehandelt. Die Region ist durch eine gemeinsame aber komplexe Geschichte, eine weit verbreitete Verkehrssprache, einen gemeinsamen Arbeitsmarkt, ein integriertes Verkehrssystem und, von einigen wichtigen Ausnahmen abgesehen, eine niedrige Platzierung auf dem Freedom House Index charakterisiert. Das Kapitel skizziert zunächst den allgemeinen Trend der erzwungenen Migration sowie die rechtlichen Rahmenbedingungen und verdeutlicht damit die Relevanz von Studien über erzwungene Migration und Flüchtlinge im Globalen Osten. Der zweite Abschnitt fasst den Stand der Forschung zusammen und zeigt einige Herausforderungen und Defizite auf.

Schlüsselbegriffe: Globaler Osten, Flucht, Vertreibung, Fluchtforschung, Forschungslücken

1. Einführung

Die Migrationsforschung beschränkt ihren Blick auf Osteuropa in der Regel auf deutschstämmige oder jüdische Migration aus Russland und Kasachstan, ukrainische (irreguläre) Arbeitsmigration oder die berühmt-berüchtigten russischen Superreichen in London und anderswo. Nur wenige Fälle wie die Vertriebenen der Tschernobyl-Katastrophe, Flüchtlinge aus Tschetschenien, manchmal (→) LGBTQ* oder Vertriebene aus der Ostukraine werden auf der internationalen Forschungsagenda behandelt. Ansonsten scheint der Migrationsraum östlich der polnischen Grenze weitgehend eine *terra incognita* zu sein. Konzepte wie die Dichotomie Globaler Norden/Globaler Süden vernachlässigen Migration und Vertreibung im Globalen Osten.

Die Region hat jedoch einen tiefgreifenden sozioökonomischen und politischen Wandel durchlaufen, war von Konflikten heimgesucht, von denen viele über lange Zeiträume andauerten, hat viele Millionen Flüchtende erlebt, die sich oft in langanhaltenden Vertreibungssituationen befanden, und ist auch von der durch den Klimawandel verursachten zwangsweise Migration (→ Klimaflüchtling) betroffen. Die Region grenzt an andere unruhige Länder, insbesondere (→) Afghanistan, Syrien und Iran (→ Naher Osten), oder befindet sich in unmittelbarer Nähe zu diesen. Insbesondere die russische Invasion in der Ukraine im Jahr 2022 und die dadurch ausgelöste massive Flucht und Vertreibung machen deutlich, dass die Region global wichtig ist. Dieser Beitrag gibt den Forschungsstand zu Migrationstrends und der einschlägigen Gesetzgebung in dieser Region wieder und beleuchtet die wichtigsten Entwicklungen, Forschungstrends und Merkmale – sowie einige weit verbreitete Fehlannahmen.

2. Entwicklungen seit den 1990er Jahren

Nach dem Zerfall der Sowjetunion und im Zuge der damit einhergehenden Staatsbildungsprozesse kam es zu einer Reihe von Konflikten innerhalb und zwischen den neu entstandenen Staaten. Ethnisch basierte Vorstellungen von Nationalität führten häufig zu einer ethnischen Entmischung der Bevölkerung, was mit erheblicher Flucht und Vertreibungen einher ging (Kącka/Piechowiak 2020). Anfang der 2000er Jahre beruhigte sich die Lage weitgehend, flammt gelegentlich wieder auf, wie im Jahr 2020 zwischen Armenien und Aserbaidschan. Russland begann schnell und aggressiv, seinen Einfluss auszuweiten, was zu einer Reihe von bewaffneten Konflikten führte (Moldawien, Georgien, Tschetschenien). Während mehrere der früheren Konflikte inzwischen eingefroren sind, sind neue aufgeflammt, wie in der Ukraine (Dee 2021). Vor allem die jüngsten Konflikte zeigen, dass die Lage weiterhin instabil ist (z. B. Lang 2017). Zudem führten zunehmend autoritäre Regime zu neuer zwangsweiser Migration, wie ab 2020 aus Belarus oder ab 2021 aus Russland. Darüber hinaus litt die Region unter einigen industriellen (Tschernobyl) und natürlichen Katastrophen (Dürren, Überschwemmungen, Waldbrände) sowie einer durch den Klimawandel verursachten Umweltzerstörung (z. B. Aralsee, Amu-Daria-Region) (z. B. Lukyanets et al. 2020).

Ende 2010 gab es rund 570.000 Flüchtlinge und Asylbewerber*innen, darunter eine beträchtliche Zahl aus Afghanistan, und 1,6 Millionen Binnenflüchtlingen in Osteuropa und im Kaukasus, etwa zwei Drittel der insgesamt 2,4 Millionen Binnenflüchtlingen in Eurasien. Bis Ende der 2010er Jahre war die Zahl der Flüchtlinge und Asylbewerber*innen zunächst auf etwa 180.000 zurückgegangen (ohne die inzwischen in der Ukraine eingebürgerten Tschetschen*innen und Afghan*innen). Auch die Zahl der Binnenflüchtlinge war zurückgegangen, allerdings gab es immer noch 1,2 bis 2 Millionen, vor allem innerhalb der Ukraine, in Georgien (aus Ossetien und Abchasien) und in Armenien (aus Berg-Karabach). Etwa ein Viertel von ihnen befand sich in einer langwierigen Flucht- und Vertreibungssituation. Zu Beginn der 2020er Jahre kam es zu neuen Konflikten. Während des Krieges zwischen Armenien und Aserbaidschan flohen 90.000 Menschen und die russische Invasion in der Ukraine ab Februar 2022 führte bis zum Herbst 2022 zur Flucht- und Vertreibung von 8 bis 11 Millionen Menschen.

Die Statistiken sind jedoch in der Regel unzuverlässig, da Personen, die vor Verfolgung oder Konflikten fliehen, nicht unbedingt als Flüchtlinge registriert werden, wie z. B. Zentralasiat*innen in den 2000er Jahren in Russland, Ukrainer*innen 2015/16 in Weißrussland und Russland oder Weißruss*innen in der Ukraine im Jahr 2020. Auch Binnenvertriebene in der Ukraine im Jahr 2022 wurden zumindest zu Beginn des Krieges oft nicht bei den Behörden registriert. Vor dem Krieg im Jahr 2022 war die Ukraine zu einem wichtigen Aufnahmeland für Flüchtlinge geworden, nicht zuletzt, weil sie als europäischer und damit sicherer galt. Frühere Kohorten wurden oft leicht eingebürgert, wie Afghan*innen und Tschetschen*innen in den 1990er Jahren, und tauchen in den Statistiken nicht mehr als Flüchtlinge oder Ausländer*innen auf, während sich ab Mitte der 2000er Jahre auch Flüchtlinge aus Somalia, Usbekistan und anderen Ländern in der Ukraine niederließen. Infolge des Krieges von 2022 sind viele von ihnen erneut vertrieben und gezwungen worden, weiter nach Westen zu fliehen.

Ein weiteres Merkmal ist die Transitmigration von Flüchtlingen und Migrant*innen in die EU, vor allem von Mitte der 1990er bis Mitte der 2000er Jahre in und durch die Ukraine und gelegentlich auch Russland (2015) und Weißrussland (2021). Da die Ukraine in der EU nicht als sicheres Drittland gilt, konnten die Menschen nicht auf legalem Wege zurückgeführt werden, es wurde jedoch von häufigen *push-backs* durch Ungarn und die Slowakei berichtet.

Im Großen und Ganzen gibt es in der Region vier Arten von Ursachen für zwangsweise Migration. Erstens lösten der Zerfall der Sowjetunion, die Entstehung neuer unabhängiger Staaten, die Einführung neuer Grenzen, das Aufkommen einer neuen Nationalitätenpolitik sowie der fortbestehende russische Imperialismus Migrationsbewegungen sowie Konflikte und Vertreibungen aus (→ Zentralasien). Zweitens führten jahrzehntelange autoritäre Herrschaft, allgegenwärtige Korruption, teilweise in Verbindung mit sozioökonomischem Niedergang, zu sozialer Unzufriedenheit, die in einigen Ländern in Protesten, sogar Aufständen und Krieg gipfelte. Drittens verfolgen die autoritären Herrscher bestimmte Personen oder Gruppen, die infolgedessen gezwungen sind, in anderen Ländern innerhalb der Region, aber auch außerhalb, Zuflucht zu suchen. Und viertens zwingen auch industrielle Umweltverschmutzung, Misswirtschaft bei den natürlichen Ressourcen, Naturkatastrophen und der Klimawandel die Menschen dazu, ihre Heimat zu verlassen. Diese Ursachen lassen sich zwar weitgehend bestimmten Zeiträumen zuordnen, überschneiden sich aber auch oder tauchen wieder auf, insbesondere bei den Ursachen der sogenannten eingefrorenen Konflikte.

Darüber hinaus können drei geographische Aspekte von Flucht- und Vertreibungen unterschieden werden: (a) politisch oder ökologisch bedingte Flucht- und Vertreibungen *innerhalb der Region*, die in interne oder internationale Vertreibungen sowie in vorübergehende und langwierige Situationen unterteilt werden können, (b) die Ankunft von Flüchtenden und Vertriebenen *aus anderen Regionen*, insbesondere aus Afghanistan und Syrien, und (c) die Migration von Menschen aus der Region *in andere Länder*, insbesondere in die EU und die Türkei.

Im Laufe der Zeit haben die meisten Länder Gesetze zur Flucht und Binnenflüchtlingen eingeführt (Ievdokymov/Shymanska 2019). Allerdings werden die wichtigsten rechtlichen Kategorien in der Region unterschiedlich ausgelegt (z. B. Borisov et al. 2017), während die Umsetzung der Rechtsvorschriften häufig mangelhaft ist (z. B. Azhigulova 2017). Die Staatenlosigkeit wurde in den meisten Ländern deutlich verringert.

3. Forschung zur erzwungenen Migration im Globalen Osten

Generell ist die Wissensproduktion eher unausgewogen. So gibt es beispielsweise deutlich mehr Forschung zu Russland sowie Tschetschenien, der Ukraine, Armenien, Aserbaidschan und Georgien als zu Zentralasien und kaum Forschung zu Inguschetien. Aufgrund der Vertreibungsmuster gibt es mehr Forschung zu Binnenflüchtlingen als zu Flüchtlingen (für einen kurzen Überblick siehe Cardona-Fox 2020). Teile Russlands und Zentralasiens sind zu ‚Hot Spots' der Klimawandel- und Migrationsforschung geworden (Blondin 2018: 275; Kharkimov 2019). Im Allgemeinen wurde die Forschung in Phasen durchgeführt: in den 1990er und frühen 2000er Jahren gab es mehr Forschung zu zwangsweiser Migration als in den späten 2010er und 2020er Jahren. Ereignisse wie der Konflikt im Donbas, in der Ostukraine, in Armenien/Aserbaidschan oder die Verfolgung von LGBTQ-Gruppen in Tschetschenien lösten kleinere Zyklen von Forschung und Veröffentlichungen aus. Ukrainer*innen (Gulina 2019) und tschetschenische Flüchtlinge in Russland werden gesondert untersucht, allerdings eher in Westeuropa (z. B. Gulina 2020), aber selten andere Nationalitäten. Und während sich die

Forschung in der Ukraine auf Binnenflüchtlinge konzentriert (Kuznetsova/Mikheieva 2020; Sereda 2020; Sasse 2020), wobei den Tatar*innen besondere Aufmerksamkeit gewidmet wird (z. B. Charron 2020), gibt es nur wenig über Flüchtlinge. Daher sind einige regionale Nationalitäten oder Ethnien besser erforscht als andere. Auch die Forschung über Menschen aus anderen Ländern, die in der Region Schutz suchen, ist spärlich (siehe Aslanli 2020). Es gibt einige vergleichende Untersuchungen, die sich in der Regel auf die Ukraine, Belarus, Georgien, Armenien und Aserbaidschan beschränken (z. B. Leustean 2020). Es gibt auch eine Anhäufung von Veröffentlichungen zu medizinischen und psychischen Problemen von Binnenflüchtlinge (z. B. Singh et al. 2018; Johnston 2019). Und während sich die Forschung in der früheren Periode hauptsächlich auf Flucht und zwangsweise Migration aufgrund von Konflikten konzentrierte, ist in der späteren Periode die Vertreibung aufgrund ökologischer Faktoren in den Vordergrund getreten. Irregulärer Migration, Menschenschmuggel und Menschenhandel (→ Schleusen) wird unverhältnismäßig viel Aufmerksamkeit gewidmet (z. B. Molodikova 2020).

Mit Ausnahme der Ukraine gibt es nur wenige engagierte Migrationsforscher*innen, die sich auf die Erforschung der zwangsweisen Migration in der Region spezialisiert haben, und nur wenige internationale Wissenschaftler*innen, die sich mit der Region beschäftigen. Die meisten Autor*innen einschlägiger Studien scheinen nur einmalige Berichte oder Veröffentlichungen zu verfassen. Ein Überblick über einschlägige Publikationen zeigt, dass es in mehreren Fällen kaum akademische Literatur gibt, während ein großer Teil der Arbeiten von internationalen Organisationen oder Nichtregierungsorganisationen (NRO) herausgegeben wird.

Herausforderungen ergeben sich zudem aus fragmentierten Ansätzen und mangelnder begrifflicher Klarheit. In der Literatur werden verschiedene Kategorien wie Binnenflüchtlinge, konfliktbedingte oder ökologisch bedingte zwangsweise Migration, Asylsuchende, Flüchtlinge, irreguläre Migrant*innen, gefährdete Bevölkerungsgruppen und Staatenlose miteinander vermischt oder überschneiden sich (Lukyanets et al. 2019). Auch die Triebkräfte der zwangsweisen Migration sind manchmal gemischt (z. B. Chandonnet et al. 2016). Dementsprechend sind die Kategorien von Statistiken über Flucht in der Region oft nicht aussagekräftig. Das Problem mit Statistiken wird durch die Politisierung der betreffenden Themen noch verschärft, was zu unplausibel niedrigen oder hohen Zahlen und lückenhafter Forschung führt. Dies bedeutet, dass die Zahlen zu Flucht in Osteuropa oft veraltet und Trends schwer zu erkennen sind.

Die aufgezeigten Ungleichgewichte sind zum Teil darauf zurückzuführen, dass zwangsweise Migration in der Region ein sensibles und politisiertes Thema ist. In einigen Ländern können die Fälle bestimmter Gruppen nicht offen erforscht oder diskutiert werden. Zudem werden die Forschungsagenden häufig von westlichen, internationalen oder NRO-Akteur*innen (IOM, ICMPD, UNHCR, Prager Prozess) dominiert und spiegeln demnach eher deren Sichtweise wider. Auch der Handlungsspielraum für externe forschende Akteur*innen, die als ‚ausländische Agent*innen' betrachtet werden, wird zunehmend eingeschränkt.

4. Fazit

Trotz der vielen Konflikte ist die bestehende Forschung lückenhaft, unausgewogen, häufig von internationalen oder ‚westlichen' Akteur*innen bestimmt und daher oft eurozentrisch und es fehlt ihr an konzeptioneller Klarheit und Nachhaltigkeit. Die Bedingungen für die Forschung sind aufgrund politischer Restriktionen zunehmend eingeschränkt worden. Die russische Invasion der Ukraine und die Unterdrückung im eigenen Land werden wahrscheinlich zu einer langwierigen Flucht und Vertreibung führen und neue Forschungen in der Region anregen.

Literaturverzeichnis

Azhigulova, Khalida (2018): Flüchtlingsschutz in Zentralasien: Befunde und Vorschläge zu seiner wirkungsvolleren und menschenwürdigeren Gestaltung. In: Zentralasien-Analysen 132, S. 1–5. https://www.laender-analysen.de/zentralasien/pdf/ZentralasienAnalysen132.pdf, 25.2.2021.

Aslanli, Araz/Nazim Jafarov (2020): Syrian crisis and the South Caucasus states. In: Central Asia and the Caucasus 21 (1), 50–59.

Blondin, Suzy (2019): Environmental migrations in Central Asia: A multifaceted approach to the issue. In: Central Asian Survey 38 (2), 275–292.

Cardona-Fox, Gabriel (2020): Internal displacement in Europe and Central Asia: A review of literature. IDRP Working Paper No. 5. https://sas-space.sas.ac.uk/9360/1/IDRP%20WPS_No.5.pdf, **21.3.2021.**

Chandonnet, Antoine/Mamadalieva, Zuura/Orolbaeva, Lidiya/Sagynbekova, Lira/Tursunaliev, Uran/Umutbaeva, Damira (2016): Environment, Climate change and migration in the Kyrgyz Republic in 2016. https://environmentalmigration.iom.int/sites/environmentalmigration/files/publications/IOM_env_mig_web_en.pdf, 19.10.2021.

Charron, Austin (2020): 'Somehow, We Cannot Accept It': Drivers of Internal Displacement from Crimea and the Forced/Voluntary Migration Binary. In: Europe-Asia Studies 72 (3), 432–454.

Dee, Katerina (2021): Repeating History: Russia Inflicting Crimes against Humanity upon the Crimean Tatars. In: American University International Law Review 36 (2), 287–336.

Gulina, Olga (2019): Ukrainian nationals searching for shelter and asylum in Russia, Belarus and within Ukraine. Stuttgart: Ibidem Verlag.

Gulina, Olga (2020): Russian nationals looking for refuge in the European Union. Policy brief. https://www.pragueprocess.eu/documents/repo/202/PB_Olga%20Gulina_ENG.pdf, 8.5.2021.

Ievdokymov, Victor V./Shymanska, Kateryna V. (2019): Refugee and asylum seeker policies: The experience of the EU Eastern Partnership countries. In: Економіка, управління та адміністрування 3 (89), 99–105.

Johnston, Lisa G. (2019): Regional migrant health survey on tuberculosis and HIV and health service response for migrants in Armenia, Azerbaijan and Georgia. https://georgia.iom.int/sites/georgia/files/publication/migrant_health_survey%20FULL.pdf, 19.10.2021.

Kącka, Katarzyna/Piechowiak, Joanna (2020): Migration processes in the light of frozen conflicts in the South Caucasus. In: Zeszyt 28, 347–359.

Khakimov, Parviz (2019): Climate Change in Afghanistan, Kyrgyzstan, and Tajikistan: Trends and Adaptation Policies Conducive to Innovation. http://dx.doi.org/10.2139/ssrn.3806243, 7.5.2021

Kuznetsova, Irina/Mikheieva, Oksana (2020): Forced Displacement from Ukraine's War-torn Territories: Intersectionality and Power Geometry. Nationalities Papers 48 (4), 690–706, http://dx.doi:10.1017/nps.2020.34.

Lang, József (2017): Central Asia: The crisis of the migration model and its potential impact on the EU. In: OSW Commentary 237, S. 1–10.

Leustean, Lucian N. (2020): Religion and forced displacement in the Eastern Orthodox world. https://fpc.org.uk/wp-content/uploads/2020/07/Religion-and-Forced-Displacement-in-the-Eastern-Orthodox-World.pdf. 21.3.2021.

Lukyanets, Artem S. /Manshin, Roman V./Moiseeva, Evgeniya M./Garibova, Farzona M. (2020): Environmental change as a factor of population migration. In: Russian-Iranian Sociological Forum: Conference Proceedings S. 368–380.

Lukyanets, Artem S./Ryazantsev, Sergej V./Maksimova, Anastasiya S./Moiseeva, Evgeniya M./Manshin, Roman V. (2019): Theoretical, methodological and statistical problems of studying environmental migration. In: Amazonia Investiga 8 (19), 227–236.

Molodikova, Irina (2020): Combating irregular migration and human trafficking in the CIS countries. Vienna: ICMPD.

Sasse, Gwendolyn (2020): War and displacement: The case of Ukraine. In: Europe-Asia Studies 72 (3), 347–353.

Sereda, Viktoriya (2020): 'Social Distancing' and Hierarchies of Belonging: The Case of Displaced Population from Donbas and Crimea, Europe-Asia Studies 72 (3), 404–431.

Singh, Namrita S./Bass, Judith/Sumbadze, Nana/Rebok, George/Perrin, Paul/Paichadze, Nino/Robinson, W. Courtland (2018): Identifying mental health problems and Idioms of distress among older adult internally displaced persons in Georgia. In: Social Science & Medicine 211, 39–47.

IV.5.4

Ost-Mitteleuropa – Fallbeispiel Polen

Dominik Wach, Paweł Kaczmarczyk und Marta Pachocka[1]

Abstract Die in Polen zu beobachtenden Erfahrungen der postsowjetischen Ära hinsichtlich der politischen, wirtschaftlichen und migrationspolitischen Transformation ähneln denen anderer Staaten Ost-Mitteleuropas. Unterschiede im Umgang mit (Flucht)migration und Flüchtlingsaufnahme sind vor allem durch die Größe des Landes, die demographische Struktur, die ethnische Vielfalt und das wirtschaftliche Potenzial bedingt.

Polen als größter östlicher EU-Mitgliedstaat mit einer sich schnell verändernden Migrationssituation ist ein besonders interessantes Fallbeispiel. Vor allem die Massenzuwanderung von Kriegsflüchtlingen aus der Ukraine löst erhebliche Veränderungen in Polens Umgang mit Fluchtmigration aus.

Schlüsselbegriffe: Ausländer, Geflüchtete, Flüchtlinge, Migrationspolitik, Integrationspolitik, Asylpolitik, Polen

1. Einleitung

Die nach dem Zweiten Weltkrieg entstandene bipolare Aufteilung der Welt hat die Migrationssituation in Europa nachhaltig beeinflusst, insbesondere in den Ländern des sogenannten Ostblocks. Aus diesem Grund waren Polen und andere ehemalige Ostblockländer im Gegensatz zu Westeuropa Ausländer*innen gegenüber eher verschlossen; die Geschichte von Einwanderung und Flüchtlingsaufnahme nach 1945 ist dementsprechend relativ kurz. Die Entwicklung neuer Migrations- und Flüchtlingsregime zeichnete sich erst nach den politischen und sozioökonomischen Veränderungen der späten 1980er und frühen 1990er Jahre ab. Zudem dominiert in vielen Staaten der Region die Auswanderung, sodass sie sich kaum als Einwanderungsländer betrachteten (Górny/Kaczmarczyk 2019; Okólski 2012). Als Nachzügler auf dem Weg zu Einwanderungsländern weisen sie eine Reihe von Merkmalen auf, die auch Auswirkungen auf die Politikbereiche der Aufnahme, des Empfangs und der Integration von Asylsuchenden und Geflüchteten haben.

So ist etwa das wohlfahrtsstaatliche Modell ostmitteleuropäischer Staaten weit weniger gut ausgebaut als die Systeme von europäischen Hauptdestinationen für Asylsuchende, und auch migrantische Diasporas, die wichtige soziale Netzwerkfunktionen für Migrant*innen und Geflüchtete vorhalten, sind hier weniger markant. Nach Angaben von Eurostat (Daten vom 1. Januar 2021) ist Polen mit einem Ausländeranteil von 1,2 % eines der homogensten Länder der EU. Hingegen waren die Tschechische Republik (5,8 %), Slowenien (8 %) Lettland (13,3 %) und Estland (15,1 %) hinsichtlich ihrer Ausländeranteile besser mit den Staaten der alten EU vergleichbar (Eurostat 2021).

---

[1] Aus dem Englischen übersetzt von Birgit Glorius.

Am Beispiel Polens werden die Besonderheiten ost-mitteleuropäischer Staaten als Aufnahmeländer für Geflüchtete dargestellt. Der Text bettet die Entstehung des polnischen Migrations- und Flüchtlingsaufnahmeregimes zunächst historisch ein (2) und erläutert dann die jüngeren migrationspolitischen Entwicklungen und Debatten (3). Anschließend wird die Größenordnung und Entwicklung des Migrations- und Fluchtgeschehens analysiert (4), und eine Bestandsaufnahme zum Umgang mit Kriegsflüchtlingen aus der Ukraine vorgenommen (5). Der Beitrag schließt mit einem Ausblick auf künftige Entwicklungen (6).

2. Historischer Kontext des polnischen Migrationsregimes und der Flüchtlingsaufnahme

Die Entwicklung einer polnischen Einwanderungs- und Flüchtlingspolitik war erst nach dem Zusammenbruch des Ostblocks und der Systemtransformation möglich. Zu den Faktoren, die die migrationspolitischen Entscheidungen beeinflussen und graduell auch die Herangehensweise an die Flüchtlingspolitik bestimmen, gehören die niedrigen Einwanderungszahlen, die Struktur der Herkunftsländer (mit einer Mehrheit der Neuankommenden aus den Ländern der ehemaligen Sowjetunion) und der Charakter der Einwanderung mit einem großen Anteil an temporären/zirkulären Migrant*innen einerseits und Transitmigrant*innen andererseits. Diese Faktoren sind der Grund dafür, dass die Migrationspolitik im Allgemeinen und spezifische Ansätze in Bezug auf Geflüchtete im Besonderen lange Zeit als nicht dringlich erachtet wurden (Okólski/Wach 2020: 154). Dennoch kamen die ersten Herausforderungen bereits zu Beginn der 1990er Jahre, als mehrere Hundert Migrant*innen aus Somalia, Äthiopien, Libyen, Irak und Syrien nach Polen zurück überstellt wurden, die zuvor in Schweden Asyl beantragt hatten (Ząbek/Łodziński 2008: 77–80). Diese Erfahrungen führten dazu, dass im Jahr 1991 die Genfer Konvention von 1951 und das dazugehörige Protokoll von 1967 in das polnische Rechtssystem aufgenommen wurden. Sie können als symbolischer Start zum Aufbau eines polnischen Aufnahmesystems für Geflüchtete betrachtet werden. Im gleichen Jahr unterzeichnete Polen Rücknahmeübereinkommen mit den Schengenstaaten und entwickelte Beziehungen zum UN Hochkommissariat für Flüchtlinge (UNHCR) und zur Internationalen Organisation für Migration (IOM); ein Jahr später eröffnete der UNHCR eine Dependance in Warschau (→ Internationale Organisationen).

In der ersten Phase der sich langsam entwickelnden Einwanderungs- und Flüchtlingsaufnahmepolitik spielten internationale Organisationen und lokale NROs eine entscheidende Rolle. Zwischen 1993 und 1994 finanzierte der UNHCR Integrationsleistungen für Ausländer*innen in Polen, und 1994 plante und finanzierte es Anpassungs- und Integrationsprogramme, die von lokalen NROs für Flüchtlinge des Balkankrieges durchgeführt wurden (Florczak 2003: 251). Seitdem sind die NROs einer der Hauptakteure bei der Unterstützung der Flüchtlingsintegration in Polen.

Ein weiteres wichtiges Moment war die Verabschiedung der polnischen Verfassung von 1997 und insbesondere des Ausländergesetzes von 1997, in dem die Verfahren zur Gewährung des Flüchtlingsstatus und der Sozialhilfe für Asylsuchende detailliert aufgeführt sind (Ząbek/Łodziński 2008: 87–88). Die Umsetzung der Gesetze kann als Beginn einer neuen Periode der Europäisierung polnischen Rechts interpretiert werden, die auch die Migrationspolitik umfasst (Łodziński/Szonert 2016: 12; siehe auch: Weinar 2006). Durch die Anpassung des polnischen Rechts an die europäischen Standards mussten neue Elemente in das System der Flüchtlingsaufnahme eingeführt werden. Im Jahr 2008 wurde die Definition des subsidiären Schutzes in die polnische Asylgesetzgebung aufgenommen (auf Basis der Richtlinie 2004/83/EG). Das sogenannte individuelle Integrationsprogramm (IIP) wurde auch für subsidiär geschützte Ausländer*innen geöffnet. Dieses Programm ist das einzige nachhaltige Integrationsprogramm für Ausländer*innen, das aus staatlichen Geldern finanziert wird. Andere Integrationsaktivitäten, insbesondere für Ausländer*innen ohne Schutzstatus, werden auf Projektbasis durchgeführt, organisiert durch kommunale Behörden und NROs (Molęda-Zdziech et al. 2021) (→ Kommunen; → Zivilgesellschaft).

Die in den späten 1990er und den 2000er Jahren eingeführten Vorschriften im Bereich Migration und Integration wurden weiterentwickelt und geändert, doch erst 2012 wurde eine umfassende nationale Migrationsstrategie eingeführt. Das Dokument mit dem Titel „Polnische Migrationspolitik – aktueller Stand und vorgeschlagene Maßnahmen" war das erste und einzige von der Regierung genehmigte Dokument in diesem Bereich (Ministerstwo Spraw Wewnętrznych 2012). Allerdings wurden weiterhin alle Aktivitäten zur Unterstützung der Integration von Zuwanderern – mit Ausnahme derer, denen internationaler Schutz gewährt wurde – den lokalen Behörden und NROs zugewiesen, und die Hauptfinanzierungsquelle waren europäische Fonds und nicht der zentrale Staatshaushalt. Die Themen Einwanderung und Integration wurden weiterhin nicht als dringend und wichtig angesehen. Mit dem Regierungswechsel zu einer rechtsgerichteten Regierung im Jahr 2016 wurde die 2012 verabschiedete migrationspolitische Strategie aufgehoben, aber nicht durch eine neue, aktualisierte Strategie ersetzt (Okólski/Wach 2020: 158–159; Strzelecki/Pachocka 2020: 245–255).

3. Öffentliche Wahrnehmung und politisches Handeln im Bereich der Flüchtlingsaufnahme

Seit 1989 spielte das Thema Einwanderung und Flüchtlingsaufnahme in der öffentlichen und politischen Debatte eine eher untergeordnete Rolle. Niedrige Zahlen, meist kurzfristige und oft zirkuläre Migration und eine kaum wahrnehmbare Zahl von Ausländer*innen, die in Polen internationalen Schutz beantragten (mit einer sehr niedrigen Anerkennungsquote), führten dazu, dass das Thema nicht politisch aufgegriffen wurde, sondern interministeriellen Gremien ohne klare institutionelle Struktur und Aufgabenverteilung anvertraut wurde.

Mit dem massiven Zustrom von Migrant*innen, die in den Jahren 2015 und 2016 in Europa Zuflucht suchten, änderte sich diese Situation drastisch. Erstmals in der polnischen Geschichte wurde das Problem der Einwanderung und der Flüchtlingsaufnahme zu einem der Hauptthemen bei den Präsidentschafts- und später bei den Parlamentswahlen, und in der öffentlichen Debatte. Obwohl Polen keinen verstärkten Zustrom von Geflüchteten erlebte, tauchten in der politischen Debatte nationalistische, flüchtlingsfeindliche und manchmal sogar islamfeindliche Parolen auf (Jaskułowski 2019: 32, 38; Legut/Pędziwiatr 2018: 50).

Besonders deutlich wurde die Flüchtlings- und insbesondere islamfeindliche Haltung in politischen Entscheidungen der konservativen, von der Partei *Recht und Gerechtigkeit* (pln. Prawo i Sprawiedliwość – PiS) dominierten Regierung dieser Zeit, darunter die Aufhebung der „Migrationspolitischen Strategie" von 2012 im Jahr 2016 oder der Rückzug aus dem von der Europäischen Kommission im Mai 2015 vorgeschlagenen Relocation-Mechanismus für Asylsuchende (Molęda-Zdziech et al. 2021: 189). Auch das Regierungshandeln an der EU-Außengrenze zu Belarus passt in dieses Bild, wo seit 2021 Migrant*innen und Flüchtende aus dem Nahen Osten und Nordafrika versuchen, die Grenzen in die EU zu überqueren. Um sie daran zu hindern, wurde auf polnischer Seite ein Zaun gebaut, es finden regelmäßig *Push-Backs* statt, und NROs, die den Migrant*innen in dem unwegsamen Grenzgebiet helfen wollen, werden kriminalisiert (Commissioner for Human Rights 2022). Obgleich Polen und andere ost-mitteleuropäische Staaten ihr Handeln mit ihrer Verantwortung für eine EU-Außengrenze legitimieren, kann gerade im Vergleich zu der sehr solidarischen und politisch unhinterfragten Aufnahme von Ukraine-Flüchtlingen seit Februar 2022 eine Doppelstrategie im Umgang mit dem Thema Flüchtlingsaufnahme konstatiert werden (vgl. Pachocka 2022).

4. Einwander*innen und Asylsuchende in Polen in Zahlen

Seit der politischen Transformation von 1989–90 kommen die meisten Einwander*innen in Polen aus postsowjetischen Ländern, vor allem aus der Ukraine. Nach Schätzungen des Zentralen Statistikamtes lag die Gesamtzahl der in Polen lebenden Zuwander*innen im Jahr 2011 bei 110.000 und begann erst nach 2014 deutlich zu steigen. Seither kam es auch zu einer „Ukrainisierung" der Einwanderung nach Polen (Górny/Kindler 2018: 222), denn nach den Registerdaten der Sozialversicherung stellen Bürger*innen der Ukraine die Mehrheit aller Drittstaatenausländer*innen (ZUS 2021).

Aufgrund der wachsenden Nachfrage nach ausländischen Arbeitskräften und einer äußerst günstigen Politik für Arbeitsmigrant*innen (durch das 2007 eingeführte sogenannte vereinfachte Verfahren) wurde Polen in kurzer Zeit zu einem der wichtigsten Zielländer für Arbeitsmigration aus Drittstaaten in die EU. Auch Bürger*innen aus der Ukraine beantragten nach 2014 vorwiegend auf der Basis der Arbeitsmigrationspolitik eine Aufenthaltsgenehmigung, anstatt sich einem langwierigen Asylverfahren zu unterziehen (Górny/Kaczmarczyk 2019). Wie eine Aufschlüsselung der Aufenthaltstitel deutlich zeigt, war die Zahl von humanitären Aufenthaltstiteln für Ukrainer*innen von 383 im Jahr 2016[2] lediglich auf 802 im Jahr 2021 gestiegen, während die Zahl von Aufenthaltstiteln außerhalb des humanitären Rahmens im gleichen Zeitraum von rund 102.000 auf rund 307.000 gestiegen ist. Dabei machen temporäre Aufenthaltstitel (*pobyt czasowy*) den größten Teil aus; ihre Zahl stieg von 75.000 (2016) auf über 250.000 (2021) an (Urząd do Spraw Cudzoziemców o.J.).

Auch insgesamt ist die Zahl von Asylanträgen in Polen eher gering (Abb. IV.5.4.1). Im Zeitraum 2011 bis 2020 wurden in Polen insgesamt 80.000 Anträge auf Flüchtlingsschutz (Erst- und Folgeanträge) gestellt. Die Mehrzahl der Anträge stammt von Personen aus postsowjetischen Ländern, vor allem aus Georgien, der Russischen Föderation und der Ukraine (Abb. IV.5.4.2).

---

2 Zahlen jeweils vom ersten Januar des Folgejahres.

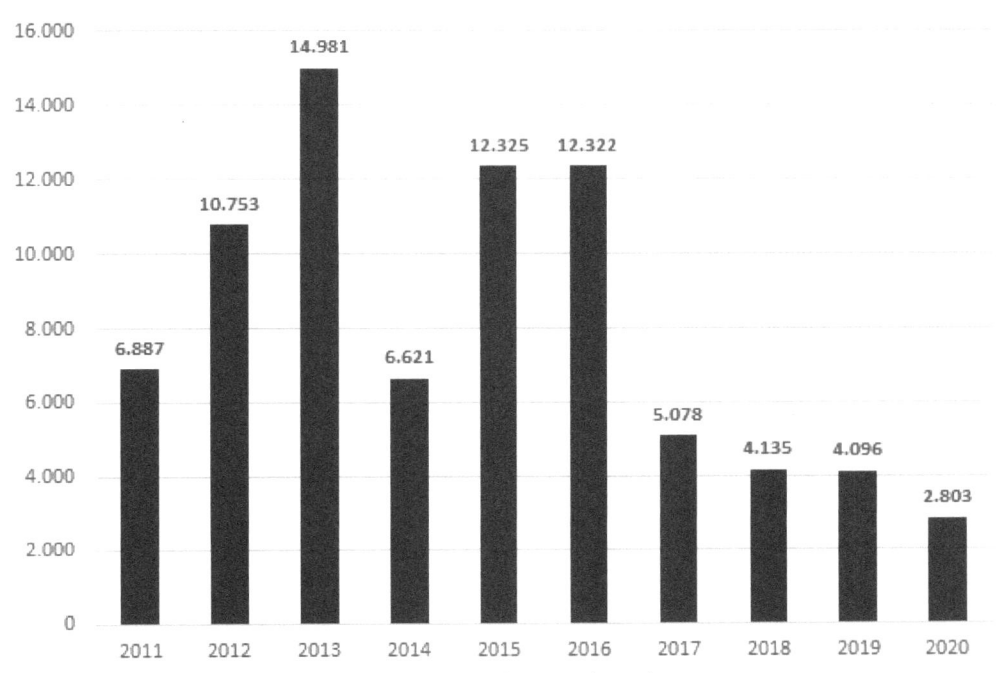

Abbildung IV.5.4.1: Anzahl von Asylanträgen (Erst- und Folgeanträge) in Polen, 2011–2020
Quelle: Eigene Darstellung auf Basis von Daten der Ausländerbehörde.

Dabei waren Antragsteller*innen aus Tschetschenien die weitaus größte Gruppe. Zwischen 1992 und 2016 stellten mehr als 100.000 Tschetschen*innen einen Asylantrag in Polen, was beinahe zwei Drittel aller Asylanträge ausmachte (Górny 2017: 46). Nur ein geringer Teil der Asylantragstellenden erhielten einen Schutzstatus – im Betrachtungszeitraum lag der Anteil lediglich in drei Jahren (2017, 2018, 2020) bei über 10 %.

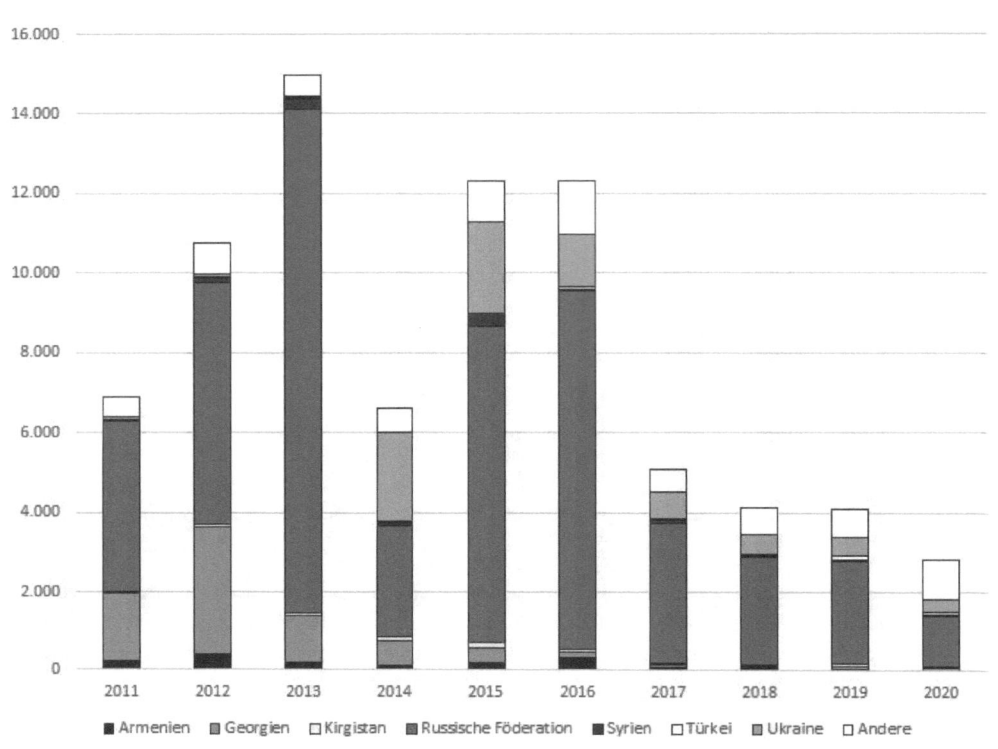

Abbildung IV.5.4.2: Hauptgruppen von Asylantragstellenden, nach Staatsangehörigkeit, 2011–2020
Quelle: Eigene Darstellung auf Basis von Daten der Ausländerbehörde.

5. Der Ukraine-Krieg und daraus resultierende Herausforderungen

Die Angriff Russlands auf die Ukraine im Februar 2022 führte zu schlagartigen Veränderungen von Fluchtmigrationsbewegungen in Ost-Mitteleuropa, mit starken und nachhaltigen Auswirkungen auf die Flüchtlingsaufnahme- und Asylsysteme der Anrainerstaaten, wie z. B. Polen (vgl. z. B. Jaroszewicz et al. 2022). Zwischen 24. Februar 2022 und Ende September 2022 waren bereits mehr als 7,5 Millionen Menschen aus der Ukraine geflohen (UNHCR 2022). Sie wurden hauptsächlich von vier EU-Mitgliedstaaten und Moldawien aufgenommen. Polen war das wichtigste Aufnahmeland für Geflüchtete aus der Ukraine – das UNHCR registrierte bis Ende September etwa 6,4 Millionen Grenzübertritte aus der Ukraine nach Polen. Diese Zahl basiert jedoch größtenteils auf Daten von offiziellen Grenzübergangsstellen und spiegelt nicht die Zahl der in Polen verbliebenen Menschen wider.

Duszczyk und Kaczmarczyk (2022) schätzten auf der Grundlage verfügbarer Statistiken von Ende April, dass rund 1,55 Millionen geflüchtete Ukrainer*innen in Polen geblieben sind. Hinsichtlich des weiteren Verbleibs ukrainischer Bürger*innen in Polen entwickelten sie drei mögliche Zukunftsszenarien, in die u. a. Annahmen zur weiteren Dauer des Konflikts, zu territorialen Verlusten der Ukraine, zur Verwüstung des Landes sowie zur Rückkehrförderung von ukrainischer Seite einflossen. Als Basis der Prognose wurden sowohl die Geflüchteten als auch die vor dem Krieg in Polen lebenden ukrainischen (Arbeits)Migrant*innen berücksichtigt, deren Gesamtzahl auf rund 2,9 Millionen geschätzt wird. Die Szenarien verdeutlichen die extreme Volatilität der Situation, die zu einer stark schwankenden Zahl von längerfristig ansässiger ukrainischer Bevölkerung führen könnte: Die Schätzungen liegen zwischen 1,75 Millionen (Szenario unter der Annahme eines schnellen und dauerhaften Friedens) und 3,1 bis 3,4 Millionen (langer Krieg bzw. große Kriegszerstörung). In allen betrachteten Szenarien war die erwartete Größe der ukrainischen Bevölkerung in Polen jedoch höher als im Februar 2022, und mit einer deutlich veränderten demographischen Struktur, mit einer beträchtlichen Anzahl von Kindern und älteren Menschen. Daraus zeigt sich, dass die Flucht aus der Ukraine für den polnischen Staat und die Gesellschaft derzeit und mittelfristig eine extreme Herausforderung darstellt.

Der seit Februar 2022 erfolgende Massenzustrom ukrainischer Flüchtlinge nach Polen führte zu einer raschen humanitären Reaktion auf verschiedensten Ebenen, die von staatlichen und nichtstaatlichen, nationalen und internationalen Akteuren getragen wurde. Eine besondere Rolle spielten Nichtregierungsorganisationen, Bürger*innen sowie lokale Behörden in großen und kleinen Städten (Jaroszewicz et al. 2022; Łukasiewicz et al. 2022).

Auf der Grundlage des Gesetzes von 2022 über die *Unterstützung ukrainischer Bürger im Zusammenhang mit dem bewaffneten Konflikt auf dem Territorium des Landes* haben viele Ukrainer*innen von einer besonderen Form des vorübergehenden Schutzstatus in Polen Gebrauch gemacht, der ihnen einen umfassenden Zugang zu den öffentlichen Dienstleistungen des Landes ermöglicht (legaler Aufenthalt für 1,5 Jahre, Zugang zu Arbeitsmarkt, Gesundheitsversorgung, Bildung usw.). Derzeit (Oktober 2022) geht Polen von der Phase der humanitären Hilfe zur längerfristigen Aufnahme und Integration über. Damit stellen sich zahlreiche Herausforderungen, was die Bedürfnisse der Geflüchteten, den Umfang der benötigten Unterstützung, die Möglichkeiten und die Effizienz des polnischen öffentlichen Dienstleistungssystems sowie eine (noch nicht vorliegende) langfristige Strategie des Staates betrifft (Pachocka 2022).

6. Zusammenfassung und Ausblick

In diesem Beitrag wurde am Beispiel Polens die Entwicklung eines Migrations- und Asylregimes unter postsowjetischen Bedingungen dargestellt. Unter dem Einfluss der humanitären Krise in der Ukraine und der notwendigen multidimensionalen Reaktion auf ihre Folgen ist Polen zu einem natürlichen Laboratorium für die Steuerung der Migration auf verschiedenen Ebenen geworden, einschließlich staatlicher und nichtstaatlicher, nationaler und internationaler Akteure. Die jüngsten Migrationsprozesse beschleunigen nicht nur die Diversitätsentwicklung und verstärken seine Umwandlung zu einem Einwanderungsland, sondern regen auch Überlegungen über die künftige Ausrichtung der polnischen Migrationspolitik an. Dies führt zu einer Stärkung der Rolle der lokalen Ebene und der Zusammenarbeit mit NGOs und internationalen Organisationen.

Literaturverzeichnis

Commissioner for Human Rights (2022): Unannounced visit of CHR Office representatives at the Polish-Belarusian border, 18.05.2022, https://bip.brpo.gov.pl/en/content/unannounced-visit-chr-off ice-representatives-polish-belarusian-border, 08.10.2022.

Duszczyk Maciej/Kaczmarczyk, Paweł (2022): War and migration: the recent influx from Ukraine into Poland and possible scenarios for the future, CMR Spotlight 4 (39), https://www.migracje. uw.edu.pl/wp-content/uploads/2022/04/Spotlight-APRIL-2022.pdf, 08.02.2022.

Eurostat (2021): *Non-national population by group of citizenship, 1 January 2021*, https://ec.europa.eu/eurostat/statistics-explained/index.php?title=File:Tab04_Non-national_population_by_group_of_citizenship,_1_January_2021_rev.png, 25.10.2022.

Florczak, Anna (2003): Uchodźcy w Polsce. Między humanitaryzmem a pragmatyzmem. Toruń: Wydawnictwo Adam Marszałek.

Górny, Agata (2017): Skala napływu w latach 1992–2016 i wielkość zbiorowości cudzoziemców starających się o ochronę w Polsce i nią objętych. In: Górny, Agata (Hrsg.): Uchodźcy w Polsce. Sytuacja prawna, skala napływu i integracja w społeczeństwie polskim oraz rekomendacje. Kraków-Warszawa: Komitet Badań nad Migracjami PAN.

Górny, Agata/Kaczmarczyk, Pawel (2019): European migration transition in the context of post-enlargement migration from and into Central and Eastern Europe. In: Inglis, Christine/Li, Wei/Khadria, Binod (Hrsg.), The SAGE Handbook of International Migration. New York, SAGE Publications.

Górny, Agata/Kindler, Marta (2018): Cudzoziemcy w Polsce na przełomie XX i XXI wieku. In: Lesińska Magda/Okólski Marek (Hrsg.): 25 wykładów o migracjach. Warszawa: Wydawnictwo Naukowe Scholar.

Jaroszewicz, Marta/Krępa, Mateusz/Nowosielski, Michał/Pachocka, Marta/Wach, Dominik (2022): Russian aggression on Ukraine and forced migrations: the role of Poland in the first days of the crisis, CMR Spotlight, No. 3 (37), March 2022, Special Issue, https://www.migra cje.uw.edu.pl/wp-content/uploads/2022/03/Spotlight-Wydanie-Specjalne-2022-ENG.pdf, 08.10.2022.

Jaskułowski, Krzysztof (2019): The Everyday Politics of Migration Crisis in Poland. Cham: Palgrave Macmillan.

Legut, Agnieszka/Pędziwiatr, Konrad (2018): Sekurytyzacja migracji w polityce polskiej a zmiana postaw Polaków wobec uchodźców. In: Jończy, Romuald (Hrsg.): Sami swoi? Wielokulturowość we współczesnej Europie. Gliwice, Opole: Dom Współpracy Polsko-Niemieckiej.

Łodziński, Sławomir/Szonert, Mirosław (2016): „Niepolityczna polityka"? Kształtowanie się polityki migracyjnej w Polsce w latach 1989–2016 (kwiecień). In: CMR Working Papers, Nr. 90/148.

Łukasiewicz, Karolina/Nowosielski, Michał/Pachocka, Marta/Wach, Dominik/Cichocka, Ewa/Fiałkowska, Kamila (2022): Migracje i miasta w czasie kryzysu humanitarnego, CMR Spotlight, No. 3 (38), March 2022, Special Issue 2, https://www.migracje.uw.edu.pl/wp-content/uploads/2 022/03/Spotlight-Wydanie-Specjalne-2-2022-PL.pdf, 08.10.2022.

Ministerstwo Spraw Wewnętrznych (2012): POLITYKA MIGRACYJNA POLSKI – stan obecny i postulowane działania. Dokument przyjęty przez Radę Ministrów w dniu 31 lipca 2012 r. Warszawa: Ministerstwo Spraw Wewnętrznych. https://ec.europa.eu/migrant-integration/sites/default/files/201 9-07/PMP_przyjeta_przez_Rade_Ministrow_31_lipca_2012__2_.pdf, 17.10.2022.

Molęda-Zdziech, Małgorzata/Pachocka, Marta/Wach, Dominik (2021): Immigration and Integration Policies in Poland: Institutional, Political and Social Perspectives. In: Franzke, Jochen/Ruano de la Fuente, Jose M. (Hrsg.): Local Integration of Migrants Policy. Cham: Palgrave Macmillan, 169–199.

Okólski, Marek (Hrsg.) (2012): European Immigrations. Trends, Structures and Policy Implications. Amsterdam University Press, Amsterdam.

Okólski, Marek/Wach, Dominik (2020): Immigration and integration policies in the absence of immigrants: a case study of Poland. In: Duszczyk, Maciej/Pachocka, Marta/Pszczółkowska, Dominika (Hrsg.): Relations between immigration and integration policies in Europe. London: Routledge, 146-172.

Pachocka, Marta (2022): Poland's response to the humanitarian crisis in Ukraine: actions, actors and challenges in a multi-level setting. Presentation. Roundtable on migration and humanitarian crisis in Ukraine "Continuities and Change in a Migration World", Migration Policy Cente, EUI, Florence, 23.05.2022, https://www.youtube.com/watch?v=lTIC952k3Dc , 08.10.2022.

Strzelecki, Paweł/Pachocka, Marta (2020): Migration processes in the countries of Central and Eastern Europe – transformation from net emigration to net immigration countries. In: Godlewska-Majkowska, Hanna/Wachowiak, Piotr/Strojny, Mariusz/Majewski, Bartosz (Hrsg.): Report of SGH Warsaw School of Economics and the Economic Forum 2020. Warszawa: SGH Publishing House, 46-47.

UNHCR, Operational Data Portal, https://data.unhcr.org/en/situations/ukraine, 28.09.2022.

Urząd do Spraw Cudzoziemców (o.J.): Dane liczbowe dotyczące postępowan prowadzonych wobec cudzoziemców w latach 2014-2016; Dane liczbowe dotyczące postępowan prowadzonych wobec cudzoziemców w 2021 r. https://www.gov.pl/web/udsc/zestawienia-roczne, 08.10.2022.

Weinar, Agnieszka (2006): Europeizacja polskiej polityki wobec cudzoziemców 1990-2003. Warszawa: Scholar.

Ząbek, Mirosław/Łodziński, Sławomir (2008): Uchodźcy w Polsce Próba spojrzenia antropologicznego. Warszawa: Oficyna Wydawnicza ASPRA-JR.

Zakład Ubezpieczeń Społecznych (ZUS) (2021): Cudzoziemcy w polskim systemie ubezpieczeń społecznych, https://www.zus.pl/documents/10182/2322024/Cudzoziemcy+w+polskim+systemie+ubezpieczeń+społecznych+-+wydanie+2021_v2.pdf/235779ba-d43e-6dcf-4540-6352eeef697f, 08.10.2022.

IV.5.5
West-Mitteleuropa

*Frank Caestecker und Eva Ecker**

Abstract Während des 20. Jahrhunderts wurden die liberalen Regierungsformen und die blühende Wirtschaft in den Ländern West-Mitteleuropas (dazu zählen Frankreich, Deutschland, die Schweiz, Belgien, Luxemburg, die Niederlande und Österreich)[1] zu einem Magneten für Zuwanderung. Geflüchtete wurden in diesen Ländern im Vergleich zu anderen Einwander*innen privilegiert behandelt. Die wachsende Zahl von Asylsuchenden aus allen Teilen der Welt war nach 1975 das deutlichste Zeichen der Globalisierung des 20. Jahrhunderts. Die postindustrielle Transformation und die zunehmende Bedeutung politisch rechts außen stehender Parteien bewirkten eine veränderte Sicht auf Zuwanderung. Unter anderem wurde ab den 1990er Jahren eine strikte Rückkehrpolitik für irreguläre Zuwander*innen eingeführt. Um der Bevölkerung den Glauben an die regulative Wirkung des Staates zurückzugeben, entstand die Notwendigkeit einer ‚Professionalisierung' der mit Asyl befassten Institutionen in West-Mitteleuropa. Der Europäische Integrationsprozess brachte nach 1999 Ansätze zur Homogenisierung der Flüchtlingsanerkennung. Weitaus größere Energie wurde jedoch in die Externalisierung der Migrationskontrolle gesteckt, deren Erfolg von externen Partnern abhängig ist.

Schlüsselbegriffe: de facto Flüchtlinge, Erstaufnahmeland, Flüchtlingsbegriff, Verantwortungsteilung, Asylbehörden

1. Die Ursprünge des internationalen Flüchtlingsschutzes

Die liberalen Demokratien West-Mitteleuropas wandten den Flüchtlingsbegriff in den 1920er Jahren zunächst auf Menschen an, die aus der Sowjetunion entkamen. Auch die Verfolgten des deutschen Nazi-Regimes fanden in den benachbarten Staaten Aufnahme und Berücksichtigung, zumindest bis zum Jahre 1938. Der Flüchtlingsbegriff (→ Flüchtling – rechtlich) wurde damals spezifischen Gruppen und Nationalitäten zugewiesen; dabei berief man sich auf diplomatische Einigungen liberaler Staaten im Rahmen des Völkerbunds. Nach 1944 wurde der Umgang mit dem Flüchtlingsbegriff in West-Mitteleuropa stark durch die Erfahrungen mit dem Nationalsozialismus geprägt. Das Recht auf Asyl für politisch Verfolgte hatte in Frankreich und Deutschland Verfassungsrang, was jedoch in der französischen politisch-administrativen Praxis kaum Relevanz hatte. Umso bedeutender wurde das Fluchtregime auf Basis der Genfer Flüchtlingskonvention, das nun nicht mehr auf einem gruppen-

---

* Dieser Beitrag entstand im Kontext des Forschungsprojektes *PROTECT The Right to International Protection: A Pendulum between Globalization and Nativization?* (www.protect-project.eu), das durch das Horizont2020 Rahmenprogramm der Europäischen Union gefördert und durch die Universität Bergen koordiniert wird (Grant Agreement No 870761). Es reflektiert die Sicht der Autor*innen, und die Europäische Exekutivagentur für Forschung (REA) ist nicht verantwortlich für die Verwendung der darin enthaltenen Informationen. Der Beitrag wurde von Birgit Glorius ins Deutsche übertragen.
1 Zur Debatte um die Begrifflichkeiten Ost-Mitteleuropa und West-Mitteleuropa und ihren Entstehungszusammenhang vgl. Halecki 1950.

bezogenen, sondern auf einem individuellen Verfolgungsbegriff basierte. Staaten mussten nun auch irregulär eingereiste Migrant*innen aufnehmen, insofern diese einen Asylantrag stellten, und zwar bis das Asylverfahren abgeschlossen war.

2. Umgang mit Geflüchteten während der Zeit der Anwerbepolitiken, 1951–1974

Bis 1956 hatten alle Staaten West-Mitteleuropas die Genfer Konvention ratifiziert, obgleich es erhebliche Debatten über deren Ziele gegeben hatte. Generell wurde die Genfer Konvention lediglich als Instrument zur Lösung der kriegs- und nachkriegsbedingten Probleme mit Vertreibung innerhalb Europas betrachtet. Demnach wurde die Konvention zeitlich restriktiv aufgefasst und berücksichtigte nur Jene, deren Vertreibung vor 1951 stattgefunden hatte. Einige Staaten wie Frankreich und Luxemburg begrenzten die Anwendung der Konvention auf den europäischen Kontinent, während die belgische Regierung jegliche geographische Restriktion ablehnte. Ob dies der Startpunkt einer universellen und dauerhaften Etablierung einer internationalen Flüchtlingspolitik war, ist nicht endgültig geklärt. Allerdings signalisierte die Berufung eines Hohen Flüchtlingskommissars der Vereinten Nationen (→ Internationale Organisationen), dass das Thema Flüchtlingsschutz in der Neuen Weltordnung einen Anwalt gefunden hatte.

Der erste Anwendungsfall des neuen internationalen (→) Flüchtlingsregimes war für die Staaten West-Mitteleuropas der ungarische Aufstand im Winter 1956, nach dessen Niederschlagung rund 200.000 Ungar*innen nach Österreich flohen (→ Südosteuropa). Österreich nahm in seiner Rolle als Erstaufnahmeland alle ungarischen Flüchtlinge vorbehaltlos auf. Bis zum Jahresende 1956 war etwa ein Viertel der ungarischen Flüchtlinge bereits in andere Staaten West-Mitteleuropas umgesiedelt worden. Die Staaten westlich des Eisernen Vorhangs hatten an dieser Stelle ihre Verantwortung im Kontext des internationalen Flüchtlingsregimes übernommen. Ob alle nach Österreich geflohenen Ungar*innen relevante Fluchtgründe hatten, wurde nicht in Frage gestellt. Die binäre Weltordnung des Kalten Krieges schien eine individuelle Überprüfung der Fluchtgründe überflüssig zu machen. Auch die Tatsache, dass die Fluchtursache nach dem Jahr 1951 entstanden war, behinderte nicht die Anwendung der Genfer Flüchtlingskonvention. Ideologische und ökonomische Argumente spielten vielmehr eine wichtige Rolle in der Aufnahme dieser Flüchtlinge. Die ungarischen Geflüchteten kamen zu einem strategisch günstigen Zeitpunkt an: sie trafen auf eine boomende Wirtschaft und wurden als zukünftige Fachkräfte willkommen geheißen. Diese positive Wahrnehmung wurde durch die Tatsache verstärkt, dass auch etliche hochqualifizierte Akademiker*innen Ungarn verlassen hatten, obgleich es sich bei den meisten Flüchtlingen um junge Menschen ohne Ausbildungsabschluss handelte (Kecskés/Scheibner 2022; Jackson 1999).

Während das internationale Fluchtregime im Fall der hoch politisierten ungarischen Flüchtlingskrise eine Verantwortungsteilung der Staaten Westeuropas ermöglicht hatte, kam es während der 1950er Jahre im alltäglichen Management der Flüchtlingsbewegungen in der Region zu Spannungen. Die Flüchtlinge des Kalten Krieges wurden als Belastung aufgefasst. Staaten wie Belgien, Niederlande, Schweiz oder Frankreich stuften die Asylanträge der osteuropäischen Flüchtlinge als illegitim ein, da sie nicht im ersten sicheren Ankunftsland gestellt worden waren (was in den meisten Fällen

Deutschland oder Österreich gewesen wären). Obgleich bis Ende der 1950er Jahre in allen potenziellen Aufnahmeländern der Flüchtlingsschutz fest in die nationale Gesetzgebung eingebettet war, gab es keine Annäherung hinsichtlich einer einheitlichen Definition des ‚ersten sicheren Ankunftslandes'. Die nationale Souveränität überwog und die Möglichkeit einer ‚Lastenteilung' mit den Ländern der ersten Zuflucht war ein umstrittenes Politikum (Mayer 2019; Angoustures/Dzovinar 2022).

In allen Ländern West-Mitteleuropas wurde die Kompetenz zur Feststellung des Flüchtlingsstatus den Außen- bzw. den Innenministerien zugeordnet (Caestecker/Ecker 2022). In den Innenministerien war die Einwanderungspolitik angesiedelt, sodass die untergeordnete Einwanderungsbehörde die Kompetenzen für das Asylverfahren erhielt. In Deutschland war dies die *Bundesdienststelle für die Anerkennung ausländischer Flüchtlinge*, Teil des *Bundesministeriums für Vertriebene, Flüchtlinge und Kriegsgeschädigte*, das sich um die Belange von deutschen wie auch von ausländischen Geflüchteten kümmerte. Im Jahr 1965 wurde die deutsche Asylbehörde zum *Bundesamt für die Anerkennung ausländischer Flüchtlinge* (BAFl) und damit eine unabhängige Einheit innerhalb des Innenministeriums, während die Asylbehörden in Österreich und der Schweiz den Status einer Abteilung in den jeweiligen Innenministerien behielten. In Deutschland und Österreich konnten bei Asylverfahren die Verwaltungsgerichte angerufen werden. In den anderen westmitteleuropäischen Ländern wurde die Flüchtlingsaufnahme den Außenministerien zugeordnet. Das französische Außenministerium gründete hierzu im Jahr 1952 ein Büro für Asylfragen, *l'Office français de protection des réfugiés et apatrides* (OFPRA). Um die ablehnenden Bescheide des OFPRA anfechten zu können, wurde ein Verwaltungsgerichtshof gegründet, in dem der UNHCR Entscheidungsbefugnisse hatte. In Belgien und den Niederlanden wurde die Prüfung von Asylbegehren vollständig an den UNHCR übertragen. Die Anerkennung von Schutzgründen konnte dann gerichtlich nicht mehr angefochten werden, da der UNHCR keine Einmischung durch staatliche Behörden akzeptierte.

In den folgenden Jahrzehnten lag die Anzahl von Asylgesuchen in West-Mitteleuropa auf moderatem Niveau zwischen jährlich 500 in Belgien und 5.000 in Deutschland, wobei die Asylsuchenden überwiegend aus ost(mittel)europäischen Staaten kamen. Demgegenüber wuchs Anfang der 1970er Jahre die Zahl der Asylsuchenden aus Griechenland, Spanien und Portugal (→ Südeuropa). Zugleich fanden während dieser Zeit erstmals Geflüchtete aus dem globalen Süden Aufnahme in West-Mitteleuropa, und zwar vor allem aus Vietnam (→ Südostasien) und Lateinamerika (→ Südamerika; → Zentralamerika). Oft waren diese Flüchtlingsaufnahmen durch politisch-strategische Erwägungen motiviert. Bis Mitte der 1970er Jahre war die internationale Flüchtlingspolitik zu einem sinnvollen Instrument geworden, um humanitäre Fragen aus der häufig recht restriktiven Einwanderungspolitik auszuklammern. Alle westmitteleuropäischen Staaten hatten zudem das New Yorker Zusatzprotokoll von 1967 ratifiziert, das die Flüchtlingsdefinition der Genfer Konvention von ihren zeitlichen und geographischen Restriktionen befreite.

Die Anzahl der Asylgesuche reflektiert die Bedeutung von Fluchtbewegungen während dieser Phase jedoch nur unzureichend. Das Wirtschaftswachstum (und die Dekolonialisierung) erzeugte eine Masseneinwanderung nach West-Mitteleuropa, die die westeuropäischen Gesellschaften in Einwanderungsgesellschaften verwandelte. Durch den allgemeinen Mangel an Arbeitskräften erhielten alle Einwander*innen rasch einen regulären Aufenthaltsstatus, und viele Geflüchtete sahen gar keine Notwendigkeit, einen Asylantrag zu stellen.

Frank Caestecker und Eva Ecker

3. Globalisierung und die Politisierung von Asyl, 1975–1999

Die beschleunigte Globalisierung ab den 1975er Jahren führte dazu, dass die westmitteleuropäischen Ökonomien ihren industriellen Charakter verloren; die Transformation hin zu postindustriellen Ökonomien war mit Automatisierungsprozessen und Standortverlagerungen verbunden. Die Arbeitslosigkeit wuchs und wurde zu einem dauerhaften Merkmal der westmitteleuropäischen Gesellschaften. Das kollektive Gefühl der Überflüssigkeit führte zu einer vermehrten Hinwendung zu Parteien der extremen Rechten, wie z. B. der Schweizerischen Volkspartei, des französischen *Front National*, des Belgischen *Vlaams Blok* und der österreichischen Freiheitlichen Partei. Diese neuen Parteien gewannen vor allem mit der Delegitimierung nicht-europäischer Migrant*innen und der Kriminalisierung von Asylsuchenden an Popularität.

Ungeachtet der Demokratisierungsprozesse in der europäischen Mittelmeerregion in der zweiten Hälfte der 1970er Jahre wuchs die Zahl der Asylsuchenden weiter. Hinzu kamen Asylsuchende aus dem Globalen Süden. Bis zum Jahr 1988 hatte die jährliche Zahl von Asylgesuchen in den Staaten West-Mitteleuropas bereits 200.000 erreicht. Die beschleunigte Globalisierung brachte eine Vereinfachung und Vergünstigung des internationalen Reiseverkehrs mit sich. Asylanträge kamen in dieser Zeit von Bürgerkriegsflüchtlingen aus dem Libanon und Sri Lanka, von Menschen, die vor der türkischen Militärdiktatur oder dem restriktiven theokratischen Regime des Iran flohen, aber auch von vielen anderen, die auf der Suche nach besseren Lebensbedingungen waren und denen keine alternativen Einwanderungsmöglichkeiten offenstanden.

Der Fall des Eisernen Vorhangs öffnete dann für viele Menschen den Weg nach West-Mitteleuropa. Zwischen 1988 und 1992 verdoppelte sich die Anzahl der Asylanträge auf rund eine halbe Million, wobei Deutschland und Österreich mit etwa vier Fünfteln die meisten Anträge von Asylsuchenden aus dem ehemals sozialistischen Europa erhielten. Vor allem aus den zerfallenden Staaten der Sowjetunion und Jugoslawiens kamen viele Asylsuchende. Dieser exponentielle Anstieg kam nach 1992 zum Erliegen, bis 1999 halbierte sich die jährliche Zahl der Anträge. Das östliche Europa (→ Ost-Mitteleuropa), Skandinavien (→ Nordeuropa) und Großbritannien (→ UK/Irland) wurden nun zu wichtigen Asyldestinationen. Zudem änderten die Asylzugänge in West-Mitteleuropa ihre Richtung. So sank z. B. der Anteil Deutschlands bis 1999 auf ein Drittel aller Anträge, während die Zahl der Anträge in anderen Ländern, vor allem den Niederlanden und der Schweiz, zeitgleich anstieg (Efionayi-Mäder et al. 2001). Diese Veränderungen waren größtenteils auf neue Einwanderungs- und Asylregulierungen in den betreffenden Staaten zurückzuführen.

Um die Einreise von asylsuchenden Migrant*innen zu reduzieren, wurden die Kontrolle an den Außengrenzen verstärkt – in Österreich und der Schweiz wurde dafür sogar die Armee eingesetzt. Auch indirekte Maßnahmen dienten diesem Ziel, wie etwa die Einführung von Visumverpflichtungen und die Haftung von Beförderungsunternehmen für unerlaubte Einreisen. Zudem wurden Beschlüsse gefasst, die die Bearbeitung von Asylanträgen beschleunigen sollten. Bis in die 1970er Jahre sortierten Ausländerbehörden Asylgesuche mit dem Argument aus, dass das Zielland nicht das Land der ersten Ankunft sei. In den 1980er Jahren wurden derartige ausschließende Kriterien durch die Formulierung des ‚offensichtlich unbegründeten Asylantrags' erweitert und es wurden kollektive Ausschlusskriterien wie die Kategorie des ‚sicheren Herkunftslandes' entwickelt. In den frühen 1990er Jahren führten Österreich und Deutschland zudem das Konzept des sicheren Drittstaates ein: indem per Gesetz andere Länder zu sicheren Orten für Asylsuchende deklariert wurden, konnten Asylsuchende dorthin deportiert werden, ohne offiziell das Prinzip der *Nichtzurückweisung* zu unterlaufen.

Bereits in den 1980er Jahren hatten die Behörden in Deutschland, den Niederlanden und der Schweiz neue Flüchtlingsstatus geschaffen, um den Schutzmechanismus der Genfer Konvention zu umgehen. Diese Strategie spitzte sich bei den Bürgerkriegsflüchtlingen aus Jugoslawien zu. Die Behörden argumentierten, die von der Genfer Konvention geforderte individuelle Verfolgung sei auf sie nicht anwendbar, sie seien Opfer willkürlicher Gewalt und fielen daher nicht unter die Genfer Konvention. Dennoch zwangen die Behörden sie nicht zur Rückkehr in die jugoslawische Kriegssituation. Dieses Zugeständnis an die Kriegsflüchtlinge wurde auf Basis der *Europäischen Menschenrechtskonvention* (1950) durchgesetzt, der alle Länder West-Mitteleuropas beigetreten waren. Sie verbietet es, dass ein Staat Menschen in unmenschlicher und erniedrigender Weise behandelt. Ein wichtiger Impuls für diesen innovativen, kollektiven und äußerst flexiblen Schutzstatus war die Entlastung der Asylbehörden und die Erleichterung der Rückkehr dieser Flüchtlinge nach Beendigung des Konflikts.

Unterschiedlicher fielen die Antworten der westmitteleuropäischen Länder auf andere Schutzbedürfnisse aus. So wurden beispielsweise Somalier*innen, die im Kontext des staatlichen Zerfalls in den 1990er Jahren von nichtstaatlichen Akteuren verfolgt wurden, in Belgien als Konventionsflüchtlinge anerkannt, während Deutschland und die Schweiz den Konventionsstatus nur denjenigen Asylbewerber*innen zuerkannten, die individuelle Verfolgungsgründe nachweisen konnten. Somalier*innen erhielten demnach häufig eine Duldung, da sie als nicht repatriierbar angesehen wurden. Die Niederlande gewährten bereits in den frühen 1980er Jahren Asylsuchenden Flüchtlingsschutz, die aufgrund ihres Geschlechts oder ihrer Zugehörigkeit zu einer sexuellen Minderheit verfolgt wurden, während andere Länder hier zögerlicher waren. In den 1990er Jahren führten alle Länder West-Mitteleuropas mit Ausnahme Belgiens den subsidiären Schutzstatus ein (Bouteillet-Paquet 2002). Diese Ausweitung des Schutzes war die humanitäre Konsequenz der Hinwendung zu (→) Abschiebungen als zentralem Instrument der Einwanderungspolitik (*deportation turn*).

In den 1990er Jahren gewann die Abschiebung unerwünschter Migrant*innen immer mehr an Bedeutung. In einem politischen Klima, das eine möglichst vollständige Einwanderungskontrolle forderte, wurde die Abschiebepolitik zum Lackmustest für die Fähigkeit des Nationalstaates, seinen Willen in der internationalen Migration durchzusetzen. Der Rückgriff auf eine rigorose Abschiebepraxis hatte seine Opfer: Im Jahr 1998 starben Semura Adamu und im Jahr darauf Markus Omofuma während ihrer Abschiebung durch die belgische bzw. österreichische Polizei den Erstickungstod.

Durch die Abschiebungswelle gewann die Rolle der Asylbehörden an Bedeutung. Während immer mehr unerwünschte Einwanderer abgeschoben wurden, mussten die Asylbehörden dafür sorgen, dass keine schutzwürdigen Menschen dieser Rückführungspolitik zum Opfer fielen. Die Ausgrenzung von Flüchtlingen aus dem harten Vorgehen gegen irreguläre Einwanderer erforderte schnelle und qualitativ hochwertige Entscheidungen. Unter diesem Druck und angesichts der zunehmenden Arbeitsbelastung wurden die Asylbehörden grundlegend reformiert. Der UNHCR zog sich aus der Anerkennungspolitik in Belgien und den Niederlanden zurück. Das neue belgische Asylamt war eine unabhängige Behörde innerhalb der staatlichen Verwaltung, während in den Niederlanden die Anerkennung von Flüchtlingen den Aufgaben des Innenministeriums zugeordnet wurde. In Österreich erhielt die Asylbehörde des Innenministeriums Anfang der 1990er Jahre relative Autonomie, und 1997 wurde ein eigenes Berufungsgericht, der *Unabhängige Bundesasylsenat*, geschaffen. In Frankreich wurde die Asylbehörde 2007 aus dem Außenministerium in das Innenministerium verlegt.

Mit der zunehmenden politischen Bedeutung ihrer Aufgaben änderte sich die Arbeitsweise der Asylbehörden in West-Mitteleuropa. Um den Entscheidungsprozess zu beschleunigen und die Verwaltungskosten zu senken, hatte das deutsche BAFI in den 1980er Jahren beschlossen, die kollegialen Entscheidungen nach einer Anhörung durch Einzelentscheidungen zu ersetzen. In den 1990er Jahren trafen das BAFI und die französische Asylbehörde OFPRA ihre Entscheidungen zunehmend auf der Grundlage der Papierakte, was weniger Arbeitsbelastung bedeutete, als Asylsuchende individuell anzuhören (Akoka 2020; Kreienbrink 2013).

4. Die Europäisierung der Asylpolitik im 21. Jahrhundert

Als 1999 die Einwanderungs- und Flüchtlingspolitik in die Zuständigkeit der Europäischen Union überging, hatte dies nur geringe Auswirkungen auf West-Mitteleuropa, während in anderen Teilen der EU das Gefühl entstand, dass die westeuropäischen Standards der Einwanderungspolitik dem Rest der EU aufgezwungen werden sollten (Zaun 2017). Zu Beginn des 21. Jahrhunderts wurde die Struktur der Asylbehörden in West-Mitteleuropa mit quantitativen Vorgaben und hierarchischeren Strukturen reorganisiert. In Deutschland wurde dabei 2005 aus dem BAFI das Bundesamt für Migration und Flüchtlinge (BAMF). Diese Namensänderung spiegelte die anhaltende Zentralisierung der Migrationspolitik in Deutschland wider. Das BAMF verwaltete nicht nur Asyl, sondern beispielsweise auch Arbeitsmigration und begann sogar Verantwortung für Integrationspolitik zu übernehmen (Kreienbrink 2013).

Die Standardisierung der Asylverfahren sowie der Druck, die Produktivität der Asylentscheider zu erhöhen, führte zu einem Qualitätsverlust, und immer mehr abgelehnte Asylanträge wurden auf juristischem Weg angefochten. In der Konsequenz wurde die persönliche Anhörung als Routinebestandteil des Anerkennungsverfahrens wieder eingeführt (Probst 2011; Dahlvik 2018). Mit der europäischen Dimension der Entscheidungsfindung in der Asylpolitik wurde ein stärker rechtsstaatlich orientierter Ansatz eingeführt. Die praktischen *Ad-hoc*-Lösungen, die von den Exekutivorganen auf nationaler Ebene entworfen worden waren, waren nicht mehr akzeptabel. Eine formale Ausweitung der Flüchtlingsdefinition in der EU wurde durch politische Veränderungen im wiedervereinigten Deutschland, dem Schwergewicht in der Europäischen Union, erleichtert. Die Anerkennungsrichtlinie der Europäischen Union (2004) veränderte den persönlichen Schutzbereich nicht wesentlich, wertete ihn aber auf, da der subsidiäre Schutz an Ermessensspielraum verlor. Zeitgleich wurde die Genfer Konvention durch eine umfassendere Auslegung der Flüchtlingsdefinition revitalisiert. Nun wurde auch nichtstaatliche Verfolgung als Asylgrund anerkannt, und es wurde sensibler auf die Vielfalt von möglichen Menschenrechtsverletzungen reagiert. So wurde die Verfolgung aufgrund des Geschlechts oder der sexuellen Orientierung in der Qualifizierungsverordnung von 2004 als Schutzgrund erwähnt und in der überarbeiteten Fassung von 2011 explizit als Fluchtgrund festgeschrieben. West-Mitteleuropa profitierte von einigen neuen EU-Mechanismen innerhalb und außerhalb der Europäischen Union, um die Fluchtbewegungen besser handhaben zu können. So wurde mit den Dublinverträgen die Mobilität von Asylsuchenden innerhalb des Europäischen Mobilitätsraums limitiert. Die Dublinverträge resultierten in einer stärkeren Verantwortung der südeuropäischen Staaten für die Aufnahme von Asylsuchenden. Zugleich leitete die EU erhebliche Investitionen in die Migrationskontrolle, was es Flüchtenden erschwerte, nach Europa zu gelangen.

Der ab 2011 einsetzende ‚Arabische Frühling' brachte diese externe Migrationskontrolle teilweise zu Fall. In Kombination mit dem Bürgerkrieg in Syrien wurde dadurch im Jahr 2015 der ‚lange Sommer der Migration' ausgelöst. Eine große Zahl von Asylsuchenden erreichte Europa, insbesondere über die griechischen Inseln (→ Südeuropa), und wanderte weiter nach West-Mitteleuropa, der Dublin-Regulierung zum Trotz. Eine Reform des Gemeinsamen Europäischen Asylsystems schien dringend notwendig, doch die ostmitteleuropäischen EU-Mitgliedsstaaten lehnten jede Form der Verantwortungsteilung ab (→ Ost-Mitteleuropa). Ganz im Gegenteil schlugen sie sogar innenpolitisches Kapital aus ihrer Haltung, die sie als Verteidigung der nationalen Souveränität erachteten. Bereits 2016 geriet die Reform in eine Sackgasse. Die Europäische Kommission setzte wieder verstärkt auf die Externalisierung der Migrationskontrolle, um Kontrolle über die Zuwanderung zu erlangen. Ab 2016 sank die Zahl der Asylanträge.

Die Staaten West-Mitteleuropas haben die Flüchtlingspolitik als festen Bestandteil einer effektiven Einwanderungspolitik auf die EU-Ebene übertragen. Wesentliche Probleme sind die fehlende Einigkeit innerhalb der EU, was die Einhaltung der gemeinsamen Regeln anbelangt, sowie das Abgeben von Kompetenzen an Drittstaaten, über die sie wenig Kontrolle haben.

Literaturverzeichnis

Akoka, Karen (2020): L'asile et l'exil; Une Histoire de La Distinction Réfugiés/Migrants. Paris: La Découverte.
Angoustures, Aline/Kévonian, Dzovinar (Hrsg.) (2022): Administrer l'asile 1960–1980. Presses Universitaires de Rennes.
Bouteillet-Paquet, Daphné (Hrsg.) (2002): Subsidiary Protection of Refugees in the European Union: Complementing the Geneva Convention. Bruxelles: Bruylant.
Caestecker, Frank/Ecker, Eva (2022): The Right to International Protection. Institutional Architectures of Political Asylum in Europe (1970–2018). Bergen: Manuscript of the PROTECT Consortium.
Dahlvik, Julia (2018): Inside asylum bureaucracy: organizing refugee status determination in Austria. Cham: Springer International Publishing.
Efionayi-Mäder, Denise/Chimienti, Milena/Dahinden, Janine/Piguet, Etienne/Zürcher, Gottfried (Hrsg.) (2001): Asyldestination Europa: eine Geographie der Asylbewegungen. Zürich: Seismo.
Halecki, Oscar (1950): The Limits and Divisions of European History. London: Sheed and Ward.
Jackson, Ivor C. (1999): The Refugee Concept in Group Situations. Leiden: Martinus Nijhoff Publishers.
Kecskés, Gusztáv D./Scheibner, Tamás (2022): The Handbook of the 1956 Hungarian Refugees: From Local Crisis to Global Impact. Berlin: Walter de Gruyter.
Kreienbrink, Axel (2013): 60 Jahre Bundesamt für Migration und Flüchtlinge im Kontext der deutschen Migrationspolitik. In: Zeitschrift für Ausländerrecht und Ausländerpolitik 33 (11–12), 397–410.
Mayer, Michael (2019): Die Praxis der Asylpolitik in der Bundesrepublik 1949 bis 1970, unveröffentlichte Ph.D. Thesis, Tutzing: Akademie für Politische Bildung.

Probst, Johanna (2011): Entre faits et fiction: l'instruction de la demande d'asile en Allemagne et en France. In: Cultures & conflits 84, 63–80.

Zaun, Natascha (2017) : EU Asylum Policies: The Power of Strong Regulating States. Cham: Springer International Publishing. https://doi.org/10.1007/978-3-319-39829-7.

IV.5.6
Nordeuropa

Bernd Parusel

Abstract Dieses Kapitel charakterisiert die fünf nordischen Länder Schweden, Finnland, Dänemark, Norwegen und Island in ihrer Funktion als Aufnahmestaaten von Geflüchteten. Obwohl sich die geographischen, rechtlichen und politischen Voraussetzungen der Flüchtlingsaufnahme zwischen diesen Ländern teilweise unterscheiden und sie bei Versuchen der Steuerung des Zuzugs schutzsuchender Personen verschiedene Wege gegangen sind, bestehen auch Ähnlichkeiten, etwa bei der Integrationspolitik. Parallelen gibt es zudem bei politischen Debatten über Flüchtlingsaufnahme und Integration; diese sind in Schweden seit 2015, in den anderen Ländern teils schon deutlich früher, nationalistischer und ausgrenzender geworden.

Schlüsselbegriffe: Nordische Länder, Nordeuropa, Asyl, Flüchtlinge, Integration

1. Die nordischen Länder als Zielstaaten von Geflüchteten

Trotz ihrer geographischen Abgelegenheit von den Hauptrouten internationaler Fluchtbewegungen sind die Länder Nordeuropas im Lauf der letzten Jahrzehnte wichtige Zielstaaten für Asylsuchende geworden, und ihre Gesellschaften sind teilweise stark von der Aufnahme Geflüchteter und anderer Zugewanderter geprägt. Für die fünf nordischen Staaten Schweden, Finnland, Dänemark, Norwegen und Island,[1] um die es in diesem Überblickskapitel geht, gilt dies allerdings in unterschiedlichem Maß.

Besonders deutlich ist die Rolle eines wichtigen Aufnahmelands im Falle Schwedens, wo in Syrien und im Irak geborene Menschen heute die zwei wichtigsten Zuwanderergruppen stellen, noch vor europäischen Zugewanderten aus Finnland oder Polen. 2021 war knapp ein Fünftel der schwedischen Bevölkerung nicht in Schweden geboren; der höchste Anteil unter den nordischen Ländern (siehe Tabelle 1). Beim Zuzug von Geflüchteten gab es zwei besonders auffällige Phasen. Zu Beginn der 1990er Jahre kamen zahlreiche Menschen aus dem ehemaligen Jugoslawien nach Schweden, knapp 70.000 allein im Jahr 1992. Ein weiterer Rekordwert wurde 2015 erreicht, mit fast 163.000 Asylsuchenden vor allem aus Syrien und Afghanistan.

In den anderen nordischen Ländern ist der Anteil der Zugewanderten an der Gesamtbevölkerung geringer, obwohl auch dort phasenweise viele Asylsuchende Zuflucht suchten. Auch Dänemark und Norwegen nahmen in den 1990er Jahren viele Geflüchtete aus den Staaten des zerbrochenen Jugoslawien auf. In Finnland und Island war dies weniger der Fall. In neuester Zeit, im Zehnjahreszeitraum von 2011 bis 2020, wurden in den fünf nordischen Ländern insgesamt rund 669.000 Asylerstanträge registriert. Davon entfielen mit 453.000 gut zwei Drittel auf Schweden. Rund 84.000 wurden in

---

1 Die zum Königreich Dänemark gehörenden autonomen Nationen Grönland und Färöer sowie die zu Finnland gehörende autonome Provinz Åland werden mitunter als separate geographische und politische Einheiten zu den nordischen Ländern gezählt. Im vorliegenden Beitrag werden sie aufgrund ihrer geringen Bevölkerung jedoch nicht gesondert besprochen.

Norwegen gestellt, 69.000 in Dänemark, 58.000 in Finnland und knapp 5.000 in Island (Eurostat 2021b).

Tabelle IV.5.6.1: Bevölkerung der nordischen Länder: Gesamtbevölkerung, im Ausland geborene Bevölkerung und Anzahl erstmals Asylsuchender in den Jahren 2011–2020, Quellen: Eurostat 2021a, Eurostat 2021b

	Einwohner 2020	Davon: im Ausland geborene Einwohner 2020	Anteil der im Ausland Geborenen an der Gesamtbevölkerung 2020	Anzahl Asylsuchende 2011–2020
Schweden	10.327.589	2.018.191	19,5 %	453.435
Dänemark	5.822.763	715.936	12,3 %	69.495
Finnland	5.525.292	393.555	7,1 %	58.070
Norwegen	5.367.580	867.778	16,2 %	83.590
Island	364.134	65.205	17,9 %	4.685

Eine Gemeinsamkeit der nordischen Länder besteht darin, dass sie nicht nur Menschen Schutz gewähren, die selbst dorthin reisen oder an der Grenze um Asyl ersuchen, sondern auch Flüchtlingen, die in Zusammenarbeit mit dem UNHCR im Rahmen von Neuansiedlungsprogrammen (→ Resettlement) aufgenommen werden. Schweden nimmt bereits seit 1950 Resettlement-Flüchtlinge auf, Dänemark seit 1979, Norwegen und Finnland seit den 1980er Jahren, und Island seit 1995 (UNHCR 2018). Quantitativ bestehen Unterschiede: Island nahm 2019 beispielsweise 75 Flüchtlinge über Resettlement auf, Norwegen und Schweden knapp 2.000 bzw. 5.000 (Eurostat 2021c). Während Schweden, Norwegen und Island ihre jeweiligen jährlichen Aufnahmekontingente nach 2015 erhöhten, setzte Dänemark die Aufnahme zwischen 2016 und 2019 aus (Tan 2021). 2022 kündigte die neue schwedische Regierung eine drastische Kürzung ihrer Aufnahmequote an.

2. Nachwirkungen der Flüchtlingssituation 2015

In allen nordischen Ländern außer Island wurden 2015, als besonders viele schutzsuchende Menschen, vor allem aus Syrien, in die EU kamen, nationale Rekorde bei der Zahl der Asylanträge gemessen. In absoluten Zahlen und im gesamteuropäischen Kontext fällt erneut Schweden besonders auf, da es rund 12 Prozent aller in die EU eingereisten Asylsuchenden aufnahm und damit einen überproportionalen Anteil. Im Kontext der nordischen Länder war die Zunahme der Asylsuchenden relativ gesehen jedoch insbesondere in Finnland deutlich, wo sich die Zahl der Asylanträge zwischen 2014 und 2015 fast verzehnfachte.

Von 2016 an gingen die Asylzahlen in Schweden, Finnland, Norwegen und Dänemark stark zurück. Dies dürfte darauf zurückzuführen sein, dass die EU insgesamt schwieriger erreichbar wurde, etwa aufgrund des EU-Türkei-Abkommens und verstärkten Abwehrmaßnahmen an den Außengrenzen. Eine gewisse Rolle dürfte indes auch spielen, dass Dänemark, Norwegen und Schweden nach einer langen Zeit des freien Grenzverkehrs wieder Kontrollen an ihren EU-Binnengrenzen einführten und mit einer Verschlechterung asyl- und flüchtlingsrechtlicher Standards bewusst versuchten, ihre Attraktivität als Zielstaaten zu verringern. Schweden verabschiedete sich von der zuvor geltenden Praxis, allen als schutzberechtigt eingestuften Personen unbefristete Aufenthaltserlaubnisse auszustellen und führte stattdessen befristete Aufenthaltstitel ein. Zudem wurden das Recht auf Familiennachzug und die Erteilung von Aufenthaltsrechten aus humanitären Gründen zeitweise eingeschränkt bzw. ganz ausgesetzt (Parusel 2016). Von Beobachtern wurde diese Entwicklung als „Ende des schwedischen Exzeptionalismus" in der Flüchtlingspolitik bezeichnet, womit gemeint ist, dass sich Schweden von einer im internationalen Vergleich außergewöhnlich positiven Sicht auf die Aufnahme von Schutzsuchenden abwandte (Emilsson 2018).

Dänemark erschwerte Schutzberechtigten den Übergang von befristeten zu unbefristeten Aufenthalten und den Familiennachzug, setzte darüber hinaus aber auch soziale Stellschrauben an. Flüchtlinge und andere neu zugezogene Personen wurden von Standard-Sozialleistungen ausgeschlossen; stattdessen wurde eine neue, niedrigere, Integrationsbeihilfe eingeführt (Hagelund 2020). Zudem wurde der Widerruf bereits erteilter Aufenthaltsrechte erleichtert (Tan 2021). Auch in Norwegen wurden zahlreiche Verschärfungen asyl- und aufenthaltsrechtlicher Standards diskutiert, jedoch fielen diese am Ende weniger drastisch aus als in Dänemark und Schweden (Hagelund 2020).

3. Politische und rechtliche Voraussetzungen der Asyl- und Flüchtlingspolitik

Die politischen und rechtlichen Voraussetzungen der Flüchtlings- und Einwanderungspolitik unterscheiden sich zwischen den nordischen Ländern. Schweden und Finnland sind seit 1995 EU-Mitgliedstaaten und daher an das Primär- und Sekundärrecht der EU einschließlich der Rechtsinstrumente des Gemeinsamen Europäischen Asylsystems (GEAS) gebunden. Beide Länder haben sich für eine verstärkte europäische Zusammenarbeit, eine Harmonisierung asylrechtlicher Regelungen und eine verbesserte Verantwortungsteilung der Mitgliedstaaten hinsichtlich der Aufnahme von Asylsuchenden eingesetzt.

Dänemark gehört bereits seit 1973 der EU an, hat sich jedoch mit einer Sonderregelung aus der Entwicklung des GEAS ausgeklinkt. Rechts- und Politikvergleiche zeigen entsprechend, dass in Dänemark teils striktere Regeln gelten, als es das EU-Sekundärrecht verlangt, etwa hinsichtlich der Ausformung und Geltungsdauer von Aufenthaltserlaubnissen für Flüchtlinge und andere schutzberechtigte Personen sowie beim Recht auf Familiennachzug (SOU 2020:143–147; Borevi 2018). Die sogenannte Dublin-Verordnung, die Verordnung zu Eurodac und die Regelungen des Schengenraums gelten indes.

Norwegen und Island sind keine EU-Mitglieder und haben insofern größere nationale Gestaltungsspielräume als Schweden und Finnland. Jedoch sind sie Mitglieder des Schengenraums und wenden daher in bestimmten flüchtlingsrechtlich relevanten Bereichen die gleichen Regelungen an wie andere EU-Staaten, etwa hinsichtlich des Überschreitens der Schengen-Außengrenzen und der Visaerteilung. Norwegen hat sich in den letzten Jahren an EU-Normen im Bereich der Zuwanderungskontrolle angepasst, obwohl es kein EU-Mitglied ist (Brekke 2011). Sowohl Norwegen als auch Island haben sich an die Dublin-Verordnung angeschlossen, die damit in allen nordischen Ländern gilt.

Die nordischen Länder arbeiten auch im Rahmen des Nordischen Rates und des Nordischen Ministerrates zusammen. Bereits seit 1954 besteht eine Passunion, und es gilt freier grenzüberschreitender Personenverkehr. Allerdings haben sich die nationalen Flüchtlings- und Migrationspolitiken unterschiedlich entwickelt, was auch die Möglichkeiten einer Koordinierung dieser Politiken erschwert hat. Die nordische Zusammenarbeit ist in diesen Fragen kaum messbar. Greifbarer ist sie im Feld der Integrationspolitik, wo Ähnlichkeiten der wohlfahrtsstaatlichen Ausprägung der nordischen Länder sowie des Ausbildungswesens und des Arbeitsmarktes Kooperation erleichtern (Etzold 2017).

4. Wohlfahrtsstaat und Integration

Dem Wohlfahrtsstaat wird in den nordischen Ländern eine wichtige Rolle für die nationale Identität zugeschrieben (Borevi 2020). Es handelt sich um universelle Wohlfahrtsstaaten, die relativ großzügige Leistungen bieten und zwischen unterschiedlichen Einkommensgruppen umverteilen. Auch zeichnen sie sich dadurch aus, dass wohnsitzabhängige Leistungen im Vergleich zu arbeitsbasierten eine wesentliche Rolle spielen. In Schweden gilt beispielsweise, dass jede Person, die länger als ein Jahr in Schweden lebt, oder von der angenommen werden kann, dass sie mindestens so lange im Land sein wird, den gleichen Zugang zu Sozialversicherungen, zum Gesundheitssystem (→ Gesundheit), zum (→) Arbeitsmarkt sowie zu wohlfahrtsstaatlichen Leistungen hat wie bereits ansässige Personen. Diese und ähnliche Regelungen in den anderen nordischen Staaten begünstigen die Gleichstellung von Menschen unterschiedlicher Herkunft und gelten als integrationsfördernd, auch wenn die Zielrichtung der Integrationspolitik unterschiedlich und in Dänemark stärker als in den anderen nordischen Ländern auch auf kulturelle Assimilation ausgerichtet ist.

Vergleichende Untersuchungen zeigen, dass es in den nordischen Ländern zwischen im jeweilgen Inland und im Ausland geborenen Einwohnern markante Unterschiede bei der Erwerbstätigkeit gibt. Insbesondere Geflüchtete sind häufiger arbeitslos. Die 2020 ausgebrochene Covid-19-Pandemie scheint bestehende Ungleichheiten noch verstärkt zu haben, da im Ausland Geborene in höherem Maß in Folge von pandemiebedingten wirtschaftlichen Einbrüchen erwerbslos wurden (Sánchez Gassen/Penje 2021). Zurückgeführt wird das Grundproblem häufig auf Faktoren wie hohe Qualifikationsanforderungen, informelle Hürden für den Eintritt in den Arbeitsmarkt, kleine Niedriglohnsektoren, aber auch Diskriminierung. An der ungleichen Arbeitsmarktbeteiligung entzünden sich häufig zuwanderungs- und integrationspolitische Debatten, in denen unter anderem angeführt wird, dass eine rasche Arbeitsmarktintegration aller neu Zugewanderten nötig ist, um die soziale und ökonomische Kohäsion der Gesellschaft aufrechtzuerhalten (Buch et al. 2018: 2). Obwohl es bei der Ausgestaltung konkreter Integrationsmaßnahmen Unterschiede gibt, ist generell feststellbar, dass die nordischen Länder stark auf raschen Spracherwerb, Qualifikation und Arbeitsmarkteingliederung setzen. Letztere wird mitunter auch mithilfe relativ teurer, aktiver Arbeitsmarktmaßnahmen einschließlich Subventionen für Unternehmen, die Langzeitarbeitslose und Neuzuwanderer ausbilden oder anstellen, unterstützt.

5. Debatten und Perspektiven

In allen nordischen Ländern außer Island sind nationalistische und rechtsradikale politische Parteien etablierte Bestandteile des jeweiligen Parteiensystems geworden, auch wenn ihr Einfluss unterschiedlich weit zurückreicht und sich in den einzelnen Ländern bislang auch verschieden stark auf migrations- und integrationspolitische Debatten und politische Beschlussfassungen ausgewirkt hat (Jochem 2019). Rechtspopulistische Mobilisierung und Zweifel weiter Teile der Bevölkerung an der Leistungsfähigkeit des Wohlfahrtsstaates oder staatlicher Ordnungsmacht angesichts einer phasenweise teils beträchtlichen Zuwanderung dürften wesentliche Ursachen dafür sein, dass frühere humanitäre Weichenstellungen in der Flüchtlings- und Migrationspolitik zuletzt zunehmend von restriktiven Maßnahmen und Abwehrhaltungen abgelöst wurden. Symptomatisch, wenn auch besonders radikal, ist in diesem Zusammenhang ein Beschluss Dänemarks 2021, die Aufnahme und Integration von Asylsuchenden insgesamt in Drittstaaten auszulagern, sofern sich ein Partnerland dazu bereit erklärt (Lemberg-Pedersen et al. 2021). In Dänemark mag sich der Wandel in Richtung einer klaren Abwehrhaltung gegenüber Flüchtlingen früher ereignet und zumindest einstweilen drastischer manifestiert haben als etwa in Norwegen oder Finnland. In Schweden kam er im Wesentlichen erst nach 2015. Doch obwohl der Kurs der nordischen Staaten bei Weitem nicht einheitlich ist, weder zeitlich noch qualitativ, lässt sich insgesamt feststellen, dass das einst verbreitet progressiv-humanitäre Bild (und Selbstbild) der nordischen Länder hinsichtlich der Aufnahme von Geflüchteten und deren Integration über die vergangenen zehn bis 20 Jahre hinweg mehr als nur ein paar Kratzer bekommen hat.

Literaturverzeichnis

Borevi, Karin (2018): Familj, medborgarskap, migration. Sveriges politik för anhöriginvandring i ett jämförande perspektiv. Stockholm: Delegationen för Migrationsstudier.

Borevi, Karin (2020): Skandinavische Antworten auf Einwanderung. Länderprofile Migration. Bundeszentrale für politische Bildung. www.bpb.de/gesellschaft/migration/laenderprofile/nordeuropa/308488/skandinavische-antworten-auf-einwanderung, 23. Dezember 2021.

Brekke, Jan-Paul (2011): Migrasjon og integrasjon: Norges tilknytning til EU. Rapport 10. Oslo: Europautredningen.

Buch, Anders/Gløjmar Berthou, Sara Kristine/Bredgaard, Thomas (2018): Refugees and Immigrants in the Nordic. Nordic journal of working life studies 8 (54), 1–5.

Emilsson, Henrik (2018): Continuity or change? The refugee crisis and the end of Swedish exceptionalism. MIM Working Paper Series 18 (3). Malmö: Malmö University.

Etzold, Tobias (2017): Refugee Policy in Northern Europe. SWP Comments 1. Berlin: Stiftung Wissenschaft und Politik.

Eurostat (2021a): Population on 1 January by age group, sex and country of birth. https://appsso.eurostat.ec.europa.eu/nui/show.do?dataset=migr_pop3ctb&lang=en, 22. Dezember 2021.

Eurostat (2021b): Asylum applicants by type of applicant, citizenship, age and sex – annual aggregated data (rounded). https://appsso.eurostat.ec.europa.eu/nui/show.do?dataset=migr_asyappctza&lang=en, 22. Dezember 2021.

Eurostat (2021c): Resettled persons by age, sex and citizenship – annual data (rounded). https://appsso.eurostat.ec.europa.eu/nui/show.do?dataset=migr_asyresa&lang=en, 27. Dezember 2021.

Hagelund, Anniken (2020): After the refugee crisis: public discourse and policy change in Denmark, Norway and Sweden. Comparative Migration Studies 8 (13). https://doi.org/10.1186/s40878-019-0169-8.

Jochem, Sven (2019): Rechtspopulismus, Integration und Migrationspolitik in Nordeuropa – Die Volksheime unter Druck. In: Brinkmann, Heinz Ulrich/Panreck, Isabell-Christine (Hrsg.): Rechtspopulismus in Einwanderungsgesellschaften. Die politische Auseinandersetzung um Migration und Integration. Wiesbaden, Springer VS. 267–292.

Lemberg-Pedersen, Martin/Whyte, Zachary/Chemlali, Ahlam (2021): Denmark's new externalisation law: motives and consequences. Forced Migration Review (68), 36–39.

Parusel, Bernd (2016): Sweden's U-turn on asylum. Forced Migration Review (52), 89–90.

Sánchez Gassen, Nora/Penje, Oskar (2021): Effects of the COVID-19 pandemic on the labour market integration of immigrants in the Nordic countries. In: Dies.: Integrating immigrants into the Nordic labour markets. Kopenhagen, Nordic Council of Ministers. http://dx.doi.org/10.6027/nord2021-050, 27. Dezember 2021.

Statens Offentliga Utredningar (2020): En långsiktigt hållbar migrationspolitik. Betänkande av Kommittén om den framtida svenska migrationspolitiken (Migrationskommittén). Stockholm.

Tan, Nikolas Feith (2021): The End of Protection: The Danish 'Paradigm Shift' and the Law of Cessation. Nordic Journal of International Law 90 (1), 60–85.

UNHCR – United Nations High Commissioner for Refugees (2018): UNHCR Resettlement Handbook and Country Chapters. www.unhcr.org/protection/resettlement/4a2ccf4c6/unhcr-resettlement-handbook-country-chapters.html, 27. Dezember 2021.

IV.5.7
Vereinigtes Königreich und Irland

Tony Kushner[1]

Abstract Dieses Kapitel untersucht die ambivalenten Haltungen und Handlungen, die die britische Reaktion auf Flüchtlinge von der Frühen Neuzeit bis heute geprägt haben. Es zeichnet das Muster der Flüchtlingsbewegungen von den Hugenotten bis hin zu den heutigen Asylbewerber*innen aus aller Welt nach und erklärt die Entwicklung von der offenen Einreise bis hin zu extremen Restriktionen.

Schlüsselbegriffe: Asyl, Rassismus, Großbritannien, Irland, Flüchtlinge

Die britische Gesellschaft, Kultur und Politik haben ein zwiespältiges und komplexes Verhältnis zur Aufnahme von Flüchtlingen: Der Glaube an die Tradition des Landes, Asyl zu gewähren, wird nur selten mit der tatsächlichen Behandlung von Flüchtlingen in Einklang gebracht. Dies spiegelt sich in einer gegensätzlichen Geschichtsschreibung: Auf der einen Seite werden die Erfolge der Flüchtlingsintegration gefeiert und die staatliche Politik der Ausgrenzung verteidigt, auf der anderen Seite hebt eine kritische Literatur die Formen von Rassismus und deren Auswirkungen auf die Immigrationskontrolle und auf den alltäglichen Umgang mit Opfern der gewaltsamen Vertreibungen hervor.

1. 17. bis 19. Jahrhundert: Politische Flüchtlinge und offene Grenzen

Diese Ambivalenz im Umgang mit Flüchtlingen reicht bis zum späten 17. Jahrhundert und der Ankunft der Hugenotten zurück, die vor der Verfolgung durch das katholische Frankreich unter dem Regime Ludwigs XIV. und der Aufkündigung des Edikts von Nantes im Jahr 1685 flohen. Die Tatsache, dass die bis zu 50.000 Hugenotten den Begriff ‚*réfugiés*' (→ ‚Flüchtling' – historisch) prägten, um sich von den verhassten (katholischen und despotischen) Franzosen abzugrenzen, entsprang dem unmittelbaren Selbstbewusstsein ihrer marginalen Position in Großbritannien (Cottret 1991). Obwohl die hugenottischen Flüchtlinge in der Folgezeit in der britischen Erinnerung als vorbildliche Migrant*innen mythologisiert und idealisiert wurden, mit dem beruhigenden Narrativ, dass sie es verdient hätten, vor fremder Tyrannei zu fliehen, einen großzügigen Beitrag zur Wirtschaft zu leisten und sich schließlich an ihrem Zufluchtsort zu assimilieren, erfuhren sie neben Sympathie und Unterstützung auch anhaltendes Misstrauen und Fremdenfeindlichkeit. Der Slogan „Keine Juden, keine Holzschuhe" („No Jews, no wooden shoes") wurde noch 1753 verwendet, um sich gegen die Einbürgerung von Ausländer*innen zu wehren, und erhielt in diesem Fall einen antisemitischen und antifranzösischen Beigeschmack (Kushner 2006).

---

[1] Aus dem Englischen übersetzt von J. Olaf Kleist.

Im 18. und 19. Jahrhundert, als die internationale Macht Großbritanniens durch sein Empire und seine industrielle Wirtschaft wuchs, wurde das Selbstbild der Überlegenheit durch die Verpflichtung gestärkt, denjenigen Asyl zu gewähren, die nicht das Glück hatten, innerhalb der britischen Grenzen geboren zu sein. Wie Bernard Porter gezeigt hat, war es vor allem das Selbstbewusstsein in der Mitte des viktorianischen Zeitalters, das es Großbritannien ermöglichte, Menschen aller politischen Richtungen, die aufgrund ihrer politischen Überzeugungen vor Verfolgung flohen, ungehindert aufzunehmen, darunter auch Kommunist*innen wie Karl Marx. So gab es keine Sympathie für Marx' Ansichten, sondern lediglich die Annahme, dass Großbritannien stark genug sei, um seinen fremden und subversiven Ideen zu widerstehen (Porter 1996; Shaw 2015). Zum Ende des 19. Jahrhunderts wuchs jedoch die Sorge über die Position Großbritanniens in der Welt aufgrund der imperialen Schwäche (wie sie sich etwa in den Burenkriegen zeigte) sowie über seinen Status als 'Werkstatt der Welt', der durch das Wachstum anderer Volkswirtschaften wie Deutschland und den USA untergraben wurde. Mit den wachsenden allgemeinen Zweifeln an den nationalen Stärken, die in Armutsstudien und durch die Zunahme eugenischer Argumente ihren Ausdruck fanden, kamen Fragen über den Zustand der Nation genau zu der Zeit auf, als in der allgemeinen Angst des *Fin de Siècle* eine neue und umfassende Flüchtlingsbewegung entstand (Glover 2012).

2. Das frühe 20. Jahrhundert: Migration und Asylrecht

Von den 1880er Jahren bis zum Ersten Weltkrieg ließen sich etwa 150.000 osteuropäische Juden dauerhaft in Großbritannien nieder, weitere 500.000 hielten sich schätzungsweise mindestens zwei Jahre im Land auf, und mehrere Millionen waren auf der Durchreise. Flüchtlinge, so Michael Marrus (1985), kommen in der Regel immer zur falschen Zeit, und dies traf mit Sicherheit auf die osteuropäischen Juden zu, denen man vorwarf, Wohnungs- und Beschäftigungsprobleme zu verursachen, zumal sie sich in großer Zahl im Londoner East End niederließen. In diesem zwei Quadratmeilen großen Gebiet, das bereits für seinen gefährlichen Ruf berüchtigt war, insbesondere nach den Morden von 'Jack the Ripper' im Jahr 1888, lebten bis zu 120.000 Juden, und dort wurde 1901 die erste dauerhafte und populäre Anti-Ausländer-Organisation Großbritanniens gegründet – die *British Brothers League*. Hier bestanden auch Verbindungen zur konservativen Partei, die in ihrem Manifest von 1900 eine Kontrolle der Einwanderung versprochen hatte, um eine breitere Wählerschaft anzusprechen. Mit der Unterstützung einer oft offen antisemitischen, migrant*innenfeindlichen und populären Presse, die in den 1890er Jahren entstanden war, wurde 1902 eine königliche Kommission zur Einwanderung von Ausländer*innen eingesetzt (Ewence 2019).

Die von der Kommission gesammelten Beweise konnten die ausländerfeindliche Argumentation kaum stützen. Es wurden zwei Berichte veröffentlicht, von denen einer die Auffassung vertrat, dass 'unerwünschte' Einwanderer ohne neue Gesetze ferngehalten werden könnten. Der Weg zu einer formellen Zuwanderungskontrolle verlief aber alles andere als glatt, und die liberale Oppositionspartei argumentierte, sie sei unnötig, klassenspezifisch, antisemitisch und würde mit der britischen Tradition der Asylgewährung brechen. Erst nach einer Änderung des Ausländergesetzes und der Hinzufügung einer Klausel zum Schutz des Asylrechts (die weltweit erste, die eine Definition festschrieb) wurde es schließlich 1905 verabschiedet. Das Ausländergesetz (*Aliens Act*) von 1905 war also eine relativ schwache Maßnahme, die von der Liberalen Partei, die wenige Monate später die Wahlen mit einem Erdrutschsieg gewann (ein Hinweis darauf, dass die Ausländerfeindlichkeit in der Bevölkerung nur begrenzten Rückhalt hatte), zunächst großzügig gehandhabt wurde. Einem Einwanderer, der behauptete, er sei vor „religiöser oder politischer Verfolgung" geflohen (Kushner 2012: 122), wurde im Zweifel immer der Vorzug gegeben. Jene, die in der ersten oder zweiten Klasse reisten, waren von den Klauseln grundsätzlich ausgenommen, mit denen ‚unerwünschte Einwander*innen' ausgeschlossen werden sollten. Für die wenigen Einwanderungsbeamt*innen in den großen Häfen und für das Innenministerium, das den *Aliens Act* verwaltete, erwies sich dies als weitgehend undurchführbar. Entscheidend war jedoch, dass das Recht auf freie Einreise, das zuvor nur in Kriegs- oder Krisensituationen vorübergehend ausgesetzt worden war, nun abgeschafft wurde und nie wiederkehren sollte.

Nach dem Ersten Weltkrieg wurde mit dem Alien Restriction Act 1919 ein Gesetz zur drakonischen Beschränkung von Einwanderung verabschiedet. Dies ging auf eine zu Beginn des Krieges schnell umgesetzte Notmaßnahme zurück, und eine Klausel, die für Flüchtlinge eine Ausnahme vorsah, kam nicht mehr vor. Wenn in den 1920er Jahren Flüchtlingen der Zugang gelegentlich gewährt wurde, dann als Privileg und nicht als Recht. Politik und ‚Rasse' spielten eine Rolle – mehrere tausend geflohene Anhänger der Weissen Bewegung des Russischen Bürgerkriegs durften sich niederlassen, während tausend gestrandete Transmigrant*innen, die von Ellis Island in New York zurückgewiesen worden waren, mehrere Jahre lang in einem Lager im *Atlantic Park* bei Southampton ausharrten und nicht zur Niederlassung zugelassen wurden. Der berüchtigte ausländerfeindliche Innenminister William Joynson-Hicks drückte es 1925 so aus: „Sie sind die Klasse von Menschen, die aus dem Osten Europas kommen, die wir nicht wollen, und Amerika will sie auch nicht"[2] (Hansard 1925).

3. Vom Ersten zum Zweiten Weltkrieg

Damit soll nicht behauptet werden, dass die ausgrenzende Stimmung und Gesetzgebung des frühen 20. Jahrhunderts die Tradition der Flüchtlingsaufnahme in Großbritannien gänzlich beendet habe. Tatsächlich kam es in den ersten Monaten des Ersten Weltkriegs zur größten Flüchtlingsankunft in der britischen Geschichte – rund 250.000 Belgier*innen flohen vor der rücksichtslosen und gewalttätigen deutschen Invasion. Schuldgefühle, weil Großbritannien nicht in der Lage gewesen war, Belgien zu retten, und Berichte über Gräueltaten führten dazu, dass diese Flüchtlinge wie Held*innen begrüßt wurden. Tausende von lokalen Komitees wurden gegründet, um ihnen zu helfen. Doch die Regierung machte ihre Finanzierung der nationalen und lokalen Unterstützung der Belgier*innen damals nicht öffentlich, was wohl einer politischen Nervosität in Bezug auf die Unterstützung von Flüchtlingen geschuldet war. Ein viel kleineres und weniger bekanntes Programm brachte auch mehrere hundert serbische Kinder, hauptsächlich Jungen, zur Erholung nach Großbritannien (Kushner 2017).

Es spiegelt die Stärke der ausländerfeindlichen Stimmung der Nachkriegszeit wider, dass die Belgier*innen nach 1918 schnell vertrieben wurden, sodass in den frühen 1920er Jahren nur noch wenige blieben. Obwohl die europäische Flüchtlingskrise in diesem Jahrzehnt gewaltige Ausmaße annahm

---

2 „They are the class of people who come from the east of Europe that we do not want, and America does not want them either".

und als Reaktion darauf das Amt des Hochkommissars für Flüchtlinge des Völkerbundes (→ Internationale Organisationen) eingerichtet wurde, spielte Großbritannien bei ihrer Lösung eine unbedeutende Rolle.

Es ist daher auf den ersten Blick überraschend, dass Großbritannien während der 1930er Jahre, der ‚Devil's Decade', überhaupt eine Flüchtlingspolitik betrieb. Bis September 1939 wurde etwa 80.000 Flüchtlingen, zumeist Juden, die Einreise gestattet, auch wenn es sich größtenteils um vorübergehende Transitvisa handelte. Fast 10.000 Kinder wurden im letzten Friedensjahr mit dem Kindertransport aufgenommen und weitere 20.000 Frauen als Hausangestellte, um eine Lücke auf dem Arbeitsmarkt zu schließen. Britische Konsularbeamte wie Frank Foley in Berlin und Robert Smallbones in Frankfurt erteilten großzügig Visa an verzweifelte Juden (Kushner 2017). Im Gegensatz dazu war Charles Bewley, der irische Gesandte in Berlin, misstrauisch gegenüber Juden und bezweifelte ihre Verfolgung. Die Zahl der jüdischen Flüchtlinge, die in den 1930er Jahren in den irischen Freistaat einreisen durften, betrug weniger als hundert, was einen starken, katholisch geprägten Antisemitismus widerspiegelt. Keines der beiden Länder machte auf der internationalen Flüchtlingskonferenz in Evian im Juli 1938 irgendwelche Zusagen (Goldstone 2000). Während andere Länder, vor allem Frankreich, die Türen für die Einreise schlossen, öffnete das Vereinigte Königreich sein Visumverfahren jedoch und ließ in den letzten 18 Monaten des Friedens etwa 50.000 Flüchtlinge auf Transitvisa einreisen. Gleichzeitig wurde die Einreise nach Palästina, für das Großbritannien das Mandat innehatte, restriktiver gehandhabt, indem die Zahl der Flüchtlinge in einem Weißbuch von 1939 auf 75.000 für insgesamt fünf Jahre begrenzt wurde.

Im Vereinigten Königreich übertrug das Innenministerium einen Großteil der Verantwortung für die Aufnahme an Flüchtlingsorganisationen, nachdem führende britische Juden 1933 zugesagt hatten, dass die ankommenden Flüchtlinge keine Belastung für den Staat darstellen würden. Diese Organisationen spielten auch eine zentrale Rolle bei der Auswahl der Personen, denen ein Visum erteilt wurde. Louise London schätzt, dass 600.000 Anträge bei den Flüchtlingsorganisationen gestellt wurden, sodass das Auswahlverfahren von entscheidender Bedeutung war (London 2000). Die Flüchtlingsorganisationen versuchten auch, die Flüchtlinge zu verteilen, um eine Konzentration und potenzielle Feindseligkeit ihnen gegenüber zu vermeiden. Dennoch ließen sich die meisten Flüchtlinge in den Großstädten nieder, vor allem in London und Manchester, wo Solidarität und Selbsthilfe das Ankommen erleichterten.

4. Die zweite Hälfte des 20. Jahrhunderts: Kalter Krieg und Postkolonialismus

Zu Beginn des Zweiten Weltkriegs wurden alle Vorkriegsvisa annulliert, und nur wenige Juden durften für die Dauer des Krieges in das Vereinigte Königreich, Staaten des Imperiums oder nach Palästina einreisen. Auch andere Flüchtlinge, etwa aus den überfallenen Ländern des Kontinents, erreichten Großbritannien. Die meisten von ihnen kehrten nach dem Krieg zurück, aber einige, die in der polnischen Armee gedient hatten, durften bleiben. Nach 1945 wurde ihre Zahl durch weitere Personen aus den *Displaced Persons*-Lagern ergänzt, aber aus offizieller Sicht handelte es sich dabei eher um eine arbeitsmarktbezogene Einreisepolitik als um Flüchtlingspolitik. Das Vereinigte Königreich ratifizierte die Genfer Flüchtlingskonvention von 1951 erst 1957 (Irland tat dies erst 2008). Schließlich nahm das

Vereinigte Königreich nach der gescheiterten Revolution von 1956 rund 20.000 ungarische Flüchtlinge auf (→ Südosteuropa). Dies geschah auf internationalen Druck und nach öffentlichen Kampagnen, aber laut offizieller Auffassung war ihre Arbeitskraft in einer Zeit der Vollbeschäftigung ein wichtigerer Faktor als die Gewährung von Asyl. Viele zogen, zur Arbeit in den Bergwerken gedrängt, allerdings weiter nach (→ Nordamerika) (Taylor 2021).

In den 1960er Jahren kam es zur Aufnahme einiger polnischer Flüchtlinge und in den 1970er Jahren von Chilen*innen, die vor politischer Verfolgung durch die Linke bzw. die Rechte flohen, aber ihre Zahl lag im Bereich von Hunderten und wenigen Tausend. Kenianische und ugandische Asiat*innen kamen in diesen Jahrzehnten in größerem Umfang nach Großbritannien (von letzteren 30.000 von 1972–73), um der Afrikanisierungspolitik zu entkommen. Obwohl sie britische Staatsbürger*innen waren, wurde ihr Status von der Regierung (sowohl der Labour Party als auch den Konservativen) in Frage gestellt. Dies geschah in einer Zeit verstärkter rassistischer Einwanderungskontrollen durch den *Commonwealth Immigrants Act* von 1962, der speziell darauf abzielte, die Einreise von nicht-Weißen zu begrenzen (Patel 2021).

Tatsächlich spielten ‚Rasse' und Rassismus im Umgang mit Flüchtlingen eine immer größere Rolle, zumal viele von ihnen ab den 1990er Jahren aus einer Reihe von Entwicklungsländern kamen. Selbst die vietnamesischen Flüchtlinge, die vor dem Kommunismus flohen, wurden von der rechtskonservativen Regierung Margaret Thatchers ab Ende der 1980er Jahre mit Feindseligkeit behandelt – schließlich wurde auf internationalen Druck hin etwa 20.000 die Einreise gestattet, die dann in Lager verteilt wurden (Taylor 2021) (→ Bootsflüchtlinge). Im letzten Jahrzehnt des 20. Jahrhunderts kamen mit dem Zerfall des ehemaligen Jugoslawiens die letzten europäischen Flüchtlinge im Vereinigten Königreich an. Nur 12.000 wurden ins Land gelassen, da die Politik darauf abzielte, ‚sichere' Zonen in der Nähe der Heimat zu schaffen, die alles andere als sicher waren (Kushner/Knox 1999).

5. Ins 21. Jahrhundert: Asyl und seine Beschränkungen

Ab den 1980er Jahren wurde der Begriff ‚*asylum seeker*' (‚Asylbewerber') im Vereinigten Königreich populär und wurde, wie der Begriff ‚*alien*' (‚Ausländer') ein Jahrhundert zuvor, zu einem Ausdruck, der missbraucht wurde und über seine neutrale rechtliche Bedeutung hinausging. Neue Gesetze, beginnend mit dem *Asylum and Immigration (Appeals) Act 1993*, wurden immer häufiger und drakonischer. So wurde versucht, die Zahl der Asylbewerber*innen niedrig zu halten, abschreckend zu wirken und Großbritannien zu einem weniger ‚wünschenswerten' Ort der Einreise zu machen, wozu auch der eingeschränkte Zugang zu Sozialleistungen diente (Schuster 2003). In der Tat war das Vereinigte Königreich im europäischen und selbst im weltweiten Kontext kein wichtiger Ort für die Einreise von Asylbewerber*innen. Mit 84.000 Anträgen wurde im Jahr 2002 ein Höchststand erreicht, worauf die Zahl auf 18.000 im Jahr 2010 zurück ging, um dann, aber nicht dramatisch auf etwa 30.000 pro Jahr anzusteigen. Irland war als Aufnahmeland sogar noch unbedeutender mit einem Höchststand von etwa 10.000 Asylanträgen in den Jahren 1999 und 2000, die danach auf etwa 4.000 pro Jahr zurückgingen. Als Großbritannien die EU verließ, kamen auf 10.000 Einwohner*innen gerade einmal sechs Asylanträge. Damit lag das Vereinigte Königreich in der EU auf Platz 16 und Irland auf Platz 17. In beiden Staaten werden zudem viele Asylsuchende in völlig ungeeigneten Notunterkünften oder Haftanstalten untergebracht (Bailkin 2018). Laut UNHCR befanden sich im Jahr 2020 etwa 130.000 Menschen mit Flüchtlingsstatus im Vereinigten Königreich und 9.000 in Irland (UNHCR 2000 und 2020).

Sowohl im Vereinigten Königreich als auch in Irland haben sich die Regierungen darauf konzentriert, die Einreise zu begrenzen. Es gab kleine Ausnahmen, wie z. B. Programme in Zusammenarbeit mit dem UNHCR zur Aufnahme bestimmter Flüchtlingsgruppen, insbesondere das *Syrian Vulnerable Persons Resettlement Programme*, durch das bis 2020 etwa 20.000 Menschen ins Vereinigte Königreich kamen, während eine viel geringere Zahl nach Irland gelangte (etwa 3.000). So kann der Mythos aufrechterhalten werden, dass diese Länder ihre Tradition der Aufnahme von Flüchtlingen ehren.

6. Schlussfolgerung

Flüchtlinge haben die britischen Inseln in allen Aspekten bereichert, einschließlich der Wirtschaft, der Politik und der Kultur, und sie haben die Unterstützung eines Großteils der Bevölkerung erhalten, da Tausende von Organisationen zu ihrer Unterstützung gegründet wurden. Die britische und die irische Regierung fühlen sich zwar vordergründig der ‚hehren Tradition' der Asylgewährung verpflichtet, haben sich jedoch weit von der Politik der freien Einreise von vor 1905 entfernt und stellen diejenigen, die um Einreise bitten, in problematischer Weise als ‚illegal' oder ‚Betrüger*innen' dar, was von den meisten Medien unterstützt wird. Diese Restriktions- und Abschreckungspolitik findet zu einer Zeit statt, in der das Aufkommen an Flüchtlingen mit rund 100 Millionen Menschen im Jahr 2022 am größten ist. Die künftige Forschung erfordert eine detailliertere Analyse vieler vernachlässigter Flüchtlingsbewegungen und ihrer transnationalen Netzwerke sowie die Erforschung lokaler Kulturen der Aufnahme und Ablehnung.

Literaturverzeichnis

Bailkin, Jordanna (2018): Unsettled. Refugee Camps and the Making of Multicultural Britain. Oxford: Oxford University Press.
Cottret, Bernard (1991): The Huguenots in England: Immigration and Settlement c.1550–1700. Cambridge: Cambridge University Press.
Ewence, Hannah (2019): The Alien Jew in the British Imagination, 1881–1905. Basingstoke: Palgrave Macmillan.
Glover, David (2012): Literature, Immigration and Diaspora in fin-de-siecle England. New York: Cambridge University Press.
Goldstone, Katrina: 'Benovolent Helpfulness'? Ireland and the International Reaction to Jewish Refugees, 1933–9. In: Kennedy, Michael/Skelly, Joseph (Hrsg.) (2000): Irish Foreign Policy 1919–1966. Dublin: Four Courts Press, 116–137.
Hansard. House of Commons debates, Vol.180. 11. Februar 1925.
Kushner, Tony/Knox, Katharine (1999): Refugees in an Age of Genocide. London: Frank Cass.
Kushner, Tony (2006): Remembering Refugees: Then and Now. Manchester: Manchester University Press.
Kushner, Tony (2012): The Battle of Britishness. Manchester: Manchester University Press.
Kushner, Tony (2017): Journeys from the Abyss. Liverpool: Liverpool University Press.

London, Louise (2000): Whitehall and the Jews. Cambridge: Cambridge University Press.
Marrus, Michael (1985): The Unwanted: European Refugees in the Twentieth Century. Oxford: Oxford University Press.
Patel, Ian (2021): We're Here Because You Were There. Immigration and the End of Empire. London: Verso.
Porter, Bernard (1979): The Refugee Question in Mid-Victorian Politics. Cambridge: Cambridge University Press.
Schuster, Liza (2003): The Use and Abuses of Political Asylum in Britain and Germany. London: Frank Cass.
Shaw, Caroline (2015): Britannia's Embrace. Modern Humanitarianism and the Imperial Origins of Refugee Relief. Oxford: Oxford University Press.
Taylor, Becky (2021): Refugees in Twentieth-Century Britain. Cambridge: Cambridge University Press.
UNHCR (2000): The State of the World's Refugees. Oxford: Oxford University Press.
UNHCR (2020): UNHCR Global Report 2020 https://reporting.unhcr.org/sites/default/files/gr2020/pdf/GR2020_English_Full_lowres.pdf, 9.12.2021.

Autor*innenverzeichnis

Samia Aden, M.A., ist Wissenschaftliche Mitarbeiterin im Fachgebiet Sozialisation mit Schwerpunkt Migration und interkulturelle Bildung an der Universität Kassel. Ihre derzeitigen Forschungsschwerpunkte liegen in methodologischen und methodischen Ansätzen für eine kritisch-dekonstruktive Fluchtmigrationsforschung, auf transnationalen Familien und Adoleszenz unter Fluchtmigrationsbedingungen und auf dem Themenkomplex Flucht und Klimawandel.

Vasiliki Apatzidou, LL.M., ist Doktorandin an der Queen Mary University of London und befasst sich in ihrer Forschung mit Asylverfahren an den EU-Grenzen. Sie hat einen LL.M. in internationalem und europäischem Recht von der Aristoteles-Universität Thessaloniki und der KU Leuven und einen Master in Forced Migration and Human Security von der Universität Groningen und der Universität von Malta. Sie hat in den letzten 4 Jahren in Griechenland im Bereich der Aufnahme von Asylbewerbern gearbeitet.

Birgit Behrensen, Dr. phil, ist Professorin für das Fachgebiet „Soziologie für die Soziale Arbeit" an der Brandenburgischen Technischen Universität (BTU) Cottbus-Senftenberg. Ihre anwendungsorientierten Forschungen beschäftigen sich u. a. mit Fragen sozialer Ungleichheit und Machtasymetrien im Kontext von Flucht- und Migrationszuwanderung, mit Phänomenen Totaler Institutionen sowie mit Dimensionen von Inklusion und Exklusion.

Marcel Berlinghoff, Dr., ist Wissenschaftlicher Mitarbeiter am Institut für Migrationsforschung und Interkulturelle Studien (IMIS) der Universität Osnabrück. Seine Forschungsschwerpunkte sind u. a. Historische Migrations- und Fluchtforschung, Europäische Migrationspolitik und Humanitäre Flüchtlingsaufnahme.

Nadine Biehler, MA, ist Wissenschaftlerin an der Stiftung Wissenschaft und Politik (SWP) in der Forschungsgruppe Globale Fragen, wo sie sich mit entwicklungspolitischen Ansätzen zu Flucht und Migration beschäftigt.

Veronika Bilger ist Head of Research am International Centre for Migration Policy Development (ICMPD) und war Lehrbeauftragte an der Universität Wien. Ihre Forschungsschwerpunkte liegen auf Migrationsdynamiken, Integrationsprozessen und ihrer politischen Steuerung, irregulärer Migration, Menschenschmuggel und Menschenhandel.

Hanno Brankamp, Dr., ist Dozent für Zwangsmigration mit dem Schwerpunkt Afrikanische Migration am Refugee Studies Centre der Universität Oxford, GB. Seine Forschungsschwerpunkte sind die Räumlichkeit von (Im)Mobilität und Vertreibung, kritische Studien zur humanitären Hilfe, Flüchtlingslager, Karzerale Geographie, Afrikanische Politische Geographie und Abolitionismus.

Helen Breit, M.A., promoviert zu Problemen der Lebensführung junger Geflüchteter an der Pädagogischen Hochschule Freiburg. Ihre Forschungsschwerpunkte liegen auf Jugend, Diskriminierung und Flucht sowie Migration in Verbindung mit Sozialer Arbeit.

Miriam Bürer, M.A., war Wissenschaftliche Mitarbeiterin am Europa-Institut der TU Chemnitz im Forschungsprojekt „Zukunft für Geflüchtete in ländlichen Räumen in Deutschland" (2018–2021). Ihre Forschungsschwerpunkte umfassen Einstellungen der lokalen Bevölkerung im Hinblick auf Zuwanderung sowie Rollen und Perspektiven zivilgesellschaftlicher Akteur:innen auf Integrationsprozesse von Migrant*innen.

Frank Caestecker, Dr., ist Professor für Geschichte an der Universität Ghent (Belgien). Seine Forschungsschwerpunkte liegen auf Einwanderungs- und Flüchtlingspolitik im Europa des 20. Jahrhunderts.

David Chiavacci, Dr. phil., ist Professor für sozialwissenschaftliche Japanologie an der Universität Zürich. Er arbeitet zu politik-, wissens- und wirtschaftssoziologischen Fragestellung zu Japan in komparativer Perspektive. Seine gegenwärtigen Forschungsschwerpunkte sind Immigration und Immigrationspolitik, Narrative sozialer Ungleichheit sowie Telework und Genderrollen in Japan.

Christina Clark-Kazak, DPhil, ist Associate Professor für öffentliche und internationale Angelegenheiten an der Universität von Ottawa. Ihre Forschungsschwerpunkte sind Altersdiskriminierung in der Migrationspolitik, politische Partizipation von jungen Geflüchteten sowie interdisziplinäre Methodologie und Ethik.

Norbert Cyrus, Dr., ist assoziiertes Mitglied am Viadrina Center B/ORDERS IN MOTION der Europa-Universität Viadrina Frankfurt (Oder). Forschungsschwerpunkte sind die Analyse der Wechselwirkung von Regulierungsversuchen und Eigendynamik irregulärer Migration; der sozialen und menschenrechtlichen Aspekte prekarisierter Arbeitsmigration sowie der Komplexität territorialer und sozialer Grenzziehungen.

Deepra Dandekar, Dr., ist Wissenschaftliche Mitarbeiterin am Leibniz-Zentrum Moderner Orient (ZMO) in Berlin und arbeitet an einem unabhängigen DFG-Projekt über muslimische Identität, Erinnerung, lokale Geschichtsschreibung und politische Zugehörigkeit in Indien. Als Zeithistorikerin hat sich Dandekar in ihren Forschungen auf Religion, Gender, die Geschichte von Emotionen und Migration im 19. und 20. Jahrhundert konzentriert.

Corinna A. Di Stefano, Dipl. Regionalwiss. Lateinamerika, ist Doktorandin an der Professur für Ethnologie und Kulturanthropologie an der Universität Konstanz. Sie forscht zu Migration, Mobilität und EU-Grenzen in der Karibik.

Daniel Diekmann, M. Ed., ist Referent für Open Educational Resources am Open Resources Campus des Landes Nordrhein-Westfalen (ORCA.nrw). Seine Forschungsschwerpunkte liegen auf Diskriminierungs- und Rassismuserfahrungen von Geflüchteten in Deutschland sowie auf Open Educational Resources im Hochschulkontext.

Marco Dohle, PD Dr., Mitarbeiter in der Abteilung für Kommunikations- und Medienwissenschaft am Institut für Sozialwissenschaften der Heinrich-Heine-Universität Düsseldorf. Forschungsschwerpunkte: Politische Online-Kommunikation, Wahrnehmung von Medieneinflüssen, Hostile-Media-Wahrnehmungen und Bewertungen journalistischer Leistungen, Berichterstattung über Flucht, Migration und Integration.

Heike Drotbohm, Dr. habil., ist Professorin für Ethnologie mit dem Schwerpunkt „Afrikanische Diaspora und Transnationalismus" an der Johannes Gutenberg-Universität Mainz. Ihre Forschungsschwerpunkte liegen auf der transnationalen Familien- und Generationenforschung, Abschiebung und humanitäre Hilfe sowie auf den Konzepten Care, Solidarität und Zugehörigkeit in Süd- und Zentralamerika und Westafrika.

Autor*innenverzeichnis

Franck Düvell, Dr. phil, Leitender Wissenschaftler am Institut für Migrationsforschung und Interkulturelle Studien (IMIS), Universität Osnabrück, Koordinator des BMBF-geförderten Projektes Flucht- und Flüchtlingsforschung: Vernetzung und Transfer, Research Associate DeZIM (Berlin), Senior Advisor PICUM (Brüssel), Steering Committee SEESOX (Oxford), Advisory Board MiReKoc, Istanbul.

Eva Ecker, MA, ist Doktorandin im Bereich Management Studies an der Universität Ghent (Belgien). Sie forscht zu „public management of migration in Belgium and the Netherlands since the 1980s".

Marcus Engler, Dr. phil., ist Wissenschaftlicher Mitarbeiter am Deutschen Zentrum für Integrations- und Migrationsforschung (DeZIM) in Berlin. Seine Forschungsschwerpunkte sind Flüchtlings- und Migrationspolitik in Deutschland und Europa. Besonders interessiert er sich für Aufnahmepolitiken, Verteilungsfragen und Externalisierungsprozesse. Er leitet den FluchtforschungsBlog.

Benjamin Etzold, Dr. rer. nat., arbeitet als Sozialgeograph und Migrationsforscher am Friedens- und Konfliktforschungsinstitut BICC (Bonn International Centre for Conflict Studies). In seiner Forschung setzt er sich mit Lebenssicherungsstrategien verwundbarer Menschen, Migrations- und Fluchtbewegungen, transnationalen Netzwerken sowie langanhaltender Vertreibung auseinander.

Astrid M. Fellner, Dr. phil., ist Professorin für Nordamerikanische Literatur- und Kulturwissenschaft an der Universität des Saarlandes. Sie ist Leiterin des UniGR-Center for Border Studies an der UdS. Ihre Forschungsschwerpunkte liegen im Bereich der kulturwissenschaftlichen Border Studies, Fluchtliteratur, Chicanx Studies, Gender/Queer Studies und Populäre Kulturen.

Valentin Feneberg, M.A., ist Wissenschaftlicher Mitarbeiter und Forschungskoordinator am Integrative Research Institute Law & Society (LSI) der Humboldt-Universität zu Berlin. Seine Arbeitsschwerpunkte sind die interdisziplinäre Rechtsforschung mit einem Fokus auf Asyl- und Migration, die Politik der geförderten Rückkehr und die Verwendung von Wissen im Recht.

Karim Fereidooni, Dr. phil., ist Juniorprofessor für Didaktik der sozialwissenschaftlichen Bildung an der Ruhr-Universität Bochum. Seine Forschungsschwerpunkte sind: Rassismuskritik, Diversitätssensibilität, Schulforschung sowie Politische Bildung in der Migrationsgesellschaft.

Annett Fleischer, Dr. phil., ist als Beraterin bei der Deutschen Gesellschaft für Internationale Zusammenarbeit (GIZ) GmbH in St. Lucia, Ostkaribik beschäftigt. Als Sozialanthropologin hat sie sich v. a. mit den Themen transnationale Migration und Flucht, Klimamigration, Gender und Migrations- und Entwicklungspolitik beschäftigt.

Heidrun Friese, Dr. phil. der Universität Amsterdam in Kultur- und Sozialanthropologie, ist Professorin für Interkulturelle Kommunikation an der TU Chemnitz. Die bisherigen Forschungsinteressen umfassen Sozial- und Kulturtheorien, post/dekoloniale Perspektiven, digitale Anthropologie, Grenzen und transnationale Praktiken, Gastfreundschaft, Mobilitäten und kritische Migrationsforschung.

Christiane Fröhlich, Dr. phil., ist Research Fellow am Leibniz-Institut für Globale und Regionale Studien (GIGA) in Hamburg. Sie forscht zum Nexus zwischen Zwangsmigration, globalem Umweltwandel und soziopolitischen Umbruchsprozessen, und damit verbundenen Fragen der Klima- und Mobilitätsgerechtigkeit. Ihr regionaler Fokus liegt auf dem Nahen Osten.

Joanna Jadwiga Fröhlich, Dr. phil., war als Wissenschaftliche Mitarbeiterin im Projekt „Transnationale Mobilität und soziale Positionierungen in der EU" an der Universität Bielefeld beschäftigt. Ihre

Forschungsschwerpunkte sind Migration, soziale Ungleichheit und (trans-)nationale Sozialstruktur sowie Mixed Methods Forschung.

Martin Geiger, Dr. rer. nat., ist Associate Professor an der Carleton University (Ottawa, Kanada) mit dem Schwerpunkt Politik der Migration und Mobilität. Seine Forschung fokussiert aktuell auf die Mobilität von Hochqualifizierten, sowie auf internationale Organisationen und deren Beitrag zur Steuerung weltweiter Migrations- und Flüchtlingsbewegungen.

Lea Gelardi, M.A., ist Wissenschaftliche Mitarbeiterin am Zentrum Flucht und Migration und am Lehrstuhl für Flucht- und Migrationsforschung an der Katholischen Universität Eichstätt-Ingolstadt. Ihre Forschungsschwerpunkte und -interessen liegen in den Bereichen Kirchenasyl, Grenz- und Migrationsregime sowie zivilgesellschaftliches Engagement im Kontext von Flucht.

Birgit Glorius, Dr. rer. nat., ist Professorin für Humangeographie mit dem Schwerpunkt Europäische Migrationsforschung an der TU Chemnitz. Ihre derzeitigen Forschungsschwerpunkte liegen auf biographischen Aspekten von Mobilität und Migration sowie auf dem Einfluss struktureller und sozialer Rahmenbedingungen für die lokale Flüchtlingsaufnahme.

Danielle Gluns, Dr. phil., ist Leiterin der Forschungs- und Transferstelle Migrationspolitik an der Universität Hildesheim. Sie beschäftigt sich mit Fragestellungen zur Migrations-, Asyl- und Integrationspolitik im deutschen und europäischen Mehrebenensystem.

Simon Goebel, Dr. phil., ist Professor für Soziale Arbeit und Diversität an der Hochschule Augsburg. Zu seinen Lehr- und Forschungsschwerpunkten zählen Migrations- und Asylpolitiken sowie ihre diskursive Aushandlung in Öffentlichkeit und Medien.

Lidwina Gundacker, M.A., ist Wissenschaftliche Mitarbeiterin im Forschungsbereich Migration, Integration und internationale Arbeitsmarktforschung am Institut für Arbeitsmarkt- und Berufsforschung (IAB) in Nürnberg. Ihre Forschungsschwerpunkte sind Migrations- und Integrationsverläufe von Geflüchteten, Sequenzanalyse und Survey-Methodologie.

Leila Hadj Abdou, Ph.D., ist Assistenzprofessorin (Teilzeit) am Migration Policy Center (MPC) am Europäischen Hochschulinstitut in Florenz, Italien und Verantwortliche für den Bereich Grundlagen in der Abteilung Integration und Diversität der Stadt Wien. Sie forscht, lehrt und hält Schulungen zu Governance von Migration/Asyl und Integration im EU-Mehrebenensystem.

Niklas Harder, Dr. rer. soc., ist Co-Leiter der Abteilung Integration am DeZIM-Institut und assoziiertes Mitglied des Immigration Policy Labs an der Stanford University. In der Integrationsforschung untersucht er insbesondere die Rolle staatlicher Institutionen. Dafür wendet er Methoden für kausale Inferenz auf Befragungsdaten sowie prozessgenerierte und administrative Daten an.

Sebastian Harnisch, Prof. Dr., ist Professor für Internationale Beziehungen und Außenpolitik an der Universität Heidelberg. Seine Forschungsprojekte und Publikationen umfassen u. a. die Bereiche Vergleichende Außen- und Sicherheitspolitik, Theorien der Internationalen Beziehungen, Nonproliferation und Klimawandel.

Kaya Haßlinger, M.A., ist Absolventin des EuMIGS Double Degree Programms in M.A. Internationale Migration und Interkulturelle Beziehungen (Universität Osnabrück) und M.A. Ethnic and Migration Studies (Universität Linköping). Ihre Forschung untersucht primär die Schnittstelle zwischen Big

Data und Migration aus politischer und migrantischer Perspektive, sowie Fluchtmigration in Europa und Zentralasien.

Zine-Eddine Hathat, Dr. rer. nat, Postdoc am Geographischen Institut der CAU Kiel. Der Forschungsschwerpunkt liegt in der Migrations-, Flucht und Grenzregimeforschung mit besonderem Fokus auf Nordafrika.

Antonia Heinrich ist Studienrätin beim Freistaat Bayern sowie ehemalige Lehrbeauftragte am Zentrum für Lehrerbildung und Bildungsforschung der Universität Würzburg. Sie arbeitet und publiziert zu verschiedenen historischen und geschichtsdidaktischen Themen, v. a. zu Flucht und Migration in der Außen- und Entwicklungspolitik der Bundesrepublik Deutschland seit 1990.

Jens H. Hellmann, PhD, arbeitet aktuell am Institut für interdisziplinäre Konflikt- und Gewaltforschung an der Universität Bielefeld. Seine Forschungsschwerpunkte liegen vor allem im Bereich der Ungleichbehandlung unterschiedlicher Gruppen und ihrer Mitglieder.

Sophie Hinger, Dr. phil., ist Wissenschaftliche Mitarbeiterin (PostDoc) am Lehrstuhl für Sozialgeographie an der Universität Osnabrück. Ihre Forschungsschwerpunkte liegen auf (lokalen) Migrationsregimen, Politiken des Asyls, und zivilgesellschaftlichem Engagement und Protest für und von Geflüchteten.

Jannes Jacobsen, Dr., ist Soziolologe und Survey-Methodologe. Er leitet das Forschungscluster "Daten-Methoden-Monitoring" sowie das Forschungsdatenzentrum am Deutschen Zentrum für Integrations- und Migrationsforschung. Seine Forschungsschwerpunkte liegen auf Integration, Migration, Zivilgesellschaft und Protest sowie Cross-Cultural Survey Methods.

Rose Jaji, Dr., ist Senior Researcher am German Institute of Development and Sustainability (IDOS), Bonn. Ihre Interessengebiete sind Migrations- und Flüchtlingsforschung, Konfliktforschung und Friedensförderung.

Ivan Josipovic, MA, MSc ist Universitätsassistent (prae doc) am Institut für Politikwissenschaft an der Universität Wien. Seine Forschungsschwerpunkte umfassen Asyl- und Grenzpolitik in Österreich und der EU sowie die Rolle von Digitalisierung im Bereich der Regulierung von Migration und Asyl.

Paweł Kaczmarczyk, PhD, ist Ökonom und Migrationsforscher; er wirkt als Professor an der Wirtschaftswissenschaftlichen Fakultät der Universität Warschau und ist Direktor des Centre of Migration Research (CMR) der Universität Warschau. Zu seinen Hauptforschungsgebieten gehören die Triebkräfte und Folgen von Arbeitsmigration, Migrationstheorien und -methodologien, Migrationspolitik sowie Einstellungen gegenüber Migranten.

Ole Kelm, Dr., ist Wissenschaftlicher Mitarbeiter am Institut für Sozialwissenschaften der Heinrich-Heine-Universität Düsseldorf. Seine Forschungsschwerpunkte sind politische Online-Kommunikation, politischer Konsum, Wahrnehmung von Medieneinflüssen, und Berichterstattung über Flucht, Migration und Integration.

J. Olaf Kleist, Dr. phil., ist Politikwissenschaftler und Co-Leiter der Fachgruppe „Demokratie, Transfer und Politikberatung" am Deutschen Zentrum für Integrations- und Migrationsforschung in Berlin. Seine Forschung fokussiert Flüchtlingsforschung, Flüchtlingspolitik und -schutz sowie Demokratie, Vielfaltsgestaltung und Demokratieförderung.

Anne Koch, Dr. rer. pol., ist Wissenschaftlerin in der Forschungsgruppe Globale Fragen der Stiftung Wissenschaft und Politik (SWP), wo sie an der Schnittstelle von Flucht, Migration und Entwicklungszusammenarbeit arbeitet. Ihre Forschungsschwerpunkte umfassen deutsche und europäische Asyl- und Migrationspolitik, Binnenvertreibung und die Institutionen und Prozesse globaler Migrationsgovernance.

Martin Koch, Dr. phil, ist Akademischer Oberrat an der Fakultät für Soziologie der Universität Bielefeld. Seine Forschungsschwerpunkte verorten sich im Forschungsfeld der Internationalen Beziehungen. Er beschäftigt sich insbesondere mit internationalen Organisationen und Gruppen im Bereich der Migration und Flucht.

Irena Kogan, Dr. rer. soc., ist Professorin für Soziologie mit dem Schwerpunkt Gesellschaftsvergleich an der Universität Mannheim. Ihre Forschungsinteressen liegen in den Bereichen Migration sowie ethnischer und sozialer Ungleichheit. Ihre aktuelle Forschung erstreckt sich auf die strukturellen, kulturellen, sozialen und subjektiven Aspekte der Integration von Zuwanderern und ihren Nachkommen.

Judith Kohlenberger, Dr. phil., ist Kulturwissenschaftlerin am Institut für Sozialpolitik, Wirtschaftsuniversität Wien. Ihre Forschungsschwerpunkte sind Fluchtmigration mit Fokus auf Bildung, Gesundheit und Geschlecht sowie Aspekte der Partizipation und Zugehörigkeit geflüchteter Menschen in europäischen Aufnahmeländern.

Stefan Kordel, Dr. habil., ist Wissenschaftlicher Mitarbeiter am Institut für Geographie der Friedrich-Alexander-Universität Erlangen-Nürnberg. Seine Forschungstätigkeiten fokussieren sozialgeographische Fragestellungen der rural studies, Migrations- und Integrationsforschung und die Entwicklung partizipativer Methoden mit regionalen Schwerpunkten in Deutschland, Spanien und Lateinamerika (Dominikanische Republik, Ecuador).

Annette Korntheuer, Dr. phil., ist Professorin für Grundlagen und Theorien der Sozialen Arbeit an der Katholischen Universität Eichstätt-Ingolstadt. Ihr Schwerpunkt liegt in der rekonstruktiven und ko-konstruktiven Forschung zu Teilhabe und Inklusion in Vielfaltsgesellschaften.

Yuliya Kosyakova, Dr., ist Professorin für Migrationsforschung an der Otto-Friedrich-Universität Bamberg und Leiterin (gemeinsam mit Herbert Brücker) des Forschungsbereich „Migration, Integration und internationale Arbeitsmarktforschung" am Institut für Arbeitsmarkt- und Berufsforschung (IAB). Ihre aktuellen Forschungsschwerpunkte liegen auf internationaler Migration, Integration von Flüchtlingen und anderen Einwanderern, Geschlecht und sozialen Ungleichheiten.

Ulrike Krause, Prof. Dr., ist Juniorprofessorin für Flucht- und Flüchtlingsforschung am Institut für Migrationsforschung und Interkulturelle Studien (IMIS) und am Institut für Sozialwissenschaften der Universität Osnabrück. Ihre Forschungsschwerpunkte umfassen globale Flüchtlingsschutzregime, globale Policies und Normen, den Nexus von Konflikt, Flucht und Frieden, Humanitarismus, Resilienzen, Agency, Gender und genderbasierte Gewalt sowie postkoloniale Ansätze und Wissensproduktion.

René Kreichauf, Dr., ist Stadt- und Migrationsforscher am Cosmopolis-Center for Urban Research und am Brussels Interdisciplinary Research Centre for Migration and Minorities der Vrije Universiteit Brussel. Er forscht und unterrichtet zu internationalen und städtischen Verdrängungsprozessen, Fluchtmigration, urbanen Migrations- und Asylpolitiken, Flüchtlingslagern, Racial Capitalism und städtischen Transformations- und Marginalisierungsprozessen.

Martin Kroh, Prof. Dr., ist Professor für Methoden der empirischen Sozialforschung mit dem Schwerpunkt quantitative Methoden an der Universität Bielefeld und Research Fellow des Sozio-ökonomischen Panels am DIW Berlin. Seine Forschungsschwerpunkte liegen auf Fragen sozialer und politischer Ungleichheiten sowie der Güte und Analyse längsschnittlicher Befragungsdaten.

Tony Kushner, Phd., ist James Parkes Professor of Jewish/non-Jewish relations am Department of History, University of Southampton. Seine Forschung konzentriert sich auf die Geschichte, Erinnerung und Darstellung von Flüchtlingen, insbesondere in Bezug auf die moderne jüdische Erfahrung.

Laura Lambert, Dr. des. phil., ist stellvertretende Leiterin des Forschungsclusters „Patterns of (Forced) Migration" am Arnold-Bergstraesser-Institut an der Universität Freiburg. Ihre Forschungsschwerpunkte liegen in der Externalisierung von Flüchtlingsschutz nach Westafrika, Bürokratien, Migrationsregimen und Infrastrukturen. Ihre Dissertation behandelt die „everyday externalization" im Niger.

Annika Lems, Dr., ist Senior Lecturer für Sozialanthropologie an der Australian National University in Canberra und assoziierte Forscherin am Max-Planck-Institut für ethnologische Forschung in Halle (Saale). Ihre Forschungsschwerpunkte liegen auf der Rolle von Zugehörigkeit und Entfremdung, Inklusion und Exklusion, sowie Im/Mobilität in einer globalen Weltordnung.

Katharina Lenner, Dr. Phil., ist Lecturer in Social and Policy Sciences an der University of Bath. Ihre Forschungsschwerpunkte liegen auf Entwicklungs-, Migrations- und Arbeitsmarktpolitik in und zwischen Westasien und Europa, insbesondere mit Bezug auf Flucht- und Migrationsdynamiken rund um den Syrienkonflikt.

Carolin Leutloff-Grandits, PD Dr. phil., ist Senior Researcher am Viadrina Center B/ORDERS IN MOTION der Europa Universität Viadrina. Ihre Forschungsschwerpunkte liegen auf Familien- und Fluchtmigration, sozialer Sicherung und migrantischem Unternehmertum, wie auch der Verfasstheit und Bedeutung von Grenzen und Migrationsmanagement, vor allem in den Ländern des ehemaligen Jugoslawiens.

Derek Lutterbeck, Dr. phil., ist stellvertretender Direktor der Mediterranean Academy of Diplomatic Studies (MEDAC) an der Universität von Malta. Er hat am Graduate Institute of International and Development Studies in Genf in Politikwissenschaft/Internationale Beziehungen promoviert. In den letzten Jahren konzentrierte sich seine Forschung hauptsächlich auf Migrations- und Sicherheitsfragen in der Mittelmeer-Region.

Mona Massumi, Dr. phil., ist Professorin für Berufspädagogik am Institut für Berufliche Lehrerbildung der FH Münster. Ihr Forschungsschwerpunkt liegt in der erziehungswissenschaftlichen Migrationsforschung, insbesondere mit Blick auf Bildung sowie Bildungsprozesse und pädagogische Professionalisierung im Kontext von Heterogenität.

Jana Mayer, MA, arbeitet im Bereich Nothilfe und internationale Entwicklung bei Caritas international. Ihr Interesse liegt besonders auf Flucht und Migration in und aus kriegsgebeutelten Staaten.

Laura McAdam-Otto, Dr. phil., ist Wissenschaftliche Mitarbeiterin am Institut für Kulturanthropologie und Europäische Ethnologie an der Goethe-Universität. In ihren Forschungen steht der Umgang europäischer Behörden mit jungen Geflüchteten im Vordergrund und sie untersucht sowohl Alterskonstruktionen minderjähriger Geflüchteter sowie Praktiken und Prozesse der Vulnerabilisierung im Grenzregime.

Amrei Meier, Dr. phil., ist Wissenschaftlerin an der Stiftung Wissenschaft und Politik (SWP). Ihre Forschungsschwerpunkte liegen auf den Zusammenhängen zwischen Flucht, Migration und Entwicklung sowie auf entwicklungspolitischen Aspekten der deutschen und europäischen Asyl- und Migrationspolitik.

Agathe Menetrier, Dr., ist Programmleiterin für Country of Origin Information bei der NGO Asylos. Sie promovierte an der ENS in Paris und am MPI für ethnologische Forschung in Halle zu LGBT-Resettlement in und aus Westafrika. Ihre akademische und angewandte Forschung befasst sich mit sexuellen und geschlechtsspezifischen Minderheiten in Westafrika, mit Auswahlkriterien von Aufnahmeprogrammen und ihren Konsequenzen im globalen Süden.

Antje Missbach, PhD, ist Professorin für Soziologie an der Universität Bielefeld. Zu ihren Forschungsinteressen gehören: Kriminalisierung von Fluchthelfern, Lebensbedingungen von Geflüchteten in Transitkontexten und maritime Fluchtrouten. Regional liegt der Forschungsschwerpunkt auf Südostasien.

Alexander-Kenneth Nagel, Dr. rer. pol., ist Professor für Sozialwissenschaftliche Religionsforschung an der Georg-August-Universität Göttingen. Seine Forschungsschwerpunkte liegen auf dem Wandel von Religion im Kontext von Migration und Flucht sowie auf dem Umgang mit religiöser und kultureller Diversität in Flüchtlingsunterkünften.

Klaus Neumann, Dr., arbeitet für die Hamburger Stiftung zur Förderung von Wissenschaft und Kultur und ist Honorary Professor an der Deakin University. Er beschäftigt sich u. a. mit der historischen Entwicklung des Rechts auf Asyl, der Geschichte des Umgangs mit Flüchtlingen und Asylsuchenden in Australien und Deutschland, Solidarität und Migration, historischer Gerechtigkeit und dem sozialen Gedächtnis.

Tim Neumann, M.A., war Wissenschaftlicher Mitarbeiter am Institut für Sozialwissenschaften der Heinrich-Heine-Universität Düsseldorf. Seine Forschungsschwerpunkte waren die Medienberichterstattung über Flucht und Migration sowie der Einfluss von Künstlicher Intelligenz auf die politische Meinungsbildung. Seit Herbst 2021 arbeitet er vorwiegend als Journalist.

Dennis Odukoya, Dr. phil., ist Wissenschaftlicher Mitarbeiter am Institut für Soziologie (Lehr- und Forschungsbereich für qualitative Methoden der empirischen Sozialforschung) der LMU München. Seine Arbeits- und Forschungsschwerpunkte liegen auf Medizinsoziologie, Migrationssoziologie, Diskursforschung und partizipativer Forschung.

Claudia Olivier-Mensah, Dr. phil., ist Professorin für Soziale Arbeit an der IU Internationalen Hochschule am Standort Mainz. Ihre aktuellen Forschungsschwerpunkte sind akteurszentrierte Perspektiven auf Migration, Flucht und Rückkehr sowie Ansätze einer Trans- und Internationalen Sozialen Arbeit.

Jochen Oltmer, Dr. phil. habil., ist Professor für Neueste Geschichte und Migrationsgeschichte am Institut für Migrationsforschung und Interkulturelle Studien (IMIS) der Universität Osnabrück. Er arbeitet zu deutschen, europäischen und globalen Migrationsverhältnissen in Vergangenheit und Gegenwart.

Autor*innenverzeichnis

Marta Pachocka, PhD, ist Ökonomin und Politikwissenschaftlerin. Sie ist Mitkoordinatorin des Forschungslabors für städtische und regionale Migrationspolitik am Centre of Migration Research (CMR) der Universität Warschau. Zudem ist sie Assistenzprofessorin für Politikwissenschaften an der SGH Warsaw School of Economics. Sie arbeitet zu soziodemographischen Veränderungen in Europa bzw. der EU und ihren Konsequenzen, internationaler Migration, und zur EU Migrations- und Asylpolitik.

Jannis Panagiotidis, Dr. phil., ist Historiker und wissenschaftlicher Leiter des Forschungszentrums für die Geschichte der Transformationen (RECET) an der Universität Wien. Seine Forschungsschwerpunkte liegen im Bereich der postsowjetischen Migration, der deutschen und jüdischen Diasporamigration und des antiosteuropäischen Rassismus.

Bernd Parusel, Dr. phil., ist Senior Researcher mit Schwerpunkt Europäische Migrations- und Asylpolitik beim Schwedischen Institut für europapolitische Studien (SIEPS) in Stockholm. Seine Forschungsschwerpunkte liegen auf der Entwicklung des gemeinsamen europäischen Asylsystems und der Steuerung von Migrationsbewegungen auf EU-Ebene und in EU-Mitgliedstaaten.

Charlton Payne, Dr., arbeitet in den Bereichen Kommunikation und Organisations- und Personalentwicklung bei einem internationalen Großunternehmen in Deutschland. Davor war er für viele Jahre an Universitäten in Deutschland und in den USA tätig. Seine Forschungsschwerpunkte liegen auf Darstellungen von Nationalität, Kosmopolitismus, Flucht und Asyl und dem Pass als Kulturtechnik in der deutschsprachigen Literatur seit dem 18. Jahrhundert.

Simone Pfeifer, Dr. phil., ist Postdoktorandin am Graduiertenkolleg „anschließen-ausschließen" der Universität zu Köln. Ihre Forschungsschwerpunkte sind neben der digitalen, visuellen und Medienanthropologie, Mobilität, (Post-)Migration und transnationale soziale Beziehungen in Deutschland und Senegal, politische Gewalt, Religion und künstlerische Praktiken sowie ethische Herausforderungen der (digitalen) Ethnografie.

Katharina Potinius, M.A., promoviert an der Wirtschafts- und Sozialwissenschaftlichen Fakultät der Universität Heidelberg zu Migrationsdiplomatie. Ihre Forschungsschwerpunkte liegen auf der Außenpolitik von EU-Drittstaaten und dem Einfluss gesellschaftlicher Interessenkoalitionen im Kontext der Externalisierung der EU-Migrationspolitik mit besonderem Fokus auf Nord- und Westafrika.

Patrice G. Poutrus, Dr. phil., ist Gastprofessor an der Philosophischen Fakultät der TU Berlin und war bis zum 31. Oktober 2022 Wissenschaftlicher Mitarbeiter im BMBF-Projekt-Verbund „Diktaturerfahrung und Transformation" an der Universität Erfurt. Seine Forschungsschwerpunkte sind die Geschichte von Flucht und Asyl, Mediengeschichte, Wirtschafts- und Sozialgeschichte der DDR und jüngst Geschichte des Rassismus.

Ludger Pries, Dr. phil. habil. ist Senior-Professor an der Ruhr-Universität Bochum. Seine Forschungsschwerpunkte sind international vergleichende Arbeits-, Organisations- und Migrationssoziologie, Transnationalisierung sowie Lebenslaufforschung.

Franziska Reiffen, M.A., ist Wissenschaftliche Mitarbeiterin und Doktorandin am Institut für Ethnologie und Afrikastudien an der Johannes Gutenberg-Universität Mainz. Sie forscht zu Migration, migrantischer Arbeit und Verortungspraktiken unter Bedingungen von Prekarität in Argentinien.

Sieglinde Rosenberger, Univ.-Prof. Mag. Dr., ist Professorin am Institut für Politikwissenschaft der Universität Wien. Ihre Forschungsschwerpunkte umfassen Migrations-, Integrations- und Asylpolitik sowie politische Partizipation.

Markus Rudolf, Dr., Berater und Associate an der Addis Ababa University, arbeitet zu langanhaltenden Konflikten, Vertreibung, Flucht und (Re)integration u. a. in West- und Ostafrika.

Marlene Rummel, M.A., ist germanistische Linguistin an der TU Dresden. Ihre Forschungsschwerpunkte liegen auf Diskurslinguistik, Frame-Semantik und Konstruktionsgrammatik des Deutschen, wobei insbesondere Wechselwirkungen zwischen Grammatik, Bedeutung und Gesellschaft im Fokus stehen.

Philipp Sandermann, Dr. phil., ist Professor für Sozialpädagogik an der Leuphana Universität Lüneburg. Zu seinen Forschungsschwerpunkten zählen Flucht-Familienforschung, Kinder- und Jugendhilfeforschung und Vertrauensforschung.

Hannes Schammann, Prof. Dr., ist Professor für Politikwissenschaft mit dem Schwerpunkt Migrationspolitik an der Universität Hildesheim und leitet dort die Migration Policy Research Group (MPRG). Wissenschaftlich beschäftigt er sich aus einer vorwiegend institutionenorientierten Perspektive mit verschiedenen Fragen der Migrations- und Flüchtlingspolitik in Deutschland. Ein Schwerpunkt ist die Rolle der Kommunen.

Tabea Scharrer, Dr., ist Wissenschaftliche Mitarbeiterin am Institut für Ethnologie der Universität Leipzig sowie assoziiert mit dem Max-Planck-Institut für ethnologische Forschung Halle und der Universität Bayreuth. Ihre Forschungsschwerpunkte liegen auf den Themen (Flucht-)Migration, soziale Ungleichheit und Religion, mit Fokus auf Ostafrika. Sie ist Teil des Editorial Boards der Zeitschrift ‚Comparative Migration Studies'.

Paul Scheibelhofer, Dr., ist Assistenzprofessor für Kritische Geschlechterforschung am Institut für Erziehungswissenschaft der Universität Innsbruck. In Forschung und Lehre befasst er sich mit den Themen Geschlecht und Sexualität, Männlichkeitskonstruktionen im Kontext von Flucht und Migration sowie Rassismus und emanzipatorischer Pädagogik.

Albert Scherr, Dr. phil. habil., Diplom-Soziologe, ist Professor für Allgemeine Soziologie am Institut für Soziologie der Pädagogischen Hochschule Freiburg. Schwerpunkte seiner Forschung sind die gesellschaftstheoretische Fundierung von Migrationsforschung, theoretische und empirische Analysen von Integrationsprozessen sowie von Diskriminierung und Rassismus in der Einwanderungsgesellschaft.

Karin Scherschel, Prof. Dr., ist Professorin für Flucht- und Migrationsforschung, Leiterin des Zentrums Flucht und Migration an der Katholischen Universität Eichstätt-Ingolstadt. Ihre Forschungsinteressen sind Flucht- und Migrationsforschung, Rassismus, Erinnerungspolitiken, Arbeitsmarkt, Prekarisierung und Staatsbürgerschaft.

David Schiefer, Dr., arbeitet am Deutschen Zentrum für Integrations- und Migrationsforschung in der Abteilung Integration. Seine Forschung konzentriert sich auf psychologische Aspekte (z. B. Identität, psychisches Wohlbefinden) im Zusammenhang mit Migration, Flucht, Transnationalität und gesellschaftlicher Teilhabe.

Dana Schmalz, Dr. jur., LL.M., Referentin am Max-Planck-Institut für ausländisches öffentliches Recht und Völkerrecht, Heidelberg. Ihre Forschungs-/Arbeitsschwerpunkte sind Flüchtlings- und Migrationsrecht, internationale und europäische Menschenrechte, Grundfragen des Völkerrechts, Rechtsphilosophie, Demokratietheorie, Demographie und Recht.

Caroline Schmitt, Dr. phil. habil., ist Professorin für Migrations- und Inklusionsforschung an der Universität Klagenfurt. Ihre Forschungs- und Lehrschwerpunkte umfassen Inklusion und Diversität, Flucht*Migrationsforschung, Katastrophen- und Krisenforschung, trans- und internationale Soziale Arbeit, Solidarität in sozialen Bewegungen und der Sozialen Arbeit, pädagogische Professionalität.

Anett Schmitz, Dr. phil., ist Wissenschaftliche Mitarbeiterin in der Ethnologie an der Universität Trier. Ihre Forschungsschwerpunkte sind Migration und Grenzforschung, Unterbringung und Betreuung von Geflüchteten in Deutschland und an den EU-Außengrenzen, Konflikt- und Beschwerdemanagement, Agency und Vulnerabilität im Fluchtkontext, Transnationalität und Transkulturalität, Ethnographie und Public Anthropology.

Gerald Schneider, Prof. Dr., ist Professor für Internationale Politik an der Universität Konstanz. Zu seinen Forschungsschwerpunkten gehören die Migrationspolitik und die Entscheidungsfindung innerhalb der Europäischen Union sowie die Ursachen und Folgen bewaffneter Gewalt.

Hanne Schneider, M.A., ist Wissenschaftliche Mitarbeiterin an der Professur für Humangeographie mit dem Schwerpunkt Europäische Migrationsforschung an der TU Chemnitz. In ihrer Forschung betrachtet sie schwerpunktmäßig Migrations- und Ankommensprozesse auf lokaler Ebener sowie strukturelle Faktoren (z. B. Arbeit, Zivilgesellschaft) im Rahmen von Zuwanderungsprozessen in Europa.

Benjamin Schraven, Dr. phil., ist Berater und Associate Fellow des German Institute for Development and Sustainability (IDOS). Seine Arbeitsschwerpunkte sind der Zusammenhang zwischen Klimawandel und Migration, Migration und Entwicklung sowie Migrationspolitik. Zu diesen Themen berät er u. a. die Weltbank, die Internationale Organisation für Migration (IOM) oder die Europäische Kommission.

Nadine Segadlo, M.A., ist Wissenschaftliche Mitarbeiterin an der Juniorprofessur für Flucht- und Flüchtlingsforschung am Institut für Migrationsforschung und Interkulturelle Studien (IMIS) und am Institut für Sozialwissenschaften der Universität Osnabrück. Ihre Forschungsschwerpunkte liegen auf Flucht und Migration, Entwicklung(-spolitik), Migrationsgovernance und -management, Flucht und Frieden, postkolonialen Theorien – mit regionalem Fokus auf Sub-Sahara Afrika.

Dagmar Soennecken, PhD., ist Professorin für Politik und Verwaltung an der School of Public Policy and Administration, York University (Toronto, Kanada). Ihre Forschungsschwerpunkte liegen auf der vergleichenden Politik, der Schnittstelle Recht und Politik, sowie der Migrationsforschung, insbesondere der Flucht- und Flüchtlingsforschung. Seit 2019 ist sie Chefredakteurin der wissenschaftlichen Open Access-Zeitschrift Refuge: Canada's Journal on Refugees.

Martin Sökefeld, Dr. Phil., ist Professor für Ethnologie an der LMU München. Er arbeitet u. a. zu Migration, Abschiebung und „Natur"katastrophen mit regionaler Spezialisierung, vor allem in Pakistan und Europa.

Moritz Sommer, Dr., ist Wissenschaftlicher Mitarbeiter (postdoc) in der Abteilung Konsens und Konflikt am Deutschen Zentrum für Integrations- und Migrationsforschung (DeZIM-Institut) in Berlin. Seine Forschungsschwerpunkte liegen im Bereich der Politischen Soziologie. Er arbeitet insbesondere zu zivilgesellschaftlichem Engagement und sozialen Bewegungen in den Bereichen Migration sowie Klima in Europa.

Sebastian Sons, Dr. phil., ist Wissenschaftler und politischer Analyst beim Bonner Forschungsinstitut Center for Applied Research in Partnership with the Orient (CARPO). Seine Forschungsschwerpunkte sind Migration aus Südasien in die arabischen Golfmonarchien sowie golfarabische Sport-, Entwicklungs-, Innen- und Außenpolitik.

David Spenger, M.A., ist Wissenschaftlicher Mitarbeiter am Institut für Geographie der Friedrich-Alexander-Universität Erlangen-Nürnberg. Seine Forschungsinteressen liegen im Bereich von Zuwanderung in ländliche Räume, sozialer Inklusion und Gesundheitsgerechtigkeit.

Susanne Spindler, Dr., Erziehungswissenschaftlerin, Professorin für Soziale Arbeit und Migration am Fachbereich Sozial- und Kulturwissenschaften der Hochschule Düsseldorf. Forschungsschwerpunkte sind Soziale Arbeit im Kontext von Migration, Flucht und Teilhabe Geflüchteter sowie Rassismus, Migration und Geschlecht, insb. Männlichkeiten.

Elias Steinhilper, Dr., ist Wissenschaftlicher Mitarbeiter (postdoc) in der Abteilung Konsens und Konflikt am Deutschen Zentrum für Integrations- und Migrationsforschung (DeZIM-Institut) in Berlin. Seine Forschungsschwerpunkte liegen an der Schnittstelle zwischen Politischer Soziologie und Migrationsforschung. Er arbeitet insbesondere zu zivilgesellschaftlichem Engagement und sozialen Bewegungen in europäischen Migrationsgesellschaften.

Laura Stielike, Dr. phil., ist Postdoc am Institut für Migrationsforschung und Interkulturelle Studien (IMIS) der Universität Osnabrück. Sie forscht und lehrt zu Big-Data-gestützter Wissensproduktion in Migrationsforschung und -politik, zum Verhältnis von Migration und Entwicklung, zu Postkolonialismus und Intersektionalität sowie zu Diskurs- und Dispositivanalyse.

Andreas Streinzer, Dr., ist Post-doc an der Universität St. Gallen und Wissenschaftlicher Mitarbeiter am Institut für Sozialforschung, Frankfurt am Main. Er arbeitet über soziale Reproduktionstheorien und über Transformationen sozialer Organisation über Verteilungspolitiken, unter anderem durch moralische Figuren wie den „undeserving refugee".

Magdalena Suerbaum, Dr. phil., ist Wissenschaftliche Mitarbeiterin am Interdisziplinären Zentrum für Geschlechterforschung der Universität Bielefeld. Sie beschäftigt sich mit Flucht- und Migrationsprozessen im Nahen Osten und Europa. Ihr Forschungsinteresse liegt auf Konstruktionen von Maskulinität, Erfahrungen von Mutterschaft und den Herausforderungen von Elternschaft in Fluchtkontexten.

Dietrich Thränhardt, Dr. rer. soc., Professor em. an der Universität Münster, mit den Schwerpunkten Vergleichende Migrationsforschung und Politik und Geschichte der Bundesrepublik.

Jelena Tošić, Dr. habil., ist Assistenzprofessorin für Transkulturelle Studien an der Universität St. Gallen. Ihre aktuellen Forschungsschwerpunkte sind Migration und Flucht, Grenzen, Ungleichheit/Deservingness, Bildung, Transkulturalität und Tango.

Rano Turaeva, Dr., ist Habilitandin und Dozentin an der Ludwig-Maximilians-Universität München und assoziierte Forscherin am Max-Planck-Institut für Ethnologie in Halle (Saale) in Deutschland. Sie forscht zu den Themen Schuldverhältnisse, informelle Ökonomien, Informalität und urbane Transformationen in postsowjetischen Städten, Migration, Unternehmertum, Gender, Grenzstudien, Identität und interethnische Beziehungen.

Yasemin Uçan, Dr. phil., ist Wissenschaftliche Mitarbeiterin im Arbeitsbereich Interkulturelle Bildungsforschung und am Mercator-Institut für Deutschförderung und Deutsch als Zweitsprache der Universität zu Köln. Ihre Forschungsschwerpunkte umfassen Mehrsprachigkeit in Familie und Kindheit, Sprach- und Berufsbiografieforschung, Implementationsforschung im Kontext sprachlicher Bildung sowie mehrsprachige qualitative Forschungszugänge.

Hella von Unger, Dr. phil., ist Professorin für Soziologie mit dem Schwerpunkt qualitative Methoden der empirischen Sozialforschung an der Ludwig-Maximilians-Universität (LMU) München. Sie forscht zu Gesundheit, Diversität und Migration. Ein Schwerpunkt ihrer Forschung liegt auf forschungsethischen Fragen und partizipativen Ansätzen, auch in der Zusammenarbeit mit Geflüchteten (z. B. im EMPOW-Projekt).

Judith Vey, Dr. phil., ist akademische Koordinatorin der Bremen International Graduate School of Social Sciences und Wissenschaftliche Mitarbeiterin am SOCIUM der Universität Bremen. Ihre Forschungsschwerpunkte sind Flucht und Migration, soziale Bewegungen, Selbstorganisierung und Partizipation, Agency und poststrukturalistische Theorien.

Dominik Wach ist Politikwissenschaftler und Doktorand an der Universität Warschau. Er ist mit dem Centre of Migration Research (CMR) der Universität Warschau affiliiert und wirkt als Nachwuchswissenschaftler an der SGH Warsaw School of Economics. Seine Interessengebiete umfassen Migrations- und Integrationspolitik sowie die Region des Nahen Ostens.

Christian Walburg, Dr. jur., ist Lehrstuhlvertreter am Lehrstuhl für Kriminologie der Ruhr-Universität Bochum. Seine Forschungsschwerpunkte sind Migration und Kriminalität, Jugendkriminalität und Jugendstrafrecht sowie Wirtschaftskriminalität.

Florian Weber, Dr. rer. nat., ist Juniorprofessor für Europastudien mit dem Schwerpunkt Westeuropa und Grenzräume an der Universität des Saarlandes. Seine Forschungsschwerpunkte umfassen Diskurstheorie, Border Studies, Landschaftsforschung und Stadtpolitiken im internationalen Vergleich.

Natalie Welfens, Dr., ist Postdoktorandin im ERC-Projekt RefMig-Refugees are Migrants am Centre for Fundamental Rights, Hertie School Berlin. Ihre Forschung setzt sich mit Kategorisierungs-, Ein- und Ausschlusspraktiken in der europäischen Migrations- und Flüchtlingspolitik, insbesondere in Flüchtlingsaufnahmeprogrammen, auseinander.

Laura Wenzel, M.A., ist Wissenschaftliche Mitarbeiterin am Institut für Sozialarbeit und Sozialpädagogik der Leuphana Universität Lüneburg. Sie promoviert im Rahmen eines hier ansässigen Forschungsprojekts an der Schnittstelle zwischen (kritischer) Migrations-, Familien- und Vertrauensforschung.

Manuela Westphal, Dr. phil., ist Professorin für Sozialisation mit Schwerpunkt Migration und Interkulturelle Bildung an der Universität Kassel. Ihre aktuellen Forschungen befassen sich mit Familie und

Erziehung im Kontext von Flucht und Asyl, Teilhabe bei Intersektion von Behinderung und Migration sowie mit Aspekten sozialer Nachhaltigkeit von Migration und Diversität.

Anne-Kathrin Will, Dr. phil., ist Sozial- und Kulturanthropologin. Zu ihren Forschungs- und Lehrthemen gehören: die Kategorie Migrationshintergrund, das deutsche humanitäre Aufnahmesystem, Psychologisierung, Personalpolitik in öffentlichen Verwaltungen sowie das Angebot vertraulicher Geburten. Im Zentrum ihrer Auseinandersetzung stehen Grenzziehungspraktiken und Wissensproduktion.

Marek Winkel, M.A., ist Soziologe und promoviert derzeit an der Leuphana Universität Lüneburg. Seine Forschungsschwerpunkte liegen im Bereich Migrations- und Medienforschung und der politischen Soziologie.

Sabrina Zajak, Dr., ist außerplanmäßige Professorin an der Fakultät für Sozialwissenschaften der Ruhr-Universität Bochum und Leiterin der Abteilung Konsens und Konflikt am Deutschen Zentrum für Integrations- und Migrationsforschung (DeZIM-Institut) in Berlin. Ihre Forschungsschwerpunkte verorten sich in der Konflikt-, Migrations- und Arbeitssoziologie.

Franzisca Zanker, Dr., ist Politikwissenschaftlerin und leitet am Arnold-Bergstraesser-Institut an der Universität Freiburg (ABI) das Forschungscluster „Flucht und Migration." Ihre Forschungsschwerpunkte beinhalten die Interessenvertretung und politische Herausforderung von Migrationsgovernance und Fluchtschutz, sowie den politische Einfluss von Geflüchteten, mit einem Fokus auf Subsahara-Afrika.

Natascha Zaun, Dr. rer. pol., ist Associate Professor für Migration Studies am European Institute der London School of Economics and Political Science. Ihre Forschung befasst sich mit globaler und europäischer Flüchtlings- und Asylpolitik sowie der Verantwortungsteilung im Flüchtlingsschutz.

Sachregister

A

Abkommen über die Rechtsstellung der Flüchtlinge → Genfer Flüchtlingskonvention (GFK) 34, 183, 521, 548

Abschiebung 26, 92, 131, 133, 184, 312, 323, 366, 392, 394, 400, 401, 411, 418, 421, 431, 439, 485, 498–500, 502, 505–510, 514, 545, 558, 559, 566, 581, 585, 593–595, 647, 655, 698, 711, 724, 725, 731–733, 764, 781, 783, 790, 829
- Abschiebbarkeit 505–508, 510, 543, 559
- Abschiebepolitik 505–507, 509, 510, 829
- Nicht-Abschiebbarkeit 505, 506, 508, 510

Abschottung 92, 196, 306, 481, 482, 569, 762, 787

Abschreckung 254, 418, 481–483, 485, 532, 539, 543, 566, 569, 576, 762

Adaption 149, 333, 334

Afghanistan 185, 261, 340, 419, 446, 473, 474, 567, 633, 643, 646, 729–733, 740, 743, 746, 747, 756, 796, 809–811, 833

African Centre for Migration and Society (Südafrika) 35

Afrikanische Union (AU) 27, 549, 551, 683–685, 710, 770

Agency 36, 69, 71, 79, 100, 102, 156, 161, 223–226, 236, 244, 247, 250, 251, 255, 256, 283, 306, 316, 317, 329, 330, 347, 359, 367, 370–372, 381, 409, 412, 413, 428, 440, 447, 449, 464, 501, 522, 585, 596, 612, 633, 789

Ägypten 691, 724

Ahmadiyya 739

Akkulturation 107, 109

Al-Shabaab-Miliz (Somalia) 698

Albanien 48, 248, 540, 542, 633, 804, 806

Algerien 540, 690–692

Alleinreisende 26, 429, 440, 666

Alter 133, 178, 179, 261, 311, 323, 359, 420, 445–447, 453, 473, 594, 604, 609, 637, 638, 646, 648

Altersfeststellung(sverfahren) 438, 446, 447, 449

Ambivalenz 43, 81, 90, 261, 262, 268, 272, 297, 298, 300, 305, 321, 358, 422, 508, 603, 676, 717, 718, 720, 839

Andamanensee 568, 757

Anerkennungsquote 481, 483, 486, 703, 817

Angola 210, 709, 711

Anhörung 441, 544, 545, 556, 593, 595, 596, 789, 830

AnkER-Zentrum 400, 653, 654

Ankommen 100, 102, 225, 237, 310, 335, 392, 447, 481, 501, 549, 564, 592, 596, 600, 602, 615, 616, 618, 635, 653, 657, 730, 740, 743, 816, 842

Ankunftsgesellschaft → Aufnahme(gesellschaft) 616, 634

Antisemitismus 717, 839, 840, 842

Apartheid 707, 709, 710

Arbeit
- Arbeitserlaubnis 132, 248, 483, 602, 638, 704
- Arbeitskraft 90, 328, 365, 491, 602, 684, 718, 720, 723–725, 729, 745, 752, 758, 795, 818, 827, 843
- Arbeitslosigkeit 129, 260, 305, 484, 599, 601, 602, 725, 828, 836
- Arbeitsmarkt 44, 48, 63, 91, 100, 111, 131, 322, 431, 481, 494, 507, 599–604, 625, 627, 638, 639, 643, 674, 725, 732, 744, 756, 800, 809, 821, 836, 842
- Arbeitsmarktintegration 74, 131, 483, 599–604, 625, 635, 645, 836
- Arbeitsmigration 46, 62, 69, 75, 132, 217, 262, 266, 294, 357, 391, 394, 646, 647, 683, 686, 691, 702, 707, 717–720, 723–725, 729, 739, 743–745, 747, 755, 771, 775, 809, 818, 830
- Arbeitsrechte 758, 805
- Zwangsarbeit 253, 394, 703

Argentinien 456, 770, 771

Armee 122, 279, 491, 586, 690, 729, 730, 739, 740, 804, 828, 842

Armenien 266, 717, 810–812

Armut 256, 259, 260, 305, 334, 395, 464, 484, 487, 524, 526, 581, 582, 597, 692, 702, 776, 781, 782, 795

Aruba 777

ASEAN (Verband Südostasiatischer Nationen) 755–757

Aserbaidschan 810–812

Asia Pacific Refugee Rights Network (APRRN) 758

Asiat*innen 770, 843

Aspiration 225, 236, 248

Assimilation 190, 192, 321, 836

Association for the Study of the World Refugee Problem 34

Asyl
- Asyl-Migrations-Nexus 47, 235–237
- Asylantrag 46, 48, 150, 312, 340, 366, 381, 418, 419, 428, 445, 454–456, 458, 483–486, 498, 499, 501, 502, 531, 539–541, 543, 558, 592–595, 601, 635, 645, 654, 784, 787, 789, 790, 797, 799, 805, 806, 818–820, 826–828, 830, 831, 834, 843
- Asylbehörde 510, 825, 827, 829, 830
- Asylberechtigte 44, 186, 231, 402, 647
- Asylkompromiss 47, 419
- Asylpolitik 26, 46, 81, 87, 90–93, 238, 248, 299, 304, 371, 401, 402, 418, 422, 481–487, 497, 509, 575, 585, 591, 676, 705, 761–765, 785, 815, 830
- Asylrecht 43, 47, 63, 161, 183, 184, 229, 231, 254, 303, 304, 329, 372, 400, 419, 456, 490, 492, 502,

861

Sachregister

539, 540, 574, 591, 593–595, 602, 653, 654, 656, 696, 770, 776, 789, 840
- Asylverfahren 43, 91, 93, 128, 150, 157, 172, 173, 184, 186, 204, 232, 304, 312, 330, 339, 341, 342, 359, 365, 399–402, 429, 432, 441, 455, 456, 497, 499–502, 514, 515, 531, 539, 541, 543, 544, 566, 575, 592, 601, 604, 636, 638, 647, 664, 667, 692, 701, 703, 704, 762, 788, 790, 818, 826, 827, 830
- Kirchenasyl 232, 298, 339, 342, 559
- ‚Asylanten' 44, 139, 281, 294, 295, 674

Äthiopien 684, 695–698, 725, 816
Aubervilliers (Paris) 254
Aufenthalt 178, 238, 284, 352, 359, 421, 507, 508, 548, 555, 556, 558–560, 585, 593, 664, 667, 740, 772, 784, 821
- Aufenthaltssicherung 129, 132, 133
- Aufenthaltsstatus 110, 130, 132, 133, 178, 180, 184, 185, 225, 248, 260, 312, 322, 323, 431, 463, 506–508, 585, 600, 625, 628, 637, 645, 647, 661, 667, 787, 827
- Aufenthaltstitel 130, 178, 185, 186, 366, 400, 498, 626, 772, 783, 818, 835
- Aufhältige 178, 664

Aufnahme
- Aufnahmebereitschaft 43, 45, 481, 485, 711, 787, 788
- Aufnahmegesellschaft 43, 74, 75, 100, 127, 154, 266, 273, 342, 431, 448, 463, 581, 582, 599, 600, 615–618, 633, 634, 639, 643, 661, 666, 718, 720, 721, 796, 805
- Aufnahmekontext 111, 204, 322, 323, 343, 516, 599–602, 607, 667, 676
- Aufnahmepolitik 46, 247, 409, 453, 490, 796, 797
- Aufnahmeprogramm 399, 400, 490–493
- Aufnahmestaat 37, 54–57, 99, 107, 109, 110, 112, 132, 133, 178, 183, 251, 285, 312, 329, 341, 346, 392, 393, 427, 430, 431, 440, 442, 446, 447, 456, 458, 489–494, 506, 534, 541, 550, 552, 553, 575–577, 599, 627, 643–648, 662, 695, 708, 709, 711, 717, 718, 723, 724, 726, 740, 755–757, 771, 797, 810, 816, 820, 827, 833, 843

Ausgrenzung 89, 99, 102, 253–256, 311, 312, 341, 624, 626, 646, 647, 698, 707, 829, 839
Ausländergesetz 816, 840
Auslieferung 229, 283, 691, 730
Australien 101, 184–186, 209, 210, 247, 249, 273, 274, 394, 455, 456, 489, 513, 514, 531, 565–569, 751, 756, 758, 761–765
Autonomie der Migration 161

B

Bahamas 776
Bahrain 723
Bali Prozess 758
Balkan 48, 261, 514, 542, 543, 545, 718, 795, 803, 806, 807, 816
- Balkanroute 48, 421, 672, 803, 807
Balseros (dt. Flößler)

BAMF (Bundesamt für Migration und Flüchtlinge) 43, 48, 74, 178, 179, 185, 210, 231, 340, 341, 365, 399, 400, 473, 498, 500–502, 539, 542–544, 559, 593, 626, 633, 636–639, 830
Bandenkriminalität → Organisierte Kriminalität 781, 790
Bangkok Prinzipien 750
Bangladesch 335, 568, 737–741, 755, 757
Barbados 776
Begegnung 45, 98–101, 122, 268, 354, 411, 422, 517
Behinderung 57, 371, 461–467, 492, 797
Belarus 747, 810, 812, 818
Belgien 279, 403, 455, 825–827, 829, 841
Belize 550
Berlin 131, 256, 400, 418, 655, 842
Bewältigung 112, 345–347, 365, 369, 390, 395, 396, 417, 530, 665, 666
Bias 189, 191, 192, 209, 328
Big Data 98, 189–192, 672
Bikini-Atoll 765
Bildung 46, 91, 109, 154, 224, 237, 273, 322, 395, 441, 447, 449, 483, 501, 582, 594, 596, 599, 603, 607, 608, 613, 625, 633, 635, 653, 723, 731, 732, 744, 745, 759, 821
- Bildungsbenachteiligung 607
- Bildungsbiografie 172, 604, 607, 608
- Bildungssystem 608, 613, 626, 635
- Schulische Bildung 127, 410, 586, 596, 607, 611–613, 634–636

Binnenvertriebe 36, 37, 183, 209, 241–244, 285, 287, 391, 392, 396, 547, 548, 550, 551, 573, 574, 683, 685, 695, 701–704, 708, 711, 729, 731, 732, 739, 740, 744, 749, 771, 788, 803, 810
Binnenvertriebene 36, 37, 183, 209, 212, 241–244, 285, 287, 391, 392, 396, 526, 547, 548, 550, 551, 573, 574, 684, 685, 701, 711, 729, 731–733, 739, 740, 744, 749, 769, 771, 788, 803, 810, 812
Birma → Myanmar 740
Bleibeperspektive 70, 148, 311, 400, 525, 594, 626, 636, 663, 667, 733, 769, 772
Boko Haram (Nigeria) 704
Bootsflüchtlinge 247–251, 273, 279, 294, 312, 418, 482, 514, 530, 532, 563–570, 575, 597, 725, 749, 751, 755–757, 761–764, 776, 789, 803–806, 843
Border Studies → Grenzregimeanalyse 161, 317, 318, 516
Bosnien-Herzegowina 48, 272, 365, 540, 758, 804, 805
Botswana 709–711
Brasilien 456, 531, 770–772, 783
BRD (Bundesrepublik Deutschland) → Deutschland 293, 673
British Brothers League 840
Bulgarien 268, 718

Bundesamt für die Anerkennung ausländischer Flüchtlinge (BAFl) 365, 827, 830
Bundesländer 26, 384, 399, 400, 402, 404, 410, 418, 420, 484, 500, 531, 560, 593, 594, 596, 608, 609, 646, 653–656
Bundesministerium für Wirtschaftliche Zusammenarbeit (BMZ) 500, 524, 525
Bundesverband Unbegleitete Minderjährige (B-UMF) 128, 595
burden-sharing → Verantwortungsteilung 87, 89, 529, 530
Burenkriege 840
Bürgerkrieg 280, 286, 365, 369, 418, 419, 482, 515, 539, 581, 585, 664, 696, 702, 703, 731, 740, 744, 750, 764, 781, 782, 828, 829, 831, 841
Burkina Faso 703
Burundi 78, 683, 685, 695–697, 711

C

Calais (Frankreich) 254
Camp-cities 81, 697
Camp/campization → Lager 81, 92, 100, 253, 255, 311, 364, 400, 430, 595, 625, 657, 696, 738, 797
Canada Border Services Agency (CBSA) 789
Canada-U.S. Safe Third Country Agreement (STCA) 788, 789
Cap Anamur 248, 418, 565, 566, 569
Capability 225, 236
CARICOM (Karibische Gemeinschaft) 776, 777
Cartagena Erklärung (Declaración de Cartagena) 27, 286, 384, 547, 549, 550, 574, 685, 769, 770, 772, 776, 783
Centre for Refugee Studies (Canada), vorher Refugee Documentation Project 35
Centre for the Study of Forced Migration (Tansania) 35
Chile 418, 771
China 273, 390, 743, 745, 746, 749–752
Christentum 46, 268, 298, 339, 340, 342, 418, 690
Cities of refuge 102, 411, 787
Comprehensive Plan of Action 755, 756
Comprehensive Refugee Response Framework (CRRF) 552, 553, 577, 698, 711
Containment 697
Costa Rica 550, 782, 783
Covid-19-Pandemie 28, 422, 490, 601, 604, 613, 639, 643, 648, 655, 711, 724, 836
Critical Turn → kritische Flüchtlingsforschung 33
Curaçao 777

D

Dänemark 118, 167, 185, 489, 540, 635, 833–837
DDR (Deutsche Demokratische Republik) 43–45, 63, 122, 231, 280, 294, 351, 365, 676
dekolonisierende Epistemologien 39
Demografie 38, 177, 486, 574, 685, 723, 725, 743, 745, 784, 815, 821
Demokratie 89, 154, 254, 297, 299, 300, 409, 411, 417, 455, 508, 523, 525, 576, 581, 586, 752, 763, 776, 825
Demokratische Republik Kongo (DRC) 212, 446, 690, 696, 710, 711
Deportation 62, 309, 310, 508, 745, 763–765, 777, 803, 829
Desaparecido (Verschwundene) 782
Deserteur 278, 279
Deservingness 236, 249, 259–262, 366, 372
Desplazados (Binnenvertriebene) 771
Deterritorialisierung 343, 787, 790
Deutschland 130, 231, 268, 521, 524, 558, 566, 586
Deutschnationalismus 673
Diaspora 57, 74, 79, 80, 82, 121, 166, 265–268, 358, 455, 725, 740, 815
Dilemmata 83, 90, 127, 128, 130, 153, 163, 251, 533
Diplomatischer Schutz 37
Diskretionserfordernis 453, 457
Diskriminierung 45, 287, 312, 324, 347, 428, 430, 432, 455, 464, 466, 501, 581, 600, 609, 623–628, 636, 645, 647, 655, 656, 663, 696, 703, 743, 746, 747, 777, 800, 804, 836
Diskurse 23, 25, 94, 249, 291, 293, 294, 305, 328, 339, 341, 366, 462, 466, 467, 471, 639, 671–676, 689, 746
Displaced Person (DP) 44, 46, 232, 241, 243, 522, 525, 551, 574, 685, 695, 762, 782, 842
Dominica 776
Dominikanische Republik 566, 776, 777
Drittstaaten (auch sichere Drittstaaten) 55, 91, 132, 248, 312, 351, 457, 464, 482, 486, 505, 513–515, 517, 535, 553, 566, 568, 577, 591, 592, 788, 790, 796, 800, 810, 818, 828, 831, 837
Drogen- und Bandenkriminalität → Organisierte Kriminalität 781
Dschibuti 695, 698
Dublin-Verordnung 91, 482, 483, 485, 507, 510, 559, 592, 602, 795, 830, 831, 835, 836

E

East African Community (EAC) 686
ECOWAS (Westafrikanische Wirtschaftsgemeinschaft) 523, 683, 686, 704
Ecuador 771, 772
Eilverfahren 790

Sachregister

Einstellung 47, 74, 90, 92, 107, 109, 111, 137, 141, 197, 248, 293, 414, 439, 462, 577, 602, 615, 617–619, 625, 667, 711

Einwanderungsland 46, 121, 139, 232, 676, 787, 790, 795, 815, 821

Eiserner Vorhang 87, 280, 351, 507, 804, 805, 826, 828

El Salvador 446, 550, 782, 784, 790

Elfenbeinküste 703, 796

Emotional Turn 271

Emotionale Gemeinschaft 272–274

Engagement 74, 130, 323, 342, 354, 382, 412, 414, 417–422, 535, 565, 617, 697, 732, 756, 758

Entscheidungsspielraum 498, 542

Entwicklungsforschung 38, 97, 98

Entwicklungspolitik 521, 524, 526

Erdbeben 190, 551, 777

Erinnerung 79, 122, 123, 150, 204, 249–251, 271, 272, 274, 363, 364, 412, 741, 839

Eritrea 267, 473, 633, 685, 695, 696, 718, 796

Erstaufnahme 26, 47, 128, 129, 254, 489–492, 543, 593, 634, 653–655, 756, 789, 796, 797, 825, 826
- Erstaufnahmeeinrichtung 26, 128, 129, 254, 543
- Erstaufnahmeland 489–492, 756, 789, 825, 826

Erstsprache 172, 633, 634, 636

Essentialismus 65, 159, 261, 265, 324, 427, 432, 448, 464, 612

Estland 815

Ethik → Forschungspraxis 24, 33, 39, 90, 122, 127, 215

Ethnizismus 673, 674

Ethnizität 49, 64, 65, 73, 74, 78, 82, 121, 138, 140, 161, 211, 253, 265–268, 272, 273, 291, 309, 359, 581, 599, 600, 609, 616, 617, 619, 620, 624, 674, 684, 690, 729, 738, 739, 743–747, 749, 751, 756, 757, 803, 804, 810, 815

Ethnologie 34, 38, 77–80, 82, 83, 160, 161, 165–167, 196, 202, 256, 260, 271, 297, 341, 448, 518

Europäische Union (EU) 197, 392, 404, 513, 514, 521, 525, 529, 532, 558, 563, 575, 585, 591, 692, 830
- Außengrenze 91, 130, 131, 162, 400, 421, 430, 439, 485, 486, 509, 525, 557, 585, 591, 692, 797, 798, 818, 828, 834, 835
- EU-Türkei-Abkommen 485, 672, 798, 799, 834
- Europäische Asylpolitik 81, 87, 90, 91, 131, 384, 405, 482, 485–487, 533, 591, 592, 835
- Europäische Kommission 191, 336, 394, 404, 490, 491, 525, 532, 592, 818, 831
- Europäische Menschenrechtskonvention (EMRK) 288, 384, 481, 564, 569, 592, 829
- Europäischer Menschenrechtsgerichtshof 569
- Europäischer Rat 592
- Europäisches Parlament 446, 591
- Europarat 404
- European Asylum Support Office (EASO, seit 2022 EUAA) 190, 483
- European Return and Reintegration Network (ERRIN) 500
- Grenz- und Sicherheitspolitik 657, 689, 691, 692
- Vertrag über die Arbeitsweise der Europäischen Union (AEUV) 591, 592

Eurozentrismus 34, 70, 109, 159, 192, 209–212, 432, 513, 517, 518, 689, 812

Evian (Flüchtlingskonferenz 1938) 842

Exil 21, 55, 57, 82, 117–120, 122, 418, 441, 673, 696, 710, 724, 732, 740, 769, 770
- Exilforschung 63, 148
- Exilliteratur 117–120, 122–124, 279

Exklusion 127, 226, 259, 260, 316, 321, 322, 324, 464, 466, 607–609, 612, 655, 675, 712

Experimentierfeld → Laboratorium 717

Externalisierung 26, 37, 91, 131, 209, 249, 353, 485, 486, 513, 514, 516–518, 525, 573, 575, 586, 593, 691, 692, 701, 705, 723, 725, 726, 762, 795, 798, 825, 831

Externe Effekte 481, 482

Extracontinentales (Migrant*innen aus anderen Kontinenten) 783

Extraterritorialisierung 37
- Extraterritoriale Internierung 761, 763, 765

F

Familie 148, 162, 268, 305, 363, 429, 430, 432, 450, 492, 501, 595, 604, 666
- Familialität 471–476
- Familienangehörige 231, 457, 594, 595, 638, 644, 762
- Familiennachzug 46, 178, 445, 835

Feministische Forschung 36

Femizid 782

Fidschi 761, 765

Figur des Flüchtlings 78, 81, 82, 122, 259, 261, 262, 278, 279, 298, 447, 710, 712

Fiktion der Nichteinreise 556, 557

Finnland 185, 489, 833–835, 837

Flucht
- Fluchthilfe 45, 351, 354, 421, 726
- Flüchtlingsarbeit 148, 343, 661
- Flüchtlingshilfe 174, 305, 339, 342, 343, 414, 428, 552
- Flüchtlingslager 35, 38, 78, 81, 253–256, 311, 312, 430, 462, 531, 575, 666, 684, 695–698, 710, 711, 730, 731, 739
- Flüchtlingsmanagement 695, 697, 698
- Flüchtlingsregime 38, 89, 238, 317, 379–384, 391, 412, 490, 547, 548, 553, 573, 574, 576, 583, 683, 684, 697, 749, 750, 752, 815
- Flüchtlingsstatus 54, 217, 265, 285–287, 432, 453, 454, 456, 515, 550, 555, 556, 573, 574, 697, 732, 751, 756, 805, 816, 827, 829, 844
- Fluchtregime 26, 471, 472, 474, 547, 574, 684, 685, 825, 826

- Fluchtursache(n) 62, 70, 74, 139, 241, 242, 293, 303, 304, 339, 445, 515, 521–527, 551, 577, 583, 738, 746, 747, 777, 784, 826
- (private) Flüchtlingspatenschaft(en) 787, 788
- ‚Flüchtlingskrise' 49, 70, 123, 190, 248, 259, 261, 262, 339, 393, 430, 483, 485, 521, 530, 533, 731, 749, 751, 752, 776, 826, 841
- ‚Wirtschaftsflüchtling' 45, 108, 293, 372, 487, 674, 731, 806

Flüchtlingskonvention der Organisation für Afrikanische Einheit (OAU) 384, 685

Flujo Controlado (kontrollierter Migrationskorridor zwischen Costa Rica und Panama) 783

Föderalismus 399, 401, 402, 404, 410, 607, 635

Forced Migration Studies 21, 33, 36–40, 79, 242

Forschungsmethoden
- Aktions- oder Handlungsforschung 154
- Beobachtungsverfahren 148
- Community-Mapping 155
- Dokumentenanalyse 147
- Ethnografie 165–167, 518
- Ethnomethodologische Verfahren 147
- Fokusgruppe 155
- Grounded Theory 147
- hermeneutische Verfahren 147, 149
- Inhaltsanalyse 141, 147
- Interpretative Verfahren 147, 149
- kunstbasierte Methoden 155
- Lebensweltliche Ansätze 77, 147, 154, 183, 185–187, 303
- leitfadengestützte Interviews 155
- Methodenplurale Forschung 195
- Mixed Methods 195–198
- Multilokale Forschung 159–163
- Narrative Ansätze 39
- Partizipative Ansätze 39, 98, 153–157, 162, 165, 204, 205, 212, 215–217, 467
- Phänomenologische Zugänge 83, 147
- Praxisforschung 148
- Qualitative Forschung 138, 147–150, 171, 196, 449, 476, 607, 644
- Quantitative Forschung 155, 177, 196, 493
- rekonstruktiven Sozialforschung 147
- story boards 155
- Teilnehmende Beobachtung 77, 155, 165, 166
- Vergleichende Forschung 93, 148, 183, 184, 412, 414, 449, 812, 836
- visuelle Methoden 39

Forschungspraxis 150, 161, 209
- anwendungsorientierte Forschung 24, 38, 209–211
- Befragungsdaten 141, 183, 185, 186, 618
- Datenerhebung 162, 171, 177, 179, 180, 195, 196, 202, 203, 467
- Datenschutz 189, 191, 192
- Do No Harm 201, 203–205, 371
- Dual Imperative 33, 216
- Feldzugang 70, 148, 178–180
- Forschungsdesign 148, 160, 162, 449

- Forschungsethik 24, 33, 39, 90, 112, 122, 127, 145, 147, 150, 153, 156, 162, 167, 201–203, 215, 216, 371, 449
- Geflüchtete in der Forschung 201, 203
- Grundlagenforschung 88, 110, 148
- Helicopter research 153
- Heterogenitätssensible Fluchtforschung 471, 472
- Informierte und freiwillige Teilnahme 180, 201, 203
- Internationaler Ethikkodex 39
- Kritische Flüchtlingsforschung 33, 36
- Methodenreflexion 171, 174
- peer researchers 204
- sampling 160
- Sekundärdaten 183, 184, 186, 187
- Stichprobenziehung 177–179
- Transkription 148, 173
- ‚native informants' 162

Frankreich 44, 62, 64, 119, 123, 172, 230, 231, 254, 272, 278, 279, 298, 380, 455, 541, 565, 566, 608, 610, 673, 676, 684, 690, 717, 751, 761, 775, 777, 789, 825–828, 830, 839, 842

Frauen 26, 56, 79, 167, 191, 192, 272, 303–306, 370, 400, 420, 427–432, 438–441, 446, 454, 456, 474, 484, 492, 596, 603, 604, 636–638, 646, 654, 656, 665, 673, 737, 741, 781, 784, 842

Freizügigkeit 514, 692, 701, 704, 705, 772

FRELIMO (Front for Liberation of Mozambique)

Fremdenfeindlichkeit 686, 710, 712

Frieden 53–58, 380, 523, 525, 729
- Friedens- und Konfliktforschung 53, 54, 56, 57, 79, 313
- Friedensförderung 54, 57

Frontex (Europäische Agentur für die Grenz- und Küstenwache) 317, 485, 514, 515, 563, 568

Frontlinienstaaten 696, 707, 709, 712, 795

G

Gambia 540, 704

Gangs → Organisierte Kriminalität 784

Gastarbeiter 46, 673

Gastfreundschaft 123, 261, 297–300, 421, 447, 567, 568, 755

Gemeinde 63, 92, 244, 346, 401, 402, 410–412, 414, 420, 552, 608, 653, 655, 775, 804, 805

Gemeinsames Europäisches Asylsystem (GEAS) 87, 90, 91, 384, 482, 485, 591, 592, 831, 835

Gemeinschaft Unabhängiger Staaten (GUS)

Gemeinschaftsunterkunft → Wohnen 155, 254, 593, 638

Gemischte Migrationsbewegungen → Migration 235

Gender/Geschlecht 44, 74, 139, 178, 179, 191, 259, 261, 287, 303–306, 311, 323, 339, 359, 420, 428–430, 432, 437, 439–442, 453, 454, 457, 464, 475, 603, 637, 644, 648, 665, 673, 692, 781, 829, 830

865

Generation 40, 119, 123, 271, 274, 357, 358, 472, 719, 725, 757
Genfer Flüchtlingskonvention (GFK) 27, 34, 36, 47, 183, 184, 210, 231, 232, 235, 238, 280, 284–287, 304, 336, 370, 381, 391, 392, 429, 432, 462, 481, 492, 521, 522, 530–532, 534, 544, 547–550, 553, 564, 577, 592, 683, 684, 690, 719, 730, 737, 740, 743, 749–752, 755, 759, 761, 769, 770, 776, 787, 788, 799, 805, 825, 826, 842
Genozid 272, 515, 717, 746, 782
Geografie 38, 97, 98, 101, 102, 196, 202, 271, 617
Georgien 540, 810–812, 818
Geschichte 24, 26, 33, 34, 36–38, 61–65, 69, 119, 120, 122, 123, 223, 250, 265, 277, 292, 293, 381, 418, 438, 441, 683, 696, 701, 718, 723, 741, 761, 781, 809, 815, 817, 841
Gesellschaft für Internationale Zusammenarbeit GmbH (GIZ) 500
Gesundheit 107, 109–112, 197, 262, 311, 394, 446, 447, 462, 465, 484, 499, 508, 600, 603, 638, 643–648, 662, 663, 836
- Gesundheit, psychische 107, 109, 110, 112, 197, 446, 499, 646
- Gesundheitssystem 431, 604, 643, 647, 836
- Gesundheitsversorgung 109, 148, 154, 262, 311, 363, 462, 557, 593, 643, 644, 646, 647, 653, 720, 732, 759, 800, 821
Gewalt
- Folter 311, 371, 440, 492, 515, 549, 644
- Gewalterfahrungen 99, 110, 272, 309–311, 313, 363, 367, 440, 442, 501, 582, 624, 661, 663, 666, 667, 741, 781
- Gewaltforschung 581, 583
- Gewaltmigration 25, 53, 99, 225, 309, 310, 316, 522, 581, 600
- Gewaltmonopol 309, 581, 584, 666
- Gewaltsame Konflikte 53–57, 108, 481, 644
- Häusliche Gewalt 304, 305, 445, 549, 663, 790
- manifeste Gewalt 582
- Nicht-staatliche Gewalt 781
- strukturelle Gewalt 309–312, 581, 582, 726
Ghana 540, 541, 686, 703
Glaubwürdigkeitsbeurteilung 453, 454
Global Compact for Safe, Orderly and Regular Migration (GCM, Globaler Pakt für sichere, geordnete und reguläre Migration) 394, 411, 524, 577
Global Compact on Refugees (GCR, Globaler Flüchtlingspakt) 346, 381, 392, 393, 411, 524, 529, 547, 552, 553, 577
Global Social Work Statement of Ethical Principles 130
Globaler Norden 205, 209–211, 237, 303, 306, 312, 351, 382, 391, 392, 394, 448, 453–456, 458, 462–465, 521, 526, 529, 534, 552, 553, 575, 576, 675, 798, 800, 809
Globaler Osten 809, 811

Globaler Süden 98, 162, 205, 209–212, 237, 249, 254, 256, 303, 359, 382, 453–456, 458, 462–464, 467, 526, 534, 575, 576, 676, 800, 807, 809, 828
Globalisierung 64, 82, 128, 299, 351, 352, 675, 775, 825, 828
Golfstaaten 686, 719, 723–726, 745
Gottschee 268
Governance 74, 101, 299, 403, 409, 525
Grenze(n)
- Deterritorialisierung 343, 787, 790
- Grenzbefestigung 28, 45, 74, 79, 82, 98–100, 261, 266, 294, 299, 315, 316, 329, 437, 439, 506, 509, 582, 597, 690, 692, 711, 731, 800
- Grenzkontrollen 124, 329, 491, 513–515, 525, 704, 745, 783, 784, 787
- Grenzräume 253, 256, 312, 514, 516, 783
- Grenzregime 48, 74, 79, 97, 98, 160, 161, 233, 253, 297, 311, 315–318, 330, 353, 367, 371, 380, 383, 437, 439, 440, 516, 657, 675, 692
- Grenzregimeanalyse 160, 161, 380, 439, 453, 454, 516
- Grenzüberschreitende Mobilität 99, 717, 744
Griechenland 120, 225, 229, 254, 265, 267, 268, 298, 312, 363, 380, 484, 485, 529, 531, 696, 717, 795–799, 803, 827, 831
Großbritannien → Vereinigtes Königreich 64, 184–186, 249, 279, 357, 390, 394, 432, 446, 449, 454, 455, 457, 464, 483, 532, 540, 542, 608, 610, 676, 686, 764, 765, 775, 828, 839–844
Grundgesetz 46, 47, 183, 231, 399, 400, 410, 540–542
Guantánamo Bay 514, 566, 776
Guatemala 446, 550, 781, 782, 784, 790
Guerilla 739
Guinea 565, 705

H

Haftanstalt 38, 277, 279, 533, 747, 759, 790, 844
Haiti 190, 211, 514, 769, 771, 775–777, 789
Handlungsmacht → Agency 36, 100, 102, 161, 223–226, 236, 247, 250, 251, 255, 306, 316, 317, 330, 347, 367, 370, 371, 409, 412, 522, 633
Härtefallkommission 559
Heimat 45, 112, 122, 190, 235, 265, 271, 272, 274, 280, 288, 291, 294, 311, 333, 335, 336, 392, 440, 500, 507, 522, 740, 765, 776, 803–805, 811, 843
Heimatland 267, 268, 484, 644
Heimatlose Ausländer (Kategorie) 44, 46
Heimatlosigkeit 44, 46, 77, 265, 268, 273, 328
Heimatvertriebe 21, 279, 280
Herkunft 26, 49, 109, 138, 139, 141, 255, 261, 268, 274, 281, 299, 437, 617, 624–627, 666, 673, 684, 730, 796, 836
Herkunftslandinformationen 458, 541, 542, 545

Sachregister

Herkunftsstaaten, sichere 47, 131, 509, 654, 806
Herrschaft 256, 278, 309, 382, 750, 811
Hochqualifizierte 46, 161, 328, 826
Homonationalism 453, 455
Honduras 446, 550, 782, 784, 790
Horn von Afrika (siehe auch Äthiopien, Djibouti, Eritrea, Somalia) 522, 686, 691, 725, 796
Hostilität 297, 298
Hotspot 797
Hugenotten 62, 278, 380, 839
Humanismus 120, 565, 569, 709
Humanitäre Hilfe 57, 78, 81, 241, 244, 280, 285, 343, 345, 354, 392, 523, 552, 553, 576, 644, 696, 697, 702, 707, 719, 720, 730, 731, 758, 785, 821
humanitäres Visum 54, 432, 531, 772
Humanitarismus 74, 81, 247, 260, 492, 563
Hunger 280, 395, 505, 703
Hybridität 173, 265, 266

I

IAB-BAMF-SOEP-Studie 178, 185, 340, 473, 633, 636–639
Identität 72, 74, 78, 167, 211, 267, 272–274, 299, 311, 380, 427, 432, 441, 453, 454, 558, 568, 623, 717, 744, 836
Idomeni (Griechenland) 254
Illegalität 162, 167, 249, 273, 352, 354, 419, 514, 555, 575, 585, 664, 665, 698, 711, 747, 755, 799, 800, 844
Immigration and Refugee Tribunal (IRB) 789
Immigration, Refugees and Citizenship, Refugees and Immigration Canada (IRCC) 788, 789
Immobilität 38–40, 55, 99, 102, 327–330, 333, 334, 358, 595, 607, 610, 620
Indien 35, 272, 335, 342, 359, 565, 724, 737–741, 750
Individualanspruch 229, 230, 232
Individualperspektive 107, 224, 225, 498
Individuelle Ressourcen 599, 601, 602
Indochina 247–250, 530, 533, 565–567, 749–751, 762, 763
Indonesien 211, 565, 567, 568, 750, 756–759, 763, 764
Inhaftierung/Internierung 27, 45, 247, 491, 514, 566, 567, 644, 691, 711, 761–765, 776, 790, 798
Inklusion 127, 316, 321, 324, 429, 461, 465, 607, 619, 633, 635, 638, 639, 723, 726, 805
Inkorporation 324
Innenpolitik 63, 90, 93, 382, 482, 493, 508, 509, 525, 575, 686, 698, 704, 707, 710, 711, 831
Inobhutnahme 129, 608
Institut du droit international 37
Institution, totale 255, 279, 657

Integration
- Integrationskurse 48, 131, 475, 543, 601, 603, 604, 626, 636, 638
- Integrationspolitik 91, 223, 249, 321–324, 383, 400, 401, 403, 413–415, 492, 601, 636, 667, 815, 830, 833, 836, 837
- Integrationsprogramme 129, 184, 191, 323, 324, 599, 600, 733, 771, 816, 817, 836
- Integrationsprozess 44, 110, 127, 133, 615, 616, 619, 620, 662, 825
- lokale Integration 40, 615, 755
- Reintegration 312, 497–502

Interamerikanische Kommission für Menschenrechte (IACHR) 784
interdiction 566, 776
Interdisziplinarität 24, 33, 35, 38, 39, 53, 61, 64, 87, 117, 119, 137, 165, 195, 272, 330, 369, 371, 422, 471, 473, 476, 517, 676
Intergovernmental Authority on Development (IGAD) 683, 686
Intergruppenbeziehungen 107, 111, 112
Internally Displaced Persons (IDP) → Binnenvertriebene) 241, 551, 685
International Association for the Study of Forced Migration (IASFM), vorher International Research and Advisory Panel (IRAP) 35, 40, 202, 205
International Convention for the Safety of Life at Sea (SOLAS Convention) 564
International Federation of Social Workers (IFSW) 130
International Labour Organisation (ILO) 186, 390, 394, 395
International Refugee Organization (IRO) 280, 284, 381, 391, 491, 548, 762
Internationale Organisation für Migration (IOM) 88, 191, 210, 243, 358, 389–391, 393–396, 498–501, 515, 555, 569, 729, 757, 776, 788, 812, 816
Internationaler Pakt über Bürgerliche und Zivile Rechte 564
Internet 137, 140, 149, 672
Intersektionalität 74, 156, 259, 261, 262, 303, 304, 306, 307, 370, 427, 428, 440, 441, 461, 463, 464, 466, 467, 648
Irak 185, 340, 419, 473, 474, 567, 633, 643, 691, 718, 719, 724, 725, 756, 796, 816, 833
Iran 340, 567, 633, 718, 729, 730, 732, 733, 746, 747, 756, 809, 828
Irland 45, 431, 483, 828, 839, 842–844
Irreguläre Migration 225, 351–353, 491, 493, 521, 526, 555–559, 569, 686, 691, 692, 758, 789, 790, 799, 800, 807, 812
Irregularität 162, 167, 352, 506, 555–557, 559, 560, 585, 609

Islam 26, 46, 139, 261, 262, 268, 272, 273, 306, 324, 339–343, 492, 515, 567, 628, 673, 690, 717, 732, 737–740, 745, 746, 803, 804
Island 592, 765, 833–837, 841
Israel 46, 154, 267, 268, 717–719, 725, 745
Italien 120, 231, 248, 249, 267, 273, 274, 399, 402, 403, 449, 454, 457, 484, 529, 531, 563, 568, 569, 608, 610, 634, 795–799

J

Jamaika 776
Japan 532, 745, 749–752, 765
Jemen 691, 696, 723–725
Jordanien 532, 717–719, 723, 726
Journal of Refugee Studies (JRS) 35
Journalismus 137, 138
Juden/Jüdinnen 34, 118, 248, 254, 265, 266, 268, 272, 279, 381, 513, 696, 717, 718, 743, 745, 762, 770, 809, 839, 840, 842
Jugendliche 46, 128, 132, 341, 370, 413, 442, 445–448, 492, 594, 596, 607–610, 612, 613, 635, 663
- Jugendamt 129, 594, 608
- Jugendhilfe 26, 128–131, 413, 446, 594–596, 653
- Jugendmigrationsdienst 129
Jugoslawien 44, 87, 365, 482, 499, 507, 762, 803–806, 829, 833
Juristische Definition 37, 183, 184, 333, 552

K

Kalter Krieg 34, 35, 247, 250, 280, 351, 381, 481, 482, 565, 685, 696, 729, 749, 750, 776, 782, 826, 842
Kambodscha 565, 751, 755, 756, 765
Kamerun 684, 705
Kanada 35, 46, 184, 185, 202, 210, 248, 249, 272, 394, 404, 453, 455, 456, 489, 493, 513, 531, 532, 566, 638, 639, 751, 756, 757, 762, 776, 787–790
Karen 757
Karibik 514, 550, 566, 771, 775–778
Karten 28, 99, 167, 168, 178, 189, 250
Kasachstan 743–745, 747, 809
Katar 723, 724
Kategorisierung 27, 34, 36, 37, 48, 55, 73, 108, 185, 235–238, 247, 322, 428, 430, 447, 450, 544, 558, 593, 674, 684, 719, 738
Kaukasus 809, 810
Kenia 35, 45, 446, 565, 684, 695–698, 708, 709, 843
Kettenduldung 558
Khartum Prozess (EU-Horn von Afrika Migration Route Initiative) 686
Kinder 26, 45, 46, 128, 130, 131, 185, 191, 225, 274, 305, 306, 370, 410, 429, 431, 432, 440–442, 445–448, 463, 472–475, 492, 508, 543, 567, 581, 582, 593–596, 603, 604, 607–610, 613, 626, 635–638, 643, 653, 654, 663, 665, 667, 763, 781, 784, 789, 821, 841, 842
- Kinder- und Jugendhilfe 26, 128–131, 413, 446, 594–596, 653
- Kinderrechte 130, 446, 448, 595
Kirchenasyl 232, 298, 339, 342, 559
Kirgistan 743, 744, 746
Kiribati 336, 765
Kleinstädte 101
Klima 74, 288, 335, 412, 419, 551, 600, 692, 777, 829
- Klimaflucht 333–335, 522, 702, 703
- Klimawandel 190, 288, 333–336, 358, 395, 487, 526, 551, 552, 574, 577, 686, 702, 705, 765, 777, 809–811
Kohorten 311, 604, 810
Kollektives Handeln 62, 71, 79, 101, 149, 157, 166, 197, 242, 250, 271, 300, 346, 347, 357, 379, 404, 486, 618, 623, 657, 697, 828, 829
Kölner Silvesternacht 139, 261, 438, 672, 673
Kolonialismus 253, 272, 381, 517, 566, 673, 684, 689, 692, 701, 707, 709, 749, 750, 762
Kolumbien 550, 565, 769, 771
Kommune 26, 47, 73, 93, 101, 102, 128, 129, 232, 323, 384, 399–401, 403–405, 409–415, 417, 421, 439, 465, 484, 487, 593, 594, 608, 609, 615, 617, 619, 646, 653, 655, 656, 817
Kommunistische Länder 34, 37, 46, 250, 393, 729, 750, 751, 803, 804, 843
Kommunitarismus 299, 300
Komplementäre Zugangswege 458, 489, 490
Konflikt 53–57, 190, 224, 312, 317, 396, 419, 422, 461, 481, 505, 522, 523, 690, 707, 737–739, 746, 771, 804, 811, 821
- Konfliktbearbeitung 54
- konfliktbedingte Flucht 53–57, 550, 812
- Konfliktforschung 38, 53, 54, 56, 57, 79, 80, 313
Kongo, Demokratische Republik (DRC) 212, 446, 685, 690, 696, 710, 711
Königsteiner Schlüssel 531, 593, 654
Konventionsflüchtling 37, 456, 551, 829
Konversion 339, 341, 342
Konzentrationslager 122, 254
Korea 745
- Nordkorea 752
- Südkorea 745, 749, 750, 752
Kosmopolitismus 89, 297–299
Kosovo 48, 533, 534, 540, 542, 762, 804, 806
Krieg 34, 140, 247, 280, 293, 309, 311, 439, 445, 486, 487, 501, 549, 550, 595, 597, 644, 684, 685, 696, 698, 711, 732, 739, 749–751, 756, 770, 795, 805–807, 810, 811, 820, 821, 842
Kriminalität 139, 141, 242, 262, 352, 447, 661, 662, 674, 710, 746, 747, 758
Kriminalstatistik 661, 662

Sachregister

Kroatien 312, 803–806
Kuba 250, 566, 775, 776, 789
Kulturalisierte Zuschreibungen 26, 262, 324, 612, 673
Kuomintang 750
Küstenwache 515, 563, 566, 568, 776, 799
Kuwait 718, 719, 723, 724, 726

L

Label → Kategorisierung 37, 225, 249, 294, 306, 335, 347, 370–372, 401, 428, 431, 441, 446, 449, 521, 777, 830
Laboratorium 717, 720, 775, 821
Lager 81, 92, 100, 122, 253–256, 279, 311, 330, 364, 400, 418, 430, 531, 595, 625, 653, 657, 695–697, 709–711, 725, 730, 731, 738, 756, 764, 797, 841, 843
Lampedusa 568, 797
Landkreis 410, 593, 602, 608, 653, 655, 656
Ländliche Gebiete 49, 63, 100, 101, 197, 198, 365, 396, 457, 586, 619, 637, 638, 647, 709, 730
Landraub 756, 771
langanhaltende Fluchtsituation (Protracted Refugee Situation) 55, 348, 695, 758, 764
Laos 565, 751
Lastenausgleich 44
Lastenteilung → Verantwortungsteilung 530, 553, 827
Lateinamerika 211, 230, 547, 550, 771, 776, 827
Legitimität 48, 247, 249, 250, 260, 261, 584, 585, 704
Leitmedien 672
Lesotho 709, 711
Lettland 815
LGBTIQ* 287, 304, 306, 371, 427, 432, 441, 453–458, 492, 743, 746, 747, 809, 811
Libanon 493, 575, 717–719, 723, 726, 828
Liberia 685, 703
Libyen 211, 485, 515, 568, 569, 575, 691, 795, 799, 800, 816
Liechtenstein 592
Liminalität 38
local turn 92, 100, 102, 399, 412, 615, 617
Lokalität 97, 98, 100, 159–161
Luxemburg 635, 825, 826

M

Macau 750
Machtverhältnisse 33, 71, 78, 93, 121, 149, 150, 156, 162, 210, 211, 216–218, 224, 255, 303, 305, 366, 367, 379, 380, 439, 440, 463, 582–584, 671, 690, 704, 806
Mahanirban Calcutta Research Group (Indien) 35
Malawi 709
Malaysia 446, 565, 567, 568, 750, 756–758, 764

Mali 515, 691, 702, 703, 705
Malta 449, 568, 795
Männer* 56, 119, 259, 293, 305, 306, 429, 430, 437–442, 446, 453, 454, 474, 492, 557, 570, 583, 584, 595, 603, 636–638, 644, 665, 667, 673, 719, 764
Männlichkeiten 292, 305, 430, 437–442, 667
Manus 763, 764
Maras → Organisierte Kriminalität 782
Marginalisierung 171, 256, 358, 359, 462, 607, 648, 667, 724
Mariel-Bootskrise 566, 789
Marokko 274, 431, 540, 565, 575, 690–692, 795, 800
Marshallplan mit Afrika 525
Mauretanien 690, 796
Mauritius 709
Maximilian Park (Brüssel) 254
Medien 46, 137–141, 165, 166, 168, 237, 248, 251, 262, 293, 317, 419, 595, 671, 672, 674–676, 844
- Mediendiskurse 47, 74, 137, 261, 293, 438, 449, 671, 673, 675, 676, 763
- Mediennutzung 137, 140–142, 165–168
Meeresspiegelanstieg 335, 765, 777
Mehrebenenpolitik 379, 383, 399, 404, 410, 412, 414, 467
Mehrheitsbevölkerung 121, 273, 321, 322, 324, 540, 615, 616, 623, 633, 639, 737, 745, 805
Mehrsprachigkeit 120, 140, 150, 156, 162, 171–174, 180, 365, 613, 633, 634, 636, 639
Menschenhandel 352, 371, 394, 430, 445, 574, 718, 758, 764, 812
Menschenrecht(e) 38, 47, 70, 71, 87, 89–91, 117, 123, 130, 131, 154, 162, 230–233, 241, 249, 286, 288, 298, 303–305, 351–354, 383, 384, 394, 428, 439, 462, 464, 481, 483, 505, 506, 508, 510, 513–515, 523, 534, 535, 549–551, 563, 564, 569, 574, 576, 577, 581, 584, 586, 592, 653, 663, 684, 685, 747, 751, 752, 757, 758, 763–765, 770, 783, 784, 790, 799, 829, 830
- Menschenrechtskonvention 47, 288, 384, 481, 549, 564, 592, 829
- Menschenrechtsverletzung(en) 241, 249, 286, 304, 305, 464, 508, 513–515, 523, 534, 550, 551, 574, 581, 685, 770, 783, 830
Menschenschmuggel → Schleusen 351, 352, 354, 758, 764, 812
MERCOSUR (Mercado Común del Sur, Gemeinsamer Markt des Südens) 772
Methodologischer Nationalismus 64, 69, 70, 73, 112, 159, 161, 192, 266
Mexiko 196, 446, 456, 550, 575, 771, 782–784, 790
- Mexican Migration Project 195, 196
Migration
- Migrationsdienste 128
- Migrationsdiplomatie 573, 575–577

869

Sachregister

- Migrationsforschung 33, 36, 38, 43, 47, 49, 61, 62, 64, 69, 70, 72, 79, 82, 88, 97, 98, 101, 102, 161, 165, 166, 168, 189-192, 195, 196, 247, 249, 254, 265, 271, 313, 324, 369, 370, 380, 412, 455, 518, 525, 599, 616, 617, 628, 705, 800, 809, 811
- Migrationsindustrie 99, 353, 515
- Migrationskarawane 781, 784
- Migrationskontrolle 129, 133, 256, 306, 382, 491, 493, 494, 498, 505, 506, 510, 513, 514, 555, 557, 560, 582, 585, 586, 705, 783, 795-800, 825, 831
- Migrationsliteratur 117-124, 279
- Migrationspolitik 28, 47, 88, 91, 93, 190, 192, 225, 235, 247, 249, 315, 316, 324, 351, 391, 393, 412, 422, 499, 507, 514, 521, 524, 525, 577, 674, 675, 683, 772, 795, 815-817, 821, 830, 836, 837
- Migrationsprozess 38, 70, 161, 223, 238, 251, 358, 412, 427, 430, 448, 615, 719, 821
- Migrationssozialarbeit 127, 128, 132, 133
- Migrationswege 48, 225, 329, 498, 502, 525, 545, 725
- Mixed Migration 36, 48, 82, 235, 237, 249, 309, 352, 358, 702, 704, 718
- Sommer der Migration 417, 420, 592, 597, 672, 721, 831
- ‚freiwillige' Migration 36, 71, 73, 150, 235-238, 261, 490, 494, 497, 502, 522
- ‚Migrationshintergrund' 43, 48, 138, 616

Mikronesien 765

Militär 55, 253, 278, 418, 704, 710, 731, 738-740, 749, 756, 761, 770, 771, 782, 804, 806, 828
- Militarisierung 56, 196, 781, 787
- Militärregierung 739

Minderjährige 26, 128-131, 133, 185, 225, 371, 440, 445-448, 450, 453, 474, 593-596, 608, 609, 655, 656, 667, 789, 790, 797

Mittelmeer 247, 250, 421, 515, 525, 565, 568, 569, 585, 593, 675, 775, 795, 796, 799, 800, 828

Mobilfunkbewegungsdaten 189

Mobilität 25, 27, 38, 54, 63, 71-73, 82, 83, 97-99, 102, 160, 161, 189, 191, 197, 226, 236, 244, 254, 256, 261, 297-300, 309-313, 317, 327-330, 333-335, 351, 353, 358, 429, 464, 479, 491, 498, 499, 509, 525, 602, 675, 686, 695, 702, 717, 731, 743-745, 747, 775, 776, 778, 783, 830
- grenzüberschreitend 99, 717
- intraregional 775
- Mobilitätsforschung 82, 98, 100, 102, 327, 328
- New mobilities paradigm 327
- Onward Mobility 226

Moldawien 810, 820

Monitoring 93, 148, 510, 551

Monolingualität 607, 610, 612, 633, 634, 639

Montenegro 48, 540

Moralisierung 259-262, 272, 281, 438, 645

Mosambik 565, 696, 709-711

Muslime → Islam 268, 306, 673, 717, 737-739, 746

Mutterschaft 427, 430-432

Myanmar 567, 568, 740, 752, 756, 757

N

Nachbarschaften 101, 347, 615-619

Nachkriegszeit 34, 45, 120, 122, 250, 673, 749, 841

Naher Osten 359, 395, 576, 717, 723, 724, 809

Namibia 709, 710

Nansen-Flüchtlingspreis 787

Narrative 39, 65, 117, 119, 120, 122, 150, 155, 172, 217, 250, 251, 272, 273, 278, 312, 440, 463, 464, 506, 587, 673, 839

Nationalismus 64, 69, 70, 73, 112, 122, 159, 161, 192, 259, 266, 306, 328, 342, 686, 710, 717, 719, 744, 803, 804, 817, 833, 837

Nationalität 37, 192, 284, 285, 323, 521, 544, 548, 550, 574, 617, 797, 810

Nationalsozialismus 21, 118-121, 202, 248, 254, 268, 279, 351, 491, 825

Nationalstaat 61, 64, 70, 90, 99, 100, 131, 161, 229, 230, 232, 235, 250, 265-267, 283, 297, 299, 300, 357, 382, 399, 404, 405, 447, 448, 456, 498, 547, 560, 581, 584, 585, 607, 610, 708, 712, 769, 829

Naturalisierung (der Flüchtlingskategorie) 37, 439, 440

Naturkatastrophen 190, 242, 249, 333-335, 358, 445, 522, 523, 548, 551, 703, 731, 732, 739, 777, 784, 810, 811

Nauru 567, 761, 763-765

Nepal 750

Netzwerke, soziale 72, 98, 102, 305, 359, 450, 603, 612, 644, 657

Neuansiedlung → Resettlement 35, 40, 272, 273, 392, 394, 489

Neuseeland 336, 456, 761, 762, 764, 765

New sanctuary movements (Bewegungen für Schutzräume) 411, 784, 787

Nicaragua 550, 782, 783

Nichtregierungsorganisation (NGO) 36, 88, 382, 383, 454, 569, 796, 812, 821

Niederlande 48, 100, 101, 168, 357, 380, 439, 456, 489, 532, 540, 542, 775, 825-829

Niger 211, 702, 704

Nigeria 703, 704, 796

Nord-Bias 209

Nord-Süd-Beziehungen 529, 532

Nordmazedonien 48, 540

Normalfamilie 471-476

Norwegen 185, 274, 394, 833-837

O

OAU-Konvention → Flüchtlingskonvention der Organisation für Afrikanische Einheit (OAU) 286, 547, 549, 550

Obdachlosigkeit 256, 364, 484, 657, 759

Off-shoring 513

Oman 723, 725

Operation Mare Nostrum 568

Operationalisierung 177, 179, 183–187, 196, 197, 473, 476

Opferwerdung 661

Orderly Departure Programme 248

Organisation Ostkaribischer Staaten (OECS) 776

Organisierte Kriminalität 242, 352, 746, 747, 781, 782, 784, 790

Ost-Mitteleuropa 45, 815, 820

Ostblock 45, 750

Österreich 27, 87, 92, 119, 184, 185, 262, 268, 279, 399, 402, 646, 762, 805, 806, 825–829

Osteuropa 63, 268, 279, 281, 514, 809, 810, 812

Osttimor 755, 762

Othering 78, 154

Outsourcing 513, 515

Ozeanien 565, 735, 761, 765

P

Pacific Solution 514, 567, 763, 764

Pakistan 272, 340, 724, 729–733, 737–741, 756, 796

Palästinenser* 248, 266, 280, 285, 358, 381, 395, 717–720, 724, 725, 770, 771, 796, 842
- Palästinensische Befreiungsorganisation (PLO) 724

Palermo Protokolle 352

Panafrikanismus 683, 684, 686, 696

Panama 393, 550, 771, 783

Papua New Guinea Solution (PNG Solution) 763, 764

Papua-Neuguinea 567, 761, 763, 764

Paradoxon, liberales 87, 89–91

Paraguay 771

Paramilitär 771, 781, 782, 784

Paris 120, 254, 256, 672

Parteipolitik 92, 93, 141, 248, 400, 403, 439, 483, 487, 509, 683, 771, 789, 817, 825, 828, 837, 840, 841

Partizipation 39, 57, 98, 147, 150, 153–157, 162, 165, 166, 168, 169, 197, 204, 205, 212, 215–217, 243, 431, 449, 467, 471, 475, 476, 577, 597, 639

Pass 117, 124, 185, 186, 299, 380, 410, 743

Peru 772

Philippinen 393, 568, 755, 756

Place making 97, 98, 102, 413

Polen 44, 109, 236, 273, 312, 357, 529, 684, 815–821, 833
- Partei Recht und Gerechtigkeit (pln. Prawo i Sprawiedliwość – PiS) 818

Policies 83, 88, 91, 92, 216, 217, 241, 244, 300, 403, 463, 497, 513, 516, 517, 530, 683, 686, 762, 777, 778, 783

Politikberatung 215

Politikwissenschaft 53, 70, 87–89, 93, 137, 202, 216

Politische Philosophie 297, 299

Polynesien 761, 765

Portugal 709, 750, 762, 827

Positionalität 149, 168, 204

Postkoloniale Konflikte 35

Postkoloniale Theorie 148, 209, 211

Postkolonialismus 34, 35, 684, 689, 842

Postkonflikt 54, 55

Postmigration 49, 102, 324, 422, 597, 675

Postsowjetische Länder 743, 744, 746, 747, 815, 818, 821

Posttraumatische Belastungsstörung (PTBS) → Traumatisierung 363, 364, 366, 645

Prekarität 28, 81, 83, 133, 201, 256, 305, 324, 358, 371, 430, 442, 453, 489, 491, 498, 507, 514, 558, 586, 610, 612, 613, 625, 628, 637, 647, 662, 717, 719, 720, 724–726, 730, 772, 800

Prima Facie Anerkennung 550, 574, 683, 703, 756, 772

Private Sponsorship Program 35, 490

Problemorientierung 671, 672

Produktivismus 259

Protektionismus 686

Psychologie 38, 53, 107–109, 111, 112, 137, 196, 197, 345

Psychologisierung 363, 367

Psychotherapie 363–365

public good 89, 91, 529

Push/Pull Faktoren 190, 225, 402, 484, 543, 795

Pushback 312, 513, 566–569, 585, 757, 763, 799, 806, 811, 818

R

Rabat Prozess (Europäisch-Afrikanischer Dialog über Migration und Entwicklung) 686

Rassifizierung 37, 256, 284, 285, 521, 548, 549, 684, 841, 843

Rassismus 45, 62, 100, 102, 171, 211, 253, 281, 300, 303, 312, 324, 342, 419, 432, 438, 440, 455, 501, 517, 581, 596, 612, 623–628, 655, 656, 671–675, 696, 720, 759, 762, 776, 787, 807, 839, 843
- Racial Profiling 624
- Rassismuskritik 623, 624

Rattenlinie 351

Raum
- Räumlichkeit 97, 98

Sachregister

- Raumrelationen 98
- Sozialraum 101, 148, 253

Recht
- Internationales Recht 34, 39, 251, 283–285, 288, 429, 446, 456
- Nationales Recht 446, 540, 547, 574

Rechtliche Kategorie → juristische Definition 37, 333, 552

Rechtsberatung 418, 789

Rechtsextremismus 141, 587

Rechtspopulismus 93, 259, 262, 837

Rechtspositivismus 35, 555

Refoulement 89, 174, 229, 232, 285, 312, 382, 392, 400, 481, 508, 514, 549, 556, 564, 566, 569, 575, 592, 685, 691, 757, 770, 784, 789, 841

Refuge - Canada's Journal on Refugees 35

Refugee Documentation Project, später Centre for Refugee Studies 35

Refugee Law Project (Uganda) 35

Refugee Studies 34, 35, 37–39, 78, 88, 218

Refugee Survey Quarterly 35

Refugee Warriors 56, 57

Refugee Watch - A South Asian Journal on Forced Migration 35

Refugia 267

Réfugié 277

Regional Development and Protection Program 513

Regionale Unterschiede 481

Registerdaten 178, 183–186, 818

Registrierung 312, 569, 591, 593, 595, 654, 697, 719, 720, 731, 732, 797

Religion 37, 62, 139, 224, 261, 284, 285, 311, 339–343, 380, 441, 521, 548, 549, 624, 627, 663, 684, 690, 729, 737, 746
- Religionskonflikte 339
- Religiöse Diversität 339, 341
- Religiosität 306, 339–341, 348

Remittances (Rücküberweisungen) 267, 335, 347, 686, 724, 726, 745

Repatriierung 40, 576, 697, 703, 709, 749, 752, 764, 829

Republikflucht 44, 351

Resettlement 35, 40, 55, 101, 184, 232, 247, 248, 272, 273, 370, 382, 392, 394, 400, 458, 464, 465, 489–494, 506, 515, 530, 531, 553, 566, 568, 644, 720, 749, 752, 761–765, 771, 787–789, 834, 844

Residenzbevölkerung 414, 615–620, 623, 645, 646

Residenzpflicht 557, 695

Resilienz 112, 311, 345–348, 366, 369, 447, 449, 647, 666, 720

responsibility-sharing → Verantwortungsteilung 529, 530

Revitalisierung von Städten 101

Rezeptivität 101

Reziprozität 492

Rhodesien 709, 710

Rohingya 359, 567, 568, 757

Rom 545, 770, 803, 804

Ruanda 686, 695, 696, 698, 711

Rückkehr 46, 53, 55, 57, 79, 91, 132, 265, 272, 287, 309, 310, 312, 313, 358, 392–394, 453, 481, 490, 497–502, 510, 515, 541, 559, 569, 592, 594, 665, 691, 698, 731, 732, 781, 805, 806, 829
- Organisierte Rückführung 782
- Rückkehrberatung 497, 499–501
- Rückkehrförderung 497–502, 524, 821
- Rückkehrforschung 497, 498
- Rückkehrmigration 497, 498, 501, 805
- Rückkehrpolitik 91, 497, 499, 825

Rumänien 44

Russland 22, 34, 120, 124, 185, 279, 284, 380, 390, 486, 574, 634, 744–747, 809–811, 813, 818, 841

S

Salomonen 761, 764

Sambia 210, 685, 709–711

Sammelunterkünfte 418, 653, 655–657

Samoa 761

Saudi-Arabien 532, 723–726, 745

Schleusen (Menschenschmuggel) 99, 140, 251, 317, 351–354, 568, 574, 582, 718, 758, 764, 812

Schule 48, 56, 91, 225, 322, 410, 413, 543, 594, 607–611, 626, 635, 636, 667, 745, 805

Schutz
- Schutz-Status 683
- Schutzbedarf 216, 286, 288, 464, 489, 491, 656
- Schutzmandat 391, 574
- Schutzquote 231, 483, 540, 541, 733
- Schutzstatus 285–287, 358, 445, 484, 500, 557, 573, 592, 593, 602, 783, 789, 799, 817, 819, 829
- Schutzsuchende 25, 89, 98–100, 108, 140, 232, 279–281, 283, 293, 311–313, 339, 340, 359, 380, 399, 400, 404, 405, 457, 458, 481, 482, 484, 485, 490, 491, 499, 544, 555–559, 567–570, 593, 623, 662, 664, 665, 672, 675, 710, 756, 788, 835

Schweden 118, 185, 446, 449, 483–485, 489, 532, 608, 610, 805, 816, 833–837

Schweiz 27, 87, 185, 279, 380, 393, 399, 401, 402, 449, 455, 509, 592, 635, 740, 825–829

sedentary analytical bias (Sesshaftigkeit als Norm) 39

Seenotrettung 26, 233, 247, 249, 251, 354, 421, 514, 530, 563–566, 568–570, 575–577, 593

Selbstverantwortung 717, 720

Selektionsprozesse 130, 173, 260, 311, 316, 455, 593, 599, 602, 666

Senegal 540, 541, 702, 796

Serbien 48, 272, 483, 515, 540, 804–806, 841
Sexual Orientation and Gender Identity (SOGI) 453–458
Sexualität 303, 304, 306, 432, 453–455, 457, 746, 747
Sexuelle Gewalt 311, 364, 371, 428
SGB 129, 130, 594, 595
Shoah 770
Sichere Drittstaaten 55, 482, 788–790, 828
Sicherheit 55, 91, 139, 168, 201, 249, 280, 286, 310–312, 336, 440, 483, 501, 505, 515, 525, 533, 541, 557, 565, 570, 577, 619, 644, 692, 695, 698, 709, 711, 743, 744, 746, 751, 757, 770, 797, 800, 840
Sierra Leone 703
Sikhs 737, 739, 740
Simbabwe 211, 431, 685, 696, 709, 711
Sinai Halbinsel 718
Singapur 273, 565
Sinti und Roma 266, 324
Skalarität 97
Sklaverei 394, 775, 781
Slowakei 339, 811
Slowenien 268, 804, 815
Smart Border Declaration 788
Smartphones 165–168, 179, 358
Social Media 72, 98, 102, 137, 138, 140, 142, 166–168, 189, 190, 305, 347, 359, 450, 603, 612, 644, 657, 815
Solidarität 87, 91, 92, 147, 148, 150, 161, 230, 232, 305, 353, 419, 464, 486, 490, 509, 526, 559, 587, 684, 707, 709, 710, 712, 718, 724, 759, 769, 771, 795, 806, 818, 842
- Solidarische Städte 771
- Süd-Süd-Solidarität 771
Somalia 78, 190, 446, 565, 685, 695–698, 711, 756, 796, 810, 816, 829
Sowjetunion 34, 279, 390, 718, 729, 730, 743–746, 809–811, 816, 825, 828
Sowjetzonenflüchtlinge 44, 280
Sozial- und Kulturanthropologie → Ethnologie 77
Soziale Arbeit 38, 127–133, 448, 497, 500
Soziologie 38, 53, 69, 70, 72, 73, 75, 88, 97, 137, 196, 202, 297, 448, 583, 618
Spanien 403, 431, 565, 690, 795, 796, 798, 800, 827
Sprache(n) 65, 121, 123, 140, 155, 171–174, 203, 212, 217, 226, 249, 277, 279, 281, 295, 299, 358, 366, 421, 466, 483, 603, 604, 609–611, 613, 624–627, 633–639, 643, 646, 676, 729, 730, 738, 744, 776, 836
- Sprachkurs 130, 248, 402, 418, 484, 603, 633, 636–638, 654
- Sprachpolitik 633
Sri Lanka 565, 737, 739, 740, 763, 828
St. Kitts und Nevis 776
St. Vincent und die Grenadinen 776

Staatengemeinschaft
Staatenlosigkeit 37, 249, 268, 280, 284, 287, 294, 391, 445, 548, 567, 591, 743, 747, 755, 757, 811, 812
(staatliche) Souveränität 89, 91, 123, 229, 230, 232, 297, 299, 300, 352, 483, 505, 506, 509, 573, 574, 577, 707, 711, 756, 827, 831
Staatsangehörigkeit 37, 43, 49, 73, 74, 91, 99, 118, 130, 192, 229, 267, 268, 284, 297, 299, 322, 411, 431, 506, 522, 548, 549, 626, 709, 710, 723, 740, 744, 757, 764, 805, 820
Stadtforschung 97, 101, 412, 413
Stellvertreterkrieg 35, 685
Stereotypisierung 675
Stigmatisierung 427, 431, 432, 462, 645, 647, 656, 675, 771
Straftaten 283, 549, 661, 664–666
Strain Theorie 666
Street level bureaucracy 92, 412
Stressoren 109, 110, 643–645
Strukturanpassungsprogramme (SAPs) 696, 698, 782
Subsidiarität 399, 402
Südafrika 684, 709–711
Südamerika 27, 171, 286, 456, 549, 550, 769–772, 776, 777, 783, 787, 827
Sudan 78, 684, 685, 691, 695, 696, 704, 718
Südasien 35, 272, 737, 739, 740, 750
Südchinesisches Meer 247, 248, 565
Südeuropa 484, 568, 795, 806, 827, 831
Südostasien 35, 247, 343, 418, 565–567, 749–752, 755–759, 764, 827
Südsudan 274, 446, 695, 696
Supervision 156
Surrogate State 383, 697
Suspected Illegal Entry Vessel (SIEV) 567, 569
Syrien 101, 167, 185, 190, 261, 334, 340, 346, 358, 359, 400, 419, 430, 440, 453, 473, 474, 482, 485, 493, 531, 552, 625, 633, 637–639, 643, 665, 691, 717–720, 724, 726, 743, 746, 747, 771, 796, 798, 799, 806, 809, 811, 816, 831, 833, 834

T

Tadschikistan 732, 743–746
Taiwan 750
Tamil*innen 739, 740
Tatsachenfeststellung 539, 542, 544
Teilhabe 74, 91, 109, 112, 120, 130, 153, 154, 156, 242, 256, 321, 323, 324, 399, 400, 417, 418, 421, 422, 442, 447, 449, 462, 463, 466, 493, 494, 509, 595, 615, 618, 633, 648, 653, 717, 772
Temporalität 253, 333
Temporäre Aufenthaltstitel 772, 818

Sachregister

Territorialität 89, 97, 98, 102, 131, 229, 230, 244, 299, 381, 505, 506, 508, 513, 556, 557, 566, 575, 585, 763, 776, 799, 800, 821

Terrorismus 139, 698, 731, 758

Thailand 565, 568, 756, 757

Therapeutic Governance 363, 366

Therapeutische Hilfe 150

Tibet 740, 750

Togo 684

Transformation 23, 69, 97, 99, 102, 157, 271, 305, 413, 447, 815, 818, 825, 828

Transitional Justice 54, 244

Transitmigration 79, 91, 161, 162, 211, 382, 427, 430, 431, 441, 458, 505, 514, 555, 558, 575–577, 582, 643, 648, 689, 691, 692, 711, 755–757, 769, 775, 781, 783, 784, 796, 803, 806, 816

Transnationalität 23, 64, 74, 79, 82, 102, 159, 161, 266, 268, 322, 353, 357, 431, 471, 472, 498
- Transnationale Sozialräume 357, 359
- Transnationalisierung 357, 358, 781
- Transnationalismus 82, 161, 265

Traumatisierung 168, 345, 363–367, 501, 638, 645, 663

Trinidad und Tobago 776, 777

Tschad 703

Tschetschenien 747, 809–811, 819

Tunesien 540, 568, 691, 692

Türkei 46, 120, 171, 190, 247, 268, 342, 357, 358, 404, 430, 485, 491, 493, 529, 575, 634, 672, 717–719, 723, 726, 743, 744, 747, 795, 798–800, 803, 806, 811, 828, 834

Turkmenistan 743–747

Tuvalu 761, 765

U

U.S. Refugee Admissions Program (USRAP) 788

Übersetzung 156, 171–174, 260, 322, 365, 516, 530, 634

Übersiedler 44, 294

Uganda 35, 78, 456, 685, 695–698, 843

Ukraine 22, 483, 486, 634, 665, 743, 745, 747, 809–813, 815, 816, 818, 820, 821

Umsiedler 44

Umsiedlung (siehe auch Resettlement) 55, 335, 393, 491, 509, 531, 553, 765, 771, 777

Umweltzerstörung 71, 242, 334–336, 522, 524, 552, 574, 685, 810, 811

UN-Behindertenrechtskonvention (UN-BRK) 461–464, 467

Unabhängigkeitskampf 267, 549, 683–685, 690, 707, 709, 739, 757

Unbegleitete minderjährige Geflüchtete (UMF) 26, 128, 129, 131, 133, 185, 225, 371, 440, 445, 453, 593–596, 608, 656, 667, 790, 797

Ungarn 44, 339, 608, 610, 811, 826

Ungleichheit 74, 98, 147, 150, 153, 154, 171, 259, 262, 274, 328, 413, 524, 581, 772

UNHCR (Hoher Flüchtlingskommissar der Vereinten Nationen) 34, 40, 112, 183, 184, 190, 191, 209, 210, 235–237, 243, 247, 248, 280, 285, 287, 304, 309, 346, 370, 371, 381, 381–383, 389–396, 429, 441, 445, 454, 456, 457, 463, 464, 489–493, 524, 529, 531, 532, 534, 541, 544, 548–550, 552, 553, 575–577, 690, 695, 697, 698, 701–703, 720, 725, 726, 730–732, 740, 743, 749–752, 755–757, 761, 777, 784, 787–789, 812, 816, 820, 827, 829, 834, 844

United Nations Office for the Coordination of Humanitarian Affairs (UN OCHA) 732, 740, 783, 784

United Nations Relief and Rehabilitation Administration (UNRRA) 280, 390, 391, 548

UNRWA (United Nations Relief and Works Agency for Palestine Refugees in the Near East) 280, 285, 381, 395, 719, 720

Unterbringung (siehe auch Wohnen) 27, 72, 89, 93, 100, 110, 128, 129, 253–256, 312, 364, 399, 401–403, 409, 410, 413, 418, 447, 449, 466, 472, 484, 486, 591–596, 608, 618, 625, 638, 653–657, 666, 667, 710, 795, 796
- Flüchtlingsunterkünfte 316, 339, 341, 342, 413, 431, 591, 596, 654

Unterschichtung 46

Untertauchen 510, 555, 558

Urbaner Raum 597, 695–697

Urbanisierung 256, 732

Uruguay 456, 770, 771

USA 46, 101, 119, 161, 196, 210, 268, 272, 351, 382, 390, 393, 394, 446, 455, 456, 482, 489, 494, 508, 513, 514, 531–533, 566, 569, 611, 729, 730, 746, 751, 756, 762–765, 775, 776, 782–784, 787–790, 840

Usbekistan 743–747, 810

V

Venezuela 550, 565, 769, 771, 772, 775, 777, 778

Verantwortungsteilung 26, 87, 89, 93, 381, 489, 490, 492, 529–535, 552, 553, 575, 795, 800, 825–827, 831, 835

Vereinigte Arabische Emirate 723, 745

Vereinigtes Königreich → Großbritannien 483, 839

Vereinte Nationen (UN) 34, 36, 130, 190, 191, 210, 230–232, 236, 241, 284, 285, 287, 304, 352, 354, 381, 389–393, 395, 396, 428, 429, 445, 454, 461–464, 467, 489, 498, 515, 521, 523, 526, 529, 548, 551, 552, 564, 569, 574, 592, 595, 685, 695, 698, 703, 725, 726, 750–752, 755, 756, 765, 771, 783, 784, 816, 826

Verfahrensberatung 129

Verfolgung 37, 45, 65, 89, 118, 119, 140, 225, 230–232, 254, 272, 277–280, 283–285, 287, 304, 309, 310, 351,

Sachregister

381, 392, 429, 432, 441, 445, 456, 457, 481, 487, 501, 517, 521, 524, 539, 540, 545, 548–550, 581, 584, 585, 600, 684, 685, 717, 739, 743, 746, 747, 756, 776, 783, 789, 790, 810, 811, 825, 829, 830, 839–843
- Geschlechtsbezogene Verfolgung 789
- Nichtstaatliche Verfolgung 304, 830
- Politische Verfolgung 37, 89, 118, 119, 279, 284, 285, 309, 310, 445, 456, 521, 540, 548, 549, 685, 743, 746, 747, 756, 841, 843
- Verfolgungsgründe 305, 366, 456, 544, 829
- Zugehörigkeit zu einer bestimmten sozialen Gruppe 37, 284, 285, 287, 304, 432, 456, 463, 521, 548, 549

Vergeschlechtlichte Fremdbilder 303

Vergewaltigung 304, 581, 644, 782

Versicherheitlichung 56, 57, 92, 168, 336, 353, 507, 557, 711, 787, 790

Vertriebene → Binnenvertriebene → Heimatvertriebene 34, 36, 39, 43–45, 63, 81, 117, 122, 183, 210, 235, 273, 279, 280, 292, 294, 381, 390, 393, 399, 418, 464, 574, 577, 634, 673, 738, 755, 757, 761–763, 809, 811, 812, 827

Vietnam 247, 248, 363, 565, 751, 756, 763, 827
- Vietnamkrieg 755, 756

Visa 482, 509, 514, 531, 576, 686, 744, 745, 762, 765, 772, 777, 842

Völkerbund 34, 280, 380, 381, 390, 491, 548, 825, 842

Völkerrecht 123, 229–231, 241, 283, 336, 563, 564, 570, 574

Vulnerabilität 81, 100, 156, 223, 225, 232, 254, 256, 304–306, 311, 337, 346, 347, 363, 366, 369–372, 428, 429, 431, 437, 440–442, 446–449, 463, 464, 466, 489, 491–493, 501, 522, 545, 552, 581, 582, 596, 628, 656, 763, 777, 797, 844

W

Weltkrieg
- Erster Weltkrieg 34, 123, 268, 279, 491, 573, 574, 717, 840, 841
- Zweiter Weltkrieg 34, 43, 108, 121, 123, 248, 279, 381, 383, 390, 391, 393, 418, 491, 522, 548, 565, 684, 685, 718, 749, 762, 765, 803, 815, 841, 842

Weltwirtschaftskrise 770

Westsahara 683, 690

Widerspruchsverfahren 231, 237, 366, 382, 463, 557, 751, 788, 789

Widerstand 274, 310, 400, 403, 505, 509, 510, 550, 558, 709, 729

Wien 167, 267, 402

Willkommenskultur 92, 93, 139, 247, 249, 250, 261, 294, 414, 417–419, 421, 600, 617, 626, 635, 636, 673, 787

Wirtschaft
- Wirtschaftskrise 369, 732, 770, 782
- Wirtschaftspolitik 411, 525

Wissenschaftskommunikation 215

Wissensproduktion 33, 36, 38, 39, 77, 81, 162, 166–168, 191, 205, 209–212, 215, 217, 271, 317, 324, 343, 352, 449, 811

Wohlbefinden 110, 173, 475, 619, 646, 662

Wohlfahrtsstaat 130, 131, 329, 836, 837

Wohlfahrtsverbände 128, 129, 419

Wohnen (siehe auch Unterbringung) 100, 253, 256, 400, 413, 418, 431, 474, 593, 596, 625, 647, 653, 663
- Gemeinschaftsunterkunft 128, 129, 155, 254, 400, 441, 463, 474, 581, 593, 625, 638, 653, 655, 656, 667
- Wohnquartier 619
- Wohnsitzauflage 400, 602, 619, 625
- Wohnung 44–46, 226, 253, 256, 472, 593, 624–626, 653, 655–657, 796, 800, 840

World Food Programme (WFP) 395, 396, 725, 731

X

Xenophobie → Fremdenfeindlichkeit 686, 712

Z

Zentralafrikanische Republik 703

Zentralamerika 27, 550, 576, 770, 772, 781, 782, 784, 788, 827

Zentrales Dreieck 790

Zivilgesellschaft 26, 49, 74, 92, 93, 131, 133, 197, 217, 233, 249, 323, 354, 359, 384, 392, 394, 403, 411, 412, 414, 417–419, 421, 422, 505, 506, 509, 559, 563, 575–577, 582, 597, 615, 617, 619, 620, 628, 646, 751, 752, 763, 772, 788, 817

Zugangsbarrieren 111, 555, 557, 643

Zurückweisung → Refoulment 549, 575, 691

Zwang 71, 122, 236, 268, 271, 309, 312, 352, 492, 522, 576, 582, 644, 752, 756
- Zwangsarbeit 253, 394, 703
- Zwangsmigration 33, 36, 38–40, 69–71, 73, 88, 117, 121, 189, 216, 235, 236, 265, 309, 310, 333, 359, 394, 464, 525, 573, 581, 582, 584, 586, 587, 695, 696, 701, 703, 704, 718, 726, 745, 765, 775, 809–812
- Zwangsrückführung → Refoulement 757, 770

Personenregister

A

Abd al-Nasser, Gamal 724
Ackermann, Volker 45
Adamu, Semura 829
Adelman, Howard 35–38, 56
Aden, Samia 159, 162, 204, 472, 474, 565
Agamben, Giorgio 81, 92, 255, 516, 657
Agier, Michel 81, 256, 353, 370, 411
Akcapar, Sebnem 342
Amin, Idi 696
Amir-Moazami, Schirin 272
Anderson, Mary B. 65, 204, 329, 348, 371, 507, 509, 692
Angenendt, Steffen 522, 553
Anzaldúa, Gloria 212, 315, 316
Apatzidou, Vasiliki 795
Apollo, Jacob Ochieng 244
Arar, Rawan 71, 73–75, 183, 310, 555, 556
Arendt, Hannah 34, 77, 87, 124, 139, 294, 635
Aristide, Jean-Bertrand 776
Arouna, Mariam 255, 657
Assange, Julian 230
Auerbach, Erich 119
Aumüller, Jutta 254, 411, 655, 656

B

Baak, Melanie 274
Bade, Klaus J. 46, 48, 61, 64, 400, 419, 509, 608
Bader, Dina 509
Bakewell, Oliver 38, 83, 202, 205, 210, 212, 217, 225
Baldassar, Loretta 272, 273
Bank, André 310–312, 619
Basch, Linda 161, 357
Bauman, Zygmunt 73, 253, 328, 472, 586, 740
Becker, David 148, 358, 359, 367, 616
Behrensen, Birgit 74, 147
Bendel, Petra 47, 91
Bennett, Samuel 138
Benveniste, Émile 298
Berendsohn, Walter A. 118, 120
Berg, Jana 172, 173, 421, 422, 810
Berger, Peter L. 73, 671, 803
Berlinghoff, Marcel 21, 247
Berlusconi, Silvio 799

Betts, Alexander 54, 197, 382, 383, 515, 517, 530, 532, 534, 575, 576
Bewley, Charles 842
Bhagat, Ali 256
Biehler, Nadine 547
Bilger, Veronika 351, 353
Black, Richard 34, 35, 37–39, 266, 498
Bloch, Alice 35, 39, 40, 428, 429
Boccagni, Paolo 272, 273
Boddice, Rob 271
Bommes, Michael 73, 127, 131, 411, 556, 557, 559
Boochani, Behrouz 764
Boswell, Christina 90, 216, 217, 514, 517
Bourdieu, Pierre 72, 223, 224
Bowen, John 272
Božić-Vrbačić, Senka 273
Bradley, Megan 38, 39, 57, 242, 243, 782
Brankamp, Hanno 695
Braun, Sebastian 543
Brecht, Bertolt 293, 587
Breit, Helen 23, 127, 129, 133, 420, 661, 665–667
Broch, Hermann 119
Brubaker, Rogers 73, 266, 267
Bryman, Alan 196
Buhari, Muhammadu 704
Bürer, Miriam 615
Butler, Judith 273

C

Cabot, Heath 39, 81, 83, 260
Caestecker, Frank 825, 827
Campbell, Jeff 643, 697, 710, 711
Cantor, David James 243, 244, 770, 783
Cardona-Fox, Gabriel 243, 244, 811
Carens, Joseph 89, 299
Carlin, Jorgen 196, 225, 236
Castañeda, Heide 431
Castles, Stephen 69, 70, 73, 74, 128, 359, 525
Castro, Fidel 149, 438, 439, 776
Chatty, Dawn 78, 359, 717
Chiavacci, David 749, 751, 752
Chimni, Bhupinder S. 34, 35, 37–39, 249, 382, 491, 552, 741
Clark-Kazak, Christina 33, 39, 202, 203, 205
Clifford, James 160, 266
Cohen, Robin 241–243, 266, 267

Personenregister

Collyer, Michael 98, 100, 323, 499, 515, 516
Cook, Jennifer 260, 262, 725, 770
Crenshaw, Kimberly 427, 463
Creswell, John 195, 196, 328, 329
Crisp, Jeff 57, 243, 482, 697
Cyrus, Norbert 555, 556, 558–560

D

Dalai Lama 293, 740
Dandekar, Deepra 271, 272
Daughtry 34, 35, 69
Daughtry, Carla 34, 35, 69
De Genova, Nicolaus 317, 330, 505, 507, 509
de Vattel, Emer 229
Delgado, Jesus M. 138, 711
Deng, Francis 241
Derrida, Jacques 297–299
Detjen, Marion 45
Di Stefano, Corinna A. 775
Diekmann, Daniel 623, 625
Dohle, Marco 137, 141
Doná, Giorgia 39, 154, 202, 205
Douglas, Ray M. 45, 73, 196
Drotbohm, Heike 79, 192, 324, 769, 772, 781, 783
Durand, Jorge 196
Durkheim, Émile 224
Duvalier, François 776
Düvell, Franck 317, 691, 809

E

Echterhoff, Gerald 108–112
Ecker, Eva 825, 827
Edding, Friedrich 44
Einstein, Albert 293
Elias, Norbert 72, 417
Emirbayer, Mustafa 224
Emmer, Martin 140, 141, 557, 609
Engler, Marcus 379, 592
Etzold, Benjamin 97–99, 309, 311, 313, 328, 358, 836

F

Faist, Thomas 70, 73, 159, 163, 198, 499
Fanon, Franz 211
Fassin, Didier 81, 260, 365
Fatah, Sherko 121
Fellner, Astrid M. 315
Feneberg, Valentin 497, 500–502, 539, 541, 544
Fereidooni, Karim 623–625

Fiddian-Qasmiyeh, Elena 54, 210–212, 303, 310, 718
Fischel de Andrade, José 550, 770
FitzGerald, David S. 38, 71, 73–75, 183, 310, 513–515, 517, 555, 556, 770
Fleischer, Annett 559, 775
Foley, Frank 842
Foucault, Michel 317, 380, 671
Francis, Ama 241, 777
Franke, Richard 543
Friese, Heidrun 251, 297–300, 557, 672, 675
Frilling, Christoph 293
Fröhlich, Christiane 333
Fröhlich, Joanna J. 195

G

Gaddafi, Muammar al- 799
Gallo, Ester 274
Galtung, Johannes 54, 582, 583
Garcés-Mascareñas, Blanca 507
García-Mora, Manuel 232
Gatrell, Peter 63, 64, 248–250, 563, 703, 749, 750
Geiger, Dorothee 225
Geiger, Martin 389
Geißler, Rainer 138
Gelardi, Lea 69
Gerlach, Julia 343
Ghani, Ashraf 733
Gibney, Matthew J. 71, 231, 507–509, 575
Giddens, Anthony 71, 72, 223, 224
Gillespie, Marie 165, 167
Gilroy, Paul 266
Glick Schiller, Nina 73, 82, 159, 161, 266, 273, 329, 357
Glorius, Birgit 21, 97, 98, 100, 101, 357, 409, 411, 413, 414, 615–619, 633, 635
Gluns, Danielle 215, 399, 410
Glynn, Irial 248, 249, 284, 286
Goebel, Simon 184, 671–676
Goethe, Johann Wolfgang 123
Goffman, Erving 72, 255, 279
Goldmann, Fabian 294
Gozdziak, Elzbieta 341, 447
Grass, Günter 122
Greene, Jennifer 196
Grotius, Hugo 229
Guiraudon, Virginie 90
Gundacker, Lidwina 177
Gutiérrez Rodríguez, Encarnación 171, 172, 174

H

Hadj Abdou, Leila 92, 303, 306, 509
Hainmueller, Jens 185, 484, 600, 601
Haller, Michael 139, 421
Harder, Niklas 177
Harnisch, Sebastian 573
Harrell-Bond, Barbara E. 35, 77, 78, 81, 204, 697
Hartmann, Melanie 255, 256
Haßlinger, Kaya 809
Hathat, Zine-Eddine 689, 692
Hathaway, James 37, 232, 242, 456, 530, 756
Heidland, Tobias 484
Heine, Heinrich 119
Heinrich, Antonia 119, 123, 521, 524, 525, 565
Heitmeyer, Wilhelm 46, 581
Helbig, Louis Ferdinand 122
Hellmann, Jens H. 107, 109
Hess, Sabine 79, 82, 161, 315–317, 324, 371, 380, 421, 557, 616
Hinger, Sophie 98, 100, 321, 412
Holland, Alisha C. 484
Hollifield, James F. 89, 90, 508
Holmes, Seth 261
Homer 277
Horst, Cindy 55, 162, 370, 569
Huber, Anna 132, 172, 173, 475, 596, 663
Huijsmans, Roy 225

I

Innes, Alexandria 226

J

Jacobmeyer, Wolfgang 46
Jacobsen, Jannes 183
Jäger, Siegfried 671–675
Jaji, Rose 211, 427, 707
Jammeh, Yahya 704
Jansen, Bram 81, 456, 457, 493, 805
Jones, Leroi 260, 266, 777
Joppke, Christian 90, 268
Josipovic, Ivan 87
Joynson-Hicks, William 841

K

Kaczmarczyk, Pawel 815, 818, 820
Kanstroom, Daniel 506
Kant, Immanuel 283
Kasparek, Bernd 79, 82, 161, 317

Katz, Irit 256
Kaufmann, Katja 148, 166, 167, 371, 449, 463, 464, 584
Kazzazi, Kirsten 174
Kelm, Ole 137–139
Kimminich, Otto 230
King, Russel 100, 497, 499, 516
Kleist, J. Olaf 21, 88
Koch, Anne 241
Koch, Martin 389
Kogan, Irena 599, 600
Kohlenberger, Judith 643, 646, 647
Kokanović, Renata 273
Kordel, Stefan 223, 226
Korntheuer, Annette 150, 184, 461–467, 492, 612
Kossert, Andreas 43, 45, 63, 65
Kosyakova, Yuliya 177, 484, 599–604
Kothari, Rita 272
Kothen, Andrea 293, 294
Krannich, Conrad 342
Krause, Ulrike 39, 53–56, 149, 201, 202, 204, 205, 218, 304, 305, 311–313, 345–348, 358, 359, 381, 430, 441
Kreichauf, René 92, 100, 101, 253, 256, 412
Kroh, Martin 63, 177, 183
Kuah-Pearce, Khun Eng 273
Kuckartz, Udo 195
Kuschminder, Katie 497–499
Kushner, Tony 839, 841–843

L

Lambert, Laura 229, 513, 516, 701, 704
Landau, Loren 33, 38, 39, 178, 216, 384, 513, 516
Latour, Bruno 372
Lauser, Andrea 341
Lauterpacht, Hersch 230, 232
Lechner, Claudia 132, 172, 173, 475, 596, 663
Lems, Annika 77, 79, 327–329, 445, 447–449
Lenner, Katharina 717, 720
Leurs, Koen 166, 168
Leutloff-Grandits, Carolin 803, 805, 806
Lévinas, Emanuel 299
London, Louise 230, 739, 809, 840, 842
Long, Katy 37, 38, 185, 506, 507, 724
Lorenz, Daniel 311, 346–348, 369–371
Lorimer, James 390
Loyd, Jenna 776
Luckmann, Thomas 73, 671
Luhmann, Niklas 584
Lutterbeck, Derek 795

Personenregister

M

Mackenzie, Catriona 150, 157, 203, 370
Malkki, Liisa 35–39, 78, 81, 204, 260, 262, 327, 370, 428
Mann, Thomas 119, 293
Marcus, George E. 160, 379
Marrus, Michael 840
Marx, Karl 840
Marx, Reinhard 47
Massey, Doreen 73, 160, 196, 255
Massumi, Mona 607–612, 626, 635
Matzerath, Oskar 122
Mayer, Jana 121, 189, 481, 827
McAdam-Otto, Laura 445
McGrath, Susan 35–38, 202, 204, 205
Mead, George H. 224
Meier, Amrei 235
Menetrier, Agathe 453, 492, 493
Merkel, Angela 484, 485, 604, 672
Meyer, Birgit 277, 343, 346, 485, 487
Mezzadra, Sandro 315, 316
Mignolo, Walter 212
Miller, David 89, 300, 635, 645
Missbach, Antje 211, 568, 570, 755, 756, 759
Mollerup, Nina 167
Mooney, Erin 242
Mounk, Yascha 272
Mountz, Alison 38, 329, 514–517, 569, 776
Müller, Joachim 140, 354, 359, 558, 559, 672, 674
Münch, Ursula 43, 47
Mussolini, Benito 696

N

Nabokov, Vladimir 120
Nagel, Alexander-Kenneth 339, 341–343
Nansen, Fridtjof 336, 380, 390, 491, 787
Narr, Wolf-Dieter 584, 585
Neilson, Brett 315, 316
Neumann, Klaus 563, 761
Neumann, Tim 137
Neve, R. Alexander 530
Niemann, Arne 485
Nieswand, Boris 192, 197, 324, 412, 448
Nivens, Bill 122
Nohl, Arnd-Michael 672
Noiriel, Gérard 64, 229
Nyberg, Nina 74

O

Odukoya, Dennis 153
Oesterreich, Charlotte 45
Olivier-Mensah, Claudia 497, 498, 501
Oltmer, Jochen 62, 63, 65, 277, 279, 310, 419, 521, 592
Omofuma, Markus 829
Orchard, Phil 243, 251, 380, 574, 575
O'Reilly, Karen 224, 226
Ortner, Sherry 224
Otto, Laura K. 128, 230, 445–449, 463, 464, 611
Oulius, Miltiadis 506
Ovid 119

P

Pachocka, Marta 815, 817, 818, 821
Palenga-Möllenbeck, Ewa 172, 357
Palmberger, Monika 79, 168
Panagiotidis, Jannis 45, 46, 265, 268
Park, Robert Ezra 72, 254, 841
Parusel, Bernd 445, 446, 833, 835
Payne, Charlton 117, 123, 124
Penninx, Rinus 322
Peters, Margaret E. 71, 462, 463, 484, 750
Peutz, Nathalie 505, 507, 509, 725
Pevnick, Ryan 300
Pfeifer, Simone 165, 166, 291
Pirner, Manfred 341
Piskorski, Jan 45
Plamper, Jan 272
Plano Clark, Vicki 195, 196
Polanyi, Karl 260
Popitz, Heinrich 582–584
Porter, Bernard 840
Potinius, Katharina 573
Pöttker, Horst 138
Poutrus, Patrice G. 61, 63, 69
Powroznik, Natalie 341
Pries, Ludger 65, 357–359, 555, 557, 616
Probst, Johanna 509, 830
Puar, Jaspir 455
Pufendorf, Samuel 229
Putnam, Robert 72

R

Raissova, Zulfiya 744
Raithelhuber, Eberhard 223–225
Ramadan, Adam 255
Rawls, John 300

Reiffen, Franziska 769
Richmond, Anthony H. 54, 71, 72, 236, 309, 310
Rittberger, Volker 390
Rosenberger, Sieglinde 87, 90, 93, 505, 509
Rückamp, Veronika 341, 342
Rudolf, Markus 79, 683, 783
Rummel, Marlene 281, 291–293

S

Safran, William 265, 267, 515
Said, Edward 120, 124, 160
Sandermann, Philipp 471
Sanyal, Romola 255, 413
Sassen, Saskia 73, 90
Scalettaris, Giulia 37, 38
Schammann, Hannes 399, 410, 414
Scharloth, Joachim 293
Scharrer, Tabea 21, 77, 79, 341, 708
Scheibelhofer, Paul 303, 306
Scherr, Albert 70–73, 93, 127, 129, 131, 133, 216–218, 223, 556, 558, 581, 585, 623, 661, 665–667
Scherschel, Karin 69–73, 131, 304, 441
Schewel, Kerilyn 225
Schiefer, David 107, 111, 619
Schielke, Samuli 262
Schmalz, Dana 283, 557, 560
Schmitt, Caroline 370, 501, 591
Schmitz, Anett 369–371, 596
Schneider, Gerald 481
Schneider, Hanne 615
Schraven, Benjamin 521, 522, 524–526
Schröder, Helmut 63
Schuster, Liza 312, 506, 510, 843
Schütz, Alfred 72, 132
Scotson, John L. 72
Segadlo, Nadine 53, 56
Sewell, William 223, 224
Shandy, Dianna J. 341
Sheffer, Gabriel 267
Shklovsky, Viktor 124
Simmel, Georg 72, 297
Simpson, John Hope 34
Singh, Hari 738, 812
Skran, Claudena M. 34, 35, 37, 38, 69
Slaughter, Amy 697
Smallbones, Robert 842
Soederberg, Susanne 256
Soennecken, Dagmar 787
Sökefeld, Martin 82, 729, 733, 737

Sommer, Moritz 417
Sonntag, Susan 119
Sons, Sebastian 723, 725
Spenger, David 223
Spindler, Susanne 437–439, 442, 667
Steiner, George 120, 466
Steinhilper, Elias 261, 417, 419, 421, 422, 569
Stepputat, Finn 74
Stielike, Laura 189, 192
Stonebridge, Lindsey 120, 124
Streinzer, Andreas 259, 260, 262
Suerbaum, Magdalena 427, 428
Svašek, Maruška 273
Szanton Blanc, Cristina 161

T

Tazreiter, Claudia 272
Teitiota, Ioane 336
Thatcher, Margaret 843
Thränhardt, Dietrich 43, 48
Thum, Gregor 273
Tjade, Jasper Dag 484
Tošić, Jelena 81, 259, 260, 262, 329, 806
Toyota, Mika 498
Trebinčević, Kenan 272
Treibel, Annette 70
Triandafyllidou, Anna 225, 353
Trudeau, Justin 453, 454
Trump, Donald 382, 532, 784
Tucholsky, Kurt 293
Turaeva, Rano 743, 744

U

Uçan, Yasemin 171, 173

V

van der Veer, Peter 343
Van Hear, Nicholas 38, 39, 83, 359
Vey, Judith 653, 655–657
Virdee, Pippa 272
von Unger, Hella 153–155, 202, 204

W

Wach, Dominik 815
Walburg, Christian 661, 665
Walzer, Michael 300
Weber, Florian 315
Weimar, Lisa-Katharina 251, 279, 281, 673

Personenregister

Weißköppel, Cordula 79, 162, 341
Welfens, Natalie 489, 490, 492, 493
Wellmann, Christopher H. 300
Wenzel, Laura 471
Westphal, Manuela 74, 147, 150, 461, 465, 466, 471, 472, 474
Will, Anne-Kathrin 184, 363, 365, 366, 544
Willen, Sarah 260, 262, 336, 409, 505, 565, 725, 829
Wimmer, Andreas 70, 73, 112, 159, 161, 266
Winkel, Marek 471
Wodin, Natascha 46
Wolf, Christa 122
Wolf, Oliver 557
Wolff, Christian 229
Wolff, Frank 63, 351
Wollseifer, Hans Peter 48
Wong, Tom K. 505, 506, 776
Woods, Michael 226

X

Xiang, Biao 498

Y

Yeoh, Brenda 498

Z

Zajak, Sabrina 417, 420
Zanker, Franzisca 209, 210, 701, 704
Zaun, Natascha 47, 529
Zetter, Roger 35, 36, 99, 236, 311, 684
Zia-ul-Haq, Mohammed 731